에듀윌과 함께 시작하면,
당신도 합격할 수 있습니다!

이 일 저 일 전전하다 관리자가 되려고 시작해
최고득점으로 동차 합격한 퇴직자

4살 된 딸아이가 어린이집에 있는 동안 공부해
고득점으로 합격한 전업주부

밤에는 대리운전, 낮에는 독서실에서 공부하며
에듀윌의 도움으로 거머쥔 주택관리사 합격증

누구나 합격할 수 있습니다.
시작하겠다는 '다짐' 하나면 충분합니다.

마지막 페이지를 덮으면,

에듀윌과 함께
주택관리사 합격이 시작됩니다.

주택관리사 1위

16년간
베스트셀러 1위

기초서 / 기본서 / 기출문제집 / 핵심요약집

문제집 / 네컷회계

주택관리사 교재 보기

베스트셀러 1위 교재로
따라만 하면 합격하는 커리큘럼

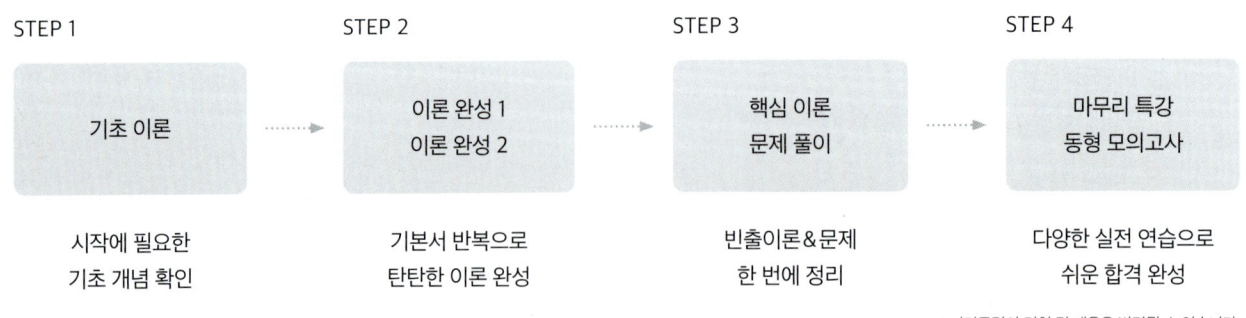

STEP 1 기초 이론 → 시작에 필요한 기초 개념 확인

STEP 2 이론 완성 1 / 이론 완성 2 → 기본서 반복으로 탄탄한 이론 완성

STEP 3 핵심 이론 / 문제 풀이 → 빈출이론&문제 한 번에 정리

STEP 4 마무리 특강 / 동형 모의고사 → 다양한 실전 연습으로 쉬운 합격 완성

* 커리큘럼의 명칭 및 내용은 변경될 수 있습니다.

* 2023 대한민국 브랜드만족도 주택관리사 교육 1위 (한경비즈니스)
* YES24 수험서 자격증 주택관리사 베스트셀러 1위 (2010년 12월, 2011년 3월, 9월, 12월, 2012년 1월, 3월~12월, 2013년 1월~5월, 8월~11월, 2014년 2월~8월, 10월~12월, 2015년 1월~5월, 7월~12월, 2016년 1월~12월, 2017년 1월~12월, 2018년 1월~12월, 2019년 1월~12월, 2020년 1월~7월, 9월~12월, 2021년 1월~12월, 2022년 1월~12월, 2023년 1월~11월, 2024년 1월~2월, 4월~12월, 2025년 1월~7월 월별 베스트)

에듀윌 주택관리사

업계 유일 6년 연속 최고득점자 배출

에듀윌 주택관리사의 우수성, 2024년에도 입증했습니다!

2024 최고득점자& 수석합격

제27회 시험 최고득점자&수석합격

문O호 합격생

에듀윌 주택관리사를 공부하면서 좋았던 부분은 체계적인 커리큘럼과 실전 대비 시스템입니다. 강의가 단계적으로 구성되어 초보자도 쉽게 따라갈 수 있었고, 중요한 내용을 반복 학습할 수 있는 구조가 시험 준비에 큰 도움이 되었다고 생각합니다. 또한 다양한 문제 풀이와 모의고사를 통해 실전에 대한 자신감을 키울 수 있었던 점이 좋았습니다. 주택관리사 시험을 준비하는 여러분들, 많이 힘들고 불안한 마음이 들겠지만 "한 발짝 더 나아가는 용기와 꾸준함이 합격을 만드는 것 같습니다." 포기하지 않고 끝까지 달려간다면 반드시 좋은 결과를 얻을 수 있습니다. 마지막까지 최선을 다하는 여러분을 진심으로 응원합니다.

* 2024년 석차 1등&공동주택관리실무 최고득점
2023년, 2022년 공동주택관리실무 최고득점
2021년, 2020년 주택관리관계법규, 공동주택관리실무 과목별 최고득점
2019년 주택관리관계법규 최고득점

주택관리사 1위

주택관리사, 에듀윌을 선택해야 하는 이유

오직 에듀윌에서만 가능한 합격 신화
6년 연속 최고득점자 배출

합격을 위한 최강 라인업
주택관리사 명품 교수진

주택관리사

합격부터 취업까지!
에듀윌 주택취업지원센터 운영

합격생들이 가장 많이 선택한 교재
16년간 베스트셀러 1위

* 2023 대한민국 브랜드만족도 주택관리사 교육 1위 (한경비즈니스)
2024년 석차 1등&공동주택관리실무 최고득점 / 2023년, 2022년 공동주택관리실무 최고득점 / 2021년, 2020년 주택관리관계법규, 공동주택관리실무 과목별 최고득점 / 2019년 주택관리관계법규 최고득점
* YES24 수험서 자격증 주택관리사 베스트셀러 1위 (2010년 12월, 2011년 3월, 9월, 12월, 2012년 1월, 3월~12월, 2013년 1월~5월, 8월~11월, 2014년 2월~8월, 10월~12월, 2015년 1월~5월, 7월~12월, 2016년 1월~12월, 2017년 1월~12월, 2018년 1월~12월, 2019년 1월~12월, 2020년 1월~7월, 9월~12월, 2021년 1월~12월, 2022년 1월~12월, 2023년 1월~11월, 2024년 1월~2월, 4월~12월, 2025년 1월~7월 월별 베스트)

공동주택시설개론 3회독 합격플래너

시간을 두고 꼼꼼히 공부하고 싶다면?

나의 3회독 PLAN 1회독 ___월___일 ~ ___월___일 | 2회독 ___월___일 ~ ___월___일 | 3회독 ___월___일 ~ ___월___일

단원 PART	CHAPTER	권장학습기간 1회독	권장학습기간 2회독	권장학습기간 3회독	회독체크 1회독	회독체크 2회독	회독체크 3회독
1. 건축구조	01. 건축구조 총론	1주	1주	1주	✓	☐	☐
	02. 토공사 및 기초구조				☐	☐	☐
	03. 철근콘크리트구조 ★	1주	1주		☐	☐	☐
	04. 강구조				☐	☐	☐
	05. 조적구조	1주			☐	☐	☐
	06. 방수 및 방습공사		1주	1주	☐	☐	☐
	07. 지붕 및 홈통공사	1주			☐	☐	☐
	08. 창호 및 유리공사				☐	☐	☐
	09. 미장 및 타일공사	1주	1주		☐	☐	☐
	10. 도장 및 수장공사				☐	☐	☐
	11. 적산 및 견적	1주			☐	☐	☐
2. 건축설비	01. 건축설비 총론 ★	1주	1주	1주	☐	☐	☐
	02. 급수설비 ★				☐	☐	☐
	03. 급탕설비	1주			☐	☐	☐
	04. 배수·통기 및 위생기구설비				☐	☐	☐
	05. 오수정화설비	1주	1주		☐	☐	☐
	06. 가스설비				☐	☐	☐
	07. 소방설비	1주	1주	1주	☐	☐	☐
	08. 난방 및 냉동설비	1주			☐	☐	☐
	09. 공기조화 및 환기설비				☐	☐	☐
	10. 전기 및 수송설비 ★	1주	1주		☐	☐	☐
	11. 홈네트워크 및 건축물에너지절약설계기준				☐	☐	☐
총 학습기간		12주	8주	4주	☐	☐	☐

* 권장학습기간은 에듀윌 이론강의에 기반하였습니다. 커리큘럼에 따라 2회독을 마친 뒤, 내 약점 위주로 3회독을 완성하세요.
  이론강의에 대한 자세한 내용은 에듀윌 홈페이지(house.eduwill.net)에서 확인하세요.
* 최근 5개년 출제빈도가 높았던 단원에는 ★표시를 하였습니다. 더 주의 깊게 학습하세요.

짧은 기간 안에 확실히 공부하고 싶다면?

공동주택시설개론 12주끝장 합격플래너

PART	CHAPTER	권장학습기간	학습할 날짜	학습여부
1. 건축구조	01. 건축구조 총론	1주	/ ~ /	○ △ ×
	02. 토공사 및 기초구조		/ ~ /	○ △ ×
	03. 철근콘크리트구조 ★	1주	/ ~ /	○ △ ×
	04. 강구조	1주	/ ~ /	○ △ ×
	05. 조적구조		/ ~ /	○ △ ×
	06. 방수 및 방습공사	1주	/ ~ /	○ △ ×
	07. 지붕 및 홈통공사		/ ~ /	○ △ ×
	08. 창호 및 유리공사	1주	/ ~ /	○ △ ×
	09. 미장 및 타일공사		/ ~ /	○ △ ×
	10. 도장 및 수장공사	1주	/ ~ /	○ △ ×
	11. 적산 및 견적		/ ~ /	○ △ ×
2. 건축설비	01. 건축설비 총론 ★	1주	/ ~ /	○ △ ×
	02. 급수설비 ★		/ ~ /	○ △ ×
	03. 급탕설비	1주	/ ~ /	○ △ ×
	04. 배수·통기 및 위생기구설비		/ ~ /	○ △ ×
	05. 오수정화설비	1주	/ ~ /	○ △ ×
	06. 가스설비		/ ~ /	○ △ ×
	07. 소방설비	1주	/ ~ /	○ △ ×
	08. 난방 및 냉동설비	1주	/ ~ /	○ △ ×
	09. 공기조화 및 환기설비		/ ~ /	○ △ ×
	10. 전기 및 수송설비 ★	1주	/ ~ /	○ △ ×
	11. 홈네트워크 및 건축물에너지절약설계기준		/ ~ /	○ △ ×
총 학습기간		12주	/ ~ /	○ △ ×

⊕ 기본서 외에 꼭 필요한 공부가 있다면?

기본서로 이론학습을 한 후에는 반드시 문제풀이를 해야 합니다. 내가 공부한 이론이 실제로 어떻게 문제에 적용되는지를 연습해야 제대로 시험을 준비할 수 있어요. 문제 중에서도 가장 베스트는 기출문제라는 사실! 기출문제와 예상문제를 많이 풀어보세요!

에듀윌이
너를
지지할게
ENERGY

처음에는 당신이 원하는 곳으로
갈 수는 없겠지만,
당신이 지금 있는 곳에서
출발할 수는 있을 것이다.

– 작사 미상

➕ 합격할 때까지 책임지는 개정법령 원스톱 서비스!

기준 및 법령 개정이 잦은 주택관리사 시험,
개정사항을 어떻게 확인해야 할지 막막하고 걱정스러우신가요?
에듀윌에서는 필요한 개정법령만을 빠르게! 한번에! 제공해 드립니다.

| 에듀윌 도서몰 접속
(book.eduwill.net) | ▶ | 도서자료실
클릭 |

개정법령
확인하기

2026
에듀윌 주택관리사

기본서 1차

공동주택시설개론 上

시험 안내

주택관리사, 무슨 일을 하나요?

주택관리사란? 　 주택관리사(보) 합격증서 ＋ 대통령령으로 정하는 주택 관련 실무 경력 → 주택관리사 자격증 발급

하는 일은? 　 공동주택, 아파트 등의 관리사무소장은 물론, 주택관리 전문 공무원, 공동주택 또는 건물관리 용역 업체 창업 등 취업의 문이 넓습니다.

주택관리사(보) 시험에서는 어떤 과목을 보나요?

제1차

1교시 (총 100분)	회계원리	세부과목 구분 없이 출제 ※ 회계처리 등과 관련된 시험문제는 한국채택국제회계기준(K-IFRS)을 적용하여 출제
	공동주택 시설개론	목구조·특수구조를 제외한 일반건축구조와 강구조, 홈네트워크를 포함한 건축설비개론 및 장기수선계획 수립 등을 위한 건축적산 포함
2교시 (총 50분)	민법	총칙, 물권, 채권 중 총칙·계약총칙·매매·임대차·도급·위임·부당이득·불법행위

▶ 과목별 각 40문항이며, 전 문항 객관식 5지 택일형으로 출제됩니다.

제2차

1교시 (총 100분)	주택관리 관계법규	다음의 법률 중 주택관리에 관련되는 규정: 「주택법」, 「공동주택관리법」, 「민간임대주택에 관한 특별법」, 「공공주택 특별법」, 「건축법」, 「소방기본법」, 「화재의 예방 및 안전관리에 관한 법률」, 「소방시설 설치 및 관리에 관한 법률」, 「승강기 안전관리법」, 「전기사업법」, 「시설물의 안전 및 유지관리에 관한 특별법」, 「도시 및 주거환경정비법」, 「도시재정비 촉진을 위한 특별법」, 「집합건물의 소유 및 관리에 관한 법률」
	공동주택 관리실무	시설관리, 환경관리, 공동주택회계관리, 입주자관리, 공동주거관리이론, 대외업무, 사무·인사관리, 안전·방재관리 및 리모델링, 공동주택 하자관리(보수공사를 포함한다) 등

▶ 과목별 각 40문항이며, 객관식 5지 택일형 24문항, 주관식 16문항으로 출제됩니다.

상대평가, 어떻게 시행되나요?

선발예정인원 범위에서 선발!

국가에서 정한 선발예정인원(선발예정인원은 매해 시험 공고에 게재됨) 범위에서 고득점자 순으로 합격자가 결정됩니다.

제1차는 평균 60점 이상 득점한 자, 제2차는 고득점자 순으로 선발!

제1차	매 과목 40점 이상, 전 과목 평균 60점 이상 득점한 사람 중에서 선발합니다.
제2차	매 과목 40점 이상, 전 과목 평균 60점 이상 득점한 사람 중에서 선발하며, 그중 선발예정인원 범위에서 고득점자 순으로 결정합니다. 선발예정인원에 미달하는 경우 전 과목 40점 이상자 중 고득점자 순으로 선발하며, 동점자로 인하여 선발예정인원을 초과하는 경우에는 동점자 모두를 합격자로 결정합니다.

2020년 상대평가 시행 이후 제2차 시험 합격선은?

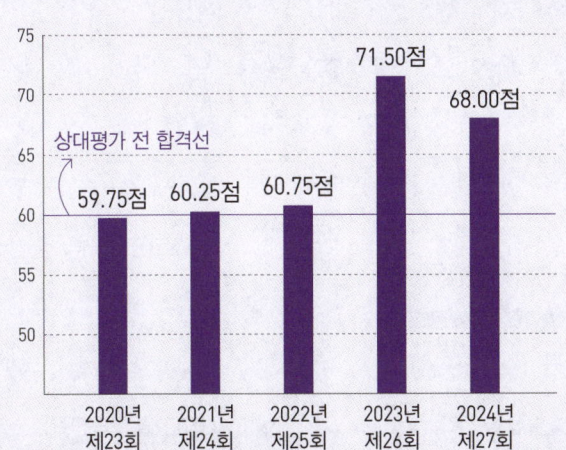

최근 2개년 합격선 평균 69.75점!

상대평가 시행 이후 제25회 시험까지는 합격선이 60점 내외로 형성되었지만, 제26회에는 평균 71.50점, 제27회에는 평균 68.00점에서 합격선이 형성되며 합격에 필요한 점수가 상당히 올라갔습니다. 앞으로도 에듀윌은 변화하는 수험 환경에 맞는 학습 커리큘럼과 교재를 통해 수험자 여러분들을 합격의 길로 이끌겠습니다.

에듀윌 기본서로 합격해야 하는 이유!

여러분이 마주한 합격이라는 산 앞에서,
기본서는 언제든 돌아올 수 있는 든든한 베이스캠프가 되어줄 것입니다.

그래서, 아무 책이나 보시면 안 됩니다!

베스트셀러 1위, 합격생이 인정한 교재!

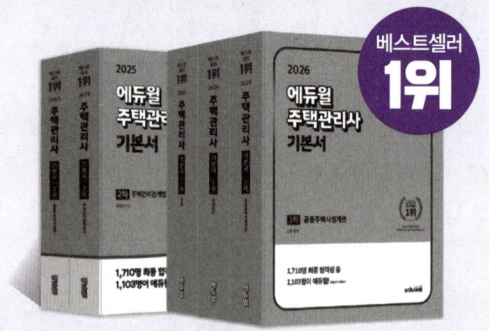

* YES24 수험서 자격증 주택관리사 기본서 베스트셀러 1위
  - 회계 2025년 3월, 시설 2025년 5월, 민법 2024년 9월 월별 베스트
  - 법규 2024년 11월 3주, 실무 2024년 11월 1주 주별 베스트

주부 동차합격생 김○○님
> 기본서 내용을 확실하게 이해해서 넘어가는 학습을 했습니다. 또 중요 용어나 헷갈리는 내용은 따로 기본서 페이지를 정리해 자주자주 찾아봤습니다.

직장인 동차합격생 정○○님
> 교수님들의 강의와 교재는 타의 추종을 불허합니다. 내용 자체가 기출문제로 그대로 나오는 짜릿함을 시험 현장에서 경험했습니다.

철저한 기출분석 + 시험 필승전략 제공!

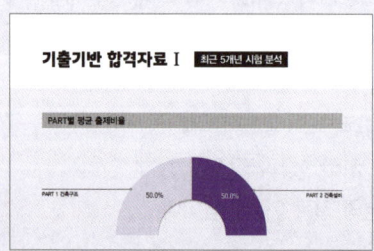
과목별 기출기반 합격자료

PART별 기출분석 & 전략

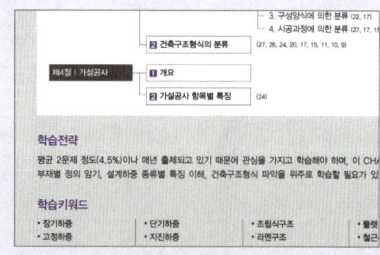
CHAPTER별 학습전략

기출문제로 검증된 합격이론 수록!

에듀윌 주택관리사 공동주택시설개론 기본서

주요구조용강재의 재료강도(MPa)

강도	강재기호 판 두께	SS235	SS275	SM275 SMA275	SM355 SMA355	SN275	SN355	SHN275	SHN355
F_y	16mm 이하	235	275	275	355	275	355	275	355
	16mm 초과 40mm 이하	225	265	265	345				
	40mm 초과 75mm이하	205	245	255	335	255	335		
	75mm 초과 100mm 이하			245	325				
F_u	100mm 이하	330	410	410	490	410	490	410	490

주택관리사 공동주택시설개론 기출문제

53. 구조용 강재에 관한 설명으로 옳지 않은 것은?

① 강재의 화학적 성질에서 탄소량이 증가하면 강도는 감소하나, 연성과 용접성은 증가한다.
② SN은 건축구조용 압연강재를 의미한다.
③ TMCP강은 극후판의 용접성과 내진성을 개선한 제어열처리강이다.
④ 판두께 16 mm 이하인 경우 SS275의 항복강도는 275 MPa이다.
⑤ 판두께 16 mm 초과, 40 mm 이하인 경우 SM355의 항복강도는 345 MPa이다.

지문일치

➕ PLUS 기본서 학습이 끝난 후에는?

단원별 기출문제집(2종)
주택관리사(보) 최근 기출문제로 약점 극복, 실전 완벽 대비!

출제가능 문제집(5종)
주택관리사(보) 문제 해결능력 키우기, 학습 내용 정리!

* 상기 교재의 이미지는 변경될 수 있습니다.

구성과 특징

STEP 1 이론, 꼼꼼하게 파헤치기!

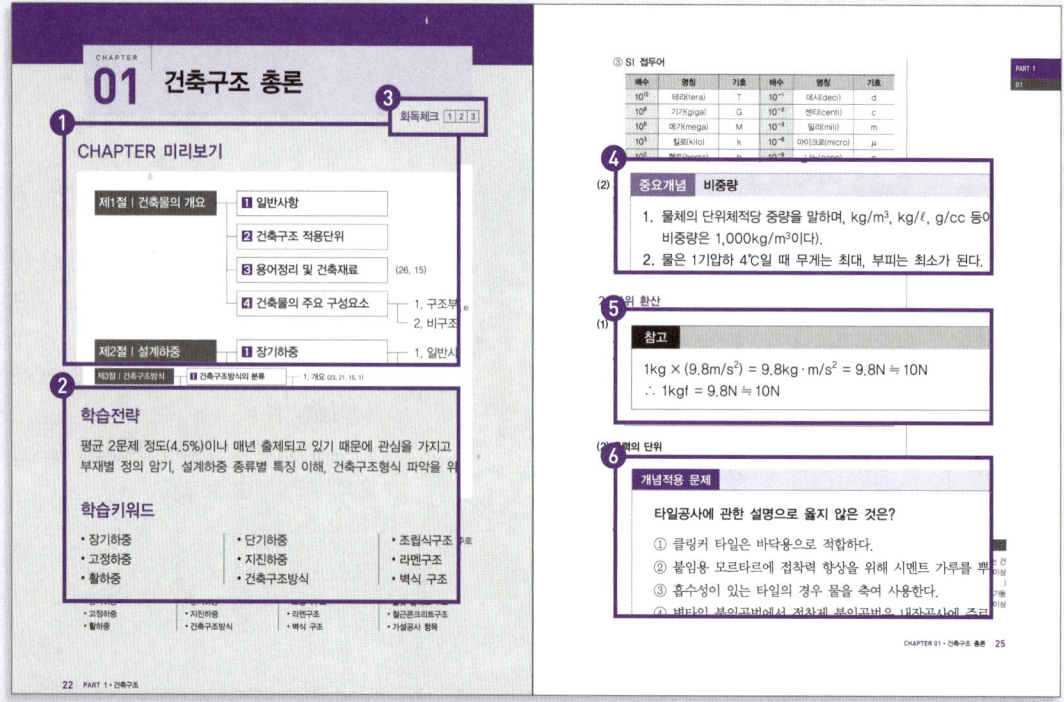

① CHAPTER 미리보기
방대한 이론, 학습 전 구조 미리보기

② 학습전략 + 학습키워드
CHAPTER별 전략과 키워드로 학습 방향 설정

③ 3회독 체크표
반복 학습을 도와주는 3회독 체크표

④ 중요개념
시험에 꼭 나오는 중요개념 확인

⑤ 참고
고득점을 원한다면, 참고 이론으로 깊이 있는 학습

⑥ 개념적용 문제
문제를 풀어보며 이론과 실전의 연결고리 확인

➕ 특별제공

기출기반 합격자료
최근 5개년 출제경향과 2025년 제28회 시험 리포트로 본격적인 학습 시작 전 최신 출제경향을 파악해 보세요.

PART별 합격전략
최근 5개년 출제경향을 반영한 PART별 합격전략을 먼저 확인하고 전략적으로 학습해 보세요.

STEP 2 더 가볍게, 더 빠르게 복습하기!

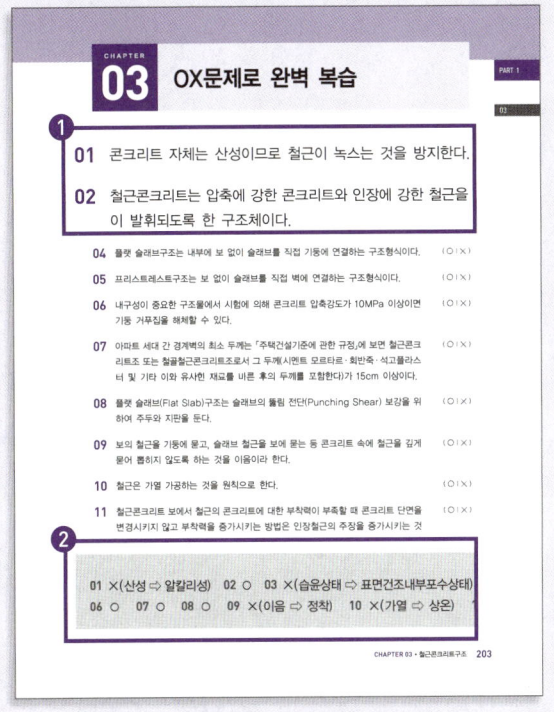

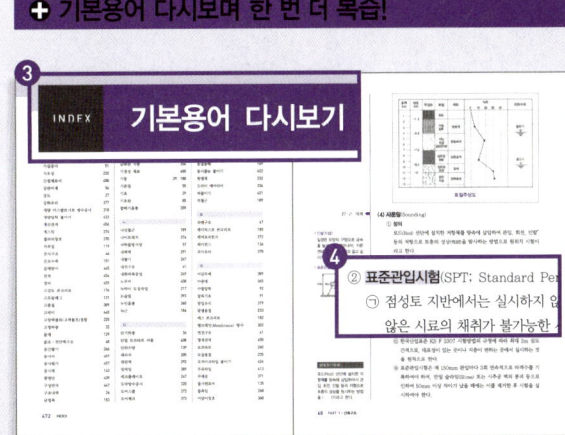

❶ OX문제로 완벽 복습
CHAPTER 종료 후 OX문제로 가볍고 빠른 복습

❷ 정답 및 해설
빠르게 정답 & 해설을 확인하며 나의 약점 극복

❸ 기본용어 다시보기
기본서 학습이 끝났다면, 기본용어를 다시보며 이해도 체크

❹ 기본용어 형광펜
헷갈리는 용어는 본문에 표시된 형광펜을 확인하여 기본서 한 번 더 복습

➕ 합격부록

3회독 & 12주끝장 합격플래너
꼼꼼하게 3회독? 빠르게 12주 끝장?
나의 학습 스타일에 맞출 수 있는 플래너를 활용하여
기본서 학습 계획을 짜 보세요.

기출기반 합격자료 I 최근 5개년 시험 분석

PART별 평균 출제비율

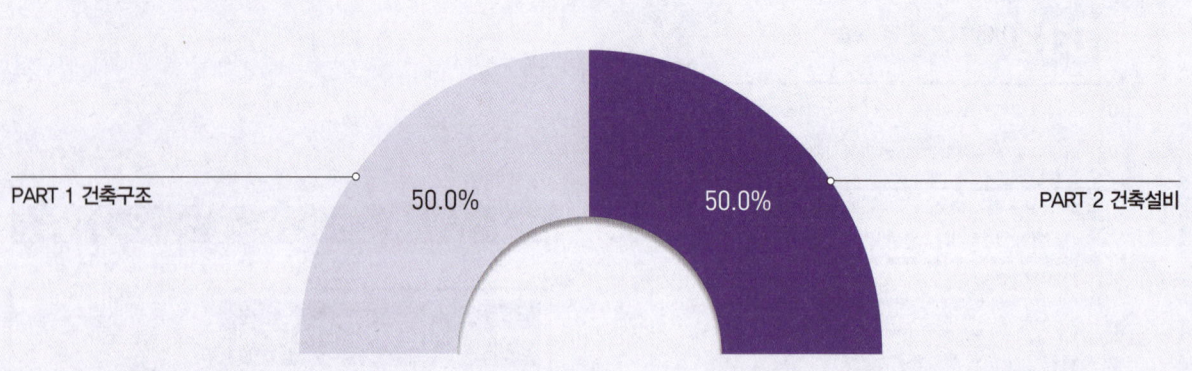

PART 1 건축구조 50.0% | 50.0% PART 2 건축설비

CHAPTER별 평균 출제비율 & 빈출 키워드

PART 1 건축구조 (총 50.0%)

CHAPTER	출제비율	빈출 키워드
01. 건축구조 총론	4.5%	설계하중, 건축구조방식
02. 토공사 및 기초구조	3.5%	지반, 기초구조
03. 철근콘크리트구조	8.0%	철근공사, 콘크리트공사, 철근콘크리트 부재설계
04. 강구조	6.0%	철골부재의 접합방법, 철골구조의 현장시공
05. 조적구조	3.5%	벽돌구조
06. 방수 및 방습공사	5.0%	방수공사
07. 지붕 및 홈통공사	2.0%	지붕공사, 홈통공사

CHAPTER	출제비율	빈출 키워드
08. 창호 및 유리공사	5.5%	창호공사, 유리공사
09. 미장 및 타일공사	4.5%	미장공사, 타일공사
10. 도장 및 수장공사	2.5%	도장공사
11. 적산 및 견적	5.0%	개요, 각 공사별 물량산출

PART 2 건축설비 (총 50.0%)

CHAPTER	출제비율	빈출 키워드
01. 건축설비 총론	7.0%	설비의 기초이론, 단열계획, 배관재료 및 밸브
02. 급수설비	7.0%	급수설계, 급수방식, 급수배관설계, 펌프
03. 급탕설비	4.5%	급탕설비용 기기, 급탕배관설계
04. 배수·통기 및 위생기구설비	4.5%	배수설비, 통기설비, 위생기구설비
05. 오수정화설비	2.0%	오수정화설비 개요, 오수처리시설
06. 가스설비	2.0%	도시가스, 가스배관설계
07. 소방설비	5.0%	소화설비, 소화활동설비
08. 난방 및 냉동설비	5.0%	난방설비
09. 공기조화 및 환기설비	1.5%	공기조화설비
10. 전기 및 수송설비	7.0%	전기설비, 수송설비
11. 홈네트워크 및 건축물의 에너지절약설계기준	4.5%	홈네트워크설비, 건축물의 에너지절약설계기준

기출기반 합격자료 II 2025년 제28회 시험 리포트

PART 1 건축구조_CHAPTER별 출제비율

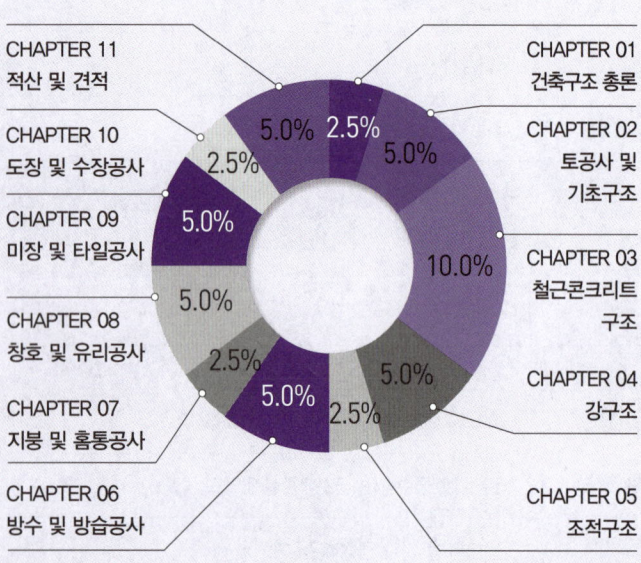

건축구조 PART에서는 총 20문항 중 철근콘크리트구조 CHAPTER에서 4문항(10%)이 출제되어 가장 높은 출제비율을 보였습니다.

이어서 토공사 및 기초구조, 강구조, 방수 및 방습공사, 창호 및 유리공사, 미장 및 타일공사, 적산 및 견적 CHAPTER에서 각각 2문항(5.0%)씩 출제되었습니다.

그리고 건축구조 총론, 조적구조, 지붕 및 홈통공사, 도장 및 방수공사 CHAPTER에서 각각 1문항(2.5%)씩 출제되었습니다.

PART 2 건축설비_CHAPTER별 출제비율

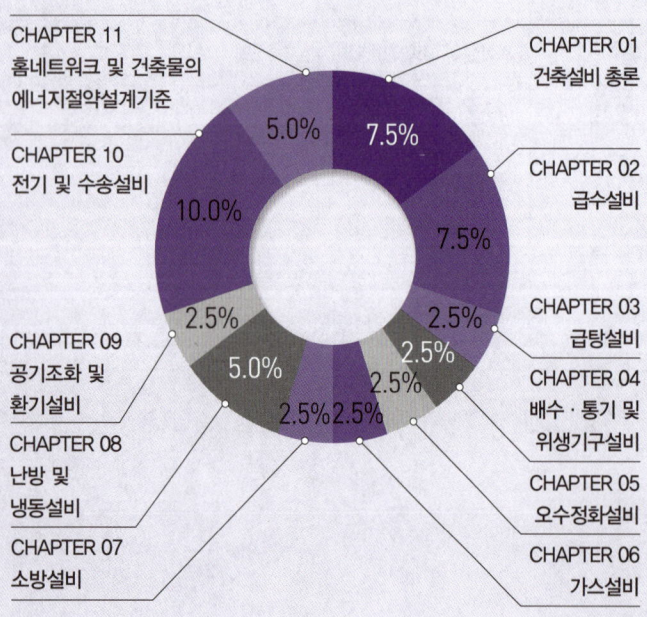

건축설비 PART에서는 총 20문항 중 전기 및 수송설비 CHAPTER에서 4문항(10%)이 출제되어 가장 높은 출제비율을 보였습니다.

이어서 건축설비 총론, 급수설비 CHAPTER에서 3문항(7.5%)씩 출제되었습니다. 또한 난방 및 냉동설비, 홈네트워크 및 건축물의 에너지절약설계기준 CHAPTER에서 2문항(5%)씩 출제되었습니다.

그리고 급탕설비, 배수·통기 및 위생기구설비, 오수정화설비, 가스설비, 소방설비, 공기조화 및 환기설비 CHAPTER에서 각각 1문항(2.5%)씩 출제되었습니다.

전반적인 출제경향

예년에 비해 어렵게 출제
이번 제28회 시험은 작년보다는 전체적으로 어렵게 출제되었고, 새로운 문제의 비율이 높고 기출문제의 비율이 줄어들어서 수험생들이 느끼는 난도는 '상' 정도로 볼 수 있습니다.

법령 관련 문제 출제
건축구조에서는 KCS 표준시방서 기준도 출제되지만, 올해는 예전과 다르게 KDS 구조설계기준에서도 다수의 문제가 출제되는 새로운 경향을 보이고 있습니다. 건축설비에서는 예년과 비슷하게 수도법령과 건축물의 피난방화구조 등의 기준에 관한 규칙이 출제되었으며, 공동주택의 화재안전성능기준이 출제된 것이 새로운 경향입니다.

총평

건축구조에서 6문항, 건축설비에서는 8문항 총 14문항이 다소 난도가 높은 문제로 출제되었고, 법령에 관련된 심도 있는 문제가 건축구조에서는 3문항, 건축설비에서는 5문항 등장하기도 하였습니다. '중' 난도는 건축구조에서 9문항, 건축설비에서는 4문항으로 총 13문항 출제되었고, '하' 난도는 건축구조에서 5문항, 건축설비에서는 8문항으로 총 13문항 출제되었으며, 계산 문제는 총 3문항이 출제되었습니다. 이번 제28회 시험은 '중' 난도와 '하' 난도를 합치면 최소 26문항은 맞힐 수 있게 출제되었기 때문에 에듀윌 기본서와 기출문제만 반복해서 학습하였다면 합격의 당락에는 크게 좌우하지 않는 시험이라고 생각됩니다.

평년 대비 다소 어려운 난도

구조설계기준에서도 문제 출제

기본서 위주의 학습이 중요

머리말
기출이론 정복으로 실제 시험 완벽 대비!

공동주택시설개론은 회를 거듭함에 따라 난도가 상승하고 출제범위가 광범위하여 수험생들에게 많은 부담을 주고 있습니다. 특히, 구조기준에 대한 세부적인 항목과 공사표준시방서를 통한 공사내용에 대한 문제가 출제되고, 새로운 내용이 다수 출제되고 있어, 이러한 점을 감안하여 출제된 문제를 집중분석하여 실제시험에서 정확하게 대처할 수 있도록 하였습니다.

본서의 특징은 다음과 같습니다.

1. 초보자부터 전공자까지 누구나 쉽게 이해할 수 있도록 기초부터 심화학습까지 체계적으로 기술하였습니다.
2. 각 단원별 기출문제를 분석하여 중요한 사항은 본문에 제시하고, 출제기준에 맞는 구체적인 내용을 통해서 실전에 대비할 수 있도록 정리하였습니다.
3. 초보자들이 쉽게 이해할 수 있도록 현장사진 및 그림으로 정리하였으며, 누구나 쉽게 접근할 수 있도록 광범위한 내용을 체계적으로 정리하였습니다.
4. 최신 개정된 건설기준코드 표준시방서 내용과 각종 법령에 맞게 정리하였습니다.

이 교재가 힘들고 지친 수험생활에 큰 도움이 되기를 바라며, 또한 수험생 여러분에게 반드시 합격의 영광이 있기를 믿습니다. 수험생들이 좀 더 효율적으로 즐겁게 학습을 할 수 있도록 고민하고 노력하였으나, 혹여 미흡한 부분이 있다면 추후 계속 보완·개정할 것을 약속드립니다.

끝으로 본서가 출간되기까지 도와주신 한양대학교 건축구조 및 설비연구실, 에듀윌 대표님을 비롯한 출판사업본부 가족 여러분께 감사의 말씀드립니다.

인생을 많이 사신 분의 말씀에 따르면, 어떤 하나의 문제에 의식적으로 집중하면 나를 둘러싼 다른 여러 문제들을 한시적으로 잊을 수 있었던 것 같다고 합니다.

그리고 그 하나의 문제에 집중하는 동안 그 문제로 인하여 고통을 느끼지도 않았다고 합니다.

오히려 해결책을 찾는 그 시간이 즐거웠다고 합니다.

그렇게 나를 잊고, 산재한 여러 문제들을 잊으면서 하나씩 하나씩 차례로 해결하는 것이 최선인 듯 보입니다. 즐기면서 말이죠.

이 책이 수험생 여러분에게 그런 존재가 되기를 조심히 바라봅니다.

시설개론 저자 신명

차례

| 上 |

PART 1 | 건축구조

CHAPTER 01 | 건축구조 총론   22
- 제1절   건축물의 개요   23
- 제2절   설계하중   32
- 제3절   건축구조방식   43
- 제4절   가설공사   51

CHAPTER 02 | 토공사 및 기초구조   60
- 제1절   지반(地盤)   61
- 제2절   토공사   78
- 제3절   기초구조   85

CHAPTER 03 | 철근콘크리트구조   101
- 제1절   일반사항   102
- 제2절   철근공사   106
- 제3절   거푸집(Form)공사   119
- 제4절   콘크리트공사   125
- 제5절   철근콘크리트 부재설계   184

CHAPTER 04 | 강구조   206
- 제1절   개요   207
- 제2절   강재의 공장 가공작업   213
- 제3절   강구조 부재의 접합방법   221
- 제4절   강구조의 현장시공   242

CHAPTER 05 | 조적구조   256
- 제1절   일반사항   257
- 제2절   벽돌구조   258
- 제3절   블록구조   277
- 제4절   돌(石)구조   284
- 제5절   조적구조의 구조기준   290

CHAPTER 06	**방수 및 방습공사**	299		CHAPTER 09	**미장 및 타일공사**	388
제1절	방수(防水)공사	300		제1절	미장공사	389
제2절	방습공사	338		제2절	타일(Tile)공사	413
CHAPTER 07	**지붕 및 홈통공사**	345		CHAPTER 10	**도장 및 수장공사**	430
제1절	지붕공사	346		제1절	도장공사	431
제2절	홈통공사	356		제2절	수장(修粧)공사	440
CHAPTER 08	**창호 및 유리공사**	363		CHAPTER 11	**적산 및 견적**	453
제1절	창호공사	364		제1절	개요	454
제2절	유리공사	374		제2절	각 공사별 물량산출	465

下

PART 2 | 건축설비

CHAPTER 01 | 건축설비 총론 ... 8
- 제1절　설비의 기초이론 ... 9
- 제2절　환경요소 ... 15
- 제3절　단열계획 ... 19
- 제4절　배관재료 및 밸브 ... 28

CHAPTER 02 | 급수설비 ... 40
- 제1절　급수설비 개요 ... 41
- 제2절　급수설계 ... 45
- 제3절　급수방식 ... 51
- 제4절　급수배관설계 ... 61
- 제5절　펌프 ... 68

CHAPTER 03 | 급탕설비 ... 79
- 제1절　급탕설계 ... 80
- 제2절　급탕설비용 기기 ... 82
- 제3절　급탕방식 ... 92
- 제4절　급탕배관설계 ... 96

CHAPTER 04 | 배수·통기 및 위생기구설비 ... 102
- 제1절　배수설비 ... 103
- 제2절　통기설비 ... 116
- 제3절　위생기구설비 ... 126

CHAPTER 05 | 오수정화설비 ... 134
- 제1절　오수정화설비 개요 ... 135
- 제2절　오수정화조 ... 140
- 제3절　오수처리시설 ... 145

CHAPTER 06 | 가스설비 ... 153
- 제1절　일반가스(Gas)의 개요 ... 154
- 제2절　도시가스 ... 156
- 제3절　가스배관설계 ... 161

CHAPTER 07 | 소방설비 ... 169
- 제1절　소방(消防)설비 개요 ... 170
- 제2절　소화설비 ... 173
- 제3절　소화활동설비 ... 194
- 제4절　경보설비 및 피난구조설비 ... 199

CHAPTER 08 | 난방 및 냉동설비 ... 216
- 제1절　난방설비 ... 217
- 제2절　냉동설비 ... 246

CHAPTER 09 | 공기조화 및 환기설비 ... 261
- 제1절　공기조화설비 ... 262
- 제2절　환기설비 ... 271

CHAPTER 10 | **전기 및 수송설비** 278

제1절 전기설비 279

제2절 수송설비 318

CHAPTER 11 | **홈네트워크 및 건축물의 에너지 절약설계기준** 335

제1절 홈네트워크설비 336

제2절 건축물의 에너지관리 348

제3절 건축물의 에너지절약설계기준 351

PART 1
건축구조

CHAPTER 01	건축구조 총론
CHAPTER 02	토공사 및 기초구조
CHAPTER 03	철근콘크리트구조
CHAPTER 04	강구조
CHAPTER 05	조적구조
CHAPTER 06	방수 및 방습공사
CHAPTER 07	지붕 및 홈통공사
CHAPTER 08	창호 및 유리공사
CHAPTER 09	미장 및 타일공사
CHAPTER 10	도장 및 수장공사
CHAPTER 11	적산 및 견적

최근 5개년
평균 출제문항 수 **20개**

최근 5개년
평균 출제비중 **50%**

PART 1 합격전략

PART 1. 건축구조는 모든 단원에서 골고루 출제되고 있으며, 그중에서도 철근콘크리트구조가 가장 높은 출제비율을 보입니다. 주로 건축구조에 대하여 필수적으로 알아야 할 사항 위주로 출제되고 있고, 건설기준 코드 표준시방서(KCS)를 통한 공사내용에 대한 문제가 3~5문제 정도 어렵게 출제되고 있습니다. 단순한 암기보다는 이해 위주의 암기가 필요하고, 용어에 대한 완벽한 이해와 새롭게 개정된 건설기준코드 표준시방서(KCS)에 대한 내용정리가 필요합니다.

CHAPTER 01 건축구조 총론

회독체크 1 2 3

CHAPTER 미리보기

학습전략

평균 2문제 정도(4.5%)이나 매년 출제되고 있기 때문에 관심을 가지고 학습해야 하며, 이 CHAPTER에서는 주로 부재별 정의 암기, 설계하중 종류별 특징 이해, 건축구조형식 파악을 위주로 학습할 필요가 있습니다.

학습키워드

- 장기하중
- 고정하중
- 활하중
- 단기하중
- 지진하중
- 건축구조방식
- 조립식구조
- 라멘구조
- 벽식 구조
- 플랫 슬래브 구조
- 철근콘크리트구조
- 가설공사 항목

※ 본문에 형광펜 처리가 된 용어는 공동주택시설개론 학습에서 기본적으로 알아야 하는 용어이니 꼭! 알아두세요. 학습이 끝난 후에는 교재 맨 뒤의 '기본용어 다시보기'에서 내가 제대로 용어를 기억하고 있는지 되짚어보세요.

제1절 건축물의 개요

1 일반사항

건축물의 개요
1. 일반사항
2. 건축구조 적용단위
3. 용어정리 및 건축재료
4. 건축물의 주요 구성요소

1. 건축물

(1) 정의

「건축법」 제2조 제2호에서 '건축물'이란 토지*에 정착하는 공작물 중 지붕과 기둥 또는 벽이 있는 것과 이에 딸린 시설물, 지하나 고가(高架)의 공작물에 설치하는 사무소, 공연장, 점포, 차고, 창고, 그 밖에 대통령령으로 정한 것을 말한다.

* **토지(土地)**
사람에 의한 이용이나 소유의 대상으로서 받아들여지는 경우의 땅

(2) 건축물의 분류

「건축법」상 건축물	「건축법」상 건축물이 아닌 것
① 일반주택, 정자, 사무소, 점포 등 ② 대문, 담장, 굴뚝, 고가수조, 옹벽 등 ③ 기념탑, 선전탑, 물탱크 등 ④ 경기장 스탠드, 전망대 공연장 등 ⑤ 학교, 공동주택, 전시장, 집회장 등과 공장, 창고, 화장장, 오물처리장 등	① 지정문화유산이나 임시지정문화유산 또는 천연기념물등이나 임시지정천연기념물, 임시지정명승, 임시지정 시·도 자연유산, 임시자연유산자료 ② 운전보안시설, 철도 플랫폼 등 철도 관련 시설 ③ 고속도로 통행료 징수시설 등

2. 건축구조(建築構造)

(1) 정의

① 건물의 뼈대가 되는 축부(軸部) 구조로부터 내외의 끝손질에 이르는 세부구조까지의 일체를 말한다.
② 각종의 건축재료를 써서 각 건축이 갖는 목적에 알맞은 건축물을 형성하는 일 또는 그 구조물을 말한다.
③ 적당한 재료를 사용하여 구성되는 건축물의 각부 강도와 건축물에 작용하는 외력 및 하중과의 관계 등을 알아서 건축구조의 안전을 도모하는 것을 말한다.

바로확인문제

「건축법」상 고속도로 통행료 징수시설은 건축물에 (   ).

관련법령
「건축법 시행령」제32조
〈2025. 12. 18. 시행〉

(2) 구조 안전을 확인해야 하는 건축물

① 층수가 2층(목구조 건축물의 경우에는 3층) 이상인 건축물
② 연면적이 200m² (목구조 건축물의 경우에는 500m²) 이상인 건축물(단, 창고, 축사, 작물 재배사는 제외)
③ 높이가 13m 이상인 건축물
④ 처마높이가 9m 이상인 건축물
⑤ 기둥과 기둥 사이의 거리(기둥이 없는 경우 내력벽과 내력벽 사이의 거리)가 10m 이상인 건축물
⑥ 건축물의 용도 및 규모를 고려한 중요도가 높은 건축물로서 국토교통부령으로 정하는 건축물
⑦ 국가적 문화유산으로 보존할 가치가 있는 건축물로서 국토교통부령으로 정하는 것
⑧ 한쪽 끝은 고정되고 다른 끝은 지지(支持)되지 아니한 구조로 된 보·차양* 등이 외벽(외벽이 없는 경우에는 외곽 기둥을 말한다)의 중심선으로부터 3m 이상 돌출된 건축물
⑨ 특수한 설계·시공·공법 등이 필요한 건축물로서 국토교통부장관이 정하여 고시하는 구조로 된 건축물

• **차양(遮陽)**
햇볕을 가리거나 비를 막기 위해 처마 끝에 덧붙이는 넓은 조각

관련법령
「건축법」제48조의3
〈2024. 6. 27. 시행〉

(3) 내진능력을 공개하여야 할 건축물

① 층수가 2층(목구조 건축물의 경우에는 3층) 이상인 건축물
② 연면적이 200m² (목구조 건축물의 경우에는 500m²) 이상인 건축물
③ 그 밖에 건축물의 규모와 중요도를 고려하여 대통령령으로 정하는 건축물

2 건축구조 적용단위

1. SI(국제 단위계, International System of Units) 단위

(1) 각 단위계

① 종래 우리는 CGS, MKS계 단위를 혼용하여 사용하였지만, 지금은 SI단위를 사용한다.
② 각 단위계별 단위 대조표

단위계＼양	길이	질량	시간	힘	응력
SI계	mm	kg	s	N	N/mm², MPa
CGS계	cm	g	s	dyn	dyn/cm²
MKS계	m	kg	s	kgf	kgf/m²

바로확인문제

구조 안전을 확인해야 하는 건축물은 높이가 (　)m 이상인 건축물, 처마높이가 (　)m 이상인 건축물, 기둥과 기둥 사이의 거리가 (　)m 이상인 건축물이 해당된다.

③ SI 접두어

배수	명칭	기호	배수	명칭	기호
10^{12}	테라(tera)	T	10^{-1}	데시(deci)	d
10^{9}	기가(giga)	G	10^{-2}	센티(centi)	c
10^{6}	메가(mega)	M	10^{-3}	밀리(mili)	m
10^{3}	킬로(kilo)	k	10^{-6}	마이크로(micro)	μ
10^{2}	헥토(hecto)	h	10^{-9}	나노(nano)	n

(2) 개념에 따른 단위 사용

구분	내용
중량의 개념	사람의 몸무게 kg, 콘크리트의 단위용적중량: $2t/m^3 \Rightarrow 2,000kg/m^3$
강도의 개념	콘크리트 재령 28일의 설계기준강도: $150kgf/cm^2 \Rightarrow 15N/mm^2 \Rightarrow 15MPa$
힘의 개념	보에 작용하는 등분포 하중: N/m

2. 단위 환산

(1) 힘의 단위

① 1kgf의 힘을 N으로 환산
② 1kgf는 질량 1kg의 물체에 중력가속도 $9.8m/s^2$를 내게 하는 힘

> **참고**
>
> $1kg \times (9.8m/s^2) = 9.8kg \cdot m/s^2 = 9.8N ≒ 10N$
> ∴ $1kgf = 9.8N ≒ 10N$

(2) 응력의 단위

① $1Pa(Pascal) = 1N/m^2$, $1MPa(Mega\ Pascal) = 1N/mm^2$를 주로 사용

> **참고**
>
> $1MPa = 1N/mm^2 = 10^6 Pa = 10^3 kPa$

② 환산의 예

㉠ $1Pa = 1N/m^2 = 0.102kgf / 10,000cm^2 = 1.02 \times 10^{-5} kgf/cm^2$
㉡ $1kPa = 10^3 Pa = 10^3 \times 1.02 \times 10^{-5} kgf/cm^2 = 1.02 \times 10^{-2} kgf/cm^2$
　　　$= 0.0102 kgf/cm^2$
㉢ $1MPa = 10^6 Pa = 10^6 \times 1.02 \times 10^{-5} kgf/cm^2 = 10.2 kgf/cm^2$
∴ $1kgf/cm^2 = 1/10.2 MPa = 0.098MPa ≒ 0.1MPa$

3 용어정리 및 건축재료

1. 용어정리

(1) 구조 용어정리

① **부재**(部材): 골조를 구성하는 구성요소의 뜻으로 구조물의 뼈대를 형성하는 각 단위재를 말한다.
② **하중**(荷重): 구조물 또는 부재에 응력(應力) 및 변형(變形)을 발생시키는 일체의 작용을 말한다.
③ **연직 하중**: 구조물에 중력방향으로 작용하는 하중, 중력하중이라고도 한다.
④ **응력**(應力): 물체의 외부에서 외력이 가해질 때, 그 물체 내부에 이것을 저항하려고 하는 힘이 발생한다. 이 저항을 응력이라 한다.
⑤ **구조부재**: 건축물의 기초·벽·기둥·바닥판·지붕틀·토대·사재(斜材; 가새·버팀대·귀잡이 등)·가로재(보·도리 등) 등의 구성부재를 말한다.
⑥ **비구조부재**: 차양·장식탑·비내력벽, 그 밖에 이와 유사한 것으로서 구조해석에서 제외되는 건축물의 구성부재를 말한다.
⑦ **주요구조부**: 내력벽·기둥·바닥·보·지붕틀 및 주계단을 말한다. 다만, 사잇기둥·최하층바닥·작은보·차양·옥외계단 및 기타 이와 유사한 것으로 건축물의 구조상 중요하지 아니한 부분을 제외한다.
⑧ **부재력**(部材力): 하중 및 외력에 의하여 구조부재에 생기는 축방향력(軸方向力)·휨모멘트·전단력(剪斷力)·비틀림 등을 말한다.
⑨ **압축력**(壓縮力): 부재의 양 끝에서 중앙으로 작용하는 힘(= 누르는 힘)을 말하고, 부재가 견디는 힘은 압축강도라고 한다. 기둥에 주로 작용한다.
⑩ **인장력**(引張力): 부재의 양 끝에서 바깥으로 잡아당기는 힘을 말하고, 부재가 견디는 힘은 인장강도라고 한다. 철근에 주로 작용하며, 보 또는 바닥판에도 휨에 의해 인장력이 발생한다.
⑪ **휨모멘트**: 바닥판이나 보에 작용하는 힘으로 양 끝이 고정된 상태에서 가운데를 누르는 힘에 의해 발생한다.
⑫ **전단력**(剪斷力): 부재의 상하에서 서로 반대로 작용하는 힘을 말하며, 가위와 같은 역할을 한다. 주로 보의 양 끝에서 휨에 의해 발생한다.
⑬ **구조내력**: 구조부재 및 이와 접하는 부분 등이 견딜 수 있는 부재력을 말한다.
⑭ **응력도**: 외력이 작용하는 구조부재 단면에 발생하는 단위면적당 힘의 크기를 말한다.

- **연직**(鉛直)
납덩이(추)를 실로 매달아 늘어뜨리는 때에 그 실이 수직(垂直)을 이루는 상태(狀態)

- **모멘트**(Moment)
물체를 회전시키려고 하는 힘의 작용

바로확인문제

( )은 구조부재 및 이와 접하는 부분 등이 견딜 수 있는 부재력을 말한다.

(2) 재료 용어정리

① **내구성**(耐久性): 건축물 및 공작물의 안전성을 일정한 수준으로 유지하기 위해 필요한 것으로서, 장기간에 걸친 외부의 물리적·화학적 또는 기계적 작용에 저항하여, 변질되거나 변형되지 않고 처음의 설계조건과 같이 오래 사용할 수 있는 구조물의 성능을 말한다.

② **내화성**(耐火性): 재료의 열에 대한 저항성으로 불에 노출되어도 쉽게 손상되지 않고 고온에 견디는 성질을 말한다.

③ **불연성**(不燃性): 콘크리트, 석재, 기와, 유리 등과 같이 불에 타지 않는 성질을 말한다.

④ **난연성**(難燃性): 물질이 연소하는 성질을 분류하면 가연성(可燃性), 난연성, 불연성 등이 있다. 난연성은 가연성과 불연성의 중간으로 연소하기 어려운 재료의 성질을 말하며, 화재의 확대를 늦추거나 또는 멈추게 하는 처리를 한 물체의 표면 또는 구조로 되어 있다.

⑤ **탄성**(彈性): 외력을 받아 변형한 물체가 그 외력을 제거하면 본래의 모양으로 되돌아가는 성질을 말한다.

⑥ **연성**(延性): 탄성한계를 넘는 힘을 가함으로써 물체가 파괴되지 않고 늘어나는 성질을 말한다.

⑦ **소성**(塑性): 물체에 작은 외력을 가하여도 변형하지 않고, 어느 정도(항복값●) 이상의 외력을 가하면 변형하고 외력을 제거하여도 원래의 형상으로 되돌아가지 않는 성질을 말한다.

⑧ **취성**(脆性): 물체에 외력을 가할 때 탄성한계가 적으면 그 한계를 넘자마자 파괴를 일으키는 성질을 말한다. 즉, 물체가 쉽게 부서지는 성질을 말한다.

⑨ **강도**(强度): 구조물이나 그것을 구성하는 부재가 외력에 대하여 저항하는 힘의 최댓값을 말하며, 재료의 경우에는 주로 단위 단면적당 힘의 크기로 나타낸다.

⑩ **강성**(剛性): 구조물 또는 그것을 구성하는 부재는 하중을 받으면 변형하는데, 이 변형에 대한 저항의 정도를 말한다.

● **항복값, 항복점(降伏點)**
일반적으로 물체에 작용하는 외력을 늘려가면 응력이 탄성한도를 넘는 어떤 값에 이르는데, 이때 외력은 거의 증가하지 않는데도 영구 변형이 급격히 커지기 시작한다. 이 탄성 한도를 넘은 어떤 값을 '항복값' 또는 '항복점'이라 한다.

2. 건축재료(材料)

(1) 소재에 의한 분류

① 목재

② 천연암석(점토 및 석재)

③ 금속(철, 동)

④ 콘크리트

⑤ 고분자재료(석탄, 석유제품)

⑥ 합금(알루미늄합금, 스테인리스강)

(2) 사용목적에 의한 분류

종류	내용
구조재료	강도가 우선적으로 고려되어야 하며, 콘크리트, 강재, 석재, 목재 등이 이에 속한다.
마감재료	구조재료에 첨가하거나 건축물을 완성시키는 재료로서 지붕재료, 외장재료, 내장재료, 유리 및 도장재료 등이 이에 속한다.
설비재료	건축물의 사용 능력을 보완하고 향상시키기 위한 재료로서 엘리베이터, 에스컬레이터, 위생설비, 냉·난방설비 등이 이에 속한다.
가설재료	신축하거나 보수하는 데 필요한 재료로서 비계용 강관, 흙막이용 강재 등이 이에 속한다.

(3) KS의 분류에 따른 재료규격

부문	기본	기계	전기	금속	광산	토건	일용품	식료품
기호	A	B	C	D	E	F	G	H
부문	섬유	요업	화학	의료	수송기계	조선	항공	정보산업
기호	K	L	M	P	R	V	W	X

(4) 재료별 선택 시 고려사항

재료	고려사항
지붕재료	재료가 가볍고 방수·방습·내화·내수성이 크고, 열전도율이 작으며, 외관이 좋은 것을 선택한다.
벽 및 천장재료	흡음이 잘 되고 내화·내구성이 크고, 열전도율이 작으며, 시공이 용이한 것을 선택한다.
바닥재료	내화·내구성이 크고, 탄력성이 있으며, 내마모성이 좋고, 청소가 용이한 것을 선택한다.
창호 및 수장재료	내화·내구성이 크고, 변형이 적으며, 가공이 용이한 것을 선택한다.

4 건축물의 주요 구성요소

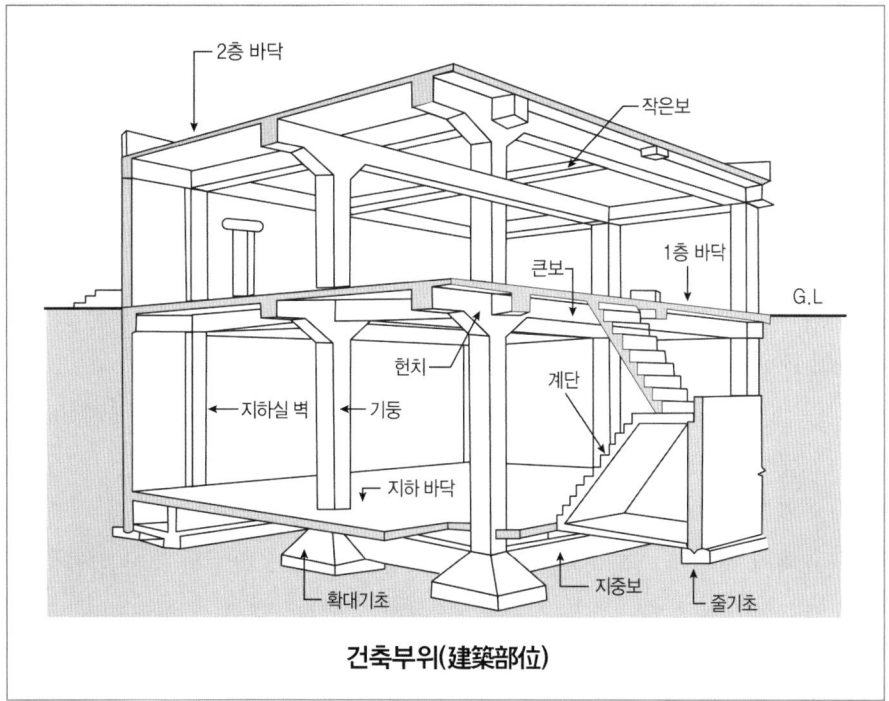

건축부위(建築部位)

1. 구조부재

(1) 기초(Foundation, Footing)
① 건물 하부의 구조로서 건물의 무게를 지반에 전달하여 완전히 지탱하게 하는 것을 말한다.
② 기초판과 지정으로 구성되며, 지정은 지반 또는 기초 부분을 튼튼하게 보강하는 것을 말한다.

(2) 기둥(Column, Post)
① 높이가 최소 단면* 치수의 3배 혹은 그 이상이고, 주로 축방향의 압축하중을 지지하는 데에 쓰이는 압축부재를 말한다.
② 마룻바닥, 지붕 등을 받는 수직재로서 벽체 기둥, 붙임 기둥, 독립 기둥 등이 있다.
③ 기둥은 벽체를 구성하기도 하며, 보, 도리 등에서 오는 하중을 받아 기초에 전달한다.

▶ 22·16·15·11회

• 단면(斷面)
물체를 어떤 점에서 절단하였을 때 생기는 면

바로확인문제

기둥은 높이가 최소 단면 치수의 (   )배 혹은 그 이상이고, 주로 축방향의 압축하중을 지지하는 데에 쓰이는 (   )부재를 말한다.

(3) 벽(Wall)
① 두께에 직각으로 측정한 수평 치수가 그 두께의 3배를 넘는 수직부재를 말한다.
② 대개 수직으로 공간을 막는 것으로 안팎의 구별이 있으며, 외부에 있는 벽을 외벽이라 하고, 건물 안에 있는 것을 내벽이라고 한다.
③ 수직으로 설치하여 공간을 구성하는 부재로 단순히 기둥과 벽체의 공간을 막아 주는 역할만 하는 장막벽(= 비내력벽, 칸막이벽)과 바닥판을 지지하여 하부로 전달하는 내력벽(耐力壁)이 있다.

(4) 보(Beam, Girder)
① 건물 혹은 구조물의 형틀 부분을 구성하는 수평부재로 작은보(Beam), 큰보(Girder)가 있다.
② 재축에 직각방향으로 하중을 받는 부재의 총칭이다.
③ 지지 형태에 따라 양쪽이 지지된 고정보, 기둥에 단순히 얹어진 단순보, 한쪽만 지지되고 다른 한쪽은 공중에 떠 있는 내민보(= 캔틸레버•보) 등이 있다.

(5) 바닥(Floor, Slab)
① 공간을 막아 놓은 밑바닥, 즉 건물의 수평체이고 그 위에 실리는 하중을 받아 이것을 기둥 또는 벽에 전달하는 것을 말한다.
② 수직 구조체 등을 튼튼히 연결하는 역할을 한다.
③ 장변과 단변의 비에 따라 1방향 슬래브, 2방향 슬래브가 있다.

(6) 지붕틀(Roof)
① 건물의 최상부를 막아 우설(雨雪)을 막는 구조체이다.
② 경사진 것과 수평으로 된 평지붕이 있다.

(7) 계단(Stairs, Stair Way)
① 층대 또는 층계라고도 하며, 고저 차가 있는 상하를 연결시키는 통로가 되는 것이다.
② 층단 없이 경사로로 된 것도 있다.

• 캔틸레버(Cantilever)
다리나 다른 구조물을 떠받치는 레버, 외팔보

바로확인문제
지지 형태에 따라 양쪽이 지지된 고정보, 기둥에 단순히 얹어진 단순보, 한쪽만 지지되고 다른 한쪽은 공중에 떠 있는 ( )보 등이 있다.

2. 비구조부재

(1) 천장(Ceiling, 반자)
① 지붕밑 또는 위층의 바닥밑을 막아 열차단, 음향 방지(흡음, 방음)와 장식을 겸한 것을 말하고, 그 구조체를 반자라고 한다.
② 반자는 보통 수평면으로 하지만 경사면·곡면으로도 한다.

(2) 수장(Fixture)
① 주로 장식을 목적으로 구조체에 붙여 대는 것의 총칭으로서 내부 수장 즉, 벽면, 바닥, 천장에 붙여 대는 것을 말한다.
② 한식인 재래식 건축에는 구조체이면서 수장이 되는 부분이 많다.

(3) 창호(Window & Door)
① 출입, 채광, 통풍, 기타 목적으로 벽체 또는 지붕, 천장 등에 댄 것이다.
② 창과 문을 창문 또는 창호라 하고 창호와 출입구 등을 통틀어 문꼴(Opening)이라 한다.

• 채광(採光)
창문 따위를 내어 햇빛을 비롯한 광선을 받아들임

개념적용 문제

건축물 부재에 관한 설명으로 옳지 않은 것은? 제16회 기출

① 보는 슬래브 등을 지지하는 수평부재로 큰보, 작은보가 있다.
② 벽은 공간을 구획하는 수직부재로 장막벽, 내력벽 등이 있다.
③ 기둥은 높이가 단면 치수의 3배 이상인 수직부재로 주로 인장력에 저항한다.
④ 기초는 상부구조의 하중을 지반에 전달하는 부재로 기초판과 지정을 포함한다.
⑤ 슬래브는 수평부재로 장변과 단변의 비에 따라 1방향 슬래브, 2방향 슬래브가 있다.

해설 기둥은 높이가 단면 치수의 3배 이상인 수직부재로 주로 압축력에 저항한다.
정답 ③

설계하중
1 장기하중
2 단기하중

제2절 설계하중 ★★

1 장기하중

1. 일반사항

28·24·23·19회

(1) 정의 및 종류

장기하중은 구조물에 장기간 작용하는 하중을 말한다.

```
일반지역 = 고정하중 + 활(적재)하중
다설지역 = 고정하중 + 활(적재)하중 + 설하중
```

(2) 하중에 대한 건축물의 응답
① 활하중이 건물에 가해지면 건물에는 더 많은 처짐이 생기게 되고, 국부적으로 더 큰 응력을 받게 된다.
② 비록 활하중이 고정하중에 비해 아주 적은 양에 불과하고 대단한 추가 변위*를 일으키지는 않는다 할지라도, 상당한 처짐과 진동을 야기할 수 있다.

• **변위(變位)**
구조물이 하중을 받았을 때 구조물은 변형하고, 그 임의의 점은 각각 어느 양만큼 원위치에서 이동하는데, 이 이동 또는 이동량을 휨 또는 변위라 한다.

26·24·21·20·19·18·15·9·6회

2. 고정하중(Dead Load)

(1) 정의
① 고정하중은 건축물의 주요구조부와 이에 부착·고정되어 있는 비내력 부분 및 각종 시설·설비(엘리베이터 등) 등의 중량에 의하여 구조물의 존치기간 중 지속적으로 작용하는 정적인 연직하중을 말한다.
② 고정하중은 구조체 자체의 무게인 자중, 고정된 기계설비 등의 하중으로, 고정 칸막이벽과 같은 비구조부재의 하중도 포함한다.

(2) 설계 시 기본사항
① 건축물의 각 부분의 고정하중은 각 부분의 실상에 따라 산정한다.
② 고정하중은 건축재료의 밀도*나 단위체적중량(또는 단위면적중량)에 체적(또는 면적)을 곱하여 계산한다.

• **밀도(密度)**
물질의 질량을 부피로 나눈 값으로 물질마다 고유한 값을 지니고 있으며, 일반적으로 고체 상태의 물질은 분자들이 매우 빽빽하게 모여 있는 상태이므로 밀도가 크다. 액체 상태의 물질은 고체 상태에 비해 분자 간의 거리가 멀기 때문에 좀 더 큰 부피를 차지하고, 고체보다 밀도가 작다. 기체 상태의 물질은 분자 간의 거리가 매우 멀어 같은 수의 분자에 대해 차지하는 부피가 고체나 액체에 비해 훨씬 크게 되어 밀도가 매우 작은 편이라고 한다.

③ 고정하중은 구조물에서 골조나 마감재 자중과 같이 이동하지 않는 고정된 하중으로 설계하중 중에서 가장 기본적인 하중이다.
④ 고정하중 크기의 편차는 개개의 구조물, 구조종별, 구조형식, 설계자 등의 영향을 받으므로 일률적으로 정하기 어렵고, 편차는 저층 철근콘크리트구조물에서는 비교적 크고, 고층 강구조물에서는 작다.

3. 활하중(Live Load)

▶ 28·27·26·23·22·21·20·19·18·16·15·13·12·6회

(1) 정의
① 활하중은 적재하중이라고도 하며, 건물의 사용 및 점유에 의해서 발생되는 하중으로 사람, 가구, 이동 칸막이, 창고의 저장물, 설비 등의 수직하중을 말한다.
② 활하중은 신축 건축물 및 공작물의 구조계산과 기존 건축물의 안전성 검토 시 적용된다.

(2) 설계 시 기본사항
① 활하중은 등분포 활하중과 집중 활하중으로 분류하며, 그 크기는 구조물의 안전도를 고려한 용도별 최솟값으로 정한다.
② 건축구조물은 등분포 활하중과 집중 활하중 중에서 구조부재별로 더 큰 하중효과를 발생시키는 하중에 대하여 설계하여야 한다.
③ 활하중은 점유·사용에 의하여 발생할 것으로 예상되는 최대의 하중이어야 한다.
④ 활하중은 분포 특성을 파악하기 어렵고, 건축물의 사용용도에 따라 변동폭이 크며, 고정하중에 비해 하중의 크기와 위치가 수시로 변화한다.
⑤ 사무실 또는 유사한 용도의 건물에서 가동성 경량칸막이벽이 설치될 가능성이 있는 경우에는 칸막이벽 하중으로 최소한 $1kN/m^2$를 기본등분포 활하중에 추가하여야 한다. 다만, 기본활하중값이 $4kN/m^2$ 이상일 경우에는 이를 제외할 수 있다.
⑥ 조적조의 칸막이벽은 활하중이 아닌 고정하중으로 간주하고 산정하여야 한다.
⑦ 집중하중에 대한 검토는 현실적으로 기둥이나 큰보의 경우보다 슬래브와 작은보에 해당되며, 특히 스팬이 짧은 경우에 해당된다.

바로확인문제
(　　)하중은 건축물의 주요 구조부와 이에 부착·고정되어 있는 비내력 부분 및 각종 시설·설비 등의 중량에 의하여 구조물의 존치기간 중 지속적으로 작용하는 (　　)인 (　　)하중을 말한다.

관련기준
건축구조설계기준코드(KDS)
2025 〈KDS 41 12 00 : 2022〉

(3) 등분포 활하중

① 진동, 충격 등이 있어 기본등분포 활하중을 적용하기에 적합하지 않은 경우의 활하중은 건축물의 실제 상황에 따라 활하중의 크기를 증가하여 산정한다(단, 기본등분포 활하중 중에서 주차장 등의 활하중은 이미 진동이나 충격이 고려된 값이다).

② 구조물의 용도별로 적용하는 기본등분포 활하중의 최솟값(kN/m^2)

용도	구조물의 부분	활하중
주택	주거용 건축물의 거실	2.0
	공동주택의 공용실	5.0
병원	병실	2.0
	수술실, 공용실, 실험실	3.0
	1층 외의 모든 층 복도	4.0
숙박시설	객실	2.0
	공용실	5.0
사무실	일반 사무실	2.5
	특수용도 사무실	5.0
	문서보관실	5.0
	1층 외의 모든 층 복도	4.0
학교	교실	3.0
	일반 실험실	3.0
	중량물 실험실	5.0
	1층 외의 모든 층 복도	4.0
판매장	상점, 백화점(1층)	5.0
	상점, 백화점(2층 이상)	4.0
	창고형 매장	6.0
집회 및 유흥장	모든 층 복도	5.0
	무대	7.0
	식당	5.0
	주방	7.0
	극장 및 집회장(고정 좌석)	4.0
	집회장(이동 좌석)	5.0
	연회장, 무도장	5.0
체육시설	체육관 바닥, 옥외경기장	5.0
	스탠드(고정 좌석)	4.0
	스탠드(이동 좌석)	5.0

바로확인문제

구조물의 용도별로 적용하는 활하중의 최솟값은 공동주택의 공용실이 주거용 건축물의 거실보다 (   ).

분류	용도	활하중
도서관	열람실	3.0
	서고	7.5
	1층 외의 모든 층 복도	4.0
주차장 및 옥외 차도	총중량 30kN 이하의 차량(옥내)	3.0
	총중량 30kN 이하의 차량(옥외)	5.0
	총중량 30kN 초과 90kN 이하의 차량	6.0
	총중량 90kN 초과 180kN 이하의 차량	12.0
	옥외 차도와 차도 양측의 보도	12.0
창고	경량품 저장창고	6.0
	중량품 저장창고	12.0
공장	경공업 공장	6.0
	중공업 공장	12.0
지붕	점유·사용하지 않는 지붕(지붕활하중)	1.0
	산책로 용도	3.0
	정원 또는 집회 용도	5.0
	출입이 제한된 조경 구역	1.0
	헬리콥터 이착륙장	5.0
기계실	공조실, 전기실, 기계실 등	5.0
광장	옥외광장	12.0
발코니	출입 바닥 활하중의 1.5배(최대 5.0kN/m²)	
로비 및 복도	로비, 1층 복도	5.0
	1층 외의 모든 층 복도(병원, 사무실, 학교, 집회 및 유흥장, 도서관은 별도 규정)	출입 바닥 활하중
계단	단독주택 또는 2세대 거주 주택	2.0
	기타의 계단	5.0

> **개념적용 문제**
>
> 건축물 주요실의 기본등분포 활하중(kN/m²)의 크기가 가장 작은 것은?
>
> 제27회 기출
>
> ① 공동주택의 공용실 ② 주거용 건축물의 거실
> ③ 판매장의 상점 ④ 도서관의 서고
> ⑤ 기계실의 공조실
>
> **해설**
> ① 공동주택의 공용실: 5kN/m² 이상
> ② 주거용 건축물의 거실: 2kN/m² 이상
> ③ 판매장의 상점: 4~5kN/m² 이상
> ④ 도서관의 서고: 7.5kN/m² 이상
> ⑤ 기계실의 공조실: 5kN/m² 이상
>
> 정답 ②

(4) 활하중의 저감계수

① 활하중을 저감하는 방법은 면적이나 층수에 따라 저감시키는 방법 등이 있다.
② 지붕활하중을 제외한 등분포 활하중은 부재의 **영향면적**이 36m² 이상인 경우 최소 기본등분포 활하중에 활하중저감계수를 곱하여 저감할 수 있다.
③ 지붕활하중은 별도 규정에 따라 저감하지만, 지붕을 정원 및 집회 등의 용도로 점유·사용하는 경우에는 활하중을 저감한다.

② 단기하중

1. 일반사항

(1) 정의 및 종류

① 단기하중은 구조물에 일시적으로 작용하는 하중을 말한다.
② 설하중(S), 풍하중(W), 지진하중(E), 강우하중(R), 충격하중(I) 등을 말한다.

(2) 용어정리

① **풍하중**: 설계풍압에 유효수압면적을 곱하여 산정한다.
② **지진하중**: 지진에 의한 지반운동으로 구조물에 작용하는 하중이다.

• **영향면적**
연직하중전달 구조부재에 미치는 하중영향을 바닥면적으로 나타낸 것을 말한다.

28·20·17·7회

• **풍압(風壓)**
물체에 미치는 바람의 압력을 말하며, 공기 밀도와 풍속의 제곱에 비례하여 커진다.

2. 설하중(Snow Load)

(1) 적용범위
① 설하중은 구조물에 쌓이는 눈의 무게에 의해서 발생하는 하중이다.
② 지붕에 작용하는 설하중의 영향이 지붕의 최소 활하중보다 클 때에는 설하중을 적용한다.
③ 설하중의 작용이 예상되는 벽면이나 기타 건축물의 표면에 대해서는 설하중의 영향을 고려한다.

(2) 하중 설정기준
① 설하중은 적설의 단위중량에 따라 그 지방의 수직 최다 적설량을 곱해서 계산한다.
② 기본지상설하중은 재현기간 100년에 대한 수직 최심 적설깊이를 기준으로 하며 지역에 따라 다르다(단, 구조물의 용도 등에 따라 재현기간 100년을 적용하지 않을 때는 소요 재현기간에 맞추어 환산한 지상설하중값을 사용할 수 있다).
③ 최소 지상설하중은 $0.5kN/m^2$로 한다.
④ 설계용 지붕설하중은 기본지상설하중을 기준으로 하여 기본지붕설하중계수, 노출계수, 온도계수, 중요도계수 및 지붕의 형상계수와 기타 재하 분포상태 등을 고려하여 산정한다.
⑤ 설하중은 지붕의 물매가 작을수록 크다.
⑥ 설하중은 구조물이 위치한 지역의 기상조건, 건물 지붕의 형상 및 경사 등에 많은 영향을 받는다.

3. 풍하중(Wind Load)

(1) 적용범위
① 강풍에 의한 건축구조물의 탄성적 거동을 전제로 한 최소 풍하중을 산정하는 경우에 적용한다.
② 주골조 설계용 풍하중은 건축물의 주골조를 설계하는 경우에 적용하고, 외장재 설계용 풍하중은 외장재와 이를 지지하는 부골조의 설계에 적용한다.

• 최심(最深)
가장 깊음

(2) 하중 설정기준

① 풍하중은 주골조설계용 수평풍하중·지붕풍하중과 외장재설계용 풍하중으로 구분한다.
② 풍하중은 건축물 형태 및 지형의 영향을 받으며, 수평하중으로 바람을 받는 벽면의 면적이 클수록 크다.
③ 통상적인 건축물에서는 지붕의 평균높이를 기준높이로 하며, 이 기준높이에서의 속도압을 기준으로 풍하중을 산정한다.
④ 주골조설계용 풍하중은 속도압, 가스트영향계수, 주골조설계용 풍압계수(풍력계수)에 풍하중의 산정 목적에 따라 적절하게 정한 수압면적을 곱하여 산정한다. 단, 내압계수의 영향도 고려한다.
⑤ 외장재설계용 풍하중은 속도압과 외장재설계용 피크풍압계수에 풍하중의 산정 목적에 따라 적절하게 정한 수압면적을 곱하여 산정한다. 단, 피크내압계수의 영향도 고려한다.
⑥ 풍하중은 10분간 평균풍속의 재현기간 500년에 대한 값을 기본으로 산정한다. 이 값은 강도설계의 극한값에 해당한다. 따라서 강도설계의 하중조합에서 풍하중계수는 1.0이다.
⑦ 설계속도압은 건축물설계용 풍하중을 결정하기 위한 평균풍속의 등가 정적 속도압을 말한다.

$$\text{설계속도압} = \frac{1}{2}\rho(\text{공기밀도}) \times \text{설계풍속}^2$$

⑧ 설계풍속은 기본풍속에 대하여 건설지점의 지표면 상태에 따른 풍속의 고도분포와 지형조건에 따른 풍속의 할증 및 건축물의 중요도에 따른 설계재현기간을 고려한 풍속으로 설계속도압 산정의 기본이 되는 풍속을 말한다.

4. 지진하중(Earthquake Load)

(1) 지진의 정의

① 지진(Earthquake)이란 지구적인 힘에 의하여 땅속의 거대한 암반(巖盤)이 갑자기 갈라지면서 그 충격으로 땅이 흔들리는 현상을 말한다.
② 지진은 지구 내부 어딘가에서 급격한 지각변동이 생겨 그 충격으로 생긴 파동, 즉 지진파(Seismic Wave)가 지표면까지 전해져 지반을 진동시키는 것이다.

바로확인문제

주골조설계용 풍하중은 속도압, 가스트영향계수, 주골조설계용 풍압계수(풍력계수)에 풍하중의 산정 목적에 따라 적절하게 정한 수압면적을 (   )하여 산정한다.

(2) 지진하중

① 일반사항

㉠ 지진하중은 지진에 의한 지반운동으로 구조물에 작용하는 수평하중을 말한다.

㉡ 기존 구조물과 구조적으로 독립된 증축구조물은 신축구조물로 취급하여 지진하중에 따라 설계 및 시공하여야 한다.

㉢ 기존 구조물과 구조적으로 독립되지 않은 증축구조물의 경우에는 전체구조물을 신축구조물로 취급하여 지진하중에 따라 설계 및 시공하여야 한다.

㉣ 우리나라 지진구역 및 이에 따른 지진구역계수값(평균재현주기 500년에 해당)은 다음과 같이 구분한다.

지진구역		행정구역	지진구역계수
Ⅰ	시	서울, 인천, 대전, 부산, 대구, 울산, 광주, 세종	0.11
	도	경기, 충북, 충남, 경북, 경남, 전북, 전남, 강원남부*	
Ⅱ	도	강원 북부**, 제주	0.07

* **강원 남부**: 영월, 정선, 삼척, 강릉, 동해, 원주, 태백
** **강원 북부**: 홍천, 철원, 화천, 횡성, 평창, 양구, 인제, 고성, 양양, 춘천, 속초

▶ 관련기준
건축구조설계기준코드(KDS) 2025〈KDS 41 17 00 : 2022〉

㉤ 지반운동에 미치는 영향을 고려하기 위하여 지반을 6종으로 분류하며, 지진하중은 지반종류의 영향을 받는다.

② 지진하중의 특성

㉠ 지진하중은 건축물이 무거울수록 크다.

㉡ 지진하중은 특성상 주기가 반복적이며, 구조물과 기초지반에 대한 상호작용 및 효과를 반드시 고려하여야 한다.

㉢ 건물의 고유주기*는 건물의 층수가 늘어남에 따라 더욱 길어지게 되므로, 진동주기는 건물높이에 비례한다.

㉣ 지반 자체의 고유주기와 구조물의 고유주기가 일치하는 경우 공진현상이 발생하여 구조물이 붕괴되기도 한다.

㉤ 지진하중 산정 시 반응수정계수가 클수록 지진하중은 감소한다.

• **고유주기(固有週期)**
탄성물체가 외력 없이 그 물체 안의 고유한 힘에 의하여 진동할 경우 그 진동의 주기를 말하고, 물체의 질량 및 강성에 의해 결정된다.

바로확인문제

지진하중은 건축물이 무거울수록 ( ).

(3) 내진(耐震)설계

① **밑면전단력**(V)
　㉠ 밑면전단력은 구조물의 밑면 지반운동에 의한 수평지진력이 작용하는 기준면에 작용하는 설계용 총전단력을 말한다.
　㉡ 산정식

$$V = 지진응답계수(C_s) \times 하중을\ 포함한\ 유효\ 건물중량(W)$$

　㉢ 고정하중과 아래에 기술한 하중을 포함한 유효 건물중량
　　ⓐ 창고로 쓰이는 공간에서는 활하중의 최소 25%(공용 차고와 개방된 주차장 건물의 경우 활하중은 포함시킬 필요가 없음)
　　ⓑ 바닥하중 산정 시 칸막이 하중이 포함될 경우, 칸막이의 실제중량과 $0.5kN/m^2$ 중 큰 값
　　ⓒ 영구설비의 총 하중
　　ⓓ 설하중이 $1.5kN/m^2$가 넘는 평지붕의 경우, 평지붕 설하중의 20%
　　ⓔ 옥상정원이나 이와 유사한 곳에서 조경과 이에 관련된 재료의 무게

② **내진설계를 위한 재료적 방법**
　㉠ 연성이 좋은 재료는 강도가 약해서 입게 되는 피해를 줄이게 된다.
　㉡ 지진하중은 관성력이므로 가볍고 강한 재료를 선택해야 한다.
　㉢ 지진 발생 시에 구조 재료의 분리가 있어서는 안 된다.
　㉣ 지진과 같은 반복하중이 작용할 때 강도(強度)와 강성(剛性)의 저하가 낮은 재료를 선택한다.

③ **내진설계를 위한 구조적 방법**
　㉠ 평면 및 입면을 단순화·정형화하고, 대칭적인 형태를 가지도록 한다.
　㉡ 입면이나 평면에서 길이와 폭의 비가 지나치게 크지 않아야 한다.
　㉢ 강도와 강성이 균일하고 연속적으로 분포되어야 한다.
　㉣ 부재 간의 연결이 완벽한 접합부가 되는 구조 형식으로 한다.
　㉤ 기둥보다는 보에서 먼저 소성 변형이 일어나도록 설계해야 한다.
　㉥ 필로티(Pilotis)형 구조*는 가능하면 피하는 것이 좋다.

* **필로티(Pilotis)형 구조**
건물 전체 또는 일부를 지상에서 기둥으로 들어 올려 건물을 지상에서 분리시킴으로써 만들어지는 공간

필로티형 구조

④ 내진설계의 종류

종류	정의
내진(耐震)구조	구조물을 아주 튼튼하게 지어서 지진의 지진력이 작용해도 구조내력에 의해 대항할 수 있는 것으로, 구조물을 튼튼하게 짓는다는 것은 곧 구조물을 구성하는 부재의 강도 및 인성 등 부재력을 크게 하는 것을 말한다.
제진(制震)구조	별도의 장치를 이용해 효율적으로 지진에 대항하여 지진에 의한 피해를 극복하고자 하는 능동적인 개념의 구조방식으로, 구조물의 내부나 외부에서 구조물의 진동에 대응한 제어력을 가하여 구조물의 진동을 저감하거나, 구조물의 강성이나 감쇠 등을 입력진동의 특성에 따라 순간적으로 변화시켜 구조물을 제어하는 방식이다.
면진(免震)구조	지진파가 갖고 있는 강한 에너지 대역으로부터 도피하여 지진과 대항하지 않고 지진을 피하고자 하는 수동적인 개념의 구조방식으로, 면진의 개념은 지진격리(Isolation) 또는 지반분리, 기초분리 등으로 해석된다.

바로확인문제

제진(制震)구조는 (　　)의 장치를 이용해 효율적으로 지진에 대항하여 지진에 의한 피해를 극복하고자 하는 (　　)적인 개념의 구조방식이다.

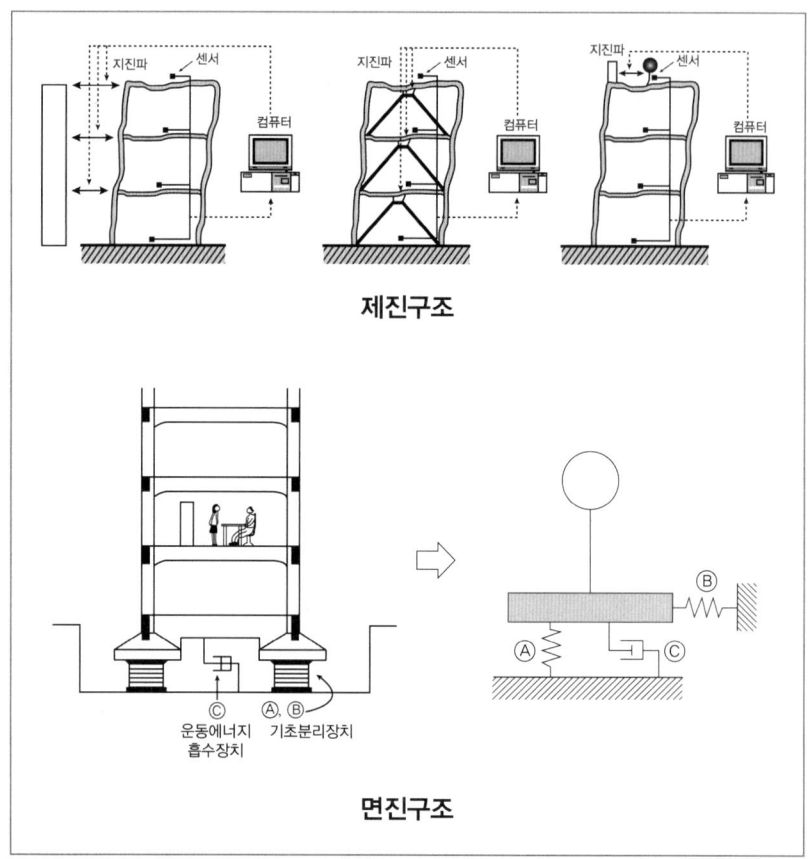

제진구조

면진구조

> **개념적용 문제**
>
> 건축물에 작용하는 하중에 관한 설명으로 옳은 것은? 제28회 기출
>
> ① 기본지상설하중은 재현기간 100년에 대한 수직 최심적설깊이를 기준으로 한다.
> ② 건축물을 점유 사용함으로써 발생하는 하중은 고정하중이다.
> ③ 고정하중은 활하중에 비해 하중의 크기와 위치가 수시로 변화한다.
> ④ 골조에 고정된 영구설비하중은 밑면전단력 계산에서 유효건물중량에 포함되지 않는다.
> ⑤ 고정하중과 활하중은 단기하중이며, 지진하중과 풍하중은 장기하중이다.
>
> 해설 ② 건축물을 점유 사용함으로써 발생하는 하중은 활하중이다.
> ③ 활하중은 고정하중에 비해 하중의 크기와 위치가 수시로 변화한다.
> ④ 골조에 고정된 영구설비하중은 밑면전단력 계산에서 유효건물중량에 포함된다.
> ⑤ 고정하중과 활하중은 장기하중이며, 지진하중과 풍하중은 단기하중이다.
>
> 정답 ①

제3절 건축구조방식 ★

1 건축구조방식의 분류

1. 개요

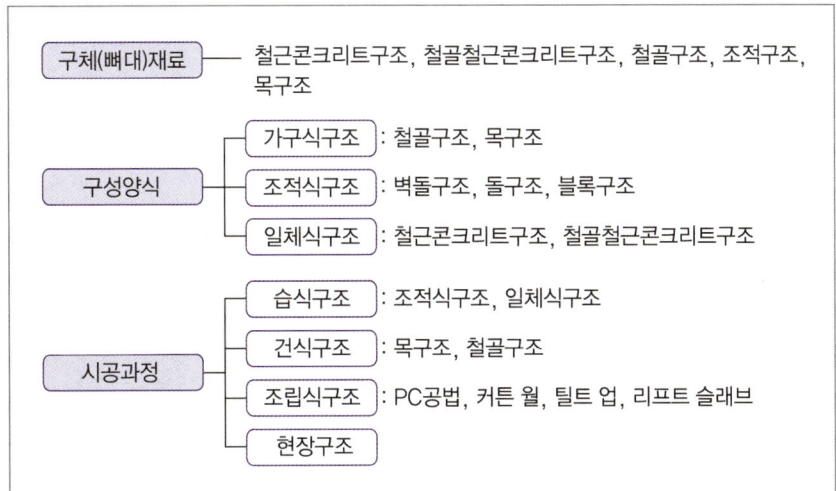

2. 구체재료에 의한 분류

(1) 목구조

① **정의**
  ㉠ 건축물의 기둥, 지붕, 벽체 등의 뼈대를 목재로 접합 연결한 가구식 구조체이다.
  ㉡ 주택과 같은 비교적 소규모 건축물에 적합한 구조이다.

② **장단점**

장점	단점
㉠ 구조방법이 간단하여 공사기간이 짧다.	㉠ 습기에 약하여 부패하기 쉽다.
㉡ 무게가 가볍고 가공이 용이하다.	㉡ 내구성이 작고 변형에 약하다.
㉢ 비교적 강도가 큰 편이다.	㉢ 화재에 약하다.
㉣ 시공과 보수가 용이하다.	㉣ 해충에 약하다.
㉤ 외관이 아름답다.	

(2) 철골구조(강구조)

① **정의**: 여러 가지 단면모양으로 된 강판이나 형강을 짜맞추어 리벳, 고장력볼트, 용접 등으로 접합한 가구식구조이다.

② 장단점

장점	단점
㉠ 내진·내풍·내구적이다.	㉠ 비내화적이다.
㉡ 강도가 크고 횡력에도 강하다.	㉡ 내화피복과 도장을 해야 한다.
㉢ 자체 중량이 비교적 가볍다.	㉢ 공사비가 비싸다.
㉣ 해체, 수리, 보강, 시공 등이 용이하다.	
㉤ 고층건물이나 경간이 큰 대규모 건축물에 적합하다.	

(3) 벽돌구조

① **정의**: 건축물의 구조체를 벽돌로 쌓아 올려 만든 조적식구조이다.

② 장단점

장점	단점
㉠ 내화적이고 내구적이다.	㉠ 횡력(수평력)에 약하다.
㉡ 방한적이고 방서적이다.	㉡ 균열이 발생하기 쉽다.
㉢ 구조 및 시공법이 간단하다.	㉢ 벽체에 습기가 차기 쉽다.
㉣ 외관이 장중하고 미려하다.	㉣ 고층이나 대규모 건축물에 부적합하다.

(4) 블록구조

① **정의**: 건축물의 구조체를 블록으로 쌓아 올려 만든 구조로, 필요시에는 철근을 넣고 콘크리트를 채워 보강하는 조적식구조체이다.

② 장단점

장점	단점
㉠ 내화적이고 내구적이다.	㉠ 횡력(수평력)에 약하다.
㉡ 방한적이고 방서적이다.	㉡ 벽체에 균열이 발생하기 쉽다.
㉢ 시공이 간편하여 공사기간이 단축된다.	㉢ 벽체에 습기가 차기 쉽다.
㉣ 공사비가 저렴하다.	㉣ 고층이나 대규모 건축물에 부적합하다.

(5) 돌구조

① **정의**: 외부의 벽을 돌로 쌓아 뼈대를 구성하는 조적식구조로, 보통 뒷면은 벽돌이나 콘크리트로 한다.

② 장단점

장점	단점
㉠ 외관이 장중하고 미려하다.	㉠ 횡력(수평력)에 약하다.
㉡ 내마모적이고 내풍화적이다.	㉡ 가공 및 시공이 까다롭다.
㉢ 방한적이고 방서적이다.	㉢ 공사기간이 길고 공사비가 비싸다.
㉣ 내화적이고 내구적이다.	㉣ 자체 중량이 무겁다.

(6) 철근콘크리트구조

① **정의**: 철근을 배근하고 거푸집에 콘크리트를 부어넣어 일체식으로 구성한 구조로, 인장력은 철근이 부담하고 압축력은 콘크리트가 부담하도록 한 일체식구조이다.

② **장단점**

장점	단점
㉠ 내화·내풍·내진·내구적인 우수한 구조이다.	㉠ 자체 중량이 무겁다.
㉡ 설계를 자유로이 할 수 있어 원하는 형태를 만들기가 용이하다.	㉡ 공사기간이 길고 동절기 공사가 어렵다.
㉢ 고층구조물, 지하구조물, 수중구조물 구축도 가능하다.	㉢ 해체, 철거가 어렵다.
㉣ 재료구입이 용이하다.	㉣ 습식구조로 균일한 시공이 어렵다.
㉤ 유지관리비가 저렴하다.	㉤ 거푸집 등의 가설비용이 많이 든다.
	㉥ 재료의 재사용이 곤란하다.

(7) 철골철근콘크리트구조

① **정의**: 철골조의 각 부분을 철근콘크리트로 피복한 구조이다.

② **장단점**

장점	단점
㉠ 내진·내화·내구적인 일체식구조이다.	㉠ 자체 중량이 무겁다.
㉡ 고층건물, 대규모 건축물에 적합하다.	㉡ 시공이 복잡하고 동절기 공사가 어렵다.
	㉢ 공사기간이 길고 공사비가 비싸다.

3. 구성양식에 의한 분류

구조	정의	종류
가구식구조 (Post & Lintel)	목재, 강재 등 가늘고 긴 부재를 접합하여 뼈대를 만드는 구조로, 부재 접합부에 따라 구조 강성이 결정된다.	① 목구조 ② 철골구조 ▶ 용접은 일체식구조로 본다.
조적식구조 (Masonry)	개개의 재료를 접착재료로 쌓아 만든 구조로, 개개의 재료와 접착제 강도에 따라 전체 구조의 강도가 결정된다.	① 벽돌구조 ② 블록구조 ③ 돌구조
일체식구조 (Monolithic)	전 구조체가 일체가 되도록 한 구조이다.	① 철근콘크리트구조 ② 철골철근콘크리트구조

바로확인문제

철근콘크리트구조는 철근을 배근하고 거푸집에 콘크리트를 부어넣어 일체식으로 구성한 구조로, 인장력은 (   )이 부담하고 압축력은 (   )가 부담하도록 한 일체식구조이다.

4. 시공과정에 의한 분류

(1) 습식구조(Wet Construction)

① 벽돌쌓기, 현장 콘크리트 타설, 미장바름 등과 같이 현장에서 물을 사용하는 공정을 가진 구조를 말하며, 겨울철 공사가 곤란하고 공기가 길다.
② 조적구조, 철근콘크리트구조, 철골철근콘크리트구조가 이에 해당된다.

(2) 건식구조(Dry Construction)

① 뼈대는 가구식구조로 하고 벽판, 바닥판 등 규격화된 기성재를 짜맞추어 구성하는 구조로서, 물을 거의 사용하지 않는 구조를 말한다.
② 목구조, 철골구조가 건식구조에 해당된다.

(3) 현장구조(Field Construction)

① 건축부재를 현장에서 제작·가공·설치하는 구조를 말한다.
② 콘크리트 배합 및 시공, 거푸집 제작, 박스 제작 등이 해당된다.

(4) 조립식구조(Prefabricated Structure, PC; Precast Concrete)

① 정의
  ㉠ 부재를 현장 이외의 장소에서 제작하고 현장에 반입하여 조립하는 구조이다.
  ㉡ 현장 가공에 의하지 않고 특정한 공장에서 제작된 재료를 현장에서 짜맞추는 형식의 구조이다.
  ㉢ 커튼월은 공장생산된 부재를 현장에서 조립하여 구성하는 비내력 외벽이다.

② 종류

종류	특징
골조 조립식구조	기둥과 보를 먼저 조립하여 뼈대를 만들고 거기에 벽과 바닥판을 조립하여 건축물을 완성하는 구조이다. 이때 벽은 하중을 부담하지 않는 비내력벽구조이다.
패널 조립식구조	판(Panel)을 통해 하중을 전달하는 구조로, 현재 우리나라에서 아파트를 지을 때 많이 이용한다.
상자 조립식구조	벽과 바닥이 일체로 된 유닛상자를 공장에서 제작하여 현장에서 조립과정을 최소화한 것으로, 가장 발달된 조립식구조이다.

• 기성재(旣成材)
공장에서 일정한 규격대로 미리 만들어 놓은 부재

바로확인문제

건축구조를 건식구조와 습식구조로 구분할 경우, 철골구조는 (   )구조에 속한다.

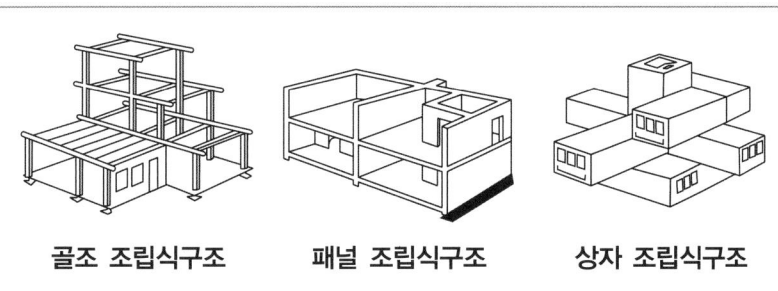

| 골조 조립식구조 | 패널 조립식구조 | 상자 조립식구조 |

③ **장단점**

장점	단점
㉠ 공장작업으로 대량생산 가능	㉠ 접합부에 결함(일체화 곤란)
㉡ 기계화 시공으로 공기 단축	㉡ 소규모 공사 불리
㉢ 재료가 절약되어 공사비 절감	㉢ 횡력에 약하고 운반이 어려움
㉣ 현장 거푸집 비용 절감	㉣ 제품치수의 치밀한 설계 필요
㉤ 계절에 관계없이 공사가 가능하여 날씨가 추운 지역에서 많이 이용	㉤ 표준화된 부재사용으로 다양하고 변화 있는 외형 추구 곤란

④ **접합부의 특징**
   ㉠ 조립식구조는 습식 및 건식, 건식과 습식의 혼용방법으로 처리한다.
   ㉡ 접합부분의 응력전달 메커니즘*이 불확실할 때는 시험으로 규명한다.
   ㉢ 접합부가 일체가 될 수 없으므로 강성이 약하다.

• **메커니즘(Mechanism)**
어떤 대상의 작동 원리나 구조

2 건축구조형식의 분류

1. 철근콘크리트의 구조형식

▶ 27·26·24·20·17·15·11·10회

구조	특징 및 장단점	
라멘 구조	① 기둥과 보로 구조체의 뼈대를 강절점(강접합) 또는 고정단으로 연결하여 하중에 대해 일체로 저항하도록 한 구조이다. ② 공간구성의 가변성이 커지는 장점이 있지만, 층고가 높아지는 단점이 있다.	
플랫 슬래브 구조	① 무량판 슬래브라고도 하며, 건물의 외부보를 제외하고는 내부에는 보 없이 바닥판만으로 구성하고 상부하중을 직접 기둥에 전달하는 구조이다. ② 뚫림전단현상을 방지하기 위해 지판과 주두를 붙인다. ③ 층고를 낮게 할 수 있으며, 공간의 가변성이 일반 슬래브보다 커서 실내이용률이 높다. ④ 고정하중이 커지고, 뼈대의 강성이 약해지는 단점이 있다.	

• **플랫 플레이트 슬래브**
보와 지판이 없는 구조

바로확인문제

라멘구조는 기둥과 보 구조체의 뼈대를 (   ) 또는 (   )으로 연결하여 하중에 대해 일체로 저항하도록 한 구조이다.

벽식 구조	① 벽체나 바닥판의 평면적인 구조체만으로 구성한 구조물로 기둥이나 보 없이 바닥 슬래브와 벽으로 연결되어 구조물 전체의 강성이 우수하다. ② 층고를 낮게 할 수 있는 장점이 있지만, 공간구성의 가변성이 낮아지는 단점이 있다. ③ 전단벽 구조는 일정한 두께를 갖고 길이가 긴 수직 벽체는 건축 계획적 공간을 분할하는 역할을 함과 동시에 횡력 및 중력에 대하여 저항하는 구조적 역할을 하며, 이런 횡력 및 중력에 대하여 저항하는 벽체로 구성된 건물구조를 말한다. 
골조 구조	① **이중골조구조**: 수평력의 25% 이상을 부담하는 연성모멘트골조가 전단벽이나 가새골조와 조합되어 있는 구조 ② **골조-전단벽구조**: 수평력을 전단벽과 골조가 동시에 저항하는 구조

2. 특수방식의 구조형식

(1) 입체트러스(Truss)구조

① 트러스구조는 가늘고 긴 부재를 핀(힌지)접합해서 삼각형의 형상으로 만든 구조이다.
② 선형부재들을 입체적으로 조립하여 각 부재가 축방향력(압축 및 인장력)만 받게 하고, 휨모멘트나 전단력은 생기지 않도록 한 구조이다.

입체트러스구조 사례

(2) 절판(折板)구조

① 절판구조는 판을 주름지게 하여 휨에 대한 저항능력을 향상시키는 구조를 말한다.
② 평면의 병풍을 접어서 세우면 안정된 구조가 되는 것과 같이 절판형으로 하면, 춤이 큰보와 같이 작용하게 되어 장스팬 구조에 사용이 가능하게 된다.

절판구조 사례

(3) 곡면(曲面)구조

① **돔(Dome)구조**

　㉠ 돔은 반구 형태를 가지며 하중 작용 시 발생하는 응력은 경선 방향과 위선 방향의 2방향으로 작용하게 된다.

　㉡ 연직하중에 대해서 경선 방향의 응력은 전역에 걸쳐서 압축응력이다. 반면, 위선 방향의 응력은 정상부에서는 압축, 단부에서는 인장이 되며, 경계가 되는 중립선은 등분포하중이 작용되는 경우에서는 약 45°이다.

② **쉘(Shell)구조**

　㉠ 곡면판재(플레이트)의 역학적 특성을 이용한 것으로 하중을 면내응력으로 전달하는 방식이다.

　㉡ 쉘은 산형 단면이 아치형으로 바뀐 것으로 절판구조와 비슷하다.

• 쉘(Shell)
　조개

돔구조 사례 　　쉘구조 사례

(4) 막(膜)구조

① 막구조는 주로 막이 갖는 인장력으로 저항하는 구조로서, 휨 또는 비틀림에 대한 저항이 작거나 또는 전혀 없는 구조이다.
② 공기막구조는 공기막 내외부의 압력 차에 따라 막면에 강성을 주어 형태를 안정시켜 구성되는 구조물이다.
③ 공기막구조는 공기압으로 막에 장력을 주어 외력에 저항하는 구조로, 막은 인장재이며 공기는 압축재의 역할을 한다.

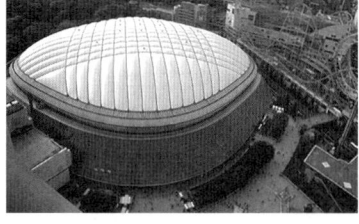

막구조 사례　　**공기막구조 사례**

- 현수(懸垂)
  아래로 곧게 늘어뜨림

(5) 현수(懸垂) 및 아치(Arch)구조

① **현수(케이블)구조**: 구조물을 케이블로 매달아 공간을 구성하는, 휨에 대한 저항이 작은 구조로 인장응력만을 받을 목적으로 제작 및 시공되는 부재이다.
② **아치구조**: 상부에서 오는 수직압력을 아치 축선을 따라 좌우로 나누어 밑으로 압축력만 전달하고 아치의 하부에 인장력이 생기지 않게 한 구조이다.

현수구조 사례　　**아치구조 사례**

바로확인문제

현수(케이블)구조는 구조물을 케이블로 매달아 공간을 구성하는, 휨에 대한 저항이 작은 구조로 (　　)응력만을 받을 목적으로 제작 및 시공되는 부재이다.

> **개념적용 문제**
>
> **건물 구조 형식에 관한 설명으로 옳지 않은 것은?** 제27회 기출
>
> ① 건식구조는 물을 사용하지 않는 구조로 일체식구조, 목구조 등이 있다.
> ② 막구조는 주로 막이 갖는 인장력으로 저항하는 구조이다.
> ③ 현수구조는 케이블의 인장력으로 하중을 지지하는 구조이다.
> ④ 벽식구조는 벽체와 슬래브에 의해 하중이 전달되는 구조이다.
> ⑤ 플랫 플레이트 슬래브는 보와 지판이 없는 구조이다.
>
> **해설** 건식구조는 물을 사용하지 않는 구조로 강구조, 목구조 등이 있다. 일체식구조(철근콘크리트구조, 철골철근콘크리트구조)는 습식구조에 해당한다.
>
> **정답** ①

제4절 가설공사

> **가설공사**
> **1** 개요
> **2** 가설공사 항목별 특징

1 개요

1. 가설공사 계획

(1) 정의

① 가설공사는 공사 목적물의 완성을 위한 임시 설비로서 본 공사를 능률적으로 실시하기 위해 필요한 가설적인 제반시설 및 수단을 말하며, 공사가 완료되면 해체·철거·정리되는 임시적으로 행하여지는 공사이다.
② 일반적으로 설계도서에 표시되지 않으며, 가설공사의 양부에 따라 공사전반에 걸쳐 영향을 미치게 되므로 가설계획 초기부터 철저한 사전계획에 의해 추진되어야 한다.

(2) 가설공사 계획 시 고려사항

① 가설설계 시에는 시공계획의 방침에 따라서 안전 확보 및 공해방지를 전제로 하여 제반공사가 원활히 추진될 수 있도록 하여야 한다.
② 가설공사의 설비는 시공용 설비로 가설적인 것이므로, 필요한 최소한도의 것으로 그 목적을 충분히 완수함과 동시에 가능한 한 경제적인 것이 바람직하다.

- **품(Labor)**
  일에 대하여 수고가 드는 수효이며, 일꾼이 하는 일로서 일에 드는 작업인원의 수효 또는 시간도 함께 말한다.

③ 경제적으로 하기 위해서는 되도록 가공성이 좋은 저렴한 재료를 사용하고, 단순한 조합으로 조립·해체의 품(Labor)이 적게 들수록 바람직하다.

④ 조립·해체의 비용을 절감하기 위해서는 조립·해체가 쉬운 접합방법을 연구하여 선택하든지 미리 유닛 부재를 만들어 조립·해체하여 경비의 절감을 도모하는 방책을 세우는 것이 좋다.

2. 가설공사 일반사항

(1) 자재

① 가설공사에 사용하는 자재는 신품을 사용하되, 공사시방서에 지정되지 않은 경우에는 구조, 기능 및 사용상 이상이 없다고 확인된 중고제품에 대해 안전관리자 및 책임기술자의 검토 및 확인과 담당원의 승인을 받아 사용할 수 있다.

② 자재의 전용성을 높이기 위해 재사용·재활용이 용이한 제품을 사용하되, 적합한 품질관리 절차에 의해 관리되고, 공인시험기관에 의해 성능이 확인된 제품을 우선적으로 사용할 수 있도록 고려한다.

③ 설치, 시공, 해체 및 폐기과정에서 인체에 유해물질을 배출하거나 환경오염을 유발하지 않는 자재를 가급적 사용한다.

④ 전 과정에 걸쳐 에너지 소비와 이산화탄소 배출량이 적은 것을 우선적으로 선정한다.

⑤ 적절한 구매계획을 수립하여 잉여 자재가 발생하지 않도록 하고, 폐기물 발생을 최소화할 수 있는 가설공사 재료를 우선적으로 사용한다.

(2) 시공

① 가설시설물은 계획단계에서부터 시공 시 천연자원을 적게 사용하고, 해체 시 폐기물을 적게 발생시키고 재활용이 가능하도록 고려한다. 작업장, 사무실, 각종 창고, 기타 보조시설은 사용 시 물 및 에너지 사용이 적도록 계획하여야 한다.

② 녹색인증재료 및 친환경 기술 등 공인된 친환경 공법의 사용을 고려한다.

③ 공사용 장비 및 각종 기계·기구는 에너지효율등급이 높고 배출 등에 의한 환경영향이 적은 것을 우선적으로 사용한다.

바로확인문제

가설공사는 전 과정에 걸쳐 에너지 소비와 이산화탄소 배출량이 (   ) 것을 우선적으로 선정한다.

④ 공사용, 방화용, 식용, 위생설비용, 청소 및 기타 용도의 모든 가설용수는 사용량을 측정하여 환경관리계획에 포함될 수 있도록 하고, 공사의 품질에 영향을 미치지 않는 범위 내에서 우수 및 중수를 적극적으로 활용한다.

(3) 가설공사 항목

① 가설울타리
② 가설건물(숙소, 현장사무소, 기자재창고)
③ 가설운반로(가설도로)
④ 동력설비(공사용 동력, 전기설비)
⑤ 용수(用水)설비(급배수설비)
⑥ 먹매김, 줄쳐보기 및 규준틀
⑦ 비계(飛階)
⑧ 건축물 각종 공사보양 설비
⑨ 안전설비(낙하물방지망, 방호선반, 방호시트)

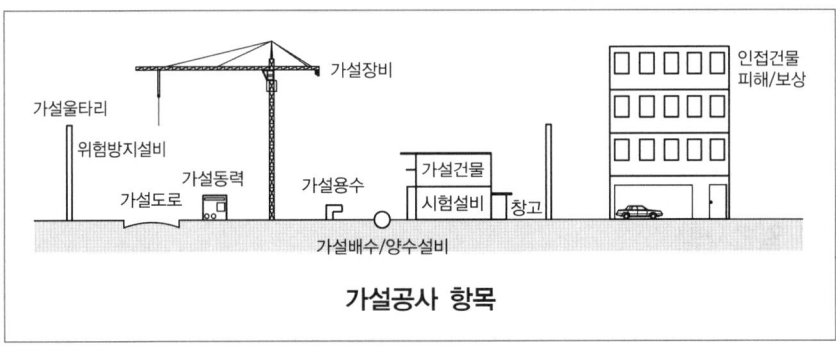

가설공사 항목

2 가설공사 항목별 특징

1. 가설울타리

(1) 정의

① 설치 목적에서 공사현장 대지의 경계표시, 외부로의 교통차단, 위험방지, 도난방지, 미관의 효과도 고려한다.
② 종류는 판자울타리, 철조망울타리, 철망울타리 등이 있다.

▶ 관련기준
건축표준시방서코드(KCS)
2025 〈KCS 21 20 05 : 2022〉

(2) 특징

① 공사현장 경계의 가설울타리는 높이 1.8m 이상(지반면이 공사현장 주위의 지반면보다 낮은 경우에는 공사현장 주위의 지반면에서의 높이 기준)으로 설치하고, 야간에도 잘 보이도록 발광 시설을 설치하여야 하며, 차량과 사람이 출입하는 가설울타리 진입구에는 잠금장치가 있는 문을 설치하여야 한다.

② 공사장 부지 경계선으로부터 50m 이내에 주거·상가건물이 있는 경우에는 높이 3m 이상으로 설치하여야 한다.

가설울타리 전경

2. 자재 보관창고

(1) 일반사항

① 자재창고는 그 품질 및 기능이 손상되지 않도록 배려한 구조로 한다.
② 도료, 유류, 기타 인화성 재료는 건축물 및 자재창고에서 격리된 장소에 보관하며, 특히 방화상 안전한 조치를 강구하고 각 출입문에는 잠금장치를 설치하고 소화기구를 비치한다.

(2) 위험물 저장창고

① 도료 및 유류, 기타 인화성 자재의 저장창고는 건축물 및 자재 적치장에서 격리된 장소를 선정하여 관계법에 정하는 바에 따라 방화구조 또는 불연구조로 하여야 한다.
② 위험물 가스 저장용기는 직사광선을 차단하고 통풍과 환기가 잘 되는 곳에 보관하여야 하며, 현장 내에서 식별이 용이하도록 표식 또는 표지판을 설치하여야 한다.

(3) 시멘트창고의 구조

① 설치 시 주위에 배수로를 두어 침수를 방지한다.
② 바닥은 지반에서 300mm 이상의 높이로 한다.
③ 필요한 출입구 및 채광창 외에 공기유통을 막기 위하여 될 수 있는 한 개구부를 설치하지 않는다(환기창 설치금지).
④ 반입 및 반출구는 따로 두고 먼저 반입한 것을 사용한다.
⑤ 포대시멘트를 쌓아서 단기간 저장하는 경우, 시멘트를 쌓아 올리는 높이는 13포대 이하로 하는 것이 바람직하다(단, 장기 저장 시 7포대 이상 쌓아 올리지 않음).
⑥ 3개월 이상 장기간 저장한 시멘트는 사용하기에 앞서 재시험을 실시하여 그 품질을 확인한다.

3. 기준점(Bench Mark)

(1) 정의

공사 중에 건축물 높낮이의 기준이 되며, 기존 공작물이나 신설한 말뚝 등의 높이의 기준으로 표시한 것을 말한다.

(2) 설치 시 주의사항

① 이동 및 변형 등의 염려가 없는 곳에 설치한다.
② 현장 어디서나 바라보기 좋고 공사에 지장이 없는 곳에 설치한다.
③ 최소 2개소 이상 설치한다.
④ 지면에서 0.5~1m 정도의 위치에 설치하는 것이 좋다.
⑤ 마땅한 장소가 없을 경우에는 건물의 지표가 될 수 있는 곳에 따로 설치한다.
⑥ 기준점의 위치, 기타 사항은 따로 기록하여 두고, 필요에 따라 보조기준점을 1~2개소 설치한다.

4. 비계(飛階)

(1) 일반사항

① 외부비계는 별도로 설계된 경우를 제외하고는 구조체에서 300mm 이내로 떨어져 쌍줄비계로 설치하되, 별도의 작업발판을 설치할 수 있는 경우에는 외줄비계로 할 수 있다.

▶ 관련기준
건축표준시방서코드(KCS) 2025 〈KCS 21 60 10 : 2022〉

바로확인문제
( )은 공사 중에 건축물 높낮이의 기준이 되며, 기존 공작물이나 신설한 말뚝 등의 높이의 기준으로 표시한 것을 말한다.

② 비계기둥과 구조물 사이에는 근로자의 추락을 방지하기 위하여 추락방호조치를 실시하여야 한다.
③ 비계는 시스템비계 및 강관비계 등으로 하되 시공 여건, 안전도 및 경제성을 고려하여 공사감독자의 승인을 받아 동등규격 이상의 재질로 변경·적용할 수 있다.
④ 비계는 시공이 편리하고 안전하도록 공사의 종류, 규모, 장소 및 공기구 등에 따라 적합한 재료 및 방법으로 견고하게 설치하고 유지 보존에 항상 주의한다.

(2) 강관비계

① **비계기둥**

• 비계기둥

㉠ 비계기둥은 이동이나 흔들림을 방지하기 위해 수평재, 가새재 등으로 안전하고 단단하게 고정되어야 한다.
㉡ 비계기둥의 바닥 작용하중에 대한 기초기반의 지내력을 시험하여 적절한 기초처리를 하여야 한다.
㉢ 비계기둥의 밑둥에 받침 철물을 사용하는 경우 인접하는 비계기둥과 밑둥잡이로 연결하여야 한다. 연약지반에 설치할 경우에는 연직하중에 견딜 수 있도록 지반을 다지고 두께 45mm 이상의 깔목을 소요폭 이상으로 설치하거나, 콘크리트, 강재표면 및 단단한 아스팔트 콘크리트 등의 침하 방지 조치를 하여야 한다.
㉣ 비계기둥의 간격은 띠장 방향으로 1.85m 이하, 장선방향으로 1.5m 이하이어야 하며, 시공 여건을 고려하여 별도의 설계가 요구되는 경우에는 안전성을 검토한 후 설치할 수 있다.
㉤ 기둥 높이가 31m를 초과하면 기둥의 최고부에서 하단 쪽으로 31m 높이까지는 강관 1개로 기둥을 설치하고, 31m 이하의 부분은 좌굴을 고려하여 강관 2개를 묶어 기둥을 설치하여야 한다.
㉥ 비계기둥 1개에 작용하는 하중은 7kN 이내이어야 한다.
㉦ 비계기둥과 구조물 사이의 간격은 별도로 설계된 경우를 제외하고는 추락방지를 위하여 300mm 이내이어야 한다.

• 강관비계 설치 사례

② **비계의 띠장 및 장선**

㉠ 띠장의 수직간격은 2.0m 이하로 한다. 다만, 작업의 여건상 이를 준수하기가 곤란하여 쌍기둥틀 등에 의하여 해당 부분을 보강한 후 구조설계에 의해 안전성을 확인한 경우는 그러하지 아니하다.

ⓒ 장선의 간격은 1.85m 이내로 하며, 비계기둥과 띠장의 교차부에서는 비계기둥에 결속하며, 그 중간부분에서는 띠장에 결속하여야 한다.
　　ⓓ 벽 이음재의 배치간격은 수직방향 5m 이하, 수평방향 5m 이하로 설치한다.
　③ **가새재**
　　ⓐ 대각으로 설치하는 가새재는 비계의 외면으로 수평면에 대해 40~60° 방향으로 설치하며, 비계기둥에 결속한다.
　　ⓑ 가새재의 배치간격은 약 10m마다 교차하는 것으로 한다.

5. 낙하방지시설

(1) 낙하물방지망

① 낙하물방지망은 작업도중 자재, 공구 등의 낙하로 인한 피해를 방지하기 위하여 개구부 및 비계 외부에 수평방향으로 설치하는 망을 말한다.
② 낙하물방지망의 설치는 높이 10m 이내 또는 3개 층마다 설치하여야 한다.
③ 낙하물방지망의 내민길이는 비계 또는 구조체의 외측에서 수평거리 2m 이상으로 하고, 수평면과의 경사각도는 20° 이상 30° 이하로 설치하여야 한다.
④ 낙하물방지망의 이음은 150mm 이상의 겹침을 두어 망과 망 사이에 틈이 없도록 하여야 한다.
⑤ 낙하물 방지망과 비계 또는 구조체와의 간격은 250mm 이하이어야 한다.

> 관련기준
> 건축표준시방서코드(KCS) 2025 〈KCS 21 70 15 : 2022〉

낙하물방지망 설치 사례

> 바로확인문제
>
> 낙하물방지망의 내민길이는 비계 또는 구조체의 외측에서 수평거리 2m 이상으로 하고, 수평면과의 경사각도는 (　　)° 이상 (　　)° 이하로 설치하여야 한다.

(2) 방호선반

① 낙하물에 의한 위험요소가 있는 주출입구 및 리프트 출입구 상부 등에는 방호장치 자율안전기준에 적합한 방호선반을 설치하여야 한다.
② 근로자, 보행자 및 차량 등의 통행이 빈번한 곳의 첫 단은 낙하물방지망 대신에 방호선반을 설치하여야 한다.
③ 방호선반의 설치 높이는 지상으로부터 10m 이내이어야 한다.
④ 방호선반 하부 및 양 옆에는 낙하물방지망을 설치한다.

CHAPTER 01 OX문제로 완벽 복습

01 활하중은 자중, 고정된 기계설비 등의 하중으로, 고정 칸막이벽과 같은 비구조부재의 하중도 포함한다. (O | X)

02 마감재의 자중은 고정하중에 포함하고, 조적조 칸막이벽도 고정하중으로 간주하여야 한다. (O | X)

03 공동주택의 경우 공용실의 활하중은 거실의 활하중보다 큰 값을 사용하는 것이 일반적이다. (O | X)

04 지진하중은 건축물이 무거울수록 크고, 설하중은 지붕의 물매가 클수록 작고, 풍하중은 바람을 받는 벽면의 면적이 작을수록 작다. (O | X)

05 기본지상설하중은 재현기간 10년에 대한 수직 최심적설깊이를 기준으로 하며 지역에 따라 다르다. (O | X)

06 트러스구조는 가늘고 긴 부재를 강접합해서 삼각형의 형상으로 만든 구조이다. (O | X)

07 조립식구조에서 중요한 부위는 접합부로서 습식으로만 처리한다. (O | X)

08 낙하물방지망의 설치는 높이 10m 이내 또는 5개 층마다 설치하여야 한다. (O | X)

정답

01 X(활하중 ⇨ 고정하중)   02 O   03 O   04 O   05 X(10년 ⇨ 100년)   06 X(강접합 ⇨ 힌지접합)
07 X(습식 ⇨ 습식, 건식)   08 X(5개 층마다 ⇨ 3개 층마다)

CHAPTER 02 토공사 및 기초구조

회독체크 1 2 3

CHAPTER 미리보기

학습전략

평균 2문제 정도(3.5%)이나 매년 출제되고 있기 때문에 관심을 가지고 학습해야 하며, 주로 이 CHAPTER에서는 부동침하 방지대책 암기, 기초에 관한 용어정리, 말뚝지정의 특징 이해를 위주로 학습할 필요가 있습니다.

학습키워드

- 사질토와 점성토의 비교
- 지반조사
- 지반의 침하 및 대책
- 기초구조의 일반사항과 기초의 분류
- 건축물의 지정 및 기초
- 말뚝의 종류별 정의

제1절 지반(地盤) ★★

지반
1. 일반사항
2. 지반조사
3. 지반의 침하 및 대책

1 일반사항

1. 흙의 개요

(1) 용어정리

▶ 27회

용어	정의
투수성(透水性)	물이 토양 속을 얼마나 쉽게 통과할 수 있느냐를 나타내는 척도를 말한다.
내부마찰각 (內部摩擦角)	흙에 전단응력이 존재하면 흙입자 사이의 서로 얽히는 작용으로 입자 사이에 마찰저항이 발생하는데, 이때 발생하는 흙 사이의 마찰각을 말한다.
가소성(可塑性)	외력에 의해 형태가 변한 물체가 외력이 없어져도 원래의 형태로 돌아오지 않는 물질의 성질을 말하며, 탄성한계를 넘는 힘이 작용할 때 나타난다.
간극비(間隙比)	흙의 간극 체적(V_v)과 흙입자 체적(V_s)의 비를 말한다.
함수율(含水率)	어떤 용적의 흙에 포함되는 물의 중량(W_w)과 흙의 전 중량(W)에 대한 비율을 백분율로 나타낸 값을 말한다.
간극수압(間隙水壓)	모래 속에 포함된 물에 의한 상향수압을 의미한다.
샌드벌킹(sand bulking)	사질지반의 모래에 물이 흡수되어 체적이 팽창되는 현상이다.

• **마찰각(摩擦角)**
빗면에 놓인 물체가 미끄러지기 시작하였을 때의 빗면의 각도

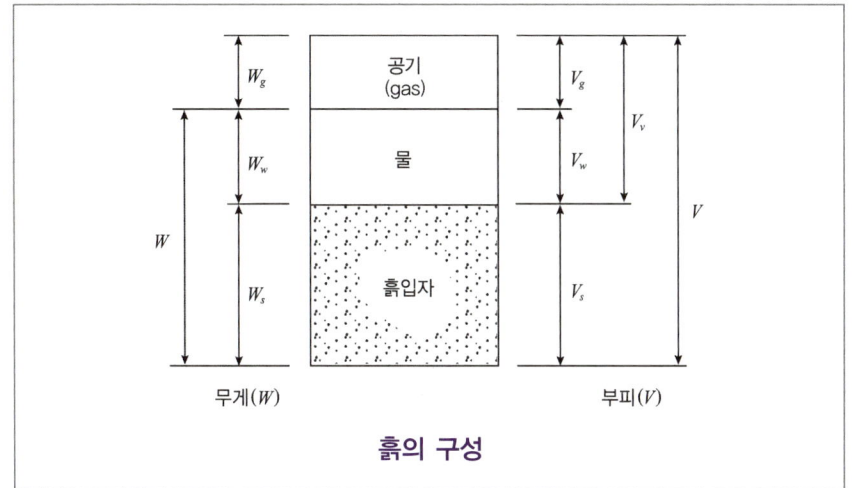

흙의 구성

(2) 흙의 성질

① 압밀과 다짐

분류	정의	특징
압밀 (Consolidation)	외력에 의하여 간극 내의 물이 빠져 흙입자 간의 사이가 좁아지면서 침하되는 것	㉠ 점토 지반에서 발생 ㉡ 흙 중의 간극수를 배제하는 것 ㉢ 장기 압밀침하 ㉣ 침하량이 비교적 큼 ㉤ 소성 변형 발생
다짐 (Compaction)	사질 지반에서 외력에 의해 공기가 빠져나가면서 체적이 감소되는 현상(간격이 좁아지는 현상, 밀도가 증가되는 현상)	㉠ 사질 지반에서 발생 ㉡ 흙 중의 공극을 제거하는 것 ㉢ 단기적 침하 발생 ㉣ 흙의 역학적·물리적 성질 개선 ㉤ 탄성적 변형 발생

② **예민비**(Sensitivity Ratio)

$$예민비 = \frac{자연\ 시료의\ 강도(불교란\ 시료의\ 강도)}{이긴\ 시료의\ 강도(교란\ 시료의\ 강도)}$$

㉠ 진흙의 자연 시료는 어느 정도 강도는 있으나 그 함수율을 변화시키지 않고 이기면 약하게 되는 성질이 있고, 그 정도를 나타내는 것이 예민비이다.
㉡ 예민비가 4 이상이면 예민비가 크다고 한다(점토 ≒ 4~10, 모래 ≒ 1).
㉢ 예민비값이 클수록 공학적 성질이 약하다.

(3) 액상화(유동화, Liquefaction) 현상

① 물에 포화된 모래지반이 진동 및 지진 등에 의해 간극수압의 상승으로 유효응력이 감소되어 전단저항을 상실하여 액체와 같이 거동하는 현상을 말한다.
② 부동침하, 지반이동, 작은 건축물의 부상 등이 발생한다.
③ 모래지반 등 액상화 발생 가능성이 높은 지반 위에 놓이는 기초는 액상화의 피해를 입지 않도록 액상화 발생 가능성을 검토하여야 한다.
④ 액상화 발생 가능성이 있는 지반에 대해서는 지진하중에서 정의한 설계지진규모 및 지반가속도를 사용하여 내진등급에 따라 현장시험결과를 이용하여 액상화를 평가하여야 한다.
⑤ 액상화 평가 결과, 대책이 필요한 지반의 경우에는 지반개량공법 등을 적용하여 액상화 저항능력을 증대시키도록 하여야 한다.

2. 지반의 내력(耐力)

(1) 지반의 허용지내력도

지반		장기 허용지내력	단기 허용지내력
경암반	화강암, 안산암, 현무암 등의 화성암	4,000kN/m²	각각 장기응력(연속적으로 작용하는 힘에 의한 변형력)에 대한 허용지내력값의 1.5배
연암반	판암, 편암 등의 수성암	2,000kN/m²	
	혈암, 토단반	1,000kN/m²	
자갈		300(600)kN/m²	
자갈·모래의 혼합물		200(500)kN/m²	
모래 섞인 점토 또는 롬(Loam)토		150(300)kN/m²	
모래, 점토		100(400, 250)kN/m²	

- **롬(Loam)토**: 모래 + 실트 + 점토(실트: 지름 0.005~0.05mm의 미세분)
- ( ) 안은 지반이 밀실한 경우의 지내력이다.

• 롬(Loam)
흙의 명칭의 하나로, 토질 분류법 중 롬의 범위에 속하는 알지름분포로 된 흙을 말한다. 실트와 진흙이 혼합된 것으로 보이지만 그것과는 성질이 다르다. 또 화산회·화산모래와 진흙의 혼합물로 바람에 날리어 퇴적된 것을 말하기도 한다.

• 실트(Silt)
알의 크기가 모래보다 작고 육안으로는 헤아릴 수 없으나 모래와 일반적으로 같고, 알은 구형에 가까우며 진흙처럼 끈기가 없는 것이 보통이다.

개념적용 문제

지반내력(허용지내력)의 크기가 큰 것부터 옳게 나열한 것은?

제24회 기출

① 화성암 - 수성암 - 자갈과 모래의 혼합물 - 자갈 - 모래 - 모래 섞인 점토
② 화성암 - 수성암 - 자갈 - 자갈과 모래의 혼합물 - 모래 섞인 점토 - 모래
③ 화성암 - 수성암 - 자갈과 모래의 혼합물 - 자갈 - 모래 섞인 점토 - 모래
④ 수성암 - 화성암 - 자갈 - 자갈과 모래의 혼합물 - 모래 - 모래 섞인 점토
⑤ 수성암 - 화성암 - 자갈과 모래의 혼합물 - 자갈 - 모래 섞인 점토 - 모래

해설
- 일반적인 지반의 허용지내력도: 경암반 > 연암반 > 자갈 > 자갈·모래 혼합물 > 모래 섞인 점토 > 모래, 점토
- 밀실한 지반의 허용지내력도: 경암반 > 연암반 > 자갈 > 자갈·모래 혼합물 > 모래 > 모래 섞인 점토 > 점토

정답 ②

• 입상토(粒狀土)
모래와 자갈을 중심으로 하는 비점착성 입상체 흙을 말한다.

(2) 지중 응력분포도

① **점성토 지반**
  ㉠ 점토와 같은 입상토에 하중을 가하면, 그 압력은 주변에서 최대이고 중앙에서 최소가 된다.
  ㉡ 건물 길이가 길 때 중앙 부분에서 침하가 먼저 일어난다.

② **사질토 지반**
  ㉠ 모래와 같은 입상토에 하중을 가하면, 그 압력은 주변에서 최소이고 중앙에서 최대가 된다.
  ㉡ 건물 길이가 길 때 주변 부분에서 침하가 먼저 일어난다.

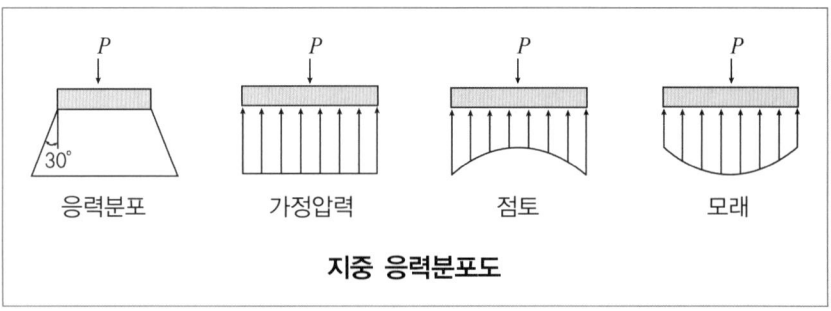

지중 응력분포도

(3) 점성토와 사질토의 특징

구분	점성토	사질토
투수성	작음	큼
가소성	큼	없음
압밀속도	느림(장기침하)	빠름(단기침하)
총침하량	큼	작음
내부마찰각	없음	큼
점착력	큼	없음
불교란 시료 채취	쉬움	어려움
예민비	큼	작음
액상화(유동화) 현상	작음	큼

바로확인문제

모래와 같은 입상토에 하중을 가하면, 그 압력은 (　　)에서 최소이고, (　　)에서 최대가 된다.

개념적용 문제

점토 지반과 사질토 지반의 특성에 대한 설명으로 틀린 것은? 제10회 기출

① 점토 지반의 내부마찰각은 사질토보다 크다.
② 점토 지반의 투수성은 사질토보다 작다.
③ 사질토 지반에서는 양단부에서 침하가 일어나기 쉽다.
④ 사질토 지반의 예민비는 점토 지반보다 작다.
⑤ 사질토 지반은 지진 시 유동화 현상이 일어나기 쉽다.

해설 점토 지반의 내부마찰각은 사질토보다 작다.

정답 ①

2 지반조사

1. 지반조사의 순서

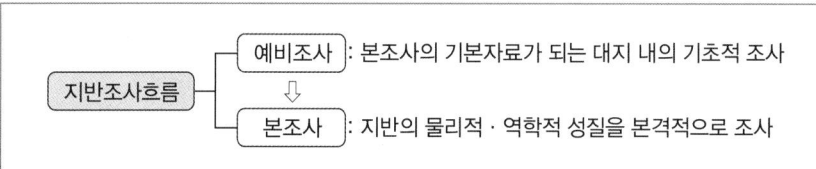

2. 지반조사의 방법

▶ 16·14회

(1) 분류

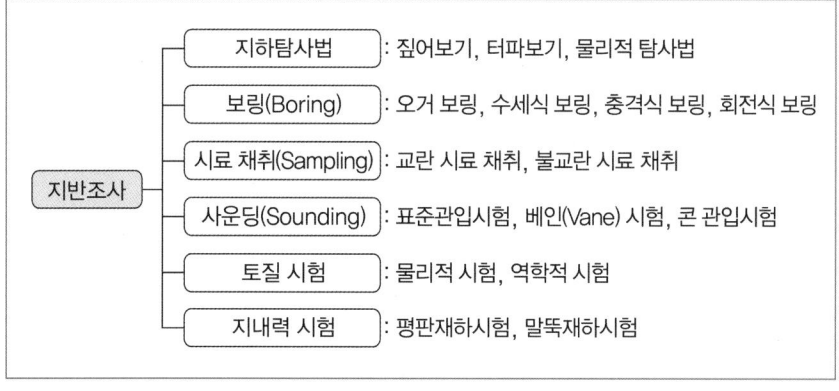

▶ 관련기준
건축표준시방서코드(KCS)
2025 〈KCS 10 20 20 : 2018〉

> **개념적용 문제**
>
> **지반조사방법에 해당되지 않는 것은?** 　제14회 기출
>
> ① 보링
> ② 물리적 탐사법
> ③ 베인 테스트
> ④ 크리프 시험
> ⑤ 표준관입시험
>
> **해설** 크리프 시험은 콘크리트에 일정한 하중이 가해진 후 하중의 증가가 없는데도 시간이 지나면서 콘크리트 변형이 증가하는 현상을 말하며, 구조적 시험방법에 속한다.
> 　　　　　　　　　　　　　　　　　　　　　　　　　　　　　　　**정답** ④

16회

(2) 지하탐사법

종류	방법	그림
터파보기 (Test Pit)	① 대지의 일부분을 시험하기 위하여 그 지층의 상태를 보고 내력을 추정한다. ② 가장 간단하고 확실한 방법으로 직경 60~90cm, 깊이 1.5~3m, 간격 5~10m로 구덩이를 파서 조사한다.	1m 내외 1.5~3m 5~10m
짚어보기 (탐사간)	① 수개소 시행하여 지층의 깊이를 추정한다. ② 인력으로 철봉 등을 지중에 꽂아 지반의 단단함을 조사하는 방법이다.	ø9mm 탐사간
물리적 탐사법	① 광범위한 지질 및 지반상태를 파악하기 위하여 실시하며, 록 현장 여건과 지반조건을 고려하여 탐사방법, 위치 및 빈도를 선정하여야 한다. ② 전기저항식, 강제 진동식, 탄성파식이 있고, 전기저항식이 많이 쓰인다.	탄성파 기기

• 물리적 탐사법 사례

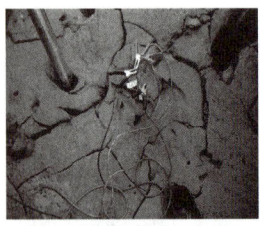

16회

(3) 보링(Boring)

① 정의

지중의 토사에 철관을 꽂아 토질의 시료를 채취하고, 지하수와 지반의 구성 등을 판단하기 위한 토질조사법이다.

바로확인문제

( )는 인력으로 철봉 등을 지중에 꽂아 지반의 단단함을 조사하는 방법이다.

② 종류

종류	방법
오거 보링 (Auger Boring)	㉠ 나선형으로 된 송곳을 인력으로 지중에 틀어박는 방법으로 가장 간단함 ㉡ 깊이 10m 이내의 점토층에 사용
수세식 보링	㉠ 비교적 연약한 토사에 수압을 이용하여 탐사하는 방식 ㉡ 선단에 충격을 주어 이중관을 박고 물을 뿜어내어 파진 흙과 물을 같이 배출(깊이 30m 정도의 연질층에 사용)
충격식 보링	㉠ 경질층을 깊이 파는 데 이용되는 방식 ㉡ 와이어 로프의 끝에 있는 충격날의 상하 작동에 의한 충격으로 토사 암석을 파쇄 천공하고 파쇄된 토사는 배출
회전식 보링 (Rotary Boring)	㉠ 지층의 변화를 연속적으로 비교적 정확히 알고자 할 때 이용하는 방식으로 불교란 시료의 채취가 가능 ㉡ 로드(Rod)의 선단에 첨부하는 날(Bit)을 회전시켜 천공하는 방법

• 보링 시공 장면

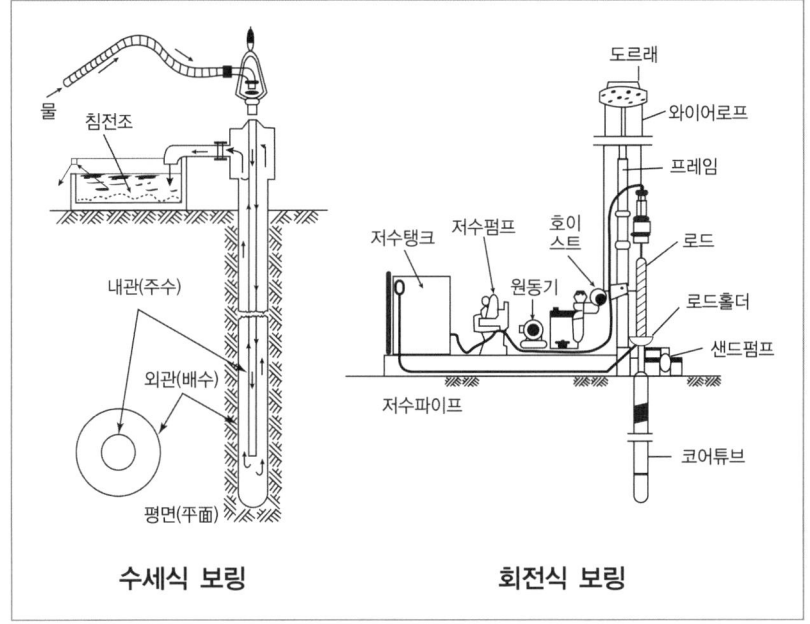

수세식 보링   회전식 보링

③ 토질주상도
 ㉠ 지질단면을 그림으로 나타낼 경우에 사용하는 도법으로, 지층의 층서*, 포함된 제 물질의 상태, 층두께 등을 축척*으로 표시한 것을 말한다.
 ㉡ 현장에서 보링 시험이나 표준관입시험을 통해 지반의 경연*상태와 지하수위 등을 조사하여 지하부위의 단면상태를 예측할 수 있는 예측도이기도 하다.

• 층서(層序)
지층이 형성된 순서로, 하위의 오랜 지층에서 상위의 새로운 지층으로 층을 이루어 겹쳐진다.

• 축척(縮尺)
지도나 설계도 따위를 실물보다 축소하여 그릴 때 축소한 비

• 경연(硬軟)
딱딱함과 부드러움을 아울러 이르는 말

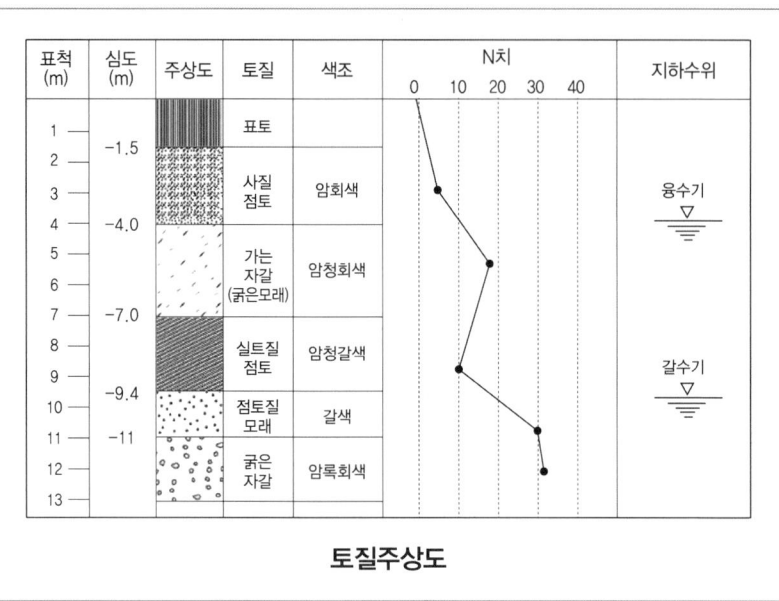

토질주상도

(4) 사운딩(Sounding)

① **정의**

로드(Rod) 선단에 설치한 저항체를 땅속에 삽입하여 관입, 회전, 인발 등의 저항으로 토층의 성상(性狀)을 탐사하는 방법으로 원위치 시험이라고 한다.

② **표준관입시험**(SPT; Standard Penetration Test)

㉠ 점성토 지반에서는 실시하지 않는 것을 원칙으로 하되, 흐트러지지 않은 시료의 채취가 불가능한 사질 지반에서 지반을 구성하는 토층의 경연, 상대 밀도를 측정할 때 사용되는 방법으로 N값도 알 수 있지만 동시에 시료도 채취되므로 보링을 실시할 때 같이 실시하기도 한다.

㉡ 사질토 지반에서는 시추공 내 수위를 최소지하수위 이상으로 유지하여야 하며, 표준관입시험은 케이싱(casing) 하단에서 실시하여야 한다.

㉢ 한국산업표준 KS F 2307 시험방법의 규정에 따라 최대 2m 심도 간격으로, 대표성이 있는 곳이나 지층이 변하는 곳에서 실시하는 것을 원칙으로 한다.

㉣ 표준관입시험은 매 150mm 관입마다 3회 연속적으로 타격수를 기록하여야 하며, 만일 슬라임(Slime) 또는 시추공 벽의 붕괴 등으로 인하여 50mm 이상 차이가 났을 때에는 이를 제거한 후 시험을 실시하여야 한다.

- **인발**(引拔)
일정한 모양의 구멍으로 금속을 눌러 짜서 뽑아내어, 자른 면의 단면이 그 구멍과 같고 길이가 긴 제품을 만들어내는 일

- **표준관입시험**

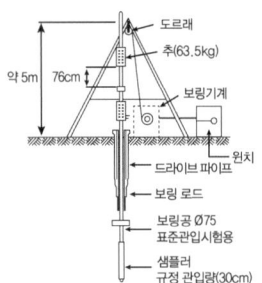

바로확인문제

로드(Rod) 선단에 설치한 저항체를 땅속에 삽입하여서 관입, 회전, 인발 등의 저항으로 토층의 성상을 탐사하는 방법을 (　　)이라고 한다.

ⓐ 표준관입시험용 샘플러를 중량 63.5kg의 추로 76cm 높이에서 자유낙하시킨 충격으로 30cm 관입시키는 데 요하는 타격횟수 N값을 측정하여 구한다.

ⓑ N값에 따른 지반 상태

지반종류	N값
아주 밀실한 모래	50 초과
밀실한 모래	30~50
중정도 모래	10~30
느슨한 모래	5~10
아주 느슨한 모래	5 미만

개념적용 문제

표준관입시험에 관한 설명으로 옳은 것은?   제21회 기출

① 점성토 지반에서 실시하는 것을 원칙으로 한다.
② N값은 로드를 지반에 76cm 관입시키는 타격 횟수이다.
③ N값이 10~30인 모래지반은 조밀한 상태이다.
④ 표준관입시험에 사용하는 추의 무게는 65.3kgf이다.
⑤ 모래지반에서는 흐트러지지 않은 시료의 채취가 곤란하다.

해설
① 점성토 지반에서 실시하지 않는 것을 원칙으로 한다.
② N값은 로드를 지반에 30cm 관입시키는 타격 횟수이다.
③ N값이 10~30인 모래지반은 보통인 상태이다.
④ 표준관입시험에 사용하는 추의 무게는 63.5kgf이다.

정답 ⑤

③ **베인˚ 시험**(Vane Test)˚

㉠ 땅속의 토층에서 시료를 채취하지 않고 보링 구멍을 이용하여 +자 날개형의 베인을 지반에 박고 회전시켜 그 저항력에 의하여 연약점토 지반의 점착력을 판별한다.

㉡ 사용할 베인은 50~100mm 크기의 베인을 사용하는 것을 원칙으로 한다.

• 베인(Vane)
날개

• 베인 시험

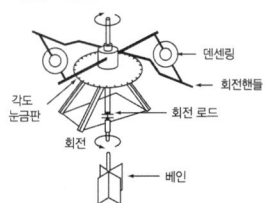

바로확인문제

표준관입시험은 표준관입시험용 샘플러를 중량 ( )kg의 추로 ( )cm 높이에서 자유낙하시킨 충격으로 ( )cm 관입시키는 데 요하는 타격횟수 N값을 측정하여 구한다.

(5) 지내력(地耐力) 시험

① **일반사항**

㉠ 지반면에 직접 하중을 가하여 기초지반의 지지력을 추정하는 시험을 말한다.

㉡ 실제의 지내력은 기초파기의 깊이·형상·크기 및 지하수위·하부 토층 등에 영향을 미치므로 충분히 검토하고 지내력을 판별해야 한다.

② **종류**

㉠ **평판재하 시험**(Plate Bearing Test)

ⓐ 평판재하시험의 재하판은 직경 300mm를 표준으로 하며, 예정 기초저면에 설치한다.

ⓑ 최대 재하하중은 지반의 극한지지력 또는 예상되는 설계하중의 3배로 한다.

ⓒ 재하는 5단계 이상으로 나누어 시행하고 각 하중 단계에 있어서 침하가 정지되었다고 인정된 상태에서 하중을 증가한다.

ⓓ 24시간 경과 후 0.1mm 이하의 변화를 보인 때의 총침하량이 20mm에 달했을 때까지의 하중 또는 총침하량이 20mm 이하이지만 지반이 항복상태를 보인 때까지의 하중 가운데 작은 값을 기준으로 산정한 것을 단기허용지내력도로 한다.

ⓔ 실제 건축물에 적용하는 장기허용지내력도는 단기허용지내력도의 1/2로 한다.

- 재하(載荷)
  짐을 싣는 것을 말한다.

- 재하장치

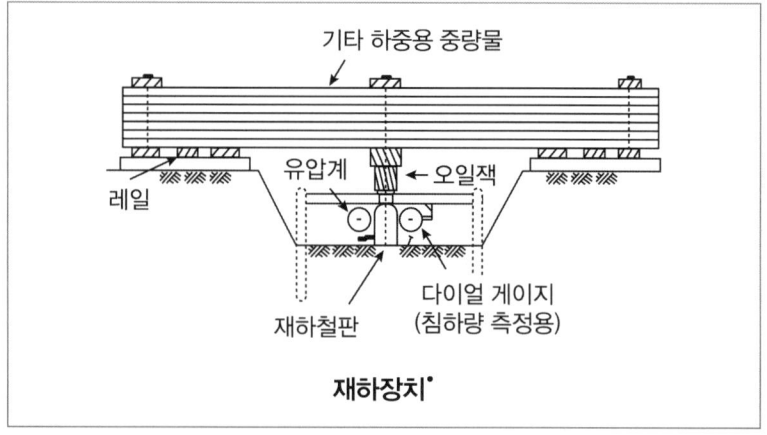

재하장치

ⓒ 말뚝재하시험
  ⓐ 사용 예정인 말뚝에 대해 실제로 사용되는 상태 또는 이것에 가까운 상태에서 지내력 판정의 자료를 얻는 시험으로 직접적으로 지내력을 확인하는 방법이다.
  ⓑ 말뚝의 재하시험에서 최대하중은 원칙적으로 말뚝의 극한지지력 또는 예상되는 설계하중의 3배로 하고, 적절한 시행 방법에 따른다.

개념적용 문제

지반특성 및 지반조사에 관한 설명으로 옳은 것은? 제27회 기출

① 액상화는 점토지반이 진동 및 지진 등에 의해 압축저항력을 상실하여 액체와 같이 거동하는 현상이다.
② 사운딩(sounding)은 로드의 선단에 설치된 저항체를 지중에 넣고 관입, 회전, 인발 등을 통해 토층의 성상을 탐사하는 시험이다.
③ 샌드벌킹(sand bulking)은 사질지반의 모래에 물이 배출되어 체적이 축소되는 현상이다.
④ 간극수압은 모래 속에 포함된 물에 의한 하향수압을 의미한다.
⑤ 압밀은 사질지반에서 외력에 의해 공기가 제거되어 체적이 증가되는 현상이다.

해설 ① 액상화는 사질지반이 진동 및 지진 등에 의해 간극수압의 상승으로 유효응력이 감소되어 전단저항을 상실하여 액체와 같이 거동하는 현상이다.
③ 샌드벌킹(sand bulking)은 사질지반의 모래에 물이 흡수되어 체적이 팽창되는 현상이다.
④ 간극수압은 모래 속에 포함된 물에 의한 상향수압을 의미한다.
⑤ 다짐은 사질지반에서 외력에 의해 공기가 제거되어 체적이 감소되는 현상이다. 압밀은 외력에 의해 간극 내의 물이 빠져 흙입자 간의 사이가 좁아지며 침하되는 것이다.

정답 ②

3 지반의 침하 및 대책

1. 부동(不同)침하(부등침하)

(1) 정의
① 구조물의 기초지반이 침하함에 따라 구조물의 여러 부분에서 불균등하게 침하를 일으키는 현상으로, 부등침하(不等沈下)라고도 한다.

바로확인문제

말뚝의 재하시험에서 최대하중은 원칙적으로 말뚝의 극한지지력 또는 예상되는 설계하중의 ( )배로 하고, 적절한 시행 방법에 따른다.

② 연약지반 위에 구조물을 만들 경우에는 기초지반의 압밀침하(壓密沈下)에 따르는 부동침하를 충분히 고려해야 한다.
③ 각 기초에 작용하는 하중 크기의 차이 및 시공할 때에 생기는 기초지반의 국부적인 불균등도 원인이 된다.
④ 보통 침하가 전체적으로 똑같이 일어나 구조물에 파괴나 변상(變狀)을 일으키는 일은 드물지만, 부동침하하면 경사지거나 변형이 되어 균열이 생기기 쉽다.

• 변상(變狀)
보통과는 달라진 상태나 상황

(2) 원인

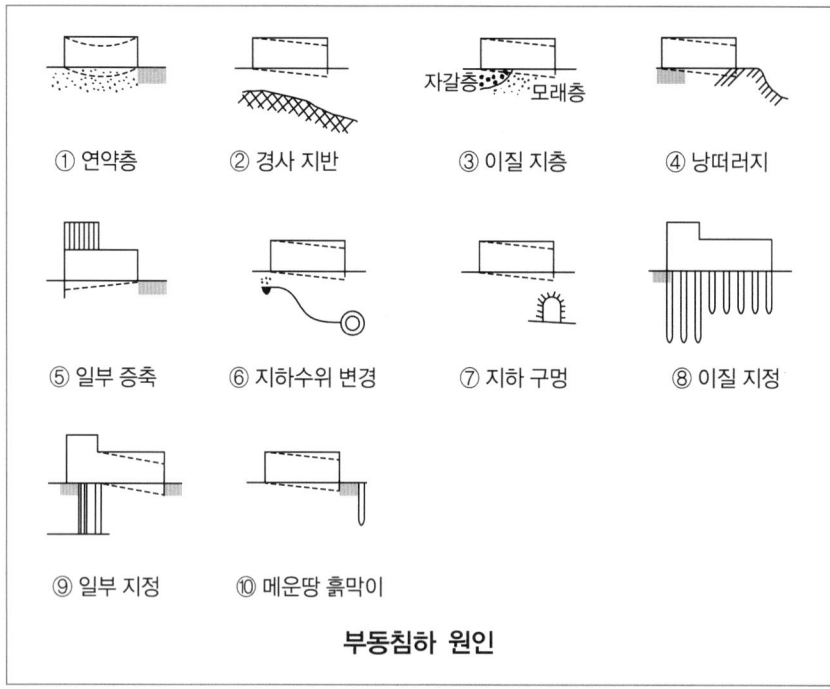

부동침하 원인

개념적용 문제

건축물에 발생하는 부등침하의 원인으로 옳지 않은 것은? 제22회 기출

① 서로 다른 기초 형식의 복합시공
② 풍화암 지반에 기초를 시공
③ 연약지반의 분포 깊이가 다른 지반에 기초를 시공
④ 지하수위 변동으로 인한 지하수위의 상승
⑤ 증축으로 인한 하중의 불균형

해설 풍화암 지반에 기초를 시공하는 것은 부등침하의 방지대책에 해당한다.

정답 ②

(3) 부동침하에 의한 건물의 피해현상

① 구조체에 부착된 마감재가 변형된다.

② 구조체가 기울어지고, 누수현상이 발생한다.

③ 건물이 부동침하되면 인장력에 직각방향으로 균열이 발생한다.

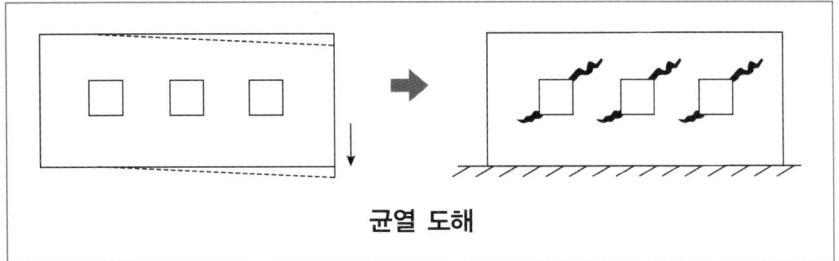

균열 도해

개념적용 문제

부동(부등)침하에 의한 건축물의 피해현상이 아닌 것은? 제19회 기출

① 구조체의 균열 　　② 구조체의 기울어짐
③ 구조체의 건조수축 　　④ 구조체의 누수
⑤ 마감재의 변형

해설 건축물이 부동침하하면 경사지거나 변형이 되어 균열이 생기기 쉽다. 그러나 구조체의 건조수축은 부동침하와 관계없이 콘크리트의 재료에 관한 문제로 인해 발생하는 현상이다.

정답 ③

2. 연약지반의 부동침하 방지대책

(1) 상부구조에 대한 대책

① 건물의 경량화

② 건물의 평면길이를 짧게 할 것

③ 건물의 강성*을 높일 것

④ 인접 건물과의 거리를 멀게 할 것

⑤ 건물의 중량 분배를 고려할 것

(2) 하부구조에 대한 대책

① 경질지반에 지지시킬 것

② 마찰말뚝을 사용할 것

③ 지하실을 설치할 것

• **강성(剛性)**
물체가 외부로부터 힘을 받아도 변형되지 않고 원래 모양을 유지하려는 성질

바로확인문제

건물이 부동침하되면 인장력에 (　　)방향으로 균열이 발생한다.

- 지중보

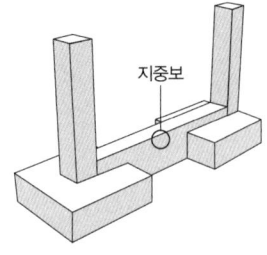

④ 전면기초(Mat Foundation)로 시공할 것
⑤ 독립(확대)기초는 기초 상호간을 연결 ⇨ 지중보*(Underground-Beam) 시공
⑥ 지반개량공법으로 지반의 지지력 증대

개념적용 문제

연약지반에서 부등침하 저감대책으로 옳은 것은? 제17회 기출

① 건물의 자중을 크게 한다.
② 건물의 평면길이를 길게 한다.
③ 상부구조의 강성을 작게 한다.
④ 지하실을 강성체로 설치한다.
⑤ 인접 건물과의 거리를 좁힌다.

해설 연약지반에서 부등침하 저감대책은 건물의 자중을 작게 하고, 건물의 평면길이를 짧게 하며, 상부구조의 강성을 크게 하고, 인접 건물과의 거리를 넓히는 것이다.

정답 ④

3. 지반개량공법

(1) 지반개량의 목적

① 지반의 지지력 증대
② 부등침하 방지
③ 지하 굴착 시 안전성 확보
④ 기초의 보강
⑤ 말뚝의 가로 저항력 증가

- 바이브로(Vibro)
  진동
- 플로테이션(Flotation)
  뜸, 부양

25·12·9회

- 콤포저(Composer)
  조정자
- 웰(Well)
  우물

(2) 지반개량공법의 종류

공법	적용 지반	종류
다짐공법	사질토	① 바이브로* 플로테이션*(Vibro Flotation)공법 ② 바이브로 콤포저*(Vibro Composer)공법 ③ 모래다짐 말뚝(Sand Compaction Pile)공법 ④ 동압밀(동다짐; Dynamic Compaction)공법
탈수 및 배수 공법	점토질	① 샌드 드레인(Sand Drain)공법 ② 생석회 말뚝공법 ③ 페이퍼 드레인(Paper Drain)공법
	사질토	④ 웰* 포인트(Well Point)공법 ⑤ 깊은 우물(Deep Well)공법

바로확인문제

연약지반에서 부등침하 저감대책은 건물의 자중을 (   ) 하고, 건물의 평면길이를 (   ) 하며, 상부구조의 강성을 (   ) 하고, 인접 건물과의 거리를 넓히는 것이다.

치환공법	① 굴착 치환공법 ② 미끄럼 치환공법 ③ 폭파 치환공법
재하(압밀)공법	① 선행 재하공법 ② 사면 선단 재하공법 ③ 압성토공법
고결공법	① 그라우트공법 ② 동결공법 ③ 약액주입공법
혼합공법	① 입도 조정법 ② 소일 시멘트(Soil Cement)법 ③ 화학 약제 혼합공법

(3) 종류별 세부사항

① 다짐공법

종류	방법
바이브로 플로테이션 공법 (Vibro Flotation)	물을 고압으로 분사하여 지반을 굴착하고 여기에 모래를 채워 모래말뚝을 조성하는 공법으로 이 공법의 적용은 사질토 지반에 적합하다.
바이브로 콤포저 (Vibro Composer) 공법	특수 파이프를 관입하여 모래를 투입하고 이것을 진동하여 다지면서 파이프를 빼내어 진동 다짐 모래말뚝을 형성하는 공법으로 이 공법의 적용은 사질토 지반에 적합하다.
모래다짐 말뚝공법	강관 케이싱을 관입하고 강관 케이싱 내부에 모래나 굴패각, 쇄석 등을 채워 다짐 말뚝을 조성하는 공법으로 이 공법의 적용은 모든 토사 종류에 가능하다.
동압밀(동다짐) 공법	무거운 추를 이용하여 지반을 다지는 공법으로 사질토 지반, 쓰레기 매립장 또는 큰 암석이 다량 섞여 있는 불균질한 지반에 적합하다.

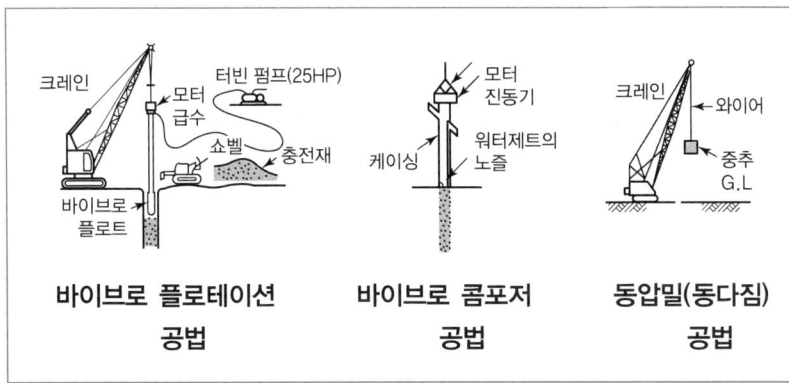

바이브로 플로테이션 공법   바이브로 콤포저 공법   동압밀(동다짐) 공법

② 탈수 및 배수공법

종류	방법	
웰 포인트 (Well Point) 공법	사질 지반에 대표적인 탈수공법으로 집수장치를 붙인 파이프를 지중에 관입한 다음, 관 내부를 진공화함으로써 간극수의 집수효과를 높이는 공법	
샌드 드레인 (Sand Drain) 공법	정의	점토 지반의 대표적인 탈수공법으로 연약점토질 지반을 압밀하여 물을 제거하기 위해 배수 기둥을 설치하는 연직배수공법
	방법	㉠ 지름 40~60cm의 철관을 적당한 간격으로 박음 ㉡ 철관 속에 모래를 다져 넣어 모래 말뚝을 형성함 ㉢ 지표면에 성토하중을 가하여 모래 말뚝을 통해서 수분을 탈수시킴
페이퍼 드레인 (Paper Drain) 공법	점토 지반에서 모래 대신 합성수지로 된 카드 보드(Card Board)를 사용하여 탈수하는 공법	
생석회 말뚝공법	지반 내에 생석회(CaO)에 의한 말뚝을 설치하여 흙을 고결화시켜 지지력의 증대와 말뚝 주변의 지반 강화를 도모하는 공법	

• 카드 보드(Card Board)
판지, 보드지, 마분지

③ **치환공법:** 연약지반의 일부 또는 전체를 제거하고 양질의 흙으로 치환하여 지반을 개량하는 공법으로, 모든 토사 지반에 시공이 가능하며 개량 대상 심도가 깊지 않은 곳에 적합하다.

종류	방법
굴착치환공법	지표면 가까이에 위치한 연약층을 굴착하여 제거하고 그 부분을 양질의 토사로 되메우는 방법으로, 소규모 개량공사 지역에 적합
강제치환공법	쌓기재료의 자중 또는 폭파에 의해 연약층을 밀어내고 양질의 재료로 치환하는 공법

바로확인문제

(　　)공법은 연약지반의 일부 또는 전체를 제거하고 양질의 흙으로 치환하여 지반을 개량하는 공법으로 모든 토사 지반에 시공이 가능하며 개량 대상 심도가 깊지 않은 곳에 적합하다.

④ **고결공법**: 고결재를 흙입자 사이의 공극에 주입시켜 흙의 화학적 고결 작용을 통해 지반의 강도 증진과 압축성의 억제, 투수성의 변화를 촉진시키는 공법이다.

종류	방법
동결공법	지중의 수분을 일시적으로 동결시켜 지반의 강도와 차수성을 향상하고 그 동안에 본공사를 실시하는 일종의 가설 공법
소결공법	점토질의 연약지반 중에 보링하여 구멍을 뚫고 그 속을 가열하여 그 주변의 흙을 탈수시켜 지반을 개량하는 공법
약액주입공법	지반 내에 시멘트, 약액 등을 주입하여 연약지반을 고결시켜 지내력을 증진시키는 공법

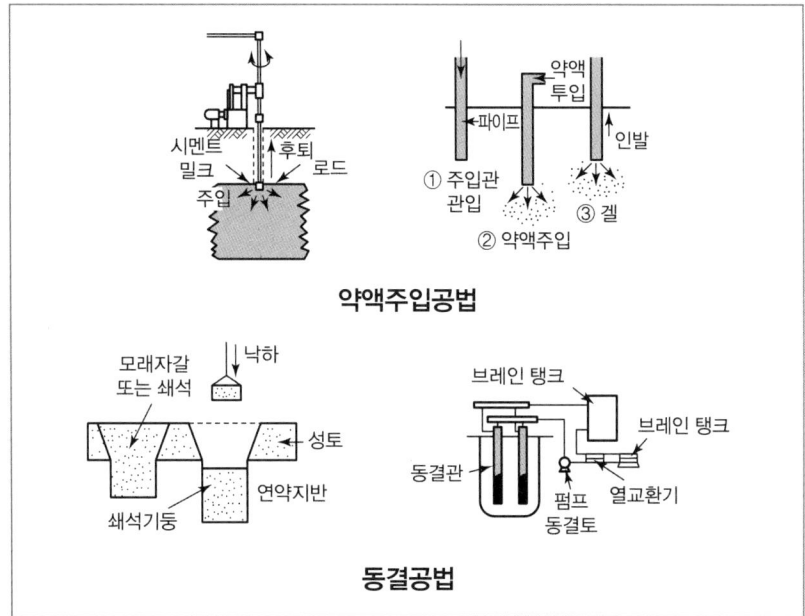

개념적용 문제

지반을 개량하거나 강화하기 위한 지반개량공법에 해당되지 않는 것은?

제12회 기출

① 치환공법
② 다짐공법
③ 생석회공법
④ 샌드 드레인 공법
⑤ 아일랜드 공법

해설 아일랜드 공법은 흙파기 공법에 해당된다.

정답 ⑤

제2절 토공사

1 흙막이

1. 흙막이 공법

(1) 토압(측압, 土壓)

① 토압의 개념도

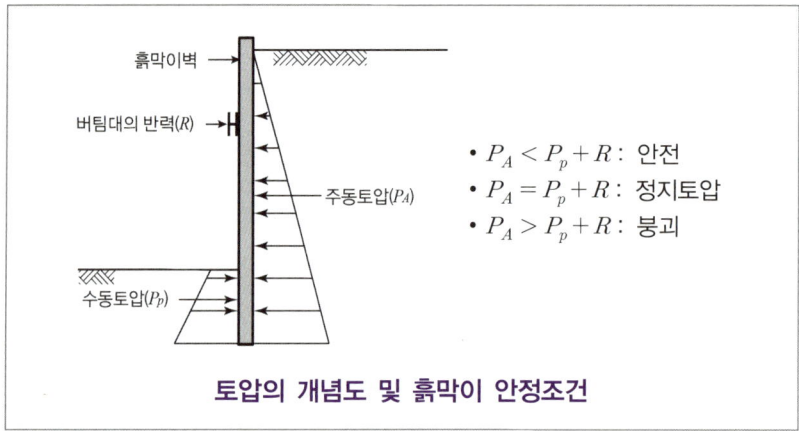

- $P_A < P_p + R$: 안전
- $P_A = P_p + R$: 정지토압
- $P_A > P_p + R$: 붕괴

토압의 개념도 및 흙막이 안정조건

② 용어정리

종류	내용
주동토압	흙막이 후면의 배면토가 자중으로 벽체를 전방으로 밀어내면서 자신이 파괴되는 상태의 토압
수동토압	흙막이에 작용한 토압에 의해 반대편의 흙이 밀리면서 파괴되는 상태의 토압
정지토압	흙막이의 수평방향 이동과 회전이 없는 정지한 상태에서의 토압

• 흙막이 시공 장면

(2) 흙막이(Sheathing)**의 개념**

① 지반을 굴착할 때 주위의 지반이 침하하거나 붕괴하는 것을 방지할 목적으로 만드는 토압·수압에 저항하는 벽체와 그 받침대를 말한다.

② 흙막이는 흙파기 측면의 붕괴 혹은 과대한 변형을 방지할 수 있도록 공사 중에 작용하는 측압에 대해 안전한 구조로 하고, 충분한 강도와 강성을 갖는 것이어야 한다.

③ 흙막이 구조의 각 부분은 강도 및 변형량에 대하여 그 구조조건에 적합한 방법으로 검토한다. 또 각 부재의 이음 등 접합부는 각 부재응력을 지장 없이 전달할 수 있는 구조로 한다.

(3) 흙막이의 종류

종류	내용
나무 널말뚝	깊이 4m 이하에 사용하며, 수밀성이 적으므로 지하수가 많은 곳에 부적당하다.
강재 널말뚝	강널말뚝과 강관널말뚝이 있으며, 용수가 많고 토압이 크고 깊이가 깊을 때 사용한다.
콘크리트 널말뚝	공장에서 만든 기성콘크리트 말뚝을 널말뚝으로 사용한다.
지하연속벽체 (Slurry Wall)	① 특수하게 고안된 클램셸(Clam Shell)로 도랑(Trench)을 굴착하여 철근콘크리트를 타설하는 작업을 연속함으로써 지중에 연속된 철근콘크리트 벽을 형성하며 이 벽은 차수벽 역할를 한다. ② 슬러리* 월은 터파기 공사의 흙막이벽으로 사용함과 동시에 구조벽체로 활용한다. ③ 인접건물에 근접시공이 가능하고 무소음·무진동공법, 지반조건에 좌우되지 않는다. 장비가 고가이고 고도의 기술 및 경험이 필요하다.

▶ 20회

- 지하연속벽 시공
  - 벽체 굴착

  - 벽체 내에 철근 넣기

- 슬러리(Slurry)
  시멘트·흙 등에 물을 섞은 현탁액

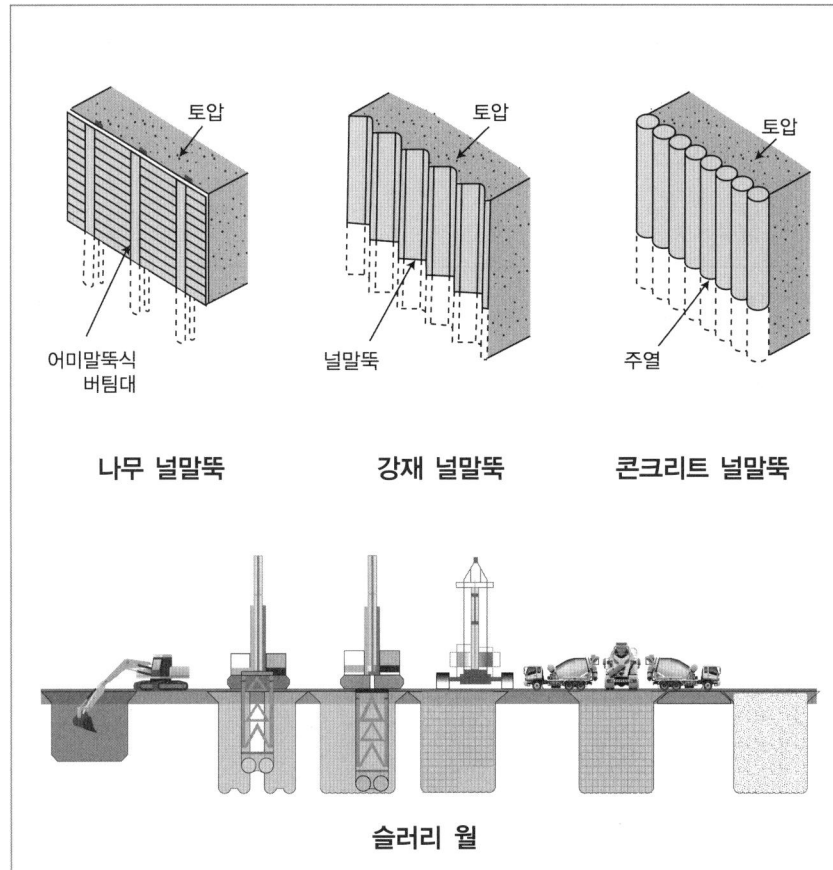

나무 널말뚝   강재 널말뚝   콘크리트 널말뚝

슬러리 월

바로확인문제

(　　　)는 지반을 굴착할 때 주위의 지반이 침하나 붕괴하는 것을 방지할 목적으로 만드는 토압·수압에 저항하는 벽체와 그 받침대를 말한다.

2. 흙막이의 붕괴현상

(1) 종류

종류	현상	그림
히빙 현상 (Heaving Failure)	융기현상이라고 하며, 시트 파일 등의 흙막이벽 좌측과 우측의 토압 차로서 연약한 점성토 지반에서 땅파기 외측의 흙의 중량으로 인하여 땅파기된 저면이 부풀어 오르는 현상	
보일링 현상 (Boiling of Sand, Quick Sand)	분사현상이라고 하며, 모래질 지반에서 흙막이벽을 설치하고 기초파기할 때의 흙막이벽 뒷면 수위가 높아서 지하수가 흙막이벽을 돌아서 모래와 같이 솟아오르는 현상	
파이핑 현상 (Piping)	흙막이벽의 부실공사로서 흙막이벽의 뚫린 구멍 또는 이음새를 통하여 물이 공사장 내부 바닥으로 스며드는 현상	

• 히빙(Heaving)
 올리기, 들어올리기, 융기(隆起), (지반의) 부풀어오르기

• 보일링(Boiling)
 끓고 있는, 끓어오르는

• 파이핑(Piping)
 관, 배관

개념적용 문제

흙막이 공사에서 발생하는 현상에 관한 설명으로 옳은 것을 모두 고른 것은?
제23회 기출

> ㉠ 히빙: 사질 지반이 급속 하중에 의해 전단저항력을 상실하고 마치 액체와 같이 거동하는 현상
> ㉡ 파이핑: 부실한 흙막이의 이음새 또는 구멍을 통한 누수로 인해 토사가 유실되는 현상
> ㉢ 보일링: 연약한 점성토 지반에서 땅파기 외측의 흙의 중량으로 인하여 땅파기된 저면이 부풀어오르는 현상

① ㉠   ② ㉡   ③ ㉠, ㉢
④ ㉡, ㉢   ⑤ ㉠, ㉡, ㉢

해설 ㉠ 액상화 현상: 사질 지반이 급속 하중에 의해 전단저항력을 상실하고 마치 액체와 같이 거동하는 현상
㉢ 히빙: 연약한 점성토 지반에서 땅파기 외측의 흙의 중량으로 인하여 땅파기된 저면이 부풀어 오르는 현상

정답 ②

(2) 언더피닝(Underpinning) 공법

① 정의
㉠ 기존 건물 가까이에 신축공사를 할 때 기존 건물의 지반과 기초를 보강하는 공법이다.
㉡ 새롭게 건물을 신축할 경우, 인접하는 건물보다 깊게 터파기를 했을 때 히빙, 보일링, 파이핑 등과 같은 현상에 의해서 신축 건물 현장의 흙막이가 붕괴되어 인접 건물의 주위 지반이 침하될 수 있는 것을 사전에 막기 위한 공법이다.
㉢ 구조물의 증축에 의한 하중 증가나 지하 상황의 변화에 의한 지지력의 저하 외에 그 구조물에 근접하여 또는 바로 밑에 새로운 구조물(예 지하철)을 만드는 경우에도 적용하는 공법이다.

▶ 16회

- 언더피닝(Underpinning)
기초, 기반, 밑에서 떠받치는 것

언더피닝 공법 시공 장면

② 종류

2중 널말뚝 공법	흙막이 널말뚝의 외측에 2중으로 말뚝을 박는 공법
현장타설 콘크리트말뚝 공법	인접 건물의 기초에 현장타설 콘크리트말뚝을 설치
강제말뚝 공법	인접 건물의 벽, 기둥에 따라 강제말뚝을 설치
모르타르 및 약액주입 공법	사질 지반에서 모르타르 등을 주입해서 지반을 고결시키는 공법

개념적용 문제

기존 건축물에 기초를 보강하거나 새로운 기초를 삽입하는 공법은?

제16회 기출

① 심초 공법   ② 탑다운 공법   ③ 베노토 공법
④ 언더피닝 공법   ⑤ 어스 드릴 공법

해설 언더피닝 공법은 현장 굴착 시 인접 대지가 침하할 수 있으므로 미리 기초를 보강하는 공법이다.

정답 ④

바로확인문제

(   ) 공법은 기존 건물 가까이에 신축공사를 할 때 기존 건물의 지반과 기초를 보강하는 공법이다.

2 흙파기 공법

1. 개요

(1) 휴식각(안식각)

① 흙입자 간의 응집력, 부착력을 무시할 때, 즉 마찰력만으로서 중력에 대해 정지하는 흙의 사면(斜面)* 각도를 말한다.
② 흙막이를 설치하지 않은 경우 흙파기 경사각은 휴식각의 2배로 한다.

· 사면(斜面)
  경사면

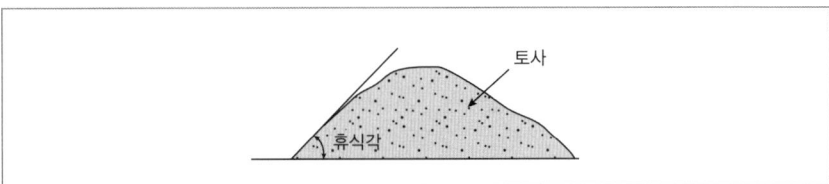

(2) 흙파기 일반사항

① 흙파기를 요하는 지하구조물의 설계에 있어서 지하구조의 선정에 따르는 땅파기가 대지의 상황 및 지반과 지하수의 조건에 적합하여야 한다.
② 흙파기 시 측압이나 하부지반의 변동에 대해서 안전하여야 하고, 주위의 구조물이나 매설관 등에 유해한 장해를 끼치지 않도록 검토하여야 한다.
③ 융기(히빙) 현상 및 분사(보일링) 현상 등에 의한 파괴의 염려가 있는 지반에 있어서는 각각 안정성을 검토하여야 한다.

2. 흙파기 공법의 종류

(1) 오픈 컷 공법(Open Cut Method)

① 흙막이를 설치하지 않고 흙의 안식각을 고려하여 기초파기하는 공법이다.
② 공사비가 저렴하고, 공사장 주위 지반의 침하나 외부 토압에 의한 벽체 변위에 취약하여 민원발생 소지가 많고, 강우 등 기후 조건에 의한 영향을 많이 받는다.

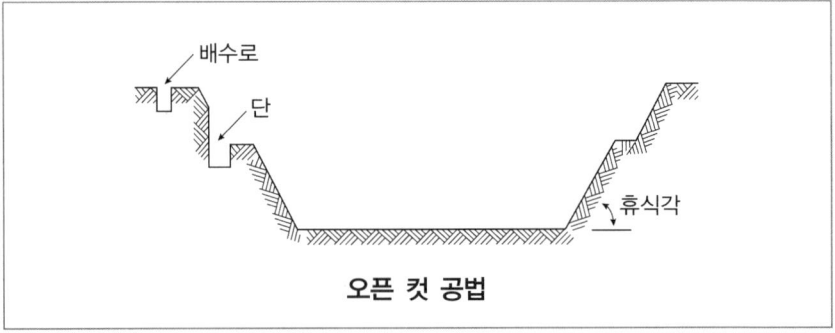

오픈 컷 공법

(2) 아일랜드˚ 컷 공법(Island Cut Method)

① 중앙부를 먼저 굴토하여 기초 또는 지하 구조물을 형성하고, 이 구조물에 버팀대를 지지시킨 다음에 주변을 굴착하는 공법이다.

② 비교적 기초 흙파기의 깊이가 얕고 면적이 넓은 경우에 사용한다.

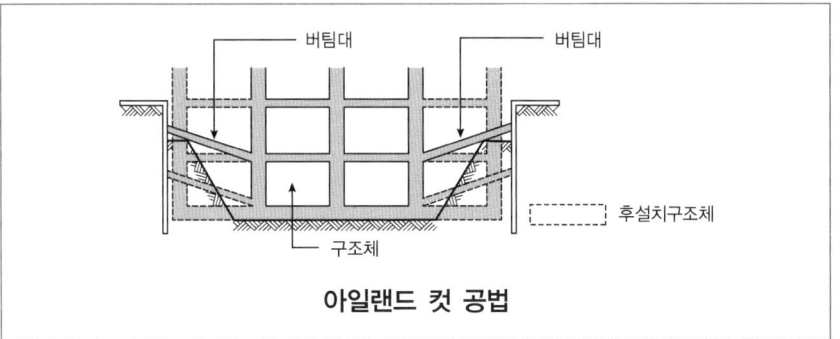

아일랜드 컷 공법

(3) 트렌치˚ 컷 공법(Trench Cut Method)

① 아일랜드 컷 공법의 역순으로 구조물 위치 전체를 동시에 파내지 않고 측벽이나 주열선 부분만을 먼저 파내고, 그 부분에 기초와 지하 구조체를 축조한 다음 중앙부의 나머지 부분을 파내어 지하 구조물을 완성하는 공법이다.

② 연약지반으로 일시에 전체 굴착이 어려울 때 유리하다.

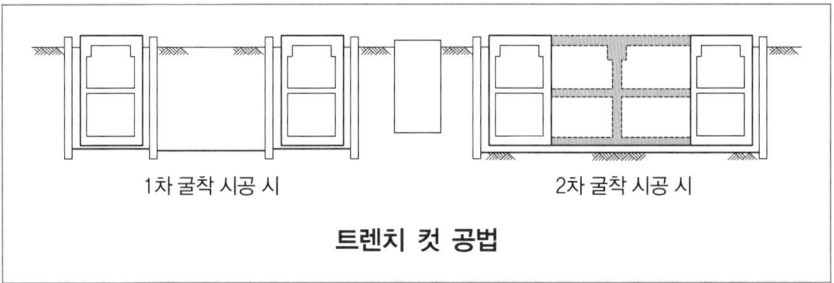

트렌치 컷 공법

3. 역타˚(Top Down) 공법

(1) 정의

① 지하연속벽(Slurry Wall, Diaphragm Wall)에 의해 지하층 외부옹벽과 지하층 기둥을 토공에 앞서 선시공하며, 토공단계별로 토공작업과 슬래브(Slab) 등 구조물 시공을 반복하면서 위에서 아래로 지하층을 완성해 나가는 공법이다.

② 도심지 내 공사 여건이 열악하고, 협소한 부분에서 사용 가능한 공법이다.

▶ 25회

- 아일랜드(Island)
  섬

- 트렌치(Trench)
  방어 진지, 전선, 깊은 도랑

▶ 20회

- 역타(逆打)
  위에서 아래가 아닌 반대로 때리는 것

바로확인문제

역타(Top Down) 공법은 도심지 내 공사 여건이 열악하고, 협소한 부분에서 사용 (   )한 공법이다.

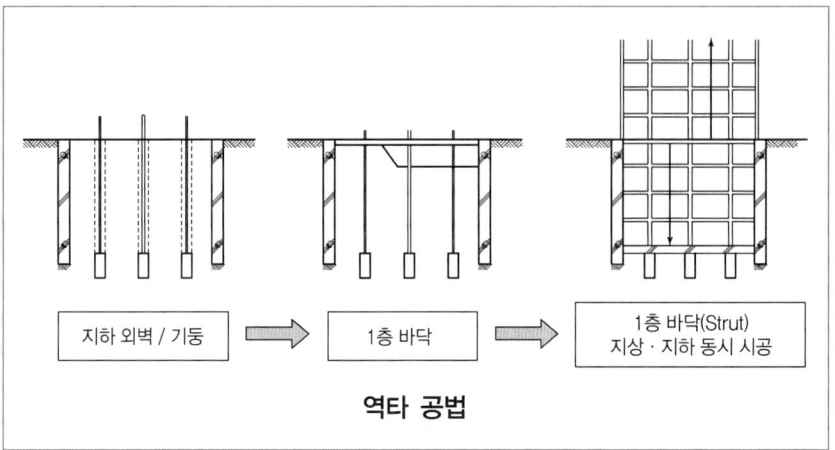

역타 공법

(2) 장단점

장점	단점
① 소음, 진동이 적어 도심지 공사에 적합하다.	① 기둥, 벽 등 수직부재 이음이 곤란하다.
② 상하 동시 공사 진행이 가능하므로 공기 단축이 가능하다.	② 굴착 시 소형장비가 필요하다.
③ 주변 지반 및 인접 건물에 미치는 영향이 적다.	③ 사전 공사계획이 치밀해야 한다.
④ 기상조건에 관계없이 작업 가능하다.	④ 지하작업 시 조명, 환기설비, 화재예방대책이 필요하다.
⑤ 가설공사가 불필요하다.	⑤ 공사비 상승의 우려가 있다.

개념적용 문제

기초 및 지하층 공사에 관한 설명으로 옳지 않은 것은? 제20회 기출

① RCD(Reverse Circulation Drill) 공법은 대구경 말뚝공법의 일종으로 깊은 심도까지 시공할 수 있다.

② 샌드 드레인(Sand Drain) 공법은 연약점토질 지반을 압밀하여 물을 제거하는 지반개량공법이다.

③ 오픈 컷(Open Cut) 공법은 흙막이를 설치하지 않고 흙의 안식각을 고려하여 기초파기하는 공법이다.

④ 슬러리 월(Slurry Wall)은 터파기 공사의 흙막이벽으로 사용함과 동시에 구조벽체로 활용할 수 있다.

⑤ 탑 다운(Top Down) 공법은 넓은 작업공간을 필요로 하므로 도심지 공사에 적절하지 않은 공법이다.

해설 탑 다운(Top Down) 공법은 도심지 내 공사 여건이 열악하고 협소한 부분에서 사용 가능한 공법이다.

정답 ⑤

제3절 기초구조 ★★

1 일반사항

1. 기초의 명칭

(1) 용어정리

용어	정의
기초(基礎)	기초판과 지정을 합하여 말하며, 상부구조에 대응하여 부를 때는 기초구조°라고 하기도 한다.
기초판(基礎版)	기둥 또는 벽체에 작용하는 하중을 지중에 전달하기 위하여 기초가 펼쳐진 부분을 말한다.
지정(地釘)	기초를 안전하게 지지하기 위하여 기초를 보강하거나 지반의 내력을 보강하는 것으로 자갈, 잡석 및 말뚝 등의 부분을 말한다.
얕은기초	기초 폭에 비하여 근입 깊이가 얕고 상부구조물의 하중을 분산시켜 기초하부 지반에 직접 전달하는 기초를 말한다.
깊은기초	기초의 지반 근입 깊이가 깊고 상부구조물의 하중을 말뚝 등에 의해 깊은 지지층으로 전달하는 기초를 말한다.
강성기초	지반강성에 비하여 기초판의 강성이 커서 기초판의 변형을 고려하지 않는 기초로서, 기초의 변위 및 안정 계산 시 기초 자체의 탄성변형을 무시할 수 있는 기초를 말한다.
연성기초	지반강성에 비하여 기초판의 강성이 상대적으로 작아서 지반반력이 등분포로 작용하는 기초를 말한다.
말뚝의 극한지지력	말뚝이 지지할 수 있는 최대의 수직방향 하중을 말한다.
말뚝의 허용지내력	말뚝의 허용지지력 내에서 침하 또는 부동침하가 허용한도 내로 될 수 있게 하는 하중을 말한다.
접지압(接地壓)	직접 기초에 의한 기초판 또는 말뚝 기초에서 선단과 지반 간에 작용하는 압력을 말한다.
부주면마찰력	말뚝 침하량보다 큰 지반 침하가 발생하는 구간에서 말뚝 주변에 발생하는 하향의 마찰력을 말한다.

기초구조
1. 일반사항
2. 기초의 분류
3. 말뚝기초 설계

▶ 19·17·13·11·6·4회

• 기초구조

바로확인문제

기초는 (　　)과 (　　)을 합하여 말하며, 상부구조에 대응하여 부를 때는 기초구조라고 하기도 한다.

개념적용 문제

아래 그림에서 기초판과 지정의 경계면으로 옳은 것은?   제11회 기출

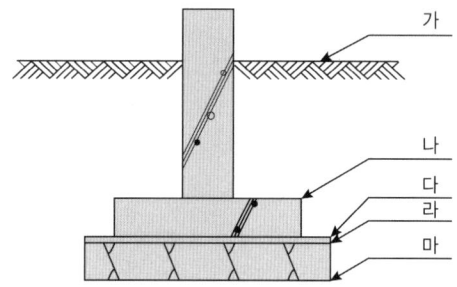

① 가 – 지반면
② 나 – 기초바닥판 상부
③ 다 – 밑창콘크리트 상부
④ 라 – 잡석다짐 상부
⑤ 마 – 잡석다짐 하부

해설 기초는 기초판과 지정을 총칭한 것으로 기초판은 상부구조의 응력을 지반 또는 지정에 전달하는 구조부분이고, 지정은 기초판 아랫부분으로 기초판을 보강하거나 지반의 지내력을 향상시키기 위한 구조부분이다.

정답 ③

13·7·6·4·2회

(2) 동결선(凍結線)

① 대기온도의 영향이 미치지 아니하는 깊이의 하부를 동결심도(凍結深度) 또는 동결선이라고 한다.
② 동결선을 고려하지 않고 한랭지의 외기온도가 계속하여 0℃ 이하가 되면 지중에 함유되어 있는 수분이 동결하여 지반이 부풀어오른다. 이 현상이 계속되어 하부까지 얼어 내려가면 토사의 용적이 증가하여 구조물 및 얕은기초는 떠오르는 피해가 생긴다.
③ 동결심도를 고려하지 않은 구조물에서는 기초의 부동침하가 발생할 수 있다.
④ 기초는 반드시 해당 지방의 동결선 이하에 설치해야 한다.
⑤ 동결선의 깊이는 남부지방 60cm, 중부지방 90cm, 북부지방 120cm 이다.

바로확인문제

동결선의 깊이는 남부지방 (　)cm, 중부지방 (　)cm, 북부지방 (　)cm이다.

(3) 지중(地中)보

① 기초와 기초를 연결하는 수평보로 주각부의 강성을 증대시킨다.
② 지진에 대한 저항 효과, 건축물의 부동침하가 억제된다.
③ 기초에 중심축으로 하중을 유도할 수 있다.

> **개념적용 문제**
>
> 다음 중 동결심도에 대한 내용으로 틀린 것은?   제7회 기출
>
> ① 기초는 반드시 동결심도 이하에 설치하여야 한다.
> ② 동절기에 지표면이 얼어붙는 깊이의 한도를 말한다.
> ③ 북부지방의 동결심도는 120cm 정도이다.
> ④ 동결심도는 각 지반의 지하수위의 변화에 따라 영향을 받는다.
> ⑤ 동결심도를 고려하지 않은 구조물에서는 기초의 부동침하가 발생할 수 있다.
>
> **해설**   동결심도는 동절기에 지반이 얼어붙는 깊이의 한도로, 지역별로 온도에 따라 차이가 있으나 지하수위와는 관계가 없다.
>
> **정답** ④

2. 기초계획

(1) 기초계획의 기본사항

① 건축물 및 공작물의 기초는 상부구조에 대한 구조적인 성능을 충분히 파악하여 구조물 전체로서 균형이 고려된 기초를 계획하여야 한다.
② 기초구조의 성능은 상부구조의 안전성 및 사용성을 확보할 수 있도록 계획하여야 한다.
③ 기초는 양호한 지반에 지지하는 것을 원칙으로 한다.

(2) 재료 및 장비의 선정

① 지정 및 기초공사 재료는 전 과정에 걸쳐 에너지 소비와 이산화탄소 배출량이 적은 것을 우선적으로 선정한다.
② 지정 및 기초공사 강재, 콘크리트, 골재 등 재료는 현장 인근에서 생산되어 운송과 관련한 환경 영향이 적은 것을 우선적으로 선정할 수 있도록 고려한다.
③ 지정 및 기초공사 재료는 재사용·재활용이 용이한 제품을 우선적으로 사용할 수 있도록 고려한다.

④ 지정 및 기초공사 재료는 시멘트 대체재료, 순환골재 등 순환자원의 사용을 적극적으로 고려한다.
⑤ 적절한 구매계획을 수립하여 잉여* 자재가 발생하지 않도록 하고, 폐기물 발생을 최소화할 수 있는 지정 및 기초공사 재료를 우선적으로 사용한다.
⑥ 공사용 용수는 사용량을 측정하여 환경관리계획에 포함될 수 있도록 하고, 공사의 품질에 영향을 미치지 않는 범위 내에서 우수 및 중수를 적극적으로 활용한다.
⑦ 말뚝박기장비, 천공장비 등은 공사에 따르는 소음·진동 등의 억제에 도움이 되는 건설장비와 기계, 기구를 우선적으로 이용하고 작업장소 또는 작업시간을 충분히 고려하여 공사현장의 주변지역 환경 및 작업환경 보전에 노력한다.

> • 잉여(剰餘)
> 쓰고 난 나머지

(3) 기초형식의 선정

① 구조성능, 시공성, 경제성 등을 검토하여 합리적으로 기초형식을 선정하여야 한다.
② 기초는 상부구조의 규모, 형상, 구조, 강성 등을 함께 고려해야 하며, 대지의 상황 및 지반의 조건에 적합하고 유해한 장해가 생기지 않아야 한다.
③ 기초형식의 선정 시 부지 주변에 미치는 영향을 충분히 고려하여야 하며 또한 장래 인접 대지에 건설되는 구조물과 그 시공에 의한 영향까지도 함께 고려하는 것이 바람직하다.
④ 동일 구조물의 기초에서는 가능한 한 이종* 형식 기초의 병용을 피하여야 한다.

> • 이종(異種)
> 다른 종류

(4) 기초지반의 지지력

① 기초는 상부구조를 안전하게 지지하고, 유해한 침하 및 경사 등을 일으키지 않도록 해야 한다.
② 기초는 접지압이 허용지내력도를 초과하지 않아야 하며, 기초의 침하가 허용침하량 이내이고, 가능하면 균등해야 한다.
③ 기초형식은 지반조사 결과에 따라 달라지며, 직접기초에서는 기초 저면의 크기와 형상을, 말뚝기초에서는 그 제원,* 개수, 배치 등을 결정하여야 한다.

> • 제원(諸元)
> 말뚝의 치수나 무게 따위의 성능과 특성을 나타낸 수적(數的) 지표

> **개념적용 문제**
>
> 기초를 설치할 때의 유의사항으로 옳지 않은 것은? 　제13회 기출
>
> ① 기초는 상부구조의 하중을 충분히 지반에 전달할 수 있는 구조로 한다.
> ② 독립(확대)기초를 지중보로 서로 연결하면 건물의 부등침하 방지에 효과적이다.
> ③ 기초는 그 지역의 동결선(凍結線) 이하에 설치해야 한다.
> ④ 동일 건물의 기초에서는 이종형식의 기초를 병용하는 것이 좋다.
> ⑤ 땅속의 경사가 심한 굳은 지반에 올려놓은 기초는 슬라이딩의 위험성이 있다.
>
> **해설**　동일 건물의 기초에서는 이종형식의 기초를 병용하지 않도록 하여야 한다.
>
> 　　　　　　　　　　　　　　　　　　　　　　　　　　　　　**정답** ④

2 기초의 분류

1. 기초의 분류 체계도

▶ 28 · 19 · 15회

- 얕은기초
  - 독립(확대)기초
  - 복합기초
  - 연속기초
  - 줄기초
  - 전면기초
- 깊은기초
  - 말뚝기초
    - 기능상 분류
      - 지지말뚝
      - 마찰말뚝
    - 재료상 분류
      - 나무말뚝
      - 기성콘크리트말뚝
      - 제자리콘크리트말뚝
      - 강재말뚝
  - 잠함기초(케이슨기초)

바로확인문제

동일 구조물의 기초에서는 가능한 한 이종형식 기초의 병용을 (　　) 한다.

25·23·22·21·17·14·9·
6·4회

• 접지압(接地壓)
기초판이 땅에 접하는 면의 단위면적당 작용하고 있는 수직(垂直)력

(1) 얕은기초의 분류

종류	정의	그림
독립(확대)기초	① 기둥으로부터의 축력을 독립으로 지반 또는 지정에 전달하도록 하는 기초(철근콘크리트구조에 적용) ② 확대기초의 기초판 저면의 도심에 수직하중의 합력이 작용할 때에는 접지압이 균등하게 분포된 것으로 가정하여 산정 ③ 편심하중을 받는 확대기초판의 접지압은 직선적으로 분포된다고 가정하여 산정	
복합기초	① 2개 또는 그 이상의 기둥으로부터의 응력을 하나의 기초판을 통해 지반 또는 지정에 전달하도록 하는 기초 ② 복합기초의 접지압은 직선분포로 가정하고 하중의 편심을 고려하여 산정	
연속기초	벽 아래를 따라 또는 일련의 기둥을 묶어 띠모양으로 설치하는 기초의 저판에 의하여 상부구조로부터 받는 하중을 지반에 전달하는 형식의 기초	
줄기초	벽체를 지중으로 연장한 기초로서 길이 방향으로 긴 기초	
전면기초	① 상부구조의 광범위한 면적 내의 응력을 단일 기초판으로 연결하여 지반 또는 지정에 전달하도록 하는 기초(연약한 지반에 적용) ② 전면기초는 그 강성이 충분할 때 복합기초와 동일하게 취급할 수 있고 접지압은 복합기초와 같이 산정 ③ 강성이 적거나 기둥 하중의 분포에 심한 차이가 있는 연속기초나 전면기초에 대해서는 접지압 분포 고려가 필요	거꾸로 바닥판

(2) 깊은기초의 분류

▶ 23·21회

종류	정의	그림
말뚝기초	① 지지말뚝이나 마찰말뚝으로 상부구조의 하중을 지반에 전달하는 기초 ② 말뚝을 지중에 삽입하여 하중을 지반 속 깊은 곳의 지지층으로 전달하는 깊은기초의 대표적인 기초형식	
잠함기초 (케이슨기초)	공사착수 전에 지상 또는 지중(地中)에 속 빈 원통이나 지하실의 일부가 되는 구조물을 만들고, 그 밑바닥의 흙을 파내어 자중 또는 하중을 이용하여 소정의 지층(地層)까지 침하시키고 밑바닥에 콘크리트를 타설하여 설치하는 기초형식의 구조물	

개념적용 문제

기초에 관한 설명으로 옳지 않은 것은? 제21회 수정

① 얕은기초: 기초 폭에 비하여 근입 깊이가 얕고 상부 구조물의 하중을 분산시켜 기초하부 지반에 직접 전달하는 기초
② 말뚝기초: 지지말뚝이나 마찰말뚝으로 상부구조의 하중을 지반에 전달하는 기초
③ 연속기초: 건물 전체의 하중을 두꺼운 하나의 기초판으로 지반에 전달하는 기초
④ 복합기초: 2개 이상의 기둥으로부터의 하중을 하나의 기초판을 통해 지반에 전달하는 기초
⑤ 독립(확대)기초: 독립된 기둥 1개의 하중을 1개의 기초판으로 지반에 전달하는 기초

> **해설** 연속기초는 벽 아래를 따라 또는 일련의 기둥을 묶어 띠모양으로 설치하는 기초의 저판에 의하여 상부구조로부터 받는 하중을 지반에 전달하는 형식의 기초이며, 건물 전체의 하중을 두꺼운 하나의 기초판으로 지반에 전달하는 기초는 전면기초이다.
>
> **정답** ③

바로확인문제

( )기초는 기초 폭에 비하여 근입 깊이가 얕고 상부 구조물의 하중을 분산시켜 기초하부 지반에 직접 전달하는 기초이다.

2. 말뚝기초의 분류

(1) 말뚝의 기능상 분류

① 종류

종류	정의
마찰말뚝	연약층이 깊은 점토층으로 되어 있고, 굳은 층에 지지할 수 없을 때 지지력의 대부분을 주면(柱面)의 마찰로 지지하는 말뚝을 말한다.
지지말뚝	연약한 지층을 관통하여 굳은 지반이나 암반층까지 도달시켜 지지력의 대부분을 말뚝 선단(先端)의 저항으로 지지하는 말뚝을 말한다.

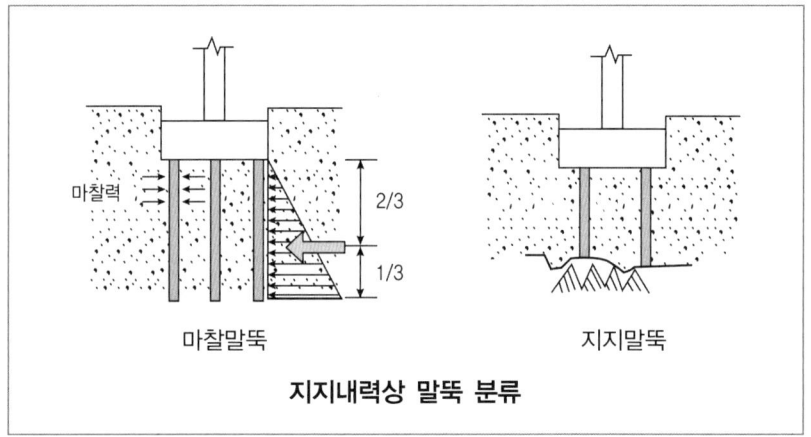

지지내력상 말뚝 분류

② 마찰말뚝과 지지말뚝 비교

마찰말뚝	지지말뚝
㉠ 말뚝의 두부(頭部)가 받는 하중은 말뚝 길이에 따라 내려갈수록 점차 감소하며, 말뚝 저항의 중심은 말뚝 끝에서 1/3에 위치한다. ㉡ 말뚝의 선단에서는 하중을 거의 받지 않는다. ㉢ 지반의 변화에 예민하다. ㉣ 부마찰력이 잘 발생하지 않는다.	㉠ 말뚝 단면이 받는 하중은 말뚝의 두부와 선단이 거의 일치하며, 말뚝 저항의 중심은 말뚝 끝에 있다. ㉡ 연약지반의 변화에 대한 영향이 거의 없다. ㉢ 구조상 안전성을 확보할 수 있다. ㉣ 부마찰력이 발생할 가능성이 크다.

(2) 말뚝의 재료상 분류

① 나무말뚝

㉠ 나무말뚝은 갈라짐 등의 흠이 없는 생통나무의 껍질을 벗긴 것으로 말뚝머리에서 끝마구리까지 대체로 균일하게 직경이 변화하고 끝마구리의 직경이 120mm 이상인 것을 사용한다.

ⓒ 나무말뚝의 양단 중심점을 이은 직선은 말뚝 밖으로 나와서는 안 되고, 길이의 1/50 이하이어야 한다.

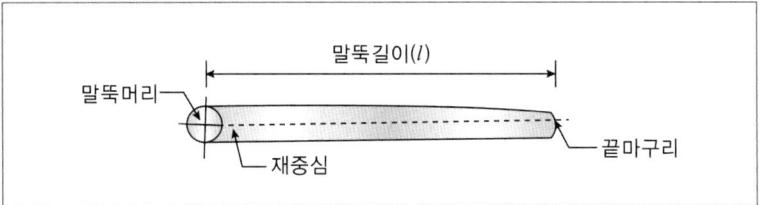

ⓒ 나무말뚝은 부패를 방지하기 위하여 항상 그 전장이 지하수위하에 있는 경우 또는 균해·충해에 대한 적절한 조치에 의해 내구성이 보증된 경우 이외에는 사용해서는 안 된다.
ⓔ 말뚝길이는 보통 6m 정도이고, 최대 10m이다.
ⓜ 주로 경량 건물에 적합하다.

② **기성말뚝**

ⓐ 종류
  ⓐ 기성콘크리트말뚝
  ⓑ PS콘크리트말뚝
  ⓒ 강관 및 H형강말뚝

ⓑ 종류별 특징

종류	내용
기성 콘크리트 말뚝	ⓐ 기성콘크리트말뚝은 운반, 타입 또는 매입 등에 의해 균열 또는 파손이 생기지 않는 것이어야 하고, 운반이나 말뚝박기 중 손상된 말뚝은 장외로 반출한다. ⓑ 말뚝은 설계도서에서 별도로 정하는 바가 없는 한 이음이 없는 것으로 한다. ⓒ 중량 건물에 적합하며, 지하수위에 영향을 받지 않으며 강도 확보가 확실하다. ⓓ 주근은 6개 이상 또는 그 단면적의 합을 말뚝의 실단면적의 0.8% 이상으로 하고, 띠철근 또는 나선철근에 의해 상호 연결한다. ⓔ 설치방법은 타격공법, 진동공법, 압입공법 등이 있다.
강관말뚝	ⓐ 강관말뚝은 이음이 없어야 하나 부득이한 경우 이음하는 부분의 상세에 대하여는 시공 전 공사감독자의 승인을 받아야 한다. ⓑ 신규말뚝으로 이음하는 경우 이음부분의 길이가 3m 이상이어야 하며 이은 말뚝은 길이가 긴 부분이 말뚝의 끝단(머리)이 되게 타입하여야 하고, 시공 중 또는 시공 후 말뚝머리에서 이음이 필요한 경우에는 1m 이상의 말뚝으로 이음할 수 있다.

> 관련기준
> 건축표준시방서코드(KCS) 2025 〈KCS 11 50 15 : 2021〉

바로확인문제

기성콘크리트말뚝은 운반, 타입 또는 매입 등에 의해 균열 또는 파손이 생기지 않는 것이어야 하고, 운반이나 말뚝박기 중 손상된 말뚝은 장외로 (   ) 한다.

ⓒ 말뚝의 현장이음은 수동 용접기 또는 반자동 용접기를 사용한 아크용접 이음을 원칙으로 하며, 볼트이음 등 기계식 이음은 공사 감독자의 승인을 받아 적용할 수 있다.
ⓓ 지표면이나 수면 위로 노출되는 강재말뚝의 표면은 설계서에 명시된 방법으로 방식처리하여 부식을 방지해야 한다. 방식처리를 위한 도장범위는 저수위나 지표면의 2m 아래쪽에서부터 노출되는 상부까지 하여야 한다.

ⓒ **기성말뚝 시공**

구분	내용
말뚝 세우기	ⓐ 시공기계는 말뚝이 소정의 위치에 정확하게 설치될 수 있도록 견고한 지반 위의 정확한 위치에 설치하여야 한다. ⓑ 말뚝을 정확하고도 안전하게 세우기 위해서는 정확한 규준틀을 설치하고 중심선 표시를 용이하게 하여야 하며, 말뚝을 세운 후 검측은 직교하는 2방향으로부터 하여야 한다. ⓒ 말뚝의 연직도나 경사도는 1/50 이내로 하고, 말뚝박기 후 평면상의 위치가 설계도면의 위치로부터 D/4(D는 말뚝의 바깥지름)와 100mm 중 큰 값 이상으로 벗어나지 않아야 한다.
말뚝 선굴착	ⓐ 말뚝삽입용 굴착공의 지름은 말뚝지름보다 100mm 이상 크게 하고, 연직이 되도록 하여야 하며, 굴착 시 공벽의 붕괴 우려가 있거나 붕괴되는 토질에서는 케이싱을 사용한다. ⓑ 굴착 후 구멍에 안착된 말뚝은 수준기로 수직상태를 확인한 다음 경타용 해머로 두부가 파손되지 않도록 박아서 가능한 한 말뚝선단이 천공깊이 또는 그 이상 도달되도록 한다. ⓒ 지하수 유속이 빠른 경우에는 시멘트풀의 배합을 부배합으로 하거나 급결제를 사용한다.
말뚝 박기	ⓐ 시공장비는 말뚝이 소정의 위치에 정확하게 설치될 수 있도록 정확한 위치와 견고한 지반 위에 설치하여야 한다. ⓑ 말뚝 인입 시, 리더와 와이어의 각도는 30° 이하로 유지하여야 하며, 인입 중 항타기를 선회하거나 말뚝을 매단 상태에서는 주행하지 않아야 한다. ⓒ 말뚝박기 순서는 공정, 지반조건, 말뚝형상 및 배치, 시공방법과 시공기계, 주변상황 등을 종합적으로 고려하여 정하여야 한다. ⓓ 경사말뚝의 박기는 말뚝이 어그러지거나 말뚝 본체의 손상이 없도록 하여야 하고, 기계의 중심 이동으로 인한 문제 등에 대해 충분히 검토 후 수행하여야 한다. ⓔ 말뚝종류에 따른 제한 총타격 횟수 및 박기 종료 시의 1타격당 관입량은 말뚝과 해머의 손상이 없는 범위에서 설정되어야 한다.

③ 현장타설(제자리)콘크리트말뚝

㉠ 일반사항

구분	내용
정의	ⓐ 현장타설콘크리트말뚝(제자리콘크리트말뚝)은 지반을 굴착하여 철근 등 보강재로 보강설치하고 콘크리트를 타설하여 형성하는 말뚝을 말한다. ⓑ 현장타설콘크리트말뚝 기초공사 시 말뚝구멍을 굴착한 후 저면의 슬라임* 제거에 유의해야 한다.
허용오차	ⓐ 지면에서 잰 중심위치의 변동: 75mm 미만 ⓑ 바닥면 지름: 0mm~150mm ⓒ 수직축의 변동: 1/40 미만 ⓓ 바닥표고* 변동: ±50mm 미만

㉡ 시공

구분	내용
굴착	ⓐ 설계도상의 말뚝중심과 굴착중심이 일치되도록 허용오차 범위 내에서 연직으로 설치하여야 한다. ⓑ 현장타설콘크리트말뚝은 시험말뚝 시공 시 승인된 방법대로 시공하여야 하며, 굴착은 지질이 어떤 것이든 관계없이 명시된 치수, 깊이 및 허용오차로 시공하여야 한다. ⓒ 공사감독자가 요구할 때는 말뚝선단 아래로 최대 말뚝직경의 3배 또는 응력이 미치는 범위까지 시추해서 코어를 채취하고, 시추공은 그라우트를 주입해서 메워야 한다. ⓓ 굴착이 완료되면 철근을 설치하기 전에 굴착상태를 공사감독자가 검사하여야 한다. 또한 철근을 설치하고 콘크리트를 치기 전에 굴착한 바닥면에 쌓인 흙이나 암 또는 느슨한 재료 등은 제거하여야 한다.
철근가공	ⓐ 주근의 이음은 겹침이음을 원칙으로 하며, 이음방법으로는 아크용접이나 가스압접 중에서 설계도서에 정하는 바에 따르며, 정하는 바가 없을 때는 아크용접으로 하고, 이음의 강도 및 강성이 동등 이상이 되도록 한다. ⓑ 철근의 세워 넣기 중에는 연직도와 위치를 정확히 유지하여야 하고, RCD공법이나 어스드릴공법에서는 공벽에 접촉하여 토사의 붕괴를 일으키지 않도록 주의하여 굴착공 내에 강하시켜야 한다.
콘크리트 타설	ⓐ 콘크리트는 될 수 있는 대로 건조한 조건에서 쳐야 하며, 콘크리트 치기 전과 치는 중에 건조한 조건을 유지하는 데 모든 가능한 수단을 활용하여야 한다. ⓑ 콘크리트의 유출 시에 타설면 부근의 레이턴스 및 밀고 올라가는 공바닥 침전물 등의 혼입을 막기 위하여 트레미를 굴착공의 중심에 설치하고 유출단은 콘크리트 속에 항상 2m 이상 묻혀 있어야 한다.

▶ 관련기준
건축표준시방서코드(KCS) 2025 〈KCS 11 50 10 : 2021〉

• 슬라임(Slime)
진흙, (더러운) 점액물

• 표고(標高)
어떤 지점을 기준으로 하여 목표 지점을 수직으로 잰 일정한 지대의 높이

【바로확인문제】
현장타설콘크리트말뚝(제자리콘크리트말뚝)은 지중에 구멍을 뚫어 그 속에 조립된 (   )을 설치하고 (   )를 타설하여 형성하는 말뚝을 말한다.

- 파일케이싱 지중 설치

ⓒ 케이싱 하단을 콘크리트타설 면으로부터 올리면 공벽토사가 붕괴되어 콘크리트 속으로 혼입되는 일이 있으므로 케이싱 하단은 콘크리트 상면으로부터 2m 이상 내려두어야 한다.
ⓓ 굴착공벽의 붕괴방지를 위하여 사용하는 강재 케이싱이 희생강관 케이싱으로 사용되는 경우가 아니면 콘크리트를 타설하면서 케이싱을 회수하여야 한다.

ⓒ 대구경 말뚝공법

종류	방법
어스드릴 공법 (Earth Drill Method)	미국 칼웰드사에서 개발한 어스드릴을 써서 대구경의 콘크리트말뚝을 시공하는 방법
베노토 공법 (Benoto Method)	프랑스 베노토 회사에서 개발한 대구경 굴삭기(Hammer Grab)를 써서 케이싱을 삽입하고 내부에 콘크리트를 채워 콘크리트말뚝을 만드는 올 케이싱(All Casing) 공법
RCD(역순환) 공법* (Reverse Circulation Drill Method)	지하수위보다 2m 이상 높게 물을 채워서 $2t/m^2$ 이상의 정수압에 의해서 공벽의 붕괴를 방지하고 비트의 회전에 의해서 깊은 심도까지 굴착한 다음, 철근콘크리트말뚝을 형성하는 공법

- RCD(역순환) 공법
 - 굴착비트

 - 굴착 시공

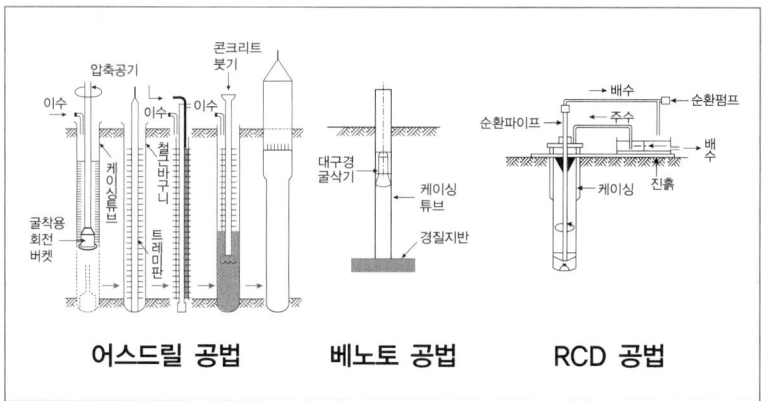

어스드릴 공법   베노토 공법   RCD 공법

바로확인문제

( ) 공법은 지하수위보다 2m 이상 높게 물을 채워서 $2t/m^2$ 이상의 정수압에 의해서 공벽의 붕괴를 방지하고 비트의 회전에 의해서 깊은 심도까지 굴착한 다음, 철근콘크리트말뚝을 형성하는 공법이다.

3 말뚝기초 설계

1. 일반사항

(1) 기본사항
① 말뚝은 시공상 지장이 없고 신뢰할 만한 내력이 있는 것을 선택하여야 한다.
② 말뚝기초의 허용지지력은 말뚝의 지지력에 의한 것으로만 하고, 특별히 검토한 사항 이외는 기초판 저면에 대한 지반의 지지력은 가산하지 않는 것으로 한다.
③ 말뚝기초의 설계에 있어서는 하중의 편심*에 대하여 검토를 하여야 한다.
④ 충격력, 반복력, 횡력, 인발력 등을 받는 기초에 있어서는 말뚝기초에 대한 지반의 저항력 및 말뚝에 발생하는 복합응력에 대하여 안전성을 검토하여야 한다.
⑤ 말뚝머리부분, 이음부, 선단부는 충분히 응력을 전달할 수 있는 것으로 하여야 한다.

(2) 말뚝 사용 시 주의사항
① 동일 구조물에서는 지지말뚝과 마찰말뚝을 혼용해서는 안 된다. 또한 타입말뚝, 매입말뚝 및 현장타설콘크리트말뚝의 혼용, 재종이 다른 말뚝의 사용은 가능한 한 피하여야 한다.
② 타입말뚝의 사용에 있어서는 타격에 의해 말뚝체를 손상함이 없이 소정의 관입조건이 얻어지기까지 타입하여야 한다.
③ 매입말뚝의 저부는 지지층에 확실히 도달시키는 것으로 하고, 선단지지력이 유효하게 발휘되도록 조치를 강구하여야 한다.
④ 말뚝지지력의 증가를 위해 주위의 말뚝을 먼저 박고 점차 중앙부에 말뚝을 박는다.

• 편심(偏心)
어떤 물체의 중심이 한쪽으로 치우쳐 있어 중심이 서로 맞지 않는 상태

▶ 12·8회

바로확인문제
동일 구조물에서는 지지말뚝과 마찰말뚝을 혼용해서는 안 된다. 또한 타입말뚝, 매입말뚝 및 현장타설콘크리트말뚝의 혼용, 재종이 다른 말뚝의 사용은 가능한 한 (   ) 한다.

2. 말뚝의 배치

관련기준
건축구조설계기준코드(KDS) 2025 〈KDS 41 19 00 : 2022〉

(1) 기본사항

① 말뚝의 배치는 정렬식과 마름모(엇모)식으로 한다.
② 말뚝이 장대한 것은 간격을 넓히고, 사질토에서는 간격이 가까우면 지반 다지기의 효과는 있으나 박기가 곤란하다.
③ 진흙층일 때는 간격이 가까우면 무리말뚝을 이루어서 침몰되어 주위의 흙을 올려 밀 때가 있다.

(2) 말뚝의 간격

① 말뚝은 어느 때라도 기초판이 허용되는 한도 내에서는 간격을 크게 하여 박는 것이 효과적이다.
② 말뚝의 중심 간격은 최소한 말뚝지름(D)의 2.5배 이상으로 한다.
③ 기초측면과 말뚝중심 간의 거리는 최소 말뚝지름의 1.25배 이상으로 한다.

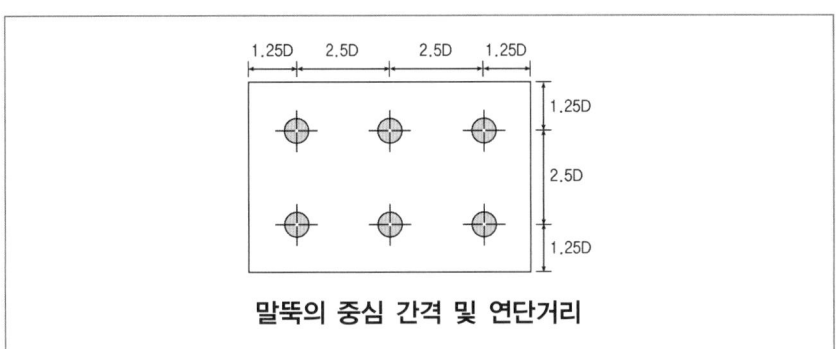

말뚝의 중심 간격 및 연단거리

바로확인문제

말뚝은 어느 때라도 기초판이 허용되는 한도 내에서는 간격을 (   ) 하여 박는 것이 효과적이다.

CHAPTER 02 OX문제로 완벽 복습

01 점토 지반의 내부마찰각은 사질토보다 크다. (O | X)

02 점토 지반 위에 긴 구조물을 계획할 경우, 건물 양단이 침하하기 쉬우므로 주의하여 (O | X)
야 한다.

03 평판재하시험은 시험추를 떨어뜨려서 타격횟수 N값을 측정하여 지반을 조사하는 (O | X)
방법이다.

04 보링은 지중 천공을 통해 토사를 채취하여 지반의 깊이에 따른 지층의 구성 상태 (O | X)
등을 조사하는 방법이다.

05 밀실한 지반의 허용지내력도를 큰 순서대로 나열하면, '경암반 > 연암반 > 자갈 > (O | X)
자갈·모래 혼합물 > 모래 > 모래 섞인 점토 > 점토' 순이다.

06 기존 건축물에 기초를 보강하거나 새로운 기초를 삽입하는 공법을 언더피닝 공법이 (O | X)
라고 한다.

07 흙파기 공법으로 도랑을 파듯이 주변부를 먼저 파고 지하 구조체를 축조한 후 나머 (O | X)
지 중앙부를 파내어 구조체를 완성하는 공법을 트렌치 컷 공법이라고 한다.

08 동결심도는 각 지반의 지하수위 변화에 따라 영향을 받는다. (O | X)

09 기둥이 서로 근접해 있어서 독립(확대)기초를 각각 만들 수 없는 경우에 많이 사 (O | X)
용하는 기초형식으로, 두 개 이상의 기둥을 하나의 기초로 지지하는 것을 복합기
초라고 한다.

10 기초의 종류 중에서 조적조건물에 가장 적합한 기초는 독립(확대)기초이다. (O | X)

정답

01 X(크다 ⇨ 작다)   02 X(양단 ⇨ 중앙부)   03 X(평판재하시험 ⇨ 표준관입시험)   04 O   05 O   06 O   07 O
08 X(받는다 ⇨ 받지 않는다)   09 O   10 X(확대 ⇨ 연속)

11 건물 밑바닥 전체를 일체화시키는 기초형식으로 연약지반에 건물을 건축할 경우에 사용되는 것은 전면기초이다. (O | X)

12 기초는 상부의 하중을 지반에 전달하는 구조로, 동결선 위에서 축조해야 한다. (O | X)

13 동일 건물의 기초에서는 이종형식의 기초를 병용하는 것이 좋다. (O | X)

14 RCD(Reverse Circulation Drill) 공법은 소구경 말뚝공법의 일종으로 깊은 심도까지 시공할 수 있다. (O | X)

정답

11 O 12 X(위에서 ⇨ 아래에서) 13 X(병용하는 것이 좋다 ⇨ 병용하지 않는다) 14 X(소구경 ⇨ 대구경)

CHAPTER 03 철근콘크리트구조

회독체크 1 2 3

CHAPTER 미리보기

학습전략

평균 3문제 정도(8.0%)로 매년 가장 많이 출제되고 있기 때문에 매우 집중해서 학습해야 하며, 이 CHAPTER에서는 주로 철근콘크리트의 성질 파악, 콘크리트의 품질관리 파악, 부재설계 정리를 위주로 학습할 필요가 있습니다.

학습키워드

- 철근의 피복두께
- 철근의 이음 및 정착
- 시멘트 분말도
- 물-결합재비
- 슬럼프값 결정
- 시공연도
- 콘크리트의 압축강도
- 중성화
- 콘크리트의 건조수축
- 크리프
- 균열발생 원인
- 콘크리트 타설이음부
- 한중 콘크리트
- 서중 콘크리트
- 고강도 콘크리트
- 프리스트레스트 콘크리트
- 레디믹스트 콘크리트
- 보의 배근
- 늑근
- 옹벽

일반사항

1. 철근콘크리트의 개념
2. 철근콘크리트의 성질
3. 철근콘크리트의 장단점

제1절 일반사항

1. 철근콘크리트의 개념

(1) 정의

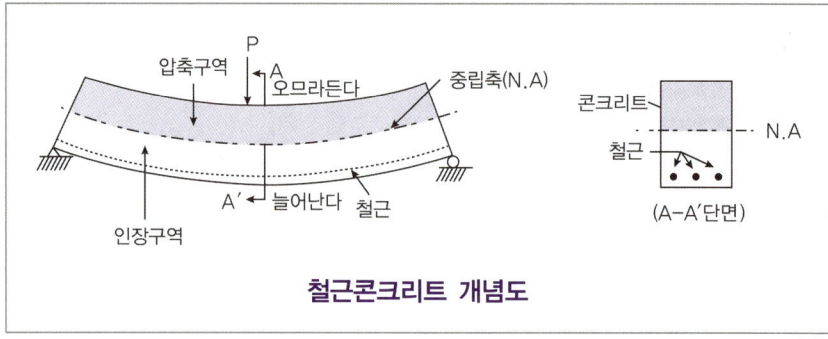

철근콘크리트 개념도

① 콘크리트 속에 강봉을 묻어 넣어서 두 재료가 일체로 되어 외력에 저항하도록 한 콘크리트를 철근콘크리트(Reinforced Concrete) 또는 RC라고 하며, 이때 사용한 강봉을 철근(Reinforcing Bar 또는 Reinforcement)이라고 한다. 즉, 철근콘크리트란 철근으로 보강한 콘크리트를 말한다.

② 철근은 인장을 받는 데 적합한 재료이고 콘크리트는 압축을 받는 데 적합한 재료이며, 철근콘크리트는 이 두 재료를 합리적으로 사용한 내구적인 구조재료로서 토목, 건축의 모든 구조물에 널리 사용되는 경제적인 재료이다.

③ 건물에는 철근콘크리트 속에 구조용 강재를 묻어 넣어 보강하는 경우도 있다. 이것을 철골철근콘크리트라고 한다. 근래에는 고강도 강재를 사용하여 콘크리트에 프리스트레스를 도입하는 프리스트레스트 콘크리트(Prestressed Concrete)가 교량 등에 많이 사용되고 있다.

④ 철근콘크리트는 콘크리트와 철근의 합성체이므로, 그 해석방법과 설계이론이 단일재료로 된 구조물과는 많이 다르며 또 복잡하다.

(2) 콘크리트와 철근 재료의 장단점

구분	콘크리트 재료	철근 재료
장점	① 압축력에 강하다. ② 내화·내구적이다.	① 인장력에 강하다. ② 연성 재료이다.
단점	① 인장력에 약하다. ② 취성 재료이다. ③ 균열이 발생한다.	① 압축력에서 좌굴이 일어난다. ② 대기 중에서 산화하여 녹이 발생한다. ③ 비내화적이다.

바로확인문제

철근은 (　　)을 받는 데 적합한 재료이고, 콘크리트는 (　　)을 받는 데 적합한 재료이다.

2. 철근콘크리트의 성질

(1) 콘크리트와 철근의 상호작용

① 콘크리트와 철근은 역학적 성질이 매우 다르다. 그러므로 철근콘크리트가 효율적으로 외력(外力)에 견디게 하기 위해서는, 압축은 주로 압축력에 강한 콘크리트가 받고 인장은 인장력에 강한 철근이 받도록 합성하는 것이 유리하다. 그러나 콘크리트는 인장응력을 받으면 쉽게 균열이 발생하기 때문에 인장응력을 받도록 배치된 철근 둘레의 콘크리트에는 균열이 발생할 수 있다.

② 철근콘크리트가 하중의 작용에 대하여 충분한 강도와 강성(Rigidity, 剛性)을 가지는 구조재료로서의 구실을 다하기 위해서는 콘크리트와 철근이 각각 충분한 강도를 가지는 것이 필요할 뿐 아니라, 이 양자 사이의 부착강도가 충분해야 하고, 또 인장 측 콘크리트에 균열이 발생된 상태에서도 철근이 콘크리트와 항상 일체적으로 작용할 수 있도록 설계시공이 되어야 한다.

③ 철근콘크리트에 있어서 응력, 변형률, 균열 등은 작용하는 하중, 부재의 종류, 부재의 형상과 치수, 철근의 배치, 사용한 콘크리트와 철근의 성질 등에 따라 크게 다르며, 재하(載荷)의 초기로부터 파괴에 이르는 동안에 복잡하게 변화할 뿐 아니라, 콘크리트의 건조수축 및 온도변화 등에 의해서도 영향을 받는다.

(2) 철근콘크리트 성립의 이유

① 철근과 콘크리트 사이의 부착강도가 크며, 이 부착력이 두 재료 사이의 활동(滑動)을 방지해서 일체작용을 하도록 한다.

② 콘크리트 속에 묻힌 철근은 녹슬지 않는다. 이것은 콘크리트가 알칼리성이기 때문이다.

③ 콘크리트와 강재는 열에 대한 **선팽창계수**(열팽창률)가 거의 같다. 따라서 대기온도의 변화로 인하여 일어나는 두 재료 사이의 응력은 무시할 수 있다.

• 선팽창계수(線膨脹係數)
고체의 열팽창에 의한 길이의 증가 비율을 온도 차로 나눈 값

> **참고** 선팽창계수
>
> 콘크리트의 선팽창계수는 1°C에 대해 $(1.0 \sim 1.3) \times 10^{-5}$이고, 강재의 선팽창계수는 1°C에 대해 1.2×10^{-5}이다.

바로확인문제

콘크리트 속에 묻힌 철근은 녹슬지 않는다. 이것은 콘크리트가 ( )이기 때문이다.

> **개념적용 문제**
>
> 철근콘크리트의 특성에 대한 설명으로 옳지 않은 것은? 제11회 기출
> ① 철근과 콘크리트는 열에 의한 선팽창 및 수축계수가 유사하다.
> ② 콘크리트의 알칼리성분은 철근의 녹을 방지하는 역할을 한다.
> ③ 철근과 콘크리트의 상호 부착력이 우수하여 구조체로서 일체성이 높다.
> ④ 압축에 강한 콘크리트와 인장에 강한 철근을 결합하여 각각의 특성이 발휘되도록 한 구조체이다.
> ⑤ 철근콘크리트는 철근이 열에 약하기 때문에 내화에 취약하다.
>
> **해설** 철근콘크리트구조는 콘크리트가 철근을 피복하므로 내화적이다.
>
> **정답** ⑤

3. 철근콘크리트의 장단점

17·11회

(1) 철근콘크리트의 장점

① 구조물의 형상과 치수에 제약받는 일이 없이 구조물을 만들 수 있다(거푸집에 콘크리트를 쏟아 넣음으로써 임의의 형상과 치수의 콘크리트체를 만들 수 있기 때문이다).
② 철근콘크리트 구조물은 각 부재를 일체적으로 만들 수 있으므로 전체적으로 강성이 큰 구조를 얻을 수 있다.
③ 구조물을 경제적으로 만들 수 있다.
④ 내구성(耐久性)이 좋다(일반적으로 콘크리트는 보통의 기상작용에 의하여 유해한 영향을 거의 받지 않으며, 설계에서 콘크리트의 균열폭을 제한함으로써 철근의 부식을 방지할 수 있으므로 내구적이다. 따라서 유지비가 거의 들지 않는다).
⑤ 콘크리트가 철근을 피복하므로 내화성(耐火性)이 좋다.
⑥ 철근콘크리트 구조는 높은 강성과 질량으로 진동에 대한 저항성이 크다.

(2) 철근콘크리트의 단점

① 동일한 하중을 받는 동일한 지간의 휨부재를 만들 경우, 철근콘크리트는 강재나 프리스트레스트 콘크리트에 비하여 소요되는 재료의 중량이 크다. 지간이 큰 보, 높은 기둥, 또는 연약지반에 설치하는 구조물 등을 철근콘크리트로 할 경우, 재료의 중량이 커져서 구조 설계상의 결점이 된다.

② 철근콘크리트 부재의 인장 측 콘크리트에는 인장응력으로 말미암아 균열이 발생한다. 일반적으로 적절히 설계시공된 철근콘크리트 부재의 균열폭은 구조물의 내구성을 해칠 정도는 아니지만, 균열폭이 어느 한도 이상으로 크면 주위의 공기와 습기의 침입으로 철근을 부식시키고, 물이 침입해서 동결팽창하여 콘크리트를 파손시키는 경우도 있다.

③ 콘크리트는 취성재료(脆性材料)이므로 콘크리트 부재의 모서리 등에서 부분적인 파손이 일어나기 쉬운 결점이 있다.

④ 철근콘크리트 구조물은 완성 후에는 그 내부 결함의 유무를 검사하기가 매우 어렵다.

⑤ 완성된 콘크리트 구조물을 개조하거나 보강해야 할 필요가 있을 경우 그 방법이 어렵고, 경비가 많이 든다.

⑥ 철근콘크리트의 시공은 누구나 할 수 있는 쉬운 공사라는 생각에서 특별한 기술을 가지지 않은 노무 종사자가 시공에 종사하는 수가 많으므로, 결함이 있는 구조물이 만들어질 우려가 있고 시공이 조잡(粗雜)해지기 쉽다.

개념적용 문제

철근콘크리트구조에 관한 설명으로 옳지 않은 것은?   제17회 기출

① 철근콘크리트구조는 부재의 형상 및 치수를 자유롭게 구성할 수 있어 다양한 형태의 구조물을 만들 수 있다.
② 콘크리트와 철근 상호간의 부착성이 양호하여 일체 거동이 가능하다.
③ 콘크리트는 산성이므로 철근의 부식을 방지한다.
④ 철근콘크리트구조는 높은 강성과 질량으로 진동에 대한 저항성이 크다.
⑤ 철근과 콘크리트는 열팽창률이 거의 같으므로 구조체로서 일체성이 높다.

해설 콘크리트는 알칼리성이므로 철근의 부식을 방지한다.

정답 ③

철근공사

1. 일반사항
2. 철근의 가공 및 조립
3. 철근의 이음 및 정착

23·18·12회

• 이형철근

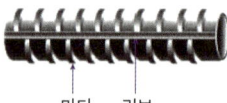
마디 리브

• 리브(Rib)
갈비뼈, 옆구리

• 주장(周長)
둘레 길이

바로확인문제

콘크리트 보강용 철근은 (　) 철근 사용을 원칙으로 한다.

제2절 철근공사 ★

1 일반사항

1. 철근(鐵筋)의 종류 및 강도

(1) 철근의 종류

종류	내용
원형(圓形) 철근	① 지름은 ø로 표시한다. ② 원형철근의 경우 지름이 19mm 이하의 경우에만 주로 적용한다.
이형(異形) 철근	① 지름은 D로 표시한다. ② 콘크리트 보강용 철근은 이형철근 사용을 원칙으로 한다. ③ 콘크리트와의 부착력을 증대시키기 위해 표면에 마디와 리브(Rib)를 붙인 것이다. ④ 원형철근보다 부착력이 40% 이상 크다.
고장력 이형철근	① 지름은 HD로 표시한다. ② 특수강을 재료로 한 철근이며 철근콘크리트 구조체의 단면을 줄일 수 있다. ③ SD 400으로 표시되고 철근의 항복강도가 400MPa 이상인 철근을 말한다.
용접철망 (Wire Mesh)	① 용접철망의 경우 원형 및 이형용접철망 각각 18mm 이하의 경우에만 적용한다. ② 지름 2.6~8.0mm의 철선을 종횡으로 눈금간격 5~25cm로 용접하여 바닥판이나 벽체용으로 사용한다.

(2) 이형철근의 단면적 및 주장

구분	D10	D13	D16	D19	D22	D25
공칭직경(mm)	9.53	12.7	15.9	19.1	22.2	25.4
주장(cm)	3.00	4.00	5.00	6.00	7.00	8.00
단면적(cm²)	0.71	1.27	1.99	2.87	3.87	5.07
중량(kg/m)	0.56	0.995	1.56	2.25	3.04	3.98
원형철근 표시	ø9	ø12	ø16	ø19	ø22	ø25

> **참고** 공칭(公稱)직경(지름)
>
> 원형철근과 단위무게를 같게 했을 때의 지름, 단면적, 둘레로 환산한 값으로 설계에 사용한다.

(3) KS 규격에 의한 철근의 최소강도

KS 규격	기호	최소항복강도 (MPa)	최소인장강도 (MPa)	비고
KS D 3504 철근콘크리트용 봉강	SR 240	240	380	원형철근
	SR 300	300	440	
	SD 300	300	440	이형철근
	SD 400	400	560	
	SD 500	500	620	

> **참고** SD 300
>
> 항복강도(하위 항복점) 300MPa(N/mm^2)이므로 3,000kgf/cm^2 또는 30kgf/mm^{2}이다. 철근 종류에는 SD 300(녹색), SD 400(황색), SD 500(흑색) 등이 있다.

(4) 일반적인 철근 표기 내용 (KS D 3504)

① 철근 표면에 새겨질 수 있는 주요 기호들

항목	설명
제조사 마크	철근을 제조한 회사의 고유 식별 기호 (예) HS → 현대제철, DH → 동국제강 등)
강종 표시	철근의 강도 등급 (예) SD400, SD500, SD600 등 → 보통 숫자만 새김)
지름 표기	철근의 공칭 지름 (예) D16 → 16mm 철근)
생산 공장 식별 코드	공장별 코드나 열간 압연 설비 식별용 기호
세로(가로) 리브 기호	일부 철근에는 강종이나 제조 정보를 리브 형상으로도 암호화

② 철근 표면에 새겨지는 기호의 예

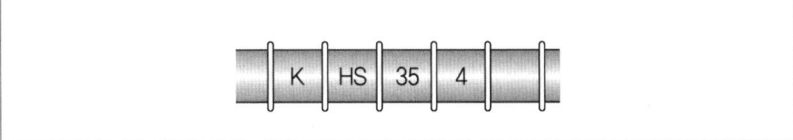

㉠ K: 원산지 → 한국
㉡ HS: 제조한 회사 → 현대제철
㉢ 35: 철근의 공칭지름 → 35mm
㉣ 4: 철근의 항복강도 → SD400(400MPa)

28·26·24·14·6·4회

2. 철근의 피복(被覆)두께

(1) 정의
① 철근콘크리트 또는 철골철근콘크리트 단면에서 최외측의 철근, 긴장재, 강재표면과 콘크리트부재 표면까지의 최단거리를 말한다.
② 가장 가까이 배치된 철근은 기둥의 경우 띠철근, 보는 늑근(Stirrup)을 말한다.

• 늑근[스터럽(Stirrup), 肋筋]
철근콘크리트 보에서 주근을 직각으로 교차하여 감은 철근

(2) 목적
① 철근의 내화성 확보
② 철근의 부식 방지(내구성)
③ 콘크리트와의 철근 부착력 확보
④ 소요 강도 확보 및 콘크리트 타설 시 유동성 확보

개념적용 문제

다음 철근콘크리트 보의 단면에서 철근의 피복두께를 나타내는 것은?

제14회 기출

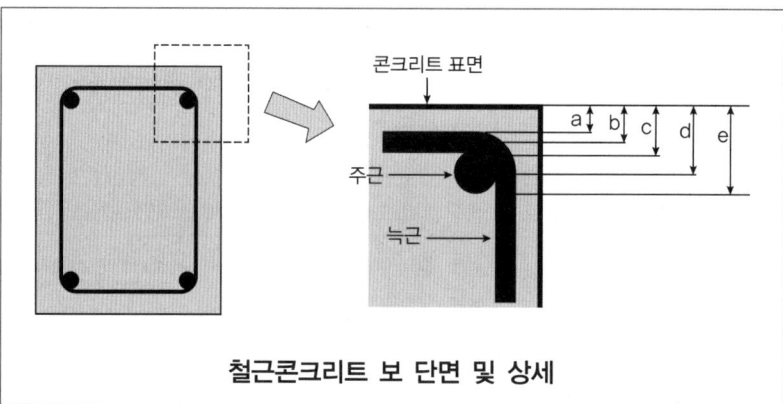

철근콘크리트 보 단면 및 상세

① a(콘크리트 표면에서 늑근 바깥쪽 표면까지의 거리)
② b(콘크리트 표면에서 늑근 중심까지의 거리)
③ c(콘크리트 표면에서 주근 바깥쪽 표면까지의 거리)
④ d(콘크리트 표면에서 주근 중심까지의 거리)
⑤ e(콘크리트 표면에서 주근 안쪽 표면까지의 거리)

해설 가장 가까운 철근의 표면은 a(콘크리트 표면에서 늑근 바깥쪽 표면까지의 거리)이다.

정답 ①

바로확인문제

철근의 피복두께란 철근콘크리트 또는 철골철근콘크리트 단면에서 최외측의 철근, 긴장재, 강재표면과 콘크리트부재 표면까지의 (   )거리를 말한다.

(3) 현장치기 콘크리트 피복두께의 최솟값

표면조건	부재	철근	피복두께
옥외의 공기나 흙에 직접 접하지 않는 콘크리트	슬래브, 벽체, 장선	D35 이하	20mm
		D35 초과	40mm
	보, 기둥*	모든 철근	40mm
흙에 접하거나 옥외공기에 직접 노출되는 콘크리트		D16 이하	40mm
		D19 이상	50mm
흙에 접하여 콘크리트를 친 후 영구히 흙에 묻혀 있는 콘크리트			75mm
수중에 치는 콘크리트			100mm

▶ 피복두께의 시공 허용오차는 10mm 이내로 한다.
* **보, 기둥**: 콘크리트의 설계기준 압축강도(f_{ck})가 40MPa 이상인 경우 규정된 값에서 10mm 저감시킬 수 있다.

(4) 피복두께 결정 시 고려사항

① 피복두께는 철근콘크리트 구조물이 소요의 내구성, 내화성 및 구조내력을 얻을 수 있도록 부재의 종류와 위치별로 구조물의 내구연한, 콘크리트의 종류와 품질, 부재가 받는 환경작용의 종류와 강도 등의 폭로조건, 특수한 열화외력, 요구내화성능, 구조내력상의 요구 및 시공 정밀도를 고려하여 결정한다.

② 시공자는 구조체에 있어서 최소피복두께가 확보될 수 있도록 철근의 가공 및 조립, 거푸집의 가공 및 조립, 콘크리트의 타설 및 다짐을 하여야 한다.

③ 콘크리트의 종류에 따라 피복두께는 달라지며, 경량콘크리트 및 제치장 콘크리트의 경우 외부환경에 대한 영향 때문에 피복두께의 최솟값에 10mm를 더한다.

④ 피복두께의 변화요인으로는 흙 및 공기와의 접촉 여부, 옥내 및 옥외 여부, 마감의 유무 등에 따라 변화된다.

⑤ 기초에서의 피복두께는 밑창콘크리트 두께를 제외한 것으로 한다.

⑥ 철근지름이 클수록 피복두께도 증가한다.

⑦ 구조계산상 적절한 피복두께를 초과할 경우에는 단면적의 증대로 인한 자중의 증대, 실내이용률 감소 등의 단점이 발생한다.

바로확인문제

기초에서의 피복두께는 밑창 콘크리트 두께를 (   )한 것으로 한다.

> **개념적용 문제**
>
> 철근에 대한 콘크리트의 피복두께에 관한 설명 중 부적합한 것은 어느 것인가?
>
> 제6회 기출
>
> ① 각종 유해인자로부터 철근을 건전하게 보호하는 역할을 한다.
> ② 철근과 콘크리트의 부착력을 확보하므로 가급적 두껍게 하는 것이 좋다.
> ③ 기둥의 철근 피복두께는 콘크리트 표면에서부터 띠근 또는 나선근 표면까지의 거리를 말한다.
> ④ 일반적으로 기둥과 보가 슬래브보다 철근 피복두께가 크다.
> ⑤ 흙에 직접 접하는 부재는 보통의 부재보다 피복두께를 크게 한다.
>
> **해설** 피복두께는 철근의 부식을 방지하기 위한 목적에서 결정한다. 피복두께가 너무 두꺼우면 철근이 부담하여야 할 하중의 중심축을 콘크리트면이 부담하게 되어 오히려 문제가 발생할 수 있으므로 지나치게 두껍게 할 필요는 없다.
>
> **정답** ②

- 방청(防錆)
  금속이 부식하는 것을 막기 위하여 표면에 도료를 입히는 것

3. 철근의 방청법

(1) 개요

① 철근과 철근의 표면에 접하는 물질 사이에 생기는 화학반응에 의해 철근의 표면이 소모되는 현상을 부식이라 한다.
② 철근의 부식은 일종의 전기화학반응이며, 음극 및 양극 반응으로 분류되어 양 반응이 동시에 진행되므로 이것을 지연하는 것이 중요하다.

12회

(2) 부식의 원인 및 대책

원인	① 염해(鹽害) ② 중성화(中性化) ③ 알칼리(Alkali) 골재반응 ④ 동결융해(凍結融解) ⑤ 온도변화 ⑥ 건조수축(乾燥收縮)
대책 (방청법)	① 철근 표면에 아연도금처리 ② 방청제(防錆劑)를 콘크리트에 혼입 ③ 에폭시 코팅한 철근 사용 ④ 해사(海沙)는 제염(製鹽)하여 사용(제염법) ⑤ 물시멘트비를 작게 하고, 피복두께 확보

2 철근의 가공 및 조립

1. 철근 및 용접철망의 가공(加工)

(1) 철근의 가공

① 철근의 가공은 철근상세도에 표시된 형상과 치수가 일치하고 재질을 해치지 않는 방법으로 이루어져야 한다.

② 철근상세도에 철근의 구부리는 내면 반지름이 표시되어 있지 않은 때에는 콘크리트구조설계기준에 규정된 구부림의 최소 내면 반지름 이상으로 철근을 구부려야 한다.

③ 보, 기둥, 지중보, 슬래브, 벽 및 지하외벽의 간격재를 플라스틱 제품으로 사용하면 콘크리트와의 열팽창률의 차이, 부착 및 강도 부족 등의 문제가 있으며, 스테인리스 등의 내식성 금속으로 만든 고임재 및 간격재는 서로 다른 종류의 금속 간의 접촉부식 문제 등 불명확한 점이 있으므로 이들을 사용할 경우에는 책임기술자의 승인을 얻어야 한다.

④ 철근은 상온에서 가공하는 것을 원칙으로 한다.

⑤ **가공치수의 허용오차**

철근의 종류		허용오차(mm)
스터럽, 띠철근, 나선철근		±5
그 밖의 철근	D25 이하의 이형철근	±15
	D29 이상 D32 이하의 이형철근	±20
가공 후의 전 길이		±20

(2) 용접철망의 가공

① 용접철망은 적절한 설비를 갖춘 공장에서 생산하여야 한다.

② 유해한 굽은 철선이나 손상이 있는 철선은 사용할 수 없다.

③ 용접철망은 철근상세도에 제시된 치수와 형상에 맞추어 절단하여야 한다. 절단은 정착방법과 이음의 종류 등에 따르며, 절단기, 진동톱 및 쉬어커터(Shear Cutter) 등의 기계적 방법에 의하여야 한다.

④ 용접철망의 가공은 책임기술자의 특별한 지시가 없는 한 상온에서 냉간 가공하여야 한다.

▶ 관련기준
건축표준시방서코드(KCS) 2025 〈KCS 14 20 11 : 2024〉

▶ 18·15회

• 바 벤더(Bar Bender)

• 바 커터(Bar Cutter)

• 와이어 클리퍼(Wire Clipper)

바로확인문제

철근은 (　　)에서 가공하는 것을 원칙으로 한다.

(3) 철근의 표준갈고리 가공

① 단부 갈고리(Hook)를 반드시 설치해야 하는 곳
  ㉠ 전체 원형철근의 단부(부착력에 대한 고려)는 갈고리를 설치한다.
  ㉡ 이형철근 중 예외적으로 다음에 해당하는 내용은 갈고리를 설치한다.
    ⓐ 늑근(Stirrup)과 띠철근(Hoop)
    ⓑ 기둥 및 보(지중보는 제외)의 돌출부 철근
    ⓒ 굴뚝의 주근
    ⓓ 단순보의 지지단
    ⓔ 캔틸레버(Cantilever) 보

② 주철근의 표준갈고리 가공 시 규정
  ㉠ 180° 표준갈고리는 180° 구부린 반원 끝에서 $4d_b$(철근의 공칭지름) 이상, 또한 60mm 이상 더 연장되어야 한다.
  ㉡ 90° 표준갈고리는 90° 구부린 끝에서 $12d_b$ 이상 더 연장되어야 한다.

③ 스터럽과 띠철근의 표준갈고리 가공 시 규정
  ㉠ 스터럽과 띠철근의 표준갈고리는 D25 이하의 철근에만 적용된다.
  ㉡ 90° 표준갈고리
    ⓐ D16 이하인 철근은 구부린 끝에서 $6d_b$ 이상 더 연장하여야 한다.
    ⓑ D19, D22와 D25인 철근은 구부린 끝에서 $12d_b$ 이상 더 연장하여야 한다.
  ㉢ 135° 표준갈고리에서 D25 이하의 철근은 구부린 끝에서 $6d_b$ 이상 더 연장하여야 한다.

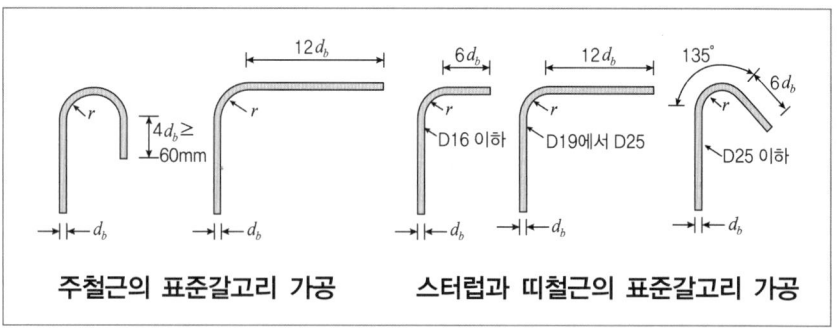

주철근의 표준갈고리 가공 　　　 스터럽과 띠철근의 표준갈고리 가공

2. 철근 조립(組立)

(1) 철근 순간격(純間隔)

① 철근 간의 순간격은 철근 표면 간의 최단거리이며, 철근 간의 마디, 리브 등이 가장 근접하는 경우의 치수이다.
② 철근과 철근, 철근과 거푸집 사이로 공극 없이 콘크리트를 밀실하게 채워지도록 하기 위하여 철근간격을 제한한다.
③ 철근의 부착강도를 확보하기 위해서 철근간격을 제한한다.
④ 철근 조립 시 철근의 간격은 동일 평면에서 평행한 철근 사이의 수평 순간격은 25mm 이상, 철근의 공칭지름 이상으로 하여야 하며, 또한 굵은골재의 최대 공칭치수값 중 최댓값을 사용한다.
⑤ 보 주근의 2단 배근에서 상하 철근의 순간격은 25mm 이상으로 한다.

(2) 철근 조립 순서

기초철근	① 거푸집 위치 먹줄치기 ② 철근 간격 표시 ③ 직교철근 배근 ④ 대각선 철근 배근 ⑤ 스페이서 설치 ⑥ 기둥 주근 설치 ⑦ 띠근(Hoop) 끼우기
철근콘크리트	기초 ⇨ 기둥 ⇨ 벽 ⇨ 보 ⇨ 바닥판 ⇨ 계단
철골철근콘크리트	기초 ⇨ 기둥 ⇨ 보 ⇨ 벽 ⇨ 바닥판 ⇨ 계단

(3) 철근 조립 시 고려사항

① 철근은 바른 위치에 배치하고, 콘크리트를 타설할 때 움직이지 않도록 충분히 견고하게 조립하여야 한다. 이를 위하여 필요에 따라서 조립용 강재를 사용할 수 있다. 또한 철근이 바른 위치를 확보할 수 있도록 결속선*으로 결속하여야 한다.
② 철근은 조립이 끝난 후 철근상세도에 맞게 조립되어 있는지 검사하여야 한다.
③ 철근은 조립한 다음 장기간 경과한 경우에는 콘크리트를 타설 전에 다시 조립검사를 하고 청소하여야 한다.
④ 용접철망은 철근상세도에 따라 정확하게 배근하고, 콘크리트 타설이 완료될 때까지 이동되지 않도록 견고하게 조립하여야 한다.

* **결속선(結束線)**
철근의 겹이음부분, 교차부분을 적당한 간격으로 연결할 때 쓰는 강선으로, 철근콘크리트의 철근조립에 사용하고, 보통 지름 1mm 정도의 것을 쓰고 있다.

3 철근의 이음 및 정착

26·22·12·6·3회

1. 일반사항

(1) 개념

① 철근콘크리트구조는 철근과 콘크리트가 일체로 외력에 저항하는 복합구조이며, 철근이 콘크리트 속에 묻혀서 그 능력을 충분히 발휘하기 위해서는 철근의 단부가 콘크리트로부터 빠져나오지 않도록 고정되어야 한다. 이를 위해서는 두 재료의 일체성이 가장 중요한 기본요건이다.
② 부착(Bond)은 철근과 콘크리트 간의 경계면에서 미끄러지는 것에 저항하는 성질을 말한다.
③ 정착(Anchorage, 定着)은 철근 끝이 콘크리트 속에서 빠져나오지 않도록 고정하는 것으로 부착력에 의해 좌우된다.
④ 이음(連接)은 철근이 짧아서 두 개의 철근을 연결하여 사용하는 경우를 말하며, 이때 이음부분의 철근과 콘크리트의 부착에 의해 인장력이나 압축력이 전달된다.
⑤ 철근의 정착 및 이음은 대부분의 경우 철근과 콘크리트의 부착에 의해 그 능력을 발휘한다.

28·26회

(2) 부착력(附着力)

구분	내용
정의	부착은 콘크리트와 철근 접촉면 사이의 상호 접착력과 콘크리트의 건조수축에 따른 철근 또는 철선에 대한 경화콘크리트의 압력과 같은 몇 가지 계수들의 조합으로 일어나게 된다.
부착력에 영향을 주는 요인	① 콘크리트 강도가 크면 부착 강도가 크다. ② 이형철근(마디와 리브)이 원형철근보다 부착 강도가 크다. ③ 약간의 녹으로 표면이 거친 철근이 부착 강도가 크다. ④ 지름이 굵은 것 하나보다는 지름이 가는 여러 개를 사용하는 것이 부착 강도가 크다(둘레 길이, 즉 주장이 클수록 부착력이 크다). ⑤ 철근의 피복두께가 클수록 부착 강도가 크다. ⑥ 수직철근이 수평철근보다 부착 강도가 크다. ⑦ 수평철근에서는 하부철근이 상부철근보다 부착 강도가 크다.

바로확인문제

콘크리트 강도가 크면 부착 강도가 (　　).

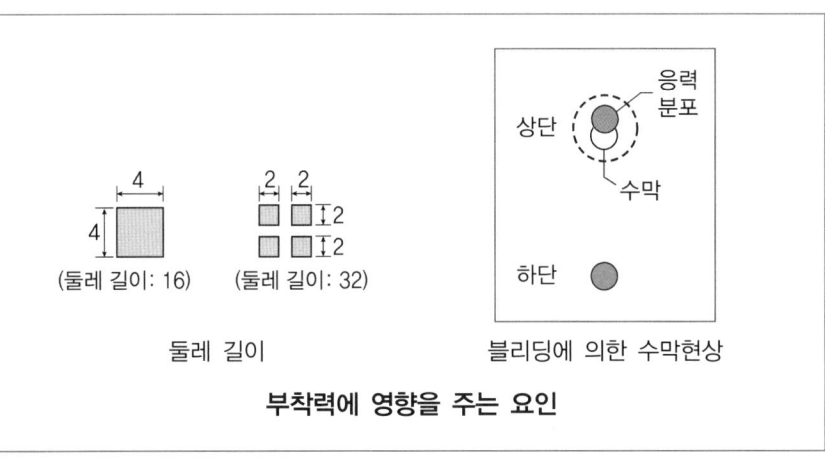

부착력에 영향을 주는 요인

개념적용 문제

철근과 콘크리트의 부착력에 영향을 주는 요인을 모두 고른 것은?

제26회 기출

> ㉠ 콘크리트의 압축강도　　㉡ 철근의 피복두께
> ㉢ 철근의 항복강도　　　　㉣ 철근 표면의 상태

① ㉠, ㉡
② ㉡, ㉢
③ ㉢, ㉣
④ ㉠, ㉡, ㉣
⑤ ㉠, ㉡, ㉢, ㉣

해설 철근과 콘크리트의 부착력에 영향을 주는 요인은 콘크리트의 압축강도(㉠), 철근의 피복두께(㉡), 철근 표면의 상태(㉣) 등이다. 철근의 항복강도(㉢)는 철근에 힘을 가했을 때 원래의 상태로 돌아갈 수 있는 최대응력을 말한다.

정답 ④

2. 철근의 이음

25·23·20·18·16·12회

(1) 철근이음 종류

종류	내용
겹침이음	철근이음할 1개소에 두 군데 이상 결속선(#18~20)으로 결속하는 이음
용접이음	금속이 고열에 의해 융합하는 성질을 이용한 이음
가스압접(壓接)이음	철근의 접합면을 맞대고 압력을 가하면서 산소 아세틸렌가스의 중성염으로 가열하면 접합부가 부풀어 오르면서 접합

기계적 이음	나사이음	철근에 숫나사를 만들고 커플러(Coupler) 양단을 너트로 조여 이음
	슬리브(Sleeve) 압착이음	접합부재를 슬리브 속에 넣고 유압잭으로 압착
	슬리브 충전이음	슬리브 구멍을 통하여 에폭시나 모르타르 등의 그라우트(Grout)재를 주입하여 이음

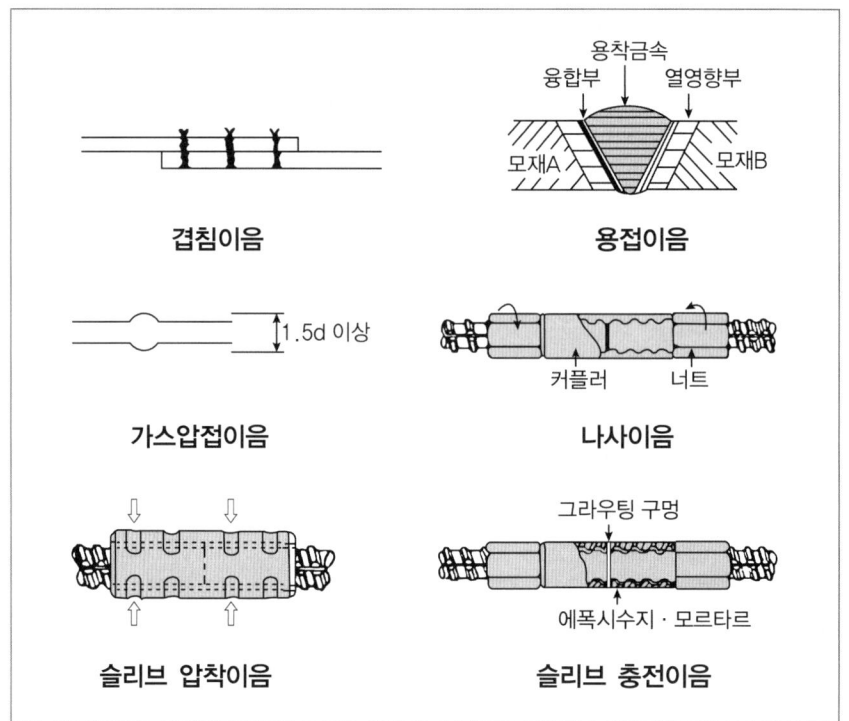

(2) 철근의 이음위치

① 철근의 이음은 큰 응력을 받는 곳을 피하여 잇는다.
② 보에서는 인장력 또는 휨모멘트가 최소가 되는 곳에 철근이음을 한다.
③ 양단고정 또는 연속보에서 상부근은 중앙부에서, 하부근은 단부에서 이음을 한다.

(3) 철근이음 시 고려사항

① 철근상세도에 표시되어 있지 않은 곳에 철근의 이음을 둘 경우에는 그 이음의 위치와 방법은 KDS 14 20 00의 각 하위 코드에 따라 정하여야 한다.
② D35를 초과하는 철근은 겹침이음을 할 수 없다(단, 서로 다른 크기의 철근을 압축부에서 겹침이음하는 경우 D35 이하의 철근과 D35를 초과하는 철근은 겹침이음을 할 수 있다).

③ 서로 다른 크기의 철근(지름이 다른 철근)을 겹침이음하는 경우, 이음길이는 크기가 큰 철근의 정착길이와 크기가 작은 철근의 겹침이음길이 중 큰 값 이상이어야 한다.
④ 철근의 이음길이는 건축구조기준 및 철근상세도에 따르며, 갈고리의 길이는 이음길이에 포함시키지 않는다.
⑤ 이음길이는 건축구조설계기준 및 철근상세도에 제시된 길이보다 짧을 수 없으며, 건축구조설계기준 및 철근배근도의 길이를 초과할 경우의 허용 차이는 소정길이의 10% 이내로 한다.
⑥ 철근의 가스압접이음은 철근배근도 및 시공계획서에 위치를 표기하여 책임기술자의 승인을 받아야 한다. 압접단면의 처리는 재축에 직각되게 정확하게 절단하고 압접 작업 당일에 유해한 부착물을 연마하여 완전히 제거하여야 한다.
⑦ 철근을 용접이음하는 경우, 용접부의 강도는 철근 설계기준 항복강도의 125% 이상을 발휘할 수 있어야 한다.
⑧ 용접이음은 철근에 묻은 기름, 먼지 및 기타 이물질을 청소하고 화염으로 건조시킨 후에 실시하고, 용접 후에 손상된 아연도금은 보수하여야 한다.
⑨ 용접철망*의 이음은 서로 엇갈리게 하여 일직선상에서 모두 이어지지 않도록 하며, 이음은 최소 한 칸 이상 겹치도록 하고 겹쳐지는 부분은 결속선으로 묶어야 한다.

• 용접철망

개념적용 문제

철근공사에 관한 설명으로 옳은 것은? 제18회 수정

① 벽 철근공사에 사용되는 간격재는 사전에 책임기술자의 승인을 받은 경우 플라스틱 제품을 측면에 사용할 수 있다.
② 상온에서 철근의 가공은 일반적으로 열간 가공을 원칙으로 한다.
③ 보에 사용되는 스터럽의 가공치수 허용오차는 ±8mm로 한다.
④ 철근을 용접이음하는 경우 용접부의 강도는 철근 설계기준 항복강도의 100% 성능을 발휘할 수 있어야 한다.
⑤ 용접철망이음은 일직선상에서 모두 이어지게 한다.

해설 ② 상온에서 철근의 가공은 일반적으로 냉간 가공을 원칙으로 한다.
③ 보에 사용되는 스터럽의 가공치수 허용오차는 ±5mm로 한다.
④ 철근을 용접이음하는 경우 용접부의 강도는 철근 설계기준 항복강도의 125% 성능을 발휘할 수 있어야 한다.
⑤ 용접철망이음은 서로 엇갈리게 일직선상에서 모두 이어지지 않도록 한다.
정답 ①

바로확인문제

철근을 용접이음하는 경우, 용접부의 강도는 철근 설계기준 항복강도의 (　　)% 이상을 발휘할 수 있어야 한다.

관련기준
건축구조설계기준코드(KDS)
2025 (KDS 14 20 52 : 2024)

27·25회

• 정착길이 개념

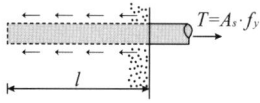

• 철근의 정착위치

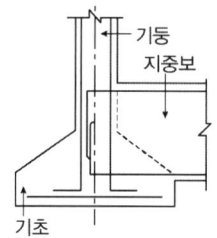

28·25·16·8회

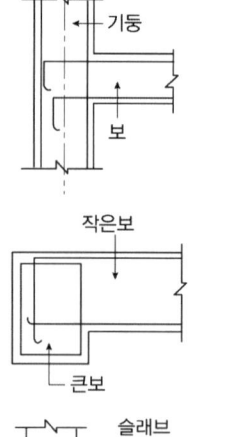

바로확인문제

큰보의 주근은 (　　)에 정착하고, 작은보의 주근은 (　　)에 정착한다.

3. 철근의 정착

(1) 기본사항

① 정착길이*(Development Length)는 위험단면에서 철근의 설계기준 항복강도(f_y)를 발휘하는 데 필요한 최소 묻힘 길이를 말한다.
② 철근의 한쪽 끝에 인장력에서 철근은 항복하지만 콘크리트에서 빠져나오지 않을 때 묻힌 최소길이를 정착길이라고 한다.

$$정착길이(l) = \frac{철근의\ 지름(d) \times 철근의\ 항복강도(f_y)}{\sqrt{콘크리트의\ 강도(f_{ck})}}$$

③ 철근콘크리트 부재 각 단면의 철근에 작용하는 인장력 또는 압축력이 단면의 양측에서 발휘될 수 있도록 묻힘길이, 갈고리, 기계적 정착, 또는 이들의 조합에 의하여 철근을 정착하여야 한다. 이때 갈고리는 인장 저항에는 효과적이지만, 압축 저항에는 효과적이지 못하다.
④ 주철근에 갈고리를 둘 경우 압축철근보다 인장철근의 정착길이 확보에 더 큰 효과가 있다.

(2) 철근의 정착위치*

① 기둥의 주근은 기초 또는 바닥판에 정착한다.
② 큰보의 주근은 기둥에 정착하고, 작은보의 주근은 큰보에 정착한다.
③ 보 밑 기둥이 없을 때에는 보 상호 간에 정착한다.
④ 벽철근은 기둥, 보, 바닥판에 정착한다.
⑤ 바닥철근은 보 또는 벽체에 정착한다.
⑥ 지중보의 주근은 기초 또는 기둥에 정착한다.

(3) 철근의 정착길이

① 철근의 정착길이는 건축구조설계기준 및 철근배근도에 따른다.
② 인장 이형철근의 정착길이는 최소 300mm 이상이어야 한다.
③ 압축 이형철근의 정착길이는 최소 200mm 이상이어야 한다.
④ 표준갈고리를 갖는 인장 이형철근의 정착길이는 최소 $8d_b$(철근의 공칭지름) 이상 또한 150mm 이상이어야 한다.
⑤ 철근의 정착길이는 건축구조설계기준 및 철근배근도에 제시된 길이보다 짧을 수 없으며, 건축구조설계기준 및 철근배근도의 길이를 초과할 경우의 허용 차는 소정길이의 10% 이내로 한다.

제3절 거푸집(Form)공사

1 거푸집 설계

1. 일반사항

(1) 정의
① 거푸집은 콘크리트 구조물을 소정의 형태 및 치수로 만들기 위하여 일시적으로 설치하는 재료이다.
② 기둥, 바닥, 벽 등 콘크리트를 부어 만들 모양의 틀을 짠 후 콘크리트를 부어넣고 굳은 뒤 이 틀을 떼어내는데, 이것을 거푸집이라고 한다.

(2) 거푸집에 요구되는 조건
① 형상·치수가 정확하고, 처짐·배부름·뒤틀림 등의 변형이 없어야 한다.
② 외력에 충분히 안전하여야 한다.
③ 소요자재가 절약되고, 반복사용이 가능하여야 한다.
④ 시멘트풀이 새지 않게 수밀해야 한다.
⑤ 처짐 예방을 위한 바닥과 보의 중앙부 치켜올림은 스팬의 1/500~1/300 정도로 하여야 한다(캠버).

2. 거푸집 구성요소

(1) 지지(支持)부재

장선(長線)	거푸집널을 지지하고 콘크리트의 측압력을 멍에에 전달시키는 부재
멍에(Sleeper)	장선의 하중을 받침기둥 또는 긴결재에 전달하는 부재
동바리 (지주, Support)	바닥거푸집에서 거푸집의 자중과 콘크리트 중량, 작업하중을 지지하며, 바닥구조물이 안전하고 정확하게 시공되도록 하는 부재

24·23·21·19·16·12회

- 고임재 및 간격재 설치 장면

- 기둥 스페이서

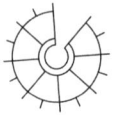

- 세퍼레이터(Separator)
  분리시키는 사람, 격리판

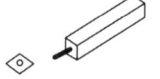

(2) 부속철물류

고임재 및 간격재* (스페이서*, Spacer)	① 철근이 거푸집에 밀착하는 것을 방지하여 피복두께를 확보하기 위한 것 ② 수평으로 배치된 철근 혹은 프리스트레스용 강재, 쉬스 등을 정확한 위치에 고정하기 위하여 쓰이는 콘크리트제, 모르타르제, 금속제, 플라스틱제 등의 부품	
	종류	① 철판제 간격재 ② 철근제 간격재 ③ 모르타르제 간격재 ④ 플라스틱제 간격재
격리재 (세퍼레이터*, Separator)	거푸집의 간격유지 및 오그라드는 것을 방지	
긴결재 (폼타이, Form Tie)	거푸집의 형상유지 및 측압에 의하여 벌어지는 것을 방지	
박리제 (Form Oil)	거푸집을 쉽게 제거하기 위해 표면에 바르는 물질	
	종류	동식물유, 중유, 아마유, 파라핀유, 합성수지 등

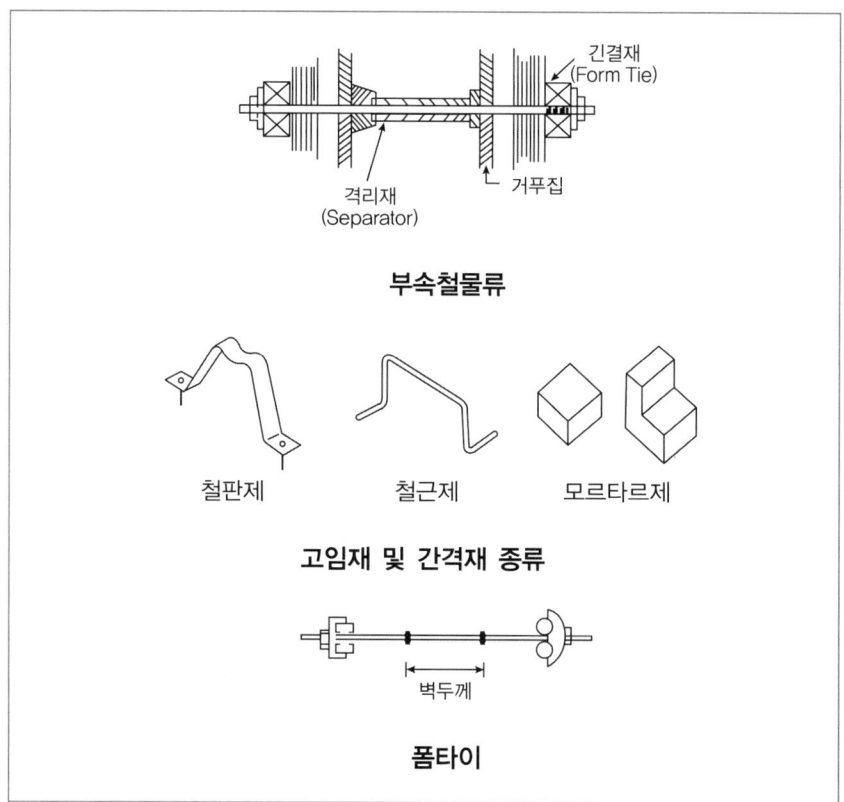

부속철물류

고임재 및 간격재 종류

폼타이

바로확인문제

( )는 철근이 거푸집에 밀착하는 것을 방지하여 피복두께를 확보하기 위한 것이다.

3. 거푸집 설계 시 고려사항

(1) 부위별 거푸집 고려하중(荷重)

보, 슬래브 밑면	① 생콘크리트 중량(2.3t/m³) ② 작업하중 ③ 충격하중
벽, 기둥, 보 옆	① 생콘크리트 중량(2.3t/m³) ② 측압(側壓)

(2) 거푸집 **측압**(側壓)에 영향을 주는 요소

영향요소	측압이 크게 걸리는 경우
① 슬럼프 값(반죽질기)	슬럼프(Slump)값이 클수록 측압은 크다.
② 벽두께(수평단면)	벽두께가 두꺼울수록 측압은 크다.
③ 대기 중의 습도	습도가 높을수록 측압은 크다.
④ 부어넣기(타설) 속도	속도가 빠를수록 측압은 크다.
⑤ 콘크리트 배합(시멘트량)	부배합(富配合)일수록 측압은 크다.
⑥ 온도	온도가 낮을수록 경화가 늦으므로 측압은 크다.
⑦ 거푸집의 강성	강성이 클수록 측압은 크다.
⑧ 철골 또는 철근량	철골 또는 철근량이 적을수록 측압은 크다.
⑨ 거푸집 재료	흡수성이 적을수록 또는 내수성이 클수록 측압은 크다.
⑩ 거푸집의 내측표면	표면이 매끈할수록 또는 마찰력이 작을수록 측압은 크다.

• 슬럼프(Slump)
폭 쓰러지다, 털썩 주저앉다

• 부배합(富配合)
콘크리트를 만들 때, 정해진 분량보다 시멘트를 많이 넣는 배합

개념적용 문제

철근콘크리트공사의 거푸집에 관한 설명으로 옳지 않은 것은?

제19회 기출

① 부어넣은 콘크리트가 소정의 형상·치수를 유지하기 위한 가설구조물이다.
② 거푸집 설계 시 적용하는 하중에는 콘크리트 중량, 작업하중, 측압 등이 있다.
③ 거푸집널을 일정한 간격으로 유지하는 동시에 콘크리트 측압을 지지하기 위하여 긴결재(폼타이)를 사용한다.
④ 콘크리트의 측압은 슬럼프값이 클수록 작다.
⑤ 거푸집널과 철근 등의 간격을 유지하기 위하여 간격재(스페이서)를 사용한다.

해설 콘크리트의 측압은 슬럼프값이 클수록 크다.

정답 ④

2 거푸집 시공

1. 시공(施工)

(1) 거푸집의 시공

① 거푸집은 유해한 누수가 없고, 용이하게 해체할 수 있으며, 해체 시 콘크리트에 손상을 주지 않는 것으로 한다.
② 거푸집널의 내면에는 콘크리트가 거푸집에 부착되는 것을 방지하고 거푸집을 제거하기 쉽도록 박리제를 칠한다.
③ 배근, 거푸집의 조립 또는 이에 따른 자재 운반 및 쌓기 등은 이들 하중을 받는 콘크리트가 유해한 영향을 받지 않는 재령에 도달하였을 때 시작한다.

(2) 동바리(지보공, 支保工)의 시공*

① 동바리를 조립하기에 앞서 동바리를 지지하는 바닥이 소요 지지력을 갖도록 하고, 동바리는 충분한 강도와 안전성을 갖도록 시공한다.
② 특수한 경우를 제외하고 강관 동바리는 2개 이상을 연결하여 사용하지 말아야 하며, 높이가 3.5m 이상인 경우에는 높이 2m 이내마다 수평연결재를 2개 방향으로 설치하고, 수평연결재의 변위가 일어나지 않도록 이음 부분은 견고하게 연결한다.
③ 동바리 하부의 받침판 또는 받침목은 2단 이상 삽입하지 않도록 하고, 작업원의 보행에 지장이 없어야 하며, 이탈되지 않도록 고정시킨다.

2. 거푸집 및 동바리 해체(解體)

(1) 거푸집 및 동바리 해체 시 고려사항

① 거푸집 및 동바리는 콘크리트가 자중 및 시공 중에 가해지는 하중을 지지할 수 있는 강도를 가질 때까지 해체할 수 없다.
② 거푸집 및 동바리의 해체시기 및 순서는 시멘트의 성질, 콘크리트의 배합, 구조물의 종류와 중요도, 부재의 종류 및 크기, 부재가 받는 하중, 콘크리트 내부의 온도와 표면온도의 차이 등을 고려하여 결정하고 책임기술자의 승인을 받아야 한다.

(2) 거푸집 해체시기(존치기간)

① 기초, 보, 기둥, 벽 등의 측면 거푸집널 해체시기
  ㉠ 콘크리트의 압축강도를 시험할 경우 [아래 표]를 만족할 때 해체할 수 있다.

구조물 종류	콘크리트 압축강도
일반 구조물	5MPa 이상
내구성이 중요한 구조물	10MPa 이상

  ⓛ 이때 콘크리트의 압축강도는 한국콘크리트학회 제규격 KCI-CT 118에 따라 양생한 현장양생공시체를 사용하여야 한다.
  ⓒ 거푸집널 존치기간 중 평균기온이 10℃ 이상인 경우는 콘크리트 재령이 [아래 표]의 재령 이상 경과하면 압축강도시험을 하지 않고도 해체할 수 있다.

평균기온 \ 시멘트 종류	조강 포틀랜드 시멘트	보통 포틀랜드 시멘트, 고로슬래그 시멘트(1종), 플라이애시 시멘트(1종), 포틀랜드 포졸란 시멘트(1종)	고로슬래그 시멘트(2종), 플라이애시 시멘트(2종), 포틀랜드 포졸란 시멘트(2종)
콘크리트의 재령 — 20℃ 이상	2일	4일	5일
콘크리트의 재령 — 20℃ 미만 10℃ 이상	3일	6일	8일

② **슬래브 및 보의 밑면, 아치 내면의 거푸집(동바리) 해체시기**
  ㉠ 콘크리트의 압축강도가 [아래 표]를 만족할 때 해체할 수 있다.

부재	콘크리트 압축강도
단층구조인 경우	ⓐ 설계기준 압축강도의 2/3배 이상 ⓑ 최소강도 14MPa 이상
다층구조인 경우	ⓐ 설계기준 압축강도 이상 ⓑ 필러 동바리 구조를 이용할 경우에는 구조계산에 의해 기간을 단축할 수 있지만, 이 경우에도 최소강도는 14MPa 이상

  ⓛ 이때 콘크리트의 압축강도는 한국콘크리트학회 제규격 KCI-CT 118에 따라 양생한 현장양생공시체를 사용하여야 한다.
  ⓒ 보, 슬래브 및 아치 하부의 거푸집널은 원칙적으로 동바리를 해체한 후에 해체한다. 그러나 구조계산으로 안전성이 확보된 양의 동바리를 현 상태대로 유지하도록 설계·시공된 경우, 콘크리트를 10℃ 이상 온도에서 4일 이상 양생한 후 사전에 책임기술자의 승인을 받아 해체할 수 있다.

ⓔ 동바리 해체 후 해당 부재에 가해지는 전 하중이 설계하중을 초과하는 경우에는 전술한 존치기간에 관계없이 하중에 의하여 유해한 균열이 발생하지 않고 충분히 안전하다는 것을 구조계산으로 확인한 후 책임기술자의 승인을 받아 해체할 수 있다.

ⓜ 콘크리트는 양생 시에 직사 일광이나 강풍에 노출되거나 과도하게 건조하면 표면에 건조수축 및 균열이 발생하는 등 손상이 생기기 쉬우므로 거푸집 탈형 후에는 시트 등으로 직사일광이나 강풍을 피하고 급격히 수분이 증발하는 것을 방지하여야 한다.

ⓗ 동바리를 해체한 후에 그 당시 재령에서 저항할 수 있는 강도를 초과하는 하중이 해당 부재에 재하된 경우에는, 사전 구조검토를 통해 하중재하 전 동바리 해체 및 재설치 여부를 결정하고, 필요한 경우 동바리를 해체하지 않고 존치하거나 적절한 동바리를 재설치하여야 하며, 연속하여 시공하는 다층구조의 경우 타설층을 포함하여 최소 3개 층에 걸쳐 동바리를 존치하거나 적절하게 재설치한다.

개념적용 문제

철근콘크리트공사에 관한 설명으로 옳은 것은? 제24회 기출

① 간격재는 거푸집 상호 간에 일정한 간격을 유지하기 위한 것이다.
② 철근 조립 시 철근의 간격은 철근 지름의 1.25배 이상, 굵은골재 최대치수의 1.5배 이상, 25mm 이상의 세 가지 값 중 최댓값을 사용한다.
③ 기둥의 철근 피복두께는 띠철근(Hoop) 외면이 아닌 주철근 외면에서 콘크리트 표면까지의 거리를 말한다.
④ 거푸집의 존치기간을 콘크리트 압축강도 기준으로 결정할 경우에 기둥, 보, 벽 등의 측면은 최소 14MPa 이상으로 한다.
⑤ 콘크리트의 설계기준압축강도가 30MPa인 경우에 옥외의 공기에 직접 노출되지 않는 철근콘크리트 보의 최소 피복두께는 40mm이다.

해설 ① 간격재는 철근이 거푸집에 밀착하는 것을 방지하여 피복두께를 확보하기 위한 것이다.
② 철근 조립 시 철근의 간격은 동일 평면에서 평행한 철근 사이의 수평 순간격은 25mm 이상, 철근의 공칭지름 이상으로 하여야 하며, 또한 굵은골재의 최대 공칭치수 값 중 최댓값을 사용한다.
③ 기둥의 철근 피복두께는 주철근 외면이 아닌 띠철근(Hoop) 외면에서 콘크리트 표면까지의 거리를 말한다.
④ 거푸집의 존치기간을 콘크리트 압축강도 기준으로 결정할 경우에 기둥, 보, 벽 등의 측면은 일반 최소 5MPa 이상으로 하며, 내구성이 중요한 구조물은 최소 10MPa 이상으로 한다.

정답 ⑤

제4절 콘크리트공사 ★★★

> **콘크리트공사**
> 1. 콘크리트공사의 개념도
> 2. 콘크리트 사용재료
> 3. 콘크리트 배합 및 품질관리
> 4. 콘크리트 시공
> 5. 특수 콘크리트의 종류

1 콘크리트공사의 개념도

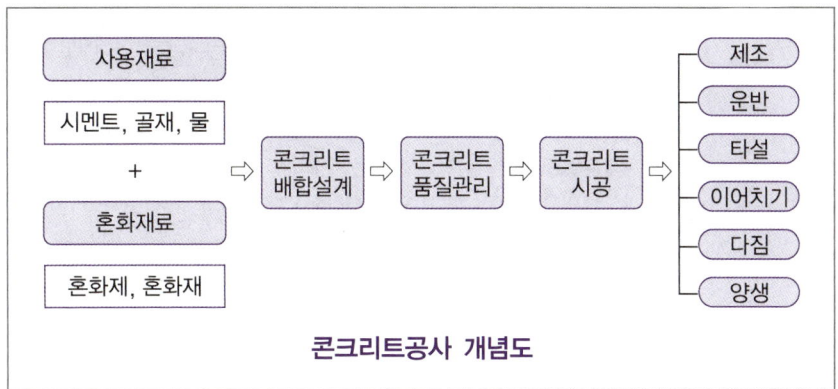

콘크리트공사 개념도

2 콘크리트 사용재료

1. 시멘트(Cement)

(1) 제조법

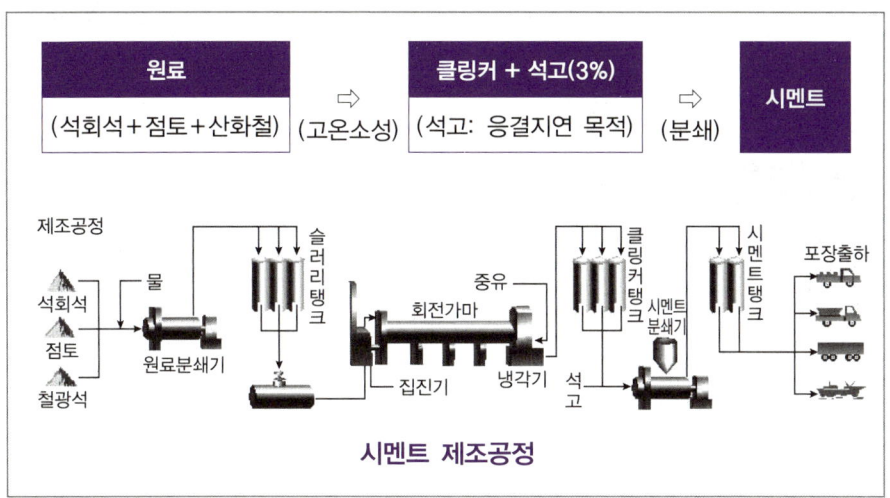

시멘트 제조공정

(2) 성질

▶ 19·17회

① **시멘트의 비중**(比重)

㉠ 일반적으로 SiO_2(산화규소; 실리카), Fe_2O_3(산화제2철)가 많을수록 비중이 커지고, CaO(산화칼슘), Al_2O_3(산화알루미늄; 알루미나)가 많으면 비중이 작아진다.

ⓒ 시멘트 단위용적중량은 1,500kg/m³ 정도이고, 비중은 3.05 이상이다.
　　ⓒ 고로 시멘트는 2.9 정도로 가장 비중이 낮다.

② **시멘트의 분말도**(粉末度)

구분	내용
정의	분말도는 시멘트입자의 고운 정도를 나타내는 것으로, 시멘트 수화반응(水和反應)과 강도를 측정하기 위하여 실시한다.
성질	㉠ 분말도가 클수록 표면적이 크다. ⓒ 분말도가 클수록 수화작용이 빠르다. ⓒ 분말도가 클수록 발열량(發熱量)과 조기(早期)강도가 커진다. ㉣ 분말도가 클수록 시공연도가 좋아진다. ㉤ 분말도가 클수록 균열 발생이 크고, 풍화가 쉽다. ㉥ 분말도가 클수록 장기강도는 저하된다.

③ **시멘트의 응결**(凝結)
　㉠ 수화반응 후 유동성을 상실하고 원형을 유지할 정도로 굳어질 때까지의 과정을 응결이라고 하고, 응결 후 강도 발현(發現)까지의 과정을 경화(硬化)라고 한다.
　ⓒ 온도 20℃ ± 3℃, 습도 80% 이상 상태에서 응결시간은 1~10시간 정도이다.
　ⓒ 물시멘트비가 클수록, 풍화(風化)된 시멘트일수록 응결이 느리다.
　㉣ 온도가 높고, 습도가 낮을수록, 알루민산3석회(C3A) 성분이 많을수록 응결이 빠르다.

개념적용 문제

콘크리트공사에서 시멘트 분말도가 크면 나타나는 현상으로 옳지 않은 것은?　　　　　　　　　　　　　　　제17회 기출

① 수화작용이 빠르다.
② 조기강도가 커진다.
③ 시공연도가 좋아진다.
④ 균열 발생이 적어진다.
⑤ 블리딩 현상이 감소된다.

해설　콘크리트공사에서 시멘트 분말도가 크면 수화열에 의한 균열이 발생하게 된다.
　　　　　　　　　　　　　　　　　　　　　　　　　정답 ④

• **수화반응**(水和反應)
1. 시멘트에 일정한 물을 가해 섞으면 화학반응이 일어나 응결 및 경화현상이 생기며, 이와 같이 시멘트와 물이 화합하는 것을 '수화'라 하고, 그 생성물을 '수화물(水和物)'이라 한다.
2. 시멘트와 물의 수화작용에 수반되어 발생하는 열을 '수화열(水和熱)' 또는 '발열량(發熱量)'이라 하고, 특히 수화열은 단단한 콘크리트의 온도균열 원인이 되기도 한다.

바로확인문제

콘크리트공사에서 시멘트 분말도가 (　　) 수화열에 의한 균열이 발생하게 된다.

(3) 시멘트 종류별 특성

① 포틀랜드 시멘트(Portland Cement)

종류	특성
보통 포틀랜드 시멘트	주원료를 분쇄하여 1,450℃의 고온으로 소성해 얻은 클링커에 소량의 석고를 혼입하여 분쇄해서 제조한다.
중용열 포틀랜드 시멘트	㉠ 수화반응이 늦으므로 발열량이 적고 수축률이 낮다. ㉡ 강도 증진은 늦어지나 장기강도는 보통 시멘트보다 크다. ㉢ 매스 콘크리트, 차폐용 콘크리트, 댐공사 등에 사용한다.
조강 포틀랜드 시멘트	㉠ 조기강도가 크다. ㉡ 수화발열량이 크다. ㉢ 긴급공사, 한중공사, 수중공사에 사용한다.
백색 포틀랜드 시멘트	㉠ 물, 동결 등의 피해에 대한 내구성 및 내마모성이 우수하다. ㉡ 타일줄눈, 테라조 공사, 교통관계 표식에 사용한다.

② 혼합 시멘트

종류	특성
고로 시멘트	㉠ 비중이 낮다(2.9). ㉡ 동결융해 저항성이 크고, 알칼리골재반응의 방지효과가 있다. ㉢ 해수, 하수, 지하수, 광천 등에 대한 저항성이 크다. ㉣ 건조수축이 작다.
플라이애시 시멘트	㉠ 시공연도(施工軟度)가 개선된다. ㉡ 조기강도는 낮으나 장기강도는 증대된다. ㉢ 황산염에 대한 저항성, 화학적 저항성이 증진된다. ㉣ 수밀성이 향상된다.
실리카(포졸란) 시멘트	㉠ 화학적 저항성이 향상되며, 시공연도가 개선된다. ㉡ 성형성이 좋고, 보수성이 좋다. ㉢ 블리딩(Bleeding)이 감소하고, 백화(白化)현상이 적어진다.

③ 특수 시멘트

종류	특성
알루미나 시멘트	㉠ 조기강도가 커서 보통 포틀랜드 시멘트의 28일 강도를 24시간 만에 발현한다. ㉡ 해수에 대한 저항성이 크다. ㉢ 응결·경화 시 발열량이 크고, 내화성 및 급결성이 강하다. ㉣ 긴급공사, 해안공사 등에 적합하다.
팽창 시멘트	㉠ 콘크리트의 결점인 수축성이 개선된다. ㉡ 균열 발생이 감소한다. ㉢ 수밀성으로 인해 강도가 증대된다.

▶ 10회

• **포틀랜드(Portland)**
미국 서북부, 오리건 주에 있는 도시로 컬럼비아강 왼쪽 기슭에 있으며, 조선, 제재, 제지 따위의 공업이 발달하였다.

> **참고** 　시멘트 조기강도 크기
>
> Jet 시멘트 > 알루미나 시멘트 > 조강 포틀랜드 시멘트 > 보통 포틀랜드 시멘트 > 고로·실리카 시멘트 > 중용열 포틀랜드 시멘트

개념적용 문제

수화열이 적고 화학저항성이 크며, 장기강도를 증진시킨 시멘트로 댐, 터널 등 대규모 콘크리트공사에 많이 사용되는 시멘트는?　　　제10회 기출

① 보통 포틀랜드 시멘트
② 백색 시멘트
③ 조강 포틀랜드 시멘트
④ 내황산염 포틀랜드 시멘트
⑤ 중용열 포틀랜드 시멘트

해설　중용열 포틀랜드 시멘트는 발열량이 적고 건조수축 균열이 적어 장기강도에 유리하여 매스 콘크리트, 서중 콘크리트, 댐, 터널 등 대규모 공사에 사용한다.

　　　　　　　　　　　　　　　　　　　　　　　　　　　　　　정답 ⑤

(4) 물

① 물은 기름, 산, 유기불순물, 혼탁물 등 콘크리트나 강재의 품질에 나쁜 영향을 미치는 물질을 유해량 이상 함유하지 않아야 한다.
② 콘크리트에 사용하는 물은 레디믹스트 콘크리트의 혼합에 사용되는 물(KS F 4009)에 적합한 것이어야 한다.
③ 물은 콘크리트의 응결 경화, 강도 발현, 체적 변화, 워커빌리티 등의 품질에 나쁜 영향을 미치거나 강재를 녹슬게 하는 물질을 허용함유량 이상 포함하지 않아야 한다.
④ 해수(海水)는 강재를 부식시킬 우려가 있으므로 철근콘크리트, 프리스트레스트 콘크리트, 강콘크리트 합성구조 및 철근이 배치된 무근콘크리트에서는 혼합수로서 사용할 수 없다.

바로확인문제

중용열 포틀랜드 시멘트는 발열량이 (　　) 건조수축 균열이 적어 장기강도에 (　　)하여 매스 콘크리트, 서중 콘크리트, 댐, 터널 등 대규모 공사에 사용한다.

2. 골재(骨材)

(1) 종류

종류		내용
크기	잔골재 (細骨材)	10mm 체를 전부 통과하고, 5mm 체를 거의 다 통과하며, 0.08mm 체에 모두 남는 골재
	굵은골재 (粗骨材)	5mm 체에 다 남는 골재
산출 상태	천연골재	강·산·바다에서 채취하는 자갈·모래 등으로 천연에서 산출되는 골재
	인공골재 (碎石)	특수한 용도를 위해 인공적으로 만든 골재로 천연암석(天然巖石)을 분쇄, 소성(燒成)하여 적당한 입도(粒度)로 조정한 단단한 골재
비중	경량골재	비중 2.0 이하로 콘크리트의 중량 감소, 단열 등의 목적으로 사용
	보통골재	비중 2.5~2.7 정도의 골재로 보통 콘크리트에 사용
	중량골재	비중 2.7 이상으로 방사선의 차단효과를 높이기 위하여 사용

▶ 관련기준
건축표준시방서코드(KCS) 2025 〈KCS 14 20 10 : 2024〉

• 체가름 시험기

(2) 골재 품질 요구조건

① 유해한 양의 먼지, 흙, 유기불순물, 염화물 등을 포함하지 않아야 한다.
② 소요의 내화성 및 내구성, 내마모성을 가진 것으로 한다.
③ 보통콘크리트에 사용되는 골재의 강도는 시멘트 페이스트 강도 이상이어야 한다.
④ 실적률•이 크고, 입도•가 좋아야 한다.
⑤ 표면이 거칠고 둥근 모양인 것이 좋다.
⑥ 콘크리트 배합 시 골재의 함수상태는 표면건조내부포수상태• 또는 그것에 가까운 상태로 사용하는 것이 바람직하다.
⑦ 동결융해작용을 받지 않는 콘크리트 구조물에 사용되는 잔골재는 내구성(안정성)시험을 하지 않을 수 있다.

▶ 21·20회

• **실적률(實積率)**
골재의 단위용적(m³) 중의 실적용적을 백분율(%)로 나타낸 값

• **공극률(空隙率)**
골재의 단위용적(m³) 중의 공극을 백분율(%)로 나타낸 값

• **입도(粒度)**
콘크리트 골재나 입상(粒狀)재료의 대소립의 혼합 비율로, 그것이 통과하는 체눈의 크기로 표시한다.

• **입형(粒形)**
모래나 자갈 등 입상재료의 입자 형상

• **표면건조내부포수상태**
(表面乾燥內部飽水狀態)
골재의 표면에는 부착된 물이 없고(건조하고), 골재 알갱이의 내부 공극이 물로 차 있는 상태

3. 혼화재료

(1) 종류

종류	내용
혼화제(混和劑)	① 콘크리트의 성질을 개선하기 위해 약품적으로 소량 사용 ② 종류: AE제, 감수제, 유동화제, 응결경화촉진제, 응결지연제, 방청제, 방동제
혼화재(混和材)	① 콘크리트의 물성을 개선시키기 위하여 비교적 다량으로 사용 ② 종류: 고로슬래그, 플라이애시, 실리카퓸, 착색재, 팽창재

(2) 혼화제

① AE제(Air Entraining Agent)

구분	내용
정의	㉠ 공기 연행제로서 0.025~0.25mm 정도의 미세한 기포를 고르게 분포시키는 혼화제 ㉡ 독립된 공기기포를 균일하게 분포시킴으로써 콘크리트의 시공성을 향상시킴
사용목적	㉠ 기포의 볼베어링 역할로 시공연도 증진 ㉡ 연행공기의 체적 팽창 압력완화로 동결융해에 대한 저항성 증대 ㉢ 내구성 및 수밀성 증대 ㉣ 단위수량(單位水量) 감소 ㉤ 알칼리 골재반응 감소 ㉥ 재료 분리 및 블리딩(Bleeding) 현상 감소

> **참고** 콘크리트 중의 공기량(空氣量) 변화
>
> 1. AE제의 혼입량이 증가하면 공기량은 증가하지만, 압축강도는 감소한다.
> 2. 시멘트의 분말도가 증가하면 공기량은 감소한다.
> 3. 잔골재 미립분(微粒粉)이 많으면 공기량은 증가하고, 잔골재율이 커지면 공기량은 증가한다.
> 4. 콘크리트의 온도가 낮아지면 공기량은 증가한다.
> 5. 컨시스턴시(Consistency)가 커지면 즉, 슬럼프(Slump)가 커지면 공기량은 증가한다.
> 6. 진동기(Vibrator) 사용 시 공기량은 감소한다.
> 7. 기계비빔(Mixer)은 손비빔(Hand-mixing)보다 공기량이 증가한다.

② 그 외 혼화제의 종류별 특징

종류	특징
고성능감수제	감수제의 성능을 더욱 향상시켜 단위수량을 대폭 감소시킬 수 있다.
유동화제	단위수량이 적은 콘크리트의 유동성을 일시적으로 증대시킬 수 있다.
응결경화촉진제	시멘트와 물의 화학반응을 촉진시켜 조기강도를 증대시키는 것으로 급결제 또는 급경제(急硬劑)라고도 한다.
응결지연제	시멘트와 물의 화학반응을 느려지게 한다.
방청제	염화물에 의한 철근부식을 방지한다.
방동제	염화칼슘, 식염 등으로 콘크리트의 동결을 방지한다.
기포제(발포제)	기포를 발생시켜 충전성 및 경량화 등에 사용한다.

(3) 혼화재

① 포졸란(Pozzolan)

정의	이탈리아 포추올리(Pozzuoli)에서 채취되어 붙여진 이름이다. 화산회·화산암의 풍화물로 가용성 규산을 많이 포함하고 있으며, 수경성은 아니나 물에 의해 석회와 화합하면 경화하는 성질을 가지고 있다.
성질	㉠ 시공연도 증진 및 재료 분리 감소 ㉡ 해수에 대한 화학적 저항성 증대 ㉢ 조기강도 감소, 장기강도 증진 ㉣ 발열량이 적어 온도에 의한 균열을 방지할 수 있어 단면이 큰 곳에 사용 ㉤ 포졸란은 실리카 젤(SiO_2)이기 때문에 탄산가스에 의해 중성화되기 쉬우므로 유의하여야 한다.

② 플라이애시(Fly Ash)

정의	분탄(粉炭)이 화력발전소의 보일러 내에서 연소할 때 부유하는 회분(Ash, 灰分)을 전기 집진기로 채집한, 표면이 매끄러운 구형(球形)*의 미세립 분말
성질	㉠ 입자가 거의 구형(球形)으로 시공연도 향상 ㉡ 수화열이 적고, 장기강도 증진 ㉢ 황산염 및 화학적 저항성 향상되고, 알칼리 골재반응 억제 효과 ㉣ 세공량(細孔量) 감소로 수밀성 향상

* **구형(球形)**
  공같이 둥근 모양

③ 고로(高爐)슬래그(Slag)*

정의	선철을 제조하는 과정에서 발생되는 부유물질인 슬래그를 냉각시켜 분말화한 것
성질	㉠ 콘크리트 구조체의 장기강도 증진 ㉡ 수화발열량에 의한 온도 상승 ㉢ 해수, 하수, 지하수, 광천 등에 대한 내침투성이 우수 ㉣ 조기강도는 작게 나오지만 장기강도가 커진다.

* **슬래그(Slag)**
  광물을 제련할 때, 금속을 빼내고 남은 찌꺼기

④ 실리카퓸*(Silica Fume)

정의	실리콘 또는 페로실리콘 등의 규소합금 제조 시 발생하는 폐가스를 집진하여 얻어진 부산물로서 초미립자이다.
성질	㉠ 고강도 및 투수성이 작은 콘크리트를 만든다. ㉡ 수화 초기에 발열량 및 블리딩 감소 ㉢ 강도 및 내화학성 증대, 수밀성 및 기밀성 증대 ㉣ 고강도 콘크리트, 해양 및 지하구조물, 매스 콘크리트, 터널·댐 시공 시의 콘크리트에 사용

* **퓸(Fume)**: 가스, 연기

4. 콘크리트 재료의 취급 및 저장

(1) 일반사항

① 시멘트, 물, 골재, 혼화재료, 강재 등의 재료는 소요의 품질을 갖고 있다는 것을 확인하여야 한다.

② 검사 결과, 재료의 품질이 적당하지 않다고 판정된 경우는 재료의 개선, 재료의 변경 등 적절한 조치를 취함과 동시에, 이 재료를 사용한 콘크리트가 구조물에 타설되는 경우에는 소요의 목적을 달성할 수 있는지를 확인하여야 한다.

(2) 시멘트의 저장

① 시멘트는 방습적인 구조로 된 사일로 또는 창고에 품종별로 구분하여 저장하여야 한다.

② 시멘트를 저장하는 사일로는 시멘트가 바닥에 쌓여서 나오지 않는 부분이 생기지 않도록 한다.

③ 포대시멘트가 저장 중에 지면으로부터 습기를 받지 않도록 하기 위해서는 창고의 마룻바닥과 지면 사이에 어느 정도의 거리가 필요하며, 현장의 목조창고를 표준으로 할 때, 그 거리를 0.3m로 한다.

④ 포대시멘트를 쌓아서 저장하면 그 질량으로 인해 하부의 시멘트가 고결할 염려가 있으므로 시멘트를 쌓아 올리는 높이는 13포대 이하로 한다. 저장기간이 길어질 우려가 있는 경우에는 7포대 이상 쌓아 올리지 않아야 한다.

⑤ 저장 중에 약간이라도 굳은 시멘트는 공사에 사용하지 않아야 한다. 3개월 이상 장기간 저장한 시멘트는 사용하기에 앞서 재시험을 실시하여 그 품질을 확인한다.

⑥ 시멘트의 온도가 너무 높을 때에는 그 온도를 낮춘 다음 사용하고, 시멘트의 온도는 일반적으로 50℃ 이하에서 사용한다.

(3) 골재의 저장

① 잔골재 및 굵은골재에 있어 종류와 입도가 다른 골재는 각각 구분하여 따로 저장한다.

② 원석의 종류나 제조방법이 다른 부순 모래는 분리하여 저장한다.

③ 골재의 받아들이기, 저장 및 취급에 있어서는 크고 작은 입자들이 분리되지 않고 먼지, 잡물 등이 혼입되지 않도록, 또 굵은골재의 경우에는 골재 입자가 부서지지 않도록 설비를 정비하고 취급작업에 주의한다.

• 골재의 저장 장면

바로확인문제

포대시멘트가 저장 중에 지면으로부터 습기를 받지 않도록 하기 위해서는 창고의 마룻바닥과 지면 사이에 어느 정도의 거리가 필요하며, 현장의 목조창고를 표준으로 할 때, 그 거리를 (　　)m로 한다.

④ 골재의 저장설비에는 적당한 배수시설을 설치하고, 그 용량을 적절히 하여 표면수가 균일한 골재를 사용할 수 있도록 하며, 받아들인 골재는 시험한 후에 사용할 수 있도록 한다.
⑤ 겨울에 동결된 골재나 빙설이 혼입되어 있는 골재를 그대로 사용하지 않도록 적절한 방지대책을 수립하고 골재를 저장한다.
⑥ 여름철에는 적당한 지붕시설을 하거나 살수를 하는 등 고온 상승 방지를 위한 적절한 시설을 하여 저장한다.

(4) 혼화재료의 저장

종류	특징
혼화제	① 혼화제는 먼지, 기타의 불순물이 혼입되지 않도록 한다. ② 액상의 혼화제는 분리되거나 변질되거나 동결되지 않도록, 분말상의 혼화제는 습기를 흡수하거나 굳어지는 일이 없도록 저장하여야 한다. ③ 장기간 저장한 혼화제나 품질에 이상이 인정된 혼화제는 사용하기 전에 시험을 실시하여 그 성능이 저하되어 있지 않다는 것을 확인한 후 사용하여야 한다.
혼화재	① 혼화재는 방습적인 사일로 또는 창고 등에 종류별로 구분하여 저장하고 입하된 순서대로 사용하여야 한다. ② 장기간 저장한 혼화재는 사용하기 전에 시험을 실시하여 품질을 확인하여야 한다. ③ 시험 결과 규정된 성질을 얻지 못한 경우 그 혼화재료는 사용하여서는 안 된다. ④ 혼화재는 취급 시에 비산(飛散)하지 않도록 주의한다.

• 비산(飛散)
날아서 흩어짐

> **개념적용 문제**
>
> **철근콘크리트공사에 사용되는 재료의 취급 및 저장에 관한 설명으로 옳지 않은 것은?** 제13회 수정
>
> ① 철근은 직접 지상에 놓지 말아야 한다.
> ② 3개월 이상 장기간 저장한 시멘트는 사용하기에 앞서 재시험을 실시하여 그 품질을 확인한다.
> ③ 골재의 저장설비에는 적당한 배수시설을 설치하여 골재의 표면수가 모두 제거되도록 하여야 한다.
> ④ 포대시멘트를 쌓아서 단기간 저장하는 경우, 시멘트를 쌓아 올리는 높이는 13포대 이하로 하는 것이 바람직하다.
> ⑤ 혼화재는 방습적인 사일로 또는 창고 등에 종류별로 구분하여 저장한다.
>
> **해설** 철근콘크리트공사에서 골재의 저장설비에는 적당한 배수시설을 설치하고, 그 용량을 적절히 하여 표면수가 균일한 골재를 사용할 수 있도록 하며, 또 받아들인 골재는 시험한 후에 사용할 수 있도록 하여야 한다.
>
> **정답** ③

바로확인문제

철근콘크리트공사에서 골재의 저장설비에는 적당한 배수시설을 설치하고, 그 용량을 적절히 하여 표면수가 (　　)한 골재를 사용할 수 있도록 하며, 또 받아들인 골재는 시험한 후에 사용할 수 있도록 하여야 한다.

관련기준
건축표준시방서코드(KCS)
2025 〈KCS 14 20 10 : 2024〉

3 콘크리트 배합 및 품질관리

1. 콘크리트 배합설계

(1) 배합의 순서

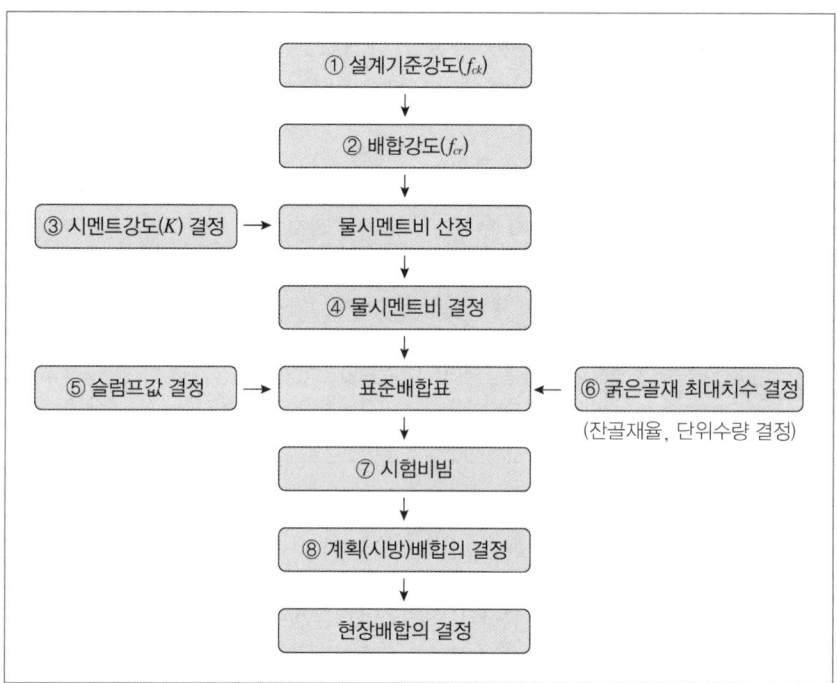

(2) 설계기준강도

① 콘크리트 부재의 설계에 있어서 계산의 기준이 되는 콘크리트의 강도를 말한다.
② 일반적으로는 재령(材齡)* 28일의 압축강도를 기준으로 한다.
③ 구조용 콘크리트의 설계기준강도는 보통 콘크리트인 경우 콘크리트구조기준 2012에서는 18MPa 이상으로 규정되어 있으며, 경량골재 콘크리트인 경우 15MPa 이상으로 규정되어 있다.

• 재령(材齡)
콘크리트를 부어 넣은 후부터 완전히 굳어지기까지의 경과 일수(日數)

23회

(3) 배합강도(配合强度)

① 설계기준강도에 적당한 계수를 곱하여 할증(割增)한 압축강도를 말한다.
② 구조물에 사용된 콘크리트의 압축강도가 설계기준 압축강도보다 작아지지 않도록 현장 콘크리트의 품질 변동을 고려하여 콘크리트의 배합강도를 설계기준 압축강도보다 충분히 크게 정하여야 한다.
③ 콘크리트 압축강도의 표준편차는 실제 사용한 콘크리트의 30회 이상의 시험실적으로부터 결정하는 것을 원칙으로 한다.

(4) 물-결합재비(물시멘트비, W/B; Water-Binder Ratio)

① 혼화재로 고로슬래그 미분말, 플라이애시, 실리카퓸 등 결합재를 사용한 모르타르나 콘크리트에서 골재가 표면 건조 포화상태에 있을 때에 반죽 직후 물과 결합재의 질량비를 말한다.

② 물시멘트비는 모르타르나 콘크리트에서 골재가 표면건조포화 상태에 있을 때에 반죽 직후 물과 시멘트의 질량비를 말한다.

③ 물-결합재비는 소요의 강도, 내구성, 수밀성 및 균열저항성 등을 고려하여 정한다.

④ 콘크리트의 강도에 영향을 미치는 가장 큰 요소이며, 압축강도와 물-결합재비와의 관계는 시험에 의하여 정하는 것을 원칙으로 한다.

⑤ 콘크리트의 압축강도를 기준으로 물-결합재비를 정하는 경우 그 값은 다음과 같이 정하여야 한다.
  ㉠ 압축강도와 물-결합재비와의 관계는 시험에 의하여 정하는 것을 원칙으로 한다.
  ㉡ 시험 시 공시체는 재령 28일을 표준으로 한다.
  ㉢ 배합에 사용할 물-결합재비는 기준 재령의 결합재-물비와 압축강도와의 관계식에서 배합강도에 해당하는 결합재-물비 값의 역수로 한다.
  ㉣ 콘크리트의 내구성을 기준으로 물-결합재비는 원칙적으로 60% 이하이어야 한다.
  ㉤ 콘크리트의 탄산화 작용, 염화물 침투, 동결융해 작용, 황산염 등에 대한 내구성을 기준으로 하여 물-결합재비를 정한다.

⑥ **물-결합재비**(물시멘트비)**가 클 경우 발생하는 현상**
  ㉠ 콘크리트의 압축강도와 철근의 부착력이 감소하여 수밀성 및 내구성이 저하된다.
  ㉡ 건조수축의 증가로 균열이 발생하여 크리프(Creep)가 증가한다.
  ㉢ 재료 분리, 블리딩(Bleeding) 및 레이턴스(Laitance)가 증가한다.

▶ 25·16·9·8회

바로확인문제

물-결합재비가 클 경우 건조수축의 증가로 균열이 발생하여 크리프(Creep)가 ( )한다.

> 참고

1. **블리딩**(Bleeding): 굳지 않은 콘크리트에서 고체 재료의 침강 또는 분리에 의하여 콘크리트에서 물과 시멘트 혹은 혼화재의 일부가 콘크리트 윗면으로 상승하는 현상을 말한다.
2. **레이턴스**(Laitance): 콘크리트 타설 후 블리딩에 의해 부유물과 함께 내부의 미세한 입자가 부상하여 콘크리트의 표면에 형성되는 경화되지 않은 층을 말한다. 성분의 대부분은 시멘트의 미립분이지만, 부착력이 약하고 수밀성(水密性)도 나쁘기 때문에 콘크리트를 그 위에 쳐서 이어나갈 때는 레이턴스를 제거해야 한다.

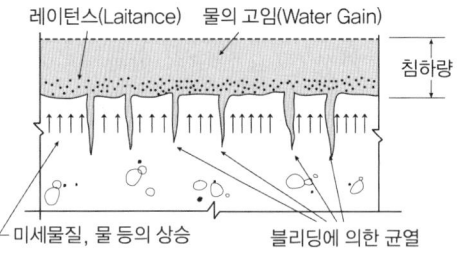

블리딩 및 레이턴스 현상   **레이턴스 사례**

> 개념적용 문제

콘크리트공사에 관한 설명으로 옳지 않은 것은?   제16회 기출

① 물시멘트비가 클수록 압축강도는 작아진다.
② 물시멘트비가 클수록 레이턴스가 많이 생긴다.
③ 운반 및 타설 시에 콘크리트에 물을 첨가하면 안 된다.
④ 단위수량이 많을수록 작업이 용이하고, 블리딩은 작아진다.
⑤ 콘크리트의 비빔시간이 너무 길면 워커빌리티는 나빠진다.

해설 단위수량이 많을수록 작업이 용이하지만, 블리딩은 커진다.

정답 ④

(5) 슬럼프(Slump)값 결정

① **정의**

㉠ 아직 굳지 않은 콘크리트의 반죽질기를 측정하여 시공연도를 판단하는 기준으로 사용되는 시험이다.

㉡ 콘크리트의 슬럼프는 운반, 타설, 다지기 등의 작업에 알맞은 범위 내에서 될 수 있는 한 작은 값으로 정하여야 한다.

㉢ 콘크리트의 슬럼프는 일반적으로 180mm 이하로 한다(단, 특수 콘크리트는 각각의 시방서에 따른다).

② **슬럼프의 표준값**(mm)

종류		슬럼프값(mm)
철근콘크리트	일반적인 경우	80~150
	단면이 큰 경우	60~120
무근콘크리트	일반적인 경우	50~150
	단면이 큰 경우	50~100

㉠ 여기에서 제시된 슬럼프값은 구조물의 종류에 따른 슬럼프의 범위를 나타낸 것으로, 실제로 각종 공사에서 슬럼프값을 정하고자 할 경우에는 구조물의 종류나 부재의 형상, 치수 및 배근상태에 따라 알맞은 값으로 정하되, 충전성이 좋고 충분히 다질 수 있는 범위에서 되도록 작은 값으로 정하여야 한다.

㉡ 콘크리트의 운반시간이 길 경우 또는 기온이 높을 경우에는 슬럼프가 크게 저하하므로 운반 중의 슬럼프 저하를 고려한 슬럼프값에 대하여 배합을 정하여야 한다.

▶ **시험한 후 슬럼프의 허용오차**(mm)

슬럼프	25	50 및 65	80 이상
슬럼프 허용오차	±10	±15	±25

③ **슬럼프 시험**

사용기구	슬럼프콘, 슬럼프판, 다짐막대, 측정용 자
시험순서	㉠ 수밀평판을 수평으로 한다. ㉡ 슬럼프콘을 평판 중앙에 놓는다. ㉢ 슬럼프콘에 체적의 1/3이 되도록 콘크리트를 채운다. ㉣ 다짐막대로 25회 다진다. ㉤ 위의 ㉢과 ㉣의 작업을 2회 되풀이하고 윗면을 고른다. ㉥ 슬럼프콘을 조용히 들어 올린다. ㉦ 콘크리트의 주저앉은 높이를 슬럼프판에서 측정한 후 30cm에서 뺀 수치가 슬럼프 치수이다.

슬럼프콘

• **슬럼프콘**(Slump Cone)
콘크리트의 슬럼프 시험을 할 때 사용하는 높이 30cm, 하단내경 20cm, 상단내경 10cm의 원추형 철제통

바로확인문제

콘크리트의 주저앉은 높이를 슬럼프판에서 측정한 후 (　　) cm에서 뺀 수치가 슬럼프 치수이다.

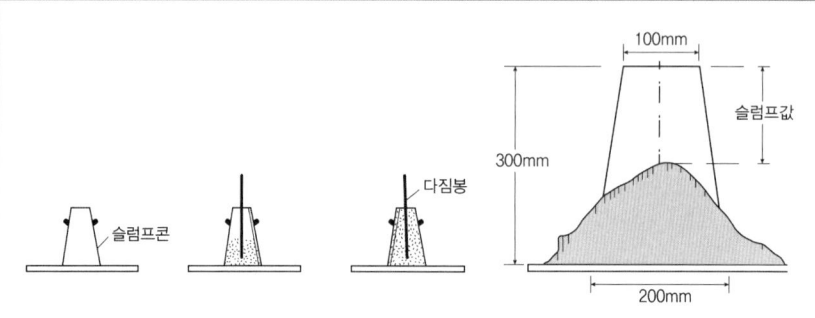

슬럼프 시험의 순서

슬럼프 시험 장면

> **개념적용 문제**
>
> 아직 굳지 않은 콘크리트의 반죽질기를 측정하여 시공연도를 판단하는 기준으로 사용되는 시험은?
>
> 제12회 기출
>
> ① 슬럼프 시험
> ② 크리프 시험
> ③ 표준관입시험
> ④ 분말도 시험
> ⑤ 슈미트 해머 시험
>
> **해설** 슬럼프 시험은 아직 굳지 않은 콘크리트의 반죽질기를 측정하여 시공연도를 판단하는 기준으로 사용되는 시험이다.
>
> 정답 ①

(6) 단위수량(單位水量)

① 단위수량은 최대 185kg/m³ 이내의 작업이 가능한 범위 내에서 될 수 있는 대로 적게 사용하며, 시험을 통해 정하여야 한다.
② 단위수량은 굵은골재의 최대치수, 골재의 입도와 입형, 혼화재료의 종류, 콘크리트의 공기량 등에 따라 다르므로 실제의 시공에 사용되는 재료를 사용하여 시험을 실시한 다음 정하여야 한다.
③ 단위수량이 많을수록 작업이 용이하지만, 재료 분리 및 블리딩이 증가한다.

▶ 22·20회

(7) 잔골재율

① 잔골재율은 소요 워커빌리티(Workability)를 얻을 수 있는 범위 내에서 단위수량이 최소가 되도록 시험에 의해 정하여야 한다.
② 잔골재율은 사용하는 잔골재의 입도, 콘크리트의 공기량, 단위결합재량, 혼화재료의 종류 등에 따라 다르므로 시험에 의해 정하여야 한다.
③ 콘크리트 펌프시공의 경우에는 펌프의 성능, 배관, 압송거리 등에 따라 적절한 잔골재율을 결정하여야 한다.
④ 고성능AE감수제를 사용한 콘크리트의 경우로서 물-결합재비 및 슬럼프가 같으면, 일반적인 AE감수제를 사용한 콘크리트와 비교하여 잔골재율을 1~2% 정도 크게 한다.

▶ 18회

| 참고 | 굳지 않은 콘크리트 중의 염화물 함유량 |

염소이온량(Cl⁻)으로서 원칙적으로 0.30kg/m³ 이하로 하여야 한다.

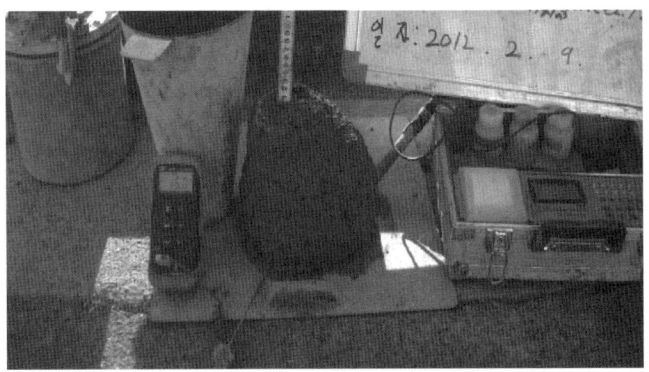

염화물량(鹽化物量) 측정

바로확인문제

콘크리트에 포함된 염화물량은 염소이온량으로서 원칙적으로 (   )kg/m³ 이하로 한다.

(8) 공기량 및 혼화재료의 사용량

① AE제, AE감수제 및 고성능AE감수제를 사용하는 콘크리트의 공기량은 굵은골재 최대치수와 노출등급을 고려하여 공사시방서의 공기연행 콘크리트 공기량의 표준값에 따른다.
② 공기량은 보통콘크리트의 경우 4.5%, 경량골재콘크리트의 경우 5.5%, 포장콘크리트 4.5%, 고강도콘크리트 3.5% 이하로 하되, 그 허용오차는 ±1.5%로 한다.
③ 콘크리트 제조 시 혼화제의 양은 콘크리트 용적 계산에서 무시하며, 혼화재는 고려한다.

> **개념적용 문제**
>
> 콘크리트공사현장에 반입되는 콘크리트의 품질관리 및 검사항목에 해당되지 않는 것은? 제14회 기출
>
> ① 슬럼프 ② 공기량
> ③ 중성화 ④ 염화물량
> ⑤ 단위수량(單位水量)
>
> **해설** 중성화는 콘크리트를 타설하고 시간의 경과 후 발생하는 내구성 저하요인을 측정하는 콘크리트 품질관리 검사항목이다.
>
> 정답 ③

2. 경화 전(굳지 않은) 콘크리트의 품질관리

(1) 굳지 않은 콘크리트의 성질

구분	정의
반죽질기 (Consistency)	단위수량(單位水量)의 다소에 따르는 혼합물의 묽기 정도
시공연도 (Workability)	묽기 정도 및 재료 분리에 저항하는 정도 등 복합적 의미에서의 시공 난이(難易) 정도로 일반적인 경우 굵은골재의 최대치수와 슬럼프를 사용하여 설정할 수 있다.
다짐성 (Compactability)	콘크리트 묽기에 따른 다짐의 용이한 정도
성형성 (Plasticity)	구조체에 타설된 콘크리트가 거푸집에 잘 채워질 수 있는지의 난이 정도
압송성 (Pumpability)	펌프에서 콘크리트가 잘 밀려가는지의 난이 정도로 수평관 1m당 관내의 압력손실로 정할 수 있다.

안정성 (Stability)	시멘트 제품에 팽창균열이나 솟음 등의 변형이 생기지 않아야 하는 성질
마감성 (Finishability)	도로포장 등에서 골재의 최대치수에 따르는 표면정리의 난이 정도

(2) 시공연도(Workability)

▶ 25 · 19 · 16 · 5회

① 일반사항

구분	내용
재료상태	콘크리트의 워커빌리티는 타설위치 및 타설, 다짐방법에 따라 거푸집 내 및 철근 주위에 밀실하게 부어넣을 수 있고, 또한 블리딩 및 재료 분리가 작은 것이어야 한다.
측정방법	슬럼프 시험, 흐름시험, 구관입(球貫入)시험, 비비(Vee-Bee) 시험*(된반죽콘크리트의 반죽질기 측정), 리몰딩(Remolding) 시험(반복 낙하횟수로 반죽질기 측정)

• 비비(Vee-Bee) 시험기

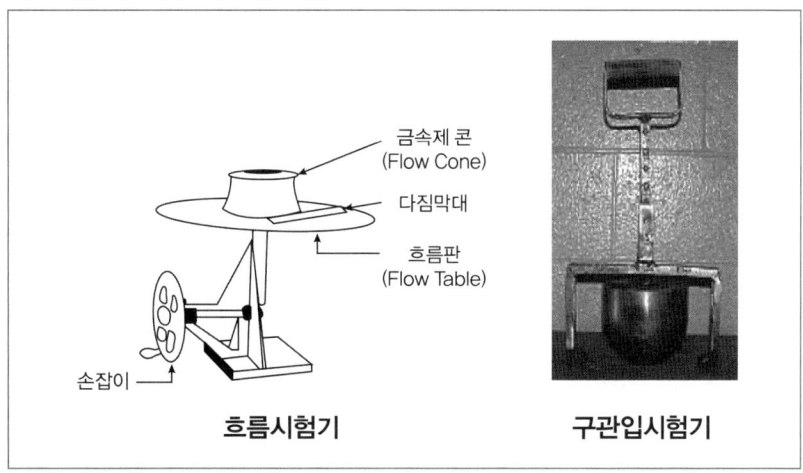

② 시공연도에 영향을 미치는 요인

㉠ 콘크리트의 배합비율에 영향을 받는다.

㉡ 시멘트의 사용량이 많을 경우 시공연도는 증가한다(시공연도는 일반적으로 부배합이 빈배합보다 좋다).

㉢ 단위수량이 많을 경우 슬럼프값이 커져서 시공연도는 증가하지만, 과다할 경우 오히려 재료 분리로 시공연도는 감소한다.

㉣ 골재의 입형이 구형이고, 입도가 적당할수록 시공연도는 증가하지만, 쇄석을 사용하면 시공연도는 나빠진다.

㉤ 온도는 낮고 습도는 높은 경우 시공연도는 증가한다.

바로확인문제

온도는 (　　) 습도는 (　　) 경우 시공연도는 증가한다.

> **개념적용 문제**
>
> 콘크리트의 시공성에 영향을 주는 요인에 관한 설명으로 옳은 것은?
>
> 제19회 수정
>
> ① 쇄석 사용 시 시공연도가 좋아진다.
> ② 온도가 높을수록 슬럼프값이 감소한다.
> ③ 시멘트의 분말도가 높으면 시공연도가 나빠진다.
> ④ 시공연도는 일반적으로 빈배합이 부배합보다 좋다.
> ⑤ 단위수량이 크면 슬럼프값이 감소하고 반죽질기가 증가한다.
>
> **해설** ① 쇄석 사용 시 시공연도가 나빠진다.
> ③ 시멘트의 분말도가 높으면 시공연도가 좋아진다.
> ④ 시공연도는 일반적으로 부배합이 빈배합보다 좋다.
> ⑤ 단위수량이 크면 슬럼프값이 증가하고 반죽질기가 증가한다.
>
> **정답** ②

(3) 재료 분리

원인	결과	방지대책
① 반죽질기가 지나칠 때 ② 단위수량이 너무 많은 경우 ③ 골재의 입도 및 입형이 부적당하고, 골재의 치수가 너무 큰 경우 ④ 모르타르의 점성이 적은 경우 ⑤ 시공상 원인(타설 속도가 빠르고, 타설 높이가 높고, 운반이나 다짐 시 심한 진동을 가한 경우)	① 콘크리트 강도 저하 ② 철근의 부착강도 저하 ③ 수분상승으로 인한 동해 발생 ④ 레이턴스로 인한 이음부 강도 저하 ⑤ 건조수축 균열 발생	① 적절한 재료배합(입형, 입도가 고른 것) ② 적정한 물시멘트비 유지 ③ 혼화재료의 적정 사용(AE제, 분산제, 플라이애시) ④ 시공상 대책(타설 속도 및 타설 높이 준수, 철근 간격 유지)

3. 경화 후 콘크리트의 품질관리

(1) 콘크리트의 압축강도

① 구조체 콘크리트의 압축강도 검사

㉠ 일반사항

ⓐ 공사현장에서 현장 타설 시료(Sample, 試料)를 채취하여 만든 원주 공시체와 타설 완료된 구조체 콘크리트에서 채취한 코어(Core) 공시체로 분류된다.

ⓑ 구조물 성능을 재하시험에 의해 확인할 경우, 재하방법, 하중 크기 등은 구조물에 위험한 영향을 주지 않아야 한다.

ⓒ 콘크리트 구조물의 설계에서 사용하는 콘크리트의 강도에는 압축강도 이외에 인장강도, 휨강도, 전단강도, 지압강도, 강재와의 부착강도 등이 있으나, 콘크리트 구조물은 주로 콘크리트의 탄성계수를 결정하는 압축강도를 기준으로 한다.

ⓛ 시험에 사용되는 **공시체**(供試體)•

ⓐ 콘크리트의 공시체를 제작할 때 압축강도용 표준공시체는 $\phi 150 \times 300mm$를 기준으로 하되, $\phi 100 \times 200mm$의 공시체를 사용할 경우 강도보정계수 0.97을 사용하며, 이외의 경우 적절한 강도보정계수를 고려하여야 한다.

ⓑ 콘크리트 강도시험용 시료는 하루에 1회 이상, $120m^3$당 1회 이상, 슬래브나 벽체의 표면적 $500m^2$마다 1회 이상, 배합이 변경될 때마다 1회 이상 채취하여야 한다.

ⓒ 1회의 시험값은 공시체 3개의 압축강도 시험값의 평균값으로 판정기준은 아래와 같다.

설계기준압축강도(f_{ck}) ≤ 35MPa	설계기준압축강도(f_{ck}) > 35MPa
• 3번의 연속강도 시험의 결과 그 평균값이 설계기준압축강도 이상 • 개별적인 강도 시험값이 '설계기준압축강도 - 3.5MPa' 이상	• 3번의 연속강도 시험의 결과 그 평균값이 설계기준압축강도 이상 • 개별적인 강도 시험값이 설계기준압축강도의 90% 이상

ⓓ 구조체 콘크리트의 강도관리 재령이 28일인 경우의 공시체는 대기온도 평균 20℃ 정도의 표준수중(標準水中)양생 또는 현장수중(現場水中)양생으로 한다.

ⓔ 현장 양생되는 공시체는 시험실에서 양생되는 공시체와 똑같은 시간에 동일한 시료를 사용하여 만들어야 한다.

ⓕ 현장 양생된 콘크리트의 설계기준압축강도 f_{ck}의 만족 여부를 평가하기 위하여 지정된 시험 재령일에 실시한 현장 양생된 공시체 강도가 동일 조건의 시험실에서 양생된 공시체 강도의 85%보다 작을 때는 콘크리트의 양생과 보호절차를 개선하여야 한다. 만일 현장 양생된 것의 강도가 설계기준압축강도보다 3.5MPa를 초과하여 상회하면 85%의 한계조항은 무시할 수 있다.

ⓖ 코어 강도의 시험 결과는 평균값이 f_{ck}의 85%를 초과하고 각각의 값이 75%를 초과하면 적합한 것으로 판정한다.

• **공시체**(供試體)
재질의 역학적인 시험(압축시험, 인장시험 등)을 하기 위하여 일정한 규격(KS 규격)에 따라 만들어진 시험재료

▶ 관련기준
건축표준시방서코드(KCS) 2025 〈KCS 14 20 10 : 2024〉

▶ 관련기준
건축구조설계기준코드(KDS) 2025 〈KDS 14 20 01 : 2022〉

바로확인문제
코어 강도의 시험 결과는 평균값이 f_{ck}의 ( )%를 초과하고 각각의 값이 ( )%를 초과하면 적합한 것으로 판정한다.

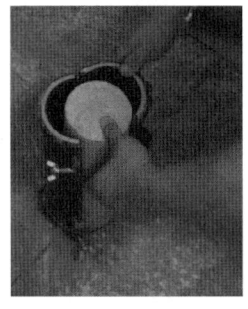  

공시체 시공 장면

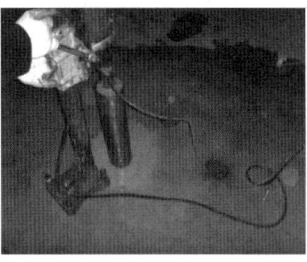 

코어 공시체 채취 장면 　　　 압축강도 시험 장면

개념적용 문제

콘크리트의 품질관리 및 검사방법에 관한 설명으로 옳지 않은 것은?

제18회 수정

① 굳지 않은 콘크리트의 품질 검사방법으로는 슬럼프 검사, 공기량 검사가 있다.
② 콘크리트 강도시험용 시료는 하루에 1회 이상, 150m³당 1회 이상, 슬래브나 벽체의 표면적 500m²마다 1회 이상, 배합이 변경될 때마다 1회 이상 채취하여야 한다.
③ 현장 양생되는 공시체는 시험실에서 양생되는 공시체와 똑같은 시간에 동일한 시료를 사용하여 만들어야 한다.
④ 구조물 성능을 재하시험에 의해 확인할 경우, 재하방법, 하중 크기 등은 구조물에 위험한 영향을 주지 않아야 한다.
⑤ 코어 강도의 시험 결과는 평균값이 설계기준강도의 85%를 초과하고 각각의 값이 75%를 초과하면 적합한 것으로 판정한다.

해설 콘크리트 강도시험용 시료는 하루에 1회 이상, 120m³당 1회 이상, 슬래브나 벽체의 표면적 500m²마다 1회 이상, 배합이 변경될 때마다 1회 이상 채취하여야 한다.

정답 ②

② 콘크리트 압축강도에 영향을 미치는 요인
　㉠ 콘크리트의 강도는 시멘트의 종류에 대하여 영향을 받으며, 동일 조건에서는 시멘트의 강도가 증가하면 콘크리트의 강도도 증가하는 경향을 보인다.
　㉡ 물-결합재비(물시멘트비)가 낮을수록 콘크리트의 강도는 증가한다.
　㉢ 슬럼프값이 낮을수록 콘크리트 강도는 증가한다.
　㉣ 적당한 진동다짐을 할수록 콘크리트 강도는 증가한다.
　㉤ 시공 후 경과일수(재령)에 따라 강도가 증가한다.
　㉥ 양생온도가 높을수록 강도 발현이 촉진된다.
　㉦ 습윤환경보다 건조환경에서 양생된 콘크리트는 건조수축으로 인해 강도가 낮다.
　㉧ 시험용 공시체의 크기가 클수록, 재하속도(載荷速度)가 느릴수록 강도는 감소한다.

③ 콘크리트 구조물의 비파괴 압축강도 시험방법
　㉠ 반발경도법(슈미트 해머법, 타격법)

구분	내용
정의	해머로 경화된 콘크리트면을 타격할 때, 반발경도와 콘크리트의 압축강도 사이에 특정한 상관관계를 근거로 현재의 압축강도를 추정한다.
특징	ⓐ 국내에서 많이 이용되는 기기로는 슈미트 해머(Schmidt Hammer)가 있다. ⓑ 슈미트 해머 자체의 기기보정은 앤빌(Anvil) 테스트를 통해서 실시한다.
추정강도 계산 시 보정방안	ⓐ 타격각도에 의한 보정 ⓑ 콘크리트 재령 및 함수율에 따른 보정 ⓒ 콘크리트 응력상태에 따른 보정

• 슈미트 해머
기계 내부에 장치된 강도측정용 추를 스프링의 힘으로 물체에 타격력을 주어 강도를 측정함

• 앤빌 시험기

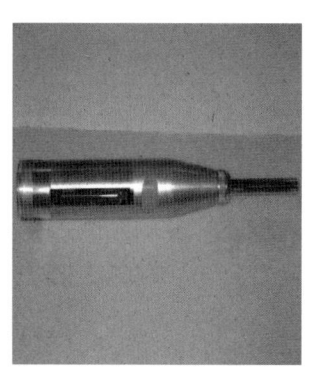 

슈미트 해머 측정 장면

바로확인문제

시험용 공시체의 크기가 클수록, 재하속도(載荷速度)가 느릴수록 강도는 (　　)한다.

ⓒ 그 외 비파괴 압축강도 시험방법

종류	내용
초음파법(음속법)	초음파의 통과 속도에 의해 강도 추정
복합법	슈미트 해머법과 초음파 속도법을 병행해서 강도 추정
공진법	물체의 고유진동주기를 이용하여 강도 추정
인발법*	콘크리트에 미리 볼트를 매설하고 인발함으로써 강도 추정

- 초음파법

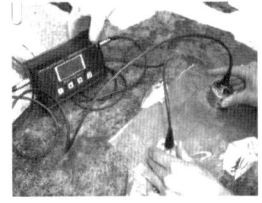

- 인발법

> **개념적용 문제**
>
> 콘크리트의 압축강도에 관한 설명으로 옳지 않은 것은?   제15회 기출
> ① 습윤환경보다 건조환경에서 양생된 콘크리트의 강도가 낮다.
> ② 콘크리트 배합 시 사용되는 물의 양이 많을수록 강도는 저하된다.
> ③ 현장 타설 구조체 콘크리트는 양생온도가 높을수록 강도 발현이 촉진된다.
> ④ 시험용 공시체의 크기가 클수록, 재하속도가 느릴수록 강도는 커진다.
> ⑤ 타설 후 초기재령에 동결된 콘크리트는 그 후 적절한 양생을 하여도 강도가 회복되기 어렵다.
>
> **해설** 시험용 공시체의 크기가 클수록, 재하속도가 느릴수록 강도는 작아진다.
>
> **정답** ④

22·19·7·6회

(2) 콘크리트 구조물의 저하요인

① **중성화**(Carbonation, 中性化)
  ㉠ 정의
    ⓐ 콘크리트 속의 수산화칼슘[$Ca(OH)_2$]은 대기 중의 탄산가스(CO_2)와 반응하여 탄산칼슘($CaCO_3$)과 물(H_2O)로 변화하며, 이 반응에 의해 알칼리성이었던 콘크리트가 서서히 알칼리성을 상실해 중성에 가까워지는 현상을 중성화 또는 탄산화라고 한다.
    ⓑ 철근콘크리트구조의 수명을 결정하는 중요한 요소이다.
    ⓒ 콘크리트의 중성화는 보통 표면에서부터 안쪽으로 진행된다.
    ⓓ 중성화는 콘크리트의 내구성을 저하시킨다.

ⓛ 반응식

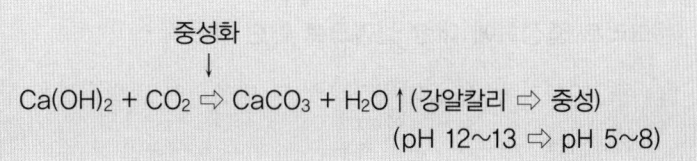

ⓒ 중성화의 문제점 및 방지대책

문제점	방지대책
ⓐ 철근 부식 ⓑ 2.5배까지 철근 체적 팽창 ⓒ 균열 발생 후 부식 촉진 및 누수 ⓓ 콘크리트 내구성 저하	ⓐ 경량골재 사용 금지 ⓑ 피복두께 증가 ⓒ 습도는 높고, 온도는 낮게 유지 ⓓ 물시멘트비를 낮추고, 중성화 억제 혼화제 사용

ⓔ 콘크리트의 중성화 판정

구분	내용
중성화 측정	ⓐ **측정용 시약**: 페놀프탈레인(Phenolphthalein) 용액 ⓑ **제조방법**: 95% 에탄올(Ethanol) 90cc + 페놀프탈레인 1g + 증류수 ⓒ **측정방법**: 스프레이 등을 이용해서 절단면에 시약을 분무
중성화 측정 결과	ⓐ **홍색**: 알칼리 측(조사대상물질의 pH 농도 ⇨ 11 이상) ⓑ **무색**: 중성화 측(조사대상물질의 pH 농도 ⇨ 11 미만)

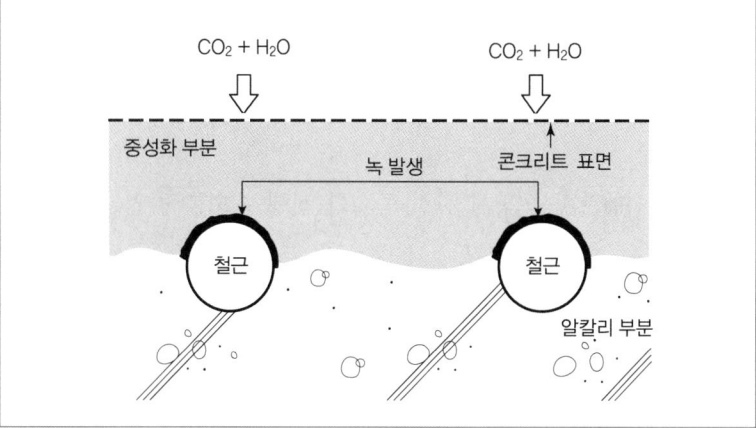

개념적용 문제

콘크리트 중성화에 대한 설명으로 틀린 것은? 제7회 수정

① 콘크리트가 공기 중의 탄산가스와 반응하여 알칼리성을 상실해 가는 현상이다.
② 콘크리트 중성화가 철근 깊이까지 진행되면 철근 부식이 발생될 가능성이 증가한다.
③ 콘크리트 중성화가 진행되면 내구성이 좋아진다.
④ 콘크리트 중성화가 철근콘크리트구조의 수명을 결정하는 중요한 요소이다.
⑤ 물시멘트비를 작게 하면 중성화 진행 속도를 줄일 수 있다.

[해설] 중성화란 알칼리성인 콘크리트가 대기 중의 탄산가스와의 화학반응으로 알칼리성을 상실해 감으로써 철근이 부식되어 부피가 팽창하고 이로 인해 콘크리트는 균열이 발생하여 탈락되거나 박락되어 내구성이 저하되는 현상이다.

[정답] ③

② **알칼리 골재반응**(AAR; Alkali Aggregate Reaction)
  ㉠ 정의: 시멘트의 알칼리 성분과 골재 중의 실리카, 탄산염 등의 광물이 화합하여 알칼리 실리카 겔이 생성되고 이것이 팽창하여 균열, 조직붕괴 현상을 일으키는 것을 말한다.
  ㉡ 알칼리 골재반응의 문제점 및 방지대책

문제점	방지대책
ⓐ 균열 및 박리 등 성능저하 발생	ⓐ 저알칼리 시멘트 사용
ⓑ 무근콘크리트는 거북등 균열 발생	ⓑ 고로 시멘트, 플라이애시 시멘트 사용
ⓒ 철근콘크리트는 주근방향 균열 발생	ⓒ 반응성 골재 사용 금지
ⓓ 동결융해 및 화학적 침식의 저항성 감소	ⓓ 방수제 사용으로 수분 억제
ⓔ 철근 부식 후 내구성 저하	

③ **염해**(鹽害)

정의	콘크리트 속의 염분이나 대기 중 염화물이온(염소이온)의 침입으로 철근이 부식되어 콘크리트 구조체에 손상을 주는 현상
문제점	㉠ 강도 저하 ㉡ 구조체의 균열 및 누수 원인 ㉢ 콘크리트의 내구성 저하 ㉣ 백화현상의 원인

바로확인문제

물시멘트비를 작게 하면 중성화 진행 속도를 (　　) 수 있다.

대책	㉠ 물은 유해량의 염분 등의 유기불순물 등이 없을 것 ㉡ 염해에 강한 시멘트 및 혼화제(AE제, AE감수제 등) 사용 ㉢ 철근의 피복두께를 충분히 확보할 것 ㉣ 물시멘트비와 슬럼프는 작게 배합 설계할 것 ㉤ 굵은골재 최대치수는 크게, 잔골재율은 작게 배합 설계할 것

④ **동결융해**

정의	미경화 콘크리트가 0℃ 이하의 온도가 될 때 콘크리트 중의 물이 얼게 되고 외부온도가 따뜻해지면 얼었던 물이 녹는 현상
문제점	㉠ 물을 콘크리트가 흡수 ㉡ 흡수율이 큰 쇄석이 흡수포화상태가 됨 ㉢ 빙결하여 체적팽창압력 발생 ㉣ 표면부분 박리

⑤ **화학적 침식**

정의	콘크리트 구조체를 형성하는 재료의 상호 또는 외부환경에 의해 화학반응을 일으켜 구조체의 강도 저하 및 열화를 일으키는 현상
문제점	㉠ 콘크리트 강도 저하 ㉡ 구조체의 균열 및 누수원인 ㉢ 콘크리트 구조물에 백화 발생

개념적용 문제

철근콘크리트 구조물의 내구성 저하요인으로 옳지 않은 것은? 제22회 기출

① 수화반응으로 생긴 수산화칼슘
② 기상작용으로 인한 동결융해
③ 부식성 화학물질과의 반응으로 인한 화학적 침식
④ 알칼리 골재반응
⑤ 철근의 부식

해설 철근콘크리트 구조물의 내구성을 저하시키는 주요 원인에는 콘크리트의 중성화, 알칼리 골재반응, 화학적 침식, 동결융해, 염해, 전기적 부식, 철근 부식 등이 있다.

정답 ①

4. 콘크리트 구조물의 사용성 및 내구성

(1) 일반사항

① **적용범위**
  ㉠ 구조물 또는 부재가 사용기간 중 충분한 기능과 성능을 유지하기 위하여 사용하중을 받을 때 사용성과 내구성을 검토하여야 한다.
  ㉡ 사용성 검토는 균열, 처짐, 피로영향 등을 고려하여야 한다.
  ㉢ 구조물 또는 부재에 과대한 처짐, 균열, 피로 등이 일어나서 구조물의 기능에 지장을 초래할 뿐 아니라 미관을 해치고 또 사용자에게 불안감을 주게 되는 것을 사용성이 좋지 않다고 말한다.

② **설계 시 적용사항**
  ㉠ 내구성에 대한 균열의 검토는 콘크리트 표면의 균열폭을 환경조건, 피복두께, 공용기간 등으로부터 정해지는 허용 균열폭 이하로 제어하는 것을 원칙으로 한다.
  ㉡ 온도 변화, 건조수축 등에 의한 균열을 제어하기 위해 추가적인 보강철근을 배치하여야 한다.
  ㉢ 보 및 슬래브의 피로는 휨 및 전단에 대하여 검토하여야 한다.
  ㉣ 기둥의 피로는 검토하지 않아도 좋다(단, 휨모멘트나 축인장력의 영향이 특히 큰 경우 보에 준하여 검토하여야 한다).

개념적용 문제

철근콘크리트 구조물의 사용성 및 내구성에 관한 설명으로 옳지 않은 것은?
제18회 기출

① 구조물 또는 부재가 사용기간 중 충분한 기능과 성능을 유지하기 위하여 사용하중을 받을 때 사용성과 내구성을 검토하여야 한다.
② 사용성 검토는 균열, 처짐, 피로영향 등을 고려하여야 한다.
③ 보 및 슬래브의 피로는 압축에 대하여 검토하여야 한다.
④ 온도 변화, 건조수축 등에 의한 균열을 제어하기 위해 추가적인 보강철근을 배치하여야 한다.
⑤ 보강설계를 할 때에는 보강 후의 구조내하력 증가 외에 사용성과 내구성 등의 성능 향상을 고려하여야 한다.

해설 보 및 슬래브의 피로는 휨 및 전단에 대하여 검토하여야 한다.

정답 ③

• **피로(疲勞)**
 고체 재료가 작은 힘을 반복하여 받아 틈이나 균열이 생기고 마침내 파괴되는 현상

바로확인문제

보 및 슬래브의 피로는 (　) 및 (　)에 대하여 검토하여야 한다.

(2) 콘크리트의 건조수축(乾燥收縮)

> 28·13·4회

① 정의
- ㉠ 콘크리트는 습기를 흡수하면 팽창하고 건조하면 수축하게 되는데, 이와 같이 습기가 증발함에 따라 콘크리트가 수축하는 현상을 말한다.
- ㉡ 콘크리트 배합 시 수화작용에 필요한 수량(數量)보다 많은 물을 사용하면 수화하고 남은 물(자유수)은 콘크리트 속에 머물러 있다가 콘크리트가 대기 중에 방출될 때 증발한다. 그 결과 콘크리트는 건조수축(Dry Shrinkage)을 일으키며, 콘크리트의 인장응력에 의해 균열이 발생한다.
- ㉢ 콘크리트의 건조수축은 주로 시멘트 페이스트의 수축에 의한 것이기 때문에 시멘트 페이스트량을 가능한 한 적게 하고, 그 질을 개선하는 것이 건조수축을 감소시킬 수 있는 가장 좋은 방법이다.

② 건조수축을 증감(增減)시키는 원인
- ㉠ 단위수량 및 단위시멘트량이 많을수록 증가한다.
- ㉡ 건조수축의 진행속도는 초기에 크고, 시간이 경과함에 따라 감소한다.
- ㉢ 수중양생인 경우 수화작용이 촉진되어 건조수축이 거의 없다.
- ㉣ 철근을 많이 사용하면 수축이 억제되어 건조수축이 적다.
- ㉤ 부재의 변형이 구속된 라멘 등은 큰 수축응력이 일어난다.
- ㉥ 굵은골재의 최대치수가 작으면 작을수록 건조수축은 증가하지만, 골재량이 많고 입도가 좋을수록 건조수축은 감소한다.
- ㉦ 상대습도가 증가하면 건조수축은 감소하고, 고온에서는 물의 증발이 빠르므로 건조수축이 증가하게 된다.
- ㉧ 부재의 단면치수가 작을수록 건조수축은 증가한다.

개념적용 문제

콘크리트의 건조수축에 관한 설명으로 옳지 않은 것은? 제13회 기출

① 단위수량이 많을수록 건조수축이 증가한다.
② 상대습도가 낮을수록 건조수축이 증가한다.
③ 단위시멘트량이 적을수록 건조수축이 증가한다.
④ 골재 함량이 적을수록 건조수축이 증가한다.
⑤ 부재의 단면치수가 작을수록 건조수축이 증가한다.

해설 단위시멘트량이 적을수록 건조수축은 감소하고, 단위시멘트량이 많을수록 건조수축이 증가한다.

정답 ③

바로확인문제

단위시멘트량이 적을수록 건조수축은 (   )하고, 단위시멘트량이 많을수록 건조수축이 (   )한다.

(3) 크리프(Creep)

• 크리프(Creep)
  기다, 서행하다, 천천히 움직이다

① 정의
  ㉠ 지속하중으로 인해 콘크리트에 발생하는 장기변형을 말한다.
  ㉡ 콘크리트에 일정한 하중이 계속 작용하면 하중이 증가하지 않아도 시간이 경과함에 따라 변형이 계속 증가하는 현상을 말한다.
  ㉢ 크리프는 처음 28일 동안 전체 크리프량의 약 50%, 4개월 내에 약 80%, 2~5년 후에는 거의 완료되며, 초기 변형률은 크나 재하시간의 경과에 따라 점차 감소하게 된다.

② 크리프를 증가시키는 원인
  ㉠ 재하응력이 클수록
  ㉡ 물시멘트비가 큰 콘크리트를 사용할수록
  ㉢ 재령이 적은 콘크리트에 재하시기가 빠를수록
  ㉣ 양생조건에 따라서는 온도가 높고 습도가 낮을수록
  ㉤ 부재의 경간길이에 비해 높이가 작을수록
  ㉥ 양생(보양, Curing)이 나쁠수록
  ㉦ 단위시멘트량이 많을수록
  ㉧ 부재의 단면이 작을수록

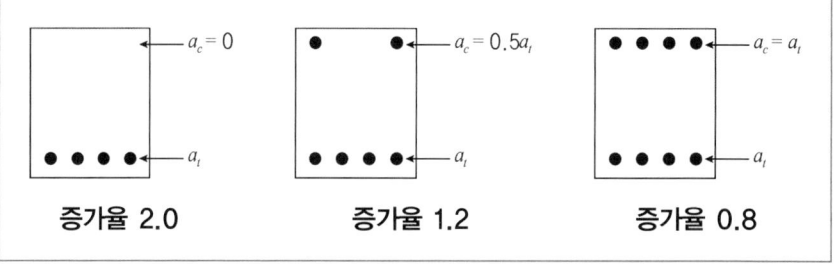

▶ 압축철근비가 클수록 장기처짐은 감소한다.

개념적용 문제

콘크리트의 크리프(Creep)에 관한 설명으로 옳지 않은 것은? 제16회 기출

① 재하응력이 클수록 크리프는 증가한다.
② 물시멘트비가 클수록 크리프는 증가한다.
③ 재하시기가 빠를수록 크리프는 증가한다.
④ 부재의 단면이 작을수록 크리프는 증가한다.
⑤ 온도가 낮고 습도가 높을수록 크리프는 증가한다.

해설 온도가 높고 습도가 낮을수록 크리프는 증가한다.

정답 ⑤

(4) 균열(Crack, 龜裂)

① 일반사항

㉠ 콘크리트는 콘크리트의 재료, 배합, 시공, 환경, 외력 등의 조건에 따라 균열이 생긴다. 설계·시공 혹은 공용(供用) 후의 단계에서 균열을 완전히 제거하는 것은 곤란하며, 일반적으로는 콘크리트 중의 강재의 부식, 구조물의 외관상 문제가 생기지 않도록 균열폭으로 제어하고 있다.

㉡ 콘크리트에 발생하는 균열이 구조물의 기능, 내구성 및 미관 등 사용목적에 손상을 주는지에 대하여 적절한 방법으로 검토하여야 한다.

㉢ 내구성에 대한 균열의 검토는 콘크리트 표면의 균열폭을 환경조건, 피복두께, 공용기간 등으로부터 정해지는 허용 균열폭 이하로 제어하는 것을 원칙으로 한다. 그리고 공용기간이 극히 짧은 구조, 콘크리트 내에 강재가 부식하지 않도록 표면이 잘 보호되어 있는 구조, 가설구조물에 대한 균열의 검토는 하지 않을 수 있다.

② 균열폭에 영향을 미치는 요인

㉠ 이형철근을 사용하면 균열폭을 최소로 할 수 있다.

㉡ 하중으로 인한 균열의 최대 폭은 철근의 응력과 철근지름에 비례, 철근비에 반비례한다.

㉢ 인장 측에 철근을 잘 배분하면 균열폭을 최소로 할 수 있다.

㉣ 콘크리트 표면의 균열폭은 철근에 대한 콘크리트 피복두께에 비례한다.

㉤ 균열 수보다는 폭이나 깊이가 문제가 되기 때문에 균열을 제한하는 가장 좋은 방법은 콘크리트의 최대인장구역에서 지름이 가는 철근을 여러 개 쓰고 이형철근만을 쓰는 것이다.

③ 콘크리트 균열 발생의 원인

구분	요인
재료적 요인	㉠ 알칼리 골재반응과 같은 반응성 골재로 인한 균열 ㉡ 시멘트의 이상응결 및 팽창으로 인한 망상균열과 수화열로 인한 균열 ㉢ 큰 물시멘트비로 인한 건조수축 균열
시공상의 요인	㉠ 조기재령에서의 부적절한 양생으로 인한 균열 ㉡ 불균일한 타설 및 다짐으로 인한 균열 ㉢ 콜드 조인트(Cold Joint)의 형성으로 인한 균열 ㉣ 이어치기면의 처리 불량으로 인한 균열 ㉤ 경화 전의 진동 및 재하로 인한 균열

• 공용(供用)
준비하여 두었다가 사용하는 것을 말한다.

	ⓑ 철근의 휨 및 피복두께의 감소로 인한 균열 ⓢ 펌프 압송 시 수량(水量)의 증가로 인한 균열
설계상의 요인	㉠ 철근의 정착길이 부족으로 인한 균열 ㉡ 응력의 집중부 및 기초의 부등침하로 인한 균열 ㉢ 과도한 적재하중으로 인한 균열
외부환경적 요인	㉠ 온도 변화 및 건습(乾濕)의 반복으로 인한 균열 ㉡ 동결융해 및 화학작용 등으로 인한 균열 ㉢ 콘크리트의 중성화로 인한 균열

개념적용 문제

콘크리트의 균열 발생 원인을 〈보기〉에서 모두 고른 것은? 제17회 기출

―보기―
㉠ 시멘트의 이상응결   ㉡ 불균일한 타설 및 다짐
㉢ 시멘트의 수화열   ㉣ 이어치기면의 처리 불량
㉤ 콘크리트의 중성화

① ㉠, ㉣
② ㉡, ㉢
③ ㉠, ㉢, ㉤
④ ㉡, ㉢, ㉣, ㉤
⑤ ㉠, ㉡, ㉢, ㉣, ㉤

해설 콘크리트는 콘크리트의 재료, 배합, 시공, 환경, 외력 등의 조건에 따라 균열이 발생한다. 재료적 요인으로 시멘트의 수화열(㉢), 시멘트의 이상응결(㉠) 등이 있고, 시공상의 요인으로 불균일한 타설 및 다짐(㉡), 이어치기면의 처리 불량(㉣) 등이 있으며, 외부환경적 요인으로 콘크리트의 중성화(㉤) 등이 있다.

정답 ⑤

④ **콘크리트 균열의 종류 및 대책**

㉠ **플라스틱**(소성, Plasticity) **균열**

종류	정의	방지대책
소성침하균열 (塑性沈下龜裂)	ⓐ 콘크리트를 타설 후 콘크리트 압밀현상에 의해 가장 먼저 나타나는 성능저하 현상 ⓑ 콘크리트 타설 시 다짐부족으로 인해 자중에 의한 압밀로 상부 주철근 방향으로 발생하는 균열 ⓒ 배근된 철근 직경이 클수록 증가	ⓐ 콘크리트 타설 시 진동다짐으로 침하 방지 ⓑ 물-결합재비 및 슬럼프의 최소화 ⓒ 피복두께 증가 ⓓ 거푸집 동바리의 변형 방지

소성수축균열 (塑性收縮龜裂)	ⓐ 굳지 않은 콘크리트 표면의 블리딩 속도보다 표면증발 속도가 빠른 경우 발생되는 표면수축으로 양생이 중요한 현상 ⓑ 높은 외기온도, 높은 풍속, 높은 콘크리트 온도 및 낮은 상대습도는 증발속도를 증가시켜서 균열이 증가	ⓐ 골재 및 거푸집에 충분한 물축임 실시 ⓑ 콘크리트 타설 후 신속한 양생작업 실시 ⓒ 온도 상승 및 직사광선을 차단하는 시설, 바람막이 설치

ⓒ 건조수축균열

원인	대책
ⓐ 워커빌리티에 기여한 잉여수 건조로 수축발생 ⓑ 콘크리트 경화 후 수분의 증발에 의한 체적 감소로 발생	ⓐ 단위수량 및 단위시멘트량 감소 ⓑ 물시멘트비를 작게 하여 슬럼프값 감소 ⓒ 발열량 및 수화열 발생이 적은 시멘트 사용 ⓓ 조강시멘트 및 알루미나시멘트 사용을 줄이고, 팽창시멘트 사용 ⓔ 경량골재의 사용을 줄이고, 흡수율이 낮은 골재 사용

ⓒ **온도균열**

　ⓐ 콘크리트의 내·외부 온도 차가 클수록 발생

　ⓑ 단면치수가 클수록 발생

ⓔ 하중에 의한 균열

　ⓐ 휨균열, 휨전단균열, 전단균열, 비틀림균열

　ⓑ **휨균열**: 휨모멘트에 의해 발생되는 균열로서 단면의 한쪽 부분에만 발생되는 균열

　ⓒ **전단균열**: 부재축에 경사방향으로 발생하는 균열

휨균열 사례

전단균열 사례

바로확인문제

높은 외기온도, 높은 풍속, 높은 콘크리트 온도 및 낮은 상대습도는 증발속도를 증가시켜서 균열이 (　　)한다.

바로확인문제

온도균열은 콘크리트 내·외부의 온도 차와 부재단면이 클수록 (　　)한다.

> **개념적용 문제**
>
> 콘크리트의 균열에 관한 설명으로 옳은 것은?   제24회 기출
>
> ① 침하균열은 콘크리트의 표면에서 물의 증발속도가 블리딩 속도보다 빠른 경우에 발생한다.
> ② 소성수축균열은 굵은 철근 아래의 공극으로 콘크리트가 침하하여 철근 위에 발생한다.
> ③ 하중에 의한 균열은 설계하중을 초과하거나 부동침하 등의 원인으로 생기며 주로 망상균열이 불규칙하게 발생한다.
> ④ 온도균열은 콘크리트의 내·외부 온도차가 클수록, 단면치수가 클수록 발생하기 쉽다.
> ⑤ 건조수축균열은 콘크리트 경화 전 수분의 증발에 의한 체적 증가로 발생한다.
>
> **해설** ① 소성수축균열은 콘크리트의 표면에서 물의 증발속도가 블리딩 속도보다 빠른 경우에 발생한다.
> ② 소성침하균열은 굵은 철근 아래의 공극으로 콘크리트가 침하하여 철근 위에 발생한다.
> ③ 하중에 의한 균열은 설계하중을 초과하거나 부동침하 등의 원인으로 생기며 주로 휨균열, 전단균열이 발생하며, 망상균열은 시멘트의 이상팽창으로 발생하는 재료적 요인이다.
> ⑤ 건조수축균열은 콘크리트 경화 후 수분의 증발에 의한 체적 감소로 발생한다.
>   **정답** ④

4 콘크리트 시공

1. 재료의 계량(計量)

구분	내용
물	오버플로우식(Overflow System), 사이펀(Siphon)식, 양수계식 등이 있고, 오버플로우식이 가장 많이 쓰이며 실용적이다.
디스펜서 (Dispenser)	AE제를 계량하는 분배기(자동식 또는 수동식)
이넌데이터 (Inundator)	모래의 용적계량장치로, 모래를 수중에 완전 침수시키면 그 용적이 표준계량일 때와 같아지는 것을 이용한다.
워싱턴미터 (Washington Meter)	공기연행제(AE제)의 공기량 측정기

에어미터 (Air Meter)	콘크리트 속에 함유된 공기량 측정기(자연 공기량 1~2%)
배처플랜트 (Batcher Plant)	물, 시멘트, 골재 등의 콘크리트 각 재료를 정확하게 중량으로 계량하는 기계설비

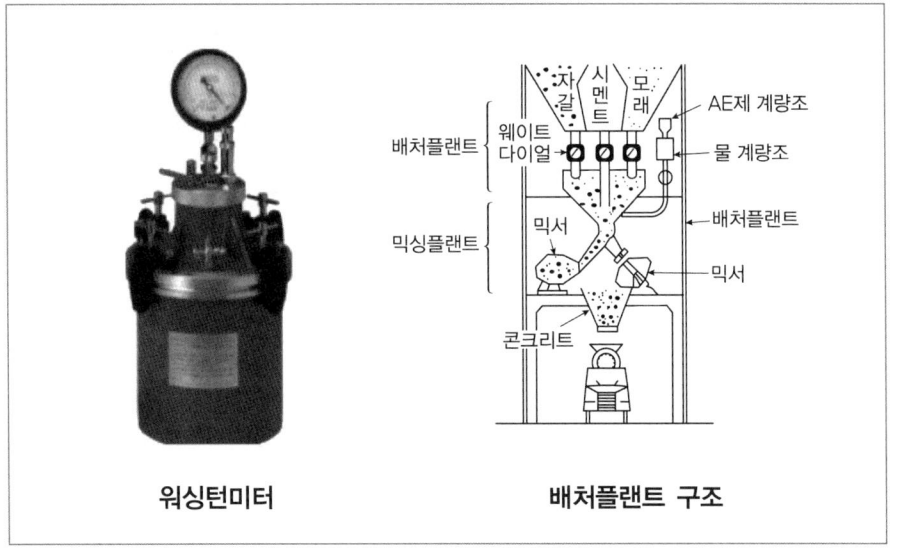

워싱턴미터 배처플랜트 구조

2. 콘크리트 비빔(Mixing)

(1) 기계 비빔(Machine Mixing)

① 콘크리트 비빔은 기계 비빔을 원칙으로 하고, 재료 투입은 동시 투입이 이상적이나, 실제로는 '모래 + 시멘트 + 물 + 자갈' 순이다.

② 비비기 시간은 시험에 의해 정하는 것을 원칙으로 하며, 비비기 시간에 대한 시험을 실시하지 않은 경우 그 최소시간은 가경식 믹서일 때에는 1분 30초 이상, 강제식 믹서일 때에는 1분 이상을 표준으로 한다.

③ 비비기는 미리 정해 둔 비비기 시간의 3배 이상 계속하지 않아야 한다.

④ 비비기를 시작하기 전에 미리 믹서 내부를 모르타르로 부착시켜야 한다.

⑤ 믹서 안의 콘크리트를 전부 꺼낸 후가 아니면 믹서 안에 다음 재료를 넣지 말아야 한다.

⑥ 믹서는 사용 전후에 잘 청소하여야 한다.

⑦ 연속믹서를 사용할 경우, 비비기 시작 후 최초에 배출되는 콘크리트는 사용되지 않아야 한다.

• 가경식(可傾式) 믹서
믹서의 몸체를 기울여서 혼합된 콘크리트를 배출하는 것

• 강제식(强制式) 믹서
믹서의 몸체를 기울이지 않고 혼합된 콘크리트를 배출하는 것

바로확인문제

콘크리트 비빔은 (　　) 비빔을 원칙으로 하고, 재료 투입은 (　　) 투입이 이상적이나, 실제로는 '모래 + 시멘트 + 물 + 자갈' 순이다.

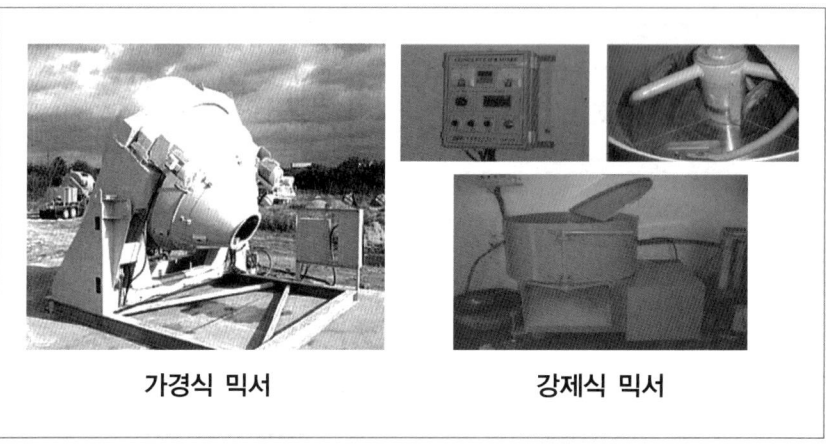

가경식 믹서　　　　　　강제식 믹서

(2) 손비빔

① **재료 투입 순서**: '모래 + 시멘트 + 자갈 + 물' 순이다.
② 건비빔은 3회, 물비빔은 4회 이상 비빈다.

> 관련기준
> 건축표준시방서코드(KCS)
> 2025 〈KCS 14 20 10 : 2024〉

3. 콘크리트 운반

(1) 콘크리트 타워

① 타워 높이 산출

$$H = h + \frac{l}{2} + 12(m)$$

여기서, l: 타워에서 호퍼까지의 수평거리(m)
　　　　h: 부어넣은 콘크리트의 최고부 높이(m)

② 최고 70m 이하, 15m마다 4개의 당김줄로 지지한다.
③ 슈트(Chute)의 길이는 10m 이내, 경사는 4/10~7/10 정도이다.
④ 타설 순서

| 믹서 ⇨ 버킷 ⇨ 타워 호퍼 ⇨ 슈트 ⇨ 플로어 호퍼 ⇨ 손차(Cart) |

(2) 콘크리트 펌프

방식	내용
압축공기식	압축공기의 압력으로 밀어내는 방식
피스톤 압송식	피스톤의 왕복운동으로 압송하는 방식
스퀴즈식	튜브 속의 콘크리트를 짜내는 방식

콘크리트 펌프카 시공 장면

(3) 콘크리트 운반 시 고려사항

① 공사를 시작하기 전에 콘크리트의 운반은 콘크리트의 종류, 품질 및 시공 조건에 따라 적합한 방법에 의하여 분리, 누출 및 품질의 변화가 가능한 한 적게 되도록 충분한 계획을 세워놓아야 한다.

② 콘크리트는 신속하게 운반하여 즉시 타설하고, 충분히 다져야 한다. 비비기로부터 타설이 끝날 때까지의 시간은 원칙적으로 외기온도가 25℃ 이상일 때는 1.5시간(90분), 25℃ 미만일 때에는 2시간(120분)을 넘어서는 안 된다. 다만, 양질의 지연제 등을 사용하여 응결을 지연시키는 등의 특별한 조치를 강구한 경우에는 콘크리트의 품질변동이 없는 범위 내에서 책임기술자의 승인을 받아 이 시간제한을 변경할 수 있다.

③ 운반 및 타설 시 콘크리트에 가수(加水)해서는 안 된다. 유동화제를 첨가하여 슬럼프를 회복시키는 경우에는 책임기술자의 검토 및 확인 후 담당원의 승인을 받는다.

④ 콘크리트 펌프의 기종은 소요의 콘크리트를 충분히 압송할 수 있는 능력을 가진 것을 선정한다.

⑤ 압송관은 거푸집, 배근 및 이미 타설한 콘크리트의 진동에 의해 나쁜 영향을 주지 않도록 지지대, 완충재 또는 고정철물을 이용하여 설치한다.

⑥ 콘크리트 압송에 앞서 부배합의 모르타르를 압송하여 배관 내면에 윤활성을 부여해 콘크리트의 품질변화를 방지한다.

> 22·18회

• 가수(加水)
물을 더함

바로확인문제

운반 및 타설 시 콘크리트에 가수(加水)해서는 ( ) 된다.

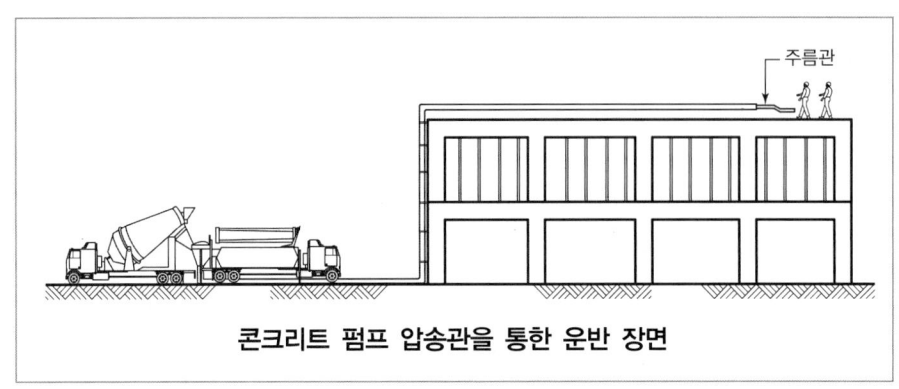

콘크리트 펌프 압송관을 통한 운반 장면

관련기준
건축표준시방서코드(KCS)
2025 〈KCS 14 20 10 : 2024〉

4. 콘크리트 타설(부어넣기, 치기, 打設)

(1) 타설 전의 준비

① 콘크리트를 타설 전에 철근, 거푸집 및 그 밖의 것이 설계에서 정해진 대로 배치되어 있는가, 운반 및 타설 설비 등이 시공계획서와 일치하는가를 확인하여야 한다.

② 콘크리트 타설일의 기상상황을 사전에 확인하여 타설작업 가능 여부를 파악하고, 운반, 타설, 초기 양생 등의 과정에서의 강우, 강설에 대한 보호 대책과 관리방안을 수립하여 책임기술자의 승인을 받아야 한다.

③ 콘크리트를 타설 전에 운반장치, 타설설비 및 거푸집 안을 청소하여 콘크리트 속에 이물질이 혼입되는 것을 방지하여야 한다.

④ 콘크리트가 닿았을 때 흡수할 우려가 있는 곳은 미리 습하게 해두어야 하며, 이때 물이 고이지 않도록 주의하여야 한다. 콘크리트를 직접 지면에 치는 경우에는 미리 밑창콘크리트를 시공한다.

⑤ 터파기 안의 물은 타설 전에 제거하여야 한다. 또 터파기 안에 흘러 들어온 물에 이미 타설한 콘크리트가 씻기지 않도록 적당한 조치를 취하여야 한다.

(2) 타설장비

① **버킷**(Bucket)

㉠ 콘크리트 타설에 사용하는 콘크리트 운반용 용기로, 배출 기능으로서 뒤집는 형과 바닥을 여는 형이 있다.

㉡ 버킷의 하부에 배출구가 있는 경우에는 운반 중에 모르타르가 유출되지 않도록 한다.

• 버킷에 의한 타설

ⓒ 버킷을 사용하는 경우에는 콘크리트가 균질하고 배출이 쉽게 되는 것으로 한다.

ⓓ 콘크리트를 버킷에 담은 후에는 신속하게 타설한다.

② **슈트**(Chute, Shoot)

㉠ 슈트를 사용하는 경우에는 원칙적으로 연직슈트를 사용하여야 한다. 연직슈트는 깔때기 등을 이어대서 만들어 콘크리트의 재료 분리가 적게 일어나도록 하여야 한다.

㉡ 연직슈트를 사용할 경우 콘크리트가 한 장소에 모이지 않도록 콘크리트의 투입구의 간격, 투입 순서 등에 대하여 콘크리트 타설 전에 검토해 두어야 한다.

㉢ 경사슈트를 사용할 경우 슈트의 경사는 콘크리트가 재료 분리를 일으키지 않을 정도의 것이어야 하며, 일반적으로 경사는 수평 2에 대하여 연직 1 정도가 적당하다.

㉣ 경사슈트의 토출구에서 조절판 및 깔때기를 설치해서 재료 분리를 방지하여야 한다. 이 경우 깔때기의 하단은 될 수 있는 대로 콘크리트를 치는 표면에 가까이 둘 필요가 있다. 경사슈트로 운반한 콘크리트에 재료 분리가 생긴 경우에는 슈트 토출구에 팬을 놓고 콘크리트를 받아 다시 비벼서 사용하여야 한다.

• 수직 슈트에 의한 타설

(3) 타설이음

① **일반사항**

㉠ 타설이음부의 위치, 형상 및 처리방법은 구조내력 및 내구성을 손상하지 않는 것이어야 하고, 공사시방서 또는 설계도서에 의하여 정한다.

㉡ 타설이음부의 위치는 구조부재의 내력에 영향이 가장 작은 곳으로 정하도록 한다.

㉢ 콘크리트의 타설이음면은 레이턴스나 취약한 콘크리트 등을 제거하여 새로 타설하는 콘크리트와 일체가 되도록 처리한다.

㉣ 타설이음부의 콘크리트는 살수 등에 의해 습윤시킨다(단, 타설이음면의 물은 콘크리트 타설 전에 고압공기 등에 의해 제거한다).

㉤ 타설이음부의 일체성 확보 또는 수밀성 확보를 위하여 특별한 조치를 강구하는 경우에는 적절한 방법을 정하여 책임기술자의 검토 및 확인 후 담당원의 승인을 받는다.

▶ 23 · 21 · 18 · 15 · 5회

• 콘크리트 이어치기 장면

바로확인문제

타설이음부의 위치는 구조부재의 내력에 영향이 가장 (   ) 곳으로 정하도록 한다.

② 타설이음부의 위치 표준

개소	이음위치 및 방법
기둥	기초판 및 바닥판 위에서 수평으로 이음
보, 슬래브	전단력이 가장 적은 스팬의 중앙 부근에서 주근과 직각방향으로 수직이음(작은보가 있는 바닥판: 작은보 너비의 2배 떨어진 위치에서 이음)
아치	아치축에 직각되게 이음
벽	문틀, 끊기 좋고 이음자리 막이를 떼어내기 쉬운 곳에서 수직 또는 수평으로 이음
캔틸레버	이어치기 하지 않는 것이 원칙

개념적용 문제

철근콘크리트 시공에서 콘크리트 이어치기 위치에 관한 내용으로 옳지 않은 것은?   제5회 수정

① 보·바닥판의 이음은 그 간 사이의 중앙부에 수직으로
② 바닥판은 작은보의 바로 밑에서
③ 기둥은 기초판 및 바닥판 위에서 수평으로
④ 벽은 이음자리막기와 떼어내기에 편리한 곳에 수직·수평으로
⑤ 아치의 이음은 아치축에 직각으로

해설 콘크리트 이어치기에서 보, 슬래브는 간 사이의 중앙부에 수직으로 두되 내민보는 이어치지 않으며, 작은보가 접속되는 큰보 이음은 작은보 너비의 2배 떨어진 곳에 둔다.

정답 ②

③ 콘크리트 이음(Joint)의 종류

종류	내용
콜드 조인트 (Cold Joint)	신·구 타설 콘크리트의 경계면에 발생되기 쉬운 이어치기의 불량 부위
시공줄눈 (Construction Joint)	시공상의 여건 등에 의해 부어넣기 작업을 일시적으로 중단해야 하는 경우에 설치하는 줄눈
신축줄눈 (Expansion Joint)	구조물이 장대한 경우 수축, 팽창에 따른 변위를 흡수하기 위해 설치하는 줄눈
조절줄눈 (Control Joint)	균열을 일정한 곳에서만 일어나도록 유도하기 위해 균열이 예상되는 위치에 설치하는 줄눈
지연줄눈 (Delay Joint)	일정 부위를 남겨놓고 콘크리트를 타설한 후, 초기 수축 균열을 진행시킨 다음 최종 타설할 때 발생하는 줄눈

바로확인문제

콘크리트 이어치기에서 보, 슬래브는 간 사이의 (   )에 수직으로 두되 내민보는 이어치지 않으며, 작은보가 접속되는 큰보 이음은 작은보 너비의 (   )배 떨어진 곳에 둔다.

슬라이딩 조인트 (Sliding Joint)	슬래브나 보가 단순지지방식이고, 직각방향에서의 하중이 예상될 때 미끄러질 수 있게 한 줄눈
슬립 조인트 (Slip Joint)	조적벽과 RC 슬래브에 설치하여 상호 자유롭게 움직이게 한 줄눈

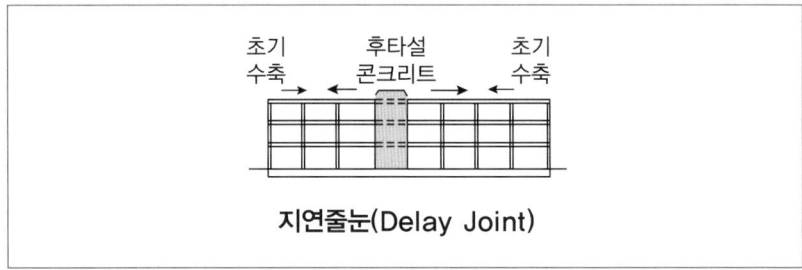

지연줄눈(Delay Joint)

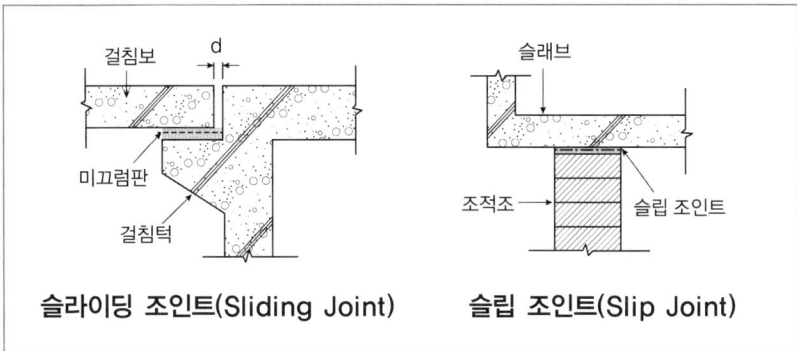

슬라이딩 조인트(Sliding Joint) 슬립 조인트(Slip Joint)

개념적용 문제

콘크리트 줄눈에 관한 설명으로 옳지 않은 것은? 제23회 기출

① 신축줄눈은 콘크리트의 수축, 팽창 등에 따른 균열 발생 방지를 위해 설치하는 줄눈이다.
② 조절줄눈은 균열을 일정한 곳에서만 일어나도록 유도하기 위해 균열이 예상되는 위치에 설치하는 줄눈이다.
③ 지연줄눈은 일정 부위를 남겨놓고 콘크리트를 타설한 후, 초기 수축 균열을 진행시킨 다음 최종 타설할 때 발생하는 줄눈이다.
④ 슬라이딩 조인트는 슬래브나 보가 단순지지되어 있을 때, 수평방향으로 미끄러질 수 있도록 설치하는 줄눈이다.
⑤ 콜드 조인트는 기온이 낮을 때 동결융해 방지를 위해 설치하는 줄눈이다.

해설 콜드 조인트는 신·구 타설 콘크리트의 경계면에 발생되기 쉬운 이어치기의 불량 부위를 말한다.

정답 ⑤

(4) 콘크리트 타설 시 고려사항

① 콘크리트의 타설 작업을 할 때에는 철근 및 매설물의 배치나 거푸집이 변형 및 손상되지 않도록 주의하여야 한다.
② 타설한 콘크리트를 거푸집 안에서 횡방향으로 이동시켜서는 안 된다.
③ 타설 도중에 심한 재료 분리가 발생할 위험이 있는 경우에는 재료분리를 방지할 방법을 강구하여야 한다.
④ 한 구획 내의 콘크리트는 타설이 완료될 때까지 연속해서 타설하여야 하며, 콘크리트는 그 표면이 한 구획 내에서는 거의 수평이 되도록 타설하는 것을 원칙으로 한다.
⑤ 콘크리트 타설의 1층 높이는 다짐능력을 고려하여 결정하여야 한다.
⑥ 콘크리트를 2층 이상으로 나누어 타설할 경우, 상층의 콘크리트 타설은 원칙적으로 하층의 콘크리트가 굳기 시작하기 전에 해야 하며, 상층과 하층이 일체가 되도록 시공한다. 또한 콜드 조인트가 발생하지 않도록 하나의 시공구획의 면적, 콘크리트의 공급능력, 이어치기 허용시간 간격 등을 정하여야 한다. 이어치기 허용시간 간격은 [아래 표]를 표준으로 한다.

외기온도	25℃ 초과	25℃ 이하
허용 이어치기 시간 간격	2.0시간(120분)	2.5시간(150분)

▶ 허용 이어치기 시간 간격: 하층 콘크리트 비비기 시작에서부터 콘크리트 타설 완료한 후 상층 콘크리트가 타설되기까지의 시간

⑦ 콘크리트 타설 도중 표면에 떠올라 고인 블리딩수가 있을 경우에는 적당한 방법으로 이를 제거한 후 타설하여야 하며, 고인 물을 제거하기 위하여 콘크리트 표면에 홈을 만들어 흐르게 해서는 안 된다.
⑧ 벽 또는 기둥과 같이 높이가 높은 콘크리트를 연속해서 타설할 경우에는 타설 및 다질 때 재료 분리가 될 수 있는 대로 적게 되도록 콘크리트의 반죽질기 및 타설 속도를 조정하여야 한다.
⑨ 거푸집의 높이가 높을 경우, 재료 분리를 막고 상부의 철근 또는 거푸집에 콘크리트가 부착하여 경화하는 것을 방지하기 위해 거푸집에 투입구를 설치하거나, 연직슈트 또는 펌프배관의 배출구를 타설면 가까운 곳까지 내려서 콘크리트를 타설하여야 한다. 이 경우 슈트, 펌프배관, 버킷, 호퍼 등의 배출구와 타설 면까지의 높이는 1.5m 이하를 원칙으로 한다.
⑩ 낮은 곳에서 높은 곳, 즉 '기초 ⇨ 기둥 ⇨ 벽 ⇨ 계단 ⇨ 보 ⇨ 바닥판'의 순서로 부어 나간다.
⑪ 기둥을 포함하는 벽에서 기둥부 위로 부어넣어 콘크리트를 옆으로 흘려 보내서는 안 된다.

바로확인문제

타설한 콘크리트를 거푸집 안에서 횡방향으로 이동시켜서는 (   ) 된다.

⑫ 기둥은 한 번에 부어넣지 않으며, 하부 측은 묽은비빔으로 하고, 상부 측은 된비빔이 되도록 부어넣는다.
⑬ 벽과 보는 양단에서 중앙부로 부어넣으며, 타설한 콘크리트를 거푸집 안에서 횡방향으로 이동시켜서는 안 된다.
⑭ VH(Vertical Horizontal) 분리타설은 수직부재를 먼저 타설하고 수평부재를 나중에 타설하는 공법이다.
⑮ 강우, 강설로 인해 콘크리트의 강도, 내구성 등 콘크리트 품질에 유해한 영향을 미칠 것으로 예상되는 경우 원칙적으로 타설을 금지한다. 단, 수분의 유입을 방지할 수 있는 조치를 취하거나 콘크리트 품질저하에 미치는 영향이 크지 않은 경우에는 책임기술자의 승인을 받아 타설할 수 있다.
⑯ 타설 중 강우, 강설로 인하여 작업을 중지하는 경우에는 타설 중단된 면은 이음에 준하는 처리를 하여야 하며, 기 타설한 부위 중 강도저하가 우려될 경우에는 콘크리트 압축강도 시험을 통하여 구조물의 안전성 여부를 평가하고 조치를 취하여야 한다.
⑰ 그 밖에 타설 중 진동, 충격, 하중 등 콘크리트 품질에 유해한 영향을 미치는 요인이 있을 것으로 예상되는 경우에는 필요한 조치를 취하여 책임기술자의 승인을 받은 후에 타설하여야 한다.

개념적용 문제

콘크리트공사에 관한 설명으로 옳지 않은 것은? 제22회 기출

① 보 및 기둥의 측면 거푸집은 콘크리트 압축강도가 5MPa 이상일 때 해체할 수 있다.
② 콘크리트의 배합에서 작업에 적합한 워커빌리티를 갖는 범위 내에서 단위수량은 될 수 있는 대로 적게 한다.
③ 콘크리트 혼합부터 부어넣기까지의 시간한도는 외기온이 25℃ 미만에서 120분, 25℃ 이상에서는 90분으로 한다.
④ VH(Vertical Horizontal) 분리타설은 수직부재를 먼저 타설하고 수평부재를 나중에 타설하는 공법이다.
⑤ 거푸집의 콘크리트 측압은 슬럼프가 클수록, 온도가 높을수록, 부배합일수록 크다.

해설 거푸집의 콘크리트 측압은 슬럼프가 클수록, 온도가 낮을수록, 부배합일수록 크다.

정답 ⑤

관련기준
건축표준시방서코드(KCS)
2025 〈KCS 14 20 10 : 2024〉

5. 콘크리트 다짐(Rod Tamping)

(1) 정의
① 다짐은 콘크리트 타설 시 틈이 작고 조밀하게 되도록 찌르거나 두드리거나 하는 작업을 말한다.
② 진동다짐의 목적은 콘크리트를 거푸집 구석구석까지 충전시키고, 밀실한 콘크리트를 얻기 위한 것이다.

(2) 진동기 종류

종류	내용
내부진동기*	막대식(꽂이식, 봉상) 진동기로 가장 많이 사용
거푸집진동기	PC 공장에서 거푸집의 외부에 진동을 가할 때 사용
표면진동기	콘크리트 슬래브 표면에 직접 진동시키는 것으로, 도로공사 등에 사용

• 내부진동기

(3) 내부진동기 사용 방법
① 진동다지기를 할 때에는 내부진동기를 하층의 콘크리트 속으로 0.1m 정도 찔러 넣는다.
② 내부진동기는 연직으로 찔러 넣으며, 그 간격은 진동이 유효하다고 인정되는 범위의 지름 이하로서 일정한 간격으로 하고, 삽입간격은 일반적으로 0.5m 이하로 한다.
③ 1개소당 진동시간은 다짐할 때 시멘트풀이 표면 상부로 약간 부상할 때까지 한다.
④ 내부진동기는 콘크리트로부터 천천히 빼내어 구멍이 남지 않도록 한다.
⑤ 내부진동기는 콘크리트를 횡방향으로 이동시킬 목적으로 사용하지 않아야 한다.
⑥ 진동기의 형식, 크기 및 대수는 1회에 다짐하는 콘크리트의 전 용적을 충분히 다지는 데 적합하도록 부재단면의 두께 및 면적, 1시간당 최대 타설량, 굵은골재 최대치수, 배합, 특히 잔골재율, 콘크리트의 슬럼프 등을 고려하여 선정한다.

바로확인문제

(   )다짐의 목적은 콘크리트를 거푸집 구석구석까지 충전시키고, 밀실한 콘크리트를 얻기 위한 것이다.

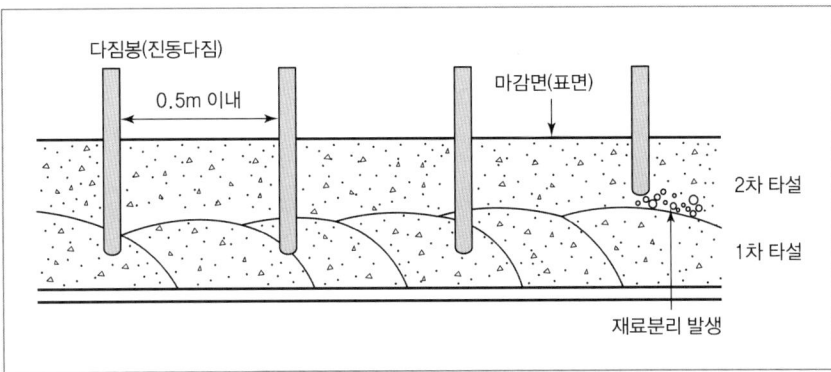

(4) 콘크리트 다짐 시 고려사항

① 콘크리트 다지기에는 슬럼프 150mm 이하의 된비빔 콘크리트에 내부 진동기의 사용을 원칙으로 하지만, 얇은 벽 등 내부진동기의 사용이 곤란한 장소에서는 거푸집 진동기를 사용해도 좋다.

② 콘크리트는 타설 직후 바로 충분히 다져서 콘크리트가 철근 및 매설물 등의 주위와 거푸집의 구석구석까지 잘 채워져 밀실한 콘크리트가 되도록 하여야 한다.

③ 거푸집판에 접하는 콘크리트는 되도록 평탄한 표면이 얻어지도록 타설하고 다져야 한다.

④ 거푸집 진동기는 거푸집의 적절한 위치에 단단히 설치하여야 한다.

⑤ 재진동을 할 경우에는 콘크리트에 나쁜 영향이 생기지 않도록 초결*이 일어나기 전에 실시하여야 한다.

⑥ 콘크리트가 굳기 전에 침하균열이 발생한 경우에는 즉시 다짐이나 재진동을 실시하여 균열을 제거하여야 한다.

⑦ 타설 및 다짐 후에 콘크리트의 표면은 요구되는 정밀도와 물매에 따라 평활한 표면마감을 하여야 한다.

6. 양생(보양, Curing)

(1) 정의

① 양생은 부어넣은 콘크리트의 수화작용을 충분히 발휘시킴과 동시에 건조 및 외력에 의한 균열 발생을 방지하고, 오염·변형·파괴 등으로부터 보호하는 것으로, 보양이라고도 한다.

② 콘크리트는 타설이 끝난 직후로부터 시멘트의 수화 및 콘크리트의 경화가 충분히 진행하기까지 급격한 건조, 급격한 온도 변화, 진동 및 외력의 나쁜 영향을 받지 않도록 양생하여야 한다.

• 초결(初結)
시멘트와 물로 혼합한 시멘트 풀이 소성이 없어지고 일정한 임의압력에 견딜 수 있을 정도로 충분히 굳어졌을 때를 초결에 달하였다고 한다.

▶ 관련기준
건축표준시방서코드(KCS) 2025 〈KCS 14 20 10 : 2024〉

바로확인문제

( )은 부어넣은 콘크리트이 수화작용을 충분히 발휘시킴과 동시에 건조 및 외력에 의한 균열 발생을 방지하고, 오염·변형·파괴 등으로부터 보호하는 것으로, 보양이라고도 한다.

· 습윤(濕潤)
  습기가 많은 느낌이 있는 것

(2) 양생방법

방법	내용
습윤양생 (Moist Curing)	수중, 살수보양 등 가장 대중적인 방법으로 충분하게 살수하고 방수지를 덮어서 봉합양생하는 것
증기양생 (Steam Curing)	① 단기간에 강도를 얻기 위해서 고온·고압 증기양생 ② 한중 콘크리트, PC, PS부재에 적합하고, 알루미나 시멘트는 금지
전기양생 (Electric Curing)	① 저압 교류에 의해 전기저항에 발열 유발, 철근 부식의 우려 ② 부착강도 저하(전기유출) 우려, 한중 콘크리트에 이용
피막양생 (Membrane Curing)	① 피막양생제를 살포하고, 방수막을 형성하여 수분증발 방지 ② 포장 콘크리트, 대규모 스팬 슬래브에 적당
고주파양생	거푸집과 콘크리트 윗면에 철판을 놓고 고주파를 흘려 양생

(3) 습윤양생 시 주의사항

① 콘크리트는 타설한 후 경화될 때까지 양생기간 동안 직사광선이나 바람에 의해 수분이 증발하지 않도록 보호하여야 한다.

② 콘크리트는 타설한 후 습윤상태로 유지하여 노출면이 마르지 않도록 하여야 하며, 수분 증발에 따라 살수하여 습윤상태로 보호하여야 한다.

③ 습윤상태로 보호하는 기간은 [아래 표]를 표준으로 한다.

일평균기온	보통 포틀랜드 시멘트	고로슬래그 시멘트 2종, 플라이애시 시멘트 2종	조강 포틀랜드 시멘트
15℃ 이상	5일	7일	3일
10℃ 이상	7일	9일	4일
5℃ 이상	9일	12일	5일

④ 거푸집판이 건조될 우려가 있는 경우에는 살수하여야 한다.

⑤ 막(膜)양생을 할 경우에는 충분한 양의 막양생제를 적절한 시기에 균일하게 살포하여야 한다. 막양생으로 수밀한 막을 만들기 위해서는 충분한 양의 막양생제를 적절한 시기에 살포할 필요가 있으므로 사용 전에 살포량, 시공방법 등에 관해서 시험을 통하여 충분히 검토하여야 한다.

⑥ 콘크리트를 부어넣은 후 시멘트의 수화열에 의하여 부재단면에 있어 중심부의 온도가 외기온도보다 25℃ 이상 높아질 염려가 있는 경우에는 거푸집을 장기간 존치하여 중심부의 온도와 표면부의 온도 차이를 될 수 있는 한 작게 해야 한다.

⑦ 콘크리트를 부어넣은 후 1일간은 원칙적으로 그 위를 보행하거나 공사기구 및 기타 중량물을 올려놓아서는 안 된다. 불가피하게 보행이나 작업을 해야 하는 경우에는 담당원 또는 책임기술자의 지시를 받는다. 또

한 그 후에도 경화 중인 콘크리트에 해로운 충격 등을 주지 않도록 주의하여야 한다.

5 특수 콘크리트의 종류

1. 한중(寒中) 콘크리트

(1) 일반사항

① 하루의 평균기온이 4℃ 이하가 예상되는 조건일 때 콘크리트가 동결할 우려가 있으므로 한중 콘크리트로 시공하여야 한다.
② 한중 콘크리트를 시공할 때에는 콘크리트가 동결되지 않아야 하며, 또 한랭기온에서도 소요의 품질이 얻어지도록 적절한 조치를 취하여야 한다.
③ 매스 콘크리트, 고강도 콘크리트 등은 타설 후 콘크리트에 많은 수화열이 발생하므로 이 경우에는 책임기술자의 승인을 얻어 규정의 일부 또는 전부를 적용하지 않을 수 있다.

(2) 자재(資材) 및 배합

① 시멘트는 KS에 규정되어 있는 포틀랜드 시멘트를 사용하는 것을 표준으로 한다(단, 필요에 따라 KS L 5211에 규정되어 있는 플라이애시 시멘트, KS L 5210에 규정되어 있는 고로슬래그 시멘트를 사용할 수 있다).
② 골재가 동결되어 있거나 골재에 빙설이 혼입되어 있는 골재는 그대로 사용할 수 없다.
③ 재료를 가열할 경우 물 또는 골재를 가열하는 것으로 하며, 시멘트는 어떠한 경우라도 직접 가열할 수 없다. 골재의 가열은 온도가 균등하게 되고 또 건조되지 않는 방법을 적용하여야 한다.
④ 재료를 가열했거나 재료의 온도를 알 수 있을 때 비빈 직후 콘크리트의 온도는 적절한 식으로 계산하여 적용할 수 있다.
⑤ 한중 콘크리트에는 공기연행콘크리트를 사용하는 것을 원칙으로 한다.
⑥ 단위수량은 초기동해 저감 및 방지를 위하여 소요의 워커빌리티를 유지할 수 있는 범위 내에서 되도록 적게 정하여야 한다.
⑦ 한중 콘크리트의 배합은 초기동해에 필요한 압축강도가 초기양생 기간 내에 얻어지고, 콘크리트의 설계기준압축강도가 소정의 재령에서 얻어지도록 정하여야 한다.
⑧ 물-결합재비는 원칙적으로 60% 이하로 하여야 한다.

▶ 23·15·14회

▶ 관련기준
건축표준시방서코드(KCS) 2025 〈KCS 14 20 40 : 2024〉

바로확인문제

하루의 평균기온이 (   )℃ 이하가 예상되는 조건일 때 콘크리트가 동결할 염려가 있으므로 한중 콘크리트로 시공하여야 한다.

(3) 시공 시 고려사항

① 콘크리트를 비빈 직후의 온도는 기상 조건, 운반 시간 등을 고려하여, 타설할 때에 소요의 콘크리트 온도가 얻어지도록 하여야 한다.

② 한중 콘크리트의 시공에서 특히 다음 사항을 주의하여야 한다.
  ㉠ 응결 및 경화 초기에 동결되지 않도록 할 것
  ㉡ 양생종료 후 따뜻해질 때까지 받는 동결융해작용에 대하여 충분한 저항성을 가지게 할 것
  ㉢ 공사 중의 각 단계에서 예상되는 하중에 대하여 충분한 강도를 가지게 할 것

③ 타설할 때의 콘크리트 온도는 구조물의 단면 치수, 기상 조건 등을 고려하여 5~20℃의 범위에서 정하여야 한다. 기상 조건이 가혹한 경우나 단면 두께가 300mm 이하인 경우에는 타설 시 콘크리트의 최저온도를 10℃ 이상 확보하여야 한다.

④ 콘크리트를 타설할 때에는 철근이나 거푸집 등에 빙설이 부착되어 있지 않아야 한다.

⑤ 콘크리트를 타설할 마무리된 지반은 콘크리트 타설까지의 사이에 동결하지 않도록 시트 등으로 덮어놓아야 한다. 이미 지반이 동결되어 있는 경우에는 적당한 방법으로 이것을 녹인 후 콘크리트를 타설하여야 한다.

⑥ 타설이 끝난 콘크리트는 양생을 시작할 때까지 콘크리트 표면의 온도가 급랭할 가능성이 있으므로, 콘크리트를 타설한 후 즉시 시트나 기타 적당한 재료로 표면을 덮고 특히, 바람을 막아야 한다.

⑦ 지반의 동결 및 지반의 융해에 의하여 변위를 일으키지 않도록 지반의 동결을 방지하는 공법으로 시공되어야 하며, 현장 여건이 여의치 않을 경우에는 동결심도 이하에 말뚝기초로 시공하여야 한다.

(4) 양생 시 주의사항

① 콘크리트 타설이 종료된 후 초기동해를 받지 않도록 초기양생을 실시하여야 한다. 초기양생방법 및 양생기간은 외기 온도, 배합, 구조물의 종류 및 크기 등을 고려하여 정하여야 한다.

② 콘크리트는 타설 후 초기에 동결하지 않도록 잘 양생하여야 하고, 특히 구조물의 모서리나 가장자리의 부분은 보온하기 어려운 곳이어서 초기동해를 받기 쉬우므로 초기양생에 주의하여야 한다.

③ 콘크리트를 타설한 직후에 찬바람이 콘크리트 표면에 닿는 것을 방지하여야 한다.

④ 한중 콘크리트는 [아래 표]의 소요 압축강도가 얻어질 때까지 콘크리트의 온도를 5℃ 이상으로 유지하여야 하며, 또한 소요 압축강도에 도달한 후 2일간은 구조물의 어느 부분이라도 0℃ 이상이 되도록 유지하여야 한다.

단면 구조물의 노출	300 이하	300 초과 800 이하	800 초과
㉠ 계속해서 또는 자주 물로 포화되는 부분	15MPa	12MPa	10MPa
㉡ 보통의 노출상태에 있고 ㉠에 속하지 않는 부분	5MPa		

⑤ 매스 콘크리트의 초기양생은 단열보온 양생에 준하여 콘크리트를 타설할 때 콘크리트의 온도, 시멘트의 종류, 시멘트량, 혼화제의 종류, 부재의 주변온도 및 구속조건 등에 따라 콘크리트의 중심온도가 과도하게 높아지지 않도록 하고, 또한 부재의 온도 차이가 크지 않도록 계획하여야 한다.

⑥ 단면의 두께가 얇고 보통의 노출상태에 있는 콘크리트는 초기양생 종료 후 계속 특별한 보온 양생을 하지 않는 경우 콘크리트 노출면은 시트, 기타 적절한 재료로 덮어서 초기양생 완료 후 2일간 이상은 콘크리트의 온도를 0℃ 이상으로 보존하여야 한다.

⑦ 한중 콘크리트의 보온양생 방법은 급열양생, 단열양생, 피복양생 및 이들을 복합한 방법 중 한 가지 방법을 선택하여야 한다.

⑧ 콘크리트에 열을 가할 경우에는 콘크리트가 급격히 건조하거나 국부적으로 가열되지 않도록 하여야 한다.

⑨ 급열양생을 실시하는 경우 가열설비의 수량 및 배치는 시험가열을 실시한 후 결정하여야 한다.

⑩ 단열양생을 실시하는 경우 콘크리트가 계획된 양생온도를 유지하도록 관리하며 국부적으로 냉각되지 않도록 하여야 한다.

> **개념적용 문제**
>
> **한중 콘크리트공사에 관한 설명으로 옳지 않은 것은?** 제14회 기출
>
> ① 특별한 경우에 시멘트는 직접 가열하여 사용한다.
> ② 한중 콘크리트에는 공기연행콘크리트를 사용하는 것을 원칙으로 한다.
> ③ 지반의 동결 및 지반의 융해에 의하여 변위를 일으키지 않도록 지반의 동결을 방지하는 공법으로 시공되어야 한다.
> ④ 골재가 동결되어 있거나 골재에 빙설이 혼입되어 있는 골재는 그대로 사용할 수 없다.
> ⑤ 단위수량(單位水量)은 콘크리트의 소요성능이 얻어지는 범위 내에서 될 수 있는 한 적게 한다.
>
> **해설** 한중 콘크리트공사 시 어떠한 경우에도 시멘트를 가열해서는 안 된다.
>
> **정답** ①

2. 서중(暑中) 콘크리트

(1) 일반사항

① 하루 평균기온이 25℃를 초과하는 것이 예상되는 경우 서중 콘크리트로 시공하여야 한다.
② 서중 콘크리트 환경에서 콘크리트를 타설할 때와 타설 직후에는 콘크리트의 온도가 낮아지도록 재료의 취급, 비비기, 운반, 타설 및 양생 등에 대하여 적절한 조치를 취하여야 한다.

(2) 자재

① 콘크리트의 배합은 소요의 강도 및 워커빌리티를 얻을 수 있는 범위 내에서 단위수량을 적게 하고 단위시멘트량이 많아지지 않도록 적절한 조치를 취하여야 한다.
② 일반적으로는 기온 10℃의 상승에 대하여 단위수량은 2~5% 증가하므로 소요의 압축강도를 확보하기 위해서는 단위수량에 비례하여 단위시멘트량의 증가를 검토하여야 한다.
③ 서중 콘크리트는 배합온도를 낮게 관리하여야 한다.
④ 콘크리트 재료는 온도가 낮아질 수 있도록 하여야 한다.
⑤ 비빔 직후의 콘크리트 온도는 기상 조건, 운반 시간 등의 영향을 고려하여 타설할 때 소요의 콘크리트 온도가 얻어지도록 하여야 한다.

15회

관련기준
건축표준시방서코드(KCS)
2025 (KCS 14 20 41 : 2021)

바로확인문제
하루 평균기온이 (　　)℃를 초과하는 것이 예상되는 경우 서중 콘크리트로 시공하여야 한다.

(3) 시공 시 고려사항

① 비빈 콘크리트는 가열되거나 건조로 인하여 슬럼프가 저하하지 않도록 적당한 장치를 사용하여 되도록 빨리 운송하여 타설하여야 한다.

② 덤프트럭 등을 사용하여 운반할 경우에는 콘크리트의 표면을 덮어서 일광의 직사나 바람으로부터 보호하여야 한다.

③ 펌프로 운반할 경우에는 관을 젖은 천으로 덮어야 하며, 레디믹스트 콘크리트를 사용하는 경우에는 에지테이터 트럭을 햇볕에 장시간 대기시키는 일이 없도록 사전에 배차계획까지 충분히 고려하여 시공계획을 세워야 한다.

④ 운반 및 대기시간 중 트럭믹서 내 수분증발을 방지하고, 폭우가 내릴 때 우수의 유입을 방지하며, 주차할 때 이물질 등의 유입을 방지할 수 있도록 뚜껑을 설치하여야 한다.

⑤ 콘크리트를 타설하기 전에 지반과 거푸집 등을 조사하여 콘크리트로부터의 수분흡수로 품질변화의 우려가 있는 부분은 습윤 상태로 유지하는 등의 조치를 하여야 한다. 또 거푸집, 철근 등이 직사일광을 받아서 고온이 될 우려가 있는 경우에는 살수, 덮개 등의 적절한 조치를 하여야 한다.

⑥ 콘크리트는 비빈 후 즉시 타설하여야 하며, KS F 2560의 지연형 감수제를 사용하는 등의 일반적인 대책을 강구한 경우라도 1.5시간 이내에 타설하여야 한다.

⑦ 콘크리트를 타설할 때의 콘크리트의 온도는 35℃ 이하이어야 한다.

3. 경량골재 콘크리트

(1) 일반사항

① 경량골재 콘크리트는 설계기준 압축강도가 15MPa 이상으로 기건단위질량이 2,100kg/m³ 이하의 범위에 해당하는 것으로 한다.

② 경량골재 콘크리트는 경량골재 콘크리트 1종 및 경량골재 콘크리트 2종으로 한다.

▶ 관련기준
건축표준시방서코드(KCS) 2025 (KCS 14 20 20 : 2022)

▶ **경량골재 콘크리트의 종류**

사용한 골재에 의한 콘크리트의 종류	사용골재	기건단위질량 (kg/m³)	레디믹스트 콘크리트로 발주 시 호칭강도* (MPa)
경량골재 콘크리트 1종	굵은골재를 경량골재로 사용하여 제조	1,800~2,100	18, 21, 24, 27, 30, 35, 40
경량골재 콘크리트 2종	굵은골재와 잔골재를 주로 경량골재로 사용하여 제조	1,400~1,800	18, 21, 24, 27

* 레디믹스트 경량골재 콘크리트의 굵은골재 최대치수는 15mm 또는 20mm로 지정

③ 경량골재 콘크리트의 슬럼프값은 80mm에서 210mm로 하고, 단위결합재량의 최솟값은 300kg/m³, 물-결합재비의 최댓값은 60%로 한다 (단, 수밀성을 기준으로 할 경우에는 50% 이하).

④ 경량골재 콘크리트는 요구하는 강도, 단위질량, 내구성, 수밀성, 강재를 보호하는 성능, 작업에 적합한 워커빌리티 등을 가져야 한다. 이러한 품질은 사용할 골재의 종류와 조합, 콘크리트 배합 등에 따라 달라지므로 품질 변동이 적도록 하여야 한다.

⑤ 경량골재 콘크리트의 단위질량은 실제의 단위질량이 설계에서의 기준값보다 커지면 위험하게 되는 경우가 많으므로 설계에서의 기준값 이하이어야 한다.

(2) 자재

① 경량골재는 팽창성 혈암, 팽창성 점토, 플라이애시 등을 주원료로 하여 공장에서 제조·소성하여 깨끗하고, 강하고, 내구적이며, 적당한 입도 및 단위질량을 가져야 하고, 콘크리트 및 강재에 나쁜 영향을 주는 유해물질을 함유해서는 안 되며, 품질의 변동이 작은 것이어야 한다.

② 경량골재의 굵은골재 최대치수는 원칙적으로 20mm로 한다.

③ 기상 작용을 받는 콘크리트에 경량골재를 사용할 경우에는 과거의 실적 또는 그 골재를 사용한 콘크리트의 동결융해 시험의 결과에 의하여 그 골재의 내동해성을 확인한다.

④ 골재에 때때로 물을 뿌리고 표면을 덮어 가능한 한 같은 습윤상태를 유지하여야 한다.

⑤ 골재를 다룰 때에는 파쇄되지 않고, 크고 작은 알갱이가 분리되지 않도록 하여야 한다. 또한 일반골재, 먼지, 잡물 등이 섞이지 않도록 하여야 한다.

⑥ 경량골재는 일반골재에 비하여 물을 흡수하기 쉬우므로, 이를 건조한 상태로 사용하면 콘크리트의 비비기, 운반, 타설 중에 품질 변동이 쉬우므로 충분히 물을 흡수시킨 상태로 사용하여야 한다.
⑦ 경량골재 콘크리트는 공기연행콘크리트로 하는 것을 원칙으로 한다.
⑧ 경량골재 콘크리트의 공기량은 용적법으로 측정하며, 공기량은 5.5%를 기준으로 그 허용오차는 ±1.5%로 한다.
⑨ 기상조건이 나쁘고 또 물로 포화되는 경우가 많은 환경조건에서 경량골재 콘크리트의 내동해성은 보통 콘크리트에 비해 떨어지므로 이를 개선하기 위해서는 공기량을 증대시켜야 한다.

(3) 시공 시 고려사항

① 경량골재 콘크리트의 운반은 하차가 쉽고 재료 분리가 적은 운반차를 사용하여야 한다.
② 경량골재 콘크리트의 표준비비기 시간은 믹서에 재료를 전부 투입한 후 강제식 믹서일 때는 1분 이상, 가경식 믹서일 때는 2분 이상으로 하여야 한다.

(4) 경량골재 콘크리트의 특징

① 건물 자중을 경감할 수 있다.
② 콘크리트 운반이나 부어넣기 노력을 절감시킬 수 있다.
③ 열전도율이 낮고, 방음효과, 내화성, 흡음성이 좋다.
④ 강도가 낮고, 건조수축이 크다.
⑤ 시공이 번거롭고, 재료처리가 필요하다.

4. 유동화(流動化) 콘크리트

(1) 일반사항

① 비비기를 완료한 베이스(Base) 콘크리트에 유동화제를 첨가하여 유동성을 일시적으로 증대시킨 콘크리트를 말한다.
② 베이스 콘크리트의 배합 및 유동화제의 첨가량은 유동화 콘크리트가 소요의 워커빌리티, 강도, 탄성적 성질, 내구성, 수밀성 및 강재를 보호하는 성능 등을 가지며, 품질 변동이 적어지도록 정하여야 한다.
③ 유동화 콘크리트의 슬럼프 증가량은 100mm 이하를 원칙으로 하며, 50~80mm를 표준으로 한다.

▶ 관련기준
건축표준시방서코드(KCS) 2025〈KCS 14 20 31 : 2021〉

바로확인문제

경량골재 콘크리트는 ( )콘크리트로 하는 것을 원칙으로 한다.

④ 베이스 콘크리트의 슬럼프는 콘크리트의 유동화에 지장이 없는 범위의 것이어야 한다.
⑤ 베이스 콘크리트 및 유동화 콘크리트의 슬럼프 및 공기량 시험은 50m³마다 1회씩 실시하는 것을 표준으로 한다.

(2) 시공 시 고려사항

① 배치플랜트에서 트럭 교반기 내에 유동화제를 첨가하여 저속으로 교반하면서 운반하고, 공사현장 도착 후에는 고속으로 교반하여 유동화시킨다.
② 유동화 콘크리트의 재유동화는 원칙적으로 할 수 없다. 부득이한 경우 책임기술자의 승인을 받아 1회에 한하여 재유동화할 수 있다.
③ 유동화제는 원액 또는 분말로 사용하고, 미리 정한 소정의 양을 한꺼번에 첨가한다. 계량은 질량 또는 용적으로 하고, 그 계량오차는 1회에 ±3%로 한다.

5. 고강도 콘크리트

(1) 일반사항

① 고강도 콘크리트의 설계기준 압축강도는 보통 또는 중량골재 콘크리트에서 40MPa 이상으로 하며, 경량골재 콘크리트는 27MPa 이상으로 한다.
② 고성능감수제는 고강도 콘크리트를 제조하는 데 적절한 것인가에 대한 시험배합을 거쳐 확인한 후 사용하여야 한다.
③ 플라이애시, 실리카퓸, 고로슬래그 미분말 등의 혼화재는 고강도 콘크리트를 제조하는 데 적절한 것인가를 시험배합을 거쳐 확인한 후 사용하여야 한다.
④ 잔골재는 크고 작은 알갱이가 알맞게 혼합되어 있는 것으로 한다.
⑤ 고강도 콘크리트에 사용되는 굵은골재는 크고 작은 알갱이가 알맞게 혼합되어 있는 것으로 공극률을 줄임으로써 시멘트풀이 최소가 되도록 하는 것이 좋다.
⑥ 고강도 콘크리트에 사용되는 골재의 최대크기는 25mm 이하로 하며, 철근 최소 수평간격의 3/4 이내의 것을 사용하도록 한다.
⑦ 고강도에 사용하는 굵은골재는 단단하고 견고하여야 하며, 열팽창계수가 시멘트 페이스트와 현저하게 다른 것은 피하여야 한다.
⑧ 압축강도 50MPa 이상의 고강도 콘크리트는 내구성은 우수하지만 내화성은 불리하다.

바로확인문제

고강도 콘크리트의 설계기준 압축강도는 보통 또는 중량골재 콘크리트에서 (　)MPa 이상으로 하며, 경량골재 콘크리트는 (　)MPa 이상으로 한다.

> **개념적용 문제**
>
> 철근콘크리트구조에 관한 설명으로 옳지 않은 것은?   제21회 기출
>
> ① 일반적으로 압축력은 콘크리트, 인장력은 철근이 부담한다.
> ② 압축강도 50MPa 이상의 콘크리트는 내구성과 내화성이 매우 우수하다.
> ③ 콘크리트의 강한 알칼리성은 철근 부식 방지에 효과적이다.
> ④ 철근과 콘크리트의 선팽창계수는 거의 같다.
> ⑤ 철근량이 동일한 경우 굵은 철근보다 가는 철근을 배근하는 것이 균열 제어에 유리하다.
>
> **해설** 압축강도 50MPa 이상의 고강도 콘크리트는 내구성은 우수하지만 내화성은 불리하다.
>
> **정답** ②

(2) 시공 시 고려사항

① 콘크리트의 양생기간 중 예상 평균기온이 5℃ 미만인 경우에는 적절한 온도 보정값을 배합강도에 반영하여 담당원의 승인을 받는다.
② 물-결합재비는 50% 이하로 한다.
③ 기상의 변화가 심하거나 동결융해에 대한 대책이 필요한 경우를 제외하고는 공기연행제를 사용하지 않는 것을 원칙으로 한다.
④ 단위시멘트량은 소요의 워커빌리티 및 강도를 얻을 수 있는 범위 내에서 가능한 한 적게 되도록 시험에 따라 정하여야 한다.
⑤ 단위수량은 소요의 워커빌리티를 얻을 수 있는 범위 내에서 가능한 한 작게 한다.
⑥ 잔골재율은 소요의 워커빌리티를 얻도록 시험에 의하여 결정해야 하며, 가능한 한 작게 하도록 한다.
⑦ 고성능감수제의 단위량은 소요 강도 및 작업에 적합한 워커빌리티를 얻도록 시험에 의해서 결정하여야 한다.
⑧ 슬럼프는 작업이 가능한 범위 내에서 되도록 작게 하며, 유동화 콘크리트로 할 경우 슬럼프 플로의 목표값은 설계기준 압축강도 40MPa 이상 60MPa 이하의 경우 구조물의 작업조건에 따라 500, 600 및 700mm로 구분하여 정하며, 그 이상의 고강도 콘크리트의 경우 책임기술자의 지시에 따라야 한다.
⑨ 비빔시간은 시험에 의해서 정하는 것을 원칙으로 한다.

⑩ 운반시간 및 거리가 긴 경우에 사용하는 운반차는 트럭믹서, 트럭 애지에이터 혹은 건비빔 믹서로 하여야 한다.

(3) 타설 및 양생 시 고려사항

① 타설 순서는 구조물의 형상, 콘크리트의 공급상태, 거푸집 등의 변형을 고려하여 결정해야 한다. 기둥과 벽체 콘크리트, 보와 슬래브 콘크리트를 일체로 하여 타설할 경우는 보 아래 면에서 타설을 중지한 다음, 기둥과 벽에 타설한 콘크리트가 침하한 후 보, 슬래브의 콘크리트를 타설하여야 한다.
② 콘크리트 타설 낙하높이는 콘크리트 재료 분리가 일어나지 않는 범위에서 책임기술자의 승인을 얻어야 한다.
③ 콘크리트는 운반 후 신속하게 타설하여야 한다. 타설할 때는 받침 또는 투입구를 설치하며, 타설 간격은 콘크리트 면이 거의 수평을 이루는 때로 정한다.
④ 수직부재에 타설하는 콘크리트 강도와 수평부재에 타설하는 콘크리트 강도의 차가 1.4배를 초과하는 경우에는 수직부재에 타설한 고강도 콘크리트는 수직-수평부재의 접합면으로부터 수평부재 쪽으로 안전한 내민길이를 확보하도록 한다.
⑤ 타설 후 경화에 필요한 온도·습도조건을 유지하며 진동, 충격 등의 유해한 작용에 의한 영향을 받지 않도록 충분한 조치를 취하여야 한다.
⑥ 낮은 물-결합재비를 가지므로 습윤 양생을 하여야 하며, 부득이한 경우 현장 봉함 양생 등을 실시할 수 있다.
⑦ 타설 후 경화할 때까지 직사광선이나 바람에 의해 수분이 증발하지 않도록 조치하여야 한다.

6. 프리스트레스트 콘크리트(PSC; Prestressed Concrete)

(1) 정의

① 콘크리트의 인장응력이 생기는 부분에 PS 강재를 긴장시켜 프리스트레스를 부여함으로써 콘크리트에 미리 압축력을 주어 인장강도를 증가시켜 휨저항을 크게 한 것이다.
② 미리 준 응력을 프리스트레스라고 하며, 이 원리를 콘크리트에 응용하여 인장이 생길 곳에 미리 압축응력을 주어서 나중에 발생하는 인장응력과 미리 준 콘크리트 압축응력이 상쇄되어 콘크리트에 인장응력이 생기지 않도록 한 것이다.

(2) 공법의 종류

① 프리텐션(Pre-tension) 방법

정의	PS 강재에 미리 인장력을 가한 상태로 콘크리트를 넣고 경화한 후에 인장력을 풀어 주는 방법
시공순서	㉠ PS 강재 긴장 ⇨ ㉡ 콘크리트 타설 ⇨ ㉢ PS 강재와 콘크리트를 접합 ⇨ ㉣ 콘크리트에 프리스트레스를 도입

② 포스트텐션(Post-tension) 방법

정의	콘크리트 타설, 경화 후 미리 묻어 둔 시스(Sheath) 내에 PS 강재를 삽입하여 긴장시키고 정착한 다음 그라우팅*하는 방법으로 현장제조, 대형 구조물에 적합
시공순서	㉠ PS 강재시스 설치 ⇨ ㉡ 콘크리트 타설 ⇨ ㉢ PS 강재 삽입·긴장·고정 ⇨ ㉣ PS 강재와 콘크리트를 접합(그라우팅) ⇨ ㉤ 콘크리트에 프리스트레스를 도입

* **그라우팅(Grouting)**
그라우트라고도 하며, 공간이 있는 곳에 묽게 갠 시멘트풀이나 모르타르 따위를 밀어 넣어서 메우는 일

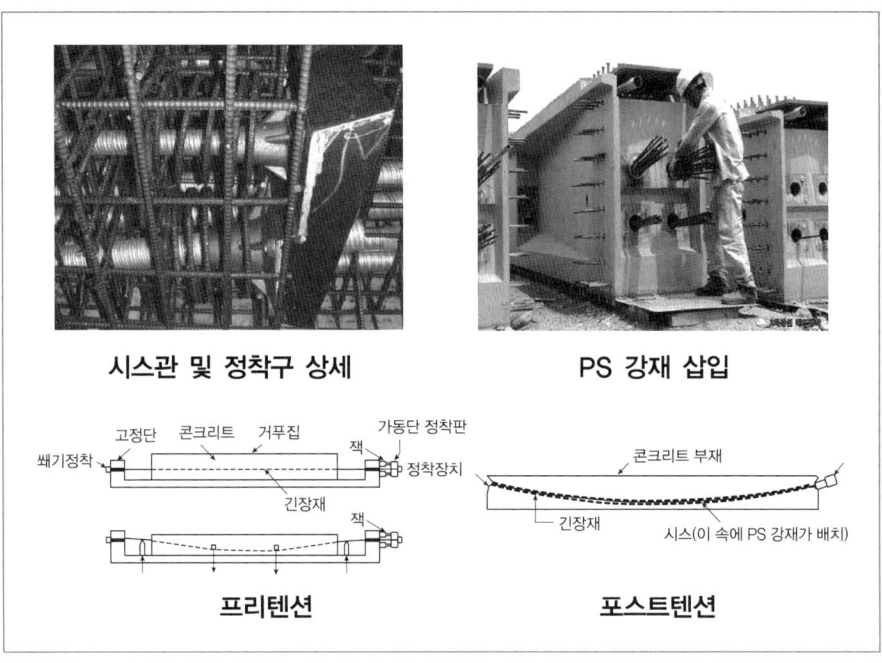

시스관 및 정착구 상세   PS 강재 삽입

프리텐션   포스트텐션

(3) 특징

① 긴 스팬구조가 용이하므로 보다 넓은 공간설계가 가능하다.
② 고강도 콘크리트 사용으로 부재단면의 축소가 가능하여 구조물의 자중이 경감된다.
③ 내구성 및 복원성이 크고, 공기단축이 가능하다.
④ 하중이 큰 용도의 구조물에 대응하기가 용이하다.
⑤ 화재 시에 위험도가 높다.
⑥ 공사가 복잡하고, 고도의 품질관리가 요구된다.

> **개념적용 문제**
>
> PSC(Prestressed Concrete)구조를 RC구조와 비교하여 그의 장점이 아닌 것은?   제5회 기출
>
> ① 긴 스팬구조가 용이하므로 보다 넓은 공간설계가 가능하다.
> ② 내구성이 크다.
> ③ 하중이 큰 용도의 구조물에 대응하기가 용이하다.
> ④ 소재의 사용량이 절약된다.
> ⑤ 공사가 간단하고 화재 시에 위험도가 낮다.
>
> **해설** 프리스트레스트 콘크리트(Prestressed Concrete)는 시공 시 고도의 기술이 필요한 공법으로 공사가 간단하지 않고, RC구조에 비해 화재에도 약하다.
>
> **정답** ⑤

7. 레디믹스트 콘크리트(Ready Mixed Concrete)

(1) 일반사항

① 콘크리트 제조설비를 갖춘 공장(배처플랜트)으로부터 구입할 수 있는 굳지 않은 콘크리트를 말하며, 레미콘이라고도 한다.

② 콘크리트 운반차는 트럭믹서 또는 트럭에지테이터(Truck Agitator)*의 사용을 원칙으로 한다.

③ 슬럼프가 25mm 이하의 낮은 콘크리트를 운반할 때는 덤프트럭을 사용할 수 있다.

• 트럭에지테이터

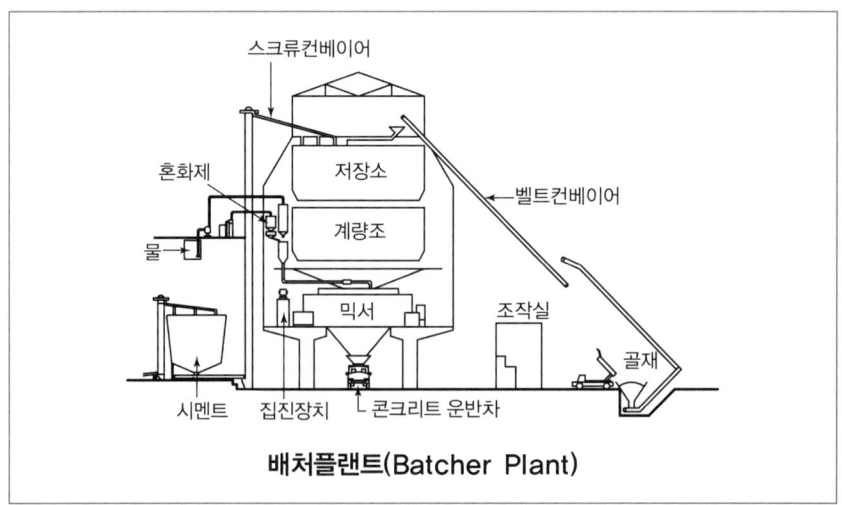

배처플랜트(Batcher Plant)

(2) 종류

종류	내용	운반 순서
슈링크 믹스트 콘크리트 (Shrink-Mixed Concrete)	믹싱 플랜트 고정믹서에서 어느 정도 비빈 것을 트럭믹서에 실어 운반 도중 완전히 비비는 것	믹서에서 반비빔 ⇨ 운반 도중 반비빔
센트럴 믹스트 콘크리트 (Central-Mixed Concrete)	믹싱 플랜트 고정믹서로 비빔이 완료된 것을 트럭에지테이터로 운반하는 것	믹서 비빔 완료 ⇨ 트럭교반 ⇨ 현장운반
트랜시트* 믹스트 콘크리트 (Transit-Mixed Concrete)	트럭믹서에 모든 재료가 공급되어 운반 도중에 비벼지는 것	트럭믹서에 재료 공급 ⇨ 운반 중 완전비빔

* 트랜시트(Transit)
운반, 수송

(3) 장단점

장점	단점
① 현장에서 콘크리트 비빔장소가 불필요하다. ② 공사추진이 정확하다. ③ 품질이 균일하고 우수하다. ④ 공사비가 절감된다.	① 콘크리트의 자체 단가가 비싸다. ② 운반 중 재료 분리, 시간경과의 우려가 있다. ③ 제조업자와 현장과의 긴밀한 협조관계 유지가 필요하다. 이것이 안 되면 공기연장이나 품질저하 등 여러 단점을 야기한다.

개념적용 문제

콘크리트공사에 관한 설명으로 옳지 않은 것은? 제20회 기출

① 보통 콘크리트에 사용되는 골재의 강도는 시멘트 페이스트 강도 이상이어야 한다.
② 콘크리트 제조 시 혼화제(混和劑)의 양은 콘크리트 용적 계산에 포함된다.
③ 센트럴 믹스트(Central-Mixed) 콘크리트는 믹싱 플랜트에서 비빈 후 현장으로 운반하여 사용하는 콘크리트이다.
④ 콘크리트 배합 시 골재의 함수상태는 표면건조내부포수상태 또는 그것에 가까운 상태로 사용하는 것이 바람직하다.
⑤ 콘크리트 배합 시 단위수량은 작업이 가능한 범위 내에서 될 수 있는 한 적게 되도록 시험을 통해 정하여야 한다.

해설 콘크리트 제조 시 혼화제(混和劑)의 양은 콘크리트 용적 계산에 포함되지 않는다.

정답 ②

바로확인문제

( ) 믹스트 콘크리트는 믹싱 플랜트 고정믹서에서 어느 정도 비빈 것을 트럭믹서에 실어 운반 도중 완전히 비비는 것이다.

8. 공기연행 콘크리트(AE콘크리트)

(1) 일반사항

① 공기연행제(AE제, Air Entraining Agent) 등을 사용하여 미세한 기포를 함유시킨 콘크리트이다.

② AE제의 사용으로 시공연도를 증진시키고 단위수량을 감소시키며, 내구성, 수밀성이 향상된 콘크리트이다.

③ 공기량이 많을수록 슬럼프가 증대된다.

④ 공기량 1% 증가 시 압축강도는 3~5% 저하되며, 이로 인해 물시멘트비를 작게 하여 동일 강도를 낸다.

⑤ AE제는 계량의 정확성을 기하기 위해 10~20배 정도 희석하여 사용한다.

(2) 특성

① 워커빌리티가 좋아진다.

② 단위수량이 감소하고 용적침하가 적다.

③ 내구성, 수밀성, 내동결성이 증가한다.

④ 압축강도 및 부착강도가 감소한다.

9. 기타 특수 콘크리트의 종류

종류	내용
프리팩트 콘크리트	거푸집에 미리 채워 넣은 굵은골재 사이로 모르타르를 관을 통하여 주입하는 콘크리트로, 지수벽, 수중콘크리트, 보수공사, 기초파일 등에 사용
고유동 콘크리트	재료 분리에 대한 저항성을 유지하면서 유동성을 현저하게 높여 밀실한 충전이 가능한 콘크리트
수밀 콘크리트	물–결합재비를 50% 이하로 하며 수압이 구조체에 직접적인 영향을 미치는 구조물에서 방수, 방습 등을 목적으로 만들어진 흡수성과 투수성이 작은 콘크리트
중량 콘크리트 (차폐용 콘크리트)	비중이 큰 골재를 사용하며 주로 방사선 차폐용으로 사용하는 콘크리트
매스(Mass) 콘크리트	콘크리트 단면이 80cm 이상으로 콘크리트 내부 최고 온도와 외부 기온 차가 25℃ 이상으로 예상되는 콘크리트
노출 콘크리트 (제치장 콘크리트*)	콘크리트 면에 미장 등을 하지 않고 직접 노출시켜 마무리한 콘크리트로 공사내용을 단일화하여 경제적인 건물을 만드는 것이 목적

• 제치장 콘크리트

바로확인문제

(　　) 콘크리트는 수압이 구조체에 직접적인 영향을 미치는 구조물에서 방수, 방습 등을 목적으로 만들어진 흡수성과 투수성이 작은 콘크리트이다.

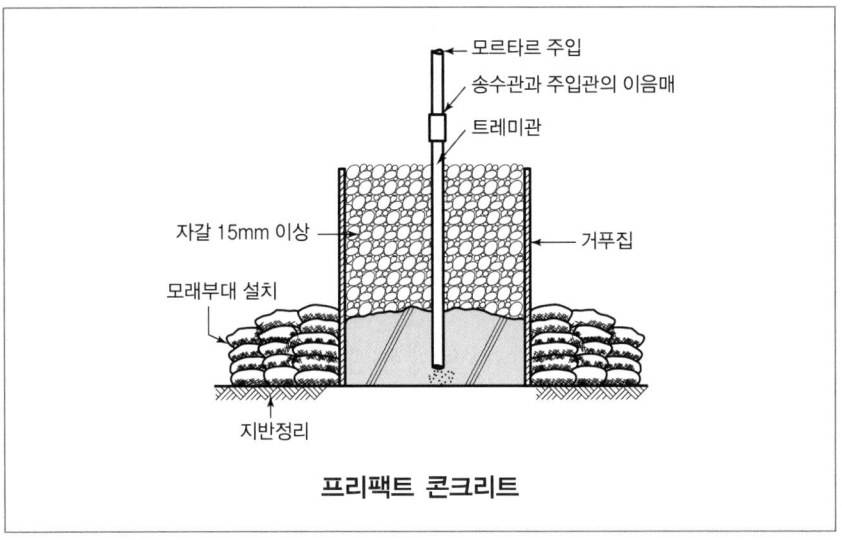

프리팩트 콘크리트

개념적용 문제

특수 콘크리트에 관한 설명으로 옳지 않은 것은? 　제15회 기출

① 서중 콘크리트는 일평균기온이 20℃를 넘는 시기에 타설되는 콘크리트이다.
② 한중 콘크리트는 일평균기온이 4℃ 이하의 낮은 온도에서 타설되는 콘크리트이다.
③ 고유동 콘크리트는 재료분리에 대한 저항성을 유지하면서 유동성을 현저하게 높여 밀실한 충전이 가능한 콘크리트이다.
④ 매스 콘크리트는 수화열에 의한 균열의 고려가 필요한 콘크리트이다.
⑤ 수밀 콘크리트는 수압이 구조체에 직접적인 영향을 미치는 구조물에서 방수, 방습 등을 목적으로 만들어진 흡수성과 투수성이 작은 콘크리트이다.

해설 　서중 콘크리트는 일평균기온이 25℃를 넘는 시기에 타설되는 콘크리트이다.

정답 ①

철근콘크리트 부재설계

1. 보
2. 기둥
3. 슬래브
4. 벽체 및 옹벽, 기초

제5절 철근콘크리트 부재설계 ★

1 보

1. 일반사항

(1) 지지조건에 따른 분류

① **단순보**: 양단이 기둥이나 벽 등에 단순히 얹혀 있는 상태의 보를 말한다.
② **내민보**: 연속보의 한쪽 끝이나 지점에 고정된 보의 한쪽 끝이 지점에 내밀어 달려 있는 캔틸레버 구조의 보를 말한다.
③ **양단고정보**: 보의 양쪽 단부가 벽이나 기둥 등에 접합된 고정보를 말한다.

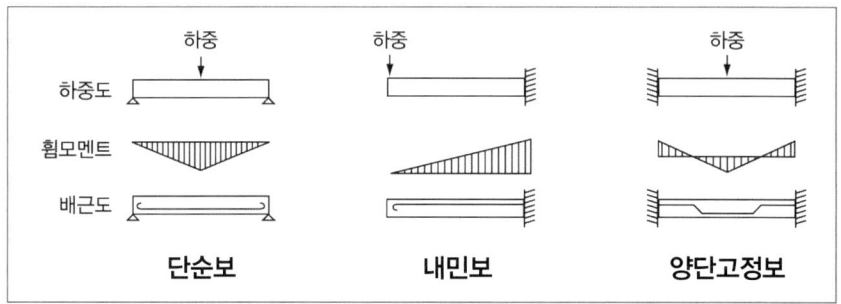

(2) 철근의 배근위치 및 형태에 따른 분류

① **단근(單筋)보**: 단면의 상단 또는 하단에만 배근한 철근콘크리트 보
② **복근(複筋)보**: 보 단면의 인장 측 및 압축 측 양쪽에 주근을 넣은 철근콘크리트 직사각형보
③ **T형보**: 보와 슬래브가 일체화되어 슬래브의 일부분이 보의 플랜지를 형성하는 보
④ **반T형보**: 보 상부에 슬래브가 붙은 반T자형의 단면을 갖는 보

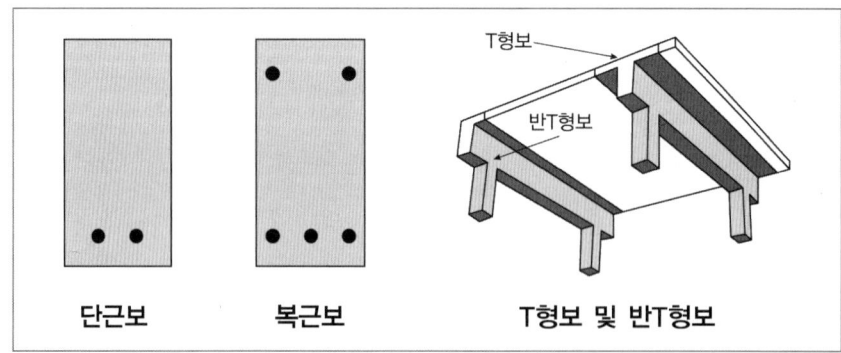

바로확인문제

내민보는 연속보의 한쪽 끝이나 지점에 고정된 보의 한쪽 끝이 지점에 내밀어 달려 있는 ( ) 구조의 보를 말한다.

2. 보의 배근

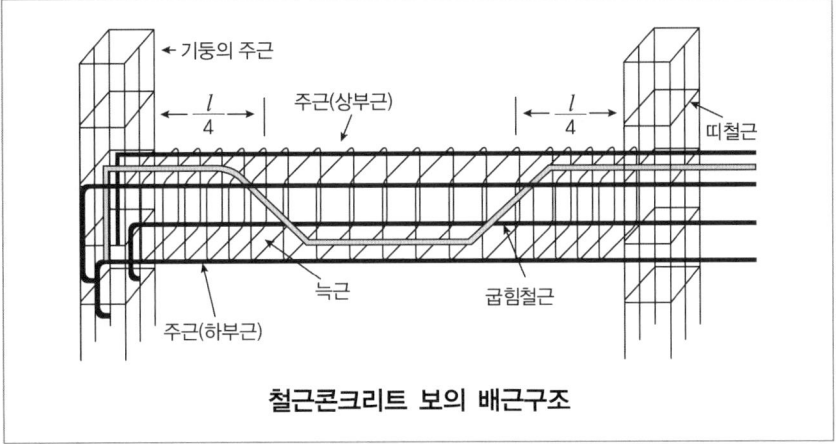

철근콘크리트 보의 배근구조

철근콘크리트 보의 배근구조

(1) 주근(Main Bar, 主筋)
① 휨모멘트에 의해서 보의 중앙부 하단에 발생하는 휨인장응력에 의한 수직방향의 균열을 방지하기 위해 부재의 축방향으로 배근한 철근(가로철근)이 주근이다.
② 양단고정보인 경우 양단부는 상부에, 중앙부는 하부에 배근한다.
③ 이음은 압축부에 두며, 절곡근(折曲筋)은 굽힌 부분에 둔다.
④ 특별한 경우를 제외하고는 2단 이하로 배근한다.
⑤ 중요한 보는 전 경간(Span)을 복근보로 한다.

(2) 절곡근(굽힘철근, Bend Bar)
① 경간(Span, 徑間) 양 지점(支點)에서 1/4 되는 곳에서 45° 정도로 굽힌 축방향 철근이다.
② 주근이지만 전단력의 역할도 한다.

27·25·23·13·5·1회

• Stirrup(스터럽)
등골, ㄷ자꼴 쇠붙이

(3) 늑근(전단보강근, Stirrup Bar, 肋筋)

① 정의
  ㉠ 보의 주근을 둘러싸고 이에 직각이 되게 또는 경사지게 배치한 철근으로서, 전단력에 저항하도록 배치한 보강철근을 말한다.
  ㉡ 전단력에 의해 발생하는 45° 경사 방향의 인장응력을 사인장 응력이라고 하며, 이는 대각선 방향으로 사인장균열을 일으키는 주요한 원인이 된다.
  ㉢ 보단부의 사인장균열은 휨응력과 전단응력의 조합에 의한 응력으로 발생한다.
  ㉣ 보단부의 사인장균열을 방지하기 위해 주로 전단보강근(스터럽)으로 보강한다.

개념적용 문제

철근콘크리트 단순보가 하중 때문에 그림과 같이 균열이 생겼다. 이런 균열이 생기지 않게 하기 위한 유효한 방법은? 제1회 기출

① 이형철근보다 원형철근을 사용한다.
② 인장철근을 증가시킨다.
③ 압축철근을 증가시킨다.
④ 늑근(Stirrup)을 증가시킨다.
⑤ 인장 및 압축철근의 부착력을 증가시킨다.

해설 단부에 발생하는 사인장 균열은 전단력 부족으로 인한 것이므로 전단력을 보강하기 위해 늑근의 배치를 증가시킨다.

정답 ④

---

② 늑근(전단보강근)의 형태
  ㉠ 부재의 축에 직각인 스터럽
  ㉡ 부재의 축에 직각으로 배치한 용접철망
  ㉢ 주인장 철근에 45° 이상의 각도로 설치되는 스터럽
  ㉣ 주인장 철근에 30° 이상의 각도로 구부린 굽힘철근
  ㉤ 스터럽과 굽힘철근의 조합
  ㉥ 나선철근, 띠철근

바로확인문제

늑근은 보의 주근을 둘러싸고 이에 직각이 되게 또는 경사지게 배치한 철근으로서, ( )에 저항하도록 배치한 보강철근을 말한다.

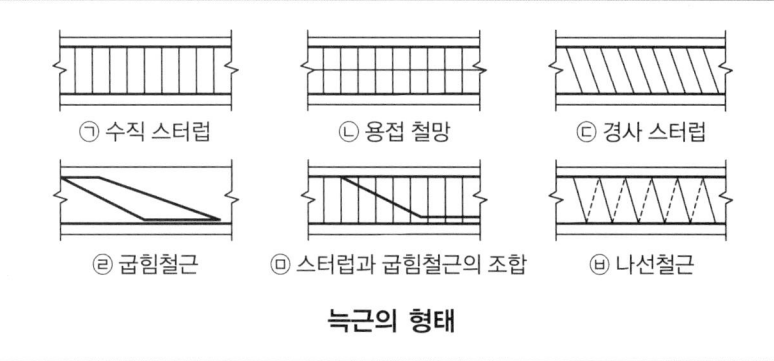

늑근의 형태

③ **늑근**(전단보강근)**의 사용목적**
   ㉠ 전단력에 의한 사인장 균열 방지
   ㉡ 주근 상호간의 위치 보전
   ㉢ 철근 조립이 용이
   ㉣ 피복두께 유지

④ **늑근**(전단보강근)**의 배근**(配筋) **간격**
   ㉠ 일반적으로 전단력이 큰 양단부에는 촘촘히 배근하고, 중앙부에는 느슨하게 배근한다.
   ㉡ 일반건물 설계 시에는 보의 유효높이 1/2 이하 또는 600mm 이하로 배근한다.
   ㉢ 내진설계 시에는 보의 유효높이 1/4 이하, 300mm 이하, 주근지름의 8배 이하, 늑근지름의 24배 이하 중 작은 값을 선택하여 배근한다.

> **참고** 헌치(Haunch)
>
> 1. 보의 단부에서 부재의 높이를 증가시킨 부분을 말한다.
> 2. 고정보, 연속보 등에 있어서 지지하는 부재와의 접합부에서 휨모멘트와 전단력에 의한 응력집중의 완화와 지지부의 보강을 목적으로 단면을 크게 한 부분이다.
>
>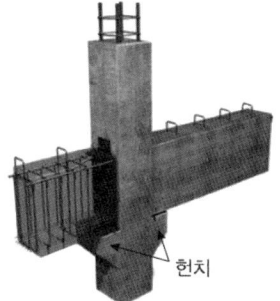
>
> **철근콘크리트 보의 헌치 시공 사례**

> **개념적용 문제**
>
> 철근콘크리트 보의 균열 및 배근에 관한 설명으로 옳지 않은 것은?
>
> 제26회 기출
>
> ① 늑근은 단부보다 중앙부에 많이 배근한다.
> ② 전단균열은 사인장 균열 형태로 나타난다.
> ③ 양단 고정단 보의 단부 주근은 상부에 배근한다.
> ④ 주근은 휨균열 발생을 억제하기 위해 배근한다.
> ⑤ 휨균열은 보 중앙부에서 수직에 가까운 형태로 발생한다.
>
> **해설** 늑근은 일반적으로 전단력이 큰 양단부에는 촘촘히 배근하고, 중앙부에는 느슨하게 배근한다.
>
> 정답 ①

2 기둥

1. 일반사항

(1) 개념

① 기둥은 주로 압축력을 전달하는 부재로서 압축부재라고도 한다.
② 많은 경우의 기둥은 휨모멘트를 전달하여 단면의 일부에 인장력을 발생시키지만, 압축력이 전체 거동을 지배하기 때문에 기둥을 압축부재라고 한다.

(2) 횡보강근의 형태에 따른 기둥의 종류

① 주철근과 띠철근으로 보강된 압축부재
② 주철근과 나선철근으로 보강된 압축부재
③ 구조용 형강 또는 강관과 띠철근으로 보강된 합성압축부재

> **바로확인문제**
>
> 기둥은 주로 (　　)력을 전달하는 부재로서 (　　)부재라고도 한다.

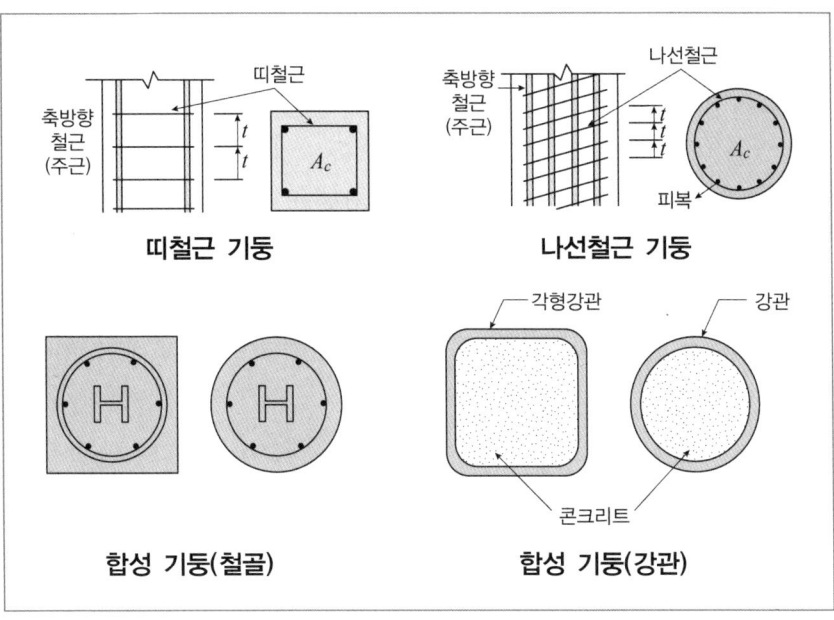

(3) 용어정리

용어	정의
띠철근 (Tie Reinforcement)	기둥에서 종방향 철근의 위치를 확보하고 전단력에 저항하도록 정해진 간격으로 띠처럼 배치된 횡방향의 보강철근 또는 철선
나선철근 (Spiral Reinforcement)	기둥에서 종방향 철근의 위치를 확보하고 전단력에 저항하도록 정해진 간격으로 나선모양으로 배치된 횡방향의 보강철근 또는 철선

2. 압축부재(기둥)의 구조 제한 사항

(1) 압축부재의 설계단면치수

① 둘 이상의 맞물린 나선철근을 가진 독립 압축부재의 유효단면의 한계는 나선철근의 최외측에서 콘크리트 최소 피복두께에 해당하는 거리를 더하여 취하여야 한다.

② 콘크리트 벽체나 교각구조와 일체로 시공되는 나선철근 또는 띠철근 압축부재 유효단면의 한계는 나선철근이나 띠철근 외측에서 40mm보다 크지 않게 취하여야 한다.

③ 정사각형, 8각형 또는 다른 형상의 단면을 가진 압축부재 설계에서 전체 단면적을 사용하는 대신에 실제 형상의 최소 치수에 해당하는 지름을 가진 원형단면을 사용할 수 있다. 이 경우 고려되는 부재의 전체 단면적, 요구되는 철근비 및 설계강도는 원형단면을 기준으로 한다.

④ 하중에 의해 요구되는 단면보다 큰 단면으로 설계된 압축부재의 경우, 감소된 유효단면적을 사용하여 최소 철근량과 설계강도를 결정할 수 있다. 이때 감소된 유효단면적은 전체 단면적의 1/2 이상이어야 한다.

(2) 압축부재의 철근량 제한

① 비합성 압축부재의 축방향 주철근 단면적은 전체 단면적(A_g)의 0.01배 이상, 0.08배 이하로 하여야 한다. 축방향 주철근이 겹침이음되는 경우의 철근비는 0.04를 초과하지 않도록 하여야 한다.

② 축방향 주철근은 압축력에 주로 저항하며, 기둥의 휨내력 성능을 향상시킬 목적으로 설치한다.

③ 압축부재의 축방향 주철근의 최소 개수는 사각형이나 원형 띠철근으로 둘러싸인 경우 4개, 삼각형 띠철근으로 둘러싸인 경우 3개, 나선철근으로 둘러싸인 철근의 경우 6개로 하여야 한다.

④ 나선철근 또는 띠철근이 배근된 압축부재에서 축방향 철근의 순간격은 40mm 이상, 또한 철근 공칭지름의 1.5배 이상으로 하여야 한다.

(3) 압축부재의 횡철근

① 띠철근

㉠ D32 이하의 축방향철근은 D10 이상의 띠철근으로, D35 이상의 축방향 철근과 다발철근은 D13 이상의 띠철근으로 둘러싸야 하며, 띠철근 대신 등가단면적의 이형철선 또는 용접철망을 사용할 수 있다.

ⓒ 띠철근의 수직간격은 축방향철근 지름의 16배 이하, 띠철근이나 철선 지름의 48배 이하, 또한 기둥단면의 최소 치수 이하로 하여야 한다.
　　ⓓ 모든 모서리 축방향 철근과 하나 건너 위치하고 있는 축방향 철근들은 135° 이하로 구부린 띠철근의 모서리에 의해 횡지지되어야 한다.

② **나선철근**
　　ⓐ 나선철근은 균등한 간격을 갖는 연속된 철근이나 철선으로 이루어지며 설계된 치수로부터 벗어남이 없이 제작·설치할 수 있도록 그 크기가 확보되어야 한다.
　　ⓑ 현장치기콘크리트공사에서 나선철근 지름은 10mm 이상으로 하여야 한다.
　　ⓒ 나선철근의 순간격은 25mm 이상, 75mm 이하이어야 한다.
　　ⓓ 나선철근의 정착은 나선철근의 끝에서 추가로 1.5 회전만큼 더 확보하여야 한다.

③ **띠철근 및 나선철근의 역할**
　　ⓐ 주철근 배근 시 및 콘크리트 타설 중 주근의 위치와 형태를 유지시키는 역할
　　ⓑ 심부 콘크리트의 압축 팽창에 따른 횡방향 벌어짐을 구속하여 줌으로써, 콘크리트의 변형에 대한 저항력을 증대시키는 역할
　　ⓒ 주근의 좌굴방지와 전단보강의 역할
　　ⓓ 피복두께의 탈락을 방지하는 역할

개념적용 문제

철근콘크리트 구조에 관한 설명으로 옳은 것은?　　제18회 기출

① 주철근 표준갈고리의 각도는 180°와 90°로 분류된다.
② 흙에 접하지 않는 철근콘크리트 보의 최소피복두께는 20mm이다.
③ 사각형 띠철근으로 둘러싸인 기둥 주철근의 최소 개수는 3개이다.
④ 콘크리트 압축강도용 원주공시체 $\phi100\times200$mm를 사용할 경우 강도보정계수 0.82를 사용한다.
⑤ 콘크리트 보강용 철근은 원형철근 사용을 원칙으로 한다.

해설　② 흙에 접하지 않는 철근콘크리트 보의 최소피복두께는 40mm이다.
　　　③ 사각형 띠철근으로 둘러싸인 기둥 주철근의 최소 개수는 4개이다.
　　　④ 콘크리트 압축강도용 원주공시체 $\phi100\times200$mm를 사용할 경우 강도보정계수 0.97을 사용한다.
　　　⑤ 콘크리트 보강용 철근은 이형철근 사용을 원칙으로 한다.

정답 ①

바로확인문제

압축부재의 축방향 주철근의 최소 개수는 사각형이나 원형 띠철근으로 둘러싸인 경우 (　)개, 삼각형 띠철근으로 둘러싸인 경우 (　)개, 나선철근으로 둘러싸인 철근의 경우 (　)개로 하여야 한다.

3 슬래브

1. 일반사항

(1) 정의

① 슬래브(Slab)는 일반적으로 두께가 얇고 일정한 평판 구조로서, 보나 벽체 또는 기둥에 직접 지지되는 수평재이다.

② 슬래브는 고정하중과 활하중 등의 연직하중에 저항하는 휨재이며, 또한 지진이나 풍하중 등의 수평하중을 구조의 각 부분에 전달하는 격막(Diaphragm)* 작용을 한다.

- **격막(Diaphragm, 膈膜)**
  칸막이같이 구조들을 분리하는 막으로, 구조체에서는 바닥이 이에 해당한다.

(2) 종류

구분	종류
보 슬래브 구조 (하중경로에 따라)	① 1방향 슬래브(One-way Slab) ② 2방향 슬래브(Two-way Slab)
평 슬래브 구조	① 플랫 슬래브(Flat Slab) ② 플랫 플레이트 슬래브(평판 슬래브; Flat Plate Slab) ③ 워플(Waffle) 슬래브(무량판 구조, 격자 슬래브)
특수 슬래브 구조	① 장선 슬래브(Joist Slab, Ribbed Slab) ② 중공 슬래브(Void Slab)

- **평판 슬래브**
  1. 보와 지판이 없이 기둥만으로 지지하는 무량판 구조로서 하중이 크지 않거나 경간이 짧은 경우에 사용한다.
  2. 우리나라에서는 많이 쓰이지 않으나 이집트, 이스라엘 등지에서 건축되고 있는 것을 흔히 볼 수 있다.

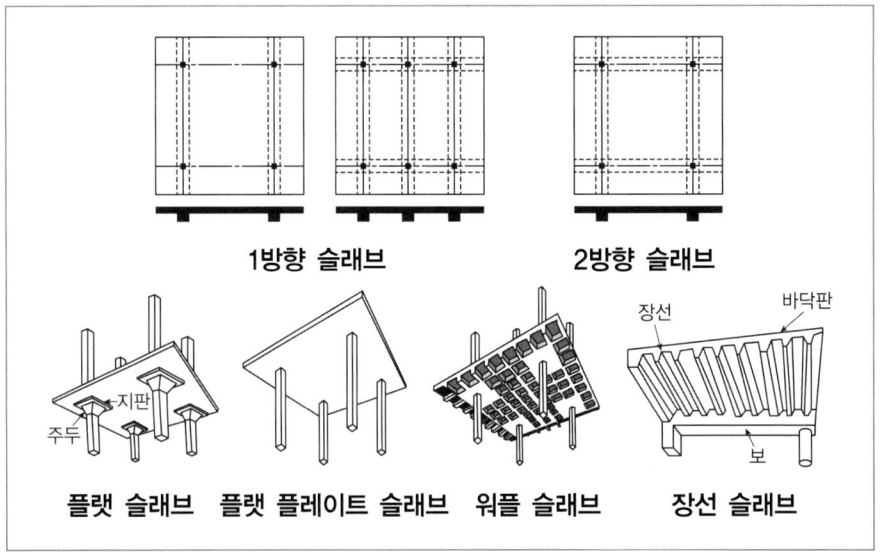

(3) 용어정리

용어	정의
배력철근 (Distributing Bar)	① 하중을 분산시키거나 균열을 제어할 목적으로 주철근과 직각에 가까운 방향으로 배치한 보조철근을 말한다. ② 슬래브의 주근은 배력철근보다 바깥쪽에 배근한다.
수축온도철근 (Shrinkage and Temperature Reinforcement)	건조수축 또는 온도변화에 의하여 콘크리트에 발생하는 균열을 방지하기 위한 목적으로 배치되는 철근을 말한다.

▶ 28·23·22·16회

개념적용 문제

철근에 관한 설명으로 옳은 것은?   제23회 기출

① 띠철근은 기둥 주근의 좌굴방지와 전단보강 역할을 한다.
② 갈고리(Hook)는 집중하중을 분산시키거나 균열을 제어할 목적으로 설치한다.
③ 원형철근은 콘크리트와의 부착력을 높이기 위해 표면에 마디와 리브를 가공한 철근이다.
④ 스터럽(Stirrup)은 보의 인장보강 및 주근 위치고정을 목적으로 배치한다.
⑤ SD400에서 400은 인장강도가 400MPa 이상을 의미한다.

해설 ② 배력철근은 집중하중을 분산시키거나 균열을 제어할 목적으로 설치한다.
③ 이형철근은 콘크리트와의 부착력을 높이기 위해 표면에 마디와 리브를 가공한 철근이다.
④ 스터럽(Stirrup)은 보의 전단보강 및 주근 위치고정을 목적으로 배치한다.
⑤ SD400에서 400은 항복강도가 400MPa 이상을 의미한다.

정답 ①

2. 설계 시 기본사항

(1) 설계대

① **주열대**(Column Strip): 기둥 중심선에서 양측으로 각각 $0.25l_x$와 $0.25l_y$ 중 작은 값과 같은 폭을 갖는 설계대를 말하며, 보가 있는 경우 주열대는 그 보를 포함한다.

② **중간대**(Middle Strip): 2개의 주열대 사이에 구획된 설계대를 말한다.

바로확인문제

( )은 하중을 분산시키거나 균열을 제어할 목적으로 주철근과 직각에 가까운 방향으로 배치한 보조철근을 말한다.

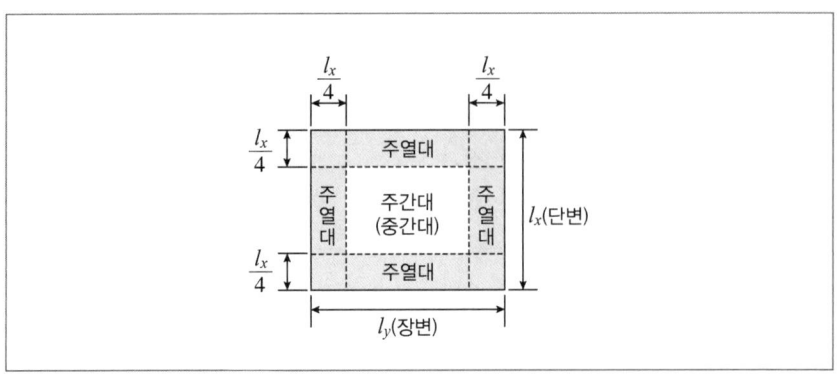

28·27·26·25·16회

(2) 슬래브 변장비(λ)에 따른 분류

$$\text{변장비}(\lambda) = \frac{\text{장변 경간 길이}(l_y)}{\text{단변 경간 길이}(l_x)}$$

① **1방향 슬래브**

$$\lambda = \frac{\text{장변}}{\text{단변}} > 2$$

㉠ 1방향 슬래브는 장변 경간이 단변 경간의 2배 초과인, 4변이 지지된 직사각형 슬래브로서, 슬래브 하중의 90% 이상이 단변 방향으로 전달되므로 하중이 1방향으로만 전달되는 것으로 볼 수 있다.
㉡ 주근을 단변에 평행한 방향으로 배근하여 휨모멘트에 저항한다.
㉢ 장변 방향에는 수축온도철근을 배근한다.

② **2방향 슬래브**

$$\lambda = \frac{\text{장변}}{\text{단변}} \leq 2$$

㉠ 2방향 슬래브는 장변 경간이 단변 경간의 2배 이하인, 4변이 지지된 직사각형 슬래브로서, 하중이 장·단 2방향으로 전달된다.
㉡ 슬래브 평면이 정방형인 경우에는 주근을 2방향으로 일정하게 직교 배근한다.
㉢ 슬래브 평면이 직사각형인 경우에는 장변 방향보다 단변 방향에 더 많은 양의 주근을 배근한다.

바로확인문제

( ) 슬래브는 장변 경간이 단변 경간의 2배 초과인, 4변이 지지된 직사각형 슬래브로서, 슬래브 하중의 90% 이상이 단변 방향으로 전달되므로 하중이 ( )으로만 전달되는 것으로 볼 수 있다.

3. 플랫 슬래브(Flat Slab)

(1) 정의
① 건물의 외부보(Spandrel)를 제외하고 내부는 보 없이 바닥판만으로 구성하고, 그 하중은 직접 기둥에 전달하는 무량판 구조이다.
② 기둥 상부는 45° 이상의 주두(Capital) 모양으로 확대하고, 그 위에 지판(받침판, Drop Panel)을 두어 바닥을 지지한다(다만, 슬래브에 대한 경사가 45° 미만의 주두 부분은 응력 분담을 하지 않는 것으로 한다).
③ 지판은 기둥 둘레의 전단력과 휨모멘트를 감소시킬 목적 및 특히 뚫림전단(Punching Shear)을 안전하게 할 목적으로 슬래브의 다른 부분보다 두껍게 한다.

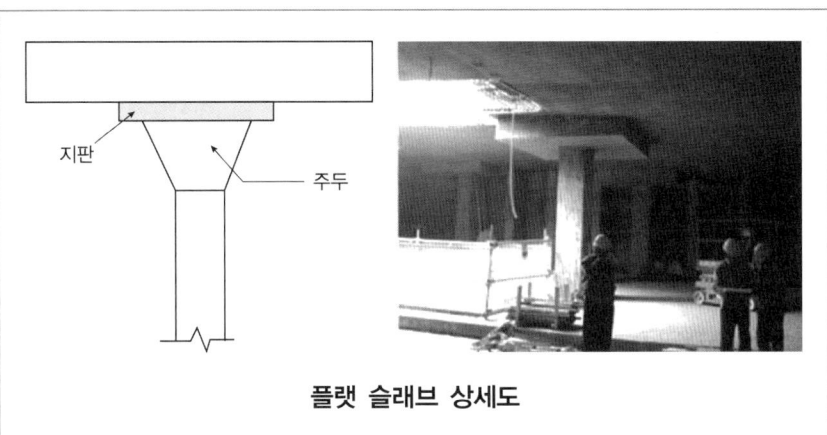

플랫 슬래브 상세도

(2) 장단점

장점	① 구조가 간단하여 철근 배근, 조립 및 콘크리트공사가 용이하다. ② 보와 같은 각진 부분이 없으므로 부재가 화재에 대한 피해가 적다. ③ 보가 없으므로 층고를 낮출 수 있어, 실내 공간 이용률이 높다. ④ 기둥이 하중을 부담하기 때문에 공간의 가변성이 크다. ⑤ 배관설비(방화용 스프링클러 등) 설치가 용이하다.
단점	① 고정하중(바닥판이 두꺼워짐)이 증대한다. ② 뼈대의 강성에 난점이 있다. ③ 구조계산이 다소 복잡하다. ④ 큰 집중하중을 받는 곳은 부적당하며 슬래브가 진동하기 쉽다.

> **개념적용 문제**
>
> 플랫 슬래브(Flat Slab)구조에 대한 설명으로 틀린 것은?   제9회 기출
>
> ① 슬래브의 뚫림 전단(Punching Shear) 보강을 위하여 주두와 지판을 둔다.
> ② 장선 또는 워플 슬래브보다 층고를 낮게 할 수 있다.
> ③ '무량판 슬래브'라고도 한다.
> ④ 골조(라멘) 구조의 슬래브보다 실내의 이용률이 낮다.
> ⑤ 바닥판 슬래브를 기둥이 직접 지지한다.
>
> **해설** 플랫 슬래브(Flat Slab)는 무량판 구조라고도 하며, 보 없이 바닥판만으로 구성되고 하중을 직접 기둥에 전달하는 구조이므로, 골조구조의 슬래브보다 실내의 이용률이 높다.
>
> 정답 ④

4. 그 외 특수 슬래브

(1) 장선 슬래브(Joist Slab, Ribbed Slab)

① 지점 간의 거리를 크게 하거나 구조체의 무게를 경량화하기 위하여 등간격으로 분할된 장선과 바닥판을 일체로 구성하여 보 또는 벽체에 지지하는 구조이다.
② 슬래브를 지지하는 작은 보구조 시스템으로서, 1방향 슬래브에 속한다.

(2) 워플 슬래브(Waffle Slab)

① 장선 슬래브의 장선을 직교하여 구성한 우물 반자 형태로 된 2방향 장선 슬래브 구조이다.
② 작은 돔(Dome)형의 거푸집이 사용되는데, 이 모양이 와플과 같다 하여 와플* 또는 워플 슬래브(Waffle Slab)라고 하며, 격자 슬래브(Grid Slab)라고도 한다.

* **와플(Waffle)**
  튀긴 과자의 일종

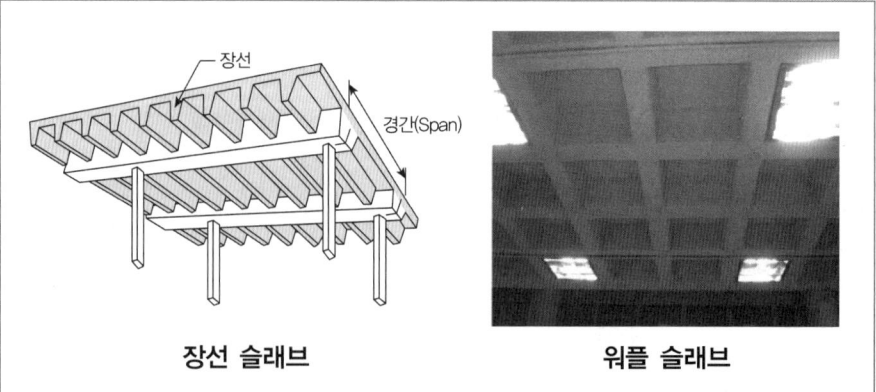

장선 슬래브   워플 슬래브

4 벽체 및 옹벽, 기초

1. 벽체

(1) 일반사항
① 철근콘크리트 건물의 벽체는 공간을 수직으로 구획하는 구조체로서, 자중 이외의 다른 하중 지지 유무에 따라서 내력벽과 비내력벽으로 나뉜다.
② 내력벽은 자중과 더불어 상부층의 연직하중을 지지하는 구조적인 기능을 가진 벽체로서, 아파트, 호텔 등 용도가 고정된 주거용 건물이나 저층 상업용 건물에 주로 채용된다.
③ 내력벽 중 수직하중과 함께 바람, 지진 등에 의한 수평하중도 지지할 수 있도록 설계된 벽체를 별도로 전단벽(Shear Wall)이라 한다.
④ 비내력벽은 구조적인 기능을 가지지 않는 벽체로 칸막이벽이나 외벽 등에 주로 채용된다.

(2) 구조기준
① 벽체의 두께는 수직 또는 수평지점 간 거리 중에서 작은 값의 1/25 이상이어야 하고, 또한 100mm 이상이어야 한다.
② 비내력벽의 두께는 100mm 이상이어야 하고, 또한 이를 횡방향으로 지지하고 있는 부재 간 최소거리의 1/30 이상이 되어야 한다.
③ 지하실 외벽 및 기초 벽체의 두께는 200mm 이상으로 하여야 한다.
④ 내력벽의 철근배근 간격은 벽두께의 3배 이하, 또한 450mm 이하로 하여야 한다.
⑤ 두께 250mm 이상의 벽체에 대해서는 수직 및 수평철근을 벽면에 평행하게 양면으로 배치하여야 한다.

(3) 공동주택 각 세대 간의 경계벽 두께

종류	경계벽 두께
조립식 주택부재인 콘크리트판	12cm 이상
철근콘크리트조 또는 철골철근콘크리트조	15cm 이상
무근콘크리트조·콘크리트블록조·벽돌조 또는 석조	20cm 이상

▶ 단, 조립부재인 콘크리트판을 제외한 나머지 구조는 시멘트 모르타르·회반죽·석고플라스터 및 기타 이와 유사한 재료를 바른 후의 두께를 포함한다.

바로확인문제
지하실 외벽 및 기초 벽체의 두께는 ( )mm 이상으로 하여야 한다.

> **개념적용 문제**
>
> 아파트 세대 간 경계벽의 최소 두께는? (단, 시멘트 모르타르, 회반죽, 석고플라스터 기타 이와 유사한 재료의 바름두께를 포함하며 벽체구조는 철근콘크리트조이다)
> 제14회 기출
>
> ① 12cm
> ② 15cm
> ③ 18cm
> ④ 21cm
> ⑤ 24cm
>
> **해설** 아파트 세대 간 경계벽의 최소 두께는 「주택건설기준 등에 관한 규정」에 보면 철근콘크리트조 또는 철골철근콘크리트조로서 그 두께(시멘트 모르타르·회반죽·석고플라스터 및 기타 이와 유사한 재료를 바른 후의 두께를 포함한다)가 15cm 이상이다.
>
> **정답** ②

13·11·10회

2. 옹벽(擁壁)

(1) 일반사항

① 옹벽 자체의 자중 또는 저판 위에 있는 흙의 중량으로 토압에 저항하고 지표면의 고저 차를 유지시켜 구조물의 안정을 도모하기 위한 구조물이다.

② 도로, 철도공사의 깎기·쌓기 사면의 흙막이벽 이외에도 하천, 항만, 운하, 매립지 등의 호안*이나 방조제 또는 흙채움을 지지해야 하는 교량의 교대 및 기초벽에도 광범위하게 이용된다.

• **호안(護岸)**
하안(河岸) 또는 제방을 유수로 인한 파괴와 침식으로부터 직접 보호하기 위하여 그 비탈에 설치하는 구조물

바로확인문제

아파트 세대 간 경계벽의 최소 두께는 「주택건설기준 등에 관한 규정」에 보면 철근콘크리트조 또는 철골철근콘크리트조로서 그 두께(시멘트 모르타르·회반죽·석고플라스터 및 기타 이와 유사한 재료를 바른 후의 두께를 포함한다)가 (   )cm 이상이다.

옹벽 사례

(2) 옹벽의 종류

① 중력식 옹벽
- ㉠ 주로 무근콘크리트로 만들어지며, 자중에 의해서 토압에 저항하는 형식이다.
- ㉡ 설계는 벽체가 외력에 의해 인장응력이 발생되지 않도록 하며, 높이 3m 이하가 일반적이다.

② 캔틸레버식 옹벽(Cantilever Wall)
- ㉠ 벽체에 널말뚝이나 부벽이 연결되어 있지 않고 저판 및 벽체만으로 토압을 받도록 설계된 철근콘크리트 옹벽으로, T형 및 L형 등이 있다.
- ㉡ 경제성 및 시공의 간편성으로 인한 가장 일반적인 옹벽의 형태로 높이 3~7m 정도에 사용한다.
- ㉢ 옹벽의 높이가 7.5m 이상이면 캔틸레버식 옹벽은 전면적 하단의 두께가 커져야 하기 때문에 비경제적이다.

③ 부축벽식 옹벽
- ㉠ 캔틸레버식 옹벽의 길이 방향으로 일정한 간격의 부축벽이 추가된 옹벽으로 7.5m 이상의 높이에 경제적이고, 캔틸레버식 옹벽보다 토압을 많이 받는 경우에 사용한다.
- ㉡ **앞부벽식 옹벽**(Buttressed Retaining Wall): 옹벽의 안정 또는 강도를 확보하기 위하여 흙과 접하지 않는 쪽에 지지벽을 갖는 철근콘크리트 옹벽을 말한다.
- ㉢ **뒷부벽식 옹벽**(Counterfort Retaining Wall): 옹벽의 안정 또는 강도를 보강하기 위하여 옹벽의 토압을 받는 쪽에 지지벽을 갖는 철근콘크리트 옹벽을 말한다.

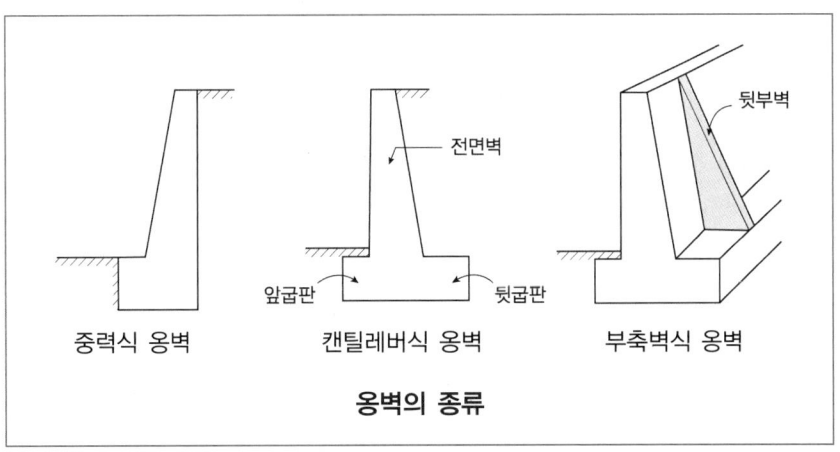

옹벽의 종류

(3) 옹벽 설계 시 안정조건

조건	특징
전도 (Over Turn)	① 전도(Overturning)란 저판 끝단을 기준으로 작용하는 수평력에 의한 휨모멘트(전도 휨모멘트)가 연직력에 의한 휨모멘트(저항 휨모멘트)를 초과함으로 인해 옹벽 및 벽체 등이 넘어지려는 현상을 말한다. ② 전도에 안전하기 위해서는 저항 휨모멘트가 횡토압에 의한 전도 휨모멘트보다 커야 하며, 설계기준에서는 전도에 대한 안전율을 2.0 이상 요구하고 있다.
활동 (Sliding, 滑動)	① 활동(Sliding)은 전단파괴가 일어나 어떤 연결된 면을 따라서 엇갈림이 생기는 경우를 말한다. ② 활동에 대한 저항력은 옹벽에 작용하는 수평력의 1.5배 이상이어야 한다. ③ 활동방지벽*(전단키, Shear Key)은 옹벽의 활동을 일으키는 수평하중에 충분히 저항할 만큼 큰 수동토압을 일으키기 위해 저판 아래에 만드는 벽체를 말한다.
침하 (沈下)	① 지반에 작용하는 최대하중이 지반의 허용지지력 이하가 되도록 하여야 한다. ② 지반에 대한 저항력은 최대하중(옹벽자중 포함)의 1.0배 이상이어야 한다.

• 활동방지벽

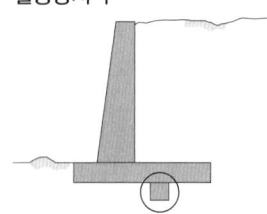

(4) 옹벽의 설계방법

① **저판**
  ㉠ 캔틸레버식 옹벽의 저판은 전면벽과의 접합부를 고정단으로 간주한 캔틸레버로 가정하여 단면을 설계할 수 있다.
  ㉡ 부벽식 옹벽의 저판은 정밀한 해석이 사용되지 않는 한, 부벽 간의 거리를 경간으로 가정한 고정보 또는 연속보로 설계할 수 있다.

② **전면벽**
  ㉠ 캔틸레버식 옹벽의 전면벽은 저판에 지지된 캔틸레버로 설계할 수 있다.
  ㉡ 부벽식 옹벽의 전면벽은 3변 지지된 2방향 슬래브로 설계할 수 있다.
  ㉢ 철근콘크리트 옹벽 시공 시 수직방향으로 콘크리트를 이어치는 것이 바람직하다.

③ **부벽**
  ㉠ 뒷부벽: T형보로 설계하여야 한다.
  ㉡ 앞부벽: 직사각형보로 설계하여야 한다.

바로확인문제

전도에 안전하기 위해서는 저항 휨모멘트가 횡토압에 의한 전도 휨모멘트보다 커야 하며, 설계기준에서는 전도에 대한 안전율을 (   ) 이상 요구하고 있다.

> **개념적용 문제**

옹벽에 관한 설명으로 옳지 않은 것은? 제13회 기출

① 철근콘크리트 옹벽 시공 시 수평방향으로 콘크리트를 이어치는 것이 바람직하다.
② 옹벽의 활동에 대한 저항력은 옹벽에 작용하는 수평력의 1.5배 이상이어야 한다.
③ 무근콘크리트 옹벽은 자중에 의하여 저항력을 발휘하는 중력식 형태로 한다.
④ 철근콘크리트 캔틸레버식 옹벽은 저판 및 벽체만으로 토압을 받도록 설계된 옹벽을 말한다.
⑤ 옹벽의 전도에 대한 저항모멘트는 횡토압에 의한 전도모멘트의 2.0배 이상이어야 한다.

해설 철근콘크리트 옹벽 시공 시 수직방향으로 콘크리트를 이어치는 것이 바람직하다.

정답 ①

3. 기초

(1) 일반사항

① 기초(Footing, Foundation)는 건물의 자중, 활하중, 풍력, 지진력, 기타의 외력을 지반에 전달하고 분배하는 건물 하부의 지중 구조부분 전체를 지칭한다.
② 기초는 흙의 허용지내력을 초과하여서는 안 되고, 과도한 침하·부동침하 그리고 회전이 발생되지 않아야 하고, 전도나 미끄러짐에 대한 안정성이 유지되어야 한다.

(2) 기초설계

① 기초판의 크기와 말뚝의 개수를 결정하는 하중은 사용하중이다.
② 철근콘크리트 독립(확대)기초의 기초판 크기(면적) 결정에 큰 영향을 미치는 것은 허용지내력이다.
③ 말뚝기초의 기초판 설계에서 말뚝의 반력은 각 말뚝의 중심에 집중된다고 가정하여 휨모멘트와 전단력을 계산할 수 있다.
④ 기초가 전단력에 저항하기 위해서는 콘크리트 기초판의 두께를 늘리는 것이 경제적이고, 휨모멘트에 저항하기 위해서는 철근으로 보강하는 것이 경제적이다.

⑤ 기초판 윗면에서부터 하부 철근까지의 깊이는 흙에 놓이는 기초의 경우는 150mm 이상, 말뚝기초의 경우는 300mm 이상으로 하여야 한다.
⑥ 1방향 기초판, 또는 2방향 정사각형 기초판에서 철근은 기초판 전체 폭에 걸쳐 균등하게 배치하여야 한다.
⑦ 2방향 직사각형 기초판의 경우 장변방향의 철근은 폭 전체에 균등하게 배근하고, 단변방향의 철근은 유효폭 내에 균등하게 배치한 후, 나머지 철근량을 유효폭 이외의 부분에 균등하게 배근한다.
⑧ 독립(확대)기초판의 주근은 주로 휨인장응력을 받는 하단에 배근된다.
⑨ 독립(확대)기초에 배근하는 주철근은 부철근보다 아래쪽에 설치되어야 한다.
⑩ 먼저 타설하는 기초와 나중 타설하는 기둥을 연결하는 데 사용하는 철근은 장부철근(Dowel Bar)이다.

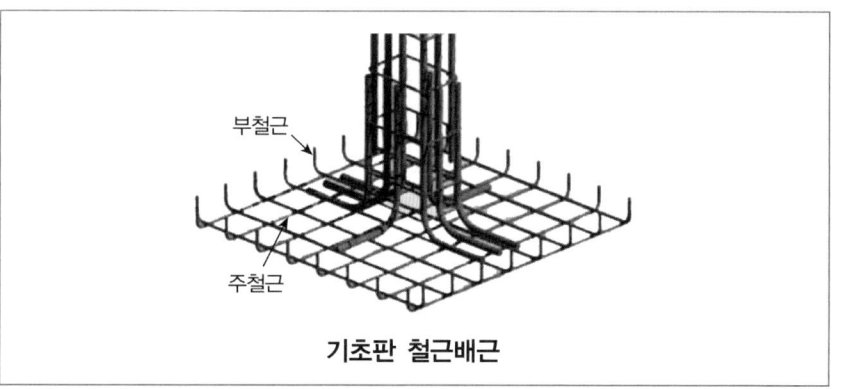

기초판 철근배근

개념적용 문제

기초구조에 관한 설명으로 옳지 않은 것은? 제20회 기출

① 독립(확대)기초에 배근하는 주철근은 부철근보다 위쪽에 설치되어야 한다.
② 말뚝의 개수를 결정하는 경우 사용하중(Service Load)을 적용한다.
③ 기초판의 크기를 결정하는 경우 사용하중을 적용한다.
④ 먼저 타설하는 기초와 나중 타설하는 기둥을 연결하는 데 사용하는 철근은 장부철근(Dowel Bar)이다.
⑤ 2방향으로 배근된 기초판의 경우 장변방향의 철근은 폭 전체에 균등하게 배근한다.

해설 독립(확대)기초에 배근하는 부철근은 주철근보다 위쪽에 설치되어야 한다.

정답 ①

CHAPTER 03 OX문제로 완벽 복습

01 콘크리트 자체는 산성이므로 철근이 녹스는 것을 방지한다. (O | X)

02 철근콘크리트는 압축에 강한 콘크리트와 인장에 강한 철근을 결합하여 각각의 특성이 발휘되도록 한 구조체이다. (O | X)

03 콘크리트 배합 시 골재의 함수상태는 습윤상태 또는 그것에 가까운 상태로 사용하는 것이 바람직하다. (O | X)

04 플랫 슬래브구조는 내부에 보 없이 슬래브를 직접 기둥에 연결하는 구조형식이다. (O | X)

05 프리스트레스트구조는 보 없이 슬래브를 직접 벽에 연결하는 구조형식이다. (O | X)

06 내구성이 중요한 구조물에서 시험에 의해 콘크리트 압축강도가 10MPa 이상이면 기둥 거푸집을 해체할 수 있다. (O | X)

07 아파트 세대 간 경계벽의 최소 두께는 「주택건설기준에 관한 규정」에 보면 철근콘크리트조 또는 철골철근콘크리트조로서 그 두께(시멘트 모르타르·회반죽·석고플라스터 및 기타 이와 유사한 재료를 바른 후의 두께를 포함한다)가 15cm 이상이다. (O | X)

08 플랫 슬래브(Flat Slab)구조는 슬래브의 뚫림 전단(Punching Shear) 보강을 위하여 주두와 지판을 둔다. (O | X)

09 보의 철근을 기둥에 묻고, 슬래브 철근을 보에 묻는 등 콘크리트 속에 철근을 깊게 묻어 뽑히지 않도록 하는 것을 이음이라 한다. (O | X)

10 철근은 가열 가공하는 것을 원칙으로 한다. (O | X)

11 철근콘크리트 보에서 철근의 콘크리트에 대한 부착력이 부족할 때 콘크리트 단면을 변경시키지 않고 부착력을 증가시키는 방법은 인장철근의 주장을 증가시키는 것이다. (O | X)

정답

01 X(산성 ⇨ 알칼리성) 02 O 03 X(습윤상태 ⇨ 표면건조내부포수상태) 04 O 05 X(프리스트레스트구조 ⇨ 벽식구조)
06 O 07 O 08 O 09 X(이음 ⇨ 정착) 10 X(가열 ⇨ 상온) 11 O

12 기둥, 보의 피복두께는 주근 표면과 이것을 덮는 콘크리트 표면까지의 최단거리를 (O I X)
말한다.

13 콘크리트의 종류에 따라 피복두께는 다르며, 일반적으로 경량콘크리트 피복두께는 (O I X)
보통 콘크리트 피복두께 이상으로 한다.

14 철근콘크리트의 단부에 발생하는 대각선 균열, 즉 사인장 균열은 전단력에 의해서 (O I X)
일어난다.

15 경간이 연속인 보의 하부근은 단부에서, 상부근은 중앙부에서 잇는다. (O I X)

16 콘크리트를 부어넣을 때 거푸집이 벌어지거나 변형되지 않게 연결 또는 고정하는 (O I X)
것을 폼타이(Form Tie)라고 한다.

17 콘크리트 타설 후, 물과 미세한 물질(석고, 불순물 등) 등은 상승하고 무거운 골재나 (O I X)
시멘트 등은 침하하게 되는 현상을 레이턴스라고 한다.

18 단위수량이 많을수록 작업이 용이하고, 블리딩은 작아진다. (O I X)

19 이형철근으로 제작한 늑근의 갈고리는 생략할 수 있다. (O I X)

20 시험용 공시체의 크기가 클수록, 재하속도가 느릴수록 강도는 커진다. (O I X)

21 침하균열은 콘크리트 타설 후 자중에 의한 압밀로 철근 배근을 따라 수평부재 상부 (O I X)
면에 발생하는 균열이다.

22 철근콘크리트 시공에서 콘크리트 이어치기 위치는 보·바닥판인 경우 그 간 사이의 (O I X)
중앙부에 수직으로 이음한다.

23 단위시멘트량이 적을수록 건조수축은 감소하고, 단위시멘트량이 많을수록 건조수 (O I X)
축은 증가한다.

24 콘크리트에서 온도가 높고 습도가 높을수록 크리프(Creep)는 증가한다. (O I X)

25 철근콘크리트 구조물의 구조안전 진단 시, 콘크리트의 중성화를 측정하는 방법 중 (O I X)
페놀프탈레인 분무법은 페놀프탈레인 용액의 분무 시 알칼리 측은 홍색으로 반응하
고, 중성 측은 무색으로 반응한다.

26 한중 콘크리트공사 시 어떠한 경우에도 시멘트를 가열해서는 안 된다. (O I X)

27 중량 콘크리트는 비중이 큰 골재를 사용하여 주로 방사선 차폐용으로 사용한다. (○ | ×)

28 프리스트레스트 콘크리트는 부재의 길이 방향으로 스트레스를 미리 가하여 부재에 (○ | ×)
압축응력이 발생하지 않게 한다.

29 서중 콘크리트는 하루의 평균기온이 20℃를 넘는 시기에 타설되는 콘크리트이다. (○ | ×)

30 한중 콘크리트는 하루의 평균기온이 4℃ 이하의 낮은 온도에서 타설되는 콘크리트 (○ | ×)
이다.

31 철근콘크리트 옹벽 시공 시 수평방향으로 콘크리트를 이어치는 것이 바람직하다. (○ | ×)

정답

12 ×(주근 ⇨ 띠근, 늑근)　13 ○　14 ○　15 ○　16 ○　17 ×(레이턴스 ⇨ 블리딩)　18 ×(작아진다 ⇨ 커진다)
19 ×(생략할 수 있다 ⇨ 생략할 수 없다)　20 ×(커진다 ⇨ 작아진다)　21 ○　22 ○　23 ○　24 ×(높을수록 ⇨ 낮을수록)
25 ○　26 ○　27 ○　28 ×(압축응력 ⇨ 인장응력)　29 ×(20℃ ⇨ 25℃)　30 ○　31 ×(수평방향 ⇨ 수직방향)

CHAPTER 04 강구조

회독체크 1 2 3

CHAPTER 미리보기

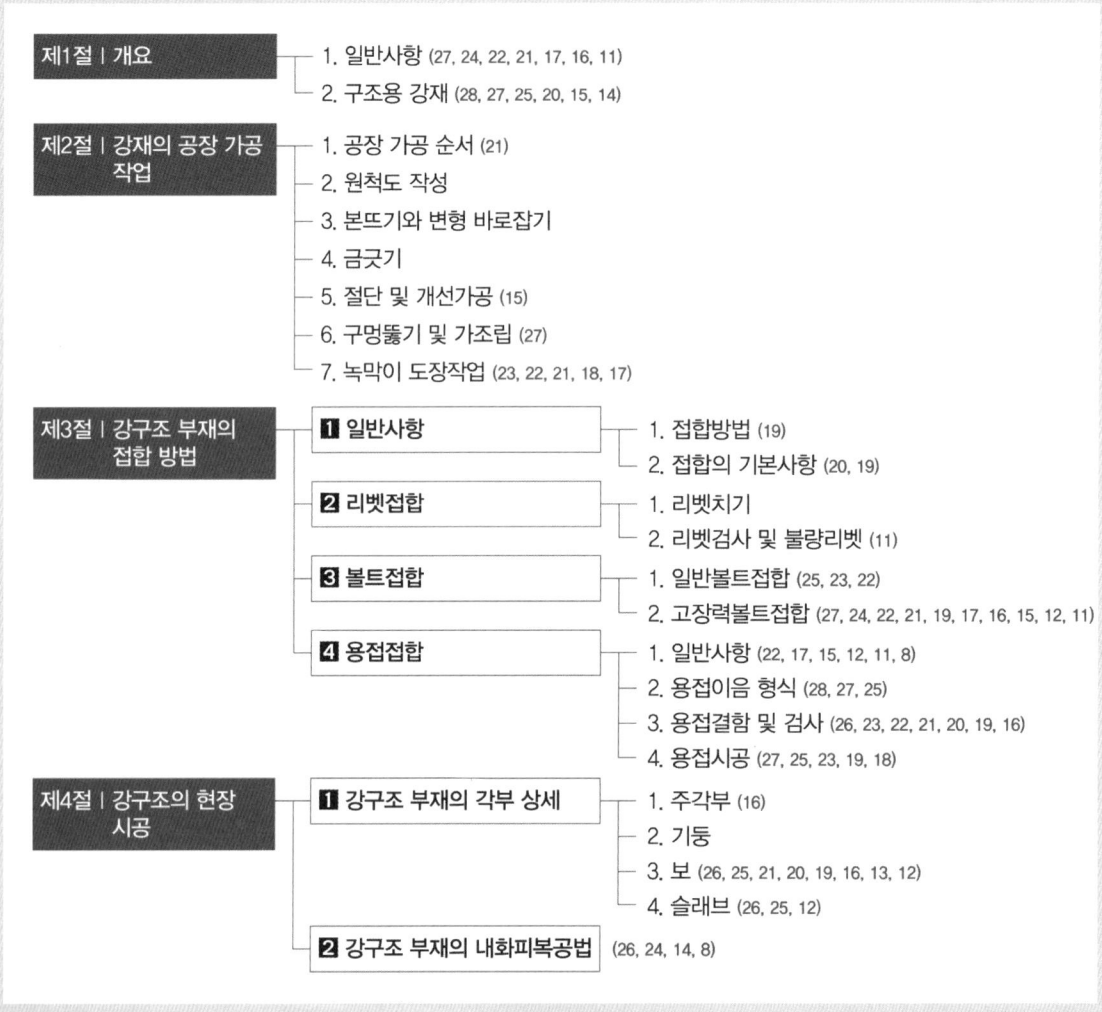

학습전략

평균 2문제 정도(6.0%)이나 매년 출제되고 있기 때문에 관심을 가지고 학습해야 하며, 이 CHAPTER에서는 주로 고장력볼트의 정의 및 특징 암기, 용접접합의 일반사항 파악, 보부재 특징 이해를 위주로 학습할 필요가 있습니다.

학습키워드

- 강구조의 특징
- 구조용 강재 표시법
- 강구조의 접합
- 고장력볼트 접합
- 용접접합의 특징
- 스티프너, 커버플레이트
- 주각부
- 철골의 내화피복종류 및 공법

제1절 개요

1. 일반사항

(1) 강구조(철골구조)의 정의

① 강구조란 형강, 강관, 강판 등을 가공 결합하여 기둥, 보 등의 부재를 접합의 방법으로 구조체를 형성하는 구조이다.

② 강구조는 콘크리트 구조물이나 조적 구조물처럼 현장에서 모든 공정이 이루어지지는 않는데, 기둥과 보는 공장에서 주로 용접의 방법으로 제작하고, 나머지 공정은 현장에서 시공하여 구축하는 구조로서 공사기간이 짧은 공사방법이다.

(2) 강구조의 특징

① 장점

  ㉠ 강재는 단위중량에 비해 고강도이므로 구조체의 경량화에 의해 고층구조 및 장스팬 구조에 적합하다.

  ㉡ 강재는 인성이 커서 변형에 유리하고, 소성변형능력이 우수하다.

  ㉢ 강재는 공장 생산되어 재료의 균질성이 매우 좋으므로 정도(精度) 높은 해석이 가능하여 설계의 신뢰성이 높고, 공사 시 품질의 신뢰성도 높다.

  ㉣ 인장응력과 압축응력이 거의 같아서 세장한 구조부재가 가능하며, 압축강도가 콘크리트의 약 10~20배로 커서 단면의 크기가 상대적으로 작아도 된다.

  ㉤ 공장 제작작업과 현장 조립작업으로 공사의 표준화를 도모할 수 있어 시공효율이 매우 높으며, 건식공법이므로 RC구조부분과 분리작업이 가능하여 공기를 단축시킨다.

  ㉥ 기존 건축물의 증축, 보수가 용이하다.

  ㉦ 강재는 건축자재로서 우수한 기능과 훌륭한 조형미를 제공할 뿐만 아니라 강구조물의 해체 후에는 재활용도가 매우 높아 환경친화적인 재료로 각광을 받고 있다.

② 단점

  ㉠ 강재의 내력은 고온에 대하여 취약하여 500~600℃에서는 상온 강도의 약 1/2, 800℃에서는 거의 0이 되기 때문에 내화설계에 의한 내화피복이 필요하다.

- **세장비(細長比)**
  압축 부재에서 부재의 가늘고 긴 비율을 말하며, 일반적으로 길면 장주, 짧으면 단주로 구분한다.

ⓒ 강재는 단면에 비해 부재가 세장*하여 변형이나 좌굴을 일으키기가 쉽다.
ⓒ 접합부의 신중한 설계와 용접부의 검사가 필요하다.
ⓔ 처짐이나 진동에 대한 고려를 충분히 하지 않으면 거주자가 불안감을 느낄 수 있으므로, 강도뿐만 아니라 사용성을 고려한 설계를 해야 한다.
ⓜ 유지관리가 필요하다.
ⓗ 응력반복에 따른 피로(疲勞)에 의해 강도저하가 심하다.
ⓢ 강재의 취성파괴는 저온에서 인장할 때 또는 갑작스런 하중의 집중으로 생기기 쉽다.

강구조 시공 장면

개념적용 문제

강구조의 장점 및 단점에 관한 설명으로 옳지 않은 것은? 제22회 기출

① 강재는 재질이 균등하며, 강도가 커서 철근콘크리트에 비해 건물의 중량이 가볍다.
② 장경간 구조물이나 고층 건축물을 축조할 수 있다.
③ 시공정밀도가 요구되어 공사기간이 철근콘크리트에 비해 길다.
④ 고열에 약해 내화설계에 의한 내화피복을 해야 한다.
⑤ 압축력에 대해 좌굴하기 쉽다.

해설 강구조는 공장 제작작업과 현장 조립작업으로 공사의 표준화를 도모할 수 있어 시공효율이 매우 높으며, 건식공법이므로 철근콘크리트에 비해 공사기간이 짧다.

정답 ③

바로확인문제

강구조는 일반적으로 부재단면에 비하여 길이가 길어 좌굴되기 (   ).

(3) 강재를 구성하는 주요 원소

종류	함유량	특성
철(Fe)	98% 이상	강재의 대부분을 차지하는 구성요소이다.
탄소(C)	0.04~2%	① 강재에서 철 다음으로 중요한 요소이다. ② 탄소량이 증가하면 항복점·인장강도·경도(Hardness)·취성은 증가하나, 연성·인성·용접성은 떨어진다. ③ 강재에서 탄소량은 강재의 성질에 결정적인 영향을 미친다.
망간(Mn)	0.5~1.7%	① 탄소와 비슷한 성질을 가지며, 강재의 등급에 따라서 원하는 강재의 성질을 얻기 위해 탄소와 복합적으로 사용한다. ② 산소, 황과 함께 열간압연과정에서도 필요한 원소이다.
크롬(Cr)	0.1~0.9%	① 니켈과 구리와 함께 부식을 방지하기 위해서 쓰이는 화학성분이다. ② 스테인리스강에는 주요 구성성분이 된다.
니켈(Ni)	-	강재의 부식방지를 위해 사용되며 저온에서 취성파괴에 대한 인성(Fracture Toughness)을 증가시키는 역할을 한다.
인(P), 황(S)	-	① 두 물질은 공통적으로 강재의 취성을 증가시켜 바람직하지 못한 성질을 가져온다. ② 강재의 성분비에서 일정량 이상이 사용되지 못하도록 규제하고 있다. ③ 강재의 기계가공성을 증가시키는 역할을 한다.
실리콘(Si)	0.4% 이하	강재에 주로 사용되는 탈산제 중 하나이다.
구리(Cu)	0.2% 이하	강재의 주요한 부식 방지제 중 하나이다.

• 경도(Hardness, 硬度)
광물의 단단한 정도

• 탈산제(脫酸劑)
금속의 제련 과정에서, 용융 상태의 금속에서 산소를 제거하는 데 쓰는 물질

(4) 강재의 응력 – 변형도 관계

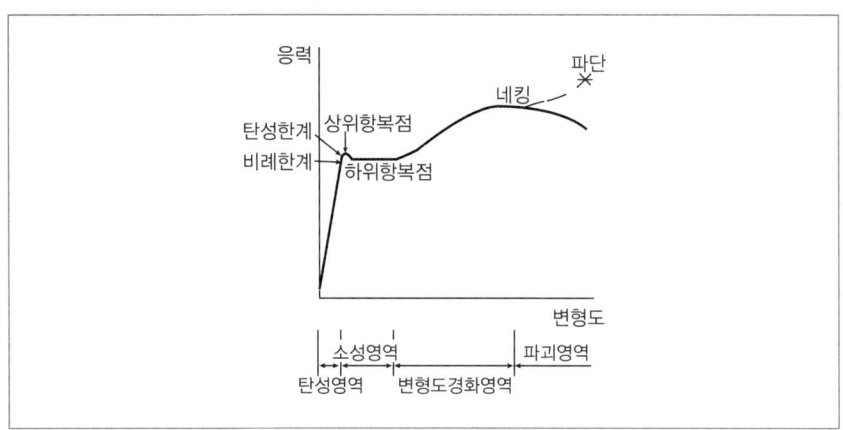

구분	정의
비례한계 (Proportional Limit)	응력과 변형도가 비례하여 선형(線形) 관계를 유지하는 한계의 응력을 나타낸다.
탄성한계 (Elastic Limit)	하중을 비례한도보다 다소 높은 응력까지 높인 후 하중을 제거하면 원점으로 되돌아가는 지점을 탄성한계라 한다.
항복점	금속재료의 항복점은 응력의 증가 없이 변형도가 크게 증가하기 시작하는 지점의 응력을 말한다.
항복강도(F_y)	강재의 항복강도는 하위항복점을 의미한다.
인장강도(F_u)	인장강도는 인장시험에서 시험편이 받을 수 있는 최대응력, 즉 변형도 경화영역의 최대응력을 가리킨다.

- 선형(線形)
  선처럼 가늘고 긴 모양

28·27·25·20·15·14회

관련기준
건축구조설계기준코드(KDS)
2025 〈KDS 14 31 05 : 2024〉

- 압연(壓延)
  금속 가공법의 하나로 금속 재료를 상온이나 고온으로 가열하여 회전하는 롤(roll) 사이에 넣고, 막대, 선, 판, 봉 따위의 모양으로 가공하는 것

2. 구조용 강재

(1) 구조용 강재의 명칭

① 강재의 재질 규격

㉠ SS(Steel Structure): 일반구조용 압연(壓延) 강재
㉡ SN(Steel New): 건축구조용 압연강재
㉢ SM(Steel Marine): 용접구조용 압연강재
㉣ SMA(Steel Marine Atmosphere): 용접구조용 내후성 열간압연강재
㉤ SRT(Steel Pipe Structure Rectangle): 일반구조용 각형 강관
㉥ SSC(Steel Structure Coldforming): 일반구조용 경량형강

개념적용 문제

구조용 강재의 재질표시로 옳지 않은 것은? 제25회 기출

① 일반구조용 압연강재: SS
② 용접구조용 압연강재: SM
③ 용접구조용 내후성 열간압연강재: SMA
④ 건축구조용 압연강재: SSC
⑤ 건축구조용 열간압연 형강: SHN

해설 건축구조용 압연강재는 SN으로 표시한다.

정답 ④

② 강재 기호의 의미

$$\text{SM 275 A·B·C}$$

㉠ 첫 번째 문자 S는 Steel을 나타낸다.
㉡ 두 번째 문자는 제품의 용도 및 강종을 뜻한다.
㉢ 숫자는 각 강종의 최저항복강도(MPa)를 표시한다.
㉣ SM 275A에서 마지막의 A는 충격흡수에너지에 의한 강재의 품질을 의미하며, A·B·C 순으로 A보다는 C가 충격특성이 향상되는 고품질의 강을 의미하고, 특히 C강재는 저온에서 사용되는 구조물과 취성파괴가 문제가 되는 특수한 부위에 사용된다.

③ **주요구조용강재의 재료강도(MPa)**

강도	강재기호 판 두께	SS235	SS275	SM275 SMA275	SM355 SMA355	SN275	SN355	SHN275	SHN355
F_y	16mm 이하	235	275	275	355	275	355	275	355
	16mm 초과 40mm 이하	225	265	265	345				
	40mm 초과 75mm 이하	205	245	255	335	255	335	275	355
	75mm 초과 100mm 이하			245	325				
F_u	100mm 이하	330	410	410	490	410	490	410	490

> **참고** 턴버클(Turn Buckle)
> 1. 지지대나 지지 와이어로프 등의 길이를 조절하기 위한 기구이다.
> 2. 강구조의 절점 간을 대각선으로 연결하는 부재인 가새(Brace)에 사용하여 수평력에 저항하는 역할을 한다.

• 턴버클

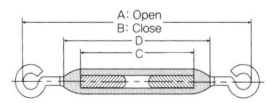

(2) 구조용 강재의 분류

① TMCP강(Thermo Mechanical Control Process Steels)
㉠ 최근 구조물의 고층화, 대형화, 장스팬화에 따라 용접성과 내진성이 뛰어난 극후판의 고강도·고성능 강재가 필요하게 되어, 압연가공과정 중 열처리 공정을 동시에 수행함으로써 압연온도와 냉각조건을 제어하여 높은 강도와 인성을 갖는 저탄소당량의 TMCP강을 개발하게 되었다.

바로확인문제

SM 275에서 숫자는 강종의 최저( )강도를 표시한다.

ⓒ TMCP 강재는 극후판의 용접성과 내진성을 개선한 제어열처리강이다.

ⓒ TMCP 강재는 판두께 40mm 이상의 후판인 경우라도 항복강도의 변화가 없고 용접성이 우수하여 현장용접이음에 대한 대응력이 우수하고, 소성변형능력이 뛰어나 초고층 강구조 건물의 적용에 적합하다.

② **내후성강(SPA강)**

ⓐ 강재가 옥외에서 비를 맞거나 일부가 수중이나 바닷물에 노출되어 사용되어야 하는 경우에는 일반적으로 부식상태를 보고 강재의 두께를 키우거나 방청도료를 바르지만, 강재 그 자체의 성분을 바꿔서 부식의 진행을 억제하는 것을 목적으로 한다.

ⓑ 내후성강은 적절히 조치된 고강도 저합금강으로서 부식방지를 위한 도막 없이 대기에 노출되어 사용되는 강재이다.

③ **내화강(FR강)**

ⓐ 보통의 강재는 고온에서 내력이 저하되고 자중에도 견디지 못하게 되는데, 이러한 점을 개선한 강이 내화강이다.

ⓑ 내화강은 크롬, 몰리브덴 등의 원소를 첨가한 것으로서 600℃의 고온에서도 항복점을 상온의 2/3 이상 유지할 수 있는 성능을 갖고 있다.

④ **SN(건축구조용압연강재)**

ⓐ 건축물의 내진성능을 확보하기 위하여 보통 구조용강에서는 규정되어 있지 않은 항복점의 상한치 제한 등에 의해 품질의 편차를 줄인 강재이다.

ⓑ 탄소량 그리고 인·황과 같은 불순물의 엄격한 제한 등에 의해 용접성, 냉간가공성, 인장강도, 연성 등을 향상시키고, 공칭치수를 엄격히 제어하여 철저한 품질관리가 가능하도록 한 강재이다.

• H형강

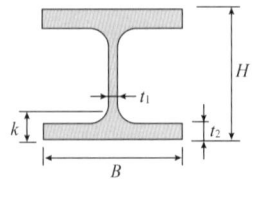

$H-H \times B \times t_1 \times t_2$

• I형강

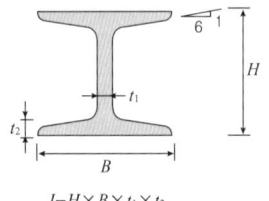

$I-H \times B \times t_1 \times t_2$

• 플랜지(Flange)
가장자리, 불룩한 테두리

• 웨브(Web)
복부

> **참고** H형강* 및 I형강*
>
> 1. H형강 및 I형강은 주로 기둥, 보 등의 구조용으로 사용된다.
> 2. H형강은 가장 널리 쓰이는 형강으로서, 단면의 치수표시법은 'H−H(단면의 춤) × B(플랜지*의 폭) × t_1(웨브*의 두께) × t_2(플랜지의 두께)'이며, 이때 단위는 mm이다.
> 3. H형강은 플랜지의 두께가 일정하게 유지되고 단면성능이 우수하며, 접합 등의 시공성이 뛰어난 장점이 있다.
> 4. I형강은 형태가 H형강과 비슷하나 플랜지의 두께가 안쪽에서 외부로 차츰 줄어드는 변단면형상을 갖는다.

개념적용 문제

구조용 강재에 관한 설명으로 옳지 않은 것은?   제27회 기출

① 강재의 화학적 성질에서 탄소량이 증가하면 강도는 감소하나, 연성과 용접성은 증가한다.
② SN은 건축구조용 압연강재를 의미한다.
③ TMCP강은 극후판의 용접성과 내진성을 개선한 제어열처리강이다.
④ 판두께 16mm 이하인 경우 SS275의 항복강도는 275MPa이다.
⑤ 판두께 16mm 초과, 40mm 이하인 경우 SM355의 항복강도는 345MPa이다.

해설 강재의 화학적 성질에서 탄소량이 증가하면 강도도 증가하나, 연성과 용접성은 감소한다.

정답 ①

제2절 강재의 공장 가공작업

1. 공장 가공 순서

원척도 작성 ⇨ 본뜨기 ⇨ 변형 바로잡기 ⇨ 금매김 ⇨ 절단 및 가공 ⇨ 구멍뚫기 ⇨ 가조립 ⇨ 리벳치기 ⇨ 검사 ⇨ 녹막이칠 ⇨ 운반

참고 밀시트(Mill Sheet)

강재 납입 시에 첨부하는 품질보증서로 제조번호, 강재번호, 화학성분, 기계적 성질 등이 기록되어 있으며, 정식 영문 명칭은 Mill Sheet Certificate이다.

2. 원척도(原尺圖) 작성

구분	내용
정의	설계도 및 시방서에 따라 공장 원척소의 바닥 위에 각부 상세 및 재의 길이 등을 원척(Full Size) 즉, 실물과 같은 치수로 그리는 도면으로, 현치도라고도 한다.
기입사항	높이, 총 길이, 스팬(Span), 강재치수, 형상, 물매, 볼트 수 및 간격 등을 기입한다.

강재의 공장 가공작업
1. 공장 가공 순서
2. 원척도 작성
3. 본뜨기와 변형 바로잡기
4. 금긋기
5. 절단 및 개선가공
6. 구멍뚫기 및 가조립
7. 녹막이 도장작업

▶ 관련기준
건축표준시방서코드(KCS) 2025 (KCS 14 31 10 : 2024)

▶ 21회

바로확인문제

( )는 강재 납입 시에 첨부하는 품질보증서로 제조번호, 강재번호, 화학성분, 기계적 성질 등이 기록되어 있다.

3. 본뜨기와 변형 바로잡기

구분	내용
본뜨기	원척도에서 얇은 강판으로 본뜨기를 하여 본판(절단본, 구멍뚫기본 2가지)을 정밀하게 작성한다.
변형 바로잡기	검사에 합격한 강재에 변형이 발생하면 공작이 곤란하므로 금매김 전에 변형을 바로잡는 것을 말한다.

4. 금긋기(Marking)

(1) 정의
① 금긋기는 금매김이라고 하며, 본뜨기한 본판을 이용하여 강재 위에 절단이나 구멍뚫기의 위치 등을 강필로 그리는 것을 말한다.
② 강판의 마킹에는 가능한 한 합성수지 필름을 사용하지 않는 것으로 하되, 부득이 사용할 경우에는 그 필름의 최대치수를 3m, 최소폭 50mm로 하고 신축성 있는 재료는 사용하지 말아야 한다.

(2) 금긋기 시 주의사항
① 강판 위에 주요 부재를 마킹할 때에는 주된 응력의 방향과 압연 방향을 일치시켜야 한다.
② 마킹할 때에는 구조물이 완성된 후에 구조물의 부재로서 남을 곳에는 원칙적으로 강판에 상처를 내어서는 안 된다. 특히, 고강도강 및 휨가공하는 연강 표면에는 펀치, 정 등에 의한 흔적을 남겨서는 안 된다. 다만, 절단, 구멍뚫기, 용접 등으로 제거되는 경우에는 무방하다.
③ 주요 부재의 강판에 마킹할 때에는 펀치(Punch) 등을 사용하지 않아야 한다.

5. 절단 및 개선(그루브)˙가공

- 개선(Groove, 開先)
  용접할 수 있도록 만든 홈

- 플라스마(Plasma)절단
  플라스마란 초고온에서 음전하를 가진 전자와 양전하를 띤 이온으로 분리된 기체 상태를 말하고, 이것을 만들려면 흔히 직류, 초고주파, 전자빔 등 전기적 방법을 가해 플라스마 파를 만들어 고강도 물질을 절단하게 된다.

(1) 절단
① 주요 부재의 강판 절단은 주된 응력의 방향과 압연 방향을 일치시켜 절단함을 원칙으로 하며, 절단작업 착수 전 재단도를 작성해야 한다.
② 강재의 절단은 강재의 형상, 치수를 고려하여 기계절단(전단절단·톱절단), 가스절단, 플라스마(Plasma)절단˙, 레이저절단 등을 적용하고, 가스절단을 하는 경우는 원칙적으로 자동가스절단기를 이용한다.

가스절단 시공 장면

③ 채움재, 띠철, 형강, 판두께 13mm 이하의 연결판, 보강재 등은 전단 절단할 수 있다. 절단선 부위가 손상을 입은 경우에는 손상부를 제거할 수 있도록 깎아내거나 또는 그라인더로 평활하게 마무리해야 한다.
④ 절단할 강재의 표면에 녹, 기름, 도료가 부착되어 있는 경우에는 제거 후 절단해야 한다.
⑤ 용접선의 교차 부분 또는 한 부재를 다른 부재에 접합시킬 때 불필요한 접촉을 피하기 위하여 모퉁이따기(Scallop)를 할 경우에는 10mm 이상 둥글게 해야 한다.

> **참고** 스캘럽(Scallop)
>
> 1. 용접선이 교차할 경우, 이를 피하기 위하여 오목하게 파 놓은 것이다.
> 2. 스캘럽은 용접의 교차에 의해 응력의 집중을 막거나 전주(全周) 용접이 용이하도록 하기 위한 것이다.
>
>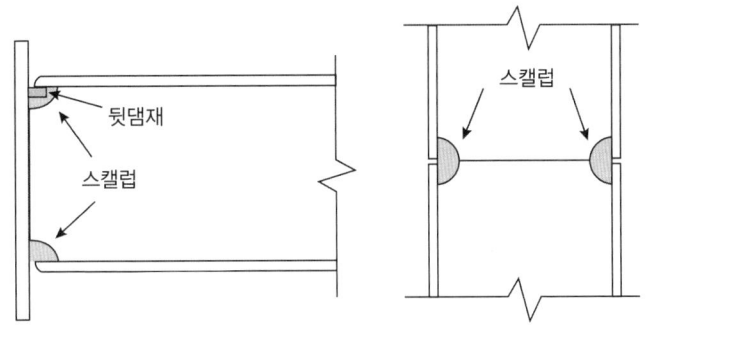

▶ 15회

⑥ 절단면의 결함은 육안검사로 하고 용접이음부는 방사선 투과검사 또는 초음파 탐상 검사에 의하여 확인해야 한다.

(2) 개선(그루브) 가공

① 개선각도(그루브 각도)와 루트는 정밀하게 가공되어야 한다.
② 그루브용접을 위한 그루브 가공 허용오차는 규정값에 −2.5°, +5°(부재 조립 정밀도의 1/2) 범위 이내, 루트면의 허용오차는 규정값에 ±1.6mm 이내로 해야 한다.

바로확인문제

(　　)은 용접선이 교차할 경우, 이를 피하기 위하여 오목하게 파 놓은 것이다.

③ 그루브 가공은 자동가스절단기 또는 기계절단기로 하는 것을 원칙으로 한다.

(3) 휨(굽힘)가공

① 휨가공은 상온가공 또는 열간가공으로 한다.
② 열간가공의 경우에는 적열*상태(800~900℃)에서 하고, 청열취성*역 (200~400℃)에서 가공해서는 안 된다.
③ 기둥 또는 보 및 가새단의 헌치 등 소성변형 능력을 요구하는 부재의 내측 휨반경은 가공재 판두께의 4배 이상, 그 이외의 부재에서는 가공재 판두께의 2배로 한다.
④ SM 460 및 SMA 460 이상인 열처리강(QT강), 열가공제어강(TMC강)의 열간 휨가공은 원칙적으로 해서는 안 된다.
⑤ 담금질은 강을 가열한 후 급랭하여 강도와 경도를 향상시키는 열처리 작업이다.

6. 구멍뚫기 및 가조립

(1) 구멍뚫기 방법

① 구멍뚫기는 소정의 지름으로 정확하게 뚫어야 하되, 드릴(Drill) 및 리머(Reamer)* 다듬질을 병용하여 마무리해야 한다.
② 가조립하기 이전에 소정의 지름으로 구멍을 뚫을 때에는 형판 또는 자동천공기를 사용해야 한다.
③ 판두께 13mm 이하 강재에 구멍을 뚫을 때에는 눌러 뚫기(펀칭, Press Punching)에 의하여 소정의 지름으로 뚫을 수 있으나 구멍 주변에 생긴 손상부는 깎아서 제거해야 한다.

구멍뚫기(드릴링) 시공 장면

펀칭 시공 장면

- **적열(赤熱)**
  쇠붙이 따위를 빨갛게 달굼 또는 그렇게 달구어진 상태

- **청열취성(靑熱脆性)**
  강이 300℃ 부근의 온도에서 연신율이나 충격치가 상온에서보다 낮아져서 취약하게 되는 현상으로 강재의 연마면이 청색으로 변하는 온도에 상당하기 때문에 이렇게 불린다.

- **리머(Reamer)**
  구멍을 정확한 치수의 지름으로 넓히고 구멍의 내면을 깨끗하게 다듬질하는 원통 또는 원뿔 모양의 회전 절삭 공구

바로확인문제

판두께 ( )mm 이하 강재에 구멍을 뚫을 때에는 눌러 뚫기(펀칭, Press Punching)에 의하여 소정의 지름으로 뚫을 수 있으나 구멍 주변에 생긴 손상부는 깎아서 제거해야 한다.

(2) 볼트 구멍의 직경

① 고장력볼트 구멍의 직경(mm)

고장력볼트의 직경	표준 구멍의 직경	과대(대형) 구멍의 직경
M16	18	20
M20	22	24
M22	24	28
M24	27	30
M27	30	35
M30	33	38

② 기타 볼트 구멍의 직경(mm)

종류	볼트의 직경(d)	볼트 구멍의 직경
일반볼트	d	d + 0.5
앵커볼트	d	d + 5.0

(3) 볼트 구멍의 정밀도

① 볼트 구멍의 직각도는 1/20 이하이어야 한다.
② 제작 시 구멍중심선 축에서 구멍의 어긋남은 ±1mm 이하로 하며, 볼트 그룹에서 처음 볼트와 마지막 볼트의 최대연단거리의 오차는 ±2mm 이하로 한다.
③ 마찰이음으로 부재를 조립할 경우 구멍의 엇갈림은 1.0mm 이하로 하고, 지압이음으로 부재를 조립할 경우 구멍의 엇갈림은 0.5mm 이하로 한다.

7. 녹막이 도장작업(방청도료, 防鏽塗料)

(1) 일반사항

① 철재 바탕일 경우, 도장 도료 견본 크기는 300 × 300mm로 한다.
② 도료의 배합비율 및 시너의 희석비율은 질량비로서 표시한다.
③ 건조시간은 온도 약 20℃, 습도 약 75%일 때 다음 공정까지의 최소시간이고, 온도 및 습도의 조건이 크게 차이 날 경우에는 공사감독자의 승인을 받아 건조시간(도막양생시간)을 결정한다.
④ 도장의 표준량은 평편한 면의 단위면적에 도장하는 도장재료의 양이고, 실제 사용량은 도장하는 바탕면의 상태 및 도장재료의 손실 등을 참작하여 여분을 생각해 두어야 한다.

바로확인문제

도료의 배합비율 및 시너의 희석비율은 (   )비로서 표시한다.

⑤ 볼트는 형상에 요철이 많고 부식이 쉬우므로 도장하기 전에 방식대책을 수립하여야 한다.
⑥ 처음 1회째의 방청도장은 가공장에서 조립 전에 도장함을 원칙으로 하고, 화학처리를 하지 않은 것은 표면처리 직후에 도장한다(단, 부득이하게 조립 후에 도장할 때에는 조립하면 밀착되는 면은 1회, 도장이 곤란하게 되는 면은 1~2회씩 조립 전에 도장한다).
⑦ 현장 반입 후 도장은 현장에서 설치하거나 짜 올릴 때 용접 부산물 또는 부착물을 제거한 후 도장한다(단, 설치 후 도장이 불가능한 부분은 설치 전에 도장한다).

> **개념적용 문제**
>
> **강구조의 도장 및 도금에 관한 설명으로 옳지 않은 것은?**   제18회 기출
>
> ① 도료의 배합비율은 용적비로 표시한다.
> ② 철재 바탕일 경우, 도장 도료 견본 크기는 300 × 300mm로 한다.
> ③ 가연성 도료는 전용 창고에 보관하는 것을 원칙으로 한다.
> ④ 운전부품 및 라벨에는 도장하지 않는다.
> ⑤ 볼트는 형상에 요철이 많고 부식이 쉬우므로 도장하기 전에 방식대책을 수립하여야 한다.
>
> **해설** 도료의 배합비율은 질량비로 표시한다.
>
> **정답** ①

(2) 바탕만들기 및 바탕면 처리

① 녹, 유해한 부착물(예 먼지, 기름, 타르분, 회반죽, 플라스터, 시멘트 모르타르) 및 노화가 심한 낡은 구 도막은 완전히 제거한다.
② 면의 결점(예 홈, 구멍, 갈라짐, 변형, 흡수성이 불균등한 곳 등)을 보수하여 면을 도장하기 좋은 상태로 한다.
③ 유해한 성분(예 수분, 기름, 수지, 산, 알칼리 등)이 배어 나오거나 녹아 나오지 않도록 처리한다.
④ 도장의 부착이 잘되도록 하기 위해 연마* 등의 필요한 조치를 한다.
⑤ 바탕 자체 및 바탕 표면이 건조하지 않을 때에는 충분한 양생기간을 두어 충분히 건조시킨 후 그다음 공정의 작업을 진행시켜야 한다.

• **연마**
표면처리의 마지막 단계로 재료의 평활, 평탄도를 유지하고 광택을 높이는 것

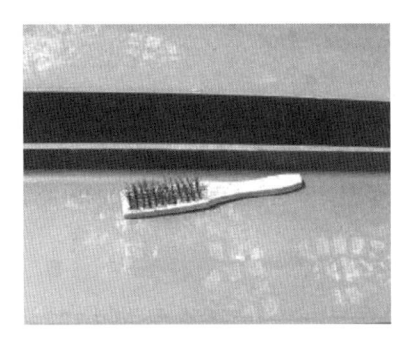 

와이어 브러시　　　　　　연마 그라인더

(3) 녹막이 도장을 해서는 안 되는 환경 및 기상조건

① 도장하는 장소의 기온이 낮거나 습도가 높고, 환기가 충분하지 못하여 도장건조가 부적당할 때
② 도장작업 장소의 기온이 5℃ 이하, 상대습도가 80% 이상일 때
③ 기온이 높아 강재표면온도가 50℃ 이상이 되어 기포가 생길 우려가 있을 때
④ 눈 또는 비가 올 때 및 안개가 끼었을 때
⑤ 강설우, 강풍, 지나친 통풍, 도장할 장소의 더러움 등으로 인하여 물방울, 들뜨기, 흙먼지 등이 도막에 부착되기 쉬울 때
⑥ 주위의 다른 작업으로 인해 도장작업에 지장이 있거나 도막이 손상될 우려가 있을 때

(4) 녹막이 도장을 하지 아니하는 부분

① 마감된 금속표면(별도의 지시가 없으면 도금된 표면, 스테인리스강, 크롬판, 동, 주석 또는 이와 같은 금속으로 마감된 재료는 도장하지 않는다)
② 움직이는 품목(운전부품, 기계 및 전기부품의 밸브, 댐퍼 동작기, 감지기 모터 및 송풍기 샤프트) 및 라벨
③ 고장력볼트접합부의 마찰면
④ 현장용접하는 부위 및 초음파 탐상검사에 지장을 미치는 범위
⑤ 콘크리트에 밀착되거나 매입되는 부분
⑥ 조립에 의하여 맞닿는 면
⑦ 폐쇄형 단면을 한 부재의 밀폐된 면

> 관련기준
> 건축표준시방서코드(KCS) 2025〈KCS 41 31 30 : 2022〉

> 바로확인문제
> 별도의 지시가 없으면 도금된 표면, 스테인리스강, 크롬판, 동, 주석 또는 이와 같은 금속으로 마감된 재료는 도장하지 (　　).

- **소지(素地)**
  대상이 가지고 있는 본래의 바탕

(5) 도장작업 시의 기후조건

① 일반적인 도장작업은 대기온도가 5℃ 이상, 상대습도 85% 이하인 조건에서 작업하여야 한다.
② 온도가 너무 높은 경우에 건조가 비정상적으로 빨라지고 핀홀이나 기포 같은 결함현상이 발생할 수 있으며, 온도가 낮으면 경화가 느릴 뿐만 아니라 불완전한 경화를 유발할 수 있다. 제조사의 안내서를 참조하고 특별한 규정이 없는 경우 43℃ 이상에서는 작업을 하지 않는다.
③ 소지(素地) 표면온도는 이슬점(露點) 온도보다 3℃ 이상 높아야 한다.
④ 옥외에서 시공 시 강풍, 비, 눈, 이슬이 내리는 환경에서는 작업을 중지한다.
⑤ 도장작업 시 주위에서 용접작업 등 불꽃을 유발할 수 있는 작업은 금지한다.

녹막이 도장 작업 현장

제3절 강구조 부재의 접합방법 ★

1 일반사항

1. 접합방법

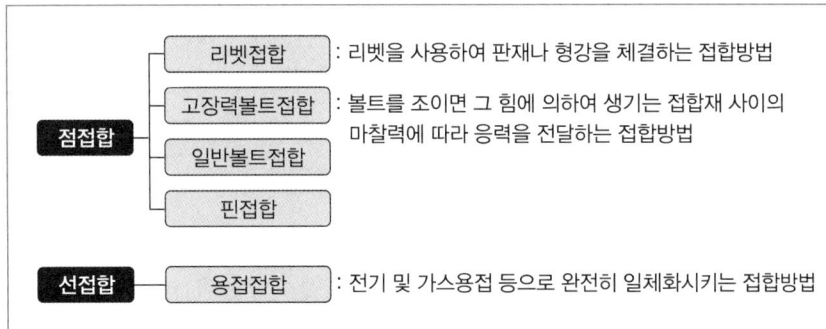

2. 접합의 기본사항

(1) 접합의 중요성

① 강구조는 볼트 및 용접접합에 의해 기둥과 보로 제작하여 현장에서 조립하는 구조이므로 접합부의 안전성이 대단히 중요하다.
② 강구조물의 접합은 설계를 포함하여 공장가공과 현장시공 전반에 걸쳐 영향을 미치게 된다.
③ 완성된 구조물에 대한 안전성 확보, 공사비의 경제성 확보에도 중요한 영향을 미치기 때문에 항상 기술자들이 세심하게 신경써야 한다.

고장력볼트접합

용접접합

20·19회

(2) 접합부 설계 시 고려사항

① 일반적으로 공사현장에서의 접합은 주로 고장력볼트접합이지만, 후판부재의 접합인 경우 현장용접으로 접합해야 한다.
② 압축재 접합부에 볼트를 사용하는 경우 볼트 구멍의 단면결손은 무시할 수 있으며, 볼트의 지압파괴는 전단접합에서 발생하는 파괴의 일종이다.
③ 주요한 부재의 접합부에는 부재의 존재응력이 낮은 값이라도 현장조립 시의 임시볼트로 사용하거나 볼트의 파단으로 인한 부재 전체의 붕괴를 방지하기 위하여 볼트 및 고장력볼트로 접합하는 경우에는, 1개의 볼트만을 사용하지 않고 반드시 2개 이상의 볼트로 접합하도록 설계해야 한다.
④ 모든 접합부는 존재응력과 상관없이 반드시 45kN 이상 지지하도록 설계해야 한다.
⑤ 편심에 대한 별도의 지정이 없는 경우, 축방향 힘을 전달하는 부재의 단부에서 용접이나 볼트의 군은 그 군의 중심이 부재의 중심과 일치하도록 배열해야 한다. 또한 축력을 받는 부재의 축이 한 점에서 만나지 않을 경우에는 편심의 영향을 고려하여야 한다.
⑥ 접합부는 부재에 발생하는 응력이 완전히 전달되도록 하고, 이음은 가능한 한 응력이 작게 되도록 한다.

2 리벳(Rivet)접합

1. 리벳치기

가열온도	900~1,000℃ 정도로 가열한 것을 사용(600℃ 이하는 타격금지)
인원	① 3명이 1조(달구기, 받침대기, 해머공) ② 철골의 ton당 리벳 수: 보통 300~400개
공구(기구)	조리벳터(Joe Riveter)(공장), 뉴매틱해머(현장), 쇠메, 리벳홀더, 스냅

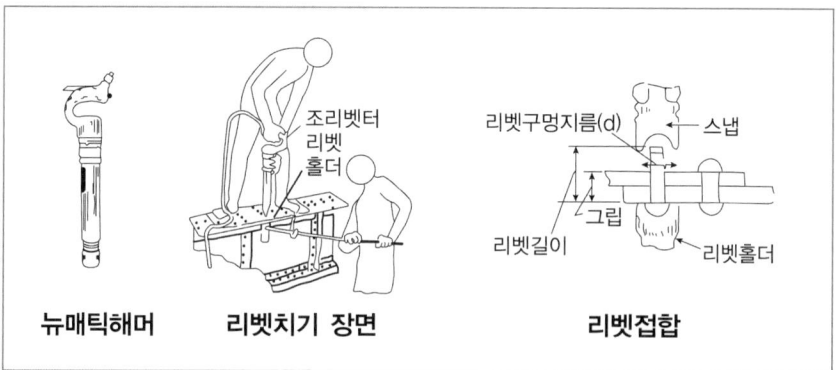

뉴매틱해머   리벳치기 장면   리벳접합

바로확인문제

압축재 접합부에 볼트를 사용하는 경우 볼트 구멍의 단면결손은 (   )할 수 있으며, 볼트의 지압파괴는 전단접합에서 발생하는 파괴의 일종이다.

2. 리벳검사 및 불량리벳

(1) 검사
① 외관관찰, 타격음 검사로 판정한다.
② 불량리벳 발견 시 머리를 따 내고 다시 친다.

(2) 불량리벳의 종류
① 건들거리는 것
② 머리모양이 틀린 것 또는 머리가 갈라진 것
③ 머리와 축선이 일치하지 않는 것
④ 머리가 강재에 밀착되지 않은 것
⑤ 강재 간에 틈이 있는 것

• 둥근머리리벳

• 리벳머리 압착하기

개념적용 문제

강구조에 관한 설명으로 옳지 않은 것은? 제11회 기출

① 기둥과 보는 주로 강관이나 형강을 사용한다.
② 기둥과 보를 연결하는 접합은 리벳이음을 주로 사용한다.
③ 강재를 용접하는 경우에는 용접용 강재를 사용하는 것이 유리하다.
④ 고장력볼트를 이용한 접합은 접합재 상호 간 생긴 마찰력으로 힘을 전달한다.
⑤ 용접이음은 모재와 접합재가 일체되어 튼튼하며 구멍이 뚫려 생기는 단면결손이 없다.

해설 강구조에서 기둥과 보를 연결하는 접합은 응력전달이 확실한 용접 또는 고장력볼트로 하여야 한다.

정답 ②

3 볼트접합

1. 일반볼트접합

(1) 일반볼트의 개요
① 장단점

장점	단점
㉠ 시공이 용이하고, 조립이 간편	㉠ 진동, 반복 하중에 접합부 변형 발생
㉡ 해체가 가능	㉡ 너트 잘 풀림

② **사용 제한**
  ㉠ 진동, 충격 또는 반복 응력을 받는 접합부에는 볼트를 사용하지 않는다.
  ㉡ 일반볼트는 영구적인 구조물에는 사용해서는 안 되고 가체결용으로만 사용한다.
  ㉢ 일반볼트접합은 가설건축물 등에 제한적으로 사용되며, 높은 강성이 요구되는 주요 구조부분에는 사용하지 않는다.

③ **볼트의 종류**
  ㉠ 상볼트: 볼트 표면을 모두 연마하여 마무리한 것으로 핀 접합부에 사용
  ㉡ 중볼트: 두부 하부와 중간부를 마무리한 것으로 충격이 없는 내력부에 사용
  ㉢ 흑볼트: 가조임용

(2) 일반볼트 및 고장력볼트의 배치

① **배치방법**
  ㉠ 볼트접합에서의 배치는 정렬배치와 엇모배치가 있다.
  ㉡ 일반적으로 정렬배치가 많이 쓰이고 있지만, 구조적으로는 엇모배치가 더 유리하다.

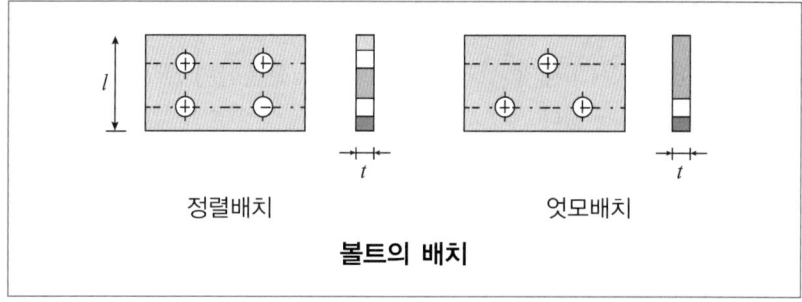

정렬배치 　　　　엇모배치
볼트의 배치

② **배치 시 내용**

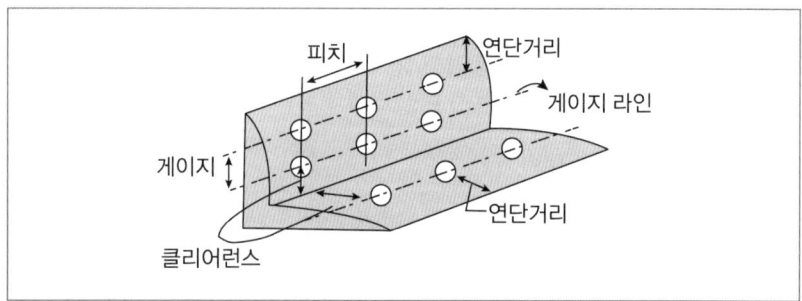

  ㉠ 게이지 라인(Gauge Line): 볼트의 중심선을 연결하는 선
  ㉡ 게이지(Gauge): 게이지 라인과 게이지 라인 사이의 거리

ⓒ 클리어런스(Clearance)*: 볼트와 수직재면 사이의 거리(작업 시 필요한 여유)

ⓔ 피치(Pitch): 볼트 중심 사이의 간격
  ⓐ 최소 피치: 볼트지름(d)의 2.5배 이상
  ⓑ 표준 피치: 볼트지름의 3~4배 정도

ⓜ 연단거리: 볼트 구멍에서 부재 끝단까지의 거리
  ⓐ 통상적으로 최소연단거리는 볼트직경의 2.5배 이상으로 하면 안전하다.
  ⓑ 연단거리를 지나치게 크게 하면 휘어지기도 하므로 최대연단거리는 판두께의 12배 이하 또한 150mm 이하로 한다.

ⓗ 그립(Grip)*: 볼트로 접합하는 판의 총두께로, 그립의 두께는 볼트지름의 5배 이하로 한다.

• 클리어런스(Clearance)
(두 물건 사이의) 간격, 여유, 틈

• 그립(Grip)
단단히 잡음, 손잡이

2. 고장력볼트(고력볼트)접합

(1) 고장력볼트의 일반사항

① 고장력볼트접합은 고장력볼트를 강력히 조여서 얻어지는 원응력을 응력전달에 이용하여 접합재 간의 마찰저항(Friction)에 의해 힘이 전달되는 시스템이다.

② 고장력볼트접합은 접합부 강성이 높아 변형이 거의 없는 우수한 접합방법이다.

③ 고장력볼트접합방법의 종류는 마찰접합과 지압접합 및 인장접합으로 분류되며, 일반적으로 고장력볼트접합이라고 하면 마찰접합을 말한다.

▶ 27·24·22·17·16·15·12·11회

▶ 관련기준
건축표준시방서코드(KCS) 2025 〈KCS 14 31 25 : 2024〉

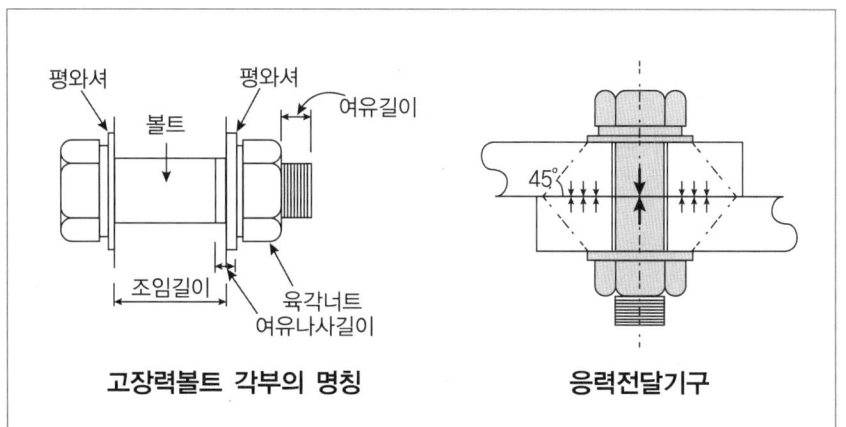

고장력볼트 각부의 명칭   응력전달기구

(2) 고장력볼트접합의 구조적인 장점

① 강한 조임력으로 너트의 풀림이 생기지 않는다.
② 응력방향이 바뀌더라도 혼란이 일어나지 않는다.
③ 응력집중이 적으므로 반복응력에 대해서 강하다.
④ 고장력볼트의 전단 및 판에 지압(指壓)응력이 생기지 않는다.
⑤ 유효단면적당 응력이 작으며, 피로강도가 높다.

• 지압(指壓)
  손이나 손가락 따위로 누르거나 두드림

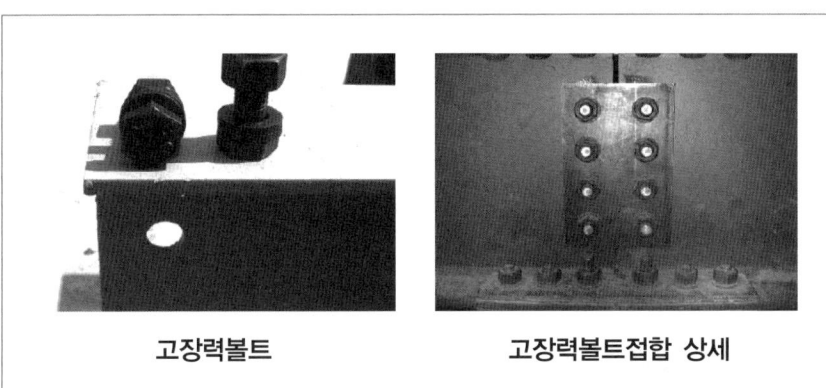

고장력볼트 / 고장력볼트접합 상세

(3) 고장력볼트의 조임

① 조임기기

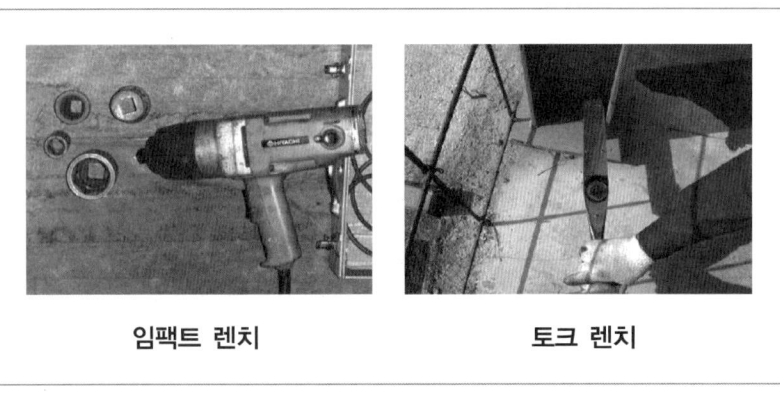

임팩트 렌치 / 토크 렌치

② 마찰면의 준비
  ㉠ 접합부 마찰면의 밀착성 유지에 주의하고, 모재접합 부분의 변형, 뒤틀림, 구부러짐, 이음판의 구부러짐 등이 있는 경우에는 마찰면이 손상되지 않도록 교정한다.
  ㉡ 마찰면에는 도료, 기름, 오물 등이 없도록 충분히 청소하여 제거하며, 들뜬 녹은 와이어 브러시 등으로 제거한다.

바로확인문제
고장력볼트는 유효단면적당 응력이 (   ), 피로강도가 (   ).

ⓒ 마찰면인 강재의 표면과 고장력볼트 구멍 주변을 정리하고, 구멍을 중심으로 지름의 2배 이상 범위의 녹, 흑피 등을 숏 블라스트(Shot Blast)• 또는 샌드 블라스트(Sand Blast)•로 제거한다.

ⓓ 끼움재의 재질은 모재의 재질과 관계없이 사용할 수 있고, 끼움재는 양면 모두 마찰면으로 처리한다.

③ **고장력볼트 조임 일반사항**

ⓐ 볼트는 나사를 손상시키지 않고 정확하게 구멍 속에 끼워 넣어야 하며, 볼트 끼우기 중 나사 부분과 볼트머리는 손상되지 않게 보호한다.

ⓑ 모든 볼트머리와 너트 밑에 각각 와셔 1개씩 끼우고, 너트를 회전시켜서 조인다. 다만, 토크-전단형(T/S) 고장력볼트•는 너트 측에만 1개의 와셔를 사용한다.

• 숏 블라스트(Shot Blast)
미세한 입자를 압축공기로 강판표면에 세차게 부딪쳐 녹을 제거하는 설비

• 샌드 블라스트(Sand Blast)
노즐에서 연마재(모래)를 분사하여 소재 표면을 다듬거나 녹을 제거하는 가공방법

• 토크-전단형(T/S) 고장력볼트

• 볼트의 핀테일

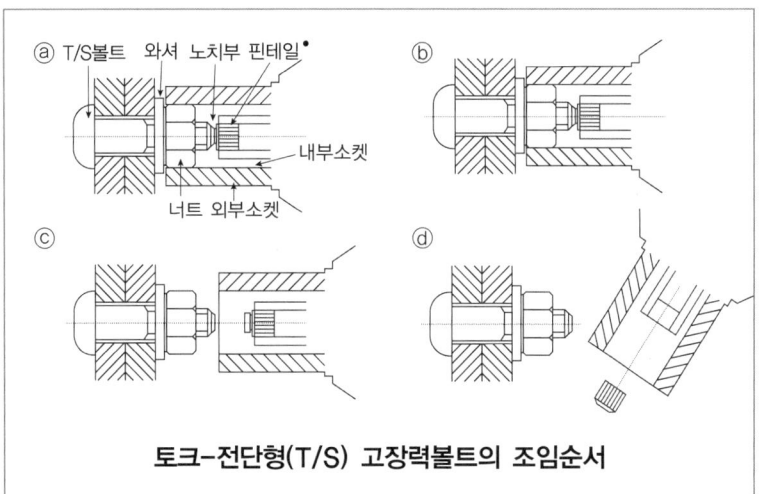

토크-전단형(T/S) 고장력볼트의 조임순서

ⓒ 와셔는 볼트머리와 너트에 평행하게 놓아야 한다. 볼트가 볼트축에 직각인 평면과 1/20보다 큰 경사를 갖는 경사면이나 원형면 위에 사용될 경우에는 볼트머리나 너트가 완전히 지지되도록 경사진 와셔나 원형 와셔를 갖추어야 한다.

ⓓ 세트를 구성하는 와셔 및 너트에는 바깥쪽과 안쪽이 있다. 볼트접합부에 사용할 때에는 너트의 표시 기호가 있는 쪽이 바깥쪽이고, 와셔는 면치기가 있는 쪽이 바깥쪽이므로 반대로 사용하지 않도록 주의한다.

ⓔ 볼트의 조임 및 검사에 사용되는 기기 중 토크렌치와 축력계의 정밀도는 ±3% 오차범위 이내가 되도록 충분히 정비된 것을 이용한다.

ⓑ 볼트의 끼움에서 본조임까지의 작업은 같은 날 이루어지는 것을 원칙으로 한다.

ⓢ 볼트의 조임 작업 시 본조임은 원칙적으로 강우 및 결로 등 습한 상태에서 조임해서는 안 된다.

ⓞ 볼트의 조임은 설계볼트장력에 10%를 증가시켜 표준볼트장력을 얻을 수 있도록 한다.

ⓩ 본조임은 토크관리법에 의해 표준볼트장력을 얻을 수 있도록 조정된 조임기기를 이용하여야 한다. 조임기기의 조정은 매일 조임작업 전에 하는 것을 원칙으로 한다.

ⓧ 고장력볼트, 너트, 와셔 등이 동시회전이나 축회전을 일으킨 경우, 너트회전량에 이상이 인정되는 경우, 너트면에서 돌출된 여장이 과대·과소한 경우에는 새로운 세트로 교체한다.

ⓚ 한번 사용한 볼트는 재사용할 수 없다.

개념적용 문제

강구조의 고장력볼트에 관한 설명으로 옳지 않은 것은? 제21회 기출

① 토크-전단형(T/S) 고장력볼트는 너트 측에만 1개의 와셔를 사용한다.
② 볼트는 1차 조임 후 1일 정도의 안정화를 거친 다음 본조임하는 것을 원칙으로 한다.
③ 볼트는 원칙적으로 강우 및 결로 등 습한 상태에서 본조임해서는 안 된다.
④ 볼트 끼우기 중 나사부분과 볼트머리는 손상되지 않도록 보호한다.
⑤ 볼트 조임 및 검사용 토크렌치와 축력계의 정밀도는 ±3% 오차범위 이내가 되도록 한다.

해설 볼트는 1차 조임에서 본조임까지의 작업이 같은 날 이루어지는 것을 원칙으로 한다.

정답 ②

④ **고장력볼트 조임 순서**

㉠ 볼트의 조임은 1차 조임과 본조임으로 나누어서 시행한다.
㉡ 1차 조임 및 본조임은 접합부 볼트군(群)마다 볼트를 삽입한 후 이음의 중앙부에서 판 단부 쪽으로 조임해 간다.

바로확인문제

볼트는 1차 조임에서 본조임까지의 작업이 (   ) 날 이루어지는 것을 원칙으로 한다.

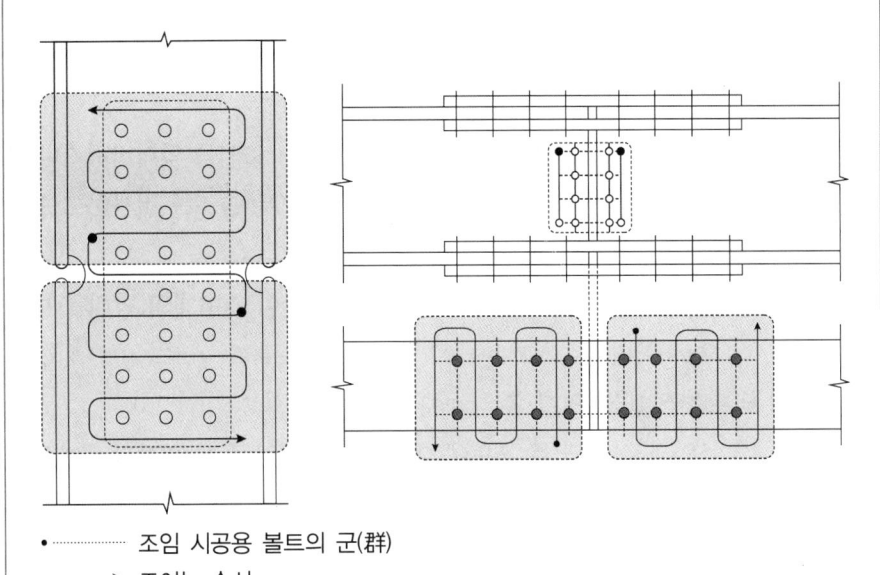

- ·········· 조임 시공용 볼트의 군(群)
- ──→ 조이는 순서
- 볼트군마다 이음의 중앙부에서 판 단부 쪽으로 조여진다.

  ⓒ 현장조임은 1차 조임, 마킹, 2차 조임(본조임), 육안검사의 순으로 한다.

  ⓔ 현장시공 시 각 볼트군에 대한 볼트 수의 10% 이상, 최소 1개 이상에 대해 조임검사를 실시하고, 조임력이 부적합할 때에는 반드시 보정해야 한다.

⑤ **고장력볼트 조임 후 검사**

 ㉠ **일반사항**

  ⓐ 볼트조임 후 검사방법에는 토크관리법, 너트회전법, 조합법 등이 있다.

  ⓑ 볼트조임 후 검사는 연결면의 처리, 연결이음부의 두께 차이, 볼트구멍의 엇갈림, 볼트 조임상태 등을 제 규정에 맞추어 시공했는지를 확인해야 한다.

 ㉡ **토크관리법에 의한 조임검사**

  ⓐ 조임완료 후 각 볼트군의 10%의 볼트 개수를 표준으로 하여 토크렌치에 의하여 조임 검사를 실시한다. 이 결과 조임 시공법 확인을 위한 시험에서 얻어진 평균 토크의 ±10% 이내의 것을 합격으로 한다.

ⓑ 불합격한 볼트군에 대해서는 다시 그 배수의 볼트를 선택하여 재검사하되, 재검사에서 다시 불합격한 볼트가 발생하였을 때에는 그 군의 전체를 검사한다.
　　　ⓒ 10%를 넘어서 조여진 볼트는 교체한다. 조임을 잊어버렸거나 조임 부족이 인정된 볼트군에 대해서는 모든 볼트를 검사하고 동시에 소요 토크까지 추가로 조인다.
　　　ⓓ 볼트 여장은 너트면에서 돌출된 나사산이 1~6개의 범위를 합격으로 한다.
　　ⓒ 너트회전법에 의한 조임검사
　　　ⓐ 조임완료 후 모든 볼트에 대해서 1차 조임 후에 표시한 금매김의 어긋남에 의해 동시회전의 유무, 너트회전량 및 너트여장의 과부족을 육안검사하여 이상이 없는 것을 합격으로 한다.
　　　ⓑ 1차 조임 후에 너트회전량이 120°±30°의 범위에 있는 것을 합격으로 한다.
　　　ⓒ 이 범위를 넘어서 조여진 고장력볼트는 교체한다. 또한 너트의 회전량이 부족한 너트에 대해서는 소요 너트회전량까지 추가로 조인다.

4 용접접합

1. 일반사항

(1) 정의

① 용접은 2개 이상의 강재를 국부적으로 원자 간 결합에 의하여 일체화한 접합으로서, 접합부에 용융금속을 생성 또는 공급하여 국부용융으로 접합하는 것이고, 모재의 용융을 동반한다.
② 건설 분야에서 가장 많이 사용되는 중요한 용접방법은 전극 간의 아크열을 이용하는 아크˙용접이다.
③ 강재의 용접에서는 국부적으로 급속한 고온에서 급속한 냉각이 수반되어 모재의 재질변화, 용접변형, 잔류응력이 발생하므로, 이런 점이 용접설계 및 용접시공상의 중요한 고려사항이다.

• 아크(Arc)
전류가 양극 사이의 기체 속을 큰 밀도로 흐를 때 강한 열과 밝은 빛을 내는 일

(2) 장단점

장점	단점
① 강력한 설계 시공을 할 수 있다. ② 저소음·저진동의 시공이 가능하다. ③ 강재량이 절약된다. ④ 접합부의 강성이 크다. ⑤ 구멍에 의한 부재단면 결손이 없다.	① 기능공의 시공기술 및 용접 자세에 따라 접합강도의 차이가 발생한다. ② 접합부 검사가 어렵고, 고도의 기술을 필요로 한다. ③ 용접열에 의하여 부재의 변형이 생기기 쉽다. ④ 용접부의 결함 발견이 곤란하다.

개념적용 문제

강구조의 접합에 관한 설명으로 옳지 않은 것은? 제17회 기출

① 강구조는 공장에서 가공한 강재를 현장에서 조립하는 방식으로 시공한다.
② 용접은 볼트접합에 비해 단면 결손이 있으나 소음 발생이 적은 장점이 있다.
③ 고장력볼트접합은 접합부 강성이 높아 변형이 거의 없다.
④ 고장력볼트접합은 내력이 큰 볼트로 접합재를 강하게 조여 생기는 마찰력을 통해 힘을 전달한다.
⑤ 용접은 시공기술에 따라 접합강도의 차이가 있으며 열에 의한 변형 등이 발생할 수 있다.

해설 용접은 볼트접합에 비해 단면 결손이 없으며 소음 발생이 적은 장점이 있다.
정답 ②

(3) 용접접합의 종류

종류	내용
피복 아크용접	용접봉과 모재의 사이에 직류전압을 가한 상태에서 양극이 적정 간격에 도달하면 강렬한 빛의 아크가 발생하며, 이 아크에서 발생하는 약 6,000℃의 고열을 이용한 용접
서브머지드 아크용접	이음부 용접 표면에 미세한 입상(粒狀)의 플럭스(Flux)를 공급하고 플럭스 내부에서 피복하지 않은 용접봉으로써 아크용접하는 방법
가스용접	가스와 산소의 혼합물의 연소열을 이용하여 접합하는 방식
일렉트로 슬래그 용접	슬래그의 전기저항열로 모재와 용접봉을 녹여서 접합하는 방식으로 대단히 두꺼운 판의 용접을 목적으로 개발한 것

• 아크용접

바로확인문제

고장력볼트접합은 접합부 강성이 (   ) 변형이 거의 없다.

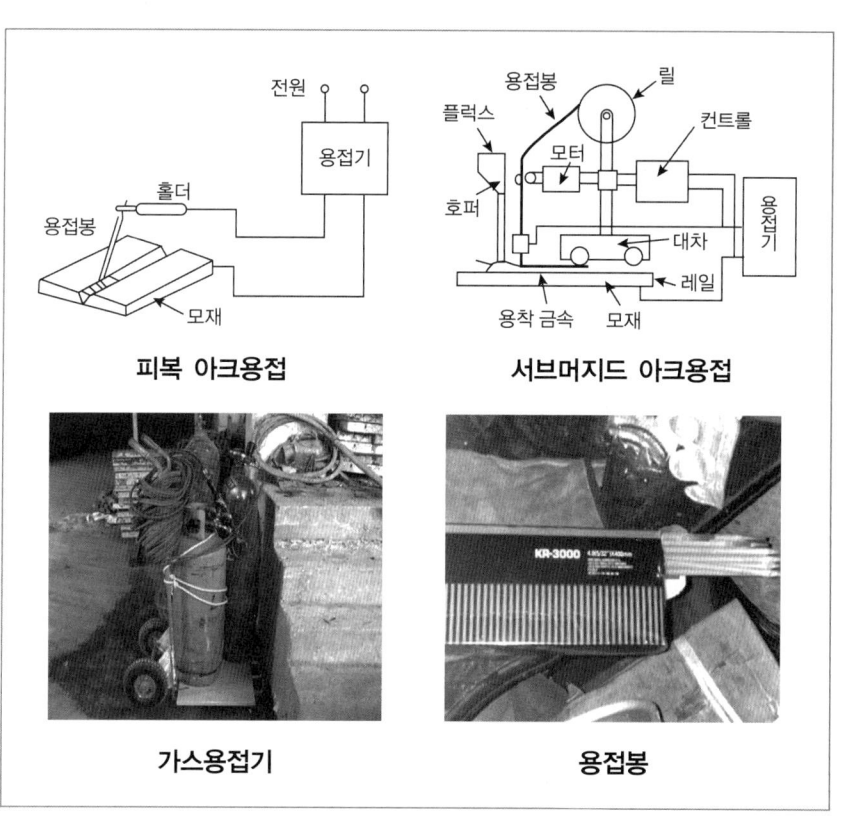

피복 아크용접   서브머지드 아크용접

가스용접기   용접봉

(4) 용어정리

용어	정의
예열	균열 발생이나 열영향부의 경화를 막기 위해서 용접 또는 가스 절단하기 전에 모재에 미리 열을 가하는 것
루트(Root)	용접부 단면에서의 밑바닥(맞댐용접에서 트임새 끝의 최소간격)
그루브 [개선(開先), Groove]	용접에서 두 부재 간 사이를 트이게 한 홈에 용착금속을 채워 넣는 부분
플럭스(Flux)	철골가공 및 용접에서 자동용접의 경우 용접봉의 피복재 역할로 쓰이는 분말상의 재료
가우징(Gouging)	금속판의 뒷면깎기로 용접결함부의 제거 등을 위해 금속표면에 골을 파는 것
뒷댐재(Back Strip)	용접에서 부재의 밑에 대는 금속판
패스(Pass), 비드(Bead)	용접의 진행방향으로 1회의 용접조작을 패스라 하고, 그 결과 생기는 금속 용착부를 비드라 함
위빙(Weaving)	용접방향과 직각으로 용접봉 끝을 움직여 용착너비를 증가시켜 용접층수를 작게 하여 효과적으로 운행하는 방법
위핑(Weeping)	용접작업 중에 용접봉을 용접하는 방향에 대하여 가로로 왔다갔다 움직여 용착금속을 녹여 붙이는 방법
스패터(Spatter)	용접 중에 튀어나오는 슬래그나 금속입자
엔드탭(End Tab*)	용접선의 단부에 붙인 보조판으로, 아크의 시작부나 종단부의 크레이터 등의 결함 방지를 위하여 사용하고 그 판은 제거함

• 탭(Tab)
  ~에 장식띠를 달다

개념적용 문제

강구조와 관련된 용어의 설명으로 옳지 않은 것은?   제15회 기출

① 뒷댐재는 용접 시 루트간격 아래에 대는 판을 말한다.
② 고장력볼트의 접합력은 볼트의 장력에 의해 발생되는 마찰력이 좌우한다.
③ 턴버클(Turn Buckle)은 스터드 용접 시 용접 불량을 방지하기 위해 사용된다.
④ 엔드탭(End Tab)은 용접의 시점과 종점에 용접 불량을 방지하기 위해 설치하는 금속판이다.
⑤ 스캘럽(Scallop)은 용접선이 교차할 경우 이를 피하기 위하여 오목하게 파 놓은 것이다.

해설 턴버클(Turn Buckle)은 지지용 로프 등을 잡아당기거나 늦출 때 사용하는 연결부품으로서 양 끝에 오른나사와 왼나사의 이음이 있다.

정답 ③

2. 용접이음 형식

(1) 그루브용접(맞댐용접, Groove Welding)

① 일반사항

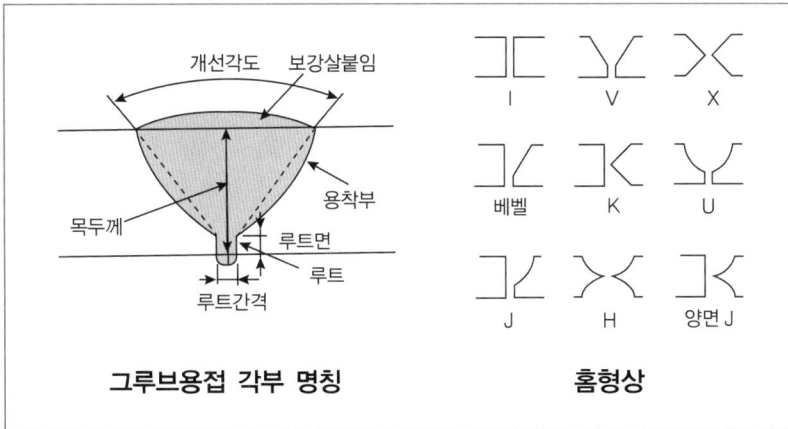

그루브용접 각부 명칭 / 홈형상

㉠ 그루브용접은 용접이 양호하게 되도록 한쪽, 또는 양쪽 부재의 끝단면을 비스듬히 절단하여 용접하는 방법이다.
㉡ 그루브용접 시 위쪽을 먼저 용접하고 백가우징(Back Gouging)을 한 후 뒤쪽을 용접하거나, 백가우징이 어려울 때는 뒷댐재(Back Strip)를 대고 용접한다.

> **관련기준**
> 건축구조설계기준코드(KDS) 2025 (KDS 14 31 25 : 2024)

• **백가우징(Back Gouging)**
그루브 용접에서 용접부 하단에는 기공을 비롯한 여러 가지 불량요소가 자리하기 쉬우므로 이를 제거하기 위하여 용접부 하단에서 역으로 불어내는 작업을 말한다.

바로확인문제
(   )용접은 용접이 양호하게 되도록 한쪽, 또는 양쪽 부재의 끝단면을 비스듬히 절단하여 용접하는 방법이다.

ⓒ 루트 밑면의 뒷댐재 및 용접 개시점과 종료점의 용착금속에 결함이 없도록 하기 위하여 양단에 엔드탭(End Tab) 등을 부착하고 피용접 판재 두께의 2배 폭 정도의 띠판을 뒷댐재로 사용한다.

② **종류**

종류	정의
완전용입용접	용접 유효목두께가 판두께 이상이 확보되는 건전한 용접부로, 이음부의 판폭에 대해서도 충분히 용접되어 일반적으로 이음부 소재의 전체 판두께 및 전체 폭을 용접하는 것
부분용입용접	응력의 흐름으로 보아 완전용입과 같이 전단면의 유효용접면적이 불필요할 때에 채택하는 방식

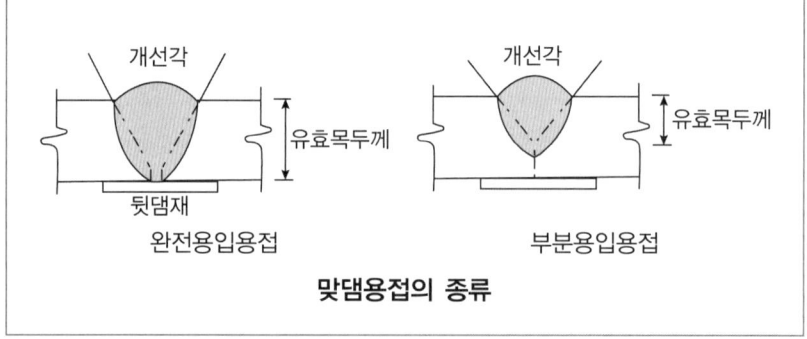

맞댐용접의 종류

③ **그루브용접 이음의 도시법**

도면표시 및 실제 모양	내용
18 3 60°	㉠ V형 그루브용접 ⓒ 개선각(홈의 각도): 60° ⓒ 개선깊이(목두께): 18mm ⓔ 루트 간격: 3mm
60° 90° 16 9 90° 3 / 9 16 3 60°	㉠ X형 홈용접 ⓒ 홈깊이: 화살쪽 16mm, 화살과 반대쪽 9mm ⓒ 홈각도: 화살쪽 60°, 화살과 반대쪽 90° ⓔ 루트 간격: 3mm

> **참고** 용접기호의 표기방법
>
> 1. 용접기호는 접합부를 지시하는 지시선과 기선에 기재한다. 기선은 수평선이고 필요 시에는 꼬리를 붙인다. 지시선은 기선에 대해 60° 또는 120°의 직선이다.
> 2. 기호 및 사이즈는 용접하는 쪽이 화살 있는 쪽 또는 앞쪽인 때는 기선의 아래쪽에, 화살의 반대쪽이거나 뒤쪽이면 기선의 위쪽에 밀착하여 기재한다.

④ **그루브용접의 유효면적**
   ㉠ 그루브용접의 유효면적(A)은 용접의 유효길이(ℓ)에 유효목두께(a)를 곱한 것으로 한다.
   ㉡ 그루브용접의 유효길이(ℓ)는 접합되는 부분의 폭으로 한다.

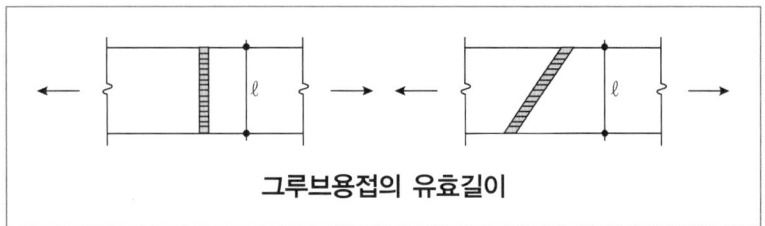

그루브용접의 유효길이

   ㉢ 완전용입된 맞댐용접(그루브용접)의 유효목두께(a)는 접합판 중 얇은 쪽의 판두께로 한다.
   ㉣ 건축구조물의 경우, 완전용입 그루브용접의 공칭강도는 모재의 공칭강도와 완전용입 그루브용접의 공칭강도 중 작은 값으로 한다.
   ㉤ 부분용입 그루브용접의 공칭강도는 용접축에 평행으로 작용하는 인장 또는 압축에 대해서는 고려할 필요가 없다.

(2) 필릿용접(모살용접, Fillet Welding)

> 28 · 27 · 25회

① **일반사항**
   ㉠ 필릿용접은 두 접합재의 면을 가공하지 않고 직각으로 맞추어 겹쳐지는 모서리 부분을 용접하는 방법이다.
   ㉡ 필릿용접은 구조물의 접합부에 상당히 많이 사용되는 방법으로서 비용도 상대적으로 저렴하다.

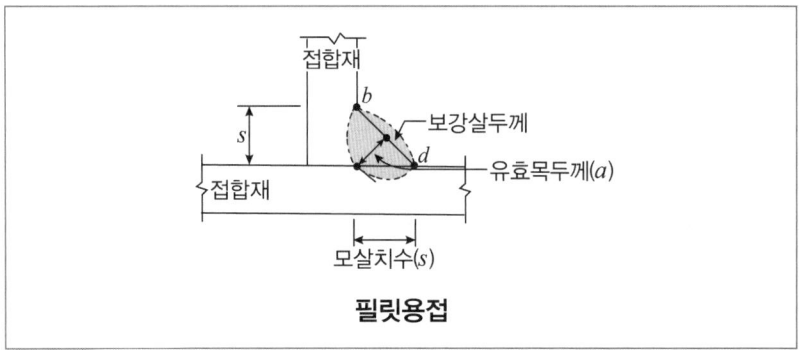

필릿용접

• 빗방향 필릿용접

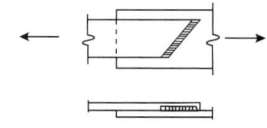

바로확인문제

(   )용접은 두 접합재의 면을 가공하지 않고 직각으로 맞추어 겹쳐지는 모서리 부분을 용접하는 방법이다.

② **종류**
   ㉠ 필릿용접은 응력방향에 따라 전면 필릿용접, 측면 필릿용접, 빗방향 필릿용접*으로 분류된다.

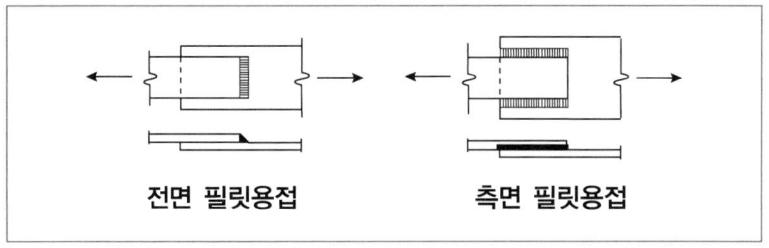

전면 필릿용접   측면 필릿용접

    ⓒ 필릿용접은 두 장의 판재를 겹치는 필릿용접과 T자형 조립에서의 필 릿용접이 있다.

    ⓒ 용접선의 종류에 따라 연속필릿용접, 단속필릿용접, 병렬용접, 엇모 용접으로 구분한다.

③ **필릿용접 이음의 도시법**

도면표시 및 실제 모양	내용
(도면: 12 50-200 50-200, 200, 50)	㉠ 병렬 단속필릿용접 ⓒ 용접치수: 12mm ⓒ 용접길이: 50mm ⓔ 용접피치: 200mm
(도면: 9∖50-300 9∕50-300, 300, 6, 9)	㉠ 엇모필릿용접 ⓒ 전면필릿치수: 6mm 후면필릿치수: 9mm ⓒ 용접길이: 50mm ⓔ 용접피치: 300mm

④ **필릿용접의 유효면적**

    ㉠ 필릿용접의 유효단면적(A)은 유효길이(ℓ)에 유효목두께(a)를 곱한 것으로 한다.

    ⓒ 필릿용접의 유효길이(ℓ)는 필릿용접의 총길이(L)에서 용접치수(s)의 2배를 공제한 값으로 한다.

    ⓒ 필릿용접의 유효목두께(a)는 용접치수의 0.7배로 한다. 접합하는 두 부재 사이의 각도가 90°가 아닌 경우 또는 용접다리의 크기가 서로 다른 경우의 필릿용접 유효목두께는 용접루트를 꼭짓점으로, 용접 외측면을 밑변으로 하는 용접 단면 내접 삼각형의 높이로 한다.

    ⓔ 플러그용접과 슬롯용접의 유효길이는 목두께의 중심을 잇는 용접 중심선의 길이로 한다.

⑤ **필릿용접의 제한사항**

    ㉠ 응력을 전달하는 필릿용접의 최소유효길이는 공칭용접치수의 10배 이상 또한 30mm 이상을 원칙으로 한다.

ⓒ 응력을 전달하는 겹침이음은 2열 이상의 필릿용접을 원칙으로 하고, 겹침길이는 얇은 쪽 판두께의 5배 이상 또한 25mm 이상으로 한다.
　　ⓒ 플러그용접은 겹침이음에서 휨응력보다는 전단응력을 주로 전달하게 해준다.

3. 용접결함 및 검사

(1) 용접결함의 종류

▶ 26·23·22·21·20·16회

종류	내용	원인, 결과 및 대책
크랙(Crack)	용접 후 냉각 시에 생기는 갈라짐	외관 불량, 종균열, 횡균열, 사방균열
공기구멍 (Blow Hole)	용융금속이 응고할 때 방출가스가 남아서 생긴 기포나 작은 틈	① 도료, 녹, 밀스케일, 모재 및 용접봉의 흡습 등이 원인 ② 예열해야 함
슬래그(Slag) 함입	용접봉의 피복재 용해물인 회분(Slag)이 용착금속 내에 혼입되는 현상	용접기술의 미숙이 원인이고, 첫 비드에 굵은 용접봉을 사용했을 때 생기기 쉬움
크레이터 (Crater)	용접길이 끝부분에 오목하게 파진 부분	① 용접부 외관 불량 ② 엔드탭(End Tab) 사용으로 해결
언더컷 (Under Cut)	용접 상부에 모재가 녹아 용착금속이 채워지지 않고 홈으로 남게 된 부분	과대한 용접전류, 아크 길이가 지나치게 길어서 생기고, 그 형상에 따라서는 단면부족이나 응력집중으로 균열이 생기기 쉬움
오버랩 (Over Lap)	용접금속과 모재가 융합되지 않고 단순히 겹쳐지는 것	용접전류가 적은 경우, 용접속도가 너무 느린 경우에 발생
피트(Pit)	용접부 표면에 생기는 미세한 홈	용착물 부식, 탈락
피시아이 (Fish Eye)	슬래그 함입 및 공기구멍의 겹침현상으로 생선눈알 모양의 은색반점이 형성되는 현상	

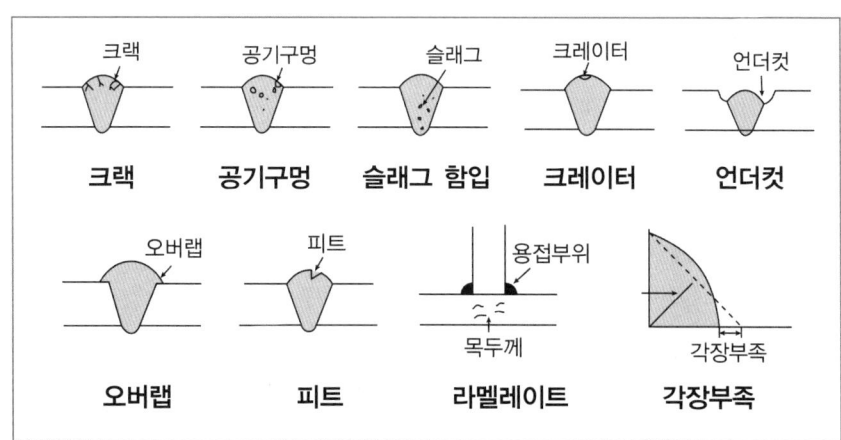

> **개념적용 문제**
>
> 용접결함에 관한 설명으로 옳지 않은 것은? 제16회 기출
>
> ① 크레이터(Crater)는 아크용접을 할 때 비드(Bead) 끝에 오목하게 패인 결함이다.
> ② 공기구멍(Blow Hole)은 용융금속이 응고할 때 방출가스가 남아서 생기는 결함이다.
> ③ 오버랩(Over Lap)은 용접금속과 모재가 융합되지 않고 겹쳐지는 결함이다.
> ④ 언더컷(Under Cut)은 모재가 녹아 용착금속이 채워지지 않고 홈으로 남는 결함이다.
> ⑤ 슬래그(Slag) 함입은 기공에 의해 용접부 표면에 작은 구멍이 생기는 결함이다.
>
> **해설** 슬래그(Slag) 함입은 용접봉의 피복재와 모재가 변하여 생긴 회분이 용착금속에 말려 들어가 혼입된 결함이다.
>
> **정답** ⑤

(2) 용접부 검사

① 용접부가 필요한 품질을 검토하는 수단으로 용접검사를 하게 된다.
② 용접 전 검사의 주요한 항목으로는 사용재료의 확인, 강재의 가공, 가조립의 사이즈 정도, 용접 환경의 정비 등이 있다.
③ 용접 중 검사의 주요한 항목으로는 가조립 용접의 상태, 초층·최종층 비드의 상황 등이 있다.
④ 용접 후 검사의 주요한 항목으로는 비드 형상 등을 포함한 외관을 육안으로 검사하는 것이 있다.
⑤ 내부결함검출에는 방사선투과시험(Radiograph Test), 초음파탐상시험(Ultra-Sonic Flaw Detection Test)이 있고, 표면결함검출에는 방사선투과 외에 자분탐상시험(Magnetic Particle Test), 침투탐상시험(Penetrant Test)에 의한 방법이 이용된다.
⑥ 과거에는 검사가 주로 공장 내에서 장치가 큰 방사선 투과에 의한 것이 일반적이었으나, 최근에는 소모품이 적게 들고, T형 이음의 검사도 가능하며, 장치가 가볍고 기동성이 좋은 초음파탐상법이 많이 보급되어 있다. 다만, 초음파탐상법은 복잡한 형상의 검사가 어렵다는 단점이 있다.

 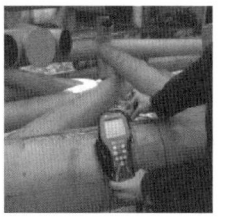 

용접의 비파괴 검사법

개념적용 문제

강구조공사의 용접부 비파괴검사 방법인 초음파탐상법의 특징으로 옳지 않은 것은?   제19회 기출

① 복잡한 형상의 검사가 어렵다.
② 장치가 가볍고 기동성이 좋다.
③ T형 이음의 검사가 가능하다.
④ 소모품이 적게 든다.
⑤ 주로 표면결함 검출을 위해 사용한다.

해설 강구조공사의 용접부 비파괴검사 방법인 초음파탐상법은 주로 내부결함 검출을 위해 사용한다.

정답 ⑤

4. 용접시공

(1) 용접준비

① 피복 아크용접봉 및 플럭스는 사용에 앞서 건조로에서 충분히 건조한 상태에서 사용해야 한다.
② 피복 아크용접봉은 피복재가 벗겨지거나 나쁜 상태로 손상된 것을 사용해서는 안 된다.
③ 용접봉의 적열(赤熱)이 발생되지 않도록 사용에 주의해야 한다.

(2) 용접부 사전 청소 및 건조

① 용접하려는 부위에는 기공(氣空)이나 균열을 발생시킬 염려가 있는 흑피(黑皮), 녹, 도료, 기름 등이 있어서는 안 된다.
② 재편에 수분이 있는 상태로 용접하여서는 안 된다. 또한 조립 후 12시간 이상 경과한 부재를 용접할 때에는 용접선 부근을 충분히 건조시켜야 한다.

(3) 용접시공 시 주의사항

① 용접순서 및 방향은 가능한 한 용접에 의한 변형이 적고 잔류응력이 적게 발생하도록 하고, 용접이 교차하는 부분이나 폐합된 부분은 용접이 안 되는 부분이 없도록 용접순서에 대하여 특별히 고려해야 한다.

② 용접부에서 수축에 대응하는 과도한 구속은 피하고 용접작업은 조립하는 날에 용접을 완료하여 도중에 중지하는 일이 없도록 해야 한다.

③ 항상 용접열의 분포가 균등하도록 조치하고 일시에 다량의 열이 한곳에 집중되지 않도록 해야 한다. 이러한 경우가 있을 때에는 용접순서를 조정해야 한다.

④ 완전용입용접을 수동용접으로 실시할 경우의 뒷면은 건전한 용입부까지 가우징한 후 용접을 실시해야 한다.

⑤ 용접자세는 가능한 한 회전지그(고정기구, Rotary Welding Jig)를 이용하여 아래보기 또는 수평자세로 한다.

⑥ 아크 발생은 필히 용접부 내에서 일어나도록 해야 한다.

⑦ 스캘럽이나 각종 브래킷 등 재편의 모서리부에서 끝나는 필릿용접은 크레이터가 발생하지 않도록 모퉁이부를 돌려서 연속으로 용접해야 한다.

⑧ 모든 용접은 전 길이에 대해 육안검사를 수행한다.

⑨ 그루브(맞댐)용접에서 용접표면의 마무리 가공이 규정되어 있지 않는 경우에는 판두께의 10% 이하의 보강살 붙임을 한 후 끝마무리를 해야 한다.

⑩ 한랭지용 강재의 주요 부재 맞댐용접은 원칙적으로 수동용접 및 탄산가스용접으로 해야 하며, 특히 용착금속의 샤르피흡수에너지는 모재의 규격값 이상이 되어야 한다.

⑪ 그루브(맞댐)용접되는 부재의 판두께가 다를 경우에는 용접 표면이 얇은 판쪽부터 두꺼운 판 쪽으로 원활하게 기울기를 주어 용접한다.

⑫ 기온이 -5℃ 이하의 경우, 용접해서는 안 된다.

⑬ 기온이 -5~5℃인 경우, 접합부로부터 100mm 범위의 모재 부분을 정해진 예열온도까지 가열하고 용접한다.

⑭ 고장력볼트와 용접의 병용접합은 원칙적으로 고장력볼트를 먼저 조인 후 용접한다.

• 회전지그

| 참고 | 접합부 응력부담 |

> 용접 > 고장력볼트 = 리벳 > 일반볼트

1. 볼트와 리벳을 병용했을 때는 리벳이 응력을 전적으로 부담한다.
2. 리벳과 고장력볼트를 사용할 때는 각각 응력을 분담한다.
3. 리벳과 용접을 병용할 때는 용접이 응력을 전적으로 부담한다.
4. 고장력볼트와 용접을 병용할 때는 용접이 응력을 부담하지만, 고장력볼트를 먼저 체결하고 용접을 했을 때는 각각 응력을 분담하는 것으로 본다.

(4) 피이닝(Peening) 및 코킹(Caulking)

① 균열을 방지하기 위해 두꺼운 용접부에서 수축응력을 제거할 목적으로 중간 용접층에 피이닝을 사용할 수 있다.
② 용접부의 루트나 표면층 또는 용접부 단부에 있는 모재 위에는 피이닝을 실시해서는 안 된다.
③ 용접부의 루트나 표면층 또는 용접단부의 모재 위에는 슬래그 및 스패터를 제거시킬 목적으로 수동 슬래그 해머, 끌 및 경량 진동장비를 사용할 수 있는데, 이는 피이닝으로 간주하지 않는다.
④ 용접부에 대한 코킹은 허용되지 않는다.

• **피이닝(Peening)**
특수 해머로 용접부를 연속적으로 타격하여 표면에 소성 변형을 일으키는 작업

• **코킹(Caulking)**
금속판의 이음새를 두들겨서 틈을 메우는 일

개념적용 문제

강구조의 접합에 관한 설명으로 옳은 것을 모두 고른 것은? 제23회 기출

> ㉠ 볼트접합은 주요 구조부재의 접합에 주로 사용된다.
> ㉡ 용접금속과 모재와 융합되지 않고 겹쳐지는 용접결함을 언더컷이라고 한다.
> ㉢ 볼트접합에서 게이지라인상의 볼트 중심 간 간격을 피치라고 한다.
> ㉣ 용접을 먼저 시공하고 고력볼트를 시공하면 용접이 전체하중을 부담한다.

① ㉠, ㉡
② ㉠, ㉣
③ ㉢, ㉣
④ ㉠, ㉡, ㉢
⑤ ㉡, ㉢, ㉣

해설 ㉠ 볼트접합은 주요 구조부재의 접합에 주로 사용하지 않는다.
㉡ 용접금속과 모재와 융합되지 않고 겹쳐지는 용접결함을 오버랩이라고 한다.

정답 ③

제4절 강구조의 현장시공 ★

1 강구조 부재의 각부 상세

1. 주각부(Column Base, 柱脚部)

(1) 정의
① 기둥의 최하부로, 베이스 플레이트를 통해 기둥이 받는 힘을 기초로 전하는 부분이다.
② 기둥의 축방향력을 기초에 전달하기 위해서는 베이스 플레이트와 기초면의 밀착이 중요하다.
③ 일반적으로 베이스 플레이트를 앵커볼트에 가조립한 후 베이스 플레이트 밑면에 무수축 모르타르로 충전시켜 기초 콘크리트와 베이스 플레이트를 밀착시킨다.

(2) 주각부 명칭

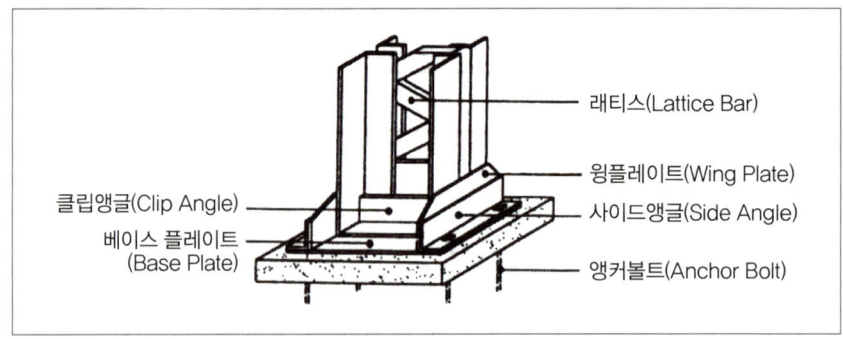

2. 기둥

(1) 기둥의 이음
① 기둥의 이음은 존재응력이 작은 곳에 설치하는 것이 이상적이지만, 공사현장에서 이음되는 경우는 보의 이음과 같이 제작, 운반, 시공 및 경제성을 고려해 이음위치는 2~3층을 1단위(절)로 하여 바닥판 위 1m 전후의 높이에 일정하게 설치하는 것이 일반적이다.
② 기둥이음의 종류는 고장력볼트 마찰접합, 고장력볼트와 용접접합의 병용, 전용접접합의 3종류가 있으며, 시공성과 구조적인 면을 고려하여 선택한다.
③ 고장력볼트를 이용한 기둥 이음에는 이음판이 사용된다.

(2) 기둥의 이음상세

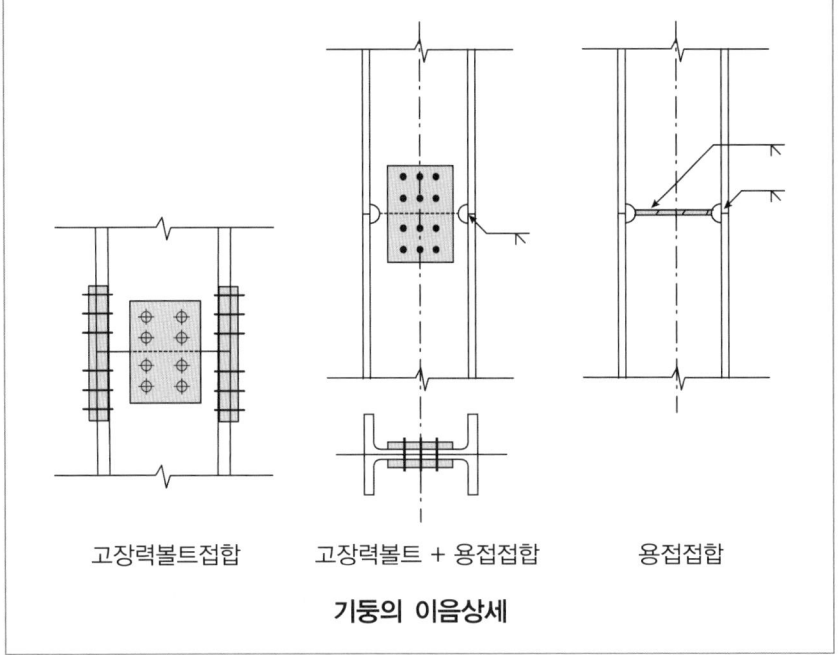

고장력볼트접합   고장력볼트 + 용접접합   용접접합

기둥의 이음상세

3. 보

(1) 강재보의 정의

① 보는 휨과 전단에 의해 하중을 지지하는 구조부재로서 주로 휨모멘트가 구조적 거동을 지배하기 때문에 휨재라고도 한다.

② 보는 충분한 휨강도와 전단강도 또는 비틀림강도를 보유하여야 하고, 수평부재로 이용되므로 처짐에 대한 사용성이 확보되어야 한다.

③ 큰보와 작은보의 접합은 단순지지의 경우가 많으므로 클립앵글 등을 사용하여 웨브(Web)만을 상호 접합한다.

(2) 강재보의 종류별 특징

① 단일형강

㉠ 보 부재의 단면형으로는 H형 단면이 주로 쓰이며, 박스형, I형, ㄷ형 단면이 쓰이기도 한다.

㉡ 비틀림을 받거나 좌굴길이가 대단히 큰 경우 박스형 단면이 사용된다.

㉢ 보 부재는 주로 압연강재가 이용되지만, 강판을 접합하여 제작된 조립보(Built-Up Beam)가 사용되기도 한다.

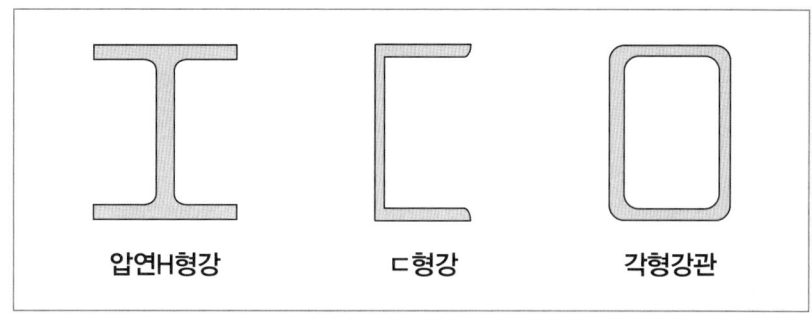

② **판보**(Plate Girder)
  ㉠ 특징
    ⓐ 플랜지와 웨브의 접합은 볼트접합 또는 용접접합으로 한다.
    ⓑ 건축에서 강당과 같은 장스팬의 구조물이 요구될 때, 시공성과 가공성의 이유와 층고가 낮은 장점 때문에 많이 쓰인다.
    ⓒ 플레이트 거더는 트러스 보보다 같은 스팬 및 하중상태에서 강재량이 많이 소요되는 단점이 있다.
    ⓓ 하중이 큰 곳에서는 단일형강보다 경제적이다.

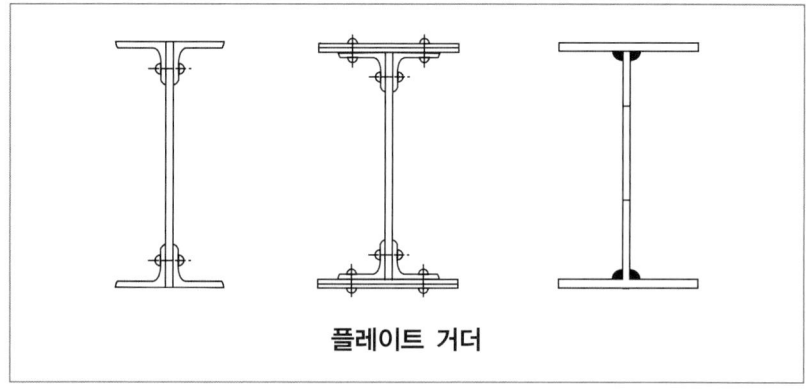

플레이트 거더

  ㉡ **플랜지**(Flange)
    ⓐ 상·하에 날개처럼 내민 부분을 말한다.
    ⓑ 휨모멘트에 저항하는 역할을 한다.
    ⓒ 플랜지의 휨에 대한 저항은 **커버플레이트**(Cover Plate)•로 보강한다.
    ⓓ 커버플레이트의 수는 4장 이하로 한다.
    ⓔ 커버플레이트의 전(全) 단면적은 플랜지 전(全) 단면적의 70% 이하로 한다.
    ⓕ 설계상 필요한 지점에서 200mm 이상 여장(餘長)•을 둔다.

• 커버플레이트

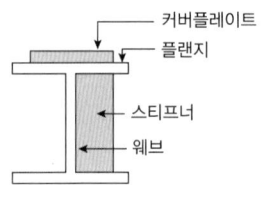

• 여장(餘長)
여유 있게 두는 남는 길이

ⓒ **웨브**(Web)
  ⓐ 웨브는 중앙복부를 말하며, 이 부분의 부재를 복부재라고도 하고, 전단력을 지지한다.
  ⓑ 웨브의 전단에 대한 저항은 스티프너(Stiffener)*로 보강한다.
  ⓒ 스티프너의 종류는 하중점 스티프너, 중간 스티프너, 수평 스티프너가 있다.

* 스티프너(Stiffener)
  보강재

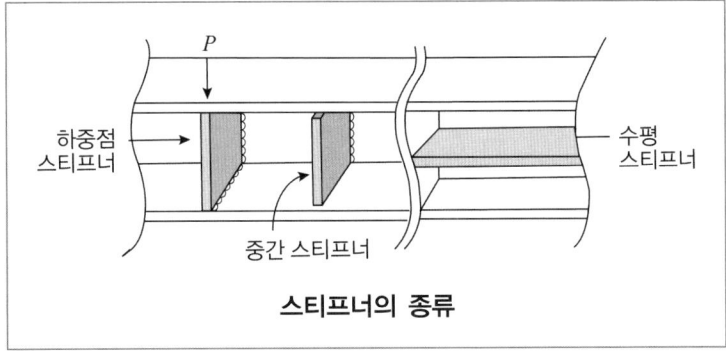

스티프너의 종류

개념적용 문제

강구조공사에 관한 설명으로 옳지 않은 것은? 제21회 기출

① 부재의 길이가 길고 두께가 얇아 좌굴이 발생하기 쉽다.
② H형강 보에서 플랜지의 국부좌굴 방지를 위해 스티프너를 사용한다.
③ 아크용접을 할 때 비드(Bead) 끝에 오목하게 패인 결함을 크레이터(Crater)라 한다.
④ 밀시트(Mill sheet)는 강재의 품질보증서로 제조번호, 강재번호, 화학성분, 기계적 성질 등이 기록되어 있다.
⑤ 공장제작 및 현장조립으로 공사의 표준화를 도모할 수 있다.

해설 H형강 보에서 웨브의 국부좌굴 방지를 위해 스티프너를 사용하고, 플랜지의 휨에 대한 보강을 위해 커버플레이트를 사용한다.

정답 ②

③ **허니콤* 보**(Honeycomb Beam)
  ㉠ 같은 중량의 강재로써 보 춤을 높여 휨 성능을 증가시키기 위해 압연형강의 웨브를 지그재그로 절단하여 돌출부끼리 용접접합하면 6각형의 구멍이 규칙적으로 뚫린 보가 된다.
  ㉡ 허니콤 보의 중공부는 설비덕트를 위한 공간으로 사용될 수 있다.
  ㉢ 춤을 높임으로써 단면 2차 모멘트가 대폭 커져서 처짐에 대해 경제적인 단면이 된다.

* 허니콤(Honeycomb)
  벌집 모양

바로확인문제

플랜지의 휨에 대한 저항은 (   )로 보강하고, 웨브의 전단에 대한 저항은 (   )로 보강한다.

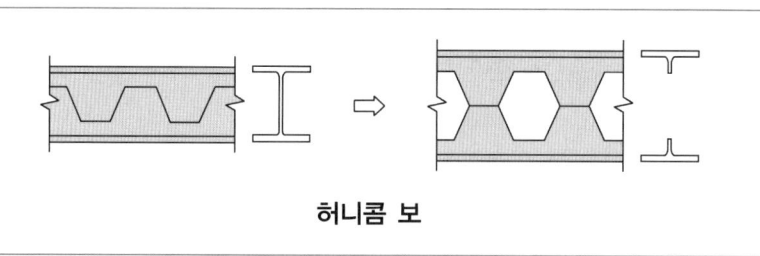

허니콤 보

- 하이브리드(Hybrid)
  잡종, 합성물, 혼종

④ **하이브리드 보**(Hybrid Beam)
  ㉠ 플랜지와 웨브의 재질을 다르게 하여 조립시켜 휨 성능을 높인 조립보이다.
  ㉡ 구조적 성능을 극대화하고 시공비용을 절감하기 위해 저강도 웨브와 고강도 플랜지를 용접한 보이다.

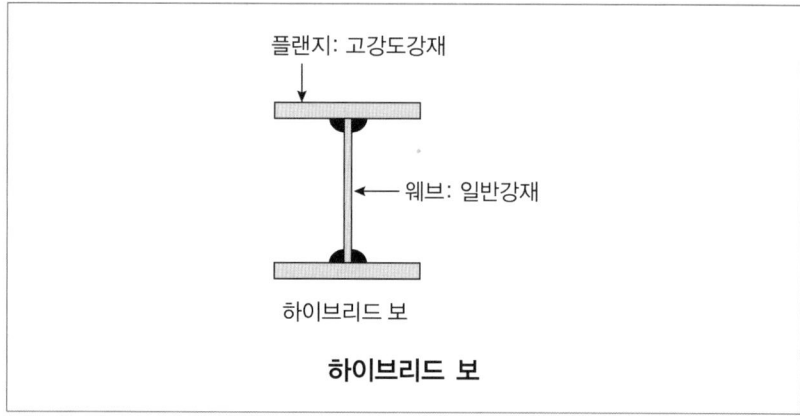

하이브리드 보

⑤ **래티스**(Lattice) **보**
  ㉠ 상하 플랜지에 ㄱ형강을 쓰고 웨브재를 45°, 60° 등의 경사로 어긋나게 접합한 조립보이다.
  ㉡ 간단한 창고, 공장구조물에서는 노출시켜서 사용한다.

⑥ **격자보**(사다리보)
  ㉠ 상하 플랜지에 ㄱ형강을 쓰고 웨브재를 90° 각도로 접합한 조립보이다.
  ㉡ 철골 및 철근콘크리트조 건축물에 주로 사용한다.

⑦ **트러스 보**
  ㉠ 가늘고 긴 부재를 삼각형 단위로 구성한 구조로, 부재는 모두 인장재 또는 압축재로 계산한다.
  ㉡ 간 사이가 크고, 큰 하중(휨모멘트)이 작용할 때 사용한다.
  ㉢ 각 부재의 기준선은 편심이 일어나는 것을 방지하기 위하여 한 점에서 만나도록 한다.

ⓓ 평트러스는 간 사이가 큰 바닥구조에, 경사트러스는 간 사이가 큰 지붕구조에 사용된다.

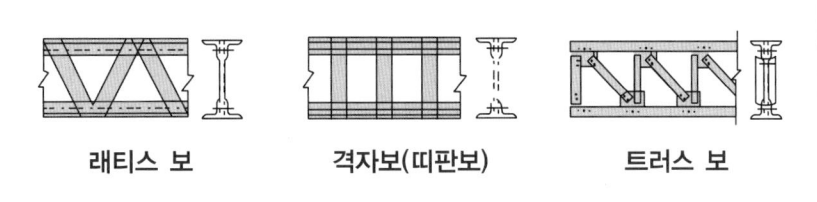

4. 슬래브

(1) 특징

> 25·12회

① 강구조물의 슬래브는 보 위에 조립한 바닥재(데크플레이트)를 설치하고 콘크리트로 타설한다.

② **데크 플레이트**(Deck Plate)는 얇은 강판에 적당한 간격으로 골을 내어 요철 가공한 것으로 강구조 슬래브에 사용된다.

• 데크(Deck)
(배의) 갑판, (건물의) 층

③ 데크플레이트는 거푸집으로만 사용되는 것도 있으나 대부분의 경우 콘크리트 슬래브의 인장보강근 역할을 겸하여 사용된다.

④ 콘크리트 슬래브와 데크플레이트 사이의 합성작용을 확보하기 위해서 데크플레이트는 콘크리트와의 접합면에 발생하는 수평전단력을 전달할 수 있어야 하므로, 시어커넥터(Shear Connector)에 의하여 일체가 되어서 전단력에 저항한다.

• 시어커넥터 용접

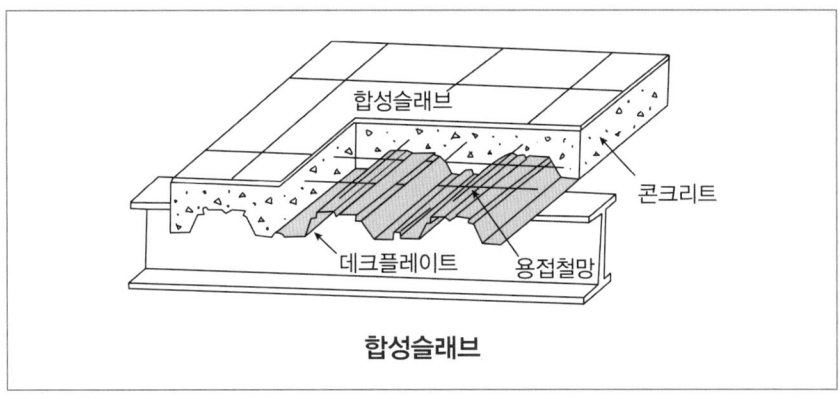

합성슬래브

바로확인문제

데크플레이트(Deck Plate)는 얇은 강판에 적당한 간격으로 골을 내어 요철 가공한 것으로 강구조 (　　)에 사용된다.

(2) 시어커넥터(강재앵커, 스터드볼트, Shear Connector)

① 합성슬래브에서 콘크리트 부재의 하단은 인장을 받아 늘어나려 하고, 동시에 강재 부재의 상단은 압축을 받아 줄어들려 하기 때문에 두 부재의 사이에 수평으로 작용하는 수평전단력이 발생한다. 이 수평전단력에 저항하는 것이 시어커넥터이다.

② 연직하중에 대해서는 보통 콘크리트 부분이 압축력을, 강재부분은 인장력을 분담하여 경제적인 구조가 된다.

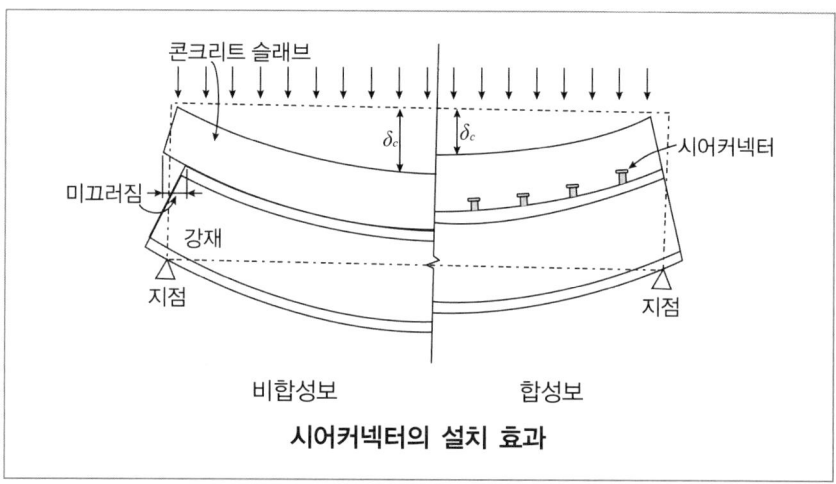

시어커넥터의 설치 효과

개념적용 문제

강구조에 관한 설명으로 옳은 것을 모두 고른 것은? 제25회 기출

㉠ 고장력볼트를 먼저 시공한 후 용접을 한 경우, 응력은 용접이 모두 부담한다.
㉡ H형강 보의 플랜지(Flange)는 휨모멘트에 저항하고, 웨브(Web)는 전단력에 저항한다.
㉢ 볼트 접합은 구조 안전성, 시공성 모두 우수하기 때문에 구조내력상 주요부분 접합에 널리 적용된다.
㉣ 철골보와 콘크리트슬래브 연결부에는 시어커넥터(Shear Conector)가 사용된다.

① ㉠, ㉢ ② ㉠, ㉣ ③ ㉡, ㉢
④ ㉡, ㉣ ⑤ ㉢, ㉣

해설 ㉠ 고장력볼트를 먼저 시공한 후 용접을 한 경우, 응력은 각각 부담한다.
㉢ 볼트 접합은 구조 안전성, 시공성 모두 우수하지 못하기 때문에 구조내력상 주요부분 접합에 일반적으로 적용하지 않는다.

정답 ④

2 강구조 부재의 내화피복공법

1. 일반사항

(1) 내화피복(耐火被覆)의 정의
① 강구조의 기둥·보 등을 내화구조로 하기 위해 표면을 필요한 내화성능을 가진 재료로 감싸는 것을 말한다.
② 강구조용 강재는 온도가 500~600℃이면 응력이 50% 저하, 800℃ 이상이면 응력이 0에 가깝게 되므로 내화피복 시공 시 철저한 품질관리가 요구된다.
③ 화재 발생 시 지정된 시간 동안 강구조 부재의 내력을 유지하기 위하여 내화피복을 실시한다.

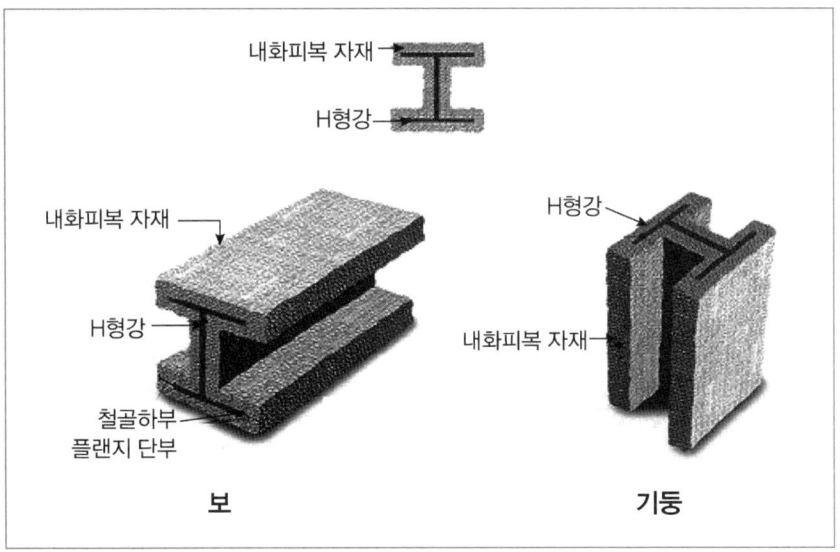

(2) 내화피복의 목적
① 외기온도에 의한 구조체의 영향 최소화
② 마감재 및 건축물 보호
③ 단열, 흡음 및 결로 방지
④ 인명 및 재산보호

> **바로확인문제**
> 강구조용 강재는 온도가 500~600℃이면 응력이 50% 저하, 800℃ 이상이면 응력이 0에 가깝게 되므로 (　　) 시공 시 철저한 품질관리가 요구된다.

(3) 내화구조의 성능기준

관련법령
「건축물의 피난·방화구조 등의 기준에 관한 규칙」 [별표 1]
〈2025. 7. 16. 시행〉

(단위: 시간)

용도		구성 부재	벽						보·기둥	바닥	지붕·지붕틀
			내력벽	외벽		내벽					
				비내력벽			비내력벽				
용도구분		용도규모 층수/최고 높이(m)		연소 우려가 있는 부분	연소 우려가 없는 부분	내력벽	경계벽	승강기·계단실의 수직벽			
주거시설	단독주택, 공동주택, 숙박시설, 의료시설	12/50 초과	2	1	0.5	2	2	2	3	2	1
		이하	2	1	0.5	2	1	1	2	2	0.5
		4/20 이하	1	1	0.5	1	1	1	1	1	0.5

2. 내화피복공법

(1) 종류

26·24·14·8회

종류			특징
습식공법	뿜칠공법, 타설공법, 미장공법, 조적공법		① 콘크리트나 모르타르와 같이 물을 혼합한 재료를 타설 또는 미장 등의 공법으로 부착하는 내화피복공법 ② 뿜칠공법은 복잡한 형상에 시공이 용이하고 작업속도도 빠르고, 가격이 저렴하지만 균일한 피복두께 및 밀도의 관리가 어려움
건식공법	성형판 붙임공법, 휘감기공법, 세라믹울 피복공법		① 내화 및 단열성이 좋은 경량 성형판을 연결철물 또는 접착제를 이용하여 부착하는 공법, 공장제품으로 품질 신뢰 및 품질관리가 용이 ② 작업능률이 우수하지만, 재료파손의 우려가 있음
도장공법	내화도료공법		① 불에 견디는 도료를 강재의 표면에 칠하여 피막을 형성시키는 내화피복공법 ② 내화도료는 화재 시 강재의 표면 도막이 발포·팽창하여 단열층을 형성
합성공법	정의		이종재료의 적층이나 이질재료의 접합으로 일체화하여 내화성능을 발휘하는 공법
	종류	이종재료 적층공법	건식 및 습식 공법의 단점을 보완하여 바탕에 규산칼슘판을 부착하고 상부에 질석 플라스터로 마무리하는 공법
		이질재료 접합공법	강재면의 외측은 PC판을 붙이고 내부는 석면성형판 또는 규산칼슘판을 부착하여 내화피복하는 공법
복합공법			하나의 제품으로 2개의 기능을 충족시키는 내화피복공법으로 내화피복과 커튼월이나 천장판 등의 복합적인 기능을 갖게 하는 공법

바로확인문제

( )공법은 하나의 제품으로 2개의 기능을 충족시키는 내화피복공법으로 내화피복과 커튼월이나 천장판 등의 복합적인 기능을 갖게 하는 공법이다.

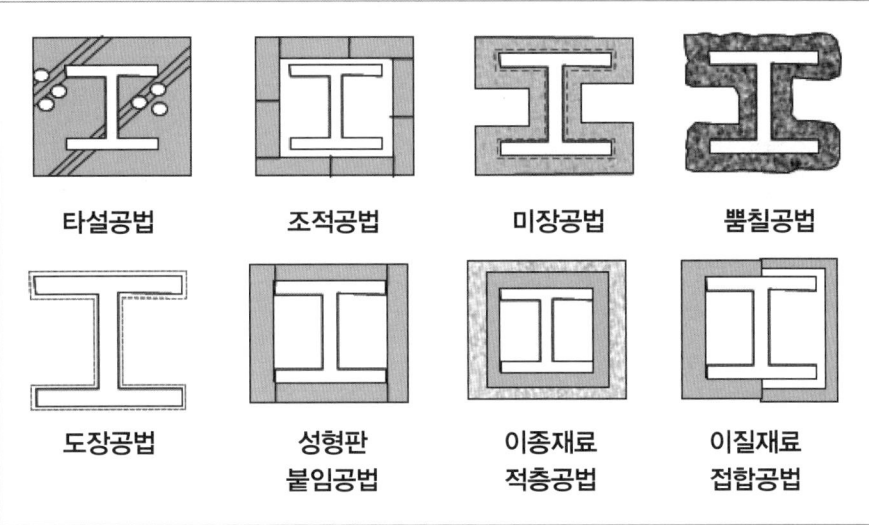

| 타설공법 | 조적공법 | 미장공법 | 뿜칠공법 |
| 도장공법 | 성형판 붙임공법 | 이종재료 적층공법 | 이질재료 접합공법 |

내화피복 중 뿜칠공법

개념적용 문제

강구조의 내화피복공법에 해당하지 않는 것은?   제14회 기출

① 타설공법
② 조적공법
③ 압착공법
④ 도장공법
⑤ 뿜칠공법

해설 압착공법은 벽체 타일붙이기 공법 중의 하나이다.

정답 ③

(2) 내화피복공법별 재료

공법	재료
뿜칠공법	뿜칠 암면, 습식 뿜칠 암면, 뿜칠 모르타르, 뿜칠 플라스터, 실리카·알루미늄계열 모르타르
타설공법	콘크리트, 경량콘크리트
미장공법	철망 모르타르, 철망 펄라이트 모르타르
조적공법	벽돌, 돌, 콘크리트 블록, 경량콘크리트 블록
성형판 붙임공법	ALC판, 무기섬유 혼입 규산칼슘판, 무기섬유강화 석고보드, 석면 시멘트판, 조립식 패널, 경량콘크리트 패널, 프리캐스트 콘크리트판
내화도료공법	팽창성 내화도료
합성공법	프리캐스트 콘크리트판, ALC판

개념적용 문제

강구조 부재의 내화피복공법에 대한 설명으로 가장 거리가 먼 것은?

제8회 수정

① 강재면의 외측은 PC판을 붙이고 내부는 석면성형판 또는 규산칼슘판을 부착하여 내화피복하는 공법을 이종재료 적층공법이라 한다.
② 강구조용 강재는 온도가 500 ~ 600℃이면 응력이 50% 저하, 800℃ 이상이면 응력이 0에 가깝게 되므로 내화피복 시공 시 철저한 품질관리가 요구된다.
③ 건식내화피복공법은 사용재료가 공장제품으로 품질신뢰 및 품질관리가 용이하다.
④ 두 종류 이상의 재료를 이용하여 적층하거나 이질재료의 접합으로 일체화하여 내화성능을 발휘하는 공법을 합성공법이라 한다.
⑤ 뿜칠공법은 복잡한 형상에 시공이 용이하고 작업속도가 빠르며, 가격이 저렴하다.

해설 강재면의 외측은 PC판을 붙이고 내부는 석면성형판 또는 규산칼슘판을 부착하여 내화피복하는 공법을 이질재료 접합공법이라 한다.

정답 ①

관련기준
건축표준시방서코드(KCS) 2025 〈KCS 41 31 50 : 2022〉

바로확인문제
두 종류 이상의 재료를 이용하여 적층하거나 이질재료의 접합으로 일체화하여 내화성능을 발휘하는 공법을 (　　)공법이라 한다.

3. 내화피복공법의 시공

(1) 바탕만들기

① 강재면에 들뜬 녹, 기름, 먼지 등이 부착된 경우에는 이를 제거하여 내화피복재의 부착성을 좋게 한다.

② 강재면에 녹막이도장의 여부 및 재료의 선정에 대하여 공사시방서에 따른다.

(2) 시공 시 고려사항
① 작업 전 바탕면에 먼지나 오일, 녹 등의 이물질을 제거한 후 신속하게 시공해야 한다.
② 분진*의 비산 우려가 있을 경우에는 시트로 막거나 마스크를 착용하는 등 적절한 대책을 마련해야 한다. 또한 낙하된 분진 등은 깨끗이 청소하여 분진 등이 배관에 닿아 배관의 방청도장 공사에 지장을 주지 않도록 보양조치 후 시공해야 한다.

• 분진(粉塵)
많은 티와 먼지

(3) 현장 뒷정리
① 뿜칠작업이 완료되는 즉시 과도하게 스프레이된 것이나 다른 제작물에 묻은 것을 제거하고 노출된 면을 청소한다.
② 내화재 제조업체의 권장사항에 따라 노출된 시멘트 내화재를 양생하여 조기건조를 방지한다.
③ 앞서 설치된 내화피복재가 손상되지 않도록 보양 등 필요한 조치를 해야 한다.
④ 분사작업 시 바닥면에 낙하된 폐재는 작업 종료 후에 모아서 폴리 봉투 등에 넣어 각 층의 지정된 장소에 모아서 폐기한다.

(4) 검사 및 보수

구분	내용
미장공법, 뿜칠공법의 경우	① 시공 시에는 시공면적 5m²당 1개소 단위로 핀 등을 이용하여 두께를 확인하면서 시공한다. ② 뿜칠공법의 경우, 시공 후 두께나 비중은 코어를 채취하여 측정한다. ③ 측정빈도는 각 층마다 또는 바닥면적 500m²마다 각 부위별 1회를 원칙으로 하고, 1회에 5개소로 한다. 그러나 연면적이 500m² 미만의 건물에 대해서는 2회 이상으로 한다.
조적공법, 붙임공법, 멤브레인공법, 도장공법의 경우	① 재료반입 시, 재료의 두께 및 비중을 확인한다. ② 그 빈도는 각 층마다 바닥면적 500m²마다 각 부위별 1회로 하며, 1회에 3개소로 한다. 그러나 연면적이 500m² 미만의 건물에 대해서는 2회 이상으로 한다.

CHAPTER 04 OX문제로 완벽 복습

01 강재는 단면에 비해 부재가 세장하므로 좌굴을 일으키기가 쉽다. (O | X)

02 용접이음은 모재와 접합재가 일체되어 튼튼하며 구멍이 뚫려 생기는 단면결손이 없다. (O | X)

03 강구조공사에서 용접접합은 용접공의 숙련도에 따라서 품질이 좌우되고, 접합부의 검사가 쉽다. (O | X)

04 크레이터(Crater)는 아크용접을 할 때 비드(Bead) 끝에 오목하게 패인 결함이고, 공기구멍(Blow Hole)은 용융금속이 응고할 때 방출가스가 남아서 생기는 결함이다. (O | X)

05 용접에서 두 부재 간 사이를 트이게 한 홈에 용착금속을 채워 넣은 부분의 명칭은 그루브라고 한다. (O | X)

06 고장력볼트의 접합력은 볼트의 장력에 의해 발생되는 마찰력이 좌우한다. (O | X)

07 커버플레이트는 전단력에 의한 웨브의 좌굴을 방지하기 위해 사용된다. (O | X)

08 베이스 플레이트는 기둥으로부터 전달되는 힘을 기초에 전달하는 역할을 한다. (O | X)

09 하이브리드 빔(Hybrid Beam)은 플랜지와 웨브의 재질을 다르게 하여 조립시켜 휨 성능을 높인 조립보이다. (O | X)

10 철골강재면의 외측은 PC판을 붙이고 내부는 석면성형판 또는 규산칼슘판을 부착하여 내화피복하는 공법을 이종재료 적층공법이라 한다. (O | X)

11 두 종류 이상의 재료를 이용하여 적층하거나 이질재료의 접합으로 일체화하여 내화성능을 발휘하는 공법을 합성공법이라 한다. (O | X)

12 볼트의 조임 및 검사에 사용되는 기기 중 토크렌치와 축력계의 정밀도는 ±5% 오차범위 이내가 되도록 충분히 정비된 것을 이용한다. (O | X)

13 용접부의 루트나 표면층 또는 용접부 단부에 있는 모재 위에는 피이닝을 실시한다. (O | X)

정답

01 O 02 O 03 X(쉽다 ⇨ 어렵다) 04 O 05 O 06 O 07 X(커버플레이트 ⇨ 스티프너) 08 O 09 O
10 X(이종재료 적층공법 ⇨ 이질재료 접합공법) 11 O 12 X(5% ⇨ 3%) 13 X(실시한다 ⇨ 실시해서는 안 된다)

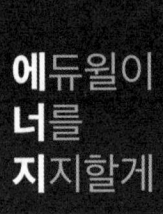

길이 가깝다고 해도
가지 않으면 도달하지 못하며,
일이 작다고 해도
행하지 않으면 성취되지 않는다.

– 순자(荀子)

CHAPTER 05 조적구조

회독체크 1 2 3

CHAPTER 미리보기

학습전략

평균 2문제 정도(3.5%)나 매년 출제되고 있기 때문에 관심을 가지고 학습해야 하며, 이 CHAPTER에서는 주로 벽돌쌓기의 시공방법 암기, 백화현상의 개념 이해, 테두리보 정의 암기를 위주로 학습할 필요가 있습니다.

학습키워드

- 벽돌구조의 줄눈
- 벽돌쌓기의 종류와 주의사항
- 벽돌구조의 균열 및 백화현상
- 테두리보
- 내력벽의 구조기준

제1절 일반사항

1. 조적(組積)구조의 정의 및 종류

(1) 정의
① 벽돌·블록·돌 등을 쌓아 올려서 벽을 만드는 건축구조를 말한다.
② 개개의 재료를 접착 재료로 쌓아 만든 구조로, 개개의 재료와 접착제 강도에 따라 전체 구조의 강도가 결정된다.

(2) 조적구조의 종류

종류	정의
벽돌(Brick)구조	벽돌을 쌓아서 벽체를 구성하는 구조를 말한다.
블록(Block)구조	주요 벽체에 벽돌과 같은 방법으로 속이 빈 블록을 쌓아 올려 벽체를 만드는 구조를 말한다.
돌(Stone)구조	주요구조부를 석재를 써서 구축한 구조 또는 외벽을 석재로 구성한 구조를 말한다.

2. 조적구조의 특징

장점	단점
① 내화성·차음성·방한·방서가 우수하고, 내구성이 크다. ② 압축력에 강한 구조이다. ③ 공사비가 저렴하다. ④ 돌구조는 외관이 장중하고 미려하다.	① 재료의 압축 내력이 큰 반면에 인장력에 매우 취약하여 장스팬 구조에서는 적합하지 않다. ② 풍압력, 지진력 등의 횡력에 약하여 고층건물에 적합하지 않다. ③ 대형 구조가 요구되는 현대에는 독자적으로 사용하는 경우는 드물고 비교적 저층구조에만 제한적으로 쓰인다. ④ 하중에 의해서 벽두께가 두꺼워질 경우, 실내의 유효면적이 줄어든다.

▶ 19회

바로확인문제

조적구조는 풍압력, 지진력 등의 횡력에 (　) 고층건물에 적합하지 (　).

> **참고**
> 1. **겹**: 두께방향으로 단위 조적개체로 구성된 벽체
> 2. **면살 또는 살**: 조적을 쌓기 위한 속 빈 블록 개체의 바깥살 부분
> 3. **조적개체**: 규정한 요구조건을 만족하는 벽돌, 석재 또는 콘크리트 블록

제2절 벽돌구조 ★★

1 구성재료

1. 벽돌

(1) 벽돌의 종류

① 보통벽돌

　㉠ 점토(붉은)벽돌(KS L 4201)

　　ⓐ 완전연소로 구운 벽돌이다.

　　ⓑ 압축강도와 흡수율

구분	1종	2종
압축강도(N/mm^2)	24.50 이상	14.70 이상
흡수율(%)	10 이하	15 이하

　㉡ 콘크리트벽돌(KS F 4004)

　　ⓐ 시멘트와 골재를 배합하여 성형 제작한 벽돌이다.

　　ⓑ 압축강도와 흡수율

구분	1종	2종
압축강도(N/mm^2)	13 이상	8 이상
흡수율(%)	7 이하	13 이하

② **경량벽돌**

　㉠ 경량골재를 사용하여 만든 벽돌로 단열, 방음, 경량의 효과가 있다.

　㉡ 공동벽돌, 다공질벽돌, 나무벽돌, 중공벽돌 등이 있다.

③ **내화벽돌**

　㉠ 내화점토로 만든 벽돌로 고열에 견디는 목적으로 불에 직접 면하는 벽난로 등에 사용한다.

　㉡ 벽돌 크기는 230 × 114 × 65mm이다.

ⓒ 내화벽돌의 내화도는 SK(Seger Cone)• 26부터 시작한다.

④ 특수벽돌

종류	특징
이형벽돌	형상, 치수가 특이한 벽돌로 출입구, 반자, 창, 아치 등의 구조물에 사용
포도용 벽돌	흡수율이 적고 내마모성과 내구성이 커서 도로용이나 마루바닥 등에 사용
오지벽돌	벽돌면에 오지물을 칠해 구운 치장벽돌

• SK(Seger Cone)
굽는 도자기의 온도를 알기 위해 백묵과 비슷한 재질로 추를 만들어 로(爐) 안에 놓아 두면, 온도가 올라감에 따라 20°~30° 차이로 녹아 이를 보고 온도를 알 수 있게 만든 것이다.

둥근모벽돌 원형벽돌 팔모벽돌 구멍벽돌 포도용 벽돌

(2) 벽돌의 치수

종류 \ 구분	길이	너비	두께
기존형(재래형)	210mm	100mm	60mm
표준형(기본형, 장려형)	190mm	90mm	57mm
허용값	±5%	±3%	±2.5%

▶ 벽돌벽의 두께

종류 \ 두께	0.5B	1.0B	1.5B	2.0B	2.5B
기존형(재래형)	100mm	210mm	320mm	430mm	540mm
표준형(기본형)	90mm	190mm	290mm	390mm	490mm

(3) 벽돌의 마름질(Cutting)

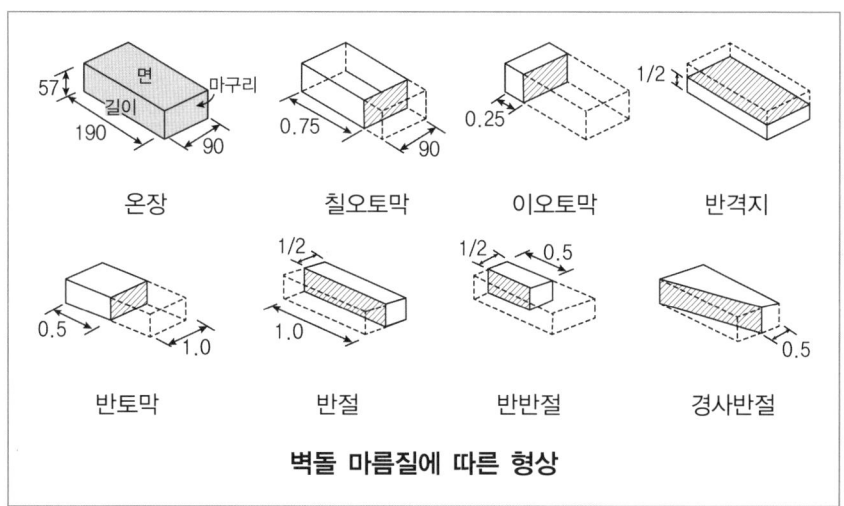

온장 칠오토막 이오토막 반격지
반토막 반절 반반절 경사반절

벽돌 마름질에 따른 형상

2. 모르타르(Mortar)

(1) 일반사항

① 모르타르는 벽돌을 쌓을 때의 교착재로서 시멘트와 모래를 배합해서 건비빔하여 놓았다가 필요 시 시공연도와 반죽질기를 얻을 수 있는 물을 부어 사용한다.

② 모르타르의 강도는 주로 접착강도를 말하며, 벽돌강도 이상이 되도록 시공한다.

모르타르 시공 장면

(2) 배합비

① 모르타르의 배합

모르타르의 종류		용적배합비(잔골재/결합재)
줄눈 모르타르	벽체용	2.5~3.0
	바닥용	3.0~3.5
붙임 모르타르	벽체용	1.5~2.5
	바닥용	0.5~1.5
깔모르타르	바탕용	2.5~3.0
	바닥용	3.0~6.0
안채움 모르타르		2.5~3.0
치장줄눈용 모르타르		0.5~1.5

② 충전 모르타르의 배합

구분	단층 및 2층 건물		3층 건물	
	시멘트	잔골재	시멘트	잔골재
용적비	1	3.0	1	2.5

(3) 줄눈(Joint)

① 줄눈 모르타르

㉠ 가로 및 세로줄눈의 너비는 도면 또는 공사시방서에 정한 바가 없을 때에는 10mm를 표준으로 한다(내화벽돌은 6mm).

㉡ 조적조의 세로줄눈은 하중이 한곳에 집중되어 내력이 감소하는 통줄눈이 되지 않고, 응력분산에 유리한 막힌줄눈을 원칙으로 한다(내력벽에 사용).

㉢ 조적조에서 통줄눈은 보강블록조와 치장용으로만 사용하며, 보강블록조는 내력벽이지만 블록의 빈 구멍에 철근과 콘크리트를 넣어 보강한 것으로 통줄눈 시공이 가능하다.

㉣ 벽돌쌓기 줄눈 모르타르는 벽돌의 접합면 전부에 빈틈없이 가득 차도록 한다.

㉤ 쌓은 직후 줄눈 모르타르가 굳기 전에 줄눈흙손*으로 빈틈없이 줄눈 누르기를 한다.

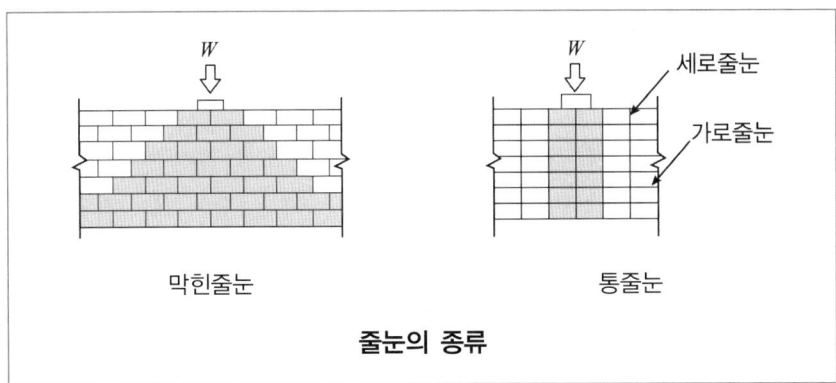

줄눈의 종류

② 치장(治粧)줄눈 모르타르

㉠ 치장줄눈은 줄눈 부위를 장식적으로 만든 것을 말한다.

㉡ 치장줄눈을 바를 경우에는 줄눈 모르타르가 굳기 전에 줄눈파기를 한다.

㉢ 치장줄눈은 벽돌 벽면을 청소·정리하고 공사에 지장이 없는 한 빠른 시일 내에 빈틈없이 바른다.

㉣ 줄눈 모양은 특별한 지정이 없을 때에는 시공상 가장 많이 사용하는 평줄눈으로 하고, 치장줄눈의 깊이는 6mm로 한다.

㉤ 치장줄눈 중 빗줄눈은 구조적 및 방습상 가장 유리하다.

> 28·26·22·21·20·19·16·14·13·12·11회

• 흙손
이긴 흙을 벽 따위에 떠서 바르고 겉면을 매끄럽게 하는 연장으로, 갸름하고 얇은 철판 조각에 손잡이가 달려 있다.

바로확인문제

가로 및 세로줄눈의 너비는 도면 또는 공사시방서에 정한 바가 없을 때에는 (   )mm를 표준으로 한다[내화벽돌은 (   )mm].

ⓑ 치장줄눈의 종류

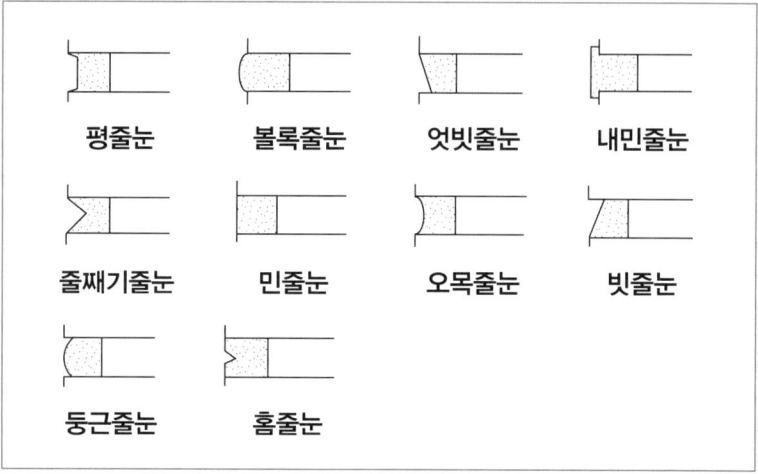

③ **신축**(伸縮)**줄눈**(Expansion Joint)
  ㉠ 신축에 의해 균열이 발생하는 것을 방지하기 위한 것으로 벽의 두께나 높이가 변하는 부위나 서로 다른 벽이 만나는 부위 등에 설치한다.
  ㉡ 내력벽과 비내력벽이 만나는 부위 또는 콘크리트벽체와 벽돌벽이 직각으로 만나는 부위에 설치한다.
  ㉢ L, T, U형 건물에서는 벽 교차부 근처에 설치한다.
  ㉣ 창이나 출입구 상하의 벽돌벽 중앙부위는 휨이 크게 작용하므로 가능하면 피한다.

개념적용 문제

벽돌조에 설치되는 신축줄눈의 위치에 관한 설명으로 옳지 않은 것은?

제13회 기출

① 벽 높이가 변하는 곳에 설치한다.
② 개구부의 가장자리에 설치한다.
③ 응력이 집중되는 곳에 설치한다.
④ 벽두께가 일정한 곳에 설치한다.
⑤ L, T, U형 건물에서는 벽 교차부 근처에 설치한다.

해설 벽돌조에 설치되는 신축줄눈의 위치는 벽의 두께나 높이가 변하는 부위나 서로 다른 벽이 만나는 부위 등에 설치한다.

정답 ④

2 벽돌쌓기

1. 벽돌쌓기 종류

(1) 기본적인 벽돌쌓기법

종류	특징
길이쌓기	벽돌을 길게 나누어 놓아 길이면이 내보이도록 쌓는 방식
마구리쌓기	벽돌의 마구리가 나오게 쌓는 방식
길이 세워 쌓기	길이를 세워 쌓는 방식
옆 세워 쌓기	벽돌의 마구리를 세워 쌓는 방식

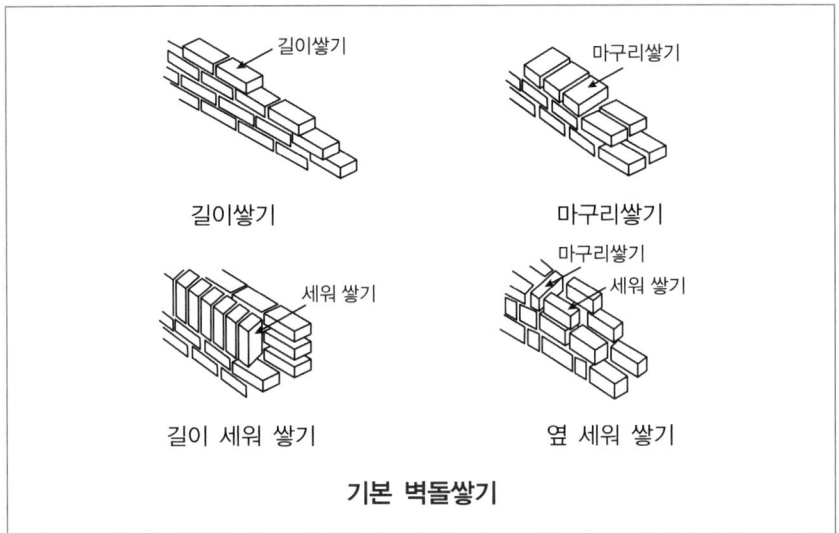

기본 벽돌쌓기

(2) 나라별 벽돌쌓기법

구분	영식쌓기	화란식 (네덜란드식) 쌓기	미식쌓기	불식 (프랑스식) 쌓기
쌓기 방법	한 켜는 길이, 다음 켜는 마구리쌓기를 교대로 하며, 모서리나 벽 끝 마구리켜에 반절이나 이오토막을 사용	영식쌓기와 거의 같지만, 모서리나 벽 끝 길이켜에 칠오토막을 사용	5켜는 치장벽돌로 길이쌓기하고, 다음 한 켜는 마구리쌓기로 본 벽돌에 물리며, 뒷면은 영식쌓기로 함	입면상 매 켜에 길이와 마구리가 번갈아 쌓으며, 토막벽돌을 많이 사용
특징	① 구조적으로 가장 튼튼한 쌓기 ② 내력벽에 사용	① 우리나라에서 가장 많이 사용 ② 모서리가 상대적으로 견고 ③ 내력벽에 사용	① 외부에는 붉은 벽돌, 내부에는 시멘트벽돌을 사용 ② 내력벽에 사용	① 내부에 통줄눈이 많이 발생 ② 벽돌담 등 치장용으로 사용 ③ 비내력벽에 사용

▶ 26·14·12·6회

바로확인문제

영식쌓기는 한 켜는 길이, 다음 켜는 마구리쌓기를 교대로 하며, 모서리나 벽 끝 마구리켜에 반절이나 (　　)토막을 사용한다.

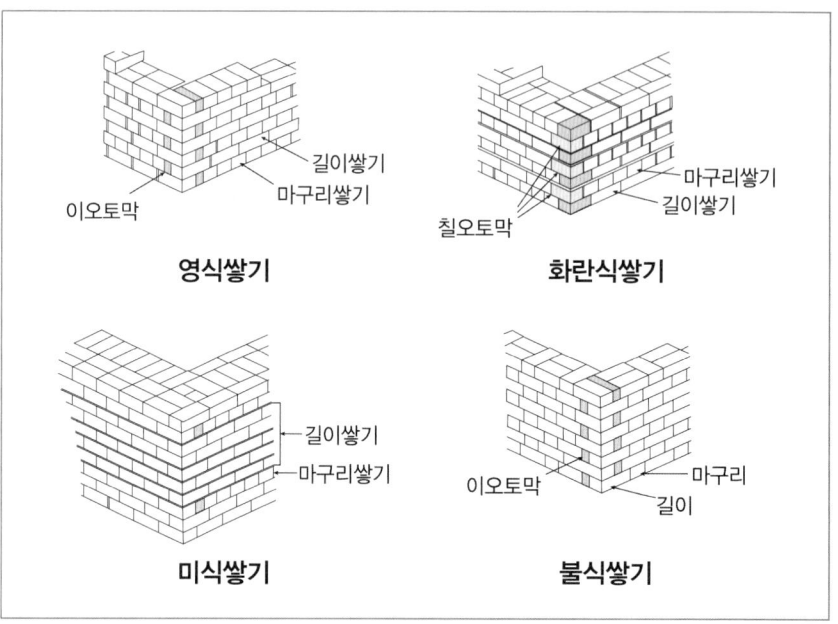

개념적용 문제

조적구조에 관한 설명으로 옳지 않은 것은? 제14회 기출

① 내화벽돌은 흙 및 먼지 등을 청소하고 물축이기는 하지 않고 사용한다.
② 치장줄눈을 바를 경우에는 줄눈 모르타르가 굳기 전에 줄눈파기를 한다.
③ 테두리보는 벽체의 일체화, 하중의 분산, 벽체의 균열방지 등의 목적으로 벽체 상부에 설치한다.
④ 영식쌓기는 한 켜는 길이쌓기로, 다음 켜는 마구리쌓기로 하며 모서리나 벽 끝에는 칠오토막을 쓴다.
⑤ 아치쌓기는 그 축선에 따라 미리 벽돌나누기를 하고 아치의 어깨에서부터 좌우 대칭형으로 균등하게 쌓는다.

해설 영식쌓기는 한 켜는 길이쌓기로, 다음 켜는 마구리쌓기로 하며, 마구리켜의 모서리나 벽 끝에는 이오토막 또는 반절을 쓴다.

정답 ④

(3) 각부 벽돌쌓기법

① **아치(Arch)쌓기**
  ㉠ 아치의 개념
    ⓐ 상부에서 오는 수직 하중이 아치의 중심선을 따라 좌우로 나누어져 수직압력만 받게 하고 부재의 하부에 인장력이 생기지 않도록 한 구조이다.

ⓑ 개구부에 작용하는 인장력을 아치쌓기를 통해 압축력으로 바꿔주는 역할을 한다.
ⓒ 아치쌓기는 그 축선*에 따라 미리 벽돌나누기를 하고, 아치의 어깨에서부터 좌우 대칭형으로 균등하게 쌓는다.

* 축선(軸線)
물체가 회전하는 데 중심이 되는 선

ⓛ 아치의 성립조건 및 주요 제한사항
ⓐ 벽돌줄눈은 아치의 중심에 모이도록 한다.
ⓑ 개구부 너비가 1.0m 이하일 때는 평아치로 할 수 있다.
ⓒ 폭이 1.8m를 넘는 개구부의 상부에는 아치를 틀지 않고 철근콘크리트 인방보를 사용한다.
ⓓ 환기 구멍 등 작은 개구부라도 아치를 트는 것이 원칙이다.

> **참고 인방보(Lintel)**
>
> 1. 조적조에서 개구부의 상부구조를 지지하고 상부에 작용하는 하중을 벽체에 전달하는 역할을 하는 부재이다.
> 2. 인방보는 도면 또는 공사시방서에 정하는 바에 따라 현장타설콘크리트 부어넣기 또는 기성콘크리트 부재로 한다.
> 3. 인방보는 창문틀 좌우 옆 턱에 최소 200mm 이상(400mm 정도) 걸치고, 또한 위에서 오는 하중을 전달할 충분한 길이로 한다. 인방보 상부의 벽은 균열이 생기지 않고 주변의 벽과 강하게 연결되도록 철근이나 블록 메시로 보강연결하거나 인방보 좌우단 상향으로 컨트롤 조인트를 둔다.
> 4. 좌우의 벽체가 공간쌓기일 때에는 콘크리트가 그 공간에 떨어지지 아니하도록 벽돌 또는 철판 등으로 막는다.
>
>

ⓒ 아치의 종류

종류	정의
본아치	특별히 주문한 아치용 벽돌을 써서 쌓는 것
막만든아치	보통 벽돌을 쐐기 모양으로 다듬어서 만든 것
거친아치	보통 벽돌을 그대로 쓰고 줄눈을 쐐기 모양으로 한 것
층두리아치	아치의 너비가 넓을 때에 반장별로 층을 지어 겹쳐 쌓는 것

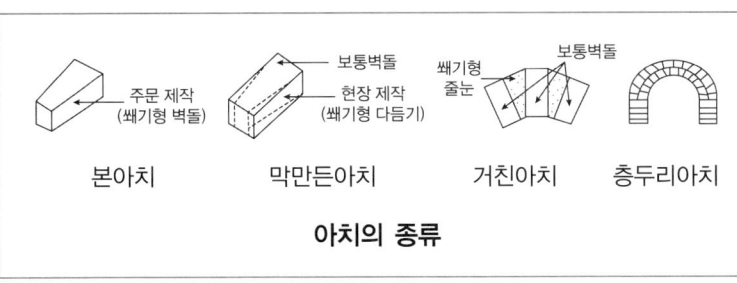

아치의 종류

바로확인문제

폭이 (   )m를 넘는 개구부의 상부에는 아치를 틀지 않고 철근콘크리트 인방보를 사용한다.

> **개념적용 문제**
>
> 벽돌조 건물의 개구부에 아치를 사용하는 주목적에 대한 설명으로 합당한 것은?
>
> 제6회 기출
>
> ① 전단력을 힘응력으로 바꿔 주기 위하여
> ② 힘응력을 전단력으로 바꿔 주기 위하여
> ③ 인장력을 압축력으로 바꿔 주기 위하여
> ④ 압축력을 인장력으로 바꿔 주기 위하여
> ⑤ 상기 설명 중 합당한 것이 없음
>
> **해설** 아치는 개구부에 작용하는 인장력을 아치쌓기를 통해 압축력으로 바꿔주는 역할을 한다.
>
> 정답 ③

관련기준
건축표준시방서코드(KCS)
2025 〈KCS 41 34 02 : 2021〉

② **공간쌓기**

구분	특징
목적	방습(주목적), 방한, 방서, 방음, 결로 방지
정의	㉠ 공간쌓기는 벽돌벽의 중간에 공간을 두어 쌓는 방식으로 도면 또는 공사시방서에 정한 바가 없을 때에는 바깥쪽을 주벽체로 하고 안쪽은 반장(0.5B)쌓기로 한다. ㉡ 공간너비는 통상 50~70mm(단열재 두께 + 10mm) 정도로 한다.
시공	㉠ 연결재의 배치 및 간격은 수평거리 900mm 이하 수직거리 400mm 이하로 한다. 개구부 주위 300mm 이내에는 900mm 이하 간격으로 연결철물을 추가 보강한다. ㉡ 공간쌓기를 할 때에는 모르타르가 공간에 떨어지지 않도록 주의하여 쌓는다.

• 공간쌓기

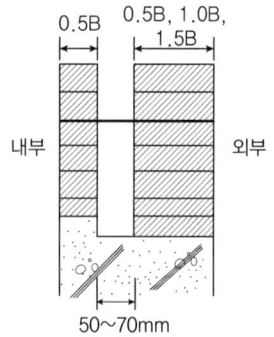

• 기초쌓기

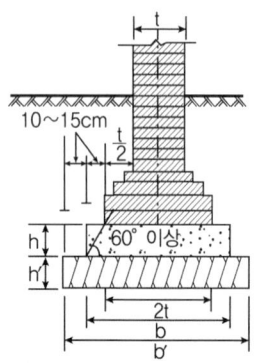

• 고름질
바탕면을 고르고 평탄하게 조성하는 작업

③ **기초쌓기**

㉠ 줄기초 윗면은 청소하고 물축이기를 하고, 기초 윗면의 우묵한 곳은 벽돌쌓기 전일에 모르타르 또는 콘크리트로 고름질하여 둔다.

㉡ 기초 위에 올리는 벽돌은 흡수율이 작고, 소성이 잘된 강도가 큰 벽돌을 사용한다.

㉢ 기초쌓기는 1/4B씩 1켜 또는 2켜 내어 쌓는다.

㉣ 기초 벽돌의 맨 밑의 너비는 도면 또는 공사시방서에서 정한 바가 없을 때에는 벽두께의 2배로 하고 맨 밑은 2켜 쌓기로 한다.

㉤ 기초판의 너비는 벽돌면보다 양쪽으로 각각 10~15cm 정도 크게 한다.

㉥ 기초를 넓히는 경사도는 60° 이상으로 한다.

④ **내쌓기**

　㉠ 내쌓기는 장선 및 마루 등을 받치기 위해 벽돌을 벽면에서 내밀어 쌓는 방식이다.

　㉡ 벽돌 벽면 중간에서 내쌓기를 할 때에는 1켜씩 1/8B 또는 2켜씩 1/4B 내쌓기로 하고 맨 위는 2켜 내쌓기로 하며, 최대 내미는 한도는 2B 이내로 한다.

• 내쌓기

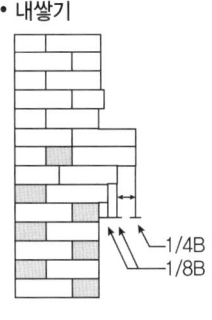

⑤ **층단 들여쌓기 및 켜걸름 들여쌓기**

　㉠ 긴 벽돌벽의 쌓기에서 벽 중간 일부를 쌓지 못하게 될 때 점점 쌓는 길이를 줄여오는 방법을 층단 들여쌓기라고 한다.

　㉡ 직교하는 벽돌벽의 한편을 나중쌓기로 할 때에는 그 부분에 벽돌 물림자리를 벽돌 한 켜 걸름으로 1/4B를 들여쌓는다.

• 물림자리
겹쳐지는 부분

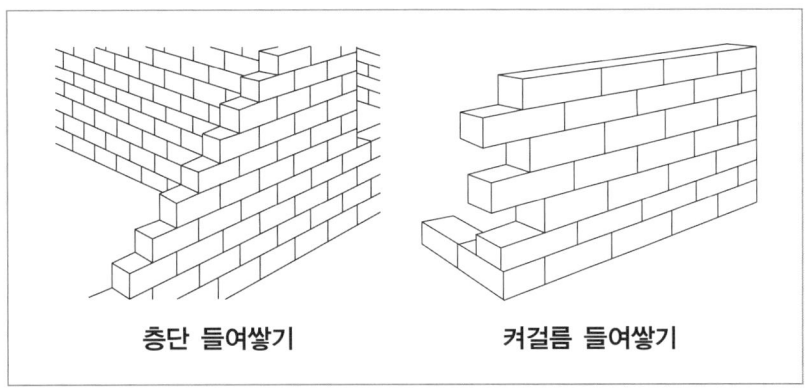

층단 들여쌓기　　켜걸름 들여쌓기

⑥ **창대쌓기**

　㉠ 창대 벽돌은 도면 또는 공사시방서에서 정한 바가 없을 때에는 그 윗면을 15° 정도의 경사로 옆세워 쌓고, 그 앞 끝의 밑은 벽돌 벽면에서 30~50mm 내밀어 쌓는다.

　㉡ 창대 벽돌의 위 끝은 창대 밑에 15mm 정도 들어가 물리게 한다. 또한 창대 벽돌의 좌우 끝은 옆벽에 2장 정도 물린다.

　㉢ 창문틀 사이는 모르타르로 빈틈없이 채우고 방수 모르타르, 코킹 등으로 방수처리를 한다.

• 창대쌓기

• 영롱쌓기

(4) 장식적인 벽돌쌓기법

① **엇모쌓기**: 45° 각도로 모서리가 면에 나오도록 쌓는 방식(음영 효과를 낼 수 있음)

② **영롱쌓기**: 벽돌면에 구멍을 규칙적으로 만들어 쌓는 방식(장식적인 효과)

바로확인문제

벽돌 벽면 중간에서 내쌓기를 할 때에는 1켜씩 (　　)B 또는 2켜씩 (　　)B 내쌓기로 하고 맨 위는 2켜 내쌓기로 하며, 최대 내미는 한도는 2B 이내로 한다.

> **개념적용 문제**
>
> **벽돌구조의 쌓기 방식에 관한 설명으로 옳지 않은 것은?** 제25회 기출
>
> ① 엇모쌓기는 벽돌을 45°각도로 모서리가 면에 나오도록 쌓는 방식이다.
> ② 영롱쌓기는 벽돌벽에 구멍을 내어 쌓는 방식이다.
> ③ 공간쌓기는 벽돌벽의 중간에 공간을 두어 쌓는 방식이다.
> ④ 내쌓기는 장선 및 마루 등을 받치기 위해 벽돌을 벽면에서 내밀어 쌓는 방식이다.
> ⑤ 아치쌓기는 상부하중을 아치의 축선을 따라 인장력으로 하부에 전달되게 쌓는 방식이다.
>
> **해설** 아치쌓기는 상부하중을 아치의 축선을 따라 압축력으로 하부에 전달되게 쌓는 방식이다.
>
> 정답 ⑤

2. 벽돌쌓기 시공

19·17·16·14·12·11·5회

(1) 쌓기 전 준비사항

① **물축임**

구분	내용
정의	물축임은 모르타르 중의 물을 벽돌구조체가 흡수하지 않도록 사전에 벽돌면과 바탕면에 적절히 물을 뿌려 주는 행위를 말한다.
붉은벽돌	벽돌쌓기 하루 전에 벽돌더미를 물 호스로 충분히 젖게 하여 표면에 습도를 유지한 상태로 준비하고, 더운 하절기에는 벽돌더미에 여러 시간 물뿌리기를 하여 표면이 건조하지 않게 해서 사용한다.
시멘트(콘크리트)벽돌	쌓기 직전에 물을 축이지 않는다.
내화벽돌	물축임을 하지 않는다.

② **벽돌쌓기의 바탕상태**

㉠ 줄기초, 연결보 및 바닥 콘크리트의 쌓기면은 작업 전에 청소하고 우묵한 곳은 모르타르로 수평지게 고르고, 모르타르가 굳은 다음 접착면은 적절히 물축이기를 하고 벽돌쌓기를 시작한다.

㉡ 벽돌에 부착된 흙이나 먼지는 깨끗이 제거한다.

㉢ 모르타르는 배합과 보강 등에 필요한 자재의 품질 및 수량을 확인한다.

㉣ 모르타르는 지정한 배합으로 하되 시멘트와 모래는 건비빔으로 하고, 사용할 때에는 쌓기에 지장이 없는 유동성이 확보되도록 물을 가하고 충분히 반죽하여 사용한다.

(2) 벽돌쌓기의 일반사항

① 가로 및 세로줄눈의 너비는 도면 또는 공사시방서에 정한 바가 없을 때에는 10mm를 표준으로 하며, 세로줄눈은 통줄눈이 되지 않도록 하고, 수직 일직선상에 오도록 벽돌나누기를 한다.
② 벽돌쌓기는 도면 또는 공사시방서에서 정한 바가 없을 때에는 영식쌓기 또는 화란식쌓기로 한다.
③ 가로줄눈의 바탕 모르타르는 일정한 두께로 평평히 펴 바르고, 벽돌을 내리누르듯 규준틀과 벽돌나누기에 따라 정확히 쌓는다.
④ 세로줄눈의 모르타르는 벽돌 마구리면에 충분히 발라 쌓도록 한다.
⑤ 벽돌은 각부*를 가급적 동일한 높이로 쌓아 올라가고, 벽면의 일부 또는 국부적으로 높게 쌓지 않는다.
⑥ 하루의 쌓기 높이는 1.2m(18켜 정도)를 표준으로 하고, 최대 1.5m(22켜 정도) 이하로 한다.
⑦ 연속되는 벽면의 일부를 트이게 하여 나중쌓기로 할 때에는 그 부분을 층단 들여쌓기로 한다.
⑧ 직각으로 오는 벽체의 한편을 나중쌓을 때에도 층단 들여쌓기로 하는 것을 원칙으로 하지만 부득이할 때에는 담당원의 승인을 받아 켜걸음 들여쌓기로 하거나 이음보강철물을 사용한다. 먼저 쌓은 벽돌이 움직일 때에는 이를 철거하고 청소한 후 다시 쌓는다. 물려쌓을 때에는 이 부분의 모르타르를 빈틈없이 다져 넣고 사춤 모르타르도 매 켜마다 충분히 부어 넣는다.
⑨ 벽돌벽이 블록벽과 서로 직각으로 만날 때에는 연결철물을 만들어 블록 3단마다 보강하여 쌓는다.
⑩ 벽돌벽이 콘크리트 기둥(벽), 슬래브 하부면과 만날 때는 그 사이에 모르타르를 충전한다.
⑪ 한랭기 및 극한기에는 벽돌공사를 가급적 하지 않도록 한다.
⑫ 한중 시공 시 쌓을 때의 조적체는 건조 상태이어야 한다.
⑬ 보강 벽돌쌓기에서 종근은 기초까지 정착되도록 콘크리트 타설 전에 배근한다.
⑭ 콘크리트(시멘트)벽돌 쌓기 시 조적체는 원칙적으로 젖어서는 안 된다.

▶ 26·22·21·19·18·17·16·15·14·11·5회

• 각부(各部)
어떤 것에 딸려 있는 각 부분

바로확인문제

하루의 쌓기 높이는 (　　)m (18켜 정도)를 표준으로 하고, 최대 (　　)m(22켜 정도) 이하로 한다.

> **개념적용 문제**
>
> 벽돌구조에 관한 설명으로 옳지 않은 것은? 제19회 기출
>
> ① 벽돌구조(내력벽)는 풍압력, 지진력 등의 횡력에 약하여 고층건물에 적합하지 않다.
> ② 콘크리트(시멘트)벽돌 쌓기 시 조적체는 원칙적으로 젖어서는 안 된다.
> ③ 벽돌벽이 블록벽과 서로 직각으로 만날 때는 연결철물을 5단마다 보강하여 쌓는다.
> ④ 벽돌벽이 콘크리트 기둥과 만날 때는 그 사이에 모르타르를 충전한다.
> ⑤ 치장줄눈을 바를 경우에는 줄눈 모르타르가 굳기 전에 줄눈파기를 한다.
>
> 해설 벽돌벽이 블록벽과 서로 직각으로 만날 때는 연결철물을 3단마다 보강하여 쌓는다.
>
> 정답 ③

(3) 배관 홈파기

① 벽돌을 쌓은 후 나중에 배관홈을 파고 묻을 때에는 그 위치, 깊이 및 길이 등에 대하여 담당원의 승인을 받아 시공하고 곧바로 모르타르 등으로 충분히 충전함으로써 구조적으로 문제가 발생하지 않도록 한다.
② 가로 홈파기는 홈파기의 길이(l)가 3m 이하일 때, 홈깊이는 벽두께(t)의 1/3 이하로 한다.
③ 세로 홈파기는 층높이(h)의 3/4 이상일 때, 홈깊이는 벽두께(t)의 1/3 이하로 한다.
④ 세로홈보다 가로홈이 벽체의 구조내력에 대한 영향이 크다.

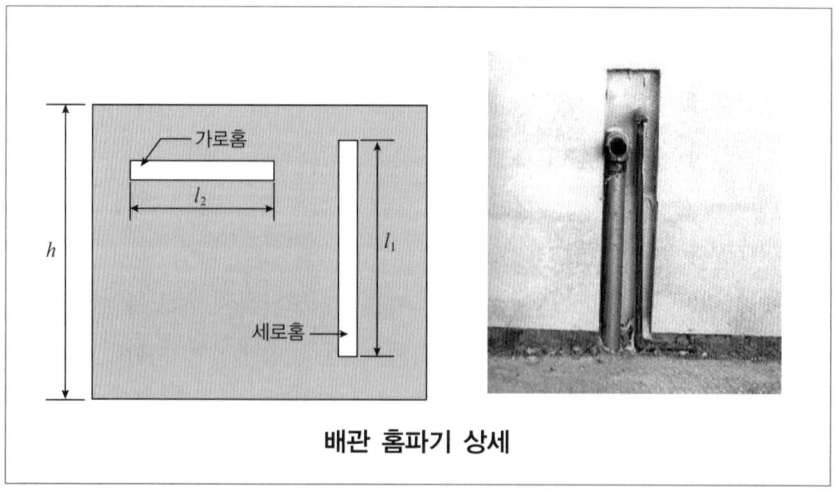

배관 홈파기 상세

(4) 보양

① 쌓기가 완료된 벽돌은 어떠한 경우에도 움직이지 않도록 한다.
② 쌓은 후 12시간 동안은 하중을 받지 않도록 하고 3일 동안은 집중하중을 받지 않도록 하되, 모르타르가 완전히 경화될 때까지 유해한 진동, 충격 및 횡력 등의 하중을 주지 않도록 한다.
③ 벽돌의 모서리 돌출부 및 단부 등은 파손되지 않도록 적절한 재료를 사용하여 보양하고 더럽히지 않도록 주의한다.
④ 평균기온이 4℃ 이하, 영하 4℃까지는 최소한 24시간 동안 보온막을 설치한다.
⑤ 아직 지붕을 설치하지 않은 치장쌓기로서 직접 우로(雨露)에 노출되는 부분은 매일 공사가 끝날 때마다 두꺼운 방수시트로 벽 위를 덮고 단단히 고정시킨다.

• 우로(雨露)
비와 이슬을 아울러 이르는 말

3 벽돌구조의 균열 및 백화현상

1. 벽돌조 건물의 균열

(1) 균열의 원인

계획 및 설계상의 미비	① 기초의 부동침하 ② 건물의 평면, 입면의 불균형 및 벽의 불합리한 배치 ③ 불균형 하중, 큰 집중하중, 횡력 및 충격 ④ 벽의 길이, 높이에 비해 두께가 부족하거나 벽체 강도 부족 ⑤ 문꼴 크기의 불합리 및 불균형 배치(개구부 크기의 불합리)
시공상의 결함	① 벽돌 및 모르타르의 강도 부족 ② 온도 및 습기에 의한 재료의 건조수축 ③ 이질재와의 접합부, 불완전 시공 ④ 콘크리트보 밑 모르타르 다져넣기의 부족(장막벽의 상부) ⑤ 모르타르, 회반죽 바름의 신축 및 들뜨기 ⑥ 온도 변화와 신축을 고려한 신축줄눈 설치 미흡

(2) 균열대책

① 연약층, 경사지, 비탈면 등의 조사를 면밀히 하고 부동침하에 대한 고려를 한다.
② 건물 자체로서 건물의 중량을 줄인다.
③ ㄱ자, ㄷ자형의 복잡한 평면 구성을 피하고 단순화한다.
④ 하중의 집중을 피하고 건물의 중량 배분을 균일하게 한다.

⑤ 기초는 동일 형식, 동일 구조로 하고 강성을 높인다.
⑥ 벽돌조의 문꼴을 넓게 하거나 불균형 배치를 피하고, 상하층의 창문 위치, 너비를 일치시키고 창문 주위가 약화되는 것을 방지한다.
⑦ 양질의 벽돌과 모르타르를 사용한다.
⑧ 건물 전체가 부분적 결함이 없고 균일한 강도이어야 한다.
⑨ 이질재와의 접합부, 벽의 상부 등은 신축줄눈 및 조절줄눈을 설치한다.

개념적용 문제

조적벽에서 균열의 발생을 억제하기 위한 대책으로 적합하지 않은 것은?

제9회 기출

① 기초는 동일한 형식과 동일한 구조로 한다.
② 평면과 입면을 단순화한다.
③ 균열 진행 중에 시멘트 모르타르로 미장을 한다.
④ 테두리보를 설치한다.
⑤ 부동침하를 방지한다.

해설 균열 진행 중인 조적벽은 균열이 완전히 진행된 후에 시멘트 모르타르로 미장을 하여야 균열의 발생을 방지할 수 있다.

정답 ③

---

2. 백화현상(白化現象)

(1) 정의

① 백화현상이란 백태라고도 하며, 벽에 침투하는 빗물에 의해서 모르타르 중의 석회분이 공기 중의 탄산가스(CO_2)와 결합하여 벽돌이나 조적 벽면을 하얗게 오염시키는 현상이다.
② 백화는 주로 시멘트의 가용성 성분이 용해되어 건물의 표면에 올라와 공기 중의 탄산가스 또는 유황성분과 결합하여 생긴다.

바로확인문제

백화현상이란 백태라고도 하며, 벽에 침투하는 빗물에 의해서 모르타르 중의 석회분이 공기 중의 (   )와 결합하여 벽돌이나 조적 벽면을 하얗게 오염시키는 현상이다.

백화현상이 발생한 건물

(2) 발생조건

구분	내용
재료적 조건	① 재령이 짧은 시멘트와 분말도가 작은 시멘트를 사용하는 경우 ② 흡수율이 높거나 소성(燒成)이 잘 되지 않은 벽돌을 사용하는 경우
외부환경 조건	① 기온이 낮은 겨울철이나 장마철과 같이 습도가 높은 경우 ② 바람에 의한 표면의 급강하가 발생한 경우 ③ 그늘진 면, 북쪽 면에서 많이 발생

- **소성(燒成)**
  불에 구워서 만듦

- **급강하(急降下)**
  기온이 갑자기 내려가는 것

▶ 24·16·3회

(3) 방지대책

① 흡수율이 작고 잘 구워진 벽돌(소성이 잘 된 벽돌)을 사용한다.
② 줄눈 모르타르의 방수처리를 철저히(방수제 사용과 충분한 사춤) 한다.
③ 조립률이 큰 모래, 분말도가 큰 시멘트를 사용한다.
④ 모르타르의 물시멘트비를 감소시킨다.
⑤ 빗물의 침투를 방지하기 위해 차양, 루버, 돌림띠 등을 설치한다.
⑥ 표면에 파라핀 도료나 실리콘 뿜칠을 한다.

(4) 제거방법

① 브러시나 마른 솔로 제거한다.
② 염산과 물의 비율이 1 : 5 정도인 묽은 염산으로 백화를 제거하고, 반드시 물로 씻어 낸다.
③ 세척제를 사용하기 전에 벽체 일부분에 바른 후 2주일 정도 경과한 뒤에 그 효과를 보고 선택하여 백화를 제거한다.

- **파라핀 도료 뿜칠 작업**

바로확인문제

백화현상을 방지하기 위해서는 분말도가 (   ) 시멘트를 사용하고, 모르타르의 물시멘트비를 (   )시킨다.

> **개념적용 문제**
>
> 조적공사에서 백화현상을 방지하기 위한 대책으로 옳지 않은 것은?
>
> 제24회 기출
>
> ① 조립률이 큰 모래를 사용
> ② 분말도가 작은 시멘트를 사용
> ③ 물시멘트(W/C)비를 감소시킴
> ④ 벽면에 차양, 돌림띠 등을 설치
> ⑤ 흡수율이 작고 소성이 잘된 벽돌을 사용
>
> **해설** 백화현상을 방지하기 위해서는 분말도가 큰 시멘트를 사용하여야 한다.
>
> **정답** ②

관련기준
건축표준시방서코드(KCS)
2025〈KCS 41 34 04 : 2021〉

3. 벽돌조 복원 및 청소공사

(1) 적용범위
① 표면에 생장하는 식물의 제거
② 노출된 벽돌면의 청소
③ 파손된 벽돌구조체의 보수
④ 줄눈의 제거 및 재시공

15회

(2) 시공
① **생장식물의 제거**
   ㉠ 벽돌구조체 표면에 생장하는 이끼, 덩굴 등의 식물은 뿌리를 자른 후 완전히 제거하기 전에 가능한 한 오랫동안 건조하도록 한다.
   ㉡ 줄눈 속에 남아 있는 찌꺼기, 흙, 모르타르 조각 등은 아무리 깊더라도 완전히 제거하여야 한다.

② **벽돌면의 청소**
   ㉠ 벽돌면의 청소방법은 표면에 낀 때, 먼지, 얼룩, 기타 오염물을 고려하여 물, 화학제, 기계적인 방법 중 표면에 피해가 가장 적은 방법을 선택하여야 한다.
   ㉡ 벽돌면의 물청소는 뻣뻣한 나일론이나 강모로 된 솔로 물을 뿌려가며 긁어내린다.
   ㉢ 청소는 위에서부터 아래로 내려가면서 시행하며, 개구부는 적절한 방수막으로 덮어야 한다.

㉣ 솔질이 끝나면 찌꺼기가 완전히 제거되도록 물로 깨끗이 세척한다.
㉤ 청정용 화학제품을 사용하는 경우에는 충분한 물을 사용하여 화학제의 잔여분이 남지 않도록 세척하여야 한다.
㉥ 샌드 블라스팅, 그라인더, 마사포의 기계적인 방법을 사용하는 경우에는 담당원이 지시하는 일정면적을 시험·청소하고, 지시된 기간 동안 노출시킨 후에 검사를 받아 승인을 얻은 후에 공사를 시작한다.

• 그라인더(Grinder)

③ **청소방법**

종류	특징
물세척	㉠ 벽돌 치장면에 부착된 모르타르 등의 오염은 물과 솔을 사용하여 제거한다. ㉡ 필요에 따라 온수를 사용하는 것이 좋다.
세제세척	물 또는 온수에 중성세제를 사용하여 세정한다.
산세척	㉠ 산세척은 모르타르와 매입철물을 부식시키는 것이 있기 때문에 일반적으로 사용하지 않는다. 특히 수평부재와 부재 수평부 등의 물이 고여 있는 장소에 대해서는 하지 않는다. ㉡ 산세척은 다른 방법으로 오염물을 제거하기 곤란한 장소에 채용하고, 그 범위는 가능한 한 작게 한다. ㉢ 부득이하게 산세척을 실시하는 경우는 담당원 입회하에 매입철물 등의 금속부를 적절히 보양하고, 벽돌을 표면수가 안정하게 잔류하도록 물축임한 후에 3% 이하의 묽은 염산을 사용하여 실시한다. ㉣ 오염물을 제거한 후에는 즉시 충분히 물세척을 반복한다.

개념적용 문제

벽돌조 복원 및 청소공사에 관한 설명으로 옳지 않은 것은? 제15회 기출

① 벽돌면의 물청소는 뻣뻣한 솔로 물을 뿌려가며 긁어내린다.
② 산세척을 실시하는 경우, 벽돌을 물축임한 후에 5% 이하의 묽은 염산을 사용한다.
③ 줄눈 속에 남아 있는 찌꺼기, 흙, 모르타르 조각 등은 완전히 제거한다.
④ 벽돌면의 청소는 위에서부터 아래로 내려가며 시행하며, 개구부는 적절한 방수막으로 덮어야 한다.
⑤ 샌드 블라스팅, 그라인더, 마사포의 기계적인 방법을 사용하는 경우에는 시험·청소 후 검사를 받아 담당원의 승인을 받은 후 본공사에 적용할 수 있다.

해설 산세척을 실시하는 경우, 벽돌을 물축임한 후에 3% 이하의 묽은 염산을 사용한다.

정답 ②

바로확인문제

산세척을 실시하는 경우, 벽돌을 물축임한 후에 (　　) 이하의 묽은 염산을 사용한다.

④ 벽돌구조체의 검사 및 보수
  ㉠ 검사
    ⓐ 벽돌의 홈이나 탈락, 줄눈부의 충전 불량, 균열 등을 눈으로 보아 검사하는 것 외에도 적당히 두들겨서 부풀음 및 접착불량을 탐사한다.
    ⓑ 기기를 사용하는 비파괴검사를 실시하는 경우에는 공사시방서에 따른다.
  ㉡ 보수
    ⓐ 벽돌구조체에서 누수, 습기, 모르타르의 떨어짐, 균열 등 파손 및 손상을 입은 부분의 보수는 먼저 그 근본적인 원인을 밝혀내야 한다.
    ⓑ 벽돌의 홈, 균열 및 손상이 있는 경우에는 적절히 보수한다. 외관상, 성능상 중요한 경우에는 그 개소 및 방법 등에 대해서 담당원의 지시를 받는다.
    ⓒ 파손 및 손상을 입은 부분은 구조체에 충격을 주지 않는 방법으로 완전히 제거한다.
    ⓓ 줄눈부의 보수에 있어서는 주변의 색조 및 재질에 주의하여 실시한다.

⑤ 줄눈 재시공
  ㉠ 먼저 손상된 줄눈을 완전히 파내고 깨끗이 청소한 다음 물로 완전히 적신다.
  ㉡ 줄눈은 새로 섞은 줄눈 모르타르를 이용하여 한 번에 6.5mm 이하의 두께로 앞에 시공한 줄눈층의 물기가 마르는 즉시 압력을 가하여 층층이 채워 간다. 이때 매 층을 도구로 평활하게* 하지 말고 접착력을 위하여 거친 대로 놓아둔다. 마지막 층은 압력을 가하여 줄눈을 꽉 채우고 다진다.
  ㉢ 줄눈도구를 이용하여 기존 줄눈과 같은 형태로 마감한다. 이때 줄눈 모르타르가 노출벽돌 밖으로 넘치지 않도록 특히 주의한다. 또한 마감된 줄눈 모르타르의 가장자리가 얇게 되는 현상을 피하도록 한다.
  ㉣ 기존 벽돌 모서리의 마모가 심할 때에는 줄눈을 약간 안으로 들여 마감한다.
  ㉤ 마감된 줄눈은 담당원의 지시에 따라 강모솔질 또는 낮은 압력의 물을 분무하여 외관상 기존 줄눈과 조화되도록 시공하여야 한다.

- **평활(平滑)하다**
  (면이나 바닥 따위가) 평평하고 미끄럽다

ⓑ 마감된 줄눈은 습윤한 상태에서 5일간 보양하도록 한다.
ⓢ 공사가 완료된 후 30일 동안 모르타르가 완전히 보양되도록 한 후 노출벽면을 거친 솔, 스펀지 및 물 등으로 깨끗이 청소한다.

제3절 블록구조

블록구조
1 구성재료
2 블록쌓기

1 구성재료

1. 블록

(1) 블록의 종류

① 속빈 콘크리트 블록(KS F 4002)

▶ 19·18회

▶ 관련기준
건축표준시방서코드(KCS) 2025 〈KCS 41 34 05 : 2021〉

㉠ BI형: 미국에서 개발된 것으로 우리나라에서 제일 많이 사용한다.

형상	치수(mm)			허용치(mm)
	길이	높이	두께	길이·높이·두께
기본형 블록	390	190	210 190 150 100	±2

㉡ BM형: BI형보다 치수를 크게 하여 줄눈이 덜 들게 한 것이다.
㉢ BS형: BI형보다 두께가 크고 ㄴ자형, ㄷ자형 등과 같이 사용한다.

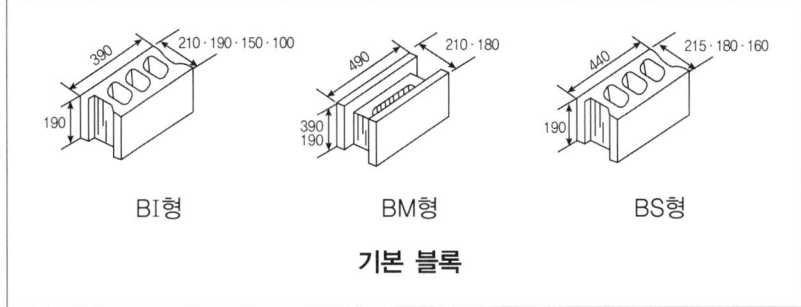

기본 블록

② 이형블록

구분	내용
정의	블록의 형상 또는 용도가 특수하게 된 것으로서 창대블록, 인방블록, 창쌤블록, 가로근 삽입 블록, 기타 특수형으로 반절 블록·모서리용 블록·횡근용 블록 등 기타 용도에 따라 형상이 다른 블록의 총칭이다.

종류	창대블록	창문틀 밑에 대는 블록
	인방블록	창문틀 위에 쌓아 철근과 콘크리트를 다져 넣어 보강하게 될 U자형 블록
	창쌤블록	창문틀 옆에 쌓는 블록

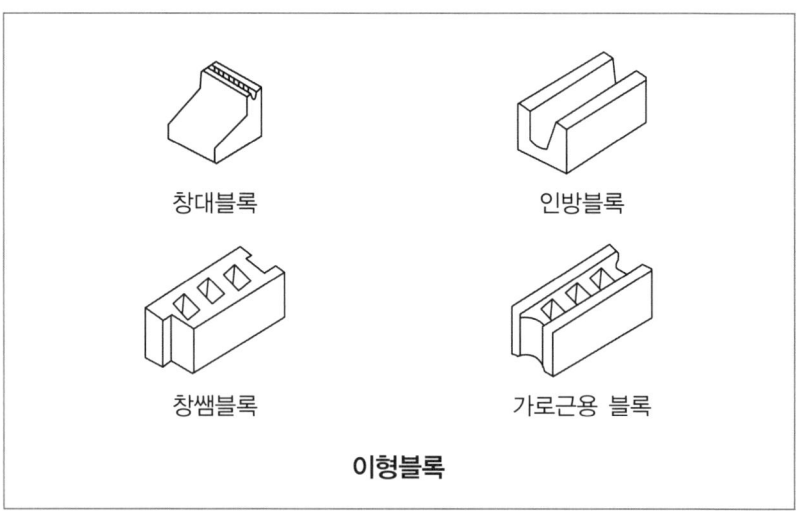

이형블록

(2) 속빈 콘크리트 블록의 등급

구분	기건비중	전단면에 대한 압축강도	흡수율
A종 블록	1.7 미만	4N/mm²	–
B종 블록	1.9 미만	6N/mm²	–
C종 블록	–	8N/mm²	10% 이하

2. 모르타르(Mortar)

(1) 일반사항

① 시멘트는 신선한 것을 사용하고, 사용 시 이상한 성질을 나타내는 것은 사용하면 안 된다.
② 골재는 유해량의 먼지, 흙, 유기불순물, 염분 등을 포함해서는 안 되며, 소요의 내구성 및 내화성을 가진 것으로 한다.
③ 줄눈 모르타르에 사용하는 모래의 최대치수를 2.5mm로 하고, 사춤 모르타르에 쓰이는 모래의 최대치수는 5mm로 한다.
④ 사춤 그라우트의 자갈의 최대치수는 블록 공동부의 최소폭의 1/4 이하 또한 20mm 이하로 한다.
⑤ 블록 제작에 쓰이는 골재의 최대치수는 블록 최소 살두께의 1/3 이하로 한다.
⑥ 모르타르의 접착강도는 블록강도의 1.3~1.5배 이상을 사용한다.

• **사춤**
돌이나 벽돌을 쌓을 때 그 틈서리에 시멘트풀이나 모르타르를 채워 다지는 일

바로확인문제
모르타르의 접착강도는 블록강도의 ( )~( )배 이상의 것을 사용한다.

> **개념적용 문제**
>
> 다음 중 블록쌓기에 사용되는 접합 모르타르의 특징이 아닌 것은?
>
> 제7회 수정
>
> ① 압축강도보다 점성, 보수력, 부착강도가 더 중요하다.
> ② 모르타르의 용적배합비는 블록강도의 0.5~1.0배이다.
> ③ 골재는 유해량의 먼지, 흙, 유기불순물, 염분 등을 포함해서는 안 되며, 소요의 내구성 및 내화성을 가진 것으로 한다.
> ④ 블록 제작에 쓰이는 골재의 최대치수는 블록 최소 살두께의 1/3 이하로 한다.
> ⑤ 사용되는 세골재인 모래의 최대치수를 2.5mm로 한다.
>
> **해설** 블록쌓기에 사용되는 모르타르의 강도는 블록강도의 1.3~1.5배 이상으로 한다.
>
> 정답 ②

(2) 배합비

종류		배합비			
		시멘트	석회	모래	자갈
모르타르	줄눈용	1	1	3	–
	사춤용	1	–	3	–
	치장용	1	–	1	–
그라우트	사춤용	1	–	2	3

2 블록쌓기

1. 블록구조의 분류

▶ 12·6회

조적식 블록조	거푸집 블록조	블록 장막벽	보강 콘크리트 블록조
블록을 모르타르로 접착하여 쌓은 구조로, 2층 정도 구조물	속이 없는 블록 거푸집 안에 철근과 콘크리트를 넣은 구조로, 2층 정도 구조물	철근콘크리트 라멘 구조체 내부를 블록으로 쌓은 구조로, 층수에 제한이 없음	블록 내에 철근 배근하고 콘크리트 사춤하여 보강한 가장 이상적인 블록구조

2. 블록쌓기 시공

(1) 쌓기 전 준비사항

① 줄기초, 연결보 및 바닥판, 기타 블록을 쌓는 밑바탕은 정리 및 청소를 하고 물축임을 한다.

② 줄기초, 연결보 및 바닥판, 기타 블록을 쌓을 뒷면에는 벽중심선 및 블록 표면선을 먹줄치고 블록 나누기를 하여 먹매기고, 블록쌓기에 지장이 있는지 유무를 검사하여 지장이 있는 부분을 보정한다.

③ 블록은 깨끗한 건조상태로 저장되어야 하고, 콘크리트용 블록은 물축임 하지 않는다.

④ 블록에 붙은 흙, 먼지, 기타 더러운 것은 제거하고 모르타르 접착면은 적당히 물로 축여 모르타르의 경화수가 부족하지 않도록 한다.

⑤ 모르타르나 그라우트의 비빔시간은 기계믹서를 사용하는 경우 최소 5분 동안 비벼야 하며, 원하는 시공연도가 되도록 한다. 모르타르가 소량일 경우에는 손비빔을 할 수 있다. 모르타르나 그라우트의 비빔은 기계비빔을 원칙으로 한다.

⑥ 최초 물을 가해 비빈 후 모르타르는 2시간, 그라우트는 1시간을 초과하지 않은 것은 다시 비벼 쓸 수 있다. 그러나 반죽한 것은 될 수 있는 한 빨리 사용하고 물을 부어 반죽한 모르타르가 굳기 시작한 것은 사용하지 않는다. 굳기 시작한 모르타르에 물을 부어 되비빔하는 것은 금한다.

(2) 블록쌓기 시 일반사항

① 단순조적 블록쌓기의 세로줄눈은 도면 또는 공사시방서에서 정한 바가 없을 때에는 막힌줄눈으로 한다.

② 기준틀 또는 블록 나누기의 먹매김에 따라 모서리, 중간요소, 기타 기준이 되는 부분을 먼저 정확하게 쌓은 다음, 수평실을 치고 먼저 쌓은 블록을 기준으로 하여 수평실에 맞추어 모서리부에서부터 차례로 쌓아 간다.

③ 살두께˙가 큰 편을 위로 하여 쌓는다.

④ 가로줄눈 모르타르는 블록의 중간살을 제외한 양면살 전체에, 세로줄눈 모르타르는 마구리 접합면에 각각 발라 수평·수직이 되게 쌓는다. 블록은 턱솔이 없게 수평실에 맞추어 줄눈이 똑바르도록 대어 쌓는다. 치장이 되는 면의 더러움은 그때마다 청소한다.

⑤ 하루의 쌓기 높이는 1.5m(7켜 정도) 이내를 표준으로 한다. 단, ALC블록의 하루 쌓기높이는 1.8m를 표준으로 하고 최대 2.4m 이내로 한다.

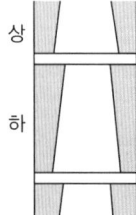

• 살두께

바로확인문제

블록은 살두께가 큰 편을 (　　)로 하여 쌓는다.

⑥ 줄눈 모르타르는 쌓은 후 줄눈누르기 및 줄눈파기를 한다.
⑦ 특별한 지정이 없으면 줄눈은 10mm가 되게 한다. 치장줄눈을 할 때에는 흙손을 사용하여 줄눈이 완전히 굳기 전에 줄눈파기를 한다.

개념적용 문제

조적공사에 관한 설명으로 옳지 않은 것은? 제21회 기출

① 벽돌의 하루 쌓기 높이는 1.2m(18켜 정도)를 표준으로 하고 최대 1.8m(27켜 정도) 이내로 한다.
② 벽돌의 치장줄눈 깊이는 6mm로 한다.
③ 블록쌓기 줄눈너비는 가로 및 세로 각각 10mm를 표준으로 한다.
④ ALC블록의 하루 쌓기 높이는 1.8m를 표준으로 하고 최대 2.4m 이내로 한다.
⑤ 블록은 살두께가 큰 편이 위로 가게 쌓는다.

해설 벽돌의 하루 쌓기 높이는 1.2m(18켜 정도)를 표준으로 하고 최대 1.5m(22켜 정도) 이내로 한다.

정답 ①

(3) 모르타르 및 그라우트 사춤

① 블록의 조적에서 생기는 세로줄눈 공동부에 모르타르 또는 그라우트를 충전 시에는 충전 압력으로 미끄러지거나 이동하지 않도록 한다. 모르타르 또는 그라우트의 충전을 가느다란 둥근 막대를 사용하여 곰보나 틈새가 생기지 않도록 밀실하게 다진다.
② 모르타르 또는 그라우트를 사춤하는 높이는 3켜 이내로서 담당원의 지시에 따른다. 하루의 작업 종료 시 세로줄눈 공동부에 모르타르 또는 그라우트의 타설 높이는 블록의 상단에서 약 50mm 아래에 둔다.
③ 보강근은 모르타르 또는 그라우트 사춤하기 전에 배근해야 하고, 움직이지 않게 고정되어야 한다. 보강철근은 정확한 위치를 유지하도록 하며, 이동 및 변형이 없게 하고 또한 피복두께는 20mm 이상으로 한다.
④ 블록 보강용 철망은 #8 ~ #10 철선을 가스압접 또는 용접한 것을 사용하고, 그 형상, 치수, 기타는 도면 또는 공사시방서에 따른다.
⑤ 모서리 및 개구부의 끝에서 거푸집을 사용하여 콘크리트를 부어 넣을 때에는 거푸집을 대기 전에 밑창에 모인 흙, 먼지 및 모르타르 등을 제거하고 청소한다.

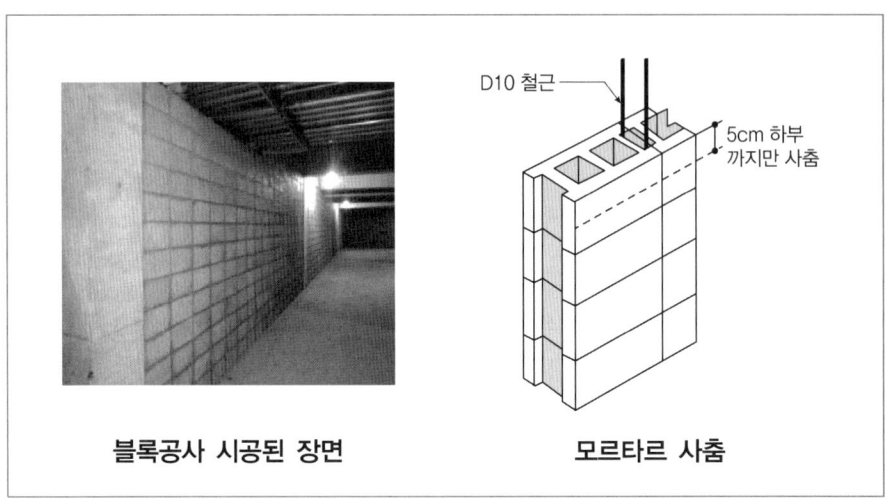

블록공사 시공된 장면   모르타르 사춤

관련기준
건축표준시방서코드(KCS)
2025 〈KCS 41 34 07 : 2021〉

• 보강블록조

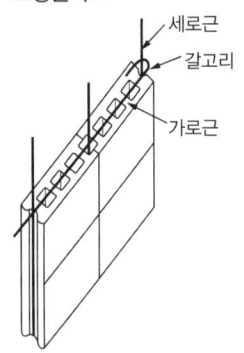

• 철근배근

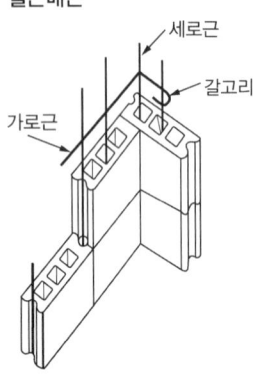

(4) 보강블록공사 시공

① **벽 세로근**

㉠ 벽의 세로근은 구부리지 않고 항상 진동 없이 설치한다.

㉡ 세로근은 밑창콘크리트 윗면에 철근을 배근하기 위한 먹매김을 하여 기초판 철근 위의 정확한 위치에 고정시켜 배근한다.

㉢ 세로근은 원칙적으로 기초 및 테두리보에서 위층의 테두리보까지 잇지 않고 배근하여 그 정착길이는 철근 직경(d)의 40배 이상으로 하며, 상단의 테두리보 등에 적정 연결철물로 세로근을 연결한다.

㉣ 그라우트 및 모르타르의 세로 피복두께는 20mm 이상으로 한다.

㉤ 테두리보 위에 쌓는 박공벽의 세로근은 테두리보에 $40d$ 이상 정착하고, 세로근 상단부는 180°의 갈구리를 내어 벽 상부의 보강근에 걸치고 결속선으로 결속한다.

② **벽 가로근**

㉠ 가로근을 블록조적 중의 소정의 위치에 배근하여 이동하지 않도록 고정한다.

㉡ 가로근은 배근 상세도에 따라 가공하되 그 단부는 180°의 갈구리로 구부려 배근한다. 철근의 피복두께는 20mm 이상으로 하며, 세로근과의 교차부는 모두 결속선으로 결속한다.

㉢ 모서리에 가로근의 단부는 수평방향으로 구부려서 세로근의 바깥쪽으로 두르고 정착길이는 공사시방서에 정한 바가 없는 한 $40d$ 이상으로 한다.

ⓔ 창 및 출입구 등의 모서리 부분에 가로근의 단부를 수평방향으로 정착할 여유가 없을 때에는 갈고리로 하여 단부 세로근에 걸고 결속선으로 결속한다.

ⓜ 개구부 상하부의 가로근을 양측 벽부에 묻을 때의 정착길이는 $40d$ 이상으로 한다.

(5) 보양

① 블록을 쌓은 후에는 어떠한 때라도 이동시켜서는 안 된다. 또한 줄눈 모르타르 및 사춤 모르타르, 그라우트는 충분히 경화될 때까지 충격 및 기타 하중을 주지 않도록 주의한다.

② 강우로 인하여 조적한 블록공동 내에 우수가 들어갈 우려가 있을 때에는 시트 등으로 덮어 우수가 들어가지 않도록 한다.

③ 블록 벽체의 표면은 조적용 및 사춤용 모르타르 등으로 얼룩지지 않도록 하고, 모르타르가 묻으면 즉시 이를 제거한다.

개념적용 문제

블록공사에 관한 설명으로 옳지 않은 것은?   제18회 기출

① 속빈 콘크리트 블록의 기본블록 치수는 길이 390mm, 높이 190mm이다.
② 블록 보강용 철망은 #8~#10 철선을 가스압접 또는 용접한 것을 사용한다.
③ 하루 쌓기 높이는 1.5m 이내를 표준으로 한다.
④ 그라우트를 사춤하는 높이는 5켜로 한다.
⑤ 인방블록은 도면 또는 공사시방서에서 정한 바가 없을 때에는 창문틀 좌우 옆턱에 400mm 정도 물리도록 한다.

해설 그라우트를 사춤하는 높이는 3켜로 한다.

정답 ④

바로확인문제

세로근은 원칙적으로 기초 및 테두리보에서 위층의 테두리보까지 잇지 (　　) 배근하여 그 정착길이는 철근 직경(d)의 40배 이상으로 하며, 상단의 테두리보 등에 적정 연결철물로 세로근을 연결한다.

제4절 돌(石)구조

1 구성재료

1. 석재

(1) 일반사항

① 적용범위

㉠ 화성암(화강암, 안산암), 변성암(대리석, 사문암), 수성암(점판암, 사암) 및 테라조, 인조대리석을 내·외부 바닥, 내·외부 벽체, 내·외부 계단, 조형물, 기념물 등에 습식공법으로 설치하거나, 연결철물을 사용하여 벽체(경량벽체 포함) 등 건식공법으로 설치하는 공사·석재 쌓기공사, 석축공사에 적용한다.

㉡ 동절기의 습식시공은 5℃ 이상, 건식시공은 -10℃ 이상에서 실시하는 것을 원칙으로 한다.

② 석재의 특성

㉠ 내구·내화·내수적이다.
㉡ 석재는 밀도가 클수록 대부분 압축강도가 크다.
㉢ 자체 중량이 무겁기 때문에 1m³ 이상 되는 석재는 높은 곳에 사용하지 않는다.
㉣ 내화가 필요한 곳은 열에 강한 석재를 사용한다.
㉤ 재료의 특성상 장대재*를 얻기 어렵고, 화재 시 균열이 생기거나 파괴되어 재사용이 곤란하다.
㉥ 산출량을 조사하여 공급에 차질이 없도록 한다.
㉦ 가공 시 예각은 피한다.

(2) 석재의 종류

암석의 종류		용도	특징
화성암	화강암	조적재, 구조재, 건축 내·외장재	① 조직이 균일하다. ② 경도, 강도, 내마모성, 색채, 광택이 우수하다. ③ 내화성이 약하다.
	안산암	구조재, 장식재	① 경도, 강도, 내구성, 내화성이 있다. ② 색조가 일정하지 않고 절리에 의해 가공이 용이하다. ③ 큰 재를 얻기가 어렵다.
	현무암		판석재로 많이 사용한다.

* **장대재(長大材)**: 크고 긴 재료

바로확인문제
석재는 밀도가 클수록 대부분 압축강도가 (   ).

수성암	사암	외벽재, 내장재, 경량 구조재	① 조직이 치밀하고, 규산질 사암 등 경질의 것은 내구성이 있다. ② 석회질 사암은 가공성이 좋다. ③ 석회질 사암, 철분 사암은 흡수율이 높아서 내구성이 약하다.
	석회암	시멘트의 원료	용도가 매우 광범위하다.
	점판암	지붕 재료, 비석, 바닥	① 재질이 치밀하고, 흡수성이 낮고 강하다. ② 색상이 미려하다.
변성암	대리석	실내 장식재, 조각재	① 강도가 크며 실외 사용이 드물고 실내 장식용으로 사용된다. ② 열과 산성에 약하고, 풍화되기 쉽다.
	석면	단열재, 마감재	단열, 보온, 흡음이 우수하고 내화적이다.

(3) 석재의 강도, 비중, 흡수율

구분	순서
압축강도 순서	화강암 > 대리석 > 안산암 > 점판암 > 사문암 > 사암 > 응회암 > 부석
비중 크기 순서	사문암 > 점판암, 대리석 > 화강암 > 안산암 > 사암 > 응회암
흡수율 순서	응회암 > 사암 > 안산암 > 화강암 > 점판암 > 대리석

개념적용 문제

석재공사에 관한 설명으로 옳지 않은 것은? 제16회 기출

① 석재는 밀도가 클수록 대부분 압축강도가 크다.
② 화강암과 대리석은 산성에 강하며 주로 외장용으로 사용된다.
③ 외벽 습식공법은 석재와 구조체를 모르타르로 일체화시키는 공법이다.
④ 석재선 부착 PC공법은 콘크리트 공사와 병행 시공을 통한 공기단축이 가능한 공법이다.
⑤ 외벽 건식공법은 연결용 철물 등을 사용하므로 동절기 공사가 가능한 공법이다.

해설 대리석은 강도가 크고 빛깔과 광택이 미려하지만 산성이나 화열에 약하고 내구성이 떨어지므로 외장재로 사용하기 어려워 주로 내부 장식재로 사용한다.

정답 ②

바로확인문제

대리석은 열과 산성에 (   )하고, 풍화되기 (   ).

2. 모르타르(Mortar)

(1) 일반사항

① 모래는 경질이고 깨끗하며, 먼지, 흙, 유기물 및 기타 유해물이 혼입되지 않은 것을 사용하고, 해사(海沙, 바다에서 나는 모래)는 사용하지 않는다(단, 물로 세척하여 품질기준 및 체가름 기준이 충족된 해사는 사용할 수 있다. 이 경우 조개껍질 등의 이물질이 섞이지 않아야 한다).

② 실리콘 실란트는 비오염성으로 오염된 산성비, 눈 및 오존 등에 반영구적 내후성을 발휘하며 석재를 오염시키지 않는 부정형 1성분형(습기경화형) 변성 실리콘으로서 온도변화에 영향을 받지 않는 실리콘 실란트를 사용하여야 한다.

(2) 모르타르 배합 및 줄눈너비

재료 용도	시멘트	모래	줄눈너비
통돌	1	3	실내, 외벽, 벽·바닥은 3~10mm
바닥 모르타르용	1	3	실내, 외부, 바닥·벽 3~6mm
사춤 모르타르용	1	3	가공석의 경우 실내외 3~10mm
치장 모르타르용	1	0.5	거친 석재일 경우 3~25mm
붙임용 페이스트	1	0	–

2 석재시공

1. 석재붙임공법

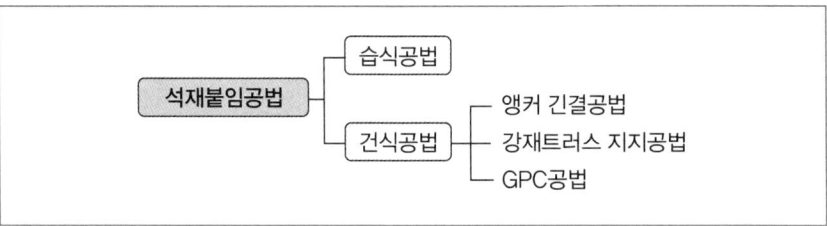

- 습식공법

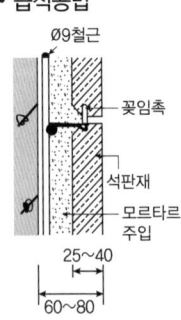

(1) 습식공법

① 구조체와 석재 사이에 모르타르와 연결철물을 사용하여 일체화시킨 공법이다.

② 비교적 공사비가 저렴하여 주택이나 소규모 건축물에 적합한 공법으로, 가장 많이 사용한다.

③ 모르타르 충전의 확인이 어려우며 백화 및 동해의 우려가 있다.
④ 모르타르 경화시간으로 인한 시공능률이 떨어진다.

(2) 건식공법

① 일반사항

㉠ 석재의 하부는 지지용으로, 석재의 상부는 고정용으로 설치하되 상부 석재의 고정용 조정판에서 하부 석재와의 간격을 1mm로 유지하며, 촉구멍 깊이는 기준보다 3mm 이상 더 깊이 천공하여 상부 석재의 중량이 하부 석재로 전달되지 않도록 한다.

㉡ 석재의 색상·석질·가공형상·마감 정도·물리적 성질 등이 동일한 것으로 한다.

㉢ 건식 석재붙임 공사에는 석재 두께 30mm 이상을 사용하며, 구조체에 고정하는 앵글은 석재의 중량에 의하여 하부로 밀려나지 않도록 심패드*를 구조체와 앵글 사이에 끼우고 단단히 너트를 조인다.

㉣ 건식 석재붙임 공사에 사용되는 끼움판은 영구적인 재료로, 고온에 변형되지 않고 화재 시 인체에 해로운 유독가스가 발생하지 않는 것을 사용한다.

② 앵커 긴결공법*

㉠ 건물 벽체에 단위 석재를 각종 앵커와 긴결재인 파스너(Fastener)를 이용해 독립적으로 설치하는 공법이다.

㉡ 앵커체가 단위재를 지지하기 때문에 상부하중이 하부로 전달되지 않는다.

㉢ 모르타르를 충전하지 않으므로 동절기 시공이 가능하고, 공기단축 및 백화방지에 유리하다.

㉣ 먼저 시공 개소에 시공도에 의하여 구조체에 수평실을 쳐서 연결철물의 정착을 위한 세트 앵커용 구멍을 45mm 정도 천공해 캡을 구조체보다 5mm 정도 깊게 삽입하여 외부의 충격에 대처한다.

㉤ 연결철물은 석재의 상하 및 양단에 설치하여 하부의 것은 지지용으로, 상부의 것은 고정용으로 사용한다. 또한 연결철물용 앵커와 석재는 핀으로 고정시키며 접착용 에폭시는 사용하지 않는다.

㉥ 꽂임촉* 둘레의 파단에 주의하여 석재의 두께 및 크기를 결정하고, 갈라지기 쉬운 석재는 꽂임촉 주위에 합성수지를 주입한다.

㉦ 앵커, 너트, 볼트, 와셔, 연결철물(파스너) 등은 스테인리스나 알루미늄, 청동합금 등을 사용하거나 녹막이 방청처리를 한다.

▶ 관련기준
건축표준시방서코드(KCS) 2025 〈KCS 41 35 06 : 2023〉

• 심패드

• 앵커 긴결공법

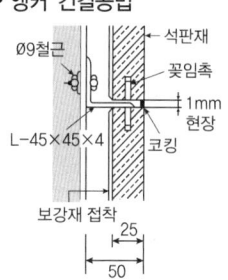

• 꽂임촉
따로 끼어 박는 장부 모양의 나무못으로, 끝이 가늘고 머리가 큰 것을 말한다.

바로확인문제

연결철물은 석재의 상하 및 양단에 설치하여 하부의 것은 (　　)용으로, 상부의 것은 (　　)용으로 사용한다. 또한 연결철물용 앵커와 석재는 핀으로 고정시키며 접착용 에폭시는 사용하지 않는다.

- 강재트러스 지지공법

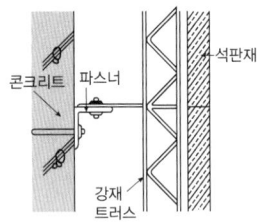

- GPC공법

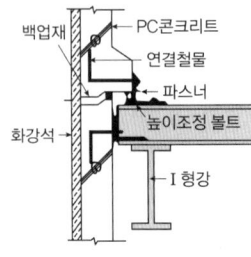

③ **강재트러스 지지공법**
  ㉠ 구조체에 강재트러스를 설치한 후 석재를 그 위에 설치해 나가는 공법을 말한다.
  ㉡ 실물 모형시험 등을 통하여 풍하중 등에 대한 안정성, 수밀성, 기밀성 등을 확인한다.

④ **GPC**(Granite veneer Precast Concrete)**공법**
  ㉠ 강재트러스 대신에 대형 콘크리트패널을 사용하는 방법이다.
  ㉡ 석재와 콘크리트를 일체화시킨 PC를 공장에서 제작하여 건축물의 외벽에 연결철물을 이용해 부착하는 공법이다.

> **개념적용 문제**
>
> 앵커 긴결돌붙임공법에서 긴결재(Fastener) 시공 시 주의사항에 대한 설명으로 틀린 것은? 제10회 수정
>
> ① 꽂임촉 둘레의 파단에 주의하여 석재의 두께 및 크기를 결정한다.
> ② 갈라지기 쉬운 석재는 꽂임촉 주위에 합성수지를 주입한다.
> ③ 긴결철물은 합금재를 사용하거나 녹막이 방청처리를 한다.
> ④ 석재 하부의 것은 고정용, 상부의 것은 지지용으로 사용한다.
> ⑤ 상부 석재의 고정용 조정판에서 하부 석재와의 간격을 1mm로 유지한다.
>
> **해설** 석재 하부의 것은 지지용, 상부의 것은 고정용으로 사용한다.
>
> **정답** ④

관련기준
건축표준시방서코드(KCS)
2025〈KCS 41 35 09 : 2021〉

2. 인조대리석 공사

(1) 일반사항

① 인조대리석은 대리석 또는 화강석을 분하여 수지계 및 백시멘트, 기타 혼합물로서 가공하여 다양한 색상과 문양의 제품을 광택이 나도록 마감한 것을 말한다.

② 인조대리석은 내부 시공에 한하며, 외부 사용 시에는 탈색 및 기온에 의한 휨현상으로 탈락할 수 있으므로 담당원의 승인을 받는다.

③ 인조대리석의 작업환경 온도는 5~30℃, 바탕면의 수분은 3~5% 정도가 적합하다.

④ 인조대리석은 직사광선 및 지나친 수분이 노출되는 곳에 보관하지 않는다.

(2) 습식시공

① 바닥 면에서 30mm 이상 모르타르를 깐 다음 붙임용 페이스트를 뿌리고 인조대리석을 놓은 후 고무망치로 타격하여 고정시킨다. 벽에서 인조대리석 뒤채움 모르타르는 30mm를 표준으로 하며, 결착선 고정용 나무, 쐐기, 받침목 등은 나왕을 사용하지 않는다.

② 줄눈에 습식시공할 때에는 실링제를 사용하지 않으며, 줄눈용 모르타르를 사용한다.

③ 백시멘트계 인조대리석은 즉시 줄눈작업이 가능하지만, 수지계 인조대리석은 흡수율이 매우 낮기 때문에 채움 모르타르가 양생되고 남은 수분이 줄눈 사이로 빠져나갈 수 있도록 충분한 시간이 지난 후 줄눈작업을 실시한다.

④ 줄눈작업 전 줄눈 사이에 있는 모르타르, 이물질, 먼지 등을 완전히 제거하여야 한다. 제거하지 않을 경우, 시간이 경과하면 줄눈이 탈락하거나 인조대리석이 탈색될 수 있다.

⑤ 줄눈작업 후 인조대리석에 묻은 줄눈 모르타르는 젖은 스펀지나 헝겊을 이용하여 즉시 제거해야 광택 저하 및 탈색을 방지할 수 있다.

⑥ 청소 시 철솔이나 거친 재료 또는 부식성이 있는 세제를 사용하여 청소하면 흠집, 탈색의 원인이 되므로 사용하여서는 안 된다.

⑦ 담뱃불로 인한 인조대리석의 청소는 아세톤으로, 매직이나 사인펜으로 인한 낙서는 알코올·아세톤·중성세제를 이용하여 닦아 낸 후 젖은 물걸레나 젖은 스펀지로 닦아 내며, 산 종류를 사용하지 않는다.

(3) 건식공법

① 건식용 인조대리석의 두께는 30mm 이상, 반건식은 두께 20mm 이상을 사용하고, 핀 구멍의 깊이는 20mm를 첨공한다.

② 인조대리석 뒤채움 모르타르에 의거하여 결로가 발생할 수 있으므로, 습기가 응집될 우려가 있는 부분의 줄눈에는 숨구멍 또는 환기구를 설치하도록 한다.

③ 줄눈은 시공도에 따로 정한 바가 없을 때에는 3mm 줄눈용 모르타르를 사용한다.

바로확인문제

인조대리석 공사에서 줄눈에 습식시공할 때에는 (   )를 사용하지 않으며, 줄눈용 (   )를 사용한다.

> 조적구조의 구조기준
> 1 테두리보
> 2 벽
> 3 기초

14·8·7·6회

제5절 조적구조의 구조기준

1 테두리보(Wall Girder)

1. 테두리보의 정의

(1) 정의

① 건축물이 수평력을 받으면 벽 상부가 흔들려 벽이 갈라지게 되는데, 벽 위를 일체적으로 연결시켜 갈라짐을 방지하고 수직하중을 받도록 하기 위하여 벽체의 맨 위에 설치한 철근콘크리트 또는 철골보를 말한다.
② 최상층이 철근콘크리트 바닥판으로 구성된 경우를 제외하고는 원칙적으로 조적조에서는 테두리보를 설치하여야 한다.

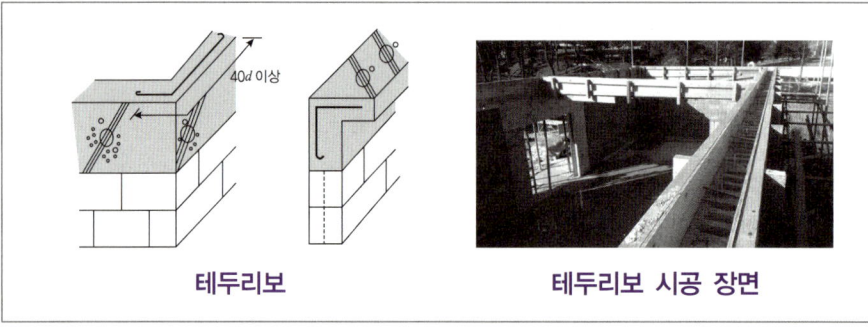

테두리보   테두리보 시공 장면

(2) 역할 및 설치목적

① 분산된 벽체를 일체화하여 하중을 균등하게 분포
② 횡력에 의한 벽면의 수직균열을 방지
③ 세로철근의 끝을 정착하기 위해
④ 상부 집중하중을 받는 벽돌이나 블록을 보강

개념적용 문제

조적구조 테두리보의 역할에 대한 설명으로 옳지 않은 것은?   제8회 기출

① 조적벽체를 일체화시킨다.
② 상부하중을 균등히 분포시킨다.
③ 벽면에 대한 수평균열을 방지한다.
④ 상부 집중하중을 받는 벽돌이나 블록을 보강해 준다.
⑤ 세로철근을 정착시킬 수 있다.

해설 테두리보는 횡력에 의한 벽면의 수직균열을 방지한다.

정답 ③

2. 구조제한

춤(높이)		너비	
단층	2층 또는 3층	단층	2층 또는 3층
250mm 이상	300mm 이상 또는 벽두께의 1.5배 이상	벽두께 이상	벽길이의 1/20 이상

> **참고**
> 단층이면서 벽두께가 벽높이의 1/16 이상이고 벽길이가 5m 이하일 때에는 목조 테두리보를 사용할 수 있다.

> **개념적용 문제**
>
> 조적구조에서 테두리보에 대한 설명으로 틀린 것은? 제7회 기출
>
> ① 모든 층에 테두리보를 반드시 설치한다.
> ② 테두리보는 벽체를 일체로 연결하여 하중을 균등히 분배시키는 역할을 한다.
> ③ 테두리보 바로 밑에 개구부를 위치시킬 때에는 테두리보가 인방보 역할도 한다.
> ④ 단층인 경우 테두리보의 너비는 내력벽 두께 이상으로 한다.
> ⑤ 테두리보의 춤은 내력벽 두께의 1.5배 이상으로 한다.
>
> **해설** 테두리보는 벽체를 일체로 연결하여 하중을 균등히 분포시키고 수직균열을 방지하는 것으로, 최상층을 콘크리트 바닥판으로 할 때를 제외하고는 테두리보를 두는 것이 원칙이다.
>
> **정답** ①

2 벽

1. 내력벽의 개념

(1) 정의

① 내력벽이 수평하중을 받으면 전단작용과 휨작용을 동시에 받게 되고, 휨작용에 대하여는 벽의 단부나 문꼴 갓 둘레의 철근이 부담하고, 전단작용에 대하여는 벽체가 부담한다.
② 전단작용에 의하여 생기는 횡력은 블록 자체 강도의 1/2을 넘으면 벽체에 층단형 균열이 생기고 벽이 파괴되는 근원이 된다.

③ 벽체의 강도결정은 벽돌 자체의 강도, 모르타르 접착강도, 벽체의 두께, 높이, 층수, 길이, 쌓기방법, 쌓기방법의 정밀도 등에 의해 결정된다.

(2) 내력벽의 종류

① **대린벽**: 내력벽을 교차하면서 서로 마주 보고 있는 벽을 말한다.
② **부축벽**(Buttress): 부축벽의 길이는 벽높이(H)의 1/3 정도로 하고, 또 단층에서 1m 이상, 2층의 밑층에서 2m 이상으로 한다. 모양은 평면적으로 전후·좌우 대칭형으로 되는 것이 좋다.

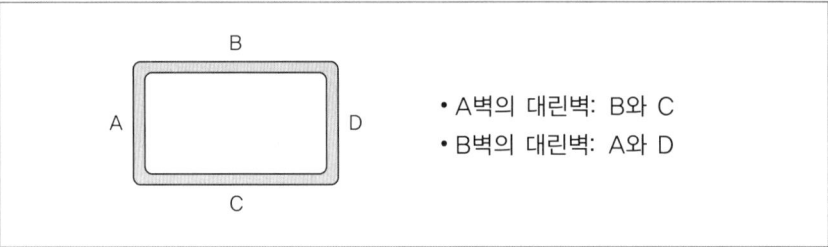

(3) 내력벽 배치 시 주의사항

① 내력벽은 건물의 평면상으로 균형 있게 배치하고 위층의 내력벽은 밑층의 내력벽 바로 위에 배치한다.
② 문꼴 등은 상하층이 수직선상에 오게 하고, 또한 벽 전체에 대하여 균등하게 분포되는 것이 좋다.
③ 블록벽체의 상부 주위를 강력한 테두리보 또는 라멘구조로 하고, 내부에 칸막이벽(비내력)이 많을수록, 또한 부축벽·붙임 기둥으로 보강할수록 더욱 튼튼한 벽체가 된다.

2. 내력벽의 길이 및 벽량

(1) 내력벽 길이 제한

① 내력벽의 길이는 10m를 넘을 수 없다.
② 내력벽으로 인정하는 최소 길이는 55cm 이상이다.
③ 내력벽으로 둘러싸인 부분의 바닥면적은 80m²를 넘을 수 없다.
④ 부분적 내력벽 길이의 합계는 그 벽길이의 1/2 이상으로 하고, 총벽길이의 2/3 이상이 되어야 한다.

바로확인문제

조적조 내력벽으로 둘러싸인 부분의 바닥면적은 (   )m²를 넘을 수 없다.

> **개념적용 문제**
>
> 조적공사에 관한 설명으로 옳지 않은 것은? 　　　제20회 기출
> ① 공간쌓기는 벽돌벽의 중간에 공간을 두어 쌓는 것으로 별도 지정이 없을 시 안쪽을 주벽체로 한다.
> ② 조적조 내력벽으로 둘러싸인 부분의 바닥면적은 $80m^2$를 넘을 수 없다.
> ③ 조적조 내력벽의 길이는 10m 이하로 한다.
> ④ 콘크리트 블록의 하루 쌓는 높이는 1.5m 이내를 표준으로 한다.
> ⑤ 내화벽돌의 줄눈너비는 별도 지정이 없을 시 가로, 세로 6mm를 표준으로 한다.
>
> 해설　공간쌓기는 벽돌벽의 중간에 공간을 두어 쌓는 것으로 별도 지정이 없을 시 바깥쪽을 주벽체로 한다.
>
> 　정답　①

(2) 벽량

① 내력벽 길이의 합계(55cm 이상 되는 벽)를 그 층의 바닥면적으로 나눈 값으로 최소 $150mm/m^2$ 이상이 되도록 한다.

$$벽량(cm/m^2) = \frac{내력벽\ 길이의\ 합계(cm)}{바닥면적(m^2)}$$

② 내력벽의 양이 많을수록 횡력에 대항하는 힘이 커지므로 큰 건물일수록 벽량을 증가할 필요가 있다.

(3) 벽체의 두께(t) 제한

① **벽두께 산정 시 원칙**
　㉠ 내력벽 두께는 마감재 두께를 포함하지 않는다.
　㉡ 내력벽 두께는 직상층* 내력벽 두께보다 작아서는 안 된다.

② **조적조의 두께**
　㉠ 내력벽 두께 산정
　　ⓐ 조적조 최소 내력벽 두께(mm)

구조별	내력벽 두께(H: 벽높이)
벽돌벽	$\dfrac{H}{20}$
블록벽	$\dfrac{H}{16}$
돌과 다른 조적재 병용	$\dfrac{H}{15}$

• **직상층**
바로 그 위층

ⓑ 건축물의 층수·높이(H) 및 벽의 길이(ℓ)에 따른 조적조 내력벽 두께

(단위: mm)

구분	A(그 해당층의 바닥면적) ≤ 60m²						60m² < A	
	5m 미만		5m 이상 11m 미만		11m 이상		1층	2층
H ℓ	8m 미만	8m 이상	8m 미만	8m 이상	8m 미만	8m 이상		
1층	150	190	190	190	190	290	190	290
2층	–	–	190	190	190	190	–	190

ⓒ 비내력벽(경계벽)의 두께
  ⓐ 조적식구조인 경계벽의 두께는 90mm 이상으로 하여야 한다.
  ⓑ 조적식구조인 경계벽의 바로 위층에 조적식구조인 경계벽이나 주요구조물을 설치하는 경우, 해당 경계벽의 두께는 190mm 이상으로 하여야 한다(단, 테두리보를 설치하는 경우에는 그러하지 아니하다).

(4) 벽체의 높이(H) 제한

① 조적식구조인 건축물 중 2층 건축물에 있어서 2층 내력벽의 높이는 4m를 넘을 수 없다.
② 토압을 받는 내력벽은 조적식구조로 하여서는 아니 된다(단, 토압을 받는 부분의 높이가 2.5m를 넘지 아니하는 경우에는 조적식구조인 벽돌구조로 할 수 있다).

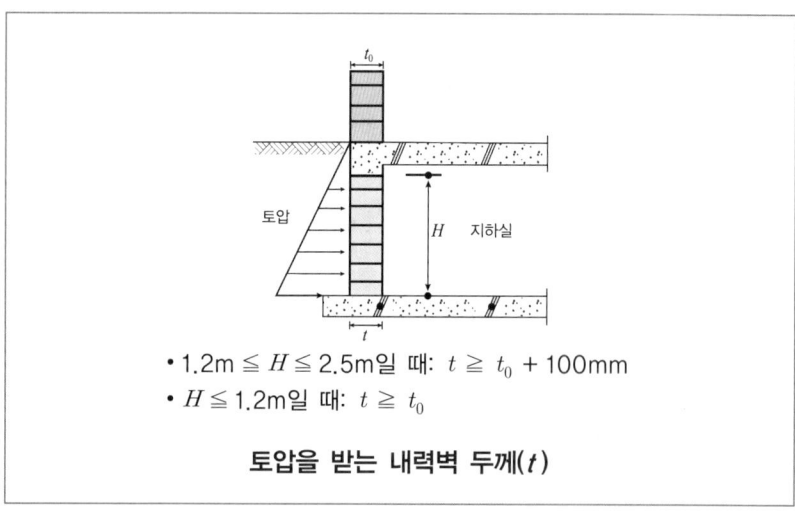

- 1.2m ≦ H ≦ 2.5m일 때: $t \geq t_0 + 100mm$
- $H \leq 1.2m$일 때: $t \geq t_0$

토압을 받는 내력벽 두께(t)

개념적용 문제

벽돌공사에 관한 설명으로 옳은 것은? 제26회 기출

① 벽량이란 내력벽 길이의 합을 그 층의 바닥면적으로 나눈 값으로 150 mm/m² 미만이어야 한다.
② 공간쌓기에서 주벽체는 정한 바가 없을 경우 안벽으로 한다.
③ 점토 및 콘크리트 벽돌은 압축강도, 흡수율, 소성도의 품질기준을 모두 만족하여야 한다.
④ 거친 아치쌓기란 벽돌을 쐐기 모양으로 다듬어 만든 아치로 줄눈은 아치의 중심에 모이게 하여야 한다.
⑤ 미식쌓기는 다섯 켜 길이쌓기 후 그 위 한 켜 마구리쌓기를 하는 방식이다.

해설
① 벽량이란 내력벽 길이의 합을 그 층의 바닥면적으로 나눈 값으로 150mm/m² 이상이어야 한다.
② 공간쌓기에서 주벽체는 정한 바가 없을 경우 바깥벽으로 한다.
③ 점토 및 콘크리트 벽돌은 압축강도, 흡수율을 만족하여야 하나, 소성도의 품질기준은 아니다.
④ 벽돌을 쐐기 모양으로 다듬어 만든 아치는 막만든아치이다.

정답 ⑤

(5) 벽체 개구부 설치 시 주요 제한사항

① 각 층의 대린벽으로 구획된 각 벽에 있어서 개구부 폭의 합계는 그 벽 길이의 1/2 이하로 하여야 한다.
② 하나의 층에 있어서의 개구부와 그 바로 위층에 있는 개구부와의 수직거리는 600mm 이상으로 하여야 하며, 같은 층의 벽에 상하의 개구부가 분리되어 있는 경우 그 개구부 사이의 거리도 또한 같다.
③ 조적식구조인 벽에 설치하는 개구부에 있어서는 각 층마다 그 개구부 상호 간 또는 개구부와 대린벽의 중심과의 수평거리는 그 벽두께의 2배 이상으로 하여야 한다(단, 개구부의 상부가 아치구조인 경우에는 그러하지 아니하다).
④ 조적식구조인 내어민창 또는 내어쌓기창은 철골 또는 철근콘크리트로 보강하여야 한다.

• 개구부와의 수직거리

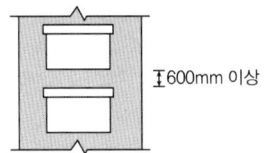

• 개구부와의 수평거리

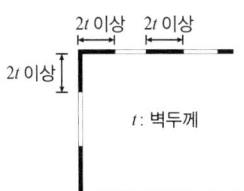

t: 벽두께

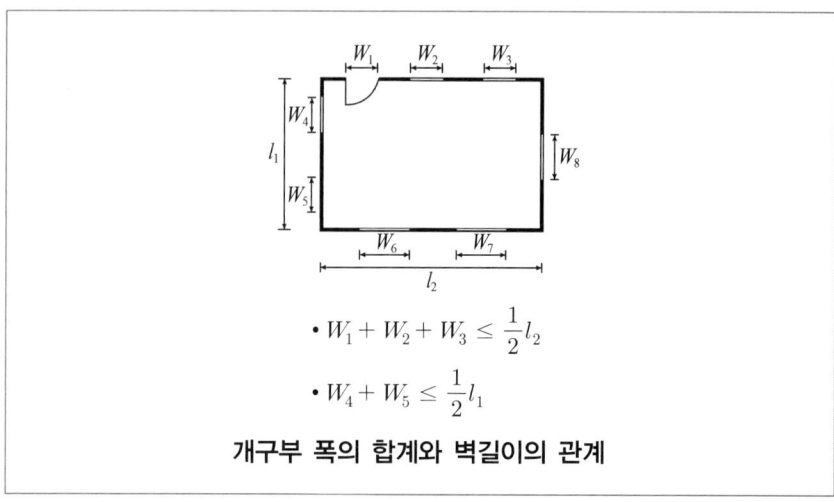

- $W_1 + W_2 + W_3 \leq \dfrac{1}{2} l_2$
- $W_4 + W_5 \leq \dfrac{1}{2} l_1$

개구부 폭의 합계와 벽길이의 관계

3 기초

1. 기초벽*

구분	내용
내력벽 기초	조적식구조인 내력벽 기초는 연속기초로 하여야 한다.
두께	기초벽 두께는 250mm 이상으로 하여야 한다.
기초벽(보)의 춤	① 단층: 처마높이의 1/12 이상 또는 450mm 이상 ② 2~3층: 처마높이의 1/12 이상 또는 600mm 이상

2. 기초판

구분	내용
두께	철근콘크리트구조 또는 무근콘크리트구조로 하며, 두께는 150mm 이상으로 한다.
너비	상부하중을 허용내력도로 나눈 값으로 한다.

• 기초벽

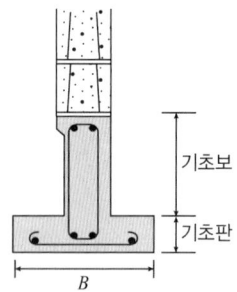

바로확인문제

조적식구조인 내력벽 기초는 ( )기초로 하여야 한다.

CHAPTER 05 OX문제로 완벽 복습

01 벽돌조 벽체의 강도결정은 벽돌압축강도, 모르타르 접착강도, 벽체의 두께, 높이, 층수, 길이 등에 의해 결정되며 벽돌에서 인장강도는 무시한다. (○ | ×)

02 블록쌓기에 사용되는 모르타르의 강도는 블록강도의 0.5~1.0배이다. (○ | ×)

03 벽돌쌓기 공사에서 줄눈에 사용하는 모르타르의 강도는 벽돌강도보다 작아야 한다. (○ | ×)

04 벽돌 1일 쌓기 높이는 1.2m를 표준으로 하고, 최대 1.5m 이내로 한다. (○ | ×)

05 벽돌쌓기법 중 상대적으로 모서리가 견고한 쌓기법은 화란식쌓기이다. (○ | ×)

06 벽돌벽이 콘크리트 기둥(벽)이나 슬래브 하부면과 만날 때는 그 사이에 모르타르를 충전한다. (○ | ×)

07 벽돌쌓기는 도면 또는 공사시방서에서 정한 바가 없을 때에는 미식쌓기로 한다. (○ | ×)

08 보강블록조는 블록의 빈 구멍에 철근과 콘크리트를 넣어 보강한 것으로 통줄눈 시공이 가능하다. (○ | ×)

09 내화벽돌은 내화성능을 향상시키기 위해 물축이기를 충분히 하여 사용한다. (○ | ×)

10 테두리보는 벽체의 일체화, 하중의 분산, 벽체의 균열방지 등의 목적으로 벽체 상부에 설치한다. (○ | ×)

11 영식쌓기는 한 켜는 길이쌓기로, 다음 켜는 마구리쌓기로 하며 모서리나 벽 끝에는 칠오토막을 쓴다. (○ | ×)

12 벽체 중간에 공간층을 두어 쌓는 가장 중요한 목적은 방음이다. (○ | ×)

정답

01 ○ 02 ×(0.5~1.0 ⇨ 1.3~1.5) 03 ×(작아야 ⇨ 커야) 04 ○ 05 ○ 06 ○
07 ×(미식쌓기 ⇨ 영식 또는 화란식쌓기) 08 ○ 09 ×(충분히 하여 사용한다 ⇨ 하지 않는다) 10 ○
11 ×(칠오토막 ⇨ 이오토막) 12 ×(방음 ⇨ 방습)

13 조적조 벽체의 시공 시 백화현상 방지를 위해 줄눈 모르타르에는 방수제를 넣는 것이 좋다. (○ | ×)

14 내력벽으로 둘러싸인 바닥면적이 60m²를 넘는 2층 건물인 경우에 1층 내력벽의 두께는 190mm 이상이어야 한다. (○ | ×)

15 내력벽으로 둘러싸인 부분의 바닥면적은 80m²를 넘을 수 없다. (○ | ×)

16 조적조에서 개구부의 상부구조를 지지하고 상부에 작용하는 하중을 벽체에 전달하는 역할을 하는 부재는 인방보이다. (○ | ×)

17 조적조 테두리보의 춤은 내력벽 두께의 2배 이상인 철근콘크리트 테두리보를 설치하여야 한다. (○ | ×)

정답

13 ○ 14 ×(190 ⇨ 290) 15 ○ 16 ○ 17 ×(2배 ⇨ 1.5배)

CHAPTER 06 방수 및 방습공사

회독체크 1 2 3

CHAPTER 미리보기

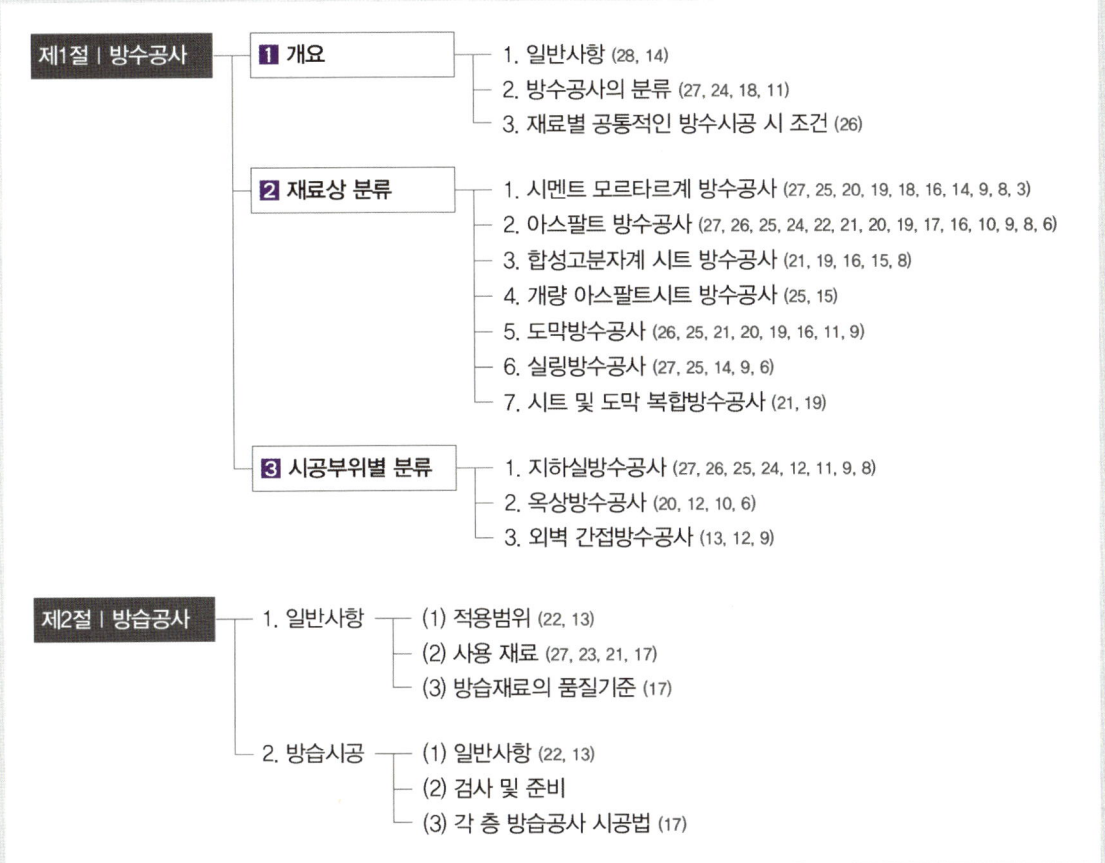

학습전략

평균 2문제 정도(5.0%)이나 매년 출제되고 있기 때문에 관심을 가지고 학습해야 하며, 이 CHAPTER에서는 주로 재료상 방수의 특징 암기, 안방수와 바깥방수 비교, 방습공사 시공법 이해 위주로 학습할 필요가 있습니다.

학습키워드

- 시멘트 모르타르계 방수공사
- 아스팔트 방수공사
- 루핑붙임
- 합성고분자계 시트 방수공사
- 도막방수공사
- 개량 아스팔트 시트 방수공사
- 실링방수
- 안방수
- 바깥방수
- 옥상방수
- 드라이 에어리어
- 방습공사

방수공사

1. 개요
2. 재료상 분류
3. 시공부위별 분류

제1절 방수(防水)공사 ★★

1 개요

1. 일반사항

(1) 정의
① 빗물에 의해 건축물의 외벽, 지붕 등의 누수를 방지하기 위해 하는 공사를 말한다.
② 지하실, 저수조, 바닥 등으로부터 건물 내부로 침투하는 물이나 습기를 막기 위한 공사를 말한다.

(2) 용어정리

용어	정의
프라이머(Primer)	방수층과 바탕을 견고하게 접착시키는 에폭시계 혹은 아스팔트계 재료와 구조체 거동에 방수층의 파손을 방지하고자 바탕층과 유연하게 밀착시킬 목적으로 바탕면에 도포하는 액상(液狀) 혹은 점착(粘着) 유연형*의 재료
토치(Torch)	개량 아스팔트 방수시트의 표면을 용융하기 위해 사용하는 버너
오목모서리	2개의 면이 만나 생기는 요(凹)형의 연속선
볼록모서리	2개의 면이 만나 생기는 철(凸)형의 연속선
발수성(Water Repellency)	물을 튀기는 성질 또는 표면에 물이 스며들지 않는 성질
보강포(補强布)	도막 방수재와 병용하거나 시트 방수재의 심재로 사용하여 방수층을 보강하는 직포(織布) 혹은 부직포(不織布)*의 재료(일반적으로 유리섬유 제품이나 합성섬유 제품을 사용)
절연용 테이프	바탕면 거동(Movement)*의 영향을 피하기 위해 바탕(균열부, 신축줄눈 혹은 시공조인트, 구조물 간 연결부 등)과 방수층 사이에 사용하는 테이프
보호층	섬유 혼합 보호판, 모르타르 등의 방수층을 보호하기 위하여 설치하는 층

- **점착 유연형 도막재**
상온 상태에서 영구히 점성과 유연성을 유지하며 가벼운 압력(자중)에 의해서도 피착면에 쉽게 밀착되는 특성을 가진 겔 타입의 도막형 방수재

- **부직포(不織布)**
베틀에 짜지 아니하고 섬유를 적당히 배열하여 접착제나 섬유 자체의 밀착력이나 섬유들의 엉킴을 이용하여 서로 접합한 시트 모양의 천

- **거동(Movement)**
움직임

28·14회

바로확인문제
지붕 슬래브, 실내의 바닥 등에서 현장타설 철근콘크리트, 콘크리트 평판류, 아스팔트 콘크리트, 자갈 등으로 방수층을 보호할 경우, 바탕의 물매는 (　)~(　)로 한다.

(3) 물매와 배수
① 지붕 슬래브, 실내의 바닥 등에서 현장타설 철근콘크리트, 콘크리트 평판류, 아스팔트 콘크리트, 자갈 등으로 방수층을 보호할 경우, 바탕의 물매는 1/100~1/50로 한다. 방수층 마감을 보호도료(Top Coat) 도포로 하거나 또는 마감하지 않을 경우에는 바탕의 물매를 1/50~1/20로 한다.

② 방수바탕은 물이 고이지 않고 빨리 배수될 수 있도록 한다.
③ 물매(구배)는 방수층보다는 구조체에 두어 하중증가를 막고 배수를 원활하게 한다.

(4) 바탕 형상 및 상태

① 철근콘크리트 바탕의 표면은 그라인더 등의 연마기나 블라스터 클리닝 등을 사용하여 평활하고 깨끗하게 마무리되어 있어야 한다.
② 치켜올림부의 철근콘크리트 바탕은 제물마감으로 하고, 거푸집 고정재 사용 또는 콘크리트 타설 중에 생긴 바탕 표면의 구멍은 폴리머 시멘트 모르타르 등으로 충전하여 메우며, 평탄하게 마무리되어 있어야 한다.
③ 치켜올림부는 방수층 끝부분의 처리가 충분하게 되는 형상, 높이로 되어 있어야 한다.
④ 치켜올림부 상단 끝부분에 설치되는 빗물막이턱은 치켜올림부 철근콘크리트와 일체로 하여 만들고, 빗물막이턱의 물끊기 또는 처마 끝부분의 물끊기는 물끊기 기능을 충분히 수반하여야 한다.
⑤ 오목모서리에서 아스팔트 방수층의 경우에는 삼각형으로 아스팔트 외의 방수층은 직각으로 면처리되어 있어야 한다.
⑥ 볼록모서리는 각이 없이 완만하게 면처리되어 있어야 한다.
⑦ 건조를 전제로 하는 방수공법을 적용할 경우의 바탕표면 함수상태는 8% 이하로 충분히 건조되어 있어야 하고, 습윤상태에서도 사용 가능한 방수공법을 적용할 경우에는 바탕의 표면 함수상태가 30% 이하이어야 한다.
⑧ 방수층의 접착력을 저하시킬 우려가 있는 지나치게 치밀한 표면은 고압 수세척기 등을 이용하여 거칠게 하는 등 접착력 확보를 위한 적절한 조치가 취해져 있어야 한다.
⑨ 바탕표면에 발생한 요철은 방수재료와의 부착에 불리하므로 존치하지 않도록 평탄하게 조정되어 있어야 한다.
⑩ 바탕 표면에 돌출된 철선 등은 바탕면까지 절단하여 연마기 등으로 조정되어 있고, 녹슬지 않도록 처리되어 있어야 한다.
⑪ 바탕의 청소는 방수층의 접착력을 떨어뜨리는 먼지, 유지류, 오염, 녹 또는 거푸집 박리제 등이 없도록 세심하게 되어 있어야 한다.

▶ 28·14회

▶ 관련기준
건축표준시방서코드(KCS) 2025 〈KCS 41 40 01 : 2021〉

바로확인문제

오목모서리에서 아스팔트 방수층의 경우에는 (   )형으로 아스팔트 외의 방수층은 (   )으로 면처리되어 있어야 한다.

(5) 드레인, 관통파이프 등 돌출물 주변의 상태

① 드레인은 철근콘크리트 또는 프리캐스트 콘크리트부재의 콘크리트 타설 전에 거푸집에 고정시켜 콘크리트에 매립하는 것을 원칙으로 한다.
② 드레인 설치 시에는 드레인 몸체의 높이를 주변 콘크리트 표면보다 약 30mm 정도 내리고, 철근콘크리트 또는 프리캐스트 콘크리트부재의 콘크리트 타설 시 반경 300mm를 전후하여 드레인을 향해 경사지게 물매를 두고 표면 고르기를 한다.
③ 드레인은 기본 2개 이상을 설치한다. 지붕의 면적, 형상, 강우량(집중호우 등)에 따라 설계단계에서 적절한 설치 개수, 개소를 확인한다(단, 설계도서 및 공사시방서 등에 특별한 지시가 없는 경우에는 6m 간격으로 설치하는 것을 권장한다).
④ 배기구, 설비 보호피트 및 기타 돌출물과 바탕이 접하는 오목모서리는 아스팔트 방수층의 경우 삼각형으로 면처리하고, 그 외의 방수층은 직각으로 면처리하며, 볼록모서리는 각이 없는 완만한 면처리로 한다.
⑤ 관통파이프와 바탕이 접하는 부분은 폴리머 시멘트 모르타르나 실링재 등으로 수밀하게 처리되어 있어야 한다.

2. 방수공사의 분류

(1) 재료상 분류

① 시멘트 모르타르계 방수공사
② 아스팔트 방수공사
③ 개량 아스팔트시트 방수공사
④ 합성고분자계 시트 방수공사
⑤ 도막방수공사
⑥ 실링방수공사

> **참고** 멤브레인(Membrane) 방수
> 아스팔트 방수층, 개량 아스팔트시트 방수층, 합성고분자계 시트 방수층 및 도막 방수층 등 불투수성 피막을 형성하여 방수하는 공사를 총칭한다.

> **개념적용 문제**
>
> 방수층의 종류에 속하지 않는 것은? 제18회 기출
>
> ① 아스팔트 방수층 ② 개량 아스팔트시트 방수층
> ③ 합성고분자계 시트 방수층 ④ 도막 방수층
> ⑤ 오일 스테인 방수층
>
> **해설** 오일 스테인은 방수재료가 아닌 도장재료로, 안료를 석유용제에 용해한 것이다. 목질 바탕에 목재 무늬가 드러나 보이게 하기 위해 칠하는 유성 착색제로, 유용성 염료를 유기용제(有機溶劑)에 용해하거나 유성바니시를 혼합하여 만든다.
>
> [정답] ⑤

(2) 시공부위별 분류

① 지하실방수공사

② 옥상방수공사

③ 외벽방수공사

④ 실내벽·바닥방수공사

3. 재료별 공통적인 방수시공 시 조건

(1) 사용재료, 기구의 보관 및 취급

① 성형된 재료 및 단열재는 빗물, 이슬이나 직사광선이 닿지 않는 장소에서 습기의 영향을 받지 않는 상태로 보관하고, 운반 시에는 손상을 주지 않도록 취급한다.

② 액상의 재료는 빗물, 이슬이나 직사광선이 닿지 않는 장소에서 밀봉된 상태로 보관하고 용제계 재료는 환기 및 화재관련 안전조치를 충분히 하며, 에멀션계 재료는 동결되지 않도록 주의한다.

③ 시공용 기계기구 및 공구는 사용이 용이하도록 항상 정비해 둔다.

(2) 작업환경

① 강우 및 강설 시 혹은 강우 및 강설이 예상되는 경우, 담당원과 협의하여 방수시공 여부를 결정하여야 하며, 강우 및 강설 후 바탕이 아직 건조되지 않은 경우에는 방수시공을 하지 않는 것을 원칙으로 한다.

② 기온이 5℃ 미만으로 현저하게 낮고, 바탕이 동결되어 있어서 시공에 지장이 있다고 예상되는 경우에는 방수시공을 하지 않는 것을 원칙으로 한다.

▶ 관련기준
건축표준시방서코드(KCS) 2025 〈KCS 41 40 01 : 2021〉

▶ 26회

바로확인문제

기온이 (   )℃ 미만으로 현저하게 낮고, 바탕이 (   )되어 있어서 시공에 지장이 있다고 예상되는 경우에는 방수시공을 하지 않는 것을 원칙으로 한다.

③ 기상조건은 방수층의 품질 및 성능에 큰 영향을 미친다.
④ 작업자의 안전과 위생환경, 작업환경에 적합하게 환기, 채광 및 조명설비를 갖추어야 한다.
⑤ 벽면 시공의 경우에는 적절한 발판(가설 비계 등)을 설치하여야 한다. 또한 가설재 철거 시에는 이미 시공한 방수층을 손상시키지 않도록 주의하여야 한다.
⑥ 시공장소에서 인근으로의 날림, 오염 및 악취를 방지하기 위해 필요한 보호조치를 하여야 한다.
⑦ 시공용 장치, 기기 등은 가능한 시공장소 근처의 적절한 장소에 두고 항상 정리 및 정돈하여 두어야 한다.

(3) 검사 및 시험
① **시공 시의 검사**
  ㉠ 방수층의 구성상태, 결함(찢김, 들뜸 등)상태 및 끝부분(치켜올림부, 감아내림부 등)의 처리상태
  ㉡ 방수층의 겹침부(2겹, 3겹, 4겹 붙인 부분 등)의 처리상태
  ㉢ 드레인, 파이프 등의 돌출물, 위생기구 등의 설비물을 붙인 장소의 처리상태
  ㉣ 경사지붕, 슬래브 및 지하 외벽의 경우에는 물의 흐름방향에 대한 겹침부 처리방법과 처리상태
  ㉤ 탈기장치 등을 두는 경우 사용재료나 고정상태, 설치위치 및 개수

② **완성 시의 검사 및 시험**
  ㉠ 규정 수량이 확실하게 시공(사용)되어 있는지 여부
  ㉡ 방수층의 부풀어오름, 핀 홀, 루핑 이음매(겹침부)의 벗겨짐 여부
  ㉢ 방수층의 손상, 찢김(파단) 발생 여부
  ㉣ 보호층 및 마감재의 상태
  ㉤ 담수시험을 하는 경우에는 다음의 순서에 따라 실시한다.
    ⓐ 배수관계의 구멍(배수트랩, 루프드레인)은 이물질 등이 들어가지 않도록 막아 둔다.
    ⓑ 방수층 끝부분이 잠기지 않도록 물을 채우고, 48시간 정도 누수 여부를 확인한다. 필요에 따라서는 치켜올림 높이까지 물을 채우고, 누수 여부를 48시간 정도 더 확인할 수도 있다.
    ⓒ 누수가 없음을 확인한 후, 담수한 물을 배수구로 흘려보내 배수상태를 확인한다.

2 재료상 분류

1. 시멘트 모르타르계 방수공사

(1) 정의
① 무기질계와 유기질계 등의 방수제를 모르타르와 혼합하여 구조체에 여러 번 도포하여 수밀층을 만들어 방수성능을 갖게 한 공법이다.
② 간단한 방수, 지하실의 안방수, 소규모의 지붕방수 등과 같은 비교적 경미한 방수에 사용하는, 저렴하면서 습윤 바탕에 시공이 가능한 공법이다.
③ 모체(母體)인 콘크리트에 균열이 발생하면 시공이 곤란한 방수공법이다.

(2) 사용재료
① 시멘트는 1종 보통 포틀랜드 시멘트를 사용한다.
② 모래는 양질의 것으로 유해량의 철분, 염분, 진흙, 먼지 및 유기불순물을 함유하지 않은 것을 사용한다(단, 바름두께에 지장을 주지 않는 범위 내에서 입도가 큰 것을 사용한다).
③ 물은 유해 함유량의 염분, 철분, 이온 및 유기물 등이 포함되지 않은 깨끗한 것을 사용한다.
④ 방수제는 주성분별로 무기질계, 유기질계, 폴리머계*의 3가지로 구분한다. 각 성분별 시멘트 액체 방수제는 KS의 품질기준에 적합하여야 하며, 품질의 변화가 없도록 저장하고 유효기간 내에 사용한다.
   ▶ 폴리머 방수제는 시멘트경화제와 골재를 견고하게 결합시킨다.

> **관련기준**
> 건축표준시방서코드(KCS)
> 2025 〈KCS 41 40 08 : 2021〉
>
> ▶ 25·19·16·8·3회
>
> ▶ 14·8회
>
> • **폴리머계(Polymer)**
> 중합체(重合體, 분자가 기본 단위의 반복으로 이루어진 화합물)

개념적용 문제

시멘트 액체 방수공법에 대한 설명으로 가장 부적절한 것은? 제8회 기출

① 소규모의 지붕방수, 지하실의 안방수 등과 같은 비교적 경미한 방수공법으로 사용된다.
② 모래는 고운 입자의 것을 사용하고 물은 약간 적게 배합한다.
③ 표면은 평활하게 마무리한다.
④ 면적이 넓을 때는 균열방지의 목적으로 신축줄눈을 둔다.
⑤ 비교적 저렴하고 시공이 용이한 공법이다.

해설 시멘트 액체 방수에서 고운 입자의 모래를 사용하면 균열이 발생할 수 있으므로 고운 모래 사용은 피하고 굵은 모래를 사용한다.

정답 ②

27·20·18·14·9·8회

• 시멘트 액체 방수 시공 장면

• 혼련(混鍊)
합성수지, 고무와 같은 고분자 재료에 화학 재료를 넣고 열과 기계를 이용하여 고르게 섞어 이기는 작업

• 단차(段差)
높이가 다른 것

(3) 시멘트 액체 방수공법

① **방수제의 배합 및 비빔**
  ㉠ 방수 시멘트 페이스트의 경우에는 시멘트를 먼저 2분 이상 건비빔한 다음에 소정의 물로 희석시킨 방수제를 혼입하여 균질하게 될 때까지 5분 이상 비빈다.
  ㉡ 방수 모르타르의 경우에는 모래, 시멘트의 순으로 믹서에 투입하고 2분 이상 건비빔한 다음에 소정의 물로 희석시킨 방수제를 혼입하여 균질하게 될 때까지 5분 이상 비빈다.
  ㉢ 믹서의 회전을 멈춘 다음 모르타르 내의 수분이나 모래의 분리가 없어야 하며 불순물 등이 포함되지 않아야 한다.
  ㉣ 방수 시멘트 모르타르의 비빔 후 사용 가능한 시간은 20℃에서 45분 정도가 적정하며, 그 외에는 방수제 제조자의 지정에 따른다.

② **방수공사를 위한 보조재료**

보조재료	용도
지수제	바탕 결함부로부터의 누수를 막기 위하여 사용한다. 시멘트에 혼화하는 액체형, 물과 혼련하는 분체형 및 가수분해하는 폴리머 등이 있다.
접착제	바탕과의 접착 효과 및 물적 시기 효과를 증진시키기 위하여 사용하며, 고형분 15% 이상의 재유화형 에멀션으로 한다.
방동제	한랭 시공 시 방수층의 동해를 방지할 목적으로 사용한다.
보수제	보수성 향상과 작업성 향상을 목적으로 사용한다.
경화촉진제	공기단축을 위하여 경화를 촉진시킬 목적으로 사용한다.
실링재	바탕의 균열부 충전 및 접합철물 주위를 실링할 목적으로 KS F 4910 및 KS F 3211에 모두 충족하는 제품을 사용한다.

③ **방수층 바름**
  ㉠ 시멘트 액체 방수층은 KS F 4925의 품질기준에 적합한 것을 사용하여 방수층을 시공한 후 부착강도를 측정하고, 해당 품질기준에 적합하여야 한다.
  ㉡ 목적물의 인수 전 바탕의 상태는 평탄하고, 휨·단차·들뜸·레이턴스·취약부 및 현저한 돌기물과 콘크리트 관통크랙 등의 결함이 없는 것을 표준으로 하고, 바탕면은 부착력을 높이기 위해 거칠게 처리해야 한다.
  ㉢ 방수층 시공 전에 다음과 같은 부위는 실링재 또는 폴리머 시멘트 모르타르 등으로 바탕처리를 한다.

ⓐ 콘크리트 곰보

ⓑ 콜드 조인트, 이음타설부, 콘크리트 표면 단순균열

ⓒ 콘크리트를 관통하는 거푸집 고정재에 의한 구멍, 볼트, 철골, 배관 주위

ⓓ 콘크리트 표면의 방수층 시공 후 품질을 저해한다고 판단되는 취약부

ㄹ 바탕이 건조할 경우에는 시멘트 액체 방수층 내부의 수분이 과도하게 흡수되지 않도록 바탕을 물로 적신다.

ㅁ 방수층은 흙손 및 뿜칠기 등을 사용하여 소정의 두께(부착강도 측정이 가능하도록 최소 4mm 두께 이상을 표준으로 한다)가 될 때까지 균일하게 바른다.

ㅂ 치켜올림 부위에는 미리 방수 시멘트 페이스트를 바르고, 그 위를 100mm 이상의 겹침을 두고 평면부와 치켜올림부를 바른다.

ㅅ 각 공정의 이어바르기의 겹침은 100mm 정도로 하여 소정의 두께로 조정하고, 끝부분은 솔로 바탕과 잘 밀착시킨다.

ㅇ 각 공정의 이어바르기 또는 다음 공정이 미장공사일 경우에는 솔 또는 빗자루로 표면을 거칠게 마감한다.

ㅈ 온도에 의한 수축·팽창에 대한 신축성이 작아 일정한 간격마다 반드시 신축줄눈을 설치하여 균열을 방지한다.

④ **양생 및 점검**

㉠ 직사일광이나 바람, 고온 등에 의한 급속한 건조가 예상되는 경우에는 살수 또는 시트 등으로 보호하여 양생한다.

㉡ 특히 재령의 초기에는 충격 및 진동 등의 영향을 받지 않도록 한다.

㉢ 저온에 의한 동결이 예상되는 경우에는 보온 또는 시트 등으로 보호하여 양생한다.

㉣ 양생이 끝난 방수층을 대상으로 부착강도를 측정하여 방수층의 성능을 확인한다.

바로확인문제

시멘트 액체 방수공법에서 치켜올림 부위에는 미리 방수 시멘트 페이스트를 바르고, 그 위를 (　　)mm 이상의 겹침폭을 두고 평면부와 치켜올림부를 바른다.

> **개념적용 문제**
>
> 시멘트 액체 방수에 관한 설명으로 옳지 않은 것은?   제18회 기출
>
> ① 치켜올림 부위에는 미리 방수 시멘트 페이스트를 바르고, 그 위를 100mm 이상의 겹침폭을 두고 평면부와 치켜올림부를 바른다.
> ② 한랭 시공 시 방수층의 동해를 방지할 목적으로 방동제를 사용한다.
> ③ 공기단축을 위한 경화를 촉진시킬 목적으로 지수제를 사용한다.
> ④ 방수층을 시공한 후 부착강도를 측정한다.
> ⑤ 바탕의 균열부 충전을 목적으로 KS F 4910에 따른 실링재를 사용한다.
>
> **해설** 공기단축을 위한 경화를 촉진시킬 목적으로 경화촉진제를 사용한다.
>
> **정답** ③

2. 아스팔트(Asphalt) 방수공사

26 · 25 · 24 · 21 · 20 · 19 · 16회

(1) 정의

① 건축물의 구조체 면에 천연 혹은 원유를 정제하여 얻어지는 암갈색 혹은 흑색의 결합성이 있는 고형 또는 반고형의 물질을 침투시킨 펠트 또는 루핑 등의 방수지를 용융*된 아스팔트로 접착시키고 여러 층으로 적층 시공하여 방수층을 구성하는 방수공법을 말한다.
② 방수성능이 확실하고 내구성이 우수하여 옥상, 평지붕, 지하실 등에 많이 사용되는 공법이다.
③ 모체(母體)인 콘크리트의 균열 발생 시에도 방수성능이 우수한 방수공법이다.

* **용융(鎔融)**
  고체가 녹아서 액체로 변하는 현상

아스팔트 방수 시공 장면

바로확인문제

(   ) 방수는 모체인 콘크리트의 균열 발생 시에도 방수성능이 우수한 방수공법이다.

▶ 아스팔트 방수와 시멘트 모르타르계 방수의 비교

내용	아스팔트 방수	시멘트 모르타르계 방수
방수의 수명	비교적 수명이 길다.	확실히 신뢰할 수 없다.
외기에 대한 영향	적다.	민감하다.
방수층의 신축성	크다.	거의 없다.
균열 발생	비교적 생기지 않는다.	잘 생긴다.
시공 용이도	번잡하다.	간단하다.
공사기간	길다.	짧다.
공사비·보수비	비싸다.	싸다.
보호 누름	절대로 필요하다.	하지 않아도 무방하다.
모체 바탕처리	완전건조	보통건조
모체	모체가 나빠도 시공이 용이하다.	모체가 나쁘면 시공이 곤란하다.
결함부 발견	용이하지 않다.	용이하다.
보수 범위	광범위	국부적

(2) 아스팔트의 품질검사항목

검사 항목	내용
침입도(針入度)	아스팔트 양부를 판별하는 데 가장 중요한 아스팔트의 경도를 나타내는 것으로서, 25℃에서 100g 추로 5초 동안 바늘을 누를 때 0.1mm 들어가는 것을 침입도 1이라 한다.
감온비(感溫比)	아스팔트의 온도변화에 따른 침입도의 변화 정도를 나타내는 수치이다.
연화점(軟化點)	아스팔트를 가열하여 액상의 점도*에 도달했을 때의 온도를 말한다.
인화점(引火點)	아스팔트를 가열하여 불을 대는 순간 불이 붙을 때의 온도를 말한다.
신도(伸度)	아스팔트가 신장(伸張)되는 늘임의 정도를 말한다.

• 점도(粘度)
유체(流體)의 점성 정도

> **참고** 침입도와 연화점의 관계
>
> 1. 일반적으로 침입도가 작은 것은 연화점이 높기 때문에, 온난한 지역은 침입도가 작은 것을 사용하고, 한랭지는 침입도가 크고 연화점이 낮은 것을 사용한다.
> 2. 침입도와 연화점은 반비례관계를 가진다.
> 3. 우리나라 옥상방수에서는 침입도와 연화점이 높은 것을 아스팔트 제품으로 사용한다.

바로확인문제

우리나라 옥상방수에서는 침입도와 연화점이 ( ) 것을 아스팔트 제품으로 사용한다.

(3) 사용재료

① 석유계 아스팔트 종류

종류	특징
스트레이트(Straight) 아스팔트	신축이 좋고 교착력도 우수하지만 연화점, 내구력이 떨어지므로 주로 지하실방수용으로 사용된다.
블로운(Blown) 아스팔트	비교적 연화점이 높고 안전하며, 온도에 대해 예민하지 않아서 가장 많이 사용된다. 주로 지붕 또는 옥상방수에 사용된다.
아스팔트 컴파운드 (Compound)	블로운 아스팔트에 동·식물섬유를 첨가하고 광물가루를 혼입시킨 방수로, 가장 신축이 크고 최우량품이다.
아스팔트 프라이머 (Primer)	⊙ 블로운 아스팔트와 용제를 반씩 섞어 만든 것으로, 콘크리트 등의 모체에 침투가 용이하다. ⓒ 아스팔트 방수 시공 시 가장 먼저 사용되는 바탕처리재이다. ⓒ 방수의 역할보다는 콘크리트 바탕면과 아스팔트 방수층과의 부착력을 증대시키는 역할을 한다.

② 방수지

종류	특징
아스팔트 펠트 (Felt)	유기성 섬유(양모, 폐지)를 가열·고착하여 만드는 펠트에 스트레이트 아스팔트를 침투시킨 것으로, 내구성이 약해 주로 바탕용에 사용된다.
아스팔트 루핑 (Roofing)	동·식물섬유를 원료로 한 펠트에 스트레이트 아스팔트를 침투시키고, 양면을 블로운 아스팔트로 피복한 후 표면에 광물질 분말을 살포한 것으로, 방수성이 크다.
특수 루핑	석면아스팔트 루핑, 모래붙임 루핑, 망상 루핑, 알루미늄 루핑 등이 있다.

아스팔트 프라이머 작업   아스팔트 펠트   아스팔트 루핑

(4) 아스팔트 방수 시공

① 방수공법

종류	정의
열공법	아스팔트 루핑류를 가열 용융시킨 아스팔트를 바탕에 붙이고 이것을 2~4회 적층하여 방수층을 형성하는 공법이다.
냉(상온)공법	상온에서 액상아스팔트를 사용하고 경우에 따라 망상펠트류로 보강하는 공법이다.

② 시공순서 [용도: 보행용 전면접착(a), A-PrF]

㉠ 바탕면 처리 및 청소
㉡ 1층: 아스팔트 프라이머 ┐
㉢ 2층: 아스팔트   ├ 1겹
㉣ 3층: 아스팔트 펠트 ────┘
㉤ 4층: 아스팔트 ┐
㉥ 5층: 아스팔트 루핑 ├ 2겹
㉦ 6층: 아스팔트 ┐
㉧ 7층: 아스팔트 루핑 ├ 3겹
㉨ 8층: 아스팔트 ┘
㉩ 방수층 누름

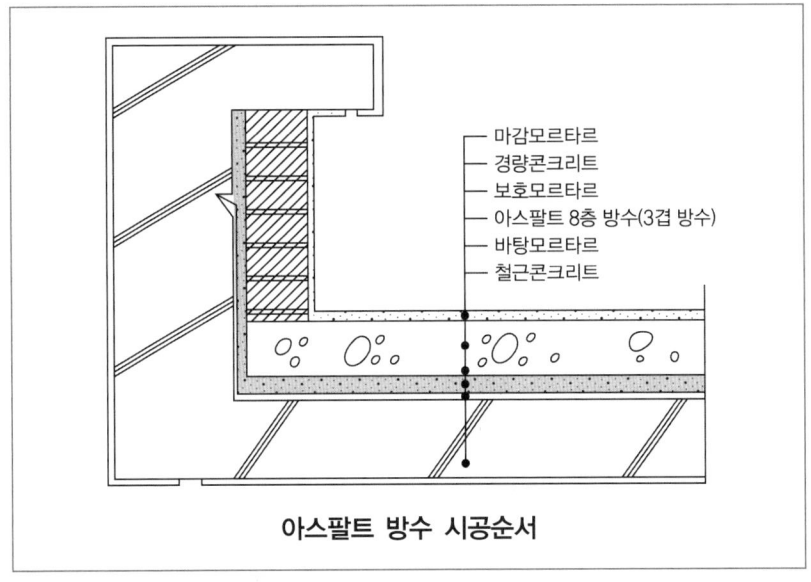

아스팔트 방수 시공순서

개념적용 문제

아스팔트 방수공사의 시공순서로 옳은 것은? 제22회 기출

┌───┐
│ ㉠ 바탕면 처리 및 청소   ㉡ 아스팔트 바르기   │
│ ㉢ 아스팔트 프라이머 바르기   ㉣ 아스팔트 방수지 붙이기 │
│ ㉤ 방수층 누름   │
└───┘

① ㉠ - ㉡ - ㉢ - ㉣ - ㉤
② ㉠ - ㉡ - ㉣ - ㉢ - ㉤
③ ㉠ - ㉢ - ㉡ - ㉣ - ㉤
④ ㉠ - ㉢ - ㉣ - ㉡ - ㉤
⑤ ㉠ - ㉣ - ㉡ - ㉢ - ㉤

해설 아스팔트 방수공사의 시공순서는 '바탕면 처리 및 청소(㉠), 아스팔트 프라이머 바르기(㉢), 아스팔트 바르기(㉡), 아스팔트 방수지 붙이기(㉣), 방수층 누름(㉤)' 순으로 진행한다.

정답 ③

③ **아스팔트 용융 및 취급**
  ㉠ 아스팔트의 용융온도는 시방서의 용융온도(1종 220~230℃)를 표준으로 하며, 용융 중에는 최소한 30분에 1회 정도 온도를 측정하고, 접착력 저하 방지를 위하여 200℃ 이하가 되지 않도록 한다.
  ㉡ 용융한 아스팔트가 인화되지 않도록 주의함은 물론 미리 용융 솥 가까운 곳에 소화기 등을 준비해 둔다.
  ㉢ 아스팔트 용융 솥은 가능한 한 시공장소와 근접한 곳에 설치한다. 특히, 방수층 위에 용융 솥을 두지 않으며, 용융 솥의 열이 주변에 영향을 주지 않도록 적절한 조치를 취하여야 한다.

④ **루핑붙임**
  ㉠ 볼록, 오목 모서리 부분은 일반 평면부 루핑을 붙이기 전에, 너비 300mm 정도의 스트레치 루핑을 사용하여 균등하게 덧붙임한다.
  ㉡ 일반 평면부의 루핑붙임은 흘려붙임*으로 한다. 또한 루핑의 겹침은 길이 및 너비 방향 100mm 정도로 하고, 겹침부로부터 삐져나온 아스팔트는 솔 등으로 균등하게 바른다.
  ㉢ 루핑은 원칙적으로 물 흐름을 고려하여 물매의 아래쪽에서부터 위쪽을 향해 붙이고, 또한 상·하층의 겹침 위치가 동일하지 않도록 붙인다. 어쩔 수 없이 물매의 위쪽에서 아래쪽으로 붙이는 경우에는 루핑을 겹침 150mm 정도로 하여 붙인다.

관련기준
건축표준시방서코드(KCS) 2025 〈KCS 41 40 02 : 2021〉

• **흘려붙임**
용융된 아스팔트를 국자 등을 사용하여 바탕 면에 흘리면서 루핑류를 눌러 바르는 것

바로확인문제
아스팔트 방수공사에서 루핑은 원칙적으로 물 흐름을 고려하여 물매의 (　　)쪽에서부터 (　　)쪽을 향해 붙이고, 또한 상·하층의 겹침 위치가 동일하지 않도록 붙인다.

㉣ 치켜올림부의 루핑을 평면부와 별도로 하여 붙이는 경우에는 평면부 루핑을 붙인 후, 그 위에 150mm 정도의 겹침폭을 두고 붙인다(단, 모래 붙은 스트레치 루핑의 경우에는 치켜올림부를 먼저 붙이고 평면부의 스트레치 루핑을 겹침폭 150mm 정도로 하여 붙인다).
㉤ 치켜올림부의 루핑은 각 층 루핑의 끝이 같은 위치에 오도록 하여 붙인 후, 방수층의 상단 끝부분을 누름철물로 고정하여 고무 아스팔트계 실링재로 처리한다[단, 실내에서 방수층의 치켜올림 높이가 낮을 경우(500mm 이하)에는 누름철물을 직조망 아스팔트 루핑으로 바꿀 수도 있다. 이때 직조망 아스팔트 루핑의 틈새가 보이지 않도록 아스팔트를 바른다].
㉥ 펠트겹치기는 평행, 직교 또는 비늘형으로 겹쳐대지만 직교형으로 하는 것이 가장 유리하다.

개념적용 문제

아스팔트 방수공사에서 루핑붙임에 관한 설명으로 옳지 않은 것은?

제17회 기출

① 일반 평면부의 루핑붙임은 흘려붙임으로 한다.
② 루핑의 겹침폭은 길이 및 폭 방향 100mm 정도로 한다.
③ 볼록, 오목모서리 부분은 일반 평면부의 루핑을 붙이기 전에 폭 300mm 정도의 스트레치 루핑을 사용하여 균등하게 덧붙임한다.
④ 루핑은 원칙적으로 물 흐름을 고려하여 물매의 위쪽에서부터 아래쪽을 향해 붙인다.
⑤ 치켜올림부의 루핑은 각 층 루핑의 끝이 같은 위치에 오도록 하여 붙인 후 방수층의 상단 끝부분을 누름철물로 고정하고 고무 아스팔트계 실링재로 처리한다.

해설 루핑은 원칙적으로 물 흐름을 고려하여 물매의 아래쪽에서부터 위쪽을 향해 붙인다. 또한 상·하층의 겹침 위치가 동일하지 않도록 붙인다.

정답 ④

⑤ **특수 부위의 처리**

종류	내용
드레인 주위의 처리	㉠ 드레인 주위는 일반 평면부 루핑을 붙이기 전에 너비 200mm 정도의 스트레치 루핑으로 드레인의 몸체와 평면부 양쪽에 걸치듯이 덧붙임한 후, 평면부의 루핑을 겹쳐 붙인다. ㉡ 드레인에 붙인 루핑류의 끝부분은 각 층의 루핑을 정리하고 고무 아스팔트계 실링재로 처리한다.

종류	내용
	ⓒ 단열재 삽입 전면접착(A-ThF)공법의 단열재 붙이기는 드레인 몸체의 300mm 정도 앞에서 끝낸다.
파이프 주위의 처리	㉠ 파이프 주위는 일반 평면부의 루핑을 붙이기 전에 파이프와 평면부에 걸치듯이 직조망 아스팔트 루핑을 덧붙임한다. ⓒ 아스팔트로 틈새가 보이지 않도록 바른 후, 파이프에 1층 스트레치 루핑을 붙인 다음 일반 평면부의 방수층을 파이프의 외주부까지 붙인다. ⓒ 그 위에 2층 스트레치 루핑을 붙이고 마감한다. ㉣ 파이프에 붙인 방수층의 치켜올림 상단 끝부분은 폭 70mm 정도의 직조망 아스팔트 루핑으로 둥글게 감아 아스팔트로 틈새가 없도록 칠한 다음, 금속제의 밴드 등으로 고정시켜 고무 아스팔트계 실링재로 처리한다.

⑥ **방수층**(옥상 및 지붕방수층) **보호 누름층**

종류	내용
현장타설 콘크리트	㉠ 방수층이 완성되면, 단열재를 깔고 그 위에 누름콘크리트의 거동에 의한 방수층 손상방지를 위해 절연용 시트를 깔아 점착테이프 또는 기타 테이프로 고정한다. ⓒ 그 위에 콘크리트를 시공하며, 콘크리트에는 균열방지를 위한 와이어 메시를 타설두께의 중간 위치에 삽입한다. ⓒ 평면부 콘크리트에는 3m 내외로 신축줄눈을 설치하고, 파라펫 및 펜트하우스 주변 및 치켜올림면으로부터 평면부 쪽으로 0.6m 내외의 적당한 위치에도 신축줄눈을 설치한다. ㉣ 신축줄눈은 너비 20mm 정도, 깊이는 콘크리트의 밑면까지 도달하도록(분리되도록) 설치하고, 줄눈재 고정을 위해 빈배합의 시멘트 모르타르를 사용한다.
아스팔트 콘크리트	㉠ 50mm 이상의 아스팔트 콘크리트를 2층으로 나누어 전압장비 등으로 가압*하여 시공한다. ⓒ 아스팔트 콘크리트의 배합과 치켜올림부의 보호공법은 공사시방에 따른다.
콘크리트 블록	㉠ 방수층이 완성된 다음 방수층이 손상되지 않도록 블록을 깐다. ⓒ 블록의 종류 및 시공법은 공사시방에 따른다.
자갈	㉠ 방수층이 완성된 다음 아스팔트를 바르면서 둥근 모양을 한 직경 20~30mm 정도의 콩자갈을 깔며, 자갈층의 두께는 50mm 내외로 한다(단, 배수구, 드레인 주위는 자갈을 깔기 전에 자갈의 흘러내림을 방지하는 턱을 만든다). ⓒ 아스팔트계 또는 합성수지계의 접착제를 사용하여 상온에서 자갈을 고정하는 경우에는 공사시방에 의하며, 방수층 위에 자갈을 쌓아 둘 때는 합판 등으로 양생한다. 특히, 집중하중이 작용하지 않도록 적정하게 분산시킨다.

• **가압**(加壓)
압력을 가함

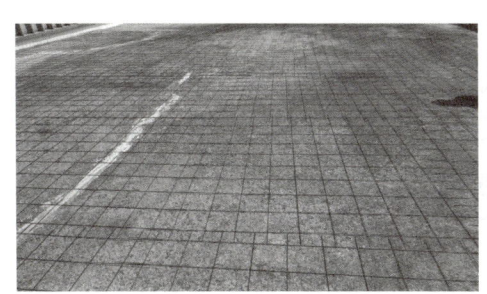
와이어 메시 작업

신축줄눈 시공

> **개념적용 문제**
>
> 아스팔트 방수에 대한 설명으로 부적당한 것은?   제6회 수정
>
> ① 아스팔트 프라이머는 시공 시 맨 밑바탕에 도포하는 것으로 방수역할이 매우 크다.
> ② 아스팔트 컴파운드는 방수성능도 우수하고 신축성도 크다.
> ③ 펠트나 루핑의 겹침폭은 길이 및 폭 방향 100mm 정도로 한다.
> ④ 지붕의 파라펫 등과 같은 곳의 치켜올림 높이는 적어도 30cm 이상으로 하여야 한다.
> ⑤ 방수층 보호용 누름층은 50mm 이상의 아스팔트 콘크리트를 2층으로 나누어 롤러로 전압하여 시공한다.
>
> **해설** 아스팔트 프라이머는 블로운 아스팔트에 휘발성 용제를 혼합한 교착제로, 콘크리트 또는 모르타르 면에 아스팔트가 부착이 잘 되도록 침투시키는 일종의 접착제이므로, 방수역할을 중요시하는 것은 아니다.
>
> 정답 ①

3. 합성고분자계 시트 방수공사

(1) 정의

▶ 21회

① 합성고무 또는 합성수지를 주성분으로 하는 두께 0.8~2.0mm 정도의 합성고분자 시트를 접착제로 바탕에 붙여서 방수층을 형성하는 공법이다.
② 아스팔트처럼 여러 겹으로 완성하는 것이 아닌 시트 1겹으로 방수 처리하는 방법이다.

바로확인문제

합성고분자계 시트 방수공사는 아스팔트처럼 여러 겹으로 완성하는 것이 아닌 시트 ( )으로 방수 처리하는 방법이다.

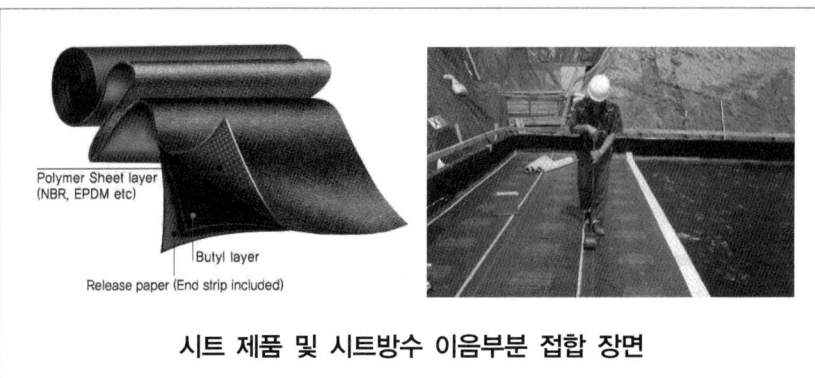

시트 제품 및 시트방수 이음부분 접합 장면

(2) 특징

① 상온시공이 가능하고, 열을 사용하지 않는 시공이 가능하다.
② 시공이 간단하여 공사기간이 짧다.
③ 시트는 신장력이 커서 바탕균열에 대한 저항력이 우수하고, 내구성 및 내후성이 좋다.
④ 바탕 표면에 돌기가 있을 경우 시트가 손상될 수 있다.
⑤ 시트의 접합부 처리가 어렵고, 가격이 비싼 편이다.

(3) 사용재료

① **방수시트**

종류	내용
합성고분자계 방수시트	㉠ **균질시트**: 가황고무계, 비가황고무계, 염화비닐수지계, 열가소성 엘라스토머계, 에틸렌 아세트산 비닐수지 ㉡ **복합시트**: 일반복합형, 보강복합형
비가황고무계 시트	귀퉁이나 모서리부 보강에 사용하는 비가황고무계 시트는 부틸고무를 주성분으로 하고 두께 1.0~2.0mm, 너비 200mm 이상의 것으로 방수재 제조자가 지정하는 것으로 한다.
가소제 이행방지용 시트	발포 폴리에틸렌, 폴리에스테르 부직포 등 염화비닐수지계 시트의 가소제의 이행을 방지하기 위해 사용하는 가소제 이행방지용 시트는 방수재 제조자가 지정하는 것으로 한다.

② **접착제 및 용착제**
㉠ **접착제**: 프라이머 및 시트의 품질을 저하시키지 않는 것으로 하여 방수재 제조자가 지정하는 것을 사용한다.
㉡ **용착제**: 염화비닐수지계 시트 상호 간 또는 시트와 고정철물 상호 간을 용착시키는 것이다.

• **가소제(可塑製)**
강직(剛直)한 고분자에 첨가해서 소성(塑性)을 주어 가공성을 개량하는 물질

관련기준
건축표준시방서코드(KCS) 2025 (KCS 41 40 04 : 2021)

19·15회

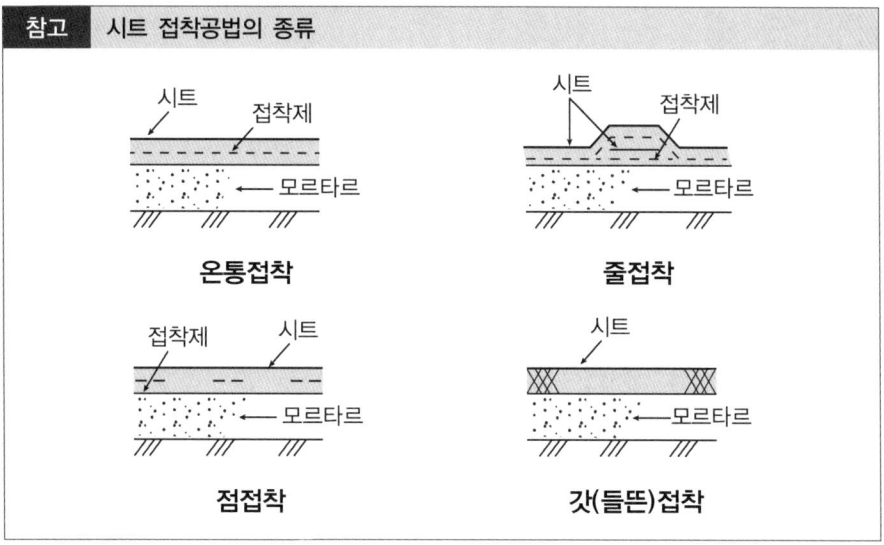

참고 시트 접착공법의 종류

온통접착 / 줄접착 / 점접착 / 갓(들뜬)접착

(4) 합성고분자계 시트 방수 시공

① **시공순서**

> 바탕처리 ⇨ 프라이머 도포 ⇨ 접착제 바름 ⇨ 시트 붙임 ⇨ 보호층 설치

② **시트 붙이기**

㉠ 프라이머 도포는 바탕의 상태를 확인한 후 균일하게 도포하며, 범위는 그날의 시트 붙임작업 범위 내로 한다.

㉡ 접착제의 도포는 프라이머의 건조를 확인한 후 바탕과 시트에 균일하게 도포한다.

㉢ 보행용 시트 방수는 상부 보호층이 필요하다.

㉣ 시트의 접합부는 원칙적으로 물매 위쪽의 시트가 물매 아래쪽 시트의 위에 오도록 겹친다.

㉤ 시트 상호 간의 접합너비는 종횡으로 가황고무계 방수시트는 100mm, 비가황고무계 방수시트는 70mm로 하며, 염화비닐수지계 방수시트는 40mm로 하지만, 전열용접인 경우에는 70mm로 한다.

㉥ 치켜올림부와 평면부와의 접합너비는 가황고무계 방수시트 및 비가황고무계 방수시트의 경우에는 150mm로 하고, 염화비닐수지계 방수시트는 40mm로 하지만, 전열용접인 경우에는 70mm로 한다.

㉦ 방수층의 치켜올림 끝부분은 누름고정판으로 고정한 다음 실링용 재료로 처리한다.

> 16·8회

바로확인문제

시트의 접합부는 원칙적으로 물매 위쪽의 시트가 물매 아래쪽 시트의 ( )에 오도록 겹친다.

> **개념적용 문제**
>
> 합성고분자계 시트 방수공법의 특징에 관한 설명으로 옳지 않은 것은?
>
> 제15회 수정
>
> ① 상온시공이 용이하다.
> ② 아스팔트 방수보다 공사기간이 짧다.
> ③ 바탕돌기에 의한 시트의 손상이 우려된다.
> ④ 아스팔트 방수보다 바탕균열저항성이 작고, 경제적이다.
> ⑤ 열을 사용하지 않는 시공이 가능하다.
>
> | 해설 | 합성고분자계 시트 방수는 아스팔트 방수보다 신축성이 매우 커서 바탕균열저항성이 크고, 시트의 접합부 처리가 어려우며, 가격이 비싼 편이다.
>
> 정답 ④

4. 개량 아스팔트시트 방수공사

25·15회

(1) 정의

① 개량 아스팔트시트는 합성고무 또는 플라스틱 등의 폴리머를 섞어 성질을 개량시킨 아스팔트를 원지에 붙여 시트를 만드는 공법으로, 내후성과 접착성이 우수하다.
② 개량 아스팔트시트 붙이기는 토치로 개량 아스팔트시트의 뒷면과 바탕을 균일하게 가열하여 개량 아스팔트를 용융시키고, 눌러서 붙이는 방법을 표준으로 한다.

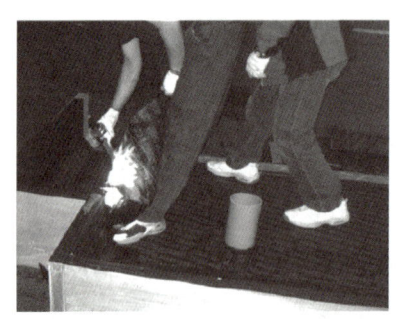

개량 아스팔트시트 방수공사 장면

바로확인문제

합성고분자계 시트 방수는 아스팔트 방수보다 신축성이 매우 (   ) 바탕균열저항성이 (   ), 시트의 접합부 처리가 (   ), 가격이 비싼 편이다.

(2) 개량 아스팔트시트 방수 시공

① 개량 아스팔트 방수시트 붙이기

㉠ 오목모서리와 볼록모서리 부분은 일반 평면부에서의 개량 아스팔트 방수시트 붙이기에 앞서 너비 200mm 정도의 덧붙임용 시트로 처리한다.

㉡ 일반부의 개량 아스팔트 방수시트가 상호 겹쳐진 접합부는 개량 아스팔트가 삐져나올 정도로 충분히 가열 및 용융시켜 눌러서 붙인다.

㉢ 개량 아스팔트 방수시트의 상호 겹침은 길이방향으로 200mm, 너비방향으로는 100mm 이상으로 하고, 물매의 낮은 부위에 위치한 시트가 겹침 시 아랫면에 오도록 접합시킨다.

㉣ 보행용 전면접착(M-PrF), 노출용 전면접착(M-MiF, b), 노출용 단열재삽입(M-MiT) 공법의 경우에는 상층 개량 아스팔트 방수시트의 접합부와 하층 개량 아스팔트 방수시트의 접합부가 겹쳐지지 않도록 한다.

㉤ ALC패널 및 PC패널의 단변 접합부 등 큰 움직임이 예상되는 부위는 미리 너비 300mm 정도의 덧붙임용 시트로 처리한다.

㉥ 치켜올림의 개량 아스팔트 방수시트의 끝부분은 누름철물을 이용하여 고정하고 실링재로 실링처리한다.

㉦ 지하 외벽 및 수영장 등의 벽면에서 개량 아스팔트 방수시트 붙이기

ⓐ 미리 개량 아스팔트 방수시트를 2m 정도로 재단하여 시공한다.

ⓑ 높이가 2m 이상인 벽은 같은 작업을 반복한다.

ⓒ 재단하지 않고 개량 아스팔트 방수시트를 붙이는 경우에는 늘어뜨리는 장치를 이용하여 시공한다.

ⓓ 개량 아스팔트 방수시트의 겹침폭은 길이 및 너비 방향 모두 100mm 이상으로 하고, 최상단부 및 높이가 10m를 넘는 벽에서는 10m마다 누름철물을 이용하여 고정한다.

▶ 15회
▶ 관련기준
건축표준시방서코드(KCS) 2025 〈KCS 41 40 03 : 2021〉

② 특수부위의 처리

구분	내용
드레인 주변	㉠ 일반 평면부의 개량 아스팔트 방수시트 붙이기에 앞서 미리 드레인 안지름 정도 크기의 구멍을 뚫은 500mm 각 정도의 덧붙임용 시트를 드레인의 몸체와 평면부에 걸쳐 붙인다. ㉡ 일반 평면부의 개량 아스팔트 방수시트는 덧붙임용 시트 위에 겹쳐 붙이고 드레인의 안지름에 맞추어 잘라낸다.
파이프 주변	㉠ 일반 평면부의 개량 아스팔트 방수시트 붙이기에 앞서, 파이프의 바깥지름 정도 크기의 구멍을 뚫은, 한 변이 파이프의 직경보다 400mm 정도 더 큰 정방형의 덧붙임용 시트를 파이프면에 100mm 정도, 바닥면에 50mm 정도 걸쳐 붙인 후, 일반 평면부의 개량 아스팔트 방수시트를 겹쳐 붙인다. ㉡ 파이프의 치켜올림부의 개량 아스팔트 방수시트는 소정의 높이까지 붙이고, 상단 끝부분은 내구성이 좋은 금속류 및 플라스틱재로 고정하여 하단부와 함께 실링재로 처리한다.

③ 개량 아스팔트시트 방수의 시공순서

㉠ 바탕처리
㉡ 프라이머 도포
㉢ 개량 아스팔트시트 붙이기
㉣ 특수부위 처리
㉤ 보호 및 마감

• 드레인 주변 방수처리 장면

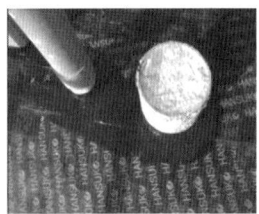
• 특수부위의 방수처리 장면

5. 도막(塗膜)방수공사

(1) 정의

① 내수성이 있는 액상형 방수재료인 도료상의 방수재를 바탕면에 여러 번 바르거나 뿜칠하여 방수층을 형성하는 공법이다.
② 곡면이 많은 지붕이나 복잡한 형상의 시공에 유리한 공법이지만, 방수의 신뢰도는 떨어진다.
③ 조인트 부분이나 배관이 많은 화장실 방수 등에 유효하다.
④ 욕실, 발코니 등 작업이 어려운 장소에서 시공이 유리하다.

• 도막방수 시공 장면

26·25·20·19·16·9회

바로확인문제

도막방수는 곡면이 많은 지붕이나 복잡한 형상의 시공에 (　　)한 공법이지만, 방수의 신뢰도는 (　　).

> **개념적용 문제**
>
> **방수공법에 관한 설명으로 옳지 않은 것은?** 제20회 기출
>
> ① 도막방수란 액상형 방수재료를 콘크리트 바탕에 바르거나 뿜칠하여 방수층을 형성하는 공법이다.
> ② 시멘트 액체 방수공사에서 방수 모르타르 바탕면은 최대한 매끄럽게 처리해야 한다.
> ③ 아스팔트 옥상방수에는 지하실방수보다 연화점이 높은 아스팔트를 사용한다.
> ④ 아스팔트 방수는 보호누름이 필요하다.
> ⑤ 아스팔트 방수는 시멘트 액체 방수보다 방수층의 신축성이 크다.
>
> **해설** 시멘트 액체 방수공사에서 방수 모르타르 바탕면은 부착력을 높이기 위해 최대한 거칠게 처리해야 한다.
>
> **정답** ②

(2) 특징

① 이음매가 없고 일체형을 형성한다.
② 고무에 의한 신축성으로 균열이 적고, 상온시공으로 안전하다.
③ 바탕면에 균일한 두께의 시공이 곤란하다.
④ 피막*이 얇아 모체균열에 의한 파단과 외부충격에 의한 손상이 우려된다.
⑤ 방수의 신뢰도가 떨어지기 때문에 단열을 필요로 하는 옥상층에는 불리하다.
⑥ 핀홀(Pin Hole)*이 생길 우려가 있다.
⑦ 용제형 도막방수는 인화성이므로 화재의 위험과 중독될 우려가 있다.

• **피막(皮膜)**
껍질 같은 얇은 막

• **핀홀(Pin Hole)**
작은 구멍

(3) 도막방수의 종류

종류	특징
유제형 도막방수 (에멀션형)	수지유제(아크릴, 합성고무, 초산비닐)를 수회 칠하여 두께 0.5~1mm 정도의 방수피막을 형성하는 공법이다.
용제형 도막방수 (솔벤트형)	합성고무를 휘발성 용제(Solvent)에 녹여 수회 칠하여 두께 0.5~0.8mm 정도의 방수피막을 형성하는 방법이다. 용제는 인화성이 강하므로 화기는 엄금하고, 밀폐상태의 실내작업을 하지 않는다.
에폭시계 도막방수	에폭시수지를 수회 칠하여 0.1~0.2mm 정도의 얇은 도막을 형성하는 공법이다. 내약품성, 내마모성이 우수하여 화학공장이나 화학약품을 취급하는 곳의 바닥 마무리재로 사용하지만, 고가이고 신축성이 약하여 내구성이 떨어지는 단점이 있다.

(4) 사용재료

① 도막재

㉠ 우레탄 고무계 도막방수재: 상온에서 액체상태의 폴리머와 경화제(컴파운드)를 혼합하여 도막을 형성하는 공법

㉡ 아크릴 고무계 도막방수재: 방수제에 포함된 수분의 증발 및 건조에 의해 도막을 형성하는 공법

㉢ 고무 아스팔트계 도막방수재: 천연 및 합성고무와 아스팔트로 만들어진 아스팔트로 석유아스팔트보다 감온성 및 탄력성이 우수하고, 각종 바탕에 접착성이 좋고 복잡한 형태의 바탕에 순응하여 연속적인 도막을 형성하는 공법

② 보강포

㉠ 보강포는 바탕에 균열이 생겼을 경우 방수층의 동시 파단 또는 크리프 파단의 위험을 경감하고, 균일한 도막두께(설계두께)의 확보 및 치켜올림부, 경사부에서의 방수재의 흘러내림을 방지하기 위해 사용한다.

㉡ 방수재와 잘 일체되어 보강효과를 가지고 치수안정성이 뛰어나며, 시공에 지장이 없는 품질을 가지는 것으로서 방수재 제조자가 지정하는 것을 사용한다.

③ 통기완충 시트

㉠ 통기완충 시트는 방수바탕에 균열이 발생할 때의 국부응력이 방수층에 영향을 미치지 않도록 분산시키는 역할을 한다.

㉡ 통기완충 시트는 방수바탕이 함유한 수분의 온도상승에 따른 기화 수증기가 통기될 수 있도록 우레탄 도막방수층 아래에 까는 시트를 말한다.

㉢ 통기완충 시트는 상부에 도막방수재를 도포할 때 신축이 작고, 상부 도포 도막방수재와 일체가 되어 적정한 기계적 특성과 바탕균열 추종성 및 통기성이 있어야 한다.

(5) 도막방수 시공

① 방수재의 조합, 비빔 및 점도 조절

㉠ 우레탄 고무계 도막방수재

ⓐ 2액형 방수재의 주(기)제와 경화제의 혼합은 전동 혼합기를 사용하며, 전동 혼합기는 모터의 출력이 크고, 회전이 빠르면 기포가 생성되어 핀홀의 원인이 되므로 회전이 느린 것을 사용한다.

- 보강포

- 보강포 붙이기

ⓑ 혼합 후에는 즉시 도포하여야 하나 제품에 따라 가사시간, 경화시간, 덧도포나 이어 도포하는 시간간격 등이 서로 다를 수 있기 때문에 방수재 제조자의 지정에 따라 시공한다.

ⓒ 방수재의 점도를 조절할 필요가 있을 경우에는 방수재 제조자의 지정 범위에 따라 희석제 등을 사용할 수 있다. 다만, 희석제의 사용량은 방수재에 대하여 5% 이내로 하며, 과다 사용에 의한 경화 불량 및 경화 후 두께 감소의 문제가 발생하지 않아야 한다.

ⓒ 아크릴 고무계 도막방수재

ⓐ 방수재의 점도 조절이 필요할 때 희석제로서 물을 사용할 경우에는 방수재 제조자의 지정 범위에 따르며, 사용량은 방수재에 대하여 5% 이내로 하고, 과다 사용에 의한 경화 불량 및 경화 후 두께 감소의 문제가 발생하지 않아야 한다.

ⓑ 점도 조절용 물을 첨가한 다음 혼합 방법은 모터의 출력이 크거나 회전이 빠르면 기포가 생성되어 핀홀의 원인이 되므로 회전이 느린 전동 혼합기를 사용하여 충분히 혼합한다.

ⓒ 고무 아스팔트계 도막방수재

ⓐ 응고 도막형 고무아스팔트계 방수재의 고무아스팔트 에멀션과 응고제의 비율은 스프레이 장치의 토출압력과 노즐 팁(분사구멍)의 설정에 따라 달라질 수 있으므로 미리 방수재 제조자가 지정하는 방법에 따라 비율을 정해 둔다. 일반적으로는 중량비로 고무아스팔트 에멀션 10에 대하여 응고제 1~3의 비율로 한다.

ⓑ 건조 도막형의 고무아스팔트계 방수재는 1액형의 재료나 모터의 출력이 크고, 회전이 빠르면 기포가 생성되어 핀홀의 원인이 되므로 회전이 느린 전동 혼합기 등을 사용하여 충분히 혼합하여 균일한 상태로 하여 사용한다.

② 프라이머의 도포

㉠ 도막방수는 바탕처리를 한 후 프라이머를 균일하게 도포한다.

㉡ 용제형의 프라이머를 사용할 경우에는 화기에 주의하고, 특히 실내 작업의 경우, 환기장치를 사용하여 인화나 유기용제 중독을 미연에 예방하여야 한다.

③ **접합부, 이음타설부 및 조인트부의 처리**

㉠ 접합부를 절연용 테이프로 붙이고, 그 위를 두께 2mm 이상, 너비 100mm 이상으로 방수재를 덧도포한다.

- **가황고무**
  생고무에 유황을 섞고 가열하여 탄력성 있게 만든 고무

      ⓒ 접합부를 두께 1mm 이상, 너비 100mm 정도의 가황고무* 또는 비가황고무 테이프로 붙인다.

      ⓔ 접합부를 너비 100mm 이상의 합성섬유 부직포 등 보강포로 덮고, 그 위에 두께 2mm 이상, 너비 100mm 이상으로 방수재를 덧도포한다.

      ⓒ 현장타설 RC 바탕의 타설 이음부를 덮을 수 있는 적당한 너비의 절연용 테이프를 붙이고, 절연용 테이프의 양 끝에서 각각 30mm를 더한 너비만큼 두께 2mm 이상의 방수재를 덧도포한다.

④ **보강포 붙이기**

      ㉠ 보강포 붙이기는 치켜올림 부위, 오목모서리, 볼록모서리, 드레인 주변 및 돌출부 주위에서부터 시작한다.

      ㉡ 보강포는 바탕 형상에 맞추어 주름이나 구김살이 생기지 않도록 방수재 또는 접착제로 붙인다.

      ㉢ 보강포의 겹침은 50mm 정도로 한다.

⑤ **통기완충 시트 깔기**

      ㉠ 통기완충 시트를 롤러 등과 같은 공구를 사용하여 들뜸이나 주름, 구김살 등이 생기지 않고, 바탕형상에 잘 적응하도록 접착제, 우레탄 방수재 또는 앵커 등을 사용하여 붙인다.

      ㉡ 통기완충 시트의 이음매를 맞댐이음으로 하고, 맞댄 부분 위를 너비 50mm 이상의 접착제가 붙은 폴리에스테르 부직포 또는 직포의 테이프로 붙여 연속되게 한다.

      ㉢ 구멍 뚫린 통기완충 시트를 약 30mm의 너비로 겹치고, 붓, 고무주걱 등과 같은 공구를 사용하여 들뜸이나 주름, 구김살 등이 생기지 않고 바탕형상에 잘 적응하도록 점성이 있는 접착제나 우레탄 방수재 등을 사용하여 붙인다.

⑥ **방수재의 도포**

      ㉠ 방수재는 핀홀이 생기지 않도록 솔, 고무주걱 및 뿜칠기구 등으로 균일하게 치켜올림 부위와 평면부의 순서로 도포한다.

      ㉡ 보강포 위에 도포하는 경우, 침투하지 않은 부분이 생기지 않도록 주의하면서 도포한다.

      ㉢ 방수재의 겹쳐바르기는 원칙적으로 앞 공정에서의 겹쳐바르기 위치와 동일한 위치에서 하지 않는다. 도포방향은 앞 공정에서의 도포방

바로확인문제

방수재는 핀홀이 생기지 않도록 솔, 고무주걱 및 뿜칠기구 등으로 균일하게 (　　) 부위와 (　　)의 순서로 도포한다.

향과 직교하여 실시하며, 겹쳐바르기 또는 이어바르기의 너비는 100mm 내외로 한다.
ⓔ 겹쳐바르기 또는 이어바르기의 시간간격은 방수재 제조자의 지정에 따른다.
ⓜ 겹쳐바르기 또는 이어바르기의 시간간격을 초과한 경우, 프라이머를 도포하고 건조를 기다려 겹쳐바르기 또는 이어바르기를 한다. 이때 프라이머의 희석 및 도포방법은 제조자의 지정에 따른다.
ⓗ 방수재 도포 중, 강우나 강설로 인하여 작업이 중단될 경우에는 비닐시트나 폴리에틸렌 필름 등을 덮어 두는 등의 적절한 양생을 한다.
ⓢ 강우나 강설 후의 시공은 표면을 완전히 건조시킨 다음 이전 도포한 부분과 너비 100mm 내외로 프라이머를 도포하고 건조를 기다려 겹쳐 도포한다. 이때 프라이머의 희석 및 도포방법은 제조자의 지정에 따른다.
ⓞ 고무 아스팔트계 도막방수재의 외벽에 대한 스프레이 시공은 위에서부터 아래의 순서로 실시한다.

⑦ **방수층의 두께 관리**
㉠ 도막두께는 원칙적으로 사용량을 중심으로 관리한다.
㉡ 설계도서에 명시된 도막두께(설계두께)를 확보하기 위해서는 방수재 도포 전에 사용량을 정확히 산출하여 해당량을 전부 도포하여야 한다.
㉢ 현장 시공 과정에서 두께 관리가 필요할 때에는 방수재 도포 직후 습윤막 상태의 도막두께와 방수재가 경화한 건조막 상태의 도막두께를 측정하는 방법이 사용된다.
㉣ 도막방수층의 설계두께는 건조막두께를 기준으로 관리한다.
㉤ 건조막두께는 희석제의 사용량, 바탕 표면의 요철면, 굴곡면, 경사도, 누름보호층의 유무, 도포 당시의 기후조건 등에 따라 다르게 측정될 수 있다.
㉥ 이러한 경우에는 담당원과 협의하여 품질 성능을 검토한 후 시공 적합성을 판단한다.
㉦ 필요 시 두께 부족 부분은 보완 시공을 하고, 방수 보호층이 있는 경우에는 반드시 두께 부족 부분을 보강 시공한 후 보호층을 시공한다.

> **개념적용 문제**
>
> 건축공사표준시방서상 도막방수공사에 관한 설명으로 옳은 것은?
>
> 제19회 수정
>
> ① 고무 아스팔트계 도막방수재의 벽체에 대한 스프레이 시공은 아래에서 부터 위의 순서로 실시한다.
> ② 바닥평면 부위를 도포한 다음 치켜올림 부위의 순서로 도포한다.
> ③ 방수재의 겹쳐바르기는 원칙적으로 각 공정의 겹쳐바르기 위치와 동일한 위치에서 한다.
> ④ 겹쳐바르기 또는 이어바르기 폭은 50mm로 한다.
> ⑤ 방수재는 핀홀이 생기지 않도록 솔, 고무주걱 또는 뿜칠기구를 사용하여 균일하게 도포한다.
>
> **해설** ① 고무 아스팔트계 도막방수재의 벽체에 대한 스프레이 시공은 위에서부터 아래의 순서로 실시한다.
> ② 치켜올림 부위를 도포한 다음 바닥평면 부위의 순서로 도포한다.
> ③ 방수재의 겹쳐바르기는 원칙적으로 앞 공정에서의 겹쳐바르기 위치와 동일한 위치에서 하지 않는다.
> ④ 겹쳐바르기 또는 이어바르기 폭은 100mm 내외로 한다.
>
> **정답** ⑤

6. 실링(Sealing)방수공사

(1) 정의

① 실(Seal)이란 '봉인하다' 또는 '밀봉하다'라는 뜻으로, 건축물의 부재와 부재 사이의 접합부분에 설치된 줄눈에 건 등으로 실링재를 충전하는 공사이다.

② 건축물의 각종 줄눈, 창호 주위, 접합부, 균열 부위 등에 탄성적 충전재로서 실(Seal)을 채워 경화하면서 수밀성과 기밀성을 확보하여 방수하는 공법이다.

▶ **실링재의 종류**

종류	내용
실(Seal)재	퍼티(Putty), 코킹 등 실링재의 총칭으로 충전재로 적합하다.
코킹(Caulking)재	비탄성형으로 유성 코킹재와 아스팔트 코킹재가 있다.
실란트(Sealant)	탄성형으로 고점성 풀(Paste)이 시간이 경과 후 고무형체가 되는 특성이 있다.
성형(정형) 실링재	줄퍼티, 개스킷 등으로 조립식 건축에 주로 이용된다.

(2) 용어정리

용어	정의
개스킷(Gasket)	커튼월 부재의 지지 접합부의 시일재로 사용하는 고무탄성을 가진 성형(정형)재료
기제(基劑)	2성분형 액상 방수재 혹은 실링재 중 방수층을 형성하는 주성분을 포함하고 있는 성분
1성분형 실링재	미리 시공 가능한 상태로 배합되어 있어 현장에서 그대로 사용할 수 있는 실링재
2성분형 실링재	시공 직전에 기제와 경화제를 배합하고, 비벼서 사용하는 실링재
무브먼트(Movement)	부재 접합부의 줄눈, 균열 등에 생기는 거동(擧動) 또는 거동의 양
워킹 조인트 (Working Joint)	무브먼트가 큰 조인트
논워킹 조인트 (Non-working Joint)	무브먼트가 생기지 않거나 발생해도 거의 무시할 수 있는 조인트
백업(Back-up)재	실링재의 줄눈깊이를 소정의 위치로 유지하기 위해 줄눈에 충전하는 성형재료
본드 브레이커 (Bond Breaker)	실링재가 바탕재에 접착되지 않도록 줄눈 바닥에 붙이는 테이프형의 재료
마스킹 테이프 (Masking Tape)	시공 중 바탕재의 오염 방지와 줄눈의 선을 깨끗하게 마감하기 위해 사용하는 보호 테이프

▶ 27회

▶ 관련기준
건축표준시방서코드(KCS) 2025 〈KCS 41 40 12 : 2021〉

(3) 실링공사의 일반사항

① 실링재의 요구 성능
㉠ 부재와의 접착성이 좋고 수밀성, 내구성, 내후성, 내약품성이 있을 것
㉡ 온도의 변화에 따라 변형의 저항성을 가질 것
㉢ 조인트 부위의 변형에 추종할 수 있을 것
㉣ 불침투성 재료일 것
㉤ 내부응집력 변화에 따른 내부파괴가 없을 것

② 줄눈의 구조 및 상태
㉠ 줄눈깊이가 소정의 치수보다 깊을 경우에는 백업재 등으로 줄눈에 바닥을 만들어 소정의 깊이를 확보하여야 한다.
㉡ 워킹 조인트의 경우에는 줄눈바닥에 접착시키지 않는 2면 접착의 줄눈구조로 한다.
㉢ 논워킹 조인트의 경우에는 3면 접착의 줄눈구조를 표준으로 한다.
㉣ 줄눈의 구성재 및 피착면은 실링재가 충분히 접착할 수 있는 것이어야 한다.
㉤ 줄눈에는 엇갈림 및 단차가 없어야 하고, 줄눈의 피착면은 결손이나 돌기면 없이 평탄하고 취약부가 없어야 한다.

▶ 14·6회

바로확인문제

실링재의 요구 성능: 온도의 변화에 따라 변형의 ( )을 가질 것, 조인트 부위의 변형에 ( )할 수 ( ) 것

ⓑ 피착면에는 실링재의 접착성을 저해할 위험이 있는 수분, 유분, 녹 및 먼지 등이 부착되어 있지 않아야 한다.

> **참고** **줄눈바닥의 상태**
>
> 1. 2면 접착: 줄눈에 충전된 실링재가 구성재의 마주 보는 2면에 접착된 상태
> 2. 3면 접착: 줄눈에 충전된 실링재가 구성재의 마주 보는 2면과 줄눈바닥의 3면에 접착된 상태

③ **실링방수의 시공관리**

 ㉠ 강우 및 강설 시 혹은 강우 및 강설이 예상될 경우 또는 강우 및 강설 후 피착체*가 아직 건조되지 않은 경우에는 시공해서는 안 된다.

 ㉡ 기온이 현저하게 낮거나(5℃ 이하) 또는 너무 높을 경우(30℃ 이상, 구성부재의 표면온도가 50℃ 이상)에는 시공을 중지한다.

 ㉢ 습도가 너무 높을 경우(85% 이상)에는 시공을 중지한다.

 ㉣ 필요에 따라서 환기, 조명설비를 갖춘다.

• **피착체(被着體)**
접착의 대상이 되는 물체

개념적용 문제

실링방수공사에서 시공을 중지해야 하는 경우에 해당하지 않는 것은?

제14회 기출

① 기온이 2℃인 경우
② 기온이 33℃인 경우
③ 습도가 80%인 경우
④ 구성부재의 표면온도가 55℃인 경우
⑤ 강우 후 피착체가 아직 건조되지 않은 경우

해설 실링방수공사에서 습도 85% 이상일 때 시공을 중지한다.

정답 ③

---

(4) 실링방수의 시공

① 이종 실링재의 이음은 원칙적으로 피한다.
② 백업재 및 본드 브레이커는 실링재와 접착하지 않고, 또한 실링재의 성능을 저하시키지 않는 것을 사용한다.
③ 피착면의 결손, 오염 및 습윤의 정도를 점검하여 시공에 지장이 없음을 확인한다.

바로확인문제

기온이 현저하게 낮거나(5℃ 이하) 또는 너무 높을 경우(30℃ 이상, 구성부재의 표면온도가 50℃ 이상)에는 시공을 (　　)한다.

④ 백업재는 줄눈깊이가 소정의 깊이가 되도록 충전한다. 또한 본드 브레이커는 줄눈바닥에 일정하게 붙인다.
⑤ 2성분형 실링재의 비빔은 기계비빔으로 하고, 기포 및 기타의 이물질이 혼입되지 않고 균일하게 되도록 충분히 하며, 제조된 실링재는 기포가 혼입되지 않도록 건에 채워 넣는다.
⑥ 1성분형 실링재가 경화되거나 표면에 막이 형성되는 등의 이상 유무를 확인한다. 이상이 있는 것은 사용하지 않는다.
⑦ 실링재를 충전하는 이음 실링 부위는 줄눈의 교차부, 코너부를 피하고 경사이음으로 한다.
⑧ 충전된 실링재가 피착면에 잘 접착될 수 있도록 주걱으로 눌러 평활하게 마감한다.
⑨ 주걱마감 완료 후 재빨리 마스킹 테이프를 벗겨낸다.

• 실링방수 시공 장면

7. 시트 및 도막 복합방수공사

(1) 정의

① 복합방수는 시트재와 도막재를 복합적으로 사용하여 단일방수재의 단점을 보완한 공법이다.
② 복합방수는 시트계 재료의 겹침부 수밀 안전성, 도막계 재료의 시공성 개선(두께 확보, 들뜸 방지 등), 방수층의 균열 거동 대응성을 높이기 위한 목적으로 시트재와 도막재를 적층하여 사용하는 방수공사를 말한다.

▶ 21·19회

(2) 사용재료

방수용 재료	특징
프라이머	① 아스팔트 프라이머 또는 합성고무나 합성수지로 개량한 아스팔트, 에폭시 수지를 주원료로 하는 용제계(유성타입) 및 에멀션계(수용성 아스팔트 에멀션계)의 것으로 한다. ② 솔, 롤러, 뿜칠기구 및 고무주걱 등으로 도포하는 데 지장이 없고, 8시간 이내에 건조되는 품질의 것으로 방수재 제조자가 지정하는 것으로 한다.
도막방수재	① 우레탄-우레아계 도막방수재에 적합한 것으로 한다. ② 비고(경)화성 점착유연형 도막방수재 등은 방수재 제조자의 지정에 따른다.
방수시트	방수시트의 종류와 치수 및 품질은 KS F 4917, KS F 4911, KS F 4934, 금속시트 등 관련 시트재의 표준에 적합한 것으로 한다.
실링재	폴리머 개량 아스팔트계로 하며, 정형 실링재와 부정형 실링재가 있다.

▶ 관련기준
건축표준시방서코드(KCS) 2025 〈KCS 41 40 07 : 2021〉

바로확인문제

( )방수는 시트재와 도막재를 복합적으로 사용하여 단일방수재의 단점을 보완한 공법이다.

마감도료	솔, 롤러 또는 뿜칠기구로 도포하는 데 지장이 없고, 방수층과 충분히 접착하며, 양호한 내후성을 갖고 방수층의 품질을 저하시키지 않는 것으로 한다.
누름고정판	① 알루미늄 또는 스테인리스강, 플라스틱 재질의 누름고정판은 적정의 강성과 내구성을 가져야 한다. ② 방수층 끝부분을 확실하게 고정할 수 있는 것으로 한다.
성형 보강철물	시트와 같은 재질로 하여 귀퉁이나 모서리부 형상에 맞추어 성형 가공한 것으로 방수재 제조자가 지정하는 것으로 한다.
탈기 장치	방수성능을 손상시키는 것 없이 바탕의 수분을 양호하게 탈기시키고, 토치의 불꽃으로 변형되지 않는 내구성이 뛰어난 것으로 한다.

(3) 종류별 특징

① **우레탄 도막방수재와 시트재 적층 복합 전면접착 방수공법**
  ㉠ 방수재의 점도를 조절할 필요가 있을 경우에는 방수재 제조자의 지정 범위에 따라 희석제 등을 사용할 수 있다. 다만, 희석제의 사용량은 방수재에 대하여 5% 이내로 하며, 과다 사용에 의한 경화 불량 및 경화 후 두께 감소, 흘러내림 등의 문제가 발생하지 않아야 한다.
  ㉡ 보호 및 마감을 시공하기 전에 방수층에 발생한 결함을 점검 및 보수하고 청소한 다음 도막방수층의 건조 상태를 확인한다.

② **점착유연형 도막재와 시트방수재의 전면접착 복합방수공법**
  ㉠ 점도 및 고형분 조건에 적합한 비고(경)화형 점착유연형 방수재를 사용하고, 현장 온도 조건에 따라 점도 조절이 필요할 때에는 방수재 제조자의 지시에 따른다.
  ㉡ 보호 및 마감을 시공하기 전에 방수층에 발생한 결함을 점검하고, 보수한다.

③ **시트방수재와 도막방수재의 적층 복합방수공법**
  ㉠ 방수재의 점도를 조절할 필요가 있을 경우에는 방수재 제조자의 지정 범위에 따라 희석제 등을 사용할 수 있다. 다만, 희석제의 사용량은 방수재에 대하여 5% 이내로 하며, 과다 사용에 의한 경화 불량 및 경화 후 두께 감소, 흘러내림 등의 문제가 발생하지 않아야 한다.
  ㉡ 보호 및 마감을 시공하기 전에 방수층에 발생한 결함을 점검 및 보수하고 청소한 다음 도막방수층의 건조 상태를 확인한다.

개념적용 문제

건축물의 방수공법에 관한 설명으로 옳지 않은 것은? 제21회 기출

① 아스팔트방수: 아스팔트 펠트 및 루핑 등을 용융아스팔트로 여러 겹 적층하여 방수층을 형성하는 공법이다.
② 합성고분자 시트방수: 신장력과 내후성, 접착성이 우수하며, 여러 겹 적층하여 방수층을 형성하는 공법이다.
③ 아크릴 고무계 도막방수: 방수제에 포함된 수분의 증발 및 건조에 의해 도막을 형성하는 공법이다.
④ 시트 도막 복합방수: 기존 시트 또는 도막을 이용한 단층 방수공법의 단점을 보완한 복층 방수공법이다.
⑤ 시멘트액체방수: 시공이 용이하며 경제적이지만 방수층 자체에 균열이 생기기 쉽기 때문에 건조수축이 심한 노출환경에서는 사용을 피한다.

해설 합성고분자 시트방수는 신장력과 내후성, 접착성이 우수하며, 아스팔트처럼 여러 겹으로 완성하는 것이 아닌 시트 한 겹으로 방수층을 형성하는 공법이다.

정답 ②

3 시공부위별 분류

1. 지하실방수공사

(1) 개념

① 지하층은 지표면 아래에 위치하므로 기초콘크리트를 타설했을 때 지하 벽체가 합벽(合壁)인 경우가 많아 콘크리트 균열 및 재료분리, 이음이 부실한 바닥면의 하부 조인트 부위에서 지하수위의 상승으로 누수가 되는 경우가 많이 발생한다.
② 방수층이 지하실 구조체의 외측에 있으면 바깥방수, 지하실 구조체보다 내측에 있으면 안방수로 분류한다.
③ 지하방수는 안방수보다 바깥방수법이 효과적이며, 큰 수압이 장기간 지속하더라도 간단히 처리되는 바깥방수는 깊은 지하실에서 유리하다.

27·26·25·24·12·11·9·8회

(2) 안방수와 바깥방수의 비교

구분	안방수	바깥방수
수압	수압이 작고 얕은 지하실	수압이 크고 깊은 지하실
바탕 만들기	따로 만들 필요 없음	따로 만들어야 함
공사시기	자유로이 선택	구조체 공사에 선행 (외벽은 구조체 공사 후 실시)
공사 및 보수 용이성	용이함	어려움
경제성	비교적 쌈	비교적 고가
보호 누름	절대 필요	없어도 무방 (외벽은 필요)

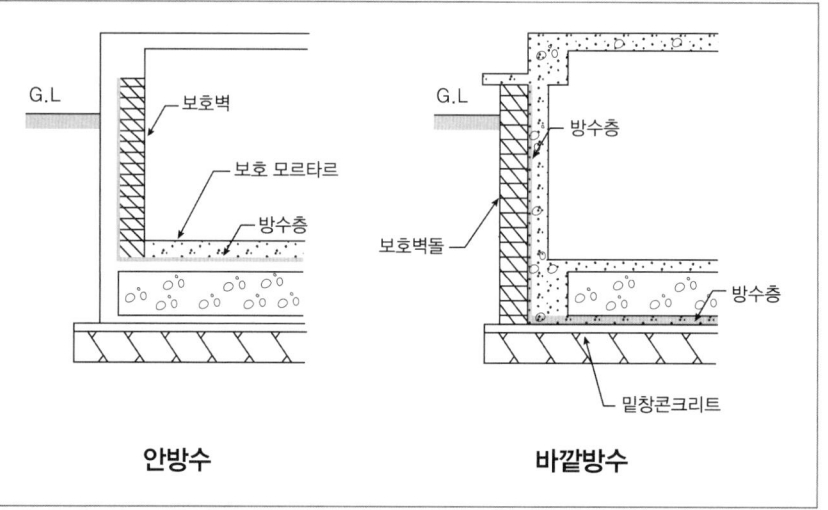

안방수   바깥방수

개념적용 문제

지하방수에서 바깥방수법(외방수)에 대한 설명으로 알맞지 않은 것은?

제9회 기출

① 지하층 바닥 슬래브밑과 외벽 바깥면에 방수층을 두어 지하구조물 전체를 겉에서 감싸는 것이다.
② 안방수(내방수)에 비하여 건물 사용 중에 방수층 보수가 용이하다.
③ 안방수(내방수)에 비하여 수압이 높은 곳에 유리하다.
④ 방수층 보호를 위하여 벽돌 등의 방수층 보호벽을 설치하는 것이 좋다.
⑤ 바닥방수는 구조체 공사 전에 실시하고, 벽방수는 구조체 공사 후에 실시한다.

해설 바깥방수법은 안방수에 비하여 건물 사용 중에 방수층 보수가 어렵다.

정답 ②

바로확인문제

바깥방수법은 안방수에 비하여 건물 사용 중에 방수층 보수가 (   )다.

2. 옥상방수공사

(1) 개념

① 지붕층은 강우, 강설 등의 영향과 직사광선, 자외선의 온도변동 때문에 방수바탕으로서 가장 불리하여 공법의 선택이 어렵고, 방수층의 신축, 박리 등의 영향까지 받게 되므로 보호누름을 잘하여 노후·마모·파손·신축 등이 발생하지 않도록 해야 한다.

② 지붕방수는 누수차단뿐 아니라 슬래브층을 보호하여 건축물의 수명을 연장시키는 효과를 갖게 해야 하기 때문에 방수층의 단열능력을 향상시킴으로써 여름철의 고열과 겨울철의 결로현상까지 방지할 수 있다.

③ 콘크리트구조 옥상방수는 아스팔트 방수, 시트 방수, 우레탄 도막방수 등이 많이 쓰인다.

(2) 옥상방수의 특징

▶ 20·12·10·6회

① 옥상방수는 지하실방수보다 아스팔트 침입도가 크고, 연화점이 높은 것을 사용한다.

② 옥상방수 바탕의 물매는 1/100~1/50로 하고, 방수층 마감을 보호도료(Top Coat) 도포로 하거나 또는 마감하지 않을 경우에는 바탕의 물매를 1/50~1/20로 한다.

③ 방수바탕은 물이 고이지 않고 빨리 배수될 수 있도록 한다.

④ 옥상방수층 누름 콘크리트 부위에는 온도에 의한 콘크리트의 수축 및 팽창에 대비하여 신축줄눈을 설치한다.

⑤ 지붕의 파라펫 등과 같은 곳의 치켜올림 높이는 적어도 30cm 이상으로 하여야 한다.

3. 외벽 간접방수공사

(1) 개념

① 외벽은 지붕과 같이 온도변동이 심하고 균열로 인하여 빗물이 내부로 스며드는 경우가 많기 때문에 방수처리가 필요하다.

② 외벽체의 방수처리는 시멘트 모르타르계 방수나 중요한 곳은 도막방수로 직접하는 경우도 있지만, 이중벽과 드라이 에어리어와 같은 간접방수도 가능하다.

(2) 이중벽

① 외벽방수에 있어서 벽을 두껍게 하거나 공간을 두어 이중으로 하면 어느 정도 방수효과가 있다.
② 방수보다는 방습에 주목적을 두고 있다.
③ 습윤한 공기를 배출시킬 수 있는 조치를 한다.

개념적용 문제

방수공사에 관한 설명으로 옳은 것은? 제26회 기출

① 기상조건은 방수층의 품질 및 성능에 큰 영향을 미치지 않는다.
② 안방수공법은 수압이 크고 깊은 지하실방수공사에 적합하다.
③ 도막방수공법은 이음매가 있어 일체성이 좋지 않다.
④ 아스팔트 프라이머는 방수층과 바탕면의 부착력을 증대시키는 역할을 한다.
⑤ 아스팔트 방수는 보호누름이 필요하지 않다.

해설
① 기상조건은 방수층의 품질 및 성능에 큰 영향을 미친다.
② 안방수공법은 수압이 작고 얕은 지하실방수공사에 적합하다.
③ 도막방수공법은 이음매가 없고 일체성을 형성한다.
⑤ 아스팔트 방수는 보호누름이 필요하다.

정답 ④

---

(3) 드라이 에어리어(Dry Area)

① 드라이 에어리어는 채광, 통풍, 환기, 방습 및 간접방수에 효과가 있다.
② 지하실 외부에 석축 또는 철근콘크리트조 등으로 흙막이벽을 설치하고 그 사이를 공간으로 한 것이다.
③ 드라이 에어리어 내에 스며든 물은 배수구를 통하여 배수한다.

• 드라이 에어리어

4. 누수보수 공사

(1) 적용범위

이 기준은 건설구조물(공동주택 지하주차장, 지하차도 등)의 콘크리트 구조체에 있어서 방수시공 이후 방수층의 성능 저하, 구조체의 균열 거동에 의한 방수층 손상 등으로 나타나는 누수에 대하여 누수 균열의 환경 조건에 적합한 보수재료 및 공법을 활용하여 효과적인 보수 결과를 얻기 위한 사항에 대하여 규정한다.

(2) 자재

① 요구성능

㉠ 지하구조물의 누수 보수에 사용되는 재료의 요구되는 성능은 누수 균열에 작용하는 화학적 영향, 물리적 영향, 수질에 미치는 영향으로 구분된다.

㉡ 화학적 영향에 대한 요구 성능은 온도의존 성능과 내화학 성능으로 구분된다.

　ⓐ 온도의존 성능이란 누수균열 보수용 재료가 주변의 온도변화(저온 및 고온 영역범위)에 장기적으로 재료적 안전성을 확보하는 성능을 말한다.

　ⓑ 내화학 성능이란 누수균열 보수용 재료가 주변의 화학물질(산, 알칼리, 염분 등의 침식 물질)에 의해 영향을 받았을 때 장기적으로 침식되지 않고 안정성을 유지하는 성능을 말한다.

㉢ 물리적 영향에 대한 요구 성능은 투수저항 성능(불투수 성능), 습윤면 부착 성능, 수중 유실 저항 성능, 균열 거동 대응 성능 등으로 구분된다.

　ⓐ 투수저항 성능(불투수 성능)이란 누수균열 보수용 재료가 주변의 수압 및 수량 변화에 의해 투수·흡습되지 않고 장기적으로 안전성을 확보하는 성능을 말한다.

　ⓑ 습윤면 부착 성능이란 누수균열 보수용 재료가 젖어 있는 균열 바탕체 표면에서 주입 시공한 이후에도 장기적으로 안전한 부착성(습윤면 접착 또는 점착)을 유지하는 성능을 말한다.

　ⓒ 수중 유실 저항 성능이란 누수 균열 보수용 재료가 지하수 혹은 침입수의 수압이나 유속에 의해 유실되지 않고 장기적으로 안정성을 확보하는 성능을 말한다.

　ⓓ 균열 거동 대응 성능이란 누수균열 보수용 재료가 균열의 거동 시 파괴되거나 찢어지지 않고, 장기적으로 유연하게 대응하는 성능을 말한다.

㉣ 수질안전 성능이란 균열보수용 재료가 지하수 등에 용해되거나, 유실되어 수질의 안전성에 영향을 미치지 않는 성능을 말한다.

② 적용 재료 선정의 주의사항

㉠ 누수균열 보수재료는 시멘트계 주입재, 친수성 에폭시수지계 주입재, 폴리우레탄계 주입재, 수계 아크릴 겔 주입재, 합성고무계 폴리머 겔 주입재로 구분한다.

▶ 관련기준
건축표준시방서코드(KCS)
2025 〈KCS 41 40 17 : 2021〉

ⓛ 시멘트계 주입재는 대체로 경질형 재료로 경화 시의 건조 수축, 유연성 부족, 수중 불경화로 구조물의 거동 및 진동 영향 시 균열 주입재가 파손되므로 사용을 피하거나 주의하여야 한다. 따라서 무수축, 탄성형 시멘트계 주입재를 사용하여야 한다.

ⓒ 일반 건조경화형 에폭시 수지는 균열 내부 혹은 주변 표면에 습기가 있을 경우 경화 불량으로 부착되지 않거나, 열팽창계수가 콘크리트에 비하여 커서 균열 거동 시 유연성이 부족하여 접착면 파괴가 일어난다. 따라서 습윤면에서는 수계(습윤 경화형) 에폭시 수지의 사용으로 콘크리트 공극 내에 잔여 습기가 있더라도 계면 부착되도록 하여야 한다. 단, 균열 내 수분이 많거나, 거동이 심한 부위에서는 사용을 피하거나 주의하여야 한다.

ⓔ 발포우레탄주입재는 물과 반응하며, 스펀지형으로 발포체를 형성하여 물의 흐름을 제어하고, 유연성이 있어서 균열 폭의 거동에 대응이 가능하지만 발포체 내에는 많은 셀(기포)이 형성되어 균열의 지속 거동에 따라 발포체가 압축·이완을 반복하여 주변의 물을 흡수·발산하므로 보수 효과는 지속적이지 못하다. 따라서 수압이 지속적으로 작용하는 곳에서는 사용을 피하거나 주의하여야 한다.

ⓜ 수계 아크릴 겔 주입재는 물과 반응하여 지수 효과를 확보하나 경화 이후 연질의 재료 특성으로 균열 거동 시 재료 파괴가 발생할 수 있으므로 거동이 큰 조인트 등에는 사용을 피하거나 주의하여야 한다. 또한 습윤상태에서 균열 바탕체 표면과 완전 밀착 성능이 약하여 차량 및 교량 등의 진동 균열, 수중 조인트 등에서도 사용을 주의하여야 한다.

ⓗ 합성고무계 폴리머 겔 주입재는 합성고무의 유연성 및 습윤면에 부착되는 특성을 보유하고, 점도 변화가 크지 않아 일정 균열의 거동에 대응할 수 있다. 단, 합성고무계 폴리머 겔의 흐름성(시공성)과 수압에 대한 대응성을 고려하여 점도 2,000,000 cPs 이상을 사용하여야 한다.

(3) 누수보수공사 시공

① **시공계획**

㉠ 누수균열의 폭과 깊이를 정확히 파악한다.
㉡ 누수량(수압, 수량)을 확인한다.

ⓒ 기존 방수층의 존재 유·무를 확인한다(구조체 배면 상태 확인).
ⓓ 보수 및 보강에 소요되는 시간의 적정성 확보 여부를 확인한다.
ⓔ 누수 보수 재료의 적합성 여부를 확인한다.
　ⓐ 수분 환경에서의 구조체 표면 접착성 확보
　ⓑ 구조체 균열 거동에 따른 보수재의 유연 대응성 확보
　ⓒ 물(수압)에 의한 보수재의 유실성, 용해 유·무
　ⓓ 재보수 및 유지관리의 용이성
　ⓔ 팽창성 보수재료의 경우 설계된 팽창률 등의 확인
ⓕ 생애주기비용(LCC) 개념의 유지관리 비용의 적용

② **시공 시의 고려사항**
ⓐ 누수 보수재료는 수중 혹은 습윤 상태에 적용되기 때문에 콘크리트 바탕면과의 부착력이 충분히 고려되어야 한다.
ⓑ 누수 보수재료는 수중 혹은 습윤 상태에 적용되기 때문에 물과 친수성이 있어야 한다.
ⓒ 시공 시에는 콘크리트 바탕면과 접착력을 저하시키는 요인을 해결한 후 시공하여야 한다.

개념적용 문제

콘크리트 구조체의 누수균열 보수용 주입재가 아닌 것은? 제28회 기출

① 합성고무계 폴리머 겔
② 벤토나이트 겔
③ 수계 아크릴 겔
④ 친수성 에폭시 수지계
⑤ 폴리(발포) 우레탄계

해설　누수균열 보수재료는 시멘트계 주입재, 친수성 에폭시수지계 주입재, 폴리우레탄계 주입재, 수계 아크릴 겔 주입재, 합성고무계 폴리머 겔 주입재로 구분한다. 벤토나이트 겔은 벤토나이트 광물을 물과 혼합해 만든 점성이 높은 겔 형태의 물질로, 주로 건축·토목 방수재 등에 사용된다.

정답　②

제2절 방습공사

1. 일반사항

(1) 적용범위

① 지면에 접하는 콘크리트, 블록벽돌 및 이와 유사한 재료로 축조된 벽체 또는 바닥판의 습기 상승을 방지하는 공사나 비 및 이슬에 노출되는 벽면의 흡수 등을 방지하는 공사이다.
② 콘크리트, 블록, 벽돌 등의 벽체가 지면에 접하는 곳은 지상 100~200mm 내외 위에 수평으로 방수 모르타르 바름(두께 10~20mm)의 방습층을 설치한다.
③ 방습하기 위하여 박판시트계, 아스팔트계, 시멘트 모르타르계 또는 신축성 시트계의 수밀 차단재를 사용한다.
④ 바닥판이나 하부 바닥에 설치된 방습층 상부가 보행 등의 통로가 되어서는 안 되며, 방습층에 구멍이 생기거나 기타의 하자가 생기지 않도록 한다.

(2) 사용 재료

종류	내용
박판시트계 방습재료	종이 적층 방습재료, 적층된 플라스틱 또는 종이 방습재료, 펠트 및 아스팔트 필름 방습층, 플라스틱 금속박 방습재료, 금속박과 종이로 된 방습재료, 금속박과 비닐직물로 된 방습재료, 금속과 크라프트지로 된 방습재료, 보강된 플라스틱 필름 형태의 방습재료 등이 있다.
아스팔트계 방습재료	아스팔트 방수공사에서 정하는 품질 이상의 것으로 한다.
시멘트 모르타르계 방습재료	시멘트 액체 방수공사에서 정하는 품질 이상의 것으로 한다.
신축성 시트계 방습재료	비닐필름 방습지, 폴리에틸렌 방습층, 교착성이 있는 플라스틱 아스팔트 방습층, 방습층 테이프 등이 있다.

바로확인문제

콘크리트, 블록, 벽돌 등의 벽체가 지면에 접하는 곳은 지상 (　)~(　)mm 내외 (　)에 수평으로 방수 모르타르 바름(두께 10~20mm)의 방습층을 설치한다.

개념적용 문제

신축성 시트계 방습자재에 해당하는 것을 모두 고른 것은? 제27회 기출

> ㉠ 비닐필름 방습지　　　㉡ 폴리에틸렌 방습층
> ㉢ 아스팔트 필름 방습지　㉣ 방습층 테이프

① ㉠, ㉣　　② ㉡, ㉢　　③ ㉠, ㉡, ㉣
④ ㉡, ㉢, ㉣　　⑤ ㉠, ㉡, ㉢, ㉣

해설 신축성 시트계 방습재료에는 비닐필름 방습지(㉠), 폴리에틸렌 방습층(㉡), 교착성이 있는 플라스틱 아스팔트 방습층, 방습층 테이프(㉣) 등이 있다. 아스팔트 필름 방습지(㉢)는 박판시트계 방습재료에 속한다.

정답 ③

(3) 방습재료의 품질기준

항목		기준
강도(철침 유지강도)	23℃	15N 이상
	-5℃	15N 이상
내구성	가열 처리 후의 세로방향 인장절단 신장잔율	50% 이상
	알칼리 처리 후의 세로방향 인장절단 신장잔율	80% 이상
발화성		발화하지 않을 것

▶ 17회

• 발화성(發火性)
어떤 온도에서 쉽게 불이 일어나거나 타는 성질

▶ 22·17·13회

▶ 관련기준
건축표준시방서코드(KCS) 2025 〈KCS 41 41 00 : 2021〉

2. 방습시공

(1) 일반사항

① 각종 방습층 공법

종류	내용
아스팔트 펠트, 아스팔트 루핑 등의 방습층	㉠ 아스팔트 펠트, 아스팔트 루핑 등으로 할 때는 밑바탕면을 수평지게 평탄히 바르고 아스팔트로 교착하여 댄다. ㉡ 아스팔트 펠트, 아스팔트 루핑 등의 너비는 벽체 등의 두께보다 15mm 내외로 좁게 하고, 직선으로 잘라 쓴다. 이음은 100mm 이상 겹쳐 아스팔트로 교착한다.
비닐지의 방습층	㉠ 비닐지는 지정하는 품질과 두께가 있는 재료를 전항에 준하여 시공한다. ㉡ 교착제는 동종의 비닐수지계 교착제 또는 아스팔트를 사용한다.
금속판의 방습층	금속판을 쓸 때는 지정하는 재질로서 품질, 두께를 설계도서에 따르고, 이음은 거멀접기 납땜하거나 겹치고 수밀도장 또는 수밀교착법으로 한다.
방수 모르타르의 방습층	방수 모르타르로 할 때는 바탕면을 충분히 물씻기 청소를 하고, 시멘트 액체 방수공법에 준하여 시공한다.

② **바닥 밑 방습층**
  ㉠ 콘크리트 다짐바닥, 벽돌깔기 등의 바닥면에 방습층을 둘 때에는 잡석다짐 또는 모래다짐 위에 아스팔트 펠트나 비닐지를 깔고 그 위에 콘크리트 또는 벽돌깔기를 한다.
  ㉡ 잡석다짐, 모래다짐의 윗면은 아스팔트 펠트, 비닐지가 우그러들거나 찢어지지 않게 수평면으로 평활하게 다져 고른다.
  ㉢ 아스팔트 펠트, 비닐지의 이음은 100mm 이상 겹치며, 겹침부위는 제조업자의 방습테이프 등으로 마감한다.

③ **방수 모르타르 바름**
  ㉠ 중요하지 않은 벽면, 바닥면의 방습, 방수를 위해 방수재 혼합 모르타르로 바를 때의 자재배합비는 시멘트 액체 방수공법에 준한다.
  ㉡ 바탕이 지나치게 거칠 때는 1회 모르타르 밑바름을 하고, 방수 모르타르를 바른다.
  ㉢ 바탕이 지나치게 미끄러울 때에는 표면을 정, 주걱, 기타 공구로 긁거나 찍어서 거칠게 하여 부착이 잘 되게 한다.
  ㉣ 방수 모르타르의 바름두께 및 횟수는 정한 바가 없을 때 두께 15mm 내외의 1회 바름으로 한다.

개념적용 문제

방습공사에 관한 설명으로 옳지 않은 것은? 제13회 수정

① 방습공사 시공법에는 박판시트계, 아스팔트계, 시멘트 모르타르계, 신축성 시트계 등이 있다.
② 콘크리트, 블록, 벽돌 등의 벽체가 지면에 접하는 곳은 지상 100~200mm 내외 위에 수평으로 방습층을 설치한다.
③ 아스팔트 펠트, 아스팔트 루핑 등의 방습층 공사에서 아스팔트 펠트, 아스팔트 루핑 등의 너비는 벽체 등의 두께보다 15mm 내외로 좁게 하고 직선으로 잘라 쓴다.
④ 방습층을 방수 모르타르로 시공할 경우, 바탕면을 충분히 물씻기 청소를 하고 시멘트 액체 방수공법에 준하여 시공한다.
⑤ 콘크리트 다짐바닥, 벽돌깔기 등의 바닥면에 방습층을 둘 때에 사용되는 아스팔트 펠트, 비닐지의 이음은 50mm 이상 겹치고 겹침부위는 제조업자의 방습테이프 등으로 마감한다.

> **해설** 콘크리트 다짐바닥, 벽돌깔기 등의 바닥면에 방습층을 둘 때에 사용되는 아스팔트 펠트, 비닐지의 이음은 100mm 이상 겹친다.
>
> 정답 ⑤

(2) 검사 및 준비

① 자재는 방습층 공사가 실시되는 바탕면과 조건을 면밀히 검토하여야 한다.
② 불만족스러운 조건들이 수정되기 전에는 작업을 진행시키지 않아야 한다.
③ 바탕면 구조나 개구부의 틀이 완성된 후에 방습층 공사를 하여야 한다.
④ 방습층을 통해 환기구, 배수구 기타의 돌출구를 설치한다.
⑤ 방습층이 놓이는 바탕을 깨끗이 하고 예리한 돌출물은 없앤다.

(3) 각 층 방습공사 시공법

▶ 17회

① 박판시트계 방습공사

㉠ 지정된 방습재를 방습재 제조자 지정의 접착제로 바탕에 접착되도록 시공한다. 또한 완전하고 효과적으로 방습층이 바닥에 접착하여 바닥판의 리브로 복합물이 스며들지 않게 한다.
㉡ 벽이나 바닥, 천장, 지붕, 바닥판 그 밖의 곳에 방습층이 표시되어 있으면 지시된 방법과 자재로 설치한다. 구멍 뚫림이 없게 세심한 주의를 하여야 하며, 필요한 곳에는 접착제를 사용하고 접착제를 사용할 수 없는 곳에는 못이나 스테이플로 정착한다.

② 아스팔트계 방습공사

㉠ 수직 방습공사의 밑부분이 수평과 만나는 곳에는 밑변 50mm, 높이 50mm 크기의 경사끼움 스트립을 설치한다.
㉡ 수직 방습공사는 벽을 따라 지표면부터 기초의 윗부분까지 연장하고, 기초 윗부분에는 최소한 150mm 정도 기초의 외면까지 돌려 덮는다. 벽이 서로 만나는 부분이나 기초에서는 300mm 정도 방습면을 연장하여야 하지만, 공사가 완공되었을 때 외부로 나타나는 부분까지 연장해서는 안 된다.
㉢ 외벽 표면의 가열 아스팔트 방습은 보통 지표면 아래 구조벽에 사용되고, 바탕면에 거품이 생길 경우에는 가열 아스팔트를 사용하지 않는다.

바로확인문제

콘크리트 다짐바닥, 벽돌깔기 등의 바닥면에 방습층을 둘 때에 사용되는 아스팔트 펠트, 비닐지의 이음은 (   )mm 이상 겹치고 겹침부위는 제조업자의 방습테이프 등으로 마감한다.

ⓔ 외부 및 내부 표면의 냉각 아스팔트 방습은 첫 번째 도포층을 24시간 동안 양생한 후에 반복하여야 한다. 두 번째 도포는 첫 번째 도포가 부드럽고 수밀하면서도 광택성이 있는 도포층이 되지 않았을 경우에는 다시 두 번 도포를 하여야 하며, 그 두께를 두 배로 해야 한다.

ⓜ 외부 표면에는 피치*나 아스팔트 방습제 중의 어느 하나를 사용하도록 하고, 실내 표면에는 아스팔트만을 사용하도록 한다.

③ **신축성 시트계 방습공사**

㉠ 비닐필름 방습층은 접착제를 사용하여 완전하게 금속 바닥판에 밀착되도록 시공하고, 또한 완전하고 효과적으로 방습층의 바닥판에 리브로 복합물이 스며들지 않게 한다.

㉡ 필요한 곳에는 접착제를 사용하고, 접착제를 사용할 수 없는 곳에는 못이나 스테이플로 정착한다.

• **피치(Pitch)**
탄화수소로 이루어진 화합물의 하나로, 콜타르나 원유 따위를 증류할 때 생기는 찌꺼기이며 도로포장 등에 쓰인다.

개념적용 문제

방습공사에 관한 설명으로 옳지 않은 것은? 제22회 수정

① 방수 모르타르의 바름두께 및 횟수는 정한 바가 없을 때 두께 15mm 내외의 1회 바름으로 한다.
② 방습공사 시공법에는 박판시트계, 아스팔트계, 시멘트 모르타르계, 신축성 시트계 등이 있다.
③ 아스팔트 펠트, 비닐지의 이음은 100mm 이상 겹치고 겹침부위는 제조업자의 방습테이프 등으로 마감한다.
④ 방습도포는 첫 번째 도포층을 12시간 동안 양생한 후에 반복해야 한다.
⑤ 콘크리트, 블록, 벽돌 등의 벽체가 지면에 접하는 곳은 지상 100~200mm 내외 위에 수평으로 방습층을 설치한다.

해설 방습도포는 첫 번째 도포층을 24시간 동안 양생한 후에 반복해야 한다.

정답 ④

바로확인문제

방습도포는 첫 번째 도포층을 (   )시간 동안 양생한 후에 반복해야 한다.

> # CHAPTER 06 OX문제로 완벽 복습

01 시멘트 액체 방수공법은 소규모의 지붕방수, 지하실의 안방수 등과 같은 비교적 경미한 방수공법으로 사용되고, 모래는 고운 입자의 것을 사용한다. (O | X)

02 시멘트 모르타르계 방수공사에서 곰보, 콜드 조인트, 이음타설부, 균열 등의 부위는 방수층 시공 후에 실링재 등으로 방수처리를 한다. (O | X)

03 지붕의 파라펫 등과 같은 곳의 치켜올림 높이는 적어도 30cm 이상으로 하여야 한다. (O | X)

04 시트방수는 아스팔트 방수보다 신축성이 매우 커서 균열에 유리하다. (O | X)

05 개량 아스팔트시트의 상호 겹침은 길이방향으로 200mm, 너비방향으로는 150mm 이상으로 한다. (O | X)

06 개량 아스팔트시트 붙이기는 토치로 개량 아스팔트시트의 뒷면과 바탕을 균일하게 가열하여 개량 아스팔트를 용융시키면서 잘 밀착시킨다. (O | X)

07 도막방수 시 핀홀 발생을 적게 하려면 평면부, 치켜올림부의 순서로 도포한다. (O | X)

08 바깥방수법은 안방수에 비하여 건물 사용 중에 방수층 보수가 어렵다. (O | X)

09 건축물에 많이 사용되는 실링재의 요구 성능으로 온도의 변화에 따라 변형이 자유로워야 한다. (O | X)

10 옥상방수는 지하실방수보다 아스팔트 침입도가 작고, 연화점이 낮은 것을 사용한다. (O | X)

11 옥상방수층 누름콘크리트 부위에 설치하는 신축줄눈에서 줄눈재 고정을 위해서는 강도보다는 신축성이 중요하므로 부배합의 시멘트 모르타르보다는 빈배합의 시멘트 모르타르를 사용한다. (O | X)

정답
01 X(고운 ⇨ 굵은)　02 X(후에 ⇨ 전에)　03 O　04 O　05 X(150mm ⇨ 100mm)　06 O　07 X(평면부 ↔ 치켜올림부)
08 O　09 X(자유로워야 한다 ⇨ 되지 않아야 한다)　10 X(작고 ⇨ 크고, 낮은 ⇨ 높은)　11 O

12 안방수에서는 바닥에 누름콘크리트를 설치하고, 벽체에도 방수층 누름벽을 설치한다. (O | X)

13 복합방수는 시트재와 도막재를 복합적으로 사용하여 단일방수재의 단점을 보완한 공법이다. (O | X)

14 아스팔트 프라이머는 콘크리트 바탕면과 아스팔트 방수층과의 부착력을 좋게 하는 것이다. (O | X)

15 시멘트 액체 방수는 모재 콘크리트의 균열 발생 시에도 방수성능이 우수하다. (O | X)

16 공동주택 지하층의 드라이 에어리어는 채광, 통풍, 방수, 방습 등의 설치효과가 있다. (O | X)

정답

12 O   13 O   14 O   15 X(시멘트 액체 방수 ⇨ 아스팔트 방수)   16 O

CHAPTER 07 지붕 및 홈통공사

회독체크 1 2 3

CHAPTER 미리보기

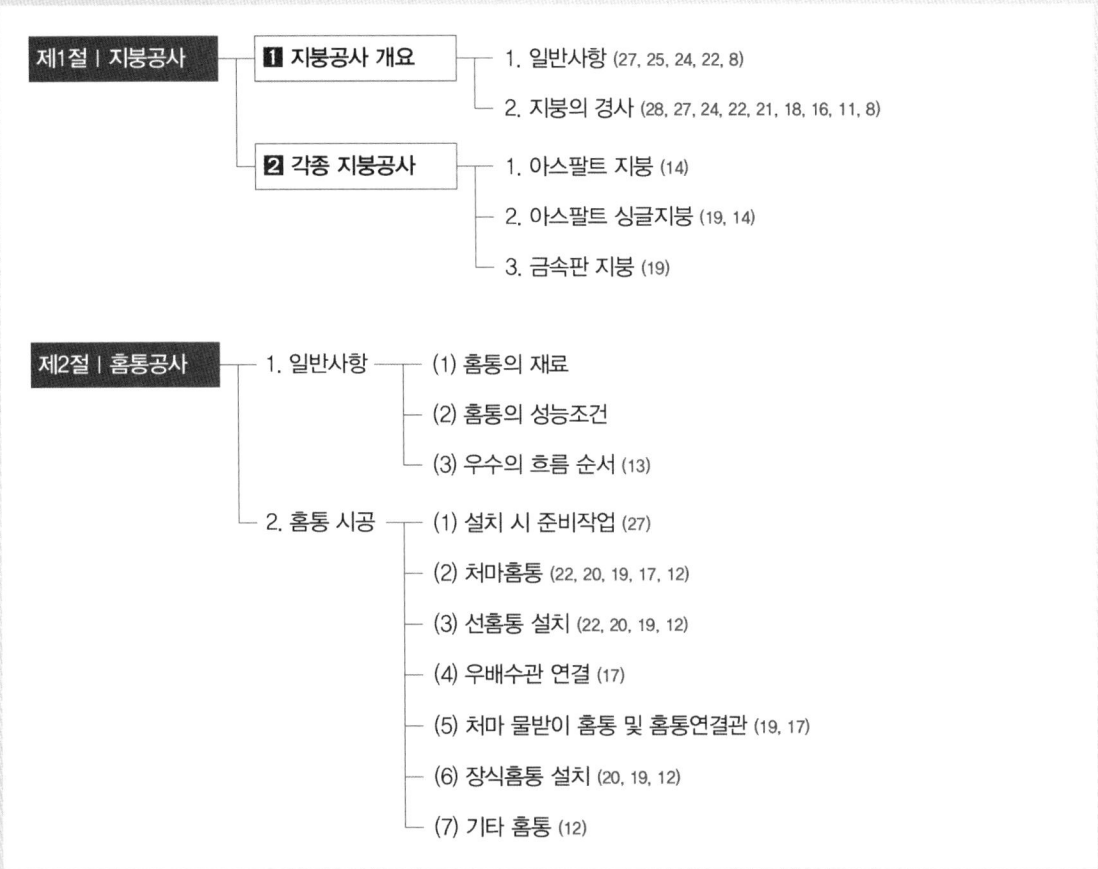

학습전략

평균 1문제 정도(2.0%)이고 매년 출제되는 CHAPTER가 아니기 때문에 중요한 내용 위주로만 학습해야 합니다. 주로 이 CHAPTER에서는 지붕의 재료별 특징 이해, 홈통의 각부 상세에 대한 파악 위주로 학습할 필요가 있습니다.

학습키워드

- 지붕재료의 요구사항, 지붕의 경사(물매)
- 목조지붕의 아스팔트 싱글공사
- 섬유강화 시멘트판 지붕 잇기
- 처마홈통
- 선홈통
- 장식홈통
- 누인홈통
- 지붕골홈통
- 우수의 흐름순서

제1절 지붕공사

1 지붕공사 개요

1. 일반사항

(1) 지붕재료의 요구사항

① 지붕에 대한 일반적인 성능은 수밀성, 내풍압 성능, 열변위, 단열성능, 내화성능, 차음성능, 방화에 지장이 없는 재료를 사용한다.
② 열전도율이 작고, 내수적이며 습도에 의한 신축이 작아야 한다.
③ 외관이 미려하고 건물과 조화를 이루어야 한다.
④ 흡수율이 작아 동해(凍害)에 안전하고 불연재이어야 한다.
⑤ 시공이 용이하고 수리가 편리해야 한다.
⑥ 지붕의 하부 데크의 처짐은 경사가 1/50 이하의 경우에 별도로 지정하지 않는 한 1/240 이내이어야 한다.

(2) 지붕의 종류

① **박공지붕**: 지붕마루에서 양쪽 방향으로 경사진 지붕으로 경사진 지붕, 또는 맞배지붕이라고도 한다.
② **모임지붕**: 지붕면이 사방으로 흐르고, 추녀마루가 용마루에 모여 합친 지붕을 말한다.
③ **합각지붕**: 모임지붕 일부에 박공지붕을 같이 한 것이다(= 팔작지붕).
④ **맨사드지붕**: 모임지붕 물매의 상하가 다르게 한 지붕으로 천장 속을 높게 이용할 수 있고, 비교적 큰 실내구성에 용이한 지붕이다.
⑤ **솟을지붕**: 지붕 위에 작은 지붕을 설치하여 채광, 통풍을 위하여 만든 작은 지붕이다.

2. 지붕의 경사(물매, 勾配)

(1) 물매의 구분

정의	지붕경사(물매)란 지붕구조에서 수평방향 길이에 대한 수직방향 높이의 비이다.	
종류	평지붕	지붕의 경사가 1/6 이하인 지붕
	완경사 지붕	지붕의 경사가 1/6에서 1/4 미만인 지붕
	일반경사 지붕	지붕의 경사가 1/4에서 3/4 미만인 지붕
	급경사 지붕	지붕의 경사가 3/4 이상인 지붕

지붕공사
1 지붕공사 개요
2 각종 지붕공사

27·25·24·22·8회

관련기준
건축표준시방서코드(KCS)
2025 〈KCS 41 56 01 : 2021〉

• **내풍압**
바람에 견디는 압력을 말한다.

• 박공지붕

• 모임지붕

• 합각지붕

• 맨사드지붕

• 솟을지붕

28·27·24·22·18·16회

바로확인문제
지붕의 하부 데크의 처짐은 경사가 (   ) 이하의 경우에 별도로 지정하지 않는 한 (   ) 이내이어야 한다.

> **참고** 수평거리 10cm에 대한 수직높이의 비(比)인 물매

1. 물매란 수평거리 10cm에 대한 수직높이의 비로, 지붕에 빗물이 잘 흐르도록 적당한 경사를 두는 것이다.

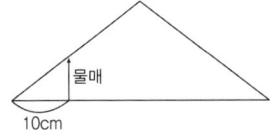 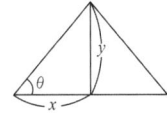 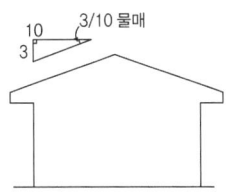

2. **되물매**: 밑변이 10cm일 때 높이도 10cm인 경사 45°의 물매이다.
3. **평물매**: 경사 45° 미만의 완만한 물매이고, 반물매는 평물매의 1/2 물매이다.
4. **된물매**: 경사 45° 이상의 급한 경사의 물매이다.
5. **귀물매**: 지붕귀마루(= 추녀마루)의 물매로 $10\sqrt{2}$ 일 때의 높이로 평물매의 70% 정도이다.

(2) 물매의 결정요소

① 지붕의 물매는 간 사이의 크기, 건물의 용도, 지붕재료의 성질·크기 및 모양, 지역의 강우량, 적설량 등에 따라 결정된다.
② 지붕면적이 클수록 또는 간 사이가 길수록 물매는 크게(급경사) 한다.
③ 지붕재료 한 개의 크기가 클수록 물매는 작게(완경사) 한다.
④ 지붕재료의 강도, 내수성, 수밀성이 클수록 물매는 작게(완경사) 한다.
⑤ 강우량 및 적설량이 많을수록 물매는 크게(급경사) 한다.

> **개념적용 문제**
>
> **지붕구조의 물매에 관한 설명으로 옳지 않은 것은?**   제16회 수정
>
> ① 지붕면적이 클수록 물매는 크게 한다.
> ② 지붕재료의 크기가 작을수록 물매는 크게 한다.
> ③ 강우량과 적설량이 많은 지방에서는 물매를 크게 한다.
> ④ 수평거리와 수직거리가 같은 물매를 된물매라고 한다.
> ⑤ 지붕의 물매는 지붕구조에서 수평방향에 대한 높이의 비로 표시할 수 있다.
>
> **해설** 수평거리와 수직거리가 같은 물매를 되물매라고 한다. 된물매는 되물매보다 지붕경사가 큰 것을 말한다.
>
> **정답** ④

바로확인문제

지붕재료 한 개의 크기가 클수록 물매는 ( ) 한다.

(3) 지붕경사의 최소한도

① 지붕의 경사는 설계도면에 지정한 바에 따르되 별도로 지정한 바가 없으면 1/50 이상으로 한다.

② 재료별 지붕의 물매

재료	물매
합성고분자 시트 지붕	1/50 이상
아스팔트 지붕	
폼 스프레이 단열 지붕의 경사	
금속 절판 (단, 금속 지붕 제조업자가 보증하는 경우: 1/50 이상)	1/4 이상
금속판 지붕(일반적인 금속판 및 금속패널 지붕)	
금속기와	
기와지붕 및 아스팔트 싱글 (단, 강풍 지역인 경우: 1/3 미만으로 할 수 있음)	1/3 이상
평잇기 금속 지붕	1/2 이상

개념적용 문제

지붕 물매기준으로 옳지 않은 것은? 제21회 기출

① 설계도면에 별도로 지정하지 않은 경우: 1/50 이상
② 금속기와 지붕: 1/2 이상
③ 아스팔트 싱글 지붕(강풍 이외 지역): 1/3 이상
④ 일반적인 금속판 및 금속패널 지붕: 1/4 이상
⑤ 합성고분자 시트 지붕: 1/50 이상

해설 금속기와 지붕의 물매기준은 1/4 이상이다.

정답 ②

2 각종 지붕공사

1. 아스팔트 지붕

(1) 일반사항

① 아스팔트 지붕에는 평지붕에 설치하는 아스팔트 지붕 방수공사와, 1/50~1/7.5 경사를 갖는 모래 붙인 아스팔트 루핑 또는 변성 아스팔트 시트를 사용한 지붕 방수공사 위에 골재를 사용하여 마감하는 적층 아스팔트 지붕공사가 있다.

② 적층 아스팔트 지붕공사는 3겹 또는 4겹의 아스팔트 루핑 및 펠트의 매 겹을 용융아스팔트 또는 상온 아스팔트 접착제(아스팔트 시멘트)를 사용하여 점착한 후, 최상층은 노출형 아스팔트 루핑 또는 모래 붙인 아스팔트 루핑 및 천연 골재층으로 마감면을 형성하는 지붕방수 공법이다.
③ 두루마리 형태의 제품은 반드시 수직으로 세워서 보관하며, 실제로 시공하기 직전에 아스팔트 지붕재료는 최소 24시간 동안 4℃ 이상의 온도에서 보관함을 원칙으로 한다.
④ 아스팔트 지붕은 주위 기온이 4℃ 이상일 때 시공한다.
⑤ 장마철이나 일출시간 이후 3시간 이상이며, 가시거리 30~50m 이하인 상태로 안개가 지속되는 경우에는 아스팔트 지붕 작업을 불허한다.
⑥ 지붕 바탕면에 얼음, 서리 및 성에가 형성되었거나 전체적으로 기후 현상에 의하여 바탕면에 자연적으로 물기가 존재하는 경우에는 아스팔트 지붕 작업을 하지 않는다.

(2) 아스팔트 지붕 시공 시 고려사항

① 모든 자재는 사용하기 이전에 건조상태를 유지한다.
② 골재 마감층 이외에 방수층은 전체 면적 또는 분리된 구간별로 연속적으로 작업하여 완료한다.
③ 당일 작업으로 완료할 수 있는 공사 물량을 산정하고 계획하여 착수하고 당일에 작업을 완료한다.
④ 용융 아스팔트 방수는 기온이 4℃ 이상일 때 작업한다.
⑤ 지정된 아스팔트의 적정 온도를 작업하는 동안에 지속적으로 유지한다.
⑥ 적정 온도보다 10℃ 이상으로 한 시간 이상 가열한 아스팔트는 작업장 밖으로 폐기한다.
⑦ 지붕널 위에 단열재 등과 같은 바탕판을 설치하는 경우, 장변방향 이음부는 일직선을 형성하도록 설치하고 지붕 경사방향과 직교하도록 한다. 바탕판의 단부방향의 이음부는 인접 바탕판 간에 서로 엇갈리도록 위치시킨다.
⑧ 방습층의 절단부, 돌출물 주위 및 관통 부위 등의 가장자리는 아스팔트 지붕 방수층 내부로 공기의 이동이 차단되도록 밀실하게 밀봉한다.
⑨ 배수를 위하여 지붕에 경사가 필요한 장소에는 지정된 지붕 경사와 일치하는 경사를 가진 점감형 단열재를 설치한다.

2. 아스팔트 싱글지붕

(1) 일반사항

① 아스팔트 싱글을 목조지붕에 방수층으로 사용할 경우에는 지붕의 경사가 1/3에서 3/4 이내인 지붕에 한하여 적용한다.
② 풍압이 강한 지역에서는 고정못을 사용하여 고정하고, 추가로 제조업체가 추천하는 플라스틱 아스팔트 시멘트를 사용하여 아스팔트 싱글 하단부의 아랫면을 점착한다.
③ 두루마리 형태의 제품은 반드시 수직으로 세워서 보관한다.
④ 아스팔트 싱글은 다른 지붕잇기 재료와 비교하여 유연성이 있으며 복잡한 형상에서도 적용할 수 있다.

(2) 용어정리

용어	정의
플래싱(비흘림판) (후레싱)	① 지붕면에 돌출된 부위와 지붕면과의 연결 부위 ② 지붕 끝부분 및 외벽과 만나는 부분 등에 댈 목적으로 용도나 부위의 형상에 맞도록 제작된 금속판
일반 아스팔트 싱글	단위중량이 10.3kg/m² 이상 12.5kg/m² 미만인 아스팔트 싱글 제품
중량 아스팔트 싱글	단위중량이 12.5kg/m² 이상 14.2kg/m² 미만인 아스팔트 싱글 제품
초중량 아스팔트 싱글	단위중량이 14.2kg/m² 이상인 아스팔트 싱글 제품
무기질섬유 제품 싱글	밑면에 접착제가 도포된 제품으로, 설계도면이나 공사시방서에서 별도로 명시되지 않은 경우에는 4kg/m² 이상의 무게를 가진 제품
유리섬유 제품의 아스팔트 싱글	① 풍압에 대한 고려가 필요하지 않은 일반적인 경우에는 9.27 kg/m² 이상인 제품을 사용 ② 풍압에 대한 고려가 필요한 경우에는 12.5kg/m² 이상의 제품을 사용
두겁 겹침 (Head Lap)	① 아스팔트 펠트 적층지붕 공사 또는 아스팔트 싱글 지붕 공사에서 처마 끝단에서부터 3번째 이상인 횡렬부터 형성되는 겹침이다. ② 2개 단 아래쪽 횡렬에 위치한 싱글의 상단부와 중간 횡렬을 포함하여 최상단부의 아스팔트 싱글이 겹치면서 형성되는 3중 겹침부의 최소폭
마름 겹침	지붕골이나 지붕마루에서 아스팔트 싱글이 맞닿는 형태에 맞추어 절단 가공하여 밀실하게 겹침을 형성하는 이음방법
굽도리 철판 (Base Flashing)	① 지붕면과 수직을 형성하는 면의 하단부에 비흘림 및 빗물막이를 위하여 설치하는 강판

• 굽도리
장판과 접해 있는 벽의 아랫부분

바로확인문제

아스팔트 싱글을 목조지붕에 방수층으로 사용할 경우에는 지붕의 경사가 (　　)에서 (　　) 이내인 지붕에 한하여 적용한다.

바로확인문제

두루마리 형태의 제품은 반드시 (　　)으로 (　　)서 보관한다.

	② 별도의 명기가 없는 경우, 지붕 바탕면에서 최소 200mm의 일정한 높이를 갖도록 함
처마 거멀띠 (Drip Edge)	지붕의 처마 및 박공처마 모서리를 보호하기 위하여 ㄷ자 띠 형태로 덧대는 철판

(3) 아스팔트 싱글 시공

① **시공 전 준비작업**

㉠ 아스팔트 바탕펠트와 굽도리 지붕널을 설치하기 전에 지붕 바탕면의 평탄, 건조 및 청결 상태와 오손* 여부를 확인한다.

㉡ 지붕 바탕면은 균열, 서리, 습기 또는 오물, 느슨하게 고정된 지붕널 등이 없어야 하고 아스팔트 바탕펠트 및 아스팔트 싱글을 손상할 수 있는 돌출물, 이탈물 등 이물질의 제거 여부를 확인한다.

㉢ 아스팔트 싱글을 설치할 지붕은 잇기 작업을 착수하기 이전에 다른 공정에 필요한 모든 설치물과 관련된 작업을 완료한다.

㉣ 지붕 바탕면에 잔재한 옹이구멍과 과도한 균열 및 틈새는 아연 강판을 덮고 아연 못으로 견고하게 지붕널에 고정한다.

㉤ 지붕 바탕면 위로 돌출된 부재들과 돌출된 못은 지붕 바탕면과 완전히 평탄하게 일치하도록 한다.

② **아스팔트 싱글 설치**

㉠ 굽도리판 설치

ⓐ 철제 굽도리판은 지붕과 벽체 수직면이 만나는 부분, 굴뚝이나 배기구와 같이 지붕을 관통하는 구조물들의 돌출부에는 반드시 설치한다.

ⓑ 아스팔트 싱글 설치 시에 지붕골에서의 굽도리 설치방법은 개방식 지붕골 이음, 마름겹침식 지붕골 이음, 직조식 겹침 지붕골 이음 등의 방법 중에서 적합한 것을 선택하여 시공한다.

㉡ 금속제 처마 거멀띠의 설치

ⓐ 처마 거멀띠는 내부식성 재질로서 녹이 발생하지 않는 아연도 강판, 동판 또는 스테인리스 강판을 사용하여 처마와 박공처마의 모서리를 따라서 설치한다.

ⓑ 처마 거멀띠는 처마 끝에서부터 지붕의 폭이 안쪽으로 최소 75mm 이상이 되도록 덧댄다.

ⓒ 처마 거멀띠에는 적절한 형태와 길이의 고정못을 300mm 이하의 간격으로 철제 처마 거멀띠의 안쪽 모서리를 따라서 박는다.

* 오손(汚損)
더럽히고 손상함

• 아스팔트 싱글 작업 전 바탕작업

ⓒ 바탕펠트의 설치
  ⓐ 아스팔트 싱글을 설치하기 이전에 1/3 이상의 경사를 가진 지붕에는 아스팔트 함침 펠트로 외겹 바탕펠트를, 그리고 경사가 1/6 내지 1/3 미만의 지붕에는 두 겹 바탕펠트를 지붕널 위에 설치한다.
  ⓑ 지붕에 물의 고임이나 흐름이 예상되는 장소로서 특별히 방수를 겸한 아스팔트 싱글을 설치해야 하는 경우에는 이 시방서에 의하여 두 겹 바탕펠트 깔기를 한다.
  ⓒ 별도의 공사시방서가 없는 경우에는 폭 900mm 두루마리 펠트를 사용하여 지붕의 경사와 직교방향으로 설치하고, 펠트작업은 처마에서부터 용마루 쪽으로 진행한다.

ⓔ 아스팔트 싱글 설치
  ⓐ 아스팔트 싱글은 싱글용 못이나 거멀못으로 고정한다.
  ⓑ 아스팔트 싱글 작업은 지붕 경사면과 직교방향으로 설치하며, 전체적인 작업의 진행은 대각선 방향으로 지붕의 상부쪽 방향으로 진행한다.
  ⓒ 처마띠는 처마 끝에 반드시 설치하고, 처마띠는 약 200mm 폭의 모래 붙인 루핑이나 아스팔트 싱글의 널 부분을 절단한 나머지 윗부분을 사용하여 처마의 단부에 연속적으로 설치한다.
  ⓓ 싱글의 중심선과 용마루* 또는 처마의 상단이 일치되도록 하여 세로방향으로 아래쪽으로 눌러서 양쪽지붕의 용마루 및 처마 직하단 싱글의 노출면과 동일하도록 부착한다.
  ⓔ 별도의 공사시방서가 없는 경우, 지붕골의 아스팔트 싱글 설치는 지붕골에서 보다 원활한 배수를 위한 개방식 지붕골 이음, 지붕골의 양측 지붕의 아스팔트 싱글을 매 단이 서로 엇갈려서 교차되도록 설치하는 직조식 지붕골 이음, 그리고 어느 한쪽 지붕의 싱글을 지붕골에 일치되도록 절단하여 다른 쪽 지붕의 아스팔트 싱글 상부에 겹침이음을 하는 절단식 지붕골 이음, 이 세 가지 방법 중에서 가장 적합한 방법을 선택하여 시공한다.
  ⓕ 수직면 또는 벽체와 접하는 부분은 최소 180mm × 250mm 이상의 내부식성 금속 굽도리널을 사용하여 'L' 자형의 굽도리널을 설치한 후 그 위에 아스팔트 싱글을 설치한다.

ⓜ 못박기
  ⓐ 아스팔트 싱글용 못이나 거멀못은 아연 제품 또는 아연도 제품을 사용하고, 공장에서 접착제가 도포된 부분에는 못질을 하지 않는다.

• 용마루
  지붕 가운데 부분의 가장 높은 곳에 있는 수평마루

ⓑ 못은 싱글의 모서리로부터 50mm 지점에 위치하도록 한다.
ⓒ 못의 사용량은 싱글 형태에 관계없이 싱글 한 장에 4개씩 사용한다.
ⓓ 못의 위치는 널형 싱글의 경우, 절단된 두 개의 개구부 직상부에서 16mm가 되는 지점과 이 두 개의 지점을 연결하는 선상에서 싱글 상부 측의 양측단으로부터 25mm가 되는 곳에 각각 1개의 못을 설치한다.
ⓔ 거멀못을 사용하는 경우에는 지붕과 거멀못의 상부가 평행이 되도록 거멀못을 박아야 한다.

아스팔트 싱글 못박기 장면

개념적용 문제

목조지붕의 아스팔트 싱글공사에 관한 설명으로 옳지 않은 것은? 제14회 수정

① 두루마리 형태의 제품은 변형을 방지하기 위하여 수평으로 눕혀서 보관한다.
② 시공하기 직전에 아스팔트 지붕재료는 최소 24시간 동안 4℃ 이상의 온도에서 보관한다.
③ 펠트는 수분으로부터 격리되어야 하며, 항상 외기와 차단된 창고나 건물 내부에 보관한다.
④ 아스팔트 싱글용 못이나 거멀못은 아연제 또는 아연도 제품을 사용하고, 공장에서 접착제가 도포된 부분에는 못질을 하지 않는다.
⑤ 유리섬유 제품의 아스팔트 싱글은 풍압에 대한 고려가 필요하지 않은 일반적인 경우에는 무게가 $9.27 kg/m^2$ 이상인 제품을 사용한다.

해설 두루마리 형태의 제품은 변형을 방지하기 위하여 반드시 수직으로 세워서 보관한다.

정답 ①

바로확인문제

시공하기 직전에 아스팔트 지붕재료는 최소 (   )시간 동안 (   ) 이상의 온도에서 보관한다.

바로확인문제

아스팔트 싱글용 못이나 거멀못은 아연제 또는 아연도 제품을 사용하고, 공장에서 접착제가 도포된 부분에는 못질을 하지 (   ).

3. 금속판 지붕

(1) 일반사항

① 장단점

장점	단점
㉠ 방수성이 있어 경사가 심한 지붕에도 사용한다. ㉡ 물매를 작게 할 수 있다. ㉢ 무게가 가볍고, 시공이 간단하다.	㉠ 열 및 화학작용에 약하다. ㉡ 열전도가 커서 온도에 대한 신축이 크다(대비하기 위하여 거멀접기 실시). ㉢ 폭풍, 강우 시 소음이 크다.

• 금속기와 지붕

• 금속판 지붕

② 금속판의 종류와 특징

종류	특징
강판(함석판)	㉠ 철판(강판)에 아연도금한 함석이 주로 사용된다. ㉡ 가공성이 우수하며 가볍다. ㉢ 녹슬기 쉬우며 산이나 일산화탄소(무연탄가스)에 약하다.
동판 (황동판, 청동판)	㉠ 산에 강하고 내구성이 크다. ㉡ 알칼리 및 암모니아 가스에 약하여 화장실이나 화학공장 등은 부적당하다.
아연판	㉠ 내구력이 크고 가벼우며 가공이 용이하다. ㉡ 산 및 알칼리에 약하고 동판과 같이 사용하면 쉽게 부식된다. ㉢ 온도에 대한 신축이 크다.
알루미늄판	㉠ 가볍고 내식성, 전기전도, 열반사율이 좋다. ㉡ 염에 약하므로 해안지방에서는 사용이 부적합하다.
연판(납판)	㉠ 온도에 대한 신축성 및 산에 대한 내구력이 크다. ㉡ 내식성이 강하고 주조하기 쉽다. ㉢ 목재나 회반죽에 닿으면 부식되기 쉽다.

(2) 시공 시 고려사항

① 가로방향의 이음은 낮은 부분의 판재 위로 높은 부분의 판재가 겹쳐지게 하여 물 흐름이 원활하도록 배치한다.

② 현장에서 토치로 금속판을 절단하지 않는다.

③ 마루, 처마 및 단부 등에 금속 덮개를 설치하고, 마루 덮개는 지붕 작업의 진행에 따라 설치되도록 한다.

④ 처마, 단부 및 모든 개구부 주변이 기밀하게 되도록 플래싱(후레싱) 및 실란트를 시공한다.

⑤ 고정철물의 조임은 수직 수평으로 줄바르게 하여 일정한 간격으로 설치되도록 한다.

⑥ 지붕판 위로 플래싱(후레싱)을 설치하여 배수가 되도록 한다.
⑦ 금속판에 작업위치 등을 표시하기 위하여 연필을 사용하지 않는다.
⑧ 금속판의 한 지점이 확실하게 고정되도록 하며, 열에 의한 신축을 고려하여 나머지 부분이 설치되도록 한다.
⑨ 금속기와는 점토기와보다 가벼워 운반에 따른 물류비를 절감할 수 있으며, 금속기와 잇기는 평판잇기, 절판잇기 등이 있다.

개념적용 문제

지붕공사에 관한 설명으로 옳지 않은 것은? 제19회 기출

① 기와에는 한식기와, 일식기와, 금속기와 등이 있다.
② 아스팔트 싱글은 다른 지붕 잇기 재료와 비교하여 유연성이 있으며 복잡한 형상에서도 적용할 수 있다.
③ 금속기와는 점토기와보다 가벼워 운반에 따른 물류비를 절감할 수 있다.
④ 금속기와 잇기는 평판잇기, 절판잇기 등이 있다.
⑤ 박공지붕은 지붕마루에서 네 방향으로 경사진 지붕이다.

해설 박공지붕은 지붕마루에서 양쪽 방향으로 경사진 지붕이다.

정답 ⑤

바로확인문제

금속기와는 점토기와보다 (   ) 운반에 따른 물류비를 절감할 수 (   ).

홈통공사
1. 일반사항
2. 홈통 시공

제2절 홈통공사

1. 일반사항

(1) 홈통의 재료

① 홈통은 플라스틱(PVC)이나 함석판, 동판, 스테인리스를 사용한다.
② PVC 홈통의 홈통걸이는 아연도금강재 또는 PVC 제품을 사용하며, 알루미늄 홈통의 홈통걸이는 알루미늄 또는 스테인리스 제품을 사용하고, 스테인리스 강재 홈통의 홈통걸이는 스테인리스 제품을 사용한다.

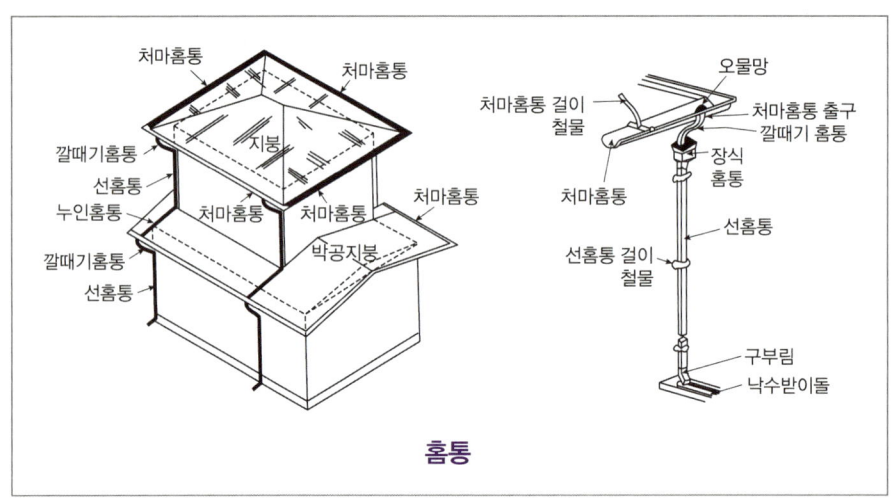

홈통

(2) 홈통의 성능조건

① 동판으로 제작한 처마홈통 및 선홈통 등으로 흐르는 물이 직접 조적벽이나 석재면 또는 다른 종류의 금속면과 접촉하지 않도록 한다.
② 모든 금속판 가공 및 설치 작업은 물이 새지 않는 형태로 만들어져야 하며 굴곡, 비틀어짐, 휨, 과도한 조임에 의한 변형이 없어야 하고, 신축이 가능한 구조로 접합 및 설치한다.

(3) 우수의 흐름 순서

처마홈통 ⇨ 깔때기홈통 ⇨ 장식홈통 ⇨ 선홈통 ⇨ 낙수받이통

2. 홈통 시공

(1) 설치 시 준비작업

① 선홈통 설치 부위 주변은 도장 등 선홈통을 오염시킬 우려가 있는 마감공사가 완료되어야 한다.
② 절단면은 일직선을 형성하고, 금속재를 절곡한 부분은 직각을 이루도록 제작·가공한다.
③ 노출되는 모든 금속판의 가장자리는 최소폭이 12mm 이상 비노출면 쪽으로 깔끔하게 거멀접기를 한다.
④ 맞댐용접은 노출면에 납땜 자국이 보이지 않도록 하고, 일정한 폭과 높이를 갖도록 조립한다.
⑤ 수평 거멀접기의 겹침폭은 최소 20mm 이상으로 하고, 이음 방향이 배수 방향과 평행한 방향으로 설치한다.
⑥ 수직 거멀접기의 높이는 최소 25mm 이상으로 하고, 이중 거멀접기를 한다.

(2) **처마홈통**

① 처마홈통은 처마 끝에 수평으로 설치하여 빗물을 받는 홈통을 말한다.
② 처마홈통은 끝단 막이, 물받이통 연결부, 깔때기관 이음통 및 홈통걸이 등 모든 부속물을 연결 부착할 수 있도록 조립된 상태로 설치한다.
③ 처마홈통의 물매는 1/200 이상으로, 안홈통과 밖홈통이 있으며, 처마홈통의 양쪽 끝은 둥글게 감되 안감기를 원칙으로 한다.
④ 처마홈통의 바깥쪽 단부는 구조적으로 보강하기 위하여 최소 20mm × 5mm 이상의 원형 보강 철재를 삽입하거나 처마홈통 재료와 친화성이 있는 자재를 삽입 또는 부착한다.
⑤ 처마홈통 제작 시의 단위길이는 2,400~3,000mm 이내로 제작 설치하고, 이음부의 겹침 폭은 25mm 이상으로 경사방향에 위치한 부재의 이음부가 아래에 위치하도록 설치한다.
⑥ 처마홈통의 이음부는 겹침부분이 최소 30mm 이상 겹치도록 제작하고, 연결철물은 최대 50mm 이하의 간격으로 설치·고정한다.
⑦ 처마홈통의 양단 및 신축이음 간의 최장 길이는 15m 이내로 제작한다.
⑧ 처마홈통의 폭은 최소 100mm 이상으로 제작하고, 폭(최대폭)과 깊이의 비례는 최소 4(폭) : 3(깊이)의 비례로 제작한다.
⑨ 처마홈통의 외단부의 높이는 처마 쪽 처마홈통의 높이보다 최소 25mm 또는 처마홈통 최대 폭의 1/12 중 큰 치수 이상으로 높이가 낮게 제작한다.

> 27·22·20·19·17·12회
>
> 관련기준
> 건축표준시방서코드(KCS) 2025 〈KCS 41 56 14 : 2021〉

바로확인문제

처마홈통의 물매는 (　　) 이상으로, 안홈통과 밖홈통이 있으며, 처마홈통의 양쪽 끝은 둥글게 감되 (　　)를 원칙으로 한다.

⑩ 경사 지붕의 처마홈통 바깥쪽 상단부의 높이는 지붕 경사의 연장선과 일치하도록 제작하며, 지붕의 경사면을 자연적으로 흘러내리는 빗물이 유속으로 인하여 처마홈통의 외부로 넘치지 않도록 제작·설치한다.
⑪ 처마홈통의 길이가 길어질 경우, 신축이음은 매 15m 간격으로 설치하고, 연속적인 외관을 위하여 신축이음 사이의 공간은 처마홈통과 동일한 자재를 사용하여 밀봉한다.
⑫ 신축이음 사이에는 최소 1개 이상의 선홈통을 설치하며, 신축이음은 선홈통과 처마홈통의 모서리로부터 가장 멀리 위치하도록 제작·설치한다.
⑬ 처마홈통의 경사는 선홈통 쪽으로 원활한 배수가 되도록 충분한 경사를 갖도록 제작한다.
⑭ 처마홈통 걸이는 최대 강우량 시의 중량을 감안하여 구조적으로 안전하도록 제작·설치한다.

처마홈통 시공 사례

(3) 선홈통 설치

① 선홈통은 처마홈통에서 내려오는 빗물을 지상으로 유도하는 수직홈통을 말한다.
② 선홈통은 최장 길이 3,000mm 이하로 제작·설치한다.
③ 선홈통의 끝단은 길이 방향으로 최소 15mm 이상 끼워 잠글 수 있는 구조로 제작·설치한다.
④ 선홈통의 모든 배출구에는 탈착형 철망 여과기를 설치한다.
⑤ 선홈통과 벽면 사이에 이격거리는 최소 30mm 이상의 간격을 유지한다.
⑥ 선홈통 걸이의 설치는 상단과 하단에서 거리 200mm 정도 되는 위치에 설치하고, 그 중간에는 1,500mm 정도의 간격으로 등거리가 유지되도록 설치한다.

⑦ 홈통걸이의 형태는 선홈통의 단면과 일치하는 형태로 제작·설치한다.
⑧ 선홈통의 하단부 배수구는 45° 경사로 건물 바깥쪽을 향하게 설치한다.

(4) 우배수관 연결

① 선홈통의 하단부 배수구는 우배수관에 직접 연결되어 배수되도록 연결하고, 연결부 사이의 빈틈은 시멘트 모르타르로 채운다.
② 상부의 노출면은 바깥쪽으로 경사진 깔때기 형태로 마감한다.
③ 45° 이형관을 장착한 경우, 상부 표면이 건물 바깥 방향으로 경사진 콘크리트 물받이에 직접 낙수되도록 설치한다.

(5) 처마 물받이 홈통 및 홈통연결관(깔때기홈통)

① 깔때기홈통은 처마홈통과 선홈통을 연결하는 경사홈통을 말한다.
② 처마홈통 연결관의 연결부 깊이는 처마홈통 폭의 2/3가 되도록 제작·설치한다.
③ 처마홈통 연결관과 선홈통 연결부의 겹침길이는 최소 100mm 이상이 되도록 한다.
④ 지붕 배수구와 처마홈통의 연결에 물받이 홈통을 사용하는 경우에는 물받이 홈통의 폭은 배수구의 직경 또는 폭보다 최소 50mm 이상 넓게 제작·설치한다.
⑤ 물받이 홈통은 콘크리트 파라펫이나 벽체에 직접 연결하여 견고하게 고정·설치한다.

(6) 장식홈통 설치

① 깔때기홈통과 선홈통 사이인 선홈통 상부에 설치하여 장식을 겸한다.
② 우수의 방향전환 및 우수가 넘쳐서 흐르는 것을 방지한다.
③ 접합은 10mm 내외에 거멀접기를 원칙으로 하고 작은 것은 겹쳐서 납땜한다.
④ 큰 것은 견고하게 유지되도록 그 안쪽에 힘살을 붙이고, 내부에는 흔들리지 않게 깔때기를 끼워대며 꼭대기에 청소구멍을 둘 때에는 덮개를 정첩˙식으로 한다.
⑤ 밑창에는 꽂이홈통을 조임못(간격 300mm 내외)으로 조지고 납땜하여 선홈통에 60mm 이상 꽂아 넣는다.
⑥ 장식통을 건물에 고정하는 방법은 설계도서에서 정한 바가 없을 때에는 내부에서 볼트, 나사못 등으로 고정한다.

• **정첩**
돌쩌귀처럼 창문이나 출입문 또는 가구의 문짝을 다는 데 쓰는 철물의 하나로, 모양이 같은 두 개의 쇳조각을 맞물려서 만든다.

바로확인문제
처마홈통 연결관과 선홈통 연결부의 겹침길이는 최소 (　　)mm 이상이 되도록 한다.

(7) 기타 홈통

종류	정의
누인홈통	위(상부)층 선홈통의 빗물을 받아 아래(하부)층 지붕의 처마홈통이나 선홈통에 넘겨 주는 홈통
지붕골홈통	두 개의 지붕면이 만나는 자리 또는 지붕면과 벽면이 만나는 수평 지붕골에 쓰이는 홈통

개념적용 문제

지붕 및 홈통공사에 관한 설명으로 옳은 것은?　　제22회 기출

① 지붕의 물매가 1/6보다 큰 지붕을 평지붕이라고 한다.
② 평잇기 금속 지붕의 물매는 1/4 이상이어야 한다.
③ 지붕 하부 데크의 처짐은 경사가 1/50 이하의 경우에 별도로 지정하지 않는 한 1/120 이내이어야 한다.
④ 처마홈통의 이음부는 겹침 부분이 최소 25mm 이상 겹치도록 제작하고 연결철물은 최대 60mm 이하의 간격으로 설치·고정한다.
⑤ 선홈통은 최장 길이 3,000mm 이하로 제작·설치한다.

해설　① 지붕의 물매가 1/6 이하인 지붕을 평지붕이라고 한다.
　　　② 평잇기 금속 지붕의 물매는 1/2 이상이어야 한다.
　　　③ 지붕 하부 데크의 처짐은 경사가 1/50 이하의 경우에 별도로 지정하지 않는 한 1/240 이내이어야 한다.
　　　④ 처마홈통의 이음부는 겹침 부분이 최소 30mm 이상 겹치도록 제작하고 연결철물은 최대 50mm 이하의 간격으로 설치·고정한다.

　　　　　　　　　　　　　　　　　　　　　　　　　　　　　정답 ⑤

CHAPTER 07 OX문제로 완벽 복습

01 아스팔트 싱글인 경우 지붕의 경사를 1/3 이상으로 한다. (O | X)

02 대형 슬레이트는 소형 슬레이트보다 물매가 크다. (O | X)

03 지붕의 기울기는 지붕의 형태, 재료의 성질 및 강우량 등에 의해 결정된다. (O | X)

04 지붕의 재료는 수밀하고, 내수적이며 습도에 의한 신축이 적어야 한다. (O | X)

05 지붕재료의 크기가 작을수록 비가 새기 쉬우므로 물매를 크게 하고, 열전도율이 큰 것일수록 좋은 품질이다. (O | X)

06 물매는 직각삼각형에서 수평방향에 대한 높이의 비로 표시하며, 수평거리와 수직거리가 같은 물매를 된물매라고 한다. (O | X)

07 아스팔트 싱글은 다른 지붕잇기 재료와 비교하여 유연성이 있지만, 복잡한 형상에서는 적용할 수 없다. (O | X)

08 목조지붕의 아스팔트 싱글공사에서 두루마리 형태의 제품은 변형을 방지하기 위하여 수평으로 눕혀서 보관한다. (O | X)

09 아스팔트 싱글용 못이나 거멀못은 아연제품 또는 아연도 제품을 사용하고, 공장에서 접착제가 도포된 부분에는 못질을 하지 않는다. (O | X)

10 지붕 바탕면에 얼음, 서리 및 성에가 형성되었거나 전체적으로 기후 현상에 의하여 바탕면에 자연적으로 물기가 존재하는 경우에는 아스팔트 지붕 작업을 하지 않는다. (O | X)

정답

01 O 02 X(크다 ⇨ 작다) 03 O 04 O 05 X(열전도율이 큰 ⇨ 열전도율이 작은) 06 X(된물매 ⇨ 되물매)
07 X(없다 ⇨ 있다) 08 X(수평으로 눕혀서 ⇨ 수직으로 세워서) 09 O 10 O

11 장식홈통은 선홈통 상부에 설치되어 우수방향을 돌리거나 집수 등으로 인한 넘쳐흐름을 방지하는 역할을 한다. (O | X)

12 빗물이 흐르는 순서는 처마홈통, 깔때기홈통, 장식통, 선홈통 순이다. (O | X)

13 두 개의 지붕면이 만나는 자리 또는 지붕면과 벽면이 만나는 수평지붕골에 쓰이는 홈통을 장식홈통이라 한다. (O | X)

14 처마홈통 연결관과 선홈통 연결부의 겹침길이는 최소 100mm 이상이 되도록 한다. (O | X)

정답

11 O 12 O 13 X(장식홈통 ⇨ 지붕골홈통) 14 O

CHAPTER 08 창호 및 유리공사

회독체크 [1] [2] [3]

CHAPTER 미리보기

학습전략

평균 2문제 정도(5.5%)이나 매년 출제되고 있기 때문에 관심을 가지고 학습해야 하며, 이 CHAPTER에서는 주로 창호종류별 특징 암기, 창호철물의 용도 및 특징 파악, 유리 종류별 특징 이해 위주로 학습할 필요가 있습니다.

학습키워드

- 멀리온
- 알루미늄 창호공사의 특징
- 여닫이
- 미세기
- 자재문
- 회전문
- 피봇힌지
- 플로어힌지
- 레버토리힌지
- 강화유리
- 복층유리
- 망입유리
- 로이유리
- 장식용 유리
- 개스킷
- 백업재
- 유리 시공 시 고려사항

창호공사

1. 창호의 분류
2. 창호철물

제1절 창호공사 ★★

1 창호의 분류

1. 재료에 의한 분류

(1) 목제 창호(木製窓戶)공사

① 장단점

장점	단점
㉠ 무늬가 아름답고 친밀감을 준다.	㉠ 화재에 약하다.
㉡ 가볍고 가공이 용이하다.	㉡ 내수성이 작아 부패하기 쉽다.
㉢ 비교적 가격이 저렴한 편이다.	㉢ 내구성이 작다.

② 창호치수
  ㉠ 설계도면의 창문틀 치수는 제재치수로 하고 창문은 마무리치수로 한다.
  ㉡ 창호틀재의 주문치수는 마무리 손실을 고려하여 도면치수보다 3mm 정도 크게 주문한다.
  ㉢ 설계도면의 창문 크기 표시는 틀의 안목치수로 한다.
  ㉣ 수장용 집성재의 두께 및 너비에 대한 치수의 허용치는 ±1.0mm 이하이다.
  ㉤ 창호철물류의 설치에서 모서리의 앵커간격은 150mm 내외, 중앙의 앵커간격은 500mm 내외로 한다.

③ 문틀의 구조
  ㉠ 문틀은 위틀, 선틀, 밑틀(문지방) 등으로 구성되며, 고창 및 옆문 등이 있을 때는 중간틀, 중간선틀이 추가로 구성된다.
  ㉡ 문틀을 안 둘 때는 밑틀을 생략한다.
  ㉢ 합판, 집성재가 아닌 목재의 건조 정도에 따른 함수율은 설계도서에 정한 바가 없는 경우에 18% 이하로 한다.

28·27·20·19회

바로확인문제

목재의 함수율은 공사시방서에 정한 바가 없는 경우 (   )% 이하로 한다.

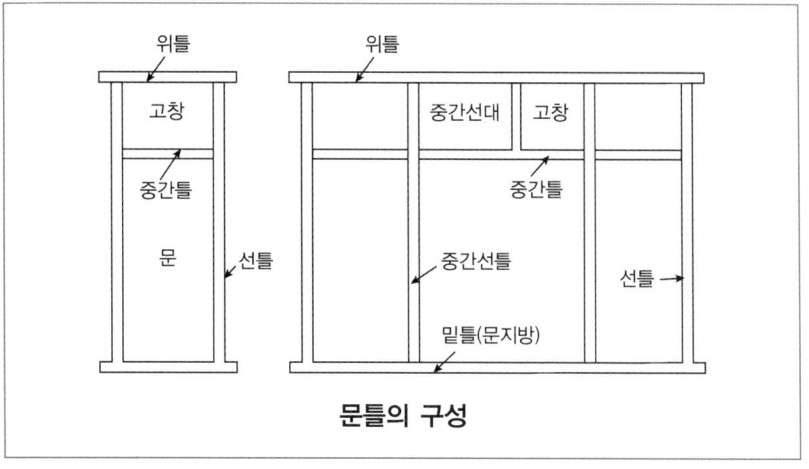

문틀의 구성

④ 문틀 세우기

종류	내용
먼저 세우기	㉠ 문틀을 먼저 세우고 벽체를 구성해 가는 방법이다. ㉡ 조적조에 사용하며 누수성 방지에 유리하나 공정이 까다롭다.
나중 세우기	㉠ 벽체 구성 시 개구부 위치에 가틀을 짜 넣고, 벽체 구성 후 본틀을 설치하는 방법이다. ㉡ 목조, 철근콘크리트조에 사용된다.

⑤ 문틀 용어

용어	정의
마름질	목재를 소요의 형과 치수로 먹줄넣기에 따라 자르거나 오려 내는 것
바심질	마름질한 부재를 구멍내기, 장부내기, 홈파기, 면접기 등 다듬는 일을 하는 것
문선 (Door Stud)	문꼴 또는 외관을 보기 좋게 만들고 벽의 마무리를 잘하기 위하여 문틀에 세로홈을 파고 숨은 못치기를 한 것
박배	창문을 돌쩌귀나 경첩 등을 이용하여 창문틀에 다는 것
여밈대*	미서기, 오르내리기창의 서로 여며지는 선대
마중대*	미닫이, 여닫이문에서 서로 맞닿는 선대
풍소란*	미서기창호에서 방풍을 목적으로 마중대와 여밈대에 턱솔 등을 두어 서로 접하는 부분에 틈새가 발생하지 않도록 한 것

• 여밈대와 마중대

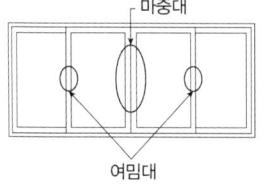

• 풍소란

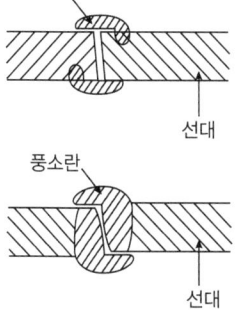

(2) 강제 창호(鋼製窓戶)공사

① 특징
  ㉠ 강도가 높고 화재에도 강해서 주로 공장, 창고 등의 방화용으로 사용된다.
  ㉡ 품질 및 성능이 비교적 안정적이다.
  ㉢ 녹이 발생하며 단면형상의 한계가 있다.
  ㉣ 중량이 무거워 시공이 어렵다.

② 설치 시 고려사항
  ㉠ 바닥 시공 정밀도에 따라 기준먹 높이를 조정할 경우에는 다른 공정과의 관계를 검토하여 조정한다.
  ㉡ 문지방 부분은 바닥철근을 이용하거나 앵커를 설치하고, 앵커간격은 모서리 150mm, 중앙 500mm 내외로 설치한다. 문틀폭이 클 경우(폭 150mm 이상)는 이중으로 한다.
  ㉢ 창문은 힘을 가하여도 뒤틀리지 않도록 버팀대, 가새 등으로 보강하여 운반하고, 밑틀, 위틀 및 선틀이 수평, 수직을 유지하도록 설치한다.
  ㉣ 창호면적이 클 때 풍압이나 여닫음 진동으로 인해 유리가 파손되는 것을 방지하고 보강 및 미관을 위하여 강판을 중공형으로 접어 가로·세로로 대는 중간선틀인 멀리온(Mullion)을 설치한다.
  ㉤ 문지방이 처지지 않도록 설치 후 조속히 주변 모르타르를 채운다.
  ㉥ 금속표면은 깨끗하게 청소하고 변색되었을 때는 복구시킨다. 아연도금된 철재나 부식성 재료의 표면은 다른 재료와 접촉으로 인한 정전기가 발생되지 않도록 아스팔트 도장을 하거나 플라스틱 재료를 끼운다.
  ㉦ 설치 중이나 후에는 오염, 손상의 우려가 있는 부분에 대해 보호재를 사용하여 보양한다.
  ㉧ 부품이나 제품에 모르타르 등이 부착된 경우는 녹막이 바탕이 손상되지 않도록 주의하여 제거·청소하되, 알칼리성 용제나 연마제를 사용해서는 안 된다.
  ㉨ 마감도장 시기는 별도의 명기가 없을 경우 일반적으로 재벌칠은 벽마감 전(재벌칠 후 철물 설치), 문틀 정벌칠은 바닥마감 전, 문짝 정벌칠은 바닥마감 후에 한다.
  ㉩ 새시의 틀 또는 살을 발디딤으로 하거나 통나무, 기타 가설물을 새시에 걸쳐 대서는 안 된다.

• 멀리온
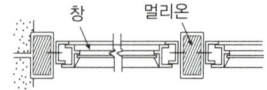

(3) 알루미늄 창호공사

① 특징
㉠ 비중이 철의 1/3 정도로 가볍다.
㉡ 공작이 자유롭고 착색이 가능하다.
㉢ 기밀성, 수밀성이 좋다.
㉣ 여닫음이 경쾌하고 내구적이며 미려하다.
㉤ 모르타르, 콘크리트 등 알칼리에 약하다.
㉥ 이질 금속재와 접촉하면 전기화학작용으로 부식된다.
㉦ 강재 창호보다 강도가 작고, 내화성이 약하다.

② 설치 시 고려사항
㉠ 창호의 치수표시는 창틀의 폭 및 높이의 내부치수로 한다(단, 문의 내측 높이는 문지방의 유무에 관계없이 최종 바닥 마감면부터의 치수로 한다).
㉡ 반입 후 곧바로 파손, 변형, 공장 보양 등을 점검하고 불량 개소의 유무를 검사한다.
㉢ 보관은 설치할 때의 소운반이 가능한 범위 내에서 정리한다. 또한 필요에 따라 손상, 오염을 방지하기 위해 보양을 한다.
㉣ 앵커는 미리 콘크리트에 매입된 철물에 용접 및 볼트로 접합하고, 창호설치를 실시한다.
㉤ 창틀 주위의 고정에 사용된 쐐기를 제거하고, 틀의 내·외면에 형틀을 대고 모르타르로 충전한다.
㉥ 외부 창호 주위의 충전 모르타르에 사용하는 방수제는 염화칼슘 등 금속을 부식시키는 것은 피하여야 한다. 또한, 충전 모르타르에 해사를 사용하는 경우에는 NaCl량 환산으로 0.02% 이하까지 염분을 제거한다.
㉦ 알루미늄 표면에 부식을 일으키는 다른 금속과 직접 접촉하는 것은 피한다.
㉧ 알루미늄재가 모르타르 등 알칼리성 재료와 접하는 곳에는 내알칼리성 도장을 한다.
㉨ 강재의 골조, 보강재, 앵커 등은 아연도금처리한 것을 사용한다. 특히, 빗물 또는 결로수* 등의 물기와 접할 위험이 있는 경우에는 반드시 녹막이칠을 한다(단, 앵커 등은 도장하지 않는다).
㉩ 알루미늄 창호와 접하여 목재를 사용하는 경우 함유염분, 함수율이 높은 목재를 사용하면 부식을 일으키므로 주의한다.

▶ 24·20·19·11·7·1회

▶ 관련기준
건축표준시방서코드(KCS)
2025 (KCS 41 55 02 : 2023)

• **결로수**
이슬이 맺히는 물

바로확인문제
알루미늄 창호는 모르타르, 콘크리트 등 알칼리에 (   ).

> **개념적용 문제**
>
> 알루미늄 창호의 특징으로 옳지 않은 것은?   제11회 기출
>
> ① 기밀성이 우수하다.
> ② 철제 창호보다 가볍다.
> ③ 내화성이 좋지 않다.
> ④ 산 및 알칼리에 대한 내식성이 우수하다.
> ⑤ 제작이 용이하고 외관이 미려하다.
>
> **해설** 알루미늄 창호는 알칼리에 약하기 때문에 알칼리성인 면에는 직접시공이 곤란하다.
>
> **정답** ④

18·16·13·12회

2. 개폐방식(기능)에 의한 분류

(1) 기본사항

① **창호표**(窓戶表): 설계된 창과 문의 위치·크기·개폐방법·구성재료 및 사용 철물 등을 개괄적으로 분류하여 명시된 일람표를 창호표라 한다.

② **창문기호**(窓門記號): 창호의 울거미 재료·면재(面材)·창문 종류·개폐방법 등을 간단히 기호로 나타낸 것을 창문기호라 한다.

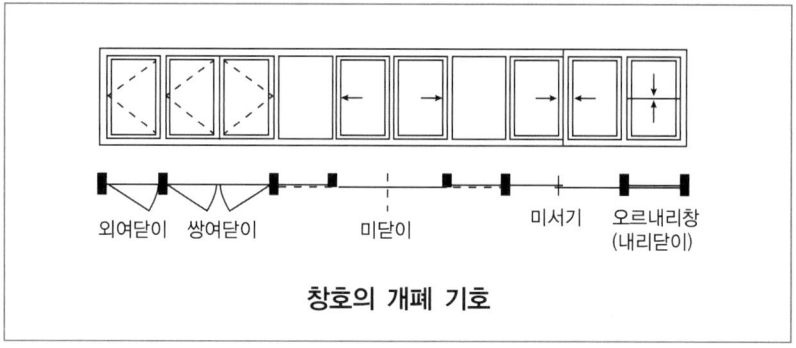

창호의 개폐 기호

• 미닫이창호

바로확인문제

(   )창호는 문짝을 상·하 문틀에 홈을 파서 끼우고 옆벽에 몰아 붙이는 문이다.

(2) 여닫이창호

① 문의 한쪽에 지도리(경첩, 돌쩌귀)를 달아서 여닫을 수 있게 한 문이다.
② 외여닫이와 쌍여닫이가 있으며, 여는 방법에 따라 안여닫이와 밖여닫이가 있다.

(3) 미닫이창호

① 문짝을 상·하 문틀에 홈을 파서 끼우고 옆벽에 몰아 붙이는 문이다.
② 외미닫이 또는 쌍미닫이 달기로 한다.

(4) 미세기(미서기)창호

① 위틀과 밑틀에 두 줄로 홈을 파서 문 한 짝을 다른 한 짝 옆에 밀어 붙이게 한 창호이다.
② 두 짝이나 네 짝으로 하는 것이 보통이며, 방풍을 위한 풍소란을 설치한다.

• 미세기창호

(5) 자재문

① 문짝에 자유경첩을 달아 문을 안팎으로 여닫을 수 있게 한 문이다.
② 문닫기에는 편리하나 기밀하지 못하고 문단속이 불완전하다.

(6) 접문(홀딩도어)

① 여러 장의 문을 경첩으로 연결하고 상부에 도어행거를 사용한 것으로, 방의 가변적 구획을 위한 문이다.
② 큰 방을 분할하거나 전체를 개방할 때 사용한다.

• 접문

(7) 회전문

① 서로 직각을 이루도록 십자형으로 장치한 4개의 문짝중심을 출입구의 중앙에 설치한 수직축 위에 고정하고, 그것을 중심으로 회전시켜 출입하게 만든 문이다.
② 통풍, 기류를 방지하고 출입인원을 조절하는 목적으로 사용한다.

• 회전문

(8) 회전창

① 창짝의 중심부에 축을 장치하여 가로나 세로로 돌려 여닫게 만든 창이다.
② 높은 곳이나 간단한 창고, 화장실 등에 사용된다.

(9) 오르내리창

① 수직 홈에 문을 달아 상하로 슬라이딩시키는 창으로, 추를 매달아 균형을 유지한다.
② 환기에 유효하나 통풍면적이 1/2 이하로 제한되는 단점이 있다.

> **개념적용 문제**
>
> 창호에 관한 설명으로 옳지 않은 것은? 제13회 기출
>
> ① 여닫이창호: 창호의 한쪽에 경첩 등을 선틀 또는 기둥에 달아 한쪽으로 여닫게 한 것
> ② 미서기창호: 창호받이재에 홈을 한 줄 파거나 레일을 붙여 문을 이중벽 속 등에 밀어 넣는 것
> ③ 오르내리창: 수직 홈에 문을 달아 상하로 슬라이딩시키는 창으로, 추를 매달아 균형을 유지함
> ④ 회전문: 통풍, 기류를 방지하고 출입인원을 조절하는 목적으로 사용함
> ⑤ 접문: 여러 장의 문을 경첩으로 연결하고 큰 방을 분할하거나 전체를 개방할 때 사용함
>
> **해설** 창호받이재에 홈을 한 줄 파거나 레일을 붙여 문을 이중벽 속 등에 밀어 넣는 것은 미닫이창호이다.
>
> **정답** ②

27·25·18·16·12회

3. 구성에 의한 분류

(1) 양판문(Panel Door, 兩板門)

① 밑막이와 선대로 둘레를 만들고, 속에 중간막이를 넣고 그 사이에 통널판을 끼운 문이다.
② 문의 징두리˙에 양판을 대고 위쪽에는 유리를 끼운 문을 징두리 양판문이라고 한다.

(2) 플러시문(Flush Door)˙

① 울거미˙를 짜고 중간살을 25cm 정도의 간격으로 배치하여 양면에 합판을 부착한 문이다.
② 뒤틀림이나 변형이 적은 특징이 있다.

(3) 비늘살창호(갤러리창호, Louver Door)

① 울거미를 짜고 그 안쪽에 얇고 넓은 살을 45° 방향으로 빗대어 댄 창호이다.
② 차양과 통풍을 목적으로 사용된다.

- **징두리**
  바닥에서 벽의 아랫부분

- **플러시문**

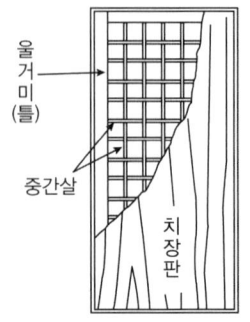

- **울거미**
  문살이나 판이 고정되는 문의 갓 테두리

양판문

비늘살창호

(4) 무테문(Frameless Door)

① 문짝을 투명 강화유리나 아크릴판으로 하고 상하단에 스테인리스 스틸 등으로 보강테를 댄 형태이다.
② 백화점, 사무실 등의 출입문에 주로 설치된다.

• 무테문

(5) 아코디언 도어(Accordion Door)

① 아코디언의 몸통처럼 접었다 폈다 하면서 여닫을 수 있는 커튼 모양의 칸막이문이다.
② 넓은 공간의 실을 필요에 따라 구분할 수 있는 칸막이문으로 이용된다.

• 아코디언 도어

(6) 주름문

① 창살형의 문으로 세로살을 마름모형의 팔대로 연결하여 그 끝이 세로살의 옆을 끌어당겨 줄어들게 한 것이다.
② 자동차의 차고나 승강기 등에 도난방지 등의 방범 목적으로 사용된다.

• 주름문

개념적용 문제

창호의 종류 중 개폐방식에 따른 분류에 해당하는 것은? 제18회 기출

① 자재문
② 비늘살문
③ 플러시문
④ 양판문
⑤ 도듬문

해설 창호의 종류 중 비늘살문, 플러시문, 양판문, 도듬문 등은 구성방식에 따른 분류에 해당한다.

정답 ①

2 창호철물

1. 지지철물

27·26·25·24·21·13·9·6회

- 자유경첩

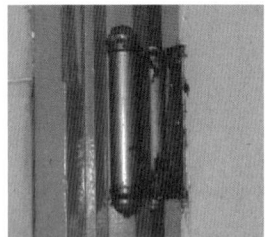

- 피봇힌지

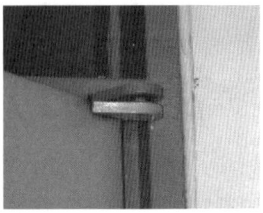

- 플로어힌지

- 도어행거

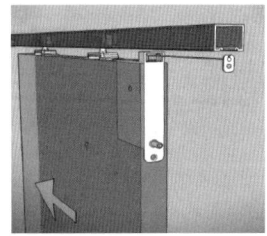

종류	특징
경첩(Hinge)	① 여닫이창호에서 문짝을 문틀에 달아 여닫게 하는 철물 ② 경첩의 축이 되는 것은 핀(Pin)이고, 핀을 보호하기 위해 둘러 감은 것은 너클(Knuckle)이다.
자유경첩 (Spring Hinge)	① 스프링을 장치하여 안팎으로 자유로이 여닫게 하는 경첩 ② 외자유경첩과 양자유경첩이 있으며 경량자재문에 사용
피봇힌지 (Pivot Hinge)	① 여닫이창호에서 장부를 구멍에 끼워 돌게 한 철물 ② 가장 무거운 중량 여닫이문에 사용
플로어힌지 (Floor Hinge)	① 스프링장치를 바닥에 묻고 상부의 지도리를 축대로 하여 문이 열리면 자동으로 닫히게 한 철물 ② 대형 현관문과 같이 경첩으로 지탱하기 힘든 중량의 자재문에 사용
레버토리힌지 (Lavatory Hinge)	① 자유정첩(경첩)의 일종으로 열려진 여닫이문이 저절로 닫히지만, 10~15cm 정도는 열려 있게 한 철물 ② 공중전화 박스, 공중화장실 등의 여닫이 출입문에 사용
도어행거 (Door Hanger)	접문의 상부에 부착되어 있는 이동장치

개념적용 문제

창호공사에 관한 설명으로 옳은 것을 모두 고른 것은? 제24회 기출

㉠ 알루미늄 창호는 알칼리에 약하므로 모르타르와의 직접 접촉을 피한다.
㉡ 여닫이창호철물에는 플로어힌지, 피봇힌지, 도어클로저, 도어행거 등이 있다.
㉢ 멀리온은 창 면적이 클 때, 스틸바(Steel Bar)만으로는 부족하여 이를 보강하기 위해 강판을 중공형으로 접어 가로 또는 세로로 대는 것이다.
㉣ 레버토리 힌지는 자유정첩(경첩)의 일종으로 저절로 닫히지만 10~15cm 정도 열려 있도록 만든 철물이다.

① ㉠, ㉡   ② ㉠, ㉢   ③ ㉡, ㉣
④ ㉢, ㉣   ⑤ ㉠, ㉢, ㉣

해설 ㉡ 여닫이창호철물에는 피봇힌지, 도어클로저 등이 있다. 도어행거는 접문에 사용되는 창호철물이고, 플로어힌지는 경첩으로 지탱하기 힘든 중량의 자재문에 사용되는 창호철물이다..

정답 ⑤

바로확인문제

( )는 열려진 여닫이문이 자동으로 닫혀지지만, 10~15cm 정도는 열려 있게 한 경첩이다.

2. 여닫음 조정기

종류	특징
도어체크 (Door Check, Door Closer)	① 문과 문틀에 장치하여 열려진 여닫이문이 자동적으로 조용히 닫히게 하는 장치로 피스톤 장치가 있어 개폐속도를 조절할 수 있는 창호철물 ② 현관문, 방화문 등에 사용
도어스톱 (Door Stop)	① 문을 열어서 고정하거나 열려진 여닫이문을 받쳐서 충돌에 의한 벽의 파손을 방지하는 철물 ② 벽용과 바닥용이 있음
문버팀쇠(Door Stay)	열려진 여닫이문을 적당한 위치에 버티어 고정하는 철물
창개폐조정기 (Sash Adjuster)	여닫이창을 열어 젖혀 바람에 휘날리지 않게 고정하는 장치
오르내리 꽂이쇠	여닫이창호에 상하 고정용으로 달아서 개폐상태를 유지하는 데 사용하는 장치

▶ 27·22·20·13·9·6·4회

도어체크   도어스톱   문버팀쇠   창개폐조정기 오르내리 꽂이쇠

개념적용 문제

창호 및 부속철물에 관한 설명으로 옳지 않은 것은? 제27회 기출

① 풍소란은 마중대와 여밈대가 서로 접하는 부분에 방풍 등의 목적으로 사용한다.
② 레버토리 힌지는 문이 저절로 닫히지만 15cm 정도 열려 있도록 하는 철물이다.
③ 주름문은 도난방지 등의 방범목적으로 사용한다.
④ 피봇힌지는 주로 중량문에 사용한다.
⑤ 도어체크는 피스톤 장치가 있지만 개폐속도는 조절할 수 없다.

해설 도어체크는 피스톤 장치가 있어 개폐속도를 조절할 수 있는 창호철물로, 열려진 여닫이문이 자동적으로 조용히 닫히게 하는 장치이다.

정답 ⑤

바로확인문제

(   )은 열려진 문을 받쳐서 벽과 문의 충돌을 방지하기 위한 장치이다.

23 · 20 · 19 · 17 · 13 · 9회

3. 잠금장치

- 실린더 자물쇠

- 나이트래치

- 크레센트

- 도어체인

종류	특징
실린더 자물쇠 (Sylinder Lock)	여닫이문의 손잡이로 버튼을 눌러 잠금을 할 수 있는 철물
나이트래치 (Night Latch Lock)	외부에서는 열쇠로, 내부에서는 작은 손잡이로 개폐할 수 있는 여닫이문의 잠금장치
크레센트(Crescent)	오르내리창이나 미서기(미세기)창의 잠금 장치
도어체인	여닫이문이 일정 한도 이상 열리지 않도록 하는 철물

개념적용 문제

여닫이창호에 사용하는 창호철물이 아닌 것은?   제17회 기출

① 크레센트(Crescent)
② 피봇힌지(Pivot Hinge)
③ 레버터리힌지(Lavatory Hinge)
④ 도어클로저(Door Closer)
⑤ 실린더 자물쇠(Cylinder Lock)

해설 크레센트는 오르내리창이나 미서기(미세기)창에 사용되는 잠금 장치 창호철물이다.

정답 ①

유리공사

1 개요
2 유리의 종류 및 시공

관련기준
건축표준시방서코드(KCS) 2025 〈KCS 41 55 09 : 2023〉

제2절   유리공사 ★

1 개요

1. 일반사항

(1) 유리의 일반적인 성질

① 유리의 주성분은 SiO_2(규산)이다.
② 보통 창유리의 강도는 휨강도를 말한다.
③ 열전도율은 철, 대리석, 타일보다 작고 콘크리트의 1/2이다.
④ 유리는 불연재료이다.

(2) 유리의 일반적인 특징

① 산화철분에 의해 자외선이 흡수되어 자외선 투과율이 작아진다.
② 열에 약하고 열팽창률이 크다.
③ 반영구적이고, 빛 투과율이 90% 이상 된다.
④ 충격에 약해 파손되기 쉽다.
⑤ 두께가 얇아서 단열 및 차음효과가 적다.
⑥ 유리는 두께 차가 적고 변형, 기포 등이 없는 것을 사용한다.

(3) 용어정리

① **면 클리어런스**: 유리를 프레임에 고정할 때 유리와 프레임 사이에 여유를 주는 것
② **샌드 블라스트 가공**: 유리면에 기계적으로 모래를 뿌려 미세한 흠집을 만들어 빛을 산란시키기 위한 목적의 가공
③ **스페이서**: 유리 끼우기 홈의 측면과 유리면 사이의 면 클리어런스를 주며, 복층유리의 간격을 고정하는 블록
④ **클린 컷**: 유리를 절단한 후 그 절단면에 구멍 흠집, 단면결손, 경사단면 등의 결함이 없이 깨끗이 절단된 상태
⑤ **핀홀**(Pin Hole): 바탕 유리까지 도달하는 윤곽이 뚜렷한 얇은 막의 구멍
⑥ **흡습제**: 작은 기공을 수억 개 갖고 있는 입자로 기체분자를 흡착하는 성질에 의해 밀폐공간에서 건조상태를 유지하는 재료

2. 자재

(1) 유리제품 성능

① 끼우기 유리의 내하중 성능값은 유리에 적용하는 하중과 사용조건에 따라서 아래의 기준을 충족하는 유리의 최소두께와 강성을 가져야 한다.
  ㉠ 수직에서 15° 미만의 기울기로 시공된 수직 유리: 풍하중에 의한 파손 확률이 1,000장당 8장을 초과하지 않아야 한다.
  ㉡ 수직에서 15° 이상의 기울기로 시공된 경사 유리: 풍하중에 의한 파손 확률이 1,000장당 1장을 초과하지 않아야 한다.
② 유리설치 부위의 차수성, 배수성이 확보되어야 한다.
③ 유리는 내진성, 내충격성, 차음성, 열깨짐 방지성, 단열성, 태양열 차폐성* 이 있어야 한다.

• **차폐성**
차단하고 폐쇄하는 성질

(2) 부속자재

① **세팅블록**(Setting Block)
  ㉠ 세팅블록은 새시 하단부의 유리끼움용 부자재로서 유리의 자중을 지지하는 고임재이다.
  ㉡ 재료는 네오프렌, 이피디엠(EPDM) 또는 실리콘 등으로 한다.
  ㉢ 폭은 유리두께보다 3mm 이상 넓어야 한다.

② **개스킷**(Gasket)
  ㉠ 구조 개스킷: 클로로프렌 고무 등으로 압출성형에 의해 제조되어 유리의 보호 및 지지기능과 수밀기능을 지닌 정형화된 재료이며, 지퍼 개스킷이라고도 불린다.
  ㉡ 그레이징 개스킷˙: 염화비닐 등으로 압출성형에 의해 제조된 유리끼움용 개스킷을 말한다.

③ **백업재**(Back-Up Material)
  ㉠ 실링 시공인 경우에 부재의 측면과 유리면 사이의 면 클리어런스 부위에 연속적으로 충전하여 유리를 고정하고 시일 타설 시 시일 받침 역할을 하는 부자재로서, 일반적으로 폴리에틸렌 폼, 발포고무, 중공솔리드고무 등이 사용된다.
  ㉡ 백업재는 3면 접착을 방지하고 일정한 시공면을 얻기 위해 사용되며, 변형줄눈을 조정하고 줄눈깊이 조정을 위해 충전한다.

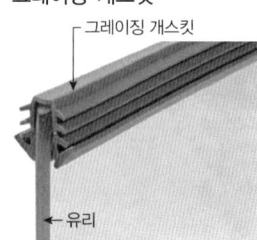

• 그레이징 개스킷

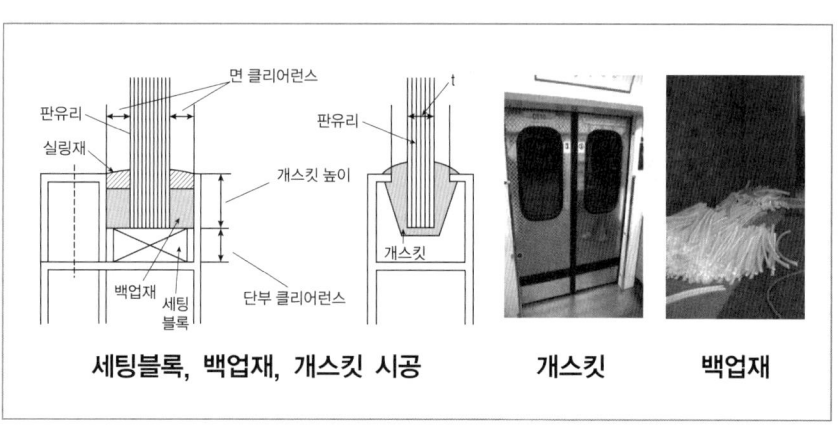

세팅블록, 백업재, 개스킷 시공 / **개스킷** / **백업재**

바로확인문제

( )은 새시 하단부의 유리끼움용 부자재로서 유리의 자중을 지지하는 고임재이다.

개념적용 문제

유리공사와 관련된 용어의 설명으로 옳지 않은 것은? 제21회 기출

① 구조 개스킷: 클로로프렌 고무 등으로 압출성형에 의해 제조되어 유리의 보호 및 지지기능과 수밀기능을 지닌 개스킷
② 그레이징 개스킷: 염화비닐 등으로 압출성형에 의해 제조된 유리끼움용 개스킷
③ 로이유리(Low-E Glass): 은소재 도막으로 코팅하여 방사율과 열관류율을 낮추고, 가시광선 투과율을 높인 유리
④ 핀홀(Pin Hole): 유리를 프레임에 고정하기 위해 유리와 프레임에 설치하는 작은 구멍
⑤ 클린 컷: 유리의 절단면에 구멍 흠집, 단면결손, 경사단면 등이 없도록 절단된 상태

해설 핀홀(Pin Hole)은 바탕유리까지 도달하는 윤곽이 뚜렷한 얇은 막의 구멍을 말한다.
정답 ④

2 유리의 종류 및 시공

1. 유리의 종류

(1) 보통판유리의 종류

종류	내용
보통판유리 (Sheet Glass)	두께 6mm 미만의 박판유리(2~3mm)와 두께 6mm 이상의 후판유리가 있다.
플로트 판유리 (Float Glass)	평활도가 매우 뛰어난 대형 판유리이다.
무늬유리	표면에 여러 가지 무늬모양이 있는 유리로서 다이아몬드형, 주름형 등이 있다.

(2) 현장 가공이 불가능한 유리

① **강화유리**(Tempered Glass)
  ㉠ 보통판유리를 600℃~800℃ 정도의 연화점 이상으로 가열한 다음 균등하게 급격히 냉각시켜 열처리한 유리이다.
  ㉡ 휨강도가 보통유리의 6배 정도를 가진 유리이다.

• 강화유리

ⓒ 유리 자체가 내부에서 힘의 균형을 유지하고 있어 한쪽이 조금 절단되어도 전체가 잘게 파손되기 때문에 현장에서 가공이 불가능하여 공장에 주문 제작한 유리만 사용가능하다.

ⓔ 무테문, 자동차 등에 사용한다.

② **복층유리**(Pair Glass)

• 복층유리

ⓐ 2장 또는 3장의 판유리를 일정한 간격으로 두고 기밀하게 금속테두리를 한 다음 유리 사이의 내부에 공기를 봉입한 유리이다.

ⓑ 단열, 보온 및 방음성능이 좋고, 결로가 생기지 않는 유리이다.

ⓒ 빌딩 및 건물 외벽의 창 등에 주로 사용된다.

ⓓ 복층유리의 간격을 유지하며 열전달을 차단하는 자재인 단열간봉(Warm Edge Spacer)은 기존의 열전도율이 높은 알루미늄 간봉의 취약한 단열문제를 해결하기 위한 방법으로 고단열 및 창호에서의 결로방지를 위한 목적으로 적용된다.

• 간봉

> **중요개념** **간봉**(Spacer)
> 간봉은 유리의 간격을 유지하며 흡습제의 용기가 되는 재료이다.

③ **로이유리**(Low-E Glass)

ⓐ 열적외선(Infrared)을 반사하는 은소재 도막으로 코팅하여 방사율과 열관류율을 낮추고 가시광선 투과율을 높인 유리로서, 일반적으로 복층유리로 제조하여 사용하며, 저방사유리(Low Emissivity Glass)라고도 한다.

ⓑ 실외 측 유리의 내부면에 얇은 은막으로 코팅하여, 열의 이동을 최소화시켜 단열효과를 극대화한 에너지 절약형 유리이다.

ⓒ 겨울철에는 건물 내의 장파장의 열선을 실내로 재반사시켜 보온성능을 증대시키고, 여름철에는 바깥 열기를 차단하여 냉방부하를 저감시키는 유리이다.

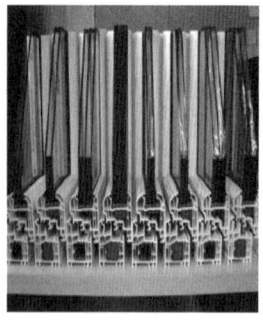
• 로이유리 제품

④ **유리블록**(Glass Block)

ⓐ 사각형이나 원형 등의 상자형 유리를 고열로 융착시켜 일체로 만든 유리로, 도면에 따라 줄눈나누기를 하고 방수재가 혼합된 시멘트 모르타르를 쌓는다.

ⓑ 보온, 채광, 의장 등의 효과가 있다.

ⓒ 계단실 채광과 구조 겸용으로 사용한다.

바로확인문제

( )유리는 열적외선을 반사하는 은소재 도막으로 코팅하여 방사율과 열관류율을 낮추고 가시광선 투과율을 높인 유리로서, 일반적으로 ( ) 유리로 제조하여 사용한다.

유리블록

⑤ **배강도유리**
  ㉠ 플로트 판유리를 700℃ 정도 연화점 이하의 온도에서 가열 후 양 표면에 냉각공기를 흡착시켜 유리 표면에 20N/mm² 이상 60N/mm² 이하의 압축응력층을 갖도록 한 가공유리이다.
  ㉡ 내풍압 강도가 우수하여 건축물의 외벽, 개구부 등에 사용되는 유리이다.
  ㉢ 제품의 절단이 불가능하다.

(3) 사람에게 안전한 유리(Safety Glass)

① **강화유리**
  ㉠ 유리 파손 시 조각이 모나지 않게 콩알 모양으로 부수어지기 때문에 안전한 유리이다.
  ㉡ 급격한 온도에도 견디며, 파편에 의한 부상이 거의 없어 안전성이 높은 유리이다.

② **망입(網入)유리**
  ㉠ 유리 내부에 금속철망(철, 놋쇠, 알루미늄)을 봉입하고 압축 성형한 유리이다.
  ㉡ 방범용 및 방화용으로 방화문 등에 사용한다.

③ **접합(接合)유리**
  ㉠ 유리 파손 시 파편이 되어 날아가는 것(비산)을 방지하기 위하여 2장 이상의 판유리 사이에 접합필름을 삽입하여 가열 압착한 유리이다.
  ㉡ 방탄유리, 고층건물에 주로 사용한다.

• 안전유리 시험 장면

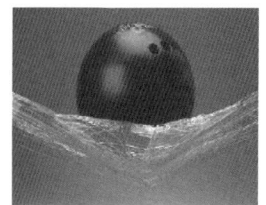

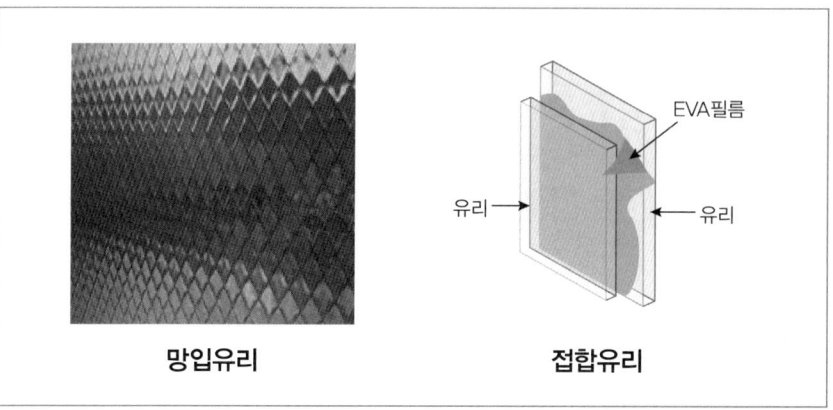

망입유리   접합유리

개념적용 문제

유리의 종류에 관한 설명으로 옳지 않은 것은? 제27회 기출

① 강화유리는 판유리를 연화점 이상으로 가열 후 서서히 냉각시켜 열처리한 유리이다.
② 로이유리는 가시광선 투과율을 높인 에너지 절약형 유리이다.
③ 배강도 유리는 절단이 불가능하다.
④ 유리블록은 보온, 채광, 의장 등의 효과가 있다.
⑤ 접합유리는 파손 시 유리파편의 비산을 방지할 수 있다.

해설 강화유리는 판유리를 연화점 이상으로 가열 후 균등하게 급격히 냉각시켜 열처리한 유리이다.

정답 ①

26·25·18·17·15·12회

(4) 특수 유리의 종류

종류	내용
열선반사(熱線反射) 유리	판유리 한쪽 면에 열선반사를 위한 얇은 금속산화물 코팅막을 형성시켜 경면효과와 반사성능을 높인 유리로, 태양의 열선차단으로 냉방부하를 줄일 수 있다.
열선흡수(熱線吸收) 유리	보통판유리에 금속산화물(철, 니켈, 코발트 등)을 첨가하여 태양광선 중 적외선을 흡수하여 실내로 적외선(열선)이 잘 투과되지 않는 성질을 가진 유리이다.
스팬드럴(Spandrel) 유리*	판유리의 한쪽 면에 세라믹질 도료를 코팅하여 불투명하게 제작한 유리로, 다양한 색상을 가지며 내식성이 우수하여 반영구적으로 사용할 수 있는 제품이다. 외벽의 상단 개구부와 하단 개구부와의 사이 부분(스팬드럴)에 주로 설치한다.

• 스팬드럴유리

바로확인문제

( )유리는 판유리의 한쪽 면에 열선반사막을 코팅하여 일사열의 차폐성능을 높인 유리이다.

프리즘유리 (포도유리)	지하실, 지붕 등의 채광용으로 투과광선의 방향을 변화시키거나 집중 확산시킬 목적으로 사용된다.
자외선투과유리	자외선을 잘 투과(50~90%)하는 유리로, 일광욕실, 병원, 요양소 등에 쓰인다.
자외선차단(흡수)유리	자외선을 차단하는 유리로, 백화점 진열창, 박물관 진열장 등에 쓰인다.
액정조광유리	2장의 유리 사이에 액정시트를 끼운 유리이다. 액정의 전기적 성질을 이용하여 투광성을 조절하고, 액정시트 배열을 일정 각도로 고정하여 특정 방향의 시야를 차단할 수 있어 발코니의 난간 등에 사용한다.

• 프리즘유리

개념적용 문제

유리에 관한 설명으로 옳지 않은 것은? 제26회 기출

① 강화유리는 판유리를 연화점 이상으로 열처리한 후 급랭한 것이다.
② 복층유리는 단열, 보온, 방음, 결로 방지 효과가 우수하다.
③ 로이(Low-E)유리는 열적외선을 반사하는 은소재 도막을 코팅하여 단열효과를 극대화한 것이다.
④ 접합유리는 유리 사이에 접합필름을 삽입하여 파손 시 유리 파편의 비산을 방지한다.
⑤ 열선반사유리는 소량의 금속산화물을 첨가하여 적외선이 잘 투과되지 않는 성질을 갖는다.

해설 열선흡수유리는 소량의 금속산화물을 첨가하여 적외선이 잘 투과되지 않는 성질을 갖는다.

정답 ⑤

(5) 장식용 유리의 종류

▶ 17회

종류	내용
스테인드글라스	각종 색유리 조각을 밑그림에 맞추어 절단해서 조립하고, 그 접합부를 H형 단면의 납 끈에 끼워 모양을 낸 유리이다.
에칭글라스 (샌드블라스트글라스)	유리 표면에 형판을 대고 고압증기로 모래를 뿜어 마모(샌드블라스트)시켜 불투명하게 한 후 불화수소를 사용하여 화학적으로 문양을 새긴(에칭) 유리를 말한다.
장식 접합유리	접합유리 중간에 막으로 여러 가지의 색채 및 패턴을 인쇄한 필름을 사용하여 장식성을 부여한 유리를 말한다.
컬러유리	유리 뒷면에 유리 전용 특수도료를 수차례 도포하여 열처리한 유리로, 인테리어 효과가 뛰어나 장식용으로 많이 사용한다.

• 불화수소
불소와 수소의 화합물로 상온에서는 무색의 발연성(發煙性) 액체이며, 기체는 무색, 고체는 흰색이고, 물에 잘 녹는다.

스테인드글라스   에칭글라스   컬러유리

개념적용 문제

재료의 특성상 장식을 목적으로 사용하는 유리는?   제17회 기출

① 에칭글라스(샌드블라스트글라스)
② 액정조광유리
③ 저방사(Low-E)유리
④ 스팬드럴유리
⑤ 망입·선입유리

해설 에칭글라스(샌드블라스트글라스)는 유리 표면에 형판을 대고 고압증기로 모래를 뿜어 마모(샌드블라스트)시켜 불투명하게 한 후 불화수소를 사용하여 화학적으로 문양을 새긴(에칭) 유리로, 주로 장식용으로 사용한다.

정답 ①

2. 유리의 시공

(1) 유리 시공 시 일반사항

① 항상 4℃ 이상의 기온에서 시공하여야 하며, 4℃ 미만에서 시공해야 할 경우 실란트 시공 시 피접착 표면은 반드시 용제로 닦은 후 마른걸레로 닦아 내고 담당원의 승인을 받은 후 시공해야 한다.
② 시공 도중 김이 서리지 않도록 환기를 잘 해야 하며, 습도가 높은 날이나 우천 시에는 담당원의 승인을 받은 후 시공해야 한다. 실란트 작업의 경우 상대습도 90% 이상이면 작업을 하여서는 안 된다.
③ 유리면에 습기, 먼지, 기름 등의 해로운 물질이 묻지 않도록 한다.
④ 계획, 시방 및 도면의 요구에 대해 프레임 시공자의 작업을 검토하고 프레임의 수직, 수평, 직각, 규격, 코너접합 등의 허용오차를 검사한다.

바로확인문제

유리는 항상 ( )℃ 이상의 기온에서 시공하여야 하며, 더 낮은 온도에서 시공해야 할 경우 실란트 시공 시 피접착 표면은 반드시 용제로 닦은 후 마른걸레로 닦아 내고 담당원의 승인을 받은 후 시공해야 한다.

⑤ 나사, 볼트, 리벳, 용접 시의 요철 등으로 유리의 면 클리어런스 및 단부 클리어런스는 최솟값 이하가 되지 않도록 한다.
⑥ 모든 접합, 연결철물, 나사와 볼트, 리벳 등이 효과적으로 밀폐되도록 한다.
⑦ 유리를 끼우는 새시 내의 부스러기나 기타 장애물을 제거한다.
⑧ 창호의 배수 구멍이 막히지 않도록 하며, 창호 내부로 침투된 물 또는 결로수는 신속히 배수 구멍(Weep Hole)으로 배출되어야 한다. 배수구멍은 일반적으로 5mm 이상의 직경으로 2개 이상이어야 하며 복층유리, 접합유리, 망입유리 등의 경우 단부가 습기 및 침투구에 장기간 노출되지 않도록 한다.
⑨ 세팅블록*은 유리폭의 1/4 지점에 각각 1개씩 설치하여 유리의 하단부가 하부 프레임에 닿지 않도록 해야 한다.
⑩ 실란트 시공 부위는 청소를 깨끗이 한 후 건조시켜 접착에 지장이 없도록 한다. 이때 청소를 위해 톨루엔,* 아세톤 등의 용제를 사용할 수 있다.
⑪ 유리 끼우기 공사는 실내마감공사 전에 설치한다.
⑫ 유리는 먼지가 끼지 않게 무늬가 돋은 면 또는 흐림 갈기면이 실내 측에 오도록 끼운다.
⑬ 건축물 외벽 창호에 설치하는 복층 로이유리는 코팅면의 위치가 중요하므로 설계도서 및 공사시방서를 확인한 후 끼워야 한다.

- **세팅블록**

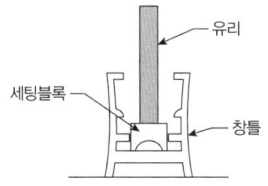

- **세팅블록 설치**

- **톨루엔(Toluene)**
방향족(芳香族) 탄화수소의 하나로 벤젠의 수소 하나를 메틸기로 치환하여 얻는 화합물이다.

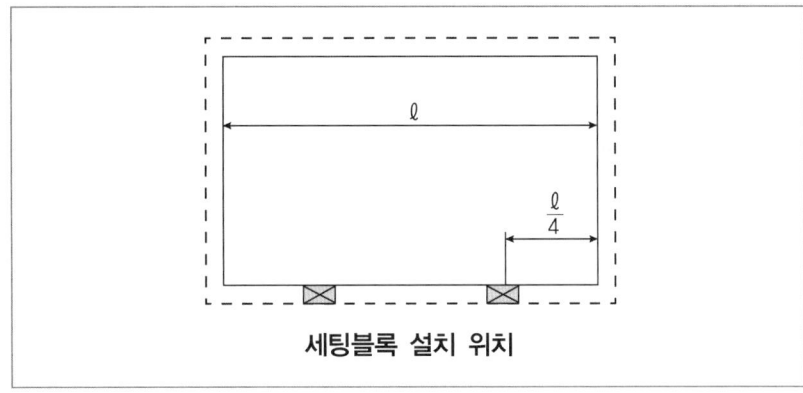

세팅블록 설치 위치

(2) 유리의 일반 설치공법

① 판유리의 절단은 창호의 유리홈 안치수보다 상부 및 한쪽 측면은 1.5~2.0mm 짧은 치수로 하고, 정확한 모양이 되게 절단한다.
② 판유리를 절단하기 전에 유리면에 부착된 종이, 기름, 먼지 등을 제거한 뒤 깨끗이 닦고, 창호의 유리홈은 마른 헝겊으로 청소한다.

③ 유리 취급 시 단부에 흠이 생기거나 프레임에 부딪치지 않도록 항상 주의하며, 유리를 회전시킬 때는 단부의 손상방지를 위해 보호조치를 해야 한다.

④ 유리 이동 시 압착기를 사용하여야 하며, 단부 손상방지를 위해 지렛대로 유리를 들어 올리거나 옮기지 않는다.

⑤ 시공 중 세팅블록이나 측면블록 등의 위치가 바뀌지 않도록 주의한다.

⑥ 외관상 균일성이 유지되도록 유리를 끼운다.

⑦ 백업재는 줄눈폭에 비해 약간 큰 것을 사용하고 뒤틀리지 않도록 하여야 한다.

⑧ 현장작업 중에 생기는 부스러기, 먼지, 코킹 잔재물 등에 의해 배수, 환기구멍 등이 막히지 않도록 주의한다.

⑨ 실란트를 충전하기 전 유리면 보호를 위해 테이프를 부착할 경우에는 줄눈 양측의 가장자리선과 일치하게 붙이고 줄눈 내부까지 침범하지 않도록 주의한다(단, 도장면에 테이프를 붙일 경우 도료의 경화가 불충분하면 테이프 제거 시 박리의 우려가 있으므로 주의해야 한다).

⑩ 실란트의 충전은 줄눈 폭에 맞는 노즐을 선정하여 실란트가 심층부까지 충전되도록 가압하며, 공기가 들어가 기포가 발생하지 않도록 주의한다.

⑪ 충전은 가능한 한 짧은 시간에 이루어지도록 한다.

⑫ 작업 후 즉시 테이프를 제거한다.

(3) 운반 및 보관

① 현장에 반입되는 모든 재료는 제조회사의 상표가 표기되어 있어야 하며, 목재상자, 팔레트로 운반해 온 유리는 그대로 보관한다.

② 목재상자, 팔레트가 없는 경우 벽, 바닥에 고무판, 나무판을 대고 유리를 세워 두며, 유리와 유리 사이에는 코르크판 등 완충제를 끼워 보관한다.

③ 모든 입고품은 확인을 실시하며, 의심스러운 상자는 분리하여 검사한다. 특히, 유리에 대해서는 규격 검사를 명확히 한다.

④ 적치˙와 중간취급을 최소화할 수 있도록 반입 및 수송계획을 수립하고, 층별 운반 계획도 고려한다.

⑤ 유리의 보관은 시원하고 건조하며 그늘진 곳에서 통풍이 잘 되게 하고, 직사광선이나 비에 맞을 우려가 있는 곳은 피해야 한다.

⑥ 즉시 사용하지 않을 유리는 비닐이나 방수포로 덮고, 상자 내의 열집적(熱集積)˙ 방지를 위해 상자 사이의 공기순환을 고려하여 적치한다.

• 적치(積置)
  물건 따위를 쌓아 둠

• 열집적(熱集積)
  열이 모여 쌓이는 것

⑦ 사용 실란트, 개스킷 등 사용부자재의 성능에 대한 시험결과를 제조업자로부터 자재 반입 시 함께 받는다.
⑧ 복층유리는 20매 이상 겹쳐서 적치하여서는 안 되며, 각각의 판유리 사이는 완충재를 두어 보관한다.

개념적용 문제

유리공사에 관한 설명으로 옳지 않은 것은? 　　　제28회 기출

① 4°C 미만에서 실란트 시공 시, 피접착 표면은 반드시 용제로 닦은 후 마른 걸레로 닦아내고 담당원의 승인을 받은 후 시공해야 한다.
② 복층유리는 20매 이상 겹쳐서 적치하여서는 안 된다.
③ 배수구멍(weep hole)은 일반적으로 직경 5mm 이상, 2개 이상으로 한다.
④ 실란트 작업은 상대습도가 90% 이상이면 작업을 하여서는 안 된다.
⑤ 세팅블록은 유리 폭의 $\frac{1}{3}$ 지점에 각각 1개씩 설치하여 유리의 하단부가 하부 프레임에 닿지 않도록 한다.

해설 세팅블록은 유리 폭의 $\frac{1}{4}$ 지점에 각각 1개씩 설치하여 유리의 하단부가 하부 프레임에 닿지 않도록 한다.

정답 ⑤

바로확인문제

복층유리는 (　　)매 이상 겹쳐서 적치하여서는 안 되며, 각각의 판유리 사이는 완충재를 두어 보관한다.

CHAPTER 08 OX문제로 완벽 복습

01 창면적이 클 때, 창의 보강 및 미관을 목적으로 사용하는 보강재를 멀리온이라고 한다. (O | X)

02 알루미늄 새시는 콘크리트, 모르타르, 회반죽 등의 알칼리에 약하므로 시공에 주의 (O | X)
해야 한다.

03 창호받이재에 홈을 한 줄 파거나 레일을 붙여 문을 이중벽 속 등에 밀어 넣는 것은 (O | X)
미서기창호이다.

04 플러시문은 울거미를 짜고 합판 등으로 양면을 덮은 문이다. (O | X)

05 도어체크(Door Check)는 열려진 여닫이문이 저절로 닫히게 하는 장치이다. (O | X)

06 도어스톱(Door Stop)은 열려진 문을 받쳐서 벽과 문의 충돌을 방지하기 위한 장치 (O | X)
이다.

07 플로어힌지(Floor Hinge)란 바닥지도리라고도 하며, 한쪽에서 열고 나면 저절로 (O | X)
닫히는 장치이다.

08 크레센트(Crecent)는 미서기창 또는 오르내리창의 잠금용 철물이다. (O | X)

09 자유경첩은 문이 저절로 닫혀도 15cm 정도 열려 사용자가 없음을 알리는 철물이다. (O | X)

10 스팬드럴유리는 유리 내부에 철, 알루미늄 등의 망을 넣어 압착 성형한 유리로, 파 (O | X)
손을 방지하고 도난 및 화재예방에 쓰인다.

11 구조 개스킷(Gasket)은 건(Gun) 형태의 도구로 유리 사이에 시공하는 자재이며, (O | X)
정형과 부정형으로 나뉜다.

12 Low-E 유리는 복층유리에 얇은 금속막을 코팅하여 열의 이동을 극소화시켜 에너 (O | X)
지의 절약을 도모한 것이다.

13 복층유리(Pair Glass)는 2장 또는 3장의 판유리를 일정한 간격을 두고 봉합한 유 (O | X)
리로서 단열 및 방음성능이 우수하다.

14 유리블록(Glass Block)은 사각형이나 원형 등의 상자형 유리를 고열로 융착시켜 일체로 만든 유리로서, 채광과 구조 겸용으로 사용된다. (O | X)

15 복층유리는 15매 이상 겹쳐서 적치하여서는 안 되며, 각각의 판유리 사이에는 완충재를 두어 보관한다. (O | X)

16 세팅블록은 유리폭의 1/4 지점에 각각 1개씩 설치하여 유리의 하단부가 하부 프레임에 닿지 않도록 해야 한다. (O | X)

정답

01 O   02 O   03 X(미서기창호 ⇨ 미닫이창호)   04 O   05 O   06 O   07 O   08 O
09 X(자유경첩은 ⇨ 레버토리힌지는)   10 X(스팬드럴유리 ⇨ 망입유리)   11 X(정형과 부정형으로 나뉜다 ⇨ 정형이다)
12 O   13 O   14 O   15 X(15매 ⇨ 20매)   16 O

CHAPTER 09 미장 및 타일공사

회독체크 1 2 3

CHAPTER 미리보기

학습전략

평균 2문제 정도(4.5%)이나 매년 출제되고 있기 때문에 관심을 가지고 학습해야 하며, 이 CHAPTER에서는 주로 미장재료의 종류별 특징 파악, 벽타일 붙임공법 특징 파악 위주로 학습할 필요가 있습니다.

학습키워드

- 미장공사 바탕조건
- 미장바름
- 시멘트 모르타르 바름
- 단열 모르타르
- 온수온돌공사
- 미장시공순서
- 타일의 성분에 따른 종류별 특징
- 타일공사의 일반사항
- 떠붙이기
- 압착 붙이기
- 개량압착 붙이기
- 밀착붙이기

제1절 미장공사 ★★

1 개요

1. 일반사항

(1) 적용범위

① 공사현장에서의 내·외벽체, 바닥, 천장 등에 시공되는 미장공사, 기타 공사를 위한 바탕처리 및 공장에서 프리캐스트 콘크리트부재·콘크리트 블록 등의 미장처리에 의한 표면마감에 적용한다.

② 바탕처리, 청소, 물축임 이후의 공정에 대한 내용이며, 졸대* 바탕, 메탈 라스(와이어 라스) 바탕의 제조, 콘크리트 표면의 경화 불량이나 요철이 심한 부분의 손질바름을 포함하는 보수 등 미장공사의 범위가 불분명한 경우에는 담당원과 협의한다.

(2) 용어정리

용어	정의
덧먹임	바르기의 접합부 또는 균열의 틈새, 구멍 등에 반죽된 재료를 밀어 넣어 때워주는 것
라스 먹임	메탈 라스, 와이어 라스 등의 바탕에 모르타르 등을 최초로 바르는 것
눈먹임	인조석 갈기 또는 테라조 현장갈기의 갈아내기 공정에 있어서 작업면의 종석이 빠져나간 구멍 부분 및 기포를 메우기 위해 그 배합에서 종석을 제외하고 반죽한 것을 작업면에 발라 밀어 넣어 채우는 것
미장두께	각 미장층별로 발라 붙인 면적의 평균 바름두께
마감두께	바름층 전체의 두께를 말하며, 라스 또는 졸대 바탕일 때는 바탕 먹임의 두께 및 손질바름은 제외
초벌, 재벌, 정벌바름	바름벽은 여러 층으로 나뉘어 바름이 이루어지고, 이 바름층을 바탕에 가까운 것부터 초벌바름, 재벌바름, 정벌바름이라 한다.
바탕처리	① 요철 또는 변형이 심한 개소를 고르게 손질바름하여 마감두께가 균등하게 되도록 조정하고 균열 등을 보수하는 것 ② 바탕처리 시 살붙임바름은 한꺼번에 두껍게 바르지 않는 것이 좋다.
손질바름	콘크리트, 콘크리트블록 바탕에 초벌 바름하기 전에 마감두께를 균등하게 할 목적으로 모르타르 등으로 미리 요철을 조정하는 것
고름질	바름두께 또는 마감두께가 두꺼울 때 혹은 요철이 심할 때 적정한 바름두께 또는 마감두께가 될 수 있도록 초벌바름 위에 발라 붙여 주는 것 또는 그 바름층

미장공사 PART 1
1 개요
2 미장재료별 바름공법

▶ **관련기준**
건축표준시방서코드(KCS) 2025 〈KCS 41 46 01 : 2021〉

• **졸대**
벽이나 천장 따위를 바를 때 욋가지로 쓰는 가느다란 나뭇조각

▶ 27·24·21·16회

바로확인문제
마감두께는 바름층 전체의 바름두께를 말하며, 손질바름은 (   )한다.

> **개념적용 문제**
>
> 미장공사에서 콘크리트, 콘크리트블록 바탕에 초벌 바름하기 전 마감두께를 균등하게 할 목적으로 모르타르 등으로 미리 요철을 조정하는 것은?
>
> 제24회 기출
>
> ① 고름질   ② 라스 먹임   ③ 규준바름
> ④ 손질바름   ⑤ 실러바름
>
> **해설**
> ① 고름질: 바름두께 또는 마감두께가 두꺼울 때 혹은 요철이 심할 때 초벌바름 위에 발라 붙여 주는 것 또는 그 바름층
> ② 라스 먹임: 메탈 라스, 와이어 라스 등의 바탕에 모르타르 등을 최초로 바르는 것
> ③ 규준바름: 미장바름 시 바름면의 규준이 되기도 하고, 규준대 고르기에 닿는 면이 되기 위해 기준선에 맞춰 미리 둑모양 혹은 덩어리 모양으로 발라 놓은 것 또는 바르는 작업
> ⑤ 실러 바름: 바탕의 흡수 조정, 바름재와 바탕과의 접착력 증진 등을 위하여 합성수지 에멀션 희석액 등을 바탕에 바르는 것
>
> **정답** ④

(3) 구성재료

① **결합재**(結合材): 시멘트, 플라스터, 소석회, 벽토, 합성수지 등으로서, 잔골재, 종석, 흙, 섬유 등 다른 미장재료를 결합하여 경화시키는 재료를 말한다.

② **혼화재료**: 주재료 이외의 재료로서 반죽할 때 필요에 따라 미장재료의 성분으로서 첨가하는 재료로, 혼화재료에는 혼화제(劑)와 혼화재(材)가 있다.

③ **골재**

    ㉠ 모래: 유해한 양의 먼지, 흙, 유기불순물, 염화물 등을 포함하지 않아야 하고, 내화성 및 내구성에 악영향을 미치지 않는 것으로 한다. 모래의 최대 크기는 바름두께에 지장이 없는 한 큰 것으로서, 바름두께의 반 이하로 한다.

    ㉡ 종석(種石): 인조석을 만드는 데 사용되는 여러 가지 종류의 작은 돌로 종석재(대리석, 기타 쇄석), 색상 등을 검토하고, 종석의 크기는 체로 쳐서 정확한 입도인 것을 물씻기하여 사용한다.

④ **물**: 비빔용수는 상수도 또는 시방서에 적합한 것으로 한다.

⑤ **보강재료**: 바름성질을 개선하기 위한 것으로 여물* 해초풀* 수염* 및 기타 섬유류 등을 사용한다.

- **여물**
진흙이나 회반죽 따위를 이길 때 섞는 썬 짚이나 삼, 털 따위

- **해초풀**
바닷말, 도박, 청각 등을 말렸다가 물을 가하여 끓인 풀로, 미장재에 가하여 접착력을 증가하기 위해 사용

- **수염**
벼, 보리, 옥수수 등의 낟알 끝이나 사이에 가늘게 난 까끄라기 또는 털 모양의 것

⑥ 보조재료
　㉠ 줄눈대: 바닥용은 플라스틱이나 금속 등으로 미장재료와 시공되는 위치에 적정한 것으로 하며, 옥상바닥 등 신축에 대응할 목적으로 설치하는 플라스틱 줄눈대는 콘크리트나 시멘트 모르타르가 경화한 후 제거할 수 있는 구조로 된 것으로 한다.
　㉡ 흡수조정제: 바탕의 흡수 조정이나 기포발생 방지 등을 주목적으로 이용하는 흡수조정제는 내알칼리성이 있고, 내수성이 좋은 합성수지 에멀션으로 광물질계 충전재 등을 포함하지 않는 것으로 한다.

2. 미장공사 시공

▶ 22·21·3회

(1) 바탕조건

① 일반조건
　㉠ 마감면이 평편도를 유지해야 한다.
　㉡ 필요한 부착강도를 유지해야 한다.
　㉢ 편리한 유지관리성이 보장되어야 한다.
　㉣ 균열 및 주름이 생기지 않아야 한다.
　㉤ 미장바름을 지지하는 데 필요한 강도와 강성이 있어야 한다.
　㉥ 통상시 및 진동 등의 환경조건에서 미장바름을 지지하는 데 필요한 접착강도를 유지할 수 있는 재질 및 형상이어야 한다.
　㉦ 미장바름의 종류 및 마감두께에 알맞은 표면상태로서 유해한 요철, 접합부의 어긋남, 균열 등이 없어야 한다.
　㉧ 미장바름의 종류에 화학적으로 적합한 재질로서 녹물에 의한 오염과 손상, 화학반응, 흡수 등에 의한 바름층의 약화가 생기지 않아야 한다.
　㉨ 미장바름에 적합한 바탕은 내·외벽 등의 부위조건 및 사용조건을 고려하여 선택한다.

② 콘크리트 바탕조건
　㉠ 거푸집을 완전히 제거한 상태로서, 부착상 유해한 잔류물이 없도록 한다.
　㉡ 콘크리트는 타설 후 28일 이상 경과한 다음 균열, 재료분리, 과도한 요철 등이 없어야 하고, 적절히 보수되어 있는 상태로 한다. 단, 양생기간의 경우 콘크리트의 특성에 따라 그 기간을 변경할 수 있으며, 이에 대해서는 담당원의 승인을 받아야 한다.

바로확인문제

미장공사 시 바탕은 마감면이 평편도를 (　　)해야 한다.

ⓒ 설계변경, 기타의 요인으로 바름두께가 커져서 손질바름의 두께가 25mm를 초과할 때는 KS D 7017에 규정한 철망 등을 긴결시켜 콘크리트를 덧붙여 친다.
ⓔ 미장바름에 지장을 주는 철근, 간격재 또는 나무부스러기 등은 제거하고, 구멍 등은 모르타르 등으로 채워 메운다.
ⓜ 콘크리트의 이어치기 또는 타설 시간의 차이로 이어친 부분에서 누수의 원인이 될 우려가 있는 곳은 적절한 방법으로 미리 방수처리를 한다.

③ **콘크리트 벽돌 및 블록 바탕조건**
  ㉠ 콘크리트 벽돌 및 블록쌓기의 줄눈형상은 적용된 미장바름의 종류 및 바름두께에 적합한 것으로 한다.
  ㉡ 콘크리트 블록은 적용된 미장바름과 비교하여 강도·강성이 우수한 것으로, 줄눈나누기 등에 의한 균열을 방지하기 위해 건습에 따른 신축이 작은 것으로 한다.
  ㉢ 물뿌리기는 미장재료의 경화 과정, 보수성, 흡수율 등을 고려하여 적절히 한다.
  ㉣ 콘크리트 벽돌 및 블록 바탕은 쌓기 후 2주 이상 경과하여 침하 및 건조수축 등 조적 바탕이 안정화되도록 한다. 단, 양생온도 등 기상조건의 변화가 예상되는 경우는 담당원의 확인 후 전술한 방치기간을 조정할 수 있다.

④ **바탕의 점검 및 조정**
  ㉠ 바름작업에 선행하여 바탕의 균열, 요철 등 미장공사에 지장이 없는지 점검한다. 지장이 있는 경우는 담당원과 협의하여 적절한 조치를 강구한다.
  ㉡ 콘크리트 바탕 등의 표면 경화 불량은 두께가 2mm 이하의 경우 와이어 브러시 등으로 불량부분을 제거한다. 2mm를 넘거나 그 범위가 넓은 경우는 담당원의 지시에 따른다. 기타 바름면에 이상이 확인된 경우는 담당원과 협의한다.
  ㉢ 바탕은 바름하기 직전에 잘 청소한다. 외벽의 콘크리트 바탕 등 오래 방치되어 먼지가 붙어 있는 경우에는 초벌바름작업 전날 물로 청소한다. 콘크리트, 콘크리트 블록 등의 바탕 및 시멘트 모르타르, 플라스터 등의 초벌바름이 건조한 것은 미리 적당히 물축임한 후 바름작업을 시작한다.

㉣ 물기가 많은 바탕면은 통풍, 기계적 건조 등에 의해 물기를 조정한 후 바름작업을 시작한다.

㉤ 합판거푸집을 사용한 콘크리트 바탕, 프리캐스트 콘크리트 바탕이 지나치게 미끈하여 미장바름 시 접착이 확실치 않은 경우는 합성수지 에멀션계 접착증진제를 먼저 도포한 후 합성수지계 혼화재료가 혼합된 시멘트 페이스트를 바르고, 초벌바름작업을 시작한다.

㉥ 다른 종류의 바탕층 조합인 경우, 바탕층의 상부에 다른 종류의 재료로 바르고 또 다른 층을 겹쳐 바르는 경우에 바탕층 간의 경화 불량 및 강도, 수축 등이 불균일하게 발생하여 탈락이나 들뜸 발생의 우려가 있으므로 담당원과 협의하에 바탕층 계면 간에 흡수조정재를 바르는 등의 적절한 조치를 하도록 한다.

㉦ 바탕면은 거칠게 하여 부착력을 증대시키며, 마감바르기는 면이 평활하여야 한다.

> **참고** **미장철물**
>
> 1. **와이어 라스**: 철선을 꼬아서 만든 철망으로 벽, 천장의 미장바름에 사용
> 2. **메탈 라스**: 얇은 철판에 자름금을 내어 당겨 늘린 것으로 벽의 미장바름에 사용
> 3. **와이어 메시**: 철선을 전기용접하여 격자형으로 만든 것으로 콘크리트 바닥판, 콘크리트 포장 등의 균열 방지에 사용
> 4. **펀칭 메탈**: 얇은 철판에 각종 모양을 도려낸 것으로 장식용, 라지에이터 등에 사용
> 5. **코너비드**: 기둥, 벽체의 모서리 면, 각진 면, 구석 면의 미장보호를 위해 사용하는 철물
> 6. **논슬립**: 계단의 디딤판과 챌판 중 디딤판의 끝부분에 설치하여 미끄러지지 않도록 하는 철물

 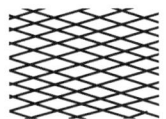 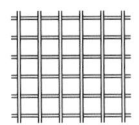  

와이어 라스 　 메탈 라스 　 와이어 메시 　 펀칭 메탈

코너비드 　 논슬립

▶ 25 · 14 · 9 · 2회

• 와이어 메시 위 미장바름

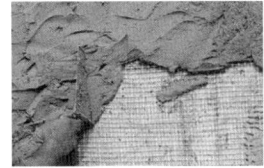

바로확인문제

( )는 기둥, 벽체의 모서리 면, 각진 면, 구석 면의 미장보호를 위해 사용하는 철물이다.

> **개념적용 문제**
>
> **미장공사에 관한 설명으로 옳지 않은 것을 모두 고른 것은?** 제21회 기출
>
> ㉠ 미장두께는 각 미장층별 발라 붙인 면적의 평균 바름두께를 말한다.
> ㉡ 라스 또는 졸대바탕의 마감두께는 바탕먹임을 포함한 바름층 전체의 두께를 말한다.
> ㉢ 콘크리트바탕 등의 표면 경화 불량은 두께가 2mm 이하의 경우 와이어 브러시 등으로 불량부분을 제거한다.
> ㉣ 외벽의 콘크리트 바탕 등 날짜가 오래되어 먼지가 붙어 있는 경우에는 초벌바름작업 전날 물로 청소한다.
>
> ① ㉠ ② ㉡
> ③ ㉠, ㉣ ④ ㉡, ㉢
> ⑤ ㉢, ㉣
>
> **해설** ㉡ 라스 또는 졸대바탕의 마감두께는 바탕먹임을 제외한 바름층 전체의 두께를 말한다.
>
> **정답** ②

(2) 재료의 취급

① 미장용 재료는 다른 재료와 섞이거나 오염 또는 손상되지 않도록 보관한다.
② 시멘트, 석고 플라스터 등과 같이 습기에 약한 재료는 지면보다 최소 300mm 이상 높게 만든 마룻바닥이 있는 창고 등에 건조상태로 보관하고, 쌓기단수는 13포대 이하로 한다.
③ 폴리머 분산제 및 에멀션 실러를 보관하는 곳은 고온, 직사일광을 피하고, 또한 동절기에는 온도가 5℃ 이하로 되지 않도록 주의한다.
④ 제품은 제조회사에서 출하 시의 용기나 포장지 또는 묶음으로 제조회사의 명칭이나 상품명을 쉽게 읽을 수 있게 보관해야 하며, 오손(汚損)된 재료는 즉시 현장에서 제거하여야 한다.

(3) 배합 및 비빔

① 재료의 배합
㉠ 재료의 배합은 마무리의 종류, 바름층 등에 따라 다르지만 원칙적으로 바탕에 가까운 바름층일수록 부배합으로 하고, 정벌바름에 가까울수록 빈배합으로 한다.

---

27 · 23 · 3회

바로확인문제

재료의 배합은 마무리의 종류, 바름층 등에 따라 다르지만 원칙적으로 바탕에 가까운 바름층일수록 (   )으로 하고, 정벌바름에 가까울수록 (   )으로 한다.

ⓛ 결합재와 골재 및 혼화재의 배합은 용적비로, 혼화제·안료·해초 풀 및 짚 등의 사용량은 결합재에 대한 질량비로 표시하는 것을 원칙으로 한다.

② **재료의 비빔**
ㄱ) 분말 및 입자모양의 재료는 건비빔상태에서 균질하게 혼합한 후, 물을 부어서 다시 잘 혼합한다. 액체상태의 혼화재료 등은 미리 물과 섞어 둔다.
ⓛ 섬유를 혼합할 물이 접착액인 경우에는 이 접착액에 섬유를 분산시켜 접착액으로서 모르타르를 혼합하여 사용한다. 일반적으로 혼합수의 경우는 미리 소정량의 결합재 일부와 혼합수의 일부로 만든 것에 접착재를 분산시키고, 나머지 재료를 고루 섞으면서 접착재가 균일하게 분산되도록 잘 반죽한다.
ⓒ 압송뿜칠기계에 사용하는 재료의 비빔은 반드시 기계비빔으로 한다. 그 시공연도는 슬럼프콘을 사용하여 관리한다.

③ **재료혼합의 제한**
ㄱ) 석고 플라스터에 시멘트, 소석회, 돌로마이트 플라스터 등을 혼합하여 사용하면 안 된다.
ⓛ 결합재, 골재, 혼합재료 등을 미리 공장에서 배합한 기성배합 재료를 사용할 때에는 제조업자가 지정한 폴리머 분산제 및 물 이외의 다른 재료를 혼합해서는 안 된다.
ⓒ 내벽에 재벌, 정벌바름으로 쓰이는 광물질계 혼화재는 포틀랜드 시멘트 1, 소석회, 돌로마이트 플라스터, 포졸란 및 메타카올린 등을 0.1~0.3(용적비) 정도가 되도록 한다.

(4) 바름

① **흙손바름**
ㄱ) 초벌바름은 바탕의 강성과 부착성을 고려하여 적합한 흙손을 선택하며, 흙손으로 충분히 누르고 눈에 띌 정도의 틈이 생기지 않도록 한다.
ⓛ 재료를 바름하는 경우, 흙손의 조작은 각 방향으로 균등하게 한다.
ⓒ 바름면의 흙손작업은 갈라지거나 들뜨는 것을 방지하기 위해 바름층이 굳기 전에 끝낸다.
ⓔ 바름표면의 흙손바름 및 흙손누름작업은 물기가 걷힌 상태를 보아가며 한다.

• **메타카올린**
내화물, 고무, 페인트, 화학, 제약 등 폭넓게 사용 가능한 카올린을 특수 처리하여 콘크리트용 혼화재료로 제조한 것

▶ 28·27·26·11·9회

• **흙손을 이용한 미장바름**

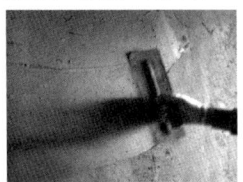

ⓜ 백색 혹은 유색의 치장 바름층 표면에 흙손바름을 하는 경우는 물기 얼룩에 주의하여 색얼룩이나 흙손에 의한 변색얼룩 등이 생기지 않도록 한다.
ⓑ 미장바름 시 바름두께를 얇게 하여 여러 번 발라 소정의 두께가 나오도록 한다.
ⓢ 상당히 긴 벽면의 미장면에는 신축줄눈을 설치하여 미장바름을 한다.
ⓞ 개구부 주변의 바탕면에는 메탈 라스를 설치하고 미장바름을 한다.

② **뿜칠**

• 뿜칠

㉠ 뿜칠은 얼룩, 흘러내림, 공기방울 등의 결함이 없도록 작업한다.
㉡ 압송뿜칠기계로 바름하는 두께가 20mm를 넘는 경우는 초벌, 재벌, 정벌 3회로 나누어 뿜칠바름을 하고, 바름두께 20mm 이하에서는 재벌뿜칠을 생략한 2회 뿜칠바름을 한다. 두께 10mm 정도의 부위는 정벌뿜칠만을 밑바름, 윗바름으로 나누어 계속해서 바른다.

③ **셀프레벨링재 바름**

㉠ 석고계 셀프레벨링재는 물이 닿지 않는 실내에서만 사용한다.
㉡ 셀프레벨링재의 표면에 물결무늬가 생기지 않도록 창문 등은 밀폐하여 통풍과 기류를 차단한다.

④ **스터코(Stucco) 바름**

㉠ 소석회에 대리석가루 등을 섞어 흙손바름 성형이 가능한 외벽용 미장마감이다.
㉡ 건축물 외부 마감재 중 가장 가볍고, 시공방법도 비교적 간단해 공사 기간과 원가절감에 효과가 있다.

⑤ **바름 순서**

㉠ 위에서 아래로 시공(실내: 천장 ⇨ 벽 ⇨ 바닥, **외벽**: 옥상난간 ⇨ 지층)
㉡ 벽과 수평으로 교차되는 처마 밑, 반자·차양 밑 등을 먼저 바르고 그 밑벽의 순으로 바르는 것이 원칙이다.
㉢ 천장돌림, 벽돌림 등의 규준이 되는 부분을 먼저 정확히 바른 후 천장, 벽면 등의 넓은 면을 바르는 순으로 한다.

바로확인문제

미장바름 시 바름두께를 (   ) 하여 여러 번 발라 소정의 두께가 나오도록 한다.

> **개념적용 문제**
>
> 미장공사에 관한 설명으로 옳지 않은 것은?   제11회 기출
>
> ① 바름두께를 얇게 하여 여러 번 바르는 것이 좋다.
> ② 실내 모르타르 바르기의 순서는 벽, 천장, 바닥의 순으로 한다.
> ③ 상당히 긴 벽면의 미장면에는 신축줄눈을 설치하는 것이 좋다.
> ④ 시멘트 모르타르는 시멘트, 물, 모래 및 기타 혼화재료 등을 혼합한 것이다.
> ⑤ 개구부 주변의 바탕면에는 메탈 라스를 설치하는 것이 좋다.
>
> 해설   실내 모르타르 바르기의 순서는 천장, 벽, 바닥의 순으로 한다.
>
> 정답 ②

(5) 보양

▶ 28·15·13회

① **시공 전의 보양**

㉠ 바름작업 전에 근접한 다른 부재나 마감면 등은 오염 또는 손상되지 않도록 종이붙임, 널대기, 포장덮기, 거적덮기, 폴리에틸렌 필름덮기 등으로 적절히 보양한다.

㉡ 바름면의 오염방지 외에 조기건조를 방지하기 위해 통풍이나 일조를 피할 수 있도록 한다.

㉢ 외장뿜칠바름면에서는 바름 전에 직사일광, 바람, 비 등을 막기 위한 시트보양을 하고 파라펫과 발판 사이에는 비가 들이치지 않도록 덮개를 씌운다.

② **시공 시의 보양**

㉠ 미장바름 주변의 온도가 5℃ 이하일 때는 원칙적으로 공사를 중단하거나 난방하여 5℃ 이상으로 유지한다.

㉡ 외부 미장공사를 여름에 시공하는 경우에는 바름층의 급격한 건조를 방지하기 위하여 거적덮기 또는 폴리에틸렌 필름덮기를 한 다음 살수 등의 조치를 강구한다.

㉢ 강우, 강풍 혹은 주위의 작업으로 바름작업에 지장이 있는 경우에는 작업을 중지한다.

㉣ 공사 중에는 주변의 다른 부재나 작업면이 오염 또는 손상되지 않도록 적절하게 보양한다.

바로확인문제

바름면의 오염방지와 조기건조를 (   )하기 위해 통풍이나 일조를 (   ).

③ **시공 후의 보양**
  ㉠ 바람 등에 의하여 작업장소에 먼지가 날려 작업면에 부착될 우려가 있는 경우는 방풍보양을 한다.
  ㉡ 조기에 건조될 우려가 있는 경우에는 통풍, 일사를 피하도록 시트 등으로 가려서 보양한다.

개념적용 문제

미장공사에 관한 설명으로 옳지 않은 것은?   제13회 수정

① 바름면의 오염방지와 조기건조를 위해 통풍 및 일조량을 확보한다.
② 미장바름작업 전에 근접한 다른 부재나 마감면 등은 오염되지 않도록 적절히 보양한다.
③ 시멘트 모르타르 바름공사에서 시멘트 모르타르 1회의 바름두께는 바닥의 경우를 제외하고 얇게 여러 번 바르는 것이 좋다.
④ 시멘트 모르타르 바름공사에서 초벌바름의 바탕두께가 너무 두껍거나 얼룩이 심할 때는 고름질을 한다.
⑤ 바람 등에 의하여 작업장소에 먼지가 날려 작업면에 부착될 우려가 있는 경우는 방풍조치를 한다.

해설 바름면의 오염방지와 조기건조를 방지하기 위해 통풍이나 일조를 피한다.

정답 ①

---

3. 미장바름의 균열 및 박락(剝落)

(1) 발생원인

① 가는 모래의 사용과 분말도가 높은 시멘트의 사용
② 정벌바름 시 부배합 사용
③ 바름두께 초과 및 미달인 경우
④ 초벌 방치기간이 부족한 경우
⑤ 구조체의 수축 및 변형
⑥ 재료의 불량 및 수축
⑦ 바탕면 처리불량

(2) 방지대책

① 바름두께는 얇게 여러 번 바른다.

② 문선, 걸레받이, 두겁대 및 돌림대 등의 개탕(開鐋)* 주위는 흙손 날의 두께만큼 띄어 둔다.

③ 개구부의 모서리나 라스, 목모 시멘트판, 석고라스 보드, 고압증기양생 경량 기포콘크리트 패널 접합부 등 균열이 발생하기 쉬운 곳에는 섬유 등 균열방지용 보강재를 설치하고, 또한 0.5B 벽돌쌓기 부위 등에 전선관 및 설비 배관 등으로 통줄눈이 발생하는 부위 등 시멘트 모르타르 바름 미장면에는 메탈 라스 붙여대기 등을 한다.

④ 콘크리트, 콘크리트 블록 및 목조 바탕 등의 서로 다른 바탕 접속부의 균열을 방지하기 위한 줄눈설치 등의 방법을 담당원의 지시에 따른다.

⑤ 각종 부위가 충격, 진동 등에 의해 박리의 우려가 있는 경우 미리 바탕의 전면에 메탈 라스 또는 와이어 라스를 덮고 적절한 조치를 강구한다.

⑥ 초벌 바르고 충분히 건조시킨 후 재벌 및 정벌바름을 한다.

• 개탕(開鐋)
장지, 빈지, 판자 따위를 끼우기 위하여 문틀에 판 홈

> **개념적용 문제**
>
> **미장공사에서 바름면의 박락(剝落) 및 균열원인이 아닌 것은?** 제19회 기출
>
> ① 구조체의 수축 및 변형
> ② 재료의 불량 및 수축
> ③ 바름 모르타르에 감수제의 혼입 사용
> ④ 바탕면 처리불량
> ⑤ 바름두께 초과 및 미달
>
> 해설 | 바름 모르타르에 감수제를 혼입하면 시멘트 입자를 분산시켜 시공연도가 향상됨으로써 단위수량이 감소하기 때문에 오히려 박락 및 균열이 생기지 않게 된다.
>
> 정답 ③

2 미장재료별 바름공법

1. 미장재료의 분류

27·20·9·7회

(1) 종류

- **수경성** ─ 시멘트·석고 등이 물과 반응하여 경화하고, 차차 강도가 크게 되는 성질
- **기경성** ─ 진흙과 같이 비빔 시 물이 있어도 공기 중에서만 완전히 경화하는 성질

(2) 특징

구분	수경성 재료	기경성 재료
경화	물과 반응	공기 중 이산화탄소(CO_2)와 반응
경화시간	짧다.	길다.
강도	크다.	작다.
시공성	불편	용이
종류	시멘트 모르타르, 석고성 플라스터, 인조석 및 테라조 바름	진흙, 회반죽, 돌로마이트 플라스터, 아스팔트 모르타르

개념적용 문제

다음 중 수경성 미장재료로 옳은 것을 모두 고른 것은?   제20회 기출

㉠ 돌로마이트 플라스터   ㉡ 순석고 플라스터
㉢ 경석고 플라스터   ㉣ 소석회
㉤ 시멘트 모르타르

① ㉠, ㉡, ㉢ ② ㉠, ㉡, ㉣ ③ ㉠, ㉣, ㉤
④ ㉡, ㉢, ㉤ ⑤ ㉢, ㉣, ㉤

해설 수경성 미장재료는 순석고 플라스터(㉡), 경석고 플라스터(㉢), 시멘트 모르타르(㉤)이다. 돌로마이트 플라스터(㉠), 소석회(㉣)는 기경성 미장재료이다.

정답 ④

2. 시멘트 모르타르 바름

(1) 사용재료

① 시멘트, 물, 모래 및 기타 혼화재료 등을 혼합한 것을 사용한다.
② 모래는 시공성이 허용하는 한 거친 입자의 것(큰 것)을 사용한다.

(2) 바탕의 처리 및 청소

① 콘크리트, 콘크리트 블록 등의 바탕으로 덧붙임 손질을 요하는 것은 바탕 바름에 나타내는 모르타르로 요철을 조정하고, 긁어놓은 다음 2주 이상 가능한 한 오래 방치한다.
② 모르타르를 부착하기 어려운 때에는 혼화제를 넣은 시멘트 페이스트를 미리 얇게 바르고 난 후 덧붙여 모르타르를 바른다.
③ 바탕은 바름하기 직전에 잘 청소하고, 콘크리트와 콘크리트 블록 등은 미리 물로 적셔 바탕의 물 흡수를 조정하고 나서 초벌바름을 한다.

(3) 시공 순서

> 바탕처리 및 청소 ⇨ 재료비빔 ⇨ 초벌바름 및 라스 먹임 ⇨ 고름질 ⇨ 재벌바름 ⇨ 정벌바름 ⇨ 마무리 ⇨ 보양

(4) 바름두께

① 바름두께는 바탕의 표면부터 측정하는 것으로서, 라스 먹임의 바름두께를 포함하지 않는다.

② 매회 바름은 초벌, 재벌, 정벌 순서로 하며, 1회 두께는 바닥을 제외하고 얇게 여러 번 바르는 것이 좋다.

③ **바름 부분별 총바름두께**

바름 부위	바름두께
외벽 · 바닥	24mm 이하
내벽	18mm 이하
천장 · 차양	15mm 이하

개념적용 문제

콘크리트 바탕에 시멘트 모르타르 미장바름을 할 경우, 각 부위별 전체 바름두께의 대소 관계로 옳은 것은? (단, 전체 바름두께는 초벌, 재벌, 정벌 바름두께 표준의 합이다) 제15회 기출

① 바닥 > 외벽 > 내벽 > 천장
② 바닥 = 외벽 > 내벽 = 천장
③ 바닥 = 외벽 > 내벽 > 천장
④ 바닥 > 외벽 = 내벽 > 천장
⑤ 바닥 > 외벽 = 내벽 = 천장

해설 미장바름의 두께는 바닥과 외벽은 24mm, 안벽(내벽)은 18mm, 천장과 차양은 15mm이다.

정답 ③

---

(5) 시멘트 모르타르 바름공법

① **재료의 비빔 및 운반**

㉠ 시멘트와 모래를 혼합하고 물을 넣어 비빔을 실시한다. 혼화재료로서 분말을 혼입할 때에는 사전에 시멘트와 섞어 분산이 잘 되도록 하고, 합성수지계 혼화제, 방수제 등 액상의 것은 미리 물과 섞는다. 비빔은 모르타르 믹서로 하는 것을 원칙으로 한다.

• **쇠갈퀴**
곡식 따위를 긁어모으거나 밭의 흙을 고르는 데 쓰이는 쇠로 만든 갈퀴

    ⓛ 1회 비빔량은 2시간 이내 사용할 수 있는 양으로 한다.

② **초벌바름 및 라스 먹임**

    ㉠ 흙손으로 충분히 누르고 눈에 뜨일 만한 빈틈이 없도록 하며, 바른 후에는 쇠갈퀴* 등으로 전면을 거칠게 긁어놓는다.

    ⓛ 초벌바름 또는 라스 먹임은 2주일 이상 방치하여 바름면 또는 라스의 겹침 부분에서 생길 수 있는 균열이나 처짐 등 흠을 충분히 발생시키고, 심한 틈새가 생기면 다음 층바름 전 덧먹임을 한다.

③ **고름질**

    ㉠ 바름두께가 너무 두껍거나 요철이 심할 때는 고름질을 한다.

    ⓛ 초벌바름에 이어서 고름질을 한 다음에는 초벌바름과 같은 방치기간을 둔다.

    ㉢ 초벌바름 후 충분히 건조시켜 균열을 발생시킨 후 고름질을 하고 재벌바름한다.

    ㉣ 고름질 후에는 쇠갈퀴 등으로 전면을 거칠게 긁어놓는다.

④ **재벌바름 및 정벌바름**

구분	내용
재벌바름	㉠ 재벌바름에 앞서 구석, 모퉁이, 개탕 주위 등은 규준대를 대고 평탄한 면으로 바르고, 다시 규준대 고르기를 한다. ⓛ 재벌바름을 한 다음에는 쇠갈퀴 등으로 전면을 거칠게 긁어놓은 후 초벌바름과 같은 방치기간을 둔다.
정벌바름	재벌바름의 경화 정도를 보아 정벌바름은 면 개탕 주위에 주의하고 요철, 처짐, 돌기, 들뜸 등이 생기지 않도록 바른다.

⑤ **바름공법**

종류	내용
2회 바름공법	㉠ 바탕에 심한 요철이 없고 마무리 두께가 15mm 이하의 천장, 벽, 기타(바닥 제외)는 초벌바름 후 재벌바름을 하지 않고 정벌바름을 하는 경우가 있으며, 이 경우에는 초벌바름 위에 정벌 밑바름을 하여 수분이 빠지는 정도를 확인하면서 윗바름을 실시한다. ⓛ 그 이후 규준대 고름질 후 지정된 마무리를 한다.
1회 바름공법	㉠ 평탄한 바탕면으로 마무리 두께 10mm 정도의 천장, 벽, 기타(바닥 제외)는 1회로 마무리하는 경우가 있으며, 이 경우에는 바탕면에 시멘트 페이스트를 바르고 거기에 정벌바름의 배합으로 밑바름을 진행하며 수분이 빠지는 정도를 확인 후 윗바름을 한다. ⓛ 그 이후 규준대 고름질 후 지정된 마무리를 한다.

바로확인문제

초벌바름 후 충분히 건조시켜 균열을 발생시킨 (　　) 고름질을 하고 재벌바름한다.

⑥ 마무리

종류	내용
쇠흙손 마무리	쇠흙손으로 바르고 나무흙손으로 눌러 고른 다음 쇠흙손으로 마무리
나무흙손 마무리	쇠흙손으로 바르고 나무흙손으로 골라 마무리
솔질 마무리	쇠흙손으로 바르고 나무흙손으로 고른 다음 쇠빗, 솔 등의 기구로 요철이 없도록 긁어내서 마무리

⑦ 바닥바름

㉠ 콘크리트 바닥면에 모르타르를 바를 때는 바탕 표면의 레이턴스, 오물, 부착물 등을 제거하고 잘 청소한 다음 물을 뿌린다.

㉡ 콘크리트 타설 후 수일 지난 것은 물씻기를 하되, 이때 물이 고인 상태에서 바르면 안 된다.

㉢ 바닥바름은 시멘트 페이스트를 충분히 문지르고, 잘 고른 다음 수분이 아주 적은 된비빔 모르타르를 쇠흙손으로 발라 표면의 수분 정도를 보아 잣대 고름질을 하고, 물매에 주의하여 나무흙손으로 고르고 쇠흙손, 나무흙손으로 마무리한다.

개념적용 문제

시멘트 모르타르 미장공사에 관한 설명으로 옳지 않은 것은? 제23회 기출

① 모래의 입도는 바름두께에 지장이 없는 한 큰 것으로 한다.
② 콘크리트 천장 부위의 초벌바름두께는 6mm를 표준으로 하고, 전체 바름두께는 15mm 이하로 한다.
③ 초벌바름 후 충분히 건조시켜 균열을 발생시킨 후 고름질을 하고 재벌바름한다.
④ 재료의 배합은 바탕에 가까운 바름층일수록 빈배합으로 하고, 정벌바름에 가까울수록 부배합으로 한다.
⑤ 바탕면은 적당히 물축이기를 하고, 면을 거칠게 해 둔다.

해설 재료의 배합은 바탕에 가까운 바름층일수록 부배합으로 하고, 정벌바름에 가까울수록 빈배합으로 한다.

정답 ④

3. 석고 플라스터 바름

(1) 종류

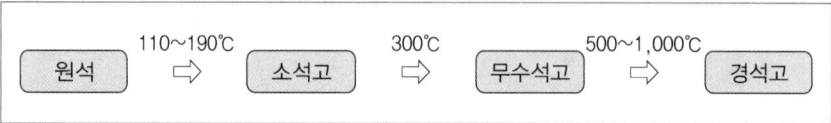

① **순석고 플라스터**: 중성으로 경화 속도가 빠르다.
② **혼합석고 플라스터**: 약알칼리성으로 경화 속도는 보통이다.
③ **경석고 플라스터**(Keen's Cement): 강도가 크고 수축 균열이 거의 없다.

(2) 바탕의 처리 및 청소

① 플라스터에서 손질바름을 하는 경우는 최대 두께 9mm 이내로 한다.
② 고압증기양생 경량 기포콘크리트 패널 바탕은 표면을 청소하고 바탕의 흡수를 처리하기 위해 프라이머로서 합성수지 에멀션 등을 도포하며, 제조업자가 지정하는 시간 내에 초벌바름을 실시한다.
③ 평활한 콘크리트 등의 바탕면은 접착성 향상을 목적으로 하여 합성수지 에멀션을 도포하거나 또는 시멘트 페이스트에 합성수지 에멀션을 혼입한 것을 바름하여 거칠게 한다.
④ 시멘트 모르타르 면은 보양기간을 충분히 두고 덧먹임을 하며, 알칼리에 의한 경화 불량이 발생하지 않도록 한다.

(3) 석고 플라스터 바름공법

① 석고플라스터는 수경성으로 경화속도가 빨라 작업시간에 제한을 받는다.
② 경석고 플라스터는 무수석고, 모래, 여물 등을 물에 혼합한 것으로 경화 속도가 빠르고 수축이 거의 없다.
③ 혼합석고 플라스터, 보드용 플라스터는 물을 가한 후 초벌바름, 재벌바름은 2시간 이상, 정벌바름은 1시간 30분 이상 경과한 것은 사용할 수 없다.
④ 초벌바름이 시멘트 모르타르 바름인 경우에는 2주 이상 양생한다.
⑤ 고름질은 초벌바름의 수분이 빠지는 정도를 보아 뒤따라서 발라도 좋다.
⑥ 재벌바름은 초벌바름면에 접착을 충분히 하고, 표면은 정벌바름하기 위하여 평탄하게 해야 하며, 적당히 거친 면이 되도록 해야 한다.

⑦ 정벌바름은 재벌바름이 반쯤 건조된 후 밑바름 및 윗바름 2공정으로 하여 쇠흙손으로 눌러서 충분하게 바르고, 수분이 빠지는 정도를 보아 마무리 흙손으로 흙손자국이 없도록 평활하게 마무리한다.

(4) 시공 시 주의사항

① 바름작업 중에는 될 수 있는 한 통풍을 방지하고, 작업 후에도 석고가 굳어질 때까지는 심한 통풍을 피하도록 한다. 그 후에는 적당한 통풍으로 바름면을 건조시킨다.

② 실내온도가 5℃ 이하일 때는 공사를 중단하거나 난방을 하여 5℃ 이상으로 유지한다.

③ 정벌바름 후 난방을 할 때는 바름면이 오염되지 않도록 주의한다. 또한 실내를 밀폐하지 않고 가열과 동시에 환기하여 바름면이 서서히 건조되도록 한다.

4. 인조석 바름 및 테라조 바름

(1) 사용재료

① 시멘트는 동일 회사의 제품으로 사용한다.
② 종석*은 종석 및 바름 견본을 받아 종석재, 색상 등을 검토 후 승인한다. 종석의 크기는 체로 쳐서 정확한 입도의 것을 사용하며, 물씻기를 철저히 한다.
③ 줄눈대는 도면 또는 공사시방서에 따르고 공사시방서에 정한 바가 없을 때에는 황동줄눈대로 하며, 황동줄눈대의 크기는 높이 15mm, 황동줄눈대의 폭 4.5mm, 황동머리두께 3mm 정도로 한다.
④ 테라조 바르기의 줄눈 나누기는 $1.2m^2$ 이내로 하며, 최대 줄눈 간격은 2m 이하로 한다.

(2) 바탕의 처리 및 청소

① 콘크리트, 콘크리트 블록 등의 바탕은 초벌바름 모르타르로 수평 또는 수직으로 처리하고, 쇠갈퀴로 긁거나 나무흙손 처리로 거칠게 한 후 2주 이상 가능한 한 오래 방치한다.
② 바탕은 미장하기 전에 잘 청소하고, 콘크리트나 콘크리트 블록 바탕 등은 미리 물로 습윤하게 하고, 바탕의 건조상태를 보면서 초벌바름을 한다.

▶ 관련기준
건축표준시방서코드(KCS) 2025 〈KCS 41 46 05 : 2021〉

• 종석
돌을 깬 조각

바로확인문제

석고 플라스터 바름공법은 실내온도가 ( )℃ 이하일 때는 공사를 중단하거나 난방하여 ( )℃ 이상으로 유지한다.

(3) 인조석 바름공법

① 정벌바름은 재벌바름의 경화 정도를 살펴서 미리 시멘트 페이스트 또는 배합비 1 : 1인 모르타르를 3mm 정도 바르고 실시한다.
② 바닥일 때는 시멘트 페이스트를 문질러 바른 후 이어서 배합비 1 : 3 모르타르로 정벌바름두께가 남도록 초벌바름을 하고 충분히 경화된 후 정벌바름을 실시한다.
③ 인조석 바르기 마감은 인조석 씻어내기 마감, 인조석 갈아내기 마감, 인조석 잔다듬으로 한다.
④ 치장 줄눈마감의 줄눈은 시멘트와 모래 또는 석회 1 : 1(용적비)의 모르타르를 잘 밀어 넣어 마감한다.

(4) 테라조 바름공법

① 테라조 바름 재료는 초벌바름이나 정벌바름 모두 된비빔으로 잘 혼합하고, 바닥일 때는 쌓아 놓아도 흘러내리지 않을 정도로 한다.
② 바닥 테라조의 줄눈마감을 달리할 때의 경계 문양 등에는 황동(놋쇠)제의 앵커가 붙은 줄눈대를 사용하고, 줄눈대의 앵커에는 미리 전 길이에 대하여 졸대 등을 끼워 줄눈 나누기에 따라 초벌바름 전에 앵커고정 모르타르로 고정시킨다.
③ 테라조를 바른 후 5~7일 이상 경과한 후 경화 정도를 보아 갈아내기를 한다.
④ 벽면 이외의 갈아내기는 기계갈기로 하고, 돌의 배열이 균등하게 될 때까지 갈아 낮춘다.
⑤ 눈먹임, 갈아내기를 여러 회 반복하되, 숫돌은 점차로 눈이 고운 것을 사용한다.
⑥ 최종마감은 마감 숫돌로 광택이 날 때까지 갈아낸다.

5. 돌로마이트 플라스터 바름

(1) 특징

① 돌로마이트 석회(마그네시아 석회)에 모래, 여물, 물을 혼합하여 사용한다.
② 경화가 늦고, 건조수축으로 인한 균열이 가장 크다.
③ 주로 내벽에 사용하나 습기가 많은 지하실 등에는 부적당하다.

바로확인문제

돌로마이트 플라스터 바름은 경화가 (   ), 건조수축으로 인한 균열이 가장 (   ).

④ 점성이 커서 해초풀을 사용하지 않으며, 시공이 용이하고 가격이 저렴하다.
⑤ 알칼리성이며 페인트칠이 곤란하다.

(2) 돌로마이트 플라스터 바름공법

① 벽은 초벌바름 직후, 천장 및 차양은 초벌바름 전에 수염 간격을 300mm 이하 마름모로 배열하여 붙여대고, 초벌바름과 고름질 또는 재벌바름면에 각각 반씩 부채형으로 벌려서 눌러 붙인다.
② 돌로마이트 플라스터와 소정량의 시멘트, 모래 및 물을 넣어 고르게 될 때까지 충분히 반죽하여, 창문 주위 등의 벽쌤 갓둘레에는 벽쌤용 수염을 간격 150mm 이하 한 줄로 배열하여 천장, 벽 등의 공법에 준하여 시공한다.
③ 초벌바름에 균열이 없을 때에는 고름질한 후 7일 이상, 균열이 생겼을 때에는 고름질한 후 14일 이상 두어 고름질면의 건조를 기다려 균열이 발생하지 아니함을 확인한 다음 재벌바름한다.
④ 재벌바름이 어느 정도 건조된 다음에 정벌바름하고, 지나치게 건조한 때는 적당히 물을 뿌리고 정벌바름한다.
⑤ 정벌바름은 흙손자국이 생기지 않도록 잘 마무리하고 표면이 상하지 않을 정도로 굳어진 다음, 솔에 맑은 물을 적셔서 직선으로 운행하여 표면의 흙손 광택을 지운다.

(3) 시공 시 주의사항

① 바름작업 중에는 될 수 있는 대로 통풍을 피하는 것이 좋으나 초벌바름 후, 고름질 후, 특히 정벌바름 후 적당히 환기하여 바름면이 서서히 건조되도록 한다.
② 실내온도가 5℃ 이하일 때는 공사를 중단하거나 난방하여 5℃ 이상으로 유지한다.
③ 정벌바름 후 난방할 때는 바름면이 오염되지 않도록 주의한다. 또한 실내를 밀폐하지 않고 가열과 동시에 환기하여 바름면이 서서히 건조되도록 한다.

▶ 관련기준
건축표준시방서코드(KCS) 2025 〈KCS 41 46 07 : 2021〉

6. 회반죽 바름

(1) 특징

① 소석회를 주원료로 모래, 여물, 해초풀을 혼합하여 사용한다.
② 여물은 건조수축에 의한 균열을 방지하기 위하여 사용한다.
③ 해초풀은 점성력, 부착력을 증대시키기 위하여 사용한다.
④ 해초풀을 끓인 다음 1일 이상 방치하게 될 때에는 표면에 소량의 석회를 뿌려서 부패를 방지하며, 사용 시는 표층 부분을 제거한 후 사용한다 (단, 석회를 뿌리더라도 2일 이상 두어서는 안 된다).

(2) 회반죽 바름공법

① 졸대바탕에는 수염 붙이기를 한다.
② 수염 간격은 벽에서 300mm 이하, 천장 및 차양에서는 250mm 이하로 하고 마름모형으로 배열하여 벽의 경우는 초벌바름 직후, 천장, 차양의 경우는 초벌바름 전에 달아매어 초벌바름과 고름질 또는 재벌바름면에 각각 한 가닥씩 부채꼴로 벌려 붙인다.
③ 초벌바름은 바탕면에 충분히 부착되도록 바르고, 표면에 거친 면을 만든다. 졸대 바탕의 경우에는 흙손을 종횡으로 움직여 졸대 사이에 충분히 들어가서 채워지도록 바른다.
④ 고름질, 재벌바름은 초벌바름 후 10일 이상 두고, 초벌바름면이 건조한 후에 평탄하게 바른다.
⑤ 초벌바름에 균열이 생긴 경우에는 고름질을 한 다음 다시 10일 이상 두고 덧먹임을 하여 재벌바름한다. 마감두께가 12mm 이하의 경우는 고름질을 생략한다.
⑥ 재벌바름이 반건조하여 물이 빠지는 정도를 보아서 정벌바름한다.
⑦ 정벌바름은 반드시 밑바르기를 하고 나서 바르기를 하며, 흙손자국이 생기지 않도록 마무리한다.

7. 단열 모르타르 바름

(1) 적용범위

① 건축물의 바닥, 벽, 천장 및 지붕 등의 열손실 방지를 목적으로 외벽, 지붕, 지하층 바닥면의 안 또는 밖에 경량골재를 주재료로 하여 만든 단열 모르타르를 바탕 또는 마감재로 흙손바름, 뿜칠 등에 의하여 미장하는 공사에 적용한다.

② 단열 및 방내화공사에서 규정된 재료나 공법 등을 사용하는 경우에 적용한다.

(2) 사용재료
① 단열 모르타르는 적절한 열전도율, 부착강도 및 내화성 또는 난연성이 있는 재료로서, 외부마감용의 경우에는 내수성 및 내후성이 있는 것으로 한다.
② 단열 모르타르용 골재는 펄라이트, 석회석, 화성암 등을 고온에서 발포시킨 무기질 또는 유기질의 경량 인공골재로서 골재는 시방서에 따른다.
③ 단열 모르타르에 유리섬유, 부직포 등의 보강재를 사용할 경우에 유리섬유는 내알칼리 처리된 제품이어야 하며, 부직포는 난연처리된 제품이어야 한다.
④ 순수한 광물질이나 합성분말 착색제로서 내알칼리성이며, 퇴색하지 않는 것으로 한다.

(3) 시공 시 주의사항
① 바름두께는 별도의 시방이 없는 한 1회에 10mm 이하로 하고, 총바름두께는 소요 열관류율을 만족하는 두께로서 공사시방서에 따른다.
② 굴곡과 요철상태를 정리하고 유해한 부착물을 제거한 후 충분히 건조시키고, 바르는 표면은 견고하고 깨끗하여야 한다.
③ 단열 모르타르의 부착력을 증진시키기 위한 흡수조정제는 필요에 따라 솔, 롤러, 뿜칠기 등으로 균일하게 도포한다.
④ 재료는 충분히 숙성되도록 손비빔 또는 기계비빔하고, 그 후 1시간 이상 또는 제조업자의 시방에 규정된 가사용 시간 이상이 경과된 재료는 사용할 수 없다.
⑤ 초벌바름은 10mm 이하의 두께로 천천히 압력을 주어 기포가 생기지 않도록 바르고, 지붕에 바탕단열층으로 바름할 경우에는 신축줄눈을 설치한다.
⑥ 단열 모르타르 바름이 마감바름면(정벌)이 될 경우에는 수평면 작업과 질감을 내는 작업은 한번에 연속으로 이루어져 질감에 차이가 나거나 얼룩이 생기지 않아야 한다.
⑦ 보양기간은 별도의 지정이 없는 경우는 7일 이상으로 자연건조되도록 하며, 바름층별 양생시간은 지정된 경과시간을 준수한다.
⑧ 외장마감의 경우는 정벌바름재가 완전히 건조될 때까지 먼지, 매연 또는 기상에 의한 손상으로부터 보호한다.

> **바로확인문제**
> 단열 모르타르 바름시공에서 초벌바름은 10mm 이하의 두께로 천천히 압력을 주어 기포가 생기지 ( ) 바르고, 지붕에 바탕단열층으로 바름할 경우에는 ( )을 설치한다.

⑨ 재료의 저장은 바닥과 벽에서 150mm 이상 띄어서 흙 또는 불순물에 오염되지 않도록 해야 하며, 특히 수분에 젖지 않도록 한다.
⑩ 외기온이 5℃ 이하인 경우에는 작업을 중지하고, 필요 시에는 난방 보정 등에 대한 것을 담당원의 승인을 얻은 후에 작업한다.
⑪ 단열 모르타르를 외부 마감용으로 사용하는 경우에는 우천 시 흡수, 흡습 등을 방지하기 위하여 방수성이 있는 마감재(도장재, 타일 등)를 사용한다.
⑫ 단열모르타르는 외단열이 내단열보다 효과적이다.

> **개념적용 문제**
>
> 미장공사에서 단열 모르타르 바름에 관한 설명으로 옳지 않은 것은?
>
> 제18회 기출
>
> ① 보강재로 사용되는 유리섬유는 내알칼리 처리된 제품이어야 한다.
> ② 초벌바름은 10mm 이하의 두께로, 기포가 생기지 않도록 바른다.
> ③ 보양기간은 별도의 지정이 없는 경우는 7일 이상 자연건조되도록 한다.
> ④ 재료의 저장은 바닥에서 150mm 이상 띄어서 수분에 젖지 않도록 보관한다.
> ⑤ 지붕에 바탕단열층으로 초벌바름할 경우에는 신축줄눈을 설치하지 않는다.
>
> **해설** 지붕에 바탕단열층으로 초벌바름할 경우에는 신축줄눈을 설치한다.
>
> **정답** ⑤

8. 온수온돌공사

관련기준
건축표준시방서코드(KCS)
2025 〈KCS 41 53 01 : 2021〉

(1) 일반사항

① 온돌층 내부 및 마감층 등 각 시공 단계별로 시공층이 완전히 시공된 것을 확인한 후 다음 층 시공을 하여야 하며, 필요 시에는 담당원이 지정하는 위치에 견본시공을 한다. 특히 최소 1회 이상의 온수 가동 시험을 거쳐 합격 여부를 검증한 뒤 본 시공에 들어간다. 동절기 등 온수가동시험이 불가능할 때는 담당원의 승인을 받아 공기압시험 등으로 대체할 수 있다.
② 바탕이 결빙된 상태에서 작업해서는 안 되며, 모르타르에 결빙된 재료가 혼합되지 않도록 한다. 모르타르 시공 후에는 동해를 입지 않도록 해야 한다.

③ 혹서기에는 시멘트 모르타르 바름면에서 지나치게 수분이 증발되지 않도록 보양한다.
④ 필요에 의한 보온 및 가열 양생 시에는 양생되지 않은 시멘트 모르타르에 열이 집중되지 않도록 하고, 적절히 환기되도록 한다.
⑤ 수급자는 실내부 작업 중 실내 기온이 5℃ 이상 유지되도록 하고 기록을 유지 보관한다.
⑥ 별도의 보양조치를 하지 않을 경우에는 시공 부위의 주위 기온이 5℃ 이상일 때 작업한다.
⑦ 보양 시의 온도관리는 마감이 적용되는 외피 부분에 집중·주의하여야 하며, 주로 온수공급장치의 가동에 의해 이루어져야 한다. 최고 최저온도계의 사용이 바람직하다.

(2) 단열 완충재 깔기

① 단열 완충재는 슬래브 바닥면과 밀착시켜 깐다. 단열 완충재의 이음 부위는 밀착되도록 하고, 테이프를 붙여 틈새가 없도록 한다.
② 지면에 접하는 최하층의 경우에는 바닥면 전면에 폴리에틸렌 필름을 빈 틈없이 깔고, 이음 부위는 접착테이프를 사용하여 100mm 이상 겹쳐 잇는다.
③ 단열 완충재의 교점과 연결 부위에는 가로·세로 각각 900mm 간격으로 상부에 고정판을 설치하고, 타카핀 또는 콘크리트 못으로 슬래브 바닥면에 밀착하여 고정시킨다.
④ 가능한 한 상향식의 온수 흐름상태를 유지하는 조건에서, 단열은 온도 편차가 크게 발생하는 부위에 시공하도록 하고, 결로방지 및 에너지 이용을 고려하여 적절한 재료 선택 및 내단열, 외단열, 중단열 등의 구법을 선택한다.

• 단열 완충재

• 단열 완충재 위 난방코일 설치

(3) 경량기포 콘크리트 타설

① 배합된 경량기포 콘크리트는 1시간 이내에 시공하여야 한다.
② 경량기포 콘크리트의 타설마감면은 소요 높이에 맞추어 평활하게 고르기를 한다.
③ 경량기포 콘크리트를 타설한 후 기온이 저하될 경우에는 동해를 입지 않도록 보양한다.

④ 경량기포 콘크리트를 타설한 후 3일간은 충격이나 하중을 가해서는 안되고, 상부 마감재의 시공은 경량기포 콘크리트가 완전히 양생된 이후에 실시한다.
⑤ 온돌 채움층용 경량기포 콘크리트의 28일 압축강도는 $0.8N/mm^2$ 이상이어야 한다.
⑥ 양생에 따른 균열, 처짐 등의 수축변형으로 구조체에 영향이 없어야 하며, 유해물질이나 유해가스의 발생이 없어야 한다.

(4) 마감 모르타르 바르기

① 온돌층 내부공사를 완전히 완료하고, 이를 확인한 후에 모르타르 바르기를 시작한다.
② 모르타르 바르기 하루 전에 바탕층에 충분히 살수하여 모르타르의 수분이 하부로 이동하는 것을 방지하여야 한다.
③ 온돌바닥 모르타르 바르기의 미장마감 횟수는 최소 3회 이상으로 하며, 고름작업은 미장 횟수에 포함하지 않는다.
④ 온돌바닥 모르타르 바르기의 최종 미장은 미장기계나 쇠흙손을 사용하여 마감한다.
⑤ 각 미장 횟수별 시기는 표면에 물기가 걷힌 상태에서 하고 흙손자국이 남지 않도록 한다.

(5) 보양 및 보수

① 방바닥 마감 모르타르는 시공 후 최소 7일간 표면이 습윤한 상태가 유지되도록 양생조치를 하여야 하며, 최소 3일간은 통행을 제한하는 등의 보양을 하여야 한다.
② 모르타르 면에 폭 0.2mm 이상의 잔금 또는 균열이 발생한 때는 시공 후 3개월 이상 경과한 시점에서 무기질 결합재에 수지가 첨가된 균열보수제를 사용하여 보수한다.
③ 마감재 시공을 위해 하절기를 제외한 계절에는 온수 보일러를 가동하여 마감 시공면 및 주변 벽체 등 주위를 충분히 건조시켜 습기에 의한 마감재의 손상을 방지한다.

바로확인문제

온돌바닥 모르타르 바르기의 미장마감 횟수는 최소 (　　) 회 이상으로 하며, 고름작업은 미장 횟수에 포함하지 (　　).

> **개념적용 문제**

온수온돌공사의 마감 모르타르 바르기에 관한 설명으로 옳지 않은 것은?

제14회 기출

① 온돌바닥 모르타르 바르기의 최종 미장은 미장기계나 쇠흙손을 사용하여 마감한다.
② 온돌바닥 모르타르 바르기의 미장마감 횟수는 최소 2회 이상으로 하며, 고름작업도 미장 횟수에 포함한다.
③ 온돌층 내부공사를 완전히 완료하고, 이를 확인한 후에 모르타르 바르기를 시작한다.
④ 각 미장 횟수별 시기는 표면에 물기가 걷힌 상태에서 하고 흙손자국이 남지 않도록 한다.
⑤ 모르타르 바르기 하루 전에 바탕층에 충분히 살수하여 모르타르의 수분이 하부로 이동하는 것을 방지하여야 한다.

해설 온돌바닥 모르타르 바르기의 미장마감 횟수는 최소 3회 이상으로 하며, 고름작업은 미장 횟수에 포함하지 않는다.

정답 ②

제2절 타일(Tile)공사 ★

타일공사
1 개요
2 타일 붙임공법
3 타일공사의 보양 및 검사

1 개요

1. 타일의 종류

(1) 재료에 따른 종류

▶ 25·20·15회

종류	내용
무유(無釉)타일	표면에 유약(釉藥)을 바르지 않은 타일로, 바닥에 사용된다.
시유(施釉)타일	표면에 유약을 바른 타일로, 외장용으로 사용되지만 바닥에는 사용하지 않는다.
모자이크타일	각 4cm 이하의 소형타일로, 바닥에 쓰인다.
면처리타일	천무늬타일, 클링커타일, 스크래치타일, 폴리싱타일 등이 있다.

• **유약(釉藥)**
도자기를 구울 때 그 겉면에 바르는 약으로, 도자기에 액체나 기체가 스며들지 못하게 하며 광택이 나게 하는 효과가 있다.

 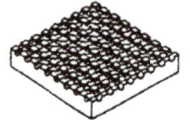 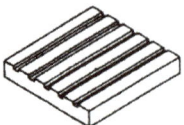 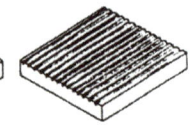

모자이크타일   천무늬타일   클링커타일   스크래치타일

클링커타일 시공한 모습   폴리싱타일 시공한 모습

> **중요개념**
>
> 1. **클링커(Clinker)타일**: 고온에서 충분히 소성한 타일로, 표면이 거친 석기질 타일이고 색상은 다갈색이다. 주로 외부바닥이나 옥상 등에 사용되며 보행 시 미끄러짐을 방지할 수 있다.
> 2. **폴리싱타일**: 고온고압으로 소성한 자기질 무유타일의 표면을 연마 처리한 것이다.

27·26·17·15·12·9회

(2) 성분에 따른 종류

내용＼종류	토기질(土器質)	도기질(陶器質)	석기질(石器質)	자기질(磁器質)
흡수성	크다.	약간 크다.	작다.	매우 작다.
색조	유색	유색, 백색	유색	백색
소성온도	790~1,000℃	1,080~1,200℃	1,160~1,300℃	1,250~1,430℃
주용도	벽돌, 기와, 토관	내장타일, 위생도기, 테라코타	바닥타일, 클링커타일	외장타일, 바닥타일
특성	최저급 원료, 강도가 약함	다공질, 불투명, 두드리면 탁음	유약을 쓰지 않고 식염수 사용	양질토 사용, 두드리면 금속성 청음

바로확인문제

( )타일은 고온에서 충분히 소성한 타일로, 표면이 거친 석기질 타일이고 색상은 다갈색이다. 주로 외부바닥이나 옥상 등에 사용되며 보행 시 미끄러짐을 방지할 수 있다.

> **참고** 테라코타(Terra Cotta)
>
> 1. 속이 빈 대형 점토제품으로, 구조용으로는 칸막이벽 등에 사용되는 공동벽돌이며, 대부분 난간벽, 주두(柱頭), 돌림띠, 창대 등의 장식에 사용된다.
> 2. 석재보다 가볍고, 내화력이 화강암보다 우수하며, 대리석보다 풍화에 강하므로 외장재로 적당하다. 압축강도가 화강암의 1/2 정도이다.

(3) 제조(성형)방법에 의한 분류

종류	제조(성형)방법	그림	용도
건식	원재료를 건조 분말하여 프레스(가압)성형한 것	프레스식	내장·바닥타일
습식	원재료를 물반죽하여 형틀에 넣고 압출성형한 것	압출식	외장타일

(4) 용도에 따른 분류

용도	특징
외장타일	① 외기에 저항력이 강하고 단단한 것 ② 흡수성이 적은 것
내장타일	① 건물의 내부용 ② 미려하고 위생적이며 청소가 용이한 것
바닥타일	① 내마모성이 좋은 것 ② 단단하고 내구성이 강한 것 ③ 흡수성이 적은 것 ④ 표면이 미끄럽지 않은 것 ⑤ 미끄러지지 않도록 유약을 바르지 않은 무유타일

> **개념적용 문제**
>
> **타일에 관한 설명으로 옳지 않은 것은?** 제15회 기출
>
> ① 타일의 흡수율은 자기질이 석기질보다 작다.
> ② 도기질 타일은 불투명하며, 두드리면 탁음이 난다.
> ③ 타일의 최종 소성온도는 자기질이 도기질보다 높다.
> ④ 바닥용 미끄럼방지 타일에는 주로 시유타일을 사용한다.
> ⑤ 폴리싱타일은 고온고압으로 소성한 자기질 무유타일의 표면을 연마 처리한 것이다.
>
> **해설** 바닥용 미끄럼방지 타일에는 주로 유약을 사용하지 않는 무유타일을 사용한다.
>
> **정답** ④

27·22·16회

2. 타일공사의 일반사항

관련기준
건축표준시방서코드(KCS)
2025 〈KCS 41 48 01 : 2021〉

(1) 사용재료

① 타일 1장의 기준치수는 타일치수와 줄눈치수를 합한 것으로 한다.
② 타일은 충분한 뒷굽이 붙어 있는 것을 사용하고, 뒷면은 유약이 묻지 않고 거친 것을 사용한다.
③ 외장용 타일은 자기질 또는 석기질로 하고, 내동해성이 우수한 것으로 한다.
④ 내장용 타일은 도기질이나 석기질 또는 자기질로 하고, 한랭지 및 이와 준하는 장소의 노출된 부위에는 자기질, 석기질로 한다.
⑤ 바닥용 타일은 유약을 바르지 않고, 재질은 자기질 또는 석기질로 한다.
⑥ 타일의 색상과 품질을 확인할 수 있도록 가로 및 세로 각각 300mm 이상 크기의 합판 또는 하드보드 등에 각 색상의 실제 타일을 붙여 둔다.
⑦ 타일은 포장의 봉함이 뜯기지 않고 상표와 품질 표시사항이 손상되지 않게 하여 반입한다. 또한 사용 직전까지 외기와 습기로부터 영향을 받지 않도록 보관하고 포장이 훼손되지 않도록 한다.
⑧ 타일붙임용 모르타르의 배합비는 용적비로 계상한다.
⑨ 접착모르타르의 물시멘트비를 낮추어 동해를 방지한다.
⑩ 모르타르는 건비빔한 후 3시간 이내에 사용하며, 물을 부어 반죽한 후 1시간 이내에 사용한다. 1시간 이상 경과한 것은 사용하지 않는다.
⑪ 모르타르 배합비는 경질타일은 1 : 2, 연질타일은 1 : 3 정도로 한다.

바로확인문제

바닥용 미끄럼방지 타일에는 주로 유약을 사용하지 (   )
(   )타일을 사용한다.

(2) 바탕 만들기 및 바탕처리

① 바탕고르기 모르타르를 바를 때에는 타일의 두께와 붙임 모르타르의 두께를 고려하여 2회에 나누어서 바른다.
② 바름두께가 10mm 이상일 경우에는 1회에 10mm 이하로 하여 나무흙손으로 눌러 바른다.
③ 바탕 모르타르를 바른 후 타일을 붙일 때까지 여름철(외기온도 25℃ 이상)은 3~4일 이상, 봄과 가을(외기온도 10℃ 이상, 20℃ 이하)은 1주일 이상의 기간을 두어야 한다.
④ 타일 붙임면의 바탕면은 평탄하게 하고, 바탕면의 평활도는 바닥의 경우 3m당 ±3mm, 벽의 경우는 2.4m당 ±3mm로 한다.
⑤ 바닥면은 물고임이 없도록 구배를 유지하되, 1/100을 넘지 않도록 한다.
⑥ 타일을 붙이기 전에 바탕의 들뜸, 균열 등을 검사하여 불량 부분은 보수한다.
⑦ 여름에 외장타일을 붙일 경우에는 하루 전에 바탕면에 물을 충분히 적셔 둔다.
⑧ 타일붙임 바탕의 건조상태에 따라 뿜칠 또는 솔을 사용하여 물을 골고루 뿌린다.
⑨ 흡수성이 있는 타일에는 제조업자의 시방에 따라 물을 축여 사용한다.
⑩ 타일을 붙이는 모르타르에 시멘트 가루를 뿌리면 시멘트의 수축이 크기 때문에 타일이 떨어지기 쉽고 백화가 생기기 쉬우므로 뿌리지 않아야 한다.
⑪ 타일면은 우수의 침투를 방지할 수 있도록 완전히 밀착시켜 접착력을 높이며, 일정 간격으로 신축줄눈을 두어 백화, 탈락, 동결융해 등의 결함을 방지할 수 있도록 한다.

개념적용 문제

타일공사의 바탕처리 및 만들기에 관한 설명으로 옳지 않은 것은?

제13회 기출

① 타일을 붙이기 전에 바탕의 들뜸, 균열 등을 검사하여 불량부분을 보수한다.
② 바닥면은 물고임이 없도록 구배를 유지하되, 1/100을 넘지 않도록 한다.
③ 여름에 외장타일을 붙일 경우에는 부착력을 높이기 위해 바탕면을 충분히 건조시킨다.
④ 타일 붙임 바탕의 건조상태에 따라 뿜칠 또는 솔을 사용하여 물을 골고루 뿌린다.
⑤ 흡수성이 있는 타일에는 제조업자의 시방에 따라 물을 축여 사용한다.

해설   여름에 외장타일을 붙일 경우에는 부착력을 높이기 위해 바탕면을 충분히 물축임하여야 한다.

정답 ③

27 · 24 · 21 · 17 · 16회

(3) 타일 붙이기 일반사항

① 줄눈나누기 및 타일 마름질은 도면 또는 담당원의 지시에 따라 수준기, 레벨 및 다림추 등을 사용하여 기준선을 정하고, 될 수 있는 대로 온장을 사용하도록 줄눈나누기한다.
② 줄눈 너비는 도면 또는 공사시방서에서 정한 바가 없을 때에는 [아래 표]에 따른다(단, 창문선, 문선 등 개구부 둘레와 설비기구류와의 마무리 줄눈 너비는 10mm 정도로 한다).

타일 구분	대형 벽돌형(외부)	대형(내부일반)	소형	모자이크
줄눈 너비	9mm	5~6mm	3mm	2mm

③ 도면에 명기된 치수에 상관없이 징두리벽은 온장타일이 되도록 나눈다.
④ 벽체타일이 시공되는 경우 바닥타일은 벽체타일을 먼저 붙인 후 시공한다.
⑤ 외벽타일은 위에서 아래로 붙이고, 내벽타일은 아래에서 위로 붙여 올라간다.
⑥ 배수구, 급수 전 주위 및 모서리는 타일나누기 도면에 따라 미리 전기톱이나 물톱과 같은 것으로 마름질하여 시공한다.
⑦ 타일에서 동해란 타일 자체가 흡수한 수분이 동결함에 따라 생기는 균열과 타일 뒷면에 스며든 물이 얼어 타일 전체를 박리시킨 것을 말하며, 이러한 현상과 더불어 백화현상이 발생하지 않도록 시공한다.

바로확인문제

벽체타일이 시공되는 경우 바닥타일은 벽체타일을 (　　) 붙인 후 시공한다.

⑧ 벽타일 붙이기에서 타일 측면이 노출되는 모서리 부위는 코너 타일을 사용하거나 모서리를 가공하여 측면이 직접 보이지 않도록 한다.

⑨ 내장타일의 크기가 대형화되면서 발생하는 타일의 옆면 파손은 벽체 모서리 등에 신축조정줄눈을 설치하여 방지할 수 있다.

⑩ 벽체는 중앙에서 양쪽으로 타일 나누기를 하여 타일 나누기가 최적의 상태가 될 수 있도록 조절한다. 달리 도면에 명기되어 있지 않다면 동일한 폭의 줄눈이 되도록 한다.

(4) 줄눈 작업 시 고려사항

▶ 27·26·21·16회

① **치장줄눈**

   ㉠ 타일을 붙이고 3시간이 경과한 후 줄눈파기를 하여 줄눈부분을 충분히 청소하며, 24시간이 경과한 뒤 붙임 모르타르의 경화 정도를 보아 작업 직전에 줄눈 바탕에 물을 뿌려 습윤하게 하여 치장줄눈을 시공한다.

   ㉡ 타일의 치장줄눈은 세로줄눈을 먼저 시공하고, 가로줄눈은 위에서 아래로 마무리한다.

   ㉢ 치장줄눈의 폭이 5mm 이상일 때는 고무흙손으로 충분히 눌러 빈틈이 생기지 않게 시공한다.

   ㉣ 개구부나 바탕 모르타르에 신축줄눈을 두었을 때는 적절한 실링재로 빈틈이 생기지 않도록 채운다.

   ㉤ 줄눈누름을 충분히 하여 빗물침투를 방지한다.

② **신축줄눈**

   ㉠ 신축줄눈에 대하여 도면에 명시되어 있지 않을 때에는 이질바탕의 접합부분이나 콘크리트를 수평방향으로 이어붓기한 부분 등 수축균열이 생기기 쉬운 부분과 붙임면이 넓은 부분에는 담당원의 지시에 따라 그 바탕에까지 닿는 신축줄눈을 약 3m 간격으로 설치하여야 한다.

   ㉡ 신축줄눈과 조절줄눈, 시공줄눈, 그리고 분리용 줄눈을 포함하여 실링재를 충전시켜 만든 줄눈 위치를 나타내도록 하여야 하며, 모르타르 바탕, 타일 부속재료 설치 시 줄눈의 위치를 설정한다.

   ㉢ 타일을 붙이고 줄눈시공 후에는 줄눈나누기를 하기 위해 톱 등으로 자르지 말아야 한다.

   ㉣ 타일의 신축줄눈은 구조체의 신축줄눈, 바탕 모르타르의 신축줄눈의 위치가 가능한 한 일치하도록 설계 요구사항에 따라 줄눈을 맞추고 줄눈의 실링재는 타일씻기 완료 후 건조상태를 확인하고 설치한다.

바로확인문제

타일을 붙이고 ( )시간이 경과한 후 줄눈파기를 하여 줄눈부분을 충분히 청소하며, ( )시간이 경과한 뒤 붙임 모르타르의 경화 정도를 보아 작업 직전에 줄눈 바탕에 물을 뿌려 습윤하게 하여 치장줄눈을 시공한다.

> **개념적용 문제**
>
> 타일공사에 관한 설명으로 옳지 않은 것은?   제27회 기출
>
> ① 자기질 타일은 물기가 있는 곳과 외부에는 사용할 수 없다.
> ② 벽체타일이 시공되는 경우 바닥타일은 벽체타일을 먼저 붙인 후 시공한다.
> ③ 접착 모르타르의 물시멘트비를 낮추어 동해를 방지한다.
> ④ 줄눈누름을 충분히 하여 빗물 침투를 방지한다.
> ⑤ 접착력 시험은 타일시공 후 4주 이상일 때 실시한다.
>
> **해설** 자기질 타일은 물기가 있는 곳과 외부에도 사용할 수 있다.
>
> **정답** ①

2 타일 붙임공법

1. 벽타일 붙이기

(1) 공법별 타일크기 및 바름두께

공법 구분		타일크기(mm)	붙임 모르타르의 두께(mm)
외장	떠붙이기	108 × 60 이상	12~24
	압착 붙이기	108 × 60 이상	5~7
		108 × 60 이하	3~5
	개량압착 붙이기	108 × 60 이상	바탕쪽 3~6, 타일쪽 3~4
	동시줄눈 붙이기	108 × 60 이상	5~8
	판형 붙이기	50 × 50 이하	3~5
내장	떠붙이기	108 × 60 이상	12~24
	낱장 붙이기	108 × 60 이상	3~5
		108 × 60 이하	3
	판형 붙이기	100 × 100 이하	3
	접착제 붙이기	100 × 100 이하	−

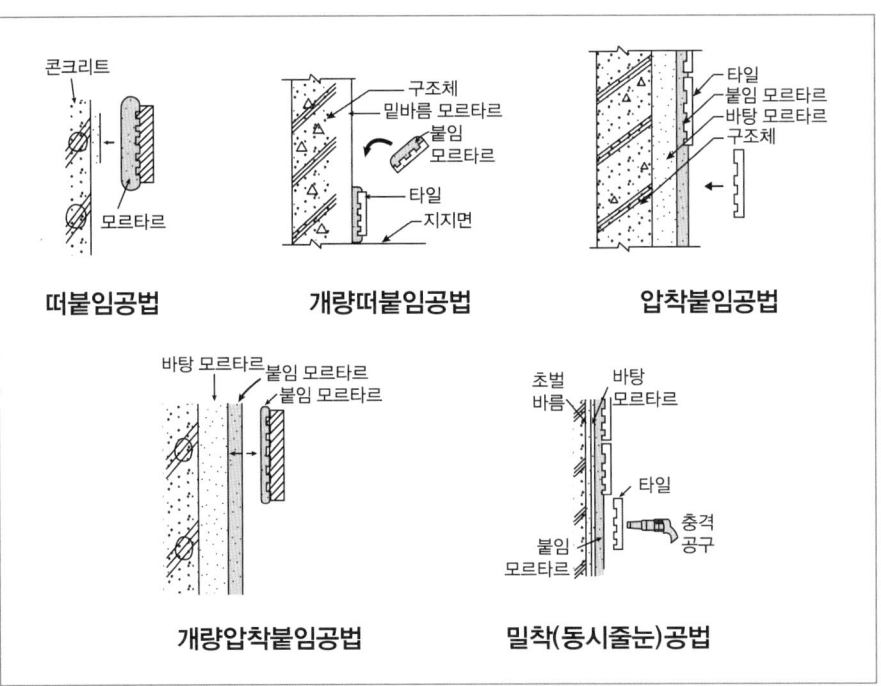

개념적용 문제

타일공사에서 일반적인 벽타일 붙임공법이 아닌 것은? 제19회 기출

① 떠붙임공법 ② 온통사춤공법
③ 압착공법   ④ 접착붙임공법
⑤ 동시줄눈붙임공법

해설 벽타일 붙임공법에는 떠붙임공법, 압착공법, 개량압착공법, 동시줄눈붙임공법, 접착붙임공법, 판형붙임공법 등이 있다.

정답 ②

(2) 떠붙이기

① 타일 뒷면에 붙임 모르타르를 바르고 모르타르가 충분히 채워져 타일이 밀착되도록 바탕에 눌러 붙이는 공법으로, 다른 붙임공법에 비해서 바탕면 고르기를 간단하게 하여도 된다.
② 붙임 모르타르의 두께는 12~24mm를 표준으로 한다.
③ 타일의 탈락(박락)은 떠붙임 공법에서 가장 많이 발생한다. 타일 뒷면 모서리 부분에 붙임 모르타르가 채워지지 않아 공극이 생길 경우, 작은 충격에도 파손되고 백화현상이 발생하여 부착력이 떨어지는 것이 주요 원인이다.

21·12·9회

• 떠붙임공법 시공 장면

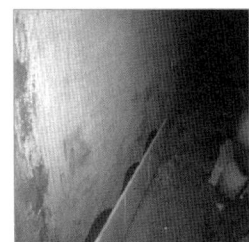

④ 내외장용으로 가능하지만, 백화가 발생하기 쉽기 때문에 외장용으로는 사용하지 않는 것이 좋다.

(3) 압착 붙이기

① 평탄하게 마무리한 바탕 모르타르 면에 붙임 모르타르를 바르고 나무망치 등으로 두들겨 붙이는 방법이다.
② 붙임 모르타르의 두께는 타일두께의 1/2 이상으로 하고, 5~7mm를 표준으로 하여 붙임 바탕에 바르고 자막대로 눌러 표면을 평탄하게 고른다.
③ 타일의 1회 붙임 면적은 모르타르의 경화 속도 및 작업성을 고려하여 $1.2m^2$ 이하로 한다. 벽면의 위에서 아래로 붙여 나가며, 붙임 시간은 모르타르 배합 후 15분 이내로 한다.
④ 한 장씩 붙이고, 나무망치 등으로 두들겨 타일이 붙임 모르타르 속에 박히도록 하고, 타일의 줄눈 부위에 모르타르가 타일두께의 1/3 이상 올라오도록 한다.

• **자막대**
자처럼 쓰는 막대

(4) 개량압착 붙이기

① 평탄하게 마무리한 바탕 모르타르 면에 붙임 모르타르를 바르고, 타일 뒷면에도 붙임 모르타르를 발라 나무망치 등으로 두들겨 붙이는 방법이다.
② 붙임 모르타르를 바탕면에 4~6mm로 바르고 자막대로 눌러 평탄하게 고른다.
③ 바탕면 붙임 모르타르의 1회 바름 면적은 $1.5m^2$ 이하로 하고, 붙임 시간은 모르타르 배합 후 30분 이내로 한다.
④ 타일 뒷면에 붙임 모르타르를 3~4mm로 평탄하게 바르고 즉시 타일을 붙이며, 나무망치 등으로 충분히 두들겨 타일의 줄눈 부위에 모르타르가 타일두께의 1/2 이상이 올라오도록 한다.
⑤ 벽면의 위에서 아래를 향해 붙여 나가며 줄눈에서 넘쳐 나온 모르타르는 경화되기 전에 제거한다.

(5) 동시줄눈 붙이기

① 바탕면에 붙임 모르타르를 발라 타일을 붙인 다음, 충격공구(진동공구)를 이용하여 타일에 진동을 주어 매입에 의해 벽타일을 붙이는 방법이다.
② 붙임 모르타르를 바탕면에 5~8mm로 바르고 자막대로 눌러 평탄하게 고른다.

바로확인문제

( ) 붙이기는 평탄하게 마무리한 바탕 모르타르 면에 붙임 모르타르를 바르고 나무망치 등으로 두들겨 붙이는 방법이다.

③ 1회 붙임 면적은 1.5m² 이하로 하고, 붙임 시간은 20분 이내로 한다.
④ 타일은 한 장씩 붙이고 반드시 타일면에 수직하여 충격 공구로 좌우, 중앙의 3점에 충격을 가해 붙임 모르타르 안에 타일이 박히도록 하며, 타일의 줄눈 부위에 붙임 모르타르가 타일두께의 2/3 이상 올라오도록 한다.
⑤ 충격 공구의 머리 부분은 대($\varnothing$ 50mm), 소($\varnothing$ 20mm) 중 한 가지를 선택하여 사용한다.
⑥ 타일의 줄눈 부위에 올라온 붙임 모르타르의 경화 정도를 보아 줄눈흙손으로 충분히 눌러 빈틈이 생기지 않도록 한다. 줄눈 부위에 붙임 모르타르가 충분히 올라오지 않았을 때는 붙임 모르타르를 채워 줄눈흙손으로 줄눈을 만든다.
⑦ 줄눈의 수정은 타일 붙임 후 15분 이내에 실시하고, 붙임 후 30분 이상이 경과했을 때에는 그 부분의 모르타르를 제거하여 다시 붙인다.

(6) 판형 붙이기

① 낱장 붙이기와 같은 방법으로 하되 타일 뒷면의 표시와 모양에 따라 그 위치를 맞추어 순서대로 붙이고, 모르타르가 줄눈 사이로 스며 나오도록 표본 누름판을 사용하여 압착한다.
② 줄눈 고치기는 타일을 붙인 후 15분 이내에 실시한다.

▶ 12회

• 판형붙임공법 시공 장면

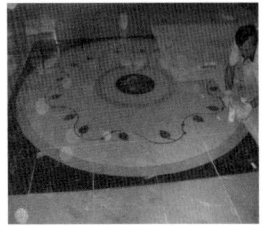

개념적용 문제

타일공사에 관한 설명으로 옳은 것을 모두 고른 것은? 제22회 기출

㉠ 모르타르는 건비빔한 후 3시간 이내에 사용하며, 물을 부어 반죽한 후 1시간 이내에 사용한다.
㉡ 타일 1장의 기준치수는 타일치수와 줄눈치수를 합한 것으로 한다.
㉢ 타일을 붙이는 모르타르에 시멘트 가루를 뿌리면 타일의 접착력이 좋아진다.
㉣ 벽타일 압착 붙이기에서 타일의 1회 붙임면적은 모르타르의 경화속도 및 작업성을 고려하여 1.2m² 이하로 한다.

① ㉠, ㉡
② ㉠, ㉢
③ ㉢, ㉣
④ ㉠, ㉡, ㉣
⑤ ㉡, ㉢, ㉣

해설 ㉢ 타일을 붙이는 모르타르에 시멘트 가루를 뿌리면 시멘트의 수축이 크기 때문에 타일이 떨어지기 쉽고 백화가 생기기 쉬우므로 뿌리지 않아야 한다.

정답 ④

• 접착공법 시공 장면

(7) 접착 붙이기

① 합성수지 계통의 접착제를 바탕에 바르고 타일을 눌러 붙이는 공법이다.
② 내장공사에 한하여 적용한다.
③ 붙임 바탕면을 여름에는 1주 이상, 기타 계절에는 2주 이상 건조시킨다.
④ 바탕이 고르지 않을 때에는 접착제에 적절한 충전재를 혼합하여 바탕을 고른다.
⑤ 접착제의 1회 바름 면적은 $2m^2$ 이하로 하고, 접착제용 흙손으로 눌러 바른다.

(8) 모자이크타일 붙이기

① 붙임 모르타르를 바탕면에 초벌과 재벌로 두 번 바르고, 총두께는 4~6mm를 표준으로 한다.
② 붙임 모르타르의 1회 바름 면적은 $2m^2$ 이하로 하고, 붙임 시간은 모르타르 배합 후 30분 이내로 한다.
③ 타일 뒷면의 표시와 모양에 따라 그 위치를 맞추어 순서대로 붙이고, 모르타르가 줄눈 사이로 스며 나오도록 표본 누름판을 사용하여 압착한다.
④ 줄눈 고치기는 타일을 붙인 후 15분 이내에 실시한다.

개념적용 문제

타일공사에 관한 설명으로 옳지 않은 것은? 제25회 기출

① 클링커 타일은 바닥용으로 적합하다.
② 붙임용 모르타르에 접착력 향상을 위해 시멘트 가루를 뿌린다.
③ 흡수성이 있는 타일의 경우 물을 축여 사용한다.
④ 벽타일 붙임공법에서 접착제 붙임공법은 내장공사에 주로 적용한다.
⑤ 벽타일 붙임공법에서 개량압착 붙임공법은 바탕면과 타일 뒷면에 붙임 모르타르를 발라 붙이는 공법이다.

해설 붙임용 모르타르에 시멘트 가루를 뿌리면 시멘트의 수축이 크기 때문에 타일이 떨어지기 쉽고 백화가 생기기 쉬우므로 뿌리지 않아야 한다.

정답 ②

바로확인문제

붙임용 모르타르에 시멘트 가루를 뿌리면 시멘트의 수축이 (   ) 때문에 타일이 떨어지기 (   ).

2. 바닥타일 붙이기

(1) 시멘트 페이스트 붙이기

① 기준타일 붙이기 순서는 직각의 기준을 잡기 위하여 줄눈 나눔에 따라 가로·세로 3~4m 간격에 기준타일 붙임을 실시한다.

② 바탕 콘크리트 면에 물뿌림한 후 깔개 모르타르를 기준타일 붙임 개소에 깔고 타일폭 2배 정도의 폭에 평활하게 펴 깐다.

③ 그 후 깔개 모르타르 경화 전에 시멘트 페이스트를 깔개 모르타르 위에 흘려 직접 미장하여 실에 붙어 있는 타일을 망치 손잡이 등을 사용하여 바닥면에 압착한다.

④ 나머지 깔개 모르타르를 제거하여 청소한다.

⑤ 타일 붙이기는 기준타일 붙이기를 실시한 구획 내에 깔개 모르타르를 펴고, 기준 타일 사이에 수실을 붙이므로 기준타일 붙임과 동일하게 타일을 붙여 진행한다.

⑥ 줄눈부에 두둑하게 올라온 시멘트 페이스트는 경화 전에 제거한다.

⑦ 타일 붙임이나 줄눈 사이에는 붙인 타일이 움직이지 않도록 주의한다.

(2) 압착 붙이기

① 바탕건조의 정도를 조절하며, 필요에 따라 타일 붙이기 전날 또는 당일에 수분을 뿌려 바탕 표면처리를 실시한다.

② 기준타일 붙이기에서 직각의 기준을 잡기 위하여 줄눈 나눔에 따라 가로·세로 3~4m 간격에 기준타일 붙임을 실시한다.

③ 타일 붙이기는 붙임 모르타르의 도막붙임에는 두 번으로 하며, 그 두께는 5~7mm로 한다.

④ 한번에 도막붙임 면적은 $2m^2$ 이내로 한한다. 붙임 모르타르는 비빔에서부터 시공완료까지 60분 이내에서 사용하고, 도막시공 시간은 여름철에는 20분, 겨울철에는 40분 이내로 한다.

⑤ 오전 및 오후에 타일 붙임을 개시할 때에 타일을 붙임 직후에는 반드시 타일과 붙임 모르타르 및 붙임 모르타르와 바탕과의 접착 상황을 확인한다. 또한 붙임 모르타르가 약할 경우에 타일 간 채워 넣어 붙이면 모르타르가 타일 속면에 영향을 미치므로, 충분한 접착강도가 있는 모르타르를 선택하여 타일의 바닥면 압착을 충분히 한다.

⑥ 타일 붙임이 종료된 후 붙임 모르타르의 굳음이 예견될 경우, 줄눈 부분의 청소를 실시한다.

(3) 개량압착 붙이기

① 타일 붙이기는 1회 도막붙임 면적을 $2m^2$ 이내로 하고, 붙임 모르타르를 바탕면 측 3~4mm에 얼룩 없이 도포하여 평활하게 편 후, 붙임 모르타르는 비빔부터 시공완료까지 60분 이내에서 사용하고 도막시공 시간은 여름철에는 20분, 겨울철에는 40분 이내로 한다.

② 타일 속면 전체에 붙임 모르타르를 3~5mm 정도의 두께를 평균으로 하여 수직으로 바탕면에 눌러서 붙인다. 동시에 해머 등으로 타일 주변부터 모르타르가 삐져나올 때까지 압착을 실시한다.

(4) 접착 붙이기

① 타일 붙임에 앞서 바탕면을 검사하여 건조된 것을 확인한다.

② 타일 붙이기는 접착제 1회 도막붙임 면적은 $3m^2$ 이내로 하며, 접착제는 우선 금속흙손을 사용하여 평활하게 도막붙임한 후, 지정된 줄눈흙손을 사용하여 필요한 높이로 한다.

③ 건조경화형 접착제는 도막시간에 유의하여 타일을 압착한다. 또한 반응 경화형 접착제를 사용할 경우에는 가용시간에 유의하여 타일을 압착한다.

3 타일공사의 보양 및 검사

1. 보양 및 청소

(1) 보양

① 외부 타일 붙임인 경우에 태양의 직사광선 또는 풍우 등으로 손상받을 우려가 있는 곳은 담당원의 지시에 따라 시트 등 적절한 것을 사용하여 보양한다(직사광선은 피한다).

② 한중 공사 시에는 시공면을 보호하고 동해 또는 급격한 온도변화에 의한 손상을 피하도록 하기 위해, 외기의 기온이 2℃ 이하일 때에는 타일 작업장 내의 온도가 10℃ 이상이 되도록 임시로 가설 난방 보온 등에 의하여 시공 부분을 보양하여야 한다.

③ 타일을 붙인 후 3일간은 진동이나 보행을 금한다(단, 부득이한 경우에는 담당원의 승인을 받아 보행판을 깔고 보행할 수 있다).

④ 줄눈을 넣은 후 경화 불량의 우려가 있거나 24시간 이내에 비가 올 우려가 있는 경우에는 폴리에틸렌 필름 등으로 차단·보양한다.

⑤ 타일의 마감작업 후 균열, 칩핑, 깨어짐, 접착 불량 등이 없도록 깨끗하게 설치가 완료된 상태로 유지하여야 한다.

⑥ 줄눈넣기가 완료된 후 7일 동안은 바닥에 설치된 타일 위를 보행하거나 통행해서는 안 된다.

⑦ 마지막 점검 전에 타일 표면을 중성용 클리너로 깨끗이 헹구고 보호막을 제거한다.

(2) 청소

① 치장줄눈 작업이 완료된 후 타일면에 붙은 불결한 재료나 모르타르, 시멘트 페이스트 등을 제거하고 손이나 헝겊 또는 스펀지 등으로 물을 축여 타일면을 깨끗이 씻어 낸 다음 마른 헝겊으로 닦아 낸다.

② 공업용 염산 30배 희석용액을 사용하였을 때에는 물로 산 성분을 완전히 씻어 낸다.

③ 줄눈넣기가 완성되면 세라믹 타일 전체를 청소하고, 가능한 한 빨리 타일에 묻어 있는 시멘트 모르타르 등 오염물질을 제거한다.

④ 유약을 바르지 않은 타일은 담당원의 승인을 받은 경우에 산성 용해제로 청소해도 무방하다.

2. 검사

(1) 시공 중 검사

하루 작업이 끝난 후 비계발판의 높이로 보아 눈높이 이상이 되는 부분과 무릎 이하 부분의 타일을 임의로 떼어 뒷면에 붙임 모르타르가 충분히 채워졌는지 확인하여야 한다.

(2) 두들김 검사

① 붙임 모르타르의 경화 후 검사봉으로 전면적을 두들겨 검사한다.

② 들뜸, 균열 등이 발견된 부위는 줄눈 부분을 잘라내어 다시 붙인다.

③ 벽타일 붙이기 중 떠붙임공법의 경우는 접착용 모르타르 밀착 정도를 검사하여 중앙부를 기준으로 밀착 정도 80% 이상이면 합격처리하고, 불합격 시에는 주변 8장을 다시 떼어내어 확인하여 이 중 1장이라도 불합격이 있으면 시공물량을 재시공한다.

28·27·21회

(3) 접착력 시험

① 타일의 접착력 시험은 일반건축물의 경우 타일 면적 200m²당, 공동주택은 10호당 1호에 한 장씩 시험하며, 시험 위치는 담당원의 지시에 따른다.
② 시험할 타일은 먼저 줄눈 부분을 콘크리트 면까지 절단하여 주위의 타일과 분리시킨다.
③ 시험할 타일은 시험기 부속장치의 크기로 하되, 그 이상은 180mm × 60mm 크기로 타일이 시공된 바탕면까지 절단한다(단, 40mm 미만의 타일은 4매를 1개조로 하여 부속장치를 붙여 시험한다).
④ 시험은 타일 시공 후 4주 이상일 때 실시한다.
⑤ 시험결과의 판정은 타일 인장 부착강도가 0.39N/mm² 이상이어야 한다.

개념적용 문제

타일공사의 보양 및 검사에 관한 설명으로 옳지 않은 것은? 제28회 기출

① 접착력 시험은 타일 시공 후 3주 이상일 때 실시한다.
② 접착력 시험 결과의 판정은 인장부착강도가 0.39N/mm² 이상이어야 한다.
③ 일반건축물인 경우에 접착력 시험은 타일면적 200m²당 1장씩 시험한다.
④ 줄눈을 넣은 후 24시간 이내에 비가 올 우려가 있는 경우, 폴리에틸렌 필름 등으로 차단·보양한다.
⑤ 접착력 시험할 타일의 크기가 40mm 미만인 경우, 타일 4매를 1개조로 하여 부속장치에 붙여 시험한다.

해설 접착력 시험은 타일 시공 후 4주 이상일 때 실시한다.

정답 ①

바로확인문제

타일의 접착력 시험 결과 인장 부착강도는 (   )N/mm² 이상이어야 한다.

CHAPTER 09 OX문제로 완벽 복습

01 돌로마이트 플라스터는 공기 중의 이산화탄소와 화합하여 경화하는 기경성 재료이다. (O | X)

02 미장공사에서 바름두께를 얇게 하여 여러 번 바르는 것이 좋다. (O | X)

03 코너비드(Corner Bead)는 벽, 기둥 등의 모서리를 보호하기 위하여 미장바르기를 할 때 사용하는 보호용 철물로, 미장공사 시행 후에 고정 설치한다. (O | X)

04 실내미장은 '천장 ⇨ 벽 ⇨ 바닥'의 순서로 하고, 실외미장은 '옥상난간 ⇨ 지층'의 순서로 한다. (O | X)

05 타일의 흡수율은 자기질이 석기질보다 작고, 타일의 최종 소성온도는 자기질이 도기질보다 높다. (O | X)

06 바닥용 미끄럼방지 타일에는 주로 시유타일을 사용한다. (O | X)

07 타일공사 시 바닥면은 물고임이 없도록 구배를 유지하되, 1/100을 넘지 않도록 한다. (O | X)

08 벽체의 타일공사에서 치장줄눈은 타일을 붙인 후 3시간이 경과한 다음 줄눈파기를 실시하고 줄눈 부분을 청소한다. (O | X)

09 타일의 치장줄눈은 가로줄눈을 먼저 시공하고, 가로줄눈은 위에서 아래로 마무리한다. (O | X)

10 클링커타일은 표면이 거친 석기질 타일로, 주로 외부바닥이나 옥상 등에 사용된다. (O | X)

11 바탕면에 붙임 모르타르를 바르고 타일 뒷면에도 붙임 모르타르를 발라 눌러 붙이는 타일 벽붙임공법을 압착공법이라고 한다. (O | X)

12 타일의 접착력 시험결과 인장 부착강도는 0.5N/mm² 이상이어야 한다. (O | X)

정답

01 O   02 O   03 O   04 O   05 O   06 ×(시유타일 ⇨ 자기질 무유타일)   07 O   08 O
09 ×(가로줄눈을 먼저 ⇨ 세로줄눈을 먼저)   10 O   11 ×(압착 ⇨ 개량압착)   12 ×(0.5N/mm² ⇨ 0.39N/mm²)

CHAPTER 10 도장 및 수장공사

회독체크 1 2 3

CHAPTER 미리보기

학습전략

평균 1문제 정도(2.5%)이고 매년 출제되는 CHAPTER는 아니기 때문에 중요한 내용 위주로만 학습해야 합니다. 이 CHAPTER에서는 주로 도장재료별 특징 암기, 부위별 수장공사의 내용 이해, 방음공사의 내용 이해 위주로 학습할 필요가 있습니다.

학습키워드

- 도장공사 시 일반사항
- 도장해서는 안 되는 장소의 환경 및 기상조건
- 도장공법
- 수성페인트
- 유성페인트
- 에나멜페인트
- 래커
- 재료별 바닥깔기 공사
- 이중바닥
- 코펜하겐 리브
- 고막이
- 걸레받이
- 석고보드

제1절 도장공사 ★★

도장공사
1. 개요
2. 도장재료별 종류

1 개요

1. 일반사항

(1) 도장공사의 정의

① 도장공사란 목재, 금속면, 콘크리트나 회반죽면 등에 도료를 칠하는 것이다.
② 유동상태의 도료를 표면에 칠하면 시간이 경과함에 따라 피막을 형성한다.
③ 물체의 부식을 방지하고 내구력을 증진시키며 장식적인 효과가 있다.
④ 방부, 방습, 방청 등의 특수목적의 달성, 물체의 보호, 외관의 미화 등이 도장공사의 목적이다.

▶ 13회

(2) 도장공사 시 일반사항

① 도장공사의 조건
  ㉠ 도료의 배합비율 및 희석제의 배합비율은 질량비로서 표시한다.
  ㉡ 도료는 바탕면의 조밀*, 흡수성 및 기온의 상승 등에 따라 배합 규정의 범위 내에서 도장하기에 적당하도록 조절한다.
  ㉢ 건조시간(도막양생시간)은 온도 약 20℃, 습도 약 75%일 때 다음 공정까지의 최소 시간이고, 온도 및 습도의 조건이 많이 차이날 경우에는 담당원의 승인을 받아 건조시간을 결정한다.
  ㉣ 도료의 표준량은 평평한 면의 단위면적에 도장하는 도료의 양이고, 실제의 사용량은 도장하는 바탕면의 상태 및 도장재료의 손실 등을 참작하여 여분을 두어야 한다.
  ㉤ 도료를 사용하기 위해 개봉할 때는 담당원의 입회하에 개봉하는 것을 원칙으로 한다.
  ㉥ 재료의 사용 직전에 오물, 기타 이물질이 섞여 있지 않도록 하고 체에 걸러 사용한다.
  ㉦ 바탕 자체 및 바탕 표면이 건조하지 않을 때에는 충분한 양생기간을 두어 충분히 건조시킨 후, 그 다음 공정 작업을 진행시켜야 한다.

▶ 22·17·14·9·3회

▶ 관련기준
건축표준시방서코드(KCS) 2025〈KCS 41 47 00 : 2023〉

• 조밀
촘촘하고 빽빽한 것

ⓞ 어린이 활동공간에 사용되는 도료는 중금속의 합이 질량분율로 0.1% 이하이어야 하고, 어린이의 손이 닿는 난간 및 창호의 표면에는 가급적 중금속 등 유해물질의 함유량이 적은 도료 및 실내공기질 기준을 만족하는 도료를 사용하는 등 어린이 활동공간에 대한 안전기준에 적합하도록 시공한다.
ⓩ 도막의 건조는 매회 충분히 해야 하고, 얇게 여러 번 바른다.
ⓧ 도장 횟수를 구별하기 위해 매회 칠의 색깔을 연한색에서 진한색으로 바꾼다.

② **도장해서는 안 되는 장소의 환경 및 기상조건**
㉠ 도장하는 장소의 기온이 낮거나 습도가 높고, 환기가 충분하지 못하여 도장건조가 부적당할 때
㉡ 주위의 기온이 5℃ 미만이거나 상대습도가 85%를 초과할 때
㉢ 눈, 비가 올 때 및 안개가 끼었을 때
㉣ 강설우, 강풍, 지나친 통풍, 도장할 장소의 더러움 등으로 인하여 물방울, 들뜨기, 흙먼지 등이 도막에 부착되기 쉬울 때
㉤ 주위의 다른 작업으로 인해 도장작업에 지장이 있거나 도막이 손상될 우려가 있을 때
㉥ 야간에 색을 잘못 칠할 염려가 있을 때

③ **도장하지 아니하는 부분**
㉠ 별도의 지시가 없으면 도금된 표면, 스테인리스강, 크롬 도금판, 동, 주석 또는 이와 같은 금속으로 마감된 재료는 도장하지 않는다.
㉡ 움직이는 품목 및 라벨*의 움직이는 운전부품, 기계 및 전기부품으로 밸브, 댐퍼 동작기, 감지기 모터 및 송풍기 샤프트는 특별한 지시가 없으면 도장하지 않는다(단, 라벨에는 도장하지 않는다).

(3) 가연성 도료의 보관 및 장소
① 가연성 도료는 전용창고에 보관하는 것을 원칙으로 하며, 적절한 보관 온도를 유지하도록 한다.
② 독립한 단층건물로서 주위 건물에서 1.5m 이상 떨어져 있게 한다.
③ 건물 내의 일부를 도료의 저장장소로 이용할 때는 내화구조 또는 방화구조로 된 구획된 장소를 선택한다.
④ 지붕은 불연재로 하고, 천장을 설치하지 않는다.
⑤ 바닥에는 침투성이 없는 재료를 깐다.
⑥ 사용하는 도료는 될 수 있는 대로 밀봉하여 새거나 엎지르지 않게 다루고, 샌 것 또는 엎지른 것은 발화의 위험이 없도록 닦아 낸다.

⑦ 도료가 묻은 헝겊 등 자연발화의 우려가 있는 것을 도료보관 창고 안에 두어서는 안 되며, 반드시 소각해야 한다.

2. 도장공사 시공

(1) 도료의 견본품

① 철재 바탕일 때는 300×300mm의 크기로 하고, 색채와 질감이 유사한 2개의 표본을 제출하되 광택, 색상의 질감이 요구하는 수준에 도달할 때까지 표본을 다시 제출한다.

② 모르타르, 콘크리트 바탕일 때는 100×100mm의 크기로 하고, 종류가 각기 다른 마감 및 색채를 지닌 것으로 한다. 그리고 퍼티재, 하도용 도료 및 상도용 도료를 도장한 견본품을 2개 제출한다.

③ 목재 바탕일 때는 목재 표면 위에 도장한 견본품과 자연 그대로의 100×200mm 크기의 견본품 2개를 제출한다.

(2) 바탕만들기 및 바탕면 처리

① 녹, 유해한 부착물(먼지, 기름, 타르분, 회반죽, 플라스터, 시멘트 모르타르) 및 노화가 심한 낡은 구(舊)도막은 완전히 제거한다.

② 면의 결점(홈, 구멍, 갈라짐, 변형, 옹이, 흡수성이 불균등한 곳 등)을 보수하여 면을 도장하기 좋은 상태로 한다.

③ 배어나기 또는 녹아나오기 등에 의한 유해물(수분, 기름, 수지, 산, 알칼리 등)의 작용을 방지하는 처리를 한다.

④ 도장의 부착이 잘 되도록 하기 위해 연마 등의 필요한 조치를 한다.

⑤ 비도장 부위는 바탕면 처리나 칠하기에 앞서 보양지 덮기 등 도료가 묻지 않게 조치해야 한다.

⑥ 목재면 바탕만들기에서 목재의 연마는 바탕연마와 도막마무리연마 2단계로 행한다.

⑦ 철재면 바탕만들기는 일반적으로 가공 장소에서 바탕재 조립 전에 한다.

⑧ 아연도금면 바탕만들기에서 인산염 피막처리(화학처리)를 하면 밀착이 우수하다.

⑨ 플라스터면은 도장하기 전 충분히 건조시켜야 한다.

▶ 27회

• **퍼티**
바탕의 파임·균열·구멍 등의 결함을 메워 바탕의 평편함을 향상시키기 위해 사용하는 살붙임용의 도료로. 안료분을 많이 함유하고 대부분은 페이스트상이다.

▶ 27·22·18·14회

• **배어나다**
액체 따위가 스며 나오다

바로확인문제

철재 바탕일 때는 (　　)×(　　)mm의 크기로 하고, 색채와 질감이 유사한 2개의 표본을 제출하되 광택, 색상의 질감이 요구하는 수준에 도달할 때까지 표본을 다시 제출한다.

(3) 도장공법

종류		내용
붓도장		① 붓도장은 일반적으로 평행 및 균등하게 하고 도료량에 따라 색깔의 경계, 구석 등에 특히 주의한다. ② 솔질은 일반적으로 위에서 아래로, 왼쪽에서 오른쪽으로 칠한다.
롤러도장		① 롤러도장은 붓도장보다 도장속도가 빠르고, 평활하고 큰 면을 칠할 때 사용한다. ② 붓도장같이 일정한 도막두께를 유지하기가 매우 어려우므로 표면이 거칠거나 불규칙한 부분에는 특히 주의를 요한다.
스프레이 도장	스프레이 건	① 압축공기를 이용하여 도료를 분무하여 도장하는 방법으로, 초기 건조가 빠른 래커 등에 이용된다. ② 래커타입의 도료일 때에는 노즐구경 1.0~1.5mm, 스프레이의 공기압은 0.2~$0.4N/mm^2$를 표준으로 하고, 사용재료의 묽기 정도에 따라 적절히 조절한다. ③ 스프레이건에 쓰이는 압축공기는 유분, 수분, 먼지 등이 섞이지 않게 하고, 또한 공기압이 사용 중 $0.02N/mm^2$ 이상 증감되지 않도록 적절한 장치를 한다.
	스프레이 도장방법	① 도장거리는 스프레이 도장면에서 300mm를 표준으로 하고 압력에 따라 가감한다. ② 스프레이할 때에는 매끈한 평면을 얻을 수 있도록 하고, 항상 평행이동하면서 운행의 한 줄마다 스프레이 너비의 1/3 정도를 겹쳐 뿜는다. ③ 각 회의 스프레이 방향은 전 회의 방향에 직각이 되게 한다. ④ 건(Gun)은 뿜어 칠하는 면에 대하여 균등한 도장면이 되도록 수직으로 뿜어 칠한다. ⑤ 매 회의 에어스프레이는 붓도장과 동등한 정도의 두께로 하고, 2회분의 도막두께를 한 번에 도장하지 않는다. ⑥ 뿜칠은 압력이 낮으면 거칠고, 높으면 칠의 유실이 많다.

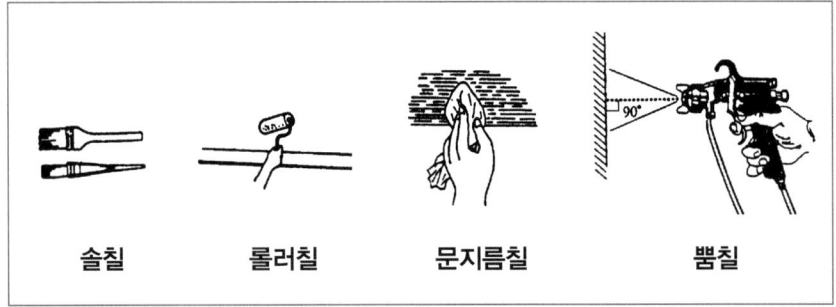

솔칠　　　롤러칠　　　문지름칠　　　뿜칠

(4) 하도(방청 포함), 중도, 상도 공정

① **하도**: 물체의 바탕에 직접 칠하는 것으로, 바탕의 빠른 흡수나 녹의 발생을 방지하고 바탕에 대한 도막층의 부착성을 증가시키기 위해서 사용한다.

② **중도**: 하도와 상도의 중간층으로서 중도용의 도료를 칠하는 것으로, 하도 도막과 상도 도막 사이의 부착성의 증강, 조합 도막층 두께의 증가, 평면 또는 입체성의 개선 등을 위해서 한다.

③ **상도**: 마무리로서 도장하는 작업 또는 그 작업에 의해 생긴 도장면을 말한다.

④ 각 공정의 연마지 갈기는 밑층 도장의 도장막이 건조한 다음 각 층마다 하는 것을 원칙으로 하고, 정벌도장에 가까울수록 입도가 작은 연마지를 쓰고 차례로 면밀히 작업한다.

⑤ 불투명한 도장일 때에는 하도, 중도, 상도 공정의 각 도막층별로 가능하면 색상을 다르게 하여 몇 번째의 도장도막인가를 판별할 수 있도록 한다.

(5) 도장공사 시 균열원인

하자 종류	균열원인
① 은폐불량	① 건조제를 과다하게 사용할 경우
② 백화	② 초벌 건조가 불충분할 경우
③ 기포	③ 초벌칠과 재벌칠의 재질이 다를 경우
④ 핀홀	④ 배합이 부적절할 경우
⑤ 균열	⑤ 기온 차가 심할 경우
⑥ 들뜸(박리)	⑥ 금속면에 탄력성이 적은 도료를 사용할 경우

3. 도료의 구성요소

구성요소	내용
수지(Resin)	도료의 기본골격을 이루며, 특성과 성능의 핵심을 결정함
안료	① 안료는 물이나 용체에 녹지 않는 무채 또는 유채의 분말 ② 안료는 착색분말제로서 도료의 색채를 나타내고, 불투명하게 하여 표면을 은폐하고 도막의 두께를 더해서 철재의 방청용이나 발광재로 사용함
용제	① 수지나 도료를 녹여서 적당한 도료상태의 유동성을 만드는가 하면 동식물성 기름을 화학적으로 처리하여 건조성, 내수성을 개선함 ② 도료의 점도 조절, 적용성 향상에 기여함 ③ 휘발성 용제인 희석제는 도료 자체를 희석하고, 솔질이 잘되게 하며 적당한 휘발성 및 건조속도를 유지
첨가제	① 도료의 특성을 개선하고 특수한 성능을 부여함 ② 건조제: 용제의 건조를 촉진시키는 작용을 함 ③ 가소제: 건조된 도막의 내구력을 증가시키는 데 사용됨

• **발광재**
빛을 내는 재료

> **개념적용 문제**
>
> 도장공사 및 재료에 관한 설명으로 옳지 않은 것은?   제13회 기출
> ① 도장공사의 목적은 방부, 방습, 방청 등의 특수목적의 달성, 물체의 보호, 외관의 미화 등이다.
> ② 도료를 사용하기 위해 개봉할 때에는 담당원이 입회하여 개봉하는 것을 원칙으로 한다.
> ③ 별도의 지시가 없을 경우 스테인리스강, 크롬판, 동, 주석 또는 이와 같은 금속으로 마감된 재료는 도장하지 않는다.
> ④ 가소제는 건조된 도막의 내구력을 증가시키는 데 사용된다.
> ⑤ 안료는 분산제로서 도장의 색상을 내며 햇빛으로부터 결합재의 손상을 방지한다.
>
> **해설** 안료는 분산제가 아닌 착색분말제로서 도료의 색채를 나타내고, 기름층을 두껍게 해 기밀하게 하며, 물체의 내구력 증진을 위해 사용된다.
>
> **정답** ⑤

2 도장재료별 종류

1. 수성(水性)페인트

(1) 특징
① 안료를 물에 용해하여 수용성 교착제인 카세인, 아교, 전분 등과 혼합하여 제조한 도료이다.
② 내알칼리성 도료로 콘크리트, 모르타르, 회반죽면 등에 사용된다.
③ 취급이 간편하고 작업성이 좋으나, 내구성·내수성이 작아 옥외에는 사용할 수 없다.
④ 물을 용제로 사용하므로 공해가 없고, 경제적이다.

(2) 종류

종류	내용
유기질 수성페인트	도장하기 전에 물을 가하여 체로 걸러 사용(습기가 없는 곳에서만 사용)
무기질 수성페인트	마그네시아 시멘트, 백시멘트를 수성페인트의 교착재로 사용(실내외 모두 사용)
에멀션(Emulsion) 수성페인트	수성페인트에 합성수지와 유화제를 섞은 것으로 내수성 및 내구성이 좋아 내·외부용으로 사용되고, 회반죽면 및 모르타르 면에 사용

• 에멀션(Emulsion)
한 액체가 미세한 입자로 되어 다른 액체 속에 고르게 섞인 끈끈한 용액

바로확인문제
안료는 분산제가 아닌 ( )제로서 도료의 색채를 나타내고, 기름층을 두껍게 해 기밀하게 하며, 물체의 내구력 증진을 위해 사용된다.

(3) 주의사항

① 5℃ 이하의 온도에서 도장 시 균열이 발생하고 도막형성이 되지 않으므로 도장을 피한다.
② 부착성을 고려하여 과다한 희석은 피한다.
③ 0℃ 이하일 때에는 저장이나 운반 도중 얼지 않도록 하여야 한다.
④ 모서리 등에 붓으로 새김질한 면과 롤러도장면의 색이 차이날 수 있으므로 새김질 시 동일 규격번호로 작업하여야 하며, 가능한 한 희석하지 않고 새김질을 먼저 하여야 색깔 차이를 줄일 수 있다.
⑤ 시멘트 모르타르 면의 피도막면을 충분히 양생하고 산·알칼리도 또는 양생기간을 준수하여야 한다.
⑥ 피도막면의 흡수율이 과도할 경우 도료의 접착성이 저하되므로 바탕면을 충분히 정리 후 도장한다.

2. 유성(油性)페인트

▶ 15·9·7회

(1) 구성요소

① 건성유, 안료, 건조제, 희석제 등을 혼합 반죽한 도료이다.
② 건성유(기름)가 많으면 광택과 내구성은 증대되나 건조가 늦어진다.
③ 건조제를 많이 넣으면 건조는 빨라지지만, 도막에 균열이 생길 수 있다.
④ 희석제는 기름의 점도를 작게 하여 솔질이 잘 되도록 한다.

(2) 특징

① 경도가 크고, 내후성, 내마모성, 내수성이 양호하여 옥내 및 옥외용으로 사용한다.
② 내열성을 고려할 경우 사용하지 않는다.
③ 콘크리트에 직접 접하는 면은 알칼리성에 약하기 때문에 사용하지 않는다.
④ 목부 및 철부에 사용한다.

3. 바니시(Varnish)

▶ 27회

(1) 종류

① **유성 바니시**(Oil Varnish)
  ㉠ 유용성 수지에 건성유와 건조제를 혼합한 것이다.
  ㉡ 건조가 느리며 내후성이 작아서 옥외에 부적당하다.
  ㉢ 투명 도료로서 내부용 목재에 사용된다.

• 바니시(Varnish)
수지 등을 용제에 녹여서 만든 안료가 함유되지 않은 도료의 총칭. 도막은 대개 투명함

> **참고**   에나멜(Enamel) 페인트
>
> 1. **성분**: 안료 + 유성 바니시 + 건조제
> 2. 내수성, 내후성, 경도가 높다.
> 3. 유성페인트보다 도막이 두껍고, 탄성 및 광택이 있으며, 변색이 적어서 주로 금속에 사용된다.
> 4. 무늬도료는 입체무늬 등의 도막이 생기도록 만든 에나멜 도료이다.

② **휘발성 바니시**
  ㉠ 바니시를 휘발성 용제(알코올)에 녹인 것으로 레이크(Lake)와 래커(Lacquer)가 있다.
  ㉡ 레이크(Lake): 천연수지가 주체이고, 건조가 빠르고 광택이 우수하여 내부용 목재 및 가구용으로 쓰인다.
  ㉢ 래커(Lacquer): 합성수지가 주체이고, 내수성·내후성·내산성 및 내알칼리성이 우수하여 목재면·금속면의 외장용으로 사용하며, 건조속도가 빨라서 뿜칠로 시공한다.

(2) 바니시 시공 시 고려사항
  ① 바니시를 도장할 때는 바니시 솔을 써서 나뭇결에 따라 평행이동해야 하고 될 수 있는 대로 한 붓으로 도장한다.
  ② 같은 자리를 되풀이하여 붓칠하거나 되돌리는 붓칠을 해서는 안 되며, 붓칠의 끝자리에 남은 도장은 가볍게 솔로 훑어 낸다.
  ③ 바니시 도장은 특히 습기에 주의하고, 습도 85% 이상일 때는 도장해서는 안 된다.

4. 기타 도장재료의 종류

(1) 합성수지 페인트
  ① 합성수지 페인트는 인공의 화합물을 이용하여 만든 도료로서 콘크리트나 플라스터*면 등에 사용된다.
  ② 내산성, 내알칼리성, 내수성, 내열성이 우수하고 건조시간이 빠르다.
  ③ 투광성이 좋고 도막이 견고하며 가열하여도 변색이 잘 되지 않는다.
  ④ 아크릴수지, 에폭시수지, 실리콘수지, 페놀수지, 알키드수지, 요소수지, 비닐수지, 폴리에스테르수지 등이 있다.

• **플라스터(Plaster)**
석고, 회반죽, 흙 따위와 같이 물로 개어서 바르는 데 쓰는 재료를 통틀어 이르는 말

바로확인문제
에나멜 페인트는 내수성·내후성·경도가 높으며, 탄성 및 광택이 있고 변색이 적어서 주로 ( )에 사용된다.

(2) 녹막이 페인트

종류	내용
광명단(Red Lead, 光明丹)	부식방지용으로, 강재의 초벌용으로 사용
산화철녹막이 도료	마무리칠에도 사용
징크로메이트(Zincromate)	크롬산아연과 알키드수지로 구성된 도료로서 알루미늄판의 초벌용에 사용
역청질(瀝青質) 도료	일시적인 방청효과를 기대할 수 있음

▶ 21·20회

개념적용 문제

도장공사에 관한 설명으로 옳은 것은? 제27회 기출

① 바니시(varnish)는 입체무늬 등의 도막이 생기도록 만든 에나멜이다.
② 롤러도장은 붓도장보다 도장 속도가 느리지만 일정한 도막두께를 유지할 수 있다.
③ 도료의 견본품 제출 시 목재 바탕일 경우 100mm × 200mm 크기로 제출한다.
④ 수지는 물이나 용체에 녹지 않는 무채 또는 유채의 분말이다.
⑤ 철재면 바탕 만들기는 일반적으로 가공 장소에서 바탕재 조립 후에 한다.

해설
① 바니시(varnish)는 수지 등을 용제에 녹여서 만든 안료가 함유되지 않은 도료를 말한다. 입체무늬 등의 도막이 생기도록 만든 에나멜 도료는 무늬도료이다.
② 롤러도장은 붓도장보다 도장 속도가 빠르고, 붓도장같이 일정한 도막두께를 유지하기 매우 어렵다.
④ 안료는 물이나 용체에 녹지 않는 무채 또는 유채의 분말이다.
⑤ 철재면 바탕 만들기는 일반적으로 가공 장소에서 바탕재 조립 전에 한다.

정답 ③

제2절 수장(修粧)공사

1. 일반사항

(1) 개념
① 수장공사는 나무 등의 재료를 사용하여 내부의 벽체, 천장, 계단, 바닥 등에 재료를 붙여서 마감하는 공사를 말한다.
② 수장공사는 주로 장식을 목적으로 구조체에 붙여 대는 것의 총칭이다.

(2) 시공 및 보양
① 시공에 앞서 바탕면을 점검하여 작업에 지장이 없음을 확인한다.
② 시공 시 타 공사와의 관련을 고려해서 시공하는 등의 배려가 필요하다.
③ 기존 부분, 시공완료 부분에 파손 및 오염의 우려가 있을 경우에는 종이, 천, 목재 등으로 보양한다.
④ 접착제 등을 사용하는 곳은 접착제가 경화할 때까지 유해한 충격이나 진동을 받지 않도록 통행을 금지하며, 주변의 타 공사에 대해서도 적절한 조치를 한다.
⑤ 접착제를 사용할 경우, 실내온도가 5℃ 이하 또는 접착제가 경화하기 전에 5℃ 이하로 될 우려가 있을 때에는 난방 등의 조치를 취한다.

2. 바닥공사

(1) 목질계 바닥깔기
① 마루 쪽매널
㉠ 마루널을 서로 옆에 붙여 대는 것을 쪽매라 하고, 마루널 쪽매 중 가장 좋은 쪽매는 진동에도 빠지지 않는 제혀쪽매이다. 최근에는 온돌마루판공사에도 많이 사용된다.
㉡ 쪽매널 바닥깔기의 바탕은 이중 바닥깔기를 원칙으로 한다.
㉢ 밑창 깔기 바닥널은 두께 18mm 이상의 것으로 하고, 위 깔기 바닥널은 두께 6mm 이상의 소나무, 낙엽송, 삼송, 미송, 라왕 및 보통합판 등으로 하고, 장선에 못을 박아 대고 턱진 곳 없이 평활한 바닥으로 한다.

ㄹ. 작업공간은 상온상태로 적당한 습도가 유지되도록 밀폐되어야 하고, 바탕깔기 작업 시작 5일 전부터 쪽매널을 깔기 장소에 보관하되, 깔기 작업을 전후로 상당기간 18~21℃의 온도를 유지한다.

ㅁ. 합판마루용 수성에폭시 접착제를 사용할 경우, 동결에 유의하여야 한다.

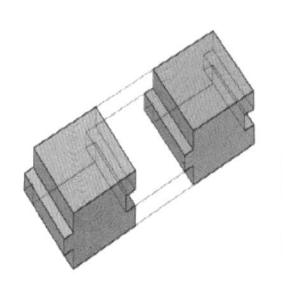  

마루 제혀쪽매널 시공 장면

② **마루 플로어링(Flooring)류**

ㄱ. 주로 목재인 마루재료를 지칭할 때가 많으며, 플로어링보드, 플로어링블록 등으로 분류된다.

ㄴ. 못박기는 판의 이음을 엇갈리게 하고 옆 및 마구리의 가공부분에 손상을 주지 않도록 줄바르게 충분히 밀착시키고 장선에 숨은 못치기로 한다.

ㄷ. 걸레받이 및 문지방 아래의 판장부는 판의 신축을 고려하여 틈새를 설치한다.

ㄹ. 붙임에 이용되는 모르타르는 시멘트 : 모래 = 1 : 3으로, 균열 억제를 위하여 물시멘트비를 가능한 한 낮추고 요철이 없도록 두께 35mm 정도로 펼치며, 모르타르 면에 물을 적정량 살포하고 그 위에 시멘트 페이스트를 사용하여 플로어링류를 붙인다.

플로어링보드 및 플로어링블록을 사용한 마루 시공

(2) 합성고분자계 바닥깔기

① **장판비닐시트 공사**
  ㉠ 작업준비 ⇨ 바닥청소 ⇨ 접착제 바르기 ⇨ 비닐시트 깔기 ⇨ 보양
  ㉡ 시공 1~2주 전부터 난방을 실시하여 바닥의 습기를 제거한다.
  ㉢ 시공 후 습기로 인한 비닐시트의 들뜸현상을 방지한다.
  ㉣ 접착제는 재단 후 1~2일 방치하여 비닐시트의 긴장이 완화된 후 시공한다.
  ㉤ 경보행용*인 경우 부분접착하고, 중보행용*인 경우 전면부착공사를 한다.
  ㉥ 바닥표면은 폴리에틸렌비닐 등으로 보양하고 중량의 물건을 끌고 다니지 않도록 주의한다.

② **리놀륨(Linoleum) 공사**
  ㉠ 리놀륨은 아마인유에 수지를 가해서 리놀륨 시멘트를 만들고, 코르크 가루·안료 등을 혼입하여 삼베에 압착한 것이다.
  ㉡ 탄력성이 풍부하고, 내구성이 있으며 바닥 마감재로 쓰인다.
  ㉢ 걸어 다닐 때 미끄러지지 않고 소리가 잘 안 나며 피로하지 않는 등 보행감촉이 뛰어나지만, 알칼리성에 약하고 내수성·내습성이 떨어진다.
  ㉣ 공사가 완료된 바닥표면은 골판지 등으로 보양한다.

(3) 이중바닥(Free Access Floor)

① **정의**
  ㉠ 콘크리트 슬래브와 바닥 마감 사이에 파이프, 전선 등의 설치를 용이하게 할 수 있는 공간을 둔 프리 액세스 바닥으로, 45~60cm 각의 바닥 패널과 그것을 지지하는 높이 조절 가능한 다발로 구성된다.
  ㉡ 전산실의 바닥에 널리 쓰이고 있으며, 그 밖에 전기실·방송 스튜디오 등에서 사용된다.

• **경보행용**
  통상 주거용으로 신발을 착용하지 않고 보행하는 장소(거실, 방)

• **중보행용**
  신발을 착용하거나 내구성이 요구되는 장소(사무실, 상가, 호텔, 식당)

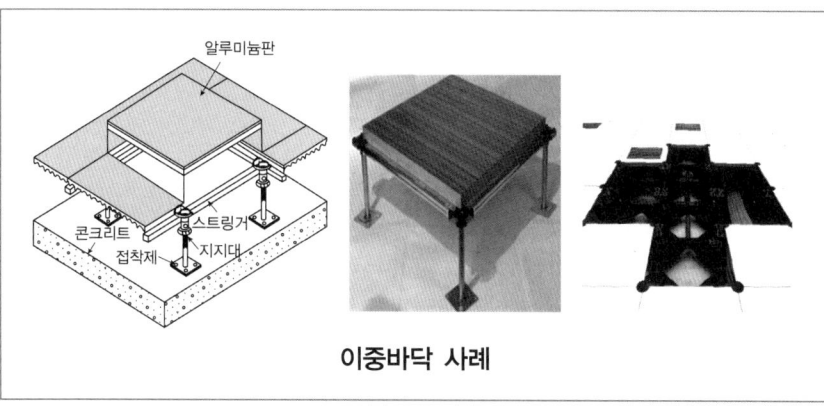

이중바닥 사례

② **이중바닥 시공 시 고려사항**
  ㉠ 이중바닥 마감면에서 수평 정밀도를 확인하고, 수평정밀도는 인접하는 바닥패널 높이 차를 조정식에서는 0.5mm 이하, 조정이 불가능한 방식에서는 1mm 이하로 한다.
  ㉡ 이중바닥의 허용하중을 넘는 중량기기의 고정은 큰 하중이 직접 바닥패널에 작용하지 않도록 한다.
  ㉢ 바닥패널에 구멍을 뚫은 후, 헛디딤의 위험이 있는 경우 합판 등으로 임시로 막아 위험을 방지한다.

(4) 뜬 바닥(Floating Floor)
  ① 바닥 충격음 방지를 목적으로 한다.
  ② 고체 전달음이 구조체에 전달되지 않도록 바닥 자체에 완충재를 넣어 분리시킨 바닥 방식을 말한다.

개념적용 문제

바닥 마감판을 필요에 따라 들어내어 파이프, 전선 등의 설치를 용이하게 할 수 있는 바닥은?   제13회 기출

① 프리 액세스(Free Access) 바닥
② 데크 플레이트(Deck Plate) 바닥
③ 프리캐스트 콘크리트(Precast Concrete) 바닥
④ 프리스트레스트 콘크리트(Prestressed Concrete) 바닥
⑤ ALC(Autoclaved Lightweight Concrete) 바닥

해설 바닥 마감판을 필요에 따라 들어내어 파이프, 전선 등의 설치를 용이하게 할 수 있는 바닥은 프리 액세스(Free Access) 바닥이다.

정답 ①

바로확인문제

바닥 마감판을 필요에 따라 들어내어 파이프, 전선 등의 설치를 용이하게 할 수 있는 바닥은 (   ) 바닥이다.

3. 벽공사

(1) 판벽(Wood Siding)

① 가로판벽

종류	내용
영식 비늘판벽 (Feather Boarding)	널너비 20cm 정도, 두께는 위 1cm, 밑 2cm 정도로 빗겨서 윗널 밑은 반턱쪽매 15mm 깊이 정도로 겹쳐 물리며 기둥 또는 샛기둥에 수평으로 못박아 댄다.
반턱쪽매 비늘판벽 (Rabbeted Siding)	널너비 20cm, 두께 2cm 정도의 널 상하 옆을 반턱(개탕)으로 하여 기둥·샛기둥에 가로쪽매하여 붙인다.
턱솔(독일식) 비늘판벽 (German Siding)	반턱쪽매 비늘판벽에서 줄눈너비가 널의 수축으로 크게 되니까 차라리 미리 그 모양으로 만들어 줄눈을 6~12mm 정도로 넓게 하는 방법이다.
누름대 비늘판벽 (Batten Siding)	너비 15~20cm, 두께 9~18mm의 널을 상하 1.5cm 정도 겹쳐 기둥·샛기둥에 수평으로 못박아 댄 것에 널누름으로 4cm 각 정도의 오림목을 기둥·샛기둥 위치에 세워 댄 것을 누름대라 한다.

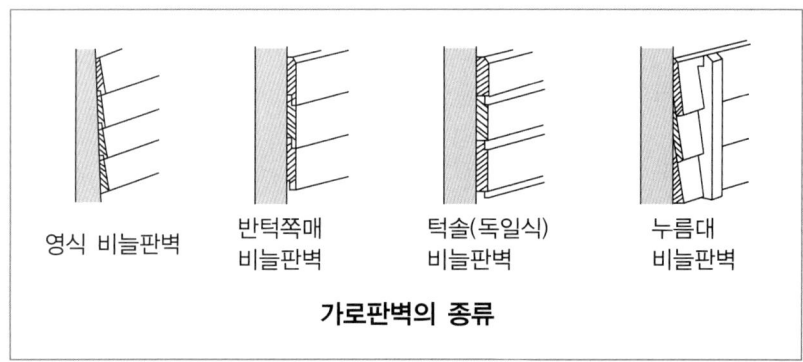

가로판벽의 종류

② **세로판벽**(Vertical Siding)
　㉠ 기둥·샛기둥 또는 벽돌벽에 띠장을 가로로 대고 널을 반턱으로 쪽매 또는 제혀쪽매로 하여 쭈그린 못치기로 한다.
　㉡ 밖벽의 비흘림 붙임 토대 등은 비늘판벽과 같이 하지만, 세로판벽으로서는 빗물에 직접 맞는 곳은 빗물이 스며들기 쉬우므로 피하는 것이 좋다.

③ **징두리판벽**(Wainscoting)
　㉠ 벽의 하부를 징두리 또는 굽도리라 하며, 내부벽 하부에서 높이 1~1.5m 정도로 판벽을 한 것을 징두리판벽이라 한다.
　㉡ 이 널은 띠장에 못박아 대고 밑은 걸레받이(Base)에, 위는 두겁대에 홈 파 넣는다.

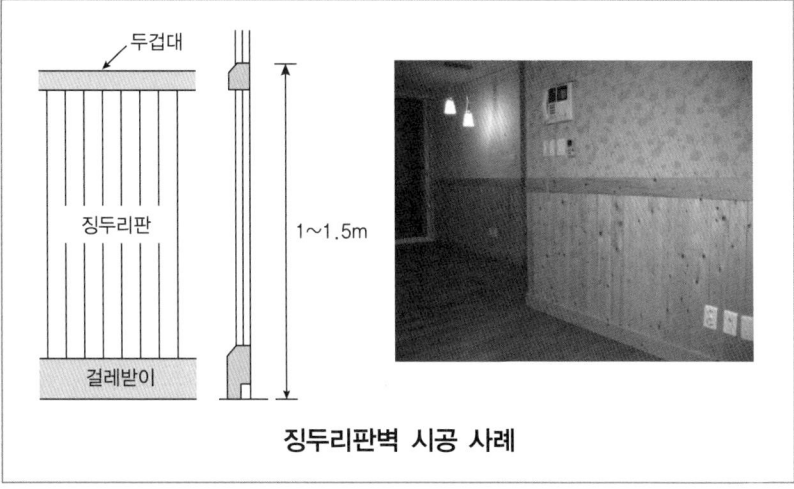

징두리판벽 시공 사례

④ **코펜하겐 리브**(Copenhagen Rib)
  ㉠ 덴마크 수도 코펜하겐 방송국의 벽에 음향효과를 내기 위하여 오림목을 특수한 단면으로 쇠시리(Moulding)하여 사용한 것이 시초이지만, 지금은 음향조절용과 장식의 목적으로도 많이 쓰인다.
  ㉡ 목제 루버라고도 한다. 리브재의 옆에 생기는 빈틈과 뒷면의 띠장 부분의 공기층이 고음을 처리하게 되어 음향효과가 좋아진다.
  ㉢ 리브의 너비는 10cm 이하이므로 그 바탕만들기에 따라 벽면 전체에 곡선형으로 할 수가 있어 곡면 처리도 용이하다.

(2) 고막이 · 걸레받이

① **고막이**
  ㉠ 고막이는 지면으로부터 높이 500mm 정도의 외벽 하부를 벽면에서 10~30mm 정도 나오게 하거나 들어가게 한 것이다.
  ㉡ 고막이벽은 윗벽과 구분되어 더러워지기 쉬운 것을 막고, 건물의 하부가 튼튼한 감을 주게 한 것이다.

② **걸레받이**(Skirting Baseboard)
  ㉠ 걸레받이는 바닥과 접한 벽체 하부의 보호 및 오염방지를 위하여 높이 100~200mm 정도로 설치하는 것이다.
  ㉡ 걸레받이는 벽면보다 10~20mm 정도 내밀거나 들이밀기도 한다.
  ㉢ 벽과 바닥이 콘크리트 및 타일 붙임일 때에는 모르타르·인조석 갈기·합성수지제판 또는 테라조(Terrazzo) 붙임 등으로 하지만, 판벽널마루 바닥일 때에는 나무로 한다.

▶ 14 · 12회

• **쇠시리(Moulding)**
기둥의 모서리나 창살의 등을 깎아 밀어서 두드러지거나 오목하게 깎아 모양을 내는 일

▶ 14 · 12회

• 고막이

• 걸레받이

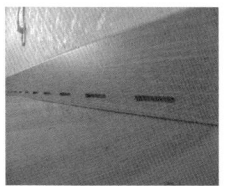

바로확인문제

(　　)는 지면으로부터 높이 500mm 정도의 외벽 하부를 벽면에서 10~30mm 정도 나오게 하거나 들어가게 한 것이다.

> **개념적용 문제**
>
> 다음의 용어에 관한 설명으로 옳지 않은 것은?   제14회 기출
>
> ① 코너비드: 기둥과 벽의 모서리 등을 보호하기 위해 설치하는 것
> ② 코펜하겐 리브: 음향조절을 하기 위해 오림목을 특수한 형태로 다듬어 벽에 붙여 대는 것
> ③ 걸레받이: 바닥과 접한 벽체 하부의 보호 및 오염방지를 위하여 높이 10~20cm 정도로 설치하는 것
> ④ 고막이: 벽면 상부와 천장이 접하는 곳에 설치하는 수평가로재로, 경계를 구획하고 디자인이나 장식을 목적으로 하는 것
> ⑤ 멀리온(Mullion): 창의 면적이 클 경우, 창의 개폐 시 진동으로 유리가 파손될 우려가 있으므로 창의 면적을 분할하기 위하여 설치하는 것
>
> **해설** 벽면 상부와 천장이 접하는 곳에 설치하는 수평가로재로, 경계를 구획하고 디자인이나 장식을 목적으로 하는 것은 반자돌림대이다. 고막이는 지면으로부터 높이 500mm 정도의 외벽하부를 벽면에서 10~30mm 정도 나오게 하거나 들어가게 한 것이다.
>
> **정답** ④

(3) 석고(石膏)보드

① 정의

㉠ 소석고를 주원료로 하여 톱밥·섬유·펄라이트 등을 혼합하고, 경우에 따라서는 발포제(發泡劑)를 첨가하며 물로 반죽하여 두 장의 시트 사이에 부어서 판상(板狀)으로 굳힌 것을 가리킨다.

㉡ 양면에 내열성이 우수한 두꺼운 종이를 밀착시켜 판으로 압축시킨 것으로, 내벽이나 천장마감공사에 쉽게 부착할 수 있는 흡음, 단열 및 방화용 마감으로 사용된다.

② 특징

㉠ 내화성, 단열성, 차음성, 흡음성이 우수하다.
㉡ 충격에 약하고 내수성이 떨어지기 때문에 외부용으로는 사용하지 않는다.

③ 석고보드 시공 시 고려사항

㉠ 절단은 전동식 절단기나 칼 등을 사용하여 정확하게 하며 줄칼질은 피한다.
㉡ 물과 접할 가능성이 있는 절단면 및 다른 작은 구멍 부분을 방수처리 한다.

• **발포제(發泡劑)**
재료에 넣고 가열하면 기체를 발생시켜 제품 속에 거품을 일으키는 물질로 탄산수소나트륨이나 암모니아수, 탄산암모늄 따위가 있다.

바로확인문제
석고보드는 충격에 (　　)하고 내수성이 떨어지기 때문에 (　　)용으로는 사용하지 않는다.

ⓒ 석고보드 주변부의 고정은 단부로부터 10mm 내외 외측 위치에서 한다.
ⓓ 목제 바탕에 못을 박는 경우 못길이는 보드두께의 3~4배 정도의 것을 사용하며, 보드면과 평탄하게 될 때까지 충분히 타격한다.
ⓔ 강제 바탕에 보드를 붙이는 경우 강제 바탕 이면에 10mm 이상의 여장을 확보할 수 있는 드릴링 탭핑 나사를 이용하고 나사머리가 보드면보다 깊게 박힐 때까지 조인다.
ⓕ 콘크리트 바탕 등에 직접 접착하는 경우에는 접착제를 띠모양으로 도포한 후 충분히 압착한다.

④ **석고보드를 사용한 경량철골 칸막이벽체 시공 순서**

> 먹매김 ⇨ 런너 설치 ⇨ 스터드(경량철골) 설치 ⇨ 한 면 석고보드 부착 ⇨ 단열재 설치 ⇨ 반대면(이음면) 석고보드 부착 ⇨ 이음매 처리 ⇨ 걸레받이 설치

4. 천장(天障)공사

(1) 반자(Ceiling)의 종류

▶ 12회

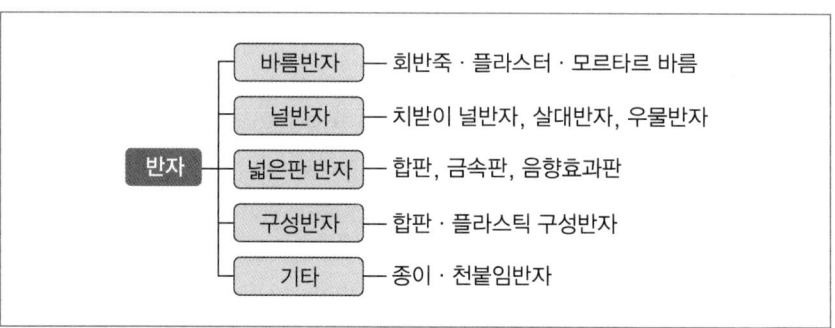

종류	내용
살대반자	통맞춤으로 넓은 널, 합판 등을 댄 방식으로 반자틀을 붙여 댄 널 밑 반자돌림 사이에 45cm 간격으로 살대*를 박아 대는 반자
우물반자	격자반자라고도 하며 반자틀을 바둑판처럼 우물 정(井)자인 격자로 짜고 넓은 틀 위에 덮어 대거나 틀에 턱솔을 파서 끼워 넣어 마무리한 것
건축판반자	합판이나 석고보드 등의 건축판을 사용한 반자로 표면이 치장된 건축판을 사용했을 경우 그대로 마감면이 됨
구성반자	① 반자를 장식 및 음향효과를 주기 위해 응접실이나 거실 등의 구석이나 중앙의 일부를 약간 높이거나 낮게 하여 층단으로 또는 주위 벽에서 떼어내어 구성하는 반자 ② 조명장치를 반자에 은폐하여 간접조명으로 설치

• 살대
뼈대가 되는 가늘고 긴 막대

> **개념적용 문제**
>
> 다음의 용어에 관한 설명으로 옳지 않은 것은?   제12회 기출
>
> ① 테라코타는 속이 빈 대형 점토제품으로 건축물의 난간벽, 주두 등의 장식에 사용된다.
> ② 코펜하겐 리브는 오림목을 특수형태로 다듬어 벽에 붙여 댄 것으로 음향조절용으로 사용된다.
> ③ 크레센트는 오르내리창 등의 잠금장치이다.
> ④ 수장공사에서 고막이는 지면으로부터 높이 500mm 정도의 외벽하부를 벽면에서 10~30mm 정도 나오게 하거나 들어가게 한 것이다.
> ⑤ 살대반자는 반자틀을 격자로 짜고 그 위에 넓은 널을 덮은 반자이다.
>
> **해설** 반자틀을 격자로 짜고 그 위에 넓은 널을 덮은 반자는 우물반자이다.
>
> **정답** ⑤

(2) 목재 반자틀

구분	내용
구성	반자틀은 위에서부터 '달대받이 ⇨ 달대 ⇨ 반자틀받이 ⇨ 반자틀 ⇨ 반자돌림대' 순으로 구성한다.
달대받이	지붕틀의 평보 또는 층보에 끝마구리 지름 90mm 정도의 통나무 껍질을 벗겨 약 900mm 간격으로 걸쳐 대고 큰 못 또는 꺾쇠치기로 한다.
달대	거리 간격 1,200mm 정도로 반자틀과 반자틀 사이에 주먹턱 맞춤으로 하고, 위는 달대받이에 직접 큰 못으로 박아 댄다.
반자틀받이	약 900mm 간격으로 대고 달대로 매단다.
반자틀	보통 450mm 간격으로 건너 대고, 여기에 직각으로 댄 반자틀받이에 못박아 댄다.
반자돌림대	벽과 반자가 맞닿는 곳에 마무리와 장식을 겸하여 오림목을 쇠시리한다.

바로확인문제

반자틀은 위에서부터 '달대받이 ⇨ ( ) ⇨ 반자틀받이 ⇨ ( ) ⇨ 반자돌림대' 순으로 구성한다.

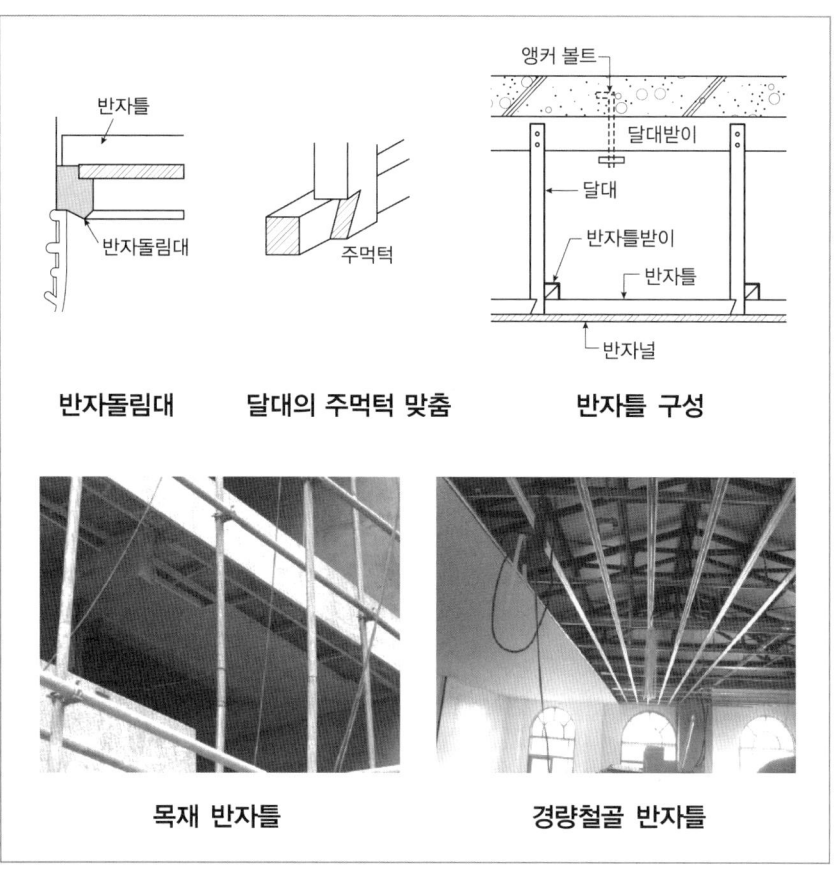

(3) 경량철골 반자

① 반자틀과 반자틀받이를 경량철골로 구성한 반자이다.
② 콘크리트에 매립된 인서트에 달대를 틀어 박고 반자틀받이 채널(Channel)을 조립한 뒤, 여기에 석고보드나 텍스류 또는 알루미늄판재 등을 아연도금 나사못으로 부착하여 마무리한다.

> **참고 고정철물**
>
> 1. **인서트**(Insert)*: 행거볼트를 부착하기 위해 미리 콘크리트에 매입한 철물
> 2. **익스팬션 볼트**(Expansion Bolt): 확장볼트 또는 팽창볼트라고도 불리며, 콘크리트, 벽돌 등의 면에 띠장, 문틀 등의 다른 부재를 고정하기 위하여 붙여 두는 특수볼트
> 3. **드라이비트 건**(Drivit Gun): 소량의 화약 폭발력을 이용하여 콘크리트, 벽돌벽, 강재 등에 드라이비트 핀(특수 가공한 못)을 순간적으로 박는 기계

▶ 28·23회

• 인서트(Insert)
삽입하다, 넣다

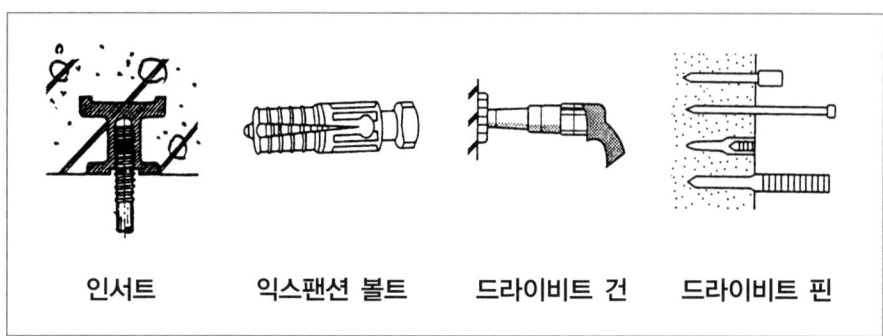

인서트	익스팬션 볼트	드라이비트 건	드라이비트 핀

③ 경량철골 천장공사 공법

분류	내용
M-Bar 공법	천장에 특수한 M자 형상의 금속 바(Bar)를 사용하여 보드를 고정하는 시스템으로, 천장판의 이음이 밀착되어 우수한 방음효과를 얻을 수 있는 매립형 경량천장 공법
T-Bar 공법	T자 형상의 금속 바(Bar)를 사용하여 천장재를 지지하고 설치하는 방식으로 경제적이면서 시공성과 유지관리성이 뛰어나 일반 사무실 및 공공시설의 천장 마감재로 널리 사용되는 공법
I-Bar 공법	I자 형태의 금속 바(Bar)를 이용하여 천장판을 지지하고 고정하는 숨김형 매립 천장 공법으로 방음성, 기밀성, 미관성이 요구되는 공간에서 사용되며, M-Bar 공법과 유사하지만 패널 고정방식과 구조에서 차이가 있는 공법
L-Bar 공법	천장판을 L자 형상의 금속 바(Bar)에 끼워 고정하는 방식으로 시공이 간편하면서도 일정 수준의 미관과 방음 성능을 제공하는 경제적인 매립형 경량천장 공법

CHAPTER 10 OX문제로 완벽 복습

01 도장공사에서 별도의 지시가 없을 경우 스테인리스강, 크롬판, 동, 주석 또는 이와 같은 금속으로 마감된 재료는 도장하지 않는다. (○│×)

02 도장공사에서 도료의 배합비율 및 시너의 희석비율은 용적비로 표시한다. (○│×)

03 에나멜 페인트는 휘발성 용제나 지방유에 각종 수지를 용해시켜 제조한 도료로서 주로 목재의 무늬를 나타내기 위하여 사용된다. (○│×)

04 수성페인트는 안료를 물에 용해하여 수용성 교착제와 혼합하여 제조한 도료로서 모르타르나 회반죽 등의 바탕에 사용된다. (○│×)

05 도료의 선택 시 내열성을 고려할 경우, 유성페인트나 비닐페인트 등을 선택한다. (○│×)

06 가연성 도료의 보관 및 취급에서 지붕은 불에 잘 타지 않는 난연재로 한다. (○│×)

07 칠공사에서 강한 바람이 불 때에는 먼지가 묻게 되므로 외부공사를 하지 않는다. (○│×)

08 도장 횟수를 구별하기 위해 매회 칠의 색깔을 조금씩 다르게 한다. (○│×)

09 도장공사에서 뿜칠공법의 뿜칠거리는 30cm 정도로 하여 평행으로 이동하면서 얼룩이 없도록 도장해야 하고, 건(Gun)은 뿜어 칠하는 면에 대하여 균등한 도장면이 되도록 약간 경사지게 뿜어 칠한다. (○│×)

10 코펜하겐 리브는 음향조절을 하기 위해 오림목을 특수한 형태로 다듬어 벽에 붙여 대는 것을 말한다. (○│×)

11 고막이는 벽면 상부와 천장이 접하는 곳에 설치하는 수평가로재로, 경계를 구획하고 디자인이나 장식을 목적으로 하는 것이다. (○│×)

정답

01 ○ 02 ×(용적비 ⇨ 질량비) 03 ×(목재의 무늬를 나타내기 위하여 ⇨ 금속에) 04 ○ 05 ×(선택한다 ⇨ 피한다)
06 ×(난연재 ⇨ 불연재) 07 ○ 08 ○ 09 ×(약간 경사지게 ⇨ 수직으로) 10 ○ 11 ×(고막이 ⇨ 반자돌림대)

12 살대반자는 반자틀을 격자로 짜고 그 위에 넓은 널을 덮은 반자이다. (○ | ×)

13 중보행용 장판비닐시트는 전면부착공사를 한다. (○ | ×)

14 바닥의 균열 억제를 위하여 모르타르의 물시멘트비를 가능한 한 높여서 시공한다. (○ | ×)

정답

12 ×(살대반자 ⇨ 우물반자)   13 ○   14 ×(높여서 ⇨ 낮추어)

CHAPTER 11 적산 및 견적

회독체크 1 2 3

CHAPTER 미리보기

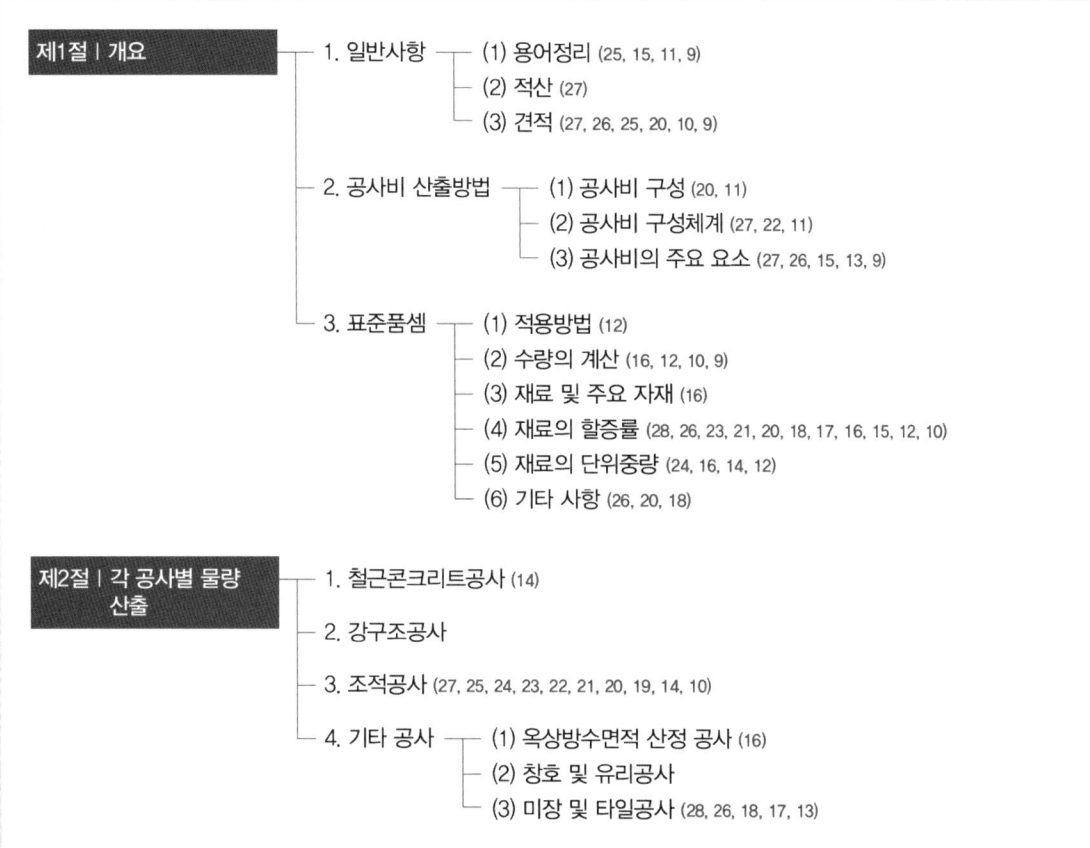

학습전략

평균 2문제 정도(5.0%)이나 매년 출제되고 있기 때문에 관심을 가지고 학습해야 하며, 이 CHAPTER에서는 주로 표준품셈에 관한 전반적인 이해, 각 공사별 공식에 따른 계산문제 파악을 위주로 학습할 필요가 있습니다.

학습키워드

- 적산과 견적의 정의
- 명세견적
- 공사비 구성요소
- 표준품셈
- 재료의 할증률
- 콘크리트의 수량(체적) 산출
- 벽돌량 산출
- 옥상방수면적 산출
- 타일량 산출
- 도장면적 산출

개요

1. 일반사항
2. 공사비 산출방법
3. 표준품셈

25·15·11·9회

27회

제1절 개요 ★★

1. 일반사항

(1) 용어정리

용어	정의
적산(積算)	공사 진행에 필요한 공사량(재료, 품)을 도면과 시방서에 의거하여 산출하는 기술 활동을 말한다.
견적(見積)	산출된 공사량에 적정한 단가(單價)를 선정하여 곱한 후, 합산하여 총공사비를 산출하는 기술 활동으로 공사개요 및 기일, 기타 조건에 의하여 달라질 수 있다.
실행예산(實行豫算)	건설회사에서 공사를 수행하기 위한 소요공사비이다.
정미량(正味量)	설계수량으로 설계도서를 근거로 하여 산출한 수량으로 할증률이 포함되지 않는다.
소요량(所要量)	주문량으로 정미량에 할증률을 가한 것으로 실제 공사에 소요되는 수량이다.
할증률(割增率)	정미량에 재료의 운반, 절단, 가공 및 시공 중에 발생되는 손실량 또는 파손량을 가산해 주는 백분율(%)을 말한다.

(2) 적산(積算)

① 적산의 일반적인 원칙
  ㉠ 설계도면 및 시방서에 의거하여 산출한다.
  ㉡ 주관적 판단이 개입되지 않아야 한다.
  ㉢ 공사량 산출 시 시공기술 기준은 가능한 한 낮게 반영해야 추후 공사금액을 줄일 수 있다.

② 적산 순서
  ㉠ 실별이나, 바닥, 벽, 천장 등 부위별로 산출한다.
  ㉡ 시공 순서대로 한다.
  ㉢ 구체공사는 기초부에서 상부로, 마무리공사는 지하층부터 상부층으로 산출한다.
  ㉣ 내부에서 외부로 산출한다.
  ㉤ 수평방향에서 수직방향으로 산출한다.
  ㉥ 큰 곳에서 작은 곳으로 산출한다.
  ㉦ 아파트의 경우, 단위세대에서 전체로 산출한다.

개념적용 문제

적산 및 견적과 관련된 용어의 설명으로 옳지 않은 것은? 제15회 기출

① 일반관리비는 기업 유지를 위한 관리활동 부문의 비용이다.
② 직접재료비는 당해 공사목적물의 실체를 형성하는 데 소요되는 재료비이다.
③ 재료의 정미량은 설계도서에 표시된 치수에 의해 산출된 수량이다.
④ 품셈은 어떤 물체를 인력이나 기계로 만드는 데 들어가는 단위당 노력 및 재료의 수량이다.
⑤ 견적은 공사에 필요한 재료 및 품을 구하는 기술 활동이며, 적산은 공사량에 단가를 곱하여 공사비를 구하는 기술 활동이다.

해설 적산은 공사에 필요한 재료와 품의 수량, 즉 물량(공사량)을 산출하는 작업으로 물량산출의 기술적 행위이고, 견적은 적산에 의한 공사량에 단가를 적용하여 공사비를 산출하는 것으로 수량과 비용을 감안한 종합적인 행위이다.

정답 ⑤

(3) 견적(見積)

① 견적의 일반적인 원칙
 ㉠ 실제 상황의 반영
 ㉡ 모든 비용 요소의 포함
 ㉢ 가변성* 있는 양식으로 작성
 ㉣ 직접비와 간접비의 구분
 ㉤ 변동비용과 고정비용의 구분
 ㉥ 불확실성에 대한 예비비 포함

• **가변성(可變性)**
일정한 조건에서 변할 수 있는 성질

▶ 27·25·20·10·9회

② 견적의 종류

종류	내용
명세견적 (明細見積)	㉠ 입찰가격을 결정하는 데 기초가 되는 정밀견적으로 최종견적, 명세견적, 입찰견적 등으로 표현하기도 한다. ㉡ 상세설계의 출력인 일련의 완성된 도면과 시방서에 근거하여 건설공사를 수행하는 데 소요되는 재료, 노무, 장비 등에 대한 상세한 수량과 비용을 결정하는 것이다. ㉢ 상세설계단계에서 견적기술자가 공사예정가격을 결정하기 위하여 수행하거나 계약자(시공자)가 입찰서를 제출하고 시공계획을 수립하기 위하여 수행한다.

바로확인문제

(　　)은 공사에 필요한 재료와 품의 수량, 즉 물량(공사량)을 산출하는 작업으로 물량산출의 기술적 행위이고, (　　)은 적산에 의한 공사량에 단가를 적용하여 공사비를 산출하는 것으로 수량과 비용을 감안한 종합적인 행위이다.

분류	내용
개산견적 (槪算見積)	㉠ 설계가 시작되기 전에 프로젝트의 실행 가능성을 알아보거나 설계의 초기단계 또는 진행단계에서 여러 설계대안의 경제성을 평가하기 위하여 수행된다. ㉡ 개략적인 공사금액을 예측한다는 의미에서 개념견적, 기본견적, 예산견적 등으로 표현하기도 한다. ㉢ 설계도면과 시방서가 준비되지 않은 상태이거나 정밀한 적산을 할 수 없을 때 공사비를 예측하는 것이기 때문에 이전의 유사한 공사에서 얻을 수 있는 자료와 건설공사 참여자로부터 얻을 수 있는 가능한 정보를 토대로 견적자의 경험과 판단에 의해 수행된다.

③ 개산견적의 분류

분류		내용
단위기준에 의한 견적	단위설비	㉠ 학교: 1인당 통계가격 × 학생 수 = 총공사비 ㉡ 병원: 1병상당 통계가격 × Bed 수 = 총공사비 ㉢ 호텔: 1객실당 통계가격 × 객실 수 = 총공사비
	단위면적	㉠ m^2당 또는 평당으로 개산견적 ㉡ 비교적 정확도가 높고 편리함
	단위체적	㉠ 전체 건물 용적 m^3당 개산견적 ㉡ 공장이나 강당같이 층고가 높을 때 많이 사용
비례기준에 의한 견적	가격비례	각 공사부분에 통계상 공사비와 총공사비 비율을 기본으로 하여 결정
	수량비례	건축물의 면적당 공종별 일정수량 통계 시 사용하여 공종별 공사비 개산
공종별 수량에 의한 견적		각 공종별로 개산치를 적용하여 수량 산출

④ 견적 시 활용자료

활용자료	내용
표준품셈	㉠ 토목, 건축, 기계설비, 전기, 통신 분야별로 각 해당 공종에 따른 재료량, 노무량, 기계경비, 손료, 운임 등을 산출할 수 있는 기본자료가 수록되어 있다. ㉡ 품셈은 단위당 시공능력과 소요수량을 표시한 자료이다.
물가자료	모든 분야를 망라하여 물가에 대한 자료를 집대성한 것
일위대가표 (一位代價表)	항목별 단가를 산정하는 행위로서 단위작업의 재료비에 가공 및 설치비 등을 가산하여 단위단가로 표시한 것
시중노임단가	전국 각지의 현장에서 일하는 각 직종의 노임을 총망라하여 직종별 평균 노임을 책정한 것

개념적용 문제

건축적산 및 견적에 관한 설명으로 옳지 않은 것은? 제25회 기출

① 적산은 공사에 필요한 재료 및 품의 수량을 산출하는 것이다.
② 명세견적은 완성된 설계도서, 현장설명, 질의응답 등에 의해 정밀한 공사비를 산출하는 것이다.
③ 개산견적은 설계도서가 미비하거나 정밀한 적산을 할 수 없을 때 공사비를 산출하는 것이다.
④ 품셈은 단위공사량에 소요되는 재료, 인력 및 기계력 등을 단가로 표시한 것이다.
⑤ 일위대가는 재료비에 가공 및 설치비 등을 가산하여 단위단가로 작성한 것이다.

해설 품셈은 정부 및 공공기관에서 집행하는 건설공사에 대한 원가계산 시 비목별 가격결정의 기초자료로 삼기 위하여, 단위공정별로 보편적인 공종, 공법을 기준으로 하여 소요되는 재료량, 노무량 및 기계력 등을 수치로 제시한 것을 말하며, 단가와는 무방하다.

정답 ④

2. 공사비 산출방법

(1) 공사비 구성

① 공사원가라 함은 공사시공과정에서 발생한 재료비, 노무비, 경비의 합계액을 말한다.
② 건설공사의 시공단계에서 발생하는 원가는 외주비 요소를 제외하고는 모두 미완성공사의 지출금으로서 항목별 원가계정으로 계상되었다가 공사의 준공과 더불어 완성공사 원가로 확정된다.
③ 건설공사의 수익도 준공과 더불어 완성공사수익으로 확정된다.

▶ 관련기준
기획재정부 계약예규 제785호 예정가격작성기준 제2장 공사원가계산
〈2025. 5. 1. 시행〉

▶ 20·11회

(2) 공사비 구성체계

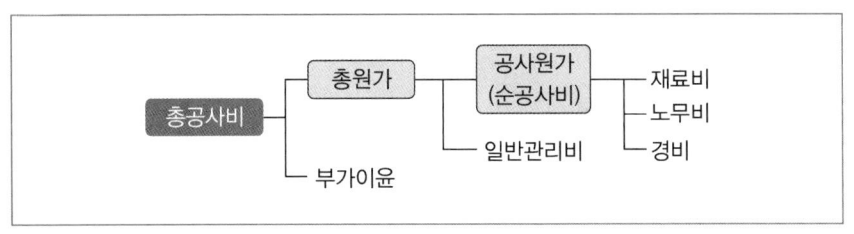

▶ 27·22·11회

바로확인문제

( )은 설계도서가 미비하거나 정밀한 적산을 할 수 없을 때 공사비를 산출하는 것이다.

> **개념적용 문제**
>
> 원가계산에 의한 예정가격작성준칙에 따라 공사비를 산정할 때 순공사원가(직접공사비)에 포함되지 않는 것은? 제11회 기출
>
> ① 경비 ② 노무비 ③ 일반관리비
> ④ 직접재료비 ⑤ 간접재료비
>
> **해설** 공사원가라 함은 공사시공과정에서 발생한 재료비, 노무비, 경비의 합계액을 말한다. 일반관리비는 총원가에 속한다.
>
> **정답** ③

27·26·15·13·9회

(3) 공사비의 주요 요소

① **재료비**

직접재료비	㉠ 공사목적물의 실체를 형성하는 물품의 가치 ⓒ **주요 재료비**: 공사목적물의 기본적 구성형태를 이루는 물품의 가치로 철근, 목재, 시멘트 등 ⓒ **부분품비**: 공사목적물에 원형대로 부착되어 그 조성부분이 되는 매입부품, 수입부품, 외장재료 및 경비로 계상되는 것을 제외한 외주품의 가치
간접재료비	㉠ 공사목적물의 실체를 형성하지는 않으나 공사에 보조적으로 소비되는 물품의 가치 ⓒ **소모재료비**: 기계오일·접착제·장갑 등 소모성 물품의 가치 ⓒ **소모공구·기구·비품비**: 내용연수 1년 미만으로서 구입단가가 「법인세법」 또는 「소득세법」 규정에 의한 상당금액 이하인 감가상각 대상에서 제외되는 소모성 공구·기구·비품의 가치 ㉣ **가설재료비**: 비계, 거푸집, 동바리 등 공사목적물의 실체를 형성하는 것은 아니나 동 시공을 위하여 필요한 가설재의 가치
운임·보험료·보관비	재료의 구입과정에서 발생되는 부대비용(단, 재료구입 후 발생되는 부대비용은 경비의 각 비목으로 계상)
작업설(作業屑)*·부산물*	공사시공 중에 발생되는 것으로 그 매각액 또는 이용가치를 추산하여 재료비에서 공제. 다만, 기존 시설물의 철거·해체·이설 등으로 발생하는 작업설, 부산물 등은 재료비에서 공제하지 아니하고, 매각 비용 등에 대해 별도 계상

- **작업설(作業屑)**
 구체적인 형체가 있는 것을 말하고 구체적인 형체가 없거나 있어도 경제적인 가치가 없는 것은 감손(감모)이라 한다. 주로 가공 중에 증발, 분산, 가스화, 연화 등으로 소실되는 것을 말한다.

- **부산물(副産物)**
 주요 생산물의 생산 과정에서 부수적으로 생기는 물건

② **노무비**

직접노무비	㉠ 공사현장에서 건축물을 완성하기 위하여 직접 작업에 종사하는 노무자 및 종업원에게 제공되는 노동력의 대가 ⓒ 기본급, 제수당(諸手當)*, 상여금, 퇴직급여충당금 등 ⓒ 대부분 일용직 근로자에 해당되는 공사 관계 직종 노무자의 노무비는 '노무소요량 × 시중노임단가'로 산정

- **제수당(諸手當)**
 기본급 이외에 추가적으로 지급되는 금전적 보상으로 식비, 교통비, 명절보너스 등을 말한다.

간접노무비	㉠ 작업현장에서 보조작업에 종사하는 노무자, 종업원과 현장감독자 등의 기본급, 제수당, 상여금, 퇴직급여충당금의 합계액 ㉡ 상용직 근로자로 노무비용을 산정하나, 수량산정 기준이 모호하고 확실한 근거를 제시해야 하기 때문에, 일정 비율을 적용하여 간접노무비를 산정

③ **경비**(經費)

산정방법	㉠ 공사의 시공을 위하여 소요되는 공사원가 중 재료비, 노무비를 제외한 원가를 말하며, 기업의 유지를 위한 관리활동부문에서 발생하는 일반관리비와 구분 ㉡ 경비는 해당 계약목적물 시공기간의 소요(소비)량을 측정하거나 원가계산 자료나 계약서, 영수증 등을 근거로 산정 ㉢ 소요량 산출이 불확실한 세목은 대한건설협회에서 제공하는 공사원가분석자료를 이용하여 해당되는 경비율을 적용해서 산출하는 방법
항목(28개)	㉠ 전력비, 기계경비, 수도광열비, 특허권사용료, 운반비, 기술료, 연구개발비, 품질관리비, 가설비, 지급임차료, 보험료, 복리후생비, 보관비, 외주가공비, 산업안전보건관리비, 소모품비, 여비·교통비·통신비, 세금과 공과, 폐기물처리비, 도서인쇄비, 지급수수료, 환경보전비, 보상비, 안전관리비, 건설근로자퇴직공제부금비, 관급자재 관리비, 법정 부담금, 기타 법정경비 ㉡ 가설비: 공사목적물의 실체를 형성하는 것은 아니나 현장사무소, 창고, 식당, 숙사, 화장실 등 동 시공을 위하여 필요한 가설물의 설치에 소요되는 비용(노무비, 재료비를 포함한다) ㉢ 지급임차료: 계약목적물을 시공하는 데 직접 사용되거나 제공되는 토지, 건물, 기계기구(건설기계를 제외한다)의 사용료 ㉣ 복리후생비: 계약목적물을 시공하는 데 종사하는 노무자·종업원·현장사무소직원 등의 의료위생약품대, 공상치료비, 지급피복비, 건강진단비, 급식비 등 작업조건 유지에 직접 관련되는 복리후생비 ㉤ 산업안전보건관리비: 작업현장에서 산업재해 및 건강장해예방을 위하여 법령에 따라 요구되는 비용

④ **일반관리비**

㉠ 기업의 유지를 위한 관리활동 부문에서 발생되는 비용으로, 세목은 경비와 흡사하다.

㉡ 일반관리율을 초과해서 계상할 수 없으며, 공사규모(금액)에 따라 체감 적용한다.

$$일반관리비 = (재료비 + 노무비 + 경비) \times 비율(5\sim6\% \text{ 적용})$$

바로확인문제

( )는 기업의 유지를 위한 관리활동 부문에서 발생되는 비용으로, 세목은 경비와 흡사하다.

⑤ **이윤**: 이윤은 영업이익을 말하며 공사원가 중 노무비, 경비와 일반관리비의 합계액(이 경우에 기술료 및 외주가공비는 제외한다)의 15%를 초과하여 계상할 수 없다.

$$이윤 = (노무비 + 경비 + 일반관리비) \times 이윤율(\%)$$

개념적용 문제

건축적산 및 견적에 관한 설명으로 옳지 않은 것은? 　제27회 기출

① 비계, 거푸집과 같은 가설재는 간접재료비에 포함된다.
② 직접노무비에는 현장감독자의 기본급이 포함되지 않는다.
③ 개산견적은 과거 유사건물의 견적자료를 참고로 공사비를 개략적으로 산출하는 방법이다.
④ 공사원가는 일반관리비와 이윤을 포함한다.
⑤ 아파트 적산의 경우 단위세대에서 전체로 산출한다.

해설 공사원가는 재료비, 노무비, 경비로 구성되며, 일반관리비와 이윤은 제외한다.

정답 ④

3. 표준품셈

(1) 적용방법

① 표준품셈에서 제시된 품은 일일 작업시간 8시간을 기준한 것이다.
② 표준품셈은 건설공사 중 대표적이고 보편적이며 일반화된 공종, 공법을 기준한 것이며 현장 여건, 기후의 특성 및 조건에 따라 조정하여 적용하되, 예정가격작성기준에 의거 부당하게 감액하거나 과잉 계산되지 않도록 한다.
③ 건설공사의 예정가격 산정 시 공사규모, 공사기간 및 현장조건 등을 감안하여 가장 합리적인 공법을 채택·적용한다.
④ 표준품셈에 명시되지 않은 품으로서 타 부문(전기, 통신, 문화재 등)의 표준품셈에 명시된 품은 그 부문의 품을 적용하고, 타 부문과 유사한 공종의 품은 본 표준품셈을 우선하여 적용한다.

12회

관련기준
건설공사표준품셈 2025

바로확인문제
표준품셈에서 제시된 품은 일일 작업시간 (　)시간을 기준한 것이다.

(2) 수량의 계산

① 일반사항

⊙ 수량의 단위 및 소수자리는 표준품셈 단위표준에 의한다.

ⓒ 수량의 계산은 지정 소수자리 아래 1자리까지 산출하여 반올림한다.

ⓒ 계산에 쓰이는 분도(分度)는 분까지, 원둘레율(圓周率), 삼각함수(三角函數) 및 호도(弧度)*의 유효숫자는 3자리(3位)로 한다.

② 곱하거나 나눗셈에 있어서는 기재된 순서에 따라 계산한다.

⑩ 면적 및 체적의 계산은 측량 결과 또는 설계도서를 바탕으로 수학적 공식에 의해 산출함을 원칙으로 한다.

ⓗ 성토 및 사석공의 준공토량은 성토 및 사석공 설계도의 양으로 한다. 그러나 지반침하량은 지반성질에 따라 가산할 수 있다.

ⓢ 절토(切土)*량은 자연상태의 설계도의 양으로 한다.

② 구조물의 수량에서 공제하지 아니하는 체적과 면적

⊙ 콘크리트 구조물 중의 말뚝머리

ⓒ 볼트의 구멍, 모따기 또는 물구멍(水切)

ⓒ 이음줄눈의 간격

② 포장공종의 1개소당 $0.1m^2$ 이하의 구조물 자리

⑩ 강(鋼)구조물의 리벳 구멍

ⓗ 철근콘크리트 중의 철근

ⓢ 기타 ⊙~ⓗ에 준하는 것

③ 구조물의 수량에서 공제하는 체적과 면적

⊙ 철근콘크리트에서 기둥 높이는 바닥판 두께를 뺀 것으로 하고, 벽면적은 기둥과 보의 면적을 뺀 것으로 한다.

ⓒ 조적조에서 인방보 설치 시 벽체면적에서 인방보의 면적을 공제한다.

ⓒ 기둥에 접한 보의 면적은 미장바름면적에서 공제함을 원칙으로 한다.

② 거푸집면적 산정 시 벽면적은 기둥과 보의 면적을 뺀 것으로 한다.

• **호도(弧度)**
원둘레 위에서 반지름과 같은 길이를 갖는 호에 대응하는 중심각의 크기의 단위를 나타내는 말이다. 약 57도 17분 44.8초이며, 기호는 rad이다.

• **절토(切土)**
땅을 일정한 목적에 맞추기 위하여 그 흙을 깎아 냄

(3) 재료 및 주요 자재

① 재료 및 자재단가에 운반비가 포함되어 있지 않은 경우, 구입장소로부터 현장까지의 운반비를 계상할 수 있다.
② 자재구입은 필요에 따라 시방서를 작성하고 그 물건의 기능, 특징, 용량, 제작방법, 성능, 시험방법, 부속품 등에 관하여 명시하여야 한다.
③ 국내에서 생산되는 자재를 우선적으로 사용함을 원칙으로 하고, 그중에서도 국·공립시험기관의 시험결과 한국산업규격표시품과 동등 이상의 성능이 있다고 확인된 자재를 우선한다.

(4) 재료의 할증률

할증률	재료	할증률	재료
1%	유리	5%	원형철근 리벳, 일반볼트 강관, 봉강, 소형형강(Angle) 콘크리트(시멘트)벽돌, 호안블록 타일(아스팔트, 리놀륨, 비닐) 합판(수장용), 목재(각재) 텍스, 석고보드(못 붙임용) 기와
2%	시멘트, 도료		
3%	이형철근 고장력볼트 점토(붉은)벽돌, 내화벽돌 경계블록 타일(모자이크, 도기, 자기, 크링커) 테라코타 합판(일반용) 슬레이트		
		7%	대형형강
		10%	단열재 강판 목재(판재) 석재(정형돌)
4%	콘크리트(시멘트)블록	30%	석재(원석, 부정형돌)

개념적용 문제

소요수량 산출 시 할증률이 동일한 재료끼리 묶인 것은? 제28회 기출

ㄱ. 이형철근　　ㄴ. 일반합판　　ㄷ. 기와
ㄹ. 비닐타일　　ㅁ. 봉강　　　ㅂ. 고장력볼트

① ㄱ, ㄴ, ㄷ　② ㄱ, ㅁ, ㅂ　③ ㄴ, ㄷ, ㄹ
④ ㄷ, ㄹ, ㅁ　⑤ ㄹ, ㅁ, ㅂ

해설 ㄱ. 이형철근: 3%, ㄴ. 일반합판: 3%, ㄷ. 기와: 5%, ㄹ. 비닐타일: 5%, ㅁ. 봉강: 5%, ㅂ. 고장력볼트: 3%

정답 ④

16회

28·26·23·21·20·18·17·16·15·12·10회

- **레미콘 물량 할증률**
  - 철근콘크리트: 1%
  - 무근콘크리트: 2%

- **호안블록**
  유수로 인한 파괴와 침식으로부터 하안(河岸) 또는 제방을 직접 보호하기 위하여 그 비탈에 설치하는 블록

바로확인문제

재료 및 자재단가에 운반비가 포함되어 있지 않은 경우, 구입장소로부터 현장까지의 운반비를 계상할 수 (　　).

(5) 재료의 단위중량

재료	단위중량	재료	단위중량
물	1,000kg/m³	시멘트	1,500kg/m³
모래	1,500~1,700kg/m³	자갈	1,600~1,800kg/m³
시멘트 모르타르	2,100kg/m³	무근콘크리트 (보통콘크리트)	2,300kg/m³
철근콘크리트	2,400kg/m³	철재	7,850kg/m³

(6) 기타 사항

① 공구손료는 일반공구 및 시험용 계측기구류의 손료로서 공사 중 상시 일반적으로 사용하는 것을 말하고, 인력품(노임할증과 작업시간 증가에 의하지 않은 품할증 제외)의 3%까지 계상하며, 특수공구(철골공사, 석공사 등) 및 검사용 특수계측기류의 손료는 별도 계상한다.

② 잡재료 및 소모재료는 설계내역에 표시하여 계상하되, 주재료비의 2~5%까지 계상한다.

③ 작업공간의 협소(작업간섭), 동일 장소에 수종의 장비가동, 소음·진동 발생, 위험 발생 등의 이유로 작업능력 저하가 발생하는 경우 품을 50%까지 가산할 수 있다.

④ 원거리, 계속이동작업, 분산작업 등 이동시간 과다발생으로 작업시간이 감소될 경우 품을 50%까지 가산할 수 있다.

⑥ 공정계획에 의해 정상작업(정상공기)에 의한 작업이 불가능한 경우 또는 공사성격상 야간작업을 하여야 할 경우에는 품을 25%까지 가산한다.

⑦ 품에서 포함된 것으로 규정된 소운반 거리는 20m 이내의 거리를 말하므로 소운반이 포함된 품에 있어서 소운반 거리가 20m를 초과할 경우에는 초과분에 대하여 이를 별도 계상하며, 경사면의 소운반 거리는 직고 1m를 수평거리 6m의 비율로 본다.

⑧ 건물 층수별 품의 할증률

지상층	할증률
2~5층 이하	1%
10층 이하	3%
15층 이하	4%
20층 이하	5%
25층 이하	6%
30층 이하	7%
30층 초과	5층마다 1%씩 가산

개념적용 문제

적산 및 견적에 관한 설명으로 옳지 않은 것은? 제26회 수정

① 할증률은 판재, 각재, 붉은벽돌, 유리의 순으로 작아진다.
② 본사 및 현장의 여비, 교통비, 통신비는 일반관리비에 포함된다.
③ 이윤은 공사원가 중 노무비, 경비, 일반관리비 합계액의 15%를 초과 계상할 수 없다.
④ 작업공간의 협소, 동일 장소에 수종의 장비가동, 소음·진동 발생, 위험 발생 등의 이유로 작업능력 저하가 발생하는 경우 품을 50%까지 가산할 수 있다.
⑤ 품셈이란 공사의 기본단위에 소요되는 재료, 노무 등의 수량으로 단가와는 무관하다.

해설 여비, 교통비, 통신비는 경비에 포함된다.

정답 ②

바로확인문제

지상 30층 건물의 경우 품의 할증률은 (   )%이다.

제2절 각 공사별 물량산출 ★

1. 철근콘크리트공사

(1) 거푸집면적 계산방법

위치	산출방법	
기초	$\theta \geq 30°$인 경우	수직면+비탈면 거푸집면적(m^2)을 산출
	$\theta < 30°$인 경우	기초 주위의 수직면 거푸집면적(D)만 산출
기둥	기둥둘레길이 × 기둥높이(바닥판 안목 간 높이)	
보	(기둥 간 안목길이 × 바닥판 두께를 뺀 보 옆높이) × 2 ◐ 보의 밑판 면적은 바닥판 면적에 포함한다.	
바닥판	외벽의 두께를 뺀 내측 바닥면적(개구부면적 제외)	
벽	(벽면적 – 개구부면적) × 2 ◐ 벽면적은 기둥과 보의 거푸집면적을 제외한다.	

(2) 콘크리트의 수량(체적) 산출

위치	산출방법
기둥	콘크리트량(m^3) = 단면적(가로 × 세로) × 기둥높이(바닥판 간 높이) ◐ 기둥높이는 일반적으로 바닥판 두께를 뺀 것으로 한다.
벽	콘크리트량(m^3) = (벽면적 – 개구부면적) × 벽두께 ◐ 벽면적은 기둥면적을 빼고, 높이는 바닥판 간 또는 보 안목거리로 한다.
보	콘크리트량(m^3) = 보 단면적 × 보 길이 ◐ 보의 단면적(보의 너비 × 보의 춤) 산출 시 바닥판 두께를 뺀 것으로 한다.
바닥판	콘크리트량(m^3) = 바닥판 면적 × 두께 ◐ 개구부 면적은 제외한다.
계단	콘크리트량(m^3) = 계단경사면적 × 계단의 평균 두께 ◐ 계단경사면적은 경사길이 × 계단폭
부재	철근콘크리트 중량(kg) = 부재의 체적(가로 × 세로 × 높이) × 재료의 단위중량($2.4t/m^3$)

각 공사별 물량산출
1. 철근콘크리트공사
2. 강구조공사
3. 조적공사
4. 기타 공사

▶ 14회

> **개념적용 문제**
>
> 가로(40cm) × 세로(50cm) × 높이(500cm)인 철근콘크리트 기둥이 20개일 때, 기둥의 전체 중량은? 제14회 기출
>
> ① 32ton ② 40ton
> ③ 48ton ④ 56ton
> ⑤ 60ton
>
> **해설** 철근콘크리트 기둥의 중량 = 체적 × 개수 × 단위체적 중량
> = (0.4m × 0.5m × 5m) × 20개 × 2.4t/m³
> = 48ton
>
> 정답 ③

(3) 콘크리트의 재료량 산출

| 배합비 | 재료 | | |
(시멘트 : 모래 : 자갈)	시멘트(kg)	모래(m³)	자갈(m³)
1 : 2 : 4	320(8.0포)	0.45	0.90
1 : 3 : 6	220(5.5포)	0.47	0.94

2. 강구조공사

(1) 부재별 수량 산출요령

① 강재는 층별로 기둥, 벽체, 보, 바닥, 지붕틀의 순으로 산출하며, 주재와 부속재로 나누어 계산한다.
② 강구조 기둥의 주재(主材)는 설계도에 표시된 각 절(節)을 한 개의 기둥으로 구분하여 규격별 길이로 산출한다.
③ 형강류는 종류별, 단면치수별로 구분하여 총연장길이를 산출하고, 중량으로 환산한다.
④ 방청페인트칠은 칠 배수면적으로 하고 내화피복은 도면 정미량으로 한다.

• 주재(主材)
주가 되는 재료나 자재

(2) 강구조 부재의 도장면적

구조 종류	도장면적(m²/ton)
큰 부재가 많은 구조(간단한 구조)	23 ~ 26.4
보통 구조	33 ~ 50
작은 부재가 많은 구조(복잡한 구조)	55 ~ 66

3. 조적공사

(1) 벽돌공사

① 벽돌 수량 산출

▶ 27·25·23·22·21·20·19·14·10회

> 벽돌 정미량(매) = 벽면적(벽길이 × 벽높이 − 개구부 면적) × 단위수량

▶ **벽면적 m²당 단위수량**(매)

벽두께 벽돌규격(mm)	0.5B	1.0B	1.5B	2.0B	2.5B	줄눈
190 × 90 × 57(표준형)	75	149	224	298	373	10mm
210 × 100 × 60(기존형)	65	130	195	260	325	

개념적용 문제

벽돌 담장의 크기를 길이 8m, 높이 2.5m, 두께 2.0B[콘크리트(시멘트) 벽돌 1.5B + 붉은 벽돌 0.5B]로 할 때, 콘크리트(시멘트) 벽돌과 붉은 벽돌의 정미량은? (단, 사용 벽돌은 모두 표준형 190 × 90 × 57mm로 하고, 줄눈은 10mm로 하며, 소수점 이하는 무조건 올림한다)

제25회 기출

① 콘크리트(시멘트) 벽돌: 1,500매, 붉은 벽돌: 4,704매
② 콘크리트(시멘트) 벽돌: 1,545매, 붉은 벽돌: 4,480매
③ 콘크리트(시멘트) 벽돌: 4,480매, 붉은 벽돌: 1,500매
④ 콘크리트(시멘트) 벽돌: 4,480매, 붉은 벽돌: 1,545매
⑤ 콘크리트(시멘트) 벽돌: 4,704매, 붉은 벽돌: 1,545매

해설
- 콘크리트(시멘트) 벽돌 정미량 = 벽면적 × 단위수량 = (8 × 2.5) × 224 = 4,480매
- 붉은 벽돌 정미량 = 벽면적 × 단위수량 = (8 × 2.5) × 75 = 1,500매

정답 ③

② 모르타르량(m³)

$$\text{모르타르량(m}^3\text{)} = \frac{\text{벽돌의 정미량}}{1,000} \times \text{단위수량}$$

▶ **벽돌 1,000매 쌓기당 단위수량**(m³)

쌓기 벽돌규격	0.5B	1.0B	1.5B	2.0B	2.5B
표준형	0.25	0.33	0.35	0.36	0.37
기존형	0.30	0.37	0.40	0.42	0.44

바로확인문제

표준형 벽돌 수량 산출 시 1.0B 벽두께의 단위수량은 (   )매이다.

(2) 블록공사

① **블록 수량 산출**

$$블록량(매) = 벽면적(벽길이 \times 벽높이 - 개구부\ 면적) \times 단위수량$$

▶ **벽면적 m²당 단위수량**(매)

구분	치수(mm)	수량(매)	구분	치수(mm)	수량(매)
기본형	390 × 190 × 190	13	장려형	290 × 190 × 190	17
	390 × 190 × 150			290 × 190 × 150	
	390 × 190 × 100			290 × 190 × 100	

● 본 품에는 블록할증(4%)이 포함되어 있다.

② **모르타르량**(m³)

$$모르타르량(m^3) = 벽면적 \times 면적당\ 쌓기\ 모르타르\ 단위수량$$

개념적용 문제

속빈 콘크리트 블록(290 × 190 × 150mm)을 이용하여 길이 100m, 높이 3m의 벽을 막쌓기 할 경우, 속빈 콘크리트 블록과 모르타르의 소요량은? [단, 쌓기 모르타르량(배합비 1 : 3)은 0.01m³이다. 또한 블록할증률, 쌓기 모르타르 할증률 및 소운반이 포함된다]   제24회 수정

① 3,900매, 2.1m³
② 3,900매, 3.0m³
③ 4,500매, 3.0m³
④ 5,100매, 2.1m³
⑤ 5,100매, 3.0m³

해설 • 블록량 = 벽면적 × 단위수량 = (100 × 3) × 17 = 5,100매
• 모르타르량 = 벽면적 × 면적당 쌓기 모르타르 단위수량 = 300 × 0.01 = 3.0m³

정답 ⑤

4. 기타 공사

(1) 옥상방수면적 산정 공사

> 방수면적(m^2) = 바닥면적(가로 × 세로) + 4면의 파라펫 방수높이의 면적

개념적용 문제

옥상 평슬래브(가로 18m, 세로 10m)에 8층(3겹) 아스팔트 방수 시 방수면적은? [단, 4면의 수직 파라펫(Parapet)의 방수높이는 30cm로 한다]

제16회 기출

① 180.0m^2 ② 188.4m^2 ③ 196.8m^2
④ 200.0m^2 ⑤ 209.2m^2

해설 방수면적 = (18 × 10) + (0.3 × 18) × 2 + (0.3 × 10) × 2
= 180 + 10.8 + 6 = 196.8m^2

정답 ③

(2) 창호 및 유리공사

① 목재창호달기, 강재창호달기, 창호철물달기 등은 짝 또는 개소 단위로 산출한다.
② 유리끼우기, 유리닦기는 면적(m^2) 단위로 수량을 산출한다.
③ 판유리는 생산치수 중 도면의 정미면적에 가까운 것 또는 그 배수가 되는 것을 매수로 계산한 양을 할증률 1%를 가산하여 소요량으로 한다.
④ 유리닦기의 면적을 산출할 경우는 홈깊이를 제외한 면적(m^2)으로 한다.
⑤ 유리블록 쌓기는 매수(매) 단위로 한다.

(3) 미장 및 타일공사

① **미장공사의 수량**

㉠ 미장공사의 수량은 바탕별(콘크리트 및 블록바탕, 벽돌바탕, 나무졸대바탕), 시공위치별(바닥, 내벽, 외벽, 천장), 미장 마감재료별(시멘트 모르타르바름, 회반죽바름, 석고플라스터바름, 인조석 및 테라조현장바름), 층별로 구분하여 도면 정미면적(m^2)으로 산출한다.
㉡ 창문틀 주위 모르타르 충전공사는 길이(m) 단위로 산출한다.
㉢ 미장바름면적 산출에 있어 바닥·벽 및 천장 등에 개구부가 있는 경우에는 설계도에 의한 개구부 면적을 따로 계산하여 이를 공제한 면적으로 산출한다.

바로확인문제

유리끼우기, 유리닦기는 ( ) 단위로 수량을 산출한다.

개념적용 문제

길이 15m, 높이 3m의 내벽을 바름두께 20mm 모르타르 미장을 할 때, 재료할증이 포함된 시멘트와 모래의 양은 약 얼마인가? (단, 모르타르 1m³당 재료의 양은 아래 표를 참조하며, 재료의 할증이 포함되어 있음) 제18회 기출

시멘트(kg)	모래(m³)
510	1.1

① 시멘트 359kg, 모래 0.79m³ ② 시멘트 359kg, 모래 0.89m³
③ 시멘트 359kg, 모래 0.99m³ ④ 시멘트 459kg, 모래 0.89m³
⑤ 시멘트 459kg, 모래 0.99m³

해설
- 시멘트의 양: (15m × 3m × 0.02m) × 510kg/m³ = 459kg
- 모래의 양: (15m × 3m × 0.02m) × 1.1m³/m³ = 0.99m³

정답 ⑤

28·26·17·13회

② **타일 수량 산출**(장)

$$타일량(장) = 시공면적 \times 단위수량$$

참고 시공면적 m²당 단위수량(장)

$$단위수량 = \frac{1m}{(타일\ 가로변\ 크기 + 줄눈)} \times \frac{1m}{(타일\ 세로변\ 크기 + 줄눈)}$$

개념적용 문제

아래 조건으로 계산한 벽체타일의 정미량은? 제28회 기출

- 벽체면적: 6,300mm × 3,100mm
- 타일크기: 300mm × 200mm
- 줄눈너비: 10mm
- 벽체 수: 3개소

① 60매 ② 90매 ③ 300매
④ 600매 ⑤ 900매

해설
$$타일의\ 정미수량 = \frac{시공면적}{(타일\ 가로변\ 크기 + 줄눈간격) \times (타일\ 세로변\ 크기 + 줄눈간격)}$$
$$= \frac{6.3m \times 3.1m}{(0.3m + 0.01m) \times (0.2m + 0.01m)} = 300$$

∴ 300매 × 3개소 = 900매

정답 ⑤

CHAPTER 11 OX문제로 완벽 복습

01 견적은 공사에 필요한 재료 및 품을 구하는 기술 활동이며, 적산은 공사량에 단가를 곱하여 공사비를 구하는 기술 활동이다. (O | X)

02 개산견적은 공사비의 정확도를 높이기 위한 산출방법이다. (O | X)

03 일반관리비는 회사의 임직원 급료 등 기업의 유지를 위하여 발생하는 제비용을 공사원가에 일정비율을 곱하여 구하는 항목이다. (O | X)

04 예정가격작성기준상 직접공사비는 재료비, 직접노무비, 직접공사경비로 구성된다. (O | X)

05 현장에서 사용하는 전력비, 운반비, 가설비는 일반관리비에 속한다. (O | X)

06 시멘트벽돌의 소요량은 정미량에 5% 할증을 가산하여 구한다. (O | X)

07 지상 30층 건물의 경우 품의 할증률은 7%이다. (O | X)

08 건설공사의 예정가격 산정 시 공사규모, 공사기간 및 현장조건 등을 감안하여 가장 합리적인 공법을 채택하고, 볼트의 구멍은 구조물의 수량에서 공제한다. (O | X)

09 건설공사표준품셈의 적용기준에서 수량의 계산은 지정 소수자리 아래 1자리까지 구하고 끝수는 버린다. (O | X)

10 벽돌의 소요수량 산정 시 적용되는 할증률은 시멘트벽돌이 붉은벽돌의 경우보다 크다. (O | X)

11 헌치보에 접한 부분의 벽돌쌓기 면적은 헌치부분의 면적을 공제하지 않고 산출한다. (O | X)

12 벽돌쌓기 면적 산출에서 개구부의 면적은 공제하나, 인방보의 면적은 포함한다. (O | X)

정답

01 X (견적 ⇔ 적산) **02** X (개산 ⇨ 명세) **03** O **04** O **05** X (일반관리비 ⇨ 경비) **06** O **07** O
08 X (공제한다 ⇨ 공제하지 않는다) **09** X (버린다 ⇨ 반올림한다) **10** O **11** O **12** X (포함한다 ⇨ 공제한다)

INDEX 기본용어 다시보기

※ 기본서 학습이 모두 끝나셨나요? 아래 용어의 의미를 정확히 알고 있는지 확인해보고, 헷갈리는 용어는 다시 학습하세요.

ㄱ

용어	페이지
가새재	57
가설공사	51
가우징	232
간접재료비	458
강관비계	56
강도	27
강화유리	377
개량 아스팔트시트 방수공사	318
개량압착 붙이기	422
개산견적	456
개스킷	376
갤러리창호	370
거푸집	119
건식구조	46
건조수축	151
걸레받이	445
견적	454
경비	459
고강도 콘크리트	176
고로슬래그	131
고름질	389
고막이	445
고장력볼트(고력볼트)접합	225
고정하중	32
골재	129
골조-전단벽구조	48
공간쌓기	266
공사비	457
공사원가	457
공시체	143
광명단	439
구성반자	447
구조내력	26
균열폭	153
그루브	232
그루브용접	233
금속판 지붕	354
기경성 재료	400
기둥	29, 188
기준점	55
기초	29
기초판	85
깔때기홈통	359

ㄴ

용어	페이지
나선철근	189
나이트래치	374
낙하물방지망	57
내력벽	291
내쌓기	267
내진구조	41
내화피복공법	249
노무비	458
녹막이 도장작업	217
논슬립	393
누인홈통	360
늑근	186

ㄷ

용어	페이지
단기하중	36
단열 모르타르 바름	408
단위수량	139
대리석	285
대린벽	292
덧먹임	389
데크플레이트	247
도막방수공사	320
도어스톱	373
도어체크	373
돌로마이트 플라스터 바름	406
동결선	86
동결융해	149
동시줄눈 붙이기	422
뒷댐재	232
드라이 에어리어	334
떠붙이기	421
띠철근	189

ㄹ

용어	페이지
라멘구조	47
레디믹스트 콘크리트	180
레버토리힌지	372
레이턴스	136
로이유리	378

ㅁ

용어	페이지
마감두께	389
마중대	365
마찰말뚝	92
말뚝기초	91
망입유리	379
맞댐용접	233
매스 콘크리트	182
멤브레인(Membrane) 방수	302
면진구조	41
명세견적	455
모르타르	260
모살용접	235
모자이크타일 붙이기	424
무유타일	413
무테문	371
물시멘트비	135
물축임	268
미닫이창호	368

미세기(미서기)창호•	369	샌드 드레인 공법	76	아일랜드 컷 공법	83
미식쌓기	263	서중 콘크리트	172	아치(Arch)쌓기	264
미장두께	389	석고 플라스터 바름	404	아치구조	50
밑면전단력	40	석고(石膏)보드	446	아코디언 도어	371
		석재	284	안방수	332
ㅂ		석재붙임공법	286	알루미늄 창호공사	367
바깥방수	332	선팽창계수	103	알칼리 골재반응	148
바니시	437	선홈통	358	압착 붙이기	422
박배	365	설계기준강도	134	액상화 현상	62
반발경도법	145	세팅블록	376	앵커 긴결공법	287
반죽질기	140	소성침하균열	154	양생	167
방습공사	338	소요량	454	양판문	370
배강도유리	379	손질바름	389	언더컷	237
배력철근	193	수경성 재료	400	언더피닝 공법	81
배처플랜트	157	수밀콘크리트	182	엔드탭	232
배합강도	134	수성(水性)페인트	436	여닫이창호	368
백업재	376	수장공사	440	여밈대	365
백화현상	272	수축온도철근	193	역타 공법	83
베인 시험	69	스트레이트(Straight)아스팔트	310	연속기초	90
벽 량	293	스티프너	245	연화점	309
벽돌쌓기	263	스패터	232	염해	148
벽두께	293	스팬드럴유리	380	영식쌓기	263
보	30	스프레이 도장	434	영향면적	36
보강블록공사	282	슬래그함입	237	예민비	62
보링	66	슬래브	192	오르내리 꽂이쇠	373
보일링 현상	80	슬럼프값	136	오르내리창	369
복층유리	378	습식구조	46	오목모서리	301
복합기초	90	시공연도	140	오버랩	237
볼록모서리	301	시멘트	125	온도균열	155
부동침하(부등침하)	71	시멘트 모르타르 바름	400	온수온돌공사	410
부등침하	71	시멘트 모르타르계 방수공사	305	온통기초	90
부착력	114	시어커넥터	248	옹벽	198
불식(프랑스식)쌓기	263	시유타일	413	용접접합	230
블록구조	277	신축줄눈	162	용접철망	106
블록쌓기	279	실린더 자물쇠	374	우물반자	447
블리딩	136	실링(Sealing)방수공사	326	워플 슬래브	196
비늘살창호	370			원형철근	106
		ㅇ		웨브	245
ㅅ		아스팔트 싱글지붕	350	웰 포인트 공법	76
사운딩	68	아스팔트 지붕	348	유리블록	378
사질토 지반	64	아스팔트 프라이머	310	유성(油性)페인트	437
살대반자	447	아스팔트(Asphalt) 방수공사	308, 310	응결경화촉진제	130

이중골조구조	48
이중바닥	442
이형철근	106
인방보	265
인서트	449
인조석 바름	405
일반관리비	459
입체트러스구조	48

ㅈ

자유경첩	372
자재문	369
장식홈통	359
재료 분리	142
적산	454
적설하중	37
전단균열	155
절판 구조	48
점성토 지반	64
접문	369
접지압	85
접착 붙이기	424
접착력 시험	428
접합유리	379
정미량	454
제진구조	41
조립식구조	46
조절줄눈	162
주근	185
주름문	371
줄기초	90
줄눈	261
중량 콘크리트	182
중성화	146
지반개량공법	74
지반조사	65
지붕골홈통	360
지붕의 경사	346
지연줄눈	162
지중보	87
지지말뚝	92
지진하중	38

직접재료비	458
징두리판벽	444
징크로메이트	439

ㅊ

창개폐조정기	373
창대쌓기	267
처마홈통	357
천장(天障)공사	447
철근의 정착	118
철근이음	115
측압	121
침입도	309

ㅋ

커버플레이트	244
코너비드	393
코킹	241
코펜하겐 리브	445
콘크리트 다짐	166
콘크리트 타설	160
콜드 조인트	162
크레센트	374
크레이터	237
크리프	152
클링커타일	414

ㅌ

탄성	27
테두리보	290
테라조 바름	405

ㅍ

판형 붙이기	423
평판재하 시험	70
폴리싱타일	414
표준갈고리	112
표준관입시험	68
표준품셈	460
풍소란	365
풍하중	37
프리스트레스트 콘크리트	178

플랜지	244
플랫 슬래브	195
플랫슬래브구조	47
플러시문	370
플로어힌지	372
피복두께	108
피봇힌지	372
피시아이	237
피이닝	241
필릿용접	235

ㅎ

한중 콘크리트	169
할증률	462
합성고분자계 시트 방수공사	315
합성수지 페인트	438
허니콤 보	245
현장타설(제자리)콘크리트말뚝	95
혼화재료	129
홈통공사	356
화란식(네덜란드식)쌓기	263
화학적 침식	149
확대기초	90
회반죽 바름	408
회전문	369
흙막이	78
히빙 현상	80

기타

1방향 슬래브	194
2방향 슬래브	194
AE제	130
Free Access Floor	442
RCD(역순환) 공법	96
SM	210
SN	210
SS	210

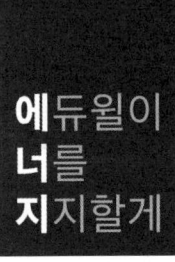

끝이 좋아야 시작이 빛난다.

– 마리아노 리베라(Mariano Rivera)

memo

memo

memo

memo

여러분의 작은 소리 에듀윌은 크게 듣겠습니다.

본 교재에 대한 여러분의 목소리를 들려주세요.
공부하시면서 어려웠던 점, 궁금한 점,
칭찬하고 싶은 점, 개선할 점, 어떤 것이라도 좋습니다.

에듀윌은 여러분께서 나누어 주신 의견을
통해 끊임없이 발전하고 있습니다.

에듀윌 도서몰 book.eduwill.net
- 부가학습자료 및 정오표: 에듀윌 도서몰 → 도서자료실
- 교재 문의: 에듀윌 도서몰 → 문의하기 → 교재(내용, 출간) / 주문 및 배송

12,800여 건의 생생한 후기

에듀윌로 합격과 취업 모두 성공

저는 1년 정도 에듀윌에서 공부하여 합격하였습니다. 수많은 주택관리사 합격생을 배출해 낸 1위 기업이라는 점 때문에 에듀윌을 선택하였고, 선택은 틀리지 않았습니다. 에듀윌에서 제시하는 커리큘럼은 상대평가에 최적화되어 있으며, 나에게 맞는 교수님을 선택할 수 있었기 때문에 만족하며 공부를 할 수 있었습니다. 또한 합격 후에는 에듀윌 취업지원센터의 도움을 통해 취업까지 성공할 수 있었습니다. 에듀윌만 믿고 따라간다면 합격과 취업 모두 문제가 없을 것입니다.

한○수 합격생

20년 군복무 끝내고 주택관리사로 새 출발

육군 소령 전역을 앞두고 70세까지 전문직으로 할 수 있는 제2의 직업이 뭘까 고민하다가 주택관리사 시험에 도전하게 됐습니다. 주택관리사를 검색하면 에듀윌이 가장 먼저 올라오고, 취업까지 연결해 주는 프로그램이 잘 되어 있어서 에듀윌을 선택하였습니다. 특히, 언제 어디서나 지원되는 동영상 강의와 시험을 앞두고 진행되는 특강, 모의고사가 많은 도움이 되었습니다. 거기에 오답노트를 만들어서 틈틈이 공부했던 것까지가 제 합격의 비법인 것 같습니다.

박○현 합격생

에듀윌에서 공인중개사, 주택관리사 준비해 모두 합격

에듀윌에서 준비해 제27회 공인중개사 시험에 합격한 후, 취업 전망을 기대하고 주택관리사에도 도전하게 됐습니다. 높은 합격률, 차별화된 학습 커리큘럼, 훌륭한 교수진, 취업지원센터를 통한 취업 연계 등 여러 가지 이유로 다시 에듀윌을 선택했습니다. 에듀윌 학원은 체계적으로 학습 관리를 해 주고, 공부할 수 있는 공간이 많아서 좋았습니다. 교수님과 자기 자신을 믿고, 에듀윌에서 시작하면 반드시 합격할 수 있습니다.

이○준 합격생

다음 합격의 주인공은 당신입니다!

* 에듀윌 홈페이지 게시 건수 기준 (2025년 7월 기준)

더 많은 합격 비법

1위 에듀윌만의
체계적인 합격 커리큘럼

원하는 시간과 장소에서, 1:1 관리까지 한번에
온라인 강의

① 전 과목 최신 교재 제공
② 업계 최강 교수진의 전 강의 수강 가능
③ 교수진이 직접 답변하는 1:1 Q&A 서비스

쉽고 빠른 합격의 첫걸음 **합격필독서 무료** 신청

최고의 학습 환경과 빈틈 없는 학습 관리
직영 학원

① 현장 강의와 온라인 강의를 한번에
② 합격할 때까지 온라인 강의 평생 무제한 수강
③ 강의실, 자습실 등 프리미엄 호텔급 학원 시설

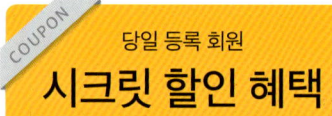 

설명회 참석 당일 등록 시 **특별 수강 할인권** 제공

친구 추천 이벤트

" **친구 추천**하고 한 달 만에
920만원 받았어요 "

친구 1명 추천할 때마다 현금 10만원 제공
추천 참여 횟수 무제한 반복 가능

※ *a*o*h**** 회원의 2021년 2월 실제 리워드 금액 기준
※ 해당 이벤트는 예고 없이 변경되거나 종료될 수 있습니다.

 친구 추천 이벤트 바로가기

* 2023 대한민국 브랜드만족도 주택관리사 교육 1위 (한경비즈니스)

에듀윌 **직영학원**에서 합격을 수강하세요

언제나 전문 학습 매니저와 상담이 가능한 안내데스크

고품질 영상 및 음향 장비를 갖춘 최고의 강의실

재충전을 위한 카페 분위기의 아늑한 휴게실

에듀윌의 상징 노란색의 환한 학원 입구

에듀윌 직영학원 대표전화

공인중개사 학원	02)815-0600	공무원 학원	02)6328-0600	편입 학원	02)6419-0600
주택관리사 학원	02)815-3388	소방 학원	02)6337-0600	부동산아카데미	02)6736-0600
전기기사 학원	02)6268-1400				

주택관리사 학원 바로가기

꿈을 현실로 만드는
에듀윌

DREAM

공무원 교육
- 선호도 1위, 신뢰도 1위! 브랜드만족도 1위!
- 합격자 수 2,100% 폭등시킨 독한 커리큘럼

자격증 교육
- 9년간 아무도 깨지 못한 기록 합격자 수 1위
- 가장 많은 합격자를 배출한 최고의 합격 시스템

직영학원
- 검증된 합격 프로그램과 강의
- 1:1 밀착 관리 및 컨설팅
- 호텔 수준의 학습 환경

종합출판
- 온라인서점 베스트셀러 1위!
- 출제위원급 전문 교수진이 직접 집필한 합격 교재

어학 교육
- 토익 베스트셀러 1위
- 토익 동영상 강의 무료 제공

콘텐츠 제휴·B2B 교육
- 고객 맞춤형 위탁 교육 서비스 제공
- 기업, 기관, 대학 등 각 단체에 최적화된 고객 맞춤형 교육 및 제휴 서비스

부동산 아카데미
- 부동산 실무 교육 1위!
- 상위 1% 고소득 창업/취업 비법
- 부동산 실전 재테크 성공 비법

학점은행제
- 99%의 과목이수율
- 17년 연속 교육부 평가 인정 기관 선정

대학 편입
- 편입 교육 1위!
- 최대 200% 환급 상품 서비스

국비무료 교육
- '5년우수훈련기관' 선정
- K-디지털, 산대특 등 특화 훈련과정
- 원격국비교육원 오픈

에듀윌 교육서비스 **AI 교육** AI 프롬프트 연구소/AI CLASS(ChatGPT/AICE/노션 AI/중개업 AI 등) **공무원 교육** 9급공무원/소방공무원/계리직공무원 **자격증 교육** 공인중개사/주택관리사/손해평가사/감정평가사/노무사/전기기사/경비지도사/검정고시/소방설비기사/소방시설관리사/사회복지사1급/대기환경기사/수질환경기사/건축기사/토목기사/직업상담사/청소년상담사/전기기능사/산업안전기사/산업위생관리기사/건설안전기사/위험물산업기사/위험물기능사/유통관리사/물류관리사/행정사/한국사능력검정/한경TESAT/매경TEST/KBS한국어능력시험·실용글쓰기/IT자격증/국제무역사/무역영어/SQLD/ADsP **어학 교육** 토익 교재/토익 동영상 강의 **세무/회계** 전산세무회계/ERP정보관리사/재경관리사 **대학 편입** 편입 영어·수학/연고대/의약대/경찰대/논술/면접 **직영학원** 공무원학원/소방학원/공인중개사 학원/주택관리사 학원/전기기사 학원/편입학원 **종합출판** 공무원·자격증 수험교재 및 단행본 **학점은행제** 교육부 평가인정기관 원격평생교육원(사회복지사2급/경영학/CPA) **콘텐츠 제휴·B2B 교육** 콘텐츠 제휴/기업 맞춤 콘텐츠 교육/대학취업역량 강화 교육 **부동산 아카데미** 부동산 창업CEO/부동산 경매 마스터/부동산 컨설팅 **주택취업센터** 실무 특강/실무 아카데미 **국비무료 교육(국비교육원)** 전기기능사/전기(산업)기사/소방설비(산업)기사/IT(빅데이터/자바프로그램/파이썬)/게임그래픽/3D프린터/실내건축디자인/웹퍼블리셔/그래픽디자인/영상편집(유튜브) 디자인/온라인 쇼핑몰광고 및 제작(쿠팡, 스마트스토어)/전산세무회계/컴퓨터활용능력/ITQ/GTQ/직업상담사

교육문의 1600-6700 www.eduwill.net

업계 최초 대통령상 3관왕, 정부기관상 19관왕 달성!

2010 대통령상 2019 대통령상 2019 대통령상

대한민국 브랜드대상 국무총리상 / 국무총리상 / 문화체육관광부 장관상 / 농림축산식품부 장관상 / 과학기술정보통신부 장관상 / 여성가족부장관상

서울특별시장상 / 과학기술부장관상 / 정보통신부장관상 / 산업자원부장관상 / 고용노동부장관상 / 미래창조과학부장관상 / 법무부장관상

- **2004**
  서울특별시장상 우수벤처기업 대상
- **2006**
  부총리 겸 과학기술부장관 표창 국가 과학 기술 발전 유공
- **2007**
  정보통신부장관상 디지털콘텐츠 대상
  산업자원부장관 표창 대한민국 e비즈니스대상
- **2010**
  대통령 표창 대한민국 IT 이노베이션 대상
- **2013**
  고용노동부장관 표창 일자리 창출 공로
- **2014**
  미래창조과학부장관 표창 ICT Innovation 대상
- **2015**
  법무부장관 표창 사회공헌 유공
- **2017**
  여성가족부장관상 사회공헌 유공
  2016 합격자 수 최고 기록 KRI 한국기록원 공식 인증
- **2018**
  2017 합격자 수 최고 기록 KRI 한국기록원 공식 인증
- **2019**
  대통령 표창 범죄예방대상
  대통령 표창 일자리 창출 유공
  과학기술정보통신부장관상 대한민국 ICT 대상
- **2020**
  국무총리상 대한민국 브랜드대상
  2019 합격자 수 최고 기록 KRI 한국기록원 공식 인증
- **2021**
  고용노동부장관상 일·생활 균형 우수 기업 공모전 대상
  문화체육관광부장관 표창 근로자휴가지원사업 우수 참여 기업
  농림축산식품부장관상 대한민국 사회공헌 대상
  문화체육관광부장관 표창 여가친화기업 인증 우수 기업
- **2022**
  국무총리 표창 일자리 창출 유공
  농림축산식품부장관상 대한민국 ESG 대상

YES24 수험서 자격증 주택관리사 기본서 베스트셀러 1위(2025년 5월 월별 베스트)
2024년~2022년 공동주택관리실무 시험 최고득점,
2021년~2020년 주택관리관계법규, 공동주택관리실무 시험 과목별 최고득점,
2019년 주택관리관계법규 시험 최고득점
2020년 제23회 주택관리사(보) 제2차(최종) 시험 원서접수 이벤트 및 풀서비스 시 수험번호를 입력한 수강회원 기준
2023 대한민국 브랜드만족도 주택관리사 교육 1위(한경비즈니스)

에듀윌 주택관리사 기본서

1차 공동주택시설개론 上

온라인 강의/직영학원 house.eduwill.net

고객의 꿈, 직원의 꿈, 지역사회의 꿈을 실현한다

에듀윌 도서몰
book.eduwill.net
- 부가학습자료 및 정오표: 에듀윌 도서몰 > 도서자료실
- 교재 문의: 에듀윌 도서몰 > 문의하기 > 교재(내용, 출간) / 주문 및 배송

2026

에듀윌 주택관리사 기본서

1차 공동주택시설개론 下

신명 편저

YES24 25년 5월
월별 베스트 기준
베스트셀러 1위

YES24 수험서 자격증
주택관리사 기본서 베스트셀러 1위

합격자 수가 선택의 기준!

1,710명 최종 합격생 중
1,103명이 에듀윌! 산출근거 후면표기

eduwill

2026

에듀윌
주택관리사
기본서

1차 공동주택시설개론 下

신명 편저

1,710명 최종 합격생 중
1,103명이 에듀윌!

에듀윌이
너를
지지할게

ENERGY

처음에는 당신이 원하는 곳으로
갈 수는 없겠지만,
당신이 지금 있는 곳에서
출발할 수는 있을 것이다.

– 작자 미상

➕ 합격할 때까지 책임지는 개정법령 원스톱 서비스!

기준 및 법령 개정이 잦은 주택관리사 시험,
개정사항을 어떻게 확인해야 할지 막막하고 걱정스러우신가요?
에듀윌에서는 필요한 개정법령만을 빠르게! 한번에! 제공해 드립니다.

| 에듀윌 도서몰 접속 (book.eduwill.net) | ▶ | 도서자료실 클릭 |

개정법령
확인하기

2026
에듀윌 주택관리사
기본서 1차

공동주택시설개론 下

차례

下

PART 2 | 건축설비

CHAPTER 01 | 건축설비 총론 — 8
- 제1절 설비의 기초이론 — 9
- 제2절 환경요소 — 15
- 제3절 단열계획 — 19
- 제4절 배관재료 및 밸브 — 28

CHAPTER 02 | 급수설비 — 40
- 제1절 급수설비 개요 — 41
- 제2절 급수설계 — 45
- 제3절 급수방식 — 51
- 제4절 급수배관설계 — 61
- 제5절 펌프 — 68

CHAPTER 03 | 급탕설비 — 79
- 제1절 급탕설계 — 80
- 제2절 급탕설비용 기기 — 82
- 제3절 급탕방식 — 92
- 제4절 급탕배관설계 — 96

CHAPTER 04 | 배수 · 통기 및 위생기구설비 — 102
- 제1절 배수설비 — 103
- 제2절 통기설비 — 116
- 제3절 위생기구설비 — 126

CHAPTER 05 | 오수정화설비 — 134
- 제1절 오수정화설비 개요 — 135
- 제2절 오수정화조 — 140
- 제3절 오수처리시설 — 145

CHAPTER 06 | 가스설비 — 153
- 제1절 일반가스(Gas)의 개요 — 154
- 제2절 도시가스 — 156
- 제3절 가스배관설계 — 161

CHAPTER 07 | 소방설비 — 169
- 제1절 소방(消防)설비 개요 — 170
- 제2절 소화설비 — 173
- 제3절 소화활동설비 — 194
- 제4절 경보설비 및 피난구조설비 — 199

CHAPTER 08 | 난방 및 냉동설비 — 216
- 제1절 난방설비 — 217
- 제2절 냉동설비 — 246

CHAPTER 09 | 공기조화 및 환기설비 — 261
- 제1절 공기조화설비 — 262
- 제2절 환기설비 — 271

CHAPTER 10	**전기 및 수송설비**	278
제1절	전기설비	279
제2절	수송설비	318

CHAPTER 11	**홈네트워크 및 건축물의 에너지절약설계기준**	335
제1절	홈네트워크설비	336
제2절	건축물의 에너지관리	348
제3절	건축물의 에너지절약설계기준	351

PART 2
건축설비

CHAPTER 01	건축설비 총론
CHAPTER 02	급수설비
CHAPTER 03	급탕설비
CHAPTER 04	배수·통기 및 위생기구설비
CHAPTER 05	오수정화설비
CHAPTER 06	가스설비
CHAPTER 07	소방설비
CHAPTER 08	난방 및 냉동설비
CHAPTER 09	공기조화 및 환기설비
CHAPTER 10	전기 및 수송설비
CHAPTER 11	홈네트워크 및 건축물의 에너지절약설계기준

최근 5개년
평균 출제문항 수 **20개**

최근 5개년
평균 출제비중 **50%**

PART 2 합격전략

PART 2. 건축설비는 모든 단원에서 골고루 출제되고 있으며, 그중에서도 급수설비, 배수·통기 및 위생기구설비, 전기 및 수송설비가 가장 높은 출제비율을 보입니다. 주로 작동원리와 전체 개념파악에 관한 내용에서 출제되고 있고, 2~4문제 정도 어렵게 출제되고 있습니다. 단순 암기보다는 이해 위주의 암기가 필요하고, 나무보다 숲을 보는 전략으로 건축설비개론의 전체적인 부분을 체계적으로 정리하는 것이 좋습니다. 용어정리에 대한 완벽한 이해와 시험에 출제 가능한 법적 기준에 대한 내용정리가 필요합니다.

CHAPTER 01 건축설비 총론

회독체크 1 2 3

CHAPTER 미리보기

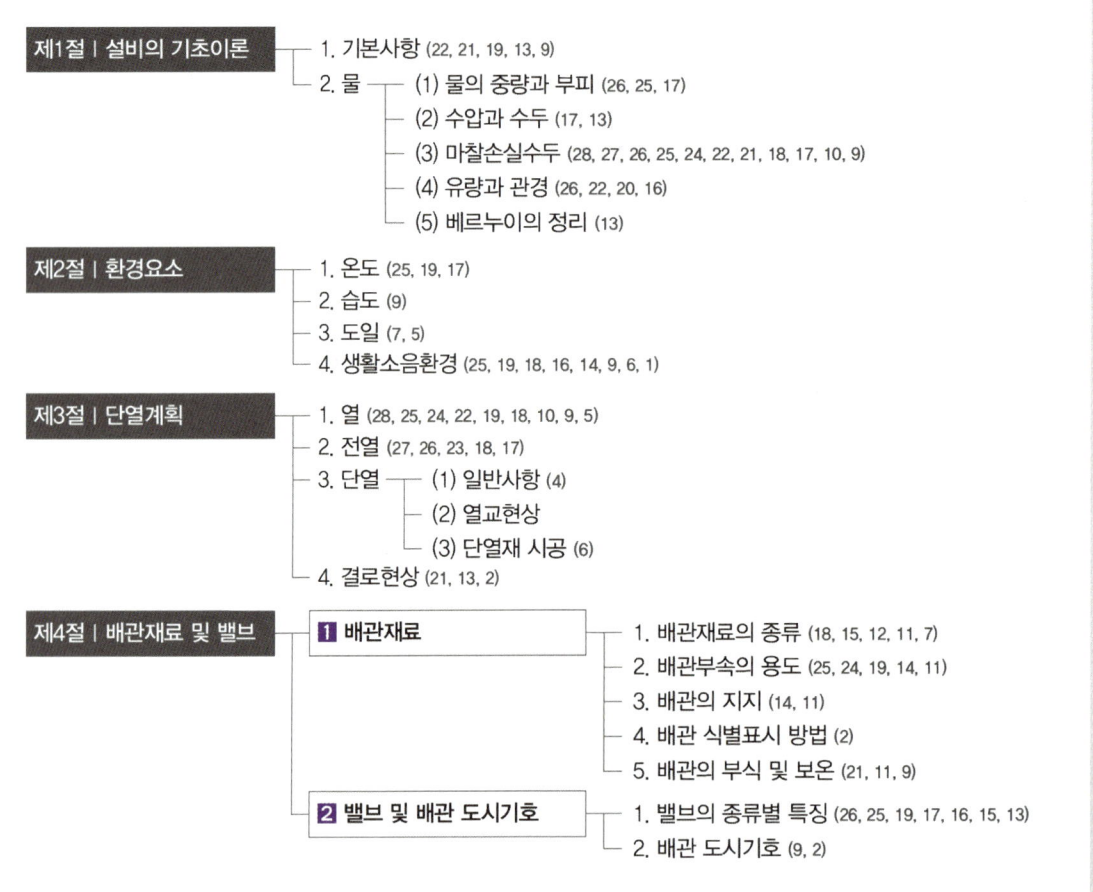

학습전략

평균 3문제 정도(7.0%)로 매년 가장 많이 출제되고 있기 때문에 매우 집중해서 학습해야 합니다. 이 CHAPTER에서는 주로 설비개념 파악, 열의 이동에 관한 내용 파악, 배관재료별 특징 암기를 위주로 학습할 필요가 있습니다.

학습키워드

- 물질의 상태변화
- 기압단위
- 절대압력
- 수압과 수두
- 유량과 관경의 관계
- 마찰손실수두

- 도일의 특징
- 상대습도
- 차음재, 흡음재, 방진재
- 현열과 잠열
- 체적팽창량 계산
- 열관류율

- 단열재료
- 외단열과 내단열
- 결로현상
- 배관재료 및 용도
- 배관부속의 용도
- 배관지지 목적

- 배관 식별표시방법
- 배관의 부식 및 보온
- 밸브의 종류별 특징
- 배관 도시기호

※ 본문에 **형광펜** 처리가 된 용어는 공동주택시설개론 학습에서 기본적으로 알아야 하는 용어이니 꼭! 알아두세요. 학습이 끝난 후에는 교재 맨 뒤의 '기본용어 다시보기'에서 내가 제대로 용어를 기억하고 있는지 되짚어보세요.

제1절 설비의 기초이론 ★

1. 기본사항

(1) 건축설비의 정의

① 건축설비란 건축물 내의 환경을 조성하기 위한 제반설비로서, 인간에게 보다 쾌적하고 위생적이며 안전하고 능률적인 건축환경을 제공하는 것을 말한다.

② 건축물에 설치하는 전기, 전화, 초고속 정보통신, 지능형 홈네트워크, 가스, 급수, 배수, 환기, 난방, 배연, 소화, 오물처리설비와 굴뚝, 승강기, 피뢰침, 국기게양대, 우편물 수취함, 공동시청 안테나, 유선방송 수신시설, 기타 국토교통부령이 정하는 설비를 말한다.

③ 건축설비의 생애 사이클은 조사, 연구, 설계, 설치, 운전, 보전의 순서로 진행된다.

(2) 물질의 상태변화

- **융해** — 고체가 액체로 변하는 현상
- **응고** — 액체가 고체로 변하는 현상
- **기화** — 액체가 기체로 변하는 현상
- **액화** — 기체가 액체로 변하는 현상
- **승화** — 고체가 기체로 되거나 기체가 고체로 변하는 현상

바로확인문제

( ) – 기체가 액체로 변하는 현상

( ) – 액체가 고체로 변하는 현상

(3) 설비에 사용되는 단위

① 차원단위

유도량	이름	기호
힘	뉴턴	N
압력, 응력	파스칼	Pa
에너지, 일, 열량	줄	J
일률, 전력, 동력	와트	W

② SI와 함께 쓰이는 단위

유도량	이름	기호	SI 단위로 나타낸 값
시간	분(分)	min	1min = 60s
	시(時)	h	1h = 60min = 3,600s
	일(日)	d	1d = 24h = 1,440min = 86,400s
부피	리터	L(ℓ)	1L = 0.001m³
질량	톤	t	1t = 10³kg
압력	바	bar	1bar = 10⁵Pa

③ 단위 사용기준 및 단위환산방법

구분	기존단위	SI단위	비고
힘	kgf	N(뉴턴)•	1kgf = 1kg × 9.80665 = 9.8N ≒ 10N
압력	kgf/cm²	Pa(파스칼)•	1kgf/cm² = 1kg × 98,066.5 = 98,066.5Pa = 98kPa = 0.098MPa ≒ 0.1MPa
열량	cal	J(줄)•	1cal = 4.187J ≒ 4.19J 1kcal = 4,187J = 4.187kJ ≒ 4.19kJ
일률, 동력	cal/h	W(와트)•	1W = 1J/s, 1kW = 1kJ/s • 온수표준방열량 450kcal/m²h = 0.523kW/m² • 증기표준방열량 650kcal/m²h = 0.756kW/m²
	kcal/h	kW	
열전도율	kcal/m·h·℃	kW/m·K	비열: kcal/kg·℃ ⇨ kJ/kg·K
열전달률	kcal/m²·h·℃	kW/m²·K	
열관류율	kcal/m²·h·℃	kW/m²·K	
농도	ppm(parts per million)		1ppm = $\frac{1}{1,000,000}$ = 1mg/L

21·19회

• 1N
1kg의 물체를 1m의 가속도로 만드는 힘

• 1Pa
1m²의 넓이에 1N의 힘이 작용할 때의 공기의 압력. 압력의 단위로 사용

• 1J
1N의 힘으로 1m를 움직이는 데 필요한 열량

• 1W
1초 동안 1J의 일을 하는 일률의 단위

바로확인문제
( )의 SI단위는 kW/m·K 이다.

(4) 기압 및 압력

① 기압

㉠ 지구 중심에서 끌어당기는 힘, 즉 중력에 의해 공기분자들이 모여 지구 주위에는 대기압(공기가 가지는 압력)이 형성되어 있으며, 이러한 대기압이 기준이 되는 압력을 말하는 것으로, 단위는 atm이 사용된다.

㉡ 대기압, 즉 공기가 누르는 힘에 의해 수은이 올라간 높이를 수은주로 표기하고, 실험을 통해 공기가 누르는 1atm의 압력을 수은이 올라간 높이로 환산할 수 있다.

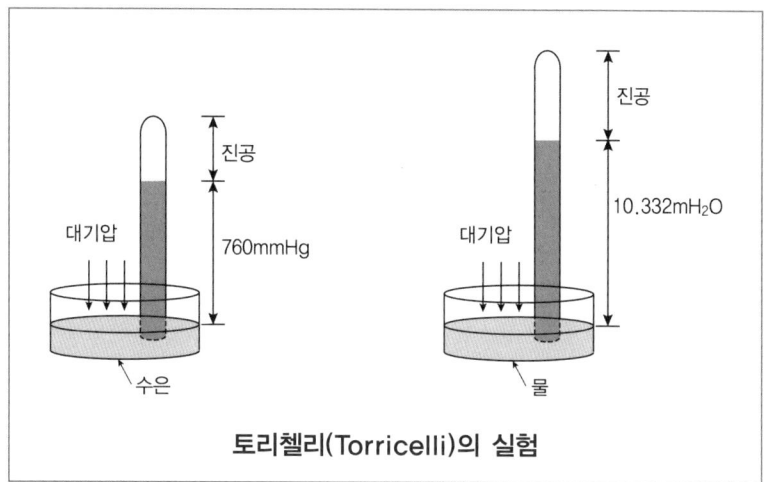

토리첼리(Torricelli)의 실험

㉢ 1atm(표준대기압) = 760mmHg(수은기둥)
$$= 10.332mH_2O(mAq)$$
$$= 1.0332kgf/cm^2$$
$$= 101,325Pa$$
$$= 1,013mbar$$

② 압력

㉠ 압력은 '밀도 × 높이'로 표시할 수 있으며, 수은이 올라간 높이에 수은의 밀도를 곱하거나, 물이 올라간 높이에 물의 밀도를 곱하면 게이지압력을 얻을 수 있다.

㉡ 일반적으로 사용되는 압력을 보면 공기 중에서의 압력을 '0'으로 놓고 대기압 압력을 측정하며, 다음 페이지의 [그림]과 같이 배관이 공기 중에 관통된 경우 압력계를 보면 '0'의 압력을 표시한다.

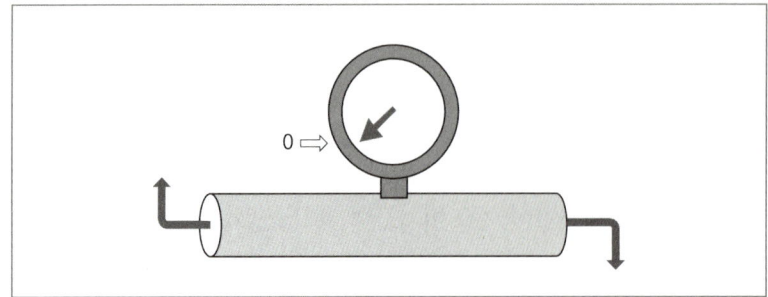

ⓒ 공기의 압력을 '0'으로 하고 측정하는 압력을 게이지압력이라 하며, 공기의 압력을 101.3kPa로 놓고 측정하는 압력을 절대압력이라고 한다.
ⓔ 게이지압력은 대기압이 빠진 압력이므로, 게이지압력에 대기압을 더한 압력이 전체적인 압력인 절대압력이 된다.
ⓜ 실외의 동일한 장소에서 기압을 측정하면 절대압력이 게이지압력보다 큰 값을 나타낸다.
ⓗ 현재 각 실무분야에서 쓰이는 압력은 대부분 게이지압력이며, 절대압력은 학문분야에서 주로 사용된다.

2. 물

(1) 물의 중량과 부피

① 물 1cm³ 무게는 1g(1g/cm³)이다.
② 물 1L 무게는 1kg(1kg/L)이다.
③ 물 1m³ 무게는 1,000kg(1t/m³)이다.

> **중요개념 비중량**
>
> 1. 물체의 단위체적당 중량을 말하며, kg/m³, kg/L, g/cc 등이 사용된다(물의 비중량은 1,000kg/m³이다).
> 2. 물은 1기압하 4℃일 때 무게는 최대, 부피는 최소가 된다.
> ※ 비체적이란 체적을 질량으로 나눈 것이다.

(2) 수압과 수두

① 액체의 압력은 임의의 면에 대하여 수직으로 작용하며, 액체 내 임의의 점에서 압력세기는 어느 방향이나 동일하게 작용한다.
② 수압은 수면에서 어느 깊이에 있는 지점의 단위면적당 물의 압력을 말한다.

바로확인문제

물은 1기압하 4℃일 때 무게는 ( ), 부피는 ( )가 된다.

③ 수압은 수면으로부터의 깊이에 비례한다.
④ 물 내부에 있어서의 물의 압력은 어느 방향으로나 같은 크기로 작용하므로 수심 1m는 $0.1kg/cm^2$ = 10kPa = 0.01MPa의 압력과 같고, 깊이 10m의 압력은 0.1MPa이다.

(3) 마찰손실수두(Friction Loss)

① 마찰손실수두는 관 속을 흐르는 유체가 관벽의 마찰, 굴곡부 저항, 기구류 저항 등에 의해 압력이 손실되는 현상이다.

② 마찰손실수두(H)의 계산식

$$H = \frac{f \times \ell \times v^2}{2g \times d}$$

여기서, H: 마찰손실수두(m) ℓ: 관 길이(m)
d: 관 직경(m) f: 마찰계수
v: 유속(m/sec) g: 중력가속도(9.8m/sec^2)

> **개념적용 문제**
>
> 다음과 같은 조건의 배관에서 마찰손실수두(mAq)는? (단, Darcy-Weisbach 공식을 사용함)   제28회 기출
>
> ○ 유속: 1.4m/s   ○ 배관(직관) 길이: 100m
> ○ 중력가속도: 9.8m/s^2 ○ 관경: 50mm
> ○ 관의 마찰계수: 0.04
>
> ① 7.2   ② 7.6   ③ 8.0
> ④ 8.5   ⑤ 9.2
>
> **해설** 마찰손실수두 = $\frac{마찰계수 \times 배관길이 \times 유속^2}{2 \times 중력가속도 \times 관경}$ = $\frac{0.04 \times 100 \times 1.4^2}{2 \times 9.8 \times 0.05}$ = 8
>
> 정답 ③

③ 마찰손실수두는 관의 길이, 관 내면 마찰계수, 유체 비중량, 유속의 제곱에 비례한다.
④ 마찰손실수두는 관지름, 중력가속도에 반비례한다.
⑤ 국부저항은 배관이나 덕트에서 직관부 이외의 구부러지는 부분, 분기부 등에서 발생하는 저항이다.

28·27·26·25·24·22·21·18·17·10·9회

바로확인문제

마찰손실수두는 관의 길이와 마찰계수에 (   )하고 유속의 제곱에 (   )한다.

(4) 유량과 관경

① **유량**(m³/sec)

 ㉠ 관 속을 흐르는 물의 양을 말한다.

 ㉡ 유량의 계산식

$$Q = A \times v = \frac{\pi d^2}{4} \times v$$

여기서, A(m²): 관의 단면적$\left(\frac{\pi d^2}{4}\right)$

    v: 유속(m/sec)

    d: 관경(m)

② 관경

 ㉠ $Q = \frac{\pi d^2}{4} \times v$를 이용하면, $\pi d^2 \times v = 4Q$, $d^2 = \frac{4Q}{\pi v}$

 ㉡ 관경 $d = \sqrt{\frac{4Q}{\pi v}} = 1.13\sqrt{\frac{Q}{v}}$

(5) 베르누이의 정리(Bernoulli's Theorem)

① 관로에서의 에너지 손실이 없다고 하면, 에너지 보존의 법칙에 따라 관로의 어느 단면에서도 전 수두는 일정하다.

② 물이나 공기의 속도가 빠르면 압력이 낮아지고, 느리면 압력이 높아진다.

③ 유속이 증가하면 유체의 압력이 감소하고, 반대로 유속이 감소하면 압력은 증가한다.

• 관경(管徑)
 관의 직경

제2절 환경요소

> 환경요소
> 1. 온도
> 2. 습도
> 3. 도일
> 4. 생활소음환경

1. 온도

(1) 개요
① 뜨겁고 차가운 정도를 나타내는 척도로서 일반적으로 사용되는 온도는 섭씨온도(℃)와 화씨온도(℉)이다.
② 실내온도는 바닥으로부터 1.5m, 외벽에서 내측으로 1m 떨어진 곳에서 측정한다.
③ 실외온도는 바닥으로부터 1.5m, 외벽에서 외측으로 1.5m 떨어진 곳에서 측정한다.

(2) 온도의 종류
① **섭씨온도**(℃): 물이 어는점을 0℃로 하고, 끓는점을 100℃로 하여 그 사이를 100등분한 것이다.

$$0℃ \text{(빙점, 융해점)} \longleftrightarrow 100℃ \text{(비등점)} \quad ℃ = \frac{100}{180}(℉ - 32)$$

② **화씨온도**(℉): 물이 어는점을 32℉로 하고, 끓는점을 212℉로 하여 그 사이를 180등분한 것이다.

$$32℉ \text{(빙점, 융해점)} \longleftrightarrow 212℉ \text{(비등점)} \quad ℉ = \frac{180}{100}℃ + 32$$

③ **절대온도**
  ㉠ 섭씨 −273℃가 되면 물체의 분자운동에너지가 정지하고 압력이 전혀 없게 되는데, 이때의 온도를 0K(Kelvin)로 나타낸 것이다.
  ㉡ 일정량의 기체 체적과 압력의 곱은 기체의 절대온도에 비례한다.
  ㉢ 섭씨 절대온도(K) = 273 + 섭씨온도(℃)
  ㉣ 화씨 절대온도(R) = 460 + 화씨온도(℉)

(3) 측정방법상 온도분류
① **건구온도**(℃, DBT; Dry Bulb Temperature)
  ㉠ 기온을 측정할 때 온도계의 감온부를 건조상태에서 측정한 온도이다.
  ㉡ 일반온도계로 측정한 온도이다.

② **습구온도**(℃, WBT; Wet Bulb Temperature)
 ㉠ 건구온도의 감온부*를 물을 적신 천으로 싸고 측정한 온도이다.
 ㉡ 증발의 냉각효과를 고려한 온도이다.
 ㉢ 감온부 주위의 기류에 따라 변하며 풍속 3m/sec 이상에서 안정화된다.

③ **노점온도**(℃, DPT; Dew Point Temperature)
 ㉠ 습공기가 냉각될 때 어느 온도에서는 공기 속의 수분이 수증기 형태로만 존재할 수 없어 이슬로 맺히는 온도이다.
 ㉡ 노점온도는 어떤 공기의 상대습도가 100%가 되는 온도이다.

2. 습도

(1) 정의
① 공기 중의 수증기량을 나타내는 척도이다.
② 절대습도와 상대습도로 구분한다.

(2) 절대습도(AH; Absolute Humidity)
① 온도와 관계없이 $1m^3$의 공기 중에 포함되어 있는 수증기의 중량(g)이다.
② 공기를 가열하거나 냉각하여도 변하지 않으며 감습*이나 가습* 시에만 변화한다.

(3) 상대습도(비교습도, RH; Relative Humidity)
① 공기 중의 수증기량과 그 공기온도에서의 포화수증기량에 대한 비율이다.
② 공기를 냉각하면 높아지고 가열하면 낮아진다.

$$상대습도(\%) = \frac{실제수증기량}{공기온도의\ 포화수증기량} \times 100$$

3. 도일(Degree Day, 度日)

(1) 정의
① 도일이란 실내 평균온도와 외기의 평균온도와의 차에 일(Days)을 곱한 것이다.
② 산정식

$$도일 = \sum(실내\ 평균기온 - 실외\ 평균기온)℃ \times day\ [단위: ℃ \cdot day]$$

(2) 종류
① **난방도일**(HD): 어느 지방의 추운 정도를 나타내는 지표로 사용된다.
② **냉방도일**(CD): 어느 지방의 더운 정도를 나타내는 지표로 사용된다.

(3) 특징
① 도일이 크면 연료의 소비량은 많아지고, 도일이 작을수록 연료의 소비량은 적어진다.
② 도일은 그 지방의 연료 소비량을 추정할 수는 있지만, 설비용량을 정확하게 산출할 수는 없다.
③ 도일은 실내온도가 같아도 외기온도가 다르기 때문에 지역마다 그 값이 다르게 나타난다.

4. 생활소음환경

(1) 방음재료

▶ 18·16·14·9·6·1회

① 방음구조는 음의 전파를 차단하는 방음 재료를 쓴 천장·벽·바닥 등의 구조를 말한다.
② 방음재료는 차음재와 흡음재의 총칭이다.
③ 흡음재는 음에너지를 열에너지로 변환하는 기구에 의하여 음을 흡수하는 재료로, 유리섬유, 솜, 연질 섬유판, 펠트 등이 있다.
④ 차음재는 음에너지를 차단·저지하는 효과가 있는 재료로서 중량이 크다. 공기를 통과시키지 아니하는 재료일수록 차음효과, 즉 감음도(感音度)˙와 투과손실(透過損失)이 크다. 콘크리트·석재·벽돌·철판 등은 유효한 차음재이다.

- **감음도(感音度)**
  소리를 느끼는 정도

- **플레넘(Plenum)**

- **소음기(Silencer)**

(2) 방음방법
① **고체전달음에 대한 방음방법**

방음재료	특징
방(제)진재	㉠ 진동발생장비 또는 벽체를 관통하는 배관은 구조체와 직접 접촉하지 않도록 완충재를 사용하여 전달소음을 저감한다. ㉡ 기계와 기초 사이에는 방진재를 설치하고, 급배수설비에는 해당 층(층상) 배관방식을 도입한다. ㉢ 송풍계통에는 플레넘(Plenum)˙이나 소음기(Silencer)˙를 설치한다.

바로확인문제

(　　)은 어느 지방의 추운 정도를 나타내는 지표로 사용된다.

② 공기전달음에 대한 방음방법

방음재료	설치 위치	특징
차음재	구조체 (외벽)	㉠ 소리 투과율을 줄이고 투과손실을 크게 할 경우, 차음효과는 커진다. ㉡ 흡음률이 낮은 재료(반사재)로 밀실하고 비중이 큰 것을 사용한다. ㉢ 공기누출 및 통기성(通氣性)이 작은 재료를 사용한다. ㉣ 이중 벽체를 사용하고, 투광성 차음재인 유리블록을 사용한다. ㉤ 발생 소음원으로부터 격리시키기 위한 장벽은 소음원 가까이에 두어야 효과가 크다.
흡음재	내부마감 재료	㉠ 흡음률이 높은 재료, 통기성이 높은 재료, 공명성 재료 ㉡ 다공질 재료: 중·고음의 흡음효과가 크다.

- 통기성(通氣性)
  공기가 통할 수 있는 성질이나 정도
- 투광성(透光性)
  빛이 물체를 꿰뚫고 들어가는 성질
- 다공질(多孔質)
  작은 구멍이 많이 있는 물질

25·19회

(3) 공동주택의 소음 및 차음 기준

① **공동주택의 소음 기준**: 65dB 미만
② **아파트 각 세대 간 차음성능**: 50dB 이상
③ **공동주택 층간소음**

구분	내용		
소음 범위	㉠ 직접충격 소음: 뛰거나 걷는 동작 등으로 인하여 발생하는 소음 ㉡ 공기전달 소음: 텔레비전, 음향기기 등의 사용으로 인하여 발생하는 소음 ㉢ 욕실, 화장실 및 다용도실 등에서 급수·배수로 인하여 발생하는 소음은 제외		
소음 기준	층간소음의 구분	주간 (06:00~22:00)	야간 (22:00~06:00)
	직접충격 소음 / 1분간 등가소음도	39dB	34dB
	직접충격 소음 / 최고소음도	57dB	52dB
	공기전달 소음 / 5분간 등가소음도	45dB	40dB

관련법령
「공동주택 층간소음의 범위와 기준에 관한 규칙」
〈2023. 1. 2. 시행〉

- 층간소음의 측정방법
  「환경분야 시험·검사 등에 관한 법률」 제6조 제1항 제2호에 따른 소음·진동분야의 공정시험기준에 따른다.

> **참고**
> 1. 직접충격 소음은 1분간 등가소음도(Leq) 및 최고소음도(Lmax)로 평가하고, 공기전달 소음은 5분간 등가소음도(Leq)로 평가한다.
> 2. 1분간 등가소음도 및 5분간 등가소음도는 측정한 값 중 가장 높은 값으로 한다.
> 3. 최고소음도는 1시간에 3회 이상 초과할 경우 그 기준을 초과한 것으로 본다.

> **개념적용 문제**
>
> 공동주택 층간소음의 범위와 기준에 관한 규칙상 층간소음에 관한 설명으로 옳지 않은 것은? 제25회 기출
>
> ① 직접충격 소음은 뛰거나 걷는 동작 등으로 인하여 발생하는 층간소음이다.
> ② 공기전달 소음은 텔레비전, 음향기기 등의 사용으로 인하여 발생하는 층간소음이다.
> ③ 욕실, 화장실 및 다용도실 등에서 급수·배수로 인하여 발생하는 소음은 층간소음에 포함한다.
> ④ 층간소음의 기준 시간대는 주간은 06시부터 22시까지, 야간은 22시부터 06시까지로 구분한다.
> ⑤ 직접충격 소음은 1분간 등가소음도(Leq) 및 최고소음도(Lmax)로 평가한다.
>
> **해설** 욕실, 화장실 및 다용도실 등에서 급수·배수로 인하여 발생하는 소음은 층간소음에서 제외한다.
>
> **정답** ③

제3절 단열계획 ★

1. 열

(1) 열량(J, kJ)

① 표준기압(1atm)하에서 순수한 물 1g을 1K 올리는 데 필요한 열량을 4.19J이라 말한다.
② 표준기압(1atm)하에서 순수한 물 1kg을 1K 올리는 데 필요한 열량을 4.19kJ이라 말한다.

(2) 비열(Specific Heat, 比熱)

① 단위질량(kg)의 물질 온도를 단위온도(K)만큼 상승시키는 데 필요한 열량(J)을 그 물질의 비열(J/kg·K)이라고 한다.
② 물의 비열은 4.19kJ/kg·K, 공기의 비열은 1.01kJ/kg·K이다.
③ 일반적으로 비열 크기는 '고체 > 액체 > 기체' 순이다.

단열계획
1. 열
2. 전열
3. 단열
4. 결로현상

▶ 25·24·22·19회

바로확인문제

( ) 소음은 뛰거나 걷는 동작 등으로 인하여 발생하는 층간소음이다.

(3) 열용량(Heat Quantity, 熱容量)

① 어떤 재료가 축적하고 있는 열량이다.

② 물은 콘크리트보다 단위체적당 열용량이 크므로 열을 저장하기에 우수한 축열재이다.

③ 열용량이 크다는 것은 온도변화에 많은 열량이 필요하다는 의미로, 축열하는 시간과 방열하는 시간이 길다는 의미이다.

> 열용량(kJ/K) = 질량 × 비열

• 축열재
열 또는 냉열을 물질 내에 축적하고 필요시에 유효하게 열의 출입을 이용하는 재료

28·25·19·18·10·9·5회

(4) 현열과 잠열

① **현열**
   ㉠ 상태는 변하지 않고 온도변화에 따라 출입하는 열로 온수난방에 이용된다.
   ㉡ 4℃ 물 ⇨ 100℃ 물: 약 4.3% 체적 증가

② **잠열**
   ㉠ 온도는 변하지 않고 상태변화에 따라 출입하는 열로 증기난방에 이용된다.
   ㉡ 100℃ 물 ⇨ 100℃ 증기: 약 1,700배 체적 증가
   ㉢ 0℃ 물 ⇨ 0℃ 얼음: 약 9% 체적 증가

③ **엔탈피**(Enthalpy)
   ㉠ 엔탈피는 어떤 물질이 가지고 있는 열량을 나타내는 것으로, 현열량과 잠열량의 합이다.
   ㉡ 습공기의 엔탈피 = 건조공기 엔탈피(현열량) + 수증기 엔탈피(잠열량)

   > 열 엔탈피 = 현열(온도변화) + 잠열(상태변화)
   >
   > 1kg, 0℃ 얼음 ⇨ 0℃ 물 ⇨ 100℃ 물 ⇨ 100℃ 수증기
   >   잠열   현열   잠열

   ㉢ 공기가 가지고 있는 열량 중, 온도변화만 있는 것은 현열, 습도 변화만 있는 것은 잠열이다.
   ㉣ 전체 열량(현열 + 잠열)인 엔탈피를 100%로 보고, 그중 현열이나 잠열이 차지하는 부분을 각각 현열비, 잠열비라고 한다.

바로확인문제

( )은 상태는 변하지 않고 온도변화에 따라 출입하는 열로 ( )난방에 이용된다.

- 현열비 = $\dfrac{현열}{현열 + 잠열}$
- 잠열비 = $\dfrac{잠열}{현열 + 잠열}$

개념적용 문제

건축설비의 기초사항으로 옳지 않은 것은? 제28회 기출

① 1기압 하에서 순수한 물의 온도를 4°C에서 100°C로 높이면 체적은 약 4.3% 팽창한다.
② 물질을 가열이나 냉각했을 때 상변화없이 온도변화에만 사용되는 열량을 현열이라고 한다.
③ 농도를 나타내는 단위인 ppm은 천만분의 일의 양을 의미한다.
④ 비열은 단위 질량의 물체 온도를 1°C 높이는 데 필요한 열량이다.
⑤ 비체적이란 체적을 질량으로 나눈 것이다.

해설 농도를 나타내는 단위인 ppm은 백만분의 일의 양을 의미한다.

정답 ③

2. 전열(傳熱)

(1) 전열 이론

① **전도**(Conduction)
  ㉠ 고체 내부 고온 ⇨ 저온
  ㉡ 고체 또는 정지한 유체에서 분자 또는 원자에너지의 확산에 의해 열이 전달되는 형태이다.

② **대류**(Convection)
  ㉠ 유체 이동
  ㉡ 공기, 물 등 유체가 온도 차에 의해 밀도 차로 유체가 흐르게 되어 열이 전달되는 형태이다.

③ **복사**(Radiation)
  ㉠ 고온의 물체 표면에서 전자파가 발생되어 저온의 물체 표면으로 열이 전달되는 형태이다.
  ㉡ 공기, 물 등 유체가 없는 진공상태에서도 일어난다.

▶ 17회

• 전열

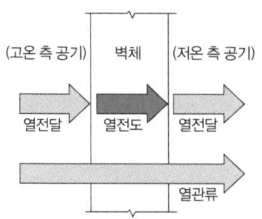

(2) 전열과정

① **열전달**(熱傳達)
- ㉠ 열전달: 고체 표면과 이에 접촉하는 유체 사이에서의 대류에 의한 열의 흐름이다.
- ㉡ 열전달률
    - ⓐ 고체 표면과 유체 간의 열의 이동 정도를 나타낸다.
    - ⓑ 벽 표면적 1m², 벽체와 공기의 온도 차 1K일 때 단위시간당 흐르는 열량이다.
    - ⓒ 열전달률 단위는 W/m²·K이다.

② **열전도**(熱傳導)
- ㉠ 열전도: 고체 내부의 고온 측에서 저온 측으로 열이 이동하는 현상이다.
- ㉡ 열전도율
    - ⓐ 어떤 재료의 길이(두께) 1m당 1K의 온도 차에서 1시간 동안 전하는 열량이다.
    - ⓑ 열전도율의 단위는 W/m·K이다.
    - ⓒ 비중이 작고, 밀도가 낮은 재료일수록 열전도율은 작다.
    - ⓓ 작은 공극*이 많고 같은 재료일 경우, 벽이 두꺼울수록 열전도율이 작다.
    - ⓔ 온도 차가 크고 재료에 습기가 차거나 함수량이 큰 경우, 열전도율은 커진다.
    - ⓕ 단열재나 보온재는 열전도율이 작은 재료를 사용한다.
    - ⓖ **열전도율 크기**: 동판 > 콘크리트 > 유리 > 경량콘크리트 > 공기
- ㉢ 열전도저항(m·K/W)
    - ⓐ 재료가 열을 전달하는 것을 막으려는 성질로 열전도율의 역수이다.
    - ⓑ 단열재는 열전도저항값이 클수록 좋다.

③ **열관류**(熱灌流)
- ㉠ 열관류: 고체벽을 사이에 두고 한쪽에서 다른 쪽으로 대류, 전도에 의해 열이 전달되는 현상이다.
- ㉡ 열관류량(Q)

> - 열관류량(Q) = 열관류율(K)×(실내온도 − 외기온도)
> - 실내측 표면온도(℃) = 실내온도 − $\dfrac{연관류량}{실내측\ 표면\ 열전단율}$

- **공극**(空隙)
  사이가 떠서 비어 있는 틈

ⓒ 열관류율
  ⓐ 벽체를 사이에 두고 공기 온도 차가 1K일 경우 1m²의 벽면을 통해 1시간 동안 흘러가는 열량이다.
  ⓑ 열관류율의 단위는 W/m²·K이다.
  ⓒ 벽체와 같은 고체를 통하여 공기에서 공기로 열이 전해지는 정도로 열전도와 열전달의 총합이다.
  ⓓ 겨울철과 여름철의 열관류율은 동일하나 열관류량은 겨울이 크다.
  ⓔ 재료의 두께가 두꺼울수록 열관류율이 작고, 공기층이 기밀할수록 단열의 효과가 우수하다.
  ⓕ 열관류율이 작을수록 단열성능이 우수하기 때문에 단열재나 보온재는 열관류율이 작은 재료를 사용한다.
  ⓖ **열관류율(K)**

  ▶ 27·26·23회

$$\text{열관류율}(K) = \frac{\text{벽체 열전도율}}{\text{벽체 두께}} = \frac{\text{단열재 열전도율}}{\text{단열재 두께}}$$

ⓔ **열관류저항**(m²·K/W)

  ▶ 18회

  ⓐ 벽체의 열관류율의 역수값이다.
  ⓑ 저항값이 클수록 단열이 강화된다.

개념적용 문제

기존 벽체의 열관류율을 0.25W/m²·K에서 0.16W/m²·K로 낮추고자 할 때, 추가해야 할 단열재의 최소 두께(mm)는 얼마인가? (단, 단열재의 열전도율은 0.04W/m·K이다)   제26회 기출

① 25
② 30
③ 60
④ 90
⑤ 120

해설 열관류율 = $\frac{\text{벽체 열전도율}}{\text{단열재 두께}}$

(1) 열관류율이 0.25W/m²·K인 경우

  $0.25 = \frac{0.04}{\text{단열재 두께}}$ ∴ 단열재 두께 = 0.16m

(2) 열관류율이 0.16W/m²·K인 경우

  $0.16 = \frac{0.04}{\text{단열재 두께}}$ ∴ 단열재 두께 = 0.25m

따라서 (1) → (2)로 변경할 때 추가해야 할 최소 두께는 90mm이다.

정답 ④

바로확인문제

열관류율이 (　)수록 단열성능이 우수하기 때문에 단열재나 보온재는 열관류율이 (　) 재료를 사용한다.

3. 단열(斷熱)

(1) 일반사항

① **단열(Heat Insulation)의 정의**
   ㉠ 열의 유동에 대해 높은 저항력이 있는 재료로 열이 전달되지 않게 하는 것을 말한다.
   ㉡ 단열계획은 건축물의 바닥, 벽, 천장 및 지붕 등의 열손실 방지를 목적으로 석면섬유판, 코르크판, 경량콘크리트, 석고보드, 암면, 발포 폴리스티렌, 단열 모르타르, 셀룰로오스 폼 등의 단열재료를 사용하는 일반적인 계획이다.

② **단열재의 요구조건**
   ㉠ 열전도율 및 열관류율, 흡수성 및 투습성이 낮아야 한다.
   ㉡ 비중이 작고, 상온에서 가공이 좋으며, 균질한 품질이 요구된다.
   ㉢ 내화성 및 내열성이 우수하고, 부패되지 않아야 한다.
   ㉣ 유독가스 발생이 적고 인체에 유해하지 않아야 한다.
   ㉤ 곡(曲)강도와 압축강도가 우수한 재료가 요구된다.

③ **단열재의 시공부위**
   ㉠ 공동주택의 측벽 및 거실의 외벽
   ㉡ 최하층 거실의 바닥
   ㉢ 최상층 거실의 반자 및 지붕

④ **단열재의 운반 및 저장**
   ㉠ 단열재료의 운반 및 취급 시 단열재료가 손상되지 않도록 주의한다.
   ㉡ 단열재료는 직사일광이나 비, 바람 등에 직접 노출되지 않으며, 습기가 적고 통기가 잘 되는 곳에 용도, 종류, 특성 및 형상 등에 따라 구분하여 보관한다.
   ㉢ 단열재료 위에 중량물을 올려놓지 않도록 하며, 유리면을 압축 포장한 것은 2개월 이상 방치하지 않도록 한다.
   ㉣ 판형 단열재는 노출면을 공장에서 표기해야 하며, 적재높이는 1.5m 이하로 한다.
   ㉤ 단열 모르타르는 바닥과 벽에서 150mm 이상 이격시켜서 흙 또는 불순물에 오염되지 않도록 저장해야 하며, 특히 수분에 젖지 않도록 한다. 또한 포장은 방습포장으로 하며, 재료의 성능, 용도, 사용방법이 명기되어야 한다.
   ㉥ 두루마리 제품은 항상 지면과 직접 닿지 않도록 세워서 보관한다.

(2) 열교(Heat Bridge)현상

종류	내용
정의	① 외벽이나 바닥, 지붕 등의 건물부위에 단열이 연속되지 않는 부분이 있을 때 또는 건물 외벽의 모서리부분, 구조체의 일부분에 열전도율이 큰 부분이 있을 때 열이 집중적으로 흐르게 되는 현상을 열교(Thermal Bridge)현상이라 한다. ② 열교는 열교환이 높은 열전도율로 인하여 구조체의 전체 단열값을 낮추는 구조체의 일부분을 의미하며, 이러한 구조체의 열적 취약부위로 인하여 열손실이라는 측면에서 냉교(Cold Bridge)라고도 한다.
발생부위	① 열교는 구조체의 여러 형태로 발생하는데 단열구조의 지지 부재들, 중공벽 내의 연결철물이 통과하는 구조체, 벽체와 지붕 또는 바닥과의 접합부위, 창의 상·하인방, 창틀 등에서 열교가 발생한다. ② 열교현상이 발생하는 부위는 표면온도가 낮아지며 표면결로가 발생하므로 쉽게 발견할 수 있다.
방지대책	① 열교현상을 방지하기 위해서는 구조체 접합부위의 올바른 단열설계와 단열재가 불연속됨이 없도록 철저한 단열시공이 필요하다. ② 콘크리트 라멘조나 조적조의 건물에서는 근본적으로 단열이 연속되기 어려운 점이 있으나 가능한 한 외단열과 같은 공법으로 열적 취약부위를 감소시키는 설계 및 시공이 요구된다.

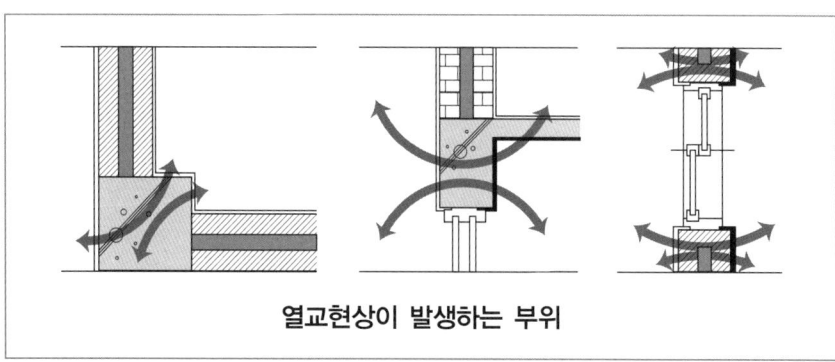

열교현상이 발생하는 부위

(3) 단열재 시공

① 단열공법의 종류

종류	단열위치	내용
외단열	구조체 외벽의 외측	㉠ 벽 등에 시공할 경우, 실외에 가까운 부분에 단열재를 설치하는 방법으로 단열효과가 우수 ㉡ 열교현상과 결로현상 방지에 효과적 ㉢ 한랭지와 지속난방에 유리 ㉣ 시공 및 보수가 어렵고, 공사비가 고가 ㉤ 외부충격에 견디기 위해 보호층 시공 필수
내단열	구조체 외벽의 내측	㉠ 실내의 가까운 부분에 단열재를 설치하는 방법 ㉡ 열교현상과 결로현상이 발생하여 단열효과 낮음 ㉢ 온난지와 간헐난방에 유리 ㉣ 시공 및 보수가 쉽고, 공사비가 저렴 ㉤ 온도구배를 고려하여 반드시 실내 고온 측에 방습층을 설치
중단열	중공벽 공간	㉠ 벽 등의 중간에 단열재를 설치하는 방법 ㉡ 외단열에 비해 단열 및 결로에 대한 성능이 떨어짐

• 간헐(間歇)
일정한 시간 간격을 두고 되풀이하여 일어남

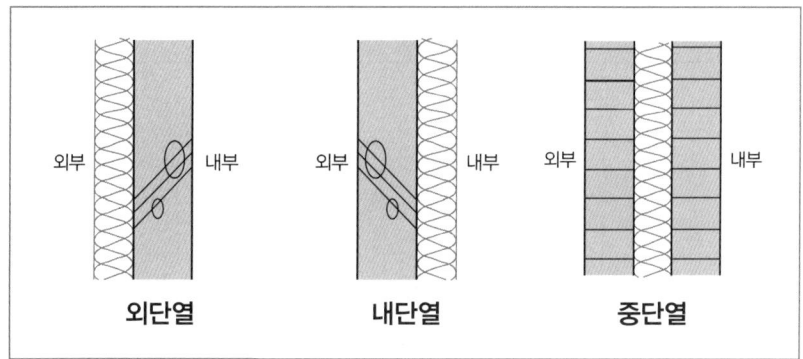

② 단열재 설치 시 고려사항

㉠ 단열시공 바탕은 단열재료 또는 방습층 설치에 지장이 없도록 못, 철선, 모르타르 등의 돌출물을 제거하여 평탄하게 정리 및 청소한다.

㉡ 현장절단 시에는 절단기를 사용하여 정교하게 일직선이 되도록 절단한다.

㉢ 단열재의 이음부는 틈새가 생기지 않도록 폴리우레탄폼, 테이프 등을 사용하거나 공사시방서에 따라 접합하며, 부득이 단열재를 설치할 수 없는 부분에는 적절한 단열보강을 한다.

㉣ 경질이나 반경질의 단열판으로 처리할 수 없는 틈새 및 구멍에는 접착성 프라이머로 도포한 후 단열 모르타르 등을 사용하여 전체 깊이까지 충전하고 표면을 평활하게 처리한다.

관련기준
건축표준시방서코드(KCS) 2025 〈KCS 41 42 01 : 2021〉

바로확인문제
외단열은 열교현상과 결로현상 (   )에 효과적이다.

4. 결로(結露)현상

(1) 정의

① 결로현상은 공기 중의 수증기에 의해 벽이나 천장 등에 물방울이 맺히는 현상이다.
② 실내공기 중의 습한 공기가 실내의 벽이나 천장, 마룻바닥 등의 표면에 접촉할 때 표면온도가 실내공기의 노점온도보다 낮으면 공기 중의 수증기가 물방울이 되어 표면에 이슬로 맺혀지는 현상이다.
③ 결로현상은 단열공사가 잘 되어 있지 않은 주택의 북벽 또는 동벽, 가구의 뒷면, 천장 등에 발생할 가능성이 높다.

• 결로 발생

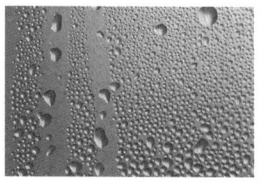

• 결로에 의한 벽체 곰팡이 발생

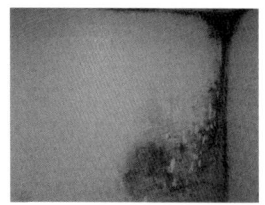

(2) 종류

종류	정의
표면(表面)결로	건물의 표면온도가 접촉하고 있는 공기의 노점온도보다 낮을 때 건물의 벽체나 천장 등의 표면에서 발생하는 결로
내부(內部)결로	구조체의 내부 어느 부분의 온도가 노점온도보다 낮을 때 구조체 내부에 수증기가 발생하는 결로

(3) 발생원인

① 열관류율이 클수록, 실내외 온도 차이가 클수록 많이 발생한다.
② 내부벽체 표면온도가 노점온도보다 낮을 때 발생한다.
③ 생활습관에 의해 환기가 부족할 때 발생한다.
④ 단열시공이 불량할 때 발생한다.
⑤ 구조재의 열적 특성(단열의 취약부위)으로 발생한다.
⑥ 실내습기의 과다발생이나 내부습도가 높을 때 발생한다.

(4) 방지대책

① 벽체의 표면온도를 실내공기의 노점온도보다 높게 설계한다.
② 난방기기를 이용하여 벽체의 실내 측 표면온도를 높인다.
③ 벽체의 단열강화로 열관류저항을 크게 하고, 실내 측 표면온도를 높인다.
④ 실내수증기의 발생원인을 억제한다.
⑤ 환기계획을 잘하여 실내 발생 수증기를 줄이고, 실내 절대습도를 낮춘다.
⑥ 각 실 간의 온도 차가 작은 난방방식을 채택한다.

⑦ 벽체의 실내 고온 측에 방습층을 설치한다.
⑧ 창문의 결로를 막기 위해서는 유리의 복층화와 창틀의 단열이 중요하다.

> **개념적용 문제**
>
> **겨울철 벽체의 표면결로 방지대책으로 옳지 않은 것은?**   제21회 기출
>
> ① 실내에서 발생하는 수증기량을 줄인다.
> ② 환기를 통해 실내의 절대습도를 낮춘다.
> ③ 벽체의 단열강화를 통해 실내 측 표면온도를 높인다.
> ④ 실내 측 표면온도를 주변공기의 노점온도보다 낮춘다.
> ⑤ 난방기기를 이용하여 벽체의 실내 측 표면온도를 높인다.
>
> **해설** 실내 측 표면온도를 주변공기의 노점온도보다 높인다.
>
> **정답** ④

제4절 배관재료 및 밸브 ★

1 배관재료

1. 배관재료의 종류

(1) 주철관(Cast Iron Pipe)

구분	내용
장점	내식성, 내구성이 우수하다.
단점	충격이나 인장강도에 약하다.
용도	급수관, 가스배관, 통신용 매설관, 오수배수관 등
접합	소켓접합, 플랜지접합, 기계적 접합, 빅토릭접합 등

(2) 강관(Steel Pipe)

구분	내용
장점	① 인장강도가 크고 충격에 강하다. ② 관의 접합과 시공이 비교적 용이하다. ③ 가격이 저렴하다.

배관재료 및 밸브
1 배관재료
2 밸브 및 배관 도시기호

18·15·12·11·7회

바로확인문제

겨울철 벽체의 표면결로 방지를 위해서는 실내 측 표면온도를 주변공기의 노점온도보다 (   ).

단점	주철관에 비해 부식이 커서 내구연수가 짧다.
재질상 분류	탄소강 강관, 합금강 강관, 스테인리스 강관
용도	급수, 급탕, 급유, 공기, 증기 등
접합	나사접합, 플랜지접합, 용접접합 등
관 두께	스케줄번호(Sch No.)* SCH 5, 10, 20, 40, 80 등으로 나타내며 번호가 클수록 관의 두께가 두껍다.

• **스케줄번호(Schedule Number)**
강관의 두께를 계열화하여 작업상, 경제상 도움을 주기 위한 것으로 'Sch No.'라 표시하고, 유체의 사용압력(P)과 그 상태에 있어서 재료의 허용응력(S)과의 비에 의해서 관두께 체계를 표시한 것이다.

(3) 스테인리스 강관(Stainless Steel Pipe)

구분	내용
특징	① 철에 크롬 등을 함유하여 만들어지기 때문에 강관에 비해 기계적 강도가 우수하다. ② 내식성이 우수하며 수명이 길다. ③ 두께가 얇아 운반 및 시공이 우수하다.
용도	급수관, 급탕관, 냉온수관 등
접합	프레스식 접합, 압축식 접합, 클립식 접합, 신축 가동식 접합 등

개념적용 문제

스테인리스 강관 접합방법으로 옳지 않은 것은? 제18회 수정

① 프레스식 접합　　② 압축식 접합
③ 클립식 접합　　　④ 신축 가동식 접합
⑤ 접착제 접합

해설 접착제 접합은 경질염화비닐(PVC)관의 냉간식 이음방법으로, 접착제에 의한 용해와 경질염화비닐관의 탄성을 이용하여 접합하는 방법이다.

정답 ⑤

(4) 연관(Lead Pipe)

구분	내용
장점	① 내식성이 우수하다. ② 연성이 풍부하여 가공성이 우수하다. ③ 산에 강하다.
단점	① 중량이 무겁다. ② 가격이 비싸다. ③ 알칼리에 약하여 콘크리트 속에 매설할 때는 부식의 우려가 있으므로 방식피복을 해야 한다.
용도	수도 인입관, 기구배수관, 가스관, 화학공업배관 등
접합	플라스턴접합(Plastern Joint), 납땜접합, 용접접합 등

바로확인문제

연관은 알칼리에 (　　)하여 콘크리트 속에 매설할 때는 부식의 우려가 있으므로 방식피복을 해야 한다.

(5) 동관(Copper Pipe)

구분	내용
장점	① 마찰손실저항이 적다. ② 염류, 산 등에 내식성이 크다. ③ 내구성이 우수하다. ④ 가공하기가 쉽다. ⑤ 전기 및 열의 전도율이 좋다.
단점	황동관을 배수관으로 사용하면 부식이나 균열이 발생할 우려가 있다.
용도	급수관, 급탕관, 난방관, 냉방관, 급유관, 가스관, 열교환기 등
접합방법	납땜접합, 경납땜접합, 용접접합, 플레어접합, 플랜지접합, 유니언접합 등
관 두께	표준규격에서는 K타입(가장 두껍다), L타입(두껍다), M타입(보통)으로 구분된다.

(6) 경질염화비닐관(플라스틱관, PVC관)

구분	내용
장점	① 전기절연성, 내산성, 내알칼리성, 내식성이 우수하다. ② 배관의 가공이 용이하고, 경량으로 시공성이 우수하다. ③ 관 표면이 매끄러워 마찰손실이 적고, 내면에 스케일이 잘 발생하지 않는다. ④ 상대적으로 가격이 저렴하다.
단점	① 충격과 열에 약하다. ② 선팽창계수(열팽창률)가 크므로 온도변화에 따른 신축이 크다. ③ 온도에 따라 강도가 저하된다.
용도	급수관, 배수관, 통기관 등
접합	냉간공법(T.S식 접합), 열간공법

> **참고** 그 외 합성수지관
> 1. 폴리에틸렌관(PE관): 에틸렌에 중합체를 첨가하여 압출성형한 관으로, 화학적·전기적 절연 성질이 염화비닐관보다 우수하고, 내충격성이 크고 내한성이 좋아 한랭지 배관으로 적합하나 인장강도가 작다.
> 2. 폴리부틸렌관(PB관): 무독성 재료로서 상수도용으로 사용이 가능하다.
> 3. 가교화 폴리에틸렌관: 일명 엑셀파이프라고도 하며, 온수 온돌용으로 사용이 가능하다.

(7) 콘크리트관(흄관)

구분	내용
특징	① 내식성 및 내압성이 강하다. ② 가격이 저렴하다.
용도	배수관, 해수수송관, 철도부지 하수관 등
접합	모르타르접합 등

> **개념적용 문제**
>
> 배관재료에 관한 설명으로 옳지 않은 것은?   제12회 기출
>
> ① 스테인리스 강관은 철에 크롬 등을 함유하여 만들어지기 때문에 강관에 비해 기계적 강도가 우수하다.
> ② 염화비닐관은 선팽창계수가 크므로 온도변화에 따른 신축에 유의해야 한다.
> ③ 동관은 동일관경에서 K타입의 두께가 가장 얇다.
> ④ 강관은 주철관에 비하여 부식되기 쉽다.
> ⑤ 연관은 연성이 풍부하여 가공성이 우수하다.
>
> **해설** 동관은 동일관경에서 M타입의 두께가 가장 얇고, K타입의 두께가 가장 두껍다.
>   **정답** ③

2. 배관부속의 용도(배관이음)

▶ 25 · 24 · 19 · 14 · 11회

(1) 같은 지름의 관을 직선으로 연결

① 종류
  ㉠ 유니언(Union), 플랜지(Flange)
  ㉡ 소켓(Socket), 니플(Nipple), 커플링(Coupling)

② 배관의 교체, 수리, 분해가 자주 발생하는 곳에 편리하게 사용되는 배관부속
  ㉠ 유니언: 50mm 이하 관에 사용
  ㉡ 플랜지: 볼트와 너트 등을 이용하여 50mm 초과 관에 사용

유니언   플랜지   소켓   니플   커플링

(2) 기타 관의 연결

용도	종류
배관의 방향을 바꿀 때(휠 때)	엘보(Elbow)*, 벤드(Bend)
배관을 도중에서 분기할 때	티(Tee), 크로스(Cross)*, 와이(Y)
배관의 끝을 막을 때	플러그(Plug), 캡(Cap)*

• 90° 엘보

• 크로스

• 캡

바로확인문제

동관은 동일관경에서 ( )타입의 두께가 가장 얇고, ( ) 타입의 두께가 가장 두껍다.

- 리듀서

- 이경소켓

| 서로 다른 지름의 관을 연결할 때 | 리듀서(Reducer), 부싱(Bushing), 이경소켓(Reducing Socket), 이경엘보, 이경티 |

개념적용 문제

배관부속의 용도에 관한 설명으로 옳지 않은 것은? 제14회 기출

① 니플: 배관의 방향을 바꿀 때
② 플러그, 캡: 배관 끝을 막을 때
③ 티, 크로스: 배관을 도중에서 분기할 때
④ 이경소켓, 리듀서: 서로 다른 지름의 관을 연결할 때
⑤ 유니언, 플랜지: 같은 지름의 관을 직선으로 연결할 때

해설 배관의 방향을 바꿀 때는 엘보, 벤드 등을 사용한다. 니플(Nipple)은 직선축(直線軸)의 양쪽 단부에 수나사가 절삭되어 있는 관 이음쇠를 말한다.

정답 ①

14·11회

3. 배관의 지지

(1) 목적

① 배관 지지철물이란 배관의 안전성을 유지시키기 위하여 배관에서 발생되는 배관의 자중, 열팽창에 의한 변형, 유체의 진동, 지진 및 기타 외부 충격 등으로부터 배관을 지지 및 보호하기 위하여 설치하는 장치를 의미한다.
② 수격작용에 의한 관의 진동이나 충격에 견딜 수 있도록 견고하게 고정한다.
③ 배관시공에 있어서 용도에 적합한 구배(경사)를 쉽게 조정할 수 있도록 하기 위해서 설치한다.

바로확인문제

배관의 방향을 바꿀 때는 (   ), (   ) 등을 사용한다. 니플은 직선축의 양쪽 단부에 수나사가 절삭되어 있는 관 이음쇠를 말한다.

(2) 배관의 지지철물이 갖추어야 할 조건

① 관의 자중과 관의 피복재 및 관 내의 유체를 합한 중량에 견딜 것
② 온도의 변화에 따른 관의 신축에 순응할 것
③ 외력이나 진동충격에 견딜 수 있도록 견고할 것
④ 수평배관의 구배조절이 용이할 것
⑤ 관의 진동이 구조체에 진행되지 않도록 할 것
⑥ 배관의 곡부, 분기부 등은 그 가까이에서 지지할 것
⑦ 기기 주위의 배관은 기기에 하중이 걸리지 않도록 지지할 것

4. 배관 식별표시 방법

종류	기호	식별색	종류	기호	식별색
공기	A	백색	가스	G	황색
물	W	청색	기름	O	진한 황적색
증기	S	진한 적색	전기	E	엷은 황적색

5. 배관의 부식 및 보온

(1) 배관의 부식(腐蝕)

① 원인
  ㉠ 물속에 용존산소와 염분이 있으면 배관의 부식이 활발해진다.
  ㉡ 이온화 경향 차이가 큰 금속관이 접촉할 때 부식이 발생한다(아연도금 강관과 동관을 동일 배관에 사용하면 강관이 부식된다).
  ㉢ 용수의 수소이온농도(pH)값이 작을수록, CO_2가 많아지는 산성일수록 배관부식이 쉽게 발생한다.
  ㉣ 전식(Electrolytic Corrosion)
    ⓐ 외부로부터의 누설된 전류가 관의 내부로 유입되어 부식한다.
    ⓑ 지하매설관 등에서 주로 발생한다.
  ㉤ 동일 재질의 관을 사용하였을 경우 급탕배관은 급수배관보다 관의 부식이 발생하기 쉽다.

> **참고** 금속의 이온화 경향 순서
>
> 칼륨(K) > 칼슘(Ca) > 나트륨(Na) > 마그네슘(Mg) > 알루미늄(Al) > 아연(Zn) > 철(Fe) > 니켈(Ni) > 주석(Sn) > 납(Pb) > 수소(H) > 구리(Cu) > 수은(Hg) > 은(Ag) > 백금(Pt) > 금(Au)

• 용존산소(溶存酸素)
물 또는 용액 속에 녹아 있는 분자 상태의 산소

바로확인문제

배관 색채기호에서 가스는 ( )으로 표시한다.

② **배관부식 방지법**
  ㉠ 금속관 표면에 물기가 없도록 한다.
  ㉡ 아스팔트, 페인트 등 방식도료를 칠한다.
  ㉢ 이온화 경향의 차이가 작은 관끼리 연결한다.
  ㉣ 인산염으로 배관을 피막하면 수분이 금속표면과 직접 접촉하는 것을 막아서 금속의 부식을 억제한다.
  ㉤ 보일러 보급수(보일러 등에 보충해 주는 물)의 용존산소는 보일러 및 배관의 부식원인이 되어 보일러 수명에 크게 영향을 주기 때문에 보급수의 용존산소를 제거(탈산소 처리)한다.
  ㉥ 수소이온농도(pH)값을 적당히 유지한다.

(2) 배관의 보온(保溫)

① **사용목적**: 단열, 결로 및 동파 방지
② **보온재의 구비조건**
  ㉠ 내구성, 내식성, 내열성이 큰 재료를 사용
  ㉡ 비중이 작고 흡수성이 작은 재료를 사용
  ㉢ 열전도율 및 열관류율이 작은 재료를 사용
  ㉣ 사용온도에 견딜 수 있고, 기계적 강도가 큰 재료를 사용

개념적용 문제

배관설비에 대한 설명으로 옳지 않은 것은? 제11회 기출

① 급탕용 배관재로 동관과 스테인리스 강관이 주로 사용된다.
② 배수수직관의 상부는 연장하여 신정통기관으로 사용하며, 대기 중에 개방한다.
③ 배관지지철물은 수격작용에 의한 관의 진동이나 충격에 견딜 수 있도록 견고하게 고정한다.
④ 플랜지이음은 밸브, 펌프 및 각종 기기와 배관을 연결하거나, 교환·해체가 자주 발생하는 곳에 사용한다.
⑤ 배관의 보온재는 보온 및 방로효과를 높이기 위하여 사용온도에 견디고 열관류율이 되도록 큰 재료를 사용한다.

해설 배관의 보온재를 사용하는 목적은 열을 차단함으로써 동절기에 동파를 방지하고 열이 손실되는 것과 결로현상이 생기는 것을 방지하기 위한 것으로, 보온재는 열관류율이 작고 열관류저항은 큰 것을 사용해야 한다.

정답 ⑤

바로확인문제

배관의 보온재를 사용하는 목적은 열을 차단함으로써 동절기에 동파를 방지하고 열이 손실되는 것과 결로현상이 생기는 것을 방지하기 위한 것으로, 보온재는 열관류율이 (   ) 열관류저항은 (   ) 것을 사용해야 한다.

2 밸브 및 배관 도시기호

1. 밸브의 종류별 특징

▶ 26·25·19·17·16·15·13회

(1) 슬루스밸브(Sluice Valve)•

① 일명 게이트밸브(Gate Valve)라고도 하며, 디스크가 배관의 횡단면과 평행하게 상하로 이동하면서 개폐가 이루어진다.
② 밸브의 통로에 변화가 없어 유체의 흐름에 의한 마찰손실이 가장 적다.
③ 개폐용으로 사용되지만 유량조절용으로는 부적합하다.
④ **용도**: 급수, 급탕, 공기

• 슬루스밸브
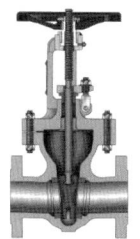

(2) 글로브밸브(Globe Valve)•

① 일명 스톱밸브(구형밸브)라고도 하며, 입구와 출구의 중심선이 일직선상에 있고, 유체의 흐름이 S자형으로 되는 밸브이다.
② 슬루스밸브에 비하여 소형이고 가볍다.
③ 유체에 대한 마찰저항손실이 가장 크다.
④ 유로의 폐쇄나 유량의 계속적인 변화에 의한 유량조절에 적합하다.
⑤ 글로브밸브의 일종인 앵글밸브(Angle Valve)는 유체의 흐름방향을 직각으로 바꾸거나 변형시킬 경우 사용된다.
⑥ **용도**: 수도본관

• 글로브밸브

(3) 체크밸브(Check Valve)

① 역지밸브라고도 하며, 유체의 흐름을 한 방향으로만 흐르게 한다.
② 유체 흐름의 역류방지를 목적으로 설치한다.
③ 개폐는 가능하지만 유량조절용으로는 사용하지 못한다.
④ **종류**
  ㉠ 스윙형(Swing Type): 수평 및 수직배관에 사용
  ㉡ 리프트형(Lift Type): 수평배관에만 사용

• 체크밸브 구조도
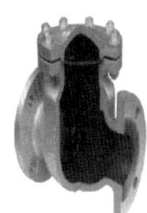

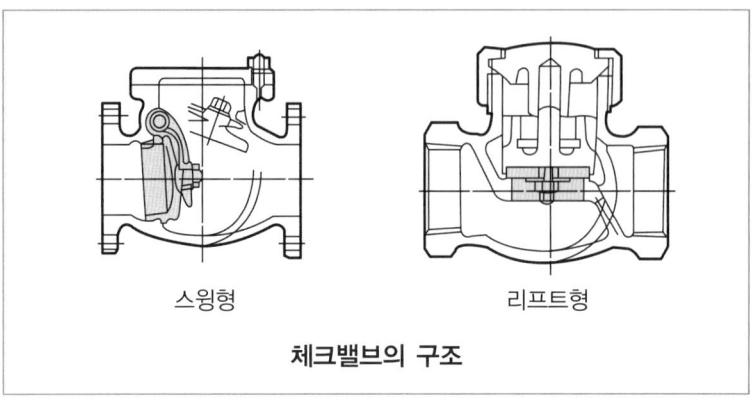

체크밸브의 구조

스윙형　　　　　　리프트형

(4) 콕(Cock)
① 원추* 상의 꼭지가 축을 중심으로 회전하고 수전을 90°로 회전시켜 유로를 급속히 개폐하여 차단·조절하는 경우에 사용된다.
② 수격작용(Water Hammering) 발생이 우려된다.
③ 용도: 가스, 물, 기름 등

(5) 버터플라이밸브(Butterfly Valve)
① 밸브 내부에 있는 원판을 회전시킴으로써 유체의 흐름을 조절한다.
② 유량 조정 특성이 우수하다.

(6) 볼밸브(Ball Valve)
① 핸들 조작에 따라 볼에 있는 구멍의 방향이 바뀌면서 개폐가 이루어진다.
② 핸들을 90° 돌림으로써 밸브가 완전히 열리는 구조로 되어 있다.
③ 주로 소형이다.

(7) 플러시밸브(Flush Valve)
① 한 번 밸브를 누르면 급수의 압력으로 일정량의 물이 나온 후 자동적으로 잠기는 밸브이다.
② 용도: 대변기, 소변기

(8) 볼탭밸브(Ball Tap Valve)
① 수위의 변화에 따른 부력에 의해 자동적으로 급수하는 자동개폐밸브이다.
② 일정수위를 유지하고자 할 때 사용한다.
③ 용도: 지하저수조, 옥상탱크, 대변기탱크 등

• 원추(圓錐)
'원뿔(圓−)'의 이전 말

바로확인문제
(　　)은 원추상의 꼭지가 축을 중심으로 회전하고 수전을 90°로 회전시켜 유로를 급속히 개폐하여 차단·조절하는 경우에 사용된다.

(9) 스트레이너(Strainer)

① 배관 중에 먼지 또는 토사, 쇠 부스러기 등을 걸러내기 위해 사용한다.
② 철망으로 여과시켜 제거할 수 있게 한다.
③ **종류**: Y형, U형, V형 등

• 스트레이너(Strainer)
여과기, 잡아당기는 것

콕밸브   버터플라이밸브   볼밸브
플러시밸브   볼탭밸브   스트레이너

개념적용 문제

배관의 부속품에 관한 설명으로 옳지 않은 것은? 제25회 기출

① 볼밸브는 핸들을 90도 돌림으로써 밸브가 완전히 열리는 구조로 되어 있다.
② 스트레이너는 배관 중에 먼지 또는 토사, 쇠 부스러기 등을 걸러내기 위해 사용한다.
③ 버터플라이밸브는 밸브 내부에 있는 원판을 회전시킴으로써 유체의 흐름을 조절한다.
④ 체크밸브에는 수평·수직배관에 모두 사용할 수 있는 스윙형과 수평배관에만 사용하는 리프트형이 있다.
⑤ 게이트밸브는 주로 유량조절에 사용하며 글로브밸브에 비해 유체에 대한 저항이 큰 단점을 갖고 있다.

해설 글로브밸브는 주로 유량조절에 사용하며 게이트밸브에 비해 유체에 대한 저항이 큰 단점을 갖고 있다.

정답 ⑤

바로확인문제
( )는 배관 중에 먼지 또는 토사, 쇠 부스러기 등을 걸러내기 위해 사용한다.

2. 배관 도시기호

종류		도시기호	종류		도시기호
급수·급탕	급수관	—··—··—	나사 산업형 이음	플랜지	—‖—
	급수주철관	—⊂--⊃—		유니언	—⊢⊣—
	상수도관	— — —	신축 이음	슬리브형	—▭—
	우물물관	—··—··—		벨로스형	—⋀⋀⋀—
	급탕관	—ㅣ—ㅣ—		곡관형	—⌒—
	반탕관	—‖—‖—			
배수	배수관	— D —	밸브	밸브	—⋈— —⊢⊣—
	통기관	----------		슬루스밸브	—⋈—
	배수주철관	—⊂⊂⊂—		글로브밸브	—▶◀—
소화	소화수관	—×—×—		앵글밸브	⌐▶
	스프링클러 주관	— S —		체크밸브	—▷—
	스프링클러 헤드 지관	—○—○—○—			
소화 기구	옥내소화전	▱	밸브	공기빼기 밸브	⊥⌿
	옥외소화전 (스탠드형)	○		전자밸브	Ⓢ ⋈
	옥내소화전 (매설형)	□	위생 기구	세정밸브	—①—
	송수구	⋏		볼탭	○—○

개념적용 문제

전자밸브의 도면 표시기호는?   제9회 기출

① Ⓢ ⋈   ② Ⓜ ⋈

③ Ⓡ ⋈   ④ ⋈ (다이어프램)

⑤ Ⓣ ⋈

해설 ② 전동밸브, ③ 감압밸브, ④ 다이어프램밸브, ⑤ 온도조절밸브

정답 ①

CHAPTER 01 OX문제로 완벽 복습

01 난방도일은 실내온도가 같으면 실외온도가 달라도 어느 지역에서나 그 값이 일정하다. (○|×)

02 마찰손실수두는 관의 길이, 관 내면 마찰계수, 유체 비중량, 유속의 제곱에 반비례 한다. (○|×)

03 한랭지 시공에는 외단열보다 내단열공법이 적합하다. (○|×)

04 결로방지를 위해서는 벽체의 표면온도를 실내공기의 노점온도보다 낮게 한다. (○|×)

05 내부결로 방지를 위해 단열재의 실외 측에 방습막을 설치한다. (○|×)

06 콘크리트에 직접 매설할 경우 보호장치를 해야 하는 배관은 연관이다. (○|×)

07 동관은 동일관경에서 K타입의 두께가 가장 얇다. (○|×)

08 배관의 방향을 바꿀 때는 엘보, 벤드 등을 사용한다. (○|×)

09 이온화 경향의 차가 큰 배관끼리 연결하여 부식을 방지한다. (○|×)

10 배관의 보온재는 보온 및 방로효과를 높이기 위하여 사용온도에 견디고 열관류율이 되도록 큰 재료를 사용한다. (○|×)

11 글로브밸브는 유체저항이 가장 크며, 스톱밸브라고도 불린다. (○|×)

12 스트레이너(Strainer)는 배관계통 내의 이물질을 거르는 역할을 하는 것이다. (○|×)

13 동일 재질의 관을 사용하였을 경우 급탕배관은 급수배관보다 관의 부식이 발생하기 쉽다. (○|×)

정답

01 ×(일정하다 ⇨ 다르다)　02 ×(반비례 ⇨ 비례)　03 ×(한랭지 ⇨ 온난지)　04 ×(낮게 ⇨ 높게)　05 ×(실외 ⇨ 실내)
06 ○　07 ×(얇다 ⇨ 두껍다)　08 ○　09 ×(큰 ⇨ 작은)　10 ×(큰 ⇨ 작은)　11 ○　12 ○　13 ○

CHAPTER 02 급수설비

회독체크 1 2 3

CHAPTER 미리보기

학습전략

평균 3문제 정도(7.0%)로 매년 가장 많이 출제되고 있기 때문에 매우 집중해서 학습해야 합니다. 이 CHAPTER에서는 주로 급수방식별 특징 암기, 급수설비의 수질오염 파악, 펌프의 동력과 이상현상 이해 위주로 학습할 필요가 있습니다.

학습키워드

- 상수의 흐름 단계
- 정수처리방법
- 먹는 물 수질기준
- 경수
- 1인당 1일 평균사용수량
- 위생기구별 최저 급수압력
- 세면기 급수부하단위
- 수도직결방식의 특징
- 고가(옥상)탱크방식의 특징
- 압력탱크방식의 특징
- 탱크가 없는 부스터방식의 특징
- 공기빼기밸브
- 수격작용
- 수질오염의 원인 및 대책
- 라인 펌프의 용도
- 펌프의 축마력
- 공동현상
- 서징현상

제1절 급수설비 개요

1. 일반사항

(1) 정의
① 급수(給水)설비는 인간의 생활과 생산에 필요한 물을 공급하여 위생적이고 편리하게 이용할 수 있도록 하는 기기와 장치를 말한다.
② 급수설비는 위생기구가 제 기능을 발휘할 수 있는 충분한 수량의 공급, 사용목적과 위생기구의 작동에 원활한 수압 유지, 음료수(飮料水)에 오수의 침입이나 역류에 의한 오염 등이 되지 않도록 하는 사항 등이 요구된다.

• 음료수(飮料水)
마실 수 있는 물

(2) 수원(水原)

종류	내용
지표수 (地表水)	① 하천이나 강, 호수, 저수지 등의 물이다. ② 수량이 풍부하나 오염의 우려가 많아서 정화처리가 필요하다. ③ 상수도나 공업용수로 사용된다.
지하수 (地下水)	① 수량이 부족하여 상수원으로 부적합하다. ② 오염도가 낮고 수질이 좋으나 경도가 높다. ③ 주로 세척용, 청소용 등으로 사용된다.
복류수 (伏流水)	① 지하수면이 하천수와 밀착하여 산, 강, 호수 옆에서 흘러나오는 비교적 깨끗한 물이다. ② 수량도 충분하고 탁도가 낮으며 수질이 좋다.

> **참고** NTU(Nephelometry Turbidity Unit)
>
> 탁도의 측정단위로, 혼탁입자들에 의하여 산란도를 측정하는 네펠로법(Nephelometry)을 이용한다.

• 탁도(濁度)
물의 혼탁 정도를 나타내는 것으로, 투시도와 같은 목적으로 사용되는 지표

2. 급수에 사용하는 물

(1) 종류
① 상수(上水)
  ㉠ 음료수, 조리용 등에 사용하는 상수는 병원균과 암모니아·철분 등 다량의 유해물을 포함해서는 안 된다.
  ㉡ 탁도·색·맛·냄새 등 물리적 성질과 화학적, 세균학적으로 적합한 상태를 유지할 필요가 있다.

바로확인문제

음료수, 조리용 등에 사용하는 상수는 병원균과 암모니아·철분 등 다량의 유해물을 포함해서는 (　　).

- **채수(採水)**
바다나 호수(湖水)의 물을 채집(採集)하는 것

ⓒ 지표수를 채수하여 정수과정을 거쳐 사용한다.

② **잡용수**(雜用水)
ⓐ 청소용, 살수용, 대·소변기 세척용, 냉방용 등의 위생상 별 지장이 없는 곳에 사용한다.
ⓑ 주로 지하수를 많이 사용한다.

③ **중수**(中水)
ⓐ 상수와 하수(下水)의 중간을 칭하는 것이다.
ⓑ 사용한 물을 회수하여 재생한 뒤 재사용하는 물로, 음료수와 같은 수준의 수질이 요구되지 않는다.
ⓒ 살수, 세차 및 대·소변기의 세정 등에 이용된다.

(2) 공동주택에 공급되는 상수의 흐름 단계

수원(水源) ⇒ 취수(取水) ⇒ 도수(導水) ⇒ 정수(淨水) ⇒ 송수(送水) ⇒ 배수(配水) ⇒ 급수(給水)

정수(淨水): 채수(採水) ⇒ 침전 ⇒ 폭기 ⇒ 여과 ⇒ 멸균

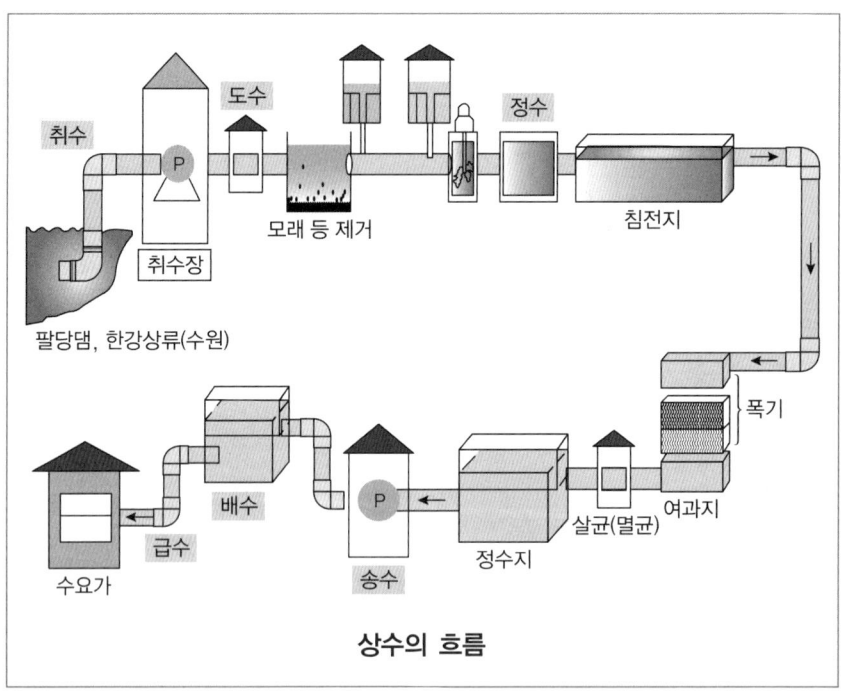

상수의 흐름

바로확인문제

( )는 사용한 물을 회수하여 재생한 뒤 재사용하는 물로, 음료수와 같은 수준의 수질이 요구되지 않는다.

(3) 정수처리방법

종류	내용
침전법 (Sedimentation)	중력침전법과 약품침전법이 있으며, 원수(原水) 중의 현탁(懸濁) 물질을 분리시켜 아래쪽으로 가라앉게 하여 제거하는 방법을 말한다.
폭기법 (Aeration)	수중에 포함된 탄산제일철[$Fe(HCO_3)_2$], 수산화제일철[$Fe(OH)_2$], 황산제일철($FeSO_4$) 중에서 철을 제거하기 위하여 폭기에 의해 원수를 공기와 접촉시킨 후 이를 산화시켜 제거하는 방법이다.
여과법 (Filtration)	침전지의 물을 자갈 또는 모래층으로 통과시켜 그 부유물 및 고형물을 완전히 제거하는 방법을 말한다.
소독법 (멸균법, Sterilization)	침전과 여과의 과정을 거치면서 대부분 세균은 제거되지만, 제거되지 않고 잔존하는 세균을 살균하기 위하여 염소, 표백분, 오존, 차아염소산나트륨, 자외선 등이 사용된다.

3. 급수에 사용하는 수질(水質)

(1) 먹는 물 수질기준

① **미생물에 관한 기준**
   ㉠ 일반세균은 1mL 중 100CFU(Colony Forming Unit)를 넘지 아니할 것
   ㉡ 총대장균군은 100mL에서 검출되지 아니할 것
   ㉢ 대장균·분원성 대장균군은 100mL에서 검출되지 아니할 것

② **심미적 영향물질 및 건강상 유해영향 무기물질에 관한 기준**
   ㉠ 경도(硬度)는 1,000mg/L(수돗물의 경우 300mg/L)를 넘지 아니할 것
   ㉡ 과망간산칼륨 소비량은 10mg/L를 넘지 아니할 것
   ㉢ 납은 0.01mg/L를 넘지 아니할 것
   ㉣ 수은은 0.001mg/L를 넘지 아니할 것
   ㉤ 동은 1mg/L를 넘지 아니할 것
   ㉥ 색도는 5도를 넘지 아니할 것
   ㉦ 수소이온농도는 pH 5.8 이상 pH 8.5 이하이어야 할 것
   ㉧ 아연은 3mg/L를 넘지 아니할 것
   ㉨ 염소이온은 250mg/L를 넘지 아니할 것
   ㉩ 증발잔류물은 수돗물의 경우에는 500mg/L를 넘지 아니할 것
   ㉪ 철은 0.3mg/L를 넘지 아니할 것
   ㉫ 망간은 0.3mg/L(수돗물의 경우 0.05mg/L)를 넘지 아니할 것
   ㉬ 탁도는 1NTU를 넘지 아니할 것(단, 수돗물의 경우에는 0.5NTU를 넘지 아니하여야 한다)

24·20·14·12회

(2) 물의 경도(Hardness of Water)

① 정의
㉠ 물속에 용해되어 있는 칼슘이나 마그네슘의 양을 이것에 대응하는 탄산칼슘($CaCO_3$)의 100만분율(ppm; parts per million)로 환산하여 표시한 것을 의미한다.
㉡ 음용수의 총경도는 300ppm을 넘어서는 안 된다.
㉢ 경도 1도란 1m^3의 물속에 탄산칼슘 1g을 함유한 것이다.

② 탄산칼슘 함유량에 따른 분류

종류	내용
경수 (Hard Water, 硬水)	㉠ 탄산칼슘 함유량 110ppm 이상인 물이다. ㉡ 세탁, 보일러 등에 사용이 부적합하다. ㉢ 보일러에 경수를 사용하면 관 내면에 스케일(Scale)*이 생겨 전열효율이 떨어지고, 이는 과열의 원인이 되며, 결과적으로 수명이 단축되어 내구성이 저하된다. ㉣ 일반적으로 경수를 끓이면 일시적으로 연수가 되며, 경수에 생석회를 첨가하면 영구적으로 연수로 만들 수 있다.
적수(適水)	㉠ 탄산칼슘 함유량 90~110ppm인 물이다. ㉡ 음료수로 사용하기에 적합하다.
연수 (Soft Water, 軟水)	㉠ 탄산칼슘 함유량 90ppm 이하인 물이다. ㉡ 세탁, 염색, 보일러 용수 등에 사용하기 적합하다.
극연수(極軟水)	㉠ 탄산칼슘 함유량이 0ppm인 순수한 물이다. ㉡ 증류수, 멸균수이다. ㉢ 연관, 황동관을 침식시킨다. ㉣ 병원에서 증류수의 수송관은 주석 도금한 황동관을 사용한다.

• 스케일(Scale)
배수관 중에 칼슘, 마그네슘 등의 화합물 또는 규산염(硅酸鹽) 등이 농축되어 석출 고착된 것

– PVC관 내부 스케일

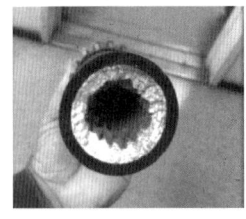

– 스테인리스관 내부 스케일

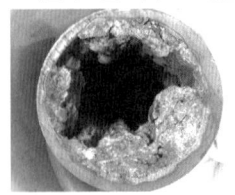

개념적용 문제

수질 및 그 용도에 관한 설명으로 옳지 않은 것은? 제14회 기출

① 일반적으로 경수를 끓이면 연수가 된다.
② 연수는 경수에 비해 세탁용으로 적합하다.
③ 먹는 물의 색도는 5도를 넘지 않아야 한다.
④ 보일러 용수로는 연수에 비해 경수가 적합하다.
⑤ 먹는 물의 수소이온농도는 pH 5.8 이상 pH 8.5 이하이어야 한다.

해설 보일러 용수로 경수를 사용하면 보일러에 스케일이 발생하여 수명이 단축된다.

정답 ④

제2절 급수설계 ★

> **급수설계**
> 1. 급수설계 순서
> 2. 급수량 산정
> 3. 급수관경 결정
> 4. 절수설비와 절수기기

1. 급수설계 순서

① 급수량 산정 ⇨ ② 급수방식 결정 ⇨ ③ 조닝방법 결정 ⇨ ④ 기기용량 및 배관재료 결정 ⇨ ⑤ 급수관경 결정

2. 급수량(사용량) 산정

(1) 일반사항

① **개념**
  ㉠ 급수설비의 용량산정이나 관경을 결정하는 데 있어서 가장 중요한 것은 우선 건물에서 필요한 예상 급수량을 추정하는 것으로, 급수설비 설계 시 가장 먼저 결정해야 할 사항이다.
  ㉡ 급수량의 추정에는 급수기구의 종류와 개수 및 급수기구단위를 기초로 하는 것과 사용인원수에 의한 것으로 분류할 수 있는데, 급수설비의 기본 설계에서는 사용인원수에 의한 방법이 급수량을 쉽게 추정할 수가 있다.

② **사용수량의 변동**
  ㉠ 사용수량의 변동은 하루 중에도 시간, 요일, 월별에 따라서 차이가 발생하며, 주로 생활습관과 기온의 영향을 받는다.
  ㉡ **피크아워**(Peak Hour): 물의 사용량이 가장 많은 시간대로, 일반건물의 경우 아침 출근 시 1시간 동안의 사용량이다.
  ㉢ **피크로드**(Peak Load): 피크아워 시의 사용수량으로, 보통 1일 사용수량의 10~15%(1/7) 정도이다.

(2) 급수량 산정방법

① **급수인원에 의한 산정방법**
  ㉠ 급수하고자 하는 건물의 대상인원이 비교적 정확한 경우에 활용한다.
  ㉡ 1일 1인당 사용수량에 인원수를 곱하여 산정한다.

> **바로확인문제**
> 급수설비의 용량산정이나 관경을 결정하는 데 있어서 가장 중요한 것은 우선 건물에서 필요한 예상 ( )을 추정하는 것으로, 급수설비 설계 시 가장 먼저 결정해야 할 사항이다.

$$Q_d = N \times q$$

여기서, Q_d: 1일 급수량(L/d)
N: 급수대상 인원
q: 건물종류별 1일 1인당 사용수량(L/$d·c$)

▶ **건축물의 종류별 사용수량**

건축물 종류		1일 1인당 사용수량 (L/day·인)	유효면적당 인원 (인/m²)	연면적에 대한 유효면적비(%)
병원		250~1,000	3.5인/병상	45~48
호텔		250~300	0.17	–
아파트		200~250	0.16	45~50
주택		200~250	0.16	50~53
기숙사		120	0.2	–
사무소, 은행, 관청		100~120	0.2	55~57
초·중학교		40~50	0.14~0.25	58~60
영화관		10	1.0	53~55
극장		30		
고등학교 이상		80	0.1	53~55
백화점	손님	3	1.0	55~60
	종업원	100		

② **건물 연면적에 의한 산정**

㉠ 급수대상이 불분명한 경우에 활용한다.
㉡ 건물의 유효면적에 거주인원을 산출하여 산정한다.

$$Q_d = A \times k \times n \times q$$

여기서, A: 건물의 연면적(m²)
n: 유효면적당 거주인원(c/m²)
k: 유효면적 비율(%)
q: 건물종류별 1일당 1인 사용수량(L/$d·c$)

③ **위생기구 수에 의한 방법**

㉠ 위생기구의 1개당 1일 사용수량을 산출하고, 전체 기구 수를 곱하여 동시사용률을 적용하여 그 건물의 급수량을 산출하는 방법이다.

$$Q_d = Q_f \times F \times P$$

여기서, Q_d: 1일 급수량(L/d) Q_f: 기구당 사용수량(L/d)
F: 기구 수(개)   P: 동시사용률(%)

ⓒ 기구의 동시사용률

기구 수	2	3	4	5	10	15	20	30	50	100
동시사용률(%)	100	88	75	70	53	48	44	40	36	33

(3) 급수압력

구분	내용
위생기구별 최저 급수압력	① 급수설계 시에는 최상층에 설치되는 위생기구를 기준으로 최소 필요압력을 결정한다. ② 0.055MPa(=55kPa): 세면기, 싱크(가정용, 청소용), 세정탱크 대변기, 욕조, 비데, 음수기, 세탁기, 호스연결용 수도꼭지 ③ 0.07MPa(=70kPa): 샤워기 ④ 0.1MPa(=100kPa): 소변기 밸브, 세정밸브 대변기 ⑤ 0.13MPa(=130kPa): 샤워기(압력식, 온도감지 혹은 압력식/온도감지 혼합 밸브)
건물용도별 최고 급수압력	① 수압이 클 경우 배관에 작용하는 수격(水擊)작용으로 발생하는 소음 및 진동, 부속품 파손에 대한 방지 목적으로 최고 급수압력을 설정한다. ② 아파트, 호텔, 병원: 0.3~0.4MPa 이하 ③ 사무소, 일반건물: 0.4~0.5MPa 이하

3. 급수관경 결정

(1) 급수부하단위(FU)에 의한 결정

① 기구 급수부하단위(Fixture Unit)는 기구별 표준 토수량과 함께 기구의 사용빈도와 사용시간을 고려해 1개의 급수장치에 대한 부하 정도를 예상하여 단위화한 것이다.
② 기구 급수부하단위는 같은 종류의 기구일 경우 공중용이 개인용보다 크다.

(2) 기구 연결관의 관경에 의한 결정

위생기구 종류		최소 급수관경	위생기구의 종류		최소 급수관경
소변기	세정탱크	DN15	대변기	세정탱크	DN10
	세정밸브	DN20		세정밸브	DN25
세면기		DN10	샤워기		DN15
비데		DN10	욕조		DN15

(3) 균등표에 의한 방법

① 기구의 동시사용률과 급수관의 균등표를 이용하여 관경을 결정하는 것이다.
② 동시사용률은 위생기기의 개수가 증가할수록 작아진다.
③ 간단한 관경을 정할 경우 일반적으로 사용된다.

▶ **급수관의 균등표**(A: mm, B: inch)

관경 A (B)	15 (½)	20 (¾)	25 (1)	32 (1¼)	40 (1½)	50 (2)	65 (2½)	80 (3)	100 (4)
15(½)	1								
20(¾)	2	1							
25(1)	3.7	1.8	1						
32(1¼)	7.2	3.6	2	1					
40(1½)	11	5.3	2.9	1.5	1				
50(2)	20	10.0	5.5	2.8	1.9	1			
65(2½)	31	15.5	8.5	4.3	2.9	1.6	1		
80(3)	54	27	15	7	5	2.7	1.7	1	
100(4)	107	53	29	15	9.9	5.3	3.4	2	1

(4) 마찰저항선도에 의한 방법

① 급수관에서 실제 일어날 수 있는 위생기구의 최대사용 시의 유량을 구하고, 그 위생기구에서 필요로 하는 최저수압을 뺀 허용마찰손실수두를 계산한 뒤, 마찰손실수두선도에 의해 관경을 결정하는 방법이다.
② 관경결정 순서는 '기구 급수부하단위 계산 ⇨ 동시사용유수량 계산 ⇨ 허용마찰손실 구함 ⇨ 관경 결정'의 순서로 한다.
③ 이 방법은 수도직결방식의 급수법에서는 구할 수 없는 대규모 건축의 급수배관, 주관 등의 관경에 이용된다.
④ 마찰저항에 의한 압력손실은 유체밀도에 비례한다.

> **개념적용 문제**
>
> 급수배관의 관경 결정법으로 옳은 것을 모두 고른 것은? 제21회 기출
>
> ㉠ 기간부하계산에 의한 방법
> ㉡ 관 균등표에 의한 방법
> ㉢ 마찰저항선도에 의한 방법
> ㉣ 기구 배수부하단위에 의한 방법
>
> ① ㉠, ㉡   ② ㉠, ㉢   ③ ㉡, ㉢
> ④ ㉡, ㉣   ⑤ ㉢, ㉣
>
> **해설** 급수배관의 관경 결정법에는 급수부하단위에 의한 결정, 기구 연결관의 관경에 의한 결정, 균등표에 의한 방법(㉡), 마찰저항선도에 의한 방법(㉢)이 있다.
>
> 정답 ③

4. 절수설비와 절수기기

▶ 27·26·23회

(1) 정의

① **절수설비**: 별도의 부속이나 기기를 추가로 장착하지 아니하고도 일반 제품에 비하여 물을 적게 사용하도록 생산된 수도꼭지 및 변기를 말한다.

② **절수기기**: 물의 사용량을 줄이기 위하여 수도꼭지나 변기에 추가로 장착하는 부속이나 기기를 말한다. 절수형 샤워헤드를 포함한다.

③ 건축주는 건축물이나 지방자치단체의 조례로 정하는 시설을 건축하려는 경우에 수돗물의 절약과 효율적 이용을 위하여 절수설비를 설치하여야 한다.

▶ 관련법령
「수도법 시행규칙」 제1조의2 [별표 1]
〈2025. 1. 24. 시행〉

(2) 수도꼭지

① 공급수압 98kPa에서 최대토수유량이 1분당 6리터 이하인 것. 다만, 공중용 화장실에 설치하는 수도꼭지는 1분당 5리터 이하인 것이어야 한다.

② 샤워용은 공급수압 98kPa에서 해당 수도꼭지에 샤워호스(Hose)를 부착한 상태로 측정한 최대토수유량이 1분당 7.5리터 이하인 것

> **바로확인문제**
>
> 급수배관의 ( ) 결정법에는 급수부하단위에 의한 결정, 기구 연결관의 관경에 의한 결정, 균등표에 의한 방법, 마찰저항선도에 의한 방법이 있다.

(3) 변기

① 대변기는 공급수압 98kPa에서 사용수량이 6리터 이하인 것
② 대·소변 구분형 대변기는 공급수압 98kPa에서 평균사용수량이 6리터 이하인 것
③ 소변기는 물을 사용하지 않는 것이거나, 공급수압 98kPa에서 사용수량이 2리터 이하인 것
④ 대변기는 물탱크의 내부 벽면 또는 세척밸브의 수량조절용 나사 부분에 사용수량을 표시한 것
⑤ 대변기의 사용수량을 조절하는 부속품은 사용수량이 6리터를 초과할 수 없는 구조로 제작한 것. 다만, 변기 막힘 현상이 지속되어 이를 해소하기 위한 경우는 제외한다.

개념적용 문제

수도법령상 절수설비와 절수기기의 종류 및 기준에 관한 내용으로 옳은 것은? (단, 공급 수압은 98kPa이다) 제27회 기출

① 소변기는 물을 사용하지 않는 것이거나, 사용수량이 2리터 이하인 것
② 공중용 화장실에 설치하는 수도꼭지는 최대토수유량이 1분당 6리터 이하인 것
③ 대변기는 사용수량이 9리터 이하인 것
④ 샤워용 수도꼭지는 해당 수도꼭지에 샤워호스(hose)를 부착한 상태로 측정한 최대토수유량이 1분당 9리터 이하인 것
⑤ 대·소변 구분형 대변기는 평균사용수량이 9리터 이하인 것

해설 ② 공중용 화장실에 설치하는 수도꼭지는 최대토수유량이 1분당 5리터 이하인 것
③ 대변기는 사용수량이 6리터 이하인 것
④ 샤워용 수도꼭지는 해당 수도꼭지에 샤워호스(hose)를 부착한 상태로 측정한 최대토수유량이 1분당 7.5리터 이하인 것
⑤ 대·소변 구분형 대변기는 평균사용수량이 6리터 이하인 것

정답 ①

제3절 급수방식 ★

1 일반건물의 급수방식 종류

1. 수도직결방식(Direct Supply System)

(1) 정의
① 상수도 본관에서 수도관을 이끌어 건축물 내의 소요 개소에 직접 급수하는 방식으로, 수도 본관의 압력에 따라 수도꼭지의 토출압력이 변동한다.
② 주택과 같은 소규모 건물(2~3층 이하)에 주로 이용된다.

(2) 급수경로

상수도 본관 ⇨ 분수전 ⇨ 지수전 ⇨ 양수기(계량기) ⇨ 급수전

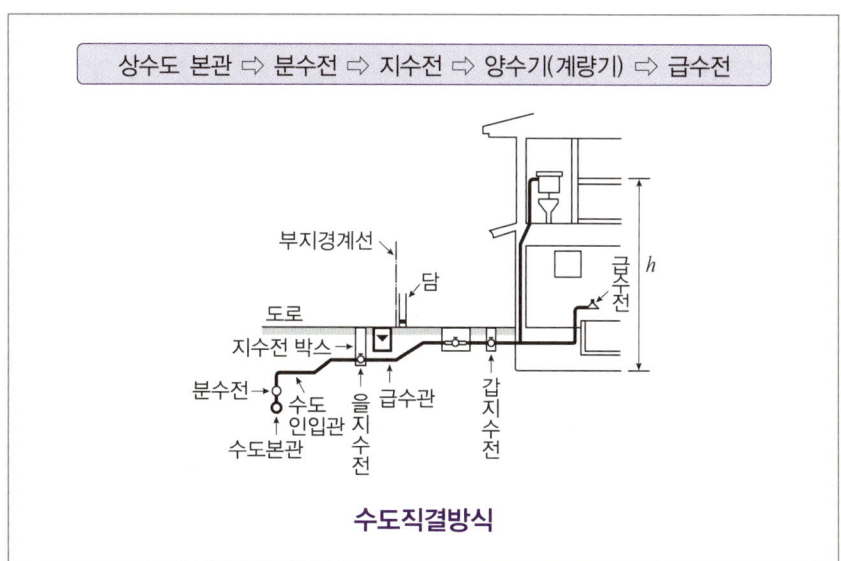

수도직결방식

(3) 장단점

장점	① 위생적인 측면에서 급수오염의 가능성이 가장 낮다. ② 정전 시에도 급수가 계속 가능하다. ③ 주택, 소규모(저층) 건물에 적합하다. ④ 설비비, 유지비가 저렴하다. ⑤ 기계실 및 옥상탱크가 불필요하다.
단점	① 지역 및 높이에 따라 급수압의 차이가 크다. ② 단수 시 급수가 불가능하다. ③ 급수높이에 제한이 있다.

(4) 수도본관의 최저 필요압력(P)

$$P(\text{MPa}) \geqq P_1 + P_2 + P_3$$

여기서, P_1: 수전고(MPa)
P_2: 관 내 마찰손실수두(MPa)
P_3: 기구별 최저소요압력(MPa)

2. 고가(옥상)탱크방식

(1) 정의

① 지하수나 상수도 인입관으로부터 저수조에 저수한 후 양수펌프를 이용하여 옥상의 탱크에 양수해 그 수압을 이용하여 필요한 개소에 급수관을 통하여 하향공급하는 방식이다.
② 중규모 이상의 건축물에 가장 일반적으로 적용되는 방식이다.

(2) 급수경로

상수(수도본관) ⇨ 저수조 ⇨ 양수펌프 ⇨ 옥상탱크 ⇨ 각 수전

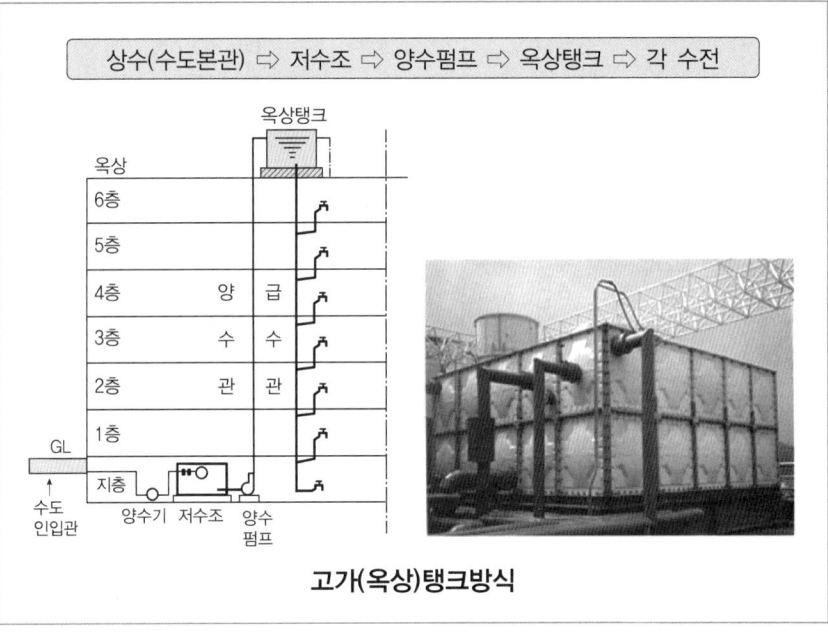

고가(옥상)탱크방식

(3) 장단점

장점	① 일정한 높이까지는 일정한 수압으로 급수할 수 있다. ② 취급이 간단하며, 대규모 급수설비에 적합하다. ③ 세정밸브를 사용하기에 적합하다. ④ 배관부속품의 파손이 적다. ⑤ 정전이나 단수 시에도 일정시간 동안 급수가 가능하다.

바로확인문제

고가(옥상)탱크방식은 정전이나 단수 시에도 일정시간 동안 급수가 ( )하다.

단점	① 저수조에서의 급수오염 가능성이 높다. ② 미관이 좋지 않고, 구조물 보강계획이 필요하다. ③ 설비비가 높다. ④ 고층부 수전과 저층부 수전의 토출압력이 다르다.

(4) 고가탱크(고가수조)

① **설치높이**

　㉠ 고가탱크의 설치높이는 최상층 사용기구의 최소 필요압력과 배관 마찰손실 등을 고려하여 결정한다.

　㉡ 고가탱크 수위면과 사용기구의 낙차*가 클수록 토출압력이 증가한다.

> 지상에서 옥상탱크까지의 높이 $H(m) \geq H_1 + H_2 + h$
> 여기서, H_1: 최고층에 있는 수전에서 옥상탱크의 최저수면까지 실제높이(m)
> H_2: 관 내 마찰손실수두
> h: 지상에서 최고층에 있는 수전까지의 높이(m)

• 낙차
물의 높낮이의 차

개념적용 문제

지상 20층 공동주택의 급수방식이 고가수조방식인 경우, 지상 5층의 싱크대 수전에 걸리는 정지수압은 얼마인가? (단, 각 층의 높이는 3m, 옥상바닥면에서 고가수조 수면까지의 높이는 7m, 바닥면에서 싱크대 수전까지의 높이는 1m, 단위환산은 10mAq = 1kg/cm² = 0.1MPa)

제13회 관리실무

① 0.51MPa　　　② 0.52MPa
③ 0.53MPa　　　④ 0.54MPa
⑤ 0.55MPa

해설　정지수압 = $0.01H$ = $0.01 \times \{(16층 \times 3m) + 7m - 1m\}$ = 0.54MPa

정답 ④

② **설치장소**

　㉠ 직사광선을 차단한다.

　㉡ 점검을 위해 수조 주위에 충분한 공간을 둔다.

　㉢ 수조의 상부에는 양수관을 설치하여 저면보다 약간 높은 위치에 급수관을 낸다.

　㉣ 수조설치공간은 개구부 등을 설치하여 환기를 충분히 하고, 점검 등을 위하여 밝게 하여야 한다.

바로확인문제

고가탱크 수위면과 사용기구의 낙차가 클수록 토출압력이 (　　)한다.

관련법령
「수도법 시행규칙」 [별표 3의2]
〈2025. 1. 24. 시행〉

③ **설치기준**
  ㉠ 저수조 및 저수조에 설치하는 사다리, 버팀대, 물과 접촉하는 접합부속 등의 재질은 섬유보강플라스틱·스테인리스스틸·콘크리트 등의 내식성 재료를 사용하여야 한다.
  ㉡ 건축물의 땅 밑에 저수조를 설치하는 경우에는 분뇨·쓰레기 등의 유해물질로부터 5m 이상 띄워서 설치한다.
  ㉢ 청소 및 보수를 위하여 1개보다 2개 이상으로 구획하거나 설치하는 것이 바람직하다.
  ㉣ 저수조의 공기정화를 위한 통기관과 물의 수위조절을 위한 월류관(넘침관, 越流管)을 설치하고, 관에는 벌레 등 오염물질이 들어가지 않도록 녹이 슬지 않는 재질의 세목(細木)* 스크린을 설치해야 한다.
  ㉤ 침전찌꺼기의 배출구를 저수조의 맨 밑부분에 설치하고, 저수조의 바닥은 배출구를 향하여 1/100 이상의 경사를 두어 설치하는 등 배출이 쉬운 구조로 한다.
  ㉥ 물의 유출구는 유입구의 반대편 밑부분에 설치하되, 침전물이 유출되지 않도록 저수조의 바닥에서 띄어서 설치하고, 물 칸막이 등을 설치하여 수조 안의 물이 고이지 아니하도록 한다.
  ㉦ 고가탱크의 용량은 사용량, 단수, 건축물 구조의 하중 등을 고려하여 결정하며, 보통 대규모 건물에서는 시간 최대사용수량의 1시간 분량 이상으로, 중소규모 건물에서는 2~3시간 분량으로 한다.

고가탱크용량(V) = 1시간 최대사용수량 × 1배(대규모)·2~3배(중소규모)

• 세목(細木)
  잘게 나누어 놓은 조목
• 급수장치

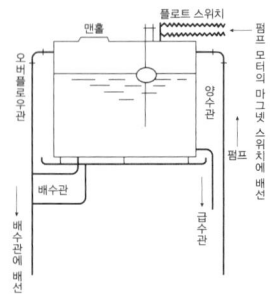

• 플로트 스위치

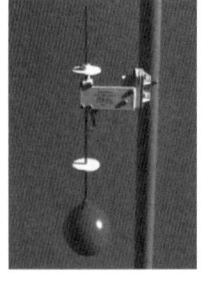

• 넘침관

(5) 급수장치

종류	내용
볼탭(Ball Tap)	지하저수조 탱크 및 옥상탱크에 설치하여 유량을 조절
플로트 스위치* (Float Switch)	탱크의 수위에 따라 양수펌프의 스위치를 연결하거나 단절하여 적정수위를 유지시켜 주는 장치
넘침관* (Overflow Pipe)	스위치의 고장으로 양수가 계속될 때 안전수위 확보를 위해 탱크에서 넘쳐흐르는 물을 배수하는 관으로, 양수관 직경의 2배 이상의 크기로 함
양수펌프	양수펌프의 용량은 고가탱크를 30분 이내에 양수할 수 있어야 함

3. 압력탱크방식

(1) 정의
① 지하수나 상수도 인입관으로부터 저수조에 물을 저수한 후 급수펌프로 압력탱크에 물을 보내 수조 내의 공기를 압축시켜 압력을 올린 후 그 압력으로 필요장소에 급수하는 상향방식이다.
② 고가탱크식보다 수압변동이 심하고 조작상 최고·최저의 압력 차가 크므로 급수압이 일정하지 않으나 국부적으로 고압을 필요로 하는 경우에 이용된다.

(2) 급수경로

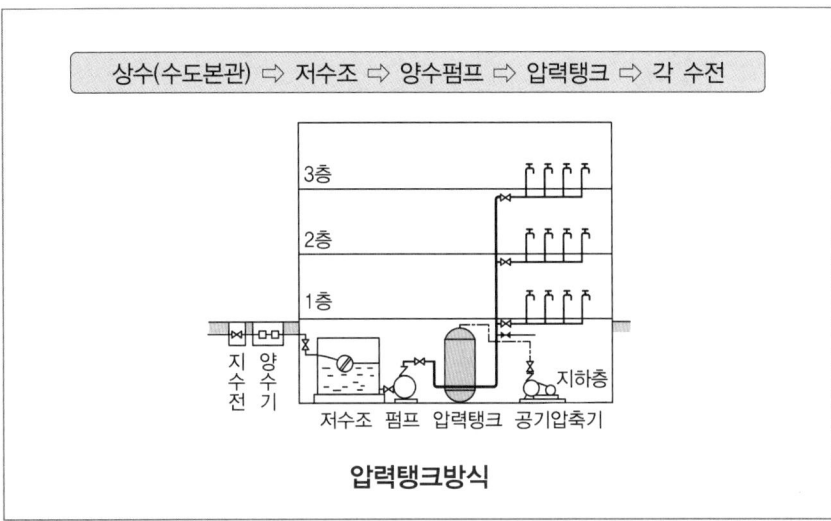

상수(수도본관) ⇨ 저수조 ⇨ 양수펌프 ⇨ 압력탱크 ⇨ 각 수전

압력탱크방식

(3) 장단점

장점	① 어느 특정부위에 고압을 필요로 하는 경우 적합하다. ② 건물 상부에 탱크가 없어 건축구조물의 보강이 필요 없고, 외관이 깨끗하다. ③ 탱크 설치위치에 제한을 받지 않는다. ④ 단수 시 저수탱크의 물을 이용할 수 있다. ⑤ 체육관, 경기장 등에 사용된다.
단점	① 급수압 차가 매우 심하다. ② 정전이나 고장 시 급수가 중단된다. ③ 공기의 압력을 견디기 위해 탱크를 정밀하게 제작하여야 하므로, 시설비와 관리비가 많이 든다. ④ 에어컴프레서를 설치하여 공기를 공급해야 한다. ⑤ 취급, 작동이 어렵고 고장이 많다.

바로확인문제
압력탱크방식은 공기의 압력을 견디기 위해 (   )를 정밀하게 제작하여야 하므로, 시설비와 관리비가 많이 든다.

(4) 압력탱크 최저 필요압력(P_L)

$$P_L(\text{MPa}) = P_1 + P_2 + P_3$$

여기서, P_1: 압력탱크의 최고층 수전에 해당하는 수압(MPa)
P_2: 기구별 필요압력(MPa)
P_3: 관 내 마찰손실수두(MPa)

(5) 주요 구조

종류	내용	그림
압력탱크	고압에 견딜 수 있는 강판제 원통형으로 되어 있음	
압력계	탱크 내의 수압이나 공기압을 측정하는 계기	
수면계	탱크 내의 수면의 높이를 측정하는 계기	
안전밸브	물 또는 공기의 압력이 과대할 때 이를 조절하여, 탱크 파열 등의 사고를 방지하기 위한 안전장치	

4. 탱크가 없는 부스터방식(펌프직송방식)

(1) 정의

① 상수도 본관으로부터 물을 저수조에 저수한 후 급수펌프만으로 각 수전 또는 기구에 가압 급수하는 방식이다.
② 급수관 내의 압력 또는 유량을 탐지하여 펌프의 대수를 제어하는 정속방식과 회전수를 제어하는 변속방식이 있으며, 이를 병용하기도 한다.
③ 밸브를 개폐할 때마다 펌프가 가동되어 단락(短絡)*이 빈번하므로 압력탱크가 있는 부스터방식을 사용하기도 한다.

탱크가 없는 부스터방식(펌프직송방식)

• **단락(短絡)**
고장 또는 과실로 인한 전로(電路)에 의해 선 사이가 전기저항이 작아진 상태 또는 전혀 없는 상태에서 접촉한 이상상태

바로확인문제

펌프직송방식(부스터방식)은 급수관 내의 압력 또는 유량을 탐지하여 펌프의 대수를 제어하는 (　　)방식과 회전수를 제어하는 (　　)방식이 있으며, 이를 병용하기도 한다.

(2) 급수경로

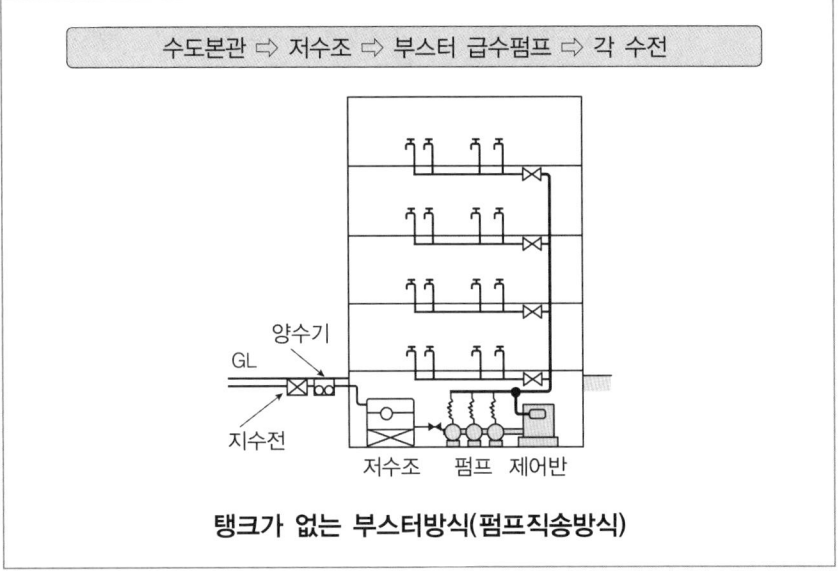

탱크가 없는 부스터방식(펌프직송방식)

(3) 장단점

장점	① 최상층의 수압을 크게 할 수 있다. ② 급수펌프만으로 급수하여 수질오염이 적다. ③ 기계·기구 점유면적을 작게 할 수 있다. ④ 자동제어시스템에 의해 주택단지, 넓은 공장, 대규모 건물 등에 사용된다. ⑤ 급수설비로 인한 옥상층의 하중을 고려할 필요가 없다. ⑥ 단수 시에도 저수조에 남은 양만큼 급수가 가능하다.
단점	① 펌프의 가동과 정지 시 급수압력의 변동이 있어, 압력을 일정하게 유지하기 위한 제어장치가 필요하다. ② 자동제어설비로 인한 비용이 많이 든다. ③ 비상전원 사용 시를 제외하고, 정전이나 고장 시 급수가 불가능하다. ④ 고장 시 수리가 어렵다.

(4) 제어방식

종류	내용
정속 (대수제어) 방식	① 여러 대의 급수펌프를 병렬로 설치하고, 사용량만큼 펌프가 차례로 증가하면서 가동하는 방식이다. ② 부하에 따라 펌프의 대수를 제어하는 방식으로, 변속방식보다 운전비가 많이 든다.
변속 (회전수제어) 방식	① 정속변동기와 변속장치를 조합하거나 변속전동기를 이용하여 사용량만큼 펌프의 회전수를 변화시켜 양수하는 방식이다. ② 부하에 따라 회전수를 제어하는 방식으로, 정속방식에 비하여 운전비가 적게 들어 에너지를 절약할 수 있다.

> **참고** 급수방식의 특성 비교

급수방식 조건	수도직결방식	고가수조방식	압력수조방식	펌프직송방식
수질오염 가능성	낮음	높음	보통	보통
급수압력의 변화	수도본관의 압력에 따라 변화	거의 일정	압력수조 토출 측에 압력조정밸브를 설치하지 않으면 수압변화가 큼	거의 일정
단수 시 급수	불가	저수조와 고가수조에 저장된 수량을 사용	저수조에 저장된 수량을 사용	저수조에 저장된 수량을 사용
정전 시 급수	가능	고가수조의 저장수량 사용	불가능	불가능
기계실 면적	불필요	적게 필요	많이 필요	보통
고가수조 면적	불필요	필요	불필요	불필요
설비비용	낮음	높음	보통	높음
유지관리	낮음	보통	높음	높음

2 초고층건물의 급수방식

1. 급수조닝(Zoning)

(1) 정의

① 최고층과 최하층의 수압 차가 높으면 급수기구에서의 토출량이 필요 이상 많아진다든지, 튀는 물로 된다든지, 또 유수음이 소음으로 된다든지, 수격작용 등이 발생한다.
② 초고층건물에서 최하층에 과도한 급수압으로 인한 문제와 수격작용을 최소화하기 위하여 건물을 몇 개의 지역(Zone)으로 나누어 급수하는 방식이다.
③ 초고층건물에서는 급수압이 최고사용압력을 넘지 않도록 급수조닝을 한다.
④ 고층건물에서 급수계통을 적절하게 조닝하지 않으면 낮은 층일수록 수격작용이 발생하기 쉽다.

(2) 급수조닝의 필요성

① 각 층별 급수압력을 균등하게 한다.
② 수격작용에 의한 소음 및 진동을 방지한다.
③ 기구의 부속품 파손을 방지한다.

(3) 급수조닝의 높이

① 아파트, 호텔, 병원은 30~40m 이내마다 조닝한다.
② 사무소, 기타 건물은 40~50m 이내마다 조닝한다.

2. 급수조닝방식

(1) 중간수조방식

① 종류

종류	내용
층별식 방식 (세퍼레이터)	건물을 몇 개의 존(Zone)으로 나누어 최하층에 양수펌프를 설치해서 각 존의 수조에 각각 양수하는 방식
중계식 방식 (부스터)	건물을 몇 개의 존으로 나누어 각 존마다 고가수조를 설치하고 양수펌프로 각 존의 수조를 수원으로 위의 존에 중계하여 공급하는 방식
스필백(Spill Back) 방식*	고가수조의 용량이 커진다.

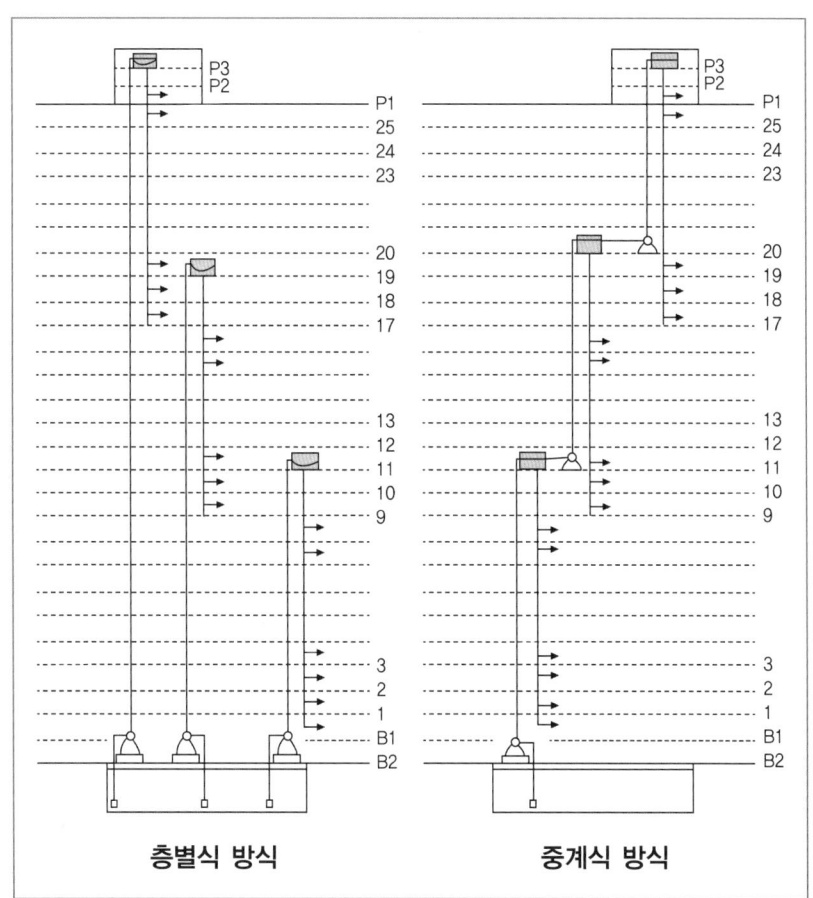

층별식 방식 / 중계식 방식

• 스필백(Spill Back) 방식

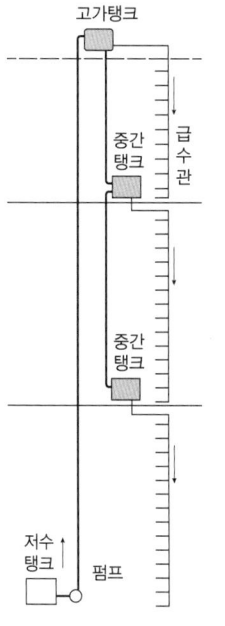

② 특징
  ㉠ 가장 일반적인 방식으로, 수압이 일정하고 감압밸브방식에 비해 에너지 절약이 가능하다.
  ㉡ 중간수조실, 양수펌프 등이 필요하고, 정밀한 조닝은 곤란하다.
  ㉢ 사무실, 호텔 등의 일반건물에 많다.

(2) 감압밸브방식

① 종류
  ㉠ 주관 감압방식
  ㉡ 각 층 감압방식
  ㉢ 그룹 감압방식

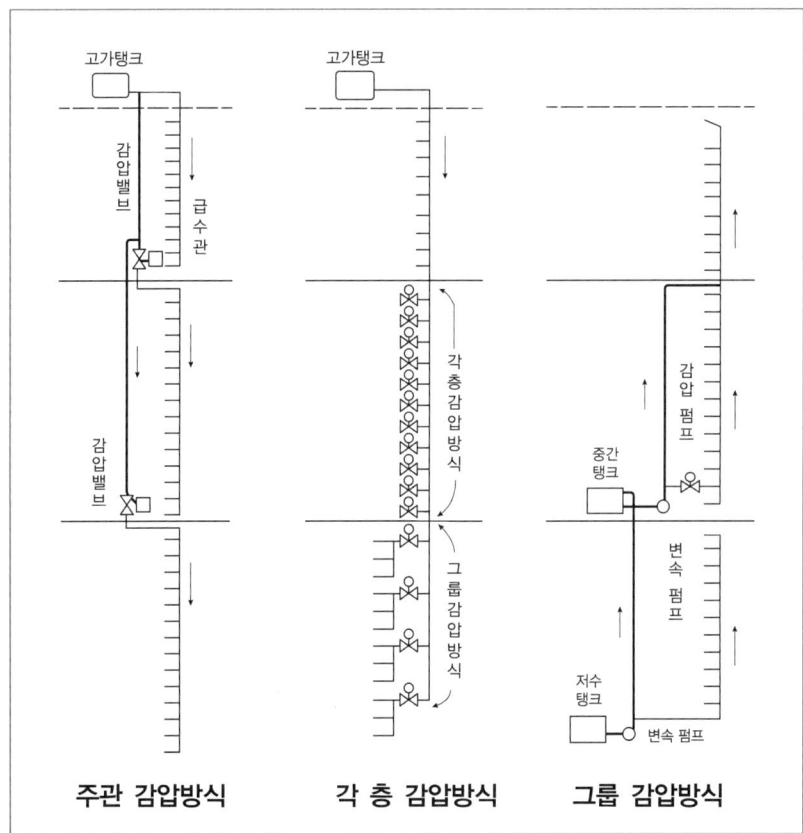

② 특징
  ㉠ 수조, 펌프가 없어 공간 및 설비비가 감소한다.
  ㉡ 각 층 감압밸브방식에서 정밀하게 조닝할 수 있다.
  ㉢ 감압밸브의 고장으로 높은 수압이 기구에 직접 작용할 수 있다.
  ㉣ 사무실 등 일반 건물에서는 주관 감압방식이 일반적으로 사용된다.

(3) 중간수조와 감압밸브 병용방식

① 정밀한 조닝에 대처할 수 있다.
② 감압밸브가 고장나도 최고사용압력을 억제할 수 있다.
③ 감압밸브의 관리가 별도로 필요하다.
④ 아파트 등에 많이 적용한다.

제4절 급수배관설계 ★

1. 급수배관방식

(1) 상향 급수배관법

① 건물 최하층에 수평주관을 설치하고 수직관을 연결하여 상층부로 올라가면서 급수하는 방식이다.
② 상층으로 올라갈수록 수직관 관경을 크게 하지 않으면 수압이 떨어져 물이 잘 나오지 않는다.
③ 점검이나 보수에 유리하다.
④ 수도직결방식, 압력탱크방식, 탱크가 없는 부스터방식 등에 사용한다.

(2) 하향 급수배관법

① 최상층에 수평주관을 설치하고 하향수직관을 통해 급수하는 방식이다.
② 급수압이 일정하고 각 층 급수가 합리적이다.
③ 천장 속의 횡주관 등 관로 주변에 온도가 높을 경우 관 표면의 물과 관 주변의 온도 차에 의해 발생하는 결로를 방지하기 위해 방로˚피복을 한다.
④ 점검이나 보수가 불편하다.
⑤ 고가(옥상)탱크방식에 사용한다.

(3) 상하향 혼용 급수배관법

① 2층 이하는 상향식으로 하고, 3층 이상은 하향식으로 배관하는 방식이다.
② 고층건물에 이용한다.

급수배관설계
1. 급수배관방식
2. 급수배관설계 시 고려사항
3. 급수설비의 수질오염

• 방로(防露)
공기 중의 수증기가 포화하여 노점(露點)온도 이하가 되어 생기는 것을 결로라 하는데, 이 결로를 막는 것을 말한다.

바로확인문제
( ) 급수배관법은 건물 최하층에 수평주관을 설치하고 수직관을 연결하여 상층부로 올라가면서 급수하는 방식이다.

2. 급수배관설계 시 고려사항

(1) 급수배관의 물매(경사, 구배)

① 급수배관의 물매는 공기 및 물이 전부 빠질 수 있게 균일한 기울기로 배관한다.
② 상향 급수배관 방식의 경우 진행방향에 따라 올라가는 기울기로 하고 하향 급수배관 방식의 경우는 진행방향에 따라 내려가는 기울기로 한다.
③ 고가수조방식의 급수배관에서 하향배관의 횡주관은 선하향구배, 각 층의 횡주관은 선상향구배로 한다.
④ 역류가 가능한 배관에는 25m마다 체크밸브를 설치하여 역류에너지를 분담하도록 한다.

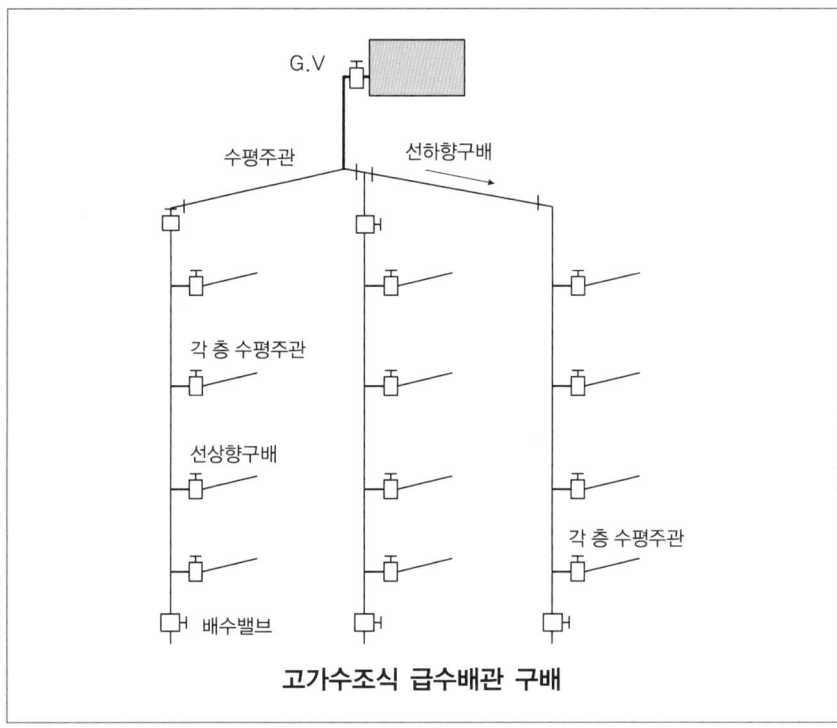

고가수조식 급수배관 구배

(2) 급수배관 시 사용되는 밸브

① **공기빼기밸브**
  ㉠ 불가피하게 굴곡배관이 되어 관 내에 공기가 모이는 곳이나 ⊓자 모양으로 된 곳에 설치하여 물의 흐름을 원활하게 한다.
  ㉡ 가능하면 직선배관이 되도록 한다.
② **지수밸브**(Stop Valve)
  ㉠ 부분적인 단수로 수량이나 수압을 조절하거나 수리를 위하여 설치한다.

ⓒ 설치장소는 수평주관에서의 각 수직관의 분기점, 각 층 수평주관의 분기점, 급수주관의 분기점에 설치한다.

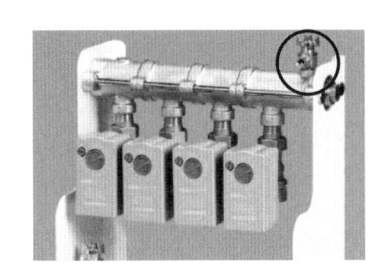
가정용 분배기 공기빼기밸브

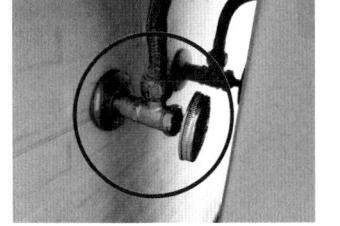
세면기 하부 지수밸브

(3) 배관의 수격작용(Water Hammering)

▶ 19·13·7회

구분	내용
정의	① 관 속을 충만하게 흐르는 액체(물)의 속도를 정지시키거나 흘려보내 물의 운동상태를 급격히 변화시킴으로써 일어나는 압력파 현상이다. ② 수격작용은 일종의 물에 의한 마찰음으로 소음·진동을 유발하고 수전 및 수전의 패킹이나 와셔 등에 손상을 입힌다.
원인	① 플러시밸브나 콕의 수전류를 급격히 열고 닫을 때 일어나기 쉽다. ② 동일 유량인 경우, 배관의 관경이 작을수록 일어나기 쉽다. ③ 배관 내의 수압(상용압력)이 과대하거나 유속이 빠를수록 일어나기 쉽다. ④ 배관 중에 굴곡지점이 많을수록 일어나기 쉽다.
대책	① 기구류 가까이에 공기실(Air Chamber)이나 수격방지기를 설치한다. ② 수압을 감소시키고 관 내 유속을 2m/s 이내로 느리게 하는 것이 좋다. ③ 밸브 및 수전류를 서서히 개폐한다. ④ 급수관경을 크게 한다. ⑤ 가능하면 직선배관으로 한다.

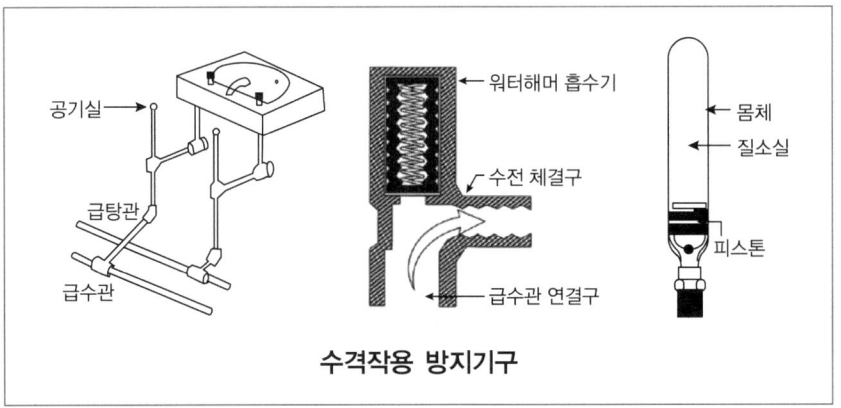
수격작용 방지기구

• 소형 수격방지기

• 소형 수격방지기 설치

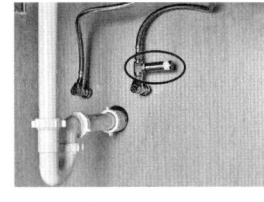

바로확인문제

배관의 (　)작용은 관 속을 충만하게 흐르는 액체(물)의 속도를 정지시키거나 흘려보내 물의 운동상태를 급격히 변화시킴으로써 일어나는 압력파 현상이다.

(4) 배관의 수압시험

① 관의 접합부 및 기타 부분의 누수·누설 여부, 수압에 대한 저항 등 시공의 불량 여부를 파악한다.
② 배관 말단의 개구부를 막고 수압시험 펌프로 수압테스트를 한다.
③ 배관공사 후 피복(방동, 방로)하기 전에 시험을 실시한다.
④ 수도직결방식의 급수배관의 수압시험은 배관의 최저부에서 최소 1.0MPa 압력으로 실시한다.
⑤ 고가수조 이하 연결배관, 양수관 급수배관 계통의 최저 사용압력은 수압 0.75MPa에 견딜 수 있는 것으로 한다.

관련기준
건축표준시방서코드(KCS) 2025 〈KCS 31 20 15 : 2021〉

(5) 배관의 피복(被覆)

종류	내용
방로(防露) 피복	① 여름철 습기가 많을 때 실내 배관에 수온이 낮은 물이 흐르면 관 외벽에 결로가 발생하여 얼룩이 생긴다. ② 이를 방지하기 위한 것이 방로피복이다.
방동(防冬) 피복	① 겨울철에는 관 속의 물이 얼어 관이나 이음새 등이 동결·파열될 우려가 있다. ② 이를 방지하기 위해 외부를 보온재로 피복하는데, 이를 방동피복이라 한다.
방식(防蝕) 피복	연관(鉛管)과 관의 납땜 부분은 알칼리에 쉽게 침식되므로 콘크리트 속에 배관할 때에는 내알칼리성 도장을 하고 그 위에 아스팔트 주트[Jute, 황마(黃麻)의 줄기에서 얻어지는 섬유]를 감는다.

(6) 급수배관설계 시 기타 고려사항

① 급수배관의 최소 관경은 15mm 이상을 사용한다.
② 배관은 보수 점검 및 장래의 배관교체를 고려해 설치한다.
③ 관 주위에는 보수 및 교환을 용이하게 할 수 있도록 충분한 공간을 확보한다.
④ 배관의 수리 및 교체가 용이하도록 적당한 위치에 플랜지 등을 사용하여 이음한다.
⑤ 관로(管路)에 관성력*과 중력이 작용하여 물 흐름이 끊기는 수주분리현상이 생기지 않도록 배관한다.
⑥ 수주분리가 일어나기 쉬운 배관 부분에 수격작용이 발생하지 않도록 배관설계를 한다.
⑦ 수직관의 하단에는 배관 내부의 찌꺼기 제거를 위해 배수밸브(Drain Valve)를 설치한다.
⑧ 급수설비는 위생기구의 사용목적에 적절한 수압을 확보해야 한다.

• **관성력**
물체가 외부의 작용이 가해지지 않는 한 정지 또는 등속도(等速度)의 운동 상태를 유지해 나가려고 하는 힘

3. 급수설비의 수질오염

(1) 원인
① 배관의 부식
② 급수설비로의 배수역류
③ 저수탱크로의 유해물질 침입
④ 급수배관이나 기구 구조의 불량으로 급수관 내에 오수가 역류하여 오염되도록 배관된 크로스커넥션(Cross Connection)의 발생

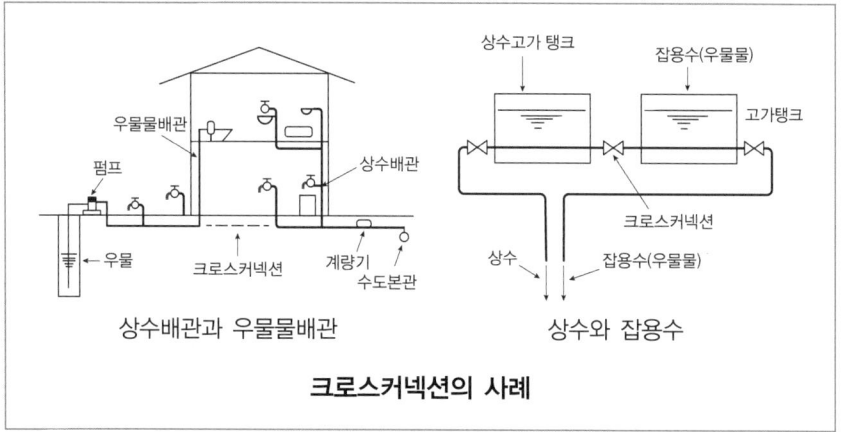

크로스커넥션의 사례

(2) 방지대책
① 수조의 급수 유입구와 유출구는 대각선 방향으로 설치하여야 한다.
② 건물구조체를 저수조로 이용하지 않도록 하며, 부득이 이용 시는 내면을 위생상 지장이 없는 도료나 공법으로 처리하여야 한다.
③ 음용수용 수조 내면에 칠하는 도료는 수질에 영향을 주지 않는 것으로 하고, 부속품은 내식성 자재로 한다.
④ 수조는 부식이 적은 스테인리스 재질을 사용하여 수질에 영향을 주지 않도록 한다.
⑤ 수조는 완전히 밀폐하고 다른 물질이나 먼지 등이 들어가지 않게 한다.
⑥ 저수조에 장시간 보관하면 잔류염소 소비로 부패되기 쉬우므로 필요 이상 저장되지 않도록 한다.
⑦ 저수조에 설치된 넘침관(Overflow) 말단에는 철망을 씌워 벌레가 들어가지 않도록 한다.
⑧ 배관 내에 장시간 물이 흐르면 용존산소의 영향으로 부식이 진행되므로 배관류는 부식에 강한 재료를 사용하도록 한다.

▶ 28·27·26·22·20·19·17·15·14·13·11회

• **크로스커넥션(Cross Connection)**
교차 연결

바로확인문제

급수배관이나 기구 구조의 불량으로 급수관 내에 오수가 역류하여 오염되도록 배관된 (　　)이 발생하지 않도록 배관한다.

⑨ 저수조를 설치하는 장소는 배수관과 이격하여 설치하고, 음료수용이 아닌 다른 목적의 배관과 접속시켜 배관하지 않는다.
⑩ 크로스커넥션(Cross Connection)이 발생하지 않도록 급수배관을 한다.
⑪ 단수 발생 시 일시적인 부압으로 인한 배수의 역류가 발생하지 않도록 수전과 세면기 상단부와의 거리를 확보(토수구 공간)하거나 역류방지기(Vacuum Breaker)*를 설치하도록 한다.

- **버큠브레이커**(Vacuum Breaker)

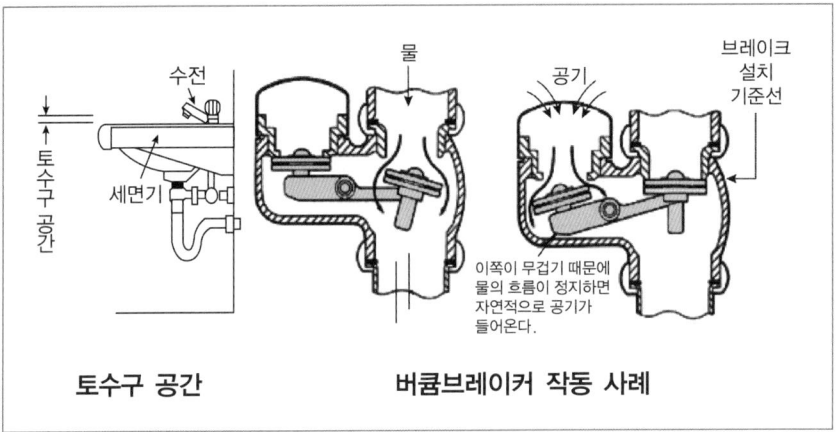

토수구 공간　　　　　버큠브레이커 작동 사례

(3) 급수관의 상태검사 및 조치(「수도법 시행규칙」 제23조)

① 「수도법 시행령」 제51조에 해당하는 건축물 또는 시설의 소유자등은 일반검사를 다음의 구분에 따라 실시하여야 한다.
  ㉠ **최초 일반검사**: 해당 건축물 또는 시설의 준공검사(급수관의 갱생·교체 등의 조치를 한 경우를 포함한다)를 실시한 날부터 5년이 경과한 날을 기준으로 6개월 이내에 실시
  ㉡ **2회 이후의 일반검사**: 최근 일반검사를 받은 날부터 2년이 되는 날까지 매 2년마다 실시
② 소유자등은 일반검사를 실시한 결과 검사항목 중 탁도, 수소이온 농도, 색도 또는 철에 대한 검사기준을 초과하는 경우에는 급수관을 세척(급수관 내부의 이물질이나 미생물막 등을 관에 손상을 주지 아니하면서 물이나 공기를 주입하는 방법 등으로 제거하는 것)하여야 한다. 다만, 급수관이 아연도강관인 경우에는 검사항목 중 검사기준을 초과하는 항목이 한 개 이상 있으면 반드시 이를 갱생하거나 교체하여야 한다.
③ 소유자등은 일반검사 결과가 다음의 어느 하나에 해당하면 전문검사를 하고, 급수관을 갱생하여야 한다. 다만, 전문검사 결과 갱생만으로는 내구성을 유지하기 어려울 정도로 노후한 급수관은 새 급수관으로 교체하여야 한다.

㉠ 일반검사의 검사항목에 대한 검사기준을 2회 연속 초과하는 경우
㉡ 일반검사의 검사항목 중 납·구리 또는 아연에 대한 검사기준을 초과하는 경우

④ 소유자등은 일반검사 또는 전문검사를 실시한 경우에는 그 결과를 일반수도사업자에게 통보하고, 해당 건축물 또는 시설의 게시판에 게시하거나 전단을 배포하는 등의 방법으로 이용자에게 공지하여야 한다.

⑤ 소유자등은 세척·갱생·교체 등의 조치를 하였을 때에는 그 결과를 일반수도사업자에게 보고하고, 그와 관련된 자료를 3년 이상 보존하여야 한다.

개념적용 문제

급수설비의 수질오염방지 대책으로 옳지 않은 것은? 제26회 기출

① 수조의 급수 유입구와 유출구 사이의 거리는 가능한 한 짧게 하여 정체에 의한 오염이 발생하지 않도록 한다.
② 크로스커넥션이 발생하지 않도록 급수배관을 한다.
③ 수조 및 배관류와 같은 자재는 내식성 재료를 사용한다.
④ 건축물의 땅밑에 저수조를 설치하는 경우에는 분뇨·쓰레기 등의 유해물질로부터 5m 이상 띄워서 설치한다.
⑤ 일시적인 부압으로 역류가 발생하지 않도록 세면기에는 토수구 공간을 둔다.

해설 수조의 급수 유입구와 유출구 사이의 거리는 가능한 한 길게 하여 정체에 의한 오염이 발생하지 않도록 한다.

정답 ①

펌프

1. 펌프의 일반사항
2. 펌프의 종류
3. 펌프의 소요동력
4. 펌프의 이상현상

제5절 펌프 ★

1. 펌프(Pump)의 일반사항

(1) 개념
① 유체에 에너지를 주어 흡입(吸入) 또는 토출(吐出)하고, 높은 곳이나 먼 곳에 수송하는 기계를 말한다.
② 구조와 운동방법에 따라 여러 가지 종류가 있으나 크게 왕복펌프, 원심펌프(와권펌프), 기타 특수펌프로 구분된다.

(2) 펌프 선택 및 설치 시 주의사항
① 펌프의 성능곡선은 펌프가 운전되는 체절운전점, 정격운전점, 최대운전점에서의 성능기준을 제시한 것으로 펌프 선택 시 기준이 된다.
② 펌프의 구경을 결정하기 위해 소요 양수량(揚水量)을 파악해야 한다.
③ 양수하는 유체의 특성과 소요 전양정(全揚程)을 파악한다.
④ 펌프의 흡입구는 수면에서 관경의 2배 이상 담근다.

• 양수량(揚水量)
펌프가 아래 저수조에서 위 저수조로 퍼 올릴 수 있는 물의 부피

• 양정(揚程)
펌프가 물을 퍼 올리는 높이

(3) 펌프의 양정(揚程)

① 펌프의 흡입양정

구분	내용
정의	ⓐ 펌프의 흡입양정이란 펌프가 물을 아래에서 위로 흡입할 수 있는 높이를 말하며 펌프의 성능을 결정하는 요소이다. ⓑ 물은 표준기압하에서 0℃일 때 이론적으로 10.33m이나 공동현상에 의해 실제 상온에서는 6~7m밖에 흡입할 수 없게 된다. 이때 펌프의 흡입 가능한 높이를 유효흡입양정(NPSH)이라고 한다.
특징	ⓐ 펌프의 흡입양정은 수온이 높을수록 낮아진다. ⓑ 펌프의 흡입양정은 대기압이 낮을수록 낮아진다. ⓒ 펌프의 흡입양정은 해발고도가 높을수록 낮아진다. ⓓ 구경이 클수록 펌프의 효율은 높다.

② 펌프의 전양정(全揚程)

구분	내용
흡입양정	흡입수면에서 펌프 중심까지의 높이
토출양정	펌프 중심에서 토출수면까지의 높이
실양정	흡입양정 + 토출양정
전양정	실양정 + 관 내 마찰손실수두

바로확인문제
펌프의 흡입양정은 수온이 (   )수록 낮아진다.

바로확인문제
(   ) = 흡입양정 + 토출양정

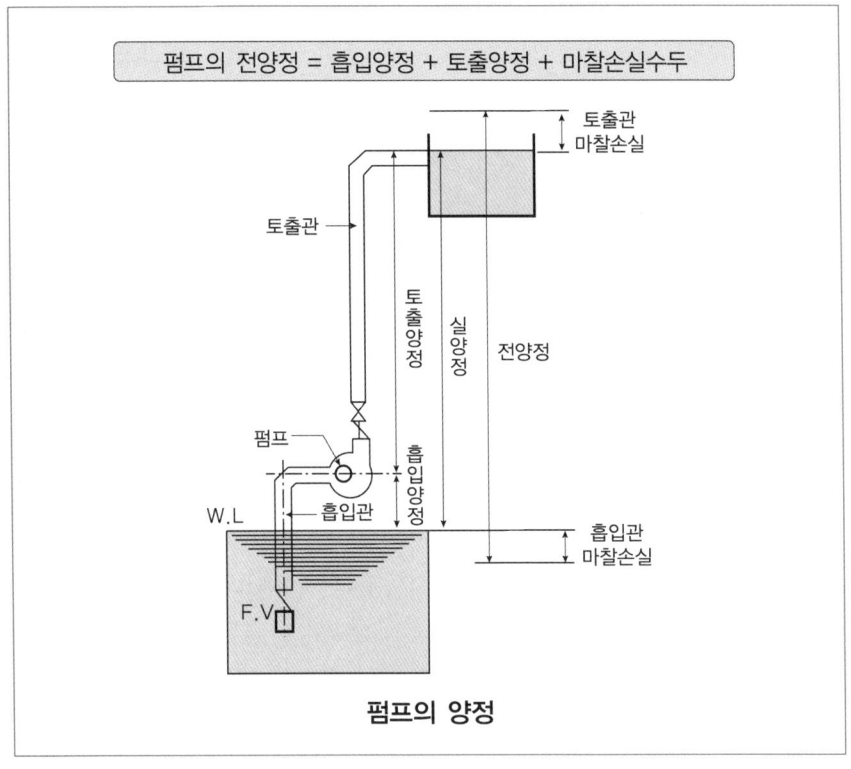

펌프의 양정

2. 펌프의 종류

(1) 왕복동펌프

① 특징
  ㉠ 양수량 조절이 어렵다.
  ㉡ 양수량이 적고 저양정, 고압에 적합하다.
  ㉢ 송수압 변동이 심하다.
  ㉣ 규정 이상 고속회전을 하면 효율이 저하된다.

② 종류
  ㉠ 피스톤 펌프(Piston Pump)
    ⓐ 피스톤작용으로 물을 급수하는 펌프이다.
    ⓑ 수량이 많고 수압이 낮은 곳에 사용된다.

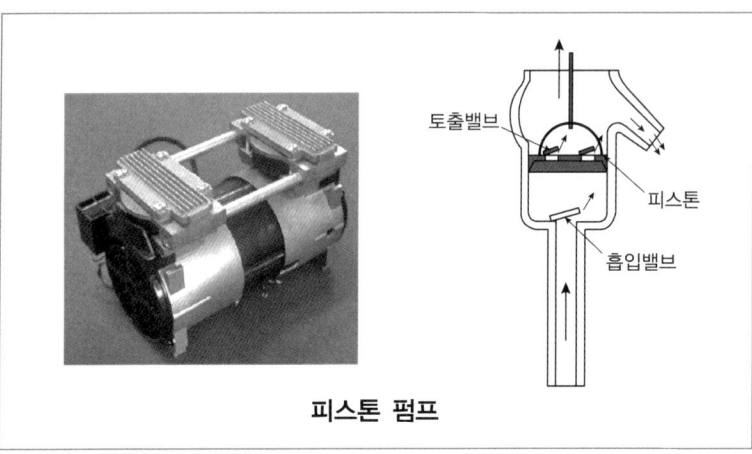

피스톤 펌프

- 플런저(Plunger)
  막대 피스톤

ⓒ 플런저* 펌프(Plunger Pump)
  ⓐ 플런저에 의해 급수하는 펌프로서 구조가 간단하다.
  ⓑ 수량이 적고 수압이 높은 곳에 사용된다.

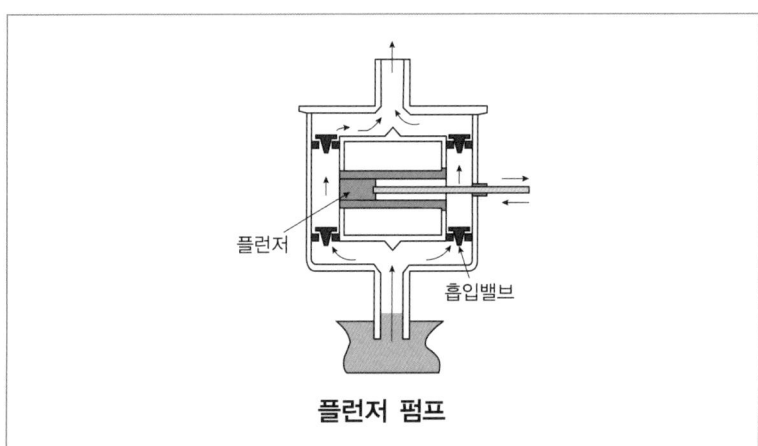

플런저 펌프

ⓒ 다이어프램 펌프(Diaphragm Pump)
  ⓐ 유연한 막(다이어프램)을 앞뒤로 움직여 유체를 흡입하고 토출하는 펌프이다.
  ⓑ 다이어프램이 유체와 직접 접촉하여 누설이 거의 없는 유체의 이송이 필요한 곳에 최적화된 펌프이다.

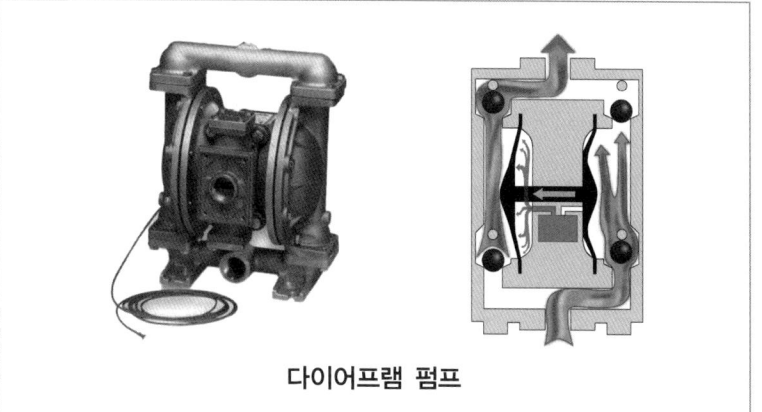

다이어프램 펌프

(2) 원심펌프(와권펌프, 터보형 펌프, Centrifugal Pump)

① 특징
㉠ 양수량 조절이 용이하다.
㉡ 진동이 적어 고속운전에 적합하다.
㉢ 양수량이 많다.
㉣ 고양정에 적합하다.

② 종류

㉠ 볼류트* 펌프(Volute Pump)

특징	그림
ⓐ 축에 날개차(Impeller)가 달려 있어 원심력으로 양수한다. ⓑ 임펠러의 수에 따라 단단볼류트 펌프와 다단볼류트 펌프로 구분된다. ⓒ 주로 20m 이하의 저양정에 사용된다.	깃, 깃차, 와류실

▶ 28·25·23·2회

• 볼류트(Volute)
나선 모양의 것, 소용돌이

㉡ 터빈 펌프(Turbine Pump)

특징	그림
ⓐ 임펠러의 외주부에 안내날개(Guide Vane)가 달려 있어 물의 흐름을 조절한다. ⓑ 임펠러의 수에 따라 단단터빈 펌프와 다단터빈 펌프로 구분된다. ⓒ 단단터빈 펌프는 저양정에, 다단터빈 펌프는 고양정에 사용된다.	깃차, 안내깃, 와류실

ⓒ 라인 펌프(Line Pump)

특징	그림
ⓐ 흡인구와 배출구가 일직선상에 있는 원심 펌프로서, 배관의 도중에 설치하여 사용한다. ⓑ 소용량 급탕설비의 배관 순환용으로 사용한다.	

- 심정(深井)
  깊은 우물

ⓔ 심정° 펌프(Deep Well Pump)

종류	내용
보어홀 펌프° (Deep Hole Pump)	ⓐ 지상의 모터와 수중의 임펠러를 긴 중공축으로 연결하여 작동한다. ⓑ 고장이 많고 수리가 어렵다. ⓒ 깊은 우물의 양수에 적합하게 사용된다.
수중모터 펌프° (Submerged Pump)	ⓐ 모터에 직결된 펌프를 수중에서 작동하도록 한 펌프이다. ⓑ 풋밸브나 흡입호스가 없고 설치운반과 조작이 간편하다.

- 보어홀 펌프

- 수중모터 펌프

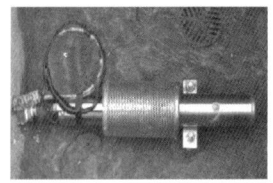

ⓕ 논클러그° 펌프(Non-Clog Pump)

특징	그림
ⓐ 오물잔재의 고형물이나 천조각 등이 섞인 물을 배제하는 데 사용되는 펌프이다. ⓑ 주로 오수나 배수펌프로 사용된다.	

- 클러그(Clog)
  움직임을 방해하다, 막히게 하다

(3) 특수펌프

종류	내용
제트 펌프° (Jet Pump)	① 노즐로부터 고압의 유체(증기 또는 물)를 분사시키면 노즐 끝부분의 압력이 낮아져 물을 흡상하여 송수한다. ② 지하수 배출, 소화용 펌프로 사용된다.
기어 펌프° (Gear Pump)	① 두 개의 치차의 회전에 의해 치차 사이에 끼어 있는 액체가 케이싱의 내벽을 따라서 송출되는 펌프이다. ② 소형으로 구조가 간단하며, 가격이 저렴하다. ③ 점성이 강한 기름 및 윤활유 반송용으로 사용된다.

- 제트 펌프

- 기어 펌프

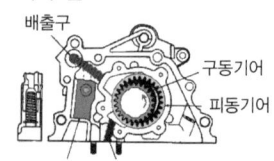

3. 펌프의 소요동력

(1) 펌프의 **축동력**

$$\text{펌프의 축동력} = \frac{W \times Q \times H}{6,120E} \text{ (kW)}$$

여기서, W: 물의 단위중량(1,000kg/m³) Q: 양수량(m³/min)
  H: 전양정(m) E: 효율(%)

(2) 펌프의 **축마력**

$$\text{펌프의 축마력} = \frac{W \times Q \times H}{4,500E} \text{ (HP)}$$

여기서, W: 물의 단위중량(1,000kg/m³) Q: 양수량(m³/min)
  H: 전양정(m) E: 효율(%)

> 22·9회

개념적용 문제

고가수조방식에서 양수펌프의 전양정이 50m이고, 시간당 30m³를 양수할 경우의 펌프 축동력은 약 몇 kW인가? (단, 펌프의 효율은 60%로 한다)

제22회 기출

① 5.2   ② 6.8   ③ 8.6
④ 10.5   ⑤ 12.3

해설 펌프의 축동력(kW) $= \frac{W \times Q \times H}{6,120E} = \frac{1,000 \times 30 \times 50}{6,120 \times 0.6 \times 60} ≒ 6.8\text{(kW)}$

정답 ②

---

(3) 펌프의 회전수 변화 및 운전

> 27·26·24·23·21회

① 펌프의 회전수 변화
  ㉠ 펌프의 양수량은 회전수에 비례한다.
  ㉡ 펌프의 전양정은 회전수의 제곱에 비례한다.
  ㉢ 펌프의 축동력은 회전수의 3제곱에 비례한다.

② 펌프의 운전
  ㉠ 동일한 특성을 갖는 펌프 2대를 직렬로 연결하면 양정은 2배로 증가하고, 병렬로 연결하면 유량은 2배로 증가한다.
  ㉡ 급수펌프를 1대에서 2대로 병렬 연결하여 운전 시 유량과 양정이 모두 증가하나, 증가폭은 배관계 저항조건에 따라 달라진다.

바로확인문제

펌프의 축동력은 회전수의 (   )에 비례한다.

> **개념적용 문제**
>
> 급수펌프를 1대에서 2대로 병렬 연결하여 운전 시 나타나는 현상으로 옳은 것은? (단, 펌프의 성능과 배관조건은 동일하다) 　　　제24회 기출
>
> ① 유량이 2배로 증가하며 양정은 0.5배로 감소한다.
> ② 양정이 2배로 증가하며 유량은 변화가 없다.
> ③ 유량이 1.5배로 증가하며 양정은 0.8배로 감소한다.
> ④ 유량과 양정이 모두 증가하나 증가폭은 배관계 저항조건에 따라 달라진다.
> ⑤ 배관계 저항조건에 따라 유량 또는 양정이 감소되는 경우도 있다.
>
> **해설** 급수펌프가 동일한 대수가 아닌 1대에서 2대로 병렬 연결하여 운전하게 되면 유량과 양정이 모두 증가하지만, 증가폭은 배관계 저항조건에 따라 달라진다.
>
> 　　　　　　　　　　　　　　　　　　　　　　　　　　　　　정답 ④

4. 펌프의 이상(異常)현상

(1) 공동현상(Cavitation, 空洞現像)

26·25·24·23·21·19·14·12회

구분	내용
정의	① 수온이 상승하거나 빠른 속도로 물이 운동할 때 물의 압력이 증기압 이하로 낮아져서 물 내에 증기기포가 발생하는 현상이다. ② 물에서 빠져나온 기포는 저압부에 형성되어 펌프의 흡입을 저하시키는 원인이 된다.
발생요인	① 펌프의 흡입양정이 클 경우 ② 펌프의 마찰손실 및 임펠러 속도가 클 경우 ③ 펌프의 흡입관경이 작을 경우 ④ 펌프의 흡입수온이 높을 경우
방지대책	① 펌프의 설치위치 및 흡입양정을 낮춘다. ② 부속류를 적게 하여 마찰손실수두를 줄인다. ③ 펌프의 임펠러 속도, 즉 회전수를 낮게 한다. ④ 펌프의 흡입관경을 양수량에 맞추어 크게 설계한다. ⑤ 펌프의 흡입수온을 낮게 한다.

(2) 서징현상(맥동현상, Surging*)

26·16회

① **정의**

　㉠ 산형(山形)특성의 양정곡선을 갖는 펌프의 산형 왼쪽부분에서 유량과 양정이 주기적으로 변동하는 현상이다.

* 서지(Surge)
　증가하다, 급등하다, 급상승

  Ⓘ 펌프를 사용하는 관로에서 주기적으로 힘을 가하지 않았음에도 토출압력이 주기적으로 변화하며 진동과 소음이 발생하는 현상으로, 주로 저유량 영역에서 펌프를 사용할 경우 유체의 유량변화로 인해 정상적인 운전이 불가능하게 되는 현상이다.

  Ⓙ 펌프와 송풍기 등이 운전 중에 한숨을 쉬는 것과 같은 상태가 되어, 펌프인 경우 입구와 출구의 진공계, 압력계의 침이 흔들리고 동시에 송출유량이 변화하는 현상, 즉 송출압력과 송출유량 사이에 주기적인 변동이 일어나는 현상을 말한다.

② **발생원인**

  ㉠ 펌프의 양정곡선이 저(小)유량영역에서 산고(山高)곡선이고, 사용범위가 곡선의 상승부(A~S)에서 운전했을 때

  ㉡ 토출배관이 길고, 배관 도중에 물탱크나 공기탱크가 있을 때

  ㉢ 유량조절밸브가 탱크 뒤쪽에 있을 때

③ **방지대책**

  ㉠ 임펠러나 안내깃 등의 치수나 형상을 바꾸어 펌프의 운전특성을 변화시킨다.

  ㉡ 펌프의 양정곡선이 산형특성이 아닌 것을 사용한다.

  ㉢ 유량조절밸브를 토출 측 직후에 설치한다.

  ㉣ 배관 중에 불필요한 수조 또는 기체상태에 있는 잔류공기를 제거하고, 배관의 단면적, 유량 등을 변화시킨다.

(3) 베이퍼 록(Vapor-Lock) 현상

구분	내용
정의	비등점이 낮은 액체 등을 이송할 경우 펌프의 입구 측에서 발생되는 현상으로 액체의 비등현상을 말한다.
발생원인	① 액 자체 또는 흡입배관 외부의 온도가 상승할 경우 ② 흡입관 지름이 작거나 펌프 설치위치가 적당하지 않을 경우 ③ 흡입관로의 막힘, 스케일 부착 등에 의한 저항이 증대될 경우 ④ 펌프 냉각기가 작동하지 않거나 설치되지 않은 경우
방지대책	① 실린더 라이너의 외부를 냉각시킨다. ② 흡입관 지름을 크게 하거나 펌프의 설치위치를 낮춘다. ③ 흡입배관 경로를 청소하고 단열 처리한다.

• 산형특성의 양정곡선

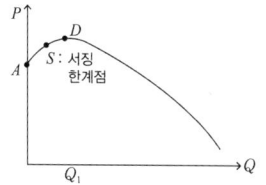

• 베이퍼(Vapor)
증기

개념적용 문제

급수설비에서 펌프에 관한 설명으로 옳지 않은 것은? 제25회 기출

① 펌프의 양수량은 펌프의 회전수에 비례한다.
② 볼류트 펌프와 터빈 펌프는 원심식 펌프이다.
③ 서징(Surging)이 발생하면 배관 내의 유량과 압력에 변동이 생긴다.
④ 펌프의 성능곡선은 양수량, 관경, 유속, 비체적 등의 관계를 나타낸 것이다.
⑤ 공동현상(Cavitation)을 방지하기 위해 흡입양정을 낮춘다.

해설 펌프의 성능곡선은 펌프가 운전되는 체절운전점, 정격운전점, 최대운전점에서의 성능기준을 제시하는 것이다.

정답 ④

바로확인문제

공동현상을 방지하기 위해 흡입양정을 (   ).

CHAPTER 02 OX문제로 완벽 복습

01 공동주택에 공급되는 상수는 '수원 ⇨ 취수(집수) ⇨ 도수 ⇨ 정수 ⇨ 송수 ⇨ 배수 ⇨ 급수(건물의 수전)'의 순서로 이루어진다. (O | X)

02 먹는 물의 수소이온농도 범위는 pH 2.5 이상 pH 5.7 이하이다. (O | X)

03 절대압력은 게이지압력과 그때의 대기압의 합이다. (O | X)

04 음용수의 수질기준에서 수돗물이 아닌 경우 탁도는 1NTU(Neohelometric Turbidity Unit)를 넘지 않도록 한다. (O | X)

05 보일러 용수로는 연수에 비해 경수가 적합하다. (O | X)

06 세정밸브(플러시밸브)의 최저급수압력은 0.1MPa이다. (O | X)

07 고층건물에서 급수계통을 적절하게 조닝하지 않으면 낮은 층일수록 수격작용이 발생하기 쉽다. (O | X)

08 위생기구의 급수단위는 소변기의 소요순간유량 30L/min을 1단위로 한 것이다. (O | X)

09 옥상 고가수조방식은 수조를 정밀하게 만들 필요가 없으며, 수조를 정밀하게 제작하여야 하는 방식은 압력탱크방식이다. (O | X)

10 고가탱크의 설치높이는 최상층 사용기구의 최소 필요압력과 배관 마찰손실 등을 고려하여 결정한다. (O | X)

11 압력탱크방식의 급수방법 시 가능한 한 건축물의 최상단에 압력탱크를 시설하여 하향식으로 급수해야 한다. (O | X)

정답

01 O 02 ×(pH 2.5 이상 pH 5.7 이하 ⇨ pH 5.8 이상 pH 8.5 이하) 03 O 04 O 05 ×(연수 ↔ 경수)
06 O 07 O 08 ×(소변기 ⇨ 세면기) 09 O 10 O 11 ×(최상단 ⇨ 최하단, 하향식 ⇨ 상향식)

12 급수설비 중 펌프직송방식은 급수관 내의 압력 또는 유량을 탐지하여 펌프의 대수를 제어하는 정속방식과 회전수를 제어하는 변속방식이 있으며, 이를 병용하기도 한다. (O | X)

13 고가수조방식은 타 방식에 비해 상대적으로 수질오염의 가능성이 낮고, 급수압력의 변동이 작다. (O | X)

14 고가수조방식에서는 고층부 수전과 저층부 수전의 토출압력이 동일하다. (O | X)

15 고층건물에서 급수설비를 조닝하는 이유는 급수압력을 균등하게 하기 위해서이다. (O | X)

16 급수관 지름을 좁게 하여 수압을 증가시키면 수격작용이 감소한다. (O | X)

정답

12 O 13 ×(낮고 ⇨ 높고) 14 ×(동일하다 ⇨ 다르다) 15 O 16 ×(감소한다 ⇨ 증가한다)

CHAPTER 03 급탕설비

회독체크 [1] [2] [3]

CHAPTER 미리보기

학습전략

평균 2문제 정도(4.5%)이나 매년 출제되고 있기 때문에 관심을 가지고 학습해야 합니다. 이 CHAPTER에서는 주로 급탕 부하 산정 방법 이해, 보일러 종류별 특징 파악, 급탕방식 및 배관법 암기 위주로 학습할 필요가 있습니다.

학습키워드

- 급탕부하산정 계산문제
- 1보일러 마력
- 노통연관 보일러
- 수관 보일러
- 관류식 보일러
- 팽창관과 팽창탱크
- 헤더공법
- 개별식 급탕방식의 종류별 특징
- 간접가열식과 직접가열식의 비교
- 단관식
- 역환수방식
- 급탕배관의 구배
- 신축이음의 종류
- 급탕배관의 수압시험

급탕설계

1. 일반사항
2. 급탕량 산정

제1절 급탕설계

1. 일반사항

(1) 급탕(給湯)설비의 정의

① 경유나 가스, 전기 등을 열원으로 하는 가열장치를 설비하고, 물을 가열하여 필요한 장소에 온수를 공급하는 설비를 급탕설비라 한다.

② 온수 온도는 일반적으로 40~50℃이나, 급탕설비의 경우에는 온도가 너무 높으면 화상의 위험이 있고 사용온도에 너무 가깝게 하면 열효율이 낮아지므로, 온수의 공급온도는 60℃ 정도가 적당하다.

(2) 급탕온도

① 급탕사용 개소
  ㉠ 음료용
  ㉡ 목욕용(세면기, 욕조, 샤워, 비데 등)
  ㉢ 세정용(주방싱크, 보온, 식품세정, 소독, 청소용 등)

② 용도별 사용온도

용도		사용온도(℃)	용도		사용온도(℃)
음료용		50~55	세차용		24~30
세면, 수세용		40~42	샤워		43
의료 수세용		43	목욕용	성인	42~45
수영장용		21~27		소아	40~42
세탁용	일반	60	주방용	일반용	45
	모직용	33~37		접시세정용	45
	견직물	49~52		접시세정 (헹굼용)	70~80

> **참고** 온수와 물을 혼합했을 경우의 온도(t_m)
>
> $$t_m = \frac{(Q \times t_c) + (q \times t_h)}{Q + q}$$
>
> 여기서, Q: 급수량(L)
> q: 급탕량(L)
> t_c: 급수온도(℃)
> t_h: 급탕온도(℃)

바로확인문제

온수의 공급온도는 (　　)℃ 정도가 적당하다.

(3) 급탕부하

① 일반적으로 급탕온도는 60℃를 기준으로 하여 급탕부하 산정 시 250 kJ/kg(= 60kcal/L)으로 보는 것이 표준이다.
② 급탕부하란 초(s)당 필요한 온수를 얻는 데 필요한 열량을 말한다.

> 급탕부하(kW) = 급탕량(kg/s) × 물의 비열(4.2kJ/kg·K) × 온도 차(K)

개념적용 문제

한 시간당 1,000kg의 온수를 65℃로 유지하여 공급하고자 할 때 필요한 가열기 최소 용량(kW)은? (단, 물의 비열은 4.2kJ/kg·K, 급수온도는 5℃, 가열기 효율은 100%로 한다) 제19회 기출

① 40   ② 50   ③ 60
④ 70   ⑤ 80

해설 가열기 용량(kW) = 급탕량 × 물의 비열 × 온도 차

$$= \frac{1{,}000\text{kg/s} \times 4.2\text{kJ/kg·K} \times (65 - 5)℃}{3{,}600\text{s}} = 70(\text{kW})$$

정답 ④

참고 | 보일러의 급탕부하(열량)

1. 보일러의 급탕부하 = 가스소비량 × 가스의 발열량
2. 가스소비량 = $\dfrac{\text{급탕량} \times \text{온도 차} \times \text{물의 비열}}{\text{보일러 효율} \times \text{가스의 발열량}}$

개념적용 문제

가스보일러로 20℃의 물 3,000kg을 90℃로 올리기 위해 필요한 최소 가스량(m³)은? (단, 가스발열량은 40,000kJ/m³, 보일러 효율은 90%로 가정하고, 물의 비열은 4.2kJ/kg·K로 한다) 제24회 기출

① 19.60   ② 22.05   ③ 24.50
④ 25.25   ⑤ 26.70

해설 가스용량(m³) = $\dfrac{\text{급탕량} \times \text{물의 비열} \times (\text{급탕온도} - \text{급수온도})}{\text{보일러 효율} \times \text{가스의 발열량}}$

$$= \frac{3{,}000\text{kg/s} \times 4.2\text{kJ/kg·K} \times (90 - 20)℃}{0.9 \times 40{,}000\text{kJ/m}^3} = 24.5\text{m}^3$$

정답 ③

▶ 24·23·20·19회

바로확인문제

(　　)란 초(s)당 필요한 온수를 얻는 데 필요한 열량을 말한다.

2. 급탕량 산정

(1) 인원 수에 의한 방법

① 건물 사용인원을 기준으로 급탕량을 산정한다.

② 주택과 아파트에서 공급온도를 60℃로 할 경우, 1일 1인당 급탕량은 75~150L를 기준으로 한다.

$$Q_d(\text{L/d}) = N \times q_d$$

여기서, Q_d: 1일 급탕량 N: 사용인원
q_d: 1일 1인 급탕량

(2) 급탕 기구 수에 의한 방법

① 기구별 급탕량에 동시사용률을 곱하여 정한다.

② 사용횟수를 추정할 수 있을 때 급탕량(Q_h)의 산정방법

$$Q_h = F \times P \times a$$

여기서, F: 기구 1개 1회당 급탕량(L) P: 기구의 사용횟수(회/h)
a: 동시사용률(%)

③ 사용횟수를 추정할 수 없을 때 급탕량(Q_h)의 산정방법

$$Q_h = F_h \times O \times a$$

여기서, F_h: 기구의 급탕량(L/h) O: 기구 수(개)
a: 동시사용률(%)

제2절 급탕설비용 기기 ★

1. 보일러(Boiler)

(1) 일반사항

① 보일러실의 구조 및 위치

㉠ 보일러는 거실 외의 곳에 설치하되, 보일러를 설치하는 곳과 거실 사이의 경계벽은 출입구를 제외하고는 내화구조의 벽으로 구획한다.

㉡ 2개 이상의 출입문이 있어야 하며, 그중 하나는 보일러의 반출입이 용이해야 한다.

ⓒ 천장 높이는 보일러의 최상부에서 1.2m 이상으로 한다.
ⓔ 보일러실과 거실 사이의 출입구는 그 출입구가 닫힌 경우에는 보일러가스가 거실에 들어갈 수 없는 구조로 하여야 한다.
ⓜ 기름보일러를 설치하는 경우에는 기름저장소를 보일러실 외의 다른 곳에 설치한다.
ⓗ 열손실을 막기 위해 건물의 중앙부(난방부하 중심)에 설치한다.
ⓢ 채광, 통풍이 용이하고, 제1종 환기시설과 정온식 감지기시설을 설치한다.
ⓞ 오피스텔의 경우에는 난방구획을 방화구획으로 구획한다.
ⓩ 보일러실의 윗부분에는 그 면적이 $0.5m^2$ 이상인 환기창을 설치하고, 보일러실의 윗부분과 아랫부분에는 각각 지름 10cm 이상 공기흡입구 및 배기구를 항상 열려 있는 상태로 바깥공기에 접하도록 설치한다(단, 전기보일러의 경우에는 그러하지 아니하다).
ⓒ 보일러 에너지 절감장치 중 하나인 이코노마이저(economizer)는 보일러 배기가스에서 회수한 열(폐열)로 보일러에 투입되는 물의 온도를 높이는 장치이다.

② **보일러의 성능**
   ㉠ 보일러의 마력(Boiler Horse Power)
      ⓐ 1시간에 100℃의 물 15.65kg을 전부 증기로 발생시킬 수 있는 증발능력이다.
      ⓑ 100℃에 있어서의 증발잠열량이다.

   > 1보일러마력(BHP) = 1마력의 상당증발량 × 증발잠열
   > = 15.65(kg) × 2,258(kJ/kg)
   > ≒ 35,338(kJ/h) ÷ 3,600초
   > = 9.8kW

   ㉡ 보일러톤(Boiler Ton): 1시간에 100℃의 물 $1m^3$(1,000L)를 증발시킬 수 있는 능력이다.

   > 1보일러톤 = 1,000kg × 2,258kJ/kg
   > = 2,258,000kJ/h
   > = 64BHP

• **공기예열기**
이코노마이저와 동일하게 배기가스를 활용하는 에너지 절감 장치로 보일러 배기가스에서 회수한 열로 연소용 공기를 예열하는 장치이다.

▶ 26·9·6회

ⓒ **환산증발량**(equivalent evaporation)
  ⓐ 환산증발량은 100℃의 물을 102℃의 증기로 증발시키는 것을 기준증발로 하여, 보일러의 실제증발량을 기준상태의 증발량으로 환산한 것을 말한다.
  ⓑ 환산증발량은 기준증발량, 상당증발량이라고도 한다.
ⓔ **상당방열면적**(Equival Direct Radiation)
  ⓐ 보일러의 출력을 방열기의 표준방열량으로 나누어 방열면적으로 환산한 값이다.
  ⓑ 표준방열량은 온수의 경우 $0.523kW/m^2$이고, 증기의 경우는 $0.756kW/m^2$이다.
  ⓒ 난방부하는 해당 실의 상당방열면적으로 계산하여도 무방하다.
ⓜ **보일러의 효율**
  ⓐ 연소실에 공급된 연료가 얼마나 유효하게 사용되는가를 나타낸다.
  ⓑ 증기에 흡수된 열량과 연료의 저위 증발량과의 비율이다.
  ⓒ 보일러의 효율은 정격출력을 연료의 소비량, 발열량 및 비중으로 나눈 값으로 구한다.

③ **보일러의 용량**(출력): 정격출력(定格出力)은 지정된 조건하에서 보일러가 연속 운전으로 낼 수 있는 최대출력을 말한다.

- 정격출력 = 난방부하 + 급탕부하 + 배관손실부하 + 예열부하
- 상용(常用)출력 = 난방부하 + 급탕부하 + 배관손실부하
- 방열기 용량 = 난방부하 + 배관손실부하

개념적용 문제

보일러의 용량을 결정하는 출력에 관한 설명으로 옳은 것은? 제21회 기출

① 상용출력 = 난방출력 + 급탕부하 + 축열부하
② 상용출력 = 난방부하 + 급탕부하 + 배관(손실)부하
③ 정격출력 = 상용출력 + 축열부하
④ 정격출력 = 상용출력 + 장치부하
⑤ 정격출력 = 난방부하 + 급탕부하 + 예열부하

해설 보일러의 용량은 건물의 난방부하 이외에도 급탕부하, 배관손실부하, 예열부하를 고려하여 결정해야 한다. 일반적으로 4가지 요소를 모두 고려한 것을 정격출력이라 하고, 상용출력은 예열부하를 뺀 나머지 부하의 합이다.

정답 ②

27·26·22·21·16·14·6회

• 상용(常用)
  일상적으로 늘 사용하는 것

바로확인문제

정격출력 = (　)부하 + (　)부하 + (　)부하 + (　)부하

(2) 보일러의 종류

① 주철제 보일러(Section Boiler)

구분	내용
정의	주철제의 부재를 조합하여 관체를 구성한 조합(Section) 보일러이다.
특징	⊙ 내식성이 우수하고 수명이 길다. ⓒ 가격이 저렴하다. ⓒ 각 절의 분할이 가능하여 반출·반입이 용이하다. ② 조립식으로 용량의 증감이 용이하고, 취급이 간편하다. ◎ 대용량, 고압에 부적당하다.
용도	저압증기용, 소규모 건축물
사용압력	증기용은 0.1MPa 이하, 온수용은 0.3MPa 이하

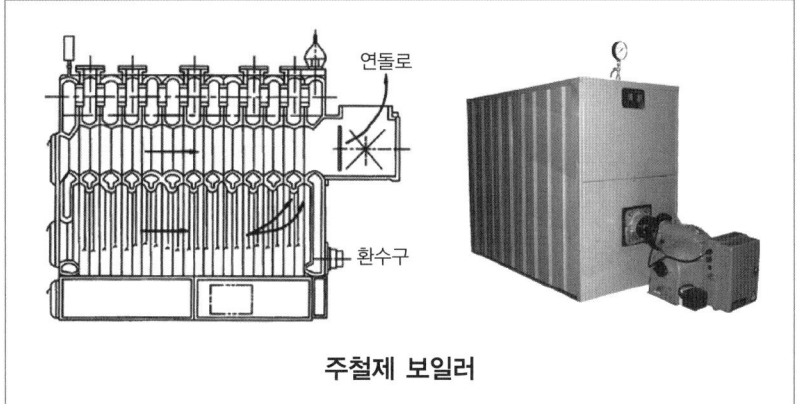

주철제 보일러

② 노통연관(爐筒煙管) 보일러

구분	내용
정의	횡형의 원통 내부에 파형 노통의 연소실과 다수의 연관을 연결한 보일러이다.
특징	⊙ 보유수량이 많아 부하변동에 안전하다. ⓒ 수면이 넓어 급수조절이 용이하다. ⓒ 수(水)처리가 비교적 간단하고, 설치가 간단하다. ② 열손실이 적고 설치면적이 크다. ◎ 스케일 생성이 빠르고, 수명이 짧고 가격이 비싸다. ⓑ 증기나 고온수 공급이 가능하다.
용도	학교, 사무소, 아파트 등
사용압력	0.4~1.0MPa까지

• 수처리(水處理)
물을 원하는 이용 목적대로 사용할 수 있게 만드는 과정

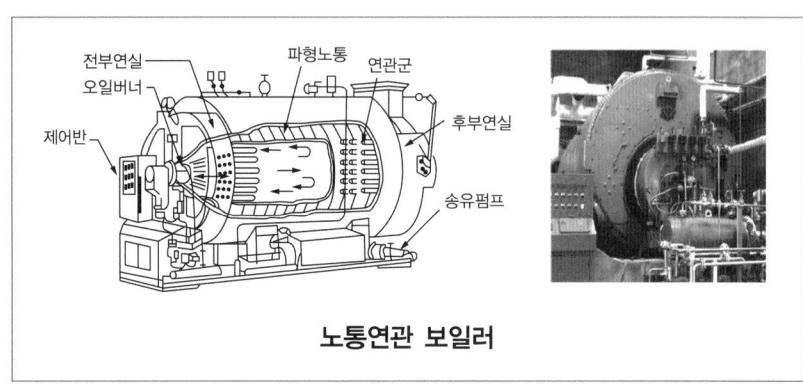

노통연관 보일러

③ 수관(水管) 보일러

구분	내용
정의	상부의 증기드럼, 하부의 물드럼과 여러 개의 수관으로 복사열이 크게 전달되도록 구성된 보일러이다.
특징	㉠ 전열면적이 크고 효율이 높다. ㉡ 보유수량이 적어 증기발생이 빠르다. ㉢ 가동시간이 짧지만, 가격이 비싸다. ㉣ 고압, 대용량에 적합하다. ㉤ 부하변동에 따른 압력변화가 심하다. ㉥ 수(水)처리가 복잡하다.
용도	다량의 고압증기를 필요로 하는 대규모건물, 지역난방, 병원, 호텔 등
사용압력	1MPa 이상

• 수관 보일러

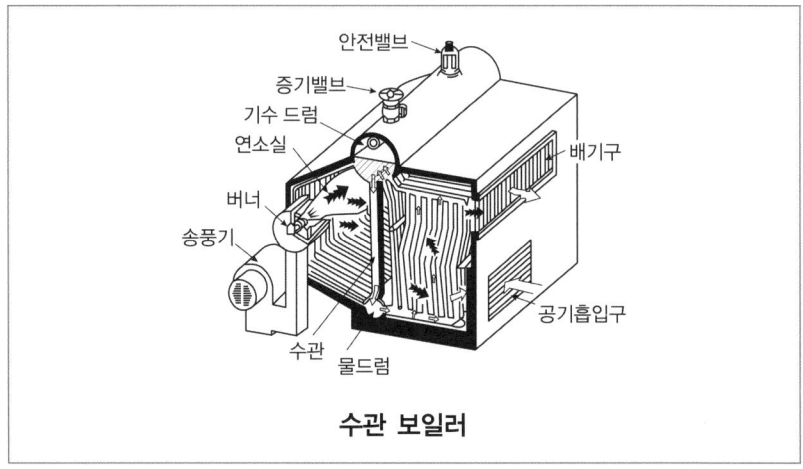

수관 보일러

바로확인문제

수관(水管) 보일러는 보유수량이 (　) 증기발생이 (　).

④ 관류식 보일러

구분	내용
정의	하나의 관에서 예열, 가열, 증발의 순서로 관류하면서 소요의 증기를 발생시키는 소형보일러이다.
특징	㉠ 가동시간이 짧고 증기발생속도가 빠르다. ㉡ 수처리가 복잡하고 소음이 크다. ㉢ 스케일 처리에 유의해야 한다. ㉣ 대용량에 부적합하다. ㉤ 드럼이 설치되어 있지 않으며, 부하변동에 대한 응답이 빠르다.
용도	중·소규모 건물

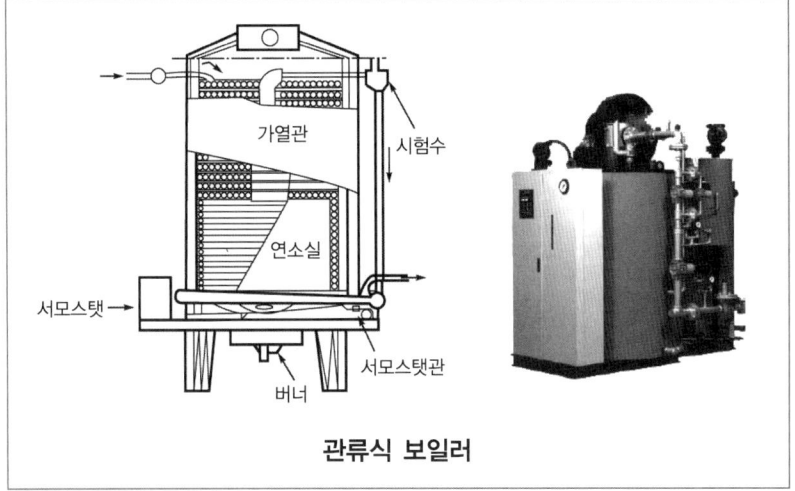

관류식 보일러

⑤ 입형 보일러

구분	내용
정의	보일러 동체에 감겨진 코일을 가열하여 온수를 얻는 보일러이다.
특징	㉠ 설치면적이 좁고, 취급이 간단하다. ㉡ 구조가 간단하고, 가격이 저렴하다. ㉢ 소용량으로 효율이 나쁘다.
용도	주택, 점포, 소규모 건물

입형 보일러

바로확인문제

관류식 보일러는 드럼이 설치되어 있지 (   ), 부하변동에 대한 응답이 (   ).

> **개념적용 문제**
>
> 보일러에 관한 설명으로 옳지 않은 것은?   제16회 기출
>
> ① 증기 보일러의 용량은 단위시간당 증발량으로 나타낸다.
> ② 관류 보일러는 드럼이 설치되어 있어 부하변동에 대한 응답이 느리다.
> ③ 노통연관 보일러는 부하변동에 대해 안정성이 있고, 수면이 넓어 급수 조절이 용이하다.
> ④ 난방·급탕 겸용 보일러의 정격출력은 급탕부하, 난방부하, 배관부하, 예열부하의 합으로 표시된다.
> ⑤ 수관 보일러는 고압 및 대용량에 적합하여 지역난방과 같은 대규모 설비나 대규모 공장 등에서 사용된다.
>
> **해설** 관류 보일러는 드럼이 설치되어 있지 않으며, 부하변동에 대한 응답이 빠르다.
>
> **정답** ②

(3) 보일러 가동 시 고려사항

① **스케일**(물때, Scale) **발생에 따른 영향**

  ㉠ 전(全)열량이 감소되며 보일러 효율을 저하시킨다.
  ㉡ 연료소비량이 증가한다.
  ㉢ 열전도의 방해로 인해 전열면이 과열되어 배기가스 온도가 높아진다.
  ㉣ 과열로 인한 파열사고를 유발한다.
  ㉤ 보일러수의 순환을 어렵게 하며, 통수공(通水孔)을 차단한다.

② **보일러 가동 시 이상**(異常)**현상**

종류	내용
가마울림	보일러 연소 중에 연소실이나 연도 내에 지속적인 울림현상이 일어나는 것
포밍(Foaming)*	보일러의 물이 끓는 경우 그 물에 함유된 유지분이나 부유물에 의해 거품이 생기는 현상
프라이밍(Priming)*	비수(沸水), 관수(官水)가 갑자기 끓을 때 물거품이 수면을 벗어나서 증기 속으로 비상하는 현상
역화(Back Fire)	연소 시 화염방향이 비정상적인 현상
캐리오버(Carry-over) 현상	증기관으로 보내지는 증기에 비수 등 수분이 과다 함유되어 배관 내부에 응결수나 물이 고여서 수격작용의 원인이 되는 현상
압궤(壓潰)	전열면이 과열에 의해 외압을 견디지 못하여 안쪽으로 오목하게 찌그러지는 현상
팽출(膨出)	전열면이 과열에 의해 내압을 견디지 못하여 밖으로 부풀어 오르는 현상
균열(Crack)	반복적인 가동으로 보일러 내의 재료가 미세하게 금이 가는 현상

• **폼**(Foam)
  거품

• **프라이밍**(Priming)
  기폭제

③ 보일러를 장시간 가동하지 않을 때
  ㉠ 온수 보일러: 물을 채워 부식을 방지한다.
  ㉡ 증기 보일러: 물을 빼고 건조시켜 부식을 방지한다.

2. 저탕탱크(저탕조)

(1) 정의

① 저탕탱크는 자동온도조절밸브를 설치하면 탕의 최대사용량 이외에 필요 이상으로 가열함으로써 연료를 낭비하지 않고 위험을 방지한다.
② 저탕탱크는 일반적으로 연강판, 스테인리스 강판으로 만들어진다.
③ 안전밸브는 저탕조 등의 내부압력이 증가하면 온수를 배출하여 압력을 낮추는 장치이다.

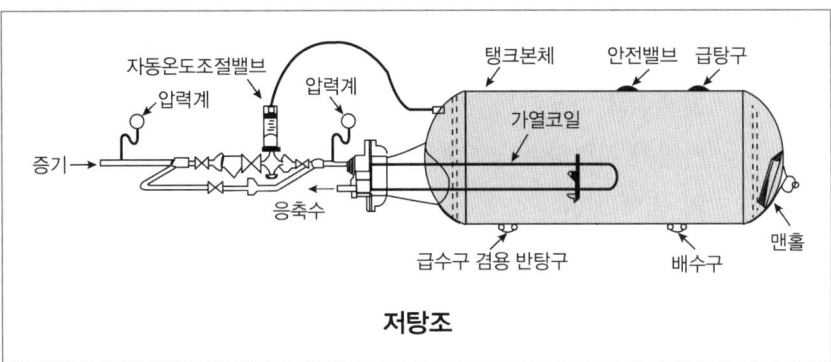

저탕조

(2) 특징

① 온도조절밸브란 온도의 증감에 따라 유량을 바꾸어 적당한 온도를 유지하기 위한 밸브로, 요구온도의 범위 내에서 온도조절이 가능하고 기능이 확실한 것으로 한다.
② 자동온도조절밸브에는 바이패스(주관로의 측관)를 설치하고 보수, 점검 및 취급이 용이한 장소에 견고하게 부착한다.
③ 보일러 및 온수저장탱크의 배수는 간접배수로 한다.

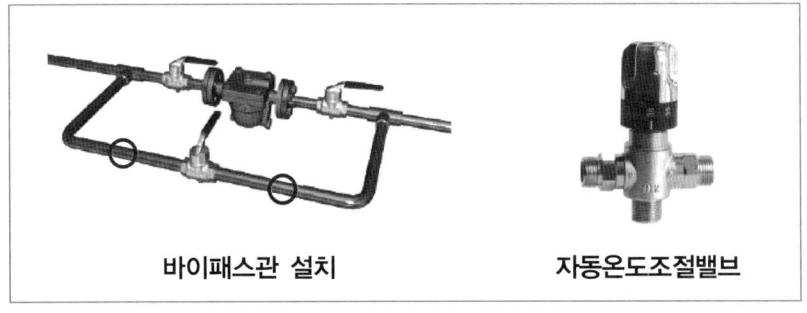

바이패스관 설치   자동온도조절밸브

(3) 저탕조 용량 계산

- 직접가열식: V = (1시간 최대급탕량 – 온수보일러 탕량) × 1.25
- 간접가열식: V = 1시간 최대급탕량 × (0.6~0.9)

3. 팽창관과 팽창탱크

(1) 설치목적
① 온수순환배관 도중에 온수팽창 및 이상 압력이 생겼을 경우 그 압력을 흡수하는 도피구로, 일종의 안전장치이다.
② 안전밸브 역할을 하며, 보일러 내의 공기나 증기를 배출한다.

(2) 종류
① **개방식 팽창탱크**(Open Expansion Tank)
  ㉠ 중력탱크라고도 하며, 대기에 개방된 팽창탱크로서 100℃ 이하의 저온수를 사용하는 곳에 적합하다.
  ㉡ 가격이 저렴하나 공기혼입으로 인한 배관부식 등 여러 가지 문제점이 발생한다.
  ㉢ 개방식 팽창탱크는 순환펌프의 흡입 측에 팽창관을 접속시키며, 그 설치높이는 배관계의 가장 높은 곳보다 1.2m 이상으로 한다.
    ● 난방설비에서는 최상층 방열기보다 1m 이상 높은 위치에 설치한다.
② **밀폐식 팽창탱크**(Closed Expansion Tank)
  ㉠ 완전히 밀폐된 팽창탱크를 말하며, 탱크 상부에 공기층을 만들고 그 탄력성에 의해 압력의 변동을 흡수하는 것이다.
  ㉡ 개방형 팽창탱크에 비해 크기가 작으며, 설치위치에 제한을 받지 않는 기계실 등의 낮은 장소에 설치할 수 있다.
  ㉢ 100℃ 이상의 고온수를 사용하는 곳에 적합하다.
  ㉣ 배관을 완전히 밀폐함으로써 공기혼입으로 인한 배관부식을 방지하고, 공기로 인한 순환장애 현상과 이로 인한 불균형을 해소할 수 있다.

관련기준
건축설비설계기준코드(KDS)
2025 〈KDS 31 25 25 : 2021〉

• 개방형 구조도

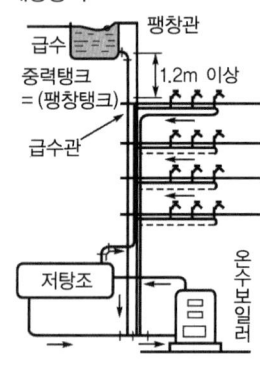

개방형 팽창탱크

밀폐형 팽창탱크

(3) 설치위치 및 방법

① 급탕 수직관 끝을 연결한 팽창관을 팽창탱크에 자유 개방한다.
② 급탕배관과 팽창탱크 사이의 팽창관 도중에는 절대로 밸브를 설치하여서는 안 된다.
③ 팽창관의 관경은 보일러의 전열면적에 따라 결정되고, 동결을 고려하여 보통 25mm 이상으로 하는 것이 바람직하다.
④ 팽창탱크의 급수는 볼탭에 의해 자동 급수하고, 팽창탱크의 배수는 간접배수로 한다.
⑤ 팽창탱크의 용량은 급탕 계통 내 전체 수량에 대한 팽창량을 기준으로 산정한다.

▶ 27·23·20·15·12회

4. 급탕순환펌프 및 헤더공법

(1) 급탕순환펌프

① 급탕순환펌프는 복관식에서 강제적으로 순환시킬 때 사용하는 펌프이다.
② 볼류트 펌프는 대용량으로 사용한다.
③ 라인 펌프는 소용량 순환펌프로 사용된다.

▶ 15회

(2) 헤더공법*

① 물이나 증기 등과 같은 유체를 등압*을 유지하면서 많은 계통으로 보내기 위해 또는 합류시키기 위해 잇는 관의 모음부분을 말한다.
② 분배용 헤더는 각 계통으로 가는 분기관이 나와 있으며, 그 각각에 밸브가 부착되어 있어 유량을 조절할 수가 있다.
③ 헤더공법을 적용할 경우 세대 내에서 사용 중인 급탕기구의 토출압력은 다른 기구의 사용에 따른 영향을 적게 받는다.

• 헤더공법

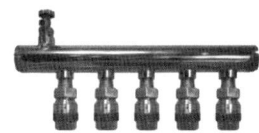

• 등압(等壓)
압력이 같은 것 또는 같은 압력

바로확인문제

(　　)공법을 적용할 경우 세대 내에서 사용 중인 급탕기구의 토출압력은 다른 기구의 사용에 따른 영향을 적게 받는다.

> **개념적용 문제**
>
> **급탕설비에 관한 설명으로 옳은 것은?** 제15회 기출
>
> ① 급탕순환펌프는 급탕사용기구에 필요한 토출압력의 공급을 주목적으로 한다.
> ② 급탕배관과 팽창탱크 사이의 팽창관에는 차단밸브와 체크밸브를 설치하여야 한다.
> ③ 직접가열방식은 증기 또는 온수를 열원으로 하여 열교환기를 통해 물을 가열하는 방식이다.
> ④ 역환수배관 방식으로 배관을 구성할 경우 유량이 균등하게 분배되지 않으므로 각 계통마다 차압밸브를 설치한다.
> ⑤ 헤더공법을 적용할 경우 세대 내에서 사용 중인 급탕기구의 토출압력은 다른 기구의 사용에 따른 영향을 적게 받는다.
>
> **해설** ① 급탕순환펌프는 복관식에서 강제적으로 순환시킬 때 사용하는 펌프이다.
> ② 급탕배관과 팽창탱크 사이의 팽창관에는 절대로 밸브를 설치하여서는 안 된다.
> ③ 간접가열방식은 증기 또는 온수를 열원으로 하여 열교환기를 통해 물을 가열하는 방식이다.
> ④ 역환수배관 방식으로 배관을 구성할 경우 유량이 균등하게 분배된다.
>
> **정답** ⑤

제3절 급탕방식

급탕방식
1. 개요
2. 개별식 급탕방식
3. 중앙식 급탕방식

1. 개요

(1) 일반사항

① 급탕방식은 건물의 규모, 종류, 급탕량 등에 의하여 산정된다.
② 일반적으로 중앙식은 대규모 건물, 호텔, 병원, 사무소 등의 건물에 이용되고, 개별식은 소주택, 소규모 사무소 등에 이용된다.

(2) 종류

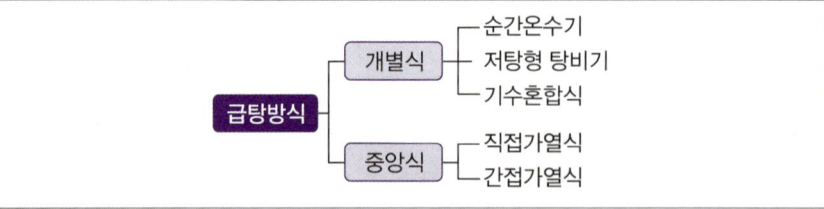

2. 개별식(국소식) 급탕방식

(1) 일반적 특징

장점	① 배관길이가 짧아 배관 중의 열손실이 적게 일어난다. ② 수시로 급탕하여 사용할 수 있고, 비교적 급탕개소의 증설이 용이하다. ③ 높은 온도의 온수가 필요할 때 쉽게 얻을 수 있다. ④ 급탕개소가 적을 경우 시설비가 적게 든다.
단점	① 급탕 규모가 커지면 가열기가 필요하므로 유지관리가 어렵다. ② 급탕개소마다 가열기의 설치공간이 필요하다.

(2) 종류

종류	특징
순간온수기 (즉시탕비기)	① 급탕관의 일부를 가스나 전기로 가열하여 직접 온수를 얻는 방법이다. ② 순간온수기는 벤튜리(Venturi)의 압력차에 의한 다이어프램의 구동으로 작동된다. ③ 급탕개소마다 가열기 공간이 필요하고, 급탕개소가 적을 경우 시설비가 싸다. ④ 높은 온도의 온수를 얻기가 용이하고 수시 급탕이 가능하다. ⑤ 가열온도는 60~70℃ 정도이다. ⑥ 주택의 욕실, 부엌의 싱크, 미장원, 이발소 등에 적합한 방식이다.
저탕형 탕비기	① 가열된 온수를 저탕조 내에 저장한다. ② 비등점에 가까운 온수를 얻을 수 있고, 비교적 열손실이 많다. ③ 일시적으로 많은 온수를 필요로 하는 곳에 적합하다. ④ 일반용과 음료용이 있으며, 열원으로는 가스, 유류, 전기 등을 사용한다. ⑤ 저탕온도를 일정하게 유지하기 위하여 자동온도조절장치인 서모스탯(Thermostat)을 사용한다. ⑥ 여관, 학교, 기숙사 등에 적합한 방식이다.
기수혼합식 탕비기	① 보일러에서 생긴 증기를 급탕용의 물속에 직접 불어 넣어서 온수를 얻는 방법이다. ② 증기를 열원으로 하는 급탕방식으로 열효율이 100%로 높다. ③ 고압의 증기(0.1~0.4MPa)를 사용한다. ④ 소음을 줄이기 위해 스팀사일런서(Steam Silencer)를 설치한다. ⑤ 보일러에 항상 새로운 물을 보급해야 한다. ⑥ 사용장소에 제약을 받는다. ⑦ 공장, 병원 등 큰 욕조의 특수장소에 사용한다.

▶ 28·27·25·23·22·19·17·12·9·8회

• 순간온수기의 원리

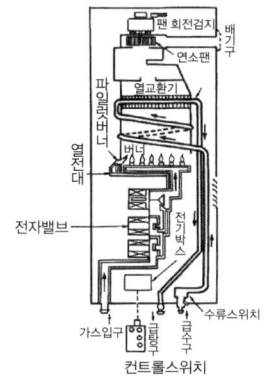

• 저탕형 탕비기

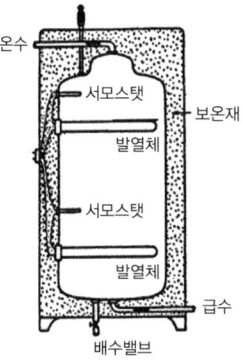

• 서모스탯(Thermostat)
어떤 곳의 온도를 일정하게 유지시키는 자동 온도 조절 장치

• 기수혼합식 탕비기

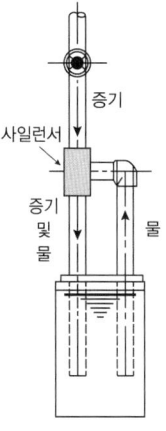

> **개념적용 문제**
>
> 급탕설비를 설명한 다음 내용 중 가장 불합리한 것은? 제8회 기출
>
> ① 개별식 급탕법은 급탕규모가 커지면 유지관리가 불편하다.
> ② 즉시탕비기의 열원으로는 일반적으로 가스나 전기가 사용된다.
> ③ 즉시탕비기는 비등점에 가까운 열탕을 얻을 수 있다.
> ④ 저탕형 탕비기에는 온도를 일정하게 유지하기 위하여 서모스탯을 사용한다.
> ⑤ 단관식 급탕배관에 비하여 순환식 급탕배관의 설비비가 비싸다.
>
> **해설** 즉시탕비기(순간온수기)의 가열온도는 60~70℃ 정도이다.
>
> **정답** ③

28·27·25·24·23·22·17·15회

3. 중앙식 급탕방식

(1) 장단점

장점	① 연료비가 적게 들고, 열효율이 좋고, 관리상 유리하다. ② 기구의 동시이용률을 고려하여 가열장치의 총열량을 적게 할 수 있다. ③ 대규모 급탕에 적합하다.
단점	① 초기 투자비용, 즉 설비비가 많이 들고, 전문기술자가 필요하다. ② 배관 도중 열손실이 크고, 시공 후 증설에 따른 배관 변경이 어렵다.

(2) 종류

종류	특징
직접가열식	① 온수보일러로 가열한 온수를 저탕조에 저장하여 공급하는 방식이다. ② 열효율면에서 좋지만, 보일러에 공급되는 냉수로 인해 보일러 본체에 불균등한 신축이 생길 수 있다. ③ 건물 높이에 따라 고압의 보일러가 필요하다. ④ 스케일이 생겨 열효율이 저하되고 보일러의 수명이 단축되며, 간접가열식보다 수처리를 더 자주 해야 된다. ⑤ 급탕전용 보일러를 필요로 하고, 주택 또는 소규모 건물에 적합하다.
간접가열식	① 저탕조(열교환기) 내에 안전밸브와 가열코일을 설치하고 증기 또는 고온수를 통과시켜 저탕조 내의 물을 간접적으로 가열하는 방식이다. ② 난방용 보일러에 증기를 사용할 경우 별도의 급탕용 보일러가 필요없다. ③ 열효율이 직접가열식에 비해 나쁘다. ④ 보일러 내면에 스케일이 거의 생기지 않는다. ⑤ 고압용 보일러가 불필요하고, 대규모 급탕설비에 적합하다.

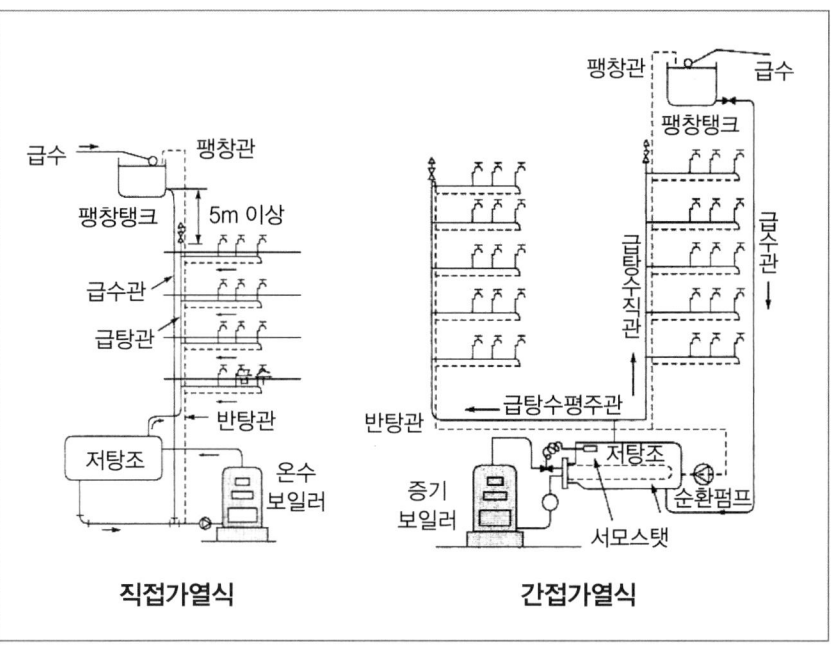

직접가열식 / **간접가열식**

개념적용 문제

중앙식 급탕설비에 관한 내용으로 옳은 것만 모두 고른 것은? 제24회 기출

> ㉠ 직접가열식은 간접가열식에 비해 고층건물에서는 고압에 견디는 보일러가 필요하다.
> ㉡ 직접가열식은 간접가열식보다 일반적으로 열효율이 높다.
> ㉢ 직접가열식은 간접가열식보다 대규모 설비에 적합하다.
> ㉣ 직접가열식은 간접가열식보다 수처리를 적게 한다.

① ㉠, ㉡ 　　② ㉡, ㉣　　③ ㉢, ㉣
④ ㉠, ㉡, ㉢　　⑤ ㉠, ㉢, ㉣

해설　㉢ 간접가열식은 직접가열식보다 대규모 설비에 적합하다.
　　　　㉣ 간접가열식은 직접가열식보다 수처리를 적게 한다.

정답 ①

급탕배관설계

1. 급탕배관법
2. 급탕배관 시공

제4절 급탕배관설계 ★

1. 급탕배관법

(1) 배관방식에 따른 방법

27·23·22·21·17·11회

종류	특징
단관식 (One Pipe System: 1관식)	① 개별식에 주로 사용하며, 급탕관만 있고 복귀관(반탕관)은 없다. ② 처음에는 찬물이 나온다. ③ 급탕열원(보일러, 저탕조)에서 급탕위생기구까지의 배관길이는 15m 이하로 한다. ④ 시설비가 저렴하다. ⑤ 주택 등 소규모 급탕설비에 적합하다.
복관식 (Two Pipe System: 순환식, 2관식)	① 중앙식에 주로 사용하며, 온수공급관과 복귀관(반탕관)을 별도로 분리하여 배관하는 방식이다. ② 급탕관의 길이가 15m보다 길 때 관 내 온수의 냉각을 방지하기 위하여 저탕조를 중심으로 하여 회로배관을 형성하고 탕물은 항상 순환하고 있으므로 급탕전을 열면 즉시 온수를 사용할 수 있다. ③ 배관거리가 30m 이상인 중앙급탕방식에는 배관의 열손실을 보상하여 일정한 급탕온도를 유지할 수 있는 환탕배관과 급탕순환펌프를 설치한다. ④ 시설비가 단관식에 비해 비싸다. ⑤ 중앙공급식 아파트 등 대규모 급탕설비에 적합하다.

(2) 순환방식에 따른 방법

20·15회

종류	특징
중력식	① 급탕관과 복귀관에 흐르는 물의 온도 차에 의한 밀도 차를 이용해 대류작용을 일으켜 자연순환시키는 방식이다. ② 소규모 건물의 배관에 적합하다.
강제식	① 급탕 순환펌프를 설치하여 강제적으로 온수를 순환시키는 방식이다. ② 중규모 이상 건물의 중앙식 급탕배관에 적합하다.
역환수방식 (Reverse Return)	① 복귀관을 역회전시켜 층마다의 순환배관길이를 같게 하도록 한 배관방식이다. ② 각 층의 온수를 균등하게 분배하여 순환을 촉진하기 위한 목적으로 사용한다. ③ 배관길이가 길어져 시설비가 비싸지는 단점이 있다. ④ 대규모 설비에 적합한 방식이다.

바로확인문제

단관식은 급탕열원(보일러, 저탕조)에서 급탕위생기구까지의 배관길이를 (   )m 이하로 한다.

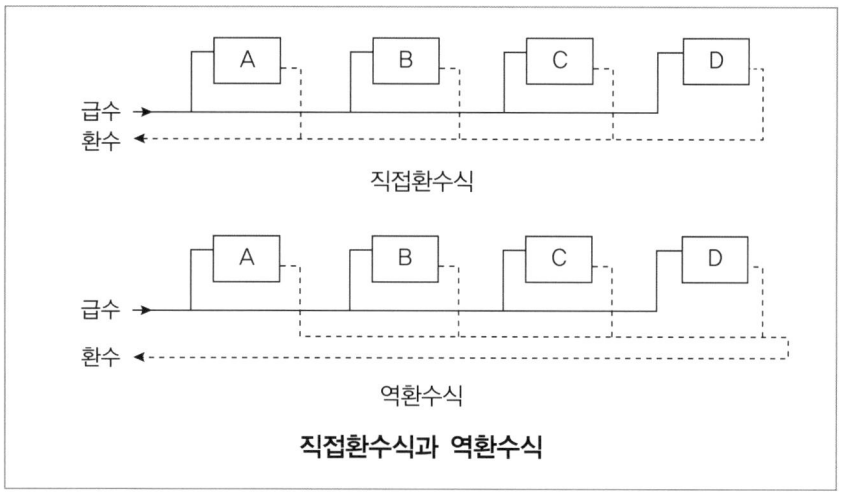

직접환수식과 역환수식

(3) 공급방식에 따른 방법

종류	특징
상향식	① 급탕수평주관을 설치하고 수직관을 세워 상향으로 공급하는 방식이다. ② 온수온도의 강하가 적어 널리 사용한다. ③ 급탕수평주관은 앞올림(선상향)구배, 복귀관은 앞내림(선하향)구배로 한다.
하향식	① 급탕주관을 건물 최고층까지 끌어 올린 후 수평주관을 설치하고 하향수직관을 설치하여 내려오면서 공급하는 방식이다. ② 각 층에 지관이 많은 경우 저층부에서 온수온도가 떨어지기 쉽다. ③ 급탕관 및 복귀관 모두 앞내림(선하향)구배로 한다.
상·하향 혼합식	① 건물의 저층부는 상향식, 3층 이상은 하향식으로 배관하는 방식이다. ② 고층건물에 사용하는 방식이다.

2. 급탕배관 시공

(1) 급탕관경

① 급탕관의 최소관경은 20mm 이상으로 한다.
② 급수관경보다 한 치수 크게 한다.
③ 최소 20mm 이상인 복귀관(환탕관)은 급탕관보다 작은 치수의 것을 사용하며, 일반적으로 급탕관의 2/3 정도로 한다.
④ 팽창관의 관경은 동결을 고려하여 25mm 이상으로 하는 것이 바람직하다.

(2) 배관의 구배

① 온수순환을 원활하게 하기 위해 가능하면 급구배로 하는 것이 좋다.
② 일반적으로 중력순환식의 경우 1/150 이상, 강제순환식의 경우 1/200 이상으로 한다.

(3) 공기빼기밸브(Air Vent Valve)

① 배관 내 공기가 머물 우려가 있는 곳, 굴곡이 있는 부분에 설치하여 공기를 제거해 온수의 흐름을 원활하게 한다.
② 배관 도중에 밸브를 설치하는 경우, 글로브밸브(Globe Valve)는 마찰저항이 크므로 슬루스밸브(Sluice Valve)를 사용하는 것이 좋다.

(4) 슬리브(Sleeve) 배관

• 슬리브(Sleeve)
  소매

① 벽을 관통하는 배관은 콘크리트를 타설할 때 미리 슬리브를 매설하고 슬리브 속에 관을 통과시켜 배관한다.
② 슬리브는 배관의 신축과 팽창을 흡수하고 배관의 교체를 쉽게 하기 위해 사용한다.

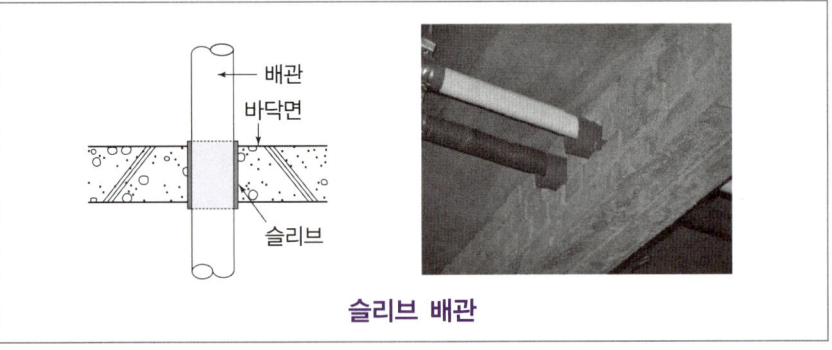

슬리브 배관

(5) 배관의 신축이음(Expansion Joint)

① 목적
  ㉠ 급탕배관은 온수의 온도 차에 의해 관의 신축이 심하여 누수의 원인이 된다.
  ㉡ 누수를 방지하고 밸브류 등의 파손을 방지하며 수온변화에 의한 배관의 신축을 흡수하기 위하여 신축이음을 설치한다.

바로확인문제

배관의 구배는 일반적으로 중력순환식의 경우 ( ) 이상, 강제순환식의 경우 ( ) 이상으로 한다.

② 신축이음의 종류 및 특징

종류	내용	그림
스위블 조인트 (Swivel Joint)	⊙ 2개 이상의 엘보를 이용하여 나사부의 회전으로 신축을 흡수한다. ⓒ 난방배관 주변에 설치하여 방열기의 이동을 방지한다. ⓒ 누수의 우려가 크다.	
신축곡관 (Expansion Loop, 루프관)	⊙ 파이프를 원형 또는 ㄷ자형으로 벤딩하여 신축을 흡수한다. ⓒ 고압배관의 옥외배관에 주로 사용한다. ⓒ 신축길이가 길며 다소 넓은 공간이 요구된다. ② 누수가 거의 없는 신축이음방식이다.	
슬리브형 (Sleeve Type)	⊙ 관의 신축을 슬리브에서 흡수하는 것이다. ⓒ 패킹의 파손 우려가 있어 누수되기 쉽다. ⓒ 보수가 용이한 곳에 설치한다. ② 벽, 바닥용의 관통배관에 사용한다.	
벨로스형 (Bellows Type)	⊙ 주름모양의 벨로스에서 신축을 흡수한다. ⓒ 고압에는 부적당하다.	
볼조인트 (Ball Joint)	⊙ 관 끝에 볼 부분을 만들고 이것을 케이싱으로 싸되 그 사이를 개스킷으로 밀봉한 것으로서, 볼 부분이 케이싱 내에서 360° 회전하면서 회전과 굽힘작용을 한다. ⓒ 이음을 2~3개 사용하면 관절작용을 하여 관의 신축을 흡수한다. ⓒ 고온이나 고압에 사용한다.	

• 스위블(Swivel)
  회전 이음쇠

• 스위블 조인트

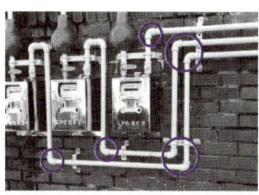

• 신축곡관

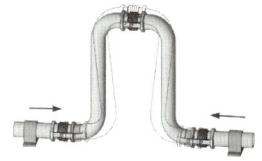

• 벨로스(Bellows)
  주름상자

③ 신축이음 간격

⊙ 강관: 30m마다 설치한다.
ⓒ 동관: 20m마다 설치한다.

(6) 급탕배관의 수압시험

① 배관시험은 배관공사를 완성한 후 보온피복을 하기 전에 실시한다.
② 수압시험은 최고사용압력의 1.5배 이상으로 60분 이상 실시한다.

▶ 10회

▶ 관련기준
건축표준시방서코드(KCS)
2025 〈KCS 31 20 15 : 2021〉

개념적용 문제

급탕배관에 관한 설명으로 옳지 않은 것은? 제21회 기출

① 2개 이상의 엘보를 사용하여 신축을 흡수하는 이음은 스위블 조인트이다.
② 배관의 신축을 고려하여 배관이 벽이나 바닥을 관통하는 경우 슬리브를 사용한다.
③ ㄷ자형의 배관 시에는 배관 도중에 공기의 정체를 방지하기 위하여 에어챔버를 설치한다.
④ 동일 재질의 관을 사용하였을 경우 급탕배관은 급수배관보다 관의 부식이 발생하기 쉽다.
⑤ 배관 방법에서 복관식은 단관식 배관법보다 뜨거운 물이 빨리 나온다.

해설 ㄷ자형의 배관 시에는 배관 도중에 공기의 정체를 방지하기 위하여 공기빼기밸브를 설치한다.

정답 ③

CHAPTER 03 OX문제로 완벽 복습

01 보일러실의 윗부분과 아랫부분에는 각각 지름 10cm 이상의 공기흡입구 및 배기구를 항상 열려 있는 상태로 바깥공기에 접하도록 설치한다. (O | X)

02 보일러 1마력은 1시간에 100℃의 물 15.65kg을 전부 증기로 만드는 능력이다. (O | X)

03 현열이란 온도는 변하지 않고 상태가 변하면서 출입하는 열로서 증기난방에 이용된다. (O | X)

04 보일러의 정격출력이란 상용출력에 예열부하를 합한 것이다. (O | X)

05 관류 보일러는 드럼이 설치되어 있어 부하변동에 대한 응답이 빠르다. (O | X)

06 진공방지기는 급탕설비시스템의 구성요소에 속한다. (O | X)

07 급탕배관과 팽창탱크 사이의 팽창관에는 차단밸브와 체크밸브를 설치해야 한다. (O | X)

08 즉시탕비기는 비등점에 가까운 열탕을 얻을 수 있다. (O | X)

09 간접가열식은 보일러 내면에 스케일이 많이 발생한다. (O | X)

정답

01 O   02 O   03 X(현열 ⇨ 잠열)   04 O   05 X(있어 ⇨ 있지 않으며)   06 X(속한다 ⇨ 속하지 않는다)
07 X(설치해야 한다 ⇨ 설치해서는 안 된다)   08 X(있다 ⇨ 없다)   09 X(간접가열식 ⇨ 직접가열식)

CHAPTER 04 배수·통기 및 위생기구설비

회독체크 1 2 3

CHAPTER 미리보기

학습전략

평균 2문제 정도(4.5%)이나 매년 출제되고 있기 때문에 관심을 가지고 학습해야 합니다. 이 CHAPTER에서는 주로 트랩에 관한 전반적인 내용 이해, 통기관의 종류별 특징 암기를 위주로 학습할 필요가 있습니다.

학습키워드

- 잡배수
- 특수배수
- 중력배수방식
- 트랩의 설치목적
- 봉수의 깊이
- 트랩의 구비조건
- 트랩설치 시 고려사항
- 트랩의 종류별 용도
- 트랩의 봉수 파괴원인과 대책
- 배수관의 구배
- 청소구 설치거리
- 배수 배관 시 주의사항
- 통기관의 설치목적
- 각개통기관
- 루프통기관
- 도피통기관
- 신정통기관
- 결합통기관
- 소벤트 방식
- 섹스티아 방식
- 위생도기의 장점
- 위생설비 유닛의 목적
- 대변기 세정방식에 의한 분류 및 특징
- 세정밸브식의 특징
- 역류방지기

제1절 배수설비 ★★

1 배수설비 개요

1. 일반사항

(1) 개념

① 건물 내에서 사용한 물을 배수시키는 배수계통 일체에 해당하는 트랩·통기관·배수관·배수펌프시설 등을 배수설비라 한다.

② 물의 용도는 음료용·세정용 및 청소용 등 인간의 일상생활뿐만 아니라 공업용수 등의 산업용으로도 쓰이게 되는데, 이와 같이 사용된 물은 배수관에 의해 공공하수도 또는 공공수역에 방류된다.

③ 고온의 배수는 45℃ 미만으로 냉각한 후 배수한다.

(2) 배수의 구분과 배수방식

① 오염에 따른 분류

종류	내용
오수(汚水)	⊙ 인간의 배설물을 포함한 배수로 반드시 정화하여 배수하여야 한다. ⓒ 대변기, 소변기, 비데 등에서의 배수이다.
잡배수(雜排水)	건물 내의 오수 이외의 세면기, 욕조, 싱크대 등에서 배출되는 일반 배수이다.
우수(雨水)	빗물을 배수하는 것으로 단독으로 배수하여야 한다.
특수배수	⊙ 공장, 실험실, 연구소 등과 같이 유해한 물질을 함유한 물이나 병원균, 방사성 물질을 포함한 물의 배수이다. ⓒ 직접 하수도로 방류할 수 없는 배수를 말한다.

② 배수처리 방법에 의한 분류

종류	내용
분류배수방식	⊙ 건물 내에서 나오는 배수를 오수와 잡배수, 우수로 나누어 각각 배출하는 방식 ⓒ 오수만을 정화조에서 처리한 후 방류
합류배수방식	⊙ 오수와 잡배수의 구별 없이 합류시켜서 오수정화조에 연결하는 방식 ⓒ 합류하수관이 설치되어 있는 지역 또는 오수·잡배수의 합류처리시설을 설치한 건물에만 가능한 방식

배수설비
1 배수설비 개요
2 트랩
3 배수의 배관설계

▶ 9·8회

▶ 관련기준
건축표준시방서코드(KCS) 2025 〈KCS 31 30 25 : 2021〉

• 고온배수
60℃ 이상의 고온배수는 60℃ 이하로 냉각시켜 건물배수관에 배수시켜야 한다. (KDS 31 30 25 : 2021)

바로확인문제

( )방식은 오수와 잡배수의 구별 없이 합류시켜서 오수정화조에 연결하는 방식이다.

③ 배수방식에 의한 분류

종류	내용
중력배수방식	㉠ 높은 곳에서 낮은 곳으로 자연낙하(중력이용)에 의한 배수방식 ㉡ 가장 이상적인 배수방식
기계배수방식	지하실 등 공공하수관보다 낮은 곳의 배수를 배수피트(집수정)에 모아 오수펌프를 이용하여 공공하수관으로 배출하는 방식

2. 옥내배수설비

(1) 사용장소에 따른 분류

구분	내용
옥내배수	건물의 외벽에서 1m까지의 건물 내의 배수
옥외배수	건물의 외벽면에서 1m 이상 떨어진 배수 또는 수평면의 종단으로부터 공공하수도, 정화조까지의 배수

20회

(2) 배수관의 종류

구분	내용
① 위생기구 배수관	위생기구 트랩에서 배수수평지관에 접속하는 배수관
② 배수수평지관 (배수횡지관)	기구배수관의 배수를 배수수직관으로 흘려보내는 수평관
③ 배수수직주관	배수수평지관으로부터 오수 및 잡배수를 받아 배수수평주관으로 흘려보내는 수직관

▶ 관경의 크기는 ① ⇨ ② ⇨ ③의 순으로 같거나 커진다.

(3) 옥내배수 계통도

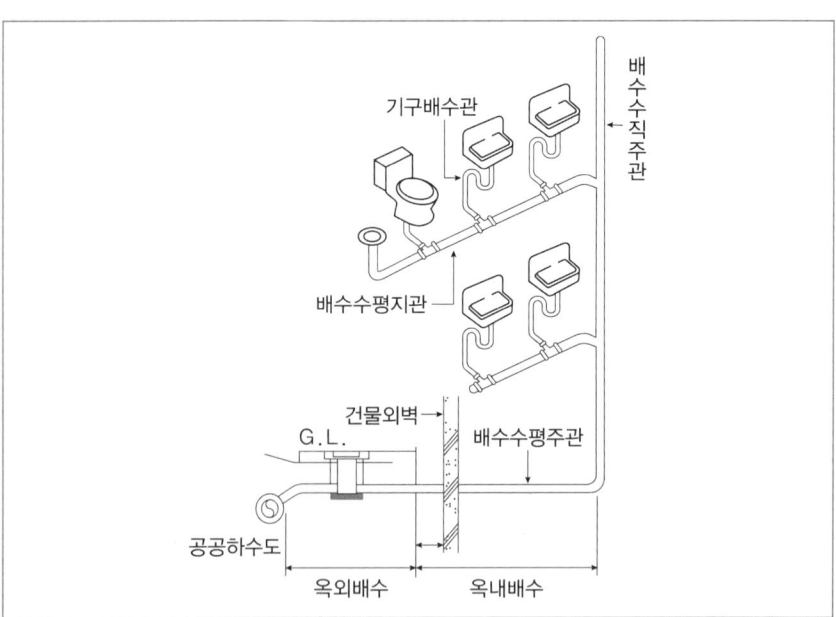

바로확인문제

지하실 등 공공하수관보다 낮은 곳의 배수는 최하층 바닥에 설치된 집수정에 모아 오수펌프를 이용하여 공공하수관으로 배출하는 (　　)을 이용한다.

(4) 직접배수와 간접배수

① **직접배수**
  ㉠ 위생기구와 배수관이 연결된 일반위생기구에서의 배수이다.
  ㉡ 배수 시 역류가 생기지 않도록 주의를 요한다.

② **간접배수**
  ㉠ 각 기구를 배수관에 직접 연결하지 않고, 도중에 끊어서 대기에 개방시키는 배수방식을 말한다.
  ㉡ 역류를 방지해서 기구의 오염을 막기 위한 배수로, 급수탱크·팽창탱크 등의 배수, 냉장고·음료기·식품저장용기 등의 배수, 공기조화기·급수용 펌프 등에서의 배수에 적용한다.

2 트랩(Trap)

1. 일반사항

(1) 트랩 및 봉수의 개념

구분		내용
트랩 (Trap)	정의	배수계통의 일부에 물을 고이게 하는 기구
	설치목적	배수관 속의 악취 및 유독가스, 벌레 등이 실내로 침투하는 것을 방지
봉수 (Sealing Water, 封水)	정의	배수관 속의 악취 및 유독가스, 벌레 등이 실내로 침투하는 것을 방지하기 위해 트랩에 항상 고여 있는 물
	특징	① 봉수의 깊이는 최소 50mm~최대 100mm가 적당하다. ② 50mm 미만이 되면 봉수유지가 곤란하다. ③ 100mm 초과로 너무 크면 유속이 저하되어 통수능력이 감소된다.

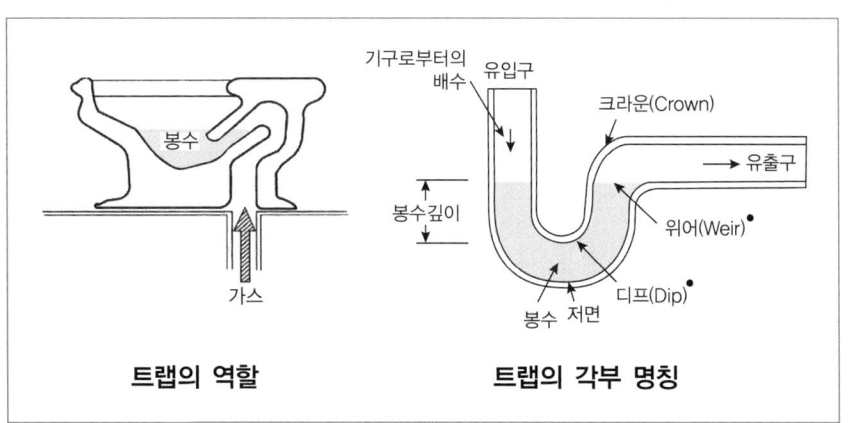

- 위어(Weir)
  둑, 보
- 디프(Dip)
  (액체 등에) 담그다, 잠기다

(2) 트랩의 구비조건

① 봉수가 파괴되지 않고 항상 그 깊이가 유지될 수 있을 것
② 구조상 간단하고, 수봉식이거나 가동부분이 없는 것
③ 포집기류를 제외하고는 오수에 포함된 오물 등이 부착 및 침전하기 어려울 것
④ 내식성, 내구성 재료일 것
⑤ 청소 및 수리를 쉽게 할 수 있을 것

(3) 배수트랩 설치 시 고려사항

① 배수트랩은 배수흐름이 저하되므로 이중으로 트랩을 설치하지 않는다.
② 트랩에서 봉수 수면이 디프(Dip)보다 낮은 위치에 있으면 하수 가스의 침입을 방지할 수 없기 때문에, 디프보다 높은 위치에 있도록 한다.
③ 정해진 봉수깊이 및 봉수면을 갖도록 설치하고, 필요한 경우 봉수의 동결방지 조치를 한다.
④ 트랩의 가장자리와 싱크대 또는 바닥 마감 부분의 사이는 내수성 충전재로 마무리한다.

2. 트랩의 종류

(1) 사이펀트랩(파이프형)

종류	특징	그림
S트랩	① 봉수가 파괴되기 쉽다. ② 위생기구 중 대변기, 소변기에 주로 사용한다.	
P트랩	① S트랩보다 봉수가 안전하다. ② 세면기 등 위생기구에 가장 많이 사용한다. ③ 벽체 내의 배수수직관에 접속하여 사용한다.	
U트랩	① 일명 가옥트랩, 메인트랩이라 한다. ② 옥내 공공하수관 횡주관에 설치한다. ③ 배수수평주관 도중에 설치한 경우 유속을 저해하는 결점이 있다.	

(2) 비사이펀트랩(용적형)

종류	특징	그림
드럼트랩 (Drum Trap)	① 봉수가 잘 파괴되지 않아 안전하다. ② 자정작용이 없어 침전물이 정체되기 쉽다. ③ 주방 싱크의 배수용 트랩으로 사용된다. ④ 안지름은 배수관경의 2.5배 이상을 표준으로 하고 스트레이너를 설치하는 경우에는 그 개구 유효면적은 유입관의 단면적 이상으로 한다.	
벨트랩 (Bell Trap)	① 엎어 놓은 종 모양의 봉수를 만드는 트랩이다. ② 욕실 등 바닥 배수용으로 사용된다.	

(3) 기타 트랩

① **기구트랩**: 대변기나 소변기처럼 위생기구와 일체로 된 트랩을 말하며, 기구의 기능에 따라 여러 가지 형태가 있다.

② **조립트랩**: 욕실이나 화장실의 바닥배수구와 트랩을 일체로 조립한 형태의 트랩이다.

• 조립트랩

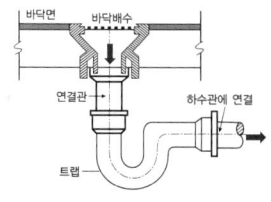

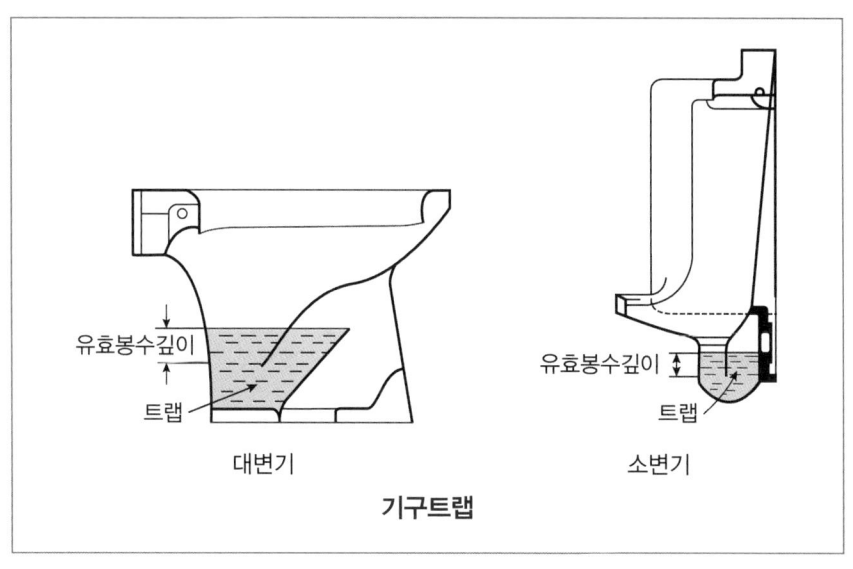

기구트랩

바로확인문제

주방용 개수기에서 사용하는 트랩은 (　　)트랩이고, (　　)트랩은 가옥트랩 또는 메인트랩이라고도 하며 옥내 공공하수관 횡주관에 설치한다.

관련기준
건축표준시방서코드(KCS)
2025 〈KCS 31 30 25 : 2021〉

(4) 포집기(저집기, Interceptor)

① **정의**

㉠ 배수 중에 혼입한 여러 가지 유해물질이나 기타 모래, 기름, 찌꺼기 등 불순물을 분리해 내기 위한 것이다.

㉡ 배수 중에 포함되어 있는 유해하거나 위험한 것, 모아서 버려야 할 물질 또는 재이용할 수 있는 물질을 유효하게 저지하고 분리 수집할 수 있는 형상과 구조로 한다.

㉢ 봉수깊이는 50~100mm로 한다.

㉣ 밀폐뚜껑이 달려 있는 것은 적절한 통기가 유지되는 구조로 한다.

② **종류**

종류	내용
그리스 포집기 (Grease Trap)	㉠ 기름기를 제거·분리시키는 장치이다. ㉡ 기름기를 많이 쓰는 주방 등에 사용된다.
오일 포집기 (Oil Trap)	㉠ 가솔린을 트랩 수면 위에 띄워 배기관을 통해서 휘발시킨다. ㉡ 차고, 세차장, 주유소 등에 사용된다.
모래 포집기 (Sand Trap)	㉠ 배수 주위 진흙이나 모래를 다량으로 포함하는 곳에 설치한다. ㉡ 야외수영장 등에 사용된다.
머리카락 포집기 (Hair Trap)	㉠ 모발이 배수관 내로 유입되는 것을 방지한다. ㉡ 이발소, 미장원, 공중목욕탕 등에 사용된다.
석고 포집기 (Plaster Trap)	㉠ 금, 은재의 부스러기나 플라스터를 걸러 낸다. ㉡ 치과의 기공실, 정형외과 깁스실 등에 사용된다.
차고 포집기 (Garage Trap)	㉠ 차고 내의 기름, 불순물 등을 제거할 목적으로 사용된다. ㉡ 차고 바닥 배수용 트랩이다.
세탁찌꺼기 포집기 (Laundry Trap)	㉠ 단추, 끈 등의 세탁 불순물을 제거한다. ㉡ 세탁장에 사용된다.

- **그리스(Grease)**
  기름, 지방

- **그리스 포집기**

- **오일 포집기**

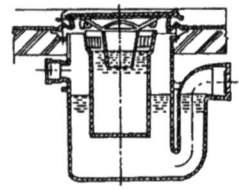

- **석고 포집기**

25·21·17·15·12·11·9회

- **사이펀(Siphon)**
  대기압의 차이를 이용하여 높은 곳에 있는 액체를 그 액면(液面)보다 높은 곳으로 밀어 올렸다가 그 힘에 의해 낮은 곳에 있는 용기로 옮기기 위하여 사용하는, 일종의 구부러진 연결관 또는 그 장치

바로확인문제

봉수의 깊이는 최소 (　)mm ~최대 (　)mm가 적당하다.

3. 트랩의 봉수 파괴원인과 대책

(1) 자기사이펀 작용

① 배수관 내 다량의 공기가 배수 중 혼입되어 사이펀관을 형성하여 만수 상태로 흐르면 사이펀작용으로 트랩 내의 봉수가 배수관 쪽으로 흡입 배출되는 현상이다.

② S트랩에서 많이 발생한다.

③ 방지책으로는 통기관 설치가 있다.

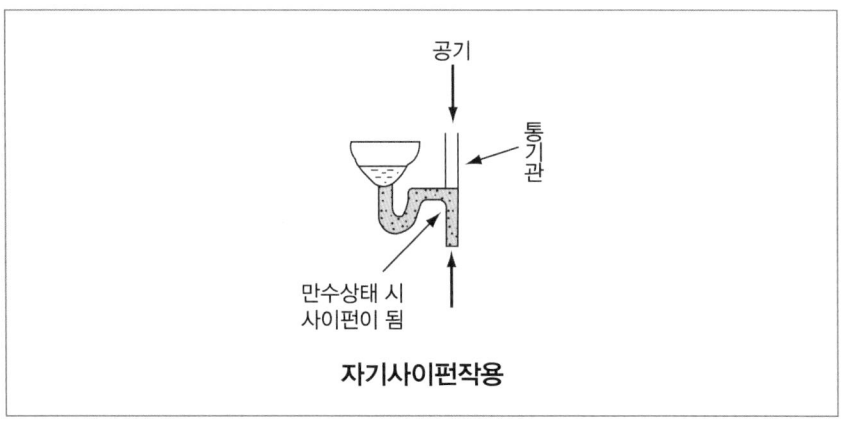

자기사이펀작용

(2) 유인사이펀작용(흡인 또는 흡출작용)

① 수직관에 접근하여 있는 트랩일 경우, 수직관 상부에서 다량의 물을 배수할 때 감압에 의한 흡인작용으로 트랩의 봉수가 흡입·흡출되는 현상이다.

② 방지책으로는 통기관 설치가 있다.

(3) 토출작용(분출작용)

① 건물 상층부의 배수수직관으로부터 일시에 많은 양의 물이 흐를 때, 이 물이 피스톤 작용을 일으켜 하류 또는 하층 기구의 트랩 봉수를 공기의 압축에 의해 실내 측으로 역류시키는 작용이다.

② 방지책으로는 통기관 설치가 있다.

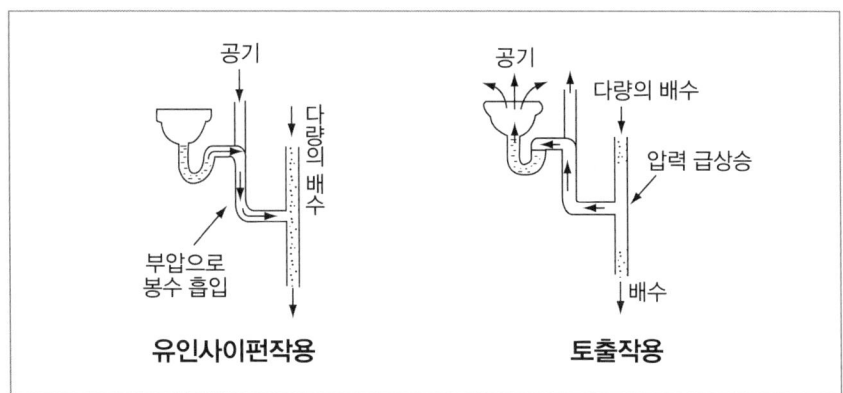

유인사이펀작용 / **토출작용**

(4) 모세관현상

① 트랩의 출구 쪽에 걸레조각이나 모발 등이 걸렸을 경우 모세관현상에 의해 봉수가 없어지는 현상이다.

② 방지책으로는 고형물질 제거가 있다.

• 모세관현상
액체 속에 가는 관을 세웠을 때, 관 안의 액면(液面)이 관 밖의 액면보다 높아지거나 낮아지는 현상

(5) 증발

① 위생기구의 사용빈도가 적을 때 증발에 의하여 봉수가 파괴되는 현상이다.
② 방지책으로는 기름을 조금 흘려보내는 방법이 있다.

(6) 운동량에 의한 관성작용

① 기구의 물을 갑자기 배수하거나 또는 강풍, 지진 등 큰 충격으로 봉수면이 상하동요를 일으켜 사이펀작용이 일어나 봉수가 파괴되는 현상이다.
② 방지책으로는 관말에 격자석쇠를 설치하는 방법이 있다.

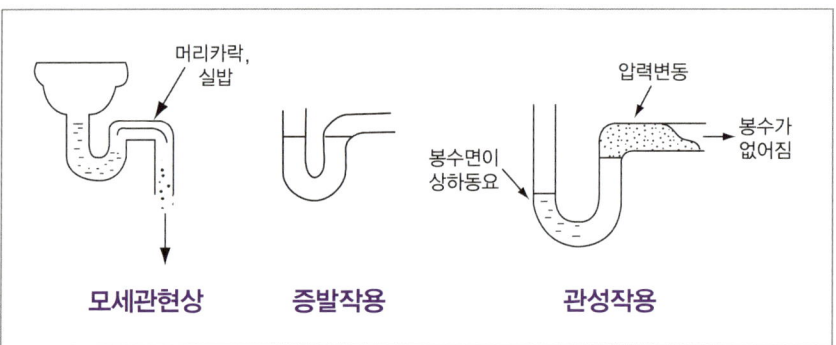

개념적용 문제

트랩의 봉수파괴 원인이 아닌 것은? 　　　　　제25회 기출

① 수격작용　　　　② 모세관현상
③ 증발작용　　　　④ 분출작용
⑤ 자기사이펀작용

해설 수격작용은 일종의 물에 의한 마찰음으로 소음·진동을 유발하고 수전 및 수전의 패킹이나 와셔 등에 손상을 입히지만, 트랩의 봉수파괴를 일으키지는 않는다.

정답 ①

---

3 배수의 배관설계

1. 배수관의 관경 및 구배

(1) 배수부하단위(DFU)

① **기준**: 세면기(DFU = 1)
② **배수량**: 0.03L/s

24회

관련기준
건축설비설계기준코드(KDS) 2025 〈KDS 31 30 25 : 2021〉

③ 각종 기구의 배수부하단위

기구		배수부하단위(DFU)	기구	배수부하단위(DFU)
대변기	개인용	4.0~6.0	욕조	2.0
	공중용	6.0~8.0		
소변기	개인용	4.0~5.0	세면기	1.0
	공중용	5.0~6.0		
가정용 주방싱크		2.0~3.0	음수기	0.5

(2) 배수관의 관경

① 옥내 배수관의 관경은 기구배수부하단위법 등에 의하여 결정할 수 있다.
② 기구배수부하단위는 각 기구의 최대 배수유량을 세면기 최대 배수유량으로 나눈 값에 동시사용률 등을 고려하여 결정한다.
③ 배수관경은 필요 이상으로 크거나 작으면 배수능력과 자기세정작용이 저하되므로 적정한 크기로 하며, 최소 32mm 이상으로 한다.
④ 대변기에 연결하는 모든 건물배수수평주관의 최소관 지름은 80mm으로 한다.
⑤ 위생기구의 순간최대사용수량을 기준해서 배수관경을 결정하며, 세면기의 순간최대배수량을 기준(DFU = 1)해서 다른 기구의 관경도 결정한다.
⑥ 배수수평지관의 최소관경은 접속하는 트랩구경과 위생기구배수관의 최대구경과 같거나 그 이상으로 한다.
⑦ 배수수직관의 관경은 이와 접속하는 배수수평지관의 최대관경 이상으로 한다.
⑧ 배수관의 관경은 상류에서 하류방향으로 차차 크게 하고, 중간에 관경을 축소해서는 안 된다.
⑨ 배수수직관의 관경은 가장 큰 배수부하를 담당하는 최하층 관경을 최상층까지 동일하게 적용한다.
⑩ 배수관 최소구경

기구	배수관 최소구경(mm)
대변기	80
소변기(벽걸이)	40
세면기	32
욕조, 샤워	40
비데	40
음수기	32

> 24회

바로확인문제

배수관경은 필요 이상으로 크거나 작으면 배수능력과 자기세정작용이 저하되므로 적정한 크기로 하며, 최소 (　)mm 이상으로 한다.

(3) 배수관의 구배

① 옥내배수관의 구배는 배수능력이 저하되지 않는 범위에서 가능한 한 급구배로 하는 것이 좋으며, 표준유속은 0.6~1.2m/s 정도가 적당하다.
② 옥내배수관의 구배는 원칙적으로 mm로 호칭되는 관경의 역수보다 작으면 안 되고, 관경이 작을수록 구배는 크게 한다.
③ 배수수평관은 요철이 없이 시공하고 기울기는 [아래 표]에 의한다.

관지름(mm)	기울기
65 이하	최소 1/50
80~150	최소 1/100
200 이상	최소 1/200

관련기준
건축표준시방서코드(KCS) 2025 〈KCS 31 30 25 : 2021〉

2. 배수관의 시공

(1) 청소구(Clean Out)

① 목적
  ㉠ 배수관이 막혔을 때 점검 및 수리하기 위하여 설치한다.
  ㉡ 청소구의 크기는 배수관지름이 100mm 이하인 경우에는 배수관지름과 동일한 지름으로 하고 100mm를 초과하는 경우에는 100mm로 한다. 또한 지중 매설관에 대해서는 충분히 청소할 수 있도록 배수 맨홀을 설치하지만 관지름 200mm 이하 배관의 경우에는 청소구로 하여도 된다.

> **참고** 건축설비설계기준코드 〈KDS 31 30 25 : 2021〉
> DN100 이하의 배수배관에는 관지름과 같은 크기의 청소구를 설치하고, DN125 이상의 배수배관에는 DN100 이상 크기의 청소구를 설치한다.

② 청소구 설치위치
  ㉠ 배수수평주관과 부지배수관의 접속개소에 가까운 곳
  ㉡ 배수관이 45도를 넘는(이상) 각도로 방향을 변경한 개소
  ㉢ 배수수평지관 및 배수수평주관의 기점(최상단부, 起點)
  ㉣ 배수수직관의 최상부 및 최하부 또는 그 부근
  ㉤ 각종 트랩 및 기타 배관상 필요한 곳
  ㉥ 배수수평관이 긴 경우, 배수관의 관지름이 100mm 이하인 경우는 15m 이내, 100mm를 넘는 경우는 매 30m마다

- 청소구 설치위치

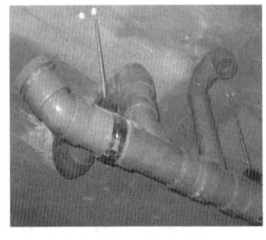

- 기점(起點)
무엇이 처음으로 일어나거나 시작되는 시점(時點) 또는 그 지점

> [참고] 건축설비설계기준코드 〈KDS 31 30 25 : 2021〉
>
> 건물 내의 모든 배수수평관에는 30m 이내마다 청소구를 설치하고, 부지배수관에는 청소구의 입구 상류에서 30m 이내마다 청소구를 설치한다.

개념적용 문제

배수 배관에서 청소구의 설치 장소로 옳지 않은 것은? 제27회 기출

① 배수수직관의 최하단부
② 배수수평지관의 최하단부
③ 건물 배수관과 부지 하수관이 접속하는 곳
④ 배관이 45° 이상의 각도로 구부러지는 곳
⑤ 수평관 관경이 100mm 초과 시 직선길이 30m 이내마다

해설　배수 배관에서 청소구의 설치 장소는 배수수평지관 및 배수수평주관의 최상단부이다.

정답 ②

---

③ **청소구 설치 시 주의사항**

㉠ 청소구는 청소가 쉬운 위치에 설치한다.

㉡ 주위에 있는 벽, 바닥 및 대들보 등이 청소에 지장을 주는 장소에서는 청소구로부터 지름 65mm 이하의 관은 300mm 이상, 지름 75mm 이상의 관은 450mm 이상의 공간을 둔다.

㉢ 매립 또는 은폐된 배관에 손상을 주지 않고 용이하게 떼어 낼 수 있는 기구트랩을 사용하였거나, 내부 설치형 트랩에 내장된 기구의 청소가 가능한 경우 배수관이 90도로 방향 전환된 부분이 1개소인 경우에는 별도의 청소구를 두지 않아도 된다.

㉣ 은폐배관의 청소구는 벽 또는 바닥 마감면과 동일면까지 연장하여 설치하며, 청소구의 위를 모르타르, 석고, 반죽석회 등의 재료로 덮어서는 안 된다. 부득이 청소구를 은폐하는 경우에는 그 청소구 전면 또는 상부에 뚜껑을 설치하거나 그 청소구에 쉽게 접근할 수 있는 위치에 점검구를 둔다.

㉤ 배수수직관의 최하부에 공간이 없는 경우 또는 배수수직관의 최하부 부근에 설치할 수 없는 경우에는 그 배관의 일부를 바닥 마감면 또는 근처의 벽면의 외부까지 연장하여 설치한다.

㉥ 청소구의 뚜껑은 누수되지 않도록 조이고, 공사 중 손상을 받지 않게 하며, 관 내에 이물질이 들어가지 않도록 보호한다.

▶ 관련기준
건축표준시방서코드(KCS) 2025 〈KCS 31 30 25 : 2021〉

바로확인문제

건물 내의 모든 배수수평관에는 (　)m 이내마다 청소구를 설치한다.

ⓐ 모든 청소구는 배수의 흐름과 반대 또는 직각으로 열 수 있도록 설치한다.

> **참고** 건축설비설계기준코드 〈KDS 31 30 25 : 2021〉
> 모든 청소구는 배수관의 흐름방향이나 그 직각방향에서 청소하고 열 수 있게 설치한다.

(2) 발포존(Zone)

구분	내용
정의	① 발포존이란 배수관에서 거품이 발생하는 구역을 말한다. ② 세제를 포함한 배수가 공기와 혼합되면 거품이 생기고 특히 지관의 배수와 혼합되면 발포현상은 심해진다. ③ 거품은 물보다 가벼워 수평관 또는 45° 이상 옵셋부에 충만해 있어 배수가 유입되면 거품은 봉수를 파괴하며 실내로 유입된다. ④ 주로 통기수직관이나 수평관을 통하여 거품이 역류하며 세제가 많을수록 이러한 현상이 심해진다. ⑤ 배수수직관의 압력변동으로 저층부 배수계통의 트랩에서 분출현상이 발생한다.
방지대책	① 세제사용은 가능한 한 억제한다. ② 발포존에서는 배수수직관과 배수수평지관의 접속을 피하는 것이 바람직하다. ③ 어쩔 수 없이 접속하고자 할 때는 도피통기관을 압력상승이 없는 곳에 설치한다. ④ 배수수평주관의 길이를 짧게 하여 발포존의 발생을 줄일 수 있다. ⑤ 저층부와 고층부의 배수계통을 별도로 한다. ⑥ 발포존(Zone)에서는 배수관의 45° 이상의 꺾임부 상부 측으로 기구 배수관이나 배수수평지관을 접속하지 않도록 한다.

(3) 배수 배관 시 주의사항

① 배수 및 통기수직관은 가능하면 파이프 샤프트 내에 배관한다.
② 배수부하단위가 큰 대변기는 될 수 있는 대로 수직관 가까이에 설치한다.
③ 배수관의 점검 수리를 위해 필요한 곳에는 청소구를 설치한다.
④ 욕조의 오버플로우관은 트랩의 유입구 상류 측에 연결한다.
⑤ 배수는 될 수 있으면 빨리 옥외하수관으로 배출할 수 있도록 한다.
⑥ 배수수평지관 등이 합류하는 경우는 반드시 45° 이내의 예각으로 하고 수평에 가까운 구배로 합류시킨다.
⑦ 기구배수관은 배수수평지관 위에 수직으로 연결하지 말고 측면에서 연결해야 한다.
⑧ 배수관 내에 유입된 배수가 상층부에서 하층부로 낙하하면서 증가하던 속도가 더 이상 증가하지 않을 때의 속도를 종국유속이라 한다.

> **개념적용 문제**
>
> **배수설비에 관한 설명으로 옳지 않은 것은?** 　제9회 기출
>
> ① 세면대, 싱크대, 욕조 등에서 발생한 구정물은 일반배수(잡배수)이다.
> ② 공장폐수, 방사능 등 유해·유독물을 함유한 물은 특수배수이다.
> ③ 옥내배수관의 유속은 일반적으로 0.6~1.2m/s 정도로 한다.
> ④ 구배는 환경에 따라 다르나, 보통 1/100~1/50로 한다.
> ⑤ 위생기구 중에서 배수부하가 큰 대변기는 수직관에서 멀리 설치한다.
>
> 해설　배수부하단위가 큰 대변기는 수직관에서 가깝게 설치한다.
>
> 　정답　⑤

3. 배수 배관시험과 검사

(1) 목적

① 배수 및 통기배관 공사완료 후 피복공사 이전에 각 접속부분의 수밀 및 기밀상태 완전 여부를 파악하기 위하여 한다.
② 수압시험 또는 기압시험을 하고, 위생기구 등의 설치가 완료된 후에는 모든 트랩에 봉수를 채우고 기밀시험을 한다.
③ 이상의 배관시험이 끝나 문제가 없으면 최종적으로 통수시험을 하여 배수 및 통기배관의 이상 유무를 검사한다.
④ 배수 및 통기배관의 최저사용압력은 수압 0.35MPa에 견딜 수 있는 것으로 하며, 수압시험압력은 사용압력에 준한다.

▶ 관련기준
건축표준시방서코드(KCS) 2025 〈KCS 31 20 15 : 2021〉

(2) 시험방법

① 기압 및 수압시험

종류		
	기압시험	공기압축기 또는 시험기를 배수관의 1개의 개구부에 접속하고 그 밖의 개구부를 밀폐시킨 후 공기를 개구부에서 그 계통에 압송하여, 배관시험의 기준치에 따라 배관의 누설 유무를 검사한다.
	수압시험	3m 이상의 수두에 상당하는 수압 0.03MPa을 가하여 30분 이상 견뎌야 한다.
시험시기		기압시험과 수압시험은 위생기기 부착 전에 배수 및 통기배관에 대하여 실시한다.

바로확인문제

배수부하단위가 큰 대변기는 수직관에서 (　　) 설치한다.

바로확인문제

수압시험 또는 기압시험을 하고, 위생기구 등의 설치가 완료된 후에는 모든 트랩에 봉수를 채우고 (　　)시험을 한다.

② **기밀시험**

종류	연기시험 (Smoke Test)	시험대상 부분의 모든 트랩부분을 밀폐하고 연기를 통기구에 주입한 다음 그 통기구를 밀폐하여 연기의 누출 여부를 검사하는 것이다.
	박하시험 (Peppermint Test)	시험대상 부분의 모든 트랩부분을 밀폐하고 박하유를 통기구에 주입한 다음 그 통기구를 밀폐하여 박하의 누출 여부를 검사하는 것으로, 누설 여부를 판단하기는 곤란하다.
시험시기	기밀시험은 위생기구 부착 후 기밀상태를 검사한다.	

③ **만수시험**
  ㉠ 배관공사 완료 뒤 기구 부착 전에 실시한다.
  ㉡ 누수 및 통기관의 취기 누설방지 목적으로 시험대상부분의 최고 개구부를 제외한 기구와의 연결부를 모두 밀폐하고 개방부까지 물을 가득 채워 배관시험의 기준치에 따르고 배관에서의 누수를 검사한다.

④ **통수시험**
  ㉠ 배수 및 통기 시험 중 기구를 부착한 후 최종적으로 실시하는 것이다.
  ㉡ 각 기구의 사용 상태에 맞는 수량으로 배수하고 계통의 이상 유무를 검사한다.

통기설비

1. 통기설비 개요
2. 통기관의 종류
3. 통기배관설계

• 배수와 통기

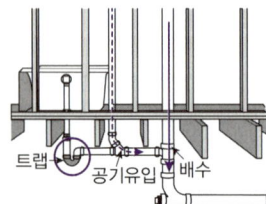

제2절 통기설비 ★

1. 통기설비 개요

(1) 통기관의 개념

① 트랩 속의 물은 배수관 내에서 배수 시에 발생하는 기압변동으로 인해 없어져 버리는 일이 있으므로, 이것을 방지하기 위해 가능한 한 자연대기압에 가깝게 되도록 배수관 내로 공기를 유입·배출하도록 하여야 하는데, 이와 같은 역할을 하는 것이 통기관이다.
② 배수계통의 배관 내에는 말단에 이르기까지 공기가 유통되도록 통기관을 설치하는 것이 원칙이다.

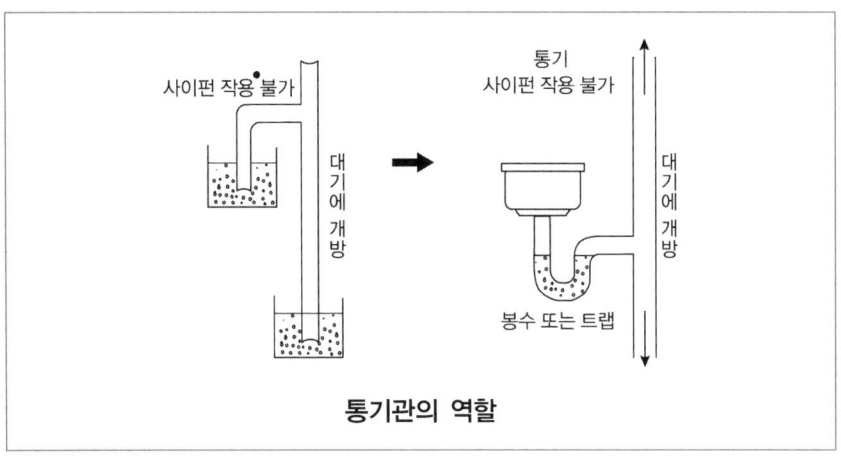

통기관의 역할

- 사이펀 작용

(2) 통기관의 설치목적

① 배수트랩의 봉수를 보호한다.
② 배수관 내의 압력변동을 흡수하여 배수의 흐름을 원활하게 한다.
③ 신선한 외기*를 통하게 하여 배수관 청결을 유지한다.

> 16회

• 외기(外氣)
밖의 공기

개념적용 문제

통기관의 설치목적으로 옳은 것을 〈보기〉에서 모두 고른 것은? 제16회 기출

―― 보기 ――

㉠ 배수트랩의 봉수를 보호한다.
㉡ 배수관에 부착된 고형물을 청소하는 데 이용한다.
㉢ 신선한 외기를 통하게 하여 배수관 청결을 유지한다.
㉣ 배수관을 통해 냄새나 벌레가 실내로 침입하는 것을 방지한다.
㉤ 배수관 내의 압력변동을 흡수하여 배수의 흐름을 원활하게 한다.

① ㉠, ㉡, ㉣
② ㉡, ㉢, ㉤
③ ㉠, ㉢, ㉤
④ ㉠, ㉡, ㉢, ㉣
⑤ ㉠, ㉢, ㉣, ㉤

해설 ㉡ 배수관에 부착된 고형물을 청소하는 데 이용하는 것은 청소구의 설치목적이다.
㉣ 배수관을 통해 냄새나 벌레가 실내로 침입하는 것을 방지하는 것은 트랩의 설치목적이다.

정답 ③

바로확인문제

(   )의 설치목적은 배수관 내의 압력변동을 흡수하여 배수의 흐름을 원활하게 하는 것이다.

2. 통기관의 종류

(1) 통기관 계통도

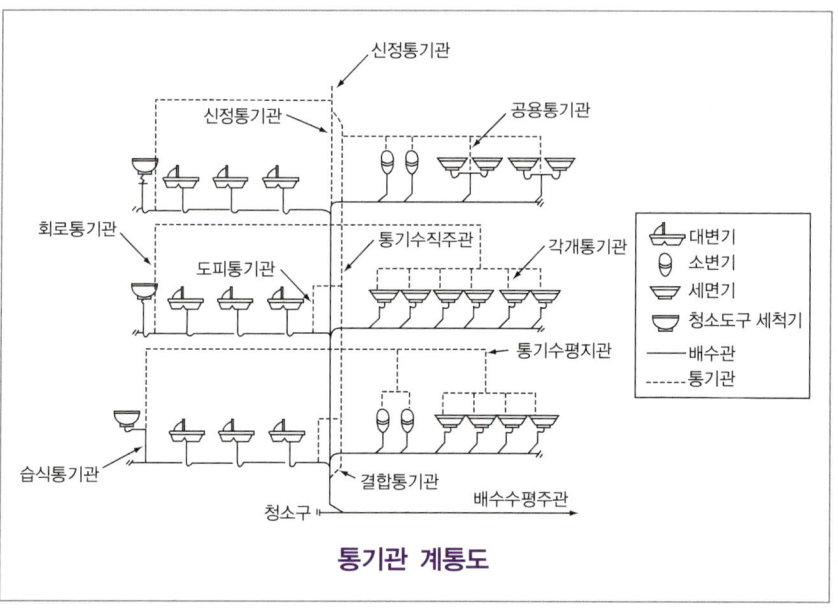

통기관 계통도

(2) 일반통기방식의 종류

① **각개통기관**(Individual Vent Pipe)

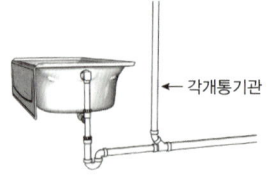
• 각개통기관

㉠ 각 위생기구마다 통기관을 설치한다.

㉡ 가장 이상적인 방법이나 시설비가 비싸다.

㉢ 각개통기관은 되도록 트랩에 접근시켜 가장 높은 기구의 물넘침선 위로 150mm 이상 높은 곳에서 통기수평지관에 접속시킨다.

㉣ 트랩의 위어(Weir)에서 각개통기접속개소까지 기구배수관의 길이와 구배는 자기사이펀작용에 미치는 영향이 크므로, 통기접속개소 (A)점이 트랩 위어에서 수평선 이하가 되지 않도록 한다(단, 대변기의 통기접속개소는 트랩 위어보다 낮은 위치라도 지장이 없다).

㉤ 관경은 최소 32mm 이상으로, 담당 배수관 관지름의 1/2 이상으로 한다.

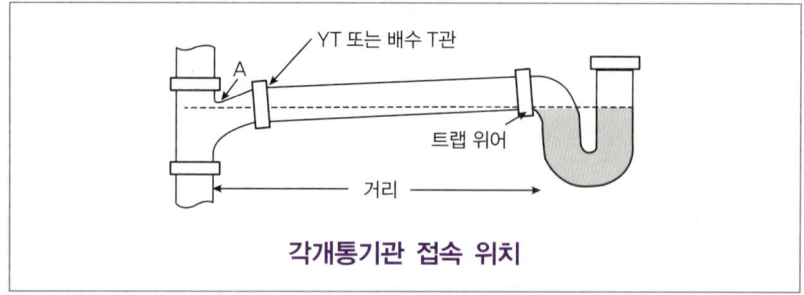

각개통기관 접속 위치

② **루프통기관**(회로통기관, 환상통기관)
  ㉠ 배수수평지관의 최대 8개까지의 기구를 회로통기로 할 수 있다.
  ㉡ 최상류기구로부터 기구배수관이 배수수평지관에 연결된 직후 하류측에서 입상하여 통기수직관으로 연결하는 통기관이다.
  ㉢ 통기관 1개가 담당할 수 있는 최대기구 수는 8개까지이고, 통기수직관과 최상류기구까지의 통기관 연장은 7.5m 이내이다.
  ㉣ 배수수평관에서 루프통기관을 취출할 때는 배수관의 수직 중심선 상부로부터 수직 내지 45° 이내의 각도로 한다.
  ㉤ 최상류 두 기구 사이에서 회로통기관을 연결하며, 회로통기관에는 어떠한 오수나 배수도 배출하지 않아야 한다.
  ㉥ 각개통기관보다 매우 경제적인 방법이지만, 통기 능률은 각개통기관에 비해 떨어진다.
  ㉦ 관경은 최소 32mm 이상으로, 담당 배수관 관지름의 1/2 이상으로 한다.

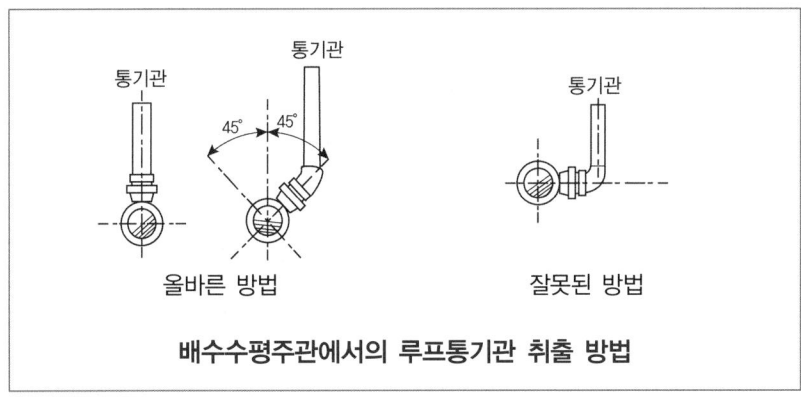

배수수평주관에서의 루프통기관 취출 방법

③ **도피통기관**(Relief Vent Pipe)
  ㉠ 회로통기관에서 통기 능률을 촉진시키기 위해서 설치한 통기관이다.
  ㉡ 회로통기관에서 8개가 넘는 위생기구를 감당하거나 대변기가 4개 이상 있는 경우, 배수수직관과 회로통기관에서 가장 먼 하류의 기구배수관 사이의 배수수평지관에 연결한다.
  ㉢ 관경은 최소 32mm 이상으로, 담당 배수관 관지름의 1/2 이상으로 한다.

④ **신정통기관**(Stack Vent)
  ㉠ 배수수직관 상부에서 관경을 축소하지 않고 연장하여 옥상 등에 개구한 통기관으로, 배수수직관의 관지름 이상으로 한다.

▶ 관련기준
건축설비설계기준코드(KDS) 2023 〈KDS 31 30 25 : 2021〉

• 루프통기관

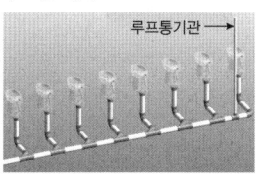

• 취출(取出)
잡아서 뺌

• 취출위치

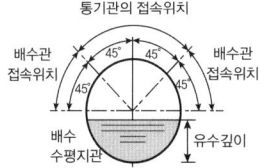

• 도피통기관

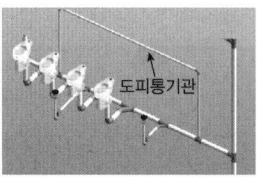

• 신정통기관

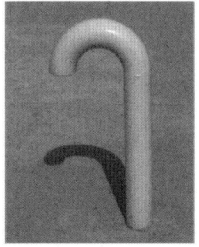

바로확인문제
( )통기관은 배수수직관 상부에서 관경을 축소하지 않고 연장하여 옥상 등에 개구한 통기관이다.

㉡ 최소 관지름은 배관길이와 연결되는 총기구배수부하단위로 결정하고, 어떠한 경우에도 관지름이 담당 배수관 관지름의 1/2보다 크고 32mm 이상이어야 한다.

> **참고** **통기관 헤더(Vent Header)**
>
> 통기수직관과 신정통기관을 대기 중에 개구하기 전 두 개의 관을 하나의 관으로 통합한 관 부분을 말한다.

⑤ **결합통기관**(Yoke Vent Pipe)

• 결합통기관

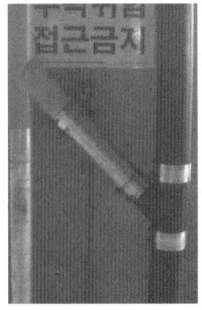

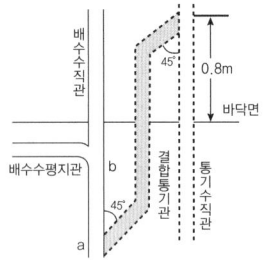

㉠ 고층건물에서 통기효과를 높이기 위해 통기수직관과 배수수직관을 연결한 통기관으로, 배수수직관 내 압력변동을 완화해서 배수흐름을 원활히 하기 위해 설치하는 통기관이다.

㉡ 결합통기 하단은 그 층에서 나오는 배수지관이 배수수직관에 접속하는 곳의 아래로부터 Y형관을 사용하여 수직관에서 분기한다. 또 그 상단은 그 층의 바닥면에서 0.8m 이상 위쪽에서 Y형관을 사용하여 통기수직관에 연결한다.

㉢ 브랜치 간격 11 이상을 가진 배수수직관은 최상층으로부터 브랜치 10 이내마다 결합통기관을 설치한다.

㉣ 결합통기관의 관지름은 연결하는 통기수직관의 관지름과 같아야 한다.

> **참고** **결합통기관의 관지름과 연결**
>
> 각 결합통기관의 하부 끝은 그 층의 수평지관 하부에 Y관으로 오수나 배수수직관에 연결하고, 상부 끝은 그 층 상부로 0.9m 이상 높게 Y관으로 통기수직관에 연결한다. (KDS 31 30 25 : 2021)

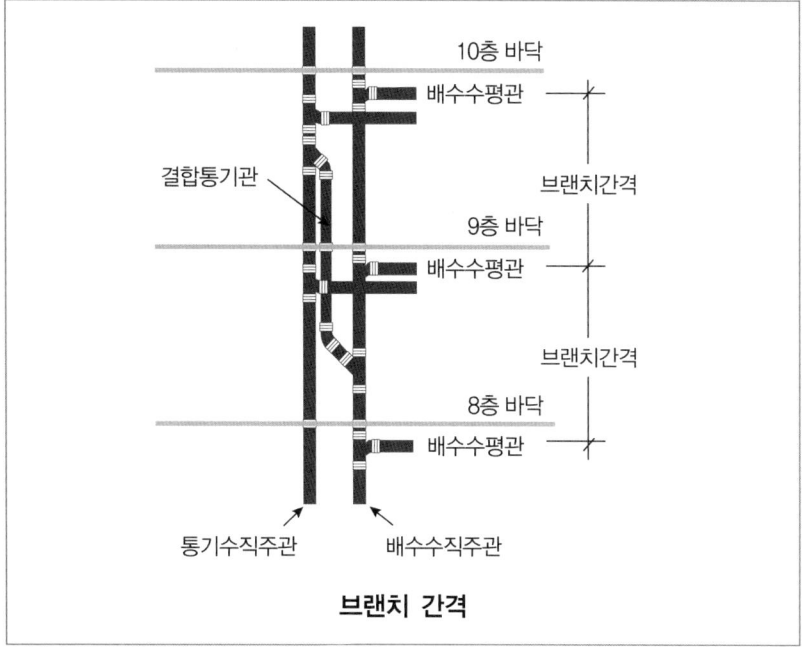

브랜치 간격

⑥ **습통기관**(습윤통기관, Wet Vent Pipe)

　㉠ 배수횡주관 최상류기구의 바로 아래에서 연결하는 통기관이다.

　㉡ 관경은 최소 40mm 이상으로, 통기와 배수의 역할을 겸한다.

⑦ **공용통기관**

　㉠ 2개의 위생기구가 같은 위치에 설치되어 있을 때 배수관의 교점에서 접속되어 수직으로 올려 세운 통기관이다.

　㉡ 관경은 최소 40mm 이상으로, 두 위생기구의 트랩봉수를 보호한다.

⑧ **리턴통기관**(Return Vent Pipe)

　㉠ 창이 있는 벽의 세면기, 실 중앙에 설치되는 실험싱크대 또는 벽면에서 멀리 떨어진 기구 등의 각개통기관으로서, 통기관을 입상시키기 곤란한 경우에 이용되며 자기사이펀 방지에 유효하다.

　㉡ 배관방법은 통기관을 기구의 넘침면보다 150mm 이상 높은 위치까지 올린 후 구부려 내려서, 기구배수관이나 수평관 또는 바닥 밑으로 배관해서 통기입관에 접속시킨다.

• 습통기관

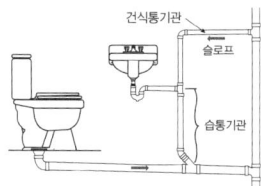

• 공용통기관

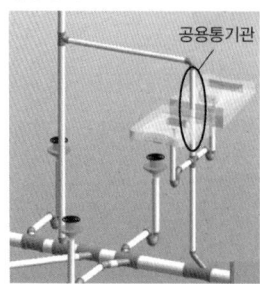

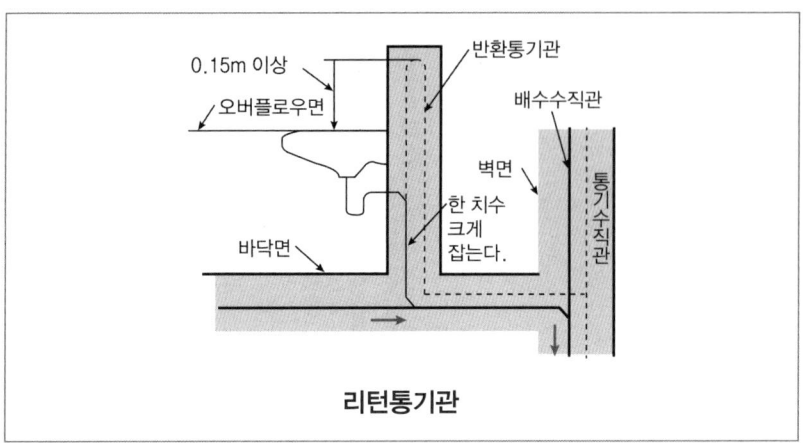

리턴통기관

개념적용 문제

배수 및 통기설비에 관한 내용으로 옳은 것은? 제22회 기출

① 배수관 내에 유입된 배수가 상층부에서 하층부로 낙하하면서 증가하던 속도가 더 이상 증가하지 않을 때의 속도를 종국유속이라 한다.
② 도피통기관은 배수수직관의 상부를 그대로 연장하여 대기에 개방한 통기관이다.
③ 루프통기관은 고층건물에서 배수수직관과 통기수직관을 연결하여 설치한 것이다.
④ 신정통기관은 모든 위생기구마다 설치하는 통기관이다.
⑤ 급수탱크의 배수방식은 간접식보다 직접식으로 해야 한다.

해설 ② 신정통기관은 배수수직관의 상부를 그대로 연장하여 대기에 개방한 통기관이다.
③ 결합통기관은 고층건물에서 배수수직관과 통기수직관을 연결하여 설치한 것이다.
④ 각개통기관은 모든 위생기구마다 설치하는 통기관이다.
⑤ 급수탱크의 배수방식은 직접식보다 간접식으로 해야 한다.

정답 ①

(3) 특수통기방식의 종류

① **소벤트 방식**(Sovent System)
   ㉠ 특징
      ⓐ 통기관을 따로 설치하지 않고 2개의 특수이음쇠(공기혼합이음쇠, 공기분리이음쇠)와 신정통기관만으로 배수와 통기를 겸하고 있는 시스템이다.
      ⓑ 배수수직관 각 층마다 기포주입장치로 공기를 주입하여 유속을 감소시키는 방식이다.

바로확인문제

(　　) 방식은 통기관을 따로 설치하지 않고 2개의 특수이음쇠(공기혼합이음쇠, 공기분리이음쇠)와 신정통기관만으로 배수와 통기를 겸하고 있는 시스템이다.

ⓛ 특수이음쇠

이음쇠 종류	특징
공기혼합이음쇠	ⓐ 배수수직관과 각 층 배수수평지관의 접속부분에 설치한다. ⓑ 배수수평지관에서 유입하는 배수와 공기를 혼합하여 유속을 줄여 수직관 상부에서의 공기흡입현상을 방지한다.
공기분리이음쇠	ⓐ 배수수직관이 배수수평주관에 접속되기 바로 전에 설치한다. ⓑ 배수와 공기를 분리시킨다.

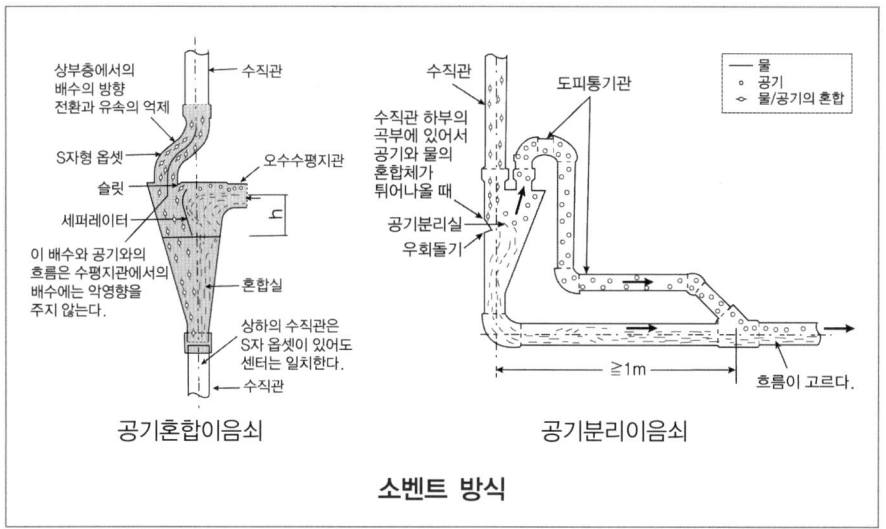

소벤트 방식

② **섹스티아 방식**(Sextia System)

구분	내용
정의	배수수직관에 섹스티아 이음쇠와 섹스티아 밴드관을 사용하여 유수에 선회력(旋回力)을 주어 공기코어를 유지시켜 배수와 통기를 겸하는 방식
특징	㉠ 신정통기관만 사용하므로 통기 및 배수가 간단하고 배수관경이 작아도 되며 소음이 적다. ㉡ 배수수직관의 각 층의 합류점에 설치하는 섹스티아 이음쇠와 배수수평지관 및 수직관 아래 부분에 설치하는 섹스티아 밴드관으로 이루어졌다. ㉢ 섹스티아 이음쇠는 수평지관에서의 유수에 선회력을 주어 수평주관의 공기코어를 연장시킨다. ㉣ 층수의 제한이 없이 고층, 저층 모두 사용이 가능하다.

• 섹스티아

• 섹스티아 방식

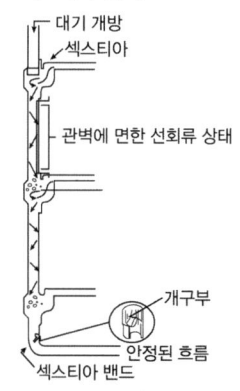

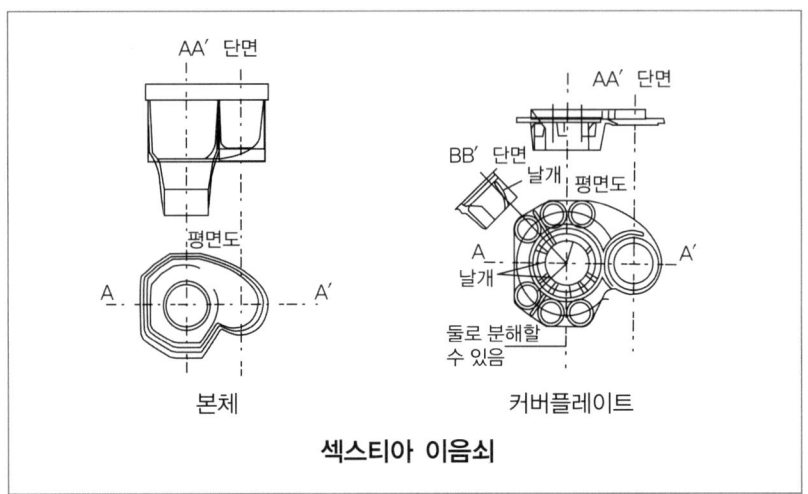

섹스티아 이음쇠

③ 나선형 배수파이프

구분	내용
정의	관 내면에 스크류 모양의 삼각 안내돌기를 설치한 배수 입상관용 파이프
특징	㉠ 배수 시 물이 안내돌기를 따라 관 내벽에 밀착·회전하면서 하강하므로 관 중앙에는 최상단의 에어밸브와 통하고 물이 흐르지 않는 층인 공기기둥이 형성된다. ㉡ 배수관 내의 공기압을 안정시켜 배수수평지관과 연결된 트랩의 봉수가 파괴되는 것을 방지하며, 배수를 촉진시키는 역할을 한다.

3. 통기배관설계

(1) 통기관 배관방식

종류	내용
1관식 배관법	① 통기관을 별도로 세우지 않고 배수수직주관 끝을 연장하여 옥상으로 돌출시켜 통기관으로 사용한다. ② 주로 기구 수가 적고 낮은 건물에 사용한다.
2관식 배관법	① 배수관과는 별도로 통기관을 배관하여 통기하는 방식이다. ② 주로 기구 수가 많은 고층건물에 사용한다.

(2) 통기배관 시 고려사항

① 통기배관에서 수평관을 바닥 밑으로 빼내어 통기수직관에 연결하는 바닥 아래의 통기관은 금지한다.
② 통기수직주관은 되도록 수리 및 점검을 용이하게 하기 위하여 파이프 샤프트 안에 배관한다.
③ 외부에 개방되는 통기관의 말단은 인접건물의 문, 개폐 창문과 인접하지 않아야 한다.

바로확인문제

통기배관에서 수평관을 바닥 밑으로 빼내어 통기수직관에 연결하는 바닥 아래의 통기관은 (   )한다.

④ 통기수평지관은 기구의 물넘침선보다 150mm 이상 높은 위치에서 수직통기관에 연결한다.
⑤ 각개통기관이 배수관에 접속되는 지점은 기구의 최고수면과 배수수평지관이 배수수직관에 접속되는 점을 연결한 동수구배선(動水勾配線)보다 위에 배치해야 한다.
⑥ 통기수직관은 브랜치 간격의 수가 5개 이상인 모든 배수수직관에 설치하며, 최소 관지름은 배관길이와 연결되는 총기구배수부하단위로 결정하고, 어떠한 경우에도 관지름이 담당 배수관 관지름의 1/2보다 크고 32mm 이상이어야 한다.
⑦ 통기수직관은 빗물(우수) 수직관과 연결해서는 안 된다.
⑧ 오수정화조의 배기관은 단독으로 대기 중에 개방해야 하며, 일반통기관과 연결해서는 안 된다.
⑨ 통기관과 실내환기용 덕트와는 연결을 피한다.
⑩ 오수피트와 잡배수피트는 개별 통기관을 각각 설치하며, 이 통기수직관을 간접배수 계통의 통기관이나 신정통기관에 연결해서는 안 된다.

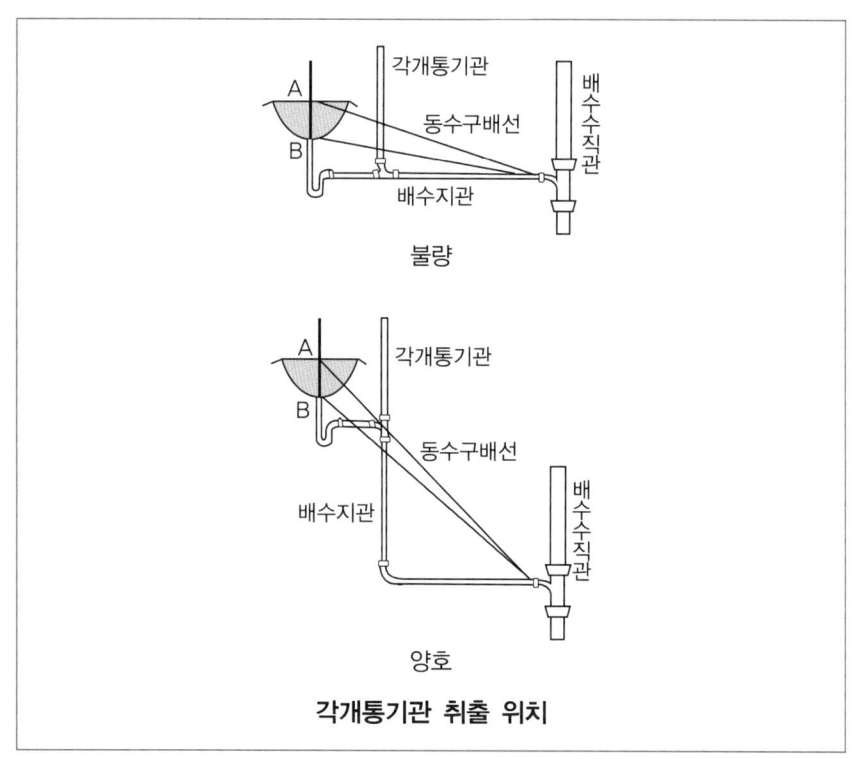

각개통기관 취출 위치

바로확인문제

각개통기관이 배수관에 접속되는 지점은 기구의 최고수면과 배수수평지관이 배수수직관에 접속되는 점을 연결한 동수구배선(動水勾配線)보다 (   )에 배치해야 한다.

> **개념적용 문제**
>
> **통기방식에 관한 설명으로 옳지 않은 것은?** 제26회 기출
>
> ① 외부에 개방되는 통기관의 말단은 인접건물의 문, 개폐 창문과 인접하지 않아야 한다.
> ② 결합통기관은 배수수직관과 통기수직관을 연결하는 통기관이다.
> ③ 각개통기관의 수직올림위치는 동수구배선보다 아래에 위치시켜 흐름이 원활하도록 하여야 한다.
> ④ 통기수직관은 빗물수직관과 연결해서는 안 된다.
> ⑤ 각개통기방식은 기구의 넘침면보다 15cm 정도 위에서 통기수평지관과 접속시킨다.
>
> **해설** 각개통기관의 수직올림위치는 동수구배선보다 위에 위치시켜 흐름이 원활하도록 하여야 한다.
>
> 정답 ③

위생기구설비

1. 위생기구 개요
2. 위생설비의 유닛화
3. 대변기

제3절 위생기구설비 ★

1. 위생기구 개요

(1) 위생기구의 정의

① 위생기구란 물받이 기구 및 그에 따르는 장치를 총칭한 것이다.
② 대변기, 소변기, 수세기, 세면기, 욕조 및 그에 사용되고 있는 수전, 배수철물 등의 급배수용 위생기구 및 거울, 비눗갑 등의 부속기구도 포함된다.

25·22·21·20·13회

(2) 위생기구의 조건

① 흡습성·흡수성 및 부식성이 없고, 내식성·내마모성·내구성이 우수한 재료일 것
② 마무리 외관이 미적이고 위생적일 것
③ 기구의 제작 및 제조가 용이하며, 부착이 손쉽게 완전히 접속될 것
④ 오염방지를 배려한 기구일 것
⑤ 조립이 간단하고 확실할 것
⑥ 우수한 대변기는 건조면적이 작고, 유수면이 넓을 것

(3) 위생도기의 장단점

장점	단점
① 경질이고, 산이나 알칼리에 침식되지 않는다.	① 탄력성이 없고, 충격에 약하여 파손되기 쉽다.
② 팽창계수가 작고, 오수나 악취 등이 흡수되지 않는다.	② 파손되면 수리가 어렵다.
③ 위생적이며 내구적이다.	③ 정밀한 치수를 기대할 수 없다.
④ 복잡한 형태의 기구도 제작할 수 있다.	④ 금속철물과의 접속이 어렵다.

개념적용 문제

위생도기에 관한 특징으로 옳지 않은 것은? 제18회 기출

① 팽창계수가 작다.
② 오수나 악취 등이 흡수되지 않는다.
③ 탄력성이 없고, 충격에 약하여 파손되기 쉽다.
④ 산이나 알칼리에 쉽게 침식된다.
⑤ 복잡한 형태의 기구로도 제작이 가능하다.

해설 위생도기는 산이나 알칼리에 쉽게 침식되면 안 된다.

정답 ④

2. 위생설비의 유닛화 (UBR; Unit Bath Room)

(1) 유닛화의 의의

① 화장실 등 내부의 위생기구의 재료를 몇 개의 제품으로 나누어 공장에서 미리 제작하여 현장에서 조립, 부착할 수 있도록 유닛화한 것이다.
② 위생설비 중 일반적으로 욕실, 화장실, 세면실을 유닛화한다.

• 위생설비의 유닛화

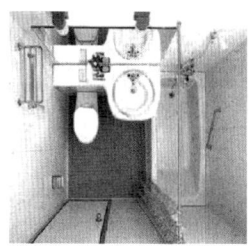

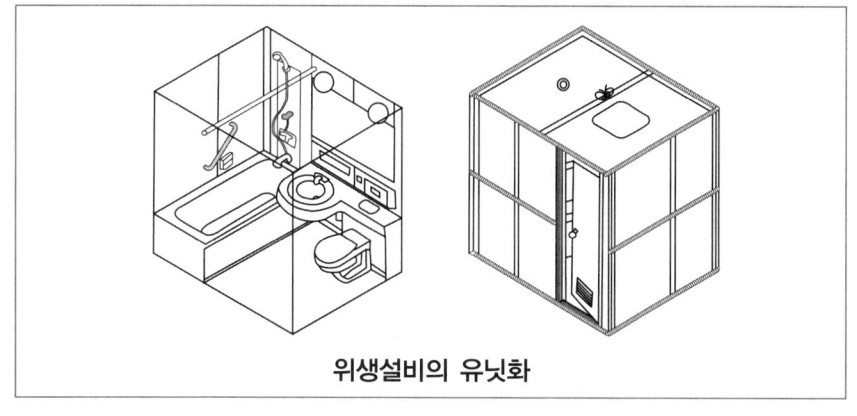

위생설비의 유닛화

바로확인문제

위생도기는 산이나 알칼리에 쉽게 침식되면 (   ) 된다.

(2) 위생설비 유닛의 목적

① 현장 공정이 줄어들면서 공사기간 단축
② 공정의 단순화
③ 시공의 정밀도 향상
④ 인건비 및 재료비 절감

(3) 위생설비 유닛의 조건

① 가볍고 운반이 용이할 것
② 현장조립이 간단하고 쉬울 것
③ 가격이 저렴할 것
④ 유닛의 배관이 단순할 것
⑤ 배관이 방수부를 통과하지 않고 바닥 위에서 처리가 가능할 것

개념적용 문제

다음 위생설비 유닛화의 목적을 설명한 내용 중 가장 부적절한 것은?

제8회 수정

① 유닛의 배관은 복잡하여도 무방하다.
② 공기가 단축된다.
③ 시공의 정밀도가 향상된다.
④ 재료가 절약된다.
⑤ 현장조립이 용이해야 한다.

해설 유닛의 배관은 단순해야 한다.

정답 ①

---

3. 대변기

(1) 세정(洗淨) 방식에 의한 분류

• 세정(洗淨)
  깨끗이 씻음

종류	특징	그림
세출식	① 얕은 수면에 오물을 받아 대변기 가장자리의 여러 곳에서 분출되는 세정수로 오물을 씻어 내리는 방식이다. ② 냄새를 발산하고 오물이 부착되기 쉽다. ③ 동양식 변기에 많이 사용하는 방식이다. ④ 유수면이 좁고, 봉수깊이가 얕은 편이다.	(50mm 이상)

세락식	① 오물을 직접 트랩의 유수 중에 낙하시켜 물의 낙차에 의해 오물을 배출시키는 방식이다. ② 세출식에 비하여 악취의 발산은 적지만, 오물이 부착되기 쉽고 세정 시 소음이 있다. ③ 일반적으로 양식 변기에 사용된다. ④ 유수면이 좁고, 봉수깊이가 얕다.	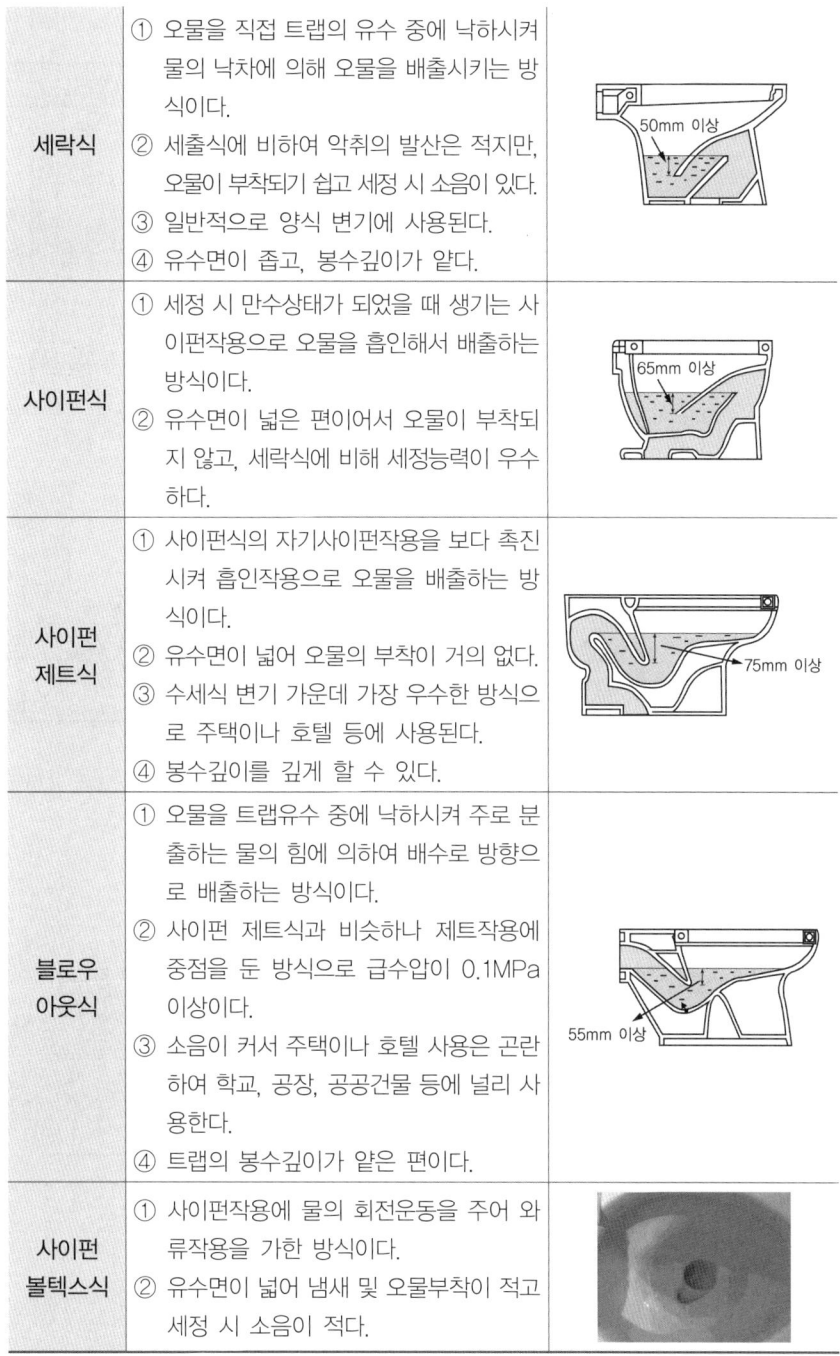
사이펀식	① 세정 시 만수상태가 되었을 때 생기는 사이펀작용으로 오물을 흡인해서 배출하는 방식이다. ② 유수면이 넓은 편이어서 오물이 부착되지 않고, 세락식에 비해 세정능력이 우수하다.	
사이펀 제트식	① 사이펀식의 자기사이펀작용을 보다 촉진시켜 흡인작용으로 오물을 배출하는 방식이다. ② 유수면이 넓어 오물의 부착이 거의 없다. ③ 수세식 변기 가운데 가장 우수한 방식으로 주택이나 호텔 등에 사용된다. ④ 봉수깊이를 깊게 할 수 있다.	
블로우 아웃식	① 오물을 트랩유수 중에 낙하시켜 주로 분출하는 물의 힘에 의하여 배수로 방향으로 배출하는 방식이다. ② 사이펀 제트식과 비슷하나 제트작용에 중점을 둔 방식으로 급수압이 0.1MPa 이상이다. ③ 소음이 커서 주택이나 호텔 사용은 곤란하여 학교, 공장, 공공건물 등에 널리 사용한다. ④ 트랩의 봉수깊이가 얕은 편이다.	
사이펀 볼텍스식	① 사이펀작용에 물의 회전운동을 주어 와류작용을 가한 방식이다. ② 유수면이 넓어 냄새 및 오물부착이 적고 세정 시 소음이 적다.	

▶ 세정방식별 트랩의 봉수깊이 비교

구분	세출식	세락식	사이펀식	사이펀 제트식	블로우 아웃식
최소 봉수깊이	50mm	50mm	65mm	75mm	55mm

(2) 세정급수방식에 의한 분류

종류	특징	그림
하이탱크식 (High Tank)	① 하이탱크에 물을 급수한 후 세정하는 방식이다. ② 설치면적을 작게 할 수 있다. ③ 수리가 어렵고, 세정 시 소음이 크다. ④ 공공 건축물 등에 사용한다. ⑤ 탱크 설치높이는 1.6m 이상이고, 탱크의 용량은 15L 이상이다.	
로우탱크식 (Low Tank)	① 로우탱크에 물을 급수한 후 세정하는 방식이다. ② 설치면적이 크다. ③ 수리가 용이하고, 소음이 적다. ④ 탱크에 물이 저장되는 시간이 필요하므로 연속사용이 적은 화장실에 주로 사용한다. ⑤ 주택, 호텔, 사무실 등에 사용한다.	
세정밸브식 (Flush Valve)	① 밸브를 한 번 누르면 일정량의 물이 나온 후에 자동적으로 정지되며, 핸들식, 전자식, 절수형 등이 있다. ② 급수관의 관지름은 25mm 이상으로 하고, 급수압은 0.1MPa 이상 수압을 필요로 한다. ③ 세정밸브 작동 시 역사이펀작용으로 인하여 오수가 급수관 내로 역류하는 것을 방지하기 위하여 2차 측(하류 측)에 역류방지기(진공방지기)를 설치한다. ④ 연속사용이 가능한 화장실에 많이 사용되고, 소음이 커서 일반주택에서 많이 사용하지 못한다. ⑤ 학교, 사무소 등에 많이 사용한다.	
기압탱크식 (Pressure Tank)	① 철판제 원통형 기압탱크가 부착되어 있다. ② 기압탱크가 수격작용을 흡수하여 소음과 진동을 방지한다.	

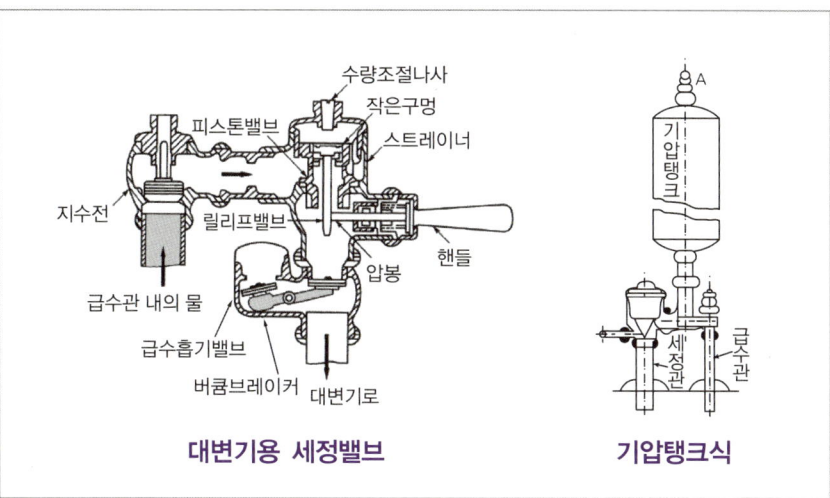

| 참고 | 세정급수방식별 급수관경 및 세정관경 비교 |

구분	하이탱크식	로우탱크식	세정밸브식
최소 급수관경(mm)	10	10	25
최소 세정관경(mm)	32	50	25

개념적용 문제

위생기구 설비에 관한 설명으로 옳은 것은? 제21회 수정

① 위생기구로서 도기는 다른 재질들에 비해 흡수성이 큰 장점을 갖고 있어 가장 많이 사용되고 있다.
② 세정밸브식과 세정탱크식의 대변기에서 급수관의 최소 관경은 10mm로 동일하다.
③ 세정탱크식 대변기에서 세정 시 소음은 로(Low) 탱크식이 하이(High) 탱크식보다 크다.
④ 세정밸브식 대변기의 최저필요압력은 세면기 수전의 최저필요압력보다 크다.
⑤ 세정탱크식 대변기에는 역류방지를 위해 진공방지기를 설치해야 한다.

해설　① 위생기구로서 도기는 다른 재질들에 비해 흡수성 및 부식성이 없어서 가장 많이 사용되고 있다.
② 세정밸브식의 대변기에서 급수관의 최소 관경은 25mm 이상이고, 세정탱크식의 대변기에서 급수관의 최소 관경은 10mm 이상이다.
③ 세정탱크식 대변기에서 세정 시 소음은 로(Low) 탱크식이 하이(High) 탱크식보다 작다.
⑤ 세정밸브식 대변기에는 역류방지를 위해 진공방지기를 설치해야 한다.
　　　　　　　　　　　　　　　　　　　　　　　　　　　　　정답 ④

바로확인문제

세정밸브식의 대변기에서 급수관의 최소 관경은 (　　)mm 이상이고, 세정탱크식의 대변기에서 급수관의 최소 관경은 (　　)mm 이상이다.

CHAPTER 04 OX문제로 완벽 복습

01 잡배수란 세면기, 싱크, 욕조 등에서 나오는 일반 구정물을 말한다. (○ | ×)

02 공공하수관보다도 낮은 곳의 배수는 중력식을 이용한다. (○ | ×)

03 트랩의 봉수깊이는 최소 50mm~최대 100mm로 하는 것이 이상적이다. (○ | ×)

04 P트랩에서 봉수 수면이 디프(Dip)보다 높은 위치에 있으면 하수 가스의 침입을 방지할 수 없다. (○ | ×)

05 배수트랩에서 이중트랩은 배수의 흐름을 방해하기 때문에 되도록 사용하지 않는 것이 좋다. (○ | ×)

06 배수 중에 혼입된 여러 가지 유해물질이나 기름 불순물을 분리하며 동시에 트랩기능을 가지고 있는 것은 그리스 저집기(트랩)이다. (○ | ×)

07 U트랩은 주방용 개수기에서 가장 많이 사용한다. (○ | ×)

08 트랩의 오버플로우 부근에 머리카락이나 헝겊이 걸린 경우에는 흡인작용에 의해 봉수가 파괴될 수 있다. (○ | ×)

09 배수관 내 공기의 흐름을 원활하게 하기 위하여 배수트랩을 설치한다. (○ | ×)

10 배수의 수평지관 또는 수직배수관에서 일시에 다량의 배수가 흘러 내려가는 경우, 트랩 속의 봉수가 공기의 압력에 의해 역으로 역압작용을 일으켜 실내 쪽으로 역류하여 하류 또는 하층 기구에 설치된 트랩의 봉수가 파괴되는 것을 분출작용이라고 한다. (○ | ×)

11 위생기구 중에서 배수부하가 큰 대변기는 수직관에서 멀리 설치한다. (○ | ×)

12 루프통기관에서 연결되는 기구가 많아지면 통기관과의 거리가 먼 기구 중에는 원활한 통기가 이루어지지 않을 수 있다. 이때 통기성능을 향상시키기 위하여 배수횡지관 최하류와 통기수직관을 연결하는 통기관을 신정통기관이라고 한다. (○ | ×)

13 배수수직관 내 압력변동을 완화하기 위한 목적으로 배수수직관과 통기수직관을 연결하는 통기관을 결합통기관이라고 한다. (○ | ×)

14 습통기관은 배수와 통기의 역할을 겸한다. (O | X)

15 통기수직관의 관지름은 담당배수관 관지름의 1/2보다 크고 32mm 이상이어야 (O | X)
한다.

16 섹스티아 방식에서는 공기혼합이음과 공기분리이음을 사용한다. (O | X)

17 오수정화조의 배기관은 단독으로 대기 중에 개방해야 하며, 일반통기관과 연결해서 (O | X)
는 안 된다.

18 각개통기관이 배수관에 접속되는 지점은 기구의 최고수면과 배수수평지관이 배수 (O | X)
수직관에 접속되는 점을 연결한 동수구배선보다 아래에 있도록 한다.

19 위생도기는 금속철물과의 접속이 어렵다. (O | X)

20 블로우아웃식 대변기는 오물을 트랩유수 중에 낙하시켜 주로 분출하는 물의 힘에 (O | X)
의하여 오물을 배수로 방향으로 배출하는 방식이다.

21 세출식은 오물을 트랩 내의 유수 중에 직접 낙하시켜 세정하는 방식이다. (O | X)

22 사이펀 제트식(Syphon-Jet Type) 대변기는 세출식(Wash-Out Type)에 비하 (O | X)
여 유수면을 넓게, 봉수깊이를 깊게 할 수 있다.

정답

01 O 02 ×(낮은 ⇨ 높은) 03 O 04 ×(높은 ⇨ 낮은) 05 O 06 O 07 ×(U트랩 ⇨ 드럼트랩)
08 ×(흡인작용 ⇨ 모세관현상) 09 ×(배수트랩 ⇨ 통기관) 10 O 11 ×(멀리 ⇨ 가깝게) 12 ×(신정통기관 ⇨ 도피통기관)
13 O 14 O 15 O 16 ×(섹스티아 ⇨ 소벤트) 17 O 18 ×(아래에 ⇨ 위에) 19 O 20 O
21 ×(세출식 ⇨ 세락식) 22 O

CHAPTER 05 오수정화설비

회독체크 1 2 3

CHAPTER 미리보기

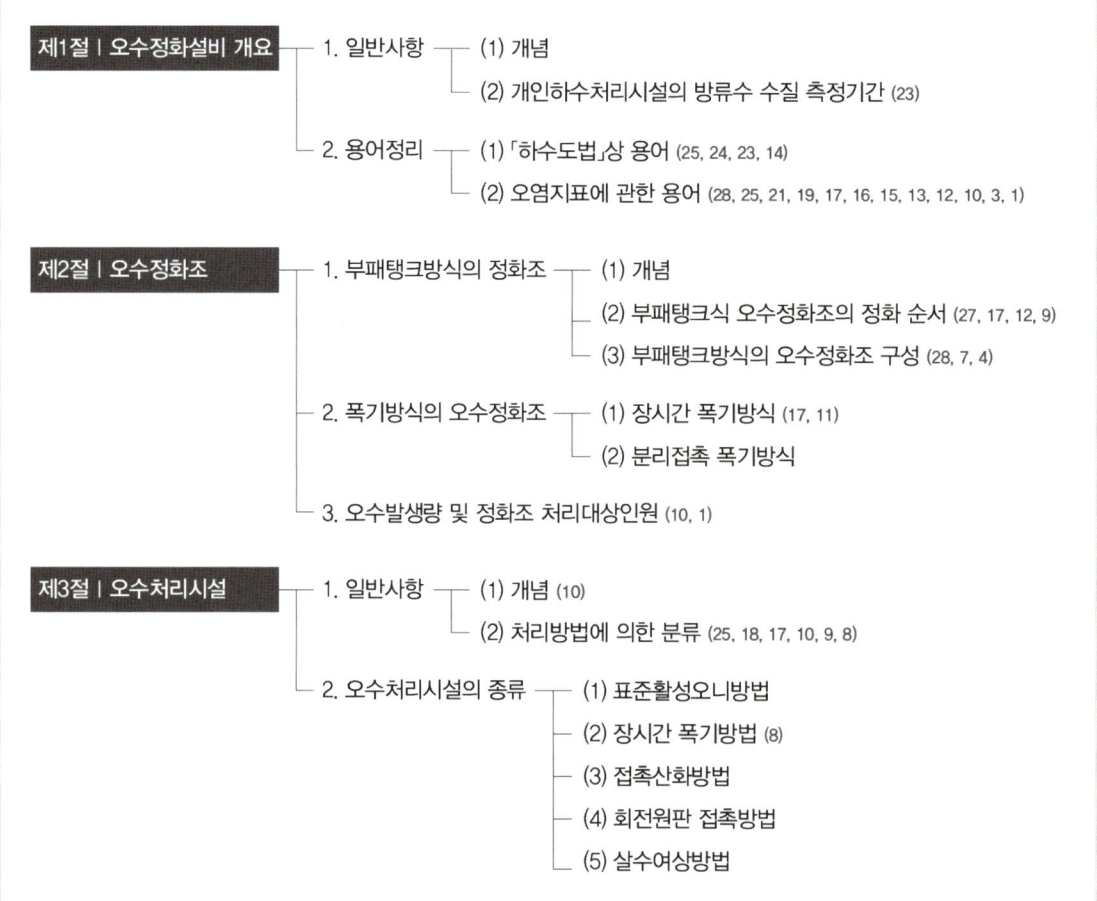

학습전략

평균 1문제 정도(2.0%)이고 매년 출제되는 CHAPTER는 아니기 때문에 중요한 내용 위주로만 학습해야 합니다. 이 CHAPTER에서는 주로 오염지표에 관한 용어 암기, 오수처리방법에 의한 분류 파악 위주로 학습할 필요가 있습니다.

학습키워드

- 분류식 하수관로
- BOD 정의 및 계산문제
- DO
- SS
- 부패탱크식 오수정화조의 정화 순서
- 부패조
- 산화조
- 장시간 폭기방식의 정화 순서
- 공동주택 1일 오수발생량
- 정화조 크기
- 전처리과정
- 혐기성 처리방식
- 호기성 처리방식
- 폭기장치

제1절 오수정화설비 개요 ★

오수정화설비 개요
1. 일반사항
2. 용어정리

1. 일반사항

(1) 개념

① 오수정화조(Septic Tank) 시설은 수세식 화장실에서 배출되는 오수(분뇨)와 생활하수를 생물학적 처리에 의해 소화, 침전 또는 산화하여 원하는 수준의 물로 정화하는 시설이다.

② 오수정화설비는 「하수도법」과 「건축물의 용도별 오수발생량 및 정화조 처리대상인원 산정방법」에 의해 처리하여야 한다.

(2) 개인하수처리시설의 방류수 수질 측정기간

하수처리시설	방류수 수질측정 기준
1일 처리용량이 50m³ 이상 200m³ 미만인 오수처리시설과 1일 처리대상인원이 1천명 이상 2천명 미만인 정화조	연 1회 이상
1일 처리용량이 200m³ 이상인 오수처리시설과 1일 처리대상인원이 2천명 이상인 정화조	6개월마다 1회 이상

▶ 23회

▶ 관련법령
「하수도법 시행규칙」 제33조
〈2025. 5. 23. 시행〉

오수처리시설

정화조

바로확인문제

1일 처리용량이 200m³ 이상인 오수처리시설과 1일 처리대상인원이 2천명 이상인 정화조의 방류수 수질측정은 ( )개월마다 1회 이상 한다.

2. 용어정리

(1) 「하수도법」상 용어

① 배출수
  ㉠ 하수: 사람의 생활이나 경제활동으로 인하여 액체성 또는 고체성의 물질이 섞이어 오염된 물(오수)과 건물·도로 그 밖의 시설물의 부지로부터 하수도로 유입되는 빗물·지하수를 말한다.
  ㉡ 분뇨: 수거식 화장실에서 수거되는 액체성 또는 고체성의 오염물질(개인하수처리시설의 청소과정에서 발생하는 찌꺼기를 포함한다)을 말한다.

② 하수도
  ㉠ 정의: 하수도는 하수와 분뇨를 유출 또는 처리하기 위하여 설치되는 하수관로·공공하수처리시설·간이공공하수처리시설·하수저류시설·분뇨처리시설·배수설비·개인하수처리시설 그 밖의 공작물·시설의 총체를 말한다.
  ㉡ **공공하수도**: 지방자치단체가 설치 또는 관리하는 하수도를 말한다. 다만, 개인하수도는 제외한다.
  ㉢ **개인하수도**: 건물·시설 등의 설치자 또는 소유자가 해당 건물·시설 등에서 발생하는 하수를 유출 또는 처리하기 위하여 설치하는 배수설비·개인하수처리시설과 그 부대시설을 말한다.

③ 하수관로
  ㉠ 정의: 하수관로는 하수를 공공하수처리시설·간이공공하수처리시설·하수저류시설로 이송하거나 하천·바다 그 밖의 공유수면으로 유출시키기 위하여 지방자치단체가 설치 또는 관리하는 관로와 그 부속시설을 말한다.
  ㉡ **합류식 하수관로**: 오수와 하수도로 유입되는 빗물·지하수가 함께 흐르도록 하기 위한 하수관로를 말한다.
  ㉢ **분류식 하수관로**: 오수와 하수도로 유입되는 빗물·지하수가 각각 구분되어 흐르도록 하기 위한 하수관로를 말한다.

바로확인문제

( ) 하수관로는 오수와 하수도로 유입되는 빗물·지하수가 함께 흐르도록 하기 위한 하수관로를 말한다.

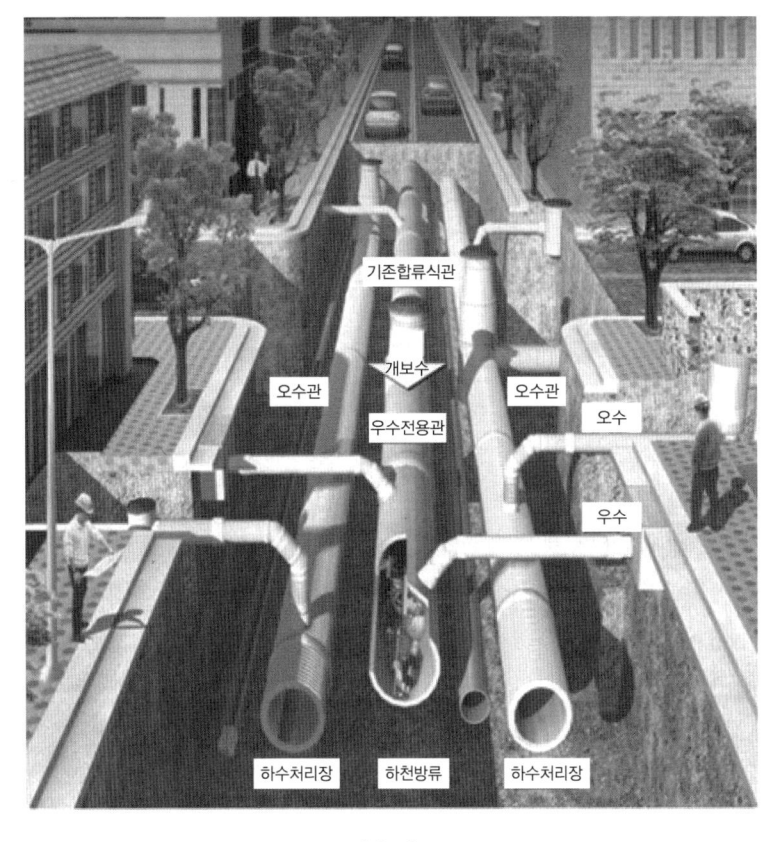

하수관로

④ **처리시설**

종류	정의
개인하수처리시설	건물·시설 등에서 발생하는 오수를 침전·분해 등의 방법으로 처리하는 시설을 말한다.
공공하수처리시설	하수를 처리하여 하천·바다 그 밖의 공유수면에 방류하기 위하여 지방자치단체가 설치 또는 관리하는 처리시설과 이를 보완하는 시설을 말한다.
분뇨처리시설	분뇨를 침전·분해 등의 방법으로 처리하는 시설을 말한다.
오수처리시설	오수를 침전·분해 등으로 정화하는 시설을 말하되, 단독정화조를 제외한다.
단독정화조	수세식 화장실에서 나오는 오수를 침전·분해 등 환경부령이 정하는 방법에 의하여 정화하는 시설을 말한다.
배수설비	건물·시설 등에서 발생하는 하수를 공공하수도에 유입시키기 위하여 설치하는 배수관과 그 밖의 배수시설을 말한다.

> **개념적용 문제**
>
> **하수도법령상 용어의 내용으로 옳지 않은 것은?** 제23회 기출
>
> ① '하수'라 함은 사람의 생활이나 경제활동으로 인하여 액체성 또는 고체성의 물질이 섞이어 오염된 물(이하 '오수'라 한다)을 말하며, 건물·도로 그 밖의 시설물의 부지로부터 하수도로 유입되는 빗물·지하수는 제외한다.
> ② '하수도'라 함은 하수와 분뇨를 유출 또는 처리하기 위하여 설치되는 하수관로·공공하수처리시설 등 공작물·시설의 총체를 말한다.
> ③ '분류식 하수관로'라 함은 오수와 하수도로 유입되는 빗물·지하수가 각각 구분되어 흐르도록 하기 위한 하수관로를 말한다.
> ④ '공공하수도'라 함은 지방자치단체가 설치 또는 관리하는 하수도를 말한다. 다만, 개인하수도는 제외한다.
> ⑤ '배수설비'라 함은 건물·시설 등에서 발생하는 하수를 공공하수도에 유입시키기 위하여 설치하는 배수관과 그 밖의 배수시설을 말한다.
>
> **해설** '하수'란 사람의 생활이나 경제활동으로 인하여 액체성 또는 고체성의 물질이 섞이어 오염된 물과, 건물·도로 그 밖의 시설물의 부지로부터 하수도로 유입되는 빗물·지하수를 말한다.
>
> **정답** ①

(2) 오염지표에 관한 용어

① **BOD**(Biochemical Oxygen Demand)

㉠ 오수 중의 유기물이 미생물에 의해 분해될 때 소비되는 산소량을 나타내는 생물학적 산소요구량이다.

㉡ 미생물이 포함된 유기물질농도를 측정할 때 요구되는 산소요구량이다.

㉢ 값이 클수록 수질오염이 심한 것이며 ppm으로 표시한다.

㉣ 오수 중에서 오염원이 되는 유기물이 이것과 공존하는 미생물에 의해 분해되어 안정화하는 과정에서 소비되는 수중에 녹아 있는 산소의 감소량을 온도 20°C에서 5일간 시료를 방치해서 측정한다.

㉤ BOD 제거율은 오수정화조의 성능을 나타내는 지표이다.

㉥ BOD 제거율이 높을수록, 유출수의 BOD가 낮을수록 정화조의 성능이 우수한 것이다.

28·25·21·19·17·16·15·13·12·10·3·1회

바로확인문제

BOD 제거율이 높을수록, 유출수의 BOD가 낮을수록 정화조의 성능이 (   )한 것이다.

$$\text{BOD 제거율(\%)} = \frac{\text{유입수의 BOD} - \text{유출수의 BOD}}{\text{유입수의 BOD}} \times 100\%$$

> **개념적용 문제**
>
> 150명이 거주하는 공동주택에서 유출수의 BOD농도는 60ppm, BOD 제거율은 60%이다. 이때 오물정화조의 유입수 BOD 농도(ppm)는?
>
> 제21회 기출
>
> ① 96   ② 120   ③ 150
> ④ 180   ⑤ 192
>
> **해설** $\text{BOD 제거율(\%)} = \dfrac{\text{유입수 BOD} - \text{유출수 BOD}}{\text{유입수 BOD}} \times 100$
>
> $0.6 = \dfrac{\text{유입수 BOD} - 60\text{ppm}}{\text{유입수 BOD}}$
>
> ∴ 유입수 BOD = 150ppm
>
> 정답 ③

② **COD**(Chemical Oxygen Demand)
  ㉠ 화학적 산소요구량이다.
  ㉡ 용존유기물을 화학적으로 산화시키는 데 필요한 산소량이다.
  ㉢ 미생물이 살 수 없어 BOD 측정이 불가능한 공장폐수의 유기물농도를 측정할 때 이용한다.
  ㉣ 값이 클수록 수질오염이 많은 것이며 ppm으로 표시한다.

③ **DO**(Dissolved Oxygen)
  ㉠ 용존산소량이다.
  ㉡ 수질오염의 지표로서, 물속에 용존하고 있는 산소의 양이며 ppm으로 표시한다.

④ **SS**(부유물질량, Suspended Solids)
  ㉠ 오수 중에 함유되어 있는 입자지름 2mm 이하의 불용성* 부유물질을 ppm으로 표시한 것이다.
  ㉡ 물의 탁도를 유발하는 오수 중에 현탁(懸濁)* 되어 있는 물질이다.

⑤ **활성오니**(Activated Sludge)
  ㉠ 활성오니란 오수 중에 있는 미생물 덩어리이다.
  ㉡ 폭기조 내에 용해되어 있는 유기물질과 반응하고 그에 따라 세포가 증식된다.

- **불용성(不溶性)**
  액체에 녹지 않는 성질

- **현탁(懸濁)**
  액체 속에 고체의 미립자가 분산되어 있는 현상

⑥ **SV**(Sludge Volume)
   ㉠ 활성오니 용량이다.
   ㉡ 정화조의 활성오니 1L를 30분간 가라앉힌 상태의 침전오니량을 %로 표시한 것이다.
⑦ **스컴**(Scum): 정화조 내의 오수표면 위로 떠오르는 오물찌꺼기이다.

> **오수정화조**
> 1. 부패탱크방식의 정화조
> 2. 폭기방식의 오수정화조
> 3. 오수발생량 및 정화조 처리대상인원

제2절 오수정화조

1. 부패탱크방식의 정화조

(1) 개념

① 오수를 정화하는 데 먼저 오수 중에 포함되어 있는 여러 가지 고형물을 아래에 가라앉히고, 또한 부상시켜 제거하는 곳이 부패조이다.
② 아래에 가라앉은 고형물을 위생상 해가 적은 것으로 하고, 양을 감소시키며, 취급하기 쉬운 형으로 하는 것을 침전방류라고 한다.
③ 산화조에서는 부패조의 방류수를 더욱더 정화하는 과정을 거친다.
④ 부패조는 물리적 작용을 수반하는 혐기성 생물에 의한 분해작용에 의하나, 산화조는 오로지 호기성 생물의 활동을 응용한 것이다.
⑤ 호기성 생물을 번식시키고 오수 중에 포함되어 있는 물질이나 미세한 고형물을 섭취시켜 오염물질을 생물체로 바꾸는 것을 생물산화라고 한다.
⑥ 부패조와 산화조를 합하여 부패탱크방식이라고 한다.

27·17·12·9회

(2) 부패탱크식 오수정화조의 정화 순서

오물의 유입 ⇨ 부패조 ⇨ 여과조 ⇨ 산화조 ⇨ 소독조 ⇨ 방류
           (혐기성균)   (호기성균)

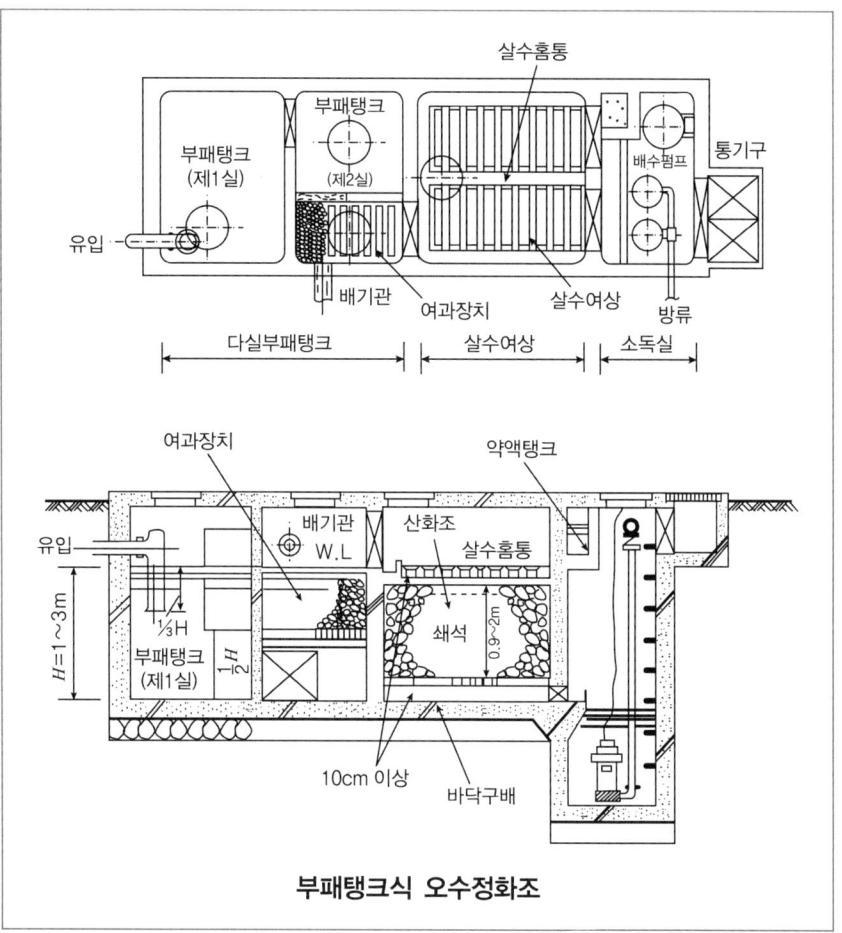

부패탱크식 오수정화조

개념적용 문제

부패탱크방식의 정화조에서 오수의 처리 순서로 옳은 것은? 제27회 기출

| ㉠ 산화조 | ㉡ 소독조 | ㉢ 부패조 |

① ㉠→㉡→㉢ ② ㉠→㉢→㉡ ③ ㉡→㉢→㉠
④ ㉢→㉠→㉡ ⑤ ㉢→㉡→㉠

해설 다실형 부패탱크식 오수 정화 순서는 '부패조(㉢) → 여과조 → 산화조(㉠) → 소독조(㉡) → 방류' 순이다.

정답 ④

바로확인문제

다실형 부패탱크식 오수 정화 순서는 '(　)조 ⇨ (　)조 ⇨ (　)조 ⇨ (　)조 ⇨ 방류' 순이다.

(3) 부패탱크방식의 오수정화조 구성

① 부패조

구분	내용
정화방법	㉠ 혐기성균의 작용에 의해 오수를 소화시켜 정화한다. ㉡ 공기(산소)의 침입을 차단(뚜껑으로 밀폐)한다.
부패조의 구조	㉠ 제1부패조, 제2부패조, 예비여과조의 용적비율은 4 : 2 : 1 또는 4 : 2 : 2로 한다. ㉡ 2실 이상 4실 이하로 구분하여 직렬로 연결하여야 한다. ㉢ 제1실의 유입관은 'T'자형 관으로 설치하되, 단층벽이나 'T'자형 관을 설치하는 경우에는 위에서 볼 수 있는 점검뚜껑을 두고, 'T'자형 관의 지름은 10cm 이상이어야 한다. ㉣ 각 실의 유효수심은 1m 이상 2.7m 이하이어야 한다. ㉤ 유입관 개구부의 위치는 수면으로부터 유효수심의 1/3 깊이로 한다. ㉥ 유출관 또는 단층벽 하단 개구부의 위치는 수면으로부터 유효수심의 1/2 깊이로 하거나, 각 실 간 벽의 같은 깊이에 적당한 수의 폭 3cm의 세로구멍을 6cm 간격으로 설치하되, 부상물이나 스컴(Scum)의 유출이 방지되는 구조이어야 한다.
부패조의 용량	㉠ 부패조의 유효용량은 유입오수량의 2일분 이상을 기준으로 한다. ㉡ 총유효용량은 1.5m³ 이상으로 하고, 처리대상인원이 5명을 초과하는 경우에는 5명당 0.5m³ 이상을 가산한 용량으로 한다. ㉢ 제1실의 유효용량은 2실형에는 총유효용량의 2/3, 3실형 및 4실형에는 1/2로 하여야 한다. ㉣ 최종실에는 여과장치를 설치하되, 그 장치의 아래로부터 오수가 통과하는 구조로 하며, 쇄석층(碎石層) 또는 이에 준하는 여재(濾材) 부분의 부피는 총유효용량의 5% 이상 10% 이하로 하여 이를 해당 유효용량에 가산한다.

② 여과조

㉠ 부패조와 산화조 사이에 설치한다.
㉡ 오수를 하부에서 상부로 유입시켜 부유물을 제거한다.
㉢ 여과조 깊이는 수심의 1/3~1/2 정도가 되게 한다.

③ 산화조

구분	내용
정화방법	㉠ 호기성균의 작용에 의해 오수를 산화(분해)처리한다. ㉡ 공기(산소)를 공급한다.
산화조의 구조	㉠ 배기관 및 송기구를 설치하여 통기설비를 한다. ㉡ 살수여상방식으로 하고 살수홈통에 의해 살수한다. ㉢ 살수홈통의 밑면과 쇄석층의 윗면과의 거리는 10cm 이상으로 한다.

	② 배기관의 높이는 지상 3m 이상으로 한다.
	⑩ 쇄석받이 밑면과 정화조의 바닥과의 간격은 10cm 이상으로 한다.
	⑭ 쇄석층의 두께는 0.9~2m 정도로 한다.
	ⓢ 산화조의 밑면은 소독조를 향해 1/100 정도의 내림구배를 둔다.
산화조의 용량	부패조 용량의 1/2 이상으로 한다.

④ **소독조**

㉠ 산화조에서 유출되는 물의 각종 세균을 멸균한다.

㉡ 차아염소산나트륨, 차아염소산칼슘 등 염소계통의 소독액을 사용한다.

㉢ 약액조의 용량은 10일 이상(25L 이상)으로 한다.

개념적용 문제

다음 중 산화조에 관한 내용으로 틀린 것은?   제7회 기출

① 용량은 부패조 용량의 1/2 이상으로 한다.
② 배기관 및 송기구를 설치하여 통기설비를 한다.
③ 소독조를 향해 산화조 밑면을 1/100 정도 내림구배한다.
④ 살수홈통의 밑면과 쇄석층의 윗면과의 거리는 10cm 이상으로 한다.
⑤ 산소를 공급함으로써 혐기성균에 의해 분해(산화)처리시킨다.

해설 산화조는 산소를 공급함으로써 호기성균에 의해 분해(산화)처리시킨다.

정답 ⑤

---

2. 폭기(暴氣)방식의 오수정화조

(1) 장시간 폭기방식

① **오수정화 순서**

> 오수유입 ⇨ 스크린 ⇨ 폭기조 ⇨ 침전조 ⇨ 소독조 ⇨ 방류

② 폭기형 정화조는 폭기실, 침전실, 소독실로 나뉘고 또 침전분리폭기형 정화조는 침전분리탱크 폭기실, 침전실, 소독실로 나뉘어 폭기작용, 침전작용 및 소독작용이 순서대로 행해지는 구조이다.

③ 24시간 이상의 장시간 폭기를 행하여 산화작용을 충분히 하고자 하는 방식이다.

> **개념적용 문제**
>
> 장시간 폭기방식에 의한 오수정화조의 오수정화 순서를 올바르게 나타낸 것은?
>
> 제11회 기출
>
> ① 스크린 ⇨ 폭기조 ⇨ 침전조 ⇨ 소독조
> ② 폭기조 ⇨ 스크린 ⇨ 침전조 ⇨ 소독조
> ③ 폭기조 ⇨ 스크린 ⇨ 소독조 ⇨ 침전조
> ④ 스크린 ⇨ 소독조 ⇨ 폭기조 ⇨ 침전조
> ⑤ 침전조 ⇨ 폭기조 ⇨ 스크린 ⇨ 소독조
>
> **해설** 장기폭기방식 오수정화 순서는 '유입 ⇨ 스크린(여과조) ⇨ 폭기조(산화조) ⇨ 침전조 ⇨ 소독조 ⇨ 방류'의 순이다.
>
> **정답** ①

(2) 분리접촉 폭기방식

① 혐기여상(濾床)* 접촉 폭기방식의 혐기여상조 대신에 침전분리조를 설치한 정화조이며, 성능은 혐기여상 접촉 폭기방식과 같으나 크기가 조금 크다.

② 침전분리조는 오수 중에 포함된 고형물과 협잡물(挾雜物)*의 분리 제거와 고형물 등을 반출할 때까지 일정기간 동안 저류하는 탱크를 말한다.

• **여상(濾床)**
오수를 여과하는 곳으로, 자갈을 깔고 그 위에 고운 모래층을 만든다.

• **협잡물(挾雜物)**
잡것이 섞이어 순수하지 못한 물건

3. 오수발생량 및 정화조 처리대상인원

(1) 건축물의 용도별 오수발생량

건축물 용도	오수발생량	
	1일 오수발생량	BOD농도(mg/L)
단독주택	200L/인	200
공동주택(아파트)	200L/인	200

관련기준
건축물의 용도별 오수발생량 및 정화조 처리대상인원 산정방법 [별표]
〈2024. 5. 31. 시행〉

(2) 정화조 처리대상인원 산정기준

① 사용인원은 정화조 크기를 결정할 때 기준이 된다.

② 건축물 용도별 정화조 처리대상인원 산정식

건축물 용도	정화조 처리대상인원(N) 산정식
단독주택	N = 2.0 + (1호당 거실의 개수 − 2) × 0.5
공동주택(아파트)	N = 2.7 + (1호당 거실의 개수 − 2) × 0.5

바로확인문제

장기폭기방식 오수정화 순서는 '유입 ⇨ ( )(여과조) ⇨ ( )(산화조) ⇨ ( ) ⇨ ( ) ⇨ 방류' 순이다.

> **개념적용 문제**
>
> 수세식 변소의 정화조 크기를 결정할 때 기준이 되는 것으로 가장 적당한 것은?
> 제1회 기출
>
> ① 대·소변기의 수량
> ② 건물의 층수
> ③ 변소의 사용인원
> ④ 변소의 위치
> ⑤ 대·소변기의 형태
>
> **해설** 정화조의 용량 산정은 변소의 사용인원을 고려하여야 한다.
>
> 정답 ③

제3절 오수처리시설 ★

오수처리시설
1. 일반사항
2. 오수처리시설의 종류

1. 일반사항

(1) 개념

10회

① 오수처리시스템은 크게 전처리, 주처리, 후처리로 분류되며, 각각의 처리시설에는 각종 기기가 처리방식별로 다수 조합되어 있다.
② 전처리(前處理)는 배수 중의 고형이물질, 유지분 등을 스크린·침사(沈砂)·파쇄기로 제거하여 주처리 과정이 원활히 될 수 있도록 하는 설비이다.
③ 주처리(主處理)는 배수 중의 SS, 유기물, 무기물, 유분 등을 제거하여 재이용 가능한 수질에 근접하도록 처리하는 것으로, 배수 재이용설비 중 가장 중요한 역할을 하고 있다.
④ 후처리(後處理)는 주처리 시에 제거되지 않은 SS, 가용성의 BOD, 색소 등을 제거하여 재이용수로 이용 가능한 수질로 처리한다.
⑤ 질소·인 제거를 위한 처리과정은 방류수 처리수준을 향상시키기 위한 것이다.

오수처리장

(2) 처리방법에 의한 분류

① 생물 처리방법

㉠ 혐기성 처리방식

종류	다실형, 2중탱크형, 변형 2중탱크형*(임호프 방식)
특징	ⓐ 혐기성 미생물에 의해 유기물을 소화하여 오수를 처리하는 방식이다. ⓑ 산소공급이 필요하지 않아 밀폐형으로 하여 유지관리비가 적게 든다. ⓒ 처리기간은 길게 소요된다. ⓓ 처리공간이 많이 필요하여 설비용량이 크다. ⓔ 악취 발생의 우려가 있다.

• 변형 2중탱크형

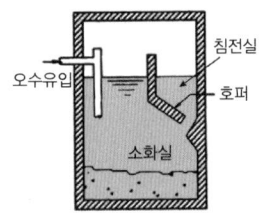

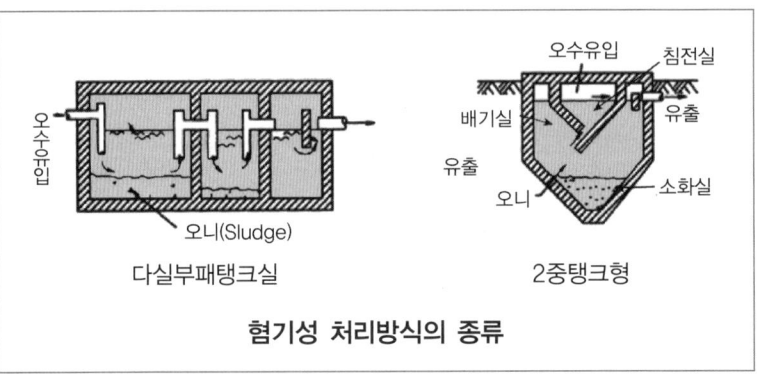
혐기성 처리방식의 종류

㉡ 호기성 처리방식

종류	회전원판법, 살수여상형, 평면산화형, 활성슬러지형, 단순폭기형, 지하모래여과형
특징	ⓐ 호기성 미생물에 의하여 유기물을 분해하여 오수를 처리하는 방식이다. ⓑ 공기(산소)를 필요로 하기 때문에 유지비(운전동력비)가 많이 든다. ⓒ 짧은 시간에 양호한 처리가 가능하다. ⓓ 적은 공간을 차지하며 고급설비이다.

바로확인문제

혐기성 처리방식은 산소공급이 필요하지 않아 밀폐형으로 하여 유지관리비가 (　　) 든다.

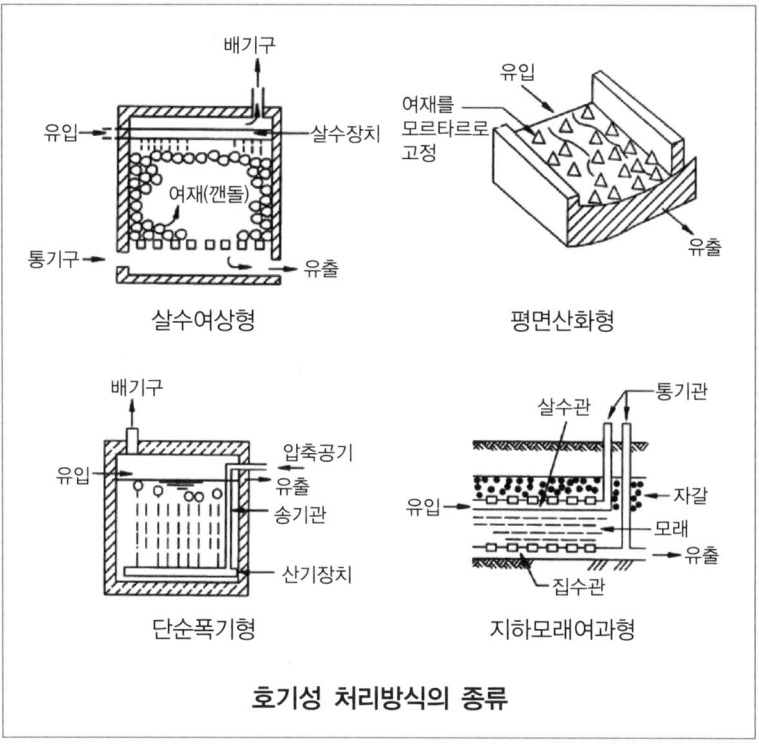

호기성 처리방식의 종류

② **화학적 처리방법**

　㉠ 오수를 약품을 이용하여 중화시키거나 소독하는 처리방법이다.

　㉡ 염소계통의 소독제를 투입하여 소독 처리하는 방법이 있다.

③ **물리적 처리방법**

종류	내용
스크린	일종의 여과 및 파쇄장치로서 오수의 여과 과정에서 고형물 또는 이형물을 제거하기 위한 방법으로 오수정화조 안에서 가장 비위생적으로 되기 쉽다.
여과	오수를 여재에 살수하여 정화한다.
침전	오수 중의 부유성 고형물을 가라앉혀 부패시키는 방법이다.
교반	폭기조 등에서 오수 중에 산소를 강제로 혼입하여 기계적으로 휘저어서 산화시키는 방법이다.

개념적용 문제

오수처리 정화설비에 관한 설명으로 옳지 않은 것은? 제17회 기출

① 오수정화조의 성능은 BOD 제거율이 높을수록, 유출수의 BOD는 낮을수록 우수하다.
② SS는 부유물질, COD는 화학적 산소요구량을 말한다.
③ 부패탱크방식의 처리과정은 부패조, 여과조, 산화조, 소독조의 순이다.
④ 살수여상형, 평면산화형, 지하모래여과형 방식은 호기성 처리방식이다.
⑤ 장시간 폭기방식의 처리과정은 스크린, 침전조, 폭기조, 소독조의 순이다.

해설 장시간 폭기방식의 처리과정은 오수유입, 스크린, 폭기조, 침전조, 소독조, 방류의 순이다.

정답 ⑤

2. 오수처리시설의 종류

(1) 표준활성오니방법(標準活性汚泥方法)

① **처리방식**
   ㉠ 호기성 미생물의 작용에 의해 오수 중의 유기물질이 제거되는 장시간 폭기방식구조의 생물학적 처리방식이다.
   ㉡ 유입오수와 활성오니를 폭기조에서 혼합하여 표준 8시간 정도 폭기시킨 후 침전조에서 처리수와 오니를 분리시켜 처리하는 고급처리방식이다.
   ㉢ 대규모시설이나 하수종말처리장에 사용한다.

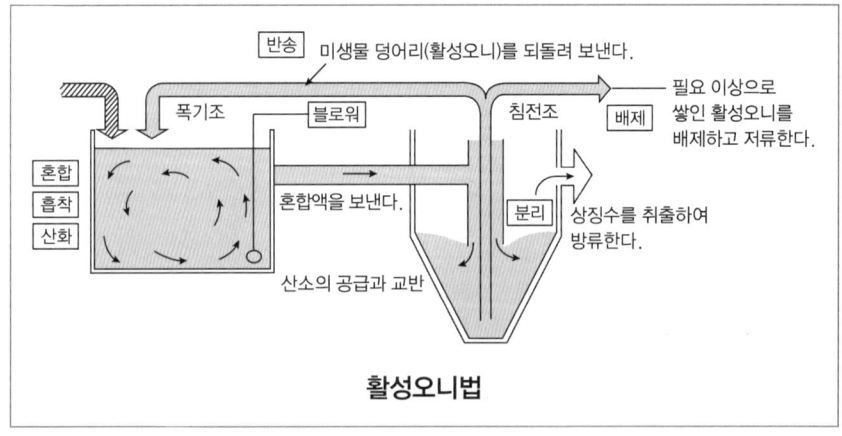

활성오니법

바로확인문제

표준활성오니방법은 호기성 미생물의 작용에 의해 오수 중의 유기물질이 제거되는 장시간 폭기방식구조의 (   ) 처리방식이다.

② 장단점

장점	단점
㉠ 유기물질 제거능력이 크다. ㉡ 처리수의 수질이 양호하다. ㉢ 장기폭기방식에 비해 시설비가 적게 든다. ㉣ 기술적 신뢰성이 높고, 슬러지의 침강성이 좋다.	㉠ 운전관리의 기술이 필요하다. ㉡ 강제폭기방식으로 동력비가 크다. ㉢ 발생 슬러지량이 비교적 많다.

(2) 장시간 폭기방법(長時間 暴氣方法)

① 처리방식
  ㉠ 호기성 미생물의 산화작용에 의해 유기물질이 제거되는 생물학적 처리방식이다.
  ㉡ 폭기장치는 산기식(공기취입식) 폭기장치와 기계식 폭기장치가 있다.
  ㉢ 업무용 건물이나 공동주택단지에 사용된다.

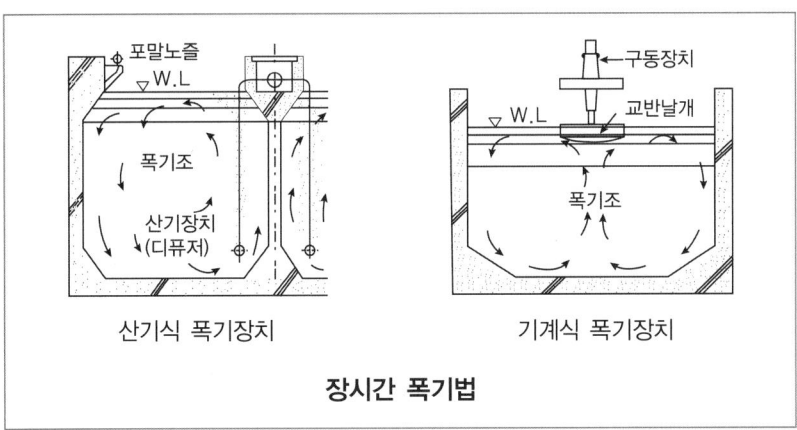

장시간 폭기법

② 장단점

장점	단점
㉠ 발생 슬러지량이 적다. ㉡ 처리수질이 임호프탱크방법보다 좋다. ㉢ 운전관리가 용이하다. ㉣ 유입오수의 양과 질의 부하변동에 강하다.	㉠ 폭기조 용적이 크다. ㉡ 폭기량이 많아 동력비가 높다.

(3) 접촉산화방법(接觸酸化方法)

① 처리방식
  ㉠ 호기성 미생물의 산화작용에 의해 유기물질이 산화되어 제거되는 생물학적 처리방식이다.

- 접촉 폭기조

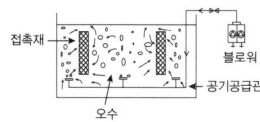

　ⓛ 폭기조 내에 활성오니가 부착할 수 있는 접촉재를 삽입하여 놓고 오수를 유동 순환시킨다.

접촉재

② **장단점**

장점	단점
㉠ 운전관리가 용이하다.	㉠ 미생물 양의 조절이 어렵다.
㉡ 부하변동에 강한 편이다.	㉡ 고도의 관리기술이 필요하다.

(4) 회전원판 접촉방법(回轉圓板 接觸方法)

① **처리방식**
　㉠ 호기성 미생물에 의해 유기물질을 산화하여 제거하는 생물학적 처리방식이다.
　㉡ 회전원판을 반쯤만 오수에 잠기게 하고 돌려 주어 회전원판에 부착된 미생물에 의해 처리한다.

② **특징**
　㉠ 운전관리가 쉽고, 부하변동에 강하다.
　㉡ 단시간 접촉에도 정화율이 높은 편이다.
　㉢ 슬러지 발생량이 적은 편이다.
　㉣ 악취 및 소음이 적지만, 유지관리가 어렵다.

(5) 살수여상방법(撒水濾床方法)

① **처리방식**
　㉠ 호기성 미생물의 작용에 의해 오수 중의 유기물질이 제거되는 생물학적 처리방식이다.
　㉡ 오수가 여상에 살포된 여재 사이를 빠져나가는 동안 여재 표면에 부착하여 성장한 미생물에 의해 처리하는 생물막법의 일종이다.
　㉢ 도시하수 2차 처리로 사용된다.

② **특징**
　㉠ 운전관리가 용이하고 유지관리비가 저렴하다.
　㉡ 자연통풍으로 산소를 공급하여 동력비가 작다.
　㉢ 슬러지 발생량이 적고, 낮은 BOD의 배수에 알맞다.
　㉣ 시설소요면적이 과다해진다.
　㉤ 기온이 낮은 지역에서는 처리효율이 낮다.
　㉥ 악취 및 파리(여상파리), 모기 등이 발생하기 쉽다.
　㉦ 움푹 파이는 폰딩(Ponding) 현상이 일어나는 수가 있으므로 주의를 요한다.

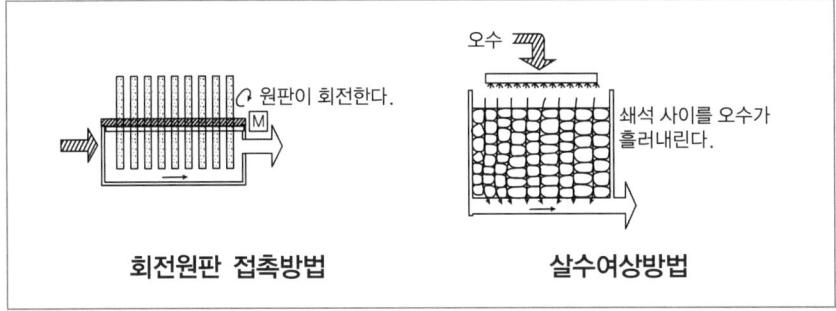

회전원판 접촉방법　　　살수여상방법

개념적용 문제

다음 중 오수정화시설의 설치 및 관리에 관한 설명으로 가장 부적절한 것은?

제8회 기출

① 소독에는 염소계통의 약제를 사용한다.
② 스크린의 설치부분은 오수정화조 안에서 가장 비위생적으로 되기 쉽다.
③ 폭기장치는 산기식 폭기장치와 기계식 폭기장치가 있다.
④ 유지관리를 위하여 중요한 필요항목은 pH, BOD, COD, 잔류염소이다.
⑤ 생물화학적 처리는 미생물을 이용하여 유기물을 분해하는 것이다.

해설 오수정화조 관리에 pH는 그리 중요하지 않고, COD는 화학적 처리방식이다. 오수정화시설에서는 미생물에 의한 생물학적 처리를 할 수 있는 환경을 만들어 주는 것이 중요하다.

정답 ④

바로확인문제

살수여상방법은 자연통풍으로 산소를 공급하여 동력비가 (　　).

CHAPTER 05 OX문제로 완벽 복습

01 건물에서 발생하는 오수와 하수도로 유입되는 빗물·지하수를 각각 구분되어 흐르게 하기 위한 시설을 합류식 하수관로라고 한다. (O | X)

02 BOD란 물의 오염도를 나타내는 지표이다. (O | X)

03 BOD 제거율이 높을수록, 유출수의 BOD가 낮을수록 정화조의 성능이 우수한 것이다. (O | X)

04 용존산소량(Dissolved Oxygen)은 수질오염의 지표로서, 물속에 용존하고 있는 산소를 의미한다. (O | X)

05 부유물질로서 오수 중에 현탁되어 있는 물질을 의미하는 것은 스컴이다. (O | X)

06 부패탱크식 오수정화 순서는 '부패조 ⇨ 여과조 ⇨ 산화조 ⇨ 소독조 ⇨ 방류' 순이다. (O | X)

07 혐기성균(미생물)은 공기를 싫어하는 미생물로 부패조에서 생육하며 유기물을 소화·침전하여 오수를 처리한다. (O | X)

08 산화조는 산소를 공급함으로써 혐기성균에 의해 분해(산화)처리시킨다. (O | X)

09 장기폭기방식 오수정화 순서는 '유입 ⇨ 스크린(여과조) ⇨ 폭기조(산화조) ⇨ 침전조 ⇨ 소독조 ⇨ 방류' 순이다. (O | X)

10 활성오니법 및 생물막법은 혐기성 미생물을 이용하는 방식이다. (O | X)

11 스크린, 침전, 여과는 물리적 처리방식이다. (O | X)

12 폭기장치는 산기식 폭기장치와 기계식 폭기장치가 있다. (O | X)

정답

01 X(합류식 ⇨ 분류식)　02 O　03 O　04 O　05 X(스컴 ⇨ SS)　06 O　07 O　08 X(혐기성균 ⇨ 호기성균)
09 O　10 X(혐기성 ⇨ 호기성)　11 O　12 O

CHAPTER 06 가스설비

회독체크 1 2 3

CHAPTER 미리보기

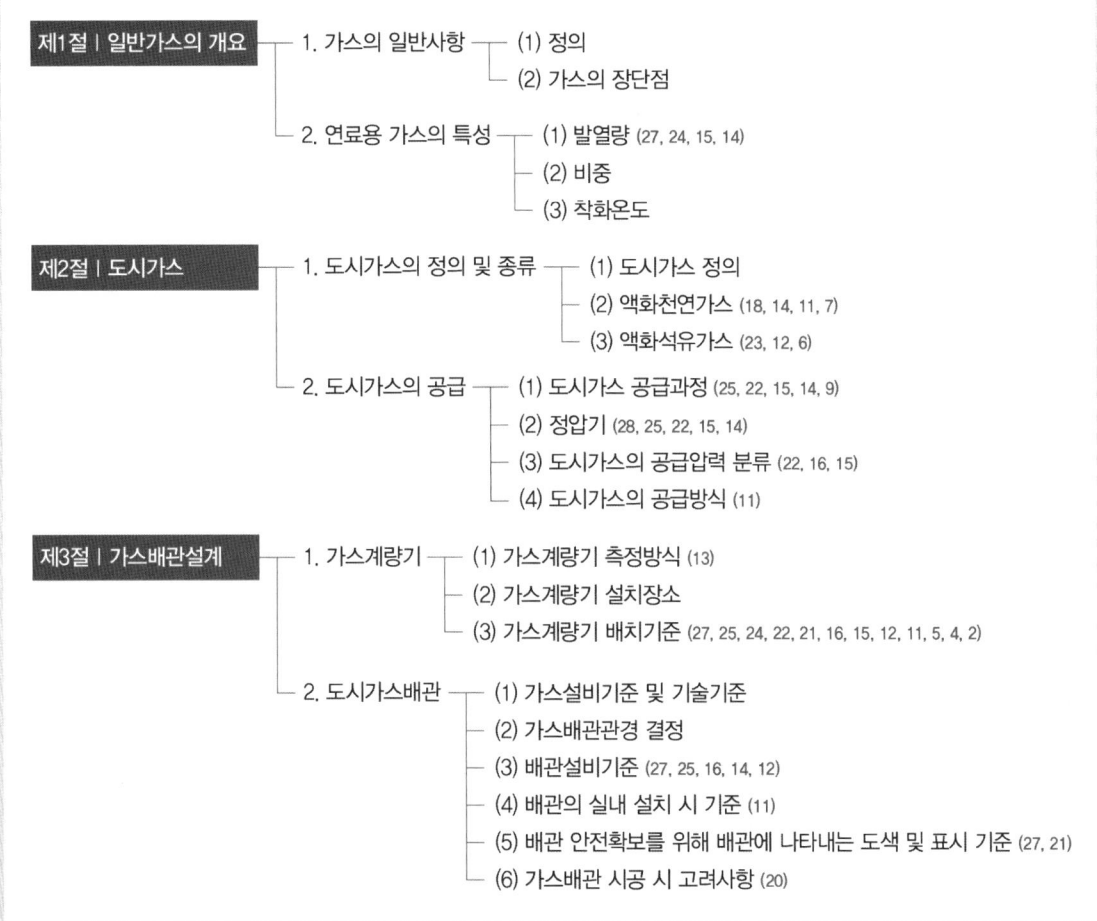

학습전략

평균 1문제 정도(2.0%)이나 매년 출제되고 있기 때문에 관심을 가지고 학습해야 합니다. 이 CHAPTER에서는 주로 LNG와 LPG를 비교하여 이해하고, 가스계량기 배치기준 암기를 중점적으로 학습할 필요가 있습니다.

학습키워드

- 가스의 발열량
- LNG
- LPG
- 도시가스의 공급과정
- 도시가스의 공급압력
- 가스계량기 측정방식
- 가스계량기
- 가스배관 설비기준
- 가스배관의 실내 설치기준

> **일반가스의 개요**
> 1. 가스의 일반사항
> 2. 연료용 가스의 특성

제1절 일반가스(Gas)의 개요

1. 가스의 일반사항

(1) 정의

① 화석연료 중 석탄은 나무가 땅속에 묻혀 오랜 시간에 걸쳐 높은 열과 압력으로 분해되어 생성된 것이고, 석유와 천연가스(Natural Gas)는 다양한 생성설이 있으나 육지와 근접한 해저분지에서 플랑크톤의 일종인 규조가 퇴적되어 진흙 퇴적물에 의해 공기가 차단된 상태에서 생성된 것이다.

② 우리가 사용하는 가스는 해저의 지하 암석층에서 오랜 생성과정을 거쳐 석유와 분리된 천연가스와, 인위적 방법에 의해 석탄과 석유에서 분류 제조되는 석탄가스, 석유가스(Petroleum Gas)로 분류할 수 있다.

(2) 가스의 장단점

장점	단점
① 중량에 비해 발열량이 크다.	① 폭발의 위험이 있다.
② 연소 후 재나 매연 발생이 없는 무공해 연료이다.	② 누설 우려가 있다.
	③ 무색, 무취이므로 누설 시 감지가 어렵다.
③ 점화나 소화가 용이하다.	
④ 연소효율이 높다.	
⑤ 기구가 간단하고 부식이 되지 않는다.	

가스설비공사

2. 연료용 가스의 특성

(1) 발열량

① 가스의 연소는 발열반응이고, 표준상태(Normal, 0℃, 1atm)의 가스 1N·m³가 완전 연소할 때 발생하는 열량을 발열량이라 하며, kJ/Nm^3으로 표시한다.

② 이론공기량은 가스 1m³를 완전 연소시키는 데 필요한 이론상의 최소 공기량을 말한다.

③ 가스의 연소에서는 수소 성분에 의해 수증기가 발생하며 이 수증기는 응축하여 물로 변할 때 열을 방출하게 되는데, 이것을 잠열이라 하며, 총발열량(고위 발열량)은 잠열을 포함한 발열량을 말한다.

④ 진발열량(저위 발열량)은 잠열을 포함하지 않는 발열량을 말한다.

(2) 비중

① 가스의 비중은 일반적으로 같은 온도, 압력, 부피의 공기와의 중량비로 표시되고, 공기의 비중을 1.0으로 하여 그 비로 표시한다.

② 특수한 경우에는 표준상태의 공기를 1.0으로 하는 경우가 있으므로 주의해야 한다.

③ 가스 비중의 크기는 수송관의 수송량 및 기구의 노즐에서 분출량에 영향을 미친다.

(3) 착화온도

① 가스의 연소는 가스 중의 가연성분과 공기 중의 산소와의 화학반응이다.

② 화학반응은 일정온도 이상에서만 반응하는데, 반응이 일어나는 최저의 온도를 착화온도라고 한다.

▶ 27·24·15·14회

• N(Normal) 표준

바로확인문제

진발열량(저위 발열량)은 잠열을 포함하지 (   ) 발열량을 말한다.

> **도시가스**
> 1. 도시가스의 정의 및 종류
> 2. 도시가스의 공급

제2절 도시가스 ★

1. 도시가스의 정의 및 종류

(1) 도시가스 정의

① 도시가스는 배관을 통하여 수요자에게 공급하는 연료가스를 말하며, 석유 정제 시에 나오는 나프타를 분해시킨 것이나 LPG, LNG를 원료로 사용한다.

② 현재 우리나라에서 사용하고 있는 도시가스의 연료는 2가지가 있다. LNG가 많이 사용되며, LNG 공급배관이 설치되지 않은 곳에서는 LPG + Air(공기)의 혼합가스가 도시가스 연료로 사용되고 있다.

③ 강원도(강릉, 속초), 경북(안동), 제주도에는 아직 LPG + Air 방식의 도시가스를 공급하고 있으며, 이외 지역의 모든 도시가스에는 천연가스가 공급되고 있다.

(2) **액화천연가스**(LNG; Liquefied Natural Gas)

① 정의

㉠ 석유를 시추하면 제일 먼저 나오는 가스가 주로 메탄가스인데, 이것을 포집하여 액화시키면 액화천연가스가 된다.

㉡ 천연가스는 표준상태(0℃, 1atm)에서 메탄 1kg당 부피가 약 1.4m^{3}이나, 액상에서는 약 2.4L(-162℃, 1atm)로, 부피의 차이가 600배 정도이다.

㉢ 가스상태에서의 천연가스를 액화하면 그 부피가 1/600로 줄어드는 것을 이용하여 천연가스를 외국에서 수입해 올 경우 액화된 상태로 운반하며, 국내에 저장할 경우에도 LNG 저장탱크에 액화된 상태로 저장해서 사용한다.

② 일반사항

18·14·11·7회

구분	내용
유량표시	m^3/h
주성분	메탄
공급방식	배관에 의해 공급
특징	㉠ -162℃에서 액화하면 그 체적은 약 1/600만큼 줄일 수 있다. ㉡ 무공해, 무독성 연료이다. ㉢ 비중이 0.6~0.7로 공기보다 가벼워 LPG보다 안전하다.

　　　　ⓔ 가스누설감지기는 천장에서 30cm 이내에 설치한다.
　　　　ⓜ 발열량은 약 38,000kJ/Nm³으로 타 연료에 비해 크지만 LPG보다 작다.

(3) 액화석유가스(LPG; Liquefied Petroleum Gas)

① 정의
　㉠ 석유를 정제하는 과정에서 나오는 가스를 말한다.
　㉡ 석유화학 공장에서 나프타(Naphtha)를 분해할 때 나오는 가스 등에 있는 프로판, 프로필렌, 부탄, 부틸렌 등을 냉각 또는 고압에 의해 액화한 것이다.

② 일반사항

▶ 23·12·6회

구분	내용
유량표시	kg/h
주성분	프로판, 부탄
공급방식	용기(봄베) 또는 배관에 의해 공급
특징	㉠ 원래 무색·무취이나 가스가 누출되었을 때 냄새로 쉽게 알 수 있도록 하기 위하여 부취제(附臭劑)*인 메르캅탄을 첨가하고 있다. ㉡ 액화 및 기화가 용이하며, 액화하면 체적을 약 1/250만큼 줄일 수 있어 운반·저장이 용이하다. ㉢ 공기보다 비중이 크다(1.5~2.0). ㉣ 가스누설감지기는 바닥면에서 30cm 이내에 설치한다. ㉤ 발열량은 약 92,000kJ/Nm³로 LNG보다 크다. ㉥ 연소 시 많은 공기가 필요하고, 누설 시 인화폭발의 위험성이 크다. ㉦ 불완전연소하면 생성가스(일산화탄소)가 발생하여 중독될 위험성이 있지만, 완전연소 시에는 발생하지 않는다.

• **부취제(附臭劑)**
어떤 물질에 첨가하여 냄새가 나도록 하는 기능을 가진 물질

> **참고** 용기(봄베) 설치 시 유의사항
> 1. 용기는 통풍이 잘 되는 옥외에 설치하고, 충격을 금지하며, 40℃ 이하로 보관하고, 직사광선을 피한다.
> 2. 습기에 의한 부식방지를 하고, 용기 2m 이내에는 화기접근을 피한다.

바로확인문제
(　　)는 프로판과 부탄이 주성분이고, (　　)는 메탄이 주성분이다.

2. 도시가스의 공급

(1) 도시가스 공급과정

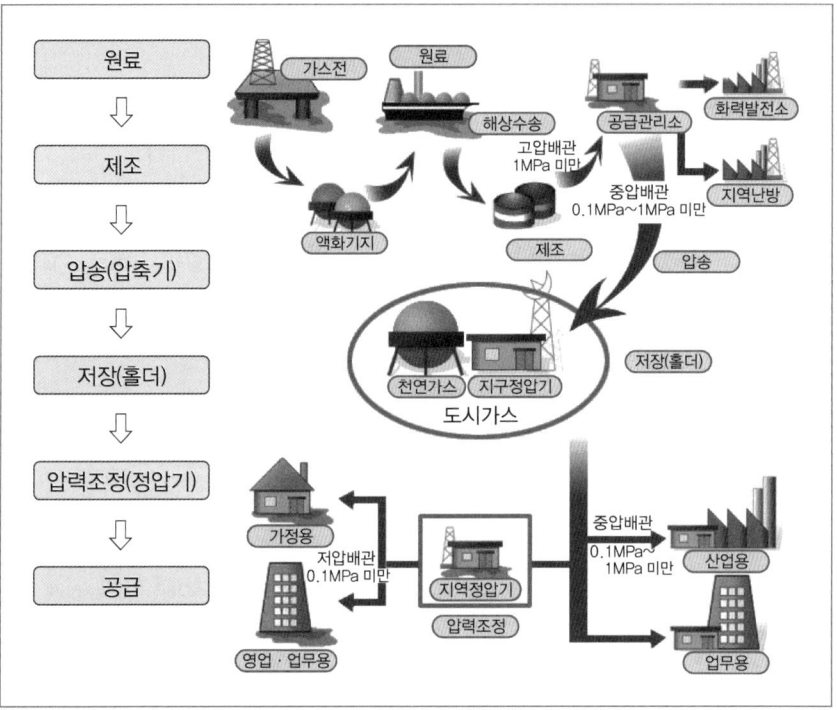

(2) 정압기

① 정의

㉠ 정압기는 가스의 압력을 고압에서 중압, 중압에서 저압으로 감압하여 가스사용기기에 적합한 압력으로 공급할 수 있도록 가스압력을 조정하는 기기이다.

㉡ 정압기는 그 정압기의 유지관리에 지장이 없고, 그 정압기 및 배관에 대한 위해의 우려가 없도록 설치하되, 원칙적으로 건축물(건축물 외부에 설치된 정압기실은 제외)의 내부나 기초 밑에 설치하지 아니하여야 한다.

㉢ 정압기를 부득이하게 건축물 외부에 설치할 수 없는 경우로서 외부와 환기가 잘 되는 지상층에 설치하거나 외부와 환기가 잘 되고 기계환기 설비를 갖춘 지하층에 설치하는 경우에는 건축물 내부에 설치할 수 있다.

② 가스설비기준

㉠ 정압기실은 그 정압기의 보호, 정압기실 안에서의 작업성 확보와 위해발생 방지를 위하여 적절한 구조를 가지도록 하고, 안전 확보에 필요한 조치를 마련해야 한다.

ⓛ 정압기는 도시가스를 안전하고 원활하게 수송할 수 있도록 하기 위하여 적절한 기밀성능을 가지도록 해야 한다.

③ **사고예방설비기준**
㉠ 정압기에는 안전밸브와 가스방출관을 설치하고 가스방출관의 방출구는 주위에 불 등이 없는 안전한 위치로서 지면으로부터 5m 이상의 높이에 설치해야 한다(단, 전기시설물과의 접촉 등으로 사고의 우려가 있는 장소에서는 3m 이상으로 할 수 있다).
㉡ 정압기실에는 누출된 도시가스를 검지하여 이를 안전관리자가 상주하는 곳에 통보할 수 있는 설비를 갖춰야 한다.
㉢ 정압기 출구의 배관에는 도시가스 압력이 비정상적으로 상승한 경우 안전관리자가 상주하는 곳에 이를 통보할 수 있는 경보장치를 설치해야 한다.
㉣ 정압기의 입구에는 수분 및 불순물 제거장치를 설치해야 한다(단, 다른 정압기로 수분 및 불순물이 충분히 제거되는 경우에는 생략할 수 있다).
㉤ 도시가스 중 수분의 동결로 정압기능을 저해할 우려가 있는 정압기에는 동결방지조치를 해야 한다.
㉥ 전기설비에는 방폭조치를 해야 한다.

④ **피해저감설비기준**
㉠ 정압기의 입구와 출구에는 가스차단장치를 설치해야 한다.
㉡ 지하에 설치되는 정압기의 경우에는 ㉠의 가스차단장치 외에 정압기실 외부의 가까운 곳에 가스차단장치를 설치해야 한다(단, 정압기실의 외벽으로부터 50m 이내에 그 정압기실로 가스공급을 지상에서 쉽게 차단할 수 있는 장치가 있는 경우는 제외한다).

⑤ **부대설비기준**
㉠ 정압기에 바이패스관을 설치하는 경우에는 밸브를 설치하고 그 밸브에 잠금 조치를 해야 한다.
㉡ 도시가스의 안정공급을 위하여 정압기의 출구에는 도시가스의 압력을 측정·기록할 수 있는 장치를 설치해야 한다.
㉢ 도시가스 사용을 위한 가스용품이 「액화석유가스의 안전관리 및 사업법」에 따른 검사대상에 해당할 경우에는 검사에 합격한 것이어야 한다.

⑥ **기술기준**
㉠ 가스사용자는 가스사용시설의 안전을 확보하기 위하여 그 설비의 작동상황을 주기적으로 점검하고, 이상이 있을 때에는 지체 없이 보수 등 필요한 조치를 해야 한다.

ⓒ 정압기와 필터의 경우에는 설치 후 3년까지는 1회 이상, 그 이후에는 4년에 1회 이상 분해점검을 실시하고, 사고예방설비 중 도시가스의 안전을 확보하기 위하여 필요한 시설이나 설비에 대하여는 분해 및 작동상황을 주기적으로 점검하고, 이상이 있을 경우에는 그 시설이나 설비가 정상적으로 작동될 수 있도록 필요한 조치를 해야 한다.

(3) 도시가스의 공급압력 분류

종류	정의
저압	0.1MPa 미만의 압력
중압	0.1MPa 이상 ~ 1.0MPa 미만의 압력
고압	1.0MPa 이상의 압력

(4) 도시가스의 공급방식

종류	특징
고압공급방식	① 고압으로 대량의 가스를 먼 거리의 광범위한 지역에 수송하는 경우 압축기에 의해 수송압력을 높여 수송하고 지역정압기에 의해 감압하여 공급하는 경우에 사용된다. ② 먼 곳에 많은 양의 가스를 공급할 경우 적합하다.
중압공급방식	① 저압공급으로는 배관비가 많아지는 경우에 병용하여 사용되기도 한다. ② 가스공급구역이 넓거나 공급량이 많은 경우에 사용한다.
저압공급방식	① 저압으로 공급지역이 좁고 공급량이 적은 경우에 적합하다. ② 일반 수요가(需要家)*의 세대에 공급되는 사용압력은 100mmAq 내외이다.

• **수요가(需要家)**
필요해서 무언가를 얻고자 하는 사람

바로확인문제

도시가스의 공급압력 분류에서 중압은 (   )MPa 이상 ~ (   )MPa 미만의 압력을 말한다.

제3절 가스배관설계 ★

가스배관설계
1. 가스계량기
2. 도시가스배관

1. 가스계량기(Gas Meter, 計量器)

(1) 가스계량기 측정방식

▶ 13회

① **직접측정방식**(실측식)

종류		내용
건식 계량기	막식 (Diaphragm)	대표적인 건식미터로 가정용·상업용 등 저압용으로 이용, 가스를 일정 용적의 주머니 속에 넣어서 충만 후 배출하고 그 횟수를 용적의 단위로 환산한다.
	회전식 (Rotary)	계량기 내부의 2개의 로터에 가스가 유입되면 공급압력에 의해 로터가 서로 맞물려 회전하면서 가스의 양을 측정하는 방식이다[대표적인 방식으로 루트(Root)미터가 있으며, 소형이지만 대용량에 사용].
습식계량기(드럼형)		⊙ 정확한 계산을 할 수 있어 기준기로 쓰이며 가스의 발열량 측정에도 쓰인다. ⓒ 내부의 후면에 있는 일정한 계량통이 1회전하는 사이 흡입 또는 토출하는 가스량이 일정하므로 회전수를 제어하여 계량한다.

② **간접측정방식**(추량식)
  ㉠ 터빈(Turbine)식
  ㉡ 오리피스(Orifice)식
  ㉢ 벤투리(Venturi)식
  ㉣ 와류(渦流)식

막식 가스미터기   회전식 가스미터기
습식 가스미터기   터빈 가스미터기

> **개념적용 문제**
>
> 다음 중 가스계량기의 측정방식에 속하지 않는 것은?　　제13회 기출
>
> ① 터빈식
> ② 광량감지식
> ③ 와류식
> ④ 오리피스식
> ⑤ 벤투리식
>
> **해설**　광량감지식은 위생과 절수의 양면을 갖춘 방식으로, 소변기를 사용하는 사람의 그림자에 의해 생긴 광량의 변화를 센서부로 감지해서 전자밸브나 하이탱크를 작동시켜 세정하는 방식이다.
>
> **정답** ②

관련법령
「도시가스사업법 시행규칙」
[별표 7]
〈2025. 5. 1. 시행〉

(2) 가스계량기 설치장소

① 가스계량기의 교체 및 유지 관리가 용이할 것
② 환기가 양호할 것
③ 직사광선이나 빗물을 받을 우려가 없을 것(단, 보호상자 안에 설치하는 경우에는 그러하지 아니하다)
④ 가스사용자가 구분하여 소유하거나 점유하는 건축물의 외벽(단, 실외에서 가스사용량을 검침할 수 있는 경우에는 그러하지 아니하다)

> **참고**　가스계량기 설치금지 장소
>
> 「건축법 시행령」제46조 제4항에 따른 공동주택의 대피공간, 방·거실 및 주방 등으로서 사람이 거처하는 곳 및 가스계량기에 나쁜 영향을 미칠 우려가 있는 장소

27·25·24·22·21·16·15·12·11·5·4·2회

(3) 가스계량기 배치기준

① 가스계량기와 화기 사이에 유지하여야 하는 거리는 2m 이상으로 한다.
② 가스계량기(30m³/hr 미만인 경우)의 설치높이는 바닥으로부터 1.6m 이상 2m 이내에 수직·수평으로 설치하고, 밴드·보호가대 등 고정장치로 고정시킨다(단, 격납상자에 설치하는 경우, 기계실 및 보일러실에 설치하는 경우와 문이 달린 파이프 덕트 안에 설치하는 경우에는 설치높이의 제한을 하지 아니한다).
③ 가스계량기와 전기계량기 및 전기개폐기와의 거리는 60cm 이상으로 유지한다.

바로확인문제

가스계량기와 화기 사이에 유지하여야 하는 거리는 (　　)m 이상으로 한다.

④ 가스계량기와 굴뚝(단열조치를 하지 아니한 경우)·전기점멸기 및 전기접속기와의 거리는 30cm 이상으로 유지한다.
⑤ 가스계량기와 절연조치를 하지 아니한 전선과의 거리는 15cm 이상으로 유지한다.
⑥ 입상관(立上管)과 화기 사이에 유지해야 하는 거리는 우회거리 2m 이상으로 하고, 환기가 양호한 장소에 설치해야 하며, 입상관의 밸브는 바닥으로부터 1.6m 이상 2m 이내에 설치한다(단, 보호상자에 설치하는 경우에는 그러하지 아니하다).

• 입상관(立上管)
위로 서 있는 관

2. 도시가스배관

(1) 가스설비기준 및 기술기준
① 가스사용시설에는 그 가스사용시설의 안전 확보와 정상작동을 위하여 지하공급차단밸브, 압력조정기, 가스계량기, 중간밸브, 호스 등 필요한 설비와 장치를 적절하게 설치한다.
② 가스사용시설은 안전을 확보하기 위하여 기밀성능을 가지도록 한다.
③ 가스사용자는 가스사용시설의 안전을 확보하기 위하여 그 설비의 작동 상황을 주기적으로 점검하고, 이상이 있을 때에는 지체 없이 보수 등 필요한 조치를 하여야 한다.
④ 가스사용시설에 설치된 압력조정기는 매 1년에 1회 이상(필터나 스트레이너의 청소는 설치 후 3년까지는 1회 이상, 그 이후에는 4년에 1회 이상) 압력조정기의 유지·관리에 적합한 방법으로 안전점검을 실시하여야 한다.

(2) 가스배관관경 결정
① 가스관경 산정요령에는 저압가스 유량선도에 의한 방법과 시행착오법에 의한 방법이 있다.
② 가스공급 본관의 관경은 25mm 이상이며, 가스공급 분기관의 관경은 20mm 이상이다.

(3) 배관설비기준
① 배관 등(배관, 관이음매 및 밸브를 말한다)의 재료와 두께는 그 배관 등의 안전성을 확보하기 위하여 사용하는 도시가스의 종류 및 압력, 사용하는 온도 및 환경에 적절해야 한다.

▶ 27·25·16·14·12회

▶ 관련법령
「도시가스사업법 시행규칙」
[별표 7]
〈2025. 5. 1. 시행〉

② 배관은 그 배관의 강도 유지와 수송하는 도시가스의 누출방지를 위하여 적절한 방법으로 접합하여야 하고, 이를 확인하기 위하여 용접부(가스용 폴리에틸렌관, 호칭지름 80mm 미만인 저압배관 및 노출된 저압배관은 제외한다)에 대하여 비파괴시험을 하여야 하며, 접합부의 안전을 유지하기 위하여 필요한 경우에는 응력 제거를 해야 한다.

③ 배관은 그 배관의 유지 관리에 지장이 없고, 그 배관에 대한 위해의 우려가 없도록 설치하며, 배관의 말단에는 막음조치를 하는 등 설치환경에 따라 적절한 안전조치를 마련해야 한다.

④ 배관을 지하에 매설하는 경우에는 지면으로부터 0.6m 이상의 거리를 유지해야 한다.

⑤ 배관은 움직이지 않도록 고정 부착하는 조치를 하되 그 호칭지름이 13mm 미만의 것에는 1m마다, 13mm 이상 33mm 미만의 것에는 2m마다, 33mm 이상의 것에는 3m마다 고정장치를 설치해야 한다(단, 배관과 고정장치 사이에는 절연조치를 하고, 호칭지름 100mm 이상의 것에는 적절한 방법에 따라 3m를 초과하여 설치할 수 있다).

⑥ 배관은 도시가스를 안전하게 사용할 수 있도록 하기 위하여 내압성능과 기밀성능을 가지도록 한다.

⑦ 가스용 폴리에틸렌관은 그 배관의 유지 관리에 지장이 없고 그 배관에 대한 위해의 우려가 없도록 설치하되, 폴리에틸렌관을 노출배관용으로 사용하지 아니해야 한다(단, 지상배관과 연결을 위하여 금속관을 사용하여 보호조치를 한 경우로서 지면에서 30cm 이하로 노출하여 시공하는 경우에는 노출배관용으로 사용할 수 있다).

⑧ 매설배관은 보호판으로 안전조치를 해야 한다.

⑨ 배관은 건축물의 기초 밑에는 설치하지 않는다.

(4) 배관의 실내 설치 시 기준

① **배관을 실내에 노출하여 설치하는 경우**

㉠ 배관은 누출된 도시가스가 체류(滯留)하지 않고 부식의 우려가 없도록 안전하게 설치한다.

㉡ 배관의 이음부(용접이음매는 제외)와 전기계량기 및 전기개폐기, 전기점멸기 및 전기접속기, 절연전선, 절연조치를 하지 않은 전선 및 단열조치를 하지 않은 굴뚝 등과는 적절한 거리를 유지한다.

> **참고** 배관이음부와의 간격(도시가스사업법 시행규칙 별표 6)
>
> 배관의 이음매(용접이음매는 제외)와 전기계량기 및 전기개폐기와의 거리는 60cm 이상, 전기점멸기 및 전기접속기와의 거리는 30cm 이상, 절연전선과의 거리는 10cm 이상, 절연조치를 하지 않은 전선 및 단열조치를 하지 않은 굴뚝과의 거리는 15cm 이상의 거리를 유지한다.

② **배관을 실내의 벽·바닥·천장 등에 매립 또는 은폐 설치하는 경우**
  ㉠ 배관은 못 박음 등 외부 충격 등에 의한 위해의 우려가 없는 안전한 장소에 설치한다.
  ㉡ 배관 및 배관이음매의 재료는 그 배관의 안전성을 확보하기 위하여 도시가스의 압력, 사용하는 온도 및 환경에 적절한 기계적 성질과 화학적 성분을 갖는다.
  ㉢ 배관은 수송하는 도시가스의 특성 및 설치 환경조건을 고려하여 위해의 우려가 없도록 설치하고, 배관의 안전한 유지·관리를 위하여 필요한 조치를 한다.
  ㉣ 매립 설치된 배관에서 가스가 누출될 경우 매립배관 내부의 가스 누출을 감지하여 자동으로 가스공급을 차단하는 안전장치나 다기능가스안전계량기를 설치한다.

(5) 배관 안전확보를 위해 배관에 나타내는 도색 및 표시 기준

① 배관은 그 외부에 사용가스명, 최고사용압력 및 도시가스 흐름방향을 표시한다(단, 지하에 매설하는 배관의 경우 흐름방향을 표시하지 아니할 수 있다).
② 지상배관은 부식방지 도장 후 표면 색상을 황색으로 도색하고, 지하매설배관은 최고사용압력이 저압인 배관은 황색으로, 중압 이상인 배관은 붉은색으로 한다(단, 지상배관의 경우 건축물의 내·외벽에 노출된 것으로서 바닥에서 1m의 높이에 폭 3cm의 황색띠를 2중으로 표시한 경우에는 표면색상을 황색으로 하지 아니할 수 있다).

▶ 27·21회

바로확인문제

지상배관은 부식방지 도장 후 표면 색상을 (　　)으로 도색하고, 최고사용압력이 저압인 지하매설배관은 (　　)으로 하여야 한다.

• 도시가스배관 시공

PLP 배관(중 · 저압)

건축물 천장배관(서스)
병원 접견실

> **개념적용 문제**
>
> **도시가스사업법령상 도시가스설비에 관한 내용으로 옳은 것은?** 제27회 기출
>
> ① 가스계량기와 전기개폐기 및 전기점멸기와의 거리는 30cm 이상의 거리를 유지하여야 한다.
> ② 지하매설배관은 최고사용압력이 저압인 배관은 황색으로, 중압 이상인 배관은 붉은색으로 도색하여야 한다.
> ③ 가스계량기와 화기(그 시설 안에서 사용하는 자체화기는 제외한다) 사이에 유지하여야 하는 거리는 1.5m 이상으로 하여야 한다.
> ④ 가스계량기와 절연조치를 하지 아니한 전선과의 거리는 10cm 이상의 거리를 유지하여야 한다.
> ⑤ 가스배관은 움직이지 않도록 고정 부착하는 조치를 하되 그 호칭지름이 13mm 미만의 것에는 2m 마다 고정 장치를 설치하여야 한다.
>
> **해설** ① 가스계량기와 전기개폐기 및 전기계량기와의 거리는 60cm 이상의 거리를 유지하여야 한다.
> ③ 가스계량기와 화기(그 시설 안에서 사용하는 자체화기는 제외한다) 사이에 유지하여야 하는 거리는 2m 이상으로 하여야 한다.
> ④ 가스계량기와 절연조치를 하지 아니한 전선과의 거리는 15cm 이상의 거리를 유지하여야 한다.
> ⑤ 가스배관은 움직이지 않도록 고정 부착하는 조치를 하되 그 호칭지름이 13mm 미만의 것에는 1m 마다 고정 장치를 설치하여야 한다.
>
> **정답** ②

(6) 가스배관 시공 시 고려사항

① 건물의 규모가 크고 배관길이가 길면, 계통을 나누어 배관하도록 한다.
② 횡주관은 응축수 유입 방지를 위해 1/100 정도의 선하향구배를 둔다.
③ 가스배관은 원칙적으로 직선, 직각배관으로 하며, 배관의 곡절부에는 엘보를 사용하고, 배관 도중에 신축흡수를 위한 신축이음을 사용한다.
④ 배관은 부식되거나 손상될 우려가 있는 곳은 피해야 한다.
⑤ 배관은 주요구조부를 관통하지 않도록 배관해야 한다.
⑥ 초고층 건물의 경우 상층부에서는 가스공급압력이 변화하므로 영향이 큰 경우에는 배관 설계 시에 충분한 고려를 한다. 즉, 공기보다 무거운 가스에서는 압력 강하가, 공기보다 가벼운 가스에서는 압력 상승이 일어난다.

개념적용 문제

도시가스설비 배관에 관한 설명으로 옳지 않은 것은? 제20회 기출

① 배관은 부식되거나 손상될 우려가 있는 곳은 피해야 한다.
② 배관의 신축을 흡수하기 위해 필요 시 배관 도중에 이음을 설치한다.
③ 건물의 규모가 크고 배관 연장이 긴 경우에는 계통을 나누어 배관한다.
④ 배관은 주요구조부를 관통하지 않도록 배관해야 한다.
⑤ 초고층 건물의 상층부로 공기보다 가벼운 가스를 공급할 경우, 압력이 떨어지는 것을 고려해야 한다.

해설 초고층 건물의 상층부로 공기보다 가벼운 가스를 공급할 경우에는 압력이 올라가고, 공기보다 무거운 가스를 공급할 경우에는 압력이 떨어지는 것을 고려해야 한다.

정답 ⑤

CHAPTER 06 OX문제로 완벽 복습

01 고(위) 발열량 또는 총발열량은 연소 시 발생되는 수증기의 잠열을 제외한 것이다. (O | X)

02 발열량은 통상 1Nm³당의 열량으로 나타내는데, 여기에서 N은 표준상태를 나타내는 것으로, 가스에서의 표준상태란 0℃, 1atm을 말한다. (O | X)

03 LNG의 단위는 kg/h를 사용한다. (O | X)

04 LPG는 비중이 공기보다 작다. (O | X)

05 도시가스의 공급과정은 '원료 ⇨ 제조 ⇨ 압송(압축기) ⇨ 저장(홀더) ⇨ 압력조정(정압기) ⇨ 공급' 순이다. (O | X)

06 가스계량기와 화기 사이에 유지하여야 하는 거리는 1m 이상으로 한다. (O | X)

07 가스미터기와 전기개폐기 사이의 거리는 60cm 이상으로 한다. (O | X)

08 LPG 누출감지기는 바닥면으로부터 높이 0.3m 이내에 설치한다. (O | X)

09 배관을 지하에 매설하는 경우에는 지면으로부터 0.5m 이내의 거리를 유지한다. (O | X)

정답

01 ×(제외 ⇨ 포함) 02 O 03 ×(LNG ⇨ LPG) 04 ×(작다 ⇨ 크다) 05 O 06 ×(1m ⇨ 2m) 07 O
08 O 09 ×(0.5m ⇨ 0.6m)

CHAPTER 07 소방설비

회독체크 [1] [2] [3]

CHAPTER 미리보기

학습전략

평균 2문제 정도(5.0%)이나 매년 출제되고 있기 때문에 관심을 가지고 학습해야 합니다. 이 CHAPTER에서는 주로 소화설비 종류별 수치 암기, 연결송수관설비에 관한 내용 파악을 위주로 학습할 필요가 있습니다.

학습키워드

- 소화활동설비의 종류
- 소화기 설치사항
- 옥내소화전설비 설치거리 및 높이
- 옥내소화전설비 소화함
- 옥내소화전설비 방수압력 및 표준방수량
- 옥내소화전설비 저수량 계산
- 가압송수장치
- 옥외소화전설비 설치거리 및 방수량·방수압력
- 옥외소화전설비 저수량 계산
- 스프링클러 헤드 구조
- 스프링클러 헤드의 설치간격
- 스프링클러 가지배관 및 교차배관
- 스프링클러 방수압력 및 방수량
- 스프링클러 시스템의 종류
- 드렌처헤드의 설치 간격
- 물분무소화설비
- 포소화설비
- 분말소화설비
- 연결송수관설비
- 방수량 비교
- 연결살수설비
- 정온식 감지기
- 차동식 감지기
- 전기화재경보기

소방설비 개요
1. 일반사항
2. 소방시설의 분류

제1절 소방(消防)설비 개요

1. 일반사항

(1) 정의
① 화재를 예방·경계하거나 진압하고 화재, 재난·재해 그 밖에 위급한 상황에서의 구조·구급활동 등을 통하여 국민의 생명·신체 및 재산을 보호하는 것을 말한다.
② 「소방시설 설치 및 관리에 관한 법률」에 의한 소방시설은 소화설비·경보설비·피난구조설비·소화용수설비, 그 밖에 소화활동설비를 말하고, 국가화재안전기준(NFSC)에 준하여 적용한다.

23회

(2) 화재
① 정의
㉠ 화재란 연소(燃燒)작용에 의하여 발생한 열이 전도, 대류, 복사의 방법으로 진행을 계속함으로써 확대 연소되는 현상을 말한다.
㉡ 연소가 일어나기 위해서는 가연물, 산소, 열 등이 필요한데, 이것을 연소의 3요소라고 하며, 여기에 어떤 현상이 일어났을 때 그 현상의 결과가 그 현상을 또다시 조장시켜서 확대해 나가는 상태인 연쇄반응을 추가하면 연소의 4요소가 된다.

연소작용

관련기준
소화기구 및 자동소화장치의 화재안전기술기준(NFSC 101) 〈2024. 7. 25. 시행〉

바로확인문제
( )급 화재는 나무, 섬유, 종이, 고무, 플라스틱류와 같은 일반 가연물이 타고 나서 재가 남는 화재이다.

② 화재의 분류

분류		발화원	표시
A급 화재	일반화재	나무, 섬유, 종이, 고무, 플라스틱류와 같은 일반 가연물이 타고 나서 재가 남는 화재	백색
B급 화재	유류화재	인화성 액체, 가연성 액체, 석유 그리스, 타르, 오일, 유성도료, 솔벤트, 래커, 알코올 및 인화성 가스와 같은 유류가 타고 나서 재가 남지 않는 화재	황색

C급 화재	전기화재	전류가 흐르고 있는 전기기기, 배선과 관련된 화재	청색
D급 화재	금속화재	마그네슘 합금 등 가연성 금속에서 일어나는 화재	회색, 은색
K급 화재	주방화재	주방에서 동식물유를 취급하는 조리기구에서 일어나는 화재	없음

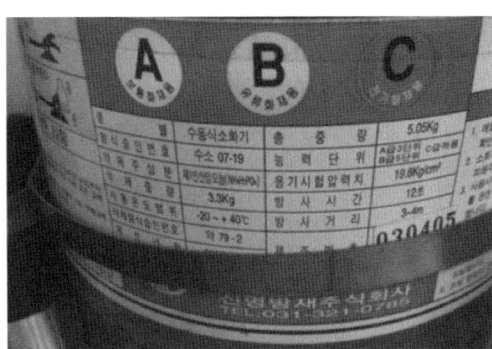

화재의 분류 표시

(3) 소방시설등의 자체점검 시 점검인력 배치기준

점검인력 1단위가 하루 동안 점검할 수 있는 아파트 세대수는 종합점검과 작동점검에 관계없이 250세대이다.

> **중요개념**
>
> 1. 종합점검: 소방시설등의 작동점검을 포함하여 소방시설등의 설비별 주요구성부품의 구조기준이 화재안전기준과 「건축법」 등 관련 법령에서 정하는 기준에 적합한지 여부를 소방청장이 고시하는 소방시설등 종합점검표에 따라 점검하는 것
>   ① 최초점검: 「소방시설 설치 및 관리에 관한 법률」 제22조 제1항 제1호에 따라 소방시설이 새로 설치되는 경우 「건축법」 제22조에 따라 건축물을 사용할 수 있게 된 날부터 60일 이내에 점검하는 것
>   ② 그 밖의 종합점검: 최초점검을 제외한 종합점검
> 2. 작동점검: 소방시설등을 인위적으로 조작하여 소방시설이 정상적으로 작동하는지를 소방청장이 정하여 고시하는 소방시설등 작동점검표에 따라 점검하는 것

▶ 25회

▶ 관련법령
「소방시설 설치 및 관리에 관한 법률 시행규칙」 [별표 3], [별표 4] 〈2024. 12. 1. 시행〉

2. 소방시설의 분류

구분	정의	종류
소화설비 (消火設備)	소화약제를 사용하여 자동 또는 수동의 방법으로 방호 대상물에 설치하여 화재 확산을 막거나 억제시키는 기구 및 설비	① 소화기구(수동식 및 자동식) ② 옥내소화전설비 ③ 옥외소화전설비 ④ 스프링클러설비

▶ 26·25·22·19·18·12회

▶ 관련법령
「소방시설 설치 및 관리에 관한 법률 시행령」 제3조 [별표 1] 〈2024. 12. 31. 시행〉

		⑤ 물분무소화설비 ⑥ 포소화설비 ⑦ 분말소화설비 ⑧ 이산화탄소소화설비
소화활동설비 (消火活動設備)	화재를 진압하거나 인명구조활동을 위하여 사용하는 설비	① 제연설비 ② 연결송수관설비, 연결살수설비 ③ 연소방지설비 ④ 비상콘센트설비 ⑤ 무선통신보조설비
경보설비 (警報設備)	화재 발생 시 음의 발신, 빛의 점멸 등의 수법으로 이용자, 관리자에게 알리기 위한 시설 혹은 설비	① 자동화재탐지설비 ② 자동화재속보설비 ③ 비상경보설비, 비상방송설비 ④ 가스누설경보기, 누전경보기 ⑤ 단독경보형 감지기 ⑥ 시각경보기
피난구조설비 (避難救助設備)	화재 시에 건물 내에서 피난하기 위해 쓰이는 설비	① 피난기구(피난사다리·완강기·공기안전매트·구조대·피난교) ② 인명구조기구 ③ 유도등 및 유도표지 ④ 비상조명등
소화용수설비 (消火用水設備)	화재를 진압하는 데 필요한 물을 공급하거나 저장하는 설비	① 상수도소화용수설비 ② 소화수조, 저수조, 그 밖의 소화용수설비

개념적용 문제

소방시설 설치 및 관리에 관한 법령에서 정하고 있는 소방시설에 관한 내용으로 옳지 않은 것은?   제22회 수정

① 비상콘센트설비, 연소방지설비는 소화활동설비이다.
② 연결송수관설비, 상수도소화용수설비는 소화용수설비이다.
③ 옥내소화전설비, 옥외소화전설비는 소화설비이다.
④ 시각경보기, 자동화재속보설비는 경보설비이다.
⑤ 인명구조기구, 비상조명등은 피난구조설비이다.

해설 연결송수관설비는 소화활동설비에 속한다.

정답 ②

제2절 소화설비 ★★

> **소화설비**
> 1. 소화기구
> 2. 옥내소화전설비
> 3. 옥외소화전설비
> 4. 스프링클러설비
> 5. 드렌처설비
> 6. 특수 소화설비

1. 소화기구

(1) 개념

① **소화기**: 소화약제를 압력에 따라 방사하는 기구로서, 사람이 수동으로 조작하여 소화하는 소형소화기와 대형소화기가 있다.

② **소화약제**: 소화기구 및 자동소화장치에 사용되는 소화성능이 있는 고체·액체 및 기체의 물질을 말한다.

③ **자동소화장치**: 소화약제를 자동으로 방사하는 고정된 소화장치로서 「소방시설 설치 및 관리에 관한 법률」 제37조 또는 제40조에 따라 형식승인이나 성능인증을 받은 유효설치범위(설계방호체적, 최대설치높이, 방호면적 등을 말한다) 이내에 설치하여 소화하는 것을 말한다.

④ **자동확산소화기**: 화재를 감지하여 자동으로 소화약제를 방출·확산시켜 국소적으로 소화하는 소화기를 말한다.

▶ **관련기준**
소화기구 및 자동소화장치의 화재안전기술기준(NFTC 101)
〈2024. 7. 25. 시행〉

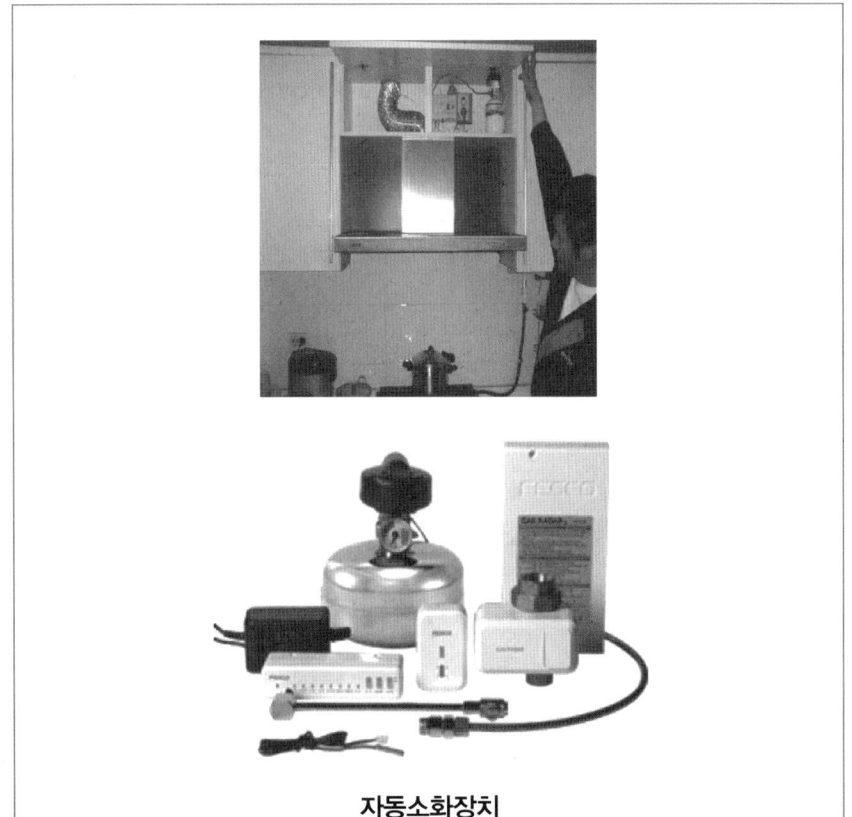

자동소화장치

(2) 소화기구의 분류

① **수동식 소화기**

　㉠ 소형소화기: 능력단위가 1단위 이상이고 대형소화기의 능력단위 미만인 소화기이다.

　㉡ 대형소화기: 화재 시 사람이 운반할 수 있도록 운반대와 바퀴가 설치되어 있고 능력단위가 A급 10단위 이상, B급 20단위 이상인 소화기이다.

수동식 소화기

② **자동소화장치**

종류	내용
주거용 주방자동소화장치	주거용 주방에 설치된 열발생 조리기구의 사용으로 인한 화재발생 시 열원을 자동으로 차단하며 소화약제를 방출하는 소화장치를 말한다.
상업용 주방자동소화장치	상업용 주방에 설치된 열발생 조리기구의 사용으로 인한 화재발생 시 열원을 자동으로 차단하며 소화약제를 방출하는 소화장치를 말한다.
캐비닛형 자동소화장치	열, 연기 또는 불꽃 등을 감지하여 소화약제를 방사하여 소화하는 캐비닛 형태의 소화장치를 말한다.
가스 자동소화장치	열, 연기 또는 불꽃 등을 감지하여 가스계 소화약제를 방사하여 소화하는 소화장치를 말한다.
분말 자동소화장치	열, 연기 또는 불꽃 등을 감지하여 분말의 소화약제를 방사하여 소화하는 소화장치를 말한다.
고체에어로졸 자동소화장치	열, 연기 또는 불꽃 등을 감지하여 에어로졸의 소화약제를 방사하여 소화하는 소화장치를 말한다.

③ **간이소화용구**

　㉠ 에어로졸식 소화용구, 투척용 소화용구, 소공간용 소화용구 및 소화약제 외의 것을 이용한 소화용구를 말한다.

　㉡ 소화약제에 의한 소규모 소화용구, 모래, 팽창질석 등 초기소화를 목적으로 사용한다.

바로확인문제

대형소화기는 화재 시 사람이 운반할 수 있도록 운반대와 바퀴가 설치되어 있고 능력단위가 A급 (　　)단위 이상, B급 (　　)단위 이상인 소화기이다.

> 개념적용 문제

소화기구 및 자동소화장치의 화재안전기술기준상 용어의 정의로 옳지 않은 것은? 제23회 기출

① '대형소화기'란 화재 시 사람이 운반할 수 있도록 운반대와 바퀴가 설치되어 있고 능력단위가 A급 10단위 이상, B급 20단위 이상인 소화기를 말한다.
② '소형소화기'란 능력단위가 1단위 이상이고 대형소화기의 능력단위 미만인 소화기를 말한다.
③ '주거용 주방자동소화장치'란 주거용 주방에 설치된 열발생 조리기구의 사용으로 인한 화재 발생 시 열원(전기 또는 가스)을 자동으로 차단하며 소화약제를 방출하는 소화장치를 말한다.
④ '유류화재(B급 화재)'란 인화성 액체, 가연성 액체, 석유 그리스, 타르, 오일, 유성도료, 솔벤트, 래커, 알코올 및 인화성 가스와 같은 유류가 타고 나서 재가 남지 않는 화재를 말한다.
⑤ '주방화재(C급 화재)'란 주방에서 동식물유를 취급하는 조리기구에서 일어나는 화재를 말한다. 주방화재에 대한 소화기의 적응 화재별 표시는 'C'로 표시한다.

해설 '주방화재(K급 화재)'란 주방에서 동식물유를 취급하는 조리기구에서 일어나는 화재를 말한다. 주방화재에 대한 소화기의 적응 화재별 표시는 'K'이다.

정답 ⑤

(3) 수동식 소화기 설치 및 유의사항   ▶ 18·7회

① 소화기는 바닥에서 1.5m 이하에 설치한다.
② 통행이나 피난에 지장이 없고 화재 시 쉽게 사용할 수 있도록 한다.
③ 각 층마다 설치하되, 특정소방대상물의 각 부분으로부터 1개의 소화기까지의 보행거리가 소형소화기의 경우에는 20m 이내, 대형소화기의 경우에는 30m 이내가 되도록 배치할 것. 다만, 가연성 물질이 없는 작업장의 경우에는 작업장의 실정에 맞게 보행거리를 완화하여 배치할 수 있다.
④ '소화기'라는 표시를 하여야 한다.
⑤ 적응* 화재에 맞게 사용한다.

• 적응
일정한 조건이나 환경에 맞추어 잘 어울림

> 바로확인문제
>
> 수동식 소형소화기는 특정소방대상물의 각 부분으로부터 1개의 소화기까지의 보행거리가 (   )m 이내가 되도록 배치한다.

(4) 주거용 주방자동소화장치

① 소화약제 방출구는 환기구(주방에서 발생하는 열기류 등을 밖으로 배출하는 장치를 말한다. 이하 같다)의 청소부분과 분리되어 있어야 하며, 형식승인을 받은 유효설치 높이 및 방호*면적에 따라 설치한다.

② 감지부는 형식승인을 받은 유효한 높이 및 위치에 설치한다.

③ 차단장치(전기 또는 가스)는 상시확인 및 점검이 가능하도록 설치하여야 한다.

④ 가스용 주방자동소화장치를 사용하는 경우 탐지부는 수신부와 분리하여 설치하되, 공기보다 가벼운 가스를 사용하는 경우에는 천장면으로부터 30cm 이하의 위치에 설치하고, 공기보다 무거운 가스를 사용하는 장소에는 바닥면으로부터 30cm 이하의 위치에 설치한다.

⑤ 수신부는 주위의 열기류 또는 습기 등과 주위온도에 영향을 받지 아니하고 사용자가 상시 볼 수 있는 장소에 설치한다.

* 방호
  위험 따위를 막아서 보호함

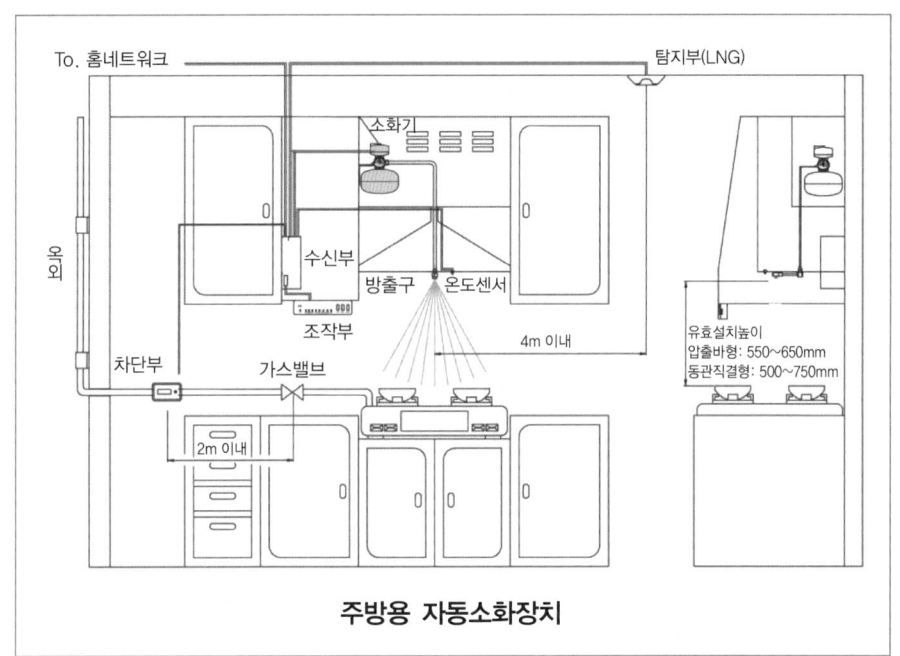

주방용 자동소화장치

(5) 공동주택의 소화기구 및 자동소화장치 기준

① **소화기 설치기준**

  ㉠ 바닥면적 100제곱미터 마다 1단위 이상의 능력단위를 기준으로 설치할 것

  ㉡ 아파트등의 경우 각 세대 및 공용부(승강장, 복도 등)마다 설치할 것

관련기준
공동주택의 화재안전성능기준
(NFPC 608) 제5조
〈2023. 10. 13. 제정〉

ⓒ 아파트등의 세대 내에 설치된 보일러실이 방화구획되거나, 스프링클러설비·간이스프링클러설비·물분무등소화설비 중 하나가 설치된 경우에는 「소화기구 및 자동소화장치의 화재안전성능기준(NFPC 101)」을 적용하지 않을 수 있다.

ⓔ 아파트등의 경우 「소화기구 및 자동소화장치의 화재안전성능기준(NFPC 101)」의 기준에 따른 소화기의 감소 규정을 적용하지 않을 것

② **주거용 주방자동소화장치**: 아파트등의 주방에 열원의 종류에 적합한 것으로 설치하고, 열원을 차단할 수 있는 차단장치를 설치해야 한다.

2. 옥내소화전설비

(1) 개요

① 건물에 화재가 발생하는 경우 자체 인원에 의한 초기소화를 목적으로 설치한 소화설비이다.

② 건축물에 설치하는 고정식 물소화설비이다.

▶ 관련기준
옥내소화전설비의 화재안전기술기준(NFTC 102)
〈2022. 12. 1. 시행〉

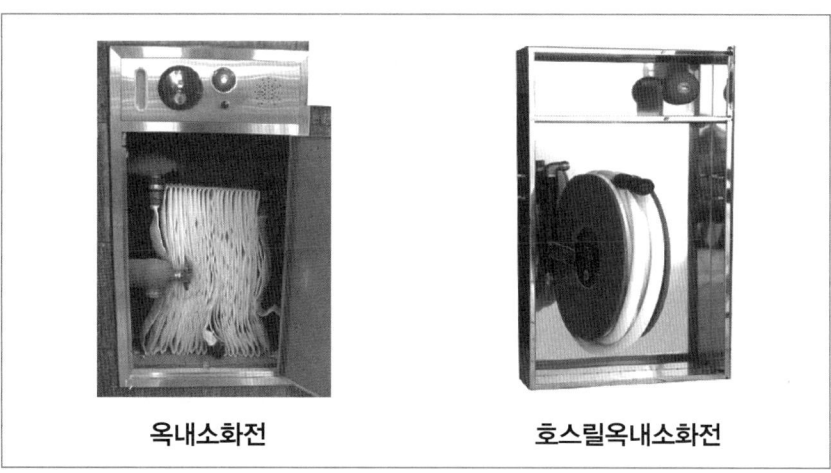

옥내소화전   호스릴옥내소화전

(2) 설치규정

▶ 24·16·12회

구분	내용
설치거리 (유효반경)	① 특정소방대상물의 층마다 설치 ② 특정소방대상물의 각 부분으로부터 하나의 옥내소화전 방수구까지의 수평거리가 25m(호스릴옥내소화전설비를 포함한다) 이하가 되도록 할 것
설치높이	① 방수구 높이는 바닥으로부터 1.5m 이하의 위치에 설치 ② 송수구 높이는 지면으로부터 높이가 0.5m 이상 1m 이하의 위치에 설치
소화전함	① 옥내소화전함 표면에 '소화전'이라고 표시 ② 옥내소화전함의 상부 또는 그 직근에 설치하는 가압송수장치의 기동을 표시하는 표시등은 적색등으로 할 것

25·16·5·4회

(3) 방수구 표준규정

구분	내용
방수압력	노즐 끝에서 0.17MPa 이상~0.7MPa 이하
표준방수량	130L/min 이상
호스 구경	40mm(호스릴옥내소화전설비인 경우: 25mm)

24·10회

(4) 수원의 저수량

① 화재 시 20분 동안 방사할 수 있는 양을 기준으로 한다.
② 옥내소화전설비 또는 호스릴옥내소화전설비의 수원은 그 저수량이 옥내소화전의 설치개수가 가장 많은 층의 설치개수(2개 이상 설치 시 2개로 산정)에 2.6m³를 곱한 양 이상이 되도록 하여야 한다.

$$\text{수원의 저수량}(m^3) = 130L/min \times 20분 \times \text{동시사용개수}(N)$$
$$= 2.6m^3 \times N$$

개념적용 문제

옥내소화전이 1층에 4개, 2층에 6개, 3층에 5개가 설치되어 있는 건축물에서 소화활동에 필요한 유효저수량으로 옳은 것은?   제10회 기출

① 5.2m³
② 13.0m³
③ 15.6m³
④ 23.4m³
⑤ 39.0m³

해설 옥내소화전 유효수량 = 가장 많은 층의 소화전 개수 × 2.6m³(130L × 20분)
단, 소화전 개수가 2개 이상이면 2개까지만 인정하므로 2 × 2.6 = 5.2(m³)이다.
정답 ①

27·26·24·19·16·11·9회

(5) 가압송수장치

① 용어정리

용어	정의
고가수조	구조물 또는 지형지물 등에 설치하여 자연낙차의 압력으로 급수하는 수조를 말한다.
압력계	대기압 이상의 압력을 측정하는 계측기를 말한다.
진공계	대기압 이하의 압력을 측정하는 계측기를 말한다.

바로확인문제

옥내소화전 노즐선단에서의 방수압력은 (   )MPa 이상으로 한다.

연성계	대기압 이상의 압력과 대기압 이하의 압력을 측정할 수 있는 계측기를 말한다.
체절운전	펌프의 성능시험을 목적으로 펌프 토출 측의 개폐밸브를 닫은 상태에서 펌프를 운전하는 것을 말한다.
충압펌프	배관 내 압력손실에 따른 주펌프의 빈번한 기동을 방지하기 위하여 충압역할을 하는 펌프를 말한다.
기동용 수압 개폐장치 (압력챔버)	소화설비의 배관 내 압력변동을 검지하여 자동적으로 펌프를 기동 및 정지시키는 것으로 압력챔버 또는 기동용 압력스위치 등을 말하며, 배관 내의 압력변동을 흡수하여 펌프의 잦은 기동을 방지하고 또한 수격작용도 방지한다.

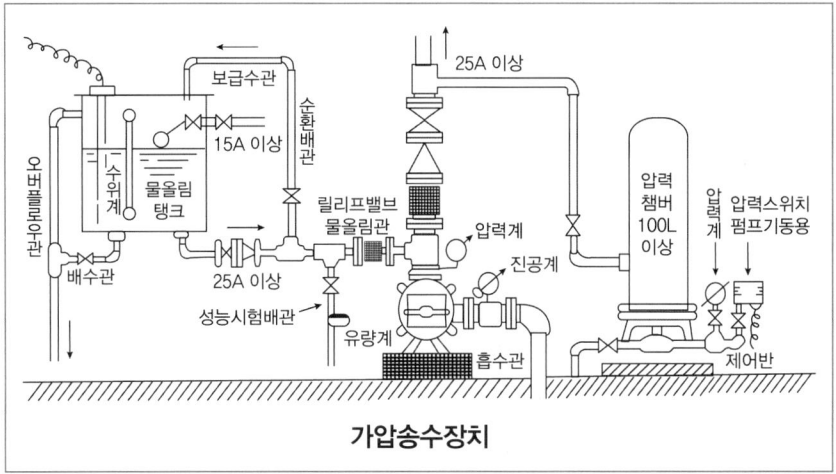

가압송수장치

② **펌프**

㉠ 펌프는 전용으로 한다.

㉡ 펌프의 토출 측에는 압력계를 체크밸브 이전에 펌프 토출 측 플랜지에서 가까운 곳에 설치하고, 흡입 측에는 연성계 또는 진공계를 설치한다.

㉢ 가압송수장치에는 체절운전 시 수온의 상승을 방지하기 위한 순환배관을 설치한다.

㉣ 기동용 수압 개폐장치(압력챔버)를 사용할 경우 그 용적은 100L 이상의 것으로 한다.

㉤ 펌프의 성능은 체절운전 시 정격토출압력의 140%를 초과하지 않고, 정격토출량의 150%로 운전 시 정격토출압력의 65% 이상이 되어야 하며, 펌프의 성능을 시험할 수 있는 성능시험배관을 설치하여야 한다.

바로확인문제

기동용 수압 개폐장치(압력챔버)의 용적은 (   )L 이상으로 한다.

③ 배관

㉠ 배관 내 사용압력이 1.2MPa 미만일 경우에는 배관용 탄소강관, 이음매 없는 구리 및 구리합금관(단, 습식의 배관에 한한다), 배관용 스테인리스강관, 덕타일 주철관을 사용하고, 배관 내 사용압력이 1.2MPa 이상일 경우에는 압력배관용 탄소강관, 배관용 아크용접 탄소강 강관을 배관과 배관이음쇠로 사용하여야 한다.

㉡ 급수배관은 전용으로 하여야 하고, 펌프의 토출 측 주배관의 구경은 유속이 4m/s 이하가 될 수 있는 크기 이상으로 하여야 한다.

㉢ 옥내소화전방수구와 연결되는 가지배관의 구경은 40mm(호스릴옥내소화전설비의 경우 25mm) 이상으로 하여야 한다.

㉣ 주배관 중 수직배관의 구경은 50mm(호스릴옥내소화전설비의 경우 32mm) 이상으로 하여야 한다.

㉤ 연결송수관설비의 배관과 겸용할 경우의 주배관은 구경 100mm 이상, 방수구로 연결되는 배관의 구경은 65mm 이상의 것으로 하여야 한다.

(6) 공동주택의 옥내소화전설비 기준

> 관련기준
> 공동주택의 화재안전성능기준
> (NFPC 608) 제6조
> 〈2023. 10. 13. 제정〉

① 호스릴(hose reel) 방식으로 설치하여야 한다.

② 복층형 구조인 경우에는 출입구가 없는 층에 방수구를 설치하지 아니할 수 있다.

③ 감시제어반 전용실은 피난층 또는 지하 1층에 설치하여야 한다. 다만, 상시 사람이 근무하는 장소 또는 관계인이 쉽게 접근할 수 있고 관리가 용이한 장소에 감시제어반 전용실을 설치할 경우에는 지상 2층 또는 지하 2층에 설치할 수 있다.

3. 옥외소화전설비

> 관련기준
> 옥외소화전설비의 화재안전기술기준(NFTC 109)
> 〈2022. 12. 1. 시행〉

(1) 개요

① 건축물에 화재가 발생하는 경우, 자체 소화 또는 인접 건축물로 화재가 확산되는 것을 방지하기 위한 설비이다.

② 건축물의 외부에 설치하는 고정식 물소화설비로 저층 화재의 소화에 적합하다.

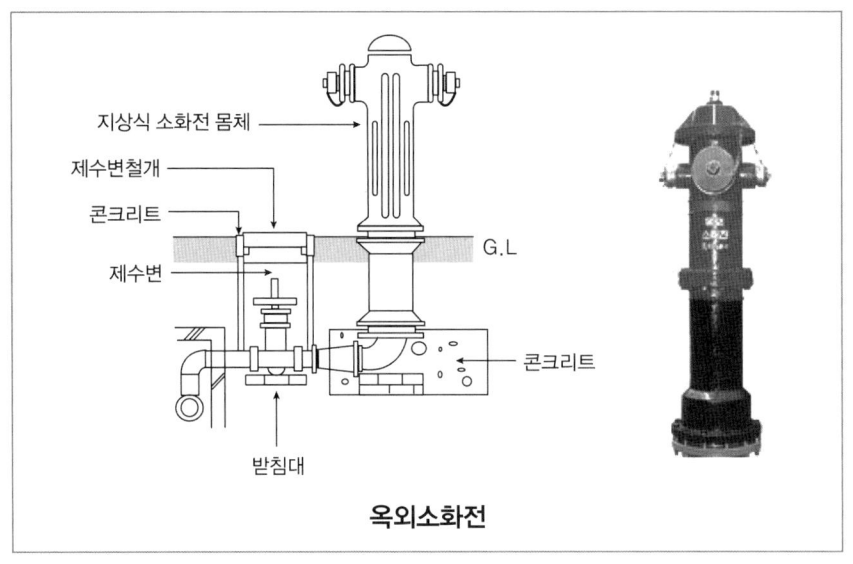

옥외소화전

(2) 대상 건축물
① 특정소방대상물로 지상 1, 2층 바닥면적의 합계가 9,000m² 이상
② 문화유산 중 「문화유산의 보존 및 활용에 관한 법률」 제23조에 따라 보물 또는 국보로 지정된 목조건축물
③ 공장, 창고시설로서 「화재의 예방 및 안전관리에 관한 법률 시행령」 [별표 2]에서 정하는 수량의 750배 이상의 특수가연물을 저장·취급하는 것

(3) 설치규정

구분	내용
설치거리 (유효반경)	특정소방대상물의 각 부분으로부터 하나의 호스접결구까지의 수평거리가 40m 이하가 되도록 설치
설치높이	호스접결구는 지면으로부터 높이가 0.5m 이상 1m 이하의 위치에 설치
소화전함	① 옥외소화전함 표면에 '옥외소화전'이라고 표시한 표지를 함 ② 옥외소화전함의 상부 또는 그 직근에 가압송수장치의 기동을 명시하는 적색등을 설치

(4) 표준규정

구분	내용
방수압력	0.25MPa 이상 ~ 0.7MPa 이하
표준방수량	350L/min 이상
호스 구경	65mm

▶ 관련법령
「소방시설 설치 및 관리에 관한 법률 시행령」 [별표 4]
〈2024. 12. 31. 시행〉

▶ 11·4회

▶ 4회

바로확인문제

옥외소화전의 호스접결구는 소방대상물의 각 부분으로부터 하나의 호스접결구까지의 수평거리가 (   )m 이하가 되도록 설치하여야 한다.

13회

(5) 수원의 저수량

① 화재 시 20분 동안 방사할 수 있는 양을 기준으로 한다.
② 옥외소화전설비의 수원은 그 저수량이 옥외소화전의 설치개수(2개 이상 설치 시 2개로 산정)에 7m³를 곱한 양 이상이 되도록 하여야 한다.

$$수원의\ 저수량(m^3) = 350L/min \times 20분 \times 동시사용개수(N)$$
$$= 7m^3 \times N$$

> **개념적용 문제**
>
> 옥외소화전이 4개 설치되어 있는 경우 수원의 저수량으로 옳은 것은?
>
> 제13회 기출
>
> ① 6m³　　　　　　　　　② 8m³
> ③ 10m³　　　　　　　　 ④ 12m³
> ⑤ 14m³
>
> **해설**　수량 = 0.35m³ × 20분 × 설치소화전 수(2개 이상 시 2개로 산정)
> 　　　　= 7m³ × 2 = 14m³
>
> 정답 ⑤

관련기준
공동주택의 화재안전성능기준
(NFPC 608) 제10조
〈2023. 10. 13. 제정〉

(6) 공동주택의 옥외소화전설비 기준

① 기동장치는 기동용수압개폐장치 또는 이와 동등 이상의 성능이 있는 것을 설치하여야 한다.
② 감시제어반 전용실은 피난층 또는 지하 1층에 설치하여야 한다. 다만, 상시 사람이 근무하는 장소 또는 관계인이 쉽게 접근할 수 있고 관리가 용이한 장소에 감시제어반 전용실을 설치할 경우에는, 지상 2층 또는 지하 2층에 설치할 수 있다.

관련기준
스프링클러설비의 화재안전기술기준(NFTC 103)
〈2024. 7. 1. 시행〉

4. 스프링클러(Sprinkler)설비

(1) 개요

① 건축물의 상부에 배관과 헤드를 설치하고 물이나 압축공기 등을 채워 넣은 자동소화설비이다.
② 화재 시 헤드의 감열부분이 화열에 의해 분해·이탈되면 배관 내의 압력수나 압축공기가 방출되어 압력이 저하되고 펌프가 작동되어 연속적으로 물을 공급하는 소화설비이다.

③ 화재 초기에 화재를 진압하는 자동소화설비이다.
④ 화재의 발생을 경보로 통보하여 주어 신속한 피난을 유도한다.
⑤ 아파트 등 특정소방대상물로서 6층 이상 건축물에 설치한다.

> **참고** 스프링클러 헤드를 설치하지 아니할 수 있는 장소
>
> 1. 계단실·경사로·승강기의 승강로·비상용 승강기의 승강장·파이프덕트 및 덕트피트(파이프·덕트를 통과시키기 위한 구획된 구멍에 한한다)·목욕실·수영장·화장실·직접 외기에 개방되어 있는 복도·기타 이와 유사한 장소
> 2. 천장과 반자 양쪽이 불연재료로 되어 있는 경우로서 그 사이의 거리 및 구조가 다음 항목의 어느 하나에 해당하는 부분
>   ① 천장과 반자 사이의 거리가 2m 미만인 부분
>   ② 천장과 반자 사이의 벽이 불연재료이고 천장과 반자 사이의 거리가 2m 이상으로서 그 사이에 가연물이 존재하지 아니하는 부분
> 3. 천장·반자 중 한쪽이 불연재료로 되어 있고 천장과 반자 사이의 거리가 1m 미만인 부분
> 4. 천장 및 반자가 불연재료 외의 것으로 되어 있고 천장과 반자 사이의 거리가 0.5m 미만인 부분
> 5. 현관 또는 로비 등으로서 바닥으로부터 높이가 20m 이상인 장소

(2) 장단점

장점	단점
① 자동소화설비로 초기화재 소화율이 높다.	① 초기투자비가 많이 든다.
② 경보기능이 있고, 오동작이 적다.	② 물로 인한 2차적인 피해가 발생할 수 있다.
③ 소화재료가 물이므로 경제적이고, 수명이 길다.	③ 소화 후 반드시 제어밸브를 잠가야 한다.
④ 취급 및 조작이 간편하고, 소화 후 복구가 쉽다.	

(3) 스프링클러 헤드

① 스프링클러 헤드의 구조

구성요소	내용
프레임(Frame)	헤드 몸체
가용편(Fusible Link)	온도 상승 시 감지하여 용해되며, 헤드에 따라 차이가 있으나 정온식인 경우 67~75℃ 정도에서 작동
디플렉터(반사판, Deflector)	방수구에서 유출되는 물을 세분시켜 균일하게 살수하는 장치

• 스프링클러 헤드

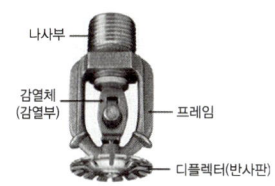

- 폐쇄형 헤드

- 개방형 헤드

- 회향식 배관

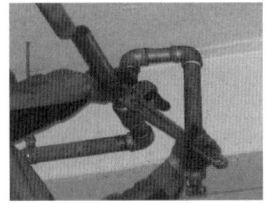

② **스프링클러 헤드의 종류**

㉠ 개방 유무에 따른 분류

종류	내용
폐쇄형	ⓐ 정상상태에서 방수구를 막고 있는 감열체가 일정온도에서 자동적으로 파괴·용융 또는 이탈됨으로써 방수구가 개방되는 스프링클러 헤드 ⓑ 하나의 방호구역의 바닥면적은 3,000m²를 초과하지 아니할 것 ⓒ 폐쇄형 스프링클러설비의 헤드는 개별적으로 화재를 감지하여 개방되는 구조로 되어 있다.
개방형	ⓐ 감열체 없이 방수구가 항상 열려 있는 스프링클러 헤드 ⓑ 하나의 방수구역은 2개 층에 미치지 아니하고, 하나의 방수구역을 담당하는 헤드의 개수는 50개 이하로 할 것

㉡ 설치방향에 따른 분류

종류	내용
하향형	ⓐ 습식 스프링클러에 사용한다. ⓑ 반자가 있는 사무실, 아파트, 호텔 등에 적합하다. ⓒ 헤드에 찌꺼기의 유입을 방지하기 위하여 회향식(回向式)으로 설치한다.
상향형	ⓐ 습식 스프링클러설비 및 부압식 스프링클러설비 외에 설비는 상향식 스프링클러로 하여야 한다. ⓑ 반자가 없는 주차장, 기계실 등에 적합하다. ⓒ 분사패턴이 정확하다.
측벽형	ⓐ 가압된 물이 분사될 때 헤드의 축심을 중심으로 한 반원상에 균일하게 분산시키는 헤드를 말한다. ⓑ 층고가 낮고 좁은 방호구역에 적합하다.

③ **천장·반자·천장과 반자 사이·덕트·선반 등의 각 부분으로부터 하나의 스프링클러 헤드까지의 수평거리**

㉠ 무대부·특수가연물을 저장 또는 취급하는 장소: 1.7m 이하

㉡ ㉠ 외의 특정 소방대상물: 2.1m 이하(내화구조로 된 경우에는 2.3m 이하)

④ **스프링클러 헤드의 설치방법**

㉠ 살수가 방해되지 않도록 스프링클러 헤드로부터 반경 60cm 이상의 공간을 보유한다(단, 벽과 스프링클러 헤드 간의 공간은 10cm 이상으로 한다).

㉡ 스프링클러 헤드와 그 부착면과의 거리는 30cm 이하로 한다.

㉢ 배관·행거 및 조명기구 등 살수를 방해하는 것이 있는 경우에는 그로부터 아래에 설치하여 살수에 장애가 없도록 한다(단, 스프링클러 헤드와 장애물과의 이격거리를 장애물 폭의 3배 이상 확보한 경우에는 그렇지 않다).

바로확인문제

폐쇄형 스프링클러설비의 헤드는 (　　)적으로 화재를 감지하여 개방되는 구조로 되어 있다.

㉣ 스프링클러 헤드의 반사판은 그 부착면과 평행하게 설치한다(단, 측벽형 헤드에 따른 연소할 우려가 있는 개구부에 설치하는 스프링클러 헤드의 경우에는 그렇지 않다).

㉤ 천장의 기울기가 1/10을 초과하는 경우에는 가지관을 천장의 마루와 평행하게 설치한다.

㉥ 연소할 우려가 있는 개구부에는 그 상하좌우에 2.5m 간격으로(개구부의 폭이 2.5m 이하인 경우에는 그 중앙에) 스프링클러 헤드를 설치하되, 스프링클러 헤드와 개구부의 내측 면으로부터 직선거리는 15cm 이하가 되도록 하고, 이 경우 사람이 상시 출입하는 개구부로서 통행에 지장이 있는 때에는 개구부의 상부 또는 측면에 설치하되, 헤드 상호간의 간격은 1.2m 이하로 설치한다.

㉦ 측벽형 스프링클러 헤드를 설치하는 경우 긴 변의 한쪽 벽에 일렬로 설치하고 3.6m 이내마다 설치한다.

㉧ 상부에 설치된 헤드의 방출수에 따라 감열부에 영향을 받을 우려가 있는 헤드에는 방출수를 차단할 수 있는 유효한 차폐판을 설치한다.

(4) 스프링클러의 배관

▶ 26·15회

① 용어정리

용어	정의
입상관	가압송수장치로부터 각 층을 관통하여 층마다 물을 보급시켜 주는 배관을 말한다.
수평주행배관	해당 층에서 유수검지장치로부터 교차배관까지 물을 보급시켜 주는 배관을 지칭하나, 층의 구조 및 배관 형태에 따라서 교차배관이 수평주행배관을 대신하여 쓰이는 경우가 많다.
교차배관	주배관으로부터 가지배관에 급수하는 배관이다.
가지배관	스프링클러 헤드가 설치되어 있는 배관으로, 배열은 토너먼트* 방식이 아니어야 한다.

• 토너먼트(Tournament)
스포츠나 오락경기 등에서 횟수를 거듭할 때마다 패자는 탈락해 나가고, 최후에 남는 두 사람 또는 두 팀으로 하여금 우승을 결정하게 하는 시합

바로확인문제

(   )배관은 스프링클러 헤드가 설치되어 있는 배관으로, 배열은 토너먼트 방식이 아니어야 한다.

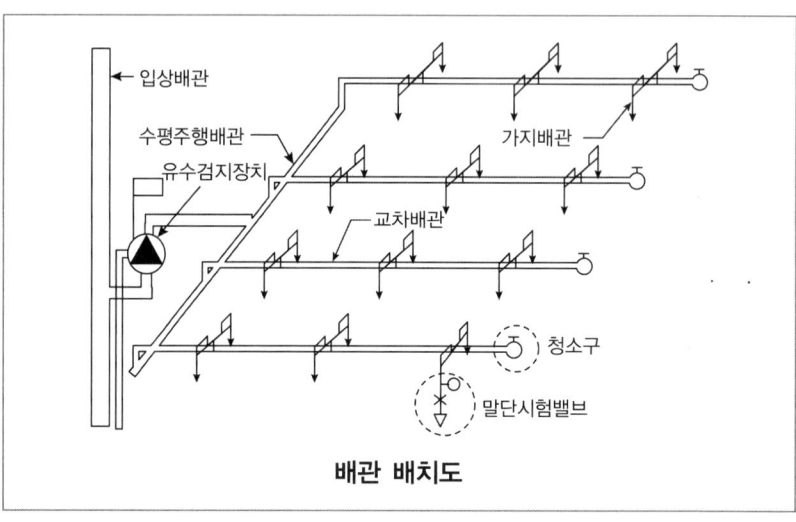

배관 배치도

② **배관의 종류별 특징**

종류	특징
가지배관	㉠ 교차배관에서 분기되는 지점을 기점으로 하여 한쪽 가지배관상에 설치되는 헤드의 개수(반자 아래와 반자 속의 헤드를 하나의 가지배관상에 병설하는 경우에는 반자 아래에 설치하는 헤드의 개수)는 8개 이하로 하고 기존의 방호구역 내에서 칸막이 등으로 구획된 경우에는 9개 이하로 할 수 있다. ㉡ 하향식 헤드를 설치하는 경우에 가지배관으로부터 헤드에 이르는 헤드접속 배관은 가지관 상부에서 분기하는 회향식 배관으로 하여야 하며, 이것은 배관 내에서 물이 충전되어 있어 물속에 있는 불순물에 의하여 헤드의 방수구가 막히는 것을 방지하기 위한 것이다.
교차배관	㉠ 교차배관은 가지배관과 수평으로 설치하거나 또는 가지배관 밑에 수평으로 설치하고 구경은 「스프링클러설비의 화재안전기술기준」에 의하나 최소구경이 40mm 이상이 되도록 한다. ㉡ 청소구는 교차배관 끝에 40mm 이상 크기의 개폐밸브를 설치하고 호스접결이 가능한 나사식 또는 고정배수배관식으로 하며, 이 경우 나사식의 개폐밸브는 옥내소화전 호스접결용의 것으로 하고 나사 보호용의 캡으로 마감하여야 한다.

③ **배관설치 시 주의사항**

㉠ 유수검지장치 시험밸브는 유수검지장치에서 가장 먼 가지배관의 구경과 동일한 구경으로 하고 그 끝에 개방형 헤드를 설치하는데, 이 경우 개방형 헤드는 반사판 및 프레임을 제거한 것으로 할 수 있으며 배수처리 및 시험이 쉬운 장소에 설치하여야 한다.

㉡ 급수배관에 설치되어 급수를 차단할 수 있는 개폐밸브에는 그 밸브의 개폐상태를 감시제어반에서 확인할 수 있도록 급수개폐밸브 작동표시 스위치를 설치하여야 한다.

> **바로확인문제**
> 교차배관에서 분기되는 지점을 기점으로 하여 한쪽 가지배관상에 설치되는 헤드의 개수는 ( )개 이하로 하고 기존의 방호구역 내에서 칸막이 등으로 구획된 경우에는 9개 이하로 할 수 있다.

ⓒ 습식 스프링클러설비 또는 부압식 스프링클러설비의 배관은 수평으로 해야 하며, 배관의 구조상 소화수가 남아 있는 곳에는 배수밸브를 설치하여야 한다.

ⓓ 습식 스프링클러설비 또는 부압식 스프링클러설비 외의 설비에는 헤드를 향하여 상향으로 수평주행배관의 기울기를 1/500 이상, 가지배관의 기울기를 1/250 이상으로 해야 한다(단, 배관의 구조상 기울기를 줄 수 없는 경우에는 배수를 원활하게 할 수 있도록 배수밸브를 설치하여야 한다).

(5) 표준규정

▶ 17·11·4회

구분	내용
방수압력	0.1MPa 이상 ~ 1.2MPa 이하
표준방수량	80L/min 이상

(6) 수원의 수량

① 폐쇄형 스프링클러 헤드를 사용하는 경우

㉠ 수원의 저수량(m^3)

$$\text{저수량} = 80L/min \times 20분 \times \text{헤드의 동시사용개수}(N)$$
$$= 1.6m^3 \times N$$

㉡ 폐쇄형 스프링클러 헤드를 사용하는 경우에는 [아래 표]의 스프링클러설비 설치장소별 스프링클러 헤드의 기준개수에 $1.6m^3$를 곱한 양 이상이 되도록 한다.

스프링클러설비 설치장소			기준개수(개)
지하층을 제외한 층수가 10층 이하인 특정소방대상물	공장	특수가연물을 저장·취급하는 것	30
		그 밖의 것	20
	근린생활시설·판매시설 및 운수시설 또는 복합건축물	판매시설 또는 복합건축물	30
		그 밖의 것	20
	그 밖의 것	헤드의 부착높이가 8m 이상인 것	20
		헤드의 부착높이가 8m 미만인 것	10
• 지하층을 제외한 층수가 11층 이상인 특정소방대상물 • 지하가 또는 지하역사			30

▶ 스프링클러 헤드의 설치개수가 가장 많은 층(아파트의 경우 설치개수가 가장 많은 세대)에 설치된 스프링클러 헤드의 개수가 기준개수보다 적은 경우에는 그 설치개수를 말한다.

② 개방형 스프링클러 헤드를 사용하는 경우
  ㉠ 스프링클러설비의 수원은 최대 방수구역에 설치된 스프링클러 헤드의 개수가 30개 이하일 경우에는 설치헤드 수에 1.6m³를 곱한 양 이상으로 한다.
  ㉡ 헤드 30개 초과인 경우는 수리계산에 따라야 한다.

(7) 스프링클러 시스템

① 폐쇄형

종류	특징
습식 스프링클러	㉠ 수원에서 헤드까지 1차 측 및 2차 측 배관에 항상 가압수가 충수되어 화재가 발생하면 열에 의해 헤드의 가용편이 녹으면서 개방되어 곧바로 2차 측의 물이 살수되면 알람밸브가 이를 감지하여 경보를 울리고 펌프를 가동하여 1차 측의 가압수가 본격적으로 방출된다. ㉡ 가장 일반적으로 이용되는 방식이다. ㉢ 구조가 간단하고 즉시 소화가 가능하다. ㉣ 누수의 염려가 있으며 동결의 우려가 있는 장소에는 부적합하다. ㉤ 일반거실, 사무실, 옥내판매업소, 숙박업소 등에 사용된다.
건식 스프링클러	㉠ 수원에서 1차 측 밸브까지만 물이 채워져 있고 2차 측인 헤드까지는 질소가스 또는 자동 컴프레서를 이용하여 압축공기를 채워둔다. ㉡ 화재가 발생하면 열에 의해 헤드의 가용편이 녹으면서 압축공기가 개방되면 압축저하가 생기면서 건식밸브가 이를 감지하여 경보를 울리고 펌프를 가동하여 1차 측 가압수가 2차 측으로 유입되어 살수가 시작된다. ㉢ 동결 우려가 있는 옥·내외 주차장, 창고 등에 사용된다. ㉣ 화재 시 소화시간이 다소 지연된다. ㉤ 습식보다 설비비가 고가이다.
준비작동식 스프링클러	㉠ 준비작동밸브의 1차 측에 가압수를 채워 놓고, 2차 측에는 저압 또는 대기압의 공기를 채운다. ㉡ 화재가 발생하면 감지기가 작동하여 준비작동밸브가 개방됨과 동시에 가압펌프가 동작하여 1차 측의 가압수가 2차 측으로 유입, 가압수를 각 헤드까지 송수시킨 후 열에 의해 헤드의 가용편이 녹아 개방되면 즉시 살수된다. ㉢ 동결 우려가 있는 옥·내외 주차장, 로비, 공장, 창고 등에 사용된다. ㉣ 화재감지장치를 별도로 설치해야 하므로 설비비가 고가이다.

② **개방형**(일제살수식 스프링클러)
　㉠ 가압송수장치에서 일제개방밸브 1차 측까지 배관 내에 항상 물이 가압되어 있고, 2차 측에서 개방형 스프링클러 헤드까지 대기압으로 있다가 화재발생 시 자동감지장치 또는 수동식 기동장치의 작동으로 일제개방밸브가 개방되면 스프링클러 헤드까지 소화용수가 송수되는 방식의 스프링클러설비를 말한다.
　㉡ 폐쇄형 스프링클러로는 유효하게 화재를 소화할 수 없거나 접근이 어려운 장소에 사용한다.
　㉢ 개방된 헤드를 설치하고 화재감지에 의해 작동되거나 또는 소방차 송수구와 연결하여 해당 구역 전체를 동시에 살수할 수 있도록 한 설비이다.
　㉣ 천장이 높은 무대부를 비롯하여 공장, 창고, 준위험물 저장소 등에 사용된다.

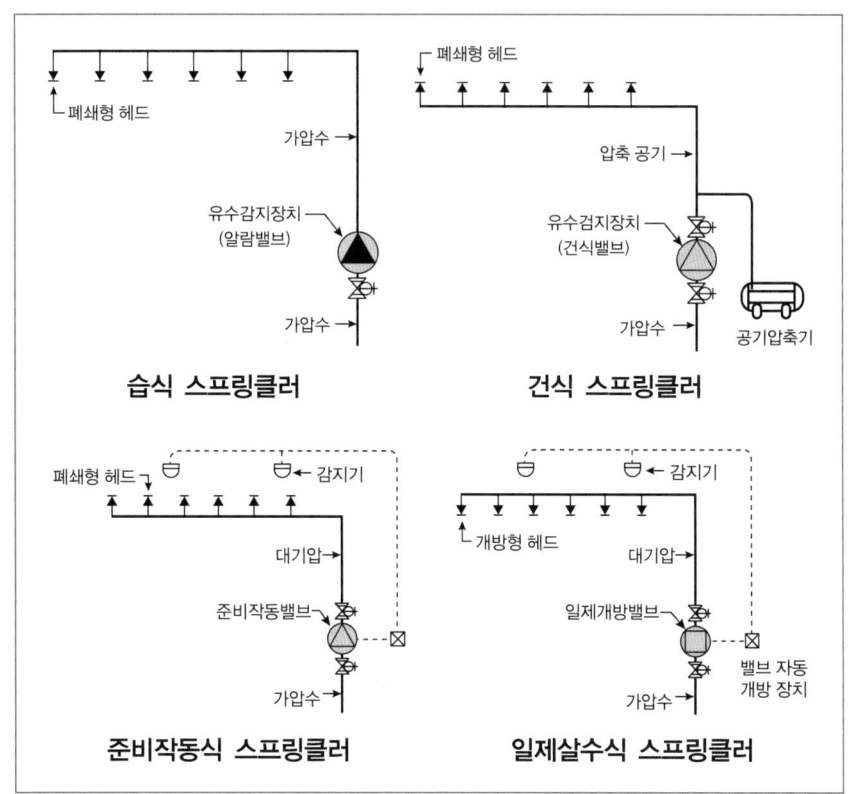

바로확인문제

(　　) 스프링클러는 천장이 높은 무대부를 비롯하여 공장, 창고, 준위험물 저장소 등에 사용된다.

개념적용 문제

스프링클러설비에 관한 내용으로 옳지 않은 것은? 제26회 기출

① 충압펌프란 배관 내 압력손실에 따른 주펌프의 빈번한 기동을 방지하기 위하여 충압역할을 하는 펌프를 말한다.
② 건식 스프링클러 헤드란 물과 오리피스가 분리되어 동파를 방지할 수 있는 스프링클러 헤드를 말한다.
③ 유수검지장치란 유수현상을 자동적으로 검지하여 신호 또는 경보를 발하는 장치를 말한다.
④ 가지배관이란 헤드가 설치되어 있는 배관을 말한다.
⑤ 체절운전이란 펌프의 성능시험을 목적으로 펌프 토출 측의 개폐밸브를 개방한 상태에서 펌프를 운전하는 것을 말한다.

해설 체절운전이란 펌프의 성능시험을 목적으로 펌프 토출 측의 개폐밸브를 닫은 상태에서 펌프를 운전하는 것을 말한다.

정답 ⑤

(8) 공동주택의 스프링클러설비 기준

① 폐쇄형 스프링클러 헤드를 사용하는 아파트등은 기준개수 10개(스프링클러 헤드의 설치개수가 가장 많은 세대에 설치된 스프링클러 헤드의 개수가 기준개수보다 작은 경우에는 그 설치개수를 말한다)에 $1.6m^3$를 곱한 양 이상의 수원이 확보되도록 하여야 한다. 다만, 아파트등의 각 동이 주차장으로 서로 연결된 구조인 경우 해당 주차장 부분의 기준개수는 30개로 한다.
② 아파트등의 경우 화장실 반자 내부에는「소방용 합성수지배관의 성능인증 및 제품검사의 기술기준」에 적합한 소방용 합성수지배관으로 배관을 설치할 수 있다. 다만, 소방용 합성수지배관 내부에 항상 소화수가 채워진 상태를 유지하여야 한다.
③ 하나의 방호구역은 2개 층에 미치지 아니하여야 한다. 다만, 복층형 구조의 공동주택에는 3개 층 이내로 할 수 있다.
④ 아파트등의 세대 내 스프링클러 헤드를 설치하는 경우 천장·반자·천장과 반자사이·덕트·선반등의 각 부분으로부터 하나의 스프링클러 헤드까지의 수평거리는 2.6m 이하로 하여야 한다.

28·27회

관련기준
공동주택의 화재안전성능기준
(NFPC 608) 제7조
〈2023. 10. 13. 제정〉

⑤ 외벽에 설치된 창문에서 0.6m 이내에 스프링클러 헤드를 배치하고, 배치된 헤드의 수평거리 이내에 창문이 모두 포함되도록 하여야 한다. 다만, 다음 ㉠~㉢ 중 어느 하나에 해당하는 경우에는 그렇지 않다.
  ㉠ 창문에 드렌처설비가 설치된 경우
  ㉡ 창문과 창문 사이의 수직부분이 내화구조로 90cm 이상 이격되어 있거나, 「발코니 등의 구조변경절차 및 설치기준」에서 정하는 구조와 성능의 방화판 또는 방화유리창을 설치한 경우
  ㉢ 발코니가 설치된 부분
⑥ 거실에는 조기반응형 스프링클러 헤드를 설치하여야 한다.
⑦ 감시제어반 전용실은 피난층 또는 지하 1층에 설치하여야 한다. 다만, 상시 사람이 근무하는 장소 또는 관계인이 쉽게 접근할 수 있고 관리가 용이한 장소에 감시제어반 전용실을 설치할 경우에는, 지상 2층 또는 지하 2층에 설치할 수 있다.
⑧ 「건축법 시행령」에 따라 설치된 대피공간에는 헤드를 설치하지 않을 수 있다.
⑨ 「스프링클러설비의 화재안전기술기준(NFTC 103)」의 기준에도 불구하고 세대 내 실외기실 등 소규모 공간에서 해당 공간 여건상 헤드와 장애물 사이에 60cm 반경을 확보하지 못하거나 장애물 폭의 3배를 확보하지 못하는 경우에는, 살수방해가 최소화되는 위치에 설치할 수 있다.

5. 드렌처(Drencher) 설비

• 드렌처(Drencher)
  호우, 억수

(1) 개요
① 건물의 외벽, 창, 지붕 등에 노즐을 설치하고, 인접건물에 화재가 발생하면 물을 방수하여 살수한다.
② 수막 작용으로 화재의 연소를 방지하는 설비이다.

• 수막(水幕)
  수증기나 물이 형성한 막

(2) 표준규정

구분	내용
방수압력	0.1MPa 이상
표준 방수량	80L/min 이상
드렌처 헤드의 설치간격	수평거리 2.5m 이하, 수직거리 4m 이하마다 1개씩 설치
수원의 저수량	수원의 저수량(m^3) = 1.6(m^3) × 설치개수

▶ 11회

드렌처설비 설치 사례

개념적용 문제

소화설비에 관한 설명으로 옳지 않은 것은?   제11회 수정

① 기동용 수압개폐장치(압력챔버)의 용적은 100L 이상의 것으로 한다.
② 옥내소화전 펌프의 성능은 체절운전 시 정격토출압력의 150%를 초과하지 않아야 한다.
③ 옥내소화전설비의 방수량은 130L/min 이상이다.
④ 옥외소화전에서 소방대상물의 각 부분으로부터 하나의 호수접결구까지의 수평거리는 40m 이하로 한다.
⑤ 인접건물의 연소를 방지하는 드렌처설비의 헤드 수평설치간격은 2.5m 이내로 한다.

해설 옥내소화전 펌프의 성능은 체절운전 시 정격토출압력의 140%를 초과하지 않고, 정격토출량의 150%로 운전 시 정격토출압력의 65% 이상이 되어야 한다.

정답 ②

6. 특수 소화설비

(1) 물분무소화설비

구분	내용
정의	① 스프링클러와 유사하지만 보다 미세하고 균일한 물을 분무하여 질식작용 및 냉각작용원리를 이용한 소화방식이다. ② 열의 흡수가 빠르고 분포가 균일하며 물입자의 세분으로 전기절연도가 높고, 감전 및 접지의 위험이 반감된다.
대상 건축물	① 자동차 차고, 주차장 등 가연성 액체취급소 ② 통신기기, 전기기기 등 전기시설 설치장소
공동주택 설치기준	물분무소화설비의 감시제어반 전용실은 피난층 또는 지하 1층에 설치하여야 한다. 다만, 상시 사람이 근무하는 장소 또는 관계인이 쉽게 접근할 수 있고 관리가 용이한 장소에 감시제어반 전용실을 설치할 경우에는 지상 2층 또는 지하 2층에 설치할 수 있다.

5회

관련기준
물분무소화설비의 화재안전기술기준(NFTC 104)
〈2024. 7. 1. 시행〉

• **전기절연도**
도체 사이에 부도체를 넣어서 전류가 통하지 못하게 하는 정도

관련기준
공동주택의 화재안전성능기준(NFPC 608) 제8조
〈2023. 10. 13. 제정〉

(2) 포(泡)소화설비

① 화재안전기술기준
- ㉠ 연소면을 포말(거품, Foam)로 덮어 산소의 공급을 차단하는 질식작용원리를 이용한 소화방식이다.
- ㉡ 유류화재 소화에 적합한 설비로 주차장, 비행기 격납고, 위험물저장탱크 등에 사용한다.
- ㉢ 방사 후에도 효과의 지속성이 유지된다.

② 공동주택의 화재안전성능기준
포소화설비의 감시제어반 전용실은 피난층 또는 지하 1층에 설치하여야 한다. 다만, 상시 사람이 근무하는 장소 또는 관계인이 쉽게 접근할 수 있고 관리가 용이한 장소에 감시제어반 전용실을 설치할 경우에는 지상 2층 또는 지하 2층에 설치할 수 있다.

> **관련기준**
> 포소화설비의 화재안전기술기준(NFTC 105)
> 〈2024. 7. 1. 시행〉

> **관련기준**
> 공동주택의 화재안전성능기준(NFPC 608) 제9조
> 〈2023. 10. 13. 제정〉

(3) 분말소화설비
① 탄산수소나트륨을 주성분으로 하는 약제의 분말을 질소 또는 탄산가스의 압력으로 노즐 또는 호스에서 방사한다.
② 화열에 의해 분해되어 발생한 이산화탄소와 다량의 수증기로 질식 및 억제작용을 하여 소화한다.

> **관련기준**
> 분말소화설비의 화재안전기술기준(NFTC 108)
> 〈2023. 2. 10. 시행〉

(4) 이산화탄소(CO_2)소화설비

구분	내용
정의	① 분사헤드 또는 노즐에서 이산화탄소를 방출하여 산소의 농도를 낮춰 질식소화를 하는 설비이다. ② 이산화탄소를 액체상태로 압력용기에 저장한 후 화재 시 자동 또는 수동으로 화점에 분사시킨다.
특징	① 무색·무취이며 유지관리비가 들지 않는다. ② 산소농도 저하에 의한 사람의 질식 우려가 있다. ③ 수명이 반영구적이다. ④ 소화약제로 인한 물질적인 2차 피해가 없다. ⑤ 마그네슘 창고에는 이산화탄소로 소화가 되지 않으므로 사용하지 못한다.
대상 건축물	① 도서관 서고, 통신기기실, 전산실, 유류저장고, 창고 등에 사용한다. ② 전기절연도가 높아 전기설비의 소화에 적합하다.

> **관련기준**
> 이산화탄소소화설비의 화재안전기술기준(NFTC 106)
> 〈2024. 8. 1. 시행〉

(5) 할론소화설비

구분	내용
정의	① 증발하기 쉬운 액체의 소화제(할론 가스)를 탄산가스 등의 가압용 가스의 압력으로 자동 또는 수동으로 방출하여 소화한다. ② 주로 질식작용과 촉매에 의한 냉각작용으로 소화하는 방식이다.
특징	① 인체에 무해하고 소화로 인한 2차적인 피해가 없다. ② 소화력이 가장 우수한 설비이다. ③ 전자계산실, 변전실, 자동교환실, 도서관, 수술실 등에 적합하다.

> 관련기준
> 할론소화설비의 화재안전기술기준(NFTC 107)
> 〈2023. 2. 10. 시행〉

제3절 소화활동설비 ★

> 소화활동설비
> 1. 연결송수관설비
> 2. 연결살수설비
> 3. 비상콘센트설비

1. 연결송수관설비(Siamese• Connection)

(1) 개요

① 화재 시 옥내소화전의 법정 저수량을 모두 소비하고도 소화되지 않을 경우 소방차와 소화전의 송수구를 연결하여 펌프로 물을 건물 내로 송수하기 위한 설비이다.

② 소방대 전용 소화활동설비로 소방차에서 건물 밖의 송수구를 통해 옥내로 보내고 옥내의 방수구에서 방수하여 소화작용을 하는 설비이다.

③ 7층 이상 건축물이나 층수가 5층 이상으로서 연면적 6,000m² 이상인 건축물에 설치한다.

> 19·10·4회
> 관련기준
> 연결송수관설비의 화재안전기술기준(NFTC 502)
> 〈2024. 7. 1. 시행〉
>
> • Siamese
> 샴의, 몸이 붙은

연결송수구

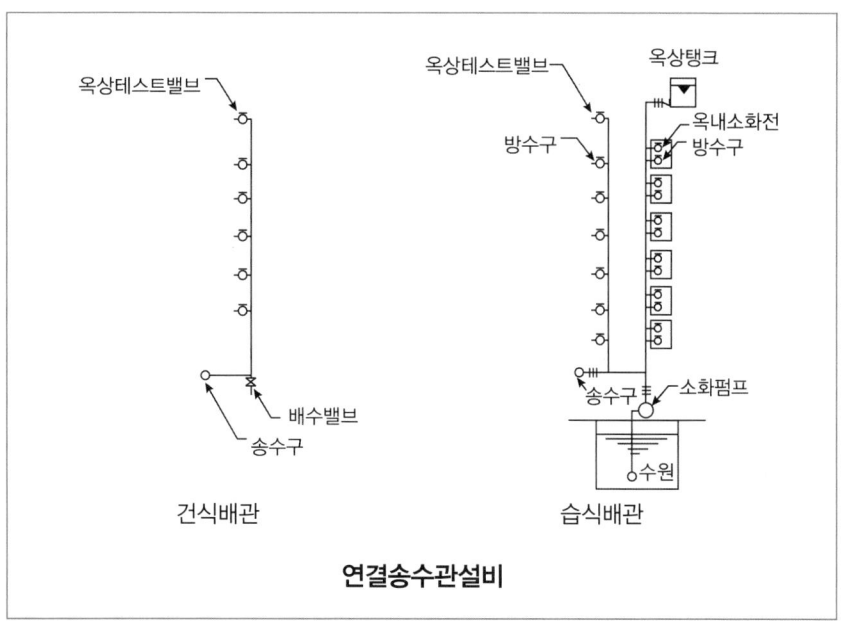

연결송수관설비

(2) 송수구

구분	내용
설치높이	지면으로부터 0.5m 이상 ~ 1m 이하
구경	65mm 쌍구형
설치위치	① 소방차의 접근이 용이한 1층 외벽에 설치한다. ② 연결송수관의 수직배관마다 1개 이상을 설치하여야 한다. ③ 가깝고 보기 쉬운 곳에 '연결송수관설비송수구'라고 표시한 표지를 설치하여야 한다. ④ 송수구는 화재층으로부터 지면으로 떨어지는 유리창 등이 송수 및 그 밖의 소화작업에 지장을 주지 아니하는 장소에 설치하여야 한다.

(3) 방수구

구분	내용
설치높이	65mm 구경으로 지면으로부터 0.5m 이상 ~ 1m 이하
화재안전기술기준상 설치위치	① 방수구는 그 특정소방대상물의 층마다 설치한다(단, 아파트의 1층 및 2층에는 설치하지 아니할 수 있다). ② 11층 이상의 부분에 설치하는 방수구는 쌍구형으로 한다(단, 아파트의 용도로 사용되는 층은 단구형으로 설치할 수 있다). ③ 방수구는 개폐 기능을 가진 것으로 설치하여야 하며, 평상시 닫힌 상태를 유지하여야 한다.

바로확인문제

연결송수관설비의 송수구 설치높이는 지면으로부터 (　)m 이상 (　)m 이하로 한다.

관련기준
공동주택의 화재안전성능기준
(NFPC 608) 제17조
⟨2023. 10. 13. 제정⟩

공동주택의 화재안전성능 기준상 설치기준	① 층마다 설치한다. 다만, 아파트등의 1층과 2층(또는 피난층과 그 직상층)에는 설치하지 않을 수 있다. ② 아파트등의 경우 계단의 출입구(계단의 부속실을 포함하며 계단이 2 이상 있는 경우에는 그 중 1개의 계단을 말한다)로부터 5m 이내에 방수구를 설치하되, 그 방수구로부터 해당 층의 각 부분까지의 수평거리가 50m를 초과하는 경우에는 방수구를 추가로 설치한다. ③ 쌍구형으로 한다. 다만, 아파트등의 용도로 사용되는 층에는 단구형으로 설치할 수 있다. ④ 송수구는 동별로 설치하되, 소방차량의 접근 및 통행이 용이하고 잘 보이는 장소에 설치하여야 한다.

(4) 배관
① **주배관 구경**: 100mm 이상
② 연결송수관설비의 배관은 주배관의 구경이 100mm 이상인 옥내소화전설비의 배관과 겸용할 수 있다.

(5) 표준규정
① 펌프의 양정은 최상층에 설치된 노즐선단의 압력이 0.35MPa 이상의 압력이 되도록 한다.
② 펌프의 토출량은 2,400L/min(계단식 아파트의 경우 1,200L/min) 이상이 되는 것으로 한다[단, 해당 층에 설치된 방수구가 3개를 초과(방수구가 5개 이상인 경우 5개)하는 경우에 있어서는 1개마다 800L/min(계단식 아파트의 경우 400L/min)을 가산한 양이 되는 것으로 한다].

개념적용 문제

화재안전기술기준상 연결송수관설비에 관한 내용으로 옳지 않은 것은?

제19회 기출

① 송수구는 지면으로부터 높이가 0.5m 이상 1m 이하의 위치에 설치해야 한다.
② 송수구는 화재층으로부터 지면으로 떨어지는 유리창 등이 송수 및 그 밖의 소화작업에 지장을 주지 아니하는 장소에 설치해야 한다.
③ 송수구는 구경 65mm의 쌍구형으로 해야 한다.
④ 주배관의 구경은 80mm로 해야 한다.
⑤ 방수구는 개폐기능을 가진 것으로 설치하여야 하며, 평상시 닫힌 상태를 유지해야 한다.

바로확인문제

연결송수관설비의 배관은 주배관의 구경이 (   )mm 이상인 옥내소화전설비·스프링클러설비 또는 물분무등소화설비의 배관과 겸용할 수 있다.

> 해설 연결송수관설비에서 주배관의 구경은 100mm 이상으로 해야 한다.
>
> 정답 ④

2. 연결살수(連結撒水)설비

(1) 개념

① 지하가 또는 지하실에서의 화재는 지하에 충만하고 있는 연기 때문에 소방대의 진입이 극히 어렵고 또한 화원부분에 유효하게 주수를 한다는 것은 거의 불가능하므로, 지하실 화재의 소화에는 소방호스에 의한 주수보다 호우상태의 살수가 효과적이다.

② 스프링클러설비와 같은 자동식의 살수소화장치를 설치하는 것이 이상적이지만, 스프링클러설비의 설치 및 유지에는 상당한 비용이 필요하기 때문에 큰 부담이 없는 연결살수설비가 생기게 된 것이다.

③ 연결살수설비는 송수구, 배관, 살수헤드만으로 구성되어 있는 설비로, 지하 천장에 살수헤드를 설치하였다가 화재 시에는 소방펌프 자동차로부터의 가압송수에 의하여 천장으로부터 살수시키는 소방대에 의한 소화방법이다.

▶ 관련기준
연결살수설비의 화재안전기술기준(NFTC 503)
〈2024. 7. 1. 시행〉

연결살수 송수구

(2) 특징

① 지하층 부분의 면적합계가 150m² 이상인 경우에 적용한다.

② 소방대가 건물 외벽 또는 외부에 있는 송수구를 통해 지하층 등의 천장에 설치되어 있는 헤드까지 송수하여 화재를 진압하는 소방시설이다.

▶ 15회

3. 비상콘센트설비

(1) 개요
① 건물에 화재가 발생하면 단전되므로 소방관이 인명구조를 위하여 건물 내에서 전기를 사용하고자 할 목적으로 사용한다.
② 미리 내열피복된 케이블을 매입시킨 전기콘센트설비이다.

(2) 설치대상 건물
① 층수가 11층 이상인 특정소방대상물의 경우에는 11층 이상의 층부터 설치한다.
② 지하층 층수가 3개 층 이상이고 지하층 바닥면적 합계가 1,000m² 이상인 것은 지하층의 모든 층에 설치한다.

(3) 설치기준
① 바닥으로부터 높이 0.8m 이상 1.5m 이하의 위치에 설치한다.
② 비상콘센트의 배치는 바닥면적이 1,000m² 미만인 층에 있어서는 계단의 출입구로부터 5m 이내에, 바닥면적 1,000m² 이상인 층에 있어서는 각 계단의 출입구 또는 계단부속실의 출입구로부터 5m 이내에 설치한다.
③ 비상콘센트로부터 그 층의 각 부분까지의 거리는 지하상가 또는 지하층의 바닥면적의 합계가 3,000m² 이상인 것은 수평거리 25m, 그 외는 수평거리 50m을 초과하는 경우에는 그 기준 이하가 되도록 비상콘센트를 추가하여 설치한다.
④ **공동주택의 비상콘센트 설치기준**: 아파트등의 경우에는 계단의 출입구(계단의 부속실을 포함하며 계단이 2개 이상 있는 경우에는 그 중 1개의 계단을 말한다)로부터 5미터 이내에 비상콘센트를 설치하되, 그 비상콘센트로부터 해당 층의 각 부분까지의 수평거리가 50미터를 초과하는 경우에는 비상콘센트를 추가로 설치해야 한다.

(4) 비상콘센트설비의 전원회로 기준
① 비상콘센트설비의 전원회로는 단상교류 220V인 것으로서, 그 공급용량은 1.5kVA 이상인 것으로 하여야 한다.
② 전원회로는 각 층에 있어서 2 이상이 되도록 설치한다(단, 설치하여야 할 층의 비상콘센트가 1개일 때에는 하나의 회로로 할 수 있다).
③ 전원회로는 주배전반에서 전용회로로 한다(단, 다른 설비의 회로의 사고에 따른 영향을 받지 아니하도록 되어 있는 것은 그렇지 않다).

④ 전원으로부터 각 층의 비상콘센트에 분기되는 경우에는 분기배선용 차단기를 보호함 안에 설치한다.
⑤ 콘센트마다 배선용 차단기를 설치하여야 하며, 충전부가 노출되지 않도록 한다.
⑥ 개폐기에는 '비상콘센트'라고 표시한 표지를 한다.
⑦ 비상콘센트용의 풀박스 등은 방청도장을 한 것으로서, 두께 1.6mm 이상의 철판으로 한다.
⑧ 하나의 전용회로에 설치하는 비상콘센트는 10개 이하로 하며, 이 경우 전선의 용량은 각 비상콘센트(비상콘센트가 3개 이상인 경우에는 3개)의 공급용량을 합한 용량 이상의 것으로 하여야 한다.

제4절 경보설비 및 피난구조설비

> 경보설비 및 피난구조설비
> 1. 자동화재탐지설비
> 2. 기타 경보설비
> 3. 피난구조설비

1. 자동화재탐지설비

(1) 일반사항

① 개념
  ㉠ 화재가 발생하면 화재를 자동으로 감지하여 수신기에 보내 재실자가 알 수 있도록 구성된 설비이다.
  ㉡ 음향장치에 의해 재실자가 신속히 대응하도록 하는 설비이다.

> 관련기준
> 자동화재탐지설비 및 시각경보장치의 화재안전기술기준(NFTC 203)
> 〈2022. 12. 1. 시행〉

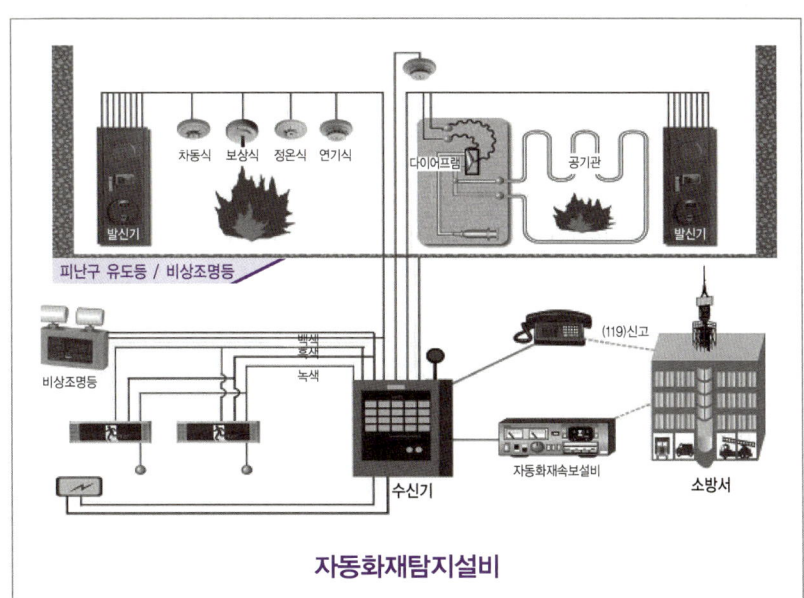

자동화재탐지설비

② 자동화재탐지설비의 분류

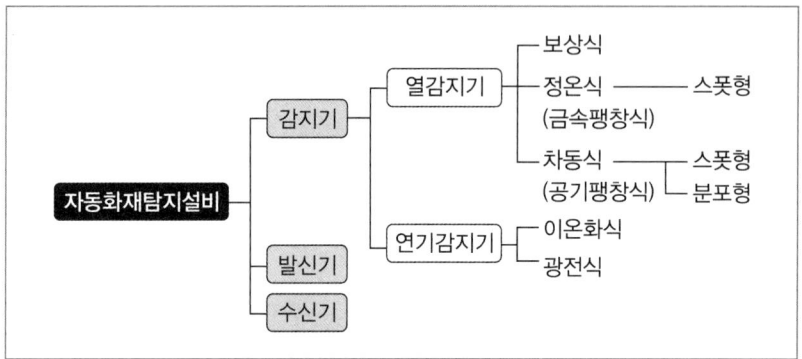

③ 감지기의 조건
  ㉠ 열전도율이 높아야 한다.
  ㉡ 열용량이 적어야 한다.
  ㉢ 수열(受熱)면적이 커야 한다.

④ 공동주택의 감지기 설치기준
  ㉠ 아날로그방식의 감지기, 광전식 공기흡입형 감지기 또는 이와 동등 이상의 기능·성능이 인정되는 것으로 설치하여야 한다.
  ㉡ 감지기의 신호처리방식은 「자동화재탐지설비 및 시각경보장치의 화재안전성능기준(NFPC 203)」에 따른다.
  ㉢ 세대 내 거실(취침용도로 사용될 수 있는 통상적인 방 및 거실을 말한다)에는 연기감지기를 설치하여야 한다.
  ㉣ 감지기 회로 단선 시 고장표시가 되며, 해당 회로에 설치된 감지기가 정상 작동될 수 있는 성능을 갖도록 하여야 한다.

(2) 열감지기

① **정온식(定溫式) 감지기**
  ㉠ 실내온도가 일정온도 이상으로 상승할 때 작동한다.
  ㉡ 바이메탈(금속팽창)에 의해 작동한다.
  ㉢ 식당의 주방, 보일러실 등 열을 취급하는 장소에 적합하다.

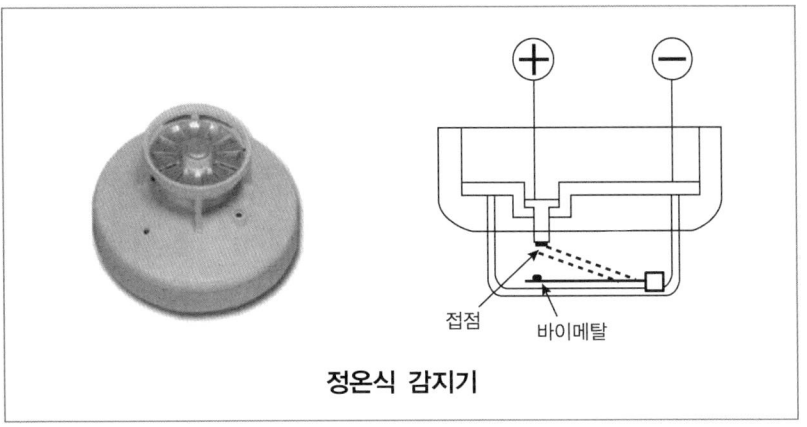

정온식 감지기

② **차동식(差動式) 감지기**

 ㉠ 특징

  ⓐ 주위온도가 일정 상승속도(상승률) 이상 되면 작동한다.

  ⓑ 다이어프램(공기팽창)에 의해 작동한다.

  ⓒ 실내온도나 기압이 일정값을 넘지 않아도 비화재보(경보)를 발하게 되는 것을 방지하기 위하여 리크밸브(리크공, Leak Valve)를 설치한다.

- **리크(Leak)**
새는 곳, 누출

 ㉡ 종류

종류	내용
차동식 스폿형 (Spot Type) 감지기	ⓐ 화재의 위험이 높은 한 곳에 부착하는 방식 ⓑ 건물 내 주차장, 사무실 등 부착높이가 8m 미만의 장소에 설치
차동식 분포형 (Line Type) 감지기	ⓐ 가는 동파이프를 천장에 배관하고, 배관 속 공기의 팽창으로 화재신호를 감지하는 방식 ⓑ 공장, 창고, 강당, 체육관 등 넓은 지역 및 부착높이가 15m 미만의 장소에 설치

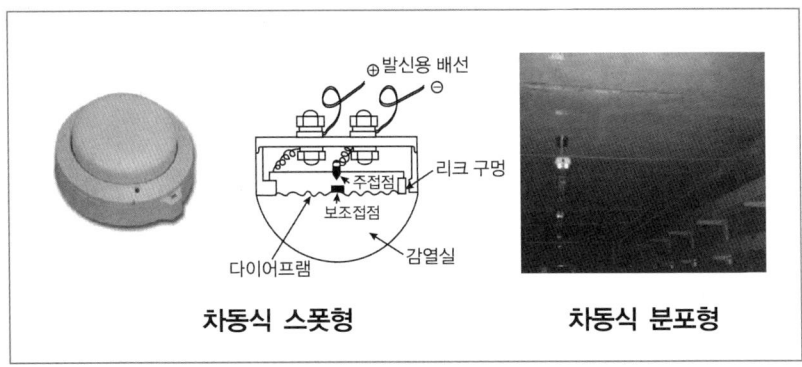

차동식 스폿형   차동식 분포형

③ **보상식(補償式) 감지기**
  ㉠ 차동식과 정온식 감지기의 성능을 모두 가지고 있는 화재감지기이다.
  ㉡ 공기의 팽창 및 금속의 용융(바이메탈)을 이용한다.

> **개념적용 문제**
>
> 일정한 온도 상승률에 따라 동작하며 공장, 창고, 강당 등 넓은 지역에 설치하는 화재감지기는? 제17회 기출
>
> ① 차동식 분포형 감지기 ② 정온식 스폿형 감지기
> ③ 이온화식 감지기   ④ 보상식 스폿형 감지기
> ⑤ 광전식 감지기
>
> **해설** 차동식 분포형 감지기는 가는 동파이프를 천장에 배관하고 배관 속 공기의 팽창으로 화재신호를 감지하는 방식으로, 일정한 온도 상승률에 따라 동작하고 넓은 지역에 설치한다.
>
> 정답 ①

(3) 연기감지기

구분	내용	
특징	① 화재가 발생하면 연기를 감지하여 작동하는 감지기로, 화염보다 연기가 빨리 전달되는 장소에 사용한다. ② 복도, 계단, 경사로, 엘리베이터 승강로, 공동주택 거실, 무대 등 천장 또는 반자의 높이가 15m 이상 20m 미만의 장소에 사용한다.	
종류	광전식 감지기	연기가 일정 농도 이상이면 감지기 내에서 광속이 감지되어 작동하는 방식
	이온화식 감지기	연기의 이온검출농도를 감지하여 작동하는 방식

광전식 감지기   이온화식 감지기

(4) 발신기

① 화재가 발생하여 수동으로 누름버튼을 누르면 화재신호를 수신기에 전달하고 경보음을 표시하여 내부의 사람들에게 알려 소화활동과 피난을 신속하게 하기 위한 것이다.

② 특정소방대상물의 층마다 설치하되, 해당 소방대상물의 각 부분으로부터 하나의 발신기까지의 수평거리가 25m 이하가 되도록 하여야 한다(단, 복도 또는 별도로 구획된 실로서 보행거리가 40m 이상일 경우에는 추가로 설치하여야 한다).
③ 조작이 쉬운 장소에 설치하고, 스위치는 바닥으로부터 0.8m 이상 1.5m 이하의 높이에 설치한다.
④ 발신기의 위치를 표시하는 표시등은 함의 상부에 설치하되, 그 불빛은 부착면으로부터 15° 이상의 범위 안에서 부착지점으로부터 10m 이내의 어느 곳에서도 쉽게 식별할 수 있는 적색등으로 하여야 한다.
⑤ **공동주택의 화재안전성능기준**: 복층형 구조인 경우에는 출입구가 없는 층에 발신기를 설치하지 아니할 수 있다.

▶ 관련기준
공동주택의 화재안전성능기준(NFPC 608) 제11조 〈2023. 10. 13. 제정〉

(5) 수신기

① 감지기나 발신기에서 발하는 화재신호를 직접 수신하거나 중계기를 통하여 수신하여 화재의 발생을 표시 및 경보하여 주는 장치를 말한다.
② 수위실 등 상시 사람이 근무하는 장소에 설치한다(단, 사람이 상시 근무하는 장소가 없는 경우에는 관계인이 쉽게 접근할 수 있고 관리가 용이한 장소에 설치할 수 있다).
③ 수신기의 음향기구는 그 음량 및 음색이 다른 기기의 소음 등과 명확히 구별될 수 있는 것으로 한다.
④ 수신기는 감지기·중계기 또는 발신기가 작동하는 경계구역을 표시할 수 있는 것으로 한다.
⑤ 하나의 경계구역은 하나의 표시등 또는 하나의 문자로 표시되도록 한다.
⑥ 수신기의 조작 스위치는 바닥으로부터의 높이가 0.8m 이상 1.5m 이하인 장소에 설치한다.

발신기 　　　　수신기

▶ 바로확인문제

발신기의 위치를 표시하는 표시등은 함의 상부에 설치하되, 그 불빛은 부착면으로부터 (　　)° 이상의 범위 안에서 부착지점으로부터 (　　)m 이내의 어느 곳에서도 쉽게 식별할 수 있는 (　　)등으로 하여야 한다.

2. 기타 경보설비

(1) 누전경보기

① **일반사항**

　㉠ 설치대상: 계약전류용량이 100A를 초과하는 특정소방대상물에 설치하여야 한다.

　㉡ 용어정리

　　ⓐ **누전경보기**: 내화구조가 아닌 건축물로서 벽, 바닥 또는 천장의 전부나 일부를 불연재료 또는 준불연재료가 아닌 재료에 철망을 넣어 만든 건물의 전기설비로부터 누설전류를 탐지하여 경보를 발하며 변류기와 수신부로 구성된 것을 말한다.

　　ⓑ **변류기**: 경계전로의 누설전류를 자동적으로 검출하여 이를 누전경보기의 수신부에 송신하는 것을 말한다.

　　ⓒ **수신부**: 변류기로부터 검출된 신호를 수신하여 누전의 발생을 해당 특정소방대상물의 관계인에게 경보하여 주는 것(차단기구를 갖는 것을 포함한다)을 말한다.

② **누전경보기 설치기준**

　㉠ 경계전로의 정격전류가 60A를 초과하는 전로에 있어서는 1급 누전경보기를, 60A 이하의 전로에 있어서는 1급 또는 2급 누전경보기를 설치하여야 한다. 다만, 정격전류가 60A를 초과하는 경계전로가 분기되어 각 분기회로의 정격전류가 60A 이하로 되는 경우 당해 분기회로마다 2급 누전경보기를 설치한 때에는 당해 경계전로에 1급 누전경보기를 설치한 것으로 본다.

　㉡ 변류기는 특정소방대상물의 형태, 인입선의 시설방법 등에 따라 옥외 인입선의 제1지점의 부하 측 또는 제2종 접지선 측의 점검이 쉬운 위치에 설치하여야 한다. 다만, 인입선의 형태 또는 특정소방대상물의 구조상 부득이한 경우에는 인입구에 근접한 옥내에 설치할 수 있다.

　㉢ 변류기를 옥외의 전로에 설치하는 경우에는 옥외형으로 설치하여야 한다.

　㉣ 누전경보기의 수신부는 옥내의 점검에 편리한 장소에 설치하되, 가연성의 증기·먼지 등이 체류할 우려가 있는 장소의 전기회로에는 해당 부분의 전기회로를 차단할 수 있는 차단기구를 가진 수신부를 설치하여야 한다. 이 경우 차단기구의 부분은 해당 장소 외의 안전한 장소에 설치하여야 한다.

21·4회

관련기준
누전경보기의 화재안전기술기준(NFTC 205)
〈2022. 12. 1. 시행〉

• **전로**
　전선, 전류가 지나가는 길

ⓜ 음향장치는 수위실 등 상시 사람이 근무하는 장소에 설치하여야 하며, 그 음량 및 음색은 다른 기기의 소음 등과 명확히 구별할 수 있는 것으로 하여야 한다.
ⓑ 전원은 분전반으로부터 전용회로로 하고, 각 극에 개폐기 및 15A 이하의 과전류차단기(배선용 차단기에 있어서는 20A 이하의 것으로 각 극을 개폐할 수 있는 것)를 설치하여야 한다.
ⓢ 전원을 분기할 때에는 다른 차단기에 따라 전원이 차단되지 않도록 하여야 한다.
ⓞ 전원의 개폐기에는 '누전경보기용'이라고 표시한 표지를 하여야 한다.

개념적용 문제

화재안전기준상 누전경보기 설치에 관한 설명으로 옳지 않은 것은?

제21회 기출

① 경계전로가 분기되지 아니한 정격전류가 60A를 초과하는 전로에 있어서는 2급 누전경보기를 설치할 것
② 누전경보기 전원은 분전반으로부터 전용회로로 하고 각 극에 개폐기 및 15A 이하의 과전류차단기를 설치할 것
③ 전원을 분기할 때는 다른 차단기에 따라 전원이 차단되지 아니하도록 할 것
④ 전원의 개폐기에는 누전경보기용임을 표기한 표지를 할 것
⑤ 수신부의 음향 장치는 수위실 등 상시 사람이 근무하는 장소에 설치하여야 하며, 그 음량 및 음색은 다른 기기의 소음 등과 명확히 구별할 수 있는 것으로 할 것

해설 경계전로가 분기되지 아니한 정격전류가 60A를 초과하는 전로에 있어서는 1급 누전경보기를 설치하여야 하고, 경계전로가 분기되지 아니한 정격전류가 60A 이하인 전로에 있어서는 1급 또는 2급 누전경보기를 설치하여야 한다.

정답 ①

(2) 비상방송설비

① 설치대상

㉠ 연면적 3,500m² 이상인 것은 모든 층
㉡ 층수가 11층 이상인 것은 모든 층
㉢ 지하층의 층수가 3층 이상인 것은 모든 층

▶ 관련기준
비상방송설비의 화재안전기술기준(NFTC 202)
〈2023. 2. 10. 시행〉

바로확인문제

누전경보기 전원은 분전반으로부터 (　　)회로로 하고, 각 극에 개폐기 및 (　　)A 이하의 과전류차단기를 설치하여야 한다.

② **비상방송설비의 설치기준**

　㉠ 확성기의 음성입력은 3W(실내에 설치하는 것에 있어서는 1W) 이상이어야 한다.

　㉡ 확성기는 각 층마다 설치하되, 그 층의 각 부분으로부터 하나의 확성기까지의 수평거리가 25m 이하가 되도록 하고, 해당 층의 각 부분에 유효하게 경보를 발할 수 있도록 설치하여야 한다.

　㉢ 음량조정기를 설치하는 경우 음량조정기의 배선은 3선식으로 할 것

　㉣ 조작부의 조작스위치는 바닥으로부터 0.8m 이상 1.5m 이하의 높이에 설치하여야 한다.

　㉤ 증폭기 및 조작부는 수위실 등 상시 사람이 근무하는 장소로서 점검이 편리하고 방화상 유효한 곳에 설치하여야 한다.

　㉥ 다른 방송설비와 공용하는 것에 있어서는 화재 시 비상경보 외의 방송을 차단할 수 있는 구조로 하여야 한다.

　㉦ 다른 전기회로에 따라 유도장애가 생기지 않도록 하여야 한다.

　㉧ 기동장치에 따른 화재신호를 수신한 후 필요한 음량으로 화재발생상황 및 피난에 유효한 방송이 자동으로 개시될 때까지의 소요시간은 10초 이내로 하여야 한다.

> **관련기준**
> 공동주택의 비상방송설비 화재안전성능기준(NFPC 608) 제12조
> 1. 확성기는 각 세대마다 설치할 것
> 2. 아파트등의 경우 실내에 설치하는 확성기 음성입력은 2W 이상일 것

• **기동**
동력으로 움직이는 기관이나 기계의 운전을 시작함

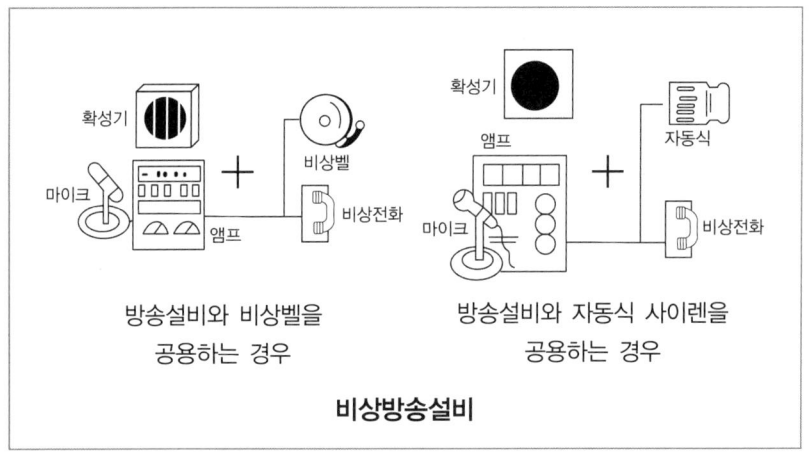

방송설비와 비상벨을 공용하는 경우　　방송설비와 자동식 사이렌을 공용하는 경우

비상방송설비

3. 피난구조설비

(1) 피난기구

① 용어정리

용어	정의
피난사다리	화재 시 긴급대피를 위해 사용하는 사다리를 말한다.
피난교	㉠ 건축물의 옥상층 또는 그 이하의 층에서 화재발생 시 옆 건축물로 피난하기 위해 설치하는 피난기구이다. ㉡ 평상시에는 건축물 내에 접어두었다가 화재가 발생하면 신속하게 옆 건축물에 설치하여 이웃 건축물로 안전하게 피난할 수 있도록 가교 역할을 해주는 피난기구이다.
완강기*	사용자의 몸무게에 따라 자동적으로 내려올 수 있는 기구 중 사용자가 교대하여 연속적으로 사용할 수 있는 것을 말한다.
간이완강기	사용자의 몸무게에 따라 자동적으로 내려올 수 있는 기구 중 사용자가 연속적으로 사용할 수 없는 것을 말한다.
피난용 트랩	화재층과 직상층을 연결하는 계단형태의 피난기구를 말한다.
구조대	포지 등을 사용하여 자루형태로 만든 것으로서 화재 시 사용자가 그 내부에 들어가서 내려옴으로써 대피할 수 있는 것을 말한다.
공기안전매트	화재 발생 시 사람이 건축물 내에서 외부로 긴급히 뛰어내릴 때 충격을 흡수하여 안전하게 지상에 도달할 수 있도록 포지에 공기 등을 주입하는 구조로 되어 있는 것을 말한다.
다수인피난장비	화재 시 2인 이상의 피난자가 동시에 해당 층에서 지상 또는 피난층으로 하강하는 피난기구를 말한다.
승강식 피난기	사용자의 몸무게에 의하여 자동으로 하강하고 내려서면 스스로 상승하여 연속적으로 사용할 수 있는 무동력 승강식 기기를 말한다.
하향식 피난구용 내림식 사다리	하향식 피난구 해치에 격납하여 보관하고, 사용 시에는 사다리 등이 소방대상물과 접촉되지 아니하는 내림식 사다리를 말한다.

② 설치기준
  ㉠ 피난기구는 계단·피난구 기타 피난시설로부터 적당한 거리에 있는 안전한 구조로 된 피난 또는 소화활동상 유효한 개구부에 고정하여 설치하거나 필요한 때에 신속하고 유효하게 설치할 수 있는 상태에 두어야 한다.
  ㉡ 피난기구를 설치하는 개구부는 서로 동일직선상이 아닌 위치에 있어야 한다. 다만, 피난교·피난용 트랩·간이완강기·아파트에 설치되는 피난기구(다수인 피난장비는 제외한다) 및 기타 피난상 지장이 없는 것에 있어서는 그렇지 않다.

24·23·22·21·20회

관련기준
피난기구의 화재안전기술기준
(NFTC 301)
〈2024. 1. 1. 시행〉

• 완강기

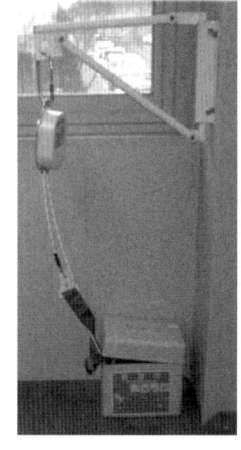

바로확인문제

(   )란 사용자의 몸무게에 따라 자동적으로 내려올 수 있는 기구 중 사용자가 연속적으로 사용할 수 없는 것을 말한다.

ⓒ 피난기구는 특정소방대상물의 기둥·바닥·보 기타 구조상 견고한 부분에 볼트조임·매입·용접 기타의 방법으로 견고하게 부착하여야 한다.
ⓓ 4층 이상의 층에 피난사다리(하향식 피난구용 내림식 사다리는 제외한다)를 설치하는 경우에는 금속성 고정사다리를 설치하고, 해당 고정사다리에는 쉽게 피난할 수 있는 구조의 노대를 설치하여야 한다.
ⓔ 완강기는 강하 시 로프가 소방대상물과 접촉하여 손상되지 아니하도록 하여야 한다.
ⓕ 완강기 로프의 길이는 부착위치에서 지면 기타 피난상 유효한 착지면까지의 길이로 하여야 한다.
ⓖ 미끄럼대는 안전한 강하속도를 유지하도록 하고, 전락방지를 위한 안전조치를 하여야 한다.
ⓗ 구조대의 길이는 피난상 지장이 없고 안정한 강하속도를 유지할 수 있는 길이로 하여야 한다.

③ **공동주택의 피난기구 설치기준**

관련기준
공동주택의 화재안전성능기준
(NFPC 608) 제13조
〈2023. 10. 13. 제정〉

㉠ 피난기구 설치기준
ⓐ 아파트등의 경우 각 세대마다 설치하여야 한다.
ⓑ 피난장애가 발생하지 않도록 하기 위하여 피난기구를 설치하는 개구부는 동일 직선상이 아닌 위치에 있어야 한다. 다만, 수직 피난방향으로 동일 직선상인 세대별 개구부에 피난기구를 엇갈리게 설치하여 피난장애가 발생하지 않는 경우에는 그렇지 않다.
ⓒ 「공동주택관리법」에 따른 "의무관리대상 공동주택"의 경우에는 하나의 관리주체가 관리하는 공동주택 구역마다 공기안전매트 1개 이상을 추가로 설치하여야 한다. 다만, 옥상으로 피난이 가능하거나 수평 또는 수직 방향의 인접세대로 피난할 수 있는 구조인 경우에는 추가로 설치하지 않을 수 있다.
㉡ 갓복도식 공동주택 또는 「건축법 시행령」에 해당하는 구조 또는 시설을 설치하여 수평 또는 수직 방향의 인접세대로 피난할 수 있는 아파트는 피난기구를 설치하지 않을 수 있다.
㉢ 승강식 피난기 및 하향식 피난구용 내림식 사다리가 「건축물의 피난·방화구조 등의 기준에 관한 규칙」에 따라 방화구획된 장소(세대 내부)에 설치될 경우에는 해당 방화구획된 장소를 대피실로 간주하고, 대피실의 면적규정과 외기에 접하는 구조로 대피실을 설치하는 규정을 적용하지 않을 수 있다.

(2) 유도등 및 유도표지

① 용어정리

용어	정의
유도등	화재 시에 피난을 유도하기 위한 등으로서 정상상태에서는 상용전원에 따라 켜지고 상용전원이 정전되는 경우에는 비상전원으로 자동전환되어 켜지는 등을 말한다.
피난구유도등	피난구 또는 피난경로로 사용되는 출입구를 표시하여 피난을 유도하는 등을 말한다.
통로유도등	피난통로를 안내하기 위한 유도등으로 복도통로유도등, 거실통로유도등, 계단통로유도등을 말한다.
피난구유도표지	피난구 또는 피난경로로 사용되는 출입구를 표시하여 피난을 유도하는 표지를 말한다.
통로유도표지	피난통로가 되는 복도, 계단 등에 설치하는 것으로서 피난구의 방향을 표시하는 유도표지를 말한다.
피난유도선	햇빛이나 전등불에 따라 축광하거나 전류에 따라 빛을 발하는 유도체로서 어두운 상태에서 피난을 유도할 수 있도록 띠 형태로 설치되는 피난유도시설을 말한다.

▶ 관련기준
유도등 및 유도표지의 화재안전기술기준(NFTC 303)
〈2024. 7. 1. 시행〉

② 유도등

㉠ 설치기준

ⓐ 피난구유도등은 피난구의 바닥으로부터 높이 1.5m 이상으로서 출입구에 인접하도록 설치하여야 한다.

ⓑ 복도통로유도등은 구부러진 모퉁이 및 「유도등 및 유도표지의 화재안전기술기준」에 따라 설치된 통로유도등을 기점으로 보행거리 20m마다 설치하고, 바닥으로부터 높이 1m 이하의 위치에 설치하여야 한다.

ⓒ 거실통로유도등은 구부러진 모퉁이 및 보행거리 20m마다 설치하고, 바닥으로부터 높이 1.5m 이상의 위치에 설치하여야 한다.

ⓓ 계단통로유도등은 각 층의 경사로참 또는 계단참마다 설치하고, 바닥으로부터 높이 1m 이하의 위치에 설치하여야 한다.

피난구유도등

복도통로유도등

거실통로유도등

계단통로유도등

> **참고** 공동주택의 유도등 설치기준
>
> 1. 소형 피난구 유도등을 설치할 것. 다만, 세대 내에는 유도등을 설치하지 않을 수 있다.
> 2. 주차장으로 사용되는 부분은 중형 피난구유도등을 설치할 것
> 3. 「건축법 시행령」 및 「주택건설기준 등에 관한 규정」에 따라 비상문자동개폐장치가 설치된 옥상 출입문에는 대형 피난구유도등을 설치할 것
> 4. 내부구조가 단순하고 복도식이 아닌 층에는 「유도등 및 유도표지의 화재안전성능기준(NFPC 303)」 기준을 적용하지 아니할 것

관련기준
공동주택의 화재안전성능기준(NFPC 608) 제14조 〈2023. 10. 13. 제정〉

- **공동주택의 비상조명등 설치 기준**
  - 공동주택의 화재안전성능기준(NFPC 608) 제15조 〈2023. 10. 13. 제정〉
  - 비상조명등은 각 거실로부터 지상에 이르는 복도·계단 및 그 밖의 통로에 설치해야 한다. 다만, 공동주택의 세대 내에는 출입구 인근 통로에 1개 이상 설치한다.

　ⓛ 비상전원
　　ⓐ 축전지로 하여야 한다.
　　ⓑ 유도등을 20분 이상 유효하게 작동시킬 수 있는 용량으로 하여야 한다. 다만, 지하층 또는 지하층을 제외한 층수가 11층 이상의 층인 특정소방대상물의 경우에는 그 부분에서 피난층에 이르는 부분의 유도등을 60분 이상 유효하게 작동시킬 수 있는 용량으로 하여야 한다.

③ **유도표지 설치기준**
　㉠ 계단에 설치하는 것을 제외하고는 각 층마다 복도 및 통로의 각 부분으로부터 하나의 유도표지까지의 보행거리가 15m 이하가 되는 곳과 구부러진 모퉁이의 벽에 설치하여야 한다.
　㉡ 피난구유도표지는 출입구 상단에 설치하고, 통로유도표지는 바닥으로부터 높이 1m 이하의 위치에 설치하여야 한다.
　㉢ 축광방식의 유도표지는 외광 또는 조명장치에 의하여 상시 조명이 제공되거나 비상조명등에 의한 조명이 제공되도록 설치하여야 한다.

④ **피난유도선 설치기준**
　㉠ 축광방식의 피난유도선
　　ⓐ 구획된 각 실로부터 주출입구 또는 비상구까지 설치할 것
　　ⓑ 바닥으로부터 높이 50cm 이하의 위치 또는 바닥면에 설치할 것
　　ⓒ 피난유도 표시부는 50cm 이내의 간격으로 연속되도록 설치할 것

- **축광방식의 피난유도선**

　　　　ⓓ 부착대에 의하여 견고하게 설치할 것
　　　　ⓔ 외광 또는 조명장치에 의하여 상시 조명이 제공되거나 비상조명
　　　　　 등에 의한 조명이 제공되도록 설치할 것
　　ⓛ 광원점등방식의 피난유도선

• 광원점등방식의 피난유도선

　　　　ⓐ 구획된 각 실로부터 주출입구 또는 비상구까지 설치할 것
　　　　ⓑ 피난유도 표시부는 바닥으로부터 높이 1m 이하의 위치 또는 바
　　　　　 닥면에 설치할 것
　　　　ⓒ 피난유도 표시부는 50cm 이내의 간격으로 연속되도록 설치하되
　　　　　 실내장식물 등으로 설치가 곤란할 경우 1m 이내로 설치할 것
　　　　ⓓ 수신기로부터의 화재신호 및 수동조작에 의하여 광원이 점등되
　　　　　 도록 설치할 것
　　　　ⓔ 비상전원이 상시 충전상태를 유지하도록 설치할 것
　　　　ⓕ 바닥에 설치되는 피난유도 표시부는 매립하는 방식을 사용할 것
　　　　ⓖ 피난유도 제어부는 조작 및 관리가 용이하도록 바닥으로부터
　　　　　 0.8m 이상 1.5m 이하의 높이에 설치할 것

개념적용 문제

화재안전기술기준상 유도등 및 유도표지에 관한 내용으로 옳지 않은 것은?

제20회 기출

① 피난구유도등은 피난구의 바닥으로부터 높이 1.5m 이상으로서 출입구에 인접하도록 설치해야 한다.
② 복도통로유도등은 바닥으로부터 높이 1.2m의 위치에 설치해야 한다.
③ 피난구유도표지란 피난구 또는 피난경로로 사용되는 출입구를 표시하여 피난을 유도하는 표지를 말한다.
④ 계단통로유도등은 바닥으로부터 높이 1m 이하의 위치에 설치해야 한다.
⑤ 거실통로유도등은 구부러진 모퉁이 및 보행거리 20m마다 설치해야 한다.

해설　복도통로유도등은 바닥으로부터 높이 1m 이하의 위치에 설치해야 한다.

정답 ②

바로확인문제

복도통로유도등은 바닥으로부터 높이 (　　)m 이하의 위치에 설치해야 한다.

CHAPTER 07 OX문제로 완벽 복습

01 소방대상물 각 부분에서 소형소화기는 보행거리 20m 이내마다, 바닥에서 1.5m 이내에 설치한다. (O | X)

02 옥내소화전의 표준방수압력은 0.25MPa 이상, 표준방수량은 130L/min이다. (O | X)

03 옥내소화전 내에 설치하는 호스의 구경은 40mm(호스릴옥내소화전의 경우에는 25mm) 이상으로 한다. (O | X)

04 펌프의 흡입 측에는 연성계 또는 진공계를, 토출 측에는 연성계를 설치한다. (O | X)

05 옥내소화전 펌프의 성능은 체절운전 시 정격토출압력의 150%를 초과하지 않아야 한다. (O | X)

06 알람밸브식은 습식에 사용하고, 건식은 건식밸브, 준비작동식은 프리액션밸브, 일제식(개방형)은 일제개방밸브이다. (O | X)

07 공동주택의 화재안전성능기준에서 아파트등의 세대 내 스프링클러 헤드를 설치하는 경우 천장, 반자 등의 각 부분으로부터 하나의 스프링클러 헤드까지의 수평거리는 2.7m 이하로 하여야 한다. (O | X)

08 폐쇄형 준비작동식 스프링클러설비는 헤드가 화재의 열을 감지하여 헤드를 막고 있던 감열체가 녹으면 압축공기 등이 빠져나가면서 배관계 도중에 있는 유수검지장치가 개방되어 물이 분출되는 구조로 되어 있다. (O | X)

09 교차배관은 스프링클러 헤드가 설치되어 있는 배관이며, 가지배관은 주배관으로부터 교차배관에 급수하는 배관이다. (O | X)

10 정온식 감지기는 실내온도가 일정온도 이상일 때 바이메탈에 의해 작동하는 감지기로 온도변화가 심한 식당의 주방, 보일러실 등에 사용된다. (O | X)

11 간이완강기란 사용자의 몸무게에 따라 자동적으로 내려올 수 있는 기구 중 사용자 (○ | ×)
가 교대하여 연속적으로 사용할 수 있는 것을 말한다.

12 복도통로유도등은 바닥으로부터 높이 1.2m의 위치에 설치해야 한다. (○ | ×)

정답

01 ○   02 ×(0.25MPa ⇨ 0.17MPa)   03 ○   04 ×(토출 측에는 연성계 ⇨ 토출 측에는 압력계)
05 ×(150% ⇨ 140%)   06 ○   07 ×(2.7m ⇨ 2.6m)   08 ×(준비작동식 ⇨ 건식)   09 ×(교차배관 ↔ 가지배관)
10 ○   11 ×(있는 ⇨ 없는)   12 ×(1.2m ⇨ 1m)

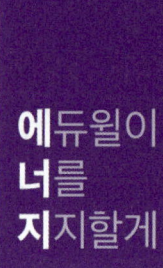

벽을 내려치느라 시간을 낭비하지 마라.
그 벽이 문으로 바뀔 수 있도록 노력하라.

– 가브리엘 "코코" 샤넬(Gabrielle "Coco" Chanel)

CHAPTER 08 난방 및 냉동설비

회독체크 [1] [2] [3]

CHAPTER 미리보기

학습전략

평균 2문제 정도(5.0%)이나 매년 출제되고 있기 때문에 관심을 가지고 학습해야 합니다. 이 CHAPTER에서는 주로 난방방식의 종류별 부속기기와 특징 암기, 압축식 냉동기와 흡수식 냉동기의 비교 및 이해 위주로 학습할 필요가 있습니다.

학습키워드

- 난방방식의 분류
- 방열기 도면표시법
- 방열기 상당방열면적 계산
- 증기·온수 공통부속기기
- 온수난방의 부속기기
- 증기트랩의 종류 및 특징
- 증기난방 잠열
- 증기난방과 온수난방의 비교
- 하트포드 접속법
- 고온수식, 역환수방식
- 복사난방의 특징
- 온수온돌설비기준
- 온풍난방의 특징
- 지역난방의 특징
- 열교환기
- CES의 특징
- R-12
- 냉동기의 성적계수
- 압축식 냉동기의 특징
- 흡수식 냉동기의 특징
- 히트펌프의 성적계수

제1절 난방설비 ★★

1 개요

1. 일반사항

(1) 개념

① 실외의 기온이 실내공기의 온도보다 낮아지면, 벽이나 창을 통해서 실내에서 실외로 열을 빼앗기거나 창틀의 틈이나 출입문의 개폐로 인하여 외부의 차가운 공기가 실내로 들어와 실내의 온도를 떨어뜨리고, 외벽의 실내 쪽 표면온도가 낮아지므로 쾌적한 상태를 이루지 못하고 추위를 느끼게 된다.

② 난방설비는 실내에서 손실되는 열량을 난로나 보일러를 설치하여 열을 보충해 줌으로써 실내 거주자가 따뜻하게 지내게 하기 위한 설비이다.

(2) 난방방식

① 난방은 열의 대류·전도·복사 등을 이용하여 주생활 공간의 온도를 높이는 것을 말하며, 난방설비란 그 설비를 말하는 것이다.

② 난방방법은 개별난방, 중앙공급식 난방, 지역난방이 있다.

③ 개별난방은 화로·난로 등이 해당하고, 중앙공급식 난방은 보일러 등을 이용한 난방이다.

④ 중앙공급식 난방방식은 증기식, 온수식, 복사식이 있으며, 이 방식들은 방열기(Radiator)를 거쳐 증기나 온수를 보내 난방하는 방법이다.

⑤ 지역난방방식은 주택단지 내의 일정한 곳에 규모가 큰 열원 플랜트를 설치하여 고압증기나 고압온수를 각 세대에 공급하여 난방하는 방식이다.

2. **방열기**(Radiator)

(1) 개념

① 증기나 온수의 공급을 받아 대류 등에 의해 열을 발산시키는 난방장치를 말한다.

② 방열기는 방열면으로부터의 복사에 의한 방열도 다소 있기는 하나, 주로 대류에 의한 난방방식이다.

③ 바닥에 설치하는 경우에는 주철제의 일반용으로 주형(柱形) 방열기, 세주형 방열기가 있다.

난방설비
1. 개요
2. 난방방식

바로확인문제

방열기는 증기나 온수의 공급을 받아 ( ) 등에 의해 열을 발산시키는 난방장치를 말한다.

④ 공장이나 온실용으로는 길드 방열기, 강판제의 케이싱 안에 핀이 있는 관을 넣은 대류 방열기, 베이스 보드형 방열기가 있으며, 천장이나 벽면용으로는 송풍기를 내장하는 유닛 히터 등이 있다.

(2) 종류

① 재료에 의한 분류

종류	내용
주철제 방열기	㉠ 니플(Nipple)을 이용해 필요한 절수를 조립하여 만든 방열기이다. ㉡ 부식에 강하여 내구성이 있다. ㉢ 0.1MPa 이하의 저압증기에 사용된다.
강판제 방열기	고압의 온수나 증기에 사용된다.
알루미늄제 방열기	화장실 등 간단한 장소에 사용된다.

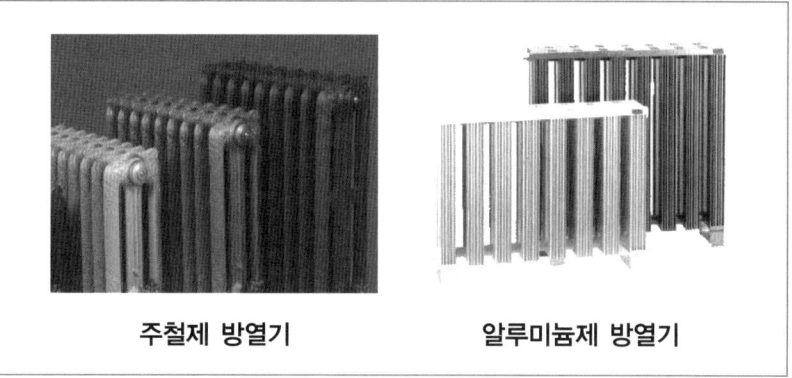

주철제 방열기   알루미늄제 방열기

② 형상에 의한 분류

종류	내용
주형 방열기 (Column Radiator)	㉠ 주형 방열기: 2주형, 3주형 ㉡ 세주형 방열기: 3세주형, 5세주형
벽걸이형 방열기 (Wall Radiator)	㉠ 벽에 걸어 설치하는 방열기이다. ㉡ 종류: 횡형(가로형), 종형(세로형)
대류 방열기 (Convector)	㉠ 판제의 케이싱 속에 에어로핀 튜브(Aerofin Tube)를 사용한 가열기를 넣은 방열기로, 열효율이 좋아 널리 사용된다. ㉡ 밑에서 유입된 공기를 가열하면 상부의 개구부로 유출하여 대류현상에 의하여 실내를 순환하는 원리로 만든 방열기이다. ㉢ 낮은 위치에 설치된 것으로 단열성이 취약한 유리면에 발생하는 결로를 방지하는 데 큰 효과를 기대할 수 있는 것은 베이스보드 히터라 한다.

• 세주(細柱)
　가는 기둥

길드 방열기 (Gilled Radiator)	열전도율이 좋은 금속핀을 여러 개 끼워 방열면적을 증가시킨 방열기이다.
관 방열기 (Pipe Radiator)	㉠ 관의 표면적을 방열면적으로 한 방열기이다. ㉡ 고압에 유리하나 효율이 낮다.

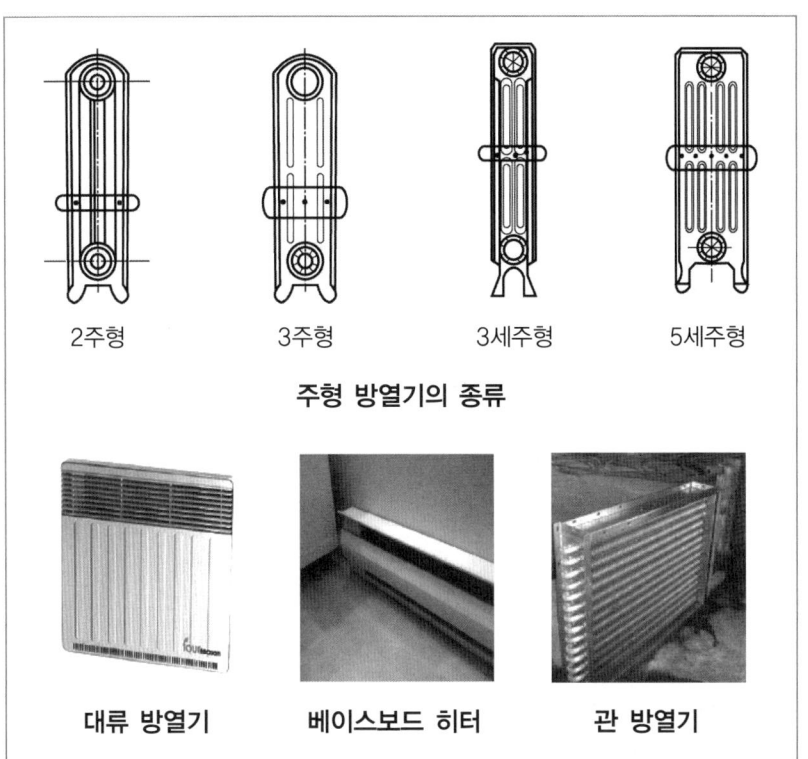

주형 방열기의 종류

대류 방열기   베이스보드 히터   관 방열기

(3) 방열기 호칭법

구분	내용
주형 방열기	로마자로 표기 ― 2주형: Ⅱ / 3주형: Ⅲ
세주형 방열기	아라비아 숫자로 표기 ― 3세주형: 3 / 5세주형: 5
벽걸이형 방열기	① 벽걸이: W(Wall Type) ② 횡형: H(Horizontal Type) ③ 종형: V(Vertical Type)
도면상의 표시법	15 → 방열기 절 수 ← 3 Ⅲ-650 → 방열기 종류-높이 ← W-V 25×25 → 유입관과 유출관의 관경 ← 25×25

▶ 10회

바로확인문제

주형 방열기는 (　　)로 표기하고, 세주형 방열기는 (　　)로 표기한다.

개념적용 문제

방열기 표시방법에서 3주형 방열기 높이가 600mm, 섹션 수 16, 유입관 지름과 유출관 지름이 15mm일 때 도시법으로 맞는 것은? 제10회 기출

① 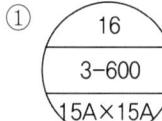 ② 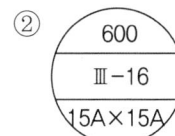 ③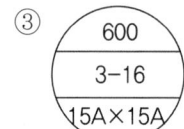

④ 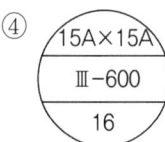 ⑤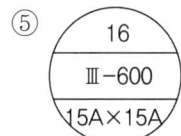

해설 방열기 도시기호: 주형 방열기는 로마자로 표기하고, 세주형 방열기는 아라비아 숫자로 표기한다.

섹션 수(절 수)
종류-높이
유입관-유출관

정답 ⑤

(4) 방열기의 표준방열량

① 표준방열량

㉠ 표준상태에서 방열면적 1m²당 방열되는 방열량

㉡ 온수난방: 0.523kW/m²(표준상태 온수 80℃, 실온 18.5℃)

㉢ 증기난방: 0.756kW/m²(표준상태 증기 102℃, 실온 18.5℃)

② 응축수량

㉠ 방열기 내 1m²당 증기가 식어서 응결되는 수량이다.

㉡ 100℃의 증기가 100℃의 물이 될 때 1kg당 0.627kW/kg의 열량이 발생한다.

③ 상당방열면적(EDR; Equivalent Direct Radiation)

㉠ 보일러의 능력을 방열기의 방열면적으로 표시한 값

㉡ 상당방열면적 산정공식

$$EDR(m^2) = \frac{총손실열량(전체방열량 \ 또는 \ 난방부하)}{표준방열량}$$

바로확인문제

표준방열량은
온수난방: (　)kW/m²
증기난방: (　)kW/m²

ⓐ 증기난방 $EDR(m^2) = \dfrac{총손실열량}{0.756}$

ⓑ 온수난방 $EDR(m^2) = \dfrac{총손실열량}{0.523}$

④ **방열기 절(Section) 수 산정공식**

$$방열기\ 절\ 수 = \dfrac{총손실열량}{표준방열량 \times 방열기\ 1절면적}$$

㉠ 증기난방의 절 수 $= \dfrac{총손실열량(kW)}{0.756 \times 방열기\ 1절당\ 방열면적(m^2)}$

㉡ 온수난방의 절 수 $= \dfrac{총손실열량(kW)}{0.523 \times 방열기\ 1절당\ 방열면적(m^2)}$

개념적용 문제

손실열량이 11.63kW이고, 환기에 의한 손실열량이 4.07인 방에 온수난방에 의한 방열기를 설치할 경우 소요방열면적은? <small>제3회 수정</small>

① 약 $21m^2$
② 약 $25m^2$
③ 약 $30m^2$
④ 약 $35m^2$
⑤ 약 $40m^2$

해설 상당방열면적(EDR) = 총손실열량 ÷ 표준방열량
= (11.63 + 4.07)kW ÷ 0.523kW/m^2 ≒ 30.02m^2

정답 ③

(5) 방열기 시공

① 방열기는 대류작용을 이용하기 위하여 열손실이 많은 창문 내측 하부에 위치시킨다.
② 벽과는 5~6cm 정도 띄우고, 방열기와의 배관은 신축흡수를 위해 스위블조인트를 설치한다.
③ 대류방열기(Convector)의 덮개(Casing)는 바닥에서 9cm 이상 띄운다.
④ 실내의 미관을 고려하여 방열기에 장식용 커버를 씌우면 방열량이 감소하기 때문에 방열기를 설치할 때 고려하여야 한다.

⑤ 방열기 내에 공기가 있으면 열전달과 유동을 방해하므로 방열기 상단부에 공기빼기밸브를 설치한다.

⑥ 창 부근의 온도는 실내의 공기온도보다 낮기 때문에 낮은 기온이 바닥 부근 아래쪽으로 흘러서 방의 내부 쪽으로 들어오게 된다. 이 차가운 공기가 인체에 도달하면 인체 하부 쪽 공기의 온도가 낮아지기 때문에 불쾌감을 느끼게 된다. 이와 같이 대류작용에 의해서 냉기가 흘러 들어오는 현상을 콜드 드래프트(Cold Draft)라고 한다.

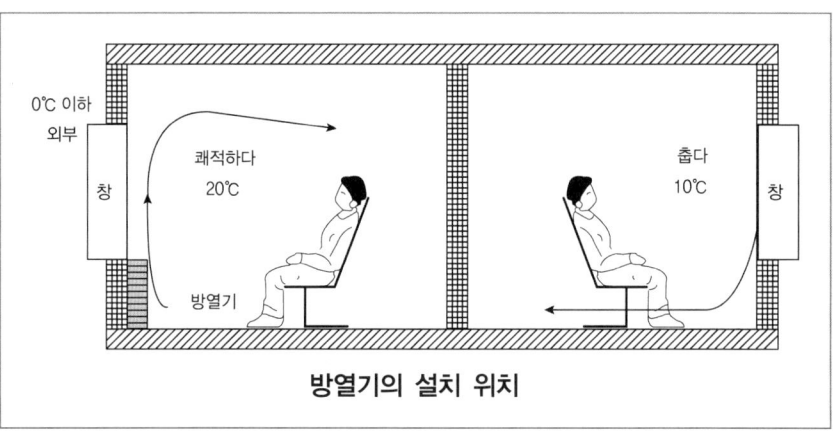

방열기의 설치 위치

3. 난방에 사용되는 부속기기

(1) 증기·온수 공통 부속기기

① **방열기밸브**
  ㉠ 방열기 입구를 개폐하여 증기 또는 온수의 방열량을 조절하는 밸브이다.
  ㉡ 디스크밸브를 사용한 스톱밸브형이 많다.
  ㉢ 유체의 흐름방향에 따라 앵글형, 스트레이트형(직선형)이 있다.

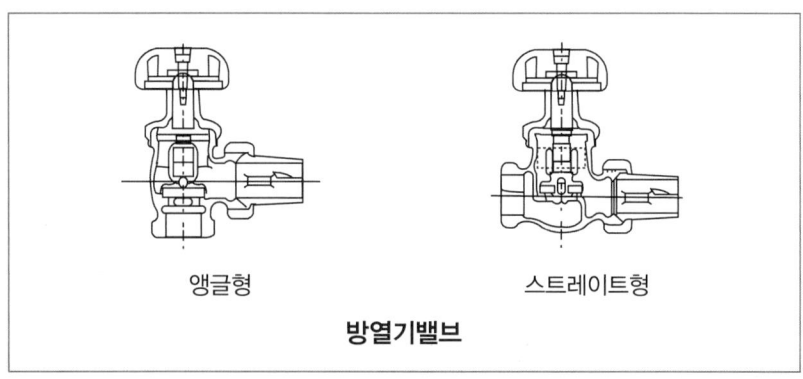

방열기밸브

② **공기빼기밸브**(Air Vent Valve)

㉠ 방열기 또는 배관 안의 공기를 제거하여 물의 순환을 원활하게 하는 밸브이다.

㉡ 굴곡 개소에 설치하여 공기가 고이는 것을 방지한다.

방열기밸브

공기빼기밸브

개념적용 문제

다음 중 증기난방용 부속기기와 온수난방용 부속기기에 공통으로 사용되는 것은? 제7회 기출

① 증기트랩
② 감압밸브(Pressure Reducing Valve)
③ 팽창탱크(Expansion Tank)
④ 리턴콕(Return Cock)
⑤ 공기빼기밸브

해설 공기빼기밸브(Air Vent Valve)는 증기난방과 온수난방에 공통으로 사용하는 기기이며 방열기 안의 공기를 제거하기 위한 밸브로, 굴곡 개소에 설치하여 공기가 고이는 것을 방지한다.

정답 ⑤

(2) 증기난방의 부속기기

26·17회

① **증기트랩**(Steam Trap)

㉠ 설치목적

ⓐ 방열기 또는 증기관 내에 발생하는 응축수 및 공기를 증기로부터 분리하여 자동으로 응축수만 환수관과 보일러에 배출하는 기기이다.

ⓑ 주로 방열기의 환수구 또는 증기배관의 최말단부에 설치한다.

바로확인문제

공기빼기밸브(Air Vent Valve)는 증기난방과 온수난방에 ( )으로 사용하는 기기이며 방열기 안의 공기를 제거하기 위한 밸브로, 굴곡 개소에 설치하여 공기가 고이는 것을 방지한다.

ⓛ 작동원리에 의한 분류

구분	내용	종류
기계식	증기와 응축수의 밀도 차에 따른 부력 차를 이용하여 작동하는 방식으로, 응축수의 생성과 동시에 배출된다.	ⓐ 버킷 트랩 ⓑ 플로트 트랩
온도조절식	증기와 응축수의 온도 및 엔탈피 차이를 이용하여 응축수를 배출하는 방식으로, 응축수가 냉각되어 증기의 포화온도보다 낮은 온도에서 응축수의 현열 일부까지 이용할 수 있다.	ⓐ 벨로스식 트랩 ⓑ 다이어프램식 트랩 ⓒ 서모왁스식 트랩 ⓓ 바이메탈식 트랩
열역학식	온도조절식이나 기계식 트랩과는 별개의 작동원리를 갖고 있으며 증기와 응축수의 속도 차, 즉 운동에너지의 차이를 이용하여 동작된다.	디스크 트랩

ⓒ 트랩의 종류별 특징

종류	내용	그림
버킷 트랩* (Bucket Trap)	ⓐ 버킷의 부력을 이용하여 배수밸브를 자동으로 개폐하는 형식이며 응축수는 증기압력에 의해 배출 ⓑ 대체로 감도가 둔함 ⓒ 주로 고압증기의 관말 트랩에 사용	
플로트 트랩* (Float Trap)	ⓐ 트랩 내의 응축수의 수위변동에 따라 부자(Float)를 상하로 변동시켜 배수밸브를 자동으로 개폐하는 형식 ⓑ 저압증기용 기기 부속트랩 ⓒ 다량의 응축수를 처리할 때 또는 열교환기 등에 사용	
열동(熱動) 트랩 (벨로스 트랩*)	ⓐ 휘발성 액체가 봉입된 금속제의 벨로스(Bellows)를 내장한 트랩 ⓑ 트랩 내의 온도변화에 의하여 벨로스를 신축시켜 배수밸브를 자동적으로 개폐하는 형식 ⓒ 소형이고 공기배출이 용이하여 많이 사용 ⓓ 0.1MPa 이하의 저압증기에 사용	
디스크 트랩 (Disk Trap)	ⓐ 디스크와 상부에 제어실을 가지고 있는 형태로 되어 있으며, 증기와 응축수의 운동에너지와 압력의 변화, 제어실 내의 증기응축에 의한 압력변화를 이용 ⓑ 구조가 간단하고 소형이며 가볍고, 구경에 비하여 응축수 배출용량이 큼	

• 버킷 트랩

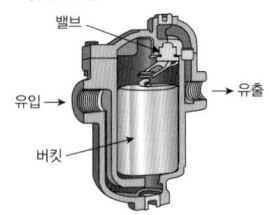

• 플로트 트랩

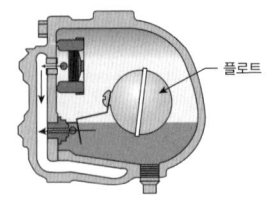

• 벨로스 트랩

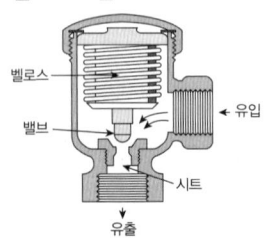

개념적용 문제

증기트랩의 작동원리와 종류의 연결로 옳지 않은 것은? 제17회 기출

① 기계식 – 플로트 트랩
② 기계식 – 버킷 트랩
③ 온도조절식 – 다이어프램 트랩
④ 온도조절식 – 디스크 트랩
⑤ 온도조절식 – 벨로스 트랩

해설 디스크 트랩은 열역학식으로 온도조절식이나 기계식 트랩과는 별개의 작동원리를 가지고 있으며, 증기와 응축수의 속도 차 즉, 운동에너지의 차이를 이용하여 동작된다.

정답 ④

② **2중서비스밸브**(Double Service Valve)
  ㉠ 한랭지 배관에서 주로 사용한다.
  ㉡ 하향급기식 배관에서 하향수직관 내에 응축수가 고여 동결하는 것을 방지한다.
  ㉢ 방열기밸브와 열동트랩을 조합한 밸브이다.

③ **감압밸브**(Pressure Reducing Valve)
  ㉠ 고압증기를 저압증기로 감압시켜 유량과 압력을 일정하게 유지하는 밸브이다.
  ㉡ 고압배관과 저압배관 사이에 설치한다.

④ **증기 헤더**(Steam Header)
  ㉠ 증기를 각 계통별로 고르게 분배하기 위해 설치한다.
  ㉡ 관경은 그것에 접속하는 관 내 단면적 합계의 2배 이상으로 한다.

⑤ **인젝터**(Injector)
  ㉠ 증기보일러 급수장치이다.
  ㉡ 수압이 약하거나 일정하지 않은 곳에 사용된다.

• 2중서비스밸브

• 인젝터(Injector)
주입자, 주사기, 급수용 펌프

바로확인문제

(   )는 증기를 각 계통별로 고르게 분배하기 위해 설치한다.

인젝터

19·8·4회

• 리턴콕

(3) 온수난방의 부속기기

① **리턴콕**(Return Cock)
  ㉠ 온수의 유량을 조절하는 밸브로, 주로 온수방열기의 환수밸브로 사용한다.
  ㉡ 유량조절은 리턴콕의 캡을 열고 핸들을 부착하여 콕의 개폐도에 의하여 조절한다.

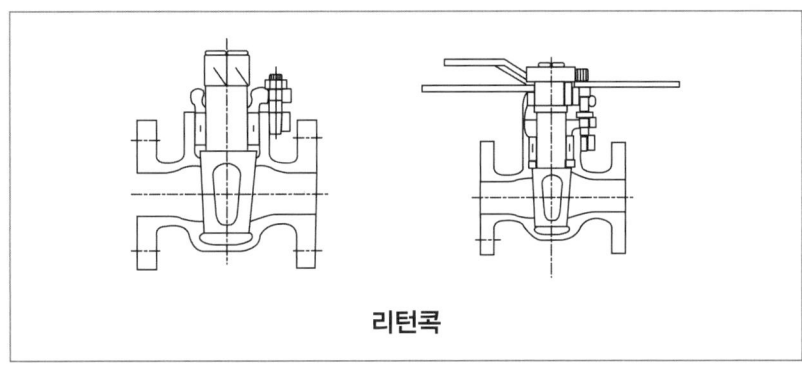

리턴콕

• 3방밸브

② **3방밸브**(Three-Way Valve)
  ㉠ 3방향에 유체의 출입구를 가진 밸브이다.
  ㉡ 온수보일러의 온수출구나 환수구 쪽의 밸브를 부주의로 인해 닫힌 채로 운전하는 경우의 위험을 방지하기 위해 설치하는 안전밸브이다.

③ **팽창탱크**
  ㉠ 온수난방장치에서는 물의 온도변화에 따라 온수의 체적이 증감하게 되는데, 이 물의 팽창 및 수축을 배관 내에서 흡수하지 않으면 팽창 시에는 배관 내에 이상압력이 발생하고 수축 시에는 배관 내에 공기 침입이 초래되는 등 배관계통의 고장 혹은 전열저해의 원인이 되므로, 이와 같은 물의 체적팽창에 따른 위험을 도피시키기 위한 장치를 말한다.

ⓒ 개방식 팽창탱크는 저온수난방 배관에서 사용되는 것으로서, 이 탱크는 일반적으로 보일러의 보급수 탱크로서의 목적도 겸하고 있으며, 탱크에는 안전관, 오버플로우(넘침)관 등을 설치한다. 탱크 수면이 대기 중에 개방되어야 하고, 그 설치높이는 배관계의 가장 높은 곳보다 1.2m 이상으로 한다.

ⓓ 밀폐식 팽창탱크는 100℃ 이상의 고온수난방을 위한 경우 또는 가장 높은 곳에 설치된 난방장치보다 낮은 위치에 탱크를 설치하는 경우 등에 사용된다. 이는 가압용 가스로 불활성 기체를 사용하여 이를 밀봉한 뒤 온수가 팽창했을 때 이 기체의 탄력성에 의해 압력변동을 흡수하는 것이다.

④ **팽창관**(Expansion Pipe) **또는 안전관**(Escape Pipe)

ⓐ 온수난방 배관에서 발생하는 온수의 체적팽창을 팽창탱크로 도출시키는 역할을 한다.

ⓑ 보일러에서 온수를 과열해서 증기가 발생되었을 경우, 도출을 위하여 팽창탱크 수면에 돌출시킨 관으로서 안전관 또는 도피관이라고 부른다.

개념적용 문제

난방설비에 사용되는 부속기기에 관한 설명으로 옳지 않은 것은?

제26회 기출

① 방열기밸브는 증기 또는 온수에 사용된다.
② 공기빼기밸브는 증기 또는 온수에 사용된다.
③ 리턴콕(return cock)은 온수의 유량을 조절하는 밸브이다.
④ 2중서비스밸브는 방열기밸브와 열동트랩을 조합한 구조이다.
⑤ 버킷 트랩은 증기와 응축수의 온도 및 엔탈피 차이를 이용하여 응축수를 배출하는 방식이다.

해설 버킷 트랩은 버킷의 부력을 이용하여 배수밸브를 자동으로 개폐하는 형식이며, 응축수를 증기압력에 의해 배출한다.

정답 ⑤

바로확인문제

(　　) 팽창탱크는 100℃ 이상의 고온수난방을 위한 경우 또는 가장 높은 곳에 설치된 난방장치보다 낮은 위치에 탱크를 설치하는 경우 등에 사용된다.

2 난방방식

1. 난방방식의 분류

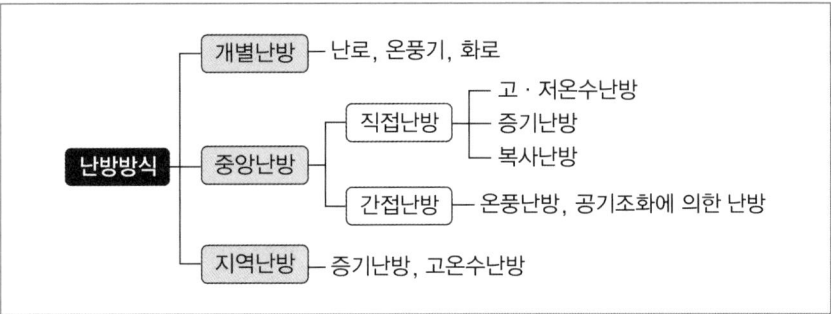

▶ **직접난방법**

종류		내용
사용열매(熱媒)에 따른 분류		① 저온수난방 ② 고온수난방 ③ 증기난방 ④ 복사난방
방열체(放熱體)의 방열 형식에 따른 분류	대류난방	① 실내에 방열기(Radiator)를 설치하여 난방하는 것으로 온수난방, 고온수난방, 증기난방이 있다. ② 가습장치를 설치하여 습도조절을 할 수 있다.
	복사난방	벽·바닥·천장 등을 직접 가열하여 이 방열체로부터 복사하는 방식이다.

(1) 개별식 난방법

① 열원기기를 실내에 설치하여 대류 및 복사에 의해 난방하는 방식이다.
② 난방시설의 초기 투자비용이 적게 든다.
③ 언제든지 필요할 때 난방할 수 있다.
④ 거주자가 직접 난방관리를 해야 한다.
⑤ 주택 등 소규모 건물의 난방에 적합한 난방방식이다.

(2) 중앙식 난방법

① 중앙보일러실에서 열원을 공급하여 난방하는 방식이다.
② 세대수가 많을수록 유리관리비가 저렴하다.
③ 이용이 편리하고 열효율이 높다.
④ 공급관에서의 열손실이 개별식보다 크다.
⑤ 대규모 건물에 주로 사용한다.

> **개념적용 문제**
>
> 다음의 중앙난방방식에서 간접난방에 속하는 것은? 제13회 기출
>
> ① 온수난방 ② 온풍난방
> ③ 증기난방 ④ 복사난방
> ⑤ 저온수난방
>
> **해설** 온풍난방은 열을 직접 전달하는 것이 아니라 송풍기를 이용하여 공급하므로 간접난방에 속한다.
>
> 정답 ②

2. 증기난방(Steam Heating System)

(1) 개념

① 증기난방은 기계실에 설치한 증기보일러에서 증기를 발생시켜 이것을 배관을 통해 각 실에 설치된 방열기로 공급한다.
② 공급된 증기는 방열기에서 실내공기와 열교환하여 응축되는데, 이것을 응축수 또는 환수(還水)라고 한다.
③ 증기난방에서는 주로 증기가 가지고 있는 잠열(潛熱), 즉 증발열을 이용하므로 방열기 출구에는 거의 증기트랩이 설치된다.
④ 트랩의 작동에 의해 자동적으로 증기와 응축수가 분리되며 응축수만 환수관을 통해 보일러로 보내진다. 이 응축수는 중력 또는 펌프에 의해 다시 보일러로 급수되어 가열되고, 재차 증기가 되어 장치 내를 순환하게 된다.
⑤ 증기난방의 배관에서 환수관은 공급관보다 한 치수 작아도 된다.

(2) 장단점

장점	단점
① 잠열을 이용하기 때문에 증기 순환이 빠르고 열의 운반능력이 크다.	① 외기온도 변화에 따른 방열량 조절 및 제어가 곤란하다.
② 예열시간이 온수난방에 비해 짧다.	② 방열기 표면온도가 높아 화상의 우려가 있다.
③ 방열면적과 관경을 온수난방보다 작게 할 수 있다.	③ 상부와 하부 온도 차이로 쾌적성이 낮다.
④ 설비비 및 유지비가 저렴하다.	④ 응축수 환수관 내의 부식으로 장치의 수명이 짧다.
⑤ 한랭지에서 동결의 우려가 적다.	⑤ 열용량이 작아서 지속난방보다는 간헐난방에 사용한다.

▶ 19·8회

▶ 27·26·25·23·22·18·17·13·11회

바로확인문제

증기난방은 ( )을 이용하기 때문에 증기 순환이 ( ) 열의 운반능력이 ( ).

(3) 증기난방의 분류 및 특징

① 사용 증기압력에 따른 분류

종류	내용
고압식	㉠ 증기압 0.1MPa 이상 ㉡ 배관을 가늘게 할 수 있으나 방열면의 온도가 높기 때문에 난방에 의한 쾌감도가 낮다. ㉢ 지역난방이나 공장 등에서 사용
저압식	㉠ 증기압 0.1MPa 미만 ㉡ 쾌적성이 높아 대부분 건축물에서 사용
진공식	㉠ 증기압 0.1MPa에서 진공압 200mmHg 정도의 증기를 이용 ㉡ 진공식은 방열기 내의 압력을 조절하여 그 온도를 광범위하게 변화시켜 방열량을 조절할 수 있는 이점이 있다.

② 배관방식에 따른 분류

종류	내용
단관식	응축수와 증기가 하나의 관 속을 흐르는 배관방식
복관식	증기와 응축수가 각기 다른 배관을 흐르는 배관방식

③ 응축수 환수방법에 따른 분류

㉠ 중력환수식 증기난방

ⓐ 중력작용에 의해 응축수를 보일러로 유입시키는 방식이다.

ⓑ 방열기는 보일러의 수면보다 높게 설치하여야 한다.

ⓒ 소규모 건물에 적합하다(현재는 잘 사용하지 않는 방식이다).

종류	내용
습식환수배관	보일러의 수면보다 환수주관이 아래에 설치되고, 트랩을 설치하지 않는다.
건식환수배관	환수주관이 보일러 수면보다 위의 위치에 설치되고, 트랩을 설치해야 한다.

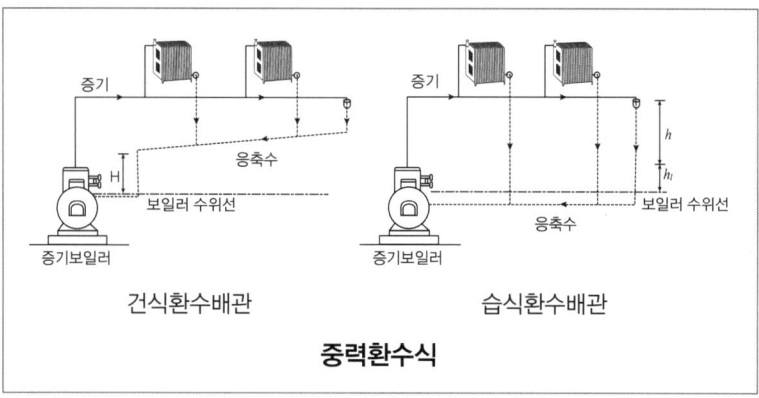

중력환수식

ⓛ 기계환수식 증기난방
  ⓐ 응축수 탱크에 응축수를 모아 펌프로 보일러에 환수시키는 방식이다.
  ⓑ 방열기 설치위치에 제한을 받지 않는다.
  ⓒ 대규모 건축물에 사용한다.
ⓒ 진공환수식 증기난방
  ⓐ 진공펌프로 장치 내의 공기를 제거하면서 환수관 내의 응축수를 보일러에 환수하는 방식이다.
  ⓑ 진공펌프는 환수주관 말단의 보일러 측 부분에 설치한다.
  ⓒ 응축수 순환이 가장 빠르다.
  ⓓ 보일러, 방열기의 설치위치에 제한을 받지 않는다.
  ⓔ 환수관의 관경이 작아도 되며, 방열기마다 공기빼기밸브가 필요하지 않다.
  ⓕ 대규모 건축물에 적합한 방식이다.

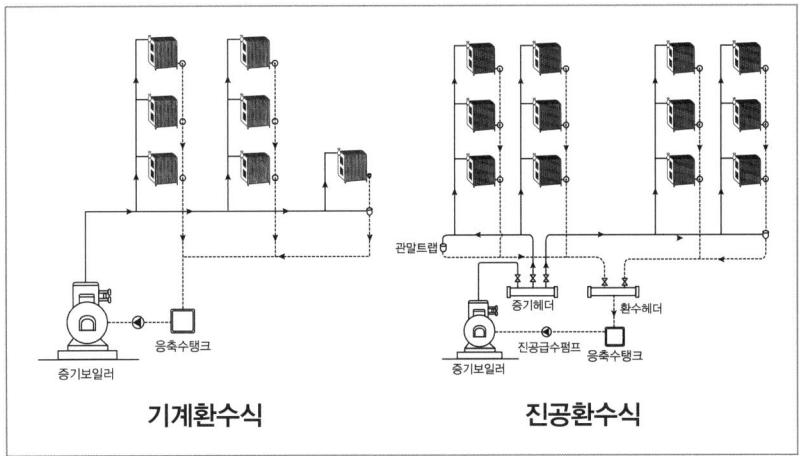

④ **증기 공급방식에 따른 분류**

종류	내용
상향식	㉠ 증기주관을 건물의 하부에 설치하고 수직관에 의해 증기를 방열기에 공급한다. ㉡ 입상관의 관경을 크게 하고 증기의 유속을 느리게 한다.
하향식	㉠ 증기주관을 건물의 상부에 설치하고 수직관에 의해 방열기에 증기를 공급한다. ㉡ 상향공급식보다 관경을 작게 할 수 있다.
상하혼용식	㉠ 온도 차이를 줄이기 위해 혼용하는 방식이다. ㉡ 대규모 건축물에 사용한다.

(4) 증기난방의 배관방법

① **냉각다리**(냉각테, Cooling Leg)
  ㉠ 증기주관에 생긴 증기나 응축수를 냉각시킨다.
  ㉡ 냉각다리와 환수관 사이에 트랩을 설치한다.
  ㉢ 완전한 응축수를 트랩에 보내는 역할을 한다.
  ㉣ 노출배관하며, 보온피복을 하지 않는다.
  ㉤ 증기주관보다 한 치수 작게 한다.
  ㉥ 냉각면적을 넓히기 위해 최소 1.5m 이상의 길이로 한다.

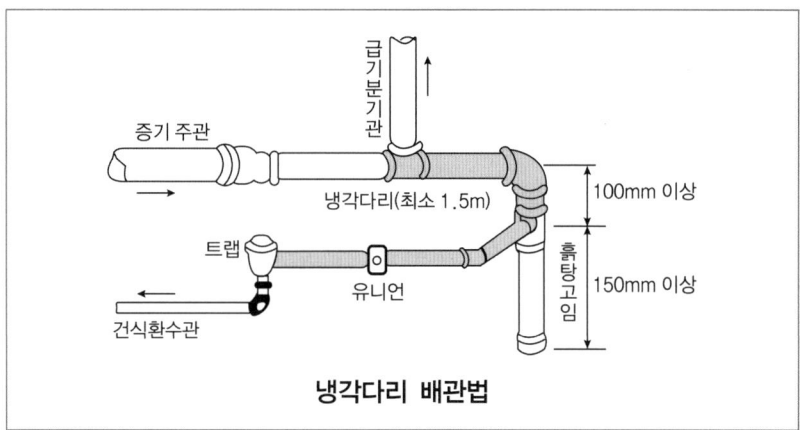

냉각다리 배관법

② **리프트 이음**(Lift Fitting)
  ㉠ 진공환수식 난방장치에 사용한다.
  ㉡ 환수주관보다 높은 위치에 응축수를 끌어 올릴 때 사용하는 배관법이다.
  ㉢ 가능한 한 환수주관 말단의 진공펌프에 가까이 설치한다.
  ㉣ 수직관(리프트관)은 주관(환수관)보다 한 치수 작은 관을 사용한다.
  ㉤ 흡상높이는 1.5m 이내로 한다.

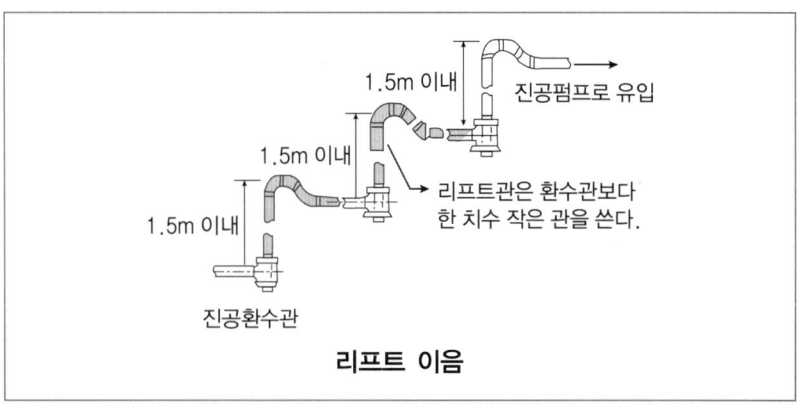

리프트 이음

바로확인문제

냉각다리는 냉각면적을 넓히기 위해 최소 (　　)m 이상의 길이로 한다.

③ **하트포드 접속법**(Hartford Connection)
  ㉠ 주철 보일러를 증기 보일러로 사용할 때 본체 하부에 있는 급수(환수) 연결 구멍부에 급수관을 직접 연결하면, 급수 체크밸브가 고장났을 때 보일러수가 체크밸브로부터 역유출하고 보일러 수위가 감소하여 소위, 공(空)보일러(빈불때기) 사고를 초래할 염려가 있다. 이것을 방지하기 위하여 급수배관은 증기 집합관과 급수 헤더를 밸런스관으로 연결하고, 밸런스관에 보일러의 안전 저수면보다 약간 높은 위치로 환수(급수)관을 부착하면, 급수 체크밸브 고장으로 보일러수가 역유출해도 보일러 수위는 안전 저수면보다 낮아지지 않게 된다.
  ㉡ 이러한 배관 방법을 취해 저수위 사고를 방지하는 중요한 수단이 됨과 동시에 밸런스관 내에서 냉온의 급수(환수)가 가온(加溫)되고 보일러 본체(섹션)에 의한 유해한 냉온 쇼크가 예방되는 장점이 있다.
  ㉢ 보일러의 안전수위를 확보하기 위한 안전장치의 일종이다.
  ㉣ 환수압과 증기압의 균형을 유지한다.
  ㉤ 빈불때기를 방지한다.
  ㉥ 화상이나 소음을 방지한다.
  ㉦ 환수주관 안에 침적된 찌꺼기가 보일러로 유입되는 것을 방지한다.

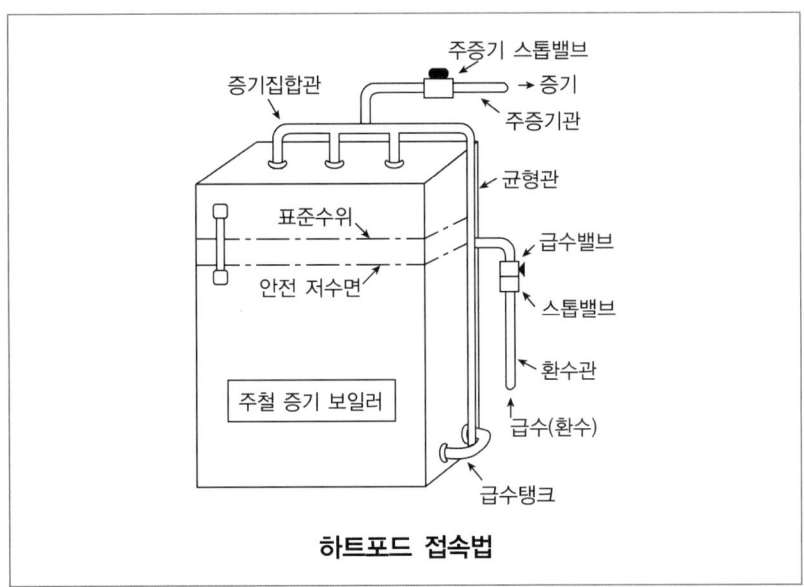

하트포드 접속법

3. 온수난방

(1) 개념

① 온수난방은 온수보일러에서 만들어진 65~85℃ 정도의 온수를 배관을 통해 실내의 방열기에 공급하여 열을 방산(放散)시키고, 온수의 온도강하에 수반하는 현열을 이용하여 실내를 난방하는 방식이다.

② 온수난방장치의 배관 내에는 항상 만수되어 있으므로 물의 온도상승에 따른 체적팽창량을 흡수하기 위해 최상부에 팽창탱크가 설치된다.

• 방산(放散)
제멋대로 각각 흩어짐

27·25·23·22·20·15·11·9회

(2) 특징

① 장점
  ㉠ 난방부하의 변동에 대한 온도조절 및 방열량 조절이 용이하다.
  ㉡ 열용량이 크므로 보일러를 정지시켜도 실온은 급변하지 않는다.
  ㉢ 실내의 쾌감도는 실내공기의 상하 온도 차가 작아 증기난방보다 좋다.
  ㉣ 환수배관의 부식이 적고, 수명이 길고, 소음이 적다.

② 단점
  ㉠ 열용량이 크므로 온수의 순환시간과 예열시간이 길어 지속운전에 적합하고 연료소비량도 많아진다.
  ㉡ 증기난방에 비해 방열면적과 관경이 커진다.
  ㉢ 증기난방과 비교해서 설비비가 높아진다.
  ㉣ 한랭지에서는 난방정지 시 동결의 우려가 있다.
  ㉤ 일반 저온수용 보일러는 사용압력에 제한이 있으므로 고층건물에는 부적당하다.

(3) 온수난방의 분류 및 특징

15·13·3회

① 사용 온수온도에 따른 분류

종류	특징
저온수식	㉠ 100℃ 이하(보통 80℃ 이하)의 온수를 사용한다. ㉡ 개방형 팽창탱크를 설치한다. ㉢ 주로 주철제 보일러를 사용한다. ㉣ 고온수식보다 방열면적을 크게 설치해야 한다. ㉤ 안전성이 높아서 주택 및 소규모 건물에 적합하다.
고온수식	㉠ 100℃ 이상의 고온수를 사용한다. ㉡ 100℃를 넘는 온수를 이용하여 난방을 할 때에는 대기압을 초과하는 압력으로 배관계 전체를 가압할 필요가 있다. ㉢ 밀폐식 팽창탱크를 설치한다.

바로확인문제

온수난방은 증기난방에 비해 방열면적과 관경이 (   ).

ⓔ 주로 강판제 보일러를 사용하고, 보통 온수난방보다 위험성이 높다.
ⓜ 보일러와 동일한 바닥에 방열기를 설치하여도 온수순환이 가능하다.
ⓑ 방열량이 크므로 저온수식보다 방열면적 및 관경을 작게 설치할 수 있다.
ⓢ 대규모 건물이나 지역난방에 이용된다.

② **배관방식에 따른 분류** ▶ 27·23·13·10·9회

종류	특징
단관식	㉠ 1개의 관으로 공급관과 환수관을 겸하는 방식이다. ㉡ 설비비가 저렴하나 효율이 나쁘다.
복관식	㉠ 온수의 공급관과 환수관을 별도로 설치하여 공급하는 방식이다. ㉡ 설비비가 많이 드나 효율이 좋다. ㉢ 대규모 건물에 적합하다.
역환수식 (Reverse Return)	㉠ 온수유량을 고르게 분배하기 위하여 사용한다. ㉡ 각 방열기의 온도를 균일하게 하기 위해 각 방열기마다 배관회로 길이를 같게 하는 방식이다. ㉢ 배관의 길이가 길어져 설비비가 많이 든다. ㉣ 증기난방에는 필요 없는 배관방식이다.

③ **온수 순환방식에 따른 분류**

㉠ 중력순환식(Gravity Circulation System)
  ⓐ 온수의 온도 차에 의해서 생기는 대류작용에 의해 자연순환시키는 방식이다.
  ⓑ 방열기는 보일러보다 높은 위치에 설치한다.
  ⓒ 주택 등 소규모 건축물에 사용한다.

㉡ 강제(기계)순환식(Forced Circulation System)
  ⓐ 환수주관 보일러 말단에 순환펌프를 설치하여 강제로 순환시킨다.
  ⓑ 온수순환이 신속하며 균등하게 이루어진다.
  ⓒ 방열기 설치위치에 제한을 받지 않는다.
  ⓓ 고층건물, 대규모 건축물에 사용한다.

종류	내용
직접환수방식	보일러에 가장 가까운 방열기의 공급관 및 환수관의 길이가 가장 짧고, 가장 먼 거리에 있는 방열기일수록 관의 길이가 길어지는 배관을 하게 되므로 방열기로의 저항이 각각 다르게 되는 방식이다.
역환수방식	보일러에 가장 가까운 방열기는 공급관이 가장 짧고 환수관은 가장 길게 배관한 것으로, 각 방열기의 공급관과 환수관의 합은 각각 동일하게 되며, 동일저항으로 온수가 순환하므로 방열기에 온수를 균등히 공급할 수 있는 방식이다.

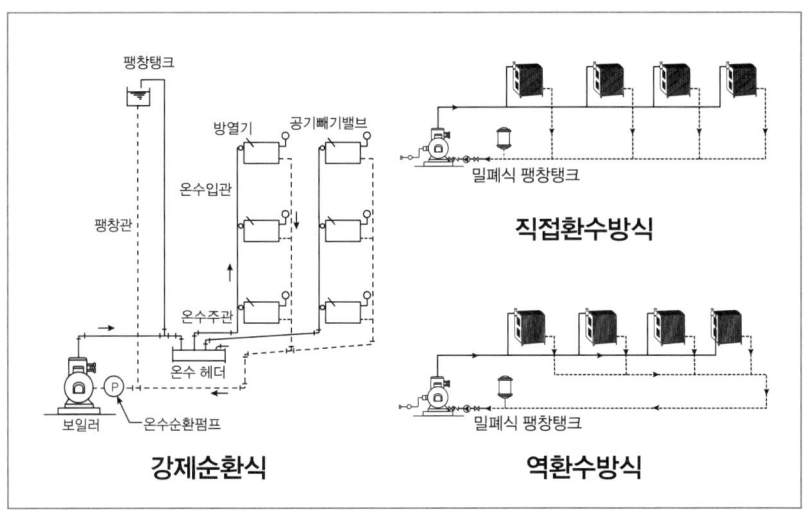

④ 온수 공급방식에 따른 분류

종류	특징
상향식	⊙ 온수주관을 건물의 하부에 설치하고 수직관에 의해 공급하는 방식 ⓒ 가장 이상적인 방식
하향식	⊙ 온수주관을 건물의 상부에 설치하고 수직관에 의해 공급하는 방식 ⓒ 중력순환식의 경우 유리한 방식

개념적용 문제

난방방식에 관한 설명으로 옳지 않은 것은? 제23회 기출

① 대류(온풍)난방은 가습장치를 설치하여 습도조절을 할 수 있다.
② 온수난방은 증기난방에 비해 예열시간이 길어서 난방감을 느끼는 데 시간이 걸려 간헐운전에 적합하지 않다.
③ 온수난방에서 방열기의 유량을 균등하게 분배하기 위하여 역환수방식을 사용한다.
④ 증기난방은 응축수의 환수관 내에서 부식이 발생하기 쉽다.
⑤ 증기난방은 온수난방보다 열매체의 온도가 높아 열매량 차이에 따른 열량조절이 쉬우므로, 부하변동에 대한 대응이 쉽다.

해설 증기난방은 온수난방보다 열매체의 온도가 높아 열매량 차이에 따른 열량조절이 어려우므로, 부하변동에 대한 대응이 어렵다.

정답 ⑤

4. 복사난방

(1) 개요

① 방을 구성하는 천장, 바닥, 벽 등의 건축물 구조체에 배관(Coil)을 매설하고 온수나 증기 등을 공급하여 복사열에 의해 실내를 난방하는 방식으로, 바닥구조체를 방열체로 사용할 수 있다.

② 일반적으로 50℃ 이하를 저온식이라 부르며 일반건축물용 난방에 사용되고, 고온식은 공장용 또는 특수건축물용으로 쓰인다.

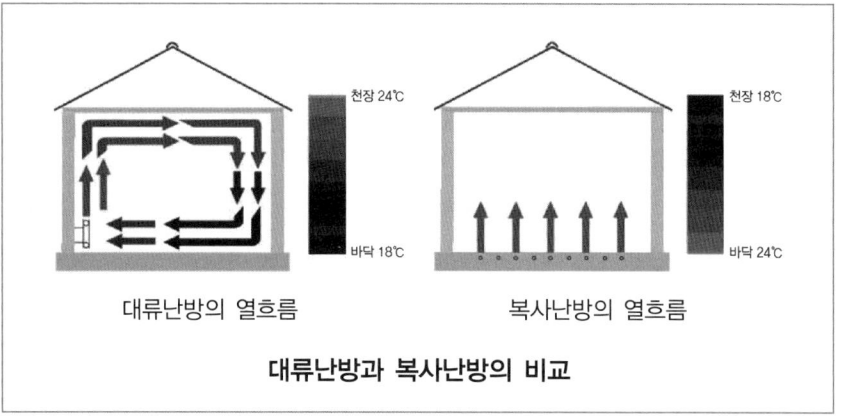

대류난방과 복사난방의 비교

(2) 온돌 및 난방설비의 설치기준

▶ 28·23·20·17회

▶ 관련법령
「건축물의 설비기준 등에 관한 규칙」 [별표 1의7]
〈2024. 8. 7. 시행〉

① **온수온돌의 정의**

㉠ 온수온돌이란 보일러 또는 그 밖의 열원으로부터 생성된 온수를 바닥에 설치된 배관을 통하여 흐르게 하여 난방하는 방식을 말한다.

㉡ 온수온돌은 바탕층, 단열층, 채움층, 배관층(방열관을 포함한다) 및 마감층 등으로 구성된다.

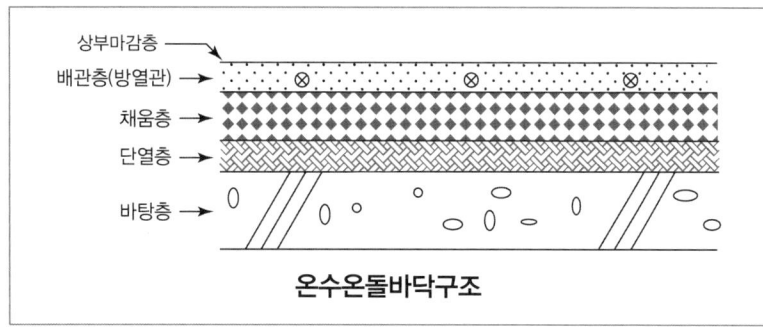

온수온돌바닥구조

② **온수온돌의 구성**

㉠ **바탕층**: 온돌이 설치되는 건축물의 최하층 또는 중간층의 바닥을 말한다.

ⓒ **단열층**: 온수온돌의 배관층에서 방출되는 열이 바탕층 아래로 손실되는 것을 방지하기 위하여 배관층과 바탕층 사이에 단열재를 설치하는 층을 말한다.

ⓒ **채움층**: 온돌구조의 높이 조정, 차음성능 향상, 보조적인 단열기능 등을 위하여 배관층과 단열층 사이에 완충재 등을 설치하는 층을 말한다.

ⓔ **배관층**: 단열층 또는 채움층 위에 방열관을 설치하는 층을 말한다.

ⓜ **방열관**: 열을 발산하는 온수를 순환시키기 위하여 배관층에 설치하는 온수배관을 말한다.

ⓗ **마감층**: 배관층 위에 시멘트, 모르타르, 미장 등을 설치하거나 마루재, 장판 등 최종 마감재를 설치하는 층을 말한다.

③ **온수온돌의 설치기준**

㉠ 단열층은 바닥난방을 위한 열이 바탕층 아래 및 측벽으로 손실되는 것을 막을 수 있도록 단열재를 방열관과 바탕층 사이에 설치하여야 한다(단, 바탕층의 축열을 직접 이용하는 심야전기이용 온돌의 경우에는 단열재를 바탕층 아래에 설치할 수 있다).

㉡ 배관층과 바탕층 사이의 열저항은 「녹색건축물 조성지원법」 제15조 제1항에 따라 국토교통부장관이 정하여 고시하는 기준에 적합해야 한다.

㉢ 단열재는 내열성 및 내구성이 있어야 하며 단열층 위의 적재하중 및 고정하중에 버틸 수 있는 강도를 가지거나 그러한 구조로 설치되어야 한다.

㉣ 바탕층이 지면에 접하는 경우에는 바탕층 아래와 주변 벽면에 높이 10cm 이상의 방수처리를 하여야 하며, 단열재의 윗부분에 방습처리를 하여야 한다.

㉤ 방열관은 잘 부식되지 아니하고 열에 견딜 수 있어야 하며, 바닥의 표면온도가 균일하도록 설치하여야 한다.

㉥ 배관층은 방열관에서 방출된 열이 마감층 부위로 최대한 균일하게 전달될 수 있는 높이와 구조를 갖추어야 한다.

㉦ 마감층은 수평이 되도록 설치하여야 하며, 바닥의 균열을 방지하기 위하여 충분하게 양생하거나 건조시켜 마감재의 뒤틀림이나 변형이 없도록 하여야 한다.

㉧ 한국산업규격에 따른 조립식 온수온돌판을 사용하여 온수온돌을 시공하는 경우에는 ㉠~㉦의 설치기준을 적용하지 아니한다.

바로확인문제

온돌 및 난방설비 설치기준에서 바탕층이 지면에 접하는 경우 바탕층 아래와 주변 벽면에 높이 (　　)cm 이상의 방수처리를 하여야 한다.

> 개념적용 문제

건축물의 설비기준 등에 관한 규칙상 온수온돌에 관한 내용으로 옳지 않은 것은? (단, 한국산업규격에 따른 조립식 온수온돌판을 사용하여 온수온돌을 시공하는 경우는 제외함) 제28회 기출

① 온수온돌은 바탕층, 단열층, 채움층, 배관층(방열관을 포함한다) 및 마감층 등으로 구성된다.
② 채움층이란 온돌구조의 높이 조정, 차음성능 향상, 보조적인 단열기능 등을 위하여 배관층과 단열층 사이에 완충재 등을 설치하는 층을 말한다.
③ 배관층이란 단열층 또는 채움층 위에 방열관을 설치하는 층을 말한다.
④ 방열관이란 열을 발산하는 온수를 순환시키기 위하여 배관층에 설치하는 온수배관을 말한다.
⑤ 바탕층이 지면에 접하는 경우에는 바탕층 아래와 주변 벽면에 높이 5센티미터 이상의 방수처리를 하여야 하며, 단열재의 윗부분에 방습처리를 하여야 한다.

해설 바탕층이 지면에 접하는 경우에는 바탕층 아래와 주변 벽면에 높이 10센티미터 이상의 방수처리를 하여야 하며, 단열재의 윗부분에 방습처리를 하여야 한다.

정답 ⑤

(3) 특징

27·26·25·24·23·22·20·19·18·15·12·9회

① **장점**
  ㉠ 실내 상부와 하부의 온도 차가 적고, 온도분포가 균등하다.
  ㉡ 인체에 대한 쾌감도가 가장 높은 난방방식이다.
  ㉢ 실내층고가 높은 경우 상하 온도 차가 작아서 난방효과가 있다.
  ㉣ 실내에 방열기가 없기 때문에 바닥면의 이용도가 높다.
  ㉤ 실내온도가 낮아도 난방효과가 있으며, 손실열량이 적다.
  ㉥ 저온수를 이용하는 방식의 경우 지속적인 난방에 효과적이다.
  ㉦ 실(室)이 개방된 상태에서도 난방의 효과가 우수하다.

② **단점**
  ㉠ 외기온도가 급변할 때 방열량 조절이 어렵다.
  ㉡ 열용량이 크기 때문에 예열시간이 길어, 설정온도 도달시간이 오래 걸린다.
  ㉢ 건축물 자체의 보온성이 잘 시공되어 있지 않으면 유효성이 떨어진다.

ⓔ 난방배관을 매설하게 되므로 시공 및 수리, 방의 모양 변경이 용이하지 않다.
　　　ⓜ 배관이 구조체에 매립되는 경우 열매체 누설 시 유지보수가 어렵다.
　　　ⓗ 바닥패널에 하자발생 시 원인 및 고장지점을 찾기가 어렵다.
　　　ⓢ 바닥두께 및 하중이 증대되고, 설비비가 많이 든다.

(4) 복사난방방식의 분류

① **열매체에 따른 분류**

종류	내용
온수식	㉠ 일반적으로 많이 사용하는 방식이다. ㉡ 저온복사난방에는 저온수(80℃ 이하)를 사용한다. ㉢ 고온복사난방에는 고온수(150~200℃)를 사용한다.
증기식	㉠ 일반적으로 저압증기를 사용한다. ㉡ 천장 방열면에는 고압증기를 사용한다. ㉢ 천장이 높은 공장 등에 사용한다.

② **패널구조에 따른 분류**

종류	내용
파이프 매입식	㉠ 파이프를 콘크리트에 매입하거나 이중천장 사이에 파이프를 부착하여 구조체를 가열하는 방식이다. ㉡ 일반거실이나 천장이 높은 강당, 회의장 등에 적합하다.
특수패널식	㉠ 주철제, 동판제의 패널을 천장, 벽 등에 부착하는 방식이다. ㉡ 150~200℃의 고온수나 증기를 통과시켜 패널면을 가열하는 방식이다. ㉢ 건물의 면적이 넓고 천장이 높은 기계공장 등에 적합하다.
적외선 패널식	출입구, 개방작업장의 국부난방에 적합하다.

③ **패널종류에 따른 분류**

종류	내용
천장패널	㉠ 시공이 어렵다. ㉡ 표면온도를 50℃ 정도로 한다. ㉢ 열량손실이 큰 방에 적합하다.
벽패널	㉠ 바닥, 천장패널의 보조로 창틀 부근에 설치한다. ㉡ 벽체를 특수한 구조로 하지 않으면 실외에서 열손실이 크다.
바닥패널	㉠ 시공이 비교적 용이하다. ㉡ 가장 많이 사용하는 방식이다. ㉢ 바닥면을 가열면으로 한다. ㉣ 온도를 30℃(27~35℃) 정도로 한다.

(5) 복사난방 설계 시 주의사항

① 난방코일의 매설 깊이는 바닥표면 온도분포와 균열 등을 고려하여 결정하며, 보통 표면에서 배관까지의 두께는 관경의 1.5~2.0배 이상으로 한다.
② 배관 1개의 길이는 표면온도 차를 작게 하기 위하여 50m 이하로 하고, 각 방으로 연결된 난방코일의 길이가 달라지면 그 저항 손실도 달라지기 때문에 이에 대한 고려도 필요하다.
③ 매설 코일의 배치간격(피치)은 20~30cm 정도가 적당하며, 넓으면 방열면의 온도분포가 좋지 않다.

▶ 20·12회

• 코일 배치 사례

개념적용 문제

바닥복사난방에 관한 설명으로 옳지 않은 것은? 제20회 기출

① 난방코일이 바닥에 매설되어 균열이나 누수 시 수리가 어렵다.
② 각 방으로 연결된 난방코일의 길이가 달라지면, 그 저항 손실도 달라진다.
③ 난방코일의 간격은 열손실이 많은 측에서는 넓게, 적은 측에서는 좁게 해야 한다.
④ 난방코일의 매설 깊이는 바닥표면 온도분포와 균열 등을 고려하여 결정한다.
⑤ 열손실을 막기 위해 방열면 반대 측에 단열층 설치가 필요하다.

해설 난방코일의 간격은 열손실이 많은 측에서는 좁게, 적은 측에서는 넓게 해야 한다.

정답 ③

---

5. 온풍난방

(1) 개요

① 온풍로로 가열한 공기를 직접 실내에 공급하는 간접난방방식이다.
② 극장, 강당 등의 넓은 공간에 적합한 난방방식이다.

바로확인문제

바닥복사난방은 난방코일이 바닥에 매설되어 균열이나 누수 시 수리가 (   ).

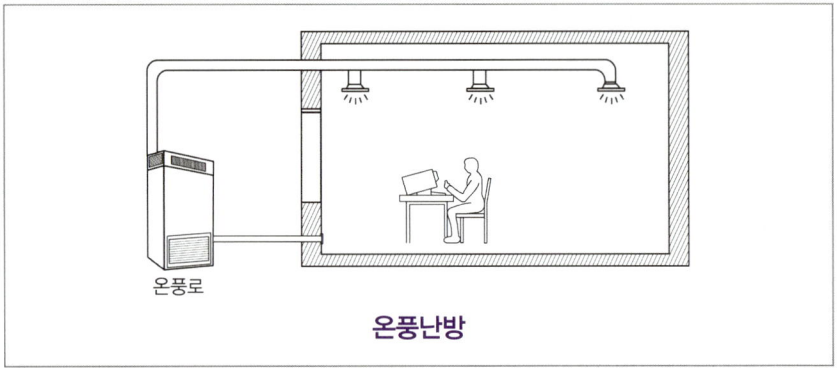

온풍난방

(2) 특징

① **장점**
  ㉠ 열효율이 좋아 연료비가 저렴하다.
  ㉡ 예열시간이 짧고, 실온상승이 빠르다.
  ㉢ 설치가 쉽고, 설치면적을 적게 차지하고, 유지관리가 용이하다.
  ㉣ 온수난방과 비교하여 시스템 전체의 열용량이 작다.
  ㉤ 시공이 간단하고 설비비가 저렴하며, 온도·습도의 제어가 가능하다.

② **단점**
  ㉠ 소음이 크고, 실내의 온도분포가 좋지 않아 쾌감도가 나쁘다.
  ㉡ 온풍로 그을음과 덕트를 통한 공기 감염이 있을 수 있다.
  ㉢ 송풍기 등 동력이 많이 든다.

개념적용 문제

난방방식에 관한 설명으로 옳지 않은 것은? 제25회 기출

① 온수난방은 증기난방과 비교하여 예열시간이 짧아 간헐운전에 적합하다.
② 난방코일이 바닥에 매설되어 있는 바닥복사난방은 균열이나 누수 시 수리가 어렵다.
③ 증기난방은 비난방 시 배관이 비어 있어 한랭지에서도 동결에 의한 파손 우려가 적다.
④ 바닥복사난방은 온풍난방과 비교하여 천장이 높은 대공간에서도 난방효과가 좋다.
⑤ 증기난방은 온수난방과 비교하여 난방부하의 변동에 따른 방열량 조절이 어렵다.

바로확인문제

온풍난방은 온수난방과 비교하여 시스템 전체의 열용량이 (   ).

> **해설** 온수난방은 증기난방과 비교하여 예열시간이 길어 지속운전에 적합하다.
>
> 정답 ①

6. 지역난방

(1) 개요

① 일정지역 내의 대규모 중앙열원플랜트에서 생산된 열매(증기, 고온수)를 어떤 지역 내의 여러 건물에 공급하여 난방하는 방식이다.
② 효율적인 에너지 사용을 도모하는 중앙난방방식의 일종으로 아파트단지, 주택단지 등에 적용한다.
③ 지역난방은 집중에 의한 능률화와 관리의 합리화라고 볼 수 있다.
④ 지역난방에서 난방배관의 순환방식은 역환수방식을 선택하고, 난방펌프는 정유량 펌프방식이 아닌 변유량 펌프방식을 사용하는 것이 유지보수 측면에서 유리하다.
⑤ 지역난방방식에서 고온수를 열매로 할 경우에는, 공동주택 단지 내의 기계실 등에서 열교환을 한다.

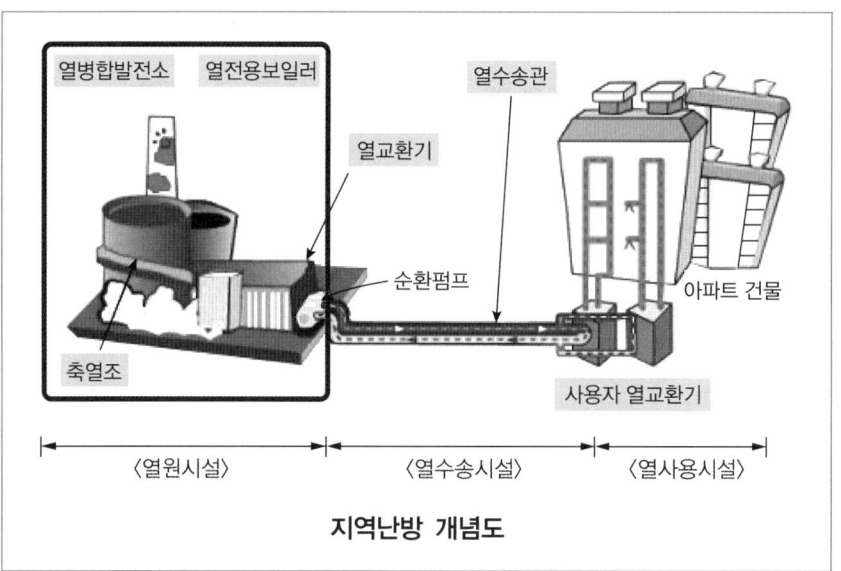

지역난방 개념도

(2) 특징

① **장점**
 ㉠ 건물이 밀집되어 있을수록 배관매설비용이 줄어들고, 열효율도 좋다.
 ㉡ 각 건물의 설비면적이 줄어들어 유효면적이 증대된다.

ⓒ 열병합발전인 경우에 미활용 에너지를 이용할 수 있어 에너지절약 효과가 있다.
ⓔ 각 건물기기로 인한 소음이 줄어든다.
ⓜ 화재의 위험을 줄일 수 있어 건물의 안전성이 확보된다.
ⓗ 대기오염이 줄어 공해방지에도 효과가 있다.
ⓢ 인건비 및 유지비가 적게 든다.

② **단점**
ⓐ 건물이 플랜트로부터 멀리 떨어질수록 열매 반송 동력이 증가하고, 배관이 길어져 열손실이 크다.
ⓑ 초기 시설투자비가 비싸다.
ⓒ 열원기기의 용량제어가 어렵다.
ⓓ 고도의 숙련된 기술자가 필요하다.
ⓔ 지역의 사용량이 적을수록 한 세대가 분담해야 될 기본요금이 높아진다.
ⓗ 시간적·계절적 변동이 크다.

개념적용 문제

지역난방방식의 특징에 관한 내용으로 옳지 않은 것은? 제24회 기출

① 열병합발전인 경우에 미활용 에너지를 이용할 수 있어 에너지절약 효과가 있다.
② 단지 자체에 중앙난방 보일러를 설치하는 경우와 비교하여 단지의 난방 운용 인원수를 줄일 수 있다.
③ 건물이 밀집되어 있을수록 배관매설비용이 줄어든다.
④ 단지에 중앙난방 보일러를 설치하지 않으므로 기계실 면적을 줄일 수 있다.
⑤ 건물이 플랜트로부터 멀리 떨어질수록 열매 반송 동력이 감소한다.

해설 건물이 플랜트로부터 멀리 떨어질수록 열매 반송 동력이 증가한다.

정답 ⑤

---

(3) 열매의 공급조건 및 용도

① **증기**
㉠ 보통 0.1~1.5MPa 정도의 압력으로 공급한다.
㉡ 고압, 중압, 저압의 증기보일러를 단독 또는 조합해서 쓰고 있다.

바로확인문제

지역난방은 설비의 운전, 보수 요원이 경감되므로 인건비 관련 비용이 (　　)된다.

② **고온수**

장점	㉠ 축열조를 활용하여 지역난방플랜트의 효율을 적정하게 유지할 수 있다. ㉡ 보일러운전이 연속적인 부하변동이 가능하며 효율이 높다. ㉢ 시스템이 밀폐식이므로 열손실이 적다. ㉣ 배관물매의 염려가 없고, 감압밸브와 트랩이 불필요하므로 보수관리가 용이하다. ㉤ 배관의 부식이 적고, 대기오염을 줄일 수 있다.
단점	㉠ 고층빌딩에 공급할 때 정수압이 크게 된다. ㉡ 온수순환펌프의 동력비가 크게 된다. ㉢ 장치의 열용량이 크므로 간헐운전에 불리하다.

(4) 열교환기(熱交換器)

① 서로 온도가 다르고 고체벽으로 분리된 두 유체들 사이에서 열교환을 수행하는 장치를 열교환기라 한다.
② 열교환기는 그 용도에 따라 수많은 종류 및 형식이 고안되어 있는데, 구조상으로는 관형과 판형으로 나뉜다.
③ 공동주택에서 열교환기는 주로 튜브형과 판형을 사용하고 있으며, 보일러를 사용하는 곳은 튜브형을, 지역난방은 판형 열교환기*를 주로 사용한다.

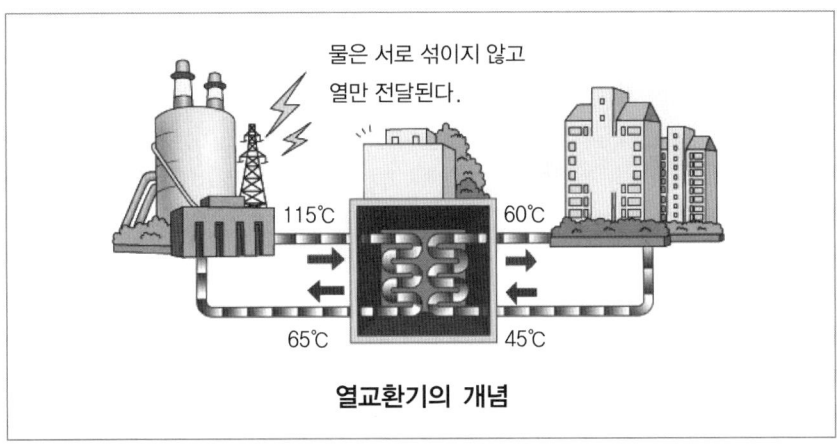

열교환기의 개념

• 판형 열교환기

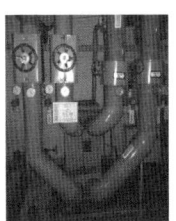

(5) 열병합발전시스템(Cogeneration System, 熱倂合發電)

① 연료를 이용하여 전기를 만듦과 동시에 그때 발생하는 폐열을 냉난방이나 급탕, 증기 등의 용도로 이용하는 에너지절약형 시스템을 말한다.
② 하나의 1차 에너지로부터 둘 이상의 에너지를 발생시킨다는 의미에서 'Co(공동의) Generation(발생)'이라는 명칭이 되었다.

바로확인문제

공동주택에서 열교환기는 주로 튜브형과 판형을 사용하고 있으며, 보일러를 사용하는 곳은 ( )을, 지역난방은 ( ) 열교환기를 주로 사용한다.

③ 열병합발전은 공업단지와 산업체 및 아파트 단지 등을 중심으로 근래에 많이 건설되고 있다.
④ 열병합발전은 전력과 열을 동시에 만들기 때문에 전력과 열을 동시에 많이 사용하는 건물이 열병합발전에 바람직하다.

> 분당이나 평촌 등의 신도시나 서울의 신정·목동·노원 등의 열병합발전소에서 전기와 열을 생산한다.

(6) 지역공동에너지시스템(CES; Community Energy System)

① 에너지를 효율적으로 이용하기 위하여 열병합발전설비(CHP; Combined Heat and Power plant)를 가동하여 전력생산과정에서 발생되는 고온의 배기가스열을 폐열* 회수장치에 의해 증기 또는 온수형태로 회수하여 냉·난방을 하는 시스템이다.
② 온실가스 배출량을 줄일 수 있다.
③ 기기 효율성을 증대시킬 수 있다.
④ 열매의 반송동력이 증대된다.
⑤ 설비공간이 축소된다.
⑥ CHP 방식을 적용할 경우 전기비용이 감소하게 된다.

• 폐열(廢熱)
주요 목적에 쓰이고 남은 열

제2절 냉동설비

냉동설비
1 개요
2 냉동기의 종류
3 냉각탑 및 냉동시스템

1 개요

1. 일반사항

(1) 냉동의 원리

① 냉동이란 물체나 일정한 장소로부터 열을 얻거나 제거하여 주위의 온도보다 낮은 온도로 냉각하는 장치이다.
② 냉동장치에서는 보통 증발하기 쉬운 액체를 증발시켜 그 잠열을 이용하는 방법이 사용되는데, 이 잠열을 이용하는 것이 효과적이어야 할 뿐만 아니라, 연속적으로 운전되어야만 냉동기로서의 역할이 성립된다.
③ 장치 내를 흐르는 냉동의 매체가 되는 것을 냉매(冷媒)라고 부르며, 그 냉매를 운반하는 방법에 따라 압축식과 흡수식으로 구분하고 있다.

(2) 냉동방법

종류		정의
자연 냉동법	융해열 이용법	얼음이 녹으면서 주위의 열을 빼앗는다.
	승화열 이용법	드라이아이스가 승화하면서 주위의 열을 빼앗는다.
	증발열 이용법	액화질소가 증발하면서 주위의 열을 빼앗는다.
기계 냉동법	흡수식	냉매의 증발을 유도하여 냉동한다.
	공기압축식	고압상태 공기가 저압상태로 단열팽창할 때 주위열을 흡수하여 냉동한다.
	증기분사식	고압증기를 빠른 속도로 분출하여 증기의 액체를 증발시켜 냉동한다.
	증기압축식	증발가스를 압축하여 냉동한다.
	전자냉동식	서로 다른 금속체를 이용하여 열을 흡수·방출하여 냉동한다.

2. 냉매(Refrigerant, 冷媒)

(1) 정의

① 냉동효과를 얻기 위해 냉동사이클 내를 순환하는 동작유체이다.
② 냉동장치의 냉동사이클에 사용되는 증발하기 쉬운 액체를 말하며, 저온부의 열을 고온부로 운반하는 작용을 한다.

(2) 종류

종류	특징
암모니아	① 오래전부터 사용되어 왔고 제빙·냉동용은 거의 이 냉매를 사용하고 있지만, 독성·연소성의 결점을 가지고 있기 때문에 근래에는 공중이 많이 모이는 장소에는 사용되지 않는다. ② 가격이 싸고 효율이 우수한 냉매이다.
프레온 (Freon)	① 암모니아보다는 안전하지만, 가격이 비싸고, 윤활유를 잘 녹이며, 수분에 용해되고, 혼합하면 부식성이 강하게 되는 결점이 있다. ② 최근에는 프레온계의 가스가 지구의 오존층을 파괴시키는 등 환경파괴의 주요 인자로 확인되어 앞으로 사용이 규제된다. ③ R-12는 가장 일반적인 냉매로서 압력은 중립이고 가정용 냉동기에서부터 대형 왕복식 압축기에 이르기까지 사용된다.
물(H_2O)	① 비열이 크고, 열운반 능력이 좋다. ② 0℃ 이하에서는 동결하여 사용할 수 없다. ③ 일반 냉방에 사용된다.

▶ 11회

바로확인문제

(   )는 가장 일반적인 냉매로서 압력은 중립이고 가정용 냉동기에서부터 대형 왕복식 압축기에 이르기까지 사용된다.

(3) 냉매의 구비조건

① 온도가 낮아도 대기압 압력 이상으로 증발·기화할 것
② 상온에서 비교적 낮은 압력으로 응축·액화할 것
③ 부식성, 폭발성, 인화성, 악취 등이 없을 것
④ 인체에 무해할 것
⑤ 증발잠열이 크고 냉동작용에 저해가 되지 않을 것
⑥ 임계온도(기체로 존재하는 한계온도)가 높을 것
⑦ 누설의 발견이 용이할 것

3. 냉동기의 성능

(1) 냉동톤(RT; Ton of Refrigeration)

① 24시간 동안에 0℃의 물 1톤(1,000kg)을 0℃의 얼음으로 만들 때 필요한 냉동능력을 1냉동톤이라 한다.

② 일본식 1냉동톤(1JRT) = $\dfrac{79.68 \times 1,000\text{kg} \times 4.19}{24 \times 3,600}$ = 3.86kW

③ 미국식 1냉동톤(1USRT) = 3,024kcal/h = 3.52kW

(2) 냉동기의 성적계수(COP; Coefficient Of Performance)

① 정의

㉠ 냉동의 성적(성능)을 표시하는 척도이다.
㉡ 냉동기는 외부로부터의 에너지를 소비하는 것에 의해서 열을 저온도의 영역에서 고온도의 영역으로 운반시킬 수 있는 것이기 때문에 동작유체인 냉매를 압축시켜야 하지만, 그 소비된 에너지에 대해서 얼마만큼의 냉동열량이 얻어지는가를 나타낸 비율이 냉동기의 효율을 나타내는 하나의 지수로 되어서 이것을 성적계수라고 한다.
㉢ 성적계수란 냉동장치(냉동효과)로부터 냉각된 열량과 장치를 운전하는 데 요하는 일(압축일)과의 비를 가리킨다.

$$\text{냉동기의 성적계수} = \dfrac{\text{냉동효과}}{\text{압축기의 압축일}}$$

② 특징

㉠ 냉매의 압력과 엔탈피의 관계를 나타낸 몰리에르 선도를 이용하여 산정할 수 있다.

ⓛ 냉동사이클에 있어서의 성적계수는 냉매를 압축하는 작업의 열량에 대해 냉동효과가 많을수록 성적계수가 높아진다.
ⓒ 보통 냉동기의 성적계수는 항상 1보다 크게 되며, 일반적으로 공기조화에 사용되고 있는 냉동기의 성적계수는 3~4 정도이다.
ⓔ 성적계수의 값이 크면 냉동능률이 좋은데, 동일 냉동기에서도 증발온도(증발압력)가 높을수록, 응축온도(응축압력)가 낮을수록 성적계수가 높아진다.
ⓜ 성적계수가 높을수록 냉동효과가 뛰어난 것이므로, 냉동기 성능이 우수하고 에너지 효율이 좋아진다.

참고 | 몰리에르 선도(Mollier Diagram)

1. 냉매의 각 상태에서의 모든 특성을 표시하는 선도로, P-i선도라고도 한다.
2. 횡축에 엔탈피(i), 종축에 냉매의 절대압력(P)을 나타내어 선도상의 눈금을 읽음으로써 냉동능력, 압축일, 방열량의 계산에 편리하도록 되어 있다.

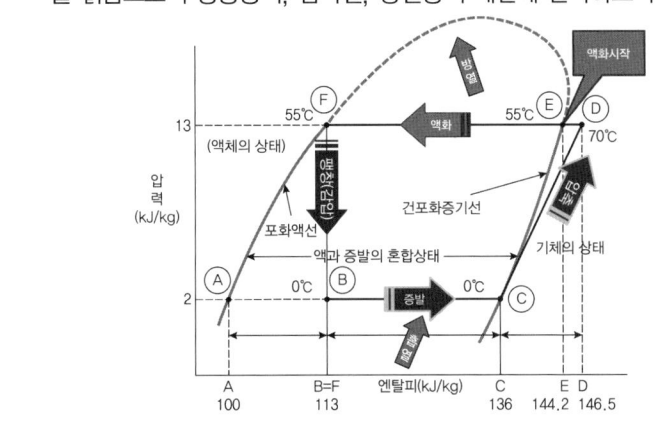

개념적용 문제

압축식 냉동기의 성적계수에 관한 설명으로 옳지 않은 것은? 제16회 기출

① 성적계수가 높을수록 냉동기 성능이 우수하다.
② 히트펌프의 성적계수는 냉방 시보다 난방 시가 높다.
③ 증발기의 냉각열량을 압축기의 투입에너지로 나눈 값이다.
④ 증발압력이 낮을수록, 응축압력이 높을수록 성적계수는 높아진다.
⑤ 냉매의 압력과 엔탈피의 관계를 나타낸 몰리에르 선도를 이용하여 산정할 수 있다.

해설 증발압력이 높을수록, 응축압력이 낮을수록 성적계수는 높아진다.

정답 ④

바로확인문제

압축식 냉동기는 증발압력이 (　　)수록, 응축압력이 (　　)수록 성적계수는 높아진다.

2 냉동기의 종류

1. 압축식 냉동기

(1) 개념

구분	내용
냉매	프레온, 암모니아
냉동사이클	압축기 ⇨ 응축기 ⇨ 팽창밸브 ⇨ 증발기

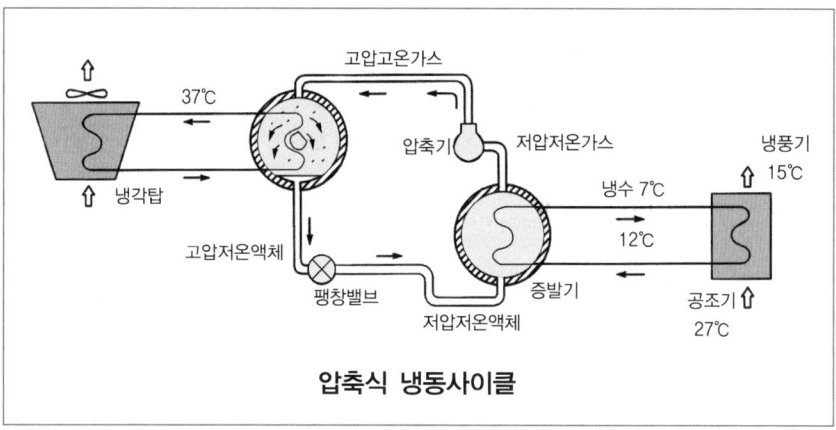

압축식 냉동사이클

(2) 4대 구성요소

종류	내용
압축기 (Compressor)	증발기에서 넘어온 저압·저온의 냉매가스를 응축 및 액화하기 쉽도록 압축하여 고온·고압으로 만들어 응축기로 보낸다.
응축기 (Condenser)	고온·고압의 냉매가스를 공기나 물을 접촉시켜 응축 및 액화시키고, 응축열을 냉각탑이나 실외기를 통해서 외부로 방출한다.
팽창밸브 (Expansion Valve)	응축기에서 넘어온 저온·고압의 냉매액을 증발할 때 증발하기 쉬도록 하기 위해 감압시켜 저온·저압의 액체로 교축 및 팽창시킨다.
증발기 (Evaporator)	팽창밸브에서 압력을 줄인 저온·저압의 액체냉매가 피냉각물질로부터 열을 흡수하여 그 물질의 냉각이 이루어지도록 한다.

• 교축(絞縮)
관 내의 유체가 갑자기 좁아진 통로를 통과하고, 외부에 대해 일을 하지 않으면서 압력을 내려 팽창하는 현상

(3) 특징

① 흡수식에 비해서 운전이 용이하고 낮은 냉수를 얻을 수 있다.
② 전기를 이용함으로써 전력소비가 많고 소음 및 진동이 발생한다.
③ 냉매로 프레온가스나 암모니아가스 등을 사용하므로 오존층 파손의 우려가 있다.
④ 터보식을 제외하고는 고압가스법이 적용된다.

(4) 종류

종류	특징
왕복식 냉동기	① 냉동용량을 조절할 수 있다. ② 진동이 적어 설치가 간단하다. ③ 냉동능력에 비해 작고 가격이 싸다. ④ 체적효율이 동일 용량의 입형 압축기보다 작다.
터보식(원심식) 냉동기	① 냉매가 고압가스가 아니어서 취급이 용이하다. ② 동절기 운전에는 주의를 요한다. ③ 임펠러의 원심력에 의해 냉매가스를 압축한다. ④ 대용량에서 압축효율이 좋고 수명이 길다. ⑤ 대규모 공조 및 냉동용 등 일반적으로 많이 사용한다.
회전식 냉동기 (Rotary Type)	① 용량에 대한 제어성이 좋다. ② 소음이 크고 고가이다. ③ 냉방전용으로 부적합하다. ④ 룸에어컨(소용량), 공기열원 히트펌프 등에 사용한다.

2. 흡수식 냉동기

(1) 개념

구분	내용
냉매	물(H_2O)
흡수액	리튬브로마이드(LiBr) 용액
냉동사이클	흡수기 ⇨ 재생기(발생기) ⇨ 응축기 ⇨ 증발기

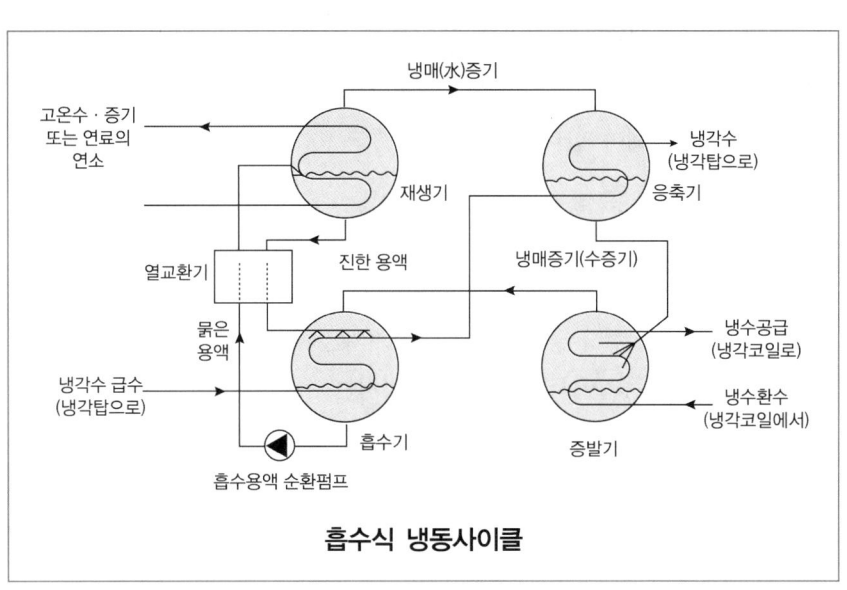

흡수식 냉동사이클

(2) 흡수식 냉동기의 4대 구성요소

종류	내용
흡수기	증발기에서 넘어온 수증기를 흡수기에서 수용액에 흡수되어 묽어지게 하여(묽은 수용액) 재생기로 넘긴다.
재생기 (발생기)	흡수기에서 넘어온 묽은 수용액에 증기 등으로 열을 가하거나 연소기를 연소시켜 직접 가열하면, 물은 증발하여 수증기로 된 후 응축기로 넘어가고 나머지 진한 용액은 다시 흡수기로 내려간다.
응축기	재생기에서 응축기로 넘어온 수증기는 냉각수에 의해 냉각되어 물로 응축된 후 다시 증발기로 넘어간다.
증발기	낮은 압력인 증발기 내에서 물이 증발하면서 냉수코일 내의 물로부터 열을 빼앗아 냉수의 냉각이 이루어진다.

(3) 특징

① 압축기가 없고 도시가스를 주원료(증기, 고온수)로 사용하므로 전력소비가 적다.
② 부하변동에 안정적이고, 소음이나 진동이 작다.
③ 전력소비가 적어 수변전설비가 작아도 되고, 용량 제어성이 좋다.
④ 진공상태에서 운전되므로 안전하다.
⑤ 하절기에 발생하는 피크(Peak)부하가 저하되므로 전기요금이 대폭 절감될 수 있다.
⑥ 2중효용 흡수식 냉동기에는 재생기가 2개(고온, 저온) 있다.
⑦ 낮은 온도(6℃ 이하)의 냉수를 얻기가 어렵다.
⑧ 여름에도 보일러를 가동해야 한다.
⑨ 압축식에 비해 예냉시간이 길고, 설치면적·높이·중량이 크며, 냉각탑을 크게 해야 한다.

개념적용 문제

냉동기에 관한 설명으로 옳은 것은? 제15회 기출

① 2중효용 흡수식 냉동기에는 응축기가 2개 있다.
② 흡수식 냉동기에서 냉동이 이루어지는 부분은 응축기이다.
③ 흡수식 냉동기는 압축식 냉동기에 비해 많은 전력이 소비된다.
④ 압축식 냉동기에서는 냉매가 팽창밸브를 통과하면서 고온고압이 된다.
⑤ 증발기 및 응축기는 압축식 냉동기와 흡수식 냉동기를 구성하는 공통요소이다.

바로확인문제

2중효용 흡수식 냉동기에는 (　　)가 2개(고온, 저온) 있다.

> **해설** ① 2중효용 흡수식 냉동기에는 재생기가 2개(고온, 저온) 있다.
> ② 흡수식 냉동기에서 냉동이 이루어지는 부분은 증발기이다.
> ③ 흡수식 냉동기는 압축식 냉동기에 비해 적은 전력이 소비된다.
> ④ 압축식 냉동기에서는 냉매가 팽창밸브를 통과하면서 저온저압이 된다.
>
> 정답 ⑤

3. 히트펌프(Heat Pump)

(1) 개념

① 펌프가 물을 낮은 위치에서 높은 위치로 퍼 올리는 기계라면, 히트펌프는 열을 온도가 낮은 곳에서 높은 곳으로 이동시킬 수 있는 장치이다.

② 냉동기는 저온 측으로부터 열을 흡수하는 것을 주목적으로 하나, 히트펌프는 고온 측에 방열하는 것을 주목적으로 한다.

③ 압축기로부터 토출된 고온·고압의 증기냉매는 응축기에서 액화하며, 이때 방출되는 응축열을 물과 공기에 전열해서 난방에 이용하는 기능을 열펌프라고 한다.

④ 히트펌프는 열을 흡수하고 방열하는 원리의 구분에 따라 압축식, 화학식, 흡수식, 흡착식 등으로 분류하며, 이 중에서 압축식 히트펌프를 가장 많이 사용한다.

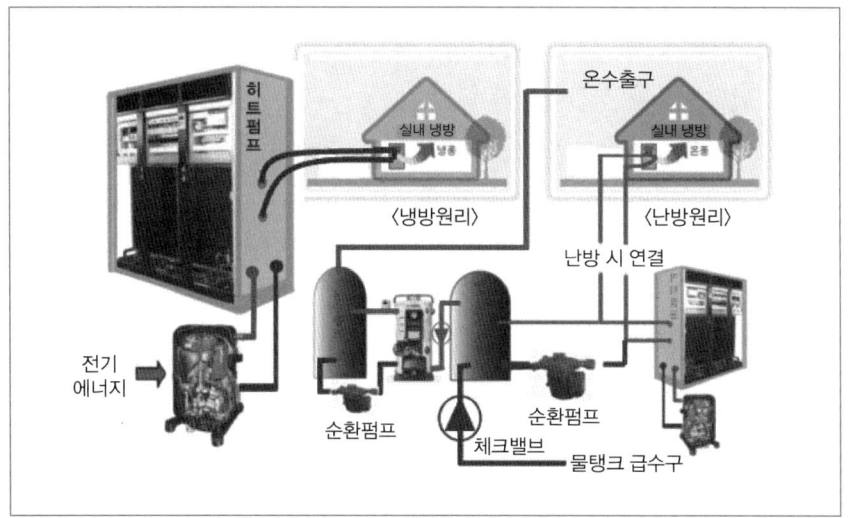

(2) 히트펌프의 구성

히트펌프의 구성과 사이클은 압축식 냉동기와 마찬가지로 압축기, 응축기, 팽창밸브, 증발기로 구성된다.

(3) 특징

① 냉동장치에서는 증발기의 냉각효과를 얻는 것이 주목적인 점에 비해서 히트펌프에서는 응축기의 방열을 가열작용으로서 이용하는 점이 다르나, 잘 조합시키면 냉각과 가열이 동시에 가능하다.
② 히트펌프는 보일러에서와 같은 연소를 수반하지 않으므로, 대기오염물질의 배출이 없고 화재의 위험성도 낮다.

(4) 히트펌프의 성적계수(COP)

① 물체를 냉각시키기 위한 목적으로 사용되는 냉동기는 동일한 일에 대해서 흡수하는 열량이 클수록 경제성이 높고, 히트펌프에서는 방출하는 열량이 클수록 경제성이 높다.
② 히트펌프로 이용한 성적계수가 냉동기로 이용한 성적계수보다 1만큼 크다.
③ 일반적으로 히트펌프의 성적계수는 기종과 열원의 종류에 따라 다르지만, 냉방 시보다 난방 시가 높다. 이 때문에 열펌프의 난방이 유리하다.
④ 난방 시 히트펌프의 성적계수는 응축기의 방열량을 압축기의 압축일로 나눈 값으로 계산한다.
⑤ 냉방 시 히트펌프의 성적계수는 증발기의 흡수량을 압축기의 압축일로 나눈 값으로 계산한다.

(5) 히트펌프 선정 시 주의사항

① 난방부하를 경감하도록 한다.
② 외기를 열원으로 하는 경우에는 히트펌프의 성적계수를 좋게 하기 위하여 응축온도가 될 수 있는 한 낮은 조건으로 시스템을 설계한다.
③ 심야전력의 이용 등 값싼 전력요금으로 운전될 수 있는 시스템을 생각한다.
④ 건물 내의 잉여열과 폐열이 있는 경우에는 이것을 유효하게 사용하는 시스템을 생각한다.
⑤ 히트펌프 용량 결정에 있어서는, 난방부하의 최대치와 낮은 정상부하와의 차이는 축열 또는 보조 열원장치의 병용으로 운전하는 것이 바람직한 경우가 많다.

• 잉여열
쓰고 난 나머지 열

바로확인문제

일반적으로 히트펌프의 성적계수는 기종과 열원의 종류에 따라 다르지만, 냉방 시보다 난방 시가 (   ).

개념적용 문제

냉동설비에 관한 내용으로 옳지 않은 것은? 제19회 기출

① 일반적으로 압축식 냉동기는 전기, 흡수식 냉동기는 가스 또는 증기와 같은 열을 주에너지원으로 사용한다.
② 히트펌프의 성적계수(COP)는 냉방 시보다 난방 시가 낮다.
③ 흡수식 냉동기의 냉매는 주로 물이 사용된다.
④ 증발기에서 냉매는 주변 물질로부터 열을 흡수하여 그 물질을 냉각시킨다.
⑤ 흡수식 냉동기의 주요 구성요소는 증발기, 흡수기, 재생기, 응축기이다.

해설 히트펌프의 성적계수(COP)는 냉방 시보다 난방 시가 높다.

정답 ②

3 냉각탑 및 냉동시스템

1. 냉각탑(Cooling Tower)

(1) 개요

① 냉각탑은 응축기용의 냉각수를 재사용하기 위하여 대기와 접속시켜 물을 냉각하는 장치이다.
② 강제통풍에 의한 증발잠열로 냉각수를 냉각시킨 후 응축기에 순환한다.
③ 냉방설비의 냉각수는 지하수 또는 상수를 사용한다.

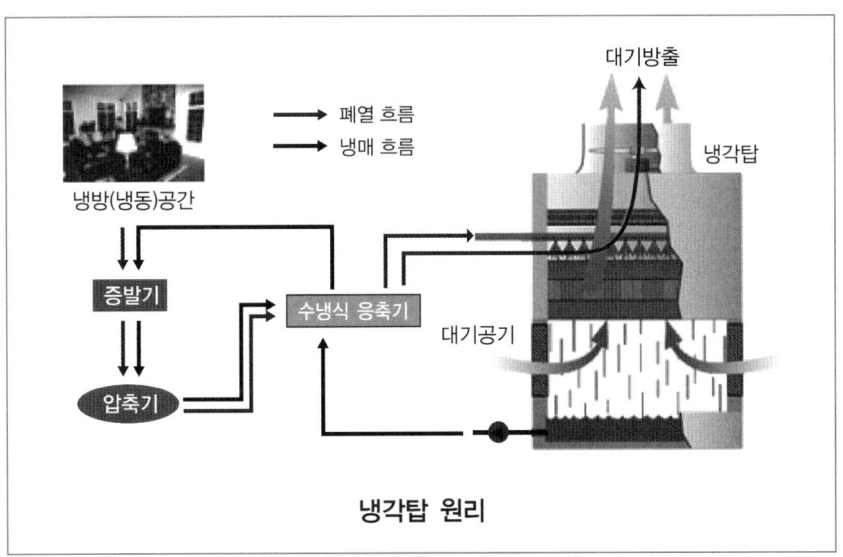

냉각탑 원리

- **향류(向流)**
  유체가 서로 반대 방향으로 흐르는 상태

(2) 종류

종류	특징
대향류(對向流)형	① 위쪽에서의 살수(撒水)와 아래쪽에서의 공기의 흐름을 향류로 하는 형식의 냉각탑을 말한다. ② 설치면적은 좁아도 되지만 대신 탑 높이가 높아진다.
직교류형	① 위에서 물을 낙하시키고 수평으로 공기를 흐르게 하여 접촉시키는 형식의 냉각탑을 말한다. ② 높이가 낮고, 펌프동력과 송풍동력이 적다. ③ 점유면적이 크고 무겁다.
밀폐식	① 일반 냉각탑에서 물과 공기가 직접 접촉하여 수질이 악화되는 것을 방지하기 위하여, 탑 안에 열교환기를 설치하고 탑 내 순환수와 냉각수를 금속면을 통하여 접촉시켜 냉각효과를 얻는 냉각탑이다. ② 연중 사용하는 전산실용 냉각탑으로 적합하다.

대향류형 냉각탑   직교류형 냉각탑

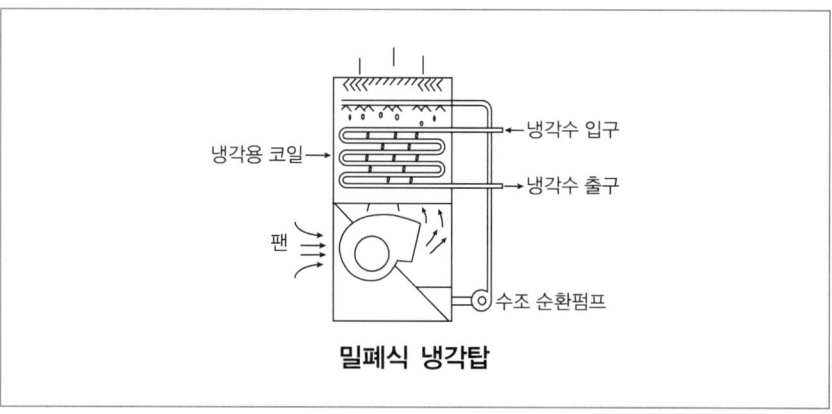

밀폐식 냉각탑

바로확인문제

( )형 냉각탑은 위에서 물을 낙하시키고 수평으로 공기를 흐르게 하여 접촉시키는 형식의 냉각탑을 말한다.

(3) 설치위치

① 통풍이 잘되는 곳에 설치한다.
② 진동과 소음이 주거환경에 영향을 미치지 않는 곳에 설치한다.
③ 급·배수관과 가깝고, 먼지와 매연이 적은 곳에 설치한다.
④ 물의 비산작용으로 인접건물에 피해가 발생하지 않도록 한다.
⑤ 풍압이나 지진에 충분히 견딜 수 있는 곳에 설치한다.

(4) 냉각탑 용량

종류	특징
증기압축식 냉동기	① 냉동열량의 1.2~1.3배 ② 냉동열량 + 압축동력의 열당량* + 펌프동력의 열당량
흡수식 냉동기	① 냉동열량의 2.5배 ② 냉동열량 + 재생기 가열용량 + 펌프동력의 열당량

• **열당량(熱當量)**
어떤 종류의 에너지를 열로 환산했을 때의 값

(5) 어프로치(Approach)

냉각수가 이론적으로 냉각가능한 접근값

> 어프로치(Approach) = 냉각수 출구온도 − 외기 입구 습구온도

2. 축열 시스템

(1) 수축열(水蓄熱) 시스템

① 냉수 또는 온수를 수조에 축적하고, 냉각 또는 가열 요구가 생겼을 때 수시로 꺼내서 이용하는 방법을 말한다.
② 열원회로와 방열회로를 동일수조 내에 설치한 축열수조에서는 수조 내에서 온도레벨이 다른 물의 혼합이 일어난다. 축열운전 완료 시의 수조 내 평균수온은 열원기기의 출구수온보다 냉수인 경우에는 높고, 온수인 경우에는 낮게 된다.
③ 축열 시스템으로서는 제한된 용적의 수조에 가능한 한 많은 열량을 저장할 수 있도록 설계함과 동시에 저장한 열을 유효하게 방열할 수 있는 운전방법으로 할 필요가 있다.

바로확인문제

냉각탑은 (　　)이 잘되는 곳에 설치한다.

(2) 빙축열(氷蓄熱) 시스템

① 야간에 심야전력(이용시간은 밤 10시부터 다음 날 오전 8시까지)을 이용하여 얼음을 생성한 뒤 축열 및 저장하였다가 주간에 이 얼음을 녹여서 건물의 냉방 등에 활용하는 방식이다.
② 저온 냉동기는 얼음을 생성하기 위하여 영하의 온도에서 운전이 가능한 냉동기로서, 제빙 시에는 영하의 온도로 가동되고, 주간에는 일반 냉동기와 동일한 상태로 운전된다.
③ 빙축열 방식은 얼음의 잠열까지도 이용할 수 있기 때문에, 동일한 부피의 수축열 방식보다 최대 12배까지 축열량을 크게 하므로 경제적이다.
④ 빙축열 방식은 주야간의 전력 불균형 해소로, 주간 냉동기 가동시간이 줄게 되어 운전비가 다른 시스템보다 매우 저렴하다.

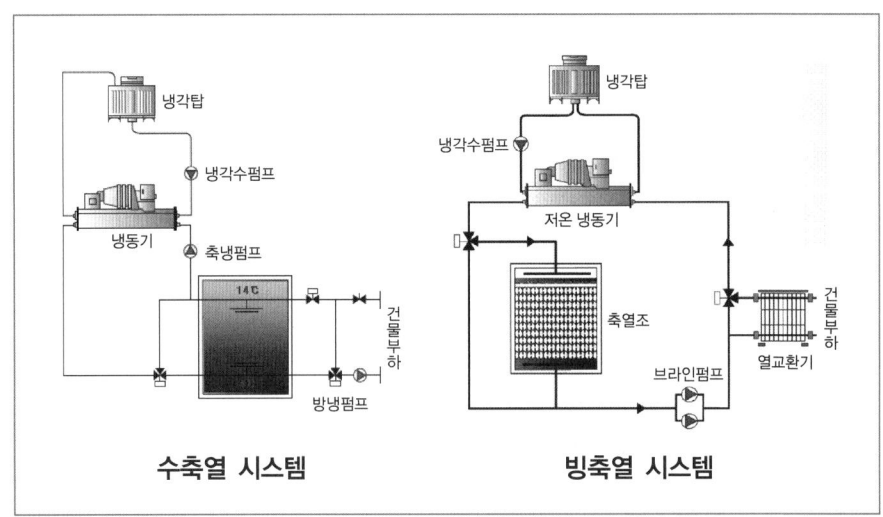

수축열 시스템 / 빙축열 시스템

CHAPTER 08 OX문제로 완벽 복습

01 온풍난방은 간접난방에 속한다. (O | X)

02 공기빼기밸브(Air Vent Valve)는 증기난방이나 온수난방에 공통으로 사용하는 (O | X) 기기이며 방열기 안의 공기를 제거하기 위한 밸브로 굴곡 개소에 설치하여 공기가 고이는 것을 방지한다.

03 개방식 팽창탱크는 고온수난방에서 사용된다. (O | X)

04 증기난방은 현열을 이용한 난방법이다. (O | X)

05 3방밸브는 보일러의 밸브가 닫힌 채로 운전하였을 때 안전장치로 사용한다. (O | X)

06 하트포드 접속법(Hartford Connection)은 보일러 내의 안전수위를 확보하기 위 (O | X) 해 설치한다.

07 온수난방은 환수배관의 부식이 적고 수명이 길다. (O | X)

08 온수난방은 현열을 이용한 난방이므로 증기난방에 비해 쾌감도가 높고, 열용량이 (O | X) 커서 온수순환시간이 길다.

09 저온수난방은 지역난방 등 대규모 건물에 이용된다. (O | X)

10 역환수식(리버스리턴 방식)은 온수 유량을 고르게 분배하여 각 방열기의 온도를 균 (O | X) 일하게 하기 위해 각 방열기마다 배관회로 길이를 같게 하는 방식이다.

11 배관의 길이변화는 신축이음을 통해 흡수된다. (O | X)

12 보일러 종류 중 수관보일러는 구조상 고압 및 대용량에 적합하므로 지역난방과 같 (O | X) 은 대규모 설비 등에서 많이 채택된다.

정답

01 O 02 O 03 X(고온수난방 ⇨ 저온수난방) 04 X(현열 ⇨ 잠열) 05 O 06 O 07 O 08 O
09 X(저온수난방 ⇨ 고온수난방) 10 O 11 O 12 O

13 온수난방은 증기난방에 비해 난방기기의 크기를 작게 할 수 있다. (O | X)

14 대류난방은 복사난방에 비해 실내설정온도에 이르기까지 걸리는 시간이 짧다. (O | X)

15 복사난방방식은 대류난방방식과 비교하여 실내공기의 상하 온도 차가 크다. (O | X)

16 바닥복사난방에서 코일의 배치간격이 넓을수록 방열면의 온도분포가 좋다. (O | X)

17 공동주택의 열교환기는 주로 튜브형과 판형을 사용하고 있으며, 주로 보일러를 사용하는 곳은 튜브형을, 지역난방은 판형 열교환기를 사용한다. (O | X)

18 증발압력이 낮을수록, 응축압력이 높을수록 성적계수는 높아진다. (O | X)

19 압축식 냉동기의 냉매 순환은 '압축기 ⇨ 응축기 ⇨ 팽창밸브 ⇨ 증발기' 순으로 이루어진다. (O | X)

20 흡수식 냉동기의 냉매 순환은 '흡수기 ⇨ 재생기(발생기) ⇨ 응축기 ⇨ 증발기' 순으로 이루어진다. (O | X)

21 실제 냉동이 이루어지는 부분은 응축기이다. (O | X)

22 압축식 냉동기에서는 냉매가 팽창밸브를 통과하면서 고온고압이 된다. (O | X)

23 2중효용 흡수식 냉동기에는 응축기가 2개 있다. (O | X)

정답

13 X(작게 ⇨ 크게) 14 O 15 X(크다 ⇨ 작다) 16 X(좋다 ⇨ 나쁘다) 17 O 18 X(낮을수록 ↔ 높을수록)
19 O 20 O 21 X(응축기 ⇨ 증발기) 22 X(고온고압 ⇨ 저온저압) 23 X(응축기 ⇨ 재생기)

CHAPTER 09 공기조화 및 환기설비

회독체크 1 2 3

CHAPTER 미리보기

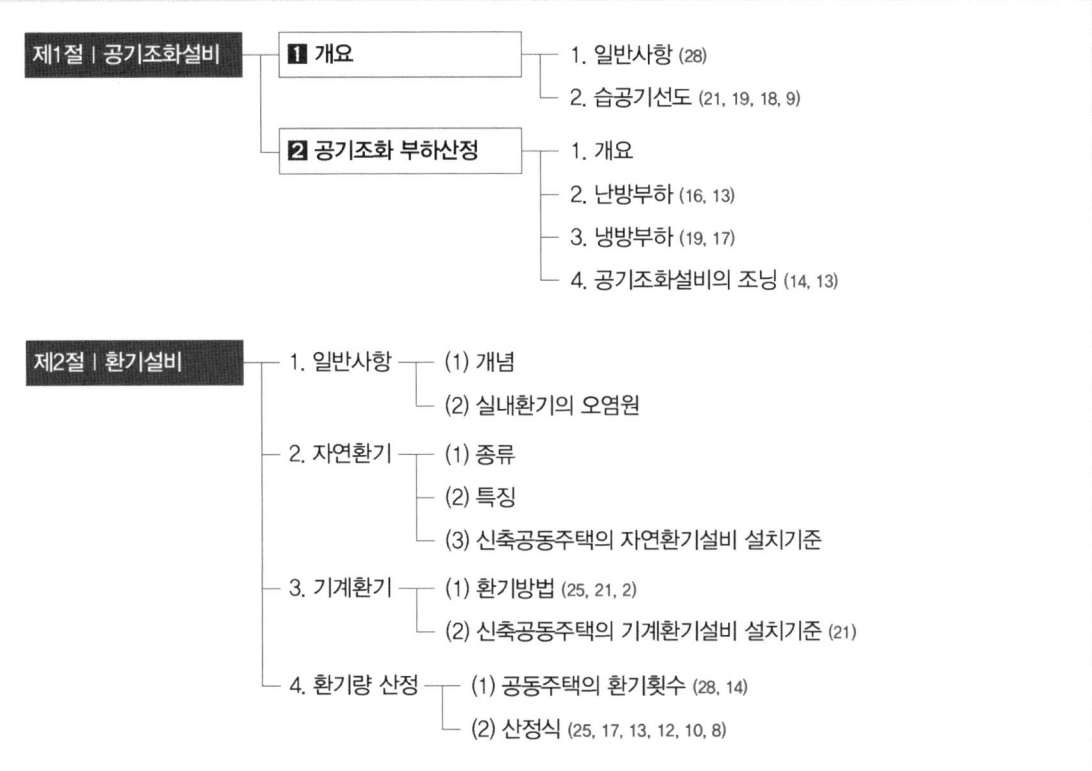

학습전략

평균 1문제 정도(1.5%)이고 매년 출제되는 CHAPTER는 아니기 때문에 중요한 내용 위주로만 학습해야 합니다. 이 CHAPTER에서는 난방 및 냉방부하 산정에 관한 내용 이해, 환기량 산정 공식 암기 위주로 학습할 필요가 있습니다.

학습키워드

- 난방부하의 벽체 등을 통한 손실열량
- 난방부하 산정 시 고려사항
- 냉방부하 산정 시 고려사항
- 공기조화설비 조닝의 종류
- 에너지 절약방안
- 기계환기방법
- 공동주택의 환기횟수
- 환기량 산정 계산

공기조화설비

공기조화설비
1 개요
2 공기조화 부하산정

제1절 공기조화설비 ★

1 개요

1. 일반사항

(1) 정의

① 공기조화(Air Conditioning)란 주어진 실내의 온도, 습도, 환기, 기류 및 청정 등을 함께 조절하여 실내의 사용목적에 알맞은 상태로 유지시키는 것을 말한다.

② 온도는 우리 감각에 가장 민감하게 느껴지므로 온도에 비중을 두어 냉방 또는 난방이라고 부르기도 하지만, 다른 세 가지 요소(습도, 환기, 기류 및 청정)를 무시해서는 완전한 공기조화라고 부를 수 없다.

③ 공기조화는 공기의 상태를 조정하여 인간에 대해서는 거주감을 양호하게 하고, 물품에 대해서는 최적의 공기상태를 기계적으로 만들어 내는 것을 의미한다.

④ 공기조화설비를 넓은 의미로 해석하면 실내에 방열기를 설치하는 직접 난방설비 등도 포함되며, 온습도에 관계되지 않는 환기설비도 포함될 수 있으므로, 공조설비는 곧 HVAC(Heating Ventilating and Air-Conditioning System)라고도 표현한다.

28회

(2) 신축 공동주택의 실내공기질 측정항목(「실내공기질 관리법 시행규칙」 제7조)

실내공기질 측정항목	실내공기질 권고기준($\mu g/m^3$ 이하)
자일렌	700 $\mu g/m^3$ 이하
폼알데하이드	210 $\mu g/m^3$ 이하
벤젠	30 $\mu g/m^3$ 이하
스티렌	300 $\mu g/m^3$ 이하
에틸벤젠	360 $\mu g/m^3$ 이하
톨루엔	1,000 $\mu g/m^3$ 이하
라돈	148 Bq/m^3 이하

2. 습공기선도(Psychrometric Chart)

(1) 정의
① 대기 중의 공기는 수증기를 포함하지 않은 건조공기와 수증기가 혼합된 습공기 상태이다.
② 습공기선도는 습공기의 여러 가지 특성치를 나타내는 그림이다.
③ 습공기선도는 인간의 쾌적범위 결정, 결로판정, 공기조화 부하계산 등에 이용된다.

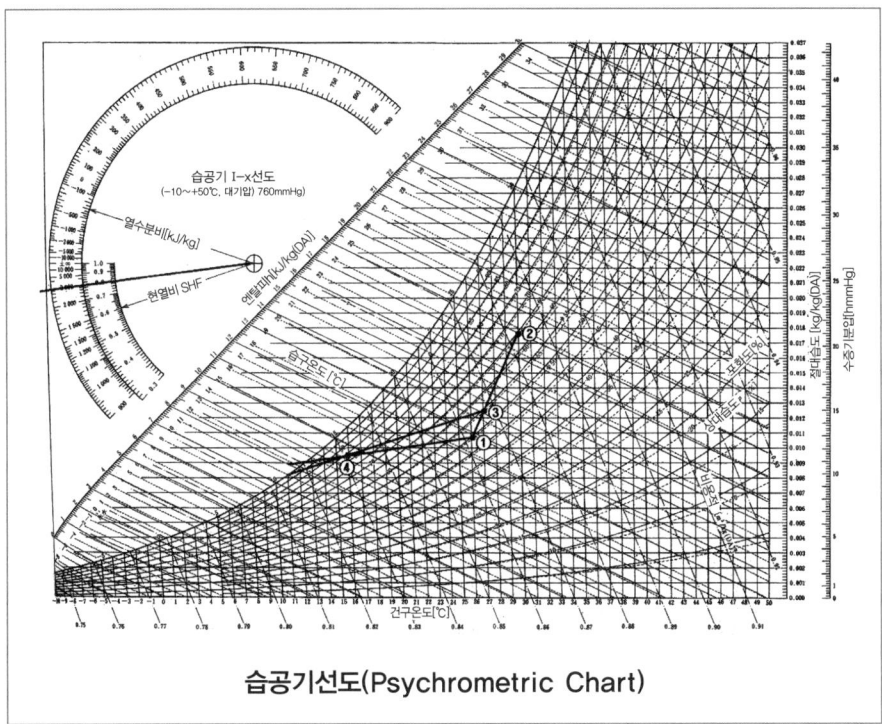

습공기선도(Psychrometric Chart)

(2) 습공기선도의 구성요소
① **직접적인 요소**: 건구온도(℃), 습구온도(℃), 노점온도(℃), 절대습도(kg/kgDA), 상대습도(관계습도, %), 포화도(%), 증기압 엔탈피(kJ/kg), 비체적(m³/kg), 수증기분압 등
② **간접적인 요소**: 현열비, 열수분비 ⇨ 계산에 의해 구한다.
③ 습공기를 구성하고 있는 요소 중 2가지만 알면 상태점이 정해지므로 나머지 요소들을 구할 수 있다.

바로확인문제
(   )는 습공기의 여러 가지 특성치를 나타내는 그림이다.

바로확인문제
습공기를 구성하고 있는 요소 중 (   )가지만 알면 상태점이 정해지므로 나머지 요소들을 구할 수 있다.

(3) 습공기선도에서 공기의 상태변화

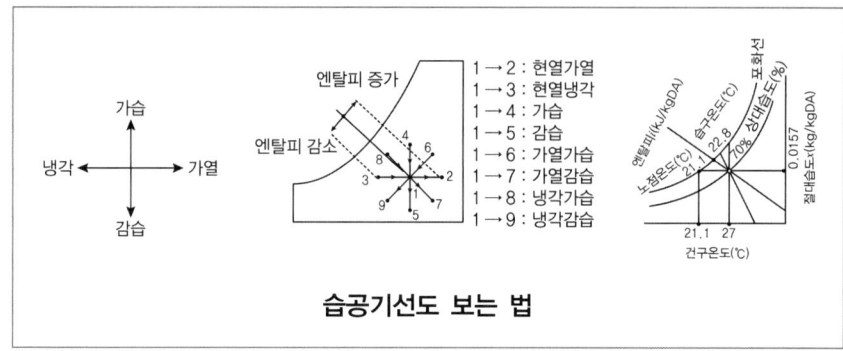

습공기선도 보는 법

① 온도

종류	내용
건구온도	㉠ 공기를 가열하면 높아지고 냉각하면 낮아진다. ㉡ 공기를 가습하거나 감습하여도 변하지 않는다.
습구온도	㉠ 공기를 가열하면 낮아지고 냉각하면 높아진다. ㉡ 주변이 건조할수록 낮아지고 습할수록 높아진다. ㉢ 건구온도보다 항상 낮으며 포화상태에서만 건구온도와 동일하다. ㉣ 건구온도의 변화 없이 절대습도만 상승시키면 습구온도는 높아진다.
노점온도	㉠ 상대습도가 100%일 때 건구온도 = 습구온도 = 노점온도이다. ㉡ 공기의 절대습도가 낮을수록 노점온도도 낮아진다. ㉢ 건구온도와는 관계없이 절대습도만 상승시키면 노점온도는 높아진다.

② 습도

종류	내용
절대습도	㉠ 공기를 가열하거나 냉각하여도 변하지 않는다. ㉡ 공기를 가습하면 높아지고 감습하면 낮아진다.
상대습도	㉠ 공기를 가열하면 낮아지고 냉각하면 높아진다. ㉡ 공기를 가습하면 높아지고 감습하면 낮아진다.

③ 엔탈피(Enthalpy)
㉠ 공기를 가열하거나 가습하면 엔탈피는 높아진다.
㉡ 공기를 냉각하거나 감습하면 엔탈피는 낮아진다.

④ 수증기분압
㉠ 습공기(건조공기 + 수증기) 중에 수증기가 차지하는 부분압력을 말한다.
㉡ 절대습도가 커질수록 수증기분압은 커진다.

바로확인문제

건구온도와는 관계없이 절대습도만 상승시키면 노점온도는 ( )진다.

2 공기조화 부하산정

1. 개요

(1) 열부하의 분류
① 실내를 일정한 온습도로 유지하고 있을 경우, 실외에서 유입되는 열과 실내에서 발생하는 열을 열취득이라 하고, 실외로 유출하는 열을 열손실이라 한다.
② 어떤 실내를 주어진 온습도로 유지하기 위하여 제거하거나 공급하는 열량을 열부하라고 한다.
③ 실내 측에서 생기는 부하에 도입외기를 실내온습도 상태로 하기 위하여 열량, 송풍기의 동력열, 덕트로부터의 침입열 등을 가한 것이 공조기에 걸리는 부하이며, 이것을 일반적으로 냉각해야 할 부하인 경우 냉방부하, 가열해야 할 부하인 경우 난방부하라고 한다.

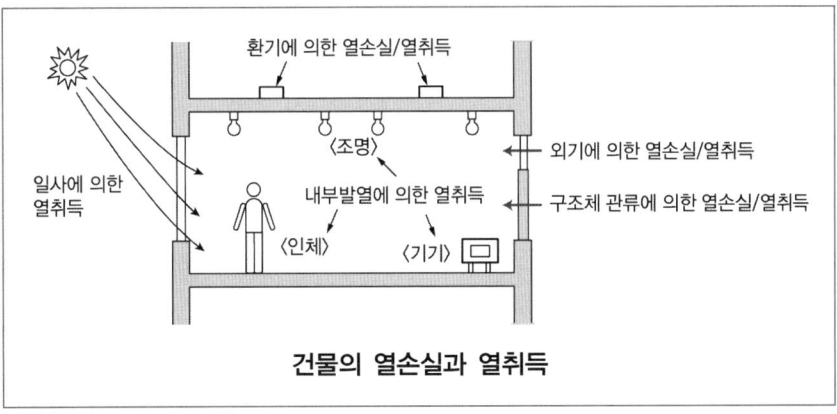

건물의 열손실과 열취득

(2) 부하계산법
① 연간을 통하여 각 시각에 대한 부하를 계산하는 방법이며, 이것에 의하여 합리적인 공조장치의 계획을 세워서 연간운전비를 산출한다.
② 공조설비에 필요한 용량을 결정하기 위한 최대부하를 구할 목적으로 특정한 월이나 시간에 대하여 계산하는 방법이 있다.
③ 건물의 부하는 시시각각 변화하는데, 하루 중에서 이것이 최대가 되는 시각에 대해 열량을 계산하여 공조의 각종 설계에 사용하는 경우로, 최대부하시(Peak Hour)에 대한 부하계산을 최대부하계산이라고 한다.

2. 난방부하

(1) 손실열량

종류	특징
벽체 등을 통한 손실열량	① 난방에 있어서 실내·외의 열의 출입은 냉방과는 달리 상당외기온도*(태양복사열의 영향이나 외기온도의 주기변화) 등을 계산하지 않고 일정한 온도 차에 의한 정상상태의 열전도 계산만을 실시한다. ② 유리창·천장(또는 지붕)·바닥·간벽 등의 전열손실이 있는 면에 대하여 열관류율과 실내·외 온도 차를 적용하여 계산한다. ③ 실내·외 온도 차는 외기와 실내온도와의 건구온도 차를 적용하는데 천장·바닥·간벽 등이라든가 복도와 접하여 있을 때에는 그 인접개소와의 온도 차를 사용한다. ④ 지하층의 벽, 바닥에서의 손실열량은 실내온도와 지중온도*를 고려하여 산정한다.
틈새바람에 의한 손실열량	① 틈새바람에 의한 열손실은 난방부하계산에 있어서는 중요한 요소이며, 특히 고층건물일 때는 건물의 굴뚝효과에 의한 틈새바람의 유입을 고려해야 한다. ② 그 양은 풍속·풍향·건물의 높이·구조·창이나 출입문의 기밀성 등 많은 요소에 의한 영향을 받으므로 정확한 계산은 어렵다.
외기에 의한 손실열량	① 신선외기를 도입하여 실내에서 순환되는 공기와 혼합할 때 발생하는 손실열량을 말한다. ② 외기도입은 산소를 공급하여 인체에서의 냄새를 제거하고 담배연기 또는 오염물질을 배출시켜서 공기의 청정도를 높인다.
장치(덕트)에 의한 손실열량	① 덕트에 대한 열부하에는 덕트재를 통하여 잃은 열량과 공기누기(漏氣)에 의한 손실이 있다. ② 덕트재를 통하여 잃은 열량은 덕트재의 열통과율, 덕트길이, 덕트 표면적 등을 근거로 손실열량을 계산한다. ③ 덕트에서의 공기 누설량은 덕트의 길이, 형상, 공기의 압력, 시공의 정도 등에 따라 영향을 받으며 평균적으로 송풍량의 5% 전후, 많을 때는 10%를 가산한다.

- **상당외기온도**
  태양복사열의 흡수로 외기온도보다 다소 높은 온도

- **지중온도**
  땅속의 온도

(2) 난방부하 산정 시 고려사항

① 외기부하는 현열과 잠열을 고려하여 산정한다.
② 난방부하는 실내손실열량, 장치손실열량, 외기부하 등을 포함한다.
③ 최대 열부하계산으로 송풍량 또는 장치용량을 결정할 수 있다.
④ 외벽 및 창문의 열관류율이 클수록 손실열량이 증가한다.
⑤ 건물의 외벽 면적이 넓을수록 건물의 열손실은 증가한다.
⑥ 실내·외의 온도 차가 클수록 건물의 열손실은 증가한다.

> **개념적용 문제**
>
> 난방부하의 산정에 관한 설명으로 옳지 않은 것은?   제16회 기출
>
> ① 외기부하는 현열과 잠열을 고려하여 산정한다.
> ② 외벽 및 창문의 열관류율이 클수록 손실열량이 증가한다.
> ③ 지하층의 손실열량은 실내온도와 지중온도를 고려하여 산정한다.
> ④ 외벽의 손실열량을 산정하는 경우 상당외기온도를 적용해야 한다.
> ⑤ 틈새바람에 의한 손실열량을 고려하여 산정한다.
>
> **해설** 외벽의 손실열량을 산정하는 경우 실내·외 온도 차를 적용해야 한다. 상당외기온도는 냉방부하를 산정하는 경우에 적용해야 한다.
>
> 정답 ④

3. 냉방부하

(1) 설계조건

① 실내온습도를 일정하게 유지하기 위해 실내의 취득열량에 대응하여 제거해야 할 열량을 냉방부하라고 한다.
② 현열과 잠열로 구분하여 부하계산을 한다.
③ 냉방설계용 설계외기의 온습도 조건은 여름철의 전 냉방 시간에 대한 위험률 2.5%를 기준으로 한 외기온도와 일사량을 이용하여 작성된 상당외기온도를 사용한다.

(2) 냉방부하의 종류

구분		내용	열의 종류
실내부하	복사열	① 유리통과 복사열	현열
		② 외기에 면한 벽체(지붕)를 통과하는 복사열	현열
	온도 차에 의한 전도열	① 유리를 통과하는 전도열	현열
		② 외기에 면한 벽체(지붕)를 통과하는 전도열	현열
		③ 칸막이벽, 바닥, 천장을 통과하는 전도열	현열
	내부 발생열	① 조명에서의 발생열	현열
		② 인체에서의 발생열	현열 + 잠열
		③ 실내설비에서의 발생열	현열 + 잠열
	침입외기	외부 창의 문틈에서 들어오는 틈새바람	현열 + 잠열
장치부하	취득열량	① 덕트로부터의 취득열량	현열
		② 송풍기에 의한 취득열량	현열 + 잠열
외기부하	도입외기	외기를 실내습도로 냉각·감습시키는 열량	현열 + 잠열

바로확인문제

외벽의 손실열량을 산정하는 경우 실내·외 온도 차를 적용해야 한다. 상당외기온도는 (　　) 부하를 산정하는 경우에 적용해야 한다.

19회

(3) 냉방부하 계산식

① 벽체를 통한 열관류부하(kW)

> ㉠ 일사의 영향을 무시할 때: $q_w = K \times (t_o - t_i) \times A$
> ㉡ 일사의 영향을 고려할 때: $q_w = K \times (t_{sol} - t_i) \times A$
> 여기서, q_w: 열관류부하 K: 벽체 열관류율(kW/m²·K)
> A: 벽체면적(m²) t_{sol}: 상당외기온도(K)
> t_i: 실내온도(K) t_o: 실외온도(K)

② 거실의 현열부하(kW)

> 현열부하 = 공기의 밀도(kg/m³) × 정압비열(kJ/kg·K) × 송풍량(m³/s) × 온도 차(℃)

개념적용 문제

냉방 시 실온 26℃를 유지하기 위한 거실 현열부하가 10.1kW이다. 이때 실내 취출구 공기온도를 16℃로 설정할 경우 필요한 최소 송풍량(m³/h)은 약 얼마인가? (단, 공기의 밀도는 1.2kg/m³, 정압비열은 1.01kJ/kg·K로 한다)   제19회 기출

① 1,000   ② 2,355   ③ 3,000
④ 4,025   ⑤ 4,555

해설 현열부하 = 공기의 밀도(kg/m³) × 정압비열(kJ/kg·K) × 송풍량(m³/h) × 온도 차(℃)

∴ 송풍량(m³/h) = $\dfrac{10.1 \times 3{,}600}{1.2 \times 1.01 \times (26 - 16)}$ = 3,000(m³/h)

정답 ③

17회

(4) 냉방부하 산정 시 고려사항

① 냉방부하에는 실내부하, 장치부하, 외기부하 등이 포함된다.
② 실내 취득열량과 기기로부터의 취득열량을 합한 최대 열부하계산으로 공조기 송풍량을 결정할 수 있다.
③ 실내 취득열량, 기기로부터의 취득열량, 재열부하 및 외기부하를 합하면 냉각코일의 용량을 결정할 수 있다.
④ 벽체의 열관류율값이 낮을수록 건물 열손실은 감소한다.
⑤ 실내·외 온도 차가 클수록 건물 열손실은 증가한다.

⑥ 냉방부하 계산 시 재실자 발열, 조명기기의 발열, 복사열 등을 고려한다.
⑦ 냉방부하를 계산할 때 극간풍에 의한 취득열량, 인체의 발생열량, 기구로부터의 발생열량, 외기의 도입으로 인한 취득열량은 현열과 잠열을 동시에 계산해 주어야 할 부하요소이다.

개념적용 문제

건물의 냉방부하 계산에 관한 설명으로 옳지 않은 것은? 제17회 기출

① 냉방부하 계산 시 재실자 발열은 고려하지 않는다.
② 실내·외 온도 차가 클수록 건물 열손실은 증가한다.
③ 벽체의 열관류율값이 낮을수록 건물 열손실은 감소한다.
④ 최대 열부하 계산으로 공조기 송풍량을 결정할 수 있다.
⑤ 냉방부하에는 실내부하, 장치부하, 외기부하 등이 포함된다.

해설 냉방부하 계산 시 재실자 발열, 조명기기의 발열, 복사열 등을 고려한다.

정답 ①

4. 공기조화설비의 조닝(Zoning)

(1) 개요

① 건축물에 작용하는 외부조건, 사용목적에 따라 요구되는 실내 온습도 조건 등의 요구를 충족시키기 위해 몇 개 또는 층별로 구분하는 설비이다.
② 조닝을 상세하게 하면 할수록 설비비용은 더 많이 드나, 에너지를 절약하는 효과를 얻을 수 있다.

(2) 조닝의 종류

➡ 13회

종류	내용
부하별 조닝	외기온도 영향에 따라 구분하여 조닝하는 방식이다.
방위별 조닝	일사·일조조건에 따라 동·서·남·북 측의 존으로 구분하여 조닝하는 방식이다.
사용시간별 조닝	각 실의 사용시간에 따라 조닝하는 방식이다.
사용목적별 조닝	각 실의 사용목적에 맞추어 조닝하는 방식이다.
사용자별 조닝	사용자별로 조닝하는 방식으로 임대사무소 건물 등에 적용한다.

바로확인문제

(   )부하 계산 시 재실자 발열, 조명기기의 발열, 복사열 등을 고려한다.

14회

(3) 에너지 절약방안

① 부하특성, 사용시간대, 사용조건 등을 고려하여 냉난방조닝을 한다.
② 냉난방 시 외기도입량을 최소로 하고, 에너지효율이 높은 설비기기를 선택한다.
③ 쾌적성을 유지하는 범위 내에서 겨울철 실내난방온도를 가급적 낮게 유지한다.
④ 중간기*에 외기의 엔탈피가 실내공기의 엔탈피보다 낮을 경우, 외기를 이용하여 냉방한다.
⑤ 열원기기는 부하발생 패턴에 맞추어 대수*를 분리하여 제어가 가능하도록 설치한다.
⑥ 난방순환수 펌프는 운전효율을 증대시키기 위한 대수제어 또는 가변속 제어방식 등을 채택한다.
⑦ 공기조화기 팬은 부하변동에 따른 풍량제어가 가능하도록 흡인베인제어방식, 가변익축류방식 등을 채택한다.
⑧ 동절기에 히트펌프를 이용하여 난방할 경우에는 가능한 한 보조열원의 운전을 최소화한다.

• **중간기**
  냉방기인 여름철과 난방기인 겨울철의 중간 시기를 말하며, 일반적으로 4~5월 및 10~11월을 말한다.

• **대수**
  펌프의 개수

개념적용 문제

공동주택에서의 에너지 절약을 위한 고려사항으로 옳지 않은 것은?

제14회 기출

① 냉난방 시 외기도입량을 최대로 한다.
② 에너지효율이 높은 설비기기를 선택한다.
③ 쾌적성을 유지하는 범위 내에서 겨울철 실내난방온도를 가급적 낮게 유지한다.
④ 열원기기는 부하발생 패턴에 맞추어 대수를 분리하여 제어가 가능하도록 설치한다.
⑤ 중간기에 외기의 엔탈피가 실내공기의 엔탈피보다 낮을 경우, 외기를 이용하여 냉방한다.

해설 냉난방 시 외기도입량을 최소로 해야 에너지 소비가 적게 된다.

정답 ①

바로확인문제

공동주택에서의 에너지 절약을 위해서는 냉난방 시 외기도입량을 (　)로 해야 에너지 소비가 적게 된다.

제2절 환기설비

> **환기설비**
> 1. 일반사항
> 2. 자연환기
> 3. 기계환기
> 4. 환기량 산정

1. 일반사항

(1) 개념

① 환기란 실내공기가 냄새, 유해가스, 분진 또는 발생열 등에 의해 오염되어 인간의 거주 등에 장애를 주는 경우, 오염공기를 실외로 제거해서 청정한 외기와 교체하는 것을 말한다.

② 환기라고 하면 실내의 오염된 공기를 신선한 외기와 교환하는 것만을 의미하며, 실내의 온습도나 기류 등에 대해서는 고려하지 않는 것이 보통이지만, 실내환경을 보다 엄밀하게 소정 조건으로 유지하기 위해서는 기계적인 공조장치나 공기정화장치를 쓰지 않으면 안 된다.

③ 신선외기란 분진, 병원균, 방사능 기타 유해가스 등이 함유되지 않거나 혹은 인체에 해롭지 않을 정도로 함유된 청정한 외기를 말한다.

④ 공기조화 또는 환기를 요하는 외기급기 계통에 고성능 에어필터나 냄새 기타 유해가스를 흡수하는 장치를 설치할 필요성이 높아지고 있다.

⑤ 환기방식은 자연환기와 기계환기(강제환기)로 분류된다.

(2) 실내환기의 오염원

① 인간의 호흡에 의한 것
② 연소기구에 의한 것
③ 각종 작업환경 혹은 실내에서 발생하는 유해가스에 의한 것
④ 각종 먼지와 연기 등과 같은 부유분진에 의한 것
⑤ 공기 중에 떠돌고 있는 여러 가지 세균에 의한 것
⑥ 사람이 많이 있는 실내에서의 여러 가지 냄새에 의한 것

환기공사 장면

2. 자연환기

(1) 종류

종류	특징
풍력에 의한 환기 (풍력환기)	① 바람의 환기작용은 일반적으로 풍향 측에서는 정압력(+), 풍배 측에서는 부압력(-)으로 되는 풍압에 의한 환기를 말한다. ② 틈새바람, 통풍 등에 의한 환기
온도 차에 의한 환기 (중력환기)	① 실내공기와 건물 주변 외기와의 온도 차에 의한 공기의 비중량 차에 의해서 환기를 하는 것이다. ② 실내온도가 높으면 공기는 상부로 유출되고 하부로부터 유입되며, 그 반대의 경우는 상부로부터 유입되어 하부로 유출된다.

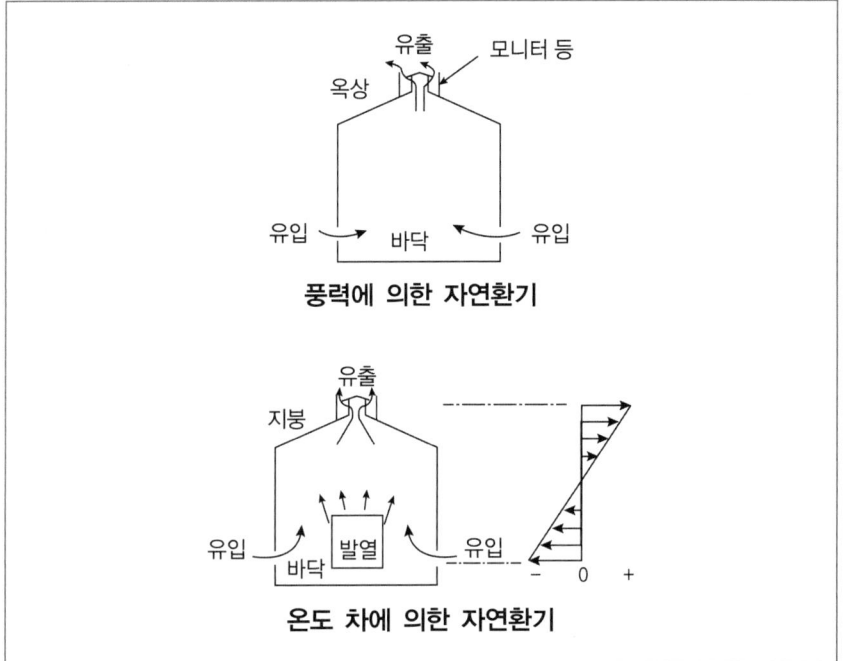

(2) 특징

① 개구부를 주풍향에 직각이 되게 계획하면 환기량이 많아진다.
② 실내온도가 실외온도보다 낮으면 상부에서는 실외공기가 유입되고 하부에서는 실내공기가 유출된다.
③ 실내온도가 외기온도보다 높으면 개구부의 하부에서 외부공기가 유입된다.
④ 최근의 고단열·고기밀 건축물은 열효율면에서는 유리하나 자연환기에서는 불리하다.

⑤ 실내에 바람이 없을 때 실내·외의 온도 차가 클수록 환기량은 많아진다.
⑥ 환기횟수는 시간당 교체되는 외기량을 실(室)의 체적으로 나눈 값이다.

(3) 신축공동주택의 자연환기설비 설치기준

① 세대에 설치되는 자연환기설비는 세대 내의 모든 실에 바깥공기를 최대한 균일하게 공급할 수 있도록 설치되어야 한다.
② 세대의 환기량 조절을 위하여 자연환기설비는 환기량을 조절할 수 있는 체계를 갖추어야 하고, 최대 개방상태에서의 환기량을 기준으로 설치길이 이상으로 설치되어야 한다.
③ 자연환기설비는 순간적인 외부 바람 및 실내·외 압력 차의 증가로 인하여 발생할 수 있는 과도한 바깥공기의 유입 등 바깥공기의 변동에 의한 영향을 최소화할 수 있는 구조와 형태를 갖추어야 한다.
④ 실내로 도입되는 바깥공기를 예열할 수 있는 기능을 갖는 자연환기설비는 최대한 에너지 절약적인 구조와 형태를 가져야 한다.
⑤ 자연환기설비는 설치되는 실의 바닥부터 수직으로 1.2m 이상의 높이에 설치하여야 하며, 2개 이상의 자연환기설비를 상하로 설치하는 경우 1m 이상의 수직간격을 확보하여야 한다.

> 관련법령
> 「건축물의 설비기준 등에 관한 규칙」 [별표 1의4]
> 〈2024. 8. 7. 시행〉

3. 기계환기(강제환기)

(1) 환기방법

종류	내용
제1종 환기 (병용식)	① 송풍기와 배풍기를 이용한 강제적인 환기이다. ② 환기량 조절이 자유롭다. ③ 용도: 병원의 수술실, 보일러실 등
제2종 환기 (압입식)	① 송풍기를 이용해 강제적으로 외부 공기를 도입하고, 오염된 실내공기는 배기구나 개구부를 통하여 자연으로 배출하는 환기방식이다. ② 용도: 반도체공장, 무균실, 창고 등
제3종 환기 (흡출식)	① 급기구나 개구부를 통해 외부 공기를 도입하고 오염된 실내공기는 배풍기로 강제적으로 실외로 배출하는 환기방식이다. ② 용도: 취기나 열기가 발생하는 주방, 화장실, 욕실 등

> 25·21·2회

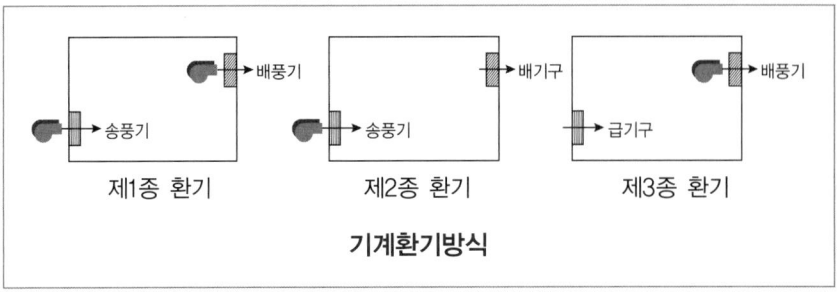

기계환기방식

21회

관련법령
「건축물의 설비기준 등에 관한 규칙」 [별표 1의5]
〈2024. 8. 7. 시행〉

(2) 신축공동주택의 기계환기설비 설치기준

① 기계환기설비의 환기기준은 시간당 실내공기 교환횟수(환기설비에 의한 최종 공기흡입구에서 세대의 실내로 공급되는 시간당 총체적풍량을 실내 총체적으로 나눈 환기횟수를 말한다)로 표시하여야 한다.

② 하나의 기계환기설비로 세대 내 2 이상의 실에 바깥공기를 공급할 경우의 필요 환기량은 각 실에 필요한 환기량의 합계 이상이 되도록 하여야 한다.

③ 세대의 환기량 조절을 위하여 환기설비의 정격풍량을 최소·적정·최대의 3단계 또는 그 이상으로 조절할 수 있는 체계를 갖추어야 하고, 적정 단계의 필요 환기량은 신축공동주택 등의 세대를 시간당 0.5회로 환기할 수 있는 풍량을 확보하여야 한다.

④ 기계환기설비는 신축공동주택 등의 모든 세대가 환기횟수를 만족시킬 수 있도록 24시간 가동할 수 있어야 한다.

⑤ 기계환기설비의 각 부분의 재료는 충분한 내구성 및 강도를 유지하여 작동되는 동안 구조 및 성능에 변형이 없도록 하여야 한다.

⑥ 기계환기설비는 환기의 효율을 극대화할 수 있는 위치에 설치하여야 하고, 바깥공기의 변동에 의한 영향을 최소화할 수 있도록 공기흡입구 또는 배기구 등에 완충장치 또는 석쇠형 철망* 등을 설치하여야 한다.

⑦ 기계환기설비는 주방 가스대 위의 공기배출장치, 화장실의 공기배출 송풍기 등 급속 환기설비와 함께 설치할 수 있다.

⑧ 기계환기설비에서 발생하는 소음은 대표길이 1m에서 측정하여 40dB 이하가 되어야 하는 것이 원칙이다.

⑨ 외부에 면하는 공기흡입구와 배기구는 교차오염을 방지할 수 있도록 1.5m 이상의 이격거리를 확보하거나, 공기흡입구와 배기구의 방향이 서로 90° 이상 되는 위치에 설치되어야 하고, 화재 등 유사시 안전에 대비할 수 있는 구조와 성능이 확보되어야 한다.

⑩ 에너지 절약을 위하여 열회수형 환기장치를 설치할 경우, 열회수형 환기장치의 유효환기량이 표시용량의 90% 이상이어야 한다.

• 석쇠형 철망

바로확인문제
세대의 환기량 조절을 위하여 환기설비의 정격풍량을 최소·적정·최대의 (　　)단계 또는 그 이상으로 조절할 수 있는 체계를 갖추어야 한다.

> **개념적용 문제**
>
> 150세대인 신축공동주택에 기계환기설비를 설치하고자 한다. 설치기준에 관한 설명으로 옳지 않은 것은? 제21회 기출
>
> ① 적정 단계의 필요 환기량은 세대를 시간당 0.5회로 환기할 수 있는 풍량을 확보하여야 한다.
> ② 기계환기설비의 환기기준은 시간당 실내공기 교환횟수로 표시하여야 한다.
> ③ 기계환기설비는 주방 가스대 위의 공기배출장치, 화장실의 공기배출송풍기 등 급속 환기설비와 함께 설치할 수 있다.
> ④ 기계환기설비의 각 부분의 재료는 충분한 내구성 및 강도를 유지하여 작동되는 동안 구조 및 성능에 변형이 없도록 하여야 한다.
> ⑤ 하나의 기계환기설비로 세대 내 2 이상의 실에 바깥공기를 공급할 경우의 필요 환기량은 각 실에 필요한 환기량의 평균 이상이 되도록 하여야 한다.
>
> **해설** 하나의 기계환기설비로 세대 내 2 이상의 실에 바깥공기를 공급할 경우의 필요 환기량은 각 실에 필요한 환기량의 합계 이상이 되도록 하여야 한다.
>
> 정답 ⑤

4. 환기량 산정

(1) 공동주택의 환기횟수

① 신축 또는 리모델링하는 다음 ②, ③의 어느 하나에 해당하는 신축공동주택은 시간당 0.5회 이상의 환기가 이루어질 수 있도록 자연환기설비 또는 기계환기설비를 설치해야 한다.
② 30세대 이상의 공동주택
③ 주택을 주택 외의 시설과 동일건축물로 건축하는 경우로서 주택이 30세대 이상인 건축물

▶ 28·14회

▶ **관련법령**
「건축물의 설비기준 등에 관한 규칙」 제11조
〈2024. 8. 7. 시행〉

(2) 산정식

▶ 25·17·13·12·10·8회

$$환기횟수(회/h) = \frac{환기량(Q)}{실의\ 용적(V)}$$

① $환기량(m^3/h) = \dfrac{실내의\ 총\ CO_2\ 배출량}{실내\ CO_2\ 허용농도 - 실외\ CO_2\ 농도}$

바로확인문제

적정 단계의 필요환기량은 신축공동주택 등의 세대를 시간당 ( )회로 환기할 수 있는 풍량을 확보하여야 한다.

② 실의 용적(m^3) = 바닥면적 × 층높이

개념적용 문제

01 아파트단지 내 상가 1층에 실용적 720m^3인 은행을 환기횟수 1.5회/h로 계획했을 때의 필요풍량(m^3/min)은? <small>제17회 기출</small>

① 18
② 90
③ 270
④ 540
⑤ 1,080

> **해설** 환기량 = 환기횟수 × 실용적 = (1.5 × 720) ÷ 60 = 18m^3/min
>
> **정답** ①

02 6인이 근무하는 공동주택 관리사무실에서 실내의 CO_2 허용농도는 1,000ppm, 외기의 CO_2 농도는 400ppm일 때 최소 필요 환기량(m^3/h)은? (단, 1인당 CO_2 발생량은 0.015m^3/h이다) <small>제25회 기출</small>

① 30
② 90
③ 150
④ 300
⑤ 400

> **해설** 환기량(Q) = $\dfrac{\text{실내의 총 } CO_2 \text{ 배출량}}{\text{실내 } CO_2 \text{ 허용농도} - \text{실외 } CO_2 \text{ 농도}}$
>
> $= \dfrac{0.015 \times 6 \times 1,000,000}{1,000 - 400} = 150(m^3/h)$
>
> **정답** ③

CHAPTER 09 OX문제로 완벽 복습

01 벽체의 열관류율이 클수록 건물의 열손실은 감소한다. (O | X)

02 건물의 외벽 면적이 넓을수록 건물의 열손실은 증가한다. (O | X)

03 난방부하의 산정에서 지하층의 손실열량은 실내온도와 지중온도를 고려하여 산정한다. (O | X)

04 난방부하의 산정에서 외벽의 손실열량을 산정하는 경우 상당외기온도를 적용해야 한다. (O | X)

05 공기조화설비 계획 시 고려해야 할 조닝방법으로는 부하별 조닝, 방위별 조닝, 실사용시간별 조닝, 실용도별 조닝, 사용자별 조닝이 있다. (O | X)

06 공기조화설비의 에너지를 절약하기 위해서 동절기에 히트펌프를 이용하여 난방할 경우에는 가능한 한 보조열원의 운전을 최소화한다. (O | X)

07 공기조화설비의 에너지를 절약하기 위해서 냉난방 시 외기도입량을 최대로 한다. (O | X)

정답

01 X(감소 ⇨ 증가) 02 O 03 O 04 X(난방부하 ⇨ 냉방부하) 05 O 06 O 07 X(최대 ⇨ 최소)

CHAPTER 10 전기 및 수송설비

회독체크 1 2 3

CHAPTER 미리보기

학습전략

평균 3문제 정도(7.0%)로 매년 가장 많이 출제되고 있기 때문에 매우 집중해서 학습해야 합니다. 이 CHAPTER에서는 주로 수변전설비에 관한 내용 이해, 조명설비에 관한 내용 및 공식 암기, 엘리베이터의 안전장치 암기를 위주로 학습할 필요가 있습니다.

학습키워드

- 약전설비의 종류
- 역률
- 전압강하율과 전력손실의 관계
- 수변전 설비용량 추정
- 변압기
- 차단기
- 단로기
- 보호계전기
- 분전반
- 배전반
- 분전반의 접지
- 분기회로
- 간선의 설계 순서
- 간선의 배선공사방법
- 감시제어반의 감시를 위한 표시법
- 안테나설비
- 피뢰침설비기준
- 항공장애 표시등 및 항공장애 주간표지
- 조명의 용어와 단위
- 조명설계 순서
- 주차장의 소요조도
- 광원의 효율 순서
- 조도 계산
- 광원 개수 계산
- 전기 도시기호
- 엘리베이터 배치 및 「건축법」상 기준
- 비상용 승강기의 구조기준
- 교류 엘리베이터와 직류 엘리베이터 비교
- 인버터 제어방식
- 승강기 1인당 하중
- 엘리베이터의 안전장치
- 에스컬레이터의 구조
- 전동 덤웨이터

제1절 전기설비 ★★★

> **전기설비**
> 1. 전기설비 개요
> 2. 수변전설비
> 3. 배전설비
> 4. 전동기·감시 및 제어설비
> 5. 약전설비
> 6. 방재설비
> 7. 조명설비
> 8. 전기 도시기호

1 전기설비 개요

1. 전기설비의 분류

(1) 기능에 의한 분류

① **전력부하설비**: 전기에너지를 소비하는 설비
② **전원설비**: 전기에너지 공급원 설비
③ **전력공급설비**: 전력을 부하에 공급하는 설비
④ **감시제어설비**: 전력공급상태와 가동상태 등을 감시제어하는 설비
⑤ **반송설비**: 사람이나 물품을 운반하는 설비
⑥ **정보설비**: 정보전달설비
⑦ **방재설비**: 재해예방, 통보역할을 담당하는 설비

(2) 전류에 의한 분류

종류	내용
강전설비	전원설비, 구내배전설비, 동력설비, 조명설비, 운송설비, 피뢰침설비와 접지설비 등
약전설비	전기시계설비, 방송설비, 자동화재탐지설비, 정보통신망설비, 인터폰설비, 전화배선설비, 구내교환설비, TV공청설비 등

▶ 4회

개념적용 문제

약전설비에 해당하지 않는 것은? 제4회 수정

① 전화배선설비
② 방송설비
③ TV공청설비
④ 구내배전설비
⑤ 전기시계설비

해설 구내배전설비는 강전설비에 해당한다.

정답 ④

2. 전기설비의 기초

(1) 전압(Voltage)

① 개요
  ㉠ 전류가 흐르기 위한 전기적인 높이를 전위라 한다.
  ㉡ 전기적인 높이의 차를 전압이라 한다.
  ㉢ 표시기호: $V(E)$
  ㉣ 단위: 볼트(V: Volt)

$$전압(V) = 전류(I) \times 저항(R)$$

② 전압의 종류

종류	직류	교류
저압	1,500V 이하	1,000V 이하
고압	1,500V 초과 7,000V 이하	1,000V 초과 7,000V 이하
특고압	7,000V 초과	

관련법령
「전기사업법 시행규칙」
〈2025. 6. 13. 시행〉

(2) 전류(Electric Current)

구분	내용
개요	① 전자의 이동이다. ② 표시기호: I ③ 단위: 암페어(A: Ampere)
직류 (Direct Current)	① 시간에 관계없이 세기와 방향이 일정한 전기이다. ② 용도: 전화, 전기시계, 통신설비, 고속엘리베이터 등
교류 (Alternating Current)	① 시간에 따라서 세기와 방향이 주기적으로 변하는 전기이다. ② 용도: 건물의 전등, 전열기구, 동력 등

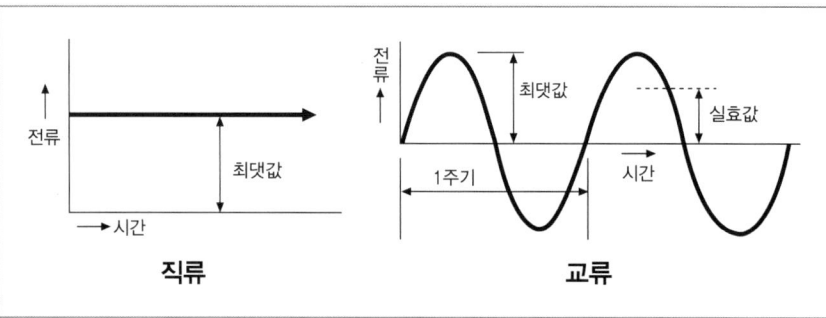

직류 / 교류

바로확인문제

교류의 저압기준은 ( )V 이하이다.

(3) 저항

① 개요
㉠ 도체에 전류가 흐를 때 이를 방해하는 작용을 하는 것이다.
㉡ 표시기호: R
㉢ 단위: 옴(Ω: ohm)

② 저항의 크기
㉠ 전선의 저항은 전선의 굵기에 반비례하고, 전선의 길이에 비례한다.
㉡ 합성저항(R) 산정

저항의 접속방법	합성저항 산정식
직렬접속	$R = R_1 + R_2$
병렬접속	ⓐ 저항값이 동일한 경우: $R = \dfrac{R_1}{n(\text{저항의 개수})}$ ⓑ 저항값이 다른 경우: $R = \dfrac{R_1 \times R_2}{R_1 + R_2}$

㉢ 관계식

$$R = \rho \frac{L}{A}$$

여기서, R: 저항(Ω) L: 도선의 길이(cm)
A: 도선의 단면적(cm²) ρ: 도선의 고유저항

③ 옴의 법칙
㉠ 도체 내의 두 점 간을 흐르는 전류는 전압에 비례하고 전기저항에 반비례한다는 법칙이다.
㉡ 관계식

$$I = \frac{V}{R} \Rightarrow V = I \times R$$

여기서, I: 전류(A) V: 전압(V) R: 저항(Ω)

(4) 역률

$$역률(\cos\theta) = \frac{유효전력(부하로\ 실제\ 소비되는\ 전력)}{피상전력(전원에서\ 공급되는\ 전력)}$$

① 교류는 전압과 전류의 크기와 방향이 시시각각 변하고, 전류가 전압보다 빠르거나 늦게 발생하며, 교류는 이와 같은 시간적인 위상 차를 고려하게 되는데, 이를 역률이라 한다.

바로확인문제
전선의 저항은 전선의 굵기에 ( )하고 전선의 길이에 ( )한다.

② 역률(cosθ)은 1보다 작거나 같다.
③ 백열전등이나 전기히터(Electric Heater)의 역률은 100%에 가깝다.
④ 역률이 나쁘면 어떤 양의 전류가 흐르고 있어도 실제로 일을 하는 전류량은 그보다 적어져 손실이 증가하게 되므로 동일전력을 보내는 데 큰 전류가 필요해 설비용량이 커져야 한다.
⑤ 역률은 높을수록 좋다.
⑥ 역률을 개선하기 위하여 각 기기마다 콘덴서(전동기, 형광등 등)를 다는 경우도 있다.
⑦ 변전실 내에는 고압용 콘덴서를 두어 일괄하여 역률을 개선한다.
⑧ 역률개선용 콘덴서˚를 부하와 병렬로 설치함으로써 얻는 효과에는 역률개선, 전압강하 경감, 전기요금 경감, 설비용량의 여유분 증가, 배전선 및 변압기의 손실 경감 등이 있다.

- **역률개선용 콘덴서**
  역률을 개선하기 위하여 변압기 또는 전동기 등에 병렬로 설치하는 커패시터를 말한다.

(5) 전력(P) 및 전력량

① **정의**
   ㉠ 전력(電力): 단위시간에 전기가 하는 일의 양을 말한다(W, kW).
   ㉡ 전력량(電力量): 일정시간 동안 전기가 하는 일의 양을 말하며, 전력에 시간을 곱하여 계산한다(W·h, kW·h).

② **산정식**
   ㉠ 직류

$$P(W) = V(전압) \times I(전류) = I^2 \times R = \frac{V^2}{R}$$

   ㉡ 단상교류

$$P(W) = V \times I \times 역률(\cos\theta)$$

   ㉢ 3상교류

$$P(W) = \sqrt{3} \times V \times I \times 역률(\cos\theta)$$

③ **전압강하율과 전력손실의 관계**
   ㉠ 전력손실 = 전력손실률 × 부하용량
   ㉡ 배선 중의 전력손실은 전압강하의 제곱에 비례한다.
   ㉢ 전압강하율은 전력손실과 거의 같다.
   ㉣ 전력손실을 적게 하기 위해서는 전압강하를 적게 한다.

(6) 주파수(Frequency)

① 주파수(Frequency)는 교류가 1초간에 반복한 주기의 수로, 단위는 Hz(헤르츠)로 나타낸다.

② 우리나라에서는 60Hz의 주파수가 표준으로 채용되고 있으며, 이것은 1초간에 60회 전류의 방향이 (+)에서 (-)로 변할 때 일시적으로 전원이 정지하는 형태가 되어 전등은 1초간에 120회가 꺼졌다 켜졌다 하지만, 교류의 점멸은 빠른 속도이므로 사람의 눈으로 판별이 곤란하다.

③ 1주기는 주파수가 60Hz라면 1/60초를 나타낸다.

개념적용 문제

전기설비에 관한 설명으로 옳지 않은 것은?   제21회 기출

① 1주기는 60Hz의 경우 1/60초이다.
② 1W는 1초 동안에 1J의 일을 하는 일률이다.
③ 30Ω의 저항 3개를 병렬로 접속하면 합성저항은 10Ω이다.
④ 고유저항이 일정할 경우 전선의 굵기와 길이를 각각 2배로 하면 저항은 2배가 된다.
⑤ 저항이 일정할 경우 임의의 폐회로에서 전압을 2배로 하면 저항에 흐르는 전류는 2배가 된다.

> **해설** 저항은 단면적에 반비례하고 길이에 비례하므로, 전선의 굵기를 2배로 하면 저항은 1/2로 줄어들고, 전선의 길이를 2배로 하면 저항은 2배가 된다.
>
> **정답** ④

---

(7) 용어정리

① **가공인입선**: 가공전선로의 지지물로부터 다른 지지물을 거치지 아니하고 수용장소의 붙임점에 이르는 가공전선을 말한다.

② **옥내배선**: 옥내의 전기사용장소에 고정시켜 시설하는 전선을 말한다.

③ **옥측배선**: 건축물 외부의 전기사용장소에서 그 전기사용장소에서의 전기사용을 목적으로 조영물에 고정시켜 시설하는 전선을 말한다.

④ **옥외배선**: 건축물 외부의 전기사용장소에서 그 전기사용장소에서의 전기사용을 목적으로 고정시켜 시설하는 전선을 말한다.

바로확인문제

1주기는 주파수가 60Hz라면 (   )초를 나타낸다.

⑤ **제1차 접근 상태**: 가공 전선이 다른 시설물과 접근(병행하는 경우를 포함하며 교차하는 경우 및 동일 지지물에 시설하는 경우를 제외)하는 경우에 가공 전선이 다른 시설물의 위쪽 또는 옆쪽에서 수평거리로 가공 전선로의 지지물의 지표상의 높이에 상당하는 거리 안에 시설(수평 거리로 3m 미만인 곳에 시설되는 것을 제외)됨으로써 가공 전선로의 전선의 절단, 지지물의 도괴 등의 경우에 그 전선이 다른 시설물에 접촉할 우려가 있는 상태를 말한다.

⑥ **제2차 접근상태**: 가공 전선이 다른 시설물과 접근하는 경우에 그 가공 전선이 다른 시설물의 위쪽 또는 옆쪽에서 수평 거리로 3m 미만인 곳에 시설되는 상태를 말한다.

⑦ **가섭선(架涉線)**: 지지물에 가설되는 모든 선류를 말한다.

⑧ **분산형전원**: 중앙급전 전원과 구분되는 것으로서 전력소비지역 부근에 분산하여 배치 가능한 전원(상용전원의 정전 시에만 사용하는 비상용 예비전원은 제외)을 말하며, 신·재생에너지 발전설비, 전기저장장치 등을 포함한다.

⑨ **계통연계**: 둘 이상의 전력계통 사이를 전력이 상호 융통될 수 있도록 선로를 통하여 연결하는 것으로 전력계통 상호간을 송전선, 변압기 또는 직류-교류변환설비 등에 연결하는 것을 말하며, 계통연락이라고도 한다.

⑩ **단독운전**: 전력계통의 일부가 전력계통의 전원과 전기적으로 분리된 상태에서 분산형전원에 의해서만 운전되는 상태를 말한다.

⑪ **인버터**: 전력용 반도체소자의 스위칭 작용을 이용하여 직류전력을 교류전력으로 변환하는 장치를 말한다.

⑫ **접속설비**: 공용 전력계통으로부터 특정 분산형전원 전기설비에 이르기까지의 전선로와 이에 부속하는 개폐장치, 모선 및 기타 관련 설비를 말한다.

⑬ **리플프리(Ripple-Free) 직류**: 교류를 직류로 변환할 때 리플성분의 실효값이 10% 이하로 포함된 직류를 말한다.

⑭ **단순 병렬운전**: 자가용 발전설비 또는 저압 소용량 일반용 발전설비를 배전계통에 연계하여 운전하되, 생산한 전력의 전부를 자체적으로 소비하기 위한 것으로서 생산한 전력이 연계계통으로 유입되지 않는 병렬 형태를 말한다.

2 수변전(受變電)설비

1. 일반사항

(1) 정의
① 발전소에서 생산된 고압의 전력을 공급받아 사용하기 적당한 전압으로 낮추어 동력, 전열, 조명 등에 공급하는 설비이다.
② 전력회사에서 전력을 수전하여 필요한 사용 전압으로 변전하고, 이를 필요한 곳으로 배전(配電)하기 위한 장치, 기기로 구성되는 설비를 말한다.

수변전설비

(2) 수변전설비의 설계순서
① 부하설비 용량 산출
② 변압기 용량(수변전설비 용량) 결정
③ 계약전력 추정
④ 수전전압과 수전방식 결정
⑤ 인입방식과 배선방식 결정
⑥ 배전설비 형식 결정
⑦ 제어방식 결정
⑧ 변전실 위치와 면적 결정
⑨ 기기의 배치 결정

2. 수변전설비 용량

(1) 부하설비 용량의 추정방법

$$부하설비\ 용량(VA) = 부하밀도(VA/m^2) \times 연면적(m^2)$$

① 부하밀도(VA/m^2)는 전등, 동력 등을 포함한 부하설비 용량의 평균치를 말한다.
② 공동주택에 설치하는 전기시설의 용량은 각 세대별로 3kW(세대당 전용면적이 $60m^2$ 이상인 경우에는 3kW에 $60m^2$를 초과하는 $10m^2$마다 0.5kW를 더한 값) 이상이어야 한다.

(2) 수변전설비 용량의 추정식

① 최대수용전력 산출

㉠ **수용률**(수요율)

$$수용률(수요율) = \frac{최대수용전력(kW)}{부하설비\ 용량(kW)} \times 100(\%) \leq 1\ (0.4 \sim 1.0)$$

㉡ **부하율**

$$부하율 = \frac{평균수용전력(kW)}{최대수용전력(kW)} \times 100(\%) \leq 1\ (0.25 \sim 0.6)$$

㉢ **부등률**

$$부등률 = \frac{개별\ 부하의\ 최대수용전력의\ 합계(kW)}{합계(합성)\ 부하의\ 최대수용전력(kW)} \times 100(\%)$$
$$\geq 1\ (1.1 \sim 1.5)$$

개념적용 문제

각 50kW, 100kW, 200kW 용량의 전기부하설비가 설치되어 있고 수용률이 80%일 경우의 최대전력량은? 　　제5회 기출

① 140kW　　　　　　② 280kW
③ 350kW　　　　　　④ 560kW
⑤ 600kW

26·22·20·18·14·13·6·5회

바로확인문제

공동주택에 설치하는 전기시설의 용량은 각 세대별로 (　)kW[세대당 전용면적이 $60m^2$ 이상인 경우에는 (　)kW에 $60m^2$를 초과하는 $10m^2$마다 (　)kW를 더한 값] 이상이어야 한다.

> **해설** 수용률(%) = $\dfrac{\text{최대수용전력}}{\text{부하설비 용량}} \times 100$, 80% = $\dfrac{\text{최대수용전력}}{50 + 100 + 200} \times 100$
> ∴ 최대수용전력 = 280(kW)
>
> 정답 ②

② **수용률·부하율·부등률의 개념**
  ㉠ 수용률은 건물에 전력을 공급하기 위해 변압기 용량을 산정하기 위해 사용한다.
  ㉡ 부하율이 크다는 것은 그만큼 평균전력과 흡사한 것으로, 전기설비가 효율적으로 사용되고 있음을 나타낸다.
  ㉢ 부등률이 높다는 것은 변압기를 잘 활용한다는 것으로, 설비이용률이 높다는 말이다.

3. 변전실(變電室) 설계

(1) 변전실 위치

① 부하의 중심에 가까운 장소
② 기기의 반출입이 용이한 장소
③ 습기나 먼지가 적은 장소
④ 전원 인입선과 접지선 접속이 편리한 장소
⑤ 채광·통풍 등이 양호한 장소
⑥ 화재의 위험이 적은 장소

(2) 변전실 구조

① 내화구조로 한다.
② 채광 또는 조명설비를 하여야 한다.
③ 통풍시설을 하여야 한다.
④ 변전실에 설치하는 변압기는 유입식 또는 건식(Mold)을 사용할 수 있다.
⑤ **천장높이**
  ㉠ 고압: 보 밑에서 3m 이상
  ㉡ 특고압: 보 밑에서 4.5m 이상

• 변전실

• 인입선(引入線)
배선에서 갈라져 나와 전기를 사용하는 특정한 장소에까지 이르는 부분의 전선

바로확인문제

( ) = $\dfrac{\text{최대수용전력(kW)}}{\text{부하설비 용량(kW)}}$ ×100(%)

(3) 수변전 설비용 기기

① **변압기**(Transformer)

㉠ 정의

ⓐ 변압기는 고압의 인입전기를 기기의 정격전압으로 낮추기 위한 것이다.

ⓑ 변압기의 용량이 작을수록, 단위 kVA당 공사비는 증가한다.

ⓒ 변압기 1대의 용량산정은 건축물 내의 설치장소에 따라 건축의 장비 반입구, 반입통로, 바닥강도 등을 고려한다.

㉡ 종류

종류	내용
건식변압기	ⓐ 코일을 유리섬유 등의 내열성이 높은 절연물로 내열처리한 변압기이다. ⓑ 절연[•]열화[•]가 적고, 화재나 사고위험이 적어 안전하나 가격이 비싸다.
몰드변압기	ⓐ 코일 주위에 전기적 절연특성이 우수한 에폭시를 침투시키고 그 주위를 에폭시수지로 몰딩한 변압기이다. ⓑ 건식변압기에 비해 소음이 적고, 유입변압기보다는 작고 가볍다.
유입변압기	ⓐ 철심에 감은 코일을 절연유로 절연한 변압기이다. ⓑ 가격이 저렴하다.

• **절연**
전기가 통하지 않도록 부도체로 피복하여 위험성을 방호하는 것을 말한다.

• **열화(劣化)**
재료의 물리적 성질의 영구적인 감소를 말한다.

건식변압기　　몰드변압기　　유입변압기

② **차단기**(Circuit Breaker)

㉠ 정의

ⓐ 전기회로의 부하전류를 개폐함과 동시에 이상상태 발생 시 자동적으로 전기회로를 차단하여 기기를 보호하며 안전을 유지한다.

ⓑ 일반적으로 수전받은 진공차단기나 특고압용 한류퓨즈를 사용하여 사고전류를 차단할 수 있게 한다.

ⓛ 종류

종류	내용
고압용 차단기	ⓐ 공기차단기(ABCB; Air Blast Circuit Breaker) ⓑ 유입차단기(OCB; Oil Circuit Breaker) ⓒ 진공차단기(VCB; Vacuum Circuit Breaker) ⓓ 가스차단기(GCB; Gas Circuit Breaker) ⓔ 자기차단기(MCB; Magnetic Circuit Breaker)
저압용 차단기	ⓐ 기중차단기(ACB; Air Circuit Breaker) ⓑ 배선용 차단기(MCCB, MCB, NFB): 과전류와 단락전류를 보호하는 기능이 있다. ⓒ 누전차단기(ELCB): 과전류, 단락전류 외에도 누전을 검출해서 차단하는 기능이 있다.

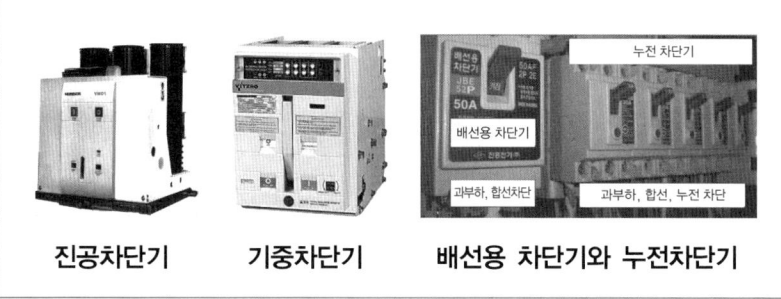

진공차단기   기중차단기   배선용 차단기와 누전차단기

③ **유입개폐기**(POS)

㉠ 부하전류만 개폐 가능하다.

㉡ 고장전류를 차단하지 못한다.

④ **단로기**(DS; Disconnecting Switch)

㉠ 기기를 점검하거나 수리 시 회로를 개폐하는 데 사용된다.

㉡ 부하전류를 자동으로 차단하는 능력은 없으며, 개폐기 또는 차단기 중에서 무부하(회로분리)개폐만 할 수 있다.

⑤ **기타 계기용 기기**

종류	내용
계기용 변압변류기 (MOF 또는 PCT)	㉠ 계기용 변압기와 계기용 변류기를 조합한 것 ㉡ 전력수급용 전력량계로 사용
계기용 변압기(PT)	㉠ 수전되는 고압회로의 전압을 이에 비례하는 낮은 전압으로 변성 ㉡ 배전반의 전압계, 주파수계, 전력계, 역률계 등의 전원으로 사용
계기용 변류기(CT)	배전반의 전류계, 전력계 등의 전원으로 사용

바로확인문제

단로기는 부하전류를 자동으로 차단하는 능력은 ( ), 개폐기 또는 차단기 중에서 무부하(회로분리)개폐만 할 수 있다.

⑥ 보호장치

종류	내용
검루기(檢漏器)	고압 배전선로의 1선 지락*사고 검출 등에 사용되는 장치
피뢰기(LA)	낙뢰로 수반되는 과대한 전류를 대지로 방류시키는 장치
보호계전기	㉠ 회로에 이상이 있을 경우 차단기를 작동하는 장치 ㉡ 종류: 과전류계전기, 접지계전기, 무전압계전기, 과전압계전기, 온도계전기 등
접지계전기	접지사고 시 작동하는 장치

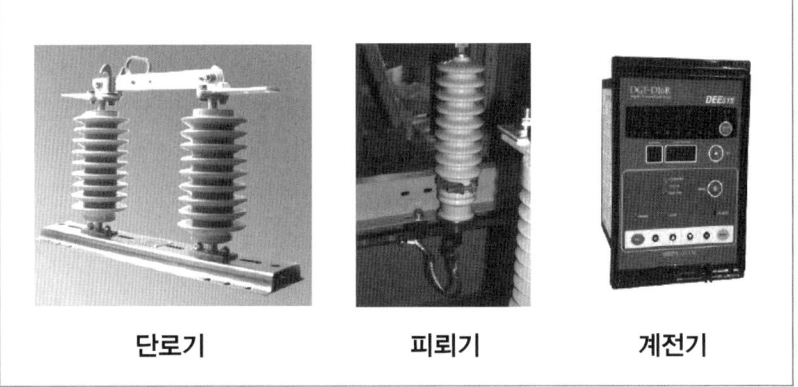

단로기　　피뢰기　　계전기

⑦ **무정전 전원장치**(UPS)

㉠ 상용 전원에서 일어날 수 있는 전원 장애를 극복하여 좋은 품질의 안정된 교류 전력을 공급하는 장치이다.

㉡ 오프라인: 전원 장애가 있을 때 유휴 상태에 진입시킨 다음, 거의 즉시 효용 전력에서 자체 전력으로 전환한다.

㉢ 온라인: 효용 전력 실패에 대한 문제와 모든 전력 문제를 보호한다.

4. 비상용 예비전원설비

(1) 일반사항

비상용 예비전원설비는 발전기 또는 이차전지 등을 이용한 전기저장장치 및 이와 유사한 설비를 수술실, 비상용 승강기, 은행, 병원, 소화설비 등에 정전으로 인명, 재산피해가 예상되는 곳에 최소한의 전력을 공급하기 위한 설비이다.

(2) 비상용 예비전원설비가 갖출 조건

구분	내용
설치조건	화재조건에서 운전이 요구되는 비상용 예비전원설비는 다음의 2가지 조건이 추가적으로 충족되어야 한다. ① 충분한 시간 동안 전력 공급이 지속되도록 선정하여야 한다. ② 모든 비상용 예비전원의 기기는 충분한 시간의 내화 보호 성능을 갖도록 선정하여 설치하여야 한다.
전원공급	① 수동 전원공급 ② 자동 전원공급
시설기준	① 비상용 예비전원은 고정설비로 하고, 상용전원의 고장에 의해 해로운 영향을 받지 않는 방법으로 설치하여야 한다. ② 비상용 예비전원은 운전에 적절한 장소에 설치해야 하며, 기능자 및 숙련자만 접근 가능하도록 설치하여야 한다. ③ 비상용 예비전원에서 발생하는 가스, 연기 또는 증기가 사람이 있는 장소로 침투하지 않도록 확실하고 충분히 환기하여야 한다. ④ 비상용 예비전원은 비상용 예비전원의 유효성이 손상되지 않는 경우에만 비상용 예비전원설비 이외의 목적으로 사용할 수 있다. ⑤ 비상용 예비전원설비는 다른 용도의 회로에 일어나는 고장 시 어떠한 비상용 예비전원설비 회로도 차단되지 않도록 하여야 한다.

3 배전(配電)설비

1. 일반사항

▶ 23·20·9·5·4회

(1) 정의

① 배전설비란 발전소로부터 송전받은 전력을 변전실에서 저압의 전력으로 변환하여 건물의 용도에 맞게 각 수용가로 분배하여 공급하는 설비이다.

② 배전반은 각종 계기류, 계전기류 및 개폐기류를 1개소에 집중시켜 놓기 위한 것이다.

③ 주택용 분전반은 노출된 장소(신발장, 옷장 등의 은폐된 장소는 제외한다)에 시설한다.

④ 노출된 충전부가 있는 배전반 및 분전반은 취급자 이외의 사람이 쉽게 출입할 수 없도록 설치하여야 한다.

⑤ 한 개의 분전반에는 한 가지 전원(1회선의 간선)만 공급하여야 한다. 다만, 안전 확보가 충분하도록 격벽을 설치하고 사용전압을 쉽게 식별할 수 있도록 그 회로의 과전류차단기 가까운 곳에 그 사용전압을 표시하는 경우에는 그러하지 아니하다.

⑥ 옥내에 설치하는 배전반 및 분전반은 불연성 또는 난연성이 있도록 시설한다.

(2) 전력의 공급

① 소규모 건축

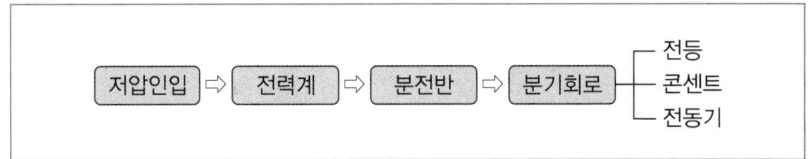

② 대규모 건축

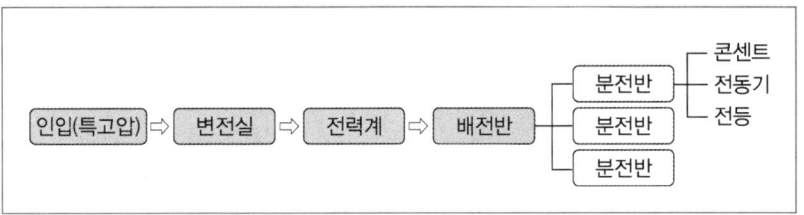

(3) **분전반**(Panel Board)

① **정의**
  ㉠ 분전반은 배전반으로부터 간선으로 부하에 따라 전기를 공급받아 말단 부하에 배전하는 것이다.
  ㉡ 주개폐기, 분기회로용 개폐기, 자동차단기를 모아 설치하여 놓은 것이다.

② **분전반 위치**
  ㉠ 보수나 조작에 편리하도록 복도나 계단 부근의 벽에 설치하는 것이 좋다.
  ㉡ 배전반으로부터 배선을 분기하는 개소에 설치한다.
  ㉢ 부하의 중심에 설치한다.
  ㉣ 고층건물은 가능한 한 파이프 샤프트(Pipe Shaft) 부근에 설치한다.

③ **분전반 설치**
  ㉠ 분기회로 1개의 길이는 30m 이하가 되게 한다.
  ㉡ 1개 층에 분전반 1개 이상씩 설치한다.
  ㉢ 주개폐기는 나이프 스위치나 노퓨즈 브레이커가 사용된다.
  ㉣ 분전반 1개의 공급면적은 1,000m² 이하가 되게 한다.

④ 분기회로
  ㉠ 분기회로란 분전반으로부터 분기하여 전등이나 콘센트 등의 전기기기에 이르는 저압 옥내선로이다.
  ㉡ 분기회로는 20회선 이하(예비회로 포함 40회선 이내)가 되게 한다.
  ㉢ 습기가 있는 곳의 아웃렛(Outlet)은 별도 회로로 한다.
  ㉣ 같은 실, 같은 방향의 아웃렛은 같은 회로로 한다.
  ㉤ 건물의 평면계획과 구조를 고려해서 배선하기 좋도록 회로를 배치한다.
  ㉥ 계단, 복도전등은 가능하면 같은 회로로 한다.
  ㉦ 전등과 콘센트는 별개의 회로로 구분하는 것을 원칙으로 한다.
  ㉧ 분기회로에 별도의 분기개폐기를 설치하여 사고 시 피해범위를 제한한다.
  ㉨ 전등 및 콘센트회로는 보통 15A 분기로 한다.
  ㉩ 전동기의 분기회로는 전동기 1대에 1회로를 원칙으로 한다.

2. 간선(Main line, 幹線)

▶ 23·6·4회

(1) 정의
① 간선이란 인입개폐기와 분기점에 설치된 분기개폐기를 연결하기 위한 것이다.
② 인입점, 수변전설비 등의 전원 측에서 전등분전반, 동력제어반 등까지의 전로(電路)*로 변전실의 배전반에서부터 분전반, 제어반까지의 대전류(大電流)*의 배선이다.
③ 전선로에 있어서 나무줄기에 해당하는 것으로, 말단의 모든 지선까지 전기를 공급하기 위한 중요한 부분의 총칭이다.

(2) 간선의 설계 순서
① 간선 부하의 용량을 구한다.
② 전기방식(배전방식)과 배선방식을 결정한다.
③ 배선방법을 결정한다.
④ 전선의 굵기를 결정한다.

• 전로(電路)
전류가 흐르는 길

• 대전류(大電流)
큰 전류로 부하의 특성이나 환경에 따라 공급되는 전원은 다양하며, 그 특성에 따라 대전류, 혹은 고전압 등을 전원으로 공급한다.

바로확인문제
분기회로는 (   )회선 이하가 되게 한다.

바로확인문제
(   )이란 인입개폐기와 분기점에 설치된 분기개폐기를 연결하기 위한 것이다.

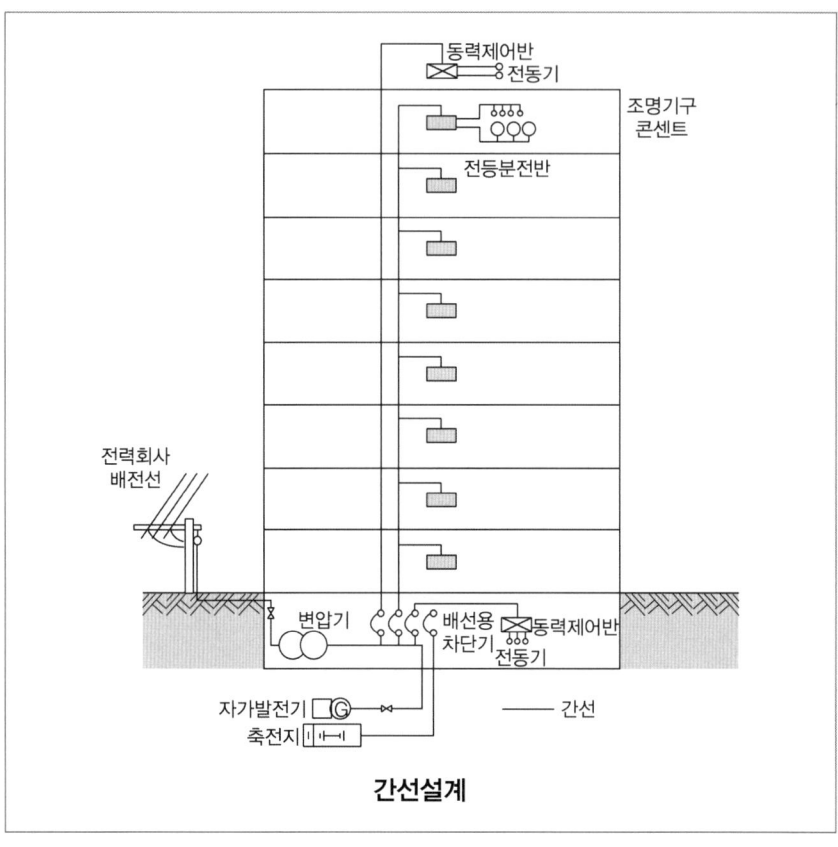

간선설계

(3) 옥내 저압 간선의 시설

① 저압 옥내간선은 손상을 받을 우려가 없는 곳에 시설할 것
② 전선은 저압 옥내간선의 각 부분마다 그 부분을 통하여 공급되는 전기 사용기계기구의 정격전류의 합계 이상인 허용전류가 있는 것일 것
③ 수용률·역률 등이 명확한 경우에는 이에 따라 적당히 수정된 부하전류 값 이상인 허용전류의 전선을 사용할 수 있을 것
④ 저압 옥내간선의 전원 측 전로에는 그 저압 옥내간선을 보호하는 과전류 차단기를 시설할 것
⑤ 과전류 차단기는 저압 옥내 간선의 허용전류 이하인 정격전류의 것일 것

(4) 전기방식(배전방식)

종류	내용
단상2선식	① 110V와 220V 등을 사용한다. ② 용도: 일반주택과 같은 소규모 건축물
단상3선식	① 본선 간 전압은 220V, 중성선과 본선 간의 전압은 110V를 얻을 수 있다. ② 중성선(N)은 회색이나 백색을 사용한다. ③ 용도: 학교, 사무소, 아파트 등 중규모 건물

• 전선의 식별

상(문자)	색상
L1	갈색
L2	흑색
L3	회색
N	청색
보호도체	(녹색-노란색)

3상3선식	① 3상 220V, 380V 전압을 많이 이용한다. ② 각 선 간 전압은 모두 동일하다. ③ 용도: 동력전원(공장)
3상4선식	① 동력과 전등 부하를 동시에 공급할 수 있다. ② 중성선은 백색이나 회색을 사용한다. ③ 대규모 건물에서 시설비 절감을 위해 사용된다. ④ 용도: 공장 등의 전등, 동력용

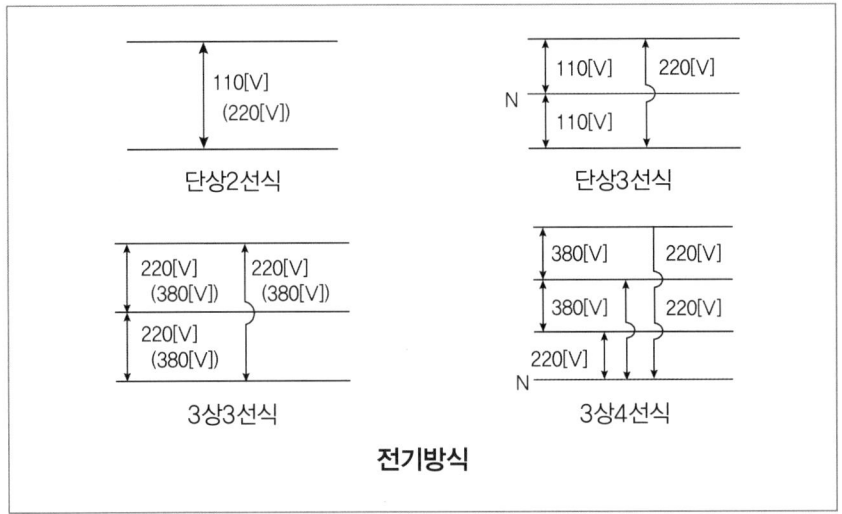

전기방식

(5) 간선의 배선방식

종류	내용
수지상식 (나뭇가지식*)	① 한 개의 간선이 각각의 분전반을 배선한다. ② 시설비가 경제적이다. ③ 말단 분전반에서 전압강하가 커진다. ④ 간선의 굵기가 변하는 접속점에 보완장치가 필요하다. ⑤ 용도: 소규모 건축물, 전동기가 넓게 분산되어 있는 건축물
평행식*	① 배전반에서 각 분전반마다 단독으로 배선된다. ② 전압강하가 평균화된다. ③ 사고발생 시 파급범위가 좁다. ④ 배선이 복잡하고 설비비가 많이 소요된다. ⑤ 용도: 대규모 건축물
병용식*	① 부하의 중심에 분전반을 설치하여 각 부하에 배선하는 방식이다. ② 평행식과 수지상식(나뭇가지식)의 특징을 병용한 것이다. ③ 용도: 일반 건축물 등(가장 많이 사용)

• 나뭇가지식

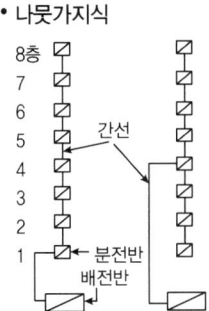

• 평행식

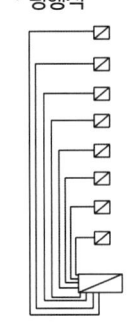

• 병용식

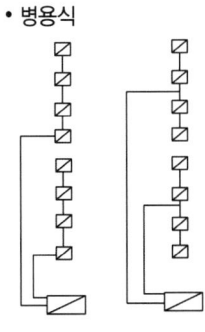

(6) 간선의 배선공사방법

① 몰드(Mold)공사

24·22·15·12·11·6회

종류	특징
목재몰드 공사	⊙ 목재에 홈을 파고 그 홈에 절연전선을 넣고 뚜껑을 덮어 설치하는 공사법이다. ⓒ 접속점이 없는 절연전선을 사용한다. ⓒ 건조된 치밀한 목재를 사용한다. ⓔ 점검할 수 없는 은폐장소에는 사용하지 않는다. ⓜ 용도: 콘센트, 스위치류 인하선 등 옥내배선공사
합성수지 몰드공사	⊙ 내식성이 좋다. ⓒ 접속점이 없는 절연전선을 사용하여 전선이 노출되지 않도록 설치한다. ⓒ 용도: 분기증설용, 화학공장 배선공사
금속몰드 공사	⊙ 철제 홈통의 바닥에 전선을 넣고 뚜껑을 덮는 배선방법이다. ⓒ 접속점이 없는 절연전선을 사용한다. ⓒ 기계적, 전기적으로 완전히 접속되어야 한다. ⓔ 건조한 노출장소에 적합하다. ⓜ 주로 철근콘크리트 건물에서 기설치된 금속관 배선을 증설할 경우에 사용한다.

몰드

몰드공사

바로확인문제

( )몰드공사는 주로 철근콘크리트 건물에서 기설치된 금속관 배선을 증설할 경우에 사용한다.

② 관(Pipe)공사

종류	특징
금속관공사*	㉠ 건물 종류나 장소에 관계없이 공사가 가능하고, 습기가 많은 장소에 사용할 수 있다. ㉡ 주로 철근콘크리트 구조의 매입공사에 사용된다. ㉢ 외부의 기계적 충격으로부터 전선의 손상이 적다. ㉣ 전선의 과열로 인한 화재에 대한 위험성이 적다. ㉤ 전선에 이상이 생겼을 때 인입 및 교체가 용이하다. ㉥ 금속관 내에서는 전선에 접속점이 없도록 하고, 증설공사가 곤란하다. ㉦ 용도: 콘크리트공사의 전선매립공사
경질비닐관공사	㉠ 플라스틱관 안에 전선을 매입하는 공사법이다. ㉡ 절연성, 내식성이 뛰어나다. ㉢ 중량이 가볍고 시공이 용이하다. ㉣ 열에 약하다. ㉤ 압력, 충격 등 기계적 강도가 낮다. ㉥ 합성수지관 공사는 화재에 취약한 옥내의 점검할 수 없는 은폐장소에는 사용이 불가능하다. ㉦ 용도: 화학공장, 연구실 배선공사
가요전선관공사* (Flexible Conduit)	㉠ 주름관 안에 전선을 넣는 공사이다. ㉡ 콘크리트에 매입하면 안 된다. ㉢ 굴곡이 많아 금속관공사를 하기 어려운 곳에 적합하다. ㉣ 용도: 전동기 배선, 엘리베이터 배선, 전차 내의 배선, 천장 내의 배선 등

③ 덕트(Duct)공사

종류	특징
금속덕트공사*	㉠ 전선을 금속덕트 속에 넣어 배선하는 공사법이다. ㉡ 천장, 벽면에 노출시켜 설치한다. ㉢ 증설공사 시 전기배선 변경이 용이하다. ㉣ 덕트 내의 전선은 분기점 이외에는 접속점이 없어야 한다. ㉤ 용도: 큰 공장의 동력, 대형 건축물
버스덕트공사* (Bus Duct)	㉠ 빌딩, 공장 등에서 비교적 큰 전류가 통하는 간선공사에 사용한다. ㉡ 배선 변경을 할 필요가 없다. ㉢ 용도: 대용량의 동력 전용 배선공사

• 금속관공사

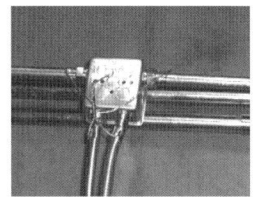

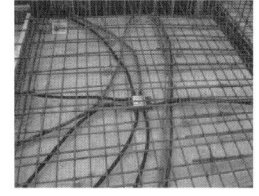

• 가요전선관공사

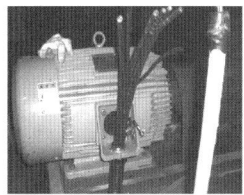

• 금속덕트공사

• 버스덕트공사

바로확인문제

굴곡장소가 많아서 금속관공사가 어려운 부분에 많이 사용되는 공사는 (　　)공사이다.

- 플로어덕트공사

- 라이팅덕트공사

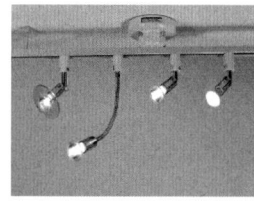

플로어덕트공사 (Floor Duct)	㉠ 옥내의 건조한 콘크리트 바닥에 덕트를 설치하고 전선을 매입하는 공사이다. ㉡ 덕트에 강전류전선과 약전류전선을 각각 배선하고 바닥면과 일치한 콘센트를 설치하여 이용한다. ㉢ 대규모 사무실에서 아웃렛 등의 취출에 편리하다. ㉣ 용도: 은행, 회사, 대규모 사무실, 백화점 등의 바닥공사
라이팅덕트공사 (Lighting Duct)	㉠ 화랑의 벽면조명과 같이 광원을 이동시킬 필요가 있는 경우에 사용된다. ㉡ 라이팅덕트공사는 옥내의 건조한 장소로서 노출장소, 점검 가능한 은폐장소에 한하여 시설할 수 있다.

④ **케이블공사**

㉠ 케이블공사는 모든 장소에 시설할 수 있다.

㉡ 케이블과 캡타이어 케이블을 사용한다.

개념적용 문제

옥내배선공사에 관한 내용으로 옳지 않은 것은?   제24회 수정

① 금속관공사는 철근콘크리트 구조의 매립공사에 사용된다.

② 합성수지관공사는 화재에 취약한 옥내의 점검할 수 없는 은폐장소에는 사용이 불가능하다.

③ 버스덕트공사는 공장, 빌딩 등에서 비교적 큰 전류가 통하는 간선을 시설하는 경우에 사용된다.

④ 금속몰드공사는 매립공사용으로 적합하고, 기계실 등에서 전동기로 배선하는 경우에 사용된다.

⑤ 라이팅덕트공사는 화랑의 벽면조명과 같이 광원을 이동시킬 필요가 있는 경우에 사용된다.

해설 금속몰드공사는 철제 홈통의 바닥에 전선을 넣고 뚜껑을 덮는 배선방법으로, 건조한 노출장소에 적합하고, 철근콘크리트 건물에서 기설치된 금속관 배선을 증설할 경우에 사용한다.

정답 ④

---

(7) 전선의 굵기 결정

① **허용전류**(안전전류)

㉠ 전선의 굵기, 공사방법에 따라 전선에 전류가 흐를 때 절연물의 손상 없이 안전하게 흘릴 수 있는 최대전류값이다.

㉡ 옥내배선의 굵기를 결정하는 가장 중요한 요소이다.

② **전압강하**
  ㉠ 공급전압이 전선의 굵기, 길이 등의 저항에 의해 전압이 떨어지는 현상이다.
  ㉡ 전압강하가 크면 불필요한 전력손실이 발생한다.
③ **기계적 강도**
  ㉠ 전선이 지지 또는 인장력에 단락되지 않는 강도이다.
  ㉡ 옥내 전등용 배선에서는 연동선 $1.6mm^2$ 이상을 사용한다.
  ㉢ 금속관공사의 경우 가급적이면 연선을 사용하는 것이 좋다.
④ **전선관의 굵기 결정**
  ㉠ 1개의 전선관 안의 전선 수는 10본 이내로 한다.
  ㉡ 전선의 총단면적은 4본 이상 삽입할 경우 전선관 단면적의 40% 이하가 되게 한다.

4 전동기·감시 및 제어설비

1. 전동기(Motor)

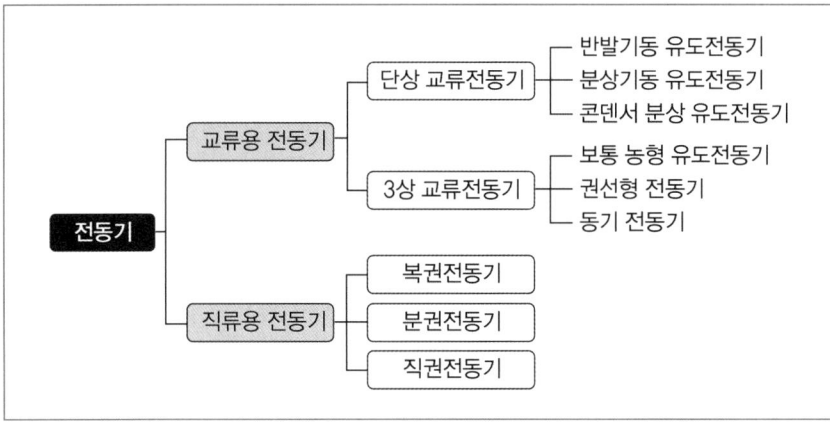

(1) 직류전동기

① 속도조절이 용이하다.
② 시동토크가 크므로, 고속의 속도제어가 요구되는 장소에 사용한다.
③ 큰 시동토크를 필요로 하는 고속엘리베이터, 전차, 세탁기 등에 사용된다.
④ 교류를 직류로 바꾸는 장치가 필요하다.
⑤ 가격이 비싸다.

바로확인문제

전선의 총단면적은 4본 이상 삽입할 경우 전선관 단면적의 ( )% 이하가 되게 한다.

(2) 단상 교류전동기

용도	세탁기, 선풍기 등 주로 가정용 전기기기에 사용한다.
종류	① 분상기동 유도전동기: 세탁기, 얕은 우물펌프로 사용한다. ② 반발기동 유도전동기: 깊은 우물펌프에 사용한다. ③ 콘덴서 분상 유도전동기: 역률과 효율이 좋아 많이 사용한다.

(3) 3상 교류전동기

종류	특징
유도전동기	① 취급이 간편하다. ② 가격이 저렴하다. ③ 기계적이고 견고하다. ④ 용도: 공장, 빌딩 등 대규모 동력설비용
동기전동기	① 구조·취급이 복잡하다. ② 시동·정지가 빈번한 용도에는 부적합하다. ③ 용도: 대형 공기압축기, 송풍기

2. 감시 및 제어설비

(1) 정의

① 건물 내에서 일반 동력설비, 공조설비, 약전설비, 운송설비 등의 작동상태를 확인·점검하고 운전조작 등 제어와 유지·보수관리에 대단히 중요한 역할을 하는 것이 감시제어설비이다.
② 주로 중앙집중식 감시방식이 많이 채택되고 있다.
③ 공동주택에서 난방설비, 급수설비 등의 제어 및 상태감시를 위해 사용되는 현장제어 장치를 DDC(Direct Digital Control)라고 한다.

(2) 감시제어반의 감시를 위한 표시법

종류	용도	표시방법
전원표시	전원 유무 표시	백색 램프
운전표시	작동상태 표시	적색 램프
정지표시	정지상태 표시	녹색 램프
고장표시	고장 유무 표시	오렌지색 램프(버저, 벨)
경보표시	경보신호 목적	백색 램프(버저, 벨)

(3) 제어설비

① 중앙집중 감시방법은 주로 큰 빌딩이나 공장 등에서 제어하는 방식이다.
② 운전자가 중앙감시실에서 운전상태를 자유로이 조작할 수 있다.

③ 충분한 공간을 확보할 수 있고 항상 수평을 유지하고 진동이 없는 곳에 설치한다.
④ 구성은 조작반, 도시반(Graphic Panel)으로 되어 있다.
⑤ 종류는 수직자립형, 벤치형, 데스크형, 컨트롤 데스크형, 그래픽 패널형 등이 있다.

• 도시(圖示)
그림이나 도표 따위로 그려 보임

(4) 공동주택 전기자동차 충전시설의 설치
① 충전시설 설치대상 시설은 「주차장법」에 따른 주차단위구획의 총 수가 50개 이상인 시설 중 환경친화적 자동차 보급현황·보급계획·운행현황 및 도로 여건 등을 고려하여 특별시·광역시·특별자치시·도·특별자치도의 조례로 정하는 시설을 말한다.
② 공동주택 중 100세대 이상의 아파트에 설치하도록 한다.

▶ 관련법령
「환경친화적 자동차의 개발 및 보급 촉진에 관한 법률 시행령」 제18조의5
〈2024. 7. 10. 시행〉

5 약전설비

1. 인터폰설비

(1) 의의
① 인터폰은 구내 또는 옥내 전용의 통화연락을 목적으로 설치한다.
② 도어폰을 비롯하여 업무용, 공장용 등에 사용된다.

(2) 종류
① 작동원리에 의한 분류

종류	내용
프레스토크	말할 때 푸시버튼을 누르고 들을 때는 버튼을 놓고 통화하는 방식
도어폰	전화와 같은 요령으로 통화하는 방식

② 접속방식에 의한 분류

종류	내용
모자식	㉠ 1대의 모기에 여러 대의 자기를 접속한 방식이다. ㉡ 배선이 간단하다. ㉢ 용도: 소규모 병원, 아파트 등
상호식	㉠ 상호 간에 상대를 호출하여 통화하는 방식이다. ㉡ 기기들 사이에 독립된 업무를 수행할 때 효과적이다. ㉢ 배선 본수가 많아진다.
복합식	모자식과 상호식을 조합한 형식이다.

바로확인문제
공동주택 전기자동차 충전시설은 공동주택 중 (   )세대 이상의 아파트에 설치하도록 한다.

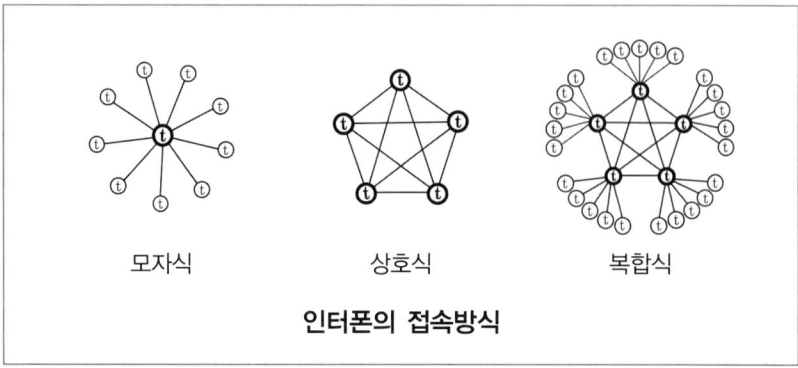

인터폰의 접속방식

(3) 시공상 유의사항
① 전원장치는 보수가 용이하고 안전한 장소에 설치한다.
② 설치높이는 바닥에서 1.5m 이하로 한다.
③ 전화배선과는 별도 계통으로 설치한다.

2. 구내교환 전화설비

구분	내용
교환방식	① 수동식: 자석식, 공전식 ② 자동식: 스텝바이스텝식, 크로스바식, 전자식
내선전화 설치대수	① 사용인원수에 의한 산정방법 ② 건축면적에 의한 산정방법
교환실 조건	① 환기·채광이 양호하고, 먼지·습기·진동이 적을 것 ② 부하의 중심에 설치할 것

3. 안테나설비(TV공동시청설비)

(1) 정의
① 건물의 옥상에 안테나를 설치하고 양질의 TV전파를 수신한 후 정합기, 증폭기, 분배기를 거쳐 다수의 수상기에 분배하는 설비이다.
② 공동주택의 공동시청안테나시설과 종합유선방송 구내전송설비를 할 경우 세대단자함까지 분리해서 설치하여야 한다.

(2) 안테나설비의 구성요소

구성요소	내용
안테나	① VHF(초단파, 90~222MHz) ② UHF(극초단파, 470~770MHz)

정합기(整合器)	교류회로에서 전압과 전류의 비인 임피던스가 서로 다른 것을 정합
분배기(分配器)	안테나에서 수신한 TV전파를 고주파 동축 케이블을 통하여 각 수상기에 일정하게 분배하기 위한 장치
증폭기(增幅器)	① 입력신호의 에너지를 증가시켜 출력신호로써 보내는 장치 ② 난시청구역, 분배수가 지나치게 많을 때 또는 수본의 안테나 입력을 1본의 케이블에 혼합할 때 사용
동축 케이블	전송선으로 사용

(3) 시공 시 주의사항

① 피뢰침 보호각 내에 안테나가 설치되도록 한다.
② 안테나는 풍속 40m/s에 견디도록 고정한다.
③ 강전류로부터 3m 이상 떨어지도록 한다.
④ 정합기는 바닥에서부터 30cm 높이에 설치한다.
⑤ 미관을 고려하여 설치한다.

6 방재설비

1. 피뢰설비

(1) 개요

① 피뢰침설비는 낙뢰에 대한 피해를 줄이기 위한 설비이다.
② 낙뢰전류를 지반에 신속히 방류시키기 위한 설비이다.

▶ 관련법령
「건축물의 설비기준 등에 관한 규칙」 제20조
〈2024. 8. 7. 시행〉

(2) 피뢰침 설치대상

① 낙뢰의 우려가 있는 건축물
② 높이 20m 이상의 건축물

▶ 12·2회

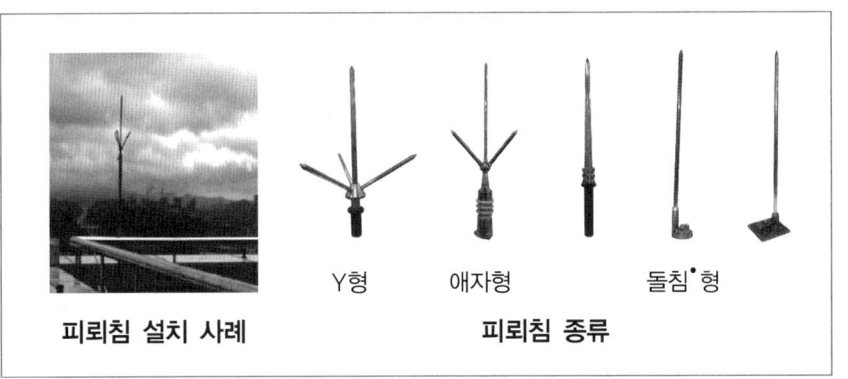

피뢰침 설치 사례 Y형 애자형 돌침˙형
피뢰침 종류

• 돌침
공중으로 돌출되는 피뢰설비의 수뢰부

바로확인문제

안테나는 원칙적으로 강전류로부터 (　)m 이상 띄어서 설치한다.

(3) 피뢰설비 기준

① 피뢰설비는 한국산업표준이 정하는 피뢰레벨 등급에 적합한 피뢰설비이어야 한다.

② 돌침은 건축물의 맨 윗부분으로부터 25cm 이상 돌출시켜 설치하되, 설계하중에 견딜 수 있는 구조이어야 한다.

③ 피뢰설비의 재료는 최소 단면적이 피복이 없는 동선을 기준으로 수뢰부, 인하도선 및 접지극은 50mm² 이상이거나 이와 동등 이상의 성능을 갖추어야 한다.

④ 피뢰설비의 인하도선을 대신하여 철골조의 강구조물과 철근콘크리트조의 철근구조체 등을 사용하는 경우에는, 전기적 연속성이 보장되어야 하며, 이 경우 전기적 연속성이 있다고 판단되기 위해서는 건축물 금속구조체의 최상단부와 지표레벨 사이의 전기저항이 0.2Ω 이하이어야 한다.

⑤ 측면 낙뢰를 방지하기 위하여 높이가 60m를 초과하는 건축물 등에는 지면에서 건축물 높이의 4/5가 되는 지점부터 최상단 부분까지의 측면에 수뢰부를 설치하여야 한다.

⑥ 지표레벨에서 최상단부의 높이가 150m를 초과하는 건축물에는 120m 지점부터 최상단 부분까지의 측면에 수뢰부를 설치해야 한다.

⑦ 접지는 환경오염을 일으킬 수 있는 시공방법이나 화학첨가물 등을 사용하지 않는다.

⑧ 급수·급탕·난방·가스 등을 공급하기 위하여 건축물에 설치하는 금속배관 및 금속재 설비는 전위가 균등하게 이루어지도록 전기적으로 접속하여야 한다.

⑨ 전기설비의 접지계통과 건축물의 피뢰설비 및 통신설비 등의 접지극을 공용하는 통합접지공사를 하는 경우에는, 낙뢰 등으로 인한 과전압으로부터 전기설비 등을 보호하기 위하여, 한국산업표준에 적합한 서지보호장치[서지(surge: 전류·전압 등의 과도 파형)로부터 각종 설비를 보호하기 위한 장치를 말한다]를 설치하여야 한다.

⑩ 그 밖에 피뢰설비와 관련된 사항은 한국산업표준에 적합하게 설치하여야 한다.

• **수뢰부**
  낙뢰를 받는 부분

• **피뢰시스템이 접지도체에 접속된 때 접지도체의 단면적**
  1. 구리: 16mm² 이상
  2. 철: 50mm² 이상

바로확인문제

전기설비의 접지계통과 건축물의 피뢰설비 및 통신설비 등의 접지극을 공용하는 통합접지공사를 하는 경우에는, 낙뢰 등으로 인한 과전압으로부터 전기설비 등을 보호하기 위하여, 한국산업표준에 적합한 (   )를 설치하여야 한다.

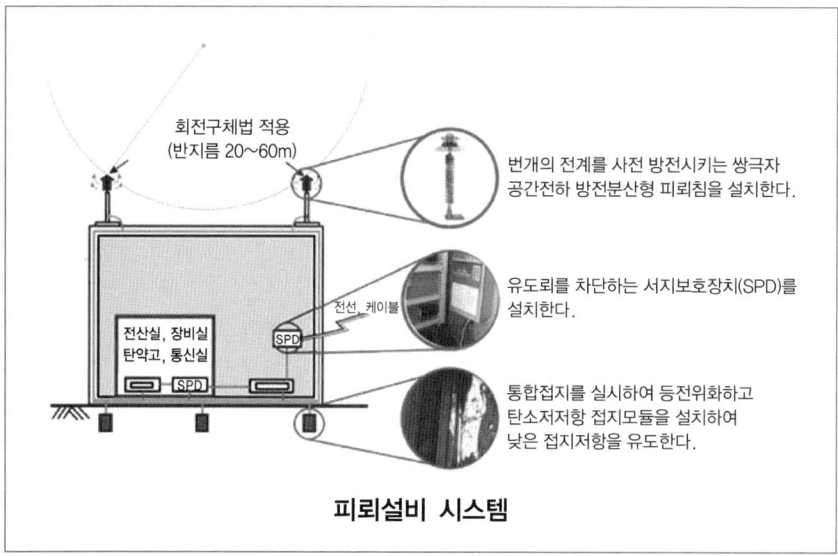

피뢰설비 시스템

2. 항공장애 표시등 및 항공장애 주간표지

(1) 정의

① **항공장애 표시등**: 비행 중인 조종사에게 장애물의 존재를 알리기 위하여 사용되는 등화를 말하며, 종류로는 저광도 표시등, 중광도 표시등, 고광도 표시등이 있다.

② **항공장애 주간표지**: 주간에 비행 중인 조종사에게 장애물의 존재를 알리기 위하여 설치하는 등화 이외의 시각적인 표시로, 색채 표지(Colour), 장애표지물(Marker), 기(Flag) 등이 있다.

(2) 설치기준

① **장애물제한표면˚구역˚ 안에 있는 물체**: 지표 또는 수면으로부터 높이가 60m 이상인 물체에는 항공장애 표시등과 항공장애 주간표지를 설치하여야 한다.

② **장애물제한표면구역 밖에 있는 물체**

　㉠ 원칙: 높이가 지표 또는 수면으로부터 150m 이상인 물체나 구조물에는 항공장애 표시등과 항공장애 표지를 설치하여야 한다.

　㉡ 예외: 다음 ⓐ~ⓔ에 해당하는 물체나 구조물은 높이가 지표 또는 수면으로부터 60m 이상인 경우, 항공장애 표시등과 항공장애 주간표지를 설치하여야 한다.

　　ⓐ 굴뚝, 철탑, 기둥, 그 밖에 높이에 비하여 그 폭이 좁은 물체 및 이들에 부착된 지선(支線)

▶ 10회

▶ 관련기준
항공장애물 관리 및 비행안전 확인기준
〈2024. 1. 11. 시행〉

• **장애물제한표면**
항공기의 안전 운항을 위하여 장애물의 설치 등이 제한되는 표면으로서 진입표면, 수평표면, 원추표면, 전이표면 및 착륙복행표면이 있다.

• **장애물제한표면구역**
장애물제한표면이 지표 또는 수면에 수직으로 투영된 구역

- **계류기구(氣球)**
  지표에 잡아맨 기구들 중에서 풍선의 직경이 1.8m 이상이거나 풍선의 가스용량이 3.256 m³를 초과하는 기구

- **계류용 선(線)**
  계류기구를 지표에 잡아매기 위하여 기구에 부착한 선

ⓑ 철탑, 건설크레인 등 뼈대로 이루어진 구조물
ⓒ 건축물이나 구조물 위에 추가로 설치한 철탑, 송전탑 또는 공중선 등
ⓓ 가공선이나 케이블·현수선 및 이들을 지지하는 탑
ⓔ 계류기구˙와 계류용 선˙(주간에 시정이 5,000m 미만인 경우와 야간에 계류하는 것에 한한다)

7 조명설비

1. 조명의 기초용어

용어	정의	단위	약호	비고
광속	광원에서 나오는 빛의 양	lumen	lm	-
광도	광원에서 나오는 빛의 세기	candela	cd	-
조도	어느 장소에 대한 빛의 밝기	lux	lx	조명설비에서 가장 기본이 되는 단위이다.
휘도	빛을 발하는 표면의 밝기	cd/m²	nt	휘도 보조단위는 스틸브(sb; stilb)이다.
광속 발산도	어느 장소에서 반사되어 나오는 빛의 밝기	lm/m²	rlx	단위면적에서 단위시간에 반사되는 빛의 양이다.
순응	① 명순응: 어두운 곳에서 밝은 곳으로 들어갈 때 동공이 축소되어 감광도가 낮아지는 현상 ② 암순응: 밝은 곳에서 어두운 곳으로 들어갈 때 동공이 확대되어 감광도가 높아지는 현상			

2. 조명설계

(1) 조명설계 순서

소요조도기준 결정 ⇨ 광원(전등) 설정 ⇨ 조명방식 및 조명기구 선정 ⇨ 조명기구 수량 계산 ⇨ 조명기구 배치 ⇨ 소요광속 계산 및 조도 확인

조명공사 장면

개념적용 문제

조명설비설계 순서로 옳은 것은?   제17회 기출

㉠ 조명기구 선정	㉡ 조도기준 결정
㉢ 조명기구 수량 계산	㉣ 조도 확인
㉤ 조명기구 배치	

① ㉠ ⇨ ㉡ ⇨ ㉢ ⇨ ㉣ ⇨ ㉤
② ㉠ ⇨ ㉢ ⇨ ㉡ ⇨ ㉣ ⇨ ㉤
③ ㉡ ⇨ ㉠ ⇨ ㉢ ⇨ ㉤ ⇨ ㉣
④ ㉡ ⇨ ㉠ ⇨ ㉤ ⇨ ㉢ ⇨ ㉣
⑤ ㉡ ⇨ ㉢ ⇨ ㉠ ⇨ ㉤ ⇨ ㉣

해설 조명설계는 조도기준 결정(㉡), 조명기구 선정(㉠), 조명기구 수량 계산(㉢), 조명기구 배치(㉤), 조도 확인(㉣) 순으로 설계한다.

정답 ③

(2) 거실 용도에 따른 소요조도 결정

거실의 용도 구분	조도 구분	바닥 위 85cm의 수평면의 조도(lux)
거주	독서, 식사, 조리	150
	기타	70
집무	설계, 제도, 계산	700
	일반사무	300
	기타	150
작업	검사, 시험, 정밀검사, 수술	700
	일반작업, 제조, 판매	300
	포장, 세척	150
	기타	70
집회	회의	300
	집회	150
	공연, 관람	70
오락	오락일반	150
	기타	30

바로확인문제

조명설계는 조도기준 결정, 조명기구 선정, 조명기구 (   ), 조명기구 (   ), 조도 확인 순으로 설계한다.

3. 광원(전등 종류)의 설정

(1) 정의
① 전력을 빛으로 바꾸는 기구를 광원이라 한다.
② 적절한 광원의 선택은 크기, 밝기, 효율, 연색성, 수명, 가격 등을 고려하여 결정한다.

(2) 백열등
① 점등이 빠르다.
② 휘도가 높고, 연색성*이 좋다.
③ 발광효율이 낮다.
④ 열을 많이 발산한다.
⑤ 좁은 장소의 전반조명, 악센트조명에 이용된다.

(3) 형광등
① 발광효율이 높다.
② 수명이 길다(7,500h).
③ 형광체를 바꾸면 희망하는 광색을 얻을 수 있다.
④ 휘도가 낮아 눈부심이 없다.
⑤ 점등이 늦다.
⑥ 온도*의 영향을 받는다.
⑦ 0℃ 이하에서는 점등이 곤란하며, 25℃ 정도에서 효율이 우수하다.
⑧ 점등 시 방해전파가 발생한다.
⑨ 옥내의 전반, 국부, 간접조명으로 사무실, 공장 등에 널리 사용된다.

(4) 수은등

특징	① 수명이 길다. ② 연색성이 나쁘고, 휘도가 높다. ③ 점등 시 시간이 걸린다. ④ 수은 증기압이 높을수록 효율이 높다.
용도	① 저압 수은등: 살균용 ⇨ 자외선을 이용한다. ② 고압 수은등: 도로, 광장, 큰 공장 조명 ⇨ 빛을 이용한다. ③ 초고압 수은등: 영화촬영용 ⇨ 휘도가 높은 것을 이용한다.

• **연색성(演色性)**
1. 물체를 비추었을 때 나타나는 빛의 성질로, 같은 색도의 물체라도 광원(光源)에 따라 그 색감이 달라지는 성질
2. 연색성은 어떤 물체의 색깔이 태양광 아래에서 보이는 색과 동일한 색으로 인식될 경우, 그 광원의 연색지수를 Ra100으로 함
3. 광원의 연색성이 높을수록 태양광선에 더욱 가까운 분광분포를 가짐

• **색온도**
1. 광원이 발광하는 빛의 색을 온도로 나타낸 것
2. 파란색은 빨간색에 비해 색온도가 높음

바로확인문제

백열등은 휘도가 (   ), 연색성이 (   ).

(5) 나트륨등
① 발광효율이 가장 좋다.
② 유지비가 저렴하다.
③ 연색성이 나쁘다.
④ 설비비가 비싸다.
⑤ 도로, 터널, 공장 조명에 쓰인다.

(6) 메탈할라이드(수은+금속할로겐화물)
① 발광효율이 좋다.
② 광범위한 조명에 적합하다.
③ 연색성이 좋다.
④ 경기장, 은행, 백화점, 옥외미술관 등에 쓰인다.

(7) 할로겐등(아르곤+할로겐가스)
① 발광효율이 낮다.
② 연색성이 양호하다.
③ 관벽의 온도가 높아 화상의 염려가 있다.
④ 표면의 먼지로 광속이 감소된다.
⑤ 도로, 광고판, 높은 천장조명, 악센트용으로 쓰인다.

(8) 네온관등
① 각종 광색을 얻을 수 있다.
② 전력비가 적다.
③ 수명이 길다.
④ 색채가 선명하여 유효 가시거리가 크다.
⑤ 설비비가 비싸다.
⑥ 상업 광고용으로 쓰인다.

(9) 광원의 비교

특징 \ 종류	백열전구	할로겐등	형광등	수은등	나트륨등	메탈할라이드
용량	30~200W	500~1,500W	6~110W	40~1,000W	150~1,000W	250~1,000W
효율	아주 낮음	낮음	보통	보통	매우 높음	높음
점등 부속장치	불필요	불필요	안정기 등 부속장치 필요	안정기 필요	안정기 등 부속장치 필요	안정기 필요
연색성	매우 좋음	좋음	좋음	나쁨	매우 나쁨	좋음
용도	좁은 장소의 전반조명, 악센트조명	경기장, 광장 등의 투광에 적합	옥내, 전반조명, 국부조명	공장, 도로조명	도로조명, 터널조명	경기장 은행 백화점, 가구점
특징	점등은 빠르나, 열을 많이 발산	휘도가 높고, 광색은 붉은색을 많이 띰	수명이 길고, 휘도가 낮아 눈부심이 없음	점등시간은 8~40분, 광색은 청백색	유지비가 저렴	수명이 가장 길지만 점등까지 10분 정도 걸림

27·20·2회

> **참고** 광원별 효율, 수명, 연색성 비교
>
> 1. 효율: 나트륨등 > 메탈할라이드 > 형광등 > 수은등 > 할로겐등 > 백열등
> 2. 수명: 나트륨등 > 수은등 > 형광등 > 메탈할라이드 > 할로겐등 > 백열등
> 3. 연색성: 백열등, 주광색 형광등, 메탈할라이드가 우수하며, 광원 선정 시 고려사항 중 하나이다.

4. 조명방식의 결정

28·20회

(1) 조명기구 배치에 의한 분류

분류	내용
전반조명	① 실내 전체를 균등하게 조명하는 것을 말함 ② 광원이 일정한 높이와 간격으로 배치 ③ 사무실, 학교, 공장 등에 사용
국부조명	① 작업이나 생활을 위해 필요한 범위를 높은 조명도로 조명하는 방식 ② 특정장소에 조명기구를 밀집해서 가설하거나 스탠드등을 사용 ③ 밝고 어두움의 차이가 커서 눈이 피로하기 쉬움

전반국부병용조명	① 전반조명하에 특정한 장소를 국부조명하는 방식으로 정밀한 작업을 요하는 곳에 이용 ② 전반조명의 조도는 국부조명 조도의 1/10 이상이 바람직함 ③ 수술실, 정밀공장 등에 사용
전반확산조명	① 광원을 글로브에 넣은 조명방식 ② 공장, 사무실, 교실 등에 사용
상시인공보조조명 (PSALI)	① 자연광(햇빛)이 부족한 실내 공간에서 항상 켜져 있는 인공 조명으로, 자연광을 보완하는 보조조명 ② 자연광이 충분하지 않거나 시간대, 계절, 날씨 등으로 인해 조도가 일정하지 않을 때 지속적으로 작동하여 일정한 조도를 유지하도록 도와주는 인공조명

(2) 조명기구 배광에 의한 분류

분류	내용
직접조명	① 광원의 직접광이 90% 이상 작업면을 비추는 조명방식이다. ② 작은 전력으로 높은 조도를 얻을 수 있다. ③ 밝고 어두움이 심해 눈이 쉽게 피로하다.
간접조명	① 광원빛이 위로 향하게 하고 천장과 벽의 반사광에 의해 작업면을 조명하는 방식이다. ② 그늘이 적고 차분한 조도를 얻을 수 있다. ③ 조명률이 나쁘고 비경제적이다.
반간접조명	① 직접조명과 간접조명을 혼합한 조명 중 간접성이 강한 조명이다. ② 직접조명과 간접조명의 장단점을 보완한 것이다. ③ 반투명형 접시형 기구를 이용한다.

▶ **조명방식의 분류**

분류	직접조명	반직접조명	전반확산조명	반간접조명	간접조명
백열등 기구 배광	상방 0~10% 하방 100~90%	10~40% 90~60%	40~60% 60~40%	60~90% 10~40%	90~100% 10~0%
형광등 기구 배광					
적용 장소	공장, 다운라이트, 천장매입	사무실, 학교, 상점	사무실, 학교, 상점	병실, 침실, 다방	병실, 침실, 다방

바로확인문제

전반국부병용조명에서 전반조명의 조도는 국부조명 조도의 (　　) 이상이 바람직하다.

- 눈부심(Glare)
  1. 높은 휘도의 광원에 의해 시각적 불쾌감 등이 유발되는 현상
  2. 어둠에 적응된 상태에서 밝은 광선이 들어왔을 때 생기는 눈의 불쾌감이나 시력 저하 상태인 현휘라고도 함

(3) 조명기구 목적에 의한 분류

분류	내용
명시 조명	① 실리적 조명으로 물체의 보임, 피로를 줄일 수 있는 목적으로 사용되는 조명을 말한다. ② 명시조명을 위해서는 목적에 적합한 조도를 갖도록 하고 현휘(Glare)발생을 적게 해야 한다. ③ 교실, 사무실, 공장 등은 일반적인 명시조명이 필요한 장소이다.
분위기 조명	① 장식적 조명으로 미적, 심리적 분야를 중시하는 조명을 말한다. ② 음악을 듣거나 식사를 할 때와 조용히 휴식을 취하는 장소 등과 같이 특정한 분위기를 만들기 위한 곳에 사용한다.

(4) 건축화 조명

① **정의**: 조명기구에 의한 조명방식이 아니라 천장, 벽, 기둥 등 건축물의 내부에 조명기구를 붙여서 건물의 내부와 일체를 만드는 조명이다.

② **특징**
  ㉠ 쾌적한 환경을 만들 수 있다.
  ㉡ 발광면이 크기 때문에 빛이 확산하여 음영이 부드러워진다.
  ㉢ 시설비가 비싸다.
  ㉣ 직접조명보다 효율이 떨어진다.
  ㉤ 눈부심이 적고 명랑한 느낌을 준다.

③ **종류**

종류	내용
다운라이트(Down Light)	천장에 작은 구멍을 뚫어 기구를 매입하여 조명하는 것
광천장 조명	확산 투과성의 조명 패널을 전면에 붙이고 그 위에 광원을 배치한 조명방식
광창 조명	넓은 사각형의 면적을 가진 광원을 천장 등에 매입하는 방식
광량 조명	조명기구를 기둥, 벽 등에 매입하는 방식
코브라이트(Cove Light)	광원을 천장에 부착하고 그 직접광을 천장에 반사시켜 간접조명으로 하고 그 반사광에 의해 조도를 얻는 방식
코니스라이트(Cornice Light)	벽과 평행으로 천장에 부착한 긴 패널로 광원을 덮고 하향으로 빛을 보내는 조명방식
밸런스라이트(Balance Light)	코니스라이트와 비슷하나 광원이 상하향되게 설치한 것

바로확인문제

건축화 조명은 시설비가 비싸고, 직접조명보다 효율이 (   ).

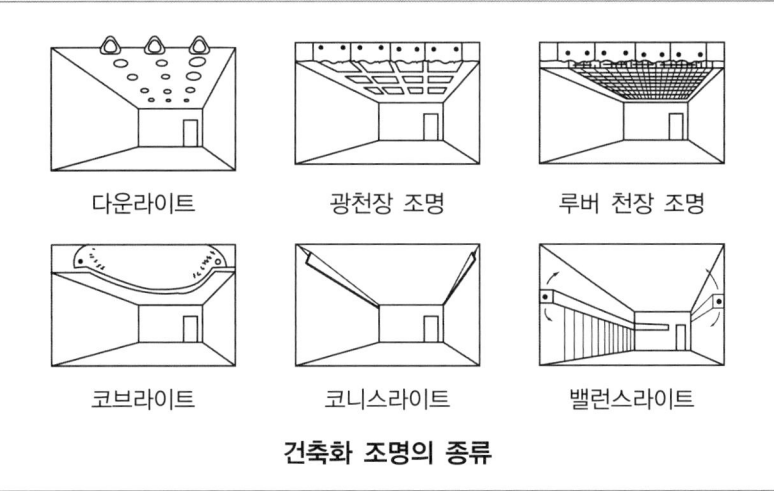

건축화 조명의 종류

개념적용 문제

조명설비에 관한 설명으로 옳지 않은 것은?   제20회 기출

① 명시조명을 위해서는 목적에 적합한 조도를 갖도록 하고 현휘(Glare) 발생을 적게 해야 한다.
② 연색성은 광원 선정 시 고려사항 중 하나이다.
③ 코브조명은 건축화 조명의 일종이며, 직접조명보다 조명률이 높다.
④ 조명설계 과정에는 소요조도 결정, 광원 선택, 조명방식 및 기구 선정, 조명기구 배치 등이 있다.
⑤ 전반조명과 국부조명을 병용할 경우, 전반조명의 조도는 국부조명 조도의 1/10 이상이 바람직하다.

해설 코브조명은 건축화 조명의 일종이며, 직접조명보다 조명률이 낮다.

정답 ③

5. 조명기구의 배치계획

(1) 광원의 높이
① **직접조명**: 작업면 거리의 2/3
② **간접조명**: 작업면 거리의 1/5

(2) 광원의 간격
① 광원 상호 간 간격(S) ≤ 1.5H(작업면에서 광원까지 높이)
② **벽면을 사용하지 않을 때**: 벽과 광원 사이 간격(S_w) ≤ H/2
③ **벽면을 사용할 때**: 벽과 광원 사이 간격(S_w) ≤ H/3

• 조명기구 배치

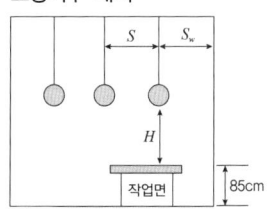

(3) 방지수 결정

① 방의 크기, 형상, 광원의 위치에 의해 결정된다.
② **방지수 산정식**

$$\text{실지수(방지수)} = \frac{XY}{H(X+Y)}$$

여기서, X: 방의 가로길이
 Y: 방의 세로길이
 H: 작업면에서 광원까지 거리

6. 소요광속의 계산(결정)

(1) 조명률 계산

① 조명률이란 광원에서 나온 광속이 작업면에 도달하는 비율을 말한다.
② **조명률 산정식**

$$\text{조명률}(U) = \frac{\text{조명작업면에 도달하는 광속(lm)}}{\text{광원의 총광속(lm)}}$$

(2) 감광보상률 결정

① 감광보상률이란 조명기구를 사용함에 따라 작업면의 조도가 떨어지는데, 이를 예상하여 여유를 두는 것을 말한다.
② **직접조명의 감광보상률**: 1.3~2.0
③ **간접조명의 감광보상률**: 1.5~2.0
④ 감광보상률의 역수를 유지율, 보수율이라 한다.

(3) 광속법에 의한 계산

$$\text{광속}(F) = \frac{\text{실면적}(A) \times \text{조도}(E) \times \text{감광보상률}(D)}{\text{광원 개수}(N) \times \text{조명률}(U)}\text{(lm)}$$

여기서, F: 광원 1개 광속(lm) A: 방의 면적(m²)
 E: 작업면 평균조도(lx) D: 감광보상률*(1.3~2.0)
 N: 광원의 개수 U: 조명률

• 감광보상률

$$\text{감광보상률} = \frac{1}{\text{보수율(유지율)}}$$

바로확인문제

( )이란 광원에서 나온 광속이 작업면에 도달하는 비율을 말한다.

개념적용 문제

바닥면적 100m², 천장고 2.7m인 공동주택 관리사무소의 평균조도를 480럭스(lx)로 설계하고자 한다. 이 때 조명률을 0.5에서 0.6으로 개선할 경우 줄일 수 있는 조명기구의 개수는? [단, 조명기구의 개당 광속은 4,000루멘(lm), 보수율은 0.8로 한다] 제26회 기출

① 3개 ② 5개 ③ 7개
④ 8개 ⑤ 10개

해설 조도 = $\dfrac{\text{광속} \times \text{광원 개수} \times \text{조명률}}{\text{방의 면적} \times \text{감광보상률}}$

1. 조명률 0.5인 경우

$480 = \dfrac{4{,}000 \times \text{광원 개수} \times 0.5}{100 \times \dfrac{1}{0.8}}$ 에서 광원 개수 = 30개

2. 조명률 0.6인 경우

$480 = \dfrac{4{,}000 \times \text{광원 개수} \times 0.6}{100 \times \dfrac{1}{0.8}}$ 에서 광원 개수 = 25개

∴ 30 - 25 = 5개

정답 ②

8 전기 도시기호

▶ 26·18·11회

1. 전선

기호	명칭	기호	명칭
────	천장은폐배선	--------	바닥은폐배선
············	노출배선	⏚	접지
─··─··─	지중매설선	▭	점검구
─···─···─	바닥면 노출배선	↙	수전함

2. 개폐기 및 기기

기호	명칭	기호	명칭
S	개폐기	Wh	전력량계
Ⓢ	전자개폐기	ⓣF	안정기
ⓞF	플로트 스위치	ⓣB	벨용 변압기
ⓞP	압력 스위치	Ⓗ	전열기
E	누전차단기	⌒	정류기
B	배선용 차단기	퓨즈 기호	퓨즈
F	컷아웃 스위치	↓↑	피뢰기
Ⓖ	발전기	개폐기 기호	개폐기
Ⓜ	전동기	Ⓐ	전류계
┤├	축전지	Ⓥ	전압계

개념적용 문제

전기 배선 기호 중 지중매설 배선을 나타낸 것은? 제26회 기출

① ──────
② ∙∙∙∙∙∙∙∙∙∙∙∙∙∙
③ ─ ─ ─ ─ ─
④ ─∙─∙─∙─∙─
⑤ ∙∙─∙∙─∙∙─

해설 ① 천장은폐배선, ② 노출배선, ③ 바닥은폐배선, ⑤ 바닥면 노출배선

정답 ④

바로확인문제

전력량계의 도시기호는 (　) 이고, 도시기호 (　)의 명칭은 개폐기이다.

3. 스위치 및 배분전반

기호	명칭	기호	명칭
S	단극 스위치	SD	자동 스위치
S2	2극 스위치	⊟	안전개폐기
SP	풀 스위치	⊠	배전반
SPL	스위치 겸 표시등	◣	분전반
SRC	조정 스위치	⧖	제어반
SWP	방수용 스위치	▭	단자반

4. 전화 및 화재경보장치

기호	명칭	기호	명칭
ⓣ	인터폰(종)	F	화재경보벨
Ⓣ	인터폰(주)	⧖	화재경보 수신반 (A급)
◉	전화용 아웃렛	⊞	화재경보 수신반 (B급)
FA	화재탐지기	◉	경보누름단추
⊠	화재탐지기(분포형)	▬	경보수신반
▭	화재감응기	A	경보벨

5. 전등

기호	명칭	기호	명칭
○	백열전등	⌀	외등
⬒○⬒	형광등(20W×1)	⊢○⊣	형광등(벽)
⬒○○⬒	형광등(20W×2)	⊗	비상등
⬒○○○⬒	형광등(20W×3)	○⊣	백열전등(벽)

> **개념적용 문제**
>
> 옥내 배선 설비의 명칭과 도시 기호의 연결로 옳은 것은? 　제28회 기출
>
> ① 전열기: ─────　　② 전력량계: Ⓜ
> ③ 분전반: ⊠　　　　④ 축전지: E
> ⑤ 배선용 차단기: B
>
> **해설** ① 단자반: ─────　　② 전동기: Ⓜ
> 　　　③ 배전반: ⊠　　　　④ 누전차단기: E
>
> 　　　　　　　　　　　　　　　　　　　　　정답 ⑤

수송설비
1 엘리베이터
2 에스컬레이터 및 덤웨이터

제2절　수송설비 ★★

1 엘리베이터(Elevator)

1. 엘리베이터 설비계획

8회

(1) 엘리베이터 배치

① 주출입구 근처에 설치한다.
② 가능하면 엘리베이터는 집중시킨다.
③ 8대를 초과하면 2개 그룹으로 구분한다.
④ 대면배치에서 홀이 관통통로가 되지 않도록 고려한다.

10·8회

(2) 「건축법」상 엘리베이터 기준

관련법령
「건축법」제64조
〈2024. 6. 27. 시행〉

• **고층건축물**
층수가 30층 이상이거나 높이가 120m 이상인 건축물

① 승용 승강기 설치기준

㉠ 연면적이 2,000m² 이상으로서 6층 이상인 건축물에는 승용 승강기를 설치하여야 한다. 다만, 고층건축물*에는 건축물에 설치하는 승용 승강기 중 1대 이상을 대통령령으로 정하는 바에 따라 피난용 승강기로 설치하여야 한다.

ⓛ 승용 승강기 대수 산정

용도 \ 거실면적	3,000m² 이하	3,000m² 초과 (A: 6층 이상 거실면적 합계)
의료·판매시설·문화 및 집회시설 (공연장·집회장 및 관람장만 해당)	2대	(A − 3,000m²)/2,000m² + 2대
숙박·위락·업무·문화 및 집회시설 (전시장 및 동식물원만 해당)	1대	(A − 3,000m²)/2,000m² + 1대
공동주택·교육연구·노유자·기타 시설	1대	(A − 3,000m²)/3,000m² + 1대

② **비상용 승강기 설치기준**

㉠ 설치기준

ⓐ 높이 31m를 초과하는 건축물에는 비상용 승강기를 추가로 설치하여야 한다.

ⓑ 2대 이상의 비상용 승강기를 설치하는 경우에는 화재가 났을 때 소화에 지장이 없도록 일정한 간격을 두고 설치하여야 한다.

㉡ 승강장의 구조

ⓐ 승강장의 창문·출입구 기타 개구부를 제외한 부분은 당해 건축물의 다른 부분과 내화구조의 바닥 및 벽으로 구획할 것

ⓑ 승강장은 각 층의 내부와 연결될 수 있도록 하되, 그 출입구(승강로의 출입구를 제외한다)에는 60+방화문 또는 60분방화문을 설치할 것(다만, 피난층에는 60+방화문 또는 60분방화문을 설치하지 아니할 수 있다)

ⓒ 노대 또는 외부를 향하여 열 수 있는 창문이나 배연설비를 설치할 것

ⓓ 벽 및 반자가 실내에 접하는 부분의 마감재료(마감을 위한 바탕을 포함한다)는 불연재료로 할 것

ⓔ 채광이 되는 창문이 있거나 예비전원에 의한 조명설비를 할 것

ⓕ 승강장의 바닥면적은 비상용 승강기 1대에 대하여 6m² 이상으로 할 것(다만, 옥외에 승강장을 설치하는 경우에는 그러하지 아니하다)

▶ 관련법령
「건축물의 설비기준 등에 관한 규칙」[별표 1의2]
〈2024. 8. 7. 시행〉

▶ 25·22·20·17회

▶ 관련법령
「건축물의 설비기준 등에 관한 규칙」제10조
〈2024. 8. 7. 시행〉

바로확인문제

비상용 승강기 승강장의 바닥면적은 비상용 승강기 1대에 대하여 (   )m² 이상으로 할 것 다만, 옥외에 승강장을 설치하는 경우에는 그러하지 아니하다.

ⓖ 피난층이 있는 승강장의 출입구(승강장이 없는 경우에는 승강로의 출입구)로부터 도로 또는 공지(공원·광장 기타 이와 유사한 것으로서 피난 및 소화를 위한 당해 대지에의 출입에 지장이 없는 것을 말한다)에 이르는 거리가 30m 이하일 것
ⓗ 승강장 출입구 부근의 잘 보이는 곳에 당해 승강기가 비상용 승강기임을 알 수 있는 표지를 할 것

ⓒ 승강로의 구조
ⓐ 승강로는 당해 건축물의 다른 부분과 내화구조로 구획할 것
ⓑ 각 층으로부터 피난층까지 이르는 승강로를 단일구조로 연결하여 설치할 것

개념적용 문제

비상용 승강기의 승강장 기준에 관한 내용으로 옳지 않은 것은?

제20회 기출

① 벽 및 반자가 실내에 접하는 부분의 마감재료(마감을 위한 바탕을 포함한다)는 난연재료로 할 것
② 채광이 되는 창문이 있거나 예비전원에 의한 조명설비를 할 것
③ 승강장의 바닥면적은 비상용 승강기 1대에 대하여 6m² 이상으로 할 것. 다만, 옥외에 승강장을 설치하는 경우에는 그러하지 아니하다.
④ 승강장 출입구 부근의 잘 보이는 곳에 당해 승강기가 비상용 승강기임을 알 수 있는 표지를 할 것
⑤ 피난층이 있는 승강장의 출입구(승강장이 없는 경우에는 승강로의 출입구)로부터 도로 또는 공지(공원·광장 기타 이와 유사한 것으로서 피난 및 소화를 위한 당해 대지에의 출입에 지장이 없는 것을 말한다)에 이르는 거리가 30m 이하일 것

해설 비상용 승강기의 승강장은 벽 및 반자가 실내에 접하는 부분의 마감재료(마감을 위한 바탕을 포함한다)는 불연재료로 하여야 한다.

정답 ①

③ **피난용 승강기 설치기준**
㉠ 피난용 승강기 승강장의 구조
ⓐ 승강장의 출입구를 제외한 부분은 해당 건축물의 다른 부분과 내화구조의 바닥 및 벽으로 구획할 것
ⓑ 승강장은 각 층의 내부와 연결될 수 있도록 하되, 그 출입구에는 60 + 방화문 또는 60분방화문을 설치할 것. 이 경우 방화문은 언제나 닫힌 상태를 유지할 수 있는 구조이어야 한다.

ⓒ 실내에 접하는 부분의 마감은 불연재료로 할 것
　　ⓓ 「건축물의 설비기준 등에 관한 규칙」에 따른 배연설비 또는 제연설비를 설치할 것
　ⓛ 피난용 승강기 승강로의 구조
　　ⓐ 승강로는 해당 건축물의 다른 부분과 내화구조로 구획할 것
　　ⓑ 승강로 상부에 「건축물의 설비기준 등에 관한 규칙」에 따른 배연설비 또는 제연설비를 설치할 것
　ⓒ 피난용 승강기 기계실의 구조
　　ⓐ 출입구를 제외한 부분은 해당 건축물의 다른 부분과 내화구조의 바닥 및 벽으로 구획할 것
　　ⓑ 출입구에는 60 + 방화문 또는 60분방화문을 설치할 것
　ⓔ 피난용 승강기 전용 예비전원
　　ⓐ 정전 시 피난용승강기, 기계실, 승강장 및 폐쇄회로 텔레비전 등의 설비를 작동할 수 있는 별도의 예비전원 설비를 설치할 것
　　ⓑ ⓐ에 따른 예비전원은 초고층 건축물의 경우에는 2시간 이상, 준초고층 건축물의 경우에는 1시간 이상 작동이 가능한 용량일 것
　　ⓒ 상용전원과 예비전원의 공급을 자동 또는 수동으로 전환이 가능한 설비를 갖출 것
　　ⓓ 전선관 및 배선은 고온에 견딜 수 있는 내열성 자재를 사용하고, 방수조치를 할 것

2. 엘리베이터의 종류

(1) 용도에 의한 분류
① 승객용(Passenger) 엘리베이터
② 화물용(Freight) 엘리베이터

(2) 운전방식에 의한 분류
① 운전원에 의한 방식

종류	내용
카스위치 (Car Switch)방식	시동이 운전원의 조작에 의해 이루어지는 방식

▶ 관련법령
「승강기 안전관리법 시행규칙」
제2조 [별표 1]
〈2025. 1. 31. 시행〉

기억제어 (Record Control) 방식	운전원이 목적층 단추를 누르면 목적층 순서대로 자동적으로 정지하는 방식
신호제어 (Signal Control) 방식	시동은 핸들조작으로 하고 정지는 목적층의 단추를 누름으로써 호출 순서대로 자동적으로 정지하는 방식

② **운전원이 없는 방식**

종류	내용
단독자동 (Single Automatic) 방식	㉠ 승객 자신이 시동·정지를 작동시켜 목적층까지 운행하는 방식 ㉡ 운전 중 다른 호출신호가 있어도 운전종료까지 다른 호출에 의하지 않는 방식
승합전자동방식	승객 자신이 운전하며 각 층의 누름단추에 의해서 전부 작동하는 방식
하강승합자동방식	상승운행 중 중간층에서 하강하는 승객이 버튼을 눌러도 그냥 지나간 후 하강할 때 정지하는 방식으로, 아파트에서 많이 사용

③ **병용**(Dual Control)**방식**
  ㉠ 운전원이 있는 방식과 운전원이 없는 방식을 조합한 방식이다.
  ㉡ 승객 자신이 운전하고 복잡할 때만 운전원이 조작하는 방식이다.

④ **전자동 군(群)관리방식**
  ㉠ 3~8대에 적용되는 CTP-Ⅱ방식이다.
  ㉡ 연속적으로 변화하는 건물 전체의 교통을 엘리베이터 전용 컴퓨터가 신속하게 적절한 운전형태로 전환해 주는 방식이다.

(3) 구동*방식에 의한 분류

구분	교류 엘리베이터	직류 엘리베이터
기동토크	작음	임의의 기동토크
승차감	직류에 비해 나쁨	좋음
전효율	40~60%	60~80%
착상오차	수mm 이상	1mm 이하
가격	저렴	고가
속도	30~60m/min	90m/min 이상
속도조절	속도를 임의로 선택할 수 없음	속도를 임의로 선택할 수 있음
속도변동	부하에 따른 속도변동이 있음	부하에 따른 속도변동이 없음
감속기	기어식	기어리스식*(120m/min 이상)
기계실	승강로면적의 2배 이상	승강로면적의 3~3.5배 이상

25·22·19·11회

• **구동**(驅動)
  동력을 가하여 기구를 움직임

• **기어리스식 구동기**
  전동기의 회전력을 감속하지 않고 직접 권상도르래로 전달하는 구조

바로확인문제

직류 엘리베이터는 속도를 임의로 선택할 수 있고 부하에 의한 속도변동이 (   ).

> **참고** VVVF(3VF제어, 가변전압 가변주파수 제어) 방식
>
> 1. 인버터 제어방식이라고도 하며, 전압과 주파수를 동시에 제어하는 가변전압, 가변주파수 제어방식이다.
> 2. 초고속 승강기까지 적용이 가능하다.
> 3. 유도전동기를 사용하므로 직류전동기보다 유지보수가 용이하다.
> 4. 승차감이 양호하며 에너지 절약형에 가장 좋은 방식이다.

(4) 속도에 의한 분류

구분	속도	구동방식	용도
저속도 엘리베이터	45m/min 이하	교류1단, 교류2단	중·소규모 건물
중속도 엘리베이터	60~105m/min	교류2단, 직류기어	아파트, 병원 등
고속도 엘리베이터	120m/min 이상	직류기어리스	호텔, 대규모 고층건물

> **개념적용 문제**
>
> 다음 중 직류 엘리베이터의 특징으로 옳은 것은? 제11회 기출
>
> ① 교류 엘리베이터에 비해 가격이 저렴하다.
> ② 교류 엘리베이터에 비해 기동토크가 작다.
> ③ 전효율이 40~60%이다.
> ④ 착상오차가 1mm 이내이다.
> ⑤ 부하에 따른 속도변동이 있다.
>
> **해설** ① 교류 엘리베이터에 비해 가격이 비싸다.
> ② 교류 엘리베이터에 비해 기동토크가 크다.
> ③ 전효율이 60~80%이다.
> ⑤ 속도를 임의로 선택할 수 있고 부하에 의한 속도변동이 없다.
>
> **정답** ④

3. 엘리베이터의 구조

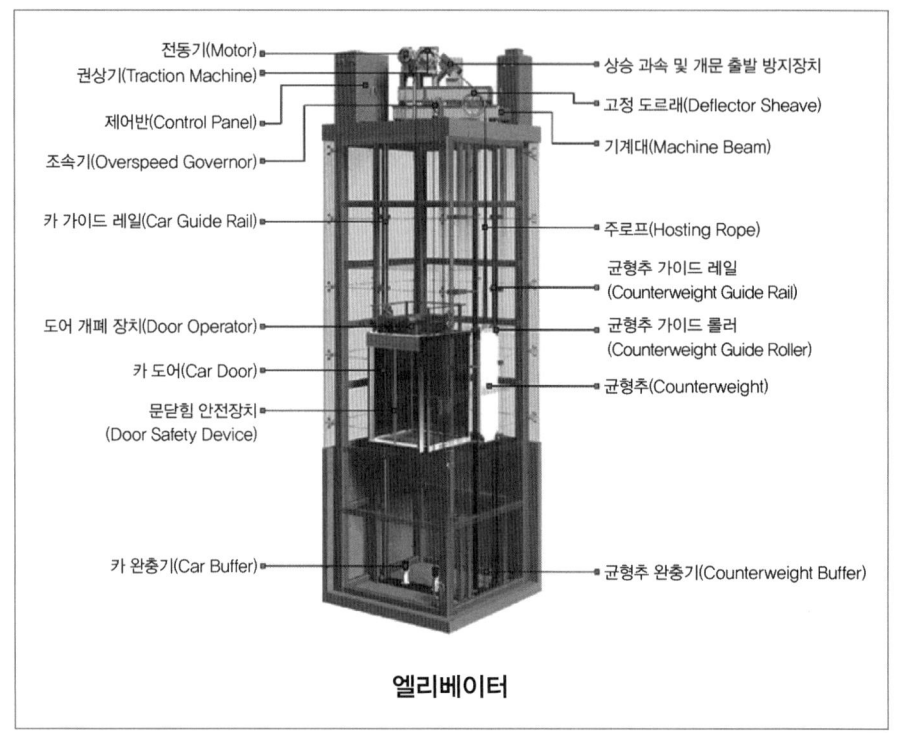

엘리베이터

(1) 권상기(Traction Machine, 捲上機)

① 정의
  ㉠ 무거운 짐을 움직이거나 끌어 올리는 데 쓰는 기계라는 뜻으로, 승강기를 전동기축의 회전력으로 오르내리게 하는 기계를 말한다.
  ㉡ 전동기를 이용하여 승강기(Car)와 균형추를 로프로 걸고 있는 구동 활차*를 회전시켜 승강기를 승강시킨다.

② 구성요소

종류	내용
전동기 (Motor)	㉠ 교류 승강기: 주로 3상교류 유도전동기 사용 ㉡ 직류 승강기: 직류 전동기 사용
제동기 (Brake)	㉠ 전기적 제동기: 역회전력을 이용하여 정지 ㉡ 기계적 제동기: 제동륜을 브레이크로 조여 정지
견인구차* (Sheave)	㉠ 로프(Rope)와의 마찰력을 크게 하여 미끄럼을 방지 ㉡ V형, U형으로 홈이 파여 있다. ㉢ 로프 지름의 40~48배 직경을 사용
감속기 (Reducer)	㉠ 기어*식: 웜기어(Worm Gear)로 전동기를 회전하여 감속 ㉡ 기어리스식(Gearless): 웜기어(Worm Gear) 없이 직류전동기로 감속

- **활차(滑車)**
  줄을 걸어서 회전할 수 있게 만든 홈이 파인 바퀴

- **견인구차**

- **기어**
  속도나 운동의 방향을 바꾸는 데 쓰이는 여러 개의 톱니바퀴로 조합된 기계 장치

로프 (Rope)	㉠ 도금하지 않은 12mm 이상의 스틸와이어로프를 사용 ㉡ 3본 이상을 사용
균형추 (Counter Weight)	㉠ 기계실의 권상기 부하를 가볍게 하고 전기절약을 위해 사용 ㉡ 균형추의 중량 = 카의 중량 + 최대적재하중 × 1/2(0.4~0.6)

(2) 승강기(Car, Cage)

① 1인당 하중: 75kg
② 카 내부의 유효높이는 2m 이상이어야 하고, 카 출입구의 유효높이도 2m 이상이어야 한다.
③ 카 출입구에는 문이 설치되어야 하고, 카에는 2개 이상의 출입구가 설치될 수 있으나 2개 이상의 문이 동시에 열려 통로로 사용되는 구조가 아니어야 한다.
④ 카의 벽, 바닥 및 지붕은 불연재료로 만들거나 씌워야 한다. 다만, 인테리어 목적으로 사용되는 카 내장재를 포함한 구조상 경미한 부분은 제외할 수 있다.
⑤ 승객의 구출 및 구조를 위한 비상구출문이 카 천장에 있는 경우, 비상구출구의 크기는 0.35m×0.5m 이상이어야 하고, 비상구출문은 카 내부 방향으로 열리지 않아야 한다.
⑥ 카에는 카 바닥 및 조작 장치를 50lx 이상으로 비출 수 있는 영구적인 전기조명이 설치되어야 한다.

(3) 승강로(Elevator Shaft)

① 승강로 좌·우에 40cm, 균형추가 있는 뒤에 50cm의 여유를 둔다.
② 승강로 바닥에 완충기(Buffer)를 설치한다.
③ 승강로 내의 양측에 케이지를 유도하기 위한 가이드 레일을 설치한다.
④ 균형추의 흔들림을 방지하기 위해 가이드 레일(Guide Rail)에 T자형, 연강재 2조를 설치한다.
⑤ 승강로에는 모든 문이 닫혀있을 때 카 지붕 및 피트 바닥 위로 1m 위치에서 조도 50lx 이상의 영구적으로 설치된 전기조명이 있어야 한다.
⑥ 승강로에서 작업하는 사람이 갇히게 되어 카 또는 승강로를 통해서 빠져나올 방법이 없는 경우, 이러한 위험이 존재하는 장소에는 비상통화장치가 설치되어야 한다.

▶ 25·15회

▶ 관련기준
승강기안전부품 안전기준 및 승강기 안전기준 [별표 22]
〈2022. 3. 22. 시행〉

바로확인문제

승강기(Car, Cage)의 1인당 하중은 (   )kg이다.

(4) 기계실

① 발열이 많으므로 환기시설을 설치한다.
② 위치는 대부분의 경우 승강로 위쪽에 설치한다.
③ 방음·방진구조로 한다.
④ 기계실은 당해 건축물의 다른 부분과 내화구조 또는 방화구조로 구획하고 기계실의 내장은 준불연재료 이상으로 마감되어야 한다. 다만, 기계실 벽면이 외기에 직접 접하는 등 건축물 구조상 내화구조 또는 방화구조로 구획할 필요가 없는 경우에는 불연재료를 사용하여 구획할 수 있다.
⑤ 기계실 크기는 설비, 특히 전기설비의 작업이 쉽고 안전하도록 충분하여야 하고, 작업구역에서 유효높이는 2m 이상이어야 한다.
⑥ 기계실에는 바닥면에서 200lx 이상을 비출 수 있는, 영구적으로 설치된 전기조명이 있어야 한다.

4. 엘리베이터의 안전장치

종류	내용
비상호출장치	정전 시나 고장 등으로 승객이 갇혔을 때 외부와의 연락을 위한 장치
과부하감지장치	정격 적재하중을 초과하여 적재(승차) 시 경보가 울리고 도어가 열리는 장치
비상등	정전 시에 승강기 내부에서 5lx 이상의 밝기를 유지할 수 있는 예비조명장치
전자·기계브레이크	전자식으로 운전 중에는 항상 개방되어 있고, 정지 시에 전원이 차단됨과 동시에 작동하는 장치
전자브레이크	전동기가 회전을 정지하였을 경우 스프링의 힘으로 브레이크 드럼을 눌러 정지시키는 장치
도어스위치	카 도어 구동장치에 취부된 도어 안전장치로서 문이 완전히 닫혀야만 카를 출발시키는 장치
문닫힘안전장치 (세이프티슈)	승강기 문에 승객 또는 물건이 끼었을 때 자동으로 다시 열리게 되어 있는 장치
도어인터록* (Door Interlock)	승강장 도어 안전장치로서, 승강장 도어가 열렸을 때는 카가 운행할 수 없도록 하며, 카가 없는 층에서는 특수한 키가 아니면 외부에서 도어를 열 수 없도록 잠그는 장치
리미트 스위치* (Limit Switch)	승강기가 최상층 이상 및 최하층 이하로 운행되지 않도록 엘리베이터의 초과운행을 방지하여 주는 장치
파이널 리미트 스위치 (Final Limit Switch)	리미트 스위치의 고장을 대비한 2차 안전장치로, 주회로를 차단하는 장치

26·25·23·22·19·18·17·16·14·13·12·9회

관련기준
한국승강기안전공단 승강기기술정보 – 엘리베이터 안전장치

• 도어인터록

• 리미트 스위치

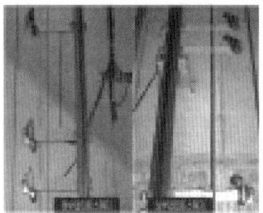

조속기 (Governor)	카의 속도가 정격속도의 1.3배를 넘을 경우에 과속스위치를 작동시켜 전자브레이크 동력을 끊음으로써 엘리베이터를 정지시키는 장치
비상정지장치	조속기 로프와 연결되어 있어 카의 정격속도의 1.4배를 넘을 경우에 가이드레일을 잡아 카를 안전하게 정지시키는 장치
로프 브레이크	승강기 추락 시 메인로프를 조임으로써 엘리베이터의 미끄러짐이나 떨어짐을 방지하는 비상제동장치
완충기 (Buffer)	비상정지장치가 작동하지 않거나 로프가 끊어져 카나 균형추가 최하층 아래로 낙하할 경우 스프링 또는 유체 등을 이용하여 카, 균형추 또는 평형추의 충격을 흡수하기 위한 장치
리타이어링 캠 (Retiring Cam)	카 문과 승강장의 문을 동시에 개폐시키는 장치
과속조절기	엘리베이터가 미리 설정된 속도에 도달할 때 엘리베이터를 정지시키도록 하고 필요한 경우에는 추락방지안전장치를 작동시키는 장치

개념적용 문제

엘리베이터의 안전장치에 관한 설명으로 옳은 것은?   제23회 기출

① 완충기는 스프링 또는 유체 등을 이용하여 카, 균형추 또는 평형추의 충격을 흡수하기 위한 장치이다.
② 파이널 리미트 스위치는 전자식으로 운전 중에는 항상 개방되어 있고, 정지 시에 전원이 차단됨과 동시에 작동하는 장치이다.
③ 과부하감지장치는 정전 시나 고장 등으로 승객이 갇혔을 때 외부와의 연락을 위한 장치이다.
④ 과속조절기는 승강기가 최상층 이상 및 최하층 이하로 운행되지 않도록 엘리베이터의 초과운행을 방지하여 주는 장치이다.
⑤ 전자·기계 브레이크는 승강기 문에 승객 또는 물건이 끼었을 때 자동으로 다시 열리게 되어 있는 장치이다.

해설 ② 전자·기계브레이크는 전자식으로 운전 중에는 항상 개방되어 있고, 정지 시에 전원이 차단됨과 동시에 작동하는 장치이다.
③ 비상호출장치는 정전 시나 고장 등으로 승객이 갇혔을 때 외부와의 연락을 위한 장치이다.
④ 리미트 스위치는 승강기가 최상층 이상 및 최하층 이하로 운행되지 않도록 엘리베이터의 초과운행을 방지하여 주는 장치이다.
⑤ 문닫힘안전장치는 승강기 문에 승객 또는 물건이 끼었을 때 자동으로 다시 열리게 되어 있는 장치이다.

정답 ①

바로확인문제

(   )는 스프링 또는 유체 등을 이용하여 카, 균형추 또는 평형추의 충격을 흡수하기 위한 장치이다.

5. 엘리베이터의 안전기준

28회

관련법령
「승강기안전부품 및 승강기의 안전인증에 관한 운영규정」
[별표 10]
〈2024. 8. 6. 시행〉

심사항목		결 함 내 용		
		경미한 결함	중대한 결함	매우 중대한 결함
승강로, 기계실, 풀리실	승강로, 기계실, 풀리실에 대한 접근 및 출입	○		
	출입문 및 비상문–점검문	○		
	표시(경고문)	○		
	승강로	○		
	기계실·기계류 공간 및 풀리실	○		
승강장문 및 카문	출입구 높이와 폭		○	
	문턱, 가이드 및 문의 현수장치			○
	승강장문과 카문 사이 수평틈새		○	
	승강장문 및 카문의 강도		○	
	문의 작동에 관한 보호		○	
	승강장 조명 및 '카 있음' 신호 표시		○	
	닫히고 잠긴 승강장문의 확인			○
	승강장문 및 카문 잠금 및 비상 잠금해제 확인			○
	승장장문의 잠금 상태 및 폐쇄 상태를 입증하는 장치 대한 공통요건			○
	여러 문짝이 기계적으로 연결된 개폐식 승강장문			○
	자동 작동 승강장 문의 닫힘	○		
	카 문의 닫힘 확인을 입증하는 전기안전장치			○
	여러 문짝이 기계적으로 연결된 개폐식 또는 접이식 카 문			○
	카 문의 개방			○
카, 균형추, 밸런싱 웨이트 완충기	카의 높이		○	
	카의 유효 면적, 정격하중 및 정원			○
	카 벽, 바닥 및 지붕		○	
	카 문, 바닥, 벽, 천장, 장식품 재질	○		
	에이프런		○	
	비상구출문		○	
	카 지붕		○	

	카 상부의 설비		○	
	환기		○	
	조명		○	
	균형추 및 평형추		○	
	카 및 균형추 완충기			○
	카 및 균형추 완충기 행정			○
자유 낙하, 과속, 의도치 않은 카 움직임, 카 크리핑에 대한 보호조치	일반사항	○		
	추락방지안전장치 및 그 작동수단			○
	럽쳐밸브			○
	유량제한기			○
	멈춤 쇠 장치			○
	카의 상승과속방지장치			○
	카의 문열림출발방지장치			○
주행안내 레일	카, 균형추 또는 평형추의 주행안내			○
	최대 허용 응력 및 힘		○	
	하중 및 힘의 조합		○	
	충격 계수		○	
전기설비, 전기기구 및 전기안정장치	일반사항	○		
	입력 전원 도체 단자			○
	접촉기, 릴레이-접촉기 및 안전회로 부품			○
	전기설비의 보호			○
	주 개폐기			○
	전기배선			○
	조명 및 콘센트		○	
	조명 및 콘센트의 전원공급 제어		○	
	보호접지			○
	전기적 식별		○	
	전기고장에 대한 보호; 고장 분석			○
	전기안전장치			○
	엘리베이터 운전 제어			○
	파이널 리미트 스위치			○
	비상통화장치 및 내부통화시스템			○
	우선순위 및 표시(신호)	○		

2 에스컬레이터 및 덤웨이터

1. 에스컬레이터(Escalator)

(1) 구조
① **구성**: 전자브레이크, 구동장치, 디딤판, 가이드 레일 등으로 구성
② **경사도**: 수평에 대하여 30° 이하
③ **속도**: 30m/min 이하
④ **계단폭**: 60~120cm 정도
⑤ **수송능력**: 엘리베이터의 약 10배
  ㉠ 엘리베이터: 400~500명/h
  ㉡ 에스컬레이터: 4,000~8,000명/h
⑥ **용도**: 백화점, 지하철 등

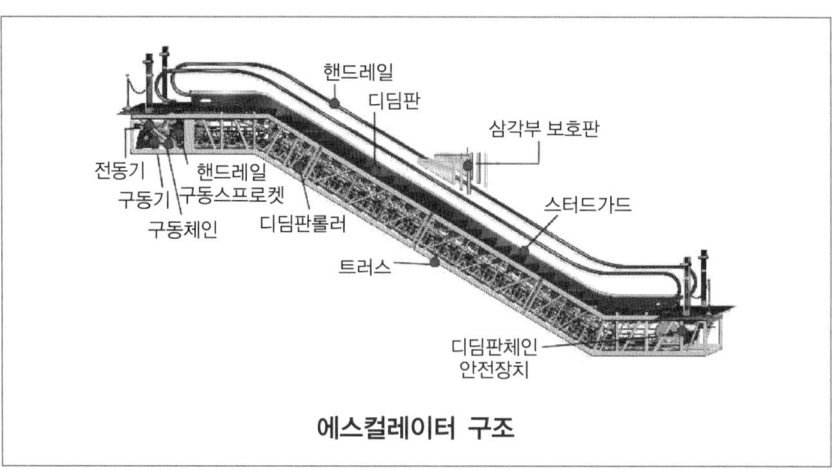

에스컬레이터 구조

(2) 안전장치
① 비상정지 푸시버튼, 과속도 제한기
② 손스침 안전장치, 역행 안전장치, 운전개시 및 정지신호장치

(3) 설치 시 주의사항
① 승객의 시야가 넓게 되도록 한다.
② 주행거리를 짧게 한다.
③ 바닥면적을 작게 차지하게 한다.
④ 건물 내 교통의 중심에 설치하되, 승강기와 현관 위치를 고려한다.
⑤ 이용객 흐름의 중심으로 배치한다.
⑥ 지지하는 보나 기둥에 하중이 균등하게 분포되도록 한다.

(4) 에스컬레이터의 배치방식

형식	각종 배열법	장점	단점
단열승계형 (병렬연속형)		① 교통이 연속된다. ② 타고 내리는 교통이 명백히 분합될 수 있다. ③ 승객의 시야가 넓어진다. ④ 에스컬레이터의 존재를 잘 알 수 있다.	점유면적이 넓다.
단열중복형 (병렬단속형)		① 에스컬레이터의 존재를 잘 알 수 있다. ② 시야를 막지 않는다.	① 교통이 연속되지 않는다. ② 승객이 한 방향만 바라본다. ③ 승객이 혼잡하다. ④ 바닥면적이 많이 필요하다.
복렬교차형 (교차형)		① 교통이 연속된다. ② 승강객의 구분이 명확하므로 혼잡이 적다. ③ 점유면적이 가장 적다.	① 승객의 시야가 좁다. ② 에스컬레이터의 위치를 표시하기 힘들다.
평행승계형 (직렬형)		① 교통이 연속된다. ② 타고 내리는 교통이 명백히 분합될 수 있다. ③ 승객의 시야가 넓어진다. ④ 에스컬레이터의 존재를 잘 알 수 있다.	점유면적이 가장 넓다.

2. 전동덤웨이터(Electric Dumbwaiter)

(1) 개요

덤웨이터는 사람은 타지 않고 화물, 서류, 음식물 등을 운반하는 소형화물용 엘리베이터이다.

▶ 10회

(2) 구조

① **바닥면적**: $1m^2$ 이하
② **최대적재량**: 500kg 이하
③ **속도**: 30m/min 이하

바로확인문제

( )는 소형화물용 엘리베이터이다.

> **개념적용 문제**
>
> 승강·운송설비에 관한 설명으로 틀린 것은?   제10회 기출
>
> ① 엘리베이터에는 조속기, 비상정지, 완충기 등의 안전장치가 있다.
> ② 「건축법」상 4층 이상으로서 연면적 2,000㎡ 이상의 건축물에서는 승용 승강기를 설치하여야 한다.
> ③ 에스컬레이터는 전자브레이크, 구동장치, 디딤판, 가이드 레일 등으로 구성된다.
> ④ 에스컬레이터는 엘리베이터보다 수송능력이 우수하다.
> ⑤ 덤웨이터(Dumbwaiter)는 소형화물 엘리베이터이다.
>
> **해설** 「건축법」상 6층 이상으로서 연면적 2,000㎡ 이상의 건축물에서는 승용 승강기를 설치하여야 한다.
>
> **정답** ②

3. 이동보도

(1) 특징

① 승객을 수평방향으로 수송하는 데 사용된다.
② 역, 공항, 지하철 등에 이용한다.

(2) 구조

① **경사도**: 10° 이내
② **속도**: 40~50m/min
③ **최대수송능력**: 1,500명/h

덤웨이터   이동보도

CHAPTER 10 OX문제로 완벽 복습

01 구내배전설비는 약전설비에 해당된다. (O | X)

02 전선의 저항은 전선의 단면적에 비례한다. (O | X)

03 수변전설비의 부하설비 용량은 '부하밀도 × 연면적'으로 산정한다. (O | X)

04 수변전 계통은 단순화시키는 것이 좋다. (O | X)

05 전선의 굵기 선정 시 허용전류, 전압강하, 기계적 강도 등을 고려하고, 부등률이 높을수록 설비이용률이 낮다. (O | X)

06 전동기의 역률을 향상시키기 위하여 진상콘덴서를 사용한다. (O | X)

07 배전반은 각종 계기류, 계전기류 및 개폐기류를 1개소에 집중시켜 놓기 위한 것이다. (O | X)

08 간선이란 인입개폐기와 분기점에 설치된 분기개폐기를 연결하기 위한 것이다. (O | X)

09 경질비닐관공사는 절연성, 내식성이 뛰어나고, 열에 약하며 기계적 강도가 높다. (O | X)

10 전기설비의 금속관 배선공사는 증설공사가 쉬워 주로 대형 건축물에 사용된다. (O | X)

11 가요전선관공사는 주로 철근콘크리트 건물의 매립배선 등에 사용된다. (O | X)

12 라이팅덕트공사는 덕트 본체에 실링이나 콘센트를 구성하여 사용하며, 벽면 조명등과 같은 광원을 이동시킬 경우에 사용된다. (O | X)

13 버스덕트공사는 빌딩, 공장 등에서 비교적 큰 전류가 통하는 간선에 많이 사용된다. (O | X)

14 감시제어반에 있어서 감시를 위한 표시법에서 정지표시는 청색 램프로 한다. (O | X)

정답

01 ×(약전설비 ⇨ 강전설비)　02 ×(비례 ⇨ 반비례)　03 ○　04 ○　05 ×(낮다 ⇨ 높다)　06 ○　07 ○　08 ○
09 ×(높다 ⇨ 낮다)　10 ×(쉬워 ⇨ 어려워)　11 ×(사용된다 ⇨ 사용하면 안 된다)　12 ○　13 ○　14 ×(청색 ⇨ 녹색)

15 안테나는 원칙적으로 강전류로부터 3m 이상 띄어서 설치한다. (O | X)

16 피뢰침설비는 낙뢰에 대한 피해를 줄이기 위한 것으로 낙뢰전류를 지반에 신속히 (O | X)
방류시키기 위한 설비로, 낙뢰의 우려가 있는 건축물 또는 높이 10m 이상의 건축
물에는 피뢰침설비를 설치해야 한다.

17 피뢰도체의 재료로는 전도성이 큰 구리(동)가 적당하다. (O | X)

18 피뢰설비의 인하도선을 대신하여 철골조의 강구조물과 철근콘크리트조의 철근구조 (O | X)
체를 사용할 수 없다.

19 항공장애등은 저공비행, 야간비행 등 자동점멸기에 의해 점멸되어 항공기의 비행에 (O | X)
안전을 확보하는 설비로, 건축물에는 항공장애등을 설치해야 한다.

20 광원의 효율이 가장 큰 순으로 나열하면 '나트륨등 > 메탈할라이드 > 형광등 > 수 (O | X)
은등 > 백열등'이다.

21 저속도 엘리베이터는 45m/min 이하이다. (O | X)

22 엘리베이터 승강기의 1인당 하중을 80kg으로 하여 최대정원을 구한다. (O | X)

23 직류 엘리베이터는 교류 엘리베이터에 비해 기동토크가 작다. (O | X)

정답

15 O 16 ×(10m ⇨ 20m) 17 O 18 ×(없다 ⇨ 있다) 19 O 20 O 21 O 22 ×(80kg ⇨ 75kg)
23 ×(작다 ⇨ 크다)

CHAPTER 11 홈네트워크 및 건축물의 에너지절약 설계기준

회독체크 1 2 3

CHAPTER 미리보기

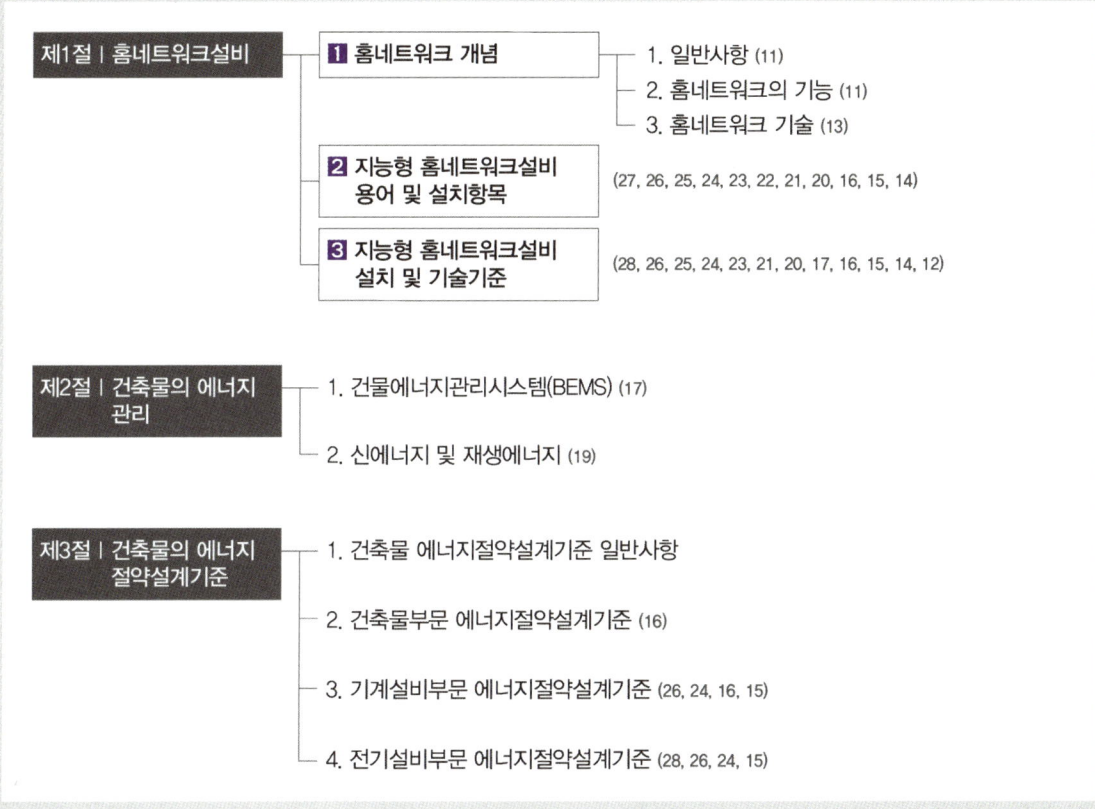

학습전략

평균 2문제 정도(4.5%)이나 매년 출제되고 있기 때문에 관심을 가지고 학습해야 합니다. 이 CHAPTER에서는 주로 홈네트워크설비 설치기준 이해, 건축물의 에너지절약설계기준 개념 파악 위주로 학습할 필요가 있습니다.

학습키워드

- 홈네트워크의 기능
- 홈네트워크 유무선기술
- 홈네트워크에 관한 용어
- 지능형 홈네트워크설비 설치 및 기술기준
- 건축물의 에너지절약설계 기준의 용어
- BEMS
- 기밀 및 결로방지 등을 위한 조치
- 건축부문의 평면계획
- 중앙집중식 냉방 또는 난방설비
- 기계설비부문 환기 및 제어설비
- 난방순환수 펌프
- 지하주차장의 환기용 팬

> **홈네트워크설비**
> 1. 홈네트워크 개념
> 2. 지능형 홈네트워크설비 용어 및 설치항목
> 3. 지능형 홈네트워크설비 설치 및 기술기준

제1절 홈네트워크설비 ★

1 홈네트워크(Home Network) 개념

1. 일반사항

(1) 정의

① 홈네트워크는 텔레비전, 비디오, 오디오, 냉장고, 세탁기, 전자레인지, 컴퓨터, 휴대용 단말기, 전화기 등 가정에서 사용하는 모든 전기·전자제품을 전화선이나 무선으로 연결해 서로 정보를 주고받으면서 작동시키는 기술을 말한다.

② 모든 가전이 본래의 고유기능은 물론, 인터넷을 통한 정보 활용, 원격제어, 모니터링, 보안에 이르는 첨단기능까지 중앙의 홈서버를 통해 자동으로 조절되고 통제되며 상호 교류하는 시스템이다.

③ 원격지에서 휴대전화나 컴퓨터 등의 정보단말기로 인터넷을 이용해 가정 내의 가전기기 제어, 가스밸브 잠금, 거실조명의 개폐, 난방장치 가동 및 온도설정, 세대 내의 침입자 경보발생 등 개개인의 생활을 보다 편리하고 안전하게 즐겁고 윤택한 삶을 영위할 수 있도록 해 주는 것이다.

④ 홈네트워크설비란 주택의 성능과 주거의 질 향상을 위하여 세대 또는 주택단지 내 지능형 정보통신 및 가전기기 등의 상호 연계를 통하여 통합된 주거서비스를 제공하는 설비로, 홈네트워크망, 홈네트워크장비, 홈네트워크사용기기로 구분한다.

(2) 공동주택의 정보 네트워크

① 공동주택은 양적 팽창과 더불어 시설·설비 등 질적 측면의 발달도 함께 병행되었는데, 컴퓨터와 인터넷을 이용한 공동주거의 정보 네트워크화가 그 대표적인 예이다.

② 초고속 정보통신 건물 인증제도는 일정기준 이상의 구내 정보통신설비를 갖춘 건물에 대해 국가가 직접 인증을 부여해 줌으로써 건설업계가 신축건물에 대해 구내 통신망의 고도화에 적극적으로 참여하도록 유도하는 제도이다.

③ 초고속 정보통신 건물인증을 획득한 공동주택은 이를 홍보함으로써 분양을 촉진할 수 있다.

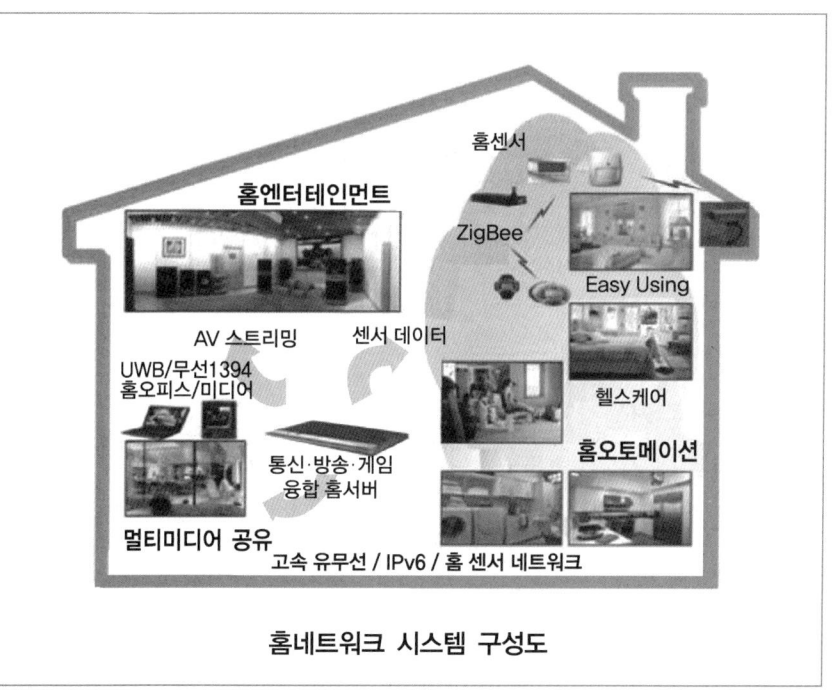

홈네트워크 시스템 구성도

(3) 홈네트워크설비와 기기 선택 시 고려사항

① **호환성**: 원격제어기기, 감지기와 같은 홈네트워크기기는 호환이 가능하도록 구성하여야 한다.
② **전환용이성**: 차세대 통신망으로의 전환의 용이성을 고려한다.
③ **접속가능성**: 어느 곳에서나 홈네트워크에 연결된 시스템들을 통제할 수 있어야 한다.
④ **유지관리성**: 운영관리 및 유지·보수가 용이해야 한다.
⑤ **신뢰성**: 이용자들이 요구하는 신뢰도 및 빠르고 안정적인 적정성을 고려한다.
⑥ **연결성**: 홈네트워크가 외부의 네트워크와 연결되어야 한다.
⑦ **단순성**: 설치가 간편하고 이용자가 쉽게 사용할 수 있어야 한다.
⑧ **보안성**: 보안 및 사생활이 보장될 수 있어야 한다.
⑨ **경제성**: 저렴한 가격으로 구현하고 유지·관리할 수 있어야 한다.

▶ 11회

바로확인문제

원격제어기기, 감지기와 같은 홈네트워크기기는 호환이 ( ) 하도록 구성하여야 한다.

2. 홈네트워크의 기능

(1) 주요 서비스 기능

주요 기능	내용
인터넷 서비스 기능	인터넷 접속서비스, 아파트단지 포털서비스(커뮤니티, 콘텐츠)
에너지 관리 기능	냉·난방제어, 세대 내 조명제어 및 원격검침
정보가전 서비스	전자레인지, 세탁기, 냉장고 등 정보가전제품에 대한 인터넷 연계 서비스 기능

(2) 안전한 주거생활

① 각종 센서의 신호를 감지하여 긴급사태 발생 시 휴대전화 호출 및 출동 경비시스템 연계
② 화재발생이나 가스누출 시 알람 및 자동잠금
③ 부재중 휴대전화를 이용한 세대 방문객의 영상·음성 확인 및 출입문 개폐

(3) 편리한 가정생활

① 세대단말기(벽면 부착형 터치스크린)를 이용한 각종 기능의 편리한 조작
② 휴대전화, 리모컨 등을 이용한 가정 내의 각종 기기·조명·커튼·냉난방·환기 제어
③ 음성인식 기능을 이용한 각종 기기 제어
④ 원격에 의한 교육 및 의료 서비스

3. 홈네트워크 기술

(1) 유선기술

종류	전송매체	내용
Home PNA (Phoneline Networking Alliance)	전화선	가정에 설치된 전화선을 이용해서 적은 추가 비용으로 가정 내 정보통신 장비들을 하나의 네트워크에 연결하여 별도의 장비 없이 가정 내 LAN을 구성할 수 있는 기술
전력선 통신 (PLC)	Power Line	전력을 공급하는 전력선을 매개로 음성과 데이터를 주파수 신호에 실어 통신하는 기술
이더넷 (Ethernet)	Cable	LAN(근거리 통신망, Local Area Network)을 위해 개발된 컴퓨터 네트워크 기술로, '이더넷'이라는 이름은 빛의 매질로 여겨졌던 에테르(Ether)에서 유래

종류	전송매체	내용
IEEE 1394	Cable	Apple에서 개발한 디지털 기기 간 전송 기술표준으로 각종 디지털 영상과 음성 신호 및 데이터를 1개의 선을 이용하여 실시간으로 주고받을 수 있는 기술(미국전기전자학회가 지정한 표준규격)
USB (Universal Serial Bus)	Cable	컴퓨터와 주변기기를 연결하는 데 쓰이는 입출력 표준 기술 가운데 하나

(2) 무선기술

종류	전송매체	내용
Home RF (Radio Frequency*)	RF	무선네트워크 기술의 대표 주자로 2.4GHz의 주파수 대역으로 50m 거리에 있는 최대 127개까지의 기기 간 연결을 가능하게 하며, 가정 내에서 컴퓨터, 무선전화 등을 상호접속하기 위한 규격을 의미
Bluetooth	RF	1994년 에릭슨이 최초로 개발한 개인 근거리 무선통신을 위한 산업표준
무선 LAN	RF	2대 이상의 컴퓨터가 선 없이 연결한 상태를 말하며, 무선으로 된 근거리 통신망
ZigBee	RF	저가의 초소형, 저전력을 특징으로 하는 근거리 무선통신 기술로서 900MHz 및 2.4GHz 주파수 대역을 사용
WiFi (Wireless Fidelity)	RF	홈네트워킹, 휴대전화, 비디오 게임 등에 쓰이는 유명한 무선기술의 상표 이름으로, 현대의 개인용 컴퓨터 운영체제, 고급형 게임기, 프린터, 다른 주변 기기에서 지원되는 기술
IrDA (Infrared Data Association)	적외선	무선 전송의 특별한 형태인 적외선 통신은 적외선 주파수 스펙트럼 내의 모아진 광선이 정보로 변조되어 송신기로부터 비교적 짧은 거리 내에 있는 수신기로 전송되는 기술

* Frequency
  주파수

개념적용 문제

홈네트워크 구현 기술 중 무선통신 기술에 해당하지 않는 것은?

제13회 기출

① Home RF   ② Bluetooth
③ IEEE 1394   ④ 무선 LAN
⑤ ZigBee

해설 IEEE(미국전기전자학회) 1394는 유선통신 기술이다.

정답 ③

바로확인문제

IEEE(미국전기전자학회) 1394는 (   )통신 기술이다.

(3) 홈네트워크 구현 기술

① **HAVI**(Home Audio Video Interoperability): 가정 내의 오디오 및 비디오 가전 기기 간의 상호 운영성(장비 간의 통신 및 제어기능 등)을 위한 홈네트워크용 표준으로 정의되며, 네트워크로 연결된 모든 오디오·비디오 가전 장비들은 네트워크의 연결 순서나 위치, 장비 생산업체와 관계없이 서로 다른 장비의 기능을 제어할 수 있도록 해 주는 것이다.

② **엘리베이터 원격감시시스템**: 엘리베이터 고장검출장치(ESMI)를 이용하여 아파트 관리자가 없을 때에 고장이 발생하면, 자동으로 서비스정보센터로 고장 신고를 하여 보다 신속하고 정확하게 고장을 처리할 수 있도록 하는 시스템이다.

③ **유비쿼터스**(Ubiquitous) **아파트**: 사용자가 네트워크나 컴퓨터를 의식하지 않고 장소에 상관없이 자유롭게 휴대폰과 같은 통신 단말기를 활용하여 네트워크에 접속, 가정 내 홈네트워크와 정보를 주고받을 수 있는 정보통신 환경을 말한다.

④ **IBS**(Intelligent Building System): 쾌적성(Amenity)을 목적으로 공조(냉방, 난방, 청정도 제어), 조명, 출입통제, 방재 등 빌딩 자체에 관련된 자동제어 시스템과 교환기(전화설비), LAN(네트워크)과 같은 통신설비, PC를 이용한 사무자동화 기기 등이 하나로 통합되어 최적의 사무공간을 제공하는 빌딩을 말한다.

2 지능형 홈네트워크설비 용어 및 설치항목

1. 지능형 홈네트워크설비 배치도

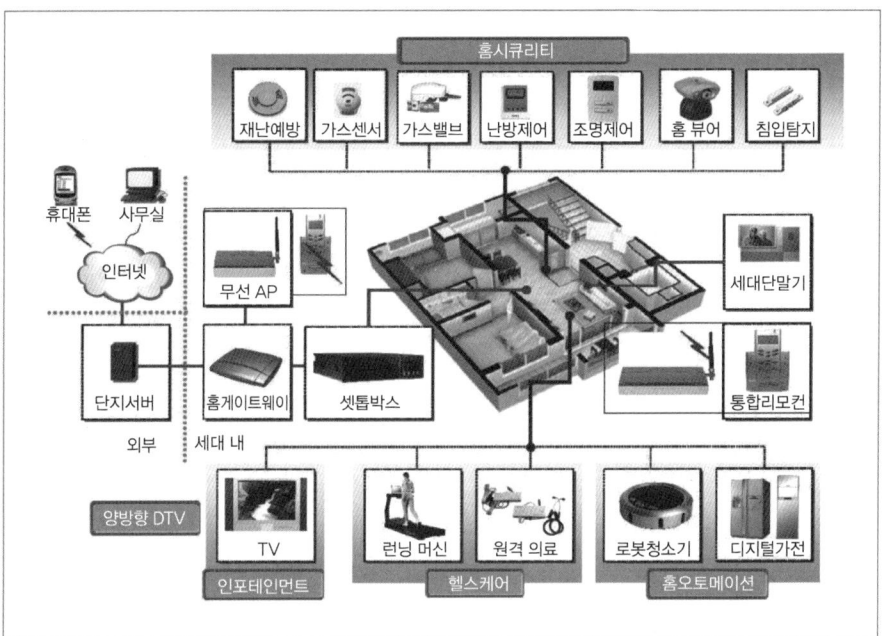

2. 용어정리

▶ 27·26·25·24·23·22·21· 20·16·15·14회

▶ 관련기준
지능형 홈네트워크 설비 설치 및 기술기준
〈2022. 7. 1. 시행〉

(1) 홈네트워크망

정의		홈네트워크장비 및 홈네트워크사용기기를 연결하는 것
종류	단지망	집중구내통신실에서 세대까지를 연결하는 망
	세대망	전유부분(각 세대 내)을 연결하는 망

(2) 홈네트워크 장비

정의		홈네트워크망을 통해 접속하는 장치
종류	홈게이트웨이	전유부분에 설치되어 세대 내에서 사용되는 홈네트워크 사용기기들을 유무선 네트워크로 연결하고 세대망과 단지망 혹은 통신사의 기간망을 상호 접속하는 장치
	세대단말기	세대 및 공용부의 다양한 설비의 기능 및 성능을 제어하고 확인할 수 있는 기기로 사용자인터페이스를 제공하는 장치
	단지네트워크 장비	세대 내 홈게이트웨이와 단지서버 간의 통신 및 보안을 수행하는 장비로서, 백본(Back-Bone), 방화벽(Fire Wall), 워크그룹스위치 등 단지망을 구성하는 장비
	단지서버	홈네트워크 설비를 총괄적으로 관리하며, 이로부터 발생하는 각종 데이터의 저장·관리·서비스를 제공하는 장비

• 단지네트워크장비

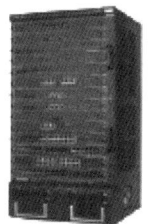

• 백본(Back-Bone)
등뼈, 척추, 네트워크의 근본이나 중심이 되는 것을 형성하는 고속 대용량 회선

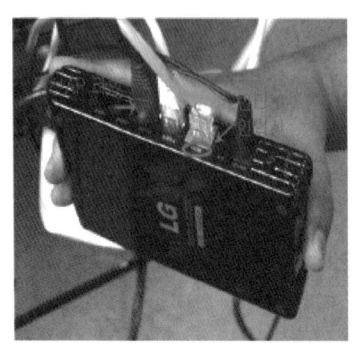 

| 홈게이트웨이 | 세대단말기 |

(3) 홈네트워크 사용기기

정의		홈네트워크망에 접속하여 사용하는 장비
종류	원격제어기기	주택 내부 및 외부에서 가스, 조명, 전기 및 난방, 출입 등을 원격으로 제어할 수 있는 기기
	원격검침 시스템	주택 내부 및 외부에서 전력, 가스, 난방, 온수, 수도 등의 사용량 정보를 원격으로 검침하는 시스템
	감지기	화재, 가스누설, 주거침입 등 세대 내의 상황을 감지하는 데 필요한 기기
	전자출입 시스템	비밀번호나 출입카드 등 전자매체를 활용하여 주동출입 및 지하주차장 출입을 관리하는 시스템
	차량출입 시스템	단지에 출입하는 차량의 등록 여부를 확인하고 출입을 관리하는 시스템
	무인택배 시스템	물품배송자와 입주자 간 직접 대면 없이 택배화물, 등기우편물 등 배달물품을 주고받을 수 있는 시스템
	그 밖에 영상정보처리기기, 전자경비시스템 등	

전자출입시스템　　　무인택배시스템

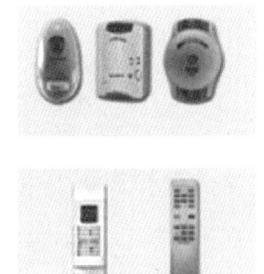
감지기

세대단자함

(4) 홈네트워크설비 설치공간

정의		홈네트워크설비가 위치하는 곳
종류	세대단자함	세대 내에 인입되는 통신선로, 방송공동수신설비 또는 홈네트워크설비 등의 배선을 효율적으로 분배·접속하기 위하여 이용자의 전유부분*에 포함되어 실내공간에 설치되는 분배함
	통신배관실 (TPS실)	통신용 파이프 샤프트 및 통신단자함을 설치하기 위한 공간
	집중구내통신실 (MDF실)	국선·국선단자함 또는 국선배선반과 초고속통신망장비, 이동통신망장비 등 각종 구내통신선로설비 및 구내용 이동통신설비를 설치하기 위한 공간
	그 밖에 방재실, 단지서버실, 단지네트워크센터 등	

* 전유부분
세대만 사용하는 공간

바로확인문제

(　　)은 통신용 파이프 샤프트 및 통신단자함을 설치하기 위한 공간이다.

개념적용 문제

지능형 홈네트워크설비 설치 및 기술기준에서 정하고 있는 홈네트워크 사용기기에 해당하는 것을 모두 고른 것은? 　　제26회 기출

> ㉠ 무인택배시스템　　㉡ 홈게이트웨이
> ㉢ 차량출입시스템　　㉣ 감지기
> ㉤ 세대단말기　　　　㉥ 원격검침시스템

① ㉠, ㉡, ㉣
② ㉠, ㉡, ㉤
③ ㉠, ㉢, ㉣, ㉥
④ ㉡, ㉢, ㉤, ㉥
⑤ ㉢, ㉣, ㉤, ㉥

해설 홈네트워크 사용기기는 원격제어기기, 원격검침시스템(㉥), 감지기(㉣), 전자출입시스템, 차량출입시스템(㉢), 무인택배시스템(㉠), 영상정보처리기기, 전자경비시스템 등이 해당한다.

　　　　　　　　　　　　　　　　　　　　　　　　　　　　　　　　정답 ③

관련기준
지능형 홈네트워크설비 설치 및 기술기준
〈2022. 7. 1. 시행〉

3 지능형 홈네트워크설비 설치 및 기술기준

1. 홈네트워크설비의 설치기준

17회

(1) 홈게이트웨이

① 홈게이트웨이는 세대단자함에 설치하거나 세대단말기에 포함하여 설치할 수 있다
② 홈게이트웨이는 이상전원 발생 시 제품을 보호할 수 있는 기능을 내장하여야 하며, 동작 상태와 케이블의 연결 상태를 쉽게 확인할 수 있는 구조로 설치하여야 한다.

21·12회

(2) 세대단말기

세대 내의 홈네트워크 사용기기들과 단지서버 간의 상호 연동이 가능한 기능을 갖추어 세대 및 공용부의 다양한 기기를 제어하고 확인할 수 있어야 한다.

26·24회

(3) 단지네트워크장비

① 단지네트워크장비는 집중구내통신실 또는 통신배관실에 설치하여야 한다.

바로확인문제
단지네트워크장비는 (　　) 또는 (　　)에 설치하여야 한다.

② 단지네트워크장비는 홈게이트웨이와 단지서버 간 통신 및 보안을 수행할 수 있도록 설치하여야 한다.
③ 단지네트워크장비는 외부인으로부터 직접적인 접촉이 되지 않도록 별도의 함체나 랙(Rack)으로 설치하며, 함체나 랙에는 외부인의 조작을 막기 위한 잠금장치를 하여야 한다.

(4) 단지서버

① 단지서버는 집중구내통신실 또는 방재실에 설치할 수 있다. 다만, 단지서버가 설치되는 공간에는 보안을 고려하여 영상정보처리기기 등을 설치하되 관리자가 확인할 수 있도록 하여야 한다.
② 단지서버는 외부인의 조작을 막기 위한 잠금장치를 하여야 한다.
③ 단지서버는 상온·상습인 곳에 설치하여야 한다.

(5) 홈네트워크 사용기기

① 원격제어기기는 전원공급, 통신 등 이상상황에 대비하여 수동으로 조작할 수 있어야 한다.
② 원격검침시스템은 각 세대별 원격검침장치가 정전 등 운용시스템의 동작 불능 시에도 계량이 가능해야 하며 데이터 값을 보존할 수 있도록 구성하여야 한다.
③ 감지기
  ㉠ 가스감지기는 LNG인 경우에는 천장 쪽에, LPG인 경우에는 바닥 쪽에 설치하여야 한다.
  ㉡ 동체감지기는 유효감지반경을 고려하여 설치하여야 한다.
  ㉢ 감지기에서 수집된 상황정보는 단지서버에 전송하여야 한다.
④ 전자출입시스템
  ㉠ 지상의 주동 현관 및 지하주차장과 주동을 연결하는 출입구에 설치하여야 한다.
  ㉡ 화재발생 등 비상 시, 소방시스템과 연동되어 주동현관과 지하주차장의 출입문을 수동으로 여닫을 수 있게 하여야 한다.
  ㉢ 강우를 고려하여 설계하거나 강우에 대비한 차단설비(날개벽, 차양 등)를 설치하여야 한다.
  ㉣ 접지단자는 프레임 내부에 설치하여야 한다.

바로확인문제

가스감지기는 사용하는 가스가 LNG인 경우에는 (   ) 쪽에, LPG인 경우에는 (   ) 쪽에 설치하여야 한다.

⑤ **차량출입시스템**
  ㉠ 차량출입시스템은 단지 주출입구에 설치하되, 차량의 진·출입에 지장이 없도록 하여야 한다.
  ㉡ 관리자와 통화할 수 있도록 영상정보처리기기와 인터폰 등을 설치하여야 한다.

⑥ **무인택배시스템**
  ㉠ 무인택배시스템은 휴대폰·이메일을 통한 문자서비스(SMS) 또는 세대단말기를 통한 알림서비스를 제공하는 제어부와 무인택배함으로 구성하여야 한다.
  ㉡ 무인택배함의 설치수량은 소형주택의 경우 세대수의 약 10~15%, 중형주택 이상은 세대수의 15~20% 정도 설치할 것을 권장한다.

⑦ **영상정보 처리기기**
  ㉠ 영상정보 처리기기의 영상은 필요시 거주자에게 제공될 수 있도록 관련 설비를 설치하여야 한다.
  ㉡ 렌즈를 포함한 영상정보 처리기기 장비는 결로되거나 빗물이 스며들지 않도록 설치하여야 한다.

(6) 홈네트워크설비 설치공간

① **세대단자함**
  ㉠ 세대단자함은 별도의 구획된 장소나 노출된 장소로서 침수 및 결로 발생의 우려가 없는 장소에 설치하여야 한다.
  ㉡ 세대단자함은 500mm × 400mm × 80mm(깊이) 크기로 설치할 것을 권장한다.

② **통신배관실**
  ㉠ 통신배관실은 유지관리를 용이하게 할 수 있도록 하여야 하며 통신배관을 위한 공간을 확보하여야 한다.
  ㉡ 통신배관실 내의 트레이(Tray) 또는 배관, 덕트 등의 설치용 개구부는 화재 시 층간 확대를 방지하도록 방화처리제를 사용하여야 한다.
  ㉢ 통신배관실의 출입문은 폭 0.7m, 높이 1.8m 이상(문틀의 내측치수)이어야 하며, 잠금장치를 설치하고, 관계자 외 출입통제 표시를 부착하여야 한다.
  ㉣ 통신배관실은 외부의 청소 등에 의한 먼지, 물 등이 들어오지 않도록 50mm 이상의 문턱을 설치하여야 한다. 다만, 차수판 또는 차수막을 설치하는 때에는 그러하지 아니하다.

③ **집중구내통신실**
　㉠ 집중구내통신실은 「방송통신설비의 기술기준에 관한 규정」 제19조에 따라 설치하되, 단지네트워크장비 또는 단지서버를 집중구내통신실에 수용하는 경우에는 설치 면적을 추가로 확보하여야 한다.
　㉡ 집중구내통신실은 독립적인 출입구와 보안을 위한 잠금장치를 설치하여야 한다.
　㉢ 집중구내통신실은 적정온도의 유지를 위한 냉방시설 또는 흡배기용 환풍기를 설치하여야 한다.

2. 홈네트워크설비의 기술기준

▶ 28·26·23회

(1) 기기인증 등
① 홈네트워크 사용기기는 산업통상자원부와 과학기술정보통신부의 인증 규정에 따른 기기인증을 받은 제품이거나 이와 동등한 성능의 적합성평가 또는 시험성적서를 받은 제품을 설치하여야 한다.
② 기기인증 관련 기술기준이 없는 기기의 경우, 인증 및 시험을 위한 규격은 「산업표준화법」에 따른 한국산업표준(KS)을 우선 적용하며, 필요에 따라 정보통신단체표준 등과 같은 관련 단체 표준을 따른다.

(2) 기기의 호환 등
① 홈게이트웨이는 단지서버와 상호 연동할 수 있어야 한다.
② 홈네트워크 사용기기는 홈게이트웨이와 상호 연동할 수 있어야 하며, 각 기기 간 호환성을 고려하여 설치하여야 한다.
③ 홈네트워크설비는 타 설비와 간섭이 없도록 설치하여야 하며, 유지보수가 용이하도록 설치하여야 한다.

(3) 하자담보 등
① 홈네트워크 사용기기는 하자담보기간과 내구연한을 표기할 수 있다.
② 홈네트워크 사용기기의 예비부품은 5% 이상 5년간 확보할 것을 권장하며, 이 경우 규정에 따른 내구연한을 고려하여야 한다.

> **개념적용 문제**
>
> **지능형 홈네트워크 설치 및 기술기준에 관한 내용으로 옳지 않은 것은?**
>
> 제28회 기출
>
> ① 단지서버는 상온·상습인 곳에 설치하여야 한다.
> ② 홈네트워크 설비는 타 설비와 간섭이 없도록 설치하여야 하며, 유지보수가 용이하도록 설치하여야 한다.
> ③ 통신배관실의 출입문은 폭 0.7미터, 높이 1.8미터 이상(문틀의 내측치수)이어야 하며, 잠금장치를 설치하고, 관계자외 출입통제 표시를 부착하여야 한다.
> ④ 가스감지기는 LNG인 경우에는 바닥 쪽에, LPG인 경우에는 천장 쪽에 설치하여야 한다.
> ⑤ 전자출입시스템은 화재발생 등 비상시, 소방시스템과 연동되어 주동현관과 지하주차장의 출입문을 수동으로 여닫을 수 있게 하여야 한다.
>
> **해설** 가스감지기는 LNG인 경우에는 천장 쪽에, LPG인 경우에는 바닥 쪽에 설치하여야 한다.
>
> **정답** ④

제2절 건축물의 에너지관리

1. 건물에너지관리시스템(BEMS)

(1) 정의

① 정보통신과 에너지기술을 융합·활용하여 건물에 최적의 환경을 제공하고 에너지를 효율적으로 관리하는 시스템을 말하며, 약자로 BEMS(Building Energy Management System)로 사용한다.

② 건물 내 에너지 사용기기(조명, 냉·난방설비, 환기설비, 콘센트 등)에 센서 및 계측장비를 설치하고 통신망으로 연계하여, 에너지원별(전력·가스·연료 등) 사용량을 실시간으로 모니터링하고, 수집된 에너지사용 정보를 최적화 분석 S/W를 통해 가장 효율적인 관리방안으로 자동제어하는 시스템을 말한다.

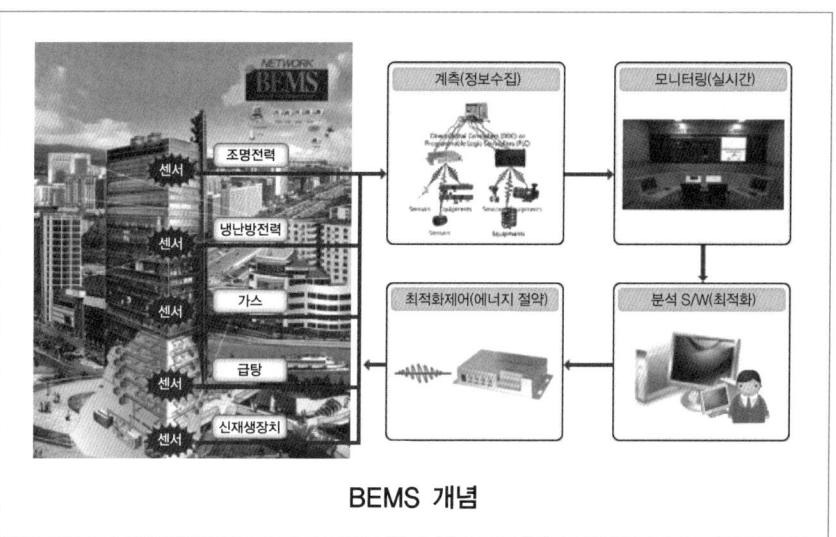

BEMS 개념

(2) BEMS의 주요 기능

분류	내용
가시화 기능 (Visualization)	에너지 사용 정보를 실시간으로 화면에 표시·감시하여 모니터링하고, 소비량에 대한 트렌드를 사용자에게 제공
분석 기능 (Analysis)	에너지 정보를 이용하여 원별, 장비별, 수요처별 에너지 소비량 분석, 수요처별 온·습도, CO_2 발생량, 조도 분석, 기기 운전상황 등 제공
관리 기능 (Management)	에너지 사용량 예측, 에너지 소비 비용 분석, 정책 결정, 제어 시스템 연동 정보 제공

(3) BEMS의 구성요건

분류		내용
시스템 기반	하드웨어	저가형 고성능 센서·계측기기, 유무선 통신기기, 자동제어기기
	소프트웨어	건물에너지소비량 분석기술에 기반한 최적 제어 알고리즘 및 프로그램
전문인력		하드웨어 및 소프트웨어 개발자, BEMS 운용 전문가

개념적용 문제

정보통신과 에너지기술을 융합·활용하여 건물에 최적의 환경을 제공하고 에너지를 효율적으로 관리하는 시스템은? 제17회 기출

① EPI ② BEMS ③ Commissioning
④ TAB ⑤ CEC

해설 BEMS(Building Energy Management System)는 건물에너지관리시스템이다.
정답 ②

바로확인문제

BEMS(Building Energy Management System)는 ( )이다.

2. 신에너지 및 재생에너지

(1) 신에너지

① **정의**: 기존의 화석연료를 변환시켜 이용하거나 수소·산소 등의 화학 반응을 통하여 전기 또는 열을 이용하는 에너지를 말한다.

② **종류**: 수소에너지, 연료전지, 석탄을 액화·가스화한 에너지 및 중질잔사유(重質殘渣油)를 가스화한 에너지, 그 밖에 석유·석탄·원자력 또는 천연가스가 아닌 에너지로서 대통령령으로 정하는 에너지 등이 있다.

(2) 재생에너지

① **정의**: 햇빛·물·지열(地熱)·강수(降水)·생물유기체 등을 포함하는 재생 가능한 에너지를 변환시켜 이용하는 에너지를 말한다.

② **종류**: 태양에너지, 풍력, 수력, 해양에너지, 지열에너지, 생물자원을 변환시켜 이용하는 바이오에너지, 폐기물에너지(비재생폐기물로부터 생산된 것은 제외), 그 밖에 석유·석탄·원자력 또는 천연가스가 아닌 에너지로서 대통령령으로 정하는 에너지 등이 있다.

관련법령
「신에너지 및 재생에너지 개발·이용·보급 촉진법」
〈2026. 1. 23. 시행〉

개념적용 문제

신에너지 및 재생에너지 개발·이용·보급 촉진법상 재생에너지에 해당하지 않는 것은? 제19회 기출

① 풍력
② 수소에너지
③ 지열에너지
④ 해양에너지
⑤ 태양에너지

해설 재생에너지에는 태양에너지(⑤), 풍력(①), 수력, 해양에너지(④), 지열에너지(③), 생물자원을 변환시켜 이용하는 바이오에너지, 폐기물에너지 등이 있다. 수소에너지는 신에너지에 해당된다.

정답 ②

제3절 건축물의 에너지절약설계기준

1. 건축물의 에너지절약설계기준 일반사항

(1) 용어정리

① **의무사항**: 건축물을 건축하는 건축주와 설계자 등이 건축물의 설계 시 필수적으로 적용해야 하는 사항을 말한다.

② **권장사항**: 건축물을 건축하는 건축주와 설계자 등이 건축물의 설계 시 선택적으로 적용이 가능한 사항을 말한다.

③ **제로에너지건축물 인증**: 국토교통부와 산업통상자원부의 공동부령인 「제로에너지건축물 인증에 관한 규칙」에 따라 제로에너지건축물 인증을 받는 것을 말한다.

④ **녹색건축 인증**: 국토교통부와 환경부의 공동부령인 「녹색건축의 인증에 관한 규칙」에 따라 인증을 받는 것을 말한다.

⑤ **고효율 제품**: 산업통상자원부 고시 「고효율에너지기자재 보급촉진에 관한 규정」에 따라 인증서를 교부받은 제품과 산업통상자원부 고시 「효율관리기자재 운용규정」에 따른 에너지소비효율 1등급 제품 또는 동 고시에서 고효율로 정한 제품을 말한다.

⑥ **완화기준**: 「건축법」, 「국토의 계획 및 이용에 관한 법률」 및 지방자치단체 조례 등에서 정하는 건축물의 용적률 및 높이제한 기준을 적용함에 있어 완화 적용할 수 있는 비율을 정한 기준을 말한다.

⑦ **예비인증**: 건축물의 완공 전에 설계도서 등으로 인증기관에서 제로에너지건축물 인증, 녹색건축 인증을 받는 것을 말한다.

⑧ **본인증**: 신청건물의 완공 후에 최종설계도서 및 현장 확인을 거쳐 최종적으로 인증기관에서 제로에너지건축물 인증, 녹색건축 인증을 받는 것을 말한다.

(2) 건축물의 열손실 방지

① 열손실방지 등의 에너지이용합리화를 위한 조치 기준

㉠ 거실의 외벽, 최상층에 있는 거실의 반자 또는 지붕, 최하층에 있는 거실의 바닥, 바닥난방을 하는 층간 바닥, 거실의 창 및 문 등은 열관류율 기준 또는 단열재 두께 기준을 준수하여야 하고, 단열조치 일반사항 등은 건축부문 의무사항을 따른다.

건축물의 에너지절약설계기준

1. 건축물의 에너지절약설계기준 일반사항
2. 건축물부문 에너지절약설계기준
3. 기계설비부문 에너지절약설계기준
4. 전기설비부문 에너지절약설계기준

▶ **관련기준**
건축물의 에너지절약설계기준
〈2025. 1. 1. 시행〉

ⓛ 건축물의 배치·구조 및 설비 등의 설계를 하는 경우에는 에너지가 합리적으로 이용될 수 있도록 한다.
　② **적용하지 않을 수 있는 건축물 또는 공간**
　　　㉠ 창고·차고·기계실 등으로서 거실의 용도로 사용하지 아니하고, 냉방 또는 난방설비를 설치하지 아니하는 건축물 또는 공간
　　　ⓛ 냉·난방설비를 설치하지 아니하고 용도 특성상 건축물 내부를 외기에 개방시켜 사용하는 등 열손실 방지조치를 하여도 에너지절약의 효과가 없는 건축물 또는 공간

(3) 복합용도 건축물의 에너지절약계획서 작성방법
① 에너지절약계획서 및 설계 검토서를 제출하여야 하는 건축물 중 비주거와 주거용도가 복합되는 건축물의 경우에는 해당 용도별로 에너지절약계획서 및 설계 검토서를 제출하여야 한다.
② 다수의 동이 있는 경우 동별로 에너지절약계획서 및 설계 검토서를 제출하는 것을 원칙으로 한다(단, 공동주택의 주거용도는 하나의 단지로 작성).
③ 설비 및 기기, 장치, 제품 등의 효율·성능 등의 판정 방법에 있어 본 기준에서 별도로 제시되지 않는 것은 해당 항목에 대한 한국산업규격(KS)을 따르도록 한다.
④ 기숙사, 오피스텔은 공동주택 외의 단열기준을 준수할 수 있으며, 에너지성능지표 작성 시, 기본배점에서 비주거를 적용한다.

2. 건축물부문 에너지절약설계기준

(1) 용어정리
① **거실**: 건축물 안에서 거주(단위 세대 내 욕실·화장실·현관을 포함한다)·집무·작업·집회·오락 기타 이와 유사한 목적을 위하여 사용되는 방을 말하나, 특별히 이 기준에서는 거실이 아닌 냉방·난방 공간 또한 거실에 포함한다.
② **외피**: 거실 또는 거실 외 공간을 둘러싸고 있는 벽·지붕·바닥·창 및 문 등으로서 외기에 직접 면하는 부위를 말한다.
③ **거실의 외벽**: 거실의 벽 중 외기에 직접 또는 간접으로 면하는 부위를 말한다. 다만, 복합용도의 건축물인 경우에는 해당 용도로 사용하는 공간이 다른 용도로 사용하는 공간과 접하는 부위를 외벽으로 볼 수 있다.

바로확인문제

다수의 동이 있는 경우에는 (　　)로 에너지절약계획서 및 설계 검토서를 제출하는 것을 원칙으로 한다[단, 공동주택의 주거용도는 하나의 (　　)로 작성].

④ **최하층에 있는 거실의 바닥**: 최하층(지하층을 포함한다)으로서 거실인 경우의 바닥과 기타 층으로서 거실의 바닥 부위가 외기에 직접 또는 간접적으로 면한 부위를 말한다. 다만, 복합용도의 건축물인 경우에는 다른 용도로 사용하는 공간과 접하는 부위를 최하층에 있는 거실의 바닥으로 볼 수 있다.

⑤ **최상층에 있는 거실의 반자 또는 지붕**: 최상층으로서 거실인 경우의 반자 또는 지붕을 말하며, 기타 층으로서 거실의 반자 또는 지붕 부위가 외기에 직접 또는 간접적으로 면한 부위를 포함한다. 다만, 복합용도의 건축물인 경우에는 다른 용도로 사용하는 공간과 접하는 부위를 최상층에 있는 거실의 반자 또는 지붕으로 볼 수 있다.

⑥ **외기에 직접 면하는 부위**: 바깥쪽이 외기이거나 외기가 직접 통하는 공간에 면한 부위를 말한다.

⑦ **외기에 간접 면하는 부위**: 외기가 직접 통하지 아니하는 비난방공간(지붕 또는 반자, 벽체, 바닥구조의 일부로 구성되는 내부 공기층은 제외한다)에 접한 부위, 외기가 직접 통하는 구조나 실내공기의 배기를 목적으로 설치하는 샤프트 등에 면한 부위, 지면 또는 토양에 면한 부위를 말한다.

⑧ **방풍구조**: 출입구에서 실내외 공기 교환에 의한 열출입을 방지할 목적으로 설치하는 방풍실 또는 회전문 등을 설치한 방식을 말한다.

⑨ **기밀성 창호, 기밀성 문**: 창 및 문으로서 한국산업규격(KS) F 2292 규정에 의하여 기밀성 등급에 따른 기밀성이 1~5등급(통기량 $5m^3/h \cdot m^2$ 미만)인 것을 말한다.

⑩ **외단열**: 건축물 각 부위의 단열에서 단열재를 구조체의 외기 측에 설치하는 단열방법으로서 모서리 부위를 포함하여 시공하는 등 열교를 차단한 경우를 말한다.

⑪ **방습층**: 습한 공기가 구조체에 침투하여 결로발생의 위험이 높아지는 것을 방지하기 위해 설치하는 투습*도가 24시간당 $30g/m^2$ 이하 또는 투습계수 $0.28g/m^2 \cdot h \cdot mmHg$ 이하의 투습저항을 가진 층을 말한다(단, 단열재 또는 단열재의 내측에 사용되는 마감재가 방습층으로서 요구되는 성능을 가지는 경우에는 그 재료를 방습층으로 볼 수 있다).

⑫ **평균열관류율**: 지붕(천창 등 투명 외피부위를 포함하지 않는다), 바닥, 외벽(창 및 문을 포함한다) 등의 열관류율 계산에 있어 세부 부위별로 열관류율값이 다를 경우 이를 면적으로 가중평균하여 나타낸 것을 말한다(단, 평균열관류율은 중심선 치수를 기준으로 계산한다).

• **투습(透濕)**
공기 중의 물기를 통과시킴

바로확인문제

(   )은 건축물 각 부위의 단열에서 단열재를 구조체의 외기 측에 설치하는 단열방법으로서 모서리 부위를 포함하여 시공하는 등 열교를 차단한 경우를 말한다.

⑬ **투광부**: 창, 문 면적의 50% 이상이 투과체로 구성된 문, 유리블록, 플라스틱패널 등과 같이 투과재료로 구성되며, 외기에 접하여 채광이 가능한 부위를 말한다.

⑭ **태양열취득률**(SHGC): 입사된 태양열에 대하여 실내로 유입된 태양열 취득의 비율을 말한다.

⑮ **일사조절장치**: 태양열의 실내 유입을 조절하기 위한 차양, 구조체 또는 태양열취득률이 낮은 유리를 말한다. 이 경우 차양은 설치위치에 따라 외부 차양과 내부 차양 그리고 유리 간 차양으로 구분하며, 가동 여부에 따라 고정형과 가동형으로 나눌 수 있다.

(2) 단열조치 일반사항

① 외기에 직접 또는 간접 면하는 거실의 각 부위에는 건축물의 열손실방지 조치를 하여야 한다. 다만, 다음 부위에 대해서는 그러하지 아니할 수 있다.

㉠ 지표면 아래 2m를 초과하여 위치한 지하 부위(공동주택의 거실 부위는 제외)로서 이중벽의 설치 등 하계 표면결로 방지 조치를 한 경우

㉡ 지면 및 토양에 접한 바닥 부위로서 난방공간의 외벽 내표면까지의 모든 수평거리가 10m를 초과하는 바닥부위

㉢ 외기에 간접 면하는 부위로서 당해 부위가 면한 비난방공간의 외기에 직접 또는 간접 면하는 부위를 단열조치하는 경우

㉣ 공동주택의 층간바닥(최하층 제외) 중 바닥난방을 하지 않는 현관 및 욕실의 바닥부위

㉤ 방풍구조(외벽 제외) 또는 바닥면적 150m² 이하의 개별 점포의 출입문

② 단열조치를 하여야 하는 부위의 열관류율이 위치 또는 구조상의 특성에 의하여 일정하지 않은 경우에는 해당 부위의 평균 열관류율값을 면적가중 계산에 의하여 구한다.

③ 건축물 부위의 열관류율 산정을 위한 단열재의 열전도율값은 한국산업규격 보온재의 열전도율 측정방법에 따른 한국산업규격 품질 값 또는 시험성적서에 의한 값을 사용하되, 열전도율 시험을 위한 시료의 평균온도는 20±5℃로 한다.

④ 수평면과 이루는 각이 70°를 초과하는 경사지붕은 기준에 정한 외벽의 열관류율을 적용할 수 있다.

⑤ 바닥난방을 하는 공간의 하부가 바닥난방을 하지 않는 공간일 경우에는 당해 바닥난방을 하는 바닥부위는 최하층에 있는 거실의 바닥으로 보며 외기에 간접 면하는 경우의 열관류율 기준을 만족하여야 한다.

(3) 바닥난방에서 단열재의 설치

① 바닥난방 부위에 설치되는 단열재는 바닥난방의 열이 슬래브 하부로 손실되는 것을 막을 수 있도록 온수배관(전기난방인 경우는 발열선) 하부와 슬래브 사이에 설치한다.

② 온수배관(전기난방인 경우는 발열선) 하부와 슬래브 사이에 설치되는 구성 재료의 열저항의 합계는 해당 바닥에 요구되는 총열관류저항의 60% 이상이 되어야 한다. 다만, 바닥난방을 하는 욕실 및 현관 부위와 슬래브의 축열을 직접 이용하는 심야전기이용 온돌 등(한국전력의 심야전력이용기기 승인을 받은 것에 한한다)의 경우에는 단열재의 위치가 그러하지 않을 수 있다.

(4) 기밀 및 결로방지 등을 위한 조치

① 벽체 내표면 및 내부에서의 결로를 방지하고 단열재의 성능 저하를 방지하기 위하여 규정에 의하여 단열조치를 하여야 하는 부위(창 및 문과 난방공간 사이의 층간 바닥 제외)에는 방습층을 단열재의 실내 측에 설치하여야 한다.

② 방습층 및 단열재가 이어지는 부위 및 단부는 이음 및 단부를 통한 투습을 방지할 수 있도록 다음과 같이 조치하여야 한다.
  ㉠ 단열재의 이음부는 최대한 밀착하여 시공하거나, 2장을 엇갈리게 시공하여 이음부를 통한 단열성능 저하가 최소화될 수 있도록 조치할 것
  ㉡ 방습층으로 알루미늄박 또는 플라스틱계 필름 등을 사용할 경우의 이음부는 100mm 이상 중첩하고 내습성 테이프, 접착제 등으로 기밀하게 마감할 것
  ㉢ 단열부위가 만나는 모서리 부위는 방습층 및 단열재가 이어짐이 없이 시공하거나 이어질 경우 이음부를 통한 단열성능 저하가 최소화되도록 하며, 알루미늄박 또는 플라스틱계 필름 등을 사용할 경우의 모서리 이음부는 150mm 이상 중첩되게 시공하고 내습성 테이프, 접착제 등으로 기밀하게 마감할 것
  ㉣ 방습층의 단부는 단부를 통한 투습이 발생하지 않도록 내습성 테이프, 접착제 등으로 기밀하게 마감할 것

③ 건축물 외피 단열부위의 접합부, 틈 등은 밀폐될 수 있도록 코킹과 개스킷 등을 사용하여 기밀하게 처리하여야 한다.

④ 외기에 직접 면하고 1층 또는 지상으로 연결된 출입문은 방풍구조로 하여야 한다. 단, 다음에 해당하는 경우에는 그러하지 않을 수 있다.

　㉠ 바닥면적 300m² 이하의 개별 점포의 출입문
　㉡ 주택의 출입문(단, 기숙사는 제외)
　㉢ 사람의 통행을 주목적으로 하지 않는 출입문
　㉣ 너비 1.2m 이하의 출입문

⑤ 방풍구조를 설치하여야 하는 출입문에서 회전문과 일반문이 같이 설치된 경우, 일반문 부위는 방풍실 구조의 이중문을 설치하여야 한다.

⑥ 건축물 거실의 창이 외기에 직접 면하는 부위인 경우에는 기밀성 창을 설치하여야 한다.

(5) 건축부문의 권장사항

① **배치계획**
　㉠ 건축물은 대지의 향, 일조 및 주풍향 등을 고려하여 배치하며, 남향 또는 남동향 배치를 한다.
　㉡ 공동주택은 인동간격을 넓게 하여 저층부의 태양열 취득을 최대한 증대시킨다.

② **평면계획**
　㉠ 거실의 층고 및 반자 높이는 실의 용도와 기능에 지장을 주지 않는 범위 내에서 가능한 한 낮게 한다.
　㉡ 건축물의 체적에 대한 외피면적의 비 또는 연면적에 대한 외피면적의 비는 가능한 한 작게 한다.
　㉢ 실의 냉난방 설정온도, 사용스케줄 등을 고려하여 에너지절약적 조닝계획을 한다.

③ **단열계획**
　㉠ 건축물 용도 및 규모를 고려하여 건축물 외벽, 천장 및 바닥으로의 열손실이 최소화되도록 설계한다.
　㉡ 외벽 부위는 외단열로 시공한다.
　㉢ 외피의 모서리 부분은 열교가 발생하지 않도록 단열재를 연속적으로 설치하고, 기타 열교부위는 외피 열교부위별 선형 열관류율 기준에 따라 충분히 단열되도록 한다.

바로확인문제
거실의 층고 및 반자 높이는 실의 용도와 기능에 지장을 주지 않는 범위 내에서 가능한 한 (　　) 한다.

ⓔ 건물의 창 및 문은 가능한 한 작게 설계하고, 특히 열손실이 많은 북측 거실의 창 및 문의 면적은 최소화한다.

ⓜ 발코니 확장을 하는 공동주택이나 창 및 문의 면적이 큰 건물에는 단열성이 우수한 로이(Low-E) 복층창이나 삼중창 이상의 단열성능을 갖는 창을 설치한다.

ⓗ 태양열 유입에 의한 냉·난방부하를 저감할 수 있도록 일사조절장치, 태양열취득률(SHGC), 창 및 문의 면적비 등을 고려한 설계를 한다. 건축물 외부에 일사조절장치를 설치하는 경우에는 비, 바람, 눈, 고드름 등의 낙하 및 화재 등의 사고에 대비하여 안전성을 검토하고 주변 건축물에 빛반사에 의한 피해 영향을 고려하여야 한다.

ⓢ 건물 옥상에는 조경을 하여 최상층 지붕의 열저항을 높이고, 옥상면에 직접 도달하는 일사를 차단하여 냉방부하를 감소시킨다.

④ **기밀계획**

㉠ 틈새바람에 의한 열손실을 방지하기 위하여 외기에 직접 또는 간접으로 면하는 거실 부위에는 기밀성 창 및 문을 사용한다.

㉡ 공동주택의 외기에 접하는 주동의 출입구와 각 세대의 현관은 방풍구조로 한다.

⑤ **자연채광계획**

㉠ 자연채광을 적극적으로 이용할 수 있도록 계획한다.

㉡ 학교의 교실, 문화 및 집회시설의 공용부분(복도, 화장실, 휴게실, 로비 등)은 1면 이상 자연채광이 가능하도록 한다.

3. 기계설비부문 에너지절약설계기준

(1) 용어정리

▶ 26회

① **위험률**: 냉(난)방기간 동안 또는 연간 총시간에 대한 온도출현분포 중에서 가장 높은(낮은) 온도 쪽으로부터 총시간의 일정 비율에 해당하는 온도를 제외시키는 비율을 말한다.

② **효율**: 설비기기에 공급된 에너지에 대하여 출력된 유효에너지의 비를 말한다.

③ **열원설비**: 에너지를 이용하여 열을 발생시키는 설비를 말한다.

④ **대수분할운전**: 기기를 여러 대 설치하여 부하상태에 따라 최적의 운전상태를 유지할 수 있도록 기기를 조합하여 운전하는 방식을 말한다.

⑤ **비례제어운전**: 기기의 출력값과 목표값의 편차에 비례하여 입력량을 조절하여 최적의 운전상태를 유지할 수 있도록 운전하는 방식을 말한다.

⑥ **심야전기를 이용한 축열·축냉시스템**: 심야시간에 전기를 이용하여 열을 저장하였다가 이를 난방, 온수, 냉방 등의 용도로 이용하는 설비로서, 한국전력공사에서 심야전력기기로 인정한 것을 말한다.

⑦ **열회수형 환기장치**: 난방 또는 냉방을 하는 장소의 환기장치로 실내의 공기를 배출할 때 급기되는 공기와 열교환하는 구조를 가진 것으로서, KS B 6879(열회수형 환기장치) 부속서 B에서 정하는 시험방법에 따른 열교환효율과 에너지계수의 최소기준 이상의 성능을 가진 것을 말한다.

• **이코노마이저(economizer)**
에너지절약을 위하여 배열에서 회수된 열을 급수 예열에 이용하는 방법

⑧ **이코노마이저 시스템**: 중간기 또는 동계에 발생하는 냉방부하를 실내 엔탈피보다 낮은 도입외기에 의하여 제거 또는 감소시키는 시스템을 말한다.

⑨ **중앙집중식 냉·난방설비**: 건축물의 전부 또는 냉·난방 면적의 60% 이상을 냉방 또는 난방함에 있어서, 해당 공간에 순환펌프, 증기난방설비 등을 이용하여 열원 등을 공급하는 설비를 말한다. 단, 산업통상자원부 고시「효율관리기자재 운용규정」에서 정한 가정용 가스보일러는 개별 난방설비로 간주한다.

(2) 설계용 외기 조건

① 난방 및 냉방설비의 용량계산을 위한 외기 조건은 각 지역별로 위험률 2.5%(냉방기 및 난방기를 분리한 온도출현분포를 사용할 경우) 또는 1%(연간 총시간에 대한 온도출현 분포를 사용할 경우)로 하거나 기준에서 정한 외기 온·습도를 사용한다.

② 기준에서 정한 이외의 지역인 경우에는 상기 위험률을 기준으로 하여 가장 유사한 기후조건을 갖는 지역의 값을 사용한다(단, 지역난방공급방식을 채택할 경우에는 산업통상자원부 고시 집단에너지시설의 기술기준에 의하여 용량계산을 할 수 있다).

(3) 열원 및 반송설비

① 공동주택에 중앙집중식 난방설비(집단에너지사업법에 의한 지역난방공급방식을 포함한다)를 설치하는 경우에는「주택건설기준 등에 관한 규정」에 적합한 조치를 하여야 한다.

② 펌프는 한국산업규격 표시인증제품 또는 KS규격에서 정해진 효율 이상의 제품을 설치하여야 한다.

바로확인문제

중앙집중식 냉·난방설비란 건축물의 전부 또는 냉·난방 면적의 (   )% 이상을 냉방 또는 난방함에 있어 해당 공간에 순환펌프, 증기난방설비 등을 이용하여 열원 등을 공급하는 설비를 말한다.

③ 기기배관 및 덕트는 국토교통부에서 정하는 「국가건설기준 기계설비공사표준시방서」의 보온두께 이상 또는 그 이상의 열저항을 갖도록 단열조치를 하여야 한다(단, 건축물 내의 벽체 또는 바닥에 매립되는 배관 등은 그러하지 아니할 수 있다).

(4) 기계부문의 권장사항

① **설계용 실내온도 조건**
   ㉠ 난방 및 냉방설비의 용량계산을 위한 설계기준 실내온도는 난방의 경우 20℃, 냉방의 경우 28℃를 기준으로 한다(목욕장 및 수영장은 제외).
   ㉡ 각 건축물 용도 및 개별 실의 특성에 따라 기준에서 제시된 범위를 참고하여 설비의 용량이 과다해지지 않도록 한다.

② **열원설비**
   ㉠ 열원설비는 부분부하 및 전부하 운전효율이 좋은 것을 선정한다.
   ㉡ 난방기기, 냉방기기, 냉동기, 송풍기, 펌프 등은 부하조건에 따라 최고의 성능을 유지할 수 있도록 대수분할 또는 비례제어운전이 되도록 한다.
   ㉢ 난방기기, 냉방기기, 급탕기기는 고효율제품 또는 이와 동등 이상의 효율을 가진 제품을 설치한다.
   ㉣ 보일러의 배출수·폐열·응축수 및 공조기의 폐열, 생활배수 등의 폐열을 회수하기 위한 열회수설비를 설치한다. 폐열회수를 위한 열회수설비를 설치할 때에는 중간기에 대비한 바이패스(By-Pass) 설비를 설치한다.
   ㉤ 냉방기기는 전력피크 부하를 줄일 수 있도록 하여야 하며, 상황에 따라 심야전기를 이용한 축열·축냉시스템, 가스 및 유류를 이용한 냉방설비, 집단에너지를 이용한 지역냉방방식, 소형열병합발전을 이용한 냉방방식, 신·재생에너지를 이용한 냉방방식을 채택한다.

③ **공조설비**
   ㉠ 중간기 등에 외기도입에 의하여 냉방부하를 감소시키는 경우에는 실내 공기질을 저하시키지 않는 범위 내에서 이코노마이저시스템 등 외기냉방시스템을 적용한다(단, 외기냉방시스템의 적용이 건축물의 총에너지비용을 감소시킬 수 없는 경우에는 그러하지 아니하다).
   ㉡ 공기조화기 팬은 부하변동에 따른 풍량제어가 가능하도록 가변익축류방식, 흡입베인제어방식, 가변속제어방식 등 에너지절약적 제어방식을 채택한다.

• **바이패스(By-Pass)**
'우회하다'라는 뜻으로 전기에서는 신호를 전달해서 목적하는 회로를 통하지 않고 신호를 전달하는 것을 의미한다.

④ **반송설비**

㉠ 냉방 또는 난방 순환수 펌프, 냉각수 순환 펌프는 운전효율을 증대시키기 위해 가능한 한 대수제어 또는 가변속제어방식을 채택하여 부하상태에 따라 최적 운전상태가 유지될 수 있도록 한다.

㉡ 급수용 펌프 또는 급수가압펌프의 전동기에는 가변속제어방식 등 에너지절약적 제어방식을 채택한다.

㉢ 공조용 송풍기, 펌프는 효율이 높은 것을 채택한다.

⑤ **환기 및 제어설비**

㉠ 환기를 통한 에너지손실 저감을 위해 성능이 우수한 열회수형 환기장치를 설치한다.

㉡ 기계환기시설을 사용하여야 하는 지하주차장의 환기용 팬은 대수제어 또는 풍량조절(가변익, 가변속도), 일산화탄소(CO)의 농도에 의한 자동(On-Off)제어 등의 에너지절약적 제어방식을 도입한다.

㉢ 건축물의 효율적인 기계설비 운영을 위해 TAB 또는 커미셔닝을 실시한다.

㉣ 에너지 사용설비는 에너지절약 및 에너지이용 효율의 향상을 위하여 컴퓨터에 의한 자동제어시스템 또는 네트워킹이 가능한 현장제어장치 등을 사용한 에너지제어 시스템을 채택하거나, 분산제어 시스템으로서 각 설비별 에너지제어 시스템에 개방형 통신기술을 채택하여 설비별 제어 시스템 간 에너지관리 데이터의 호환과 집중제어가 가능하도록 한다.

개념적용 문제

건축물의 에너지절약을 위한 방법으로 옳지 않은 것은?   제16회 기출

① 건축물의 연면적에 대한 외피면적의 비를 크게 한다.
② 지하주차장의 환기용 팬은 일산화탄소 농도에 따라 자동제어한다.
③ 난방순환수 펌프는 대수제어 또는 가변속제어방식을 채택한다.
④ 송풍기에서 회전수제어가 댐퍼제어에 비해 동력절감에 유리하다.
⑤ 거실 층고와 반자 높이는 실의 용도와 기능에 지장을 주지 않는 범위 내에서 가능한 한 낮게 한다.

해설 건축물의 연면적에 대한 외피면적의 비를 작게 한다.

정답 ①

바로확인문제

기계환기시설을 사용하여야 하는 지하주차장의 환기용 팬은 대수제어 또는 풍량조절(가변익, 가변속도), (　　)의 농도에 의한 자동(On-Off)제어 등의 에너지절약적 제어방식을 도입한다.

4. 전기설비부문 에너지절약설계기준

(1) 용어정리

① **역률개선용 커패시터**(콘덴서): 역률을 개선하기 위하여 변압기 또는 전동기 등에 병렬로 설치하는 커패시터를 말한다.

② **전압강하**: 인입전압(또는 변압기 2차 전압)과 부하 측 전압과의 차를 말하며, 저항이나 인덕턴스에 흐르는 전류에 의하여 강하하는 전압을 말한다.

③ **조도자동조절 조명기구**: 인체 또는 주위 밝기를 감지하여 자동으로 조명등을 점멸하거나 조도를 자동 조절할 수 있는 센서장치 또는 그 센서를 부착한 등기구를 말한다.

④ **수용률**: 부하설비 용량 합계에 대한 최대수용전력의 백분율을 말한다.

⑤ **최대수요전력**: 수용가에서 일정기간 중 사용한 전력의 최대치를 말한다.

⑥ **최대수요전력 제어설비**: 수용가에서 피크전력의 억제, 전력부하의 평준화 등을 위하여 최대수요전력을 자동으로 제어할 수 있는 설비를 말한다.

⑦ **가변속제어기**(인버터): 정지형 전력변환기로서 전동기의 가변속운전을 위하여 설치하는 설비를 말한다.

⑧ **변압기 대수제어**: 변압기를 여러 대 설치하여 부하상태에 따라 필요한 운전대수를 자동 또는 수동으로 제어하는 방식을 말한다.

⑨ **대기전력 자동차단 장치**: 산업통상자원부 고시 「대기전력저감프로그램운용규정」에 의하여 대기전력 저감우수제품으로 등록된 대기전력 자동차단 콘센트, 대기전력 자동차단 스위치를 말한다.

⑩ **자동절전멀티탭**: 산업통상자원부고시 「대기전력저감프로그램운용규정」에 의하여 대기전력 저감우수제품으로 등록된 자동절전멀티탭을 말한다.

⑪ **일괄소등스위치**: 층 또는 구역 단위(세대 단위)로 설치되어 조명등(센서등 및 비상등 제외 가능)을 일괄적으로 끌 수 있는 스위치를 말한다.

⑫ **회생제동장치**: 승강기가 균형추보다 무거운 상태로 하강(또는 반대의 경우)할 때 모터는 순간적으로 발전기로 동작하게 되며, 이때 생산되는 전력을 다른 회로에서 전원으로 활용하는 방식으로 전력소비를 절감하는 장치를 말한다.

(2) 전기부문의 의무사항

① **수변전설비**: 변압기를 신설 또는 교체하는 경우에는 고효율 제품으로 설치하여야 한다.

② **간선 및 동력설비**
  ㉠ 전동기에는 기본공급약관 시행세칙에 따른 역률개선용 커패시터(콘덴서)를 전동기별로 설치하여야 한다(단, 소방설비용 전동기 및 인버터 설치 전동기에는 그러하지 아니할 수 있다).
  ㉡ 간선의 전압강하는 한국전기설비규정을 따라야 한다.

③ **조명설비**
  ㉠ 조명기기 중 안정기내장형램프, 형광램프를 채택할 때에는 산업통상자원부 고시「효율관리기자재 운영규정」에 따른 최저소비효율기준을 만족하는 제품을 사용하고, 유도등 및 주차장 조명기기는 고효율제품에 해당하는 LED 조명을 설치하여야 한다.
  ㉡ 공동주택 각 세대 내의 현관 및 숙박시설의 객실 내부 입구, 계단실의 조명기구는 인체감지점멸형 또는 일정시간 후에 자동 소등되는 조도자동조절조명기구를 채택하여야 한다.
  ㉢ 조명기구는 필요에 따라 부분조명이 가능하도록 점멸회로를 구분하여 설치하여야 하며, 일사광이 들어오는 창 측의 전등군은 부분점멸이 가능하도록 설치한다(단, 공동주택은 그러하지 않을 수 있다).
  ㉣ 공동주택의 효율적인 조명에너지 관리를 위하여 세대별로 일괄적 소등이 가능한 일괄소등 스위치를 설치하여야 한다(단, 전용면적 $60m^2$ 이하인 주택의 경우에는 그러하지 않을 수 있다).

(3) 전기부문의 권장사항

① **수변전설비**
  ㉠ 변전설비는 부하의 특성, 수용률, 장래의 부하증가에 따른 여유율, 운전조건, 배전방식을 고려하여 용량을 산정한다.
  ㉡ 부하특성, 부하종류, 계절부하 등을 고려하여 변압기의 운전대수제어가 가능하도록 뱅크를 구성한다.
  ㉢ 수전전압 25kV 이하의 수전설비에서는 변압기의 무부하손실을 줄이기 위하여 충분한 안전성이 확보된다면 직접강압방식을 채택하며 건축물의 규모, 부하특성, 부하용량, 간선손실, 전압강하 등을 고려하여 손실을 최소화할 수 있는 변압방식을 채택한다.

ⓔ 전력을 효율적으로 이용하고 최대수용전력을 합리적으로 관리하기 위하여 최대수요전력 제어설비를 채택한다.
ⓜ 역률개선용 커패시터(콘덴서)를 집합 설치하는 경우에는 역률자동조절장치를 설치한다.
ⓗ 건축물의 사용자가 합리적으로 전력을 절감할 수 있도록 층별 및 임대 구획별로 전력량계를 설치한다.

② **조명설비**
㉠ 옥외등은 고효율제품인 LED 조명을 사용하고, 옥외등의 조명회로는 격등 점등(또는 조도조절 기능) 및 자동점멸기에 의한 점멸이 가능하도록 한다.
㉡ 공동주택의 지하주차장에 자연채광용 개구부가 설치되는 경우에는 주위 밝기를 감지하여 전등군별로 자동 점멸되거나 스케줄제어가 가능하도록 하여 조명전력이 효과적으로 절감될 수 있도록 한다.
㉢ LED 조명기구는 고효율제품을 설치한다.
㉣ KS A 3011에 의한 작업면 표준조도를 확보하고 효율적인 조명설계에 의해 전력에너지를 절약한다.
㉤ 효율적인 조명에너지 관리를 위하여 층별 또는 구역별로 일괄 소등이 가능한 일괄소등스위치를 설치한다.

③ **제어설비**
㉠ 여러 대의 승강기가 설치되는 경우에는 군관리 운행방식을 채택한다.
㉡ 팬코일유닛이 설치되는 경우에는 전원의 방위별, 실의 용도별 통합제어가 가능하도록 한다.
㉢ 수변전설비는 종합감시제어 및 기록이 가능한 자동제어설비를 채택한다.
㉣ 실내 조명설비는 군별 또는 회로별로 자동제어가 가능하도록 한다.
㉤ 승강기에 회생제동장치를 설치한다.
㉥ 사용하지 않는 기기에서 소비하는 대기전력을 저감하기 위해 대기전력 자동차단장치를 설치한다.

바로확인문제

옥외등은 고효율제품인 (   ) 조명을 사용한다.

> **개념적용 문제**
>
> **건축물의 에너지절약설계기준상 전기설비에 관한 내용으로 옳지 않은 것은?**
> 제28회 기출
>
> ① "최대수요전력"이라 함은 수용가에서 일정 기간 중 사용한 전력의 최대치를 말한다.
> ② "가변속제어기(인버터)"라 함은 정지형 전력변환기로서 전동기의 가변속운전을 위하여 설치하는 설비를 말한다.
> ③ "변압기 대수제어"라 함은 변압기를 여러 대 설치하여 부하상태에 따라 필요한 운전대수를 자동 또는 수동으로 제어하는 방식을 말한다.
> ④ "부하율"이라 함은 부하설비 용량 합계에 대한 최대 수용전력의 백분율을 말한다.
> ⑤ "일괄소등스위치"라 함은 층 또는 구역 단위(세대 단위)로 설치되어 조명등(센서등 및 비상등 제외 가능)을 일괄적으로 끌 수 있는 스위치를 말한다.
>
> **해설** "수용률"이라 함은 부하설비 용량 합계에 대한 최대 수용전력의 백분율을 말한다.
>
> **정답** ④

CHAPTER 11 OX문제로 완벽 복습

01 홈게이트웨이는 세대단자함에 설치하거나 세대단말기에 포함하여 설치할 수 있다. (O | X)

02 원격제어기기, 감지기와 같은 홈네트워크 사용기기는 호환이 가능하도록 구성하여야 한다. (O | X)

03 IEEE 1394는 홈네트워크 구현 기술 중 무선통신 기술에 해당한다. (O | X)

04 세대단말기는 세대 및 공용부의 다양한 설비의 기능 및 성능을 제어하고 확인할 수 있는 기기로 사용자인터페이스를 제공하는 장치를 말한다. (O | X)

05 세대 내 홈게이트웨이와 단지서버 간의 통신 및 보안을 수행하는 장비로서, 백본, 방화벽, 워크그룹스위치 등 단지망을 구성하는 장비를 단지네트워크장비라고 한다. (O | X)

06 전자출입시스템은 비밀번호나 출입카드 등 전자매체를 활용하여 주동출입 및 지하주차장 출입을 관리하는 시스템을 말한다. (O | X)

07 집중구내통신실은 통신용 파이프 샤프트 및 통신단자함을 설치하기 위한 공간을 말한다. (O | X)

08 차수판 또는 차수막을 설치하지 않은 통신배관실에는 최소 40mm 이상의 문턱을 설치하여야 한다. (O | X)

09 원격제어기기는 주택 내부 및 외부에서 가스, 조명, 전기 및 난방, 출입 등을 원격으로 제어할 수 있는 기기를 말한다. (O | X)

10 무인택배함의 설치수량은 소형주택의 경우 세대수의 약 10~15%를 권장한다. (O | X)

11 가스감지기는 사용하는 가스가 LNG인 경우에는 천장 쪽에, LPG인 경우에는 바닥 쪽에 설치해야 한다. (O | X)

정답

01 O   02 O   03 ×(무선 ⇨ 유선)   04 O   05 O   06 O   07 ×(집중구내통신실 ⇨ 통신배관실)
08 ×(40mm ⇨ 50mm)   09 O   10 O   11 O

12 단열재의 이음부는 최대한 밀착하여 시공하거나 2장을 엇갈리게 시공한다. (○ | ×)

13 벽체 내부의 결로를 방지하기 위하여 단열재의 실외 측에 방습층을 설치한다. (○ | ×)

14 건축물의 연면적에 대한 외피면적의 비를 크게 한다. (○ | ×)

15 거실 층고와 반자 높이는 실의 용도와 기능에 지장을 주지 않는 범위 내에서 가능한 한 낮게 한다. (○ | ×)

정답

12 ○   13 ×(실외 ⇨ 실내)   14 ×(크게 ⇨ 작게)   15 ○

REFERENCE 참고문헌

01. 국가건설기준센터, "국토교통부 설계기준코드(KDS)", 한국건설기술연구원, 2025
02. 국가건설기준센터, "국토교통부 표준시방서코드(KCS)", 한국건설기술연구원, 2025
03. 대한건축학회, "국토교통부고시 건축구조기준 및 해설", 기문당, 2025
04. 한국강구조학회, "강구조의 설계", 구미서관, 2025
05. 대한건축학회, "국토교통부고시 건축공사표준시방서", 기문당, 2025
06. 한국콘크리트학회, "콘크리트표준시방서 해설", 기문당, 2025
07. 한국콘크리트학회, "콘크리트구조기준", 기문당, 2025
08. 대한건축학회, "건축설비", 기문당, 2025
09. 김창훈 외 4인, "건축구조학", 서우출판사, 2025
10. 김창훈 외 3인, "철근콘크리트구조", 서우출판사, 2025
11. 김창훈 외 3인, "철골구조", 서우출판사, 2025
12. 김창훈 외 5인, "최신건축시공학", 기문당, 2025
13. 정광섭 외 7인, "건축공기조화설비", 성안당, 2025
14. 문태섭 외 14인, "철골구조", 대한건축학회, 2025
15. 김재수, "건축설비", 서우출판사, 2025
16. 장기인, "최신건축구조학", 보성각, 2000
17. 이시웅, "건축설비", 광문각, 2007
18. 윤혁경, "건축법 조례해설", 기문당, 2022
19. 정상진 외 7인, "건축일반구조학", 기문당, 2003
20. 염창열 외 3인, "건축사예비 건축구조", 한솔, 2025
21. 조성안, "건축설비기사 과년도", 기문사, 2025
22. 김창훈 외 3인, "건축기사시리즈 건축구조", 예문사, 2025
23. M.Salvador, R. Heller, 건축의 구조, 기문당, 2000
24. David Darwin 외 3인, "Design of Concrete Structures, 13th Edition", 동화기술, 2007
25. Mast, R. F., "Unified Design Provision for Reinforced and Prestressed Concrete Flexural and Compression Members", ACI Structural Journal
26. Pauw, A., "Static Modulus of Elasticity of Concrete as Affected by Density", ACI Journal
27. ACI Detailing Manual, ACI Special Publication SP66, American Concrete Institute, Detroit, 1994
28. "Guide for Use of Normal Weight and Heavyweight Aggregate in Concrete", ACI Committee 221, ACI Manual of Concrete Practice, Part 1, 2003

INDEX 기본용어 다시보기

※ 기본서 학습이 모두 끝나셨나요? 아래 용어의 의미를 정확히 알고 있는지 확인해보고, 헷갈리는 용어는 다시 학습하세요.

ㄱ

가스계량기	161
가압송수장치	178
가요전선관공사	297
각개통기관	118
간선	293
간접가열식	94
간접배수	105
감광보상률	314
감압밸브	225
강관	28
개인하수도	136
개인하수처리시설	135
건물에너지관리시스템	348
건축화 조명	312
결로현상	27
결합통기관	120
경도	44
경질염화비닐관	30
고가(옥상)탱크방식	52
공공하수도	136
공기빼기밸브	62
광속법	314
권상기	324
글로브밸브	35
금속관공사	297
급수배관	62
급수부하단위	47
급수압력	47
급수조닝	58
급탕부하	81
기계환기	273
기수혼합식 탕비기	93
기압	11

ㄴ

난방도일	17
내단열	26
냉각탑	255
냉매	247
노점온도	16
노통연관 보일러	85

ㄷ

단관식	96
단열	24
단지네트워크장비	344
대류	21
도피통기관	119
동관	30
드렌처설비	191

ㄹ

라이팅덕트공사	298
루프통기관	119
리턴콕	226

ㅁ

마찰손실수두	13
무선기술	339
무정전 전원장치	290
물분무소화설비	192

ㅂ

방(제)진재	17
방열기	217
배관부식	34
배관의 신축이음	98
배수부하단위	110
버스덕트공사	297
버큠브레이커	66
버터플라이밸브	36
베르누이의 정리	14
변전실	287
보상식 감지기	202
보일러	82
복관식	96
복사	21
복사난방	237
볼밸브	36
봉수	105
봉수 파괴원인	108
부등률	286
부패탱크식 오수정화조	140
부하율	286
분류식하수관로	136
분전반	292
비상용 승강기	319
비상콘센트설비	198
비열	19

ㅅ

상대습도	16
서징현상	74
성적계수	248
세정밸브식	130
섹스티아 방식	123
소벤트 방식	122
소화기구	173
수격작용	63
수관 보일러	86
수도직결방식	51
수두	12
수변전설비	285

368 INDEX

수압	12
수압시험	64
수용률	286
순간온수기	93
스컴	140
스트레이너	37
스프링클러설비	182
슬루스밸브	35
슬리브배관	98
습공기선도	263
습통기관	121
신에너지	350
신정통기관	119

ㅇ

압력	11
압력탱크방식	55
압축식 냉동기	250
액화석유가스	157
액화천연가스	156
양정	68
엔탈피	20
엘리베이터	321
역률	281
역률개선용 커패시터(콘덴서)	361
역환수방식	96
연결살수설비	197
연결송수관설비	194
연관	29
연기감지기	202
열관류	22
열교현상	25
열교환기	245
열용량	20
열전도	22
옥내소화전설비	177
온수난방	234
온풍난방	241
왕복동펌프	69
외단열	26
원심펌프	71
위생기구	126
위험률	357
유도등	209
유도표지	209
유량	14
유선기술	338
이코노마이저시스템	358
인젝터	225

ㅈ

자동화재탐지설비	199
자연환기	272
잠열	20
장시간 폭기방식	143
재생에너지	350
저탕형 탕비기	93
저항	281
전기방식(배전방식)	294
전도	21
전류	280
전압	280
절대습도	16
절대온도	15
절수기기	49
절수설비	49
정온식 감지기	200
주철제 보일러	85
증기난방	229
증기트랩	223
지역난방	243
직접가열식	94
집중구내통신실	347

ㅊ

차동식 감지기	201
차음재	18
청소구	112
체크밸브	35
축동력	73
축마력	73

ㅋ

| 콕 | 36 |
| 크로스커넥션 | 65 |

ㅌ

통기관	116
통신배관실	346
트랩	105

ㅍ

팽창관	90
팽창탱크	90
펌프직송방식	56
포집기	108
플로어덕트공사	298
플로트 스위치	54
피난기구	207
피뢰설비	303

ㅎ

할론소화설비	194
합류식하수관로	136
항공장애 표시등 및 항공장애 주간표지	305
헤더공법	91
현열	20
혐기성 처리방식	146
호기성 처리방식	146
홈게이트웨이	344
홈네트워크망	341
환기량	275
활성오니	139
흡수식 냉동기	251
흡음재	18
히트펌프	253

기타

2중서비스밸브	225
3방밸브	226
BOD	138
COD	139
DO	139
SS	139

끝이 좋아야 시작이 빛난다.

— 마리아노 리베라(Mariano Rivera)

memo

memo

memo

2026 에듀윌 주택관리사 1차 기본서 공동주택시설개론

발 행 일	2025년 8월 28일 초판
편 저 자	신명
펴 낸 이	양형남
펴 낸 곳	(주)에듀윌
I S B N	979-11-360-3858-6
등록번호	제25100-2002-000052호
주　　소	08378 서울특별시 구로구 디지털로34길 55
	코오롱싸이언스밸리 2차 3층

* 이 책의 무단 인용·전재·복제를 금합니다.

www.eduwill.net
대표전화 1600-6700

여러분의 작은 소리
에듀윌은 크게 듣겠습니다.

본 교재에 대한 여러분의 목소리를 들려주세요.
공부하시면서 어려웠던 점, 궁금한 점,
칭찬하고 싶은 점, 개선할 점, 어떤 것이라도 좋습니다.

에듀윌은 여러분께서 나누어 주신 의견을
통해 끊임없이 발전하고 있습니다.

에듀윌 도서몰 book.eduwill.net
- 부가학습자료 및 정오표: 에듀윌 도서몰 → 도서자료실
- 교재 문의: 에듀윌 도서몰 → 문의하기 → 교재(내용, 출간) / 주문 및 배송

업계 최초 대통령상 3관왕, 정부기관상 19관왕 달성!

2010 대통령상   2019 대통령상   2019 대통령상

대한민국 브랜드대상 국무총리상 / 국무총리상 / 문화체육관광부 장관상 / 농림축산식품부 장관상 / 과학기술정보통신부 장관상 / 여성가족부장관상

서울특별시장상 / 과학기술부장관상 / 정보통신부장관상 / 산업자원부장관상 / 고용노동부장관상 / 미래창조과학부장관상 / 법무부장관상

2004
서울특별시장상 우수벤처기업 대상

2006
부총리 겸 과학기술부장관 표창 국가 과학 기술 발전 유공

2007
정보통신부장관상 디지털콘텐츠 대상
산업자원부장관 표창 대한민국 e비즈니스대상

2010
대통령 표창 대한민국 IT 이노베이션 대상

2013
고용노동부장관 표창 일자리 창출 공로

2014
미래창조과학부장관 표창 ICT Innovation 대상

2015
법무부장관 표창 사회공헌 유공

2017
여성가족부장관상 사회공헌 유공
2016 합격자 수 최고 기록 KRI 한국기록원 공식 인증

2018
2017 합격자 수 최고 기록 KRI 한국기록원 공식 인증

2019
대통령 표창 범죄예방대상
대통령 표창 일자리 창출 유공
과학기술정보통신부장관상 대한민국 ICT 대상

2020
국무총리상 대한민국 브랜드대상
2019 합격자 수 최고 기록 KRI 한국기록원 공식 인증

2021
고용노동부장관상 일·생활 균형 우수 기업 공모전 대상
문화체육관광부장관 표창 근로자휴가지원사업 우수 참여 기업
농림축산식품부장관상 대한민국 사회공헌 대상
문화체육관광부장관 표창 여가친화기업 인증 우수 기업

2022
국무총리 표창 일자리 창출 유공
농림축산식품부장관상 대한민국 ESG 대상

YES24 수험서 자격증 주택관리사 기본서 베스트셀러 1위(2025년 5월 월별 베스트)
2024년~2022년 공동주택관리실무 시험 최고득점,
2021년~2020년 주택관리관계법규, 공동주택관리실무 시험 과목별 최고득점,
2019년 주택관리관계법규 시험 최고득점
2020년 제23회 주택관리사(보) 제2차(최종) 시험 원서접수 이벤트 및 풀서비스 시 수험번호를 입력한 수강회원 기준
2023 대한민국 브랜드만족도 주택관리사 교육 1위(한경비즈니스)

에듀윌 주택관리사 기본서

1차 공동주택시설개론 下

온라인 강의/직영학원 house.eduwill.net

고객의 꿈, 직원의 꿈, 지역사회의 꿈을 실현한다

에듀윌 도서몰
book.eduwill.net
- 부가학습자료 및 정오표: 에듀윌 도서몰 > 도서자료실
- 교재 문의: 에듀윌 도서몰 > 문의하기 > 교재(내용, 출간) / 주문 및 배송

업계 최초 대통령상 3관왕, 정부기관상 19관왕 달성!

2010 대통령상   2019 대통령상   2019 대통령상

대한민국 브랜드대상 국무총리상   국무총리상   문화체육관광부 장관상   농림축산식품부 장관상   과학기술정보통신부 장관상   여성가족부장관상

서울특별시장상   과학기술부장관상   정보통신부장관상   산업자원부장관상   고용노동부장관상   미래창조과학부장관상   법무부장관상

- **2004**
  서울특별시장상 우수벤처기업 대상

- **2006**
  부총리 겸 과학기술부장관 표창 국가 과학 기술 발전 유공

- **2007**
  정보통신부장관상 디지털콘텐츠 대상
  산업자원부장관 표창 대한민국 e비즈니스대상

- **2010**
  대통령 표창 대한민국 IT 이노베이션 대상

- **2013**
  고용노동부장관 표창 일자리 창출 공로

- **2014**
  미래창조과학부장관 표창 ICT Innovation 대상

- **2015**
  법무부장관 표창 사회공헌 유공

- **2017**
  여성가족부장관상 사회공헌 유공
  2016 합격자 수 최고 기록 KRI 한국기록원 공식 인증

- **2018**
  2017 합격자 수 최고 기록 KRI 한국기록원 공식 인증

- **2019**
  대통령 표창 범죄예방대상
  대통령 표창 일자리 창출 유공
  과학기술정보통신부장관상 대한민국 ICT 대상

- **2020**
  국무총리상 대한민국 브랜드대상
  2019 합격자 수 최고 기록 KRI 한국기록원 공식 인증

- **2021**
  고용노동부장관상 일·생활 균형 우수 기업 공모전 대상
  문화체육관광부장관 표창 근로자휴가지원사업 우수 참여 기업
  농림축산식품부장관상 대한민국 사회공헌 대상
  문화체육관광부장관 표창 여가친화기업 인증 우수 기업

- **2022**
  국무총리 표창 일자리 창출 유공
  농림축산식품부장관상 대한민국 ESG 대상

YES24 수험서 자격증 주택관리사 기본서 베스트셀러 1위(2025년 5월 월별 베스트)
2024년~2022년 공동주택관리실무 시험 최고득점,
2021년~2020년 주택관리관계법규, 공동주택관리실무 시험 과목별 최고득점,
2019년 주택관리관계법규 시험 최고득점
2020년 제23회 주택관리사(보) 제2차(최종) 시험 원서접수 이벤트 및 풀서비스 시 수험번호를 입력한 수강회원 기준
2023 대한민국 브랜드만족도 주택관리사 교육 1위(한경비즈니스)

에듀윌 주택관리사 기본서

1차 공동주택시설개론

온라인 강의/직영학원 house.eduwill.net

고객의 꿈, 직원의 꿈, 지역사회의 꿈을 실현한다

에듀윌 도서몰
book.eduwill.net
- 부가학습자료 및 정오표: 에듀윌 도서몰 > 도서자료실
- 교재 문의: 에듀윌 도서몰 > 문의하기 > 교재(내용, 출간) / 주문 및 배송

정가 47,000원

ISBN 979-11-360-3858-6
ISBN 979-11-360-3856-2 (SET)